Signos del Zodiaco

La guía definitiva de Aries, Tauro, Géminis, Cáncer, Leo, Virgo, Libra, Escorpio, Sagitario, Capricornio, Acuario y Piscis

Tabla de contenido

PRIMERA PARTE: ARIES..1

INTRODUCCIÓN...2

CAPÍTULO 1: INTRODUCCIÓN A ARIES 3

CAPÍTULO 2: CÓMO RECONOCER A UN ARIES..................12

CAPÍTULO 3: ARIES FAMOSOS 14

CAPÍTULO 4: FORTALEZAS Y DEBILIDADES 16

CAPÍTULO 5: EL NIÑO ARIES...21

CAPÍTULO 6: ARIES ENAMORADO......................................27

CAPÍTULO 7: ARIES EN UNA FIESTA 39

CAPÍTULO 8: ARIES EN EL TRABAJO.................................44

CAPÍTULO 9: ¿QUÉ NECESITA ARIES? 49

CONCLUSIÓN 53

SEGUNDA PARTE: TAURO 54

INTRODUCCIÓN..55

CAPÍTULO 1: INTRODUCCIÓN A TAURO 57

CAPÍTULO 2: LOS PUNTOS FUERTES DE TAURO 65

CAPÍTULO 3: LOS PUNTOS DÉBILES DE TAURO 71

CAPÍTULO 4: EL NIÑO TAURO..78

CAPÍTULO 5: TAURO EN EL AMOR......................................85

CAPÍTULO 6: TAURO EN EL TRABAJO.................................92

CAPÍTULO 7: EL TAURO SOCIAL..100

CONCLUSIÓN 108

TERCERA PARTE: GÉMINIS..109

INTRODUCCIÓN..110

CAPÍTULO 1: UNA RÁPIDA INTRODUCCIÓN - SOLES,
LUNAS Y CASAS..117

CAPÍTULO 2: PUNTOS FUERTES Y DÉBILES DE
GÉMINIS...120

CAPÍTULO 3: EL NIÑO GÉMINIS 127

CAPÍTULO 4: GÉMINIS EN EL AMOR 131

CAPÍTULO 5: EL GÉMINIS SOCIAL 143

CAPÍTULO 6: GÉMINIS EN EL TRABAJO 148

CAPÍTULO 7: ¿QUÉ NECESITAN LOS GÉMINIS? 156

CONCLUSIÓN 159

CUARTA PARTE: CÁNCER 160

INTRODUCCIÓN 161

CAPÍTULO 1: HISTORIA DEL ZODIACO Y DE CÁNCER, EL GRAN CANGREJO 162

CAPÍTULO 2: ASPECTOS BÁSICOS DE CÁNCER 166

CAPÍTULO 3: LOS PUNTOS FUERTES DE CÁNCER 171

CAPÍTULO 4: LAS DEBILIDADES DE CÁNCER 176

CAPÍTULO 5: CÁNCER Y LOS MOVIMIENTOS PLANETARIOS 181

CAPÍTULO 6: EL NIÑO DE CÁNCER 186

CAPÍTULO 7: CÁNCER EN EL AMOR 191

CAPÍTULO 8: LOS CÁNCER EN UNA FIESTA 197

CAPÍTULO 9: LOS CÁNCER EN EL TRABAJO Y LA TRAYECTORIA PROFESIONAL 201

CAPÍTULO 10: CÁNCER A SOLAS 205

CAPÍTULO 11: LOS CÁNCER EN LAS AMISTADES 210

CAPÍTULO 12: ¿QUÉ NECESITA UN CÁNCER PARA PROSPERAR? 215

CONCLUSIÓN 219

QUINTA PARTE: LEO 220

INTRODUCCIÓN 221

CAPÍTULO 1: INTRODUCCIÓN A LEO 222

CAPÍTULO 2: FORTALEZAS Y DEBILIDADES DE LEO 231

CAPÍTULO 3: EL NIÑO LEO 238

CAPÍTULO 4: LEO EN EL AMOR 244

CAPÍTULO 5: LEO EN LAS FIESTAS Y CON LOS AMIGOS 253

CAPÍTULO 6: LEO EN EL TRABAJO - TRAYECTORIAS PROFESIONALES DE LEO 262

CAPÍTULO 7: ¿QUÉ NECESITAN LOS LEO? 271

CONCLUSIÓN 275

SEXTA PARTE: VIRGO 276

INTRODUCCIÓN 277

CAPÍTULO 1: INTRODUCCIÓN A VIRGO 278

CAPÍTULO 2: LAS FORTALEZAS Y DEBILIDADES DE VIRGO 283

CAPÍTULO 3: LOS NIÑOS VIRGO 289

CAPÍTULO 4: VIRGO Y EL AMOR 294

CAPÍTULO 5: EL VIRGO SOCIAL 301

CAPÍTULO 6: LOS MATICES DE VIRGO 307

CAPÍTULO 7: VIRGO EN EL PLANO PROFESIONAL 311

CAPÍTULO 8: LA COMPATIBILIDAD SEXUAL DE VIRGO 318

CAPÍTULO 9: EL SIGNO LUNAR 324

CAPÍTULO 10: VIRGO Y LOS PLANETAS 329

CONCLUSIÓN 334

SÉPTIMA PARTE: LIBRA.......................................335

INTRODUCCIÓN 336

CAPÍTULO 1: ASTROLOGÍA PARA EL ZODÍACO 338

CAPÍTULO 2: CONOCIENDO A LIBRA 344

CAPÍTULO 3: FORTALEZAS DE LIBRA 350

CAPÍTULO 4: DEBILIDADES DE LIBRA 353

CAPÍTULO 5: LA MUJER LIBRA.........................357

CAPÍTULO 6: EL HOMBRE LIBRA 363

CAPÍTULO 7: EL NIÑO LIBRA 367

CAPÍTULO 8: LIBRA EN EL AMOR 373

CAPÍTULO 9: EL LIBRA SOCIAL 379

CAPÍTULO 10: LIBRA EN EL TRABAJO 383

CAPÍTULO 11: ¿QUÉ NECESITA UN LIBRA PARA VIVIR UNA VIDA SATISFACTORIA? 390

CONCLUSIÓN 393

OCTAVA PARTE: ESCORPIO 394

INTRODUCCIÓN 395

CAPÍTULO 1: INTRODUCCIÓN AL SIGNO DE ESCORPIO 396

CAPÍTULO 2: FORTALEZAS Y DEBILIDADES DE ESCORPIO 401

CAPÍTULO 3: EL NIÑO ESCORPIO 407

CAPÍTULO 4: ESCORPIO Y EL AMOR 412

CAPÍTULO 5: ESCORPIO EN LA VIDA SOCIAL ...421

CAPÍTULO 6: LOS MATICES DE ESCORPIO..........427

CAPÍTULO 7: LOS PROFESIONALES DE ESCORPIO 431

CAPÍTULO 8: COMPATIBILIDAD SEXUAL DE LOS ESCORPIO 437

CAPÍTULO 9: EL SIGNO LUNAR 440

CAPÍTULO 10: ASCENDENTE EN ESCORPIO 443

CONCLUSIÓN 447

NOVENA PARTE: SAGITARIO 448

INTRODUCCIÓN 449

CAPÍTULO 1: SAGITARIO EN EL ZODIACO 450

CAPÍTULO 2: ¿QUIÉNES SON LOS SAGITARIANOS? 455

CAPÍTULO 3: IMPACTO DE LOS MOVIMIENTOS PLANETARIOS EN UN SAGITARIO 459

CAPÍTULO 4: FORTALEZAS DE LOS SAGITARIANOS 465

CAPÍTULO 5: DESAFÍOS COMUNES DE SAGITARIO 469

CAPÍTULO 6: SAGITARIO A TRAVÉS DE LA INFANCIA..... 473

CAPÍTULO 7: SAGITARIO, "EL MEJOR AMIGO".................. 477

CAPÍTULO 8: SAGITARIO EN EL AMOR 482

CAPÍTULO 9: SAGITARIO, EL ALMA DE LA FIESTA 486

CAPÍTULO 10: TRAYECTORIAS PROFESIONALES DE LOS SAGITARIOS 490

CAPÍTULO 11: EL GRAN CAMBIO ZODIACAL Y OFIUCO. 495

CAPÍTULO 12: SAGITARIANOS PRÓSPEROS 498

CONCLUSIÓN 502

DÉCIMA PARTE: CAPRICORNIO 503

INTRODUCCIÓN 504

CAPÍTULO 1: INTRODUCCIÓN A CAPRICORNIO 505

CAPÍTULO 2: PERFILES DE LA CÚSPIDE DE CAPRICORNIO 508

CAPÍTULO 3: FORTALEZAS Y DEBILIDADES DE CAPRICORNIO 512

CAPÍTULO 4: EL NIÑO CAPRICORNIO 515

CAPÍTULO 5: CAPRICORNIO EN EL AMOR 521

CAPÍTULO 6: COMPATIBILIDAD DE CAPRICORNIO CON OTROS SIGNOS DEL ZODIACO 527

CAPÍTULO 7: LAS AMISTADES DE CAPRICORNIO 549

CAPÍTULO 8: CAPRICORNIO EN EL TRABAJO - TRAYECTORIAS PROFESIONALES DE CAPRICORNIO 553

CAPÍTULO 9: ¿QUÉ NECESITA UN CAPRICORNIO? 558

CONCLUSIÓN 559

UNDÉCIMA PARTE: ACUARIO 560

INTRODUCCIÓN 561

CAPÍTULO 1: INTRODUCCIÓN A ACUARIO 562

CAPÍTULO 2: FORTALEZAS Y DEBILIDADES DE
ACUARIO 571

CAPÍTULO 3: CÚSPIDES 580

CAPÍTULO 4: EL NIÑO ACUARIO.......................................587

CAPÍTULO 5: ACUARIO Y LA AMISTAD 596

CAPÍTULO 6: ACUARIO EN EL AMOR................................602

CAPÍTULO 7: ACUARIO EN EL TRABAJO..........................607

CONCLUSIÓN 613

DUODÉCIMA PARTE: PISCIS..614

INTRODUCCIÓN 615

CAPÍTULO 1: CONOZCA A PISCIS DEL 19 DE FEBRERO
AL 20 DE MARZO 616

CAPÍTULO 2: ¿QUIÉNES SON ESTAS PERSONAS? 621

CAPÍTULO 3: ASOMÁNDOSE A LAS ESFERAS DE
PISCIS...626

CAPÍTULO 4: LA CRIANZA DEL BEBÉ PISCIS....................632

CAPÍTULO 5: PISCIS EN EL AMOR 635

CAPÍTULO 6: PROFUNDIZANDO EN EL MUNDO DE
LA ASTROLOGÍA PARA ENTENDER A PISCIS.....................641

CAPÍTULO 7: ¿QUÉ TIENE QUE VER EL SEXO CON LA
ASTROLOGÍA? 647

CAPÍTULO 8: AMIGOS, ENEMIGOS Y COLABORADORES
DE PISCIS 653

CAPÍTULO 9: LOS SIGNOS ASCENDENTES, LAS CASAS
Y LO QUE SIGNIFICAN PARA PISCIS..................................658

CAPÍTULO 10: LO QUE PISCIS NECESITA PARA
PROSPERAR 664

CONCLUSIÓN 671

VEA MÁS LIBROS ESCRITOS POR MARI SILVA 672

RECURSOS ADICIONALES..673

REFERENCIAS 674

Primera Parte: Aries

La mejor guía para este asombroso signo del zodíaco

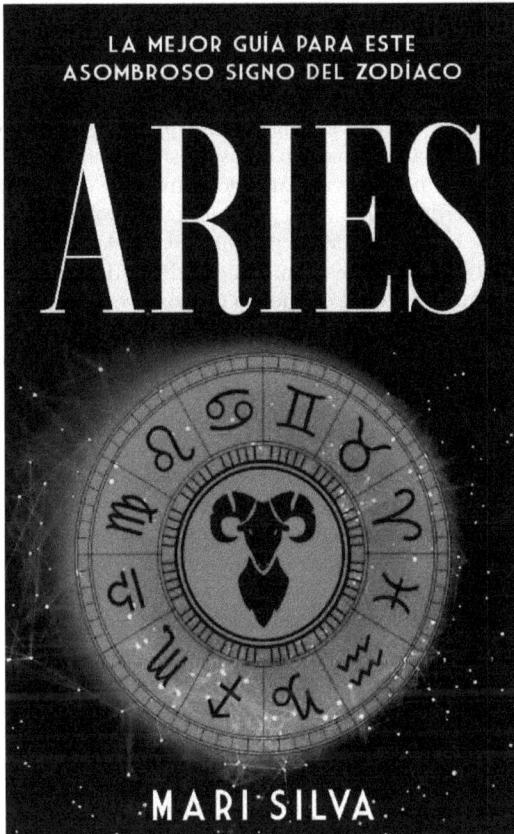

Introducción

Desde tiempos inmemoriales, los humanos se han sentido atraídos por el cielo y los astros. Como civilización, siempre tuvimos la curiosidad y las ganas de explorar el vasto espacio que rodea la Tierra en la que vivimos. El movimiento de estrellas y planetas es fascinante. En un intento por comprender lo desconocido, nuestros antepasados comenzaron a mapear las posiciones y movimientos de todo lo que sucedía en los cielos. Esta fascinación ha crecido con el tiempo.

¿Está familiarizado con la frase "Como es arriba, es abajo"? Se refiere a una estrecha conexión entre el reino celestial y físico y los resultados de esa conexión. Sugiere que los movimientos de los planetas y las estrellas ejercen una influencia en la vida humana y en todos nuestros asuntos.

Vivimos en un mundo extremadamente ajetreado y complicado que pone gran énfasis en la verdad científica y el descubrimiento. A pesar de todos estos avances, seguimos buscando nuestro propósito. Cuando estamos rodeados de decisiones, ¿cómo sabemos que estamos tomando las decisiones correctas? ¿A qué estamos destinados? ¿Cuál es nuestro propósito en esta Tierra? Estas son preguntas en las que todos pensamos de vez en cuando. Si todo esto te suena familiar, una respuesta simple es mirar hacia las estrellas. Este llamado a encontrar el propósito de nuestra vida no puede responderse con ciencia. Requiere una comprensión más profunda del cosmos, y aquí es donde la astrología entra en escena.

Si está fascinado por la astrología y desea aprender más sobre el primer signo del zodíaco, Aries, este es el libro perfecto para usted. A menudo se hace referencia a la astrología como el lenguaje de las estrellas. Redescubrir la sabiduría ancestral de la astrología lo ayudará a tener una mejor idea de sí mismo y de los demás en la vida. Vivir en un mundo impredecible no es fácil. Es hora de rectificar esto profundizando en el fascinante mundo de las estrellas, los planetas y los cielos.

Este libro le enseñará todo lo que necesita saber sobre el primer signo del calendario zodiacal, Aries, desde los conceptos básicos como el signo, símbolo, elementos y planetas regentes hasta colores favorables y piedras preciosas para Aries. Una vez que comprenda los conceptos básicos, aprenderá sobre los rasgos de personalidad, incluidas las fortalezas y debilidades. Esta es la guía ideal para aprender sobre este maravilloso signo. Descubrirá información que lo ayudará a comprender en profundidad a Aries, como su compatibilidad con otros signos, consejos para una mejor vida amorosa y cómo mantener relaciones románticas saludables.

Si alguna vez se ha preguntado acerca de las mejores opciones profesionales disponibles para Aries o del entorno laboral ideal, no busque más porque este libro tiene todas las respuestas. También incluye información completa sobre el niño Aries y todo lo que buscan en la vida. Si usted o alguien querido por usted es un Aries, tomó la decisión correcta al elegir este libro. Una vez que tenga una comprensión profunda de este signo del zodíaco, será más fácil entenderlo y desmitificar su personalidad.

¿Está ansioso por comenzar? ¡Ya es hora! Después de todo, a Aries le encantan las acciones y los resultados rápidos. Canalice su arriano interior y aprenda más sobre sí mismo, su potencial y todo lo que la vida tiene reservado para usted.

Capítulo 1: Introducción a Aries

El primer símbolo astrológico del zodíaco es Aries. Todos los nacidos entre el 21 de marzo y el 19 de abril pertenecen a esta casa del zodíaco. Está representado por el carnero cornudo y está gobernado por el planeta Marte. Aries representa nuevos comienzos y una energía ardiente. Si miras hacia el cielo nocturno, distinguir la constelación de Aries no es difícil.

Las personas con fechas de nacimiento cercanas a la intersección de dos signos del zodíaco se conocen como signos cúspides. Hay dos cúspides para cada zodíaco. Para Aries, corresponden la cúspide Aries-Tauro y la cúspide Piscis-Aries. La cúspide Aries-Tauro cae entre el 17 y el 18 de abril. La cúspide Piscis-Aries se encuentra entre el 17 y el 23 de marzo. Dado que estos individuos "en la cúspide" nacen cerca de la intersección de los dos zodíacos, a menudo comparten los rasgos exhibidos por ambos signos. Por ejemplo, un individuo nacido el 18 de abril comparte los rasgos tanto de Aries como de Tauro.

Aprender astrología es divertido y sencillo. Todo lo que se necesita es un poco de tiempo y atención. Antes de profundizar en los detalles sobre la personalidad de Aries y sus características, es importante comprender los conceptos básicos asociados con esta personalidad astrológica.

Símbolos

El carnero simboliza a Aries. Dado que es el primer signo del zodíaco, el posicionamiento también es simbólico. Simboliza el liderazgo y la intención de ser pionero. Los puntos positivos asociados con Aries incluyen innovación, inspiración, coraje, audacia, espontaneidad e iniciación. Siempre les gusta ir primero, no dudan en tomar la iniciativa, empujar hacia adelante y seguir adelante incluso frente a los obstáculos.

¿Sabías que el término Aries deriva del latín de carnero? También hace alusión a un ariete. Un ariete era una herramienta utilizada en la guerra antigua y medieval para romper las defensas de un oponente. El equivalente astrológico del equinoccio de primavera es cuando el sol está a 0° en relación con Aries. Simboliza el comienzo del año astrológico. El símbolo de Aries está vinculado a la primavera, el cambio, la nueva vida y los nuevos comienzos.

El glifo de Aries se asemeja a una sola línea dividida en dos. Parece representar los cuernos de un carnero, aunque hay varias interpretaciones sobre lo que representa el glifo. Una interpretación sugiere que el glifo se asemeja a un nuevo brote que ha atravesado la superficie de la tierra a principios de la primavera. Una señal de nuevos comienzos y vida. Las semillas, en cierto modo, se abren camino a través de las capas de la Tierra para dar lugar a nuevas vidas. Estos pequeños y tiernos brotes están superando varios obstáculos como la tierra, las raíces de los árboles e incluso las rocas para empujarse hacia arriba y hacia afuera de la tierra. Esto es un símbolo del viaje que Aries emprende en sus vidas.

Aries está asociado con el fuego, por lo que se presume que es la primera chispa de la creación a través de nuevas ideas y conceptos. Ciertos signos del zodíaco están asociados con múltiples símbolos. Por ejemplo, el signo zodiacal Escorpio se correlaciona con una araña, un escorpión, una serpiente e incluso un fénix, pero Aries está asociado con un solo signo y símbolo. Esta simplicidad, en sí misma, es un símbolo de Aries. Debajo de esta simplicidad se encuentra un poder crudo y directo que ayuda con cada nuevo comienzo.

Otra interpretación es que el glifo hace alusión a las trompas de Falopio. No es una coincidencia ni una idea descabellada que este símbolo se asocie con la reproducción. Con "reproducción" no me refiero solamente a dar a luz a una nueva vida, sino también ideas. Los Aries son extremadamente creativos y tienen una imaginación maravillosa. La idea de una nueva vida puede referirse también a nuevas experiencias, viajes, creatividad y aventura. Entonces, la asociación entre un símbolo de fertilidad y el glifo de Aries es una combinación perfecta.

Ahora, aprendamos sobre el papel del carnero en el antiguo Egipto y Grecia. El carnero estaba asociado con el poder y la fertilidad. Se pensaba que era un animal sagrado en diferentes culturas antiguas, especialmente en Grecia y Egipto. Según un antiguo mito griego, Poseidón, el dios del mar, tomó la forma de un carnero. Se cree que engendró un carnero alado de dorado. La diosa Néfele apareció como un carnero alado para salvar a su hijo Frixo y llevarlo a un lugar seguro. Para evitar ser sacrificado, Frixo devolvió el carnero a Poseidón. Tras su sacrificio, el carnero fue inmortalizado en los cielos como la constelación de Aries. Hay varias versiones de este mito, esta es solo una versión.

Los carneros se consideraban sagrados y se usaban como animales del templo en el antiguo Egipto. Los arqueólogos han descubierto varias piezas de arte egipcio hechas con carneros. Por ejemplo, en el templo de Karnak en la antigua Tebas (actual Luxor) hay toda una avenida de corderos que conduce a la entrada principal del templo. Los dioses del antiguo Egipto, como el dios del sol, Amon-Ra, a menudo se representaban con cuernos o incluso con la cabeza de un carnero.

Elementos

Piense en aquello que lo distingue de todos los demás. O tal vez pregúntese un rasgo de personalidad que lo haga verdaderamente único. Quizás los demás aprecien su gran creatividad. O tal vez lo critiquen por ser agresivo o terco. Independientemente de todo esto, el significado de los elementos en astrología juega un papel importante en su personalidad en general. El universo está hecho de energía, y esta fluye constantemente entre todo lo que está presente en él. Incluso la ciencia apoya esta afirmación y sugiere que la energía no se puede crear ni destruir. La energía solo puede transformarse. Todos somos parte del mismo universo y nuestra electricidad es un reflejo de la estructura energética del cosmos.

Los cuatro elementos de la astrología son fuego, tierra, agua y aire. Estos elementos están presentes en todo y están muy vivos, pero estos elementos juegan un papel importante en nuestras vidas. La medida en que un elemento astrológico influye en nuestra vida está determinada por toda la actividad celestial que tiene lugar en el momento exacto del nacimiento. Es la ley de la naturaleza que las cosas estén en equilibrio. El concepto de yin y yang está en todas partes.

De manera similar, cada elemento tiene un yin y un yang correspondientes. Yin describe la energía femenina, mientras que Yang representa la energía masculina. Lograr un equilibrio entre el yin y el yang es esencial para el bienestar físico, emocional y espiritual.

Hay doce signos en el zodíaco y cada uno de estos elementos va acompañado de tres signos. Se cree que el fuego y el aire son elementos masculinos, mientras que el agua y la tierra son los femeninos. La energía femenina es más nutritiva y sensual, mientras que el lado masculino representa la comunicación y la acción.

Comprender estos elementos le da una mejor idea de su personalidad y enfoque general de la vida. El fuego es el elemento asociado con Aries. Es un símbolo de creación, pasión e inmensa energía. Cuando se creó el universo, se cree que el elemento inicial fue el fuego. El fuego gobierna a Leo, Sagitario y Aries. El entusiasmo y la pasión desmesurados son representativos de este elemento. Te hace competitivo y extremadamente activo.

En el lado negativo, también puede volverlo irascible e impaciente. Es posible aprovechar su niño interior cuando canaliza este elemento. El fuego también es fuente de confianza. A medida que lea más sobre el signo zodiacal Aries, podrá ver la asociación entre los elementos y los rasgos generales de personalidad. Todo en astrología está intrincadamente conectado.

Planeta regente

El planeta que emana un impacto significativo en un zodíaco específico se conoce como su planeta regente. Esta relación entre signos y planetas es un aspecto central de la astrología. Cada planeta tiene su propio conjunto de propiedades únicas e influye directamente en los rasgos y características de todos los nacidos bajo el signo regido por dicho planeta. Si te tomas un momento, te darás cuenta de que todos los planetas llevan el nombre de dioses romanos. Las historias de estos dioses te ayudarán a comprender la influencia significativa que tienen en los signos que gobiernan.

El planeta Marte rige a Aries. ¿Sabía que Marte era el dios romano de la guerra? En la antigua Grecia, se le conocía como Ares. Bueno, ahora parece obvio de dónde obtiene el nombre del planeta. Este dios romano se ha vuelto bastante popular hoy en día gracias a la reciente película de La Mujer Maravilla. En el mundo antiguo, Marte era considerado uno de los cuatro dioses poderosos. Las otras tres figuras poderosas de la mitología griega son Minerva, la diosa de la sabiduría, Venus, la diosa del amor y Discordia, la diosa del caos.

Marte es el dios de la guerra, por lo que este planeta está vinculado al coraje, la actividad física y la acción. También significa temperamento rápido, inmensa fuerza física y coraje para defender lo que uno cree. Estos factores tienen un efecto significativo en la atracción, el romance y el curso de su historia. Aprender sobre su planeta regente le permitirá aprovechar ese poder para tener éxito en los diferentes aspectos de su vida. Veamos el planeta regente de Aries.

Puede ser aterrador y preocupante darse cuenta de que su planeta regente está asociado con la ira y la violencia. Para ser justos, ¿quién querría realmente ser gobernado por la agresión? No se preocupe, porque hay varios puntos positivos sobre el dios de la guerra. Una lucha no siempre tiene que ser física. El hecho de que un planeta agresivo te gobierne no significa que te involucrarás en peleas físicas.

En su verdadero sentido, Marte se trata de luchar por todo aquello en lo que crees. Está asociado con la valentía y el honor. Recuerde, la idea moderna de guerra es bastante diferente a la que prevalecía en la antigua Roma. Los antiguos romanos creían que la guerra se trataba tanto de disciplina y fuerza como de destruir y aniquilar al otro bando. Las connotaciones modernas de la guerra son negativas, pero no siempre fue así.

Según los textos astrológicos antiguos, se hacía referencia a Marte como el planeta de la pequeña desgracia. Antes de comenzar a preocuparse por esto, es importante comprender el contexto y lo que realmente significa. No tenga la idea errónea de que Marte traerá discordia e infelicidad a su mundo. Una pequeña desgracia no significa necesariamente que vaya a experimentar varias desgracias en su vida. Una pequeña desgracia puede referirse a su mal genio o una pequeña discusión. Ahora que está consciente de lo que significa, simplemente debe tener cuidado. Controlar su temperamento es una habilidad importante para la vida, así que dedique tiempo a eso.

¿Alguien le ha dicho alguna vez que tiene mal genio? Quizás lo llamen obstinado, discutidor o extremadamente obstinado. ¿Hay casos en los que experimente una ira extrema, como si estuviera a punto de estallar? No lo considere una desventaja. En cambio, aprenda a aprovecharlo. Aproveche el poder de la ira y diríjala hacia cosas positivas. Recuerde, la pequeña desgracia mencionada en los textos astrológicos se hará realidad solo si permites que estos sentimientos dominen tus acciones.

Este planeta tiene que ver con el liderazgo. A lo largo de la historia, varios líderes como Otto Von Bismarck, Eva Perón y Al Gore fueron gobernados por Marte. Marte trae consigo agresividad, valentía y ambición. Necesita todas estas cosas si quiere ser un líder. Le autoriza a expresar sus opiniones sin retroceder.

¿Recuerda que se mencionó que la guerra no tiene que ser invariablemente por violencia? Defender todo en lo que cree, a pesar de las opiniones contradictorias, es una demostración de fuerza.

En el lado negativo, sus opiniones no siempre tienen que ser correctas. Marte no es conocido por su imprudencia. Incluso si cree que tiene razón, es probable que no valga la pena lanzarse a una discusión sin pensarlo previamente. Dedique tiempo y aprenda a contener sus opiniones controvertidas. Busque formas diplomáticas de expresión sin recurrir a la agresión.

La energía de Marte es tradicionalmente masculina. Describe la pasión y el deseo de uno. Estas dos características se filtrarán en sus relaciones íntimas y en su vida amorosa. Desde la perspectiva de los planetas, cualquier persona gobernada por Venus es una pareja perfecta. Según la mitología griega antigua, Marte y Venus eran amantes. Venus exuda energía femenina, lo que la convierte en la combinación perfecta para la contraparte masculina de Marte. No significa que Marte solo esté asociado con los hombres. Tanto hombres como mujeres tienen energía masculina en ellos. Después de todo, las energías masculina y femenina son dos caras de la misma moneda. Son el yin y el yang de la naturaleza. Cualquiera puede usar su fuerza masculina interior para expresar sus opiniones y respaldarlas.

Marte también está asociado con la fuerza física. Esta es la razón por la que Aries es físicamente más enérgico que otros zodiacos. No significa que todos los nacidos bajo el signo estén destinados a ser fisicoculturistas. Simplemente significa que tienes mayor fuerza física y resistencia. Aproveche la energía de Marte y transfórmese en su mejor versión.

Colores

Los colores juegan un papel importante en nuestro estado de ánimo y actitud generales hacia la vida. ¿Alguna vez notó que opta por colores brillantes cuando está de buen humor y tonos apagados cuando se siente con poca energía? Hacemos esto inconscientemente. Según la astrología, ciertos colores ayudan a aprovechar la energía, mientras que otros apagan un poco la chispa. Los colores también pueden brindarle el impulso adicional de confianza necesario para vivir la vida.

Aries no oculta sus pasiones. Son confiados y seductores. La ardiente personalidad de Aries, gobernada por Marte, está estrechamente asociada con los colores representativos del fuego. El rojo puede ser el color inicial que aparece en su cabeza cuando piensa en el fuego, pero varios otros colores funcionan bien para Aries. El color berenjena o naranja sanguínea ofrecen energía positiva que les da el poder necesario para superar cualquier tarea desafiante incluso cuando no quieren hacerlo. Por lo tanto, la próxima vez que se sienta con poca energía o agotado, intente usar estos colores.

Otro color apropiado para un Aries es el rosa. El color rosa ayuda a las personas a llevarse bien entre sí. Dado que los arianos son naturalmente extrovertidos y amigables, el rosa realza sus aspectos positivos. La energía pacífica y generosa del rosa equilibra la agresividad de un Aries. Ahora, volvamos a la paleta de colores del fuego. Se presume que el naranja es el presagio de buena suerte y es muy adecuado para este signo. El naranja evita que absorba las energías negativas mientras aprovecha su energía personal y lo dirige hacia la buena fortuna en la vida. Otros colores ardientes son el amarillo y el rojo.

El rojo se asocia con coraje, entusiasmo, pasión y éxito. El éxito genera un sentimiento de felicidad y mantiene a las personas motivadas para seguir adelante y seguir con lo que están haciendo. Cuando está constantemente haciendo cosas que ama o está participando de tareas que disfruta, automáticamente siente pasión y el color rojo aprovecha esta intensidad. Los Aries son valientes y corajosos por naturaleza. El rojo ayuda a amplificar estos sentimientos y a canalizar la energía en la dirección correcta.

Todos estos cuatro rasgos son esenciales para un Aries si no quiere sentirse estancado. Tanto si pertenece al zodíaco Aries como si no, el amarillo es un color que le ayuda a abrirse a los demás. Hablar sobre un tema complejo o un tema que le molesta se vuelve más fácil con este color. Abrirse emocionalmente no siempre es fácil. Todos necesitamos coraje y mucha introspección para hacer esto. El amarillo ofrece la energía positiva necesaria para hacer esto.

Hasta ahora, solo hemos mencionado colores oscuros y brillantes. El blanco también se asocia con un fuego ardiente. El blanco y el crema equilibran la energía ardiente de un Aries. Siempre que se sienta abrumado o sobreestimulado, la inclusión de estos colores puede brindarle energía relajante.

Cuando se trata de colores asociados con el zodíaco, no es necesario que los use. Pueden ser parte de cualquier accesorio que lleve e incluso incluirse en tu entorno. Dependiendo de su estado de ánimo y la intensidad que desee canalizar, elija los diferentes colores que se comentan en esta sección. Una forma sencilla de incluir todos los colores es mediante el uso de piedras asociadas a ellos.

Piedras preciosas

El universo entero está hecho de energía. Los cristales y las piedras preciosas están llenos de energía universal. Las piedras preciosas no solo son preciosas y bonitas, sino que también son fuentes de energía desaprovechada. Las frecuencias únicas emitidas por diferentes cristales ayudan a mantener y equilibrar sus campos de energía personales.

Se pueden utilizar para aprovechar la energía cósmica. Dependiendo del zodíaco, pueden utilizarse diferentes piedras preciosas para cada signo. Esta sección analiza las piedras preciosas que pueden amplificar los puntos positivos de Aries y superar sus puntos negativos.

Diamante

Es posible que haya escuchado la frase "Los diamantes son el mejor amigo de una chica". Bueno, no solo de mujeres. El diamante es la piedra de nacimiento de Aries. Todos los diamantes ayudan a mejorar las propiedades de Aries, pero los diamantes blancos son sus aliados más poderosos. Traen consigo una sensación de claridad que ayuda a calmar la mente ocupada de un Aries. Esta claridad le permite ver a través de toda la confusión y distracciones y encontrar la capacidad de concentrarse en las cosas que importan. El diamante no es solo una piedra preciosa, sino que también actúa como una metáfora. El diamante es la sustancia más dura conocida por el hombre, y así es como parecen ser los arianos en la superficie. A pesar de su exterior duro, un diamante brilla intensamente y es hermoso.

Otra metáfora que me viene a la mente sobre los diamantes es "Un diamante en bruto". Los diamantes sin pulir rara vez reciben una segunda mirada. Los átomos de carbono forman diamantes en el interior de la Tierra debido al gran calor y presión. Del mismo modo, si un Aries está dispuesto a aprender de sus experiencias de vida, también se convertirá en un diamante. Con un poco de pulido y cincelado, un diamante en bruto obtiene su brillo. La misma analogía se aplica a todos los que comparten este signo del zodíaco. Se necesita habilidad, paciencia y determinación para pulir a un ariano y convertirlo en una hermosa joya. Incluso si son ásperos en los bordes, Aries ciertamente trae consigo un brillo único y brillante al mundo.

Aguamarina

La aguamarina es una piedra de agua, y es útil para domar la naturaleza ardiente de Aries. Provoca una sensación de flexibilidad en la vida de un Aries. Les ayuda a ir con el flujo de las mareas de la vida.

Amatista

Cuando Aries pone su mente en algo, no para hasta lograrlo. Este enfoque puede producirse a expensas de uno mismo y de los demás también. La amatista irradia un sentimiento de semejanza espiritual a todos sus esfuerzos y proyectos. Ayuda a establecer un mejor sentido de equilibrio en sus vidas y a canalizar sus ambiciones de manera saludable.

Cornalina

La energía ardiente de la cornalina es una combinación perfecta para la energía ardiente presente dentro de un Aries. Si hubiera casos en los que se sintiera como si estuviera perdiendo su energía, la cornalina le será útil. La pasión y el coraje son las dos energías que se pueden aprovechar con esta piedra. Si su energía ardiente está al máximo, tenga cuidado con esta piedra. El exceso de energía ardiente puede volverlo egocéntrico y evitar que vea sus metas como son. La mejor combinación es utilizar una cornalina con una aguamarina o un cuarzo transparente.

Ónix

La personalidad a todo vapor de un Aries se realza aún más con el ónix. Les ayuda a ver nuevos conocimientos y garantiza que sus acciones se originen en un lugar de fortaleza personal. La energía que ofrece la piedra se equilibra y se centra, lo que es útil porque esta personalidad puede sobrecargarse y calentarse un poco. Cualquier temor que pueda estar frenando a un Aries también puede superarse con la energía curativa del ónix negro.

Cuarzo transparente

El cuarzo transparente es un cristal curativo. Como sugiere su nombre, esta piedra aporta claridad. La pasión y la ambición son dos rasgos asociados con Aries. El cuarzo transparente ayuda a traer una sensación de calma y claridad para que Aries avance en la dirección correcta para lograr sus objetivos sin olvidarse de los demás. Lo mejor del cuarzo transparente es que se puede combinar fácilmente con cualquier otro cristal. La energía proporcionada por todos los demás cristales se puede aprovechar y amplificar mediante el uso de cuarzo transparente.

Citrino

Dado que Aries se trata de nuevos comienzos, es importante encaminar sus energías en la dirección correcta. El citrino ayuda a amplificar la energía de manifestación inherente de Aries. Aceptar críticas no es el punto fuerte de este signo. El citrino proporciona la energía necesaria para aceptar las críticas de forma positiva y realizar los cambios necesarios en función de la información que reciben.

Jaspe rojo

Pensar antes de actuar no es el fuerte de Aries. Esta piedra les ayudará con esa debilidad. Ofrece vitalidad y niveles de energía increíbles que pueden nutrir y apoyar la energía de un Aries cuando se sienta agotado.

Granate

Según el Zodíaco convencional, el granate es la piedra asociada con Aries. Sus propiedades curativas incluyen éxito, fuerza y coraje. Dado que estos son rasgos asociados con un Aries, se magnifican aún más con la energía del granate. También protege al siempre confiado Aries de aquellos que podrían engañarlo. Se cree que es una piedra de vitalidad y ofrece la energía necesaria para perseguir nuevas ideas y generar nuevos comienzos.

Esmeralda

Los nuevos comienzos requieren una gran cantidad de esperanza. Las esmeraldas otorgan esta esperanza necesaria. La piedra se conoce popularmente como la piedra de la prosperidad. La energía motivadora de la esmeralda está asociada con la positividad, que es necesaria para el pensamiento de avance de un Aries.

Cuarzo rosa

Los arianos son extremadamente apasionados. Esta piedra provoca sentimientos de amor incondicional y altruismo. Ayuda a equilibrar la naturaleza agresiva de un Aries con sus energías sutiles y puras.

Aries a través de las 12 casas del zodíaco

Es importante conocer las distintas casas de la astrología. El zodíaco está dividido en doce casas, y un signo diferente gobierna cada una. A diferencia de un reloj normal, el zodíaco comienza desde la primera casa y se mueve en sentido antihorario. Cada casa tiene ciertos rasgos definitorios que influyen en sus características generales.

La Tierra gira, los planetas se mueven y las posiciones de las estrellas cambian. En el momento de su nacimiento, cada planeta se encontraba en signos y casas específicos. En astrología, el significado de cada planeta, la casa en la que se encontraba y el signo en el que brillaba se utilizan para rastrear las fortalezas y los posibles desafíos que enfrentarán en su vida. Cuando un planeta se muda a una casa zodiacal específica, ilumina esa parte específica de su gráfico y energiza los diferentes rasgos de la casa dada. Estas casas también pueden predecir los aspectos únicos de su vida que estarán bajo enfoque y el mejor curso de acción disponible. En astrología, las primeras seis casas se conocen como casas personales y el resto como casas interpersonales. En este capítulo, aprenderá más sobre las doce casas del zodíaco y lo que significan para Aries.

Primera Casa

Como su nombre indica, esta es la casa que comienza el calendario zodiacal e incluye todos los aspectos nuevos de tu vida. En esta casa se incluyen primeras impresiones, iniciativas, nuevos comienzos y aparición de uno mismo. El letrero colocado en el borde, o cúspide, de esta casa se conoce como su signo ascendente. Aries gobierna la Primera Casa.

Dado que Aries inicia el calendario y gobierna la primera casa, toda tu personalidad y cualidades se magnifican aquí. Influye en cómo te presentas a los demás y en tu percepción de ti mismo. En esta casa, tomar cualquier iniciativa es fácil para usted y, a menudo, no siente miedo.

Segunda Casa

Tauro gobierna la Segunda Casa. Todos los diversos aspectos de su vida asociados con el entorno físico y material, incluidos sus sentidos primarios, están influenciados por esta casa. La segunda casa gobierna su autoestima, ingresos y finanzas.

En esta casa, Aries es bastante agresivo cuando se trata de la administración del dinero. Suele ser experto en la gestión de los recursos materiales. También aumenta su deseo y compromiso con los placeres sensuales.

Tercera Casa

Géminis gobierna la Tercera Casa. Todas las formas de comunicación, incluida la comunicación verbal y no verbal, desde cómo piensa hasta cómo habla, se rigen por la tercera casa. Es responsable de todas las relaciones que establezca con sus hermanos, amigos, compañeros de clase, compañeros de trabajo, etc. Ofrece una visión profunda e información importante sobre su red inmediata.

Dado que esta casa tiene que ver con la comunicación, usted siempre tendrá una opinión y la defenderá con vehemencia. Si no se controla, la comunicación puede parecer contundente y agresiva. Busca diferentes formas de expresar y defender sus opiniones, ya sea por escrito o hablando. Aries tiene mucho que decir en esta casa. Aries es increíblemente obstinado aquí, y sus posibilidades de entablar discusiones y peleas con otros también aumentan. En el lado positivo, a menudo también es usted el primero en hacer las paces.

Cuarta Casa

Cáncer gobierna la Cuarta Casa. Esta casa representa su hogar y sus raíces. Forma la base de todas las cosas, como su hogar, la privacidad, la relación con los padres, sus hijos, las habilidades de crianza y los sentimientos de seguridad.

Esta casa tiene que ver con su vida hogareña y su entorno familiar. Dado que el planeta Marte gobierna a Aries, la agresión también puede abrirse camino en el hogar, pero también resalta su deseo inherente de crear un lugar perfecto y un refugio seguro que le brinde un descanso de las agotadoras realidades de la vida.

Quinta casa

Leo gobierna la Quinta Casa. Esta casa es característica del romance, la tensión, la creatividad, la diversión y la autoexpresión. Es una reminiscencia de la creatividad y el sentido natural de libertad que tienen los niños. Básicamente, te permite conectarte con tu niño interior.

Se trata de romance, pasión y carisma, pero también describe su comprensión interior de la creatividad. Participar en cualquier forma de arte es un gran método de autoexpresión para Aries en esta casa.

Sexta casa

Virgo gobierna la Sexta Casa. Esto rige su comprensión del servicio a usted mismo y a la sociedad y su bienestar general. Todo lo relacionado con estas cosas, como su horario, estado físico, dieta, ejercicio, organización y rutina, está influenciado por la sexta casa.

En esta casa, usted es un luchador incansable y agresivo. En esta casa, Aries se convierte en el líder de la manada. Cuando Marte gobierna tu vida laboral, te conviertes en un emprendedor y no te preocupa pisar los dedos de los demás para conseguir lo que quieres. Dado que describe su salud en general y un sentido de servicio, canalizar su energía interior para estar al servicio de los demás es una excelente manera de permitir que su energía Aries fluya sin barreras.

Séptima Casa

Libra gobierna la Séptima Casa. Esta casa tiene que ver con las diversas relaciones en la vida. Ya sean sus relaciones personales o profesionales, desde el matrimonio hasta las sociedades comerciales, todo está influenciado por esta casa. Le da una mejor sensación de comprensión acerca de usted mismo y de aquellos con quienes se asocia. La Séptima Casa también influye en su capacidad para interactuar con sus seres queridos.

Libra describe una relación con los demás. Desde el amor tierno hasta la energía requerida para lidiar con diferentes aspectos de las relaciones, la vida de Aries está influenciada por la séptima casa.

Octava casa

Escorpio gobierna la Octava Casa. Esta casa influye en todas las cosas asociadas con el nacimiento, la muerte, el sexo y la transformación. La magia y el misticismo son dos aspectos importantes.

Dado que Marte gobierna su vida, la pasión y la intensidad que experimente a menudo se intensifican. Esta casa lo vuelve valiente y lo libera para explorar el mundo que lo rodea física, mental y psíquicamente sin preocupaciones ni vacilaciones.

Novena casa

Sagitario gobierna la Novena Casa. Todas las cosas asociadas con su yo personal, como la inspiración, la filosofía y los viajes extraordinarios que realiza en la vida, están influenciadas por esta casa. El viaje mencionado aquí no es solo representativo de pequeños viajes en la vida, sino también metafóricos. Básicamente, contiene la clave de las diferentes cosas que le brindan inspiración, sorpresa y deleite a su vida.

Su deseo es explorar lo desconocido y aprender más, y esta casa influye en ese deseo. Le permite profundizar en los aspectos más profundos de la vida en los que otros no se concentran.

Décima Casa

Capricornio gobierna la Décima Casa. Esta casa esencialmente influye en las diferentes características o rasgos que desea que los demás noten en usted. A menudo se usa para comprender la trayectoria profesional ideal de una persona. Rige las tradiciones, el honor, la imagen pública, los logros, los límites, la autoridad, la disciplina y las reglas.

En esta casa, la ambición y el reconocimiento se vuelven extremadamente importantes. Ya sea que se realice en su vida personal o profesional, tiene la voluntad de ir tras el éxito que desea.

Casa 11

Acuario gobierna la Undécima Casa. La undécima casa rige todos los aspectos relacionados con la amistad. Ya se trate de amistades o relaciones en el lugar de trabajo, esta casa está muy influenciada por ella.

Para los Aries en esta casa, ponerse de pie y luchar por los desamparados se convierte en la norma. Los amigos se convierten en su salvavidas. Le da mucha energía participar en actividades que involucran a otros.

Casa 12

Piscis gobierna la Duodécima Casa. El último signo del zodíaco se trata de tu mente subconsciente. Es el centro de la imaginación, la creatividad y el arte. De la misma manera que la primera casa gobierna los comienzos, la duodécima casa gobierna los finales.

Si Marte gobierna esta casa, puede volverse un poco complicado porque puede ayudar a identificar la agresión de los demás incluso cuando no es visible. Todas las cosas en esta casa a menudo están ocultas. Con Marte gobernando su ciclo energético, le ayuda a tomar conciencia de cosas que no siempre son lo que parecen. Le da un sentido de intuición más profundo para comprender cómo se comportan los demás y descifrar sus motivos.

Capítulo 2: Cómo reconocer a un Aries

Todos tenemos una identidad única, y no hay dos individuos que sean realmente iguales, pero aquellos que comparten el mismo signo solar también comparten ciertas características y rasgos. Cuando conoces el signo solar de alguien, puedes comprenderlo hasta cierto punto. Por otro lado, si conoce los rasgos típicos de los signos solares, puede adivinar el signo zodiacal de la persona incluso si no conoce su fecha de nacimiento. En esta sección, veamos rasgos similares compartidos por todos los Aries. Con esta información, podrá detectar a los Aries por entre la multitud.

Los Aries son extremadamente extrovertidos y amigables. Ya sea un niño o la abuela del vecindario, Aries es amigable con todos. Estos individuos no pueden tolerar ninguna forma de injusticia. Si ves a alguien que se opone a los prejuicios y lucha contra todo tipo de errores, es probable que sea un Aries. No solo se defienden a sí mismos y en lo que creen, sino que tampoco les importa defender a los débiles.

Hasta cierto punto, hay una ingenuidad general asociada con Aries. Pueden parecer confiados y competentes, pero también son inocentes. Estos rasgos los hacen intrépidos por un lado y extremadamente vulnerables por el otro. Dado que realmente confían en los demás, sus posibilidades de salir lastimados son altas. En lugar de ser más cauteloso, un Aries cree en aprender su lección, perdonar y olvidar. Este proceso seguirá repitiéndose. Si usted confía naturalmente en los demás y es bueno perdonando y olvidando, es por su signo solar. Este es un rasgo que todos los Aries comparten.

Un Aries nunca se quedará sin temas de conversación. Las personas de este signo del zodíaco son expertas en hablar de cualquier cosa. Nunca vivirá un silencio incómodo con un Aries. Incluso si está un poco perdido, Aries mantendrá la conversación. Esto es cierto incluso si un Aries acaba de conocer a alguien. Les encanta interactuar con los demás y dominan las conversaciones.

Este es el primer signo del Zodíaco, y esta posición trae consigo una naturaleza infantil. Son similares a un bebé fascinado por sus propios dedos de manos y pies. Esto puede hacerlos un poco ensimismados, pero, después de todo, ¿qué más se puede esperar de un bebé? Al igual que los bebés, los Aries se centran únicamente en sus necesidades y requisitos.

En gran medida, los Aries se guían por acciones y comportamientos en lugar de palabras. Les encanta hablar, pero expresar sus emociones no les resulta fácil. En cambio, son del tipo que deja que sus acciones hablen. En el lado negativo, Aries tiende a dejar las cosas a la mitad. Por ejemplo, pueden comenzar fuertes y motivados para completar sus tareas. Si la tarea en cuestión se vuelve monótona y rutinaria, rápidamente pierden el interés y quieren hacer otra cosa.

Su naturaleza infantil los hace extremadamente honestos. No mienten y son brutalmente francos. Con un Aries, obtienes exactamente lo que ves. No hay pretensiones ni fachadas. La sutileza, la modestia y la diplomacia no son sus puntos fuertes. No tienen miedo de llamar a las cosas por su nombre. En una multitud, si notas a alguien que dice lo que piensa sin preocuparte por lo que otros puedan pensar o sentir, es probable que sea un Aries. No se andan con rodeos y van al grano rápidamente.

La confianza, la competitividad, el optimismo, la naturaleza abierta, el amor por los desafíos, la impulsividad, la mecha corta y el miedo al dolor físico son características comunes de Aries. Todos los nacidos bajo este Zodíaco también comparten ciertas similitudes físicas. Cuando se trata de rasgos faciales, concéntrate en los ojos y el área de las cejas porque puede parecerse a su símbolo del zodíaco. A menudo tienen cejas conectadas y una constitución atlética. Es posible que vea o no similitudes físicas en todos los Aries, pero identificar sus rasgos definitorios es fácil.

En el trabajo, los Aries son los emprendedores y los líderes intrépidos. Son el alma de las fiestas. En casa, son apasionados y son grandes parejas, esposas e hijos amorosos. Siempre son el centro de atención y eso les encanta. Su ardiente energía es difícil de ignorar y su pasión es desenfrenada.

La cúspide de Piscis-Aries es una combinación del primer y último signo del zodíaco. Aries significa nuevos comienzos, mientras que Piscis se trata de finales. Los nacidos en la cúspide de estos signos son increíbles. Poseen la pasión ardiente de Aries, que se templa con la calma del signo del agua, Piscis. Son instintivos y empáticos mientras irradian coraje y pasión ardiente. Ciertamente es una mezcla humeante de dos elementos naturales importantes. Su perspectiva de vida es más interesante que la de cualquier otra cúspide.

Para identificar una cúspide Piscis-Aries, busque a una persona con talento para hacer planes, encontrar soluciones y producir ideas. Hacen todo esto mientras se aseguran de ser considerados con los demás y sus necesidades. A diferencia del Aries, que siempre tiene prisa, este signo de la cúspide necesita tiempo para llegar a una conclusión o hacer planes. Son compasivos y empáticos con todos sus seres queridos. No se considera que los Aries sean buenos oyentes, pero los que están en el signo cúspide son buenos oyentes debido a su naturaleza Piscis.

Cuando el carnero intrépido se combina con el toro terco, se forma la cúspide Aries-Tauro. Son ferozmente independientes, intrépidos y testarudos. Dado que Tauro y Aries se sienten cómodos en su piel, pueden parecer extremadamente egocéntricos. Es fácil identificar a quienes comparten una combinación de estos signos del zodíaco. Estos individuos son divertidos, enérgicos, valientes y fuertes. Ellos son los que no solo están decididos a escalar montañas, sino que tienen la energía para hacerlo en su vida profesional y personal. Quieren ser los mejores y les encanta llevar a su equipo hacia el éxito. También son lo suficientemente fuertes como para saber valerse por sí mismos y no necesitan a nadie más para nada, pero a veces pueden parecer obstinados, egoístas, agresivos e incluso controladores. Compartir responsabilidades no es fácil para este signo. A los Aries les encanta asumir el papel de líder y son buenos para delegar responsabilidades. Una cúspide de Aries-Tauro tiene dificultades con esto.

Capítulo 3: Aries famosos

En la vida, algunos sobresalen más que otros. A menudo sentimos curiosidad por comprender más sobre la vida de aquellos que tienen éxito en sus proyectos. Pero ¿por qué ocurre esto? No, no es suerte. La diferencia entre el éxito y el fracaso se reduce a ciertos rasgos.

Las celebridades son bien conocidas y, a menudo, son el centro de atención del público. ¿Está usted interesado en aprender acerca de los arianos populares? Resulta que todos los que nacen bajo el mismo signo solar tienden a compartir ciertos rasgos. En esta sección, veamos algunos Aries famosos y sus rasgos definitorios.

Gloria Steinem

Gloria Steinem fue una periodista independiente y una de las feministas más populares de su época. Una mujer bastante controvertida, siempre se mantuvo fiel a sus opiniones y fue increíblemente inteligente y valiente. Fue reportera de guerra y luego fundó su propia revista. Fue una feminista fuerte cuando la sociedad no creía en la igualdad de género. Independientemente de lo que sucedía, ella no se rindió y mantuvo sus creencias. Todos sus rasgos la convirtieron en una verdadera Aries.

Lady Gaga

Stefani Joanne Angelina Germanotta, más conocida como Lady Gaga, es un ícono popular del pop. Ella es verdaderamente una mujer independiente y toda una Aries. No tuvo miedo de asumir nuevos desafíos. Pasó de ser cantautora a editora discográfica, una mujer de negocios exitosa, una diseñadora de moda de renombre, una filántropa e incluso una actriz brillante. Su voluntad de tomar la iniciativa y explorar diferentes experiencias, y su naturaleza intrépida tanto dentro como fuera del escenario, se deben a la fuerza ardiente de Marte que gobierna a Aries. No tiene reparos en ser ella misma y es audaz e increíblemente atrevida.

Thomas Jefferson

Thomas Jefferson se convirtió en presidente no por su ambición política, sino por su increíble capacidad de liderazgo. Era un líder nato y sus ideas de libertad se correspondían con su naturaleza de Aries. Si alguna vez tiene la oportunidad, repase su historia personal, se dará cuenta de que él siempre hizo lo que quería y sabía lo que tenía que lograr. Todos los arianos comparten estos dos rasgos.

Robert Downey Jr.

Los Aries son sobrevivientes y nunca se rinden. Pueden levantarse y empezar de nuevo sin importar los problemas que enfrenten en la vida. Todo esto es claro en la vida de Robert Downey Jr, más conocido como Iron Man. Fue nominado a un Oscar en 1992, pero terminó en prisión en 1996. Vivió todos los límites su vida y nunca dudó. Su resistencia y espíritu de lucha se pueden asociar con el ardiente planeta Marte.

Maya Angelou

Maya Angelou fue una activista de derechos civiles, poeta y escritora de renombre mundial. Su famoso poema, "Y aun así me levanto", recuerda el espíritu de Aries para seguir luchando a pesar de las dificultades y desafíos. Ella era una verdadera guerrera y siempre se mantuvo fiel a sus creencias. Su ardiente confianza, su convicción inquebrantable y su feroz espíritu de lucha, junto con el deseo de estar al servicio de los demás, la convirtieron en una mujer verdaderamente excepcional. Todos estos rasgos son típicos del primer signo del zodíaco.

Papa Benedicto XVI

El papa Benedicto XVI fue nominado para dirigir la Iglesia Católica en 2005. Su papel natural como líder muestra su lado ariano. Los Aries son conocidos por sus convicciones y creencias inquebrantables. Hacen lo que quieren, siempre que crean en ello. Tienen confianza y son lo suficientemente valientes como para defenderse incluso cuando otros no lo hacen. Exhibió los rasgos de un Aries al renunciar a su cargo como obispo de Roma en 2013. Fue el primer papa en la historia que renunció a su título del prestigioso cargo.

Leonardo da Vinci

Leonardo da Vinci fue un conocido artista renacentista. No mucha gente sabe que fue músico, inventor, arquitecto y erudito. Es famoso por la Mona Lisa y la Última Cena, pero eso no fue todo lo que hizo. Su curiosidad por seguir aprendiendo y explorando el mundo que lo rodeaba era fiel a su naturaleza Aries. Los Aries son líderes, pioneros y visionarios. Compartió todos estos rasgos y canalizó su ardiente pasión interior para convertirse en un pionero en diferentes aspectos de la ciencia y el arte.

Peyton Manning

El mariscal de campo de fútbol americano profesional Peyton Manning estableció varios récords y ganó cinco premios y trofeos de Jugador Más Valioso de la NFL. Los Aries son increíblemente competitivos y no pueden soportar la idea de perder. Él mostró este espíritu competitivo y ardiente y siguió luchando hasta que logró sus objetivos. Al final, cuando se retiró de la NFL en 2016, mencionó su gran lucha.

Keri Russell, Joan Crawford, Ayesha Curry, Alexander McQueen, Queen Latifah, Bruce Willis, Adam Levine, Gary Oldman, Reese Witherspoon y Fred Rogers son cúspides Piscis-Aries famosas. Charlotte Bronte, John Muir, Carmen Electra, la reina Isabel II, Kourtney Kardashian, John Cena, Victoria Beckham, Kate Hudson y Max Weber son cúspides Aries-Tauro famosas.

La lista de Aries famosos discutidos en la sección no es exhaustiva. La lista es infinita. ¿Por qué todos estos arianos triunfaron en la vida? Tuvieron éxito porque fueron fieles a sí mismos. Eran sus propios héroes y no huían de los desafíos, sino que los afrontaban con resistencia. Estaban comprometidos consigo mismos y con sus objetivos. Eran infinitos, optimistas y sin malicia. Ninguno de estos arianos alcanzó éxito desde la comodidad. Creían que el fracaso no era una opción. Consideraban que el fracaso era un requisito previo para el éxito. Si tienes metas en la vida, ve tras ellas. No dejes que nadie te detenga. Aprenda a canalizar su ardiente energía y pasión interior para llegar hasta allí.

Capítulo 4: Fortalezas y debilidades

Todos los humanos tienen una tendencia natural a compararse con los demás. Según nuestra percepción de las fortalezas y debilidades, estas comparaciones pueden hacernos sentir superiores o inferiores. Todos somos diferentes y funcionamos de manera diferente debido a nuestras personalidades. En lugar de compararse con los demás, es mejor conocerse a sí mismo y conocer sus capacidades. Todos tenemos ciertas fortalezas que podemos aprovechar para impulsarnos y avanzar en la vida.

Del mismo modo, también tenemos ciertas debilidades. Estas debilidades no son su perdición, sino simplemente áreas en las que debe mejorar. No significa que le falte algo, simplemente significa que hay margen de mejora y aprendizaje. En este capítulo, aprenderá sobre estas diferencias en Aries.

Fortalezas de un Aries

El primer signo del zodíaco es Aries, y este posicionamiento viene con ciertas fortalezas. Quienes los rodean pueden apreciar todos sus rasgos positivos. De hecho, los Aries están bendecidos con ciertas cualidades que otros luchan por desarrollar durante su vida.

Valentía

Representado por el carnero, Aries es extremadamente valiente. Nunca evitan probar cosas nuevas y asumen responsabilidades sin inmutarse. Asumen riesgos. Un Aries siempre tiene la mente abierta para descubrir y aprender algo. Les encanta la emoción y no se abruman, preocupándose por las posibles consecuencias. En cambio, son lo suficientemente valientes como para dar el primer paso cuando otros se asustan. El dinámico planeta Marte gobierna este signo del zodíaco, por lo que los Aries son guerreros intrépidos por naturaleza y están listos para enfrentar cualquier desafío que la vida les presente.

Mentalidad de liderazgo

La mayoría de los humanos tienen una mentalidad de manada, pero el carnero es un líder nato. Les gusta tomar el control de las situaciones e incluso ayudar a otros a alcanzar el éxito. Les gusta unir a los demás y asumen el papel de líder cuando es necesario. Los roles de liderazgo en la vida real son emocionantes y atractivos para un Aries. Ya sea que se trate de un puesto directivo o de liderazgo, Aries se siente atraído por él. Desde líderes de equipo hasta directores, automáticamente se ponen en la piel de un líder en cualquier situación. Como era de esperar, la mayoría de las personas buscan a sus amigos Aries en momentos de necesidad.

Energía

Dado que Aries es el primer signo del calendario zodiacal, están llenos de una inmensa energía. Son las personas que nunca se cansan ni se quedan sin fuerzas si les gusta lo que hacen. Su energía no es algo que todos puedan tolerar. Si usted es un Aries, es probable que le pregunten: "¿Cómo haces eso?" o "¿Cómo te mantienes al día?". Si algo le gusta, no hay nada que se interponga en su camino o descarrile su energía.

Perspectiva optimista

Si usted es un Aries o conoce a un ariano, es posible que conozca su optimismo. Muchas personas se sienten atraídas por esta personalidad debido a su visión optimista, independientemente de todos los desafíos que surjan en sus vidas. En cambio, pueden ver claramente su objetivo y trabajar para alcanzarlo. Rara vez gastan su tiempo y energía preocupándose por todas las situaciones imparables o se concentran en sus errores o pérdidas del pasado. Son expertos en aprender las lecciones que enseña la vida y avanzar rápidamente.

Naturaleza generosa

Su naturaleza extremadamente generosa los hace personas amables y comprensivas. Incluso si un Aries no gana mucho, es generoso con su dinero y lo regala sin dudarlo. Están dispuestos a ayudar a otros en circunstancias difíciles, incluso con su dinero si es necesario.

Pasión

La pasión que muestra Aries no se parece a ninguna otra. Si les gusta algo, Aries es rápidamente motivado e impulsado por ello. Esta pasión se filtra en todos los aspectos de sus vidas. Ya sea que esto se relacione con su vida profesional o personal, son apasionados y rara vez renuncian a las cosas que les gustan.

Creatividad

Si alguna vez se está quedando sin inspiración o motivación, busque a un Aries en su círculo. Los Aries son increíblemente creativos y pueden pensar un poco más allá. Son innovadores y su imaginación no conoce límites. Esta imaginación y creatividad se convierten en el punto crucial de sus habilidades para resolver problemas. Sus habilidades para resolver problemas, su confianza en sí mismos, su pasión y energía ayudan en sus roles de liderazgo. Si usted es Aries, es posible que se haya dado cuenta de que sus seres queridos recurren a usted en momentos de necesidad. Hacen esto no solo porque saben que los ayudará, sino que saben que *puede* ayudarlos y encontrar soluciones para resolver sus problemas.

Ambición

Aries nunca dará nada por sentado. Son naturalmente ambiciosos y se fijan metas elevadas. No solo se esfuerzan por alcanzar estos objetivos, sino que también inspiran a otros. Son grandes líderes dentro de la sociedad. Si alguna vez ha trabajado con un Aries, lo entenderá. Habrá momentos en los que trabajar hacia un objetivo se volverá difícil, pero Aries lo mantendrá motivado.

Seguridad en sí mismos

Aries tiene un sentido natural de confianza en sí mismo. Creen en sus opiniones, ideas y valores. Sus valores guían todas sus decisiones y no dudan en defenderlos. Esta autoconfianza natural es atractiva para los demás. También les da a los demás el valor de seguirlos.

Independencia

Si usted es un Aries, es posible que otros ya lo hayan llamado "inflexible" u "obstinado". Bueno, estas cosas son admiradas y bienvenidas en el desafiante mundo moderno. Describe su capacidad para defender sus ideas y opiniones porque se alinean con sus valores fundamentales. En lugar de escuchar los consejos de los demás, los Aries están ansiosos por experimentar las cosas por sí mismos. Su independencia proviene no solo de su visión, sino también de su capacidad para alcanzar esas metas.

Fiabilidad

Los Aries son dignos de confianza y honestos. Lo llaman como lo ven, pero no los encare con malas intenciones. Está en su naturaleza ser honestos y abiertos, incluso si eso significa expresar su resentimiento. Mientras habla con un Aries, siempre puede contar con su opinión honesta. No les molestan las fachadas de los demás y serán ellos mismos en cada situación.

Las fortalezas de un Aries se pueden resumir de la siguiente manera:

Los Aries son líderes natos y arriesgados.

Son confiados y valientes.

Tienen una inmensa energía y la pasión necesaria para lograr sus objetivos.

Su pasión y creatividad les permiten idear enfoques únicos para abordar cualquier obstáculo o situación en la vida.

El sentido inherente de optimismo de un Aries los convierte en una presencia positiva.

Confiable, honesto y generoso son adjetivos que describen bien este signo.

Su fuerte sentido de independencia, junto con todos los rasgos mencionados anteriormente, los hace increíblemente ambiciosos.

Las cúspides de Piscis-Aries son afectuosas, seguras y prácticas. En comparación, las cúspides de Aries-Tauro son idealistas, audaces y responsables. Estas cúspides muestran las fortalezas de ambos signos bajo los que nacieron.

Debilidades de un Aries

La regla de la naturaleza es el equilibrio. Para todo lo bueno, hay algo malo, y para cada punto positivo, siempre hay uno negativo. Afortunadamente, incluso las debilidades de uno se pueden transformar en fortalezas. Para hacer esto, es importante tomar conciencia de las debilidades. En la sección anterior, presentamos los puntos fuertes de Aries. Ahora, veamos algunas áreas en las que este signo tiene algunos problemas.

Altamente competitivos

Ningún otro signo del zodíaco es tan competitivo como Aries. Quizás sea su primera posición en el calendario lo que los hace así. Sea lo que sea, Aries siempre quiere ser el primero. No pueden soportar perder o incluso la idea de perder. Piensan en cada evento de la vida como una batalla. En una batalla, solo puede haber dos resultados: ganar o perder. Como a Aries no le gusta perder, la única alternativa que les queda es salir victoriosos. Cuando no gana, Aries se desanima. Aries siempre está compitiendo, ya sean juegos con amigos o actividades en el trabajo. Un Aries cree que la vida es una competencia.

No hay nada de malo en querer ganar, pero es importante saber elegir las batallas. La vida no es una competencia y no siempre es necesario ganar para ser feliz. No asocie su felicidad con ganar porque eso aumentará el estrés. Esta competitividad también puede ser una señal de inseguridad. No compita con los demás, intente competir con usted mismo. Trate de hacer su mejor esfuerzo en todo. Recuerde, la vida rara vez es blanca o negra. Intente canalizar su naturaleza altamente competitiva de una manera positiva, cambiando su enfoque hacia el proceso y esfuerzo en vez de pensar en los resultados.

Un poco inconscientes

Todos los Aries tienen una tendencia inherente a intentar ser los mejores y los más rápidos en todo. A menudo significa que toman decisiones rápidas y apresuradas. Una decisión precipitada rara vez es sabia. Como siempre tienen prisa, no tienen tiempo suficiente para analizar a fondo los riesgos y consecuencias de sus decisiones. Les encantan los resultados rápidos y quieren ser ganadores. En su intento por hacer esto, se saltan una etapa esencial en la toma de decisiones: pensar en los resultados. Aries no escapa de los riesgos y siempre está preparado para cualquier desafío. Cuando se trata de riesgos, es necesario preverlos. Un riesgo calculado puede ser la diferencia entre ganar y perder.

Antes de tomar una decisión, tómese un tiempo y piense en sus consecuencias. No ande siempre con prisa. Trate de pensar las cosas detenidamente. Su creatividad e imaginación, junto con sus habilidades para resolver problemas, le dan una ventaja sobre los demás. Por lo tanto, intente aprovechar al máximo estos maravillosos dones.

Naturaleza agresiva

Aries es inherentemente más agresivo que otros signos y, a menudo, se lo asocia con su planeta regente, Marte. Cuando estos signos luchan por regular su ira, resulta en rabietas y arrebatos. Dado que estas cosas se pueden evitar, aprenda a regular sus emociones. La ira es un sentimiento potente, pero natural y, a menos que lo controle, ciertamente controlará sus acciones, comportamientos e incluso sus pensamientos.

La ira no siempre se puede evitar y la forma más sencilla de regularla es aprendiendo a calmarse. Preste atención a sus sentimientos y emociones. Siempre que sienta que se están apoderando de usted, tómese un descanso de su situación. Aléjese del lugar y ponga distancia física entre usted y el evento desencadenante. Tómese un par de minutos para reagrupar sus pensamientos y regular su respiración. Una vez que se calme, será más fácil revisar la situación y decidir el curso de acción de manera racional.

Impaciencia

Aries siempre parece tener prisa. Son increíblemente impacientes y odian esperar resultados. Aries es similar a un auto deportivo súper rápido y desea vivir la vida a gran velocidad. Esta es la razón por la que a menudo toman malas decisiones. Disminuir la velocidad o cualquier cosa monótona no funciona para un Aries. Es por eso por lo que a menudo dejan tareas sin terminar y cambian a otras actividades si el trabajo se vuelve rutinario y monótono. Los Aries se fijan grandes metas y, a menudo, se ponen a trabajar sin evaluar todas las posibles consecuencias de sus acciones.

Una forma sencilla de que un Aries afronte su impaciencia es ser consciente. No tenga prisa, la vida no es una carrera. No se trata de apresurarse a llegar a la meta, se trata de disfrutar el viaje. No se distraiga, aprenda a vivir el momento. Deje de concentrarse solo en los resultados y disfrute del proceso.

Llamados de atención

Aries no solo ama la atención, sino que sabe cómo ser el centro de las atenciones. Piense en ellos como actores que necesitan una audiencia. Si no reciben la atención que desean, rápidamente se pueden desilusionar y agitar. Aries busca constantemente fuentes externas de reconocimiento y validación. Necesitan oyentes y les encanta cuando otros los elogian. A veces, hacen todo lo posible para completar ciertas tareas para verse mejor que otros.

Querido Aries, no haga esto. En lugar de buscar una validación externa, concéntrese en ser la mejor versión para usted. Una vez que se dé cuenta de que su fuente de felicidad, motivación y aceptación proviene de su interior, la vida se volverá más fácil.

Leve egoísmo

Como se mencionó en el capítulo anterior, Aries puede parecer un poco egoísta, pero son como bebés y sería injusto llamar egoísta a un bebé. Dado que están tan concentrados en ganar, cualquier comportamiento que los lleve a la victoria será bueno para un Aries. Si tienen un objetivo y desean cumplirlo, nada se interpondrá en su camino. Incluso si las cosas salen mal, Aries no cree que sea una razón para rendirse. Debido a esto, el comportamiento de Aries puede parecer egoísta para los demás, pero desde la perspectiva de Aries, esto no es egoísta y solo se trata de automotivación. Se concentran en los resultados y en ellos mismos antes que en los demás.

La forma más sencilla de superar esta actitud aparentemente egoísta es aprovechando su generosidad interior. No siempre tiene que estar en el centro de atención o tener la razón. Está bien aceptar sus errores y hacer las cosas bien. No le restará valor. No se olvide de los demás mientras se concentras en usted mismo. Ponerse usted primero es perfectamente aceptable, pero también comprenda las consecuencias de sus acciones. Antes de hacer cualquier cosa, tómese un tiempo y piense en sus acciones y posibles consecuencias.

Las cúspides de Aries-Tauro se distraen fácilmente, a menudo se apresuran a entrar en situaciones y tienen dificultades para dejar pasar las cosas. Por el contrario, las cúspides de Piscis-Aries se distraen fácilmente y son extremadamente problemáticas. Estas cúspides muestran una combinación de debilidades asociadas con otros signos del zodíaco (a saber, Tauro y Piscis) y no solo con Aries.

Las debilidades de este signo del zodíaco se pueden resumir de la siguiente manera:

Los Aries son propensos a la agresión y son conocidos por su temperamento explosivo.

Este signo es altamente competitivo en la medida en que no pueden lidiar con la idea de no ganar.

Aries puede parecer egoísta y desconsiderado.

También son impacientes, impulsivos e imprudentes hasta el extremo.

Es hora de abordar sus debilidades y canalizarlas hacia algo positivo concentrándose en sus fortalezas. Siga los sencillos consejos que se dan en esta sección para superar sus debilidades y ser una mejor versión de sí mismo.

Capítulo 5: El niño Aries

Al igual que con los adultos, los niños tienen ciertos rasgos definitorios y personalidades únicas. La mayoría de las cualidades que mostramos en la edad adulta son una ampliación de los rasgos que mostramos cuando éramos niños. Se ha mencionado repetidamente que el signo del zodíaco de una persona influye en su personalidad y características. Lo mismo ocurre con los niños. En esta sección, veremos toda la información necesaria para comprender mejor a los niños Aries.

Rasgos de los niños Aries

Los niños Aries, como los adultos, son entusiastas, innovadores y están listos para asumir nuevos desafíos. No tienen miedo de correr riesgos y no les gusta seguir las reglas de los demás. Con su pensamiento inventivo y creativo, rara vez se aburren. Si no los vigila de cerca, puede haber problemas. Estos son los niños que no dudan en trepar al árbol más alto del patio trasero, saltar del techo o saltar vallas. Son impulsivos y ven la vida como una gran aventura. Para consternación de sus padres, no pueden quedarse de brazos cruzados y seguirán explorando su entorno.

Los niños que nacen con el sol en Aries a menudo saltan sin mirar. Estos rasgos también los acompañan hasta la edad adulta. Cuando son niños pequeños, se apresuran, entran y salen de las habitaciones, a menudo demasiado rápido para que los padres se den cuenta de lo que están haciendo. A menudo aprenden de las experiencias y las consecuencias en lugar de escuchar los consejos de otros. Independientemente de todas las precauciones que les den sus padres, prefieren vivir la vida en sus propios términos ya desde una edad temprana. Les encanta romper las reglas porque son líderes natos. Creen en hacer sus propias reglas. Si tienes un Aries en tu vida, debes ser extraordinariamente paciente con ellos. Enseñarles a respetar y cumplir las reglas y seguir las limitaciones es difícil, pero necesario.

Estos niños son físicamente activos y extremadamente competitivos. La mejor forma de canalizar su competitividad interior es orientándolos hacia el deporte y otras actividades físicas. Al agregar actividades físicas a su rutina diaria, les da una sensación de estructura.

Los Aries son líderes natos. Les encanta ser el centro de atención y no les importa lo que piensen los demás. Lo único que les importa es lo que ellos quieren. Una vez que ponen su mirada en algo, lo persiguen con todo lo que tienen. Con un poco de orientación, podrá convertir a un Aries en un adulto increíble. Tiene todas las cualidades de un inventor, un líder y un emprendedor. Son valientes, intrépidos y pueden ascender a puestos importantes en la vida. Ya sea el presidente de la clase o el máximo mandatario de una empresa, Aries llegará a la cima.

Aries tiende a moverse rápido, demasiado rápido a veces, por su propio bien. Su incapacidad para quedarse quietos o pensar antes de actuar los vuelve impulsivos. A menos que les enseñe a regular estos impulsos, se lastimarán más de una vez. Las acciones rápidas y los resultados instantáneos parecen ser el lema de un Aries. Esta es también una razón por la que se distraen con facilidad. Un niño Aries puede parecer motivado y decidido cada vez que comienza algo nuevo. Lo más probable es que se rinda antes de completar la tarea en cuestión y pase a otra cosa. Si no le enseña a tener paciencia, nunca aprenderá la importancia de completar sus proyectos. Se necesita paciencia para enseñarle a un Aries a ser paciente.

¿Recuerda algún caso de su infancia en el que otros le dijeron que bajara la velocidad? Bueno, ¿les ha prestado atención? Si no es así, tampoco espere que el niño Aries en su vida escuche sus consejos. Si realmente quiere que le presten atención, empiece por ser un buen oyente. Al enseñarles a tener paciencia, también les enseñas a pensar bien las cosas antes de actuar.

"Moderación" no es un término que exista en el diccionario de Aries. Las emociones fuertes suelen guiar a estos niños. Ya sea que se trate de felicidad extrema o rabia, todas sus emociones se amplifican. Estas emociones también los vuelven impulsivos. Todos los adultos en la vida de un niño Aries deben estar atentos a tales comportamientos, especialmente a cualquier forma de agresión o violencia. Son exaltados y tienden a meterse en peleas, disputas y discusiones.

Se sabe que los niños Aries son altamente competitivos y egocéntricos. Necesitan atención constante de sus cuidadores y se sienten abatidos cuando no la reciben. También buscan el reconocimiento de todos sus logros y acciones. Como cuidador, aprenda a desalentar los comportamientos indeseables de los pequeños desde una edad temprana. Permítales volverse asertivos sin enojarse. Enséñeles la humildad básica, porque Aries no comprende el significado de esta palabra. Su actitud de "yo primero" puede evitar que sobresalgan en la vida.

Bebés y niños pequeños arianos

Los niños Aries no solo son luchadores, sino que también son entusiastas y decididos. No evitan tomar riesgos. Esto aumenta las posibilidades de que sufran accidentes. En esta sección, veamos los rasgos que definen a un bebé ariano.

Desde el nacimiento hasta los seis meses, estos pequeños son un paquete de energía y actividad. Son inusualmente amigables y alertas. En su mayoría, verá al bebé con una gran sonrisa feliz en su rostro, pero son excepcionalmente ruidosos y expresivos sobre sus demandas. Estos bebés necesitan poco sueño y, a menudo, prefieren las siestas cortas en lugar de dormir toda la noche.

Para cuando el bebé tiene entre 6 y 18 meses, sus niveles generales de actividad aumentan. Incluso podrían comenzar a caminar y gatear. La marca registrada de impaciencia de Aries aparece en esta etapa. Si el bebé no puede hacer lo que quiere o se le impide hacerlo, se sentirá frustrado. Cuando se sienta frustrado, prepárese para las rabietas.

Los niños son curiosos por naturaleza, pero un niño ariano es más curioso que los demás. A medida que su pequeño se acerque a los tres años, podrá ver un aumento visible en su curiosidad. Esté preparado para responder un sinfín de preguntas sobre todo y cualquier cosa que cruce por su mente. "¿Por qué?" se convertirá en una parte cada vez más común del vocabulario de su pequeño. Intente alimentar su curiosidad y responda a las preguntas con la mayor sinceridad posible. Recuerde, en esta etapa están tratando de aprender y crecer. Estarán increíblemente ocupados y siempre en movimiento. No serán solo las preguntas, prepárese también para el comportamiento rebelde. Los niños, a esta edad, se vuelven discutidores y comienzan a cuestionar la autoridad.

Entre los 3-5 años, los niños Aries comienzan a experimentar una variedad de emociones poderosas. Esto puede ser difícil de manejar para los adultos, pero es aún más complicado y delicado para los niños. Su estado de ánimo general puede parecerle increíblemente volátil. Tu dulce y cariñoso pequeño puede enojarse y volverse violento en un abrir y cerrar de ojos. Son sensibles y se toman todo personalmente. Los Aries se frustran cuando no pueden desempeñarse como pensaban que lo harían o si fracasan. Su incapacidad para lidiar con esta frustración a menudo se presenta en forma de rabietas.

Niñas Aries en edad escolar

"Confianza" y "poco convencional" son las dos características que definen a las chicas arianas. Tienen una sed de aventuras que a menudo las lleva a circunstancias desagradables. Son ferozmente independientes. Su inherente naturaleza aventurera las hace intrépidas y abiertas a asumir riesgos. No se sorprenda si su dulce niña pasa por una fase salvaje. Esto es común y, a menudo, se suaviza con la edad. Como padre o cuidador principal en la vida de un ariano, prepárese para experimentar un poco de dificultad para supervisarlos. Además, prepárese para recibir un mal de ojo increíblemente eficaz que comunica su indignación sin decir una palabra. A los Aries les encanta traspasar los límites y probar los límites de los demás. No hacen esto con ninguna intención maliciosa, simplemente es su naturaleza.

Estas chicas tienen un inmenso potencial dentro de ellas. Están llenas de energía y tratan de dirigir su energía hacia los aspectos positivos de su vida. No es solo su energía física, sino también la energía mental. Una niña Aries a menudo encontrará formas innovadoras y creativas de hacer las tareas habituales, lo que podría sorprender a todos. En esta etapa, simplemente siga el juego y deje que su creatividad aumente y crezca. No sea demasiado restrictivo, pero enséñele dónde están los límites. Si le proporciona las herramientas y los recursos adecuados, tendrá un gran éxito.

A los Aries les encanta tener el control. Les encanta la sensación de poder de ser la persona a cargo. A medida que la niña Aries crezca, comenzará a participar activamente en las decisiones del hogar. De hecho, esperará formar parte de todas las decisiones del hogar. Su orgullo importa mucho y no es un signo de vanidad. Si le da la oportunidad de canalizar su energía interior hacia actividades positivas, tendrá éxito. Ella es buena organizando y arreglando cosas. Intente aprovechar al máximo sus habilidades creativas.

Un rasgo que todos los Aries comparten, independientemente del género, es su extroversión. Las niñas Aries sobresalen en entornos sociales, especialmente cuando se encuentran en una posición de control. Pueden parecer un poco dominantes, pero su naturaleza inherente es hacerse cargo de las cosas. Les gusta liderar y tienden a reforzar el concepto de trabajar juntos como un equipo, pero habrá momentos o circunstancias en las que ella no quiera estar con nadie más. Respete su privacidad y dele el tiempo y el espacio que necesita para sí misma. No intente presionarla, pero comience a tratarla como a una adulta. Si la trata como a una niña, se rebelará. Aries es independiente y ferozmente protector de esta independencia.

Niños arianos en edad escolar

Existen pocos momentos aburridos en la vida de un ariano. Esto es aún más real para los niños Aries en edad escolar. Siempre están tramando algo. Su deseo natural de asumir el papel de líder los hace proactivos y les da el coraje necesario para iniciar las cosas. Si están iniciando algo, ciertamente están incitando a otra persona. No tienen absolutamente ningún respeto por la estructura o las reglas porque piensan que reduce su sentido de la aventura. Buscan mucha emoción en la vida y no les gusta que los detengan. Quieren acción y la quieren sin interrupciones. Son muy activos, sanos y fuertes. Son muy competitivos, así que trate de orientar su energía hacia algo positivo. Haga que se involucren en deportes o cualquier otra cosa que los canse físicamente.

En el lado negativo, estos niños pueden tener dificultades para completar sus tareas. A menudo se cansan y se aburren de sus proyectos a mitad de camino y rápidamente pasan a otra cosa que les resulte más interesante. Buscan constantemente emoción y entretenimiento. Es posible que se sienta desanimado cuando su pequeño ya no lo escuche. Es su forma de afirmar su independencia. Enséñele a ser independiente sin pisar los pies de otros niños. Además, enséñeles la importancia de completar sus actividades. Una vez que comprenda la relación entre el esfuerzo y los resultados, se sentirá más motivado.

Los niños Aries son líderes naturales y están impulsados por las ganas de conquistar. Les encanta participar en cualquier batalla. No se trata de peleas físicas, cualquier cosa que desafíe su intelecto o habilidades es atractivo para un ariano. Esté preparado para las batallas parentales. El chico ariano no está haciendo esto porque sea egoísta. Está tratando de superar los límites. Los Aries son curiosos e inquisitivos. Una forma en que aprenden en la vida es poniendo a prueba los límites. Puede parecer que su único propósito es presionarlo. Resista darle la satisfacción de reaccionar como él desea. En cambio, canalice sus energías para enseñarle a comportarse bien. Muéstrele mejores formas de lidiar con su agresión y angustia.

Los niños Aries no son buenos seguidores, y cuanto antes un padre se dé cuenta de esto, mejor será para la relación. En lugar de participar en luchas de poder sin sentido, elija sabiamente sus batallas. A medida que un ariano crezca, experimentará un cambio de motivación significativo. Buscará formas de canalizar sus energías internas. Inspírelo y apóyelo durante esta fase. Es increíblemente apasionado, y una vez que aprenda a aprovechar su energía, se volverá imparable.

Consejos para lidiar con los niños Aries

Dado que los niños Aries son impulsivos, es importante enseñarles a controlar sus impulsos. Al ayudarlos a desarrollar el autocontrol desde una edad temprana, puede asegurarse de que tengan mejores habilidades para tomar decisiones en la vida. El primer paso para abordar este problema es hacerlos conscientes de su impulsividad. Siempre que el niño Aries actúe de manera impulsiva, llámele la atención y ayúdelo a comprender por qué tal comportamiento es problemático. Por ejemplo, si lo interrumpen constantemente mientras habla, dígale que no es un comportamiento adecuado. Infórmeles que responderá a todas sus preguntas, pero que deben esperar. Siempre que modifique su comportamiento impulsivo, asegúrese de hacerlo con calma. Cualquier comportamiento negativo de su parte puede dañar la frágil autoestima de Aries.

Enseñe lentamente al niño a combatir su comportamiento impulsivo. Al sugerir comportamientos alternativos, no solo está fomentando los buenos hábitos, sino también desalentando los negativos. Vayamos con los ejemplos discutidos en la sección anterior. Siempre que Aries lo interrumpa mientras habla, sugiérale que levante la mano. Cuando le enseña esto, esencialmente está sugiriendo que debe esperar a que la otra persona lo reconozca antes de que comience a hablar. Si el Aries es bastante agresivo y recurre a la agresión física, enséñele otras formas de reconocer sus emociones. En lugar de golpear o desquitarse con otros niños, anímelos a golpear la almohada.

No se trata solo de rectificar el comportamiento inadecuado, también es importante otorgar una opción de comportamiento positivo. Siempre que su hijo sea paciente, corrija sus propios comportamientos impulsivos o haga cualquier otra cosa positiva, no olvide elogiar sus esfuerzos. A Aries le encantan los elogios y le encanta ser el centro de atención. Cuando su hijo sabe que será elogiado, aumentará su disposición inherente a escuchar sus sugerencias.

Siempre que note que Aries está actuando mal, no lo castigue. Si lo hace, simplemente creará una asociación negativa. Además, los castigos no estimulan buenos comportamientos. Otro inconveniente de castigar a un niño es que se dañará la relación. Recuerde, es un niño que todavía está aprendiendo. Usted es un adulto y necesita tomar el control de la situación. Empiece por ser paciente. Aproveche esta oportunidad para mostrar el comportamiento que desea que sigan. Los niños aprenden de los demás, especialmente de los adultos que los rodean, así que no descuide sus propios comportamientos.

A los niños Aries les encanta traspasar los límites. Hacen esto para comprender hasta qué punto pueden salirse con la suya. Son intrínsecamente curiosos y, al traspasar los límites, aprenden mucho en la vida. Usted debe establecer ciertos límites claros y firmes. No se trata solo de crear estos límites, sino también de implementarlos. Además de implementarlos, asegúrese establecer ciertas consecuencias en caso de que se sobrepasen. Al hacer esto, estará ayudando a su pequeño a aumentar su tolerancia a la frustración. Con las consecuencias, el niño aprende automáticamente la relación entre una acción y su resultado. Si lo hacen bien, serán recompensados. Si hacen algo mal, enfrentarán consecuencias.

Los niños luchan por comprender y regular sus emociones. Bueno, la mayoría de los adultos también luchan con esto. Ayudar a un niño a regular sus emociones es importante. Aries es un signo ardiente y apasionado. Pueden ser consumidos por sus emociones si no se tiene cuidado. No es solo la ira lo que se magnifica, sino también la felicidad. Todo el mundo necesita controlar sus emociones. La forma más sencilla de enseñarle a su hijo sobre sus emociones es reconociéndolas. Incluso si no pueden regular sus emociones, reconozca lo que están sintiendo. Después de esto, enséñeles a identificar esas emociones.

Por ejemplo, si se da cuenta de que su hijo se ve un poco triste o enojado, dígale: "Puedo ver que estás un poco molesto en este momento". Al decir esto, no solo está reconociendo sus emociones, sino que también les está dando un nombre. Una vez que identifique sus emociones, anímelos a hacer lo mismo. Identificar sus emociones le brinda una mejor idea de lo que podrían estar experimentando y reconocer sus desencadenantes. Participe en conversaciones regulares sobre sentimientos y emociones. Enséñeles que no existen las emociones buenas o malas, pero que lo único que importa es lo que hacen con esas emociones.

Ahora es el momento de enseñar la diferencia entre sentimientos y comportamientos. Por ejemplo, si nota que su hijo está enojado porque no pudo jugar con su juguete favorito, llévelo a un lado y siéntese con él. Hable tranquilamente con ellos al respecto. Dígales que se da cuenta de que están molestos. Después de esto, exprese con calma la razón por la que cree que es el detonante de su ira. Al hacer esto, los ayuda a comprender lo que sucedió. Identificar los desencadenantes es una parte importante de la regulación de las emociones. Nunca castigue a su hijo por sus emociones. Todo lo que puede hacer es rectificar sus comportamientos.

Los arianos son increíbles para resolver problemas. Son muy creativos y pueden pensar rápidamente. Ahora es el momento de usar estos rasgos y enseñarle a su hijo ariano a resolver sus problemas. Si nota que su hijo tiene problemas con algo, anímelo a que lo resuelva de forma independiente. No haga nada por ellos que ellos mismos puedan hacer. Les enseña a ser independientes y alimenta su necesidad de independencia. Si se sienten frustrados cuando no pueden resolver el problema, ofrézcales ayuda.

Anímelos a buscar ayuda cuando la necesiten. Dado que Aries es naturalmente orgulloso, es importante enseñarles a tragarse su orgullo de vez en cuando por el bien de su propio bienestar. Muchos padres cometen el error común de tratar de calmar a sus hijos tan pronto como comienzan a comportarse mal. ¿Y por qué esto es algo malo? Bueno, no le enseña al niño las habilidades que necesita para manejar sus emociones. En cambio, simplemente transmite el mensaje; "Mamá o papá vendrán y te solucionarán el problema". El niño no debe acostumbrarse a una atención de este tipo. Los arianos aman la atención, pero también aman su independencia. Desde una edad temprana, inspírelos a ser independientes y progresarán.

Aries es famoso por ser terco. Este signo de fuego es inflexible sobre sus deseos, necesidades y aversiones. Son obstinados hasta el punto de ser excepcionalmente tercos. Este no es un rasgo que debas fomentar. Dominar a los demás no es un comportamiento deseable. La forma más sencilla de lidiar con el niño terco es escuchándolo. Los niños son más inteligentes de lo que les damos crédito. La próxima vez que su hijo comience a comportarse mal, intente escuchar lo que realmente está diciendo. La mayoría de los niños se vuelven desafiantes cuando saben que no los escuchan. Si les dedica todo su tiempo y atención, probablemente se calmen. Una vez que estén tranquilos, puede hablar sobre los comportamientos deseables.

Haga lo que haga, hay dos cosas que debe evitar. La primera es que nunca perder la calma. Lo segundo que debe tener en cuenta al tratar con niños es que no debe faltarles el respeto. Los arianos son sensibles a las críticas. Esta es solo una expresión de la energía ardiente que los gobierna. Si pierde la calma o les falta el respeto, dañará el vínculo que comparten. Además, también puede transmitir el mensaje equivocado de que no son lo suficientemente buenos.

Un último consejo: cuando se trata de niños, asegúrese de que haya coherencia. Si no es coherente con las cosas que dice y hace, los niños se confundirán. También les enseña que está bien romper las reglas. En cambio, todos los cuidadores principales en la vida del ariano deben seguir las mismas reglas del hogar. No pierda la paciencia mientras aprenden todo esto. Tomará tiempo y mucho esfuerzo, pero sus esfuerzos darán sus frutos. Los arianos están destinados al éxito en la vida. Al armarlos con las herramientas y habilidades adecuadas, puede asegurarse de que logren todos sus objetivos.

Capítulo 6: Aries enamorado

Compatibilidad con otros signos

Cuando se trata de su vida amorosa, observar la compatibilidad astrológica es una buena idea. La astrología ayuda a comprender mejor a uno mismo y al mundo en general. Como se mencionó, los nacidos bajo el mismo zodíaco comparten varias similitudes. Ciertos signos están destinados a estar juntos. Piense en la compatibilidad astrológica como el equivalente a "Está escrito en las estrellas". Si usted cree en el destino, comprenderá lo que esto significa. La compatibilidad de signos le ayudará a encontrar una pareja que comparta rasgos similares y complementarios. Esto es esencial para el éxito de cualquier relación.

En esta sección, veamos la compatibilidad de Aries con otros signos del zodíaco. Aprender sobre los rasgos de su personalidad y los de otros signos del zodíaco facilita la superación de los obstáculos que pueda enfrentar la relación.

Aries y Aries

La relación entre dos signos de fuego de alta tensión es extremadamente apasionante. Ambos desean ser el alfa en la relación. Es como jugar al juego de patatas calientes, lanzándolas de un lado a otro. Uno podría someterse a la voluntad o la regla de otro, pero solo con los dientes apretados. Aceptar algo sin protestar no es algo natural para este signo, pero ayuda a construir la confianza en la que se basa la relación. Aries es una paradoja del zodíaco. Es el primer signo y, por tanto, el infante del zodíaco. También es el héroe porque un planeta guerrero, Marte, lo gobierna. La paradoja es que Aries desea salvar y ser salvo simultáneamente.

Es necesario que haya un cambio regular de poder de un socio a otro en una relación entre dos Aries. Uno no siempre puede jugar al caballero de brillante armadura mientras que el otro es la damisela en apuros. Ambos deben adoptar ambos roles. Está bien permitir que su compañero se haga cargo y lo rescate de vez en cuando, pero hay una línea muy fina que ambos deben remarcar con cuidado. Bajar la guardia y ser un poco vulnerable no es lo mismo que caer en una espiral de impotencia. Además, no se quede atascado en un estado de parálisis por analizar demasiado un tema específico. Recuerde, nadie quiere cargar con la responsabilidad emocional de cuidar a un bebé adulto. Dado que los Aries son como bebés adultos, no olvide controlar este lado de su personalidad. Los Aries son extremadamente independientes y no pueden renunciar a su sentido de libertad, ni siquiera por el bien de una relación. Es importante mantener vidas personales separadas mientras se concentran en crear una vida juntos.

Los Aries son propensos a la agresión y la mejor manera de disipar esta angustia es mediante el esfuerzo físico. Ya sea que se trate de vivir aventuras juntos o disfrutar del sexo apasionado, la actividad física ayuda a eliminar estos sentimientos. Los Aries son conocidos por su pasión y libido. Esto puede recordarle a personas como Hugh Heffner. Aprenda a encontrar un terreno de mutuo acuerdo y no se encierre demasiado en sus maneras. Flexibilice sus términos. Es importante hacer pequeños compromisos y comprender las perspectivas de los demás.

Aries y Tauro

Cuando el carnero inflexible traba los cuernos con el toro obstinado, la relación será feroz y ardiente. Puede parecer una estampida de Pamplona, pero las llamas de la pasión nunca se apagarán. La agresión, ya sea civilizada o incivilizada, es parte de la naturaleza humana. En una relación entre un Aries y un Tauro, es importante recordar que ambos son extremadamente agresivos y obstinados. También es terco y encerrado en su manera de ser. Ambos signos tienen una variedad de tácticas arrolladoras para salirse con la suya. El primer enfrentamiento entre Aries y Tauro les ayudará a medirse entre sí. Estos signos anhelan una pareja que los mantenga a salvo y seguros. Pueden hacer esto por sí mismos, pero buscan rasgos similares en sus socios potenciales. Victoria y David Beckham son los ejemplos perfectos de un matrimonio de Aries y Tauro.

Reunirse, vestirse y hacer alarde de su superioridad inherente sobre el resto es algo que estos signos disfrutan. Es un buen pacto para ambos socios. En tal relación, un Tauro encuentra una pareja atractiva de la que están orgullosos y una pareja lujuriosa para satisfacer su libido. Por otro lado, Aries tiene un socio y proveedor de por vida que les proporciona creatividad ilimitada y mucho tiempo de juego, pero en el lado negativo, Tauro puede volverse extremadamente posesivo y restringir la libertad del ariano. Dado que Tauro es naturalmente indulgente, necesitan mantenerse activos para seguir el ritmo de sus energéticos compañeros arianos. La relación entre estos dos signos es similar a la de dos niños en el patio de recreo gritando "¡mío!" Dado que ambos signos del zodíaco requieren atención, es importante que los socios alternen entre los roles de dar y recibir.

Aries y Géminis

Según el zodíaco, Aries y Géminis son mejores amigos. Si son los mejores amigos, ofrecer beneficios adicionales ciertamente suena como una excelente idea. Es una gran idea, pero no se apresure. Ciertas similitudes que comparten estos signos pueden provocar combustión. Ambos son imprudentes, buscan gratificación instantánea y son impetuosos. Saben lo que quieren y lo quieren de inmediato. La emoción de jugar con los pies debajo de la mesa del comedor o participar en una conversación nerviosa puede hacerlos sentir como si fueran almas gemelas. Es importante ser espontáneo en una relación, pero cuando se combina la espontaneidad con la imprudencia, a menudo conduce a malas decisiones. Si no tiene cuidado, probablemente se lance al vacío de cabeza, creyendo que están destinado a estar juntos, sin siquiera llegar a conocerse. Son Aries y Géminis, ambos necesitan reducir la velocidad.

Dado que Aries y Géminis son buenos amigos, es posible establecer una relación sana y sólida. La química intelectual y la diversión física son dos elementos que no se pueden quitar de ambos signos. Lo único que debe recordar es mantener el ritmo. No permita que el aburrimiento se filtre y mantenga la emoción intacta. Para aliviar el aburrimiento y entenderse mejor, participen juntos en diferentes actividades. Pasen tiempo con amigos en común, participen de una actividad juntos o busquen un pequeño proyecto para satisfacer sus cortos períodos de atención. Un consejo simple: esta pareja necesita recurrir al otro en busca de consejos, especialmente en momentos de vulnerabilidad. Dado que estos dos signos son defensores del amor duro y la impaciencia, las conversaciones pueden volverse agotadoras rápidamente. Incluso una conversación sobre la vulnerabilidad puede convertirse rápidamente en una misión de búsqueda de fallos. El socio vulnerable podría percibir erróneamente el consejo de su socio como un ataque personal.

Entonces, aprendan a ser pacientes y compasivos el uno con el otro. Si ambos pueden bajar la guardia y pensar bien las cosas antes de actuar por impulsos, la relación será gratificante y maravillosa.

Aries y Cáncer

Cáncer gobierna la Cuarta Casa del Zodíaco y está asociado con el hogar, la familia y la maternidad. Aries es el bebé del calendario zodiacal. Esto podría traer una noción bastante inquietante de una relación edípica entre estos signos. A menos que atempere conscientemente estos rasgos y se concentre en el desarrollo personal, la relación no será saludable. En cambio, pasará automáticamente a los roles asociados con sus signos. Cáncer juega el papel de un padre mientras que Aries se convierte en un niño. Aries puede parecer un poco egoísta y egocéntrico, pero nunca con malas intenciones. En cambio, su estilo crudo y desorientado puede hacer que Cáncer se sienta resentido y consternado por la falta de comprensión de Aries.

Los cangrejos son cuidadores y dadores naturales, pero este signo también es muy vulnerable. Pero a Aries le encanta que lo mimen y que sea el centro de atención. Esta relación puede desencadenar los instintos maternos de Cáncer y hacer que complazcan a los arianos con todos sus caprichos y fantasías. Al final, Aries se convierte en un compañero exigente y mimado. Aunque los cangrejos tienen una capa exterior más dura, los arianos son los verdaderos guerreros, gobernados por el agresivo Marte. Aries ama su independencia, mientras que Cáncer se identifica con la familia. El carnero ama y prospera en libertad, mientras que el cangrejo puede ser posesivo. Hay espacio para muchos compromisos en la relación. Aunque puede volverse extremadamente competitivo y cada vez más arraigado en los celos. Si no se tiene cuidado, la relación rápidamente se volverá deprimente. Habrá días en los que ambos miembros de la pareja estarán inquietos y sus emociones se apoderarán de ellos. En lugar de recurrir al silencio, es mejor comunicarse abiertamente sobre sus necesidades y deseos.

Aries y Leo

Tanto Aries como Leo son signos de fuego, son aventureros, apasionados y aman el drama. Estos signos son llamativos y francos, y cada uno se esfuerza por cumplir con su agenda personal. Estas almas inquietas necesitan estimulación física e intelectual. Si las conversaciones se vuelven aburridas o vacías, la relación pierde su encanto. Dado que son signos de fuego, son increíblemente apasionados. Esta pasión también brota a la superficie en forma de crisis emocionales. Ninguno de los dos es experto en lidiar con su confusión emocional. También les resulta difícil lidiar con las emociones de los demás. Estas personas prosperan con la adrenalina y nos recuerdan a la célebre pareja de Jennifer Garner y Ben Affleck. Este dúo Aries-Leo se enamoró mientras filmaba la película de acción "Daredevil".

Dado que son signos de fuego, tanto Aries como Leo son independientes y aman su libertad. Buscan dejar su huella en el mundo y no les gusta que nadie se robe el centro de atención. De hecho, la relación se topa con obstáculos cuando una de las parejas intenta eclipsar a la otra. Si uno trata de hacer que el otro parezca irreflexivo o tonto, significa la pérdida de la relación. Estos dos signos no deben competir entre sí. La única persona con la que debe competir es con usted mismo. La relación no es una competencia y nadie tiene que ser el ganador o el perdedor. Aprendan a apoyarse y a animarse mutuamente. Mantenga viva la chispa y no se vuelva complaciente. La comodidad no es lo mismo que la complacencia. Una vez que la complacencia se infiltra, los socios tienden a perder interés en aportar esfuerzo a la relación.

Aries y Virgo

Los acoplamientos entre Aries y Virgo son comunes. La relación entre estos dos signos se trata de caminar por la delgada línea entre el amor y el odio. Aunque la atracción se siente predestinada e imposible de evitar, forma un acoplamiento contradictorio. Guiados por el fuego, los arianos aman la libertad y aman correr riesgos. Estas personas se enamoran perdidamente de los signos de Tierra, personas paternales y prudentes. Los Virgo se guían por la practicidad y todo tipo de protocolos. En cierto modo, Aries es a menudo la llama que toca las alas de gasa de un Virgo. Sin embargo, Virgo vuela voluntariamente cerca del fuego.

Estos signos vienen con un complejo de héroe natural que también se traduce en sus relaciones. Pero los signos buscan constantemente formas de arreglarse o exponer al otro a diferentes formas de vida. Los primeros meses de una relación entre Aries y Virgo son estimulantes y emocionantes. La pasión de Aries ayuda a Virgo a despertar mental, física e incluso sexualmente. Por otro lado, el cauteloso Virgo le enseña al carnero a reducir la velocidad y mirar a ambos lados antes de cruzar. Descubrir nuevos secretos sobre la personalidad de uno es una aventura emocionante para ambos signos.

El verdadero problema comienza una vez que desaparece este subidón hormonal. Hay ciertas diferencias evidentes que estos signos deben negociar para que la relación tenga éxito y sobreviva. Incluso las críticas bien intencionadas de Virgo pueden parecerle a Aries un asalto directo a su carácter. Virgo puede sentirse despreciado y resentido debido al egoísmo inherente asociado con Aries. Incluso después de escuchar a su compañero ariano durante horas y horas, los Virgo no obtendrán el crédito que buscan. Durante las etapas iniciales, esta pareja tiende a pasar mucho tiempo juntos. Pronto, se dan cuenta de que han pasado demasiado tiempo juntos y han perdido el contacto con el mundo exterior. Deben mantener y retener su sentido de individualidad en sus vidas personales, incluso cuando estén juntos. Los Virgo deben tener cuidado con sus críticas y no deben intentar cambiar demasiado a un Aries. Del mismo modo, Aries debe dejar de preocuparse demasiado por estar en el asiento del conductor e intentar soltar los controles de vez en cuando.

Aries y Libra

Aries y Libra son dos signos opuestos que se llevan bastante bien, pero la relación entre estos dos opuestos es a veces desconcertante. Aries se trata de uno mismo, mientras que Libra se trata de relaciones. Aries es un luchador y Libra es un amante. Estos extremos polares se combinan bien porque no solo se complementan entre sí, sino que cada uno compensa ciertos rasgos que el otro no posee. Aries es temperamental, temerario y rara vez da a otros el beneficio de la duda. No piensan antes de saltar y a menudo piensan en las consecuencias después de actuar. Bueno, pueden aprender a no hacer todo esto de su compañero, el sabio Libra.

Pero Libra a menudo es extremadamente complaciente y lucha por decir que no. Es hora de que aprendan a defenderse, comiencen a decir que no y, en lugar de preguntarse y pensar demasiado en las consecuencias, comiencen a actuar. Estas diferencias pueden ser un poco irritantes, pero si aprovechan adecuadamente su energía positiva, Libra y Aries pueden convertirse en una pareja equilibrada.

Los Libra son buenos oyentes y prestarán oído a Aries siempre que quieran despotricar. Los arianos también pueden esperar comentarios y consejos sensatos de los sabios Libra. Aries puede ayudar a sus homólogos de Libra a combatir su miedo al conflicto y enseñarles a defenderse por sí mismos. Para que esta relación tenga éxito, ambos necesitan ajustar su termostato interno. Aries es impulsivo, por lo que deben aprender a controlar su ira. Las demostraciones innecesarias de emociones concentradas desequilibrarán rápidamente las escalas internas de un Libra. El compromiso es la clave para que esta relación funcione. Libra necesita alejarse de sus elevados ideales y, en cambio, concentrarse en dar el primer paso. Los Aries tienden a saltar de cabeza hacia una relación, mientras que los Libra se toman todo el tiempo que necesitan para decidir si es lo correcto o no.

Aries y Escorpio

Marte gobierna a Aries y también ejerce cierto control sobre los Escorpio. La atracción física es lo primero que une a estos signos. La atracción sexual es tan grande que se siente como si los fuegos artificiales estuvieran constantemente encendidos cuando estos signos están juntos. Para ser justos, ninguno de los dos le tiene miedo a un poco de pólvora sexual. La alta intensidad del agua de Escorpio, junto con la potencia de fuego de Aries, provoca cierta carga. Sin embargo, este partido no puede durar mucho a menos que Escorpio se haya movido a un estado elevado. Aries no sabe entregar y Escorpio solo sabe retener. Siempre que un Aries extiende su mano para ayudar a Escorpio, su primer instinto es dar un paso atrás, lo que puede herir el ego del carnero. La energía de Aries consume mucho y puede dejar a Escorpio un poco asustado. Estas cosas pueden volverse rápidamente abrumadoras para un Escorpio. Por lo tanto, Aries necesita moderar el deseo crudo y controlarlo.

Los Aries son independientes y extrovertidos. Por lo tanto, les encanta pasar tiempo con diferentes círculos de amigos, conocidos o incluso extraños. Escorpio necesita moderar sus celos y posesividad. No tiene sentido tratar de controlar a un Aries porque nadie puede controlarlo realmente. El problema de esta relación es que ambos signos son sensibles al miedo al abandono. Para protegerse, intentan alejar a los demás. La paradoja de la autoprotección de desconectar a las personas antes de que las dejen se convertirá en la ruina de esta pareja.

Pero Aries cree que tiene derecho a lo mejor del mundo. Estos signos parecen decir: "Lo que es mío es mío y lo que es tuyo es mío". Cuando ambos socios están interesados en una relación, la pregunta importante a considerar es "¿Quién rellenará las arcas una vez que estén vacías?".

Aries y Sagitario

Estos dos signos de fuego se atraen naturalmente entre sí. La química y el amor no tardan en desarrollarse. Cada uno se sentirá como si se hubiera encontrado con el reflejo de su alma. Estos signos son independientes, aventureros, favorecen la lujuria, viven la vida en el momento y están llenos de confianza en sí mismos, que a menudo se confunde con arrogancia. También comparten el amor por el humor directo y comprenden y respetan la necesidad mutua de independencia y espacio en la relación. Bueno, todo parece bien, al menos al principio. Recuerde, Aries hace todo lo que puede cuando ama a alguien, pero este tipo de amor no es fácil para el carnero.

Esta pareja nunca se quedará sin temas mientras conversa. Pueden hablar de todo y de cualquier cosa, que es una de las razones por las que se sienten atraídos el uno por el otro. Cuando están juntos, incluso lo imposible parece factible, y su confianza natural comienza a dispararse. En el lado negativo, ambos signos viven en el momento y, por lo tanto, sus perspectivas pueden ser ligeramente miopes. Es probable que no todos sus planes se manifiesten en los resultados que desean. Cuando no lo hacen, ambos necesitan un seguro contra accidentes. Por lo tanto, esta pareja debe esforzarse por mirar hacia ambos lados antes de cruzar. Ambos son propensos a los episodios de pensamiento excesivo, que rápidamente drenan el ambiente optimista habitual que ambos aman.

La necesidad de atención y afecto de Aries es mayor que la necesidad de Sagitario. Puede hacer que Aries se sienta resentido si siente que necesita competir constantemente con la ajetreada vida y el horario de Sagitario para conseguir lo que quiere. Los Aries no solo quieren atención, sino que también creen que merecen todo esto y mucho más. Los momentos de necesidad de Aries pueden agitar al impaciente Sagitario. Cuando se lleva al límite, la ira ardiente combinada puede quemar rápidamente cualquier bosque. Sea consciente de su temperamento, aprenda a pensar antes de saltar al vacío y sea respetuoso con las necesidades y temperamentos de los demás.

Aries y Capricornio

Aries es un líder nato y siempre busca mantener la posición alfa en todas sus relaciones. Cuando un Aries y un Capricornio se juntan, el carnero finalmente se encuentra con su pareja cabra. Los Aries saben que la cabra es un líder experimentado. Esta relación es uno de los raros casos en los que a Aries no le importa mostrar algo de obediencia. El respeto natural que surge de Capricornio proviene del planeta que los gobierna: Saturno. Saturno impone autoridad, cumplimiento y respeto. Si Aries es el primogénito del zodíaco, la cabra es el signo del padre. La relación entre estos dos signos es similar a la de un caballero y un rey. Ambos signos son nobles, pero uno es claramente más antiguo y más sabio que el otro (Capricornio).

A veces, esto puede convertirse en un factor decisivo para los Aries en la relación, porque Aries valora demasiado su independencia, y la demostración natural de paternalismo de Capricornio puede volverse demasiado controladora para el luchador feroz. A pesar de que Aries es propenso a hacer berrinches y puede comportarse como un mocoso infernal, los Capricornio son imperturbables. De hecho, los capricornianos pueden encontrar divertidas las rabietas y arrebatos de Aries. Le darán al zodíaco más joven el espacio necesario para actuar. Una vez que estos dos signos comprenden y aceptan las reglas cósmicas, es más fácil mantener la relación. No solo son excelentes socios en el amor, sino también en los negocios. Aries es el guerrero y Capricornio es el general de cuatro estrellas. La vida es vista como un campo de batalla y ambos signos intentan conquistarla con su determinación. Cuando se juntan, no hay nada que no puedan lograr en equipo.

Los inquietos cascos del carnero se atenúan con el amor capricorniano por la estructura y la planificación. Se convierten en atrevidos compañeros de juegos que se divierten dentro y fuera del dormitorio. Los Aries son propensos a coquetear y a pasar demasiado tiempo con los demás. Esto puede poner un poco celoso al Capricornio convencional. Con el tiempo, los temores de la cabra pueden calmarse si la relación se basa en la confianza y el respeto mutuos. Una vez que se logran estas dos cosas, se crea una relación de apoyo saludable que es sostenible a largo plazo.

Aries y Acuario

Aries y Acuario forman un dúo brillante. El romance puede no ser tan emocionante como las carcajadas disfrutan. El simple hecho de que ambos sean capaces de defender su posición, tener respuestas inteligentes y no duden en ofrecer comentarios divertidos se convierte en algo excitante. Esta broma informal conduce rápidamente al dormitorio, y el sexo suele ser divertido y experimental. Incluso si no se inclina mucho hacia el lado emocional, al menos no durante las etapas iniciales, el sexo es divertido para estos signos. Casi se siente como si un Aries se hubiera encontrado con su gemelo acuariano y viceversa. Si esto no se controla, pronto ambos comenzarán a sentirse más como hermanos que como socios y amantes en una relación.

Sin embargo, los Aries no son conocidos por su capacidad de atención y se aburren rápidamente con las cosas. Si la relación se vuelve demasiado rutinaria, Aries perderá interés rápidamente. Los Aries son conocidos por sus intensos hechizos emocionales y requieren una atención emocional excesiva. Acuario, por otro lado, prefiere mantener las cosas ligeras y a veces puede parecer distante. Por lo tanto, un Aries podría sentir que el distante Acuario no satisface sus necesidades emocionales. Bueno, todo esto se reduce a la comunicación. Un Aries no se rinde hasta que se resuelven sus problemas y seguirá buscando formas de resolverlos. Un Acuario intenta resolver sus problemas con lógica o los postergará hasta que encuentre una solución. La determinación de un Aries puede llegar a ser demasiado para el Acuario casual y alegre.

El genial Acuario y el ardiente Aries expresan su afecto de manera diferente. La pasión y la fisicalidad del carnero pueden volverse un poco abrumadoras para el Acuario, que no siempre está de humor para el contacto. Si quieres que la relación entre un Acuario y un Aries sobreviva, ambos deben empujarse hacia las fronteras platónicas. Participen juntos de diferentes actividades, tómese el tiempo para viajar y pasen más tiempo hablando sobre las emociones. Acuario necesita darse cuenta de que está bien ser emocionalmente vulnerable, y Aries necesita respetar el tiempo que tarda un Acuario en abrirse. Si estos signos desarrollan su yo independiente, su reencuentro será increíblemente emocionante.

Aries y Piscis

Piscis es el último signo del zodíaco y Aries el primero. Son el Alfa (Aries) y Omega (Piscis). Son el anochecer y el amanecer. Uno no puede verse ni apreciarse sin el otro. Puede parecer que estos signos son extremadamente diferentes, pero los opuestos se atraen. A pesar de todas sus diferencias, hay mucho material para formar una relación. A los Aries les encanta ser adorados y, a menudo, anhelan ser el centro de atención. La naturaleza generosa de Piscis asegura que se cumplan todas las demandas de Aries. Piscis puede hacer y dar cualquier cosa en nombre del amor. Este tipo de amor ayuda al ariano a dejar atrás sus vulnerabilidades y ser su verdadero yo.

Aries puede seguir sus instintos naturales en esta relación mientras Piscis se prepara para las celebraciones. El único problema con esta pareja es que ambos tienen una imaginación poderosa y son soñadores. Si dos soñadores intentan conducir el timón de un barco, es probable que se desvíe del rumbo. Aries es un buen líder, pero necesita un copiloto fuerte. Piscis a menudo es inseguro y cae en períodos de impotencia, especialmente bajo estrés. Estos episodios de mal humor pueden ser un poco difíciles de manejar para los Aries. Piscis es pasivo-agresivo, mientras que Aries es naturalmente agresivo. Al cambiar sus estilos de comunicación y comprender cómo amarse como son, la relación prosperará.

Signos cúspide

El signo cúspide entre Piscis y Aries incluye a las personas que se inclinan hacia la excentricidad en la vida. Anhelan la estimulación intelectual más que cualquier otra cosa. Como era de esperar, buscan socios que les ofrezcan este tipo de estimulación. Géminis, Libra y Acuario son los signos de aire que pueden ofrecer a la cúspide Piscis-Aries la estimulación que anhelan. Los signos de aire son conocidos por su creatividad, espontaneidad, comprensión de la naturaleza humana y la capacidad de sostener una conversación. Sin embargo, siempre son los signos de tierra los que ayudan a equilibrar la energía de esta cúspide. Una persona en la cúspide Piscis-Aries no solo necesita un compañero que ilumine su mundo, sino que le brinde una sensación de equilibrio y apoyo firme.

La cúspide Aries-Tauro busca socios que ayuden a calmar su naturaleza agresiva. Sus socios necesitan una paciencia inmensa para lidiar con el liderazgo y el dominio combinados a los que es propensa esta cúspide. Estas personas no conocen límites y amarán a sus parejas incondicionalmente. La única advertencia es que este amante se marchará si sus parejas no cumplen con sus expectativas. Los mejores signos del zodíaco para esta cúspide incluyen Cáncer, Virgo, Libra, Tauro y Piscis.

Son extremadamente independientes, tienen formas salvajes y requieren socios igualmente fuertes. En el lado positivo, una vez que la cúspide sabe que está lista para establecerse, hará todo lo posible para cumplir con su compromiso. Todos los signos de tierra son buenos socios porque comprenderán su necesidad y deseo de tener éxito en la vida. Pero también se esforzarán por sobresalir. Por lo tanto, obtendrá toda la libertad que necesita. Estos signos también buscan una pareja que no se lastime fácilmente debido a su naturaleza temeraria. Por lo tanto, los signos de aire también son compañeros ideales. Los signos de aire son naturalmente independientes, lo que significa que no tomarán sus opiniones firmes como algo personal y respetarán su independencia. Estos espíritus de libre pensamiento vienen con su propio conjunto de opiniones fuertes, pero entienden que no hay dos individuos iguales y que habrá una diferencia de opiniones.

Aries adolescente

Los años de la adolescencia suelen ser tumultuosos. Es un poco más abrumador para un ariano. Dado que se sienten atraídos naturalmente por las cosas emocionantes, el amor les atrae fuertemente. Sin embargo, todas las diferentes propiedades discutidas en la sección anterior sobre sus fortalezas y debilidades juegan un papel en su vida amorosa, no solo en la edad adulta, sino también en la adolescencia.

Los Aries suelen estar ensimismados y se centran demasiado en todo lo que quieren lograr en la vida. Esto puede dificultar las relaciones. Si todo su tiempo, energía y esfuerzo se dedican a satisfacer sus propias necesidades, se quedará sin nada para su pareja. Por lo tanto, Aries debe decidir conscientemente tomarse un tiempo para sus parejas.

Aries tiene confianza en sí mismo y no le gusta depender de los demás. Cuando se trata de amor, debe mostrar sus vulnerabilidades. Está bien confiar en su pareja y aprender a confiar en su relación.

Una vez que la emoción de la relación se desvanece, Aries rápidamente pasa a otras cosas. Es hora de un poco de auto-introspección para comprender si la relación ha seguido su curso o simplemente usted está aburrido. Hay diferentes formas de lidiar con el aburrimiento, no todas implican terminar la relación.

Aprenda a gestionar sus expectativas en todos los aspectos de la vida. Aries a menudo se decepciona cuando las cosas no salen como se imaginaban. Dado que los Aries son soñadores, tienen grandes expectativas, no solo de sí mismos, sino también de los demás. Este tipo de expectativa puede significar rápidamente problemas en una relación.

A los Aries les encanta lanzarse de cabeza a nuevas aventuras en la vida y sus relaciones no son una excepción. Trate de abstenerse de hacer esto. Las relaciones nunca deben apresurarse, y su cultivo y mantenimiento requiere un tiempo, energía, esfuerzo y paciencia. A menos que esté dispuesto a cultivar todo esto, la relación no durará.

El primer amor de Aries

El primer amor es una de las experiencias más memorables que cualquiera puede tener en su vida. Embarcarse en su primera relación es un hito importante en su vida. No importa si la relación dura o no, nunca la olvidará. Cuando los arianos se enamoran, no se reprimen. Son directos y francos con sus amantes. No usan juegos mentales ni manipulaciones. Cuando un Aries sale con alguien, los socios saben en lo que se están metiendo. Obtienen exactamente lo que ven.

El primer amor es emocionante y puede ser un proceso un poco abrumador. La vida se siente mejor y todo se ve más brillante y hermoso que nunca. Todos estos sentimientos se magnifican para Aries. La pasión con la que aman no se parece a ninguna otra. La agresión del planeta Marte eleva directamente su pasión. ¿Recuerda cómo se sintió la primera vez que se enamoró o la primera vez que tuvo una relación real?

Los Aries son soñadores, pero también emprendedores. Una vez que ponen su mirada en alguien, van con todo lo que tienen. ¿Le resulta familiar? Bueno, aprendamos más sobre cómo Aries lidia con su primer amor y relación.

Aries se mueve rápido y vive el momento. Rara vez se detienen o se cuestionan. Si un Aries se enamora, será algo rápido. No hay otro signo que se enamore mejor que Aries. Son líderes valientes, natos y siempre quieren estar en el asiento del conductor. Cuando están enamorados, lo darán todo hasta conseguir lo que quieren. Su determinación y su enfoque nítido hacen que la búsqueda sea divertida e interesante. La emoción de enamorarse los embriaga. Bueno, Aries no solo lo sabe, sino que también aprecia esta emoción. Es una reminiscencia de cómo un niño pequeño se siente atraído por un juguete nuevo y brillante hasta que aparece algo mejor y lo distrae. Así es como se comportan los arianos en las relaciones. Enamorarse es algo fácil y natural para Aries, pero permanecer enamorado es un juego completamente diferente.

Aries rara vez se pone nervioso, pero ante un nuevo amor o el primer amor, experimentan mariposas en el estómago como cualquier otra persona. No son los más expresivos de los signos del zodíaco y, a menudo, luchan con conversaciones sutiles. Si a un Aries le gusta alguien, será sincero al respecto. Son incapaces de lidiar con emociones abrumadoras. Si llega a ser demasiado, las emociones se apoderarán de ellos. Si un ariano se enamora por primera vez, será honesto y directo al respecto. Desde grandes gestos hasta simples demostraciones de amor y afecto, Aries lo hará todo. Incluso podría sentir que todo su mundo gira en torno a esa otra persona. Dado que los Aries a menudo están absortos en sí mismos, este cambio de percepción puede ser difícil. Puede provocar una serie de emociones conflictivas.

Si Aries se siente cómodo y feliz en la relación, dejará de lado el miedo a expresar sus vulnerabilidades. Los Aries son valientes y les encanta defenderse a sí mismos. Mostrar vulnerabilidades no les resulta fácil ni natural. Incluso si son apasionados, luchan para no sentirse vulnerables.

Aries en pareja

Romance embriagador, pasión, amor y afecto desenfrenado son algunas de las palabras que describen a un ariano en una relación. En esta sección, veamos cómo se comporta Aries en las relaciones.

Sin retenciones

Aries no sabe cómo reprimirse, y esto también es cierto para sus vidas amorosas. Son socios directos, honestos y francos. No usarán ningún juego mental. Con un Aries, usted obtiene precisamente lo que ve, no hay fachadas. Aries puede parecer un poco dominante y agresivo en la relación, pero nunca tiene mala intención. Todo esto se hace con entusiasmo general y una inocencia infantil que es difícil de encontrar. Aries trae consigo una cierta sensación de emoción a la relación, que es embriagadora. Esta embriagadora mezcla de emoción y romance hace que sea fácil ignorar su impulso de estar en el asiento del conductor todo el tiempo.

Como Aries, probablemente usted esté acostumbrado a tener siempre el control y hacerse cargo. Usted es quien siempre da el primer paso y no tiene reparos en ello. Con las relaciones, asegúrese de no ser demasiado fuerte con su pareja. Está bien hacerse cargo, pero intente respetar los límites de la otra persona.

Socios fuertes

Los Aries son personalidades extremadamente fuertes y buscan rasgos similares en sus parejas. Un Aries no puede lidiar con un compañero débil. No significa que estén buscando individuos dominantes o manipuladores. Simplemente significa que se sienten atraídos por personas que no dudan en poner el esfuerzo necesario para que las cosas funcionen. Si su pareja es pegajosa, necesitada o insegura acerca de la relación, probablemente le moleste. Aries odia a la gente manipulable y busca socios que sean tan luchadores y seguros como ellos.

Romance embriagador

A los Aries les encanta la emoción de enamorarse. Disfrutan de la persecución y les da una descarga de adrenalina que adoran. Su naturaleza extrovertida les presenta a personas de todos los ámbitos de la vida. Esto, a su vez, les presenta una variedad de socios potenciales. Esto, junto con su entusiasmo contagioso, energía y enfoque audaz de las relaciones, significa que Aries generalmente pasa por múltiples relaciones antes de encontrar su pareja perfecta. Su confianza, entusiasmo desenfrenado por la vida y libido saludable los convierten en una perspectiva atractiva.

Una vez que un Aries está en una relación, se vuelve protector. Los Aries protegen naturalmente todo lo que les es querido, y sus parejas no son una excepción. Este tipo de atención que brindan los arianos es emocionante y entrañable. No se exceden con su afecto, sino que buscan una pareja que pueda defenderse. El romance con ellos es embriagador. Esta embriagadora mezcla de rasgos los convierte en un amante y socio ideal.

Celos leves

Como se mencionó, Aries puede ser un poco posesivo, como un niño que dice: "Esto es mío". Una vez que un Aries piensa que algo es suyo, solo es suyo.

Este tipo de pensamiento no es el resultado de inseguridades o procesos de pensamiento maliciosos. En cambio, es solo su naturaleza infantil en juego. A los Aries también les encanta la atención y no les gusta que su pareja no pueda brindarles la atención que creen que se merecen. Si ha experimentado este tipo de celos, recuerde mantenerlos bajo control. Recuerde, más para los demás no significa menos para usted. Siempre que se sienta celoso, es mejor hablar con su pareja al respecto. Muchos problemas en la relación se pueden resolver fácilmente con una comunicación abierta y honesta.

Un poco impaciente

Este signo de fuego no tiene miedo de correr riesgos y acepta desafíos sin pensarlo dos veces. A veces, eso conduce a malas decisiones, especialmente cuando no piensa en las consecuencias. Es posible que haya habido casos en su vida en los que pensó: "Bueno, parecía una buena idea en ese momento" o "Pensé que saldría mejor". Estos pensamientos son el resultado de su impaciencia. Esta impaciencia también lo seguirá en su vida amorosa, si no presta atención. Aries no es conocido por ser paciente o sutil. Por lo tanto, si los socios son demasiado cautelosos y reservados, se convierte en un apagón instantáneo. Antes de sacar conclusiones o decidir hacer algo, siempre es mejor hacer una pausa y pensar en lo que está sucediendo. No todo el mundo necesita resultados rápidos como usted. Aprenda a ser un poco paciente cuando se trate de manejar aspectos de su vida.

Compromiso

Este es un signo de que rápidamente se compromete con las relaciones. Desde la perspectiva de un Aries, el coqueteo y las citas son un medio para lograr un fin. El fin que tienen en mente es el compromiso. Para un Aries, comprometerse con una relación es similar a completar el tramo final de la carrera. Dado que están orientados a objetivos, comprometerse con la relación es la fase final del viaje que han emprendido. Están en esto a largo plazo y celebrarán cada victoria en el camino hasta que logren sus objetivos.

Si un ariano sabe que su pareja también está dispuesta a comprometerse, es el que cree en los grandes gestos. Comprarán flores y anillos y no esperarán a que las cosas sean definitivas. Desde hacer estallar la botella de champán hasta celebrar sus victorias, Aries quiere hacerlo todo. Puede ser un poco abrumador cuando un Aries hace todo esto. Hay un pequeño problema en cómo ve Aries un compromiso. Piensan en el compromiso como la batalla final que necesitan ganar en la guerra del amor para salir victoriosos. Una vez que ganan una guerra, no termina ahí. Buscan activamente otras guerras para ganar y otra razón para luchar. Todos aquellos en una relación con un Aries o comprometidos con un Aries deben asegurarse de que las batallas sean razonables y ayudarse mutuamente para encontrar la victoria. En lugar de comenzar nuevas batallas que vayan en contra de una relación, pueden canalizar toda su energía hacia la consecución de objetivos en diferentes aspectos de sus vidas juntos.

Una guía rápida para salir con un Aries

Aries ama el liderazgo y es bastante asertivo. Están organizados y eligen profesiones que les permitan expresarse y aprovechar esa energía libremente. Son apasionados, enérgicos y aman el control. Si usted está saliendo con un Aries o quiere salir con un Aries, aquí tiene algunos consejos que le serán útiles.

Aprenda a ser directo

Aries sabe lo que quiere y cómo conseguirlo. Si le gusta a un Aries, lo sabrá de inmediato. Si llamó su atención, espere mucho contacto visual, gestos y comentarios coquetos. Son honestos y no se andan con rodeos. Por lo tanto, aprenda a ser directo con ellos. Otros rasgos de personalidad se interpondrán en el camino, pero lo mejor que puede hacer es ser franco acerca de sus intenciones y motivaciones. Un Aries agradecerá su sinceridad.

Sea honesto

Dado que los Aries son honestos y no pueden mentir, aprecian la verdad y la honestidad. No pueden mentir para salvar su propio pellejo y luego esperar que sus socios no hagan lo mismo. En comparación con otros signos, Aries puede detectar mentiras fácilmente. Extender la verdad puede parecer una opción interesante para tentar y atraer a la persona que le gusta. Sin embargo, es probable que la estrategia sea contraproducente. Si Aries detecta que está mintiendo, omitiendo la verdad o siendo deshonesto, las cosas empeorarán rápidamente.

Defienda su postura

A los Aries les encanta tener el control y son conocidos por poner a prueba los límites. No hacen esto con intenciones maliciosas, es solo su naturaleza infantil. El bebé del calendario del zodíaco a menudo prueba los límites para ver hasta qué punto pueden salirse con la suya. Por lo tanto, defienda su posición e implemente sus límites. Es un signo de autorrespeto, y un Aries lo respetará por ello.

No se rinda y defienda todo en lo que cree, incluso si el ariano pone a prueba continuamente sus límites. No trate de regatear y, por supuesto, deje de dar demasiadas explicaciones. No retroceda y nunca deje espacio para la interpretación en las conversaciones con los arianos. Cuando se trata de implementar sus límites, asegúrese de dejar un poco de margen de maniobra. Sus límites son una señal de respeto por usted mismo y reconocimiento de todo lo que es aceptable e inaceptable para usted. Recuerde, siempre tiene la opción de irse cuando las cosas se vuelven demasiado difíciles de manejar.

Mucha socialización

Los Aries son extrovertidos y les encanta socializar. Si está saliendo con un Aries, prepárese para socializar. Los arianos se mezclan con diferentes grupos sociales y tienen una larga lista de amigos y conocidos. Si usted es introvertido o se inclina por la introversión, puede llegar a ser un poco difícil para usted. Sin embargo, no le de tanta importancia a este aspecto. A los Aries les encanta pasar tiempo con los demás, pero también les encanta su tiempo libre. Significa que debe estar preparado para interminables maratones de televisión, así como para una buena dosis de fiestas.

No renuncie a su independencia

Los Aries son independientes y aman su libertad. Buscan socios que compartan creencias similares. No puede quitarle a un Aries la necesidad de estar a solas. En cualquier relación sana, los socios deben conservar su identidad e independencia. Ambos necesitan tener sus propias vidas. El hecho de que estén saliendo no significa que tengan que pasar juntos cada segundo de sus vidas. De hecho, si se vuelve necesitado o pegajoso, alejará a su pareja ariana. Si es una persona independiente, salir con un Aries será perfecto.

Aporte emoción

¿Recuerda que Aries es el bebé del calendario zodiacal? Bueno, son curiosos y siempre están en busca de cosas nuevas. Al salir con un Aries, mantenga las cosas interesantes. No todo tiene que ser un gran gesto y no tiene que hacer ningún cambio radical en su personalidad o su vida. Pero intente mantener viva la chispa. Aries tiene una capacidad de atención increíblemente corta, y mantener su atención requerirá un esfuerzo considerable para ambas personas. No les gusta simplemente dejarse llevar por la marea. En cambio, buscan el entusiasmo constantemente Mantener las cosas interesantes es importante en cualquier relación sana. No se vuelva complaciente y no deje que su pareja se aburra.

Los Aries son extremadamente cariñosos. Incluso si tienen una mala reputación por coquetear, serán fieles una vez que lo amen y confíen en usted. El tipo de amor apasionado y feroz que un Aries es capaz de dar es diferente a cualquier otro. Sin embargo, también son un poco complicados. Abra su corazón y deje que su intuición guíe el camino. Salir con un Aries es similar a subir en una montaña rusa. Nunca habrá un momento aburrido, así que prepárese para el viaje de su vida.

Una guía rápida para que Aries experimente relaciones saludables

Aries es un compañero maravilloso y lleno de confianza y entusiasmo por la vida. Como Aries, su entusiasmo desenfrenado, inocencia infantil y entusiasmo por la vida se reflejan en todo lo que hace. Busca constantemente formas de hacer la vida más interesante. A menos que la vida sea una gran aventura, no se sentirá satisfecho. Cuando las cosas empiezan a parecer rutinarias, se aburre. Por lo tanto, debe buscar constantemente nuevos lugares para explorar con su pareja.

Los Aries tienen múltiples intereses, y por eso generalmente están rodeados de personas de todos los orígenes. No tiene vergüenza cuando se trata de pedir a otros que lo ayuden a lograr lo que desea. Sin embargo, no depende necesariamente de ellos para hacer realidad sus sueños. Su curiosidad natural es importante en una relación porque lo ayuda a comprender más a su pareja.

Los arianos están enfocados y determinados. Son emprendedores y no dudan en tomar la iniciativa. Esta iniciativa es útil para su vida personal. Usted tiene un círculo social inmenso y la energía mental y emocional necesaria para lograr sus objetivos. No tiene miedo de dar el primer paso. Esta es una habilidad útil, especialmente cuando se trata de resolver cualquier obstáculo que enfrente su relación.

A los Aries les gusta probar cosas nuevas y están abiertos al cambio. Su adaptabilidad lo hace lo suficientemente fuerte para lidiar con los altibajos de la relación. No se estanca en sus métodos y está dispuesto a explorar diferentes cosas hasta que encuentre algo que funcione para usted.

Los Aries son increíblemente amables con los demás, pero no son del tipo que sufrirán en silencio. No tienen miedo de llamar a las cosas por su nombre, independientemente de si los demás quieren ver su perspectiva. Este tipo de honestidad brutal no siempre es bienvenida.

También tienden a actuar sin pensar detenidamente en las consecuencias de sus acciones. En una relación romántica, pueden parecer desconsiderados. Por lo tanto, dedique algún tiempo a tratar de comprender lo que está haciendo antes de continuar. Recuerde, sus decisiones influyen no solo en el curso de su vida, sino también en la vida de los demás. No sea desconsiderado, trate de ser pensar un poco en los demás.

No tenga miedo de bajar la guardia y ser vulnerable. Aries tiene problemas para mostrar su vulnerabilidad. Si no puede hacer esto, desarrollar intimidad emocional se volverá difícil en una relación. Confíe en su pareja y tenga un poco de fe en la relación.

Se sabe que los Aries son temperamentales y de mal humor. No deje que su estado de ánimo afecte la relación. Usted no es el único ser humano capaz de sentir y experimentar las emociones. Los demás también sienten. Si quiere que su pareja esté ahí para usted en tiempos difíciles, aprenda a apoyarlos usted a ellos. Intente canalizar su angustia interior hacia las cosas positivas de la vida y las relaciones se volverán más fáciles.

Capítulo 7: Aries en una fiesta

Los humanos somos animales sociales y vivimos en sociedad. No podemos vivir aislados, el contacto social es bueno para nuestro bienestar general. Aprendemos y crecemos mientras interactuamos con los demás. Nuestro círculo social da forma a nuestras vidas e identidades personales. Los Aries son extrovertidos por naturaleza y se dan bien en las multitudes. Para Aries, su círculo social es muy importante. En este capítulo, aprenderá acerca de la compatibilidad de amistad de Aries con otros signos, consejos para formar y mantener amistades siendo un Aries y consejos para cultivar la amistad con Aries.

Amistad con otros signos

Aries

La amistad entre dos Aries une a dos individuos fuertes e inflexibles. Este signo siempre es abierto y honesto. Por lo tanto, no tiene que preocuparse por las intenciones maliciosas o la hipocresía cuando es amigo de otro Aries. Sin embargo, este ego puede obstaculizar el vínculo, ya que estos signos se ofenden fácilmente. A menudo tienen un amplio círculo de amigos y conocidos porque necesitan cambios y estímulos constantes. Cuando usted es amigo de un Aries, hay mucha estimulación disponible y no tiene que buscarla en ningún otro lado.

Tauro

La amistad entre Aries y Tauro es perfecta. Aporta equilibrio a la espontaneidad de Aries y la consideración de Tauro. El simple hecho de que sean extremadamente diferentes entre sí simplemente hace que la amistad sea tentadora y encantadora. Ayuda a crear el equilibrio adecuado de energía masculina y femenina. Cuando Aries necesita un oyente, Tauro está ahí para ellos con un oído atento y buenos consejos.

Géminis

La amistad entre estos dos signos es un hermoso equilibrio de energía física y fuerza intelectual. Se llevan bien porque la fuerza aireada de un Géminis apoya el espíritu ardiente de un Aries. Cuando trabajan juntos, pueden lograr resultados prolíficos debido a sus diferentes personalidades y habilidades de comunicación. Es una amistad complementaria donde ambos se benefician el uno del otro.

Cáncer

La estabilidad y la confianza son las características principales de una amistad entre Cáncer y Aries. A medida que la amistad se fortalece, también aumenta el sentido de comprensión entre los signos. Los elementos de agua y fuego no van bien juntos, pero pueden formar un equipo excepcional con el esfuerzo y la comprensión mutua.

Leo

La pasión y la energía son las características definitorias de la amistad entre Aries y Leo. Estos dos signos son increíblemente dinámicos, aventureros y tienen un espíritu competitivo saludable. El respeto y la admiración mutua, junto con la energía dinámica, hacen que la amistad sea fructífera para ambos signos.

Virgo

La armonía entre Aries y Virgo será duradera una vez que se acepten como son. Pueden ser signos opuestos, pero sus diferencias hacen que la amistad sea interesante y emocionante. Cada signo tiene la oportunidad de aprender más sobre sí mismo y descubrir algo nuevo del otro.

Libra

La unión de Marte y Venus trae consigo una sensación de armonía. Esto hace que la amistad entre Aries y Libra sea satisfactoria y mutuamente enriquecedora. A los Libra les encanta la colaboración y los Aries son increíblemente independientes. Por lo tanto, siempre habrá mucho terreno para explorar. En esta amistad, los signos nunca se quedarán sin temas para discutir.

Escorpio

Una vez que estos signos aprenden a superar sus personalidades naturalmente dominantes, la amistad puede ser divertida y emocionante. Su sentido del humor compartido es fascinante, pero también puede provocar luchas de poder. Si estos signos aprenden a dejar de lado sus diferencias y trabajan juntos, su energía combinada será inigualable.

Sagitario

Una amistad entre Aries y Sagitario siempre será divertida y entretenida. Sus rasgos similares y su amor por la emoción los hacen compatibles como amigos. Sin embargo, ambos signos son famosos por su mal genio. Una vez que aprendan a regular su ira, la amistad puede ser mutuamente inspiradora y beneficiosa.

Capricornio

Una vez que Aries y Capricornio aprendan a identificar y aceptar sus roles bien definidos en la amistad, pueden hacer maravillas juntos. Dado que estos dos signos son naturalmente competitivos, es importante garantizar que la competencia siempre se mantenga saludable. Su naturaleza competitiva también puede crear problemas de confianza innecesarios. Todo esto se puede eludir fácilmente mediante una comunicación abierta.

Acuario

La amistad entre Aries y Acuario puede ser competitiva, pero siempre será emocionante. Ambos signos son imaginativos y creativos. Por lo tanto, nunca se quedarán sin actividades para hacer juntos. Sus intereses y pasiones compartidos mantendrán una amistad, pero ambos son un poco tercos y necesitan aprender a comprometerse de vez en cuando.

Piscis

La amistad entre Aries y Piscis es mutuamente beneficiosa. Piscis aporta una sensación de estabilidad y equilibrio a la naturaleza mandona de un ariano. El primer y el último signo del zodíaco son amigos que no dudarán en estar al lado del otro en momentos de necesidad.

Ya sea la cúspide Aries-Tauro o Piscis-Aries, a estos signos les encanta explorar el mundo que los rodea. Su naturaleza extrovertida les facilita hacer y mantener amistades.

Cómo reconocer a un ariano en una fiesta

Las fiestas son divertidas y emocionantes. Le ayudan a interactuar con sus seres queridos y con desconocidos por igual. En las fiestas puede conocer mucha gente y tiene la oportunidad de relajarse. En cada fiesta o evento social, se reúnen diferentes tipos de personas. Algunas personas son grandes estrellas y otras son simplemente borrachos. Algunos juegan el papel de paparazzi, otros te ofrecerán bebidas, está también la niñera o la figura paterna, el jugador de beer pong, el bailarín, el DJ autodesignado, el bailarín de estilo libre o hasta el llorón. Reconocer a un ariano es bastante simple. ¿Por qué es tan fácil? Bueno, suelen ser el centro de atención y disfrutan de toda la atención que reciben.

Aries es como un rayo de luz que instantáneamente energiza y electrifica el ambiente de la fiesta. Desde que llegan hasta que se van, exigen la atención de todos. El impulso natural de buscar emoción los convierte en el alma de la fiesta. Estas personas suelen ser las que insisten en que todos sigan bebiendo. Están llenos de energía y es como si la irradiaran de sus cuerpos. También puede observarse su naturaleza naturalmente competitiva Ya sea un juego de beber o un pong de cerveza, Aries intentará ganar.

Si un Aries está organizando una reunión, lo sabrá. Algunos prefieren las reuniones informales, mientras que a otros les encantan las grandes reuniones donde la comida, el alcohol y la música fluyen libremente. Puede que no se dé cuenta, pero el signo del zodíaco también influye en el tipo de fiestas que organizamos. Dado que su signo solar influye en los rasgos básicos de su personalidad, el tipo de fiesta que desea organizar también será diferente. Los Aries no solo saben cómo dar vida a una fiesta, sino que su alta energía y vibraciones positivas pueden elevar el estado de ánimo instantáneamente. No se preocupan por los pequeños detalles y, en cambio, se concentran en el ambiente. No necesitan horas para planificar una fiesta y organizar una reunión brillante. Su carisma natural atrae a la gente. Además, si Aries está organizando una fiesta, es probable que haya una gran variedad de personas. ¿Recuerda los diferentes tipos de personas que se mencionaron anteriormente? En la fiesta de Aries, los encontrará a todos.

Aries como amigo

Un Aries típico suele tener muchos amigos. Son fieles y leales a sus amigos. Son verdaderamente confiables. Siempre puede contar con su amigo Aries para que lo apoye en momentos de necesidad. Independientemente de la hora del día, si los necesita, estarán allí para usted. Si usted logra superar su duro exterior, comprenderá lo maravillosos y vulnerables que son por dentro. Aries aprecia a los amigos que pueden valerse por sí mismos, no tienen miedo de actuar y tienen un sentido de la aventura. Exigen honestidad en todas las relaciones. Aunque son impulsivos y de mal genio, sus corazones siempre están en el lugar correcto. En una discusión o desacuerdo, esté preparado para que reaccionen con dureza. La buena noticia es que son incapaces de guardar rencor y la ira pasa rápidamente. Todo lo que se necesita es una sonrisa para hacer las cosas bien con un Aries. Después de todo, son el bebé del Zodíaco.

Como Aries, a pesar de que es un amigo ferozmente leal, es posible que haya habido casos en su vida en los que haya perdido a uno o dos amigos. A menudo sucede porque tiene un círculo amplio de amigos y realmente no se da cuenta del valor que los amigos agregan a su vida. También puede deberse al ensimismamiento asociado con su signo. Por lo general, los arianos pierden amigos por motivos personales. Por ejemplo, si un Aries ayuda a su amigo en momentos de necesidad, esperará que le devuelvan el favor. Si la otra persona no hace esto, Aries puede ser innecesariamente severo o agresivo. Un Aries no puede ser amigo de nadie que no lo respete o que no sea honesto. Por ejemplo, si un Aries se da cuenta de que lo han engañado o lo han menospreciado, no hay vuelta atrás. Será el fin de la amistad.

Cómo ser amigo de un Aries

Aries es un individuo divertido y optimista. La amistad con ellos es increíble. Son naturalmente aventureros, independientes, generosos y vibrantes. Siempre dan el primer paso para lograr el cambio que desean. Sin embargo, también pueden ser impacientes y malhumorados. Si tiene un amigo ariano o estás tratando de ser compañero de un Aries, es importante tener en cuenta su personalidad. En esta sección, veamos algunos consejos prácticos y sencillos para ser amigo de un ariano.

Compréndalos

Nadie puede ser amigo de otra persona si no es consciente de sus rasgos. Este conocimiento incluye una conciencia de sus rasgos positivos y negativos. Una vez que conozca mejor este signo del zodíaco, será más fácil comprender por qué se comporta de la manera en que lo hace. También entenderá su manera de pensar. En el lado positivo, Aries es valiente, generoso, innovador, leal, creativo, activo, seguro de sí mismo, entusiasta y divertido. Les gusta mantener el ambiente animado y relajado. No son del tipo que se bloquea con problemas o preocupaciones de la vida. En cambio, buscan formas creativas de superar cualquier desafío. En el lado negativo, son de mal genio, temerarios, indecisos, agresivos, impacientes y egoístas hasta cierto punto, sin mencionar que son dominantes, controladores y de mal humor.

Deles atención

A los Aries les encanta ser el centro de atención y siempre se asegurarán de recibir la atención que creen que merecen. Les encanta ser el centro de atención. Entonces, si quiere ser amigo de ariano, dele toda su atención. Cuando esté con ellos, no se concentre en otras cosas y hágale saber que está escuchándolo. También se sabe que los arianos tienen un gran ego, y mimarlos de vez en cuando puede ser beneficioso para la amistad. Sin embargo, no tiene que esforzarse por hacer las cosas por ellos. En su lugar, sea genuino y ofrezca algunos cumplidos honestos.

Entienda su amor por la velocidad

Los Aries no son conocidos por su paciencia. Son rápidos tanto en acciones como en pensamientos. Una vida de ritmo lento es algo que un Aries no puede manejar en absoluto. Esta es la razón por la que constantemente persiguen diferentes cosas en la vida. A menos que pueda igualar su velocidad o ritmo, no podrá ser su amigo. Como son impacientes, no les gusta esperar. Si puede mantener este ritmo, habrá encontrado un amigo genuino de por vida.

Sea aventurero

Rara vez habrá un momento aburrido en una amistad con un ariano. Tienen ideas emocionantes y nuevas aventuras en las que embarcarse. Aquellos que son tímidos o indecisos pueden necesitar salir de su zona de confort para adaptarse a un Aries. No significa que tenga que cambiar nada. Simplemente significa que debe ser más abierto. Si agrega algo de emoción y vitalidad a la vida de un Aries, la amistad se volverá realmente gratificante.

Deles su espacio

A los Aries les encanta estar rodeados de personas, pero también valoran su espacio personal. Son individuos ferozmente independientes que valoran mucho la libertad. Si un Aries siente que su libertad está restringida, cortará todos los lazos y correrá en la dirección opuesta. Aries detesta a las personas necesitadas, pegajosas y que no respetan su espacio personal. Como suelen estar de mal humor, necesitan momentos a solas para recuperar el equilibrio en sus vidas. Si un Aries dice que quiere estar solo, dele su espacio. Él se comunicará con usted pronto.

Sepa escuchar

El primer zodíaco es hablador y, a menudo, busca algunos oyentes. También son conocidos por despotricar sobre diferentes cosas que les molestan. Si un Aries está despotricando, déjelo. No interrumpa y ciertamente no ofrezca ningún consejo sin esperar a que termine de hablar. Simplemente preste un oído atento y déjeles entender que usted estará allí para ellos. A pesar de su exterior valiente, Aries es emocionalmente vulnerable. Se necesita mucho para que un Aries baje la guardia y permita que alguien más vea su interior.

Déjelos tener el control

Los Aries son líderes natos y les encanta tener el control de todas las situaciones de la vida. Ya sea en su vida privada o personal, siempre quieren estar en el asiento del conductor. Debido a sus cualidades de liderazgo, usted nunca podrá controlarlos realmente. Deje que se hagan cargo de las cosas de vez en cuando y aprenda a pasar al segundo plano. Cuando haga esto, la amistad prosperará y conocerá más sobre su amigo ariano.

Consejos para que Aries forme amistades saludables y duraderas

A Aries le encanta conocer gente nueva y, a menudo, tiene un círculo variado de amigos. De hecho, tienden a tener amigos de todos los ámbitos de la vida. Ya sea el cartero del vecindario o los niños que juegan en el parque, Aries puede llevarse bien con cualquiera. Sin embargo, existe una diferencia entre llevarse bien con los demás y hacer verdaderos amigos. En esta sección, veamos algunos consejos sencillos que puede seguir para cultivar y mantener amistades saludables y duraderas.

Acto de equilibrio

Aries comprende la importancia de la honestidad y la sinceridad en la vida. No pueden soportar la pretensión. Con un Aries, obtienes prácticamente lo que ves. Son brutalmente honestos, lo que no siempre se agradece. Por lo tanto, aprenda a encontrar un equilibrio entre el tacto y la realidad. Está bien querer ser real todo el tiempo, pero aprenda a evaluar el estado de ánimo de su amigo antes de decir algo. Un poco de diplomacia no hará daño a nadie y ayudará a fortalecer sus amistades. Por ejemplo, si nota que su amigo está triste por una mala decisión que ha tomado, no es el momento de decir: "Te lo dije". En su lugar, esté ahí para ellos y podrá ofrecer sus ideas y consejos más tarde.

Ser un buen oyente

Aries espera que los demás los escuchen, pero rara vez son buenos oyentes. Cultive la paciencia necesaria para ser un buen oyente. Escuchar se ha convertido en un arte perdido en estos días, y cultivar esta habilidad será útil en todos los aspectos de su vida, no solo en las amistades. Cuando escucha a alguien, demuestre que se preocupa y comprende. También demuestra que respeta lo que dice la otra persona. Si se das cuenta de que su amigo le está hablando de algo, preste atención a lo que está diciendo. Olvídese de sus problemas por un minuto y escúchelos. Ninguna amistad puede sobrevivir si ambos no están dispuestos a escuchar. Además, cuando pregunte sobre la vida de su amigo y su bienestar general, demuestre que está interesado en todo lo que tiene que decir.

Hacerse algo de tiempo

Probablemente tenga muchos amigos, y esto no tiene nada de malo. Sin embargo, si desea cultivar y mantener amistades saludables y duraderas, debe dedicar tiempo a sus amigos. Una amistad no puede sostenerse por sí misma si no puede ofrecer su tiempo y atención. Puede haber cientos de cosas para hacer, pero sus amigos también son importantes. No se olvide de retribuir a sus amistades. El tiempo es uno de los mejores regalos que le puede dar a alguien.

No tratar de tener siempre el control

Como ariano, está en su naturaleza tratar siempre de controlar las situaciones. Sin embargo, si espera que los demás lo escuchen todo el tiempo o se enoja si no se sale con la suya, arruinará las relaciones. Aprenda a comprender que habrá casos en los que necesite ceder el mando. Si su amigo lo escuchó anteriormente, ahora es el momento de devolverle el favor y escucharlo usted a él. Está bien no estar a cargo de todo. Aprenda a dejar de lado su obsesiva necesidad de control y, en cambio, relájese.

Motivación y aprecio

A los Aries les encanta que los motiven y los aprecien por sus cosas positivos y todo lo que hacen en la vida. Debe dar tanto como reciba Una relación no puede sobrevivir si no hay reciprocidad. Por lo tanto, comience a mostrar el tipo de comportamiento que disfruta. Si su amigo está emocionado por algo, comparta su entusiasmo. Aprenda a apreciar todo lo que sus amigos hacen por usted. No dé por sentada la relación y, desde luego, no ignore sus amistades.

Lidiar con los conflictos

Se sabe que los arianos son agresivos y de mal genio. Aprenda a controlar y neutralizar su agresión sin atacar a sus amigos. Es probable que surja una diferencia de opiniones en cualquier relación. Es importante poder afrontarlo de forma positiva. El hecho de que tenga una opinión no significa que los demás estén equivocados. Comprenda que puede haber múltiples opiniones y todas ellas pueden ser ciertas. No es necesario que uno esté equivocado para que el otro tenga razón. Recuerde, no todo el mundo piensa y se comporta como usted. Aprenda a ser considerado con los sentimientos y emociones de los demás y no solo con los suyos. No se enrede tanto en su propia vida como para no tener tiempo para los demás. Maneje los conflictos de manera positiva y controle su temperamento.

Capítulo 8: Aries en el trabajo

El trabajo es una parte importante de la vida. No es solo un medio para un fin o una forma de sustento, sino que también es parte de su vida. En promedio, una jornada laboral habitual dura entre 6 y 8 horas al día. Se cree que una persona promedio pasa alrededor de 90.000 horas en el trabajo. Sí, leyó bien, ¡90.000 horas! Esa es una parte considerable de su vida dedicada al trabajo. Por lo tanto, es importante asegurarse de estar en el trabajo correcto y de haber creado el entorno de trabajo adecuado. Trabajar en un espacio que no le gusta se volverá estresante y frustrante. Del mismo modo, si su profesión no combina con sus puntos fuertes, aumentará la frustración.

En esta sección, veamos cómo se comporta Aries en el trabajo, sus opciones profesionales ideales y consejos para aumentar su productividad laboral. Toda la información de este capítulo se basa en los rasgos principales de los arianos. Le ayudará a aprovechar al máximo sus fortalezas y superar cualquier desafío que se le presente.

Identificar a un Aries en el trabajo

Los Aries son líderes natos y esta cualidad brilla intensamente en el lugar de trabajo. Son entusiastas, motivados e innovadores. Son independientes y odian las rutinas. Es fácil identificar a un Aries en el trabajo. ¿Ha notado que hay un compañero de trabajo específico que siempre se ofrece como voluntario para hacer las cosas? ¿Quizás toma la iniciativa de organizar fiestas en el trabajo o lidera algún proyecto? Lo más probable es que sea ariano.

Toda oficina tiene su propio lugar de cotilleo. Durante los descansos, seguramente encontrará a un arriano allí, rodeado de una multitud. Dado que aman la atención y la interacción con los demás, el chisme es algo natural para ellos. Sin embargo, no difundirán mentiras maliciosas sobre otros. Está en su naturaleza ser veraz y honesto. Los juegos mentales no son algo de Aries, y no tiene que preocuparse de que difundan rumores

Si alguna vez nota a un compañero de trabajo que tiene sus auriculares puestos y parece estar perdido en su propio mundo, es probable que sea un ariano. Aries está absorto en sí mismo y se ve impulsado a sus causas. No les importa si los demás los entienden o no.

Los arianos son emprendedores y su ardiente pasión se puede ver en su trabajo. Son competentes, versátiles y pueden adaptarse a cualquier entorno. Pero prefieren que su entorno de trabajo sea animado y proactivo.

Carreras ideales para Aries

Aries es el signo zodiacal más competitivo. Si tiene el deseo de ser el mejor en todo lo que hace, usted es un verdadero ariano. No es ningún secreto que a los Aries les encanta ganar y no hay nada que se interponga en su camino. Aries ama los desafíos, pero es impaciente. Son extremadamente valientes, ambiciosos y suelen hacerse cargo de cualquier situación. Quizás el mayor desafío que enfrentará en todos los aspectos de su vida como Aries es su temperamento y actitud ardientes. Una vez que controle estas cosas y las reemplace con paciencia, podrá aprovechar al máximo sus fortalezas. En esta sección, veamos las opciones profesionales ideales para los arianos.

El mundo moderno en el que vivimos es increíblemente acelerado. Hay mucha competencia que debe superar para encontrar el trabajo que desea. Encontrar el trabajo adecuado le ayuda a canalizar su creatividad y da salida a toda su energía creativa. Estos factores pueden ayudarlo a brillar en cualquier área que elija. Al analizar su signo del zodíaco, puede usar la astrología para encontrar la carrera profesional ideal para usted.

Emprendedor

Un rol empresarial es ideal para este pionero del zodiaco. Son independientes, ambiciosos y dedicados. En lugar de trabajar con otra persona, los arianos progresan al trabajar de forma independiente. Cualquier aventura empresarial, ya sea en línea o no, es una buena opción. Su disposición a asumir riesgos y su capacidad de recuperación junto con sus habilidades de liderazgo lo convierten en un buen emprendedor.

Cirujanos

Los arianos son personas altamente competitivas, dedicadas y trabajadoras. Estos son tres rasgos que resultan útiles en el campo de la medicina. Siempre existen riesgos cuando están en juego vidas humanas. Por lo tanto, el desafío es alto y las recompensas increíbles. Esto es algo que un ariano realmente anhela. También hace un buen uso de sus habilidades de análisis y toma de decisiones.

Corredor de bolsa

Los Aries son buenos corredores de bolsa porque esta profesión requiere buenos impulsos. Tomar decisiones en una fracción de segundo puede marcar la diferencia entre las ganancias y las grandes pérdidas. Dado que Aries puede pensar con rapidez y adaptarse fácilmente a las situaciones, debe considerar esta opción. Asumir riesgos requiere cierto grado de valentía y coraje. Negociar en el mercado de valores requiere que una persona se mantenga firme y mantenga una posición incluso frente a las dificultades y obstáculos. Bueno, ¿no parece el trabajo perfecto para un ariano? Dado que los riesgos son tan altos, las recompensas son igualmente altas. Todo esto actúa simplemente como un incentivo.

Administrador de hotel

Cualquier profesión en la que el ariano interactúe con otros es una experiencia gratificante. Un puesto directivo requiere buenas habilidades con las personas, y Aries ciertamente las posee en montones. Son organizadores increíbles y pueden administrar las cosas fácilmente. Los trabajos de gestión hotelera son emocionantes y agradables. También requiere la capacidad de adaptarse fácilmente a diferentes situaciones. Esto, junto con el hecho de que el ariano domina el papel de liderazgo, hace que el trabajo sea aún más satisfactorio.

Marketing

Cualquier profesión que involucre al extrovertido carnero para interactuar con los demás es una buena idea. El marketing es una opción obvia. No solo aviva las llamas de liderazgo en un Aries, sino que proporciona una salida para sus energías creativas. Su capacidad para mantenerse al tanto de los cambios y su adaptabilidad son dos características que resultan útiles en una función de marketing.

Fuerzas policiales

El sentido inherente de responsabilidad y el coraje interior de un Aries son ideales en el área de la ley. No tienen miedo de mantenerse firmes, incluso en circunstancias difíciles. Cuando un Aries cree en algo, no duda en dar el 100% para ver los resultados. Esta dedicación y su deseo de ayudar a los demás los convierten en un candidato perfecto para la aplicación de la ley.

Bombero

Al igual que con las fuerzas del orden, cualquier función del servicio público ayuda a canalizar la fuerza interior, el coraje, la integridad y la fuerza de voluntad de un Aries. Dado que el fuego es el elemento asociado con este signo, son bomberos intrépidos.

Servicio militar

Los Aries son enérgicos y su fuerza física es superior a la de otros signos del zodíaco. Una vez que un Aries toma una decisión sobre algo, se apegará a ella y cumplirá su promesa. Esto los hace ideales para el servicio militar. También les da la oportunidad de aprovechar al máximo su agresión interior y canalizarla de manera constructiva.

Atleta profesional

Para ser un atleta exitoso, necesita un sentido de motivación y dedicación. Dado que los Aries están motivados y dispuestos a correr riesgos, tienden a desempeñarse mejor, incluso en circunstancias estresantes. Convertirse en un atleta profesional ayuda a canalizar su fuerza interior y da un buen uso a su inmensa fuerza de voluntad y perseverancia.

Piloto

A los Aries les encanta hacer todo por su cuenta, y esta es la razón por la que son grandes líderes. Pueden pensar rápidamente, adaptarse a la situación sin ninguna dificultad y no tienen miedo de tomar decisiones incluso en circunstancias difíciles. Estos son todos los rasgos que necesita un piloto al maniobrar un avión. Por lo tanto, los Aries serán grandes pilotos.

Abogado

Los Aries son obstinados y no dudan en defender o defenderse. Si un Aries cree en algo, lo mantendrá sin importar lo que digan los demás. Esto es muy útil en el campo del derecho. Convertirse en abogado será un gran uso de sus habilidades de comunicación efectiva. Dado que los Aries son oradores convincentes y pueden impresionar a los demás fácilmente, esto puede influir en los juicios a su favor. Esa determinación, resistencia y confianza los convierten en buenos abogados.

Consejos para superar los desafíos en el trabajo

El intrépido planeta Marte rige a Aries, y su elemento es el fuego. Por lo tanto, su naturaleza ardiente le permite superar cualquier obstáculo o problema que se le presente. Rara vez les temen a los obstáculos o cualquier otro inconveniente que enfrente en la vida. Independientemente del campo que elija, intentará ser pionero en él.

Las cosas que vale la pena tener en la vida rara vez son fáciles. Habrá obstáculos en todos los aspectos de su vida. Al aprovechar su fuego interior, puede convertir cualquier desafío en una oportunidad de aprendizaje.

Lidiar con el comportamiento impulsivo

El comportamiento impulsivo lo hará tomar decisiones precipitadas. Los planes improvisados pueden ser emocionantes para su espíritu y pasión ardientes. Sin embargo, este comportamiento rara vez es deseable en el trabajo. No permita que sus impulsos ganen, aprenda a regularlos. Si cede a todos sus caprichos, no podrá llegar a nada en el trabajo. Una vez que controle sus impulsos, será más fácil ver todo lo que necesita completar. Le brinda una mejor perspectiva de los desafíos y oportunidades disponibles.

No viva de mal humor

No permita que su estado de ánimo se apodere de usted. Recuerde, usted siempre tiene el control de sus emociones y comportamientos. No puede regular cómo se sienten o actúan los demás, pero puede regular sus propios comportamientos. Si permite que su estado de ánimo dicte sus comportamientos, terminará lastimándose a sí mismo y a los demás en el proceso. Si se siente abrumado, tómese un descanso de lo que esté haciendo, recupere la compostura y luego vuelva a la tarea en cuestión.

Regule su naturaleza mandona

Los Aries son proactivos, les encanta tomar la iniciativa y afrontan los desafíos de frente. Estos rasgos los convierten en líderes naturales. Pero recuerde, no siempre es necesario ser un líder para completar tareas o alcanzar sus metas. También puede desempeñar el papel de miembro del equipo. Cuando está en el trabajo, nunca está solo y necesita coordinar y comunicarse con los demás para hacer las cosas. Por lo tanto, Aries necesita aprender a regular su naturaleza mandona. No intente dominar a los demás. Si cree que tiene una idea increíblemente buena, hable con otros sobre ella en lugar de someter esta idea a la fuerza. Además, el hecho de que tenga una buena idea no significa que los demás no sean capaces de pensar. No crea que siempre sabe lo que es mejor y aprenda a convertirse en un jugador de equipo.

Escuche a otros

Si quiere que los demás lo escuchen, debe corresponder. Nadie lo escuchará si sabe que no tiene intención de escucharlos. Escuchar no significa simplemente escuchar sus palabras. En su lugar, intente ver las cosas desde su perspectiva. Cuando considera múltiples perspectivas, será más objetivo y mejorará sus habilidades para tomar decisiones. Nunca se sabe, es posible que otros tengan mejores ideas que usted. A menos que escuche, no podrá aprovechar al máximo los recursos a su disposición.

Siempre finalice las tareas

Los Aries se distraen fácilmente. Si la tarea se vuelve rutinaria o monótona, o si surge algo mejor, Aries se distraerá. Los bebés del calendario zodiacal tienen la capacidad de atención de un niño. Aprenda a concentrarse y vivir el momento. No significa que no deba concentrarse en otras cosas de la vida. Simplemente significa que cuando esté trabajando en una tarea, asegúrese de llevarla hasta su conclusión. A menos que complete una tarea, no pase a otra. Cuando completa las tareas y cumple las promesas, se vuelve una persona confiable.

Consejos para crear una vida laboral satisfactoria
Es importante planificar.

Los Aries son naturalmente espontáneos y bastante impulsivos. No hacen planes detallados sobre lo que quieren hacer. En cambio, simplemente se les ocurre una meta y tratan de resolver las cosas a medida que avanzan. Cuando se trata de la vida laboral, la espontaneidad hace más daño que bien. Si no tiene planes, se vuelve difícil concentrarse en la tarea que tiene entre manos. Lo más probable es que termine distrayéndose con otras cosas en lugar de concentrarse en sus objetivos. Una vez que empiece a planificar, mejorará la gestión de su tiempo. La gestión del tiempo es una habilidad crucial para establecer un equilibrio entre el trabajo y la vida. Una vez que descubra cómo administrar mejor su tiempo, le dará una idea de sus prioridades y los diferentes objetivos que desea alcanzar. También garantiza que le quede suficiente tiempo para hacer las cosas que realmente disfruta además de trabajar.

Trabajar la comunicación

Los Aries son bastante obstinados y son oradores efectivos. Bueno, también debe ser un oyente eficaz. No siempre puede esperar que los demás lo escuchen a usted. Por lo tanto, esfuércese por mejorar sus habilidades comunicativas. Los Aries son honestos, carecen de tacto y no son sutiles. La diplomacia no les resulta fácil. Cuando combina todos estos rasgos, aumentan las posibilidades de falta de comunicación y conflictos en el trabajo. Por ejemplo, si cree que la idea de otra persona no es buena y dice: "Eso es una tontería" o "¿Cómo se te ocurrió una idea tan estúpida?". No es nada bueno. Honestamente, podría ser una opinión estúpida, pero a nadie le gusta que le digan que es estúpido. Aprenda a manejar sus opiniones y no parezca un sabelotodo. Concéntrese no solo en su comunicación verbal, sino también en la comunicación no verbal.

Canalice su creatividad

Busque diferentes formas en las que pueda canalizar su creatividad interior. Su ardiente pasión le permite ver oportunidades donde todos los demás ven desafíos. Confíe en su instinto, pero también escuche a su cerebro racional. No deje de lado la racionalidad a la hora de trabajar.

Tome descansos

Los Aries generalmente creen que pueden lograr cualquier cosa y todo lo que se propongan. Esta es una actitud útil y optimista para tener en la vida. Pero si no tiene cuidado, estará sobrecargado de trabajo. Asuma tareas que sabe que puede completar. Esfuércese, pero conozca sus límites. Usted no es una máquina incansable y toda su energía interior necesita reponerse. Respétese a usted mismo y a sus límites. Tome descansos mientras trabaja y no se presione hasta el límite.

Pasos pequeños

Los Aries a menudo se fijan metas elevadas. El único problema con ideales y metas tan elevados es que aumentan las posibilidades de decepción. Asegúrese de que sus objetivos sean pequeños, manejables, alcanzables, realistas y de duración determinada. Si establece metas increíblemente grandes, aumenta su insatisfacción y frustración. Al gestionar sus expectativas, las cosas se vuelven más fáciles. Sea realista sobre todo lo que puede y no puede hacer.

Evite el multitasking

No intente realizar múltiples tareas. Cuando realiza múltiples tareas, simplemente aumenta el estrés mental y reduce la productividad. Su valentía, energía y naturaleza agresiva pueden hacerle creer que puede abordar todo lo que se le presente. Esto es cierto hasta cierto punto. Los Aries son resistentes y fuertes. Sin embargo, sería mejor que se exija de más. Si asume demasiadas cosas, simplemente se agotará, aumentando la frustración y el resentimiento. ¿Recuerda que se mencionó que la planificación es importante? Evite la multitarea cuando comience a planificar.

Capítulo 9: ¿Qué necesita Aries?

A estas alturas, se habrá dado cuenta de lo maravilloso que es Aries. Ya sea por su iniciativa de ser un líder o por su lealtad como amigos, son personas increíbles. En este capítulo, veamos algunos consejos sencillos y prácticos para aprovechar sus puntos fuertes como Aries y lidiar eficazmente con los Aries en su vida.

Consejos para aprovechar sus fortalezas

"La fortuna favorece a los atrevidos" encaja perfectamente con los ardientes arianos. Los arianos son líderes audaces, dinámicos, valientes, resistentes y naturales.

La confianza en sí mismo que emana de un Aries no tiene rival. Son extremadamente seguros de sí mismos, y este rasgo les permite encantar su camino. Ya sea una entrevista o una fiesta, saben cómo dominar el ambiente.

Los Aries son enérgicos, activos y orientados a objetivos. Tiene lo necesario para alcanzar sus objetivos y nunca se rinde. Aférrese a su espíritu de lucha y sea resistente.

El amor por la aventura es un rasgo que todos los Aries comparten independientemente de su edad o género. Canalice su capacidad de asumir riesgos para lograr sus objetivos. Sin miedo al fracaso, es más fácil salir adelante. Tome riesgos solo cuando sea necesario y confíe en su instinto.

Los arianos están en contacto con sus impulsos y son espontáneos. Si se presenta una oportunidad, agárrela con ambas manos antes de que se escape. Sus impulsos lo distinguen de los demás. Su fuerza y coraje internos son la combinación perfecta que puede canalizar para aprovechar al máximo cualquier oportunidad que se le presente.

Su confianza un recurso brillante y nunca debe dejarlo ir. Si cree en algo, apéguese a ello independientemente de lo que digan los demás. Sea firme no solo por usted, sino también por aquellos que no pueden hacerlo por sí mismos.

Usted es ingenioso. Utilice su creatividad e innovación para obtener los resultados deseados en la vida. Puede tener éxito, siempre que se lo proponga. Muestre iniciativa y permita que su líder interior brille.

Los arianos tienen varios rasgos excelentes, pero también tienen ciertas debilidades. La buena noticia es que estas debilidades se pueden superar fácilmente con un poco de esfuerzo y dedicación.

A los Aries les gusta trabajar solos debido a su naturaleza emprendedora. Es posible que tenga creencias firmes y la capacidad de defenderlas. Sin embargo, no significa que deba ignorar a los demás. Aprenda a ser un buen oyente y le ayudará a magnificar sus puntos fuertes.

Sea paciente en todos los aspectos de su vida. Cuando busca resultados instantáneos, a menudo se prepara para la decepción. Una vez que domine el arte de la paciencia, el éxito estará más cerca que nunca. Tiene lo necesario para triunfar, pero tenga paciencia.

No se involucre tanto en su propio mundo como para olvidarse de los demás. Usted es un amigo fiel y cariñoso. Aprenda a corresponder todo lo que desee de sus amigos. Cuando se vuelve egocéntrico, causa mucha fricción en sus relaciones. También lo hace parecer irresponsable y hace sentir a los demás que no son tan importantes. Está bien poner a los demás en primer lugar de vez en cuando, esto no reduce su autoestima.

No sea demasiado ansioso o inflexible por estar siempre a cargo de las situaciones de la vida. Aprenda a dejar de lado esta necesidad de tener el control y la vida será hermosa. Tan hermosa como estar a cargo.

Dele a los demás la oportunidad de brillar. Aprenda a celebrar las victorias de los demás y a difundir la felicidad.

Controle sus impulsos y piense antes de actuar. Ser impulsivo lo ayudará a aprovechar las oportunidades. Pero apresurarse no siempre es bueno porque las posibilidades de fallar son bastante altas cuando se lanza de cabeza. Sin embargo, si lo piensa un poco antes de saltar, los resultados valdrán la pena.

Los arianos son buenos para adaptarse a diferentes circunstancias de la vida y aceptan el cambio con facilidad. Aférrese a esto y no sea terco. Si se obsesiona demasiado con su propia manera de hacer las cosas, no saldrá adelante en la vida. Aprenda a ser flexible sin comprometer sus valores fundamentales.

No deje que su ego se interponga en las relaciones. Si cree en la relación, nunca priorice su ego.

El carnero está gobernado por el agresivo planeta Marte. Esto lo hace temperamental y agresivo. Aprenda a manejar su agresividad natural. Elija sus batallas sabiamente. Si no está atento, esta ira puede consumirlo y eliminar todo rastro de felicidad de su vida.

Es posible que tenga dificultades para pedir ayuda a los demás, pero deje su orgullo de lado cuando sea necesario. El orgullo es bueno, pero si le impide avanzar, déjelo ir. Incluso buscar críticas constructivas de los demás le ayudará a ver perspectivas que quizás haya ignorado anteriormente.

Los Aries tienden a vivir el momento en la medida en que se olvidan de ver el panorama general. También buscan objetivos constantemente. Esto puede hacer que un Aries parezca ingrato. Practicar la gratitud es una gran actividad.

Siempre tenemos el poder de decidir. Elija concentrar su energía en lo que tiene en su vida en lugar de concentrarse en las cosas que faltan. La felicidad es un concepto elemental. Puede ser tan simple como la gratitud que siente. Las personas tienden a dirigir demasiado de su tiempo y atención en lo que no tienen. La hierba del vecino siempre es más verde. Si no es una cosa siempre será otra. No hay fin para esta lista de deseos interminables. La vida se ha convertido en una carrera constante por tener lo mejor de todo. ¿Cómo puede ser feliz cuando todo lo que quiere de la vida son más y más cosas? Tómese un momento y aprecie lo que tiene. Solo cuando pueda contar sus bendiciones se dará cuenta de lo afortunado que es. Los seres humanos en general necesitan aprender a ser más agradecidos. Su felicidad depende de su capacidad para estar agradecido. Aquí hay algunas cosas que debe hacer para estar más agradecido en la vida.

Lleve un diario de gratitud. Complete esto con momentos de sincera gratitud asociados con los eventos más comunes de su día a día. Lo ayudará a sentirse más agradecido. Piense en todos los desafíos que ha superado en la vida. Le ayudará a estar contento con lo que tiene. No puede agradecer honestamente lo que tiene si no recuerda la lucha que tuvo que atravesar para conseguirlo. Aquí hay algunas preguntas que puede hacerse y que le ayudarán con la introspección. Pregúntese: ¿qué ha recibido de la vida, ¿qué le ha dado a la vida y qué problemas ha causado? Estas preguntas le ayudarán a tener una perspectiva de su vida.

Ya sea en la escuela, la universidad, el trabajo o la vida amorosa, siga los diferentes consejos discutidos en esta sección para ver un cambio positivo. Tiene un gran potencial en su interior, así que decídase y aprovéchelo. Al hacer esto, no olvide ser paciente con el proceso. No se decepcione si no ve resultados instantáneos. Los resultados valdrán la pena, siempre que se comprometa.

Consejos para cúspides

La cúspide Piscis-Aries es una mezcla de valentía y compasión. Son fuertes, instintivos y siempre tienen ganas de seguir adelante en la vida. También son inteligentes, extravagantes y divertidos. Sin embargo, este signo es bastante impaciente debido a su conocimiento intuitivo junto con una mente impulsiva.

Si usted es uno de los que está en esta cúspide, no siempre procesa bien sus pensamientos y tiende a ponerlos en acción antes de comprender sus consecuencias. Un fuerte sentido de empatía y compasión por sus seres queridos lo convierte en un buen oyente. No solo los escucha, sino que también les ofrece buenos consejos. Sin embargo, tiene una perspectiva de la vida completamente diferente. A menos que otros estén dispuestos a compartir esta perspectiva con usted, puede ser un poco desagradable en circunstancias sociales.

Profundizar en los temas es algo natural para usted. Todo lo que necesita es un oyente. Su intuición, junto con un rasgo inherente de aferrarse a sus creencias, puede hacerle excepcionalmente terco, especialmente cuando alguien lo desafía. Por lo tanto, aprenda a dejarse llevar y a disfrutar de la vida tal como es.

El mismo consejo también se aplica a la cúspide Aries-Tauro. Su reacción inicial en cualquier situación es intentar colocarse en una posición de control. Esta característica lo convierte en un buen líder, pero también puede complicarle la vida. Para ser más agradable y mejorar la calidad de las relaciones en su vida, aprenda a dejarse llevar. No sea demasiado duro consigo mismo ni con los demás. Una vez que deje de ser terco, comprenderá lo maravilloso que es cuidar a los demás y compartir cosas con ellos.

Cómo lidiar con Aries en su vida

Aprender a lidiar con Aries en su vida lo ayudará a cultivar relaciones fructíferas, saludables y duraderas. Para hacer esto, necesita comprender a fondo la naturaleza de Aries.

El primer signo del zodíaco tiene una naturaleza increíblemente primaria. Son la encarnación del ego y el libre albedrío en todo su esplendor. Lidiar con la energía ardiente y dominante de un ariano no siempre es fácil. Sin embargo, cualquier relación con ellos es gratificante. Si tiene un Aries en su vida, aquí tiene algunos consejos sencillos que puede usar para mejorar la relación.

A menudo se compara a Aries con los niños, y con buena justificación. Los niños son egocéntricos, obstinados y llenos de una inocencia optimista. Los nacidos bajo el signo zodiacal del carnero comparten estos rasgos.

Los arianos son curiosos, francos, cariñosos y emocionantes. En una relación, buscan a una persona que les ayude a enfriar su naturaleza ardiente y equilibre su energía. Sin embargo, rara vez es fácil restringir a un ariano. Una relación ideal para ellos es un equilibrio entre la compasión y la independencia. Necesitan una pareja que atraiga su lado competitivo e inquisitivo y agregue un sentido de aventura y vitalidad a la relación.

Si usted le gusta a un Aries, prepárese para muchos abrazos cálidos y caricias. Estos son los que no pierden el tiempo y no viven de juegos mentales. En cambio, aceptan el desafío, se mantienen firmes e intentan lograr lo que quieren. Lo más probable es que el ariano no esté muy feliz si necesita compartir su atención y afecto. Lo mejor de un ariano en una relación es su honestidad. Son una pareja leal, fuerte, honesta, emocionante y apasionada en una relación romántica, siempre que estén comprometidos con su pareja y la relación.

A Aries siempre le gusta tomar la iniciativa en todos los aspectos de la vida. Son creativos y apasionados. Todo esto fluye también en sus vidas románticas. Son coquetos, están llenos de una necesidad de excitación e irradian una inmensa energía. Una vez enamorado, un ariano se comprometerá verdaderamente con la relación. Cada día con un Aries está lleno de sorpresas, emoción y una corriente interminable de amor y afecto.

Todo esto, como se mencionó anteriormente, tienden a empujarlo hasta el dormitorio. Nunca se sabe lo que sucederá a continuación y un ariano disfruta haciendo que sus compañeros adivinen. Son dominantes, audaces y competitivos. No solo les gusta desafiarse a sí mismos en la cama, sino que también buscan complacer a sus parejas.

Aries puede parecer duro, fuerte y brusco por fuera. Una vez que atraviese estas capas, se dará cuenta de lo vulnerables que son. Aries generalmente tiene un miedo subyacente de no ser digno de amor. También tienen problemas de abandono y tienden a sentirse heridos fácilmente.

Un Aries es una de las amistades más satisfactorias que podrá conseguir. Son la encarnación de todo lo que es aventurero, juguetón y feliz. Nada será promedio o normal con un ariano. Son honestos, leales, ingeniosos y uno de los más solidarios de los signos del zodíaco.

Todos los rasgos que exhibe un Aries son los que busca en sus relaciones en la vida. Aries respeta a las personas que son honestas, tienen integridad y no les importa defenderse.

Aries son los verdaderos bebés del calendario zodiacal. Rara vez piensan en cómo sus palabras o acciones pueden influir en quienes los rodean. No saben nada de diplomacia y no pueden endulzar sus sentimientos. Por lo general, lastiman a los demás, tratando de proteger su orgullo. Si un Aries está molesto contigo, lo mejor que puedes hacer es mantener la calma. No ceda al impulso natural de reaccionar y déjelo enfriar. Una vez que estén tranquilos, puede hablar con ellos al respecto. Aries puede ser la primera persona que se enoja, pero también es el primero en calmarse.

Es bastante fácil saber cuándo un Aries está molesto. Aries está destinado a experimentar cambios extremos de humor y ceder a sus emociones. Cuando un ariano está triste, no está enojado, pero permite que la impulsividad se interponga en su camino. Incluso sus niveles generales de energía parecen visiblemente atenuados.

No se necesita mucho para hacer feliz a un ariano. Les encanta cuando son el centro de atención. Aprecian que los demás se fijen en ellos. Algo tan simple como pasar tiempo con un buen amigo o realizar actividad física puede satisfacer sus necesidades.

Las personas de este signo son líderes naturales. Siempre buscan aprender y crecer en la vida. Desempeñan múltiples roles en todas las relaciones de su vida. Son felices y se aferran a su sentido del optimismo, incluso cuando las cosas se ponen difíciles.

En el peor de los casos, Aries es grosero, egoísta y, a menudo, juega a ser el abogado del diablo. Todas sus fortalezas se convierten en sus debilidades cuando están en un mal momento.

Los Aries a menudo están en conflicto. Buscan aventuras, pero también desean estar al servicio. No pueden lidiar con una vida aburrida y mundana. Sin embargo, también quieren asegurarse de que las relaciones en su vida no sean fugaces. Tienen varias inseguridades que otros quizás no vean. Viven con el miedo constante de ser abandonados por sus seres queridos.

No trate de poner límites a la libertad expresada por Aries. En cambio, dele todo el tiempo y el espacio que necesita para sí mismo. Una vez que se sienta cómodo con usted, su vida se pondrá interesante.

Conclusión

Todos sentimos curiosidad por aprender más sobre nosotros mismos y el mundo en general. Una forma de saciar esta curiosidad y tener un sentido más fuerte de sí mismo es recurriendo a la astrología. La astrología es un tema maravilloso e increíblemente fascinante. Después de leer la información de este libro, probablemente tenga una mejor comprensión de sí mismo. Puede parecer que todas las piezas finalmente están cayendo en su lugar. No podemos descartar la influencia de los movimientos planetarios y las estrellas.

Desde la antigüedad, los humanos siempre han mirado al cielo en busca de respuestas. Los marineros utilizan la posición de las estrellas para mapear las aguas. De manera similar, aprender sobre astrología ayuda a trazar un rumbo para su destino. Todo lo que necesita es voluntad para aprender y una mente abierta.

En este libro, se le proporciona toda la información que necesita para comprender el signo zodiacal de Aries. Si usted es un Aries o tiene un Aries en su vida, esta información le será útil. No solo le dará una mejor comprensión de sí mismo, sino también de su vida en general. Este libro actuará como guía y aprenderá todo sobre Aries. Desde las características básicas de este signo del zodíaco hasta sus fortalezas y debilidades, los planetas regentes, las casas, los elementos y los colores, habrá mucho para descubrir en estas páginas. También habrá aprendido cómo tratar y criar a un niño Aries, así como leer algunos consejos para ayudarlo a desbloquear su verdadero potencial y ayudarlo a comprenderse mejor.

Además de esto, se le brinda información sobre cómo crear y mantener relaciones saludables, consejos para una buena vida amorosa, una tabla de compatibilidad de Aries con otros signos y todo sobre las relaciones de Aries. También incluye información sobre Aries y su vida social, amistades y cómo funcionan en el mundo. Otra información útil en este libro incluye las opciones profesionales ideales para un Aries, cómo pueden funcionar de manera eficaz y óptima en el trabajo, y los entornos laborales y domésticos ideales. Al usar toda esta información, es más fácil comprender la vida como Aries.

Así que, ¿qué espera? No hay mejor momento como el presente para aprovechar esta información y desarrollar su poder como Aries. Empiece a utilizar los diferentes consejos que se dan en esta sección para vivir una vida feliz y próspera. Las sugerencias prácticas de este libro le ayudarán a mejorar su relación con otros Aries.

Segunda Parte: Tauro

La guía definitiva de un signo del zodiaco increíble dentro de la astrología

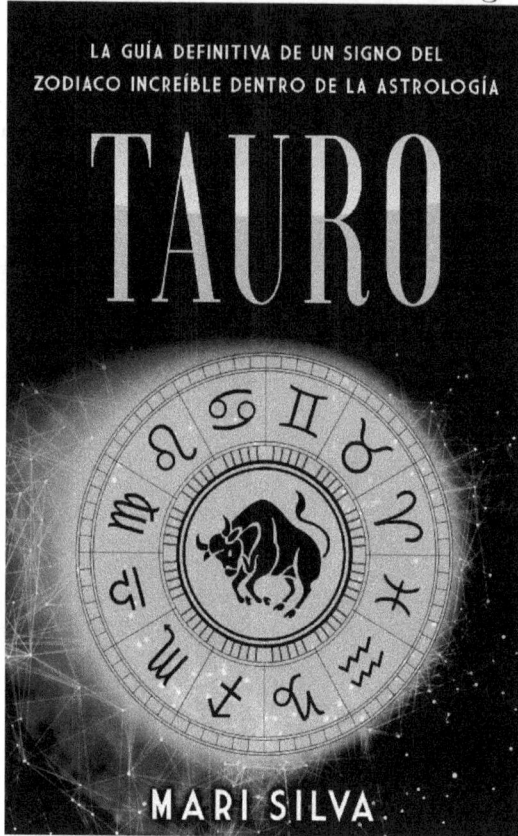

LA GUÍA DEFINITIVA DE UN SIGNO DEL
ZODIACO INCREÍBLE DENTRO DE LA ASTROLOGÍA

TAURO

MARI SILVA

Introducción

Tauro es uno de los primeros signos del zodiaco, y se cree que se originó a partir de la adoración del toro en la antigua Mesopotamia, a menudo llamado "el gran toro del cielo". Si no está familiarizado con la astrología, querrá leer detenidamente el primer capítulo de este libro, para conocer a fondo los parámetros que rigen el mundo de los signos del zodiaco. Desde los símbolos hasta los planetas, el mundo de los signos del zodiaco es mucho más amplio de lo que usted cree.

Las personas de Tauro son conocidas por su capacidad de lucha cuando se trata de empujar. La naturaleza obstinada de Tauro hace que sea un trabajador muy testarudo que siempre hará el trabajo. Rendirse es un destino que desprecian seriamente. La confianza que tiene un Tauro se basa en la realidad, y está profundamente arraigada en su creencia en sí mismo. El aura de estabilidad que rodea a los Tauro es una gran ventaja a la hora de ascender en la escala empresarial y superar las entrevistas.

Será difícil encontrar una fiesta elegante que no esté organizada por un Tauro. Mientras que algunos signos pueden considerarlos demasiado formales cuando se trata de planificar fiestas, un anfitrión Tauro sabe lo que tiene que hacer hasta en los más mínimos detalles para organizar eventos. Es difícil deshacerse del perfeccionismo y la organización de un Tauro en cualquier proyecto que realice. Incluso los encontrará junto al DJ, intentando ayudar en la elección de la música.

Los signos del zodiaco se suelen enfrentar por la comparación de sus debilidades y fortalezas; no todos disfrutan de la misma taza de té. Siempre se puede conocer a un Tauro observando su proceso de pensamiento. No es de extrañar que todo el mundo busque el consejo de un Tauro por lo lógico y sólido que es, construido sobre hechos y perspectivas realistas. Cuanto más grave sea la situación, más valiosos serán los consejos de Tauro. Un Tauro sabe inyectar una dosis de sentido común en el momento oportuno, ayudando a los demás a estar más aterrizados en la realidad y centrados. Este libro detallará los rasgos que hacen de Tauro un pensador lógico y un solucionador de problemas.

La generosidad de Tauro es siempre evidente tanto para los extraños como para sus seres queridos. Tauro no tiene problemas para entregarse a quienes ama, prefiriendo poner a los demás antes que a sí mismo cualquier día. Apenas juegan y siempre apuestan por un enfoque directo y sin rodeos para ganarse la confianza de las personas de su entorno. La organización, la amabilidad, la comprensión y la paciencia son puntos fuertes muy populares que tiene un Tauro.

Un signo del zodiaco fuerte viene con sus propias vulnerabilidades. No existe un signo perfecto sin ninguna debilidad, sobre todo si se tiene en cuenta que los signos se complementan entre sí. Los Tauro están en el lado celoso debido a lo mucho que se esfuerzan en las relaciones. Puede que no sean las personas más activas cuando no tienen un trabajo serio que hacer, prefiriendo relajarse en lugar de hacer una actividad divertida. Algunos pueden decir que un Tauro puede volverse fácilmente posesivo con las personas y los objetos cuando las cosas se les van de las manos.

Si usted es el afortunado padre de un niño Tauro, es posible que se encuentre en una situación bastante complicada. Mucha gente tiene la impresión errónea de que los Tauro son inestables y coléricos, pero le sorprenderá saber lo divertidos y sensibles que son. Es importante entender los rasgos de su hijo y cómo desarrolla su fuerte personalidad como Tauro. Un niño Tauro aprenderá con gusto, pero su terquedad puede hacerle pasar un mal rato en ciertas situaciones. La crianza de un niño Tauro se mencionará más adelante en este libro, a medida que se familiarice con los rasgos de la personalidad de este signo zodiacal y sus características específicas.

Si es Tauro, probablemente recuerde cómo se aferraba a sus juguetes y juegos favoritos una vez que encontraba algo que le gustaba. Puede que incluso se acuerde de haber recibido un montón de reprimendas por parte de sus padres debido a algunas desafortunadas escenas de comportamiento destructivo. El hecho de conocer de cerca al joven Tauro puede ayudarle a criar a un niño y a ponerse en contacto con su niño interior para resolver problemas complicados y arraigados en el pasado.

Si es un Tauro que busca el amor o recibe el amor de un Tauro, puede resultarle útil la tabla de compatibilidad de los últimos capítulos. Saber qué signos del zodiaco se sincronizan bien con Tauro puede ayudarle a ahorrarse muchos problemas al principio e incluso a resolverlos más adelante. A medida que usted siga la vida amorosa de un adolescente Tauro, podrá comprender qué es lo que le resulta atractivo. Desde las primeras relaciones hasta las más largas, los rasgos de Tauro son dominantes y consistentes, lo que le ayudará a entender si está en una relación con uno.

A medida que continúe leyendo este libro, aprenderá a navegar por los altibajos de la vida con un Tauro. Si por casualidad usted es un miembro de este poderoso signo del zodiaco, aprenderá cómo puede mantener una relación sana o reparar una dañada. Los consejos y trucos relacionados con Tauro se presentarán de forma que le permitan tomar medidas rápidas y reflexionar libremente sobre los puntos que debe destacar.

Cuando llegue a los últimos capítulos de este libro, habrá adquirido una gran comprensión de cómo funciona la mente de Tauro. La investigación es importante, pero deberá asegurarse de convertir el conocimiento en acciones. Los últimos capítulos se centran en ayudar a los Tauro o a sus amigos a comprender mejor un signo zodiacal tan complejo. Esto también se reflejará en gran medida en las trayectorias profesionales en las que un Tauro debería destacar y en otras que podrían no interesarle a largo plazo. Cuanto más aprenda sobre los Tauro, más se interesará por su infinito potencial. Siempre puede leer los capítulos de forma independiente si desea centrarse en un determinado aspecto clave relacionado con este signo del zodiaco.

Capítulo 1: Introducción a Tauro

Al transcurrir en plena primavera, Tauro abarca a todos los nacidos entre el 21 de abril y el 21 de mayo. Ocupa el segundo lugar entre los 12 signos del Zodíaco, justo después de Aries, y el símbolo del toro lo representa. De los cuatro elementos del zodiaco, Tauro comparte el elemento tierra con Virgo y Capricornio. Estos miembros del elemento tierra son conocidos por su sentido práctico, su estoicismo, su determinación, su ambición y su amor por los placeres mundanos.

No es de extrañar que a los taurinos les gusten los placeres mundanos en cualquiera de sus formas; al fin y al cabo, el planeta Venus los rige. Es justo que adopten su belleza, su hedonismo, su arte y su pasión por el lujo y el confort. Si tiene curiosidad por saber cómo este regente divino ha dado forma al signo de Tauro, está de suerte. ¡Comencemos!

Los rasgos de un Tauro

Si es Tauro, probablemente se habrá dado cuenta de que a veces puede ser demasiado testarudo. Pero si tiene a un taurino en su círculo de amigos o familiares, entonces sabe que no puede equivocarse si mantiene a un taurino cerca. Los taurinos son leales y honestos hasta la saciedad, y por eso sabe que siempre le cubrirán las espaldas. También son inteligentes, dedicados y trabajadores. Por lo general, son amables, pero pueden ser fieros si es necesario, solo que odian que los presionen. Si se pregunta dónde está un Tauro, debería visitar su casa. Hay pocas cosas que les gusten más que la comodidad de su propio hogar.

Con una colección de rasgos tan intrigante, veamos un resumen de todo lo que hace que un taurino sea quien es.

Puntos fuertes de Tauro

Es bastante común que los taurinos sean descritos con las siguientes palabras:

Racional
Centrado
Perseverante
Estético
Paciente
Sensual
Frío
Responsable
Confiable
Estoico
Práctico
Cariñoso
Honesto

Debido a su naturaleza bien fundamentada, práctica y realista, son capaces de racionalizar cada situación y mantener sus emociones bajo control. Esta mentalidad racional les permite abrirse camino en la vida, logrando cualquier cosa que se propongan. Además de su incomparable amor por el lujo y el placer, suelen estar decididos a adelantarse a todos los demás para disfrutar de la vida como se supone que debe vivirse: un estilo de vida propio de ricos y sofisticados. Si un lema describiera su estilo de vida, sería sin duda "Trabaja duro, juega más duro".

Si hay algo que valoran, es la honestidad por encima de todo, así que espere una reacción severa si intenta engañar a un Tauro. No solo irán un paso por delante de usted, sino que también le llamarán la atención por su falta de honestidad y perderán la confianza en usted.

Desafíos de Tauro

Siempre hay un rasgo exigente que acompaña a sus puntos fuertes. Después de todo, las fortalezas y los desafíos son dos caras de la misma moneda. Esto es lo que diría la otra cara de la moneda de un taurino:

Obsesivo

Exigente

Testarudo

Codicioso

Intransigente

Posesivo

Demasiada determinación puede convertirse en una obsesión, lo cual es muy popular entre los taurinos. Esta obsesión puede ir en cualquier dirección: un perfeccionista del trabajo o un procrastinador que busca el placer. Suele ser una combinación de ambos, lo que resulta bastante paradójico.

Es natural que los taurinos sean testarudos. Al fin y al cabo, se aseguran de racionalizar todo y de pensar diez pasos por delante de los demás antes de emprender cualquier acción. Esta sensatez y previsión les lleva a menudo a confiar en su opinión y juicio por encima de los demás, lo que hace que los demás los consideren testarudos. A pesar de su previsión, a veces pueden no ver el panorama general debido a esta terquedad, lo que hace que la prueba y el error sean la única forma de cambiar sus perspectivas.

Con su estilo de vida, a los taurinos no les gustan mucho los cambios. No tendrán ningún problema en seguir la misma rutina durante años sin sentir que hay algo malo en ello. Pero les parecerá mal enfrentarse a cambios repentinos, y se quejarán de todo y de que las cosas deberían ser como ellos esperaban. ¿Hemos mencionado que odian las sorpresas? Porque lo hacen. Tampoco tienen miedo de expresar sus opiniones, aunque sea con autoridades directas y desafiantes.

A Tauro le gusta

Siguiendo los pasos de su regente divino, Venus, los taurinos aman el placer. Son sensuales, táctiles y les gusta la comodidad. Esto hace que la lista de sus gustos e intereses incluya lo siguiente y más:

El lujo

La comodidad

La música

El romance

Gastronomía

Jardinería

Trabajar con las manos

Un estilo de vida elegante

Lo que no le gusta a Tauro

En cambio, puede esperar que un taurino se aleje de cualquier situación que provoque:

Cambios inesperados

Dramas y complicaciones

Inseguridad

Cosas inútiles

La cualidad fija

En los signos del zodiaco hay muchos factores que afectan a sus rasgos. El elemento del signo juega un papel importante, y conoceremos cómo afecta la tierra a los Tauro. Además del elemento, cada signo tiene también su propia modalidad.

Técnicamente, la modalidad es como el modo de funcionamiento del signo. Es la forma en que el signo se expresa y se distingue de los demás signos. Hay tres modalidades: cardinal, fija o mutable. Una modalidad cardinal marca el inicio de la estación, y sus signos suelen ser descritos como líderes, tradicionales, racionales, agresivos y demasiado precavidos. Una modalidad fija cae en la mitad de la estación, y los signos fijos se consideran estables, persistentes, fiables, obstinados y resistentes al cambio. Una modalidad mutable cae al final de la estación o entre los cambios estacionales. Los signos mutables son flexibles, adaptables, versátiles, inquietos e imprevisibles.

De estas modalidades, Tauro comparte la cualidad fija con Acuario, Leo y Escorpio. Al caer en el centro de la estación, los Tauro representan la estabilidad y la consistencia. Lucharán contra cualquier cosa que suponga un peligro, por remoto que sea, para su sentido de la estabilidad y la seguridad. Su sensación de seguridad se basa en la comodidad de lo conocido y familiar. Si lo piensa bien, estos rasgos taurinos son los que más necesita después de enfrentarse a un gran golpe (léase signos cardinales) y antes de buscar una nueva aventura (léase signos mutables), y eso es lo que convierte a los taurinos en el ancla de los signos del zodiaco.

El elemento tierra

Tauro no solo es un signo fijo, sino que también pertenece al elemento tierra. Eso lo convierte en el más estable de los 12 signos del zodiaco, con cierta resistencia al cambio. Aunque algunos podrían describir esto como terquedad, Tauro se mantiene constante en todo su esplendor por una razón válida.

Tauro cae en plena primavera, justo donde la vida le invita a disfrutar de su cosecha y su lujo. Representa los placeres y el confort de la vida, el cuerpo físico y los alimentos que comemos. No cambia porque es lo que necesitamos en esta época del año; está ahí para influir en todos los demás signos para que se inspiren en la vida y en lo que ofrece y aprovechen cada momento. Al fin y al cabo, el elemento tierra es la esencia y el núcleo de todos los demás elementos y su base más sólida. Está ahí para ayudarles a alcanzar todas las metas, propósitos y deseos materialistas.

Al observar a Virgo, Capricornio y Tauro, se puede ver fácilmente cómo sobresalen en el trabajo y, al mismo tiempo, aprovechan al máximo los placeres de la vida. Nos enseñan a gestionar nuestras finanzas y a alcanzar las máximas expectativas, ya que no solo son trabajadores y perseverantes, sino que también siguen un estilo de vida práctico que se aleja del drama y de las complicaciones emocionales innecesarias.

Está claro que estos rasgos ayudan a cualquier persona asociada con el elemento tierra a alcanzar mayores alturas, pero el camino que siguen puede ser demasiado aburrido para los demás elementos. Los signos de tierra pueden seguir la misma rutina durante años, habiendo encontrado una sensación de paz en lo familiar. Suelen temer cualquier cambio que desestabilice su vida y la ponga patas arriba. Preferirán conformarse con una vida en la que no se sientan suficientemente felices o apreciados, emocional, intelectual o económicamente, solo para mantener la sensación de seguridad que se han creado.

Dado que uno de los mayores desafíos para cualquier signo de tierra, especialmente para los Tauro, es lidiar con los cambios repentinos, esto crea una falta de compatibilidad con el elemento aire. Los signos asociados al elemento aire son los más rápidos e imprevisibles, pero también por eso Tauro necesita al elemento aire para crecer y prosperar. La mejor manera de equilibrar el elemento tierra, especialmente cuando son rígidos en sus formas, es adoptar la mentalidad del aire.

Para encontrar el equilibrio, este elemento tendría que integrar nuevas actividades en su rutina. Tendrá que crear el hábito de buscar nuevas cafeterías, salir a caminar por la mañana, socializar en nuevas redes y realizar ejercicios dinámicos que pongan su cuerpo en movimiento. Las clases de baile, los cursos de estiramiento y la música moderna suelen ser buenos puntos de partida para un Tauro.

Mientras que un taurino está condicionado a cuestionar todo lo que hace y a cuestionar cada nueva actividad que emprende, puede aliviar sus pensamientos excesivos creando un sentido más significativo de propósito para todos los cambios que adopta. Al conectar este propósito y ponerse en contacto con sus emociones y su mentalidad racional, podrán dejar de lamentar estas acciones.

La constelación de Tauro

La constelación de Tauro fue descubierta entre el año 5000 y el 1700 a. C., antes de que se conociera el signo de Aries. Se ha relacionado con pinturas rupestres que datan de alrededor del 1500 a. C. Sin embargo, no hubo un registro definitivo que describiera a Tauro hasta que la astronomía babilónica le dedicó el símbolo del toro. También se le ha conocido como el toro del cielo o el toro frontal.

La constelación alberga dos cúmulos abiertos: las Pléyades y las Híades, que se extienden por la constelación de Tauro hasta el comienzo de Géminis. El signo zodiacal de Tauro se alinea con la constelación de Tauro justo hasta la precesión del equinoccio, que cambia su posicionamiento. A partir de ahora, Tauro ocupa el lugar de los primeros 30 grados del círculo zodiacal, justo después de Aries. Mientras que Aries representa el comienzo de la vida y la primavera, Tauro sostiene lo que Aries ha comenzado y mantiene la vida en todo su esplendor.

La historia de Tauro

Al ser una de las constelaciones más antiguas que se han descubierto, no es de extrañar que se encuentren muchos mitos e historia ligados a Tauro. El símbolo del toro ha sido adoptado en varias mitologías debido a su papel esencial en el calendario agrícola. Encontrará mitos y cuentos sobre el toro de Tauro en la antigua Babilonia, Egipto, Sumeria, Asiria, Acad, Roma y Grecia.

Es posible que conozca al Tauro de la Epopeya de Gilgamesh, donde la diosa Ishtar envió a Tauro a asesinar a Gilgamesh como castigo por sus avances sobre ella. Puede que también haya oído hablar de la diosa sumeria del placer sexual, la fertilidad y la guerra, Innana, donde se la asociaba estrechamente con Tauro, pero si nos adentramos en los mitos más infames que rodean a los Tauro, no tendremos que ir más allá de la antigua mitología griega.

Existen principalmente dos historias significativas sobre Tauro en la antigua mitología griega, ambas asociadas a Zeus, el rey de todos los dioses. El primer mito era una historia de apariencias falsas, en la que Zeus se disfrazaba de toro blanco para seducir a la legendaria princesa fenicia, Europa. No pasó mucho tiempo hasta que Europa se dio cuenta de que Zeus, disfrazado de toro, se arrodillaba ante ella, y se enamoró de su encanto y mansedumbre. Fue entonces cuando decidió subirse a su lomo, donde viajó con él a través del agua hasta Creta, donde dio a luz a tres de sus hijos. La historia no terminó con un "felices para siempre"; al menos, el "felices para siempre" no fue con Zeus. Europa escapó entonces y se casó con Asterión, el rey de Creta, y sus hijos heredaron el trono después de él.

El segundo mito arroja luz sobre la infidelidad de Zeus a su esposa Hera, en la que tuvo una aventura con Io, su sacerdotisa. Hera no tardó en descubrir la aventura, y fue entonces cuando ejecutó su venganza. Maldijo a Io convirtiéndola en una vaca que sería picada para siempre por un tábano, obligándola a vivir una vida sin descanso y sin comodidades. Finalmente, Io se refugió en Egipto, donde Zeus le devolvió su forma original. Más tarde, dio a luz a su hijo, que gobernó Egipto después de Zeus, y a una hija.

Estos mitos establecen una estrecha correlación con la personalidad del hombre tauro. Cuentan la historia de un hombre poderoso y sin precedentes, adentrándonos en los detalles de su viaje en busca del amor, la pasión, los esfuerzos sexuales y los placeres terrenales. Muestran cómo incluso el hombre más influyente adoptará una falsa fachada para seducir a su interés amoroso y luego secuestrarlo en un viaje a través del mundo.

También muestran cómo los peores rasgos pueden sacar lo mejor de un taurino cuando los planetas de este signo se ven desafiados en cuanto a su dignidad y sus principios. Cuando esto sucede, el peor lado de sus rasgos puede tomar el control, dando paso al adulterio y la infidelidad, donde un hombre casado puede tener una aventura incluso con las hermanas y los amigos más cercanos de su esposa.

En resumen, los mitos sobre Tauro pintan una imagen vívida de un toro errante que se enfrenta a las consecuencias de sus actos. Se trata de alguien que ha traicionado a los amigos más íntimos y a las relaciones más sagradas, tras lo cual lo ha perdido todo. Se ven obligados a vagar por la lejanía de la tierra en busca de lo que una vez tuvieron y arruinaron, tratando de encontrar algo similar en el proceso. Poco saben que la única forma de recuperar ese amor es realizando cambios estructurales en sus percepciones y creencias, lo cual es la tarea más difícil que se le puede pedir a un taurino.

El símbolo del toro

Tauro está representado por el símbolo del toro, concretamente, la cara y los cuernos de un toro. Se supone que el origen de la imagen se remonta a las antiguas pinturas de una cueva que data del año 1500 a. C., pero la teoría más definitiva relaciona el toro con la forma de la constelación de Tauro. Sea cual sea el origen, el toro de Tauro está fuertemente vinculado a la fertilidad, el crecimiento y la paz, en correlación con el comienzo de la primavera y el florecimiento de la vida. Es durante esta estación cuando la naturaleza nos otorga los mayores beneficios y las cosechas más abundantes.

Observando al toro en su vida cotidiana, queda claro lo acertada que es su representación de los taurinos. Siempre encontrará al toro relajándose en la naturaleza, rodeado de paz, tranquilidad, aromas relajantes y sabores exuberantes. Si esa no es la mejor descripción de un Tauro en su hábitat natural, no sabemos cuál es.

Planeta regente: Venus

La divina Venus rige a Tauro. Está representada por el símbolo de un círculo, que indica el espíritu divino, sobre una cruz, que se refiere a la practicidad y a la materia física. El símbolo habla de la necesidad de traer lo divino a la tierra; de integrar el arte y la belleza a los deseos materialistas y mundanos.

Venus es el planeta del placer, del amor, del sexo, de la fertilidad, de la prosperidad, del deseo, de la belleza, del arte, de la creatividad, de la satisfacción y de la gratitud en cuanto a los rasgos. No es diferente a Afrodita, la diosa griega. Esta combinación de rasgos tan tiernos hace que un taurino sobresalga en todo lo que hace, sin olvidar nunca dejar su toque artístico y creativo en sus obras maestras. Por eso son grandes cocineros, amantes, artistas y jardineros.

Estos rasgos también los convierten en los amigos más leales y solidarios. Aprecian la honestidad por encima de todo, pero toleran poco los conflictos, las críticas y el chantaje emocional. Esta combinación de rasgos les hace ser cuidadosos a la hora de dejar entrar a la gente en sus vidas. Aunque, cuando lo hacen, respetan a sus seres queridos y confían en ellos, a nivel emocional. Algunas personas podrían incluso describirlos como necesitados, obsesivos y posesivos. A pesar de ello, siguen teniendo un lado racional que les permite entrar en razón y tener opiniones acertadas en los conflictos y encuentros caóticos.

La segunda casa la de las posesiones

Según el alfabeto de doce letras de la astrología moderna, hay doce casas en la carta natal. Cada signo del zodiaco rige su casa correspondiente, lo que hace que Tauro sea el regente de la segunda casa. Si se conoce la segunda casa, es por sus posesiones, riqueza personal y seguridad. Esta casa se alinea perfectamente con el amor de los taurinos por las búsquedas terrenales y los placeres mundanos.

Si retrocedemos en el tiempo y exploramos la astrología clásica, encontraremos que Venus tenía una gran afinidad con la quinta casa. En palabras de Venus, ella encontraba la alegría en la exploración de la creatividad, la sexualidad y el placer que se daba en la carta natal de la quinta casa. La quinta casa también era conocida por otro rasgo y se describe popularmente como la casa de la buena fortuna. Eso explica que Venus se relacione a menudo con la buena suerte, la prosperidad, la fertilidad y los deseos sexuales.

La piedra preciosa y el color de Tauro

No es sorprendente que la piedra preciosa o de nacimiento de Tauro sea la esmeralda. El verde de la piedra de nacimiento es la mejor representación de la naturaleza de un taurino, la prosperidad y el florecimiento de los campos. También es el color de la riqueza, algo que hemos aprendido que a los taurinos les gusta especialmente. Tauro también responde ante al cuarzo rosa, el zafiro, el ámbar, la aventurina y el granate. Estas piedras de nacimiento mejoran su salud emocional, física y mental. Naturalmente, el color de la suerte de un Tauro es el verde, debido a su piedra de nacimiento la esmeralda. También responde bien al rosa claro y al blanco.

Mantra y propósito

Observando la naturaleza de un Tauro, obtienen su sensación de seguridad de sus posesiones. Son conservadores, protectores y estables gracias al mantra que suena en su cabeza con las palabras "yo tengo". Repetirlo les da un sentido de propósito en sus esfuerzos y les anima a construir una estructura, una fiabilidad y una estabilidad en sus vidas, relaciones y objetivos.

El hombre de Tauro

Con el hombre Tauro, será difícil encontrar otro signo con puntos fuertes similares. Será difícil encontrar a alguien que sea tan fuerte, leal, digno de confianza, honesto, tierno, paciente y generoso como un hombre Tauro. Estará dispuesto a ir más allá para que su pareja se sienta querida y apreciada. A menudo, no prestará atención a otros coqueteos e insinuaciones sutiles, si no es porque ni siquiera se dio cuenta de estos avances.

Está dispuesto a entrar de lleno en la relación, lo que hace que se tome su tiempo para hacerlo. Nunca se precipitaría en el aspecto físico de la relación sin asegurarse de que conecta a nivel intelectual con su pareja, y eso siempre lleva mucho tiempo hasta que se siente lo suficientemente seguro como para confiar en su pareja. En este proceso antepone la comunicación honesta y la transparencia, ya que odia toda forma de artificialidad.

A cambio de su compromiso, espera lo mismo de su pareja. Tan cariñoso y tierno como puede ser, se apresurará a ser inamoviblemente implacable si su pareja le ha traicionado. Sin embargo, puede acomodarse demasiado en su estoicismo después de establecerse con una pareja, debido a su naturaleza tranquila y coherente. Para darle dinamismo a su vida y evitar el aburrimiento, será conveniente que practique deportes o ejercicios al aire libre para estar más conectado a la tierra y prepararse para la acción.

La mujer Tauro

Nada encanta más a una mujer taurina que apelar a su lado romántico. Para ello, será necesario que se tome su tiempo, ya que ella espera que la corteje de forma lenta y constante, incluso después de iniciar una relación con ella. Al igual que el hombre taurino, sabe que la conexión mental e intelectual está por encima del vínculo sexual, por lo que rara vez se lanzará a una relación física sin pensar en el resto de los aspectos.

Una de las cosas más importantes para ella es sentirse amada y segura, lo que requiere de una honestidad transparente y una comunicación abierta. Las falsas fachadas y los juegos no la impresionan, y se apresurará a señalarlo. Pero aprecia tanto los gestos románticos sencillos como los grandes; al fin y al cabo, se parece a su diosa Venus. Cuando se sienta lo suficientemente segura, entregará su alma, su cuerpo y su mente a su pareja sin pensárselo dos veces, siempre que él le sea fiel.

El lado romántico y tierno de una mujer taurina no la hace débil. Al contrario, sigue siendo uno de los signos más prácticos, fiables y robustos de todo el zodiaco. Estará dispuesta a comprometerse para toda la vida con la pareja adecuada y a planificar una vida con hijos y otras bendiciones, pero se necesita mucha paciencia y esfuerzo para desbloquear todos sus rasgos sobresalientes. Puede ser distante, reservada, cerrada y obstinada. Si vive con un sentimiento de culpa, este puede carcomerla por dentro e impedir que se sienta satisfecha.

Tauro en el trabajo

Los Tauro aman el dinero. Adoran todas las formas de lujo, y saben que eso no se consigue sin trabajar duro y ganar suficiente dinero para mantener su lujoso estilo de vida, por lo que se lanzan a por todas. Los taurinos se encuentran entre las personas más dedicadas, capaces, creativas, prácticas y trabajadoras en cualquier campo en el que trabajen. No importa si son empleados o directivos, porque harán el trabajo a la perfección. Establecerán rápidamente una rutina y se centrarán en la tarea que tienen entre manos, independientemente de lo que ocurra a su alrededor. Tal vez el único inconveniente de su fuerte ética de trabajo es que existe una delgada línea entre la dedicación y la obsesión, algo que los taurinos suelen cruzar fácilmente sin darse cuenta. Su obsesión por el trabajo puede convertirlos en perfeccionistas que esperan que todo el mundo se esfuerce al máximo, al igual que ellos. Se recompensan a sí mismos por su duro trabajo jugando y disfrutando de los lujos de la vida con más ahínco.

Tauro con el dinero

Al estar regido por la segunda casa de la riqueza, es de esperar que un taurino sea bueno con las finanzas, y no le decepcionará. Son capaces de arreglárselas tanto con pequeños como con grandes sueldos, planificando su estilo de vida en función de su estado financiero. Nunca se olvidarán de dejar algunos ahorros para un día lluvioso, y tendrán en cuenta sus responsabilidades, el ahorro para la jubilación y los objetivos a corto y largo plazo.

Tauro con amigos

Los Tauro prosperan gracias a la sensación de estabilidad que se aseguran de construir para sí mismos. Es común encontrar a un taurino dependiendo de esta sensación de paz con su círculo de amigos también, posiblemente incluso logrando mantener todas sus amistades de la infancia fuertes y preciosas. Una vez que le permiten entrar en su vida, serán algunos de los amigos más leales y solidarios que tenga. Se empeñarán en seguir alimentando su relación y en mantener un vínculo sano, honesto y puro que pueda durar toda la vida. Son los hufflepuffs de los signos del zodiaco.

Tauro en casa

La máxima forma de estabilidad para un taurino es construir un hogar con su familia y vivir felices para siempre. Son personas que valoran la familia por encima de todo, así que puede esperar que muestren su amor, apoyo y fiabilidad a sus padres y hermanos desde que saben hablar y moverse. A medida que crezcan y tomen su camino en la vida, se establecerán con su pareja amada y planificarán la forma de llenar su hogar de risas y felicidad. Llenarán la casa de niños y apreciarán cada segundo del día, y nunca dirán que no a ser anfitriones de una reunión de familiares y amigos.

Capítulo 2: Los puntos fuertes de Tauro

Tener un Tauro en su vida puede ser una bendición disfrazada. Son personajes sofisticados con más cualidades de las que se ven a simple vista. Tendrá que conocerlos para entender lo que pasa por sus mentes y cómo piensan. Los nacidos bajo este signo del zodiaco son personas interesantes con numerosas capacidades y puntos fuertes. Explorar esos puntos fuertes puede ser todo un viaje en sí mismo. Si ha nacido bajo este signo solar, siéntase orgulloso y único, ya que llegará a conocer lo mundano que puede ser su carácter. Aquí está todo lo que necesita saber sobre las fortalezas de Tauro y cómo puede reconocerlas en usted mismo si es Tauro o en alguien que conoce.

Fortalezas clave y la ciencia que las sustenta

Determinar los puntos fuertes de un signo zodiacal en la astrología no es algo que algunas personas solo adivinen o inventen. Hay toda una ciencia detrás que facilita la detección de estos rasgos positivos y el trabajo para potenciarlos si no son demasiado notorios. Esta ciencia se representa a través de tres modalidades, y son básicamente la forma en que se expresa cada signo del zodiaco. Los tipos de modalidad son fijos, mutables y cardinales. En el caso de los Tauro, siguen la modalidad fija. Para entender cómo se expresan los taurinos, es esencial comprender las diferentes modalidades y su funcionamiento. Cada modalidad tiene una mezcla de signos que conforman todos los elementos, que son fuego, aire, agua y tierra.

Cardinal

Esta modalidad es la más antigua de todas las agrupaciones. Sus signos son Aries (fuego), Libra (aire), Cáncer (agua) y Capricornio (tierra). Estos signos son aventureros y extrovertidos. Se expresan en voz alta y dicen lo que piensan, lo cual es un rasgo positivo o negativo según el contexto y la situación. A los signos cardinales les gusta hacer valer su dominio y liderazgo allí donde se encuentren.

Fijo

Con las cualidades de la modalidad fija, los Tauro pueden verse brillar junto a otros signos como Leo, Escorpio y Acuario. Los signos fijos son estables en sus elementos, lo que hace que sus puntos fuertes sean visibles y notorios a medida que se les conoce. Su firmeza puede hacer que a menudo parezcan obstinados, pero son muy creyentes y defienden sus creencias sin importar los obstáculos. Tauro es un signo de tierra, lo que hace que los taurinos sean aún más decididos y estables, pero no aceptan un no por respuesta y consiguen lo que quieren de cualquier manera posible. No son precisamente revolucionarios ni grandes aficionados al cambio, pero les gusta que las cosas sucedan a su manera. A menudo podrá ver a los taurinos llevando una vida estable y fija, como su modalidad, en la que hay poco espacio para las sorpresas.

Mutables

Si observamos a los signos mutables en comparación con otras modalidades, lo suyo es el cambio. Los signos mutables son Sagitario, Piscis, Géminis y Virgo. Los nacidos bajo estos signos y que tienen las cualidades mutables son siempre muy inquietos. Les gusta estar siempre activos y en movimiento, y aprecian mucho el cambio. No se conforman con nada y a veces pueden ser un poco caóticos. Son grandes comunicadores, por lo que les resulta fácil entablar amistad con quienes tienen otras cualidades de modalidad como los taurinos.

Capacidades laborales

La personalidad de Tauro es muy trabajadora y decidida. Se les puede ver brillar cuando están en el trabajo o asumiendo un determinado proyecto en sus carreras. Puede detectar fácilmente a un taurino en su lugar de trabajo, ya que mostrarán una gran ambición y tenacidad con regularidad. Puede ser un poco competitivo, pero eso es bueno, ya que mantendrá a todos los que le rodean atentos y dispuestos a competir. Es probable que se conviertan en líderes de equipo rápidamente y al principio de sus carreras. Los nacidos bajo este signo del zodiaco son como semillas que esperan crecer con la nutrición adecuada, especialmente para triunfar en sus campos y carreras.

Cuando piense en las capacidades laborales de un Tauro, piense siempre en la disciplina y la puntualidad. En campos específicos como la agricultura o la gestión administrativa, los nacidos bajo este signo serán excelentes para el trabajo. Es raro ver que los Tauro no sean puntuales o que pierdan algún detalle por ser demasiado relajados o desconcentrados. Sin embargo, son responsables y precisos en todos sus movimientos.

También pueden ser algunos de los artistas más creativos con los que se haya topado. Los que tienen esta personalidad son abstractos en su forma de pensar. Esto les permite crear emocionantes piezas de arte y expresar sus pensamientos de una manera única que no verá con cualquier otra persona nacida bajo un signo zodiacal diferente. Son disciplinados incluso en su arte, lo que les ayuda a notar la belleza en todo para retratarla en sus obras. Su gusto artístico y musical es de lo más elegante. Aunque no practiquen el arte, saben apreciarlo cuando lo ven. Si tiene un Tauro en su círculo íntimo, le resultará relativamente fácil ver lo mucho que le interesan y entretienen las diferentes obras de arte.

Como el arte no es solo pintar o escuchar música, los Tauro pueden destacar en otros campos creativos como la construcción. Este campo necesita individuos trabajadores, pragmáticos y artísticos, y es súper fácil encontrar todos estos rasgos en un individuo Tauro. Añadirán su sofisticado toque personal que probablemente cambiará para mejor cualquier obra de construcción en la que pongan sus manos.

Aspectos sociales positivos

Los taurinos no son necesariamente percibidos como muy sociables, pero eso no significa que sea algo malo. Que sean solitarios a veces es una gran fortaleza. Son adaptables y pueden hacer cosas por sí mismos sin ayuda de nadie. Sin embargo, son humanos y necesitan algún tipo de interacción social. Cuando se acerca a un Tauro y se convierte en su amigo, le será leal mientras le muestre respeto y aprecio. No debe confundir su lealtad con debilidad. Estarán a su lado sin importar en lo que se metan, pero si alguna vez toma ese apoyo por sentado, no mirarán atrás a la amistad que tuvieron con usted dos veces.

Una de las grandes cosas de los taurinos es que también son muy constantes. No les gustan los cambios; puede pasar meses o incluso años sin hablar con ellos y volver a encontrarlos igual. No se dejan influir fácilmente por los demás ni por el mundo que les rodea. Por eso es casi imposible encontrar a un taurino que haya cambiado con el tiempo o que se haya convertido en una persona diferente a la que conocía.

Otra gran cualidad que es rara de encontrar en cualquier otro signo, pero fácil de detectar en cualquier Tauro de su círculo es la fiabilidad. Tanto si el taurino de su vida es su amigo, su pareja o incluso su mentor, siempre podrá contar con él para que haga las cosas y le cubra la espalda siempre que lo necesite. No tendrá que pedir nada dos veces, ya que lo tendrá en mente hasta que pueda conseguir lo que necesita o le ha pedido. La responsabilidad es su segundo nombre, y siempre puede contar con ellos para aprovechar el día.

Tauro con la familia

Toda familia tiene una roca, alguien en quien confiar y a quien acudir cuando las cosas se tuercen. Si observa detenidamente a todos los miembros de su propia familia, se dará cuenta de que la roca de la familia suele ser un Tauro. La familia es siempre la principal prioridad para un Tauro. No se toman los asuntos del hogar a la ligera y pueden ser protectores de sus seres queridos. Puede que les cueste mostrar su amor por aquellos a los que quieren, pero en el fondo, harían cualquier cosa por ellos, y eso les convierte en seres poderosos. Suelen demostrar su amor a los que están en su casa de forma sutil, preparando comidas especiales o mimándolos con regalos abundantes.

Ser buenos con los niños es también una de las principales cualidades de este signo zodiacal, ya que son divertidos y comprensivos. Los taurinos son el material perfecto para una tía o un tío divertido. Mimarán a todos los niños relacionados con ellos y los colmarán de amor y atención. Si tienen hijos, es probable que sean versiones en miniatura de ellos mismos. Todo lo que pidan, probablemente lo obtendrán al final. Lo principal que necesita cualquier niño al crecer son unos padres que le apoyen, y un toro es precisamente eso. Son sobreprotectores con sus hijos, pero harían cualquier cosa por ellos.

Similitudes con otros signos

Las cualidades y rasgos de un Tauro son únicos, pero no son tan raros. Es fácil detectar ciertas características positivas como las de otros signos del zodiaco. Esto puede hacer que a veces sea un reto para las personas saber en el primer encuentro si la persona que tienen delante es un Tauro, pero al entender las similitudes y las ligeras diferencias que poseen estos signos, puede diferenciarlos.

Tauro es un signo de tierra, lo que significa que las similitudes que tiene con otros signos de tierra son numerosas. Capricornio y Virgo son signos de tierra que comparten el rasgo de estabilidad con Tauro. Son grandes aficionados a la seguridad y el equilibrio y no siempre les gustan las sorpresas. No es que no sepan qué hacer si experimentan un sobresalto o una emergencia. Los Tauro comparten ese rasgo con los Capricornio y los Virgo, por lo que tomarán las riendas si se produce cualquier emergencia o acontecimiento sorpresa y lo afrontarán con responsabilidad y eficacia.

En cuanto a las similitudes con otros signos que siguen otros elementos como el agua, el aire y el fuego, los taurinos comparten rasgos sociales particulares con Sagitario y Escorpio. Con Sagitario, ambos signos del zodiaco aman a sus familias más que nada y harán cualquier cosa por ellas. Pueden ser grandes padres y siempre priorizarán a sus seres queridos por encima de cualquier otra cosa. Los escorpianos comparten rasgos sociales positivos con los taurinos, donde también son personas confiables que muestran apoyo a sus seres queridos y son confiables cuando los tiempos se ponen difíciles.

Los taurinos comparten un rasgo esencial con sus compañeros de tierra, los Virgo. Ambos son signos sensuales con un sentido artístico único que les permite pensar de forma creativa y lógica. Cada paso que dan está calculado, pero son prácticos y pueden adaptarse a cualquier situación que se les plantee para estar cómodos y a la vez ser productivos. No necesitará ocuparse de estos dos signos de tierra, ya que pueden cuidar bien de sí mismos y de los demás. Los Tauro, Virgo y Capricornio son seres comprometidos que pueden hacer las cosas con o sin la ayuda de nadie y mostrarán resultados inigualables llenos de pensamiento creativo e innovación.

Compatibilidad con otros signos

Cada signo del zodiaco tiene su pareja; son las personas con las que se sienten más cómodos y comprendidos. En el caso de Tauro, son compatibles con otros signos terrestres y con otros signos del zodiaco. En cuanto a la compatibilidad general, pueden llevarse bien con los Capricornio. También siguen los mismos rasgos de modalidad y se sentirán cómodos el uno con el otro. Para un Tauro es fácil abrirse cuando está cerca de alguien con quien se siente cómodo, y eso es algo que los Capricornio pueden ofrecerles. Esta relación de confianza ayuda a un Tauro a sentirse más seguro a la hora de compartir experiencias personales y puede ejercer fácilmente la autoexpresión.

Como a los Tauro les gusta tanto la estabilidad y pueden prosperar fácilmente en un entorno en el que tienen mucha experiencia y gente en la que confían, es posible que no siempre se lleven bien con signos como Géminis o Aries. Estos signos se caracterizan por los cambios y las sorpresas aventureras, algo que a los Tauro no les gusta mucho. Sí, pueden adaptarse si se enfrentan a una sorpresa de este tipo, pero no lo apreciarían.

Dos taurinos pueden llevarse bien y entender las necesidades y deseos del otro, ya que tienen experiencias similares en la vida. Sus poderosos rasgos prosperarán juntos en una relación de este tipo, ya sea romántica o estrictamente platónica. Incluso si el otro Tauro en su vida es un miembro de su familia, rápidamente notará que estar cerca de él es cómodo y tranquilizador, ya que su forma de pensar es la misma que la suya.

Solo porque los Tauro rigen la tierra, no significa que no puedan llevarse bien y compartir rasgos similares con otros signos y elementos. De hecho, los signos que se rigen por el elemento agua suelen congeniar perfectamente en el entorno laboral y en el doméstico. La tierra y el agua van de la mano en la naturaleza, y ese es un caso similar al de otros signos del zodiaco.

Detectar los puntos fuertes a través de los demás

Si tiene a un Tauro en su vida al que conoce y quiere, entonces será fácil detectar sus características y capacidades más formidables. Pero si no conoce a la persona tan bien, detectar estos puntos fuertes puede ser un reto. pero puede encontrar estos puntos fuertes cuanto más tiempo pase con ellos y conozca su historia de fondo. Las experiencias vitales que un Tauro comparte con usted pueden hacer que se dé cuenta rápidamente de lo resistentes que son y de lo que pueden hacer. No todos los Tauro comparten los mismos rasgos fuertes y positivos, y es raro encontrarlos todos en una sola persona. Las personas son diferentes; es probable que encuentres un conjunto de rasgos en una persona y otro conjunto de puntos fuertes en otra.

Puede conocer más sobre los rasgos positivos de un taurino viendo cómo pasa su tiempo. Si se dedican a actividades artísticas, entenderás que su sentido de la creatividad es mayor que cualquier otra cosa. Si les gusta pasar su tiempo trabajando o laborando, puede descubrir que prosperan en el trabajo duro y serio cuando están solos, y se comprometen con cualquier tarea que tengan a mano sin la ayuda de nadie más. Pueden tener todos los rasgos fuertes de un toro o solo algunos. Depende de las personas de su entorno descubrir en qué se destacan.

Ser amigo de un Tauro le ayudará a conocer mejor cómo es su personalidad. Seguramente serán un buen amigo, aunque su lealtad es su mejor característica o su fiabilidad, lo cual diferirá de un Tauro a otro. Puede simplemente preguntarle cuáles son sus habilidades y características más fuertes, pero siempre es más emocionante descubrir estos rasgos por sí mismo al conocer a un taurino.

Descubrir sus rasgos

Si usted mismo es un Tauro, conocer sus puntos fuertes puede ser un poco más difícil de lo que esperaría. No todo el mundo sabe en qué es bueno y en qué destaca en la vida. Puede tener todos los rasgos y cualidades correctos dentro de usted y aún no saber que están ahí; puede incluso no saber cómo utilizarlos, pero no tiene por qué ser así siempre. Si profundiza en su interior y en sus emociones, podrá descubrir dónde puede brillar como Tauro y qué campos se adaptan perfectamente a sus capacidades.

Empiece por examinar sus aficiones e intereses. Si hay algo que le gusta especialmente hacer, aunque no sea nada demasiado importante, entonces puede ser su punto fuerte y debe alimentarlo. Por ejemplo, si le gusta hacer alguna forma de arte en su tiempo libre, entonces esa puede ser su verdadera vocación, y dedicarse a hacer una carrera de ello u ocuparse de su lado artístico más a menudo.

Los taurinos suelen preferir trabajar solos y tener una vida independiente. Eso puede ser una ventaja interna que usted no conocía. Llevar una vida independiente puede ayudar a las personas a descubrir más sobre sí mismas y a ver todo el alcance de sus capacidades. Ayudará a mostrar lo responsable que puede ser un Tauro y lo bien que puede cuidar de sí mismo por sí mismo.

Mitos sobre la fuerza

La gente suele pensar que los mitos sobre cualquier signo del zodiaco son solo sobre sus debilidades o lo que no pueden hacer o incluso con quién son o no son compatibles. Pero hay algunos mitos comunes sobre la fuerza de un taurino que pueden ser engañosos para aquellos que tienen un tauro en su red o que han nacido bajo este signo del zodiaco.

Uno de los mitos más comunes sobre los taurinos es que son fáciles de llevar y tranquilos. Esto no está muy lejos de la realidad. Son seres adaptables que sacan lo mejor de la situación en la que se encuentran, ya sea buena o mala, pero no son fáciles de llevar, ya que ese rasgo se ve superado por su determinación y su deseo de que las cosas vayan de una manera determinada, una que les dé comodidad y estabilidad.

Otro rasgo con el que a menudo se confunde a los taurinos es el de ser demasiado confiados. Tienen confianza en sí mismos y en sus capacidades, pero no son tan confiados como para irritar a los demás. No tiene que preocuparse de que un Tauro le robe el protagonismo o se lleve toda la atención. Les gusta hacer las cosas con tranquilidad, sin llamar la atención. Por supuesto, apreciarán cuando se reconozcan sus esfuerzos, pero no irán por ahí intentando presumir de ellos.

¿Cuándo brilla realmente un Tauro?

Tener fuerza de carácter no es algo que viene y va, sino que es algo que una persona desarrolla y crece con el tiempo. Hay ciertas estaciones y momentos en los que su signo del zodiaco brillará y saldrá a la luz. La temporada de Tauro es cuando los rasgos positivos de un toro salen a relucir obviamente. Esto es desde el 20 de abril hasta el 20 de mayo de cada año. Durante este periodo serán lo más parecido a sí mismos y pueden manifestar mucha vivacidad y éxito.

También se puede ver a un Tauro en su elemento cuando hace algo que le gusta y le apasiona, independientemente de la estación del año. Puede ser trabajando en el campo de sus sueños o pasando su tiempo con amigos leales o miembros de la familia que aman y aprecian, que es cuando todas sus cualidades positivas y fuertes se hacen evidentes y cobran vida.

Lo que necesita un Tauro para sobresalir

Cualquier persona necesita situarse en el entorno adecuado para que brillen sus capacidades más vitales. En el caso de los Tauro, necesitan estar rodeados de un sistema de apoyo fiable como ellos mismos para sobresalir en cualquier lugar en el que se encuentren. A los Tauros les gusta la estabilidad y tener constantes a las que puedan recurrir siempre que lo necesiten. Cuando se encuentran en un entorno cómodo y rodeados de una red de personas afectuosas con las que son compatibles, los verás convertirse en la mejor versión de sí mismos. Los taurinos necesitan personas honestas a su alrededor que les digan todo lo que necesitan saber sin rodeos, sin endulzar ningún hecho. Son personas pragmáticas que responden bien a la lógica y pueden manejar cualquier cosa que se les presente cuando tienen todos los datos.

Los taurinos no son seres complicados. Son pensadores muy directos que van por la vida con mucha determinación y ambición. Es casi imposible hacer tambalear la fe de un taurino en cualquier cosa en la que crea. Si los trata bien, pueden ser su mejor amigo y su confidente más leal. Tanto si es usted Tauro como si tiene un Tauro en su vida, debe conocer lo que hace que los nacidos bajo este signo sean especiales y únicos. Son cariñosos y amables, y cualquiera sería afortunado de tenerlos en su vida.

Capítulo 3: Los puntos débiles de Tauro

Como todos los signos del zodíaco, los Tauro tienen su justa cuota de defectos que deben ser abordados. Partiendo de la practicidad y los rasgos positivos de los taurinos que comentamos en el capítulo anterior, comprender sus 'debilidades' es una herramienta esencial para saber cómo tratar a un tauro. Si tiene un tauro en su vida o es uno de ellos, sabrá cómo esto puede ayudar a alcanzar la estabilidad que este signo busca y disfruta incesantemente. A diferencia de otros libros del mercado, no solo hallará una lista explícita de las debilidades de un Tauro, sino que llegará a comprender el porqué de cada rasgo.

En este capítulo, también aprenderá cómo se puede hacer que cada debilidad trabaje para usted o para su amigo o conocido taurino en lugar de hacerlo en su contra. Este es un libro que deseará sacar cada vez que esté listo para profundizar y obtener un sentido más profundo de sí mismo. Por otra parte, si no es usted un Tauro, necesitará este libro para saber cómo interactuar mejor con cada Tauro nuevo con el que se cruce en su vida. Una cosa que debe recordar, como ávido aficionado a la astrología, es que no podemos juntar a todos los taurinos, por lo que encontrará una sección separada dedicada a las debilidades de los taurinos nacidos en la cúspide hacia el final de este capítulo. Pero por ahora, centrémonos en los nativos de Tauro:

Terquedad

Existe una buena explicación de por qué un toro de dos cuernos es el símbolo del signo Tauro. Los taurinos son testarudos, tan increíblemente testarudos que se necesita mucho para hacerles cambiar de opinión sobre algo o alguien. Si tiene un Tauro en su círculo íntimo, sabrá lo difícil que puede ser convencer a su amigo Tauro de que vea su punto de vista o incluso de que acepte un punto intermedio. Los taurinos no toleran los "puntos medios", por lo que puede ser muy difícil que otras personas acepten siempre este enfoque único. Los compañeros de los signos fijos, como Leo, Escorpio y Acuario, pueden encontrar difícil cultivar una relación armoniosa con los taurinos, pero para los taurinos no se trata de ser tercos porque creen de todo corazón que su camino es el correcto.

Y la mayoría de las veces, su terquedad es el resultado de su fuerte aversión al cambio, como hemos mencionado anteriormente en este libro. A menos que tenga un argumento elocuente y bien pensado, nunca convencerá a su marido taurino de que invierta en una nueva secadora en lugar de arreglar la que tiene por tercera vez. Aunque parezca que nunca vaya a ganar con los taurinos de su vida, hay trucos que puede utilizar para sortear este desafiante rasgo.

No acorrale a los taurinos

Como todas las personas, cuando se les pone en una situación incómoda, los taurinos se verán impulsados a activar un mecanismo de defensa. Para tener una relación fluida con su cónyuge o amigo taurino, no dirija la conversación en la dirección de su palabra contra la de ellos; en su lugar, escuche primero lo que tienen que decir y luego añada algo a sus ideas. Puede ganárselos haciendo que sientan que están del mismo lado en lugar de utilizar calificativos innecesarios como "su idea" frente a "mi idea".

Mantenga una comunicación honesta y abierta

Para los signos más tranquilos, tratar con un taurino testarudo puede ser agotador y absorbente. pero esto no debería ser una excusa para evitar comprometerse con sus amigos Tauro por completo. Al contrario, intente mantener una conversación honesta y constante para conseguir su confianza y animarlos a ser más indulgentes en su relación.

Deles tiempo

Por ejemplo, apurar a su hijo taurino para que se incorpore a la rutina nocturna escolar después de haber estado en unas largas vacaciones de verano será contraproducente. Les hará bien a los dos si aceptan que necesitará más tiempo antes de incorporarse a la nueva rutina. Pero no solo debe aceptarlo, sino que debe demostrarle que lo entiende y que no pasa nada, y que está ahí para apoyarle si/cuando necesite su ayuda.

Estos simples cambios de perspectiva pueden ser todo lo que necesita para cultivar una relación más constructiva con los taurinos en su vida. Pero, ¿y si usted mismo es un taurino? ¿Cómo puede superar su terquedad y no dejar que se interponga en su camino? He aquí algunas técnicas que debería probar:

Pause y piense antes de actuar

A menudo, aunque no lo admita abiertamente, como la mayoría de los taurinos, tiene la creencia de que puede hacer las cosas mejor que los demás. También piensa que, independientemente de lo que sugieran los demás, sus ideas son probablemente superiores. Pero esta mentalidad puede alejar a sus seres queridos porque sienten que no necesita ni valora sus aportes.

Una excelente manera de evitarlo es hacer una pausa y respirar profundamente antes de juzgar la idea de alguien como buena o mala. Enséñese a escuchar más y a que no todo lo que ocurre delante de usted necesita una reacción. Con el tiempo, será más tolerante y podrá permitir que los demás se salgan con la suya de vez en cuando. Aun así, necesitará un tiempo para acostumbrarse, pero si la intención de cambiar está ahí, acabará viendo los resultados.

Conozca a las personas que le rodean a un nivel más profundo

Esta técnica por sí sola puede ayudarle inmensamente con su terquedad. Cuando se esfuerza por conocer mejor a las personas que le rodean, aprende a confiar más en ellas y está más dispuesto a aceptar sus ideas en lugar de insistir en las suyas. Especialmente si todavía es joven o está empezando un nuevo trabajo o se ha mudado a un nuevo país, la única manera de tener éxito en estos escenarios es mostrar su interés y respeto hacia otras personas. No dé a sus nuevos compañeros de trabajo una razón para evitar trabajar con usted porque está demasiado obsesionado con salirse con la suya todo el tiempo. Exprese interés y curiosidad por los demás y verá cómo esto mejora sus relaciones y las hace mutuamente gratificantes.

Salga de su zona de confort más a menudo

Es cierto que es usted un taurino que odia los cambios, pero también es persistente por naturaleza. Si se propone ser menos obstinado, hará lo que sea necesario para lograrlo. Una de las mejores maneras de hacerlo es poniéndose en situaciones que normalmente intentarías evitar a toda costa. Si no le gusta reunirse socialmente, intente salir más y relacionarse con gente de todo tipo. De este modo, se expondrá a diversas mentalidades y orígenes, lo que le obligará a ser más tolerante. Con el tiempo, no necesitará imponer su punto de vista sobre el de los demás.

Lo interesante es que es probable que sus amigos y familiares empiecen a hacerle cumplidos y a darle palmaditas en la espalda por haberse vuelto más flexible, aunque usted no lo vea todavía. Pero cuando se dé un poco de tiempo y espacio para experimentar cada uno de los aspectos anteriores, se sentirá más cómodo en sus relaciones y aceptará mejor las nuevas situaciones.

Posesividad

Los taurinos son criaturas posesivas, ya sea con respecto a las personas o a las posesiones mundanas; les gusta reclamar la propiedad de lo que es suyo. En las relaciones, este rasgo puede resultar asfixiante para sus parejas. La naturaleza posesiva de un taurino es un subproducto de su inseguridad e incapacidad para celebrar los éxitos de los demás. Les hace sentirse menos que los demás o insuficientes como humanos, por lo que dan demasiada importancia a la propiedad. Si tiene una relación con un taurino, no lo tome como una señal de falta de confianza; de lo contrario, no podrán continuar juntos. Los taurinos posesivos solo pueden prosperar en relaciones en las que su pareja acepte pertenecer a ellos y convertirse en una extensión de ellos mismos.

Además de ser posesivos con las personas, los taurinos también lo son con sus posesiones y rara vez aceptan que otros compartan sus pertenencias, o su riqueza. Al ser hábiles con el dinero, los taurinos posesivos suelen dar la impresión de ser codiciosos y poco generosos. Aunque eso no es malo, no suele ser su intención. Si le cuesta enseñar a su hija nacida en Tauro la importancia de compartir, o está saliendo con un taurino y tiene problemas para disfrutar de una relación pacífica, hay una salida. Aquí tiene algunos consejos que pueden ayudarle:

Mostrar compasión

Descartar la posesividad como un rasgo inaceptable no le llevará muy lejos con los taurinos, sino que hará aún más difícil que confíen en usted, y puede que le dejen de lado por completo. Un mejor enfoque es mostrar compasión y reconocer sus sentimientos. Por ejemplo, puede hablar de la reciente pelea que tuvo con su novio celoso de una manera más comprensiva y cariñosa. Empiece expresando su agradecimiento por su amor y luego pregúntele qué le haría sentirse más cómodo para seguir adelante. El hecho de que haya adoptado este tono en lugar de culpar y señalar con el dedo le animará a relajarse y a mostrar más fe en usted.

Involucrar a sus amigos taurinos

En lugar de ignorar a su amigo taurino, involúcrelo más en sus planes. Dedíquele su tiempo y atención para que se sienta seguro y se relaje un poco. Cuando salga con otros amigos, pídale que le acompañe, de este modo, estará seguro de que no está intentando sustituirle.

Sea posesivo

Si no puede luchar contra ellos, ¡únase a ellos! Eso no quiere decir que usted base su relación en la atención asfixiante mutua. En cambio, puede intentar corresponder a los sentimientos posesivos de su pareja taurina de una forma más cariñosa y atenta, ya que es la forma en que expresan su amor.

Como taurino, aunque no esté preparado para asumir este rasgo de su personalidad, preste atención a los siguientes consejos para poder aplicarlos cuando esté preparado:

Autoanálisis

No hay que confundirlo con la autocrítica. El autoanálisis consiste más bien en conocerse mejor y analizar las inseguridades e inhibiciones subyacentes. Preste mucha atención a las situaciones que desencadenan sus celos o su posesividad. Hágase las preguntas difíciles y profundice para encontrar las respuestas. También puede trabajar con un terapeuta si cree que sus acciones están causando estragos en sus relaciones más cercanas. No será un viaje fácil, pero le abrirá los ojos y acabará por reconfortarle.

Dar siempre a los demás el beneficio de la duda

Para usted más que para otros, esto es esencial para cultivar relaciones saludables. Antes de sacar conclusiones apresuradas porque su novio se demoró en devolverle la llamada, piense primero en el millón de escenarios posibles y luego espere a que él llame. Esto no solo le ayudará a calmar su mente, sino que también dará a su pareja la oportunidad de relajarse y vivir más auténticamente sin preocuparse constantemente por su comportamiento posesivo.

Este viaje no solo se aplica a las relaciones románticas. Si le cuesta delegar en los miembros de su equipo algunas de sus responsabilidades en el trabajo, puede seguir el mismo enfoque. Hágase a la idea de que sus empleados quieren lo mejor para su empresa porque eso se refleja en su forma de vida. Recuérdese también que hacer este trabajo significa que ya tiene las habilidades y la experiencia necesarias. Cuanto más se convenza a sí mismo de que ve lo bueno en los que le rodean, más podrá mantener a raya sus tendencias controladoras.

Manténgase ocupado

Como Tauro muy trabajador, esto no debería ser un problema para usted. Centrarse en otras cosas que no sean las que desencadenan su naturaleza posesiva es una forma fácil de debilitar los efectos que tienen sobre usted. Pruebe un nuevo deporte o pasatiempo que pueda mantener su mente ocupada en lugar de correr desenfrenadamente cuando está libre. Es dudoso que se convierta en un individuo de temperamento suave que no responda en situaciones provocativas, pero se volverá más consciente de sus acciones, y descubrirá que hará un mejor trabajo para no herir a los que ama.

Cómo superar el miedo al cambio

Ya sea en su vida personal o profesional, los taurinos no solo desprecian el cambio, sino que lo temen. Para los taurinos, el cambio no es una idea que puedan contemplar fácilmente, aunque su vida dependa de ello. Si es un taurino, sabrá que incluso la idea del cambio puede causarle ansiedad. A este signo le gusta la estabilidad y prefiere vivir una vida predecible en la que todo vaya según lo previsto y esperado. Para otros signos más flexibles, como Géminis o Leo, la aversión de Tauro al cambio es un gran inconveniente, pero otros signos inseguros, como el supersensible Cáncer, confían en el 'estable' Tauro para que tome las riendas y mantenga las cosas firmes.

El miedo de Tauro al cambio está influenciado por su fuerte creencia en la estructura y por querer estar siempre en una situación en la que puedan esperar lo que viene a continuación. Esto podría explicar por qué tampoco les resulta fácil cambiar de opinión, ya que no saben cómo enfrentarse a un resultado desconocido. Sin embargo, esta cualidad suele ser más saboteadora para los propios taurinos que para quienes los rodean. Por ejemplo, un taurino en una relación fallida suele tardar más que los demás antes de desconectarse de una vez por todas. Incluso con su carrera, aunque la mayoría de los taurinos se dedican a su carrera y tienen éxito, suelen tardar mucho en admitir que su trabajo no es bueno y que necesitan encontrar uno nuevo. Para saber cuál es la mejor manera de lidiar con los taurinos esclavizados por la rutina en su vida, puede probar estos consejos.

Los taurinos odian el cambio

Puede que venga de un buen lugar queriendo ayudar a sus amigos taurinos a abrirse a la vida después de una mala ruptura, pero empujarlo a ello podría hacer más daño que bien. Es mejor que le proporcione el apoyo y la compañía que necesita hasta que decida avanzar por sí mismo. Pueden salir y hacer viajes divertidos juntos, pero no deberían hacer más. Cuando están bajo presión, los taurinos pueden volverse agresivos, alejando a sus seres queridos porque no saben de qué otra manera reaccionar.

Crianza y estímulo

Criar a un niño taurino que teme los cambios puede resultar desalentador para cualquier padre. Siempre estarán preocupados por ellos porque saben que un cambio de colegio o de profesor puede ser demasiado para ellos, pero lo mejor que pueden hacer es estar ahí para ellos. Demuéstrele que cree en ellos y que siempre les cubrirá la espalda. Además de las palabras, deje que sus acciones hablen por usted. Apoye a sus hijos desde la primera fila cuando jueguen su primer partido de fútbol en su nuevo colegio. Con el tiempo, verá que su hijo estará más dispuesto a afrontar el cambio en lugar de quejarse de él como suele hacer.

Miedo al cambio

Las personas nacidas bajo el signo de Tauro suelen ser realistas, pero su miedo al cambio puede impedirles volver a levantarse tras una caída. Su trabajo como amigo es ayudarles a encontrar el lado positivo. Hable con ellos sobre las lecciones que deben aprender de una mala experiencia y luego deles el espacio para hacer los cambios necesarios para superarla.

Una comprensión más profunda de las razones que hay detrás de su miedo al cambio puede ser solo lo que necesita para superarlo. Aquí hay consejos que puede utilizar para darle un empujoncito para hacer los cambios necesarios:

1. Cultive su fe

La mayoría de las veces, el cambio llega a usted cuando menos lo espera. La única manera de liberarse del miedo al cambio es tener más fe. Confíe en que todo sucede por una razón y que, independientemente de cómo vayan las cosas, al final será por un bien mayor. Cuando entrene su mente para creer que el universo está trabajando para usted y no en su contra, le resultará más fácil aceptar la idea del cambio.

2. Comprométase con el cambio

Aunque esto puede sonar contrario a la intuición, es una forma increíble de que un taurino testarudo y perseverante incline la balanza a su favor. Dicen que la mejor defensa es un buen ataque en el fútbol, y eso es exactamente lo que debe hacer con el cambio. En lugar de estar siempre en el extremo receptor, siendo alguien a quien no le gustan las sorpresas, tome la iniciativa y comience el cambio usted mismo. Pruebe algo diferente cada día. Puede ser algo tan sencillo como cambiar el pedido de su café o tomar una nueva ruta hacia su oficina. Estas pequeñas y sencillas acciones entrenarán a su subconsciente para que acepte el cambio como parte de la vida cuando lo haga de forma constante. Ya no lo verá como algo que debe evitar de todo corazón.

3. Aproveche su naturaleza práctica

Entre los 12 signos del zodiaco, usted es, de lejos, uno de los más prácticos. Aproveche su sentido práctico para vencer su miedo irracional al cambio. ¿Está empezando un nuevo trabajo? Concéntrese en el salario más alto y en todo el estatus que conlleva el nuevo título. El hecho de ser una persona con riqueza y que aprecia las cosas buenas de la vida puede ser suficiente para que se olvide de sus miedos.

4. Evite el cambio

Sí, ha leído bien. Siempre que pueda, y si no le hace retroceder en la vida, puede optar por evitar el cambio. No debería verse obligado a acoger el cambio con las manos abiertas solo para que los demás no piensen en usted como otro Tauro testarudo. Si una determinada forma de vida le funciona y no le hace daño ni a usted ni a nadie, entonces rechace esa oferta de trabajo en el extranjero y quédese donde está.

5. Pereza

Esto varía de una persona a otra, pero en general, los taurinos son relativamente más perezosos que otros. De nuevo, esto se debe a su necesidad de estabilidad y a su falta de entusiasmo por experimentar algo nuevo. La pereza es evidente en los niños taurinos. Si tiene un niño taurino en la familia, puede ver claramente que no es del tipo deportivo al aire libre; prefiere pasar el rato en paz dentro de casa. Pero no desespere porque hay cosas que puede hacer para que sean más activos.

6. No los mime en exceso

Mimar en exceso a los niños taurinos perezosos es una receta para el desastre. Con su comportamiento perezoso, el hecho de que se les concedan todos sus deseos solo hará que se conviertan en adultos sin criterio. Enseñe a su hijo taurino la importancia de trabajar por lo que quiere. Por ejemplo, si su hija taurina ha estado pidiendo un par de zapatillas nuevas, dele tareas para que las termine y páguele con el dinero para que se las compre ella misma. De esta manera, la animará a hacer algo con propósito en lugar de quedarse sin hacer nada.

7. Sea un buen ejemplo

Los taurinos constantes aprecian la coherencia. No puede esperar que sigan sus consejos si sus acciones contradicen su discurso. La mejor manera de inspirar a su amigo taurino a ponerse en movimiento es mostrándole la vida activa que usted lleva. Hacerle entender que es la forma correcta de vivir si quiere tener una vida larga y saludable probablemente le impulsará a hacer lo mismo.

Si usted mismo es un taurino perezoso, puede hacerlo:

8. Empezar poco a poco

Hacer cambios sencillos y constantes es la única manera de revertir la maldición de la pereza. En lugar de decidir por capricho hacer ejercicio todos los días, propóngase hacerlo 2 ó 3 días a la semana, y luego vaya añadiendo, más a medida que avanza.

9. Tome descansos poco frecuentes

Como la motivación no le resulta fácil, programe descansos poco frecuentes en los que pueda recargarse y despejar la mente antes de volver a terminar las tareas que tiene entre manos.

Cúspide Tauro

Como se prometió al principio de este capítulo, si ha nacido en la cúspide de Tauro, encontrará algo para usted aquí. Además de las cualidades nativas de Tauro, estar en la cúspide significa que Aries o Géminis influyen en usted, que son los signos contiguos a Tauro.

Cúspide Aries-Tauro

Nacer en la cúspide Aries-Tauro significa que ha nacido en la cúspide del poder. Es usted resistente y autoritario, pero el hecho de tener esta personalidad fogosa a menudo lo mete en muchos problemas porque no puede solo detenerse y pensar. Aunque no sea su intención, tiende a ofender a los que le rodean con sus descuidos. Esto puede alejar incluso a sus amigos y familiares más cercanos. Sin embargo, si desea asegurarse de utilizar sus poderes en su beneficio, no pase por alto la amabilidad. En mayor medida que a otros, a sus palabras les vendría bien una pequeña capa de azúcar para equilibrar su brusquedad. Incluya una sonrisa, y podrá evitar alienar a los que ama sin perderse en el proceso.

Cúspide Tauro-Géminis

Como individuo nacido en la cúspide, está lleno de energía y entusiasmo, pero tiende a excederse y rara vez sabe cuándo parar. Ya sea de fiesta o comiendo, no hay quien le pare. Este comportamiento puede pasarle factura mental y físicamente y dejarle agotado. La mejor manera de superar el inminente agotamiento es practicar el autocontrol de forma consciente. Mantenga una conversación continua con su mente para evitar que devore toda la bolsa de patatas fritas de una sola vez. Con el tiempo, será capaz de mantener a raya este comportamiento destructivo.

Los taurinos son muy influyentes y uno de los signos más fuertes. Como ha leído en este capítulo, sus debilidades provienen principalmente de su rigidez e inflexibilidad. En los siguientes capítulos, verá cómo las debilidades mencionadas influyen en la forma de actuar de los Tauro en otros aspectos de la vida, como el amor, el trabajo y la familia.

Qué evitar como Tauro

Naturalmente, hay algunos rasgos negativos que puede tener un Tauro, y que pueden hacer la vida mucho más difícil si no se controlan. Es fácil ensimismarse un poco debido a la dinámica tan centrada que mantiene Tauro. Es crucial identificar las tendencias de comportamiento que no son saludables para usted y saber cómo maniobrar para ponerse a salvo.

Autoindulgencia

Dejarse llevar es uno de los malos rasgos de los Tauro. Esto puede significar que son autoindulgentes para garantizar que la diversión nunca se detenga, lo que hace que desarrollen el hábito de procrastinación. Al ser perfeccionistas, pueden mantener una gran trayectoria profesional, pero pueden desviarse fácilmente si su ambición se ahoga en la autoindulgencia y el hedonismo.

Pereza

Aunque los taurinos son muy ambiciosos, no son el signo más activo. Siempre es más difícil para las personas que valoran el perfeccionismo empezar algo debido al miedo a que no salga como lo han planeado. Un Tauro debe mantener siempre sus prioridades y centrarse en empezar la tarea rápidamente en lugar de dejarse encadenar por las dudas. Mantener una línea clara entre el trabajo y el tiempo de ocio es muy importante si quiere mantener una agenda saludable.

Materialismo

Un signo regido por Venus está obligado a tener un don para las cosas brillantes y caras. Es común que los taurinos piensen que la vida se basa en el éxito financiero. Aunque la libertad financiera es estupenda, no es lo único en la vida por lo que merece la pena trabajar. Ser flexible y apreciar las pequeñas cosas de la vida puede ayudar a Tauro a superar muchos retos difíciles.

Si es amigo de un Tauro, aprenderá mucha información que puede ayudarle a desarrollar una mejor comunicación con él, además de ayudarle en un apuro. No conocer los mejores rasgos que tiene y lo que necesita para desarrollar más su carácter puede ser un gran desperdicio en el caso de un Tauro. Como se menciona en este libro, un Tauro posee una abundancia de características sobresalientes.

Capítulo 4: El niño Tauro

Si tiene la suerte de ser el padre o la madre de un Tauro, debería contar con sus bendiciones. Los niños Tauro son de los más fáciles de educar y pueden llegar a ser seres humanos únicos. Al conocer todo lo que hay que saber sobre este signo desde una edad temprana, los padres podrán cultivar todas las habilidades que su hijo posee y ayudarle a desarrollar sus puntos fuertes de forma eficaz. El carácter de su hijo empezará a aparecer desde una edad muy temprana, incluso desde que es un bebé. Los bebés nacidos entre el 19 de abril y el 20 de mayo no se parecen a ningún otro recién nacido. Aquí está todo lo que necesita saber sobre ellos como padre o alguien que espera un bebé Tauro en la familia.

Características

Los bebés Tauro comienzan su vida y abordan cada acción que realizan de forma diferente. No son como cualquier otro niño que pueda conocer. Pueden ser muy tranquilos e incluso tímidos a veces. Para criar a los Tauro, hay que tener en cuenta tanto sus atributos emocionales como los lógicos. No siempre expresan sus sentimientos con palabras. Se puede ver más bien en sus acciones y en cómo interactúan con sus padres, otros miembros de la familia o incluso con diferentes personas de su entorno social cuando son niños. A veces, es necesario darles su espacio para que se sientan cómodos y puedan encontrarse a gusto consigo mismos.

Si uno de los padres es un Tauro, es posible que comprenda las necesidades de su hijo incluso más que ellos mismos. Recordar cómo era ser un niño nacido de la tierra y cómo a veces se puede sentir que nadie en el mundo entiende del todo la forma en la que se piensa o se siente puede ser bastante útil para un padre a la hora de criar a su hijo taurino. Le ayudará a relacionarse con experiencias personales del pasado y a entender cómo puede pensar su hijo y por qué a veces puede comportarse de la manera que lo hace.

Un niño Tauro tiene una amplia gama de características audaces. Son testarudos, emocionales, cariñosos y cálidos. Han nacido prácticamente para crecer en su papel de personas orientadas a la familia. Pueden tener una profunda conexión con sus madres, pero quieren a todos los miembros de su familia solo por los lazos de sangre que comparten. Además, son relativamente tranquilos, por lo que no serán tan irritantes como otros niños y no es probable que le hagan pasar un mal rato, aunque estén enfadados por algo. Enseñarles una lección no será difícil, ya que les gusta escuchar y seguir las reglas. En general, son niños obedientes que probablemente se convertirán en adultos exitosos con gran potencial.

Los niños Tauro en casa

Todos los niños se sienten más cómodos cuando están en casa, ya que es donde tienen el máximo espacio personal sin dejar de estar rodeados de sus seres queridos. Es un equilibrio perfecto para un niño Tauro, y es el entorno ideal para brillar. Puede que no siempre sea cómodo estar en casa con un niño Tauro, ya que a veces pueden volverse demasiado testarudos, y sus padres pueden perder la paciencia. Cuando son obstinados, los padres deben entender que negociar con lógica es la clave para resolver las discusiones en estos casos. Por supuesto, con un niño, la lógica madura puede no ser el camino a seguir. Sin embargo, si les explicas todos los hechos y les haces partícipes de tu forma de pensar como padre, puede que se lleven bien con usted y se vuelvan menos testarudos.

La crianza de los hijos consiste en conocer sus rasgos y ver cómo puedes ayudarles a desarrollar sus puntos fuertes y a convertir sus rasgos negativos en positivos. Si un padre es lo suficientemente racional en casa con su hijo, este se convertirá en un individuo decidido en lugar de obstinado. Además, acabarán siendo adultos responsables que tienen mucho respeto y aprecio por sus padres, ya que los taurinos tienen fuertes lazos con sus familias desde el momento en que nacen. Los niños nacidos bajo este signo zodiacal son cariñosos y mimosos incluso cuando son bebés, por lo que todo lo que necesitan para crecer y convertirse en adultos con logros considerables es ser queridos y respetados en sus propios hogares.

Los niños Tauro en la escuela

En lo que respecta a la educación, los niños Tauro responden especialmente bien al aprendizaje sensorial. Son niños con una capacidad sensorial realmente elevada y pueden aprender mucho utilizando cada uno de sus cinco sentidos. Los niños de este signo del zodiaco aprenden de forma lógica y metódica. A veces pueden volver locos a sus padres y profesores cuando no responden bien a los deberes o trabajos prácticos que se les asignan. Sin embargo, los adultos pueden notar fácilmente cómo siguen obteniendo grandes resultados en los exámenes, por ejemplo. Esto se debe a que estos niños asimilan la información, la entienden completamente y la analizan en sus pequeños cerebros, para luego seguir adelante con sus vidas. Puede que no todos sean genios o ratones de biblioteca, aunque tal vez algunos lo sean, pero siguen un enfoque sistemático en el aprendizaje que funciona de forma lenta y constante hasta que acaban ganando la carrera.

En asignaturas como las matemáticas y la física es donde más brillan estos taurinos. También pueden ser muy buenos en los deportes y en las clases de arte, y tienen un gran oído musical. No son tan buenos en las asignaturas teóricas y en cosas como el aprendizaje de idiomas o la historia. Como son lógicos y les gusta contar cada movimiento, trabajan mucho mejor con las ciencias y pueden lograr excelentes resultados en dichas materias.

Rasgos del niño Tauro

Un niño Tauro es un individuo con una mente propia. De pequeños, los niños Tauro no se dejarán presionar bajo ninguna circunstancia. Harán las cosas a su manera y en su propio tiempo, o los padres deberán sufrir un infierno en la tierra. Los padres pueden superar este problema con sus hijos mostrándoles mucho amor y afecto. Con el tiempo, su actitud mejorará, y aprenderán a comprometerse por el bien de sus seres queridos, pero solo de sus seres queridos. Los niños Tauro nunca se dejarán intimidar ni soportarán el acoso de nadie. Son la definición definitiva de un macho alfa. Déjelos en una habitación con otros chicos de su edad, y dominarán en cuestión de minutos.

Por lo general, los chicos quieren a sus madres más que a nadie en todo el mundo. Este vínculo puede ser aún más fuerte con un niño Tauro que con cualquier otro niño nacido bajo un signo zodiacal diferente. Esto se debe a que los taurinos desean mucho amor y comprensión porque les produce mucha alegría y satisfacción. Tienen confianza en sí mismos, y esa confianza comienza con el amor que una madre les muestra durante sus primeros años. La atención de un padre también es esencial, pero el amor materno es lo que puede marcar la diferencia en la educación de un niño Tauro.

Con su círculo social, ya sea en la escuela o con sus amigos o familiares en cualquier lugar, los Tauro no son de los que se quedan tímidos en una esquina esperando que alguien los incluya. Saben cómo abrirse paso en un grupo e incluso liderar la sala en ciertas ocasiones. La atención no es precisamente lo que buscan, aunque les gusta ser respetados y reconocidos en todo lo que hacen.

Rasgos de las niñas Tauro

Una niña Tauro ha nacido para mandar desde el primer día. No le gusta que le digan lo que tiene que hacer. La gente trabaja según su horario, no al revés. La organización es su segundo nombre, incluso de niña. También es esencial darse cuenta desde el principio de que si a un bebé Tauro no le gusta algo, ninguna cantidad de insistencia por parte de los padres le hará cambiar de opinión. Esto puede aplicarse a la comida, a los juguetes e incluso a lugares específicos. Ella será muy expresiva acerca de sus sentimientos y no rehuirá una discusión.

Las niñas Tauro son grandes oyentes. Les gusta que les cuenten historias, especialmente si son de sus padres o sobre ellos cuando eran más jóvenes. También pueden estar cerca de sus abuelos. Si una niña Tauro es la primogénita de sus padres, los abuelos probablemente la llenaran de muchos mimos y amor que una niña Tauro adorará.

Estas jóvenes pueden ser lindas, pero muy maduras para su edad. No puede engañarlas porque le reventarán casi instantáneamente con su aguda mente. Son tenaces y decididas, así que no importa qué habilidades creativas y trucos se les ocurran a los padres para conseguir que hagan algo diferente, es probable que sus intentos fracasen. A la niña Tauro a menudo le resulta algo divertido presenciar los intentos fallidos de sus padres por sacarla de su rumbo y, al final, simplemente se rinden a los deseos de la niña, pero no son niñas salvajes. Son predecibles y disfrutan de la estabilidad y la disciplina en todos los ámbitos de la vida a medida que crecen.

Aficiones e intereses

Una de las muchas cosas buenas de los niños Tauro es que se comprometen con cualquier cosa que se propongan. En cuanto se interesan por algo o tienen una afición concreta, no suelen echarse atrás como otros niños. A veces, esto puede hacer que parezcan un poco obsesivos, lo que no siempre va bien con los padres, pero es esencial darse cuenta de que este rasgo es saludable. Les ayuda a comprometerse con cosas más necesarias en la vida a medida que crecen y a no echarse atrás en nada de lo que han empezado.

Los niños Tauro suelen interesarse por actividades y aficiones que implican reglas y disciplinas fijas para ellos. Los juegos caóticos y las actividades desordenadas no son algo que les guste. Disfrutan con los juegos mentales y los rompecabezas que ponen en marcha su capacidad de pensamiento lógico, donde pueden analizarlo todo y llevar a cabo tácticas inteligentes. Los juegos de mesa y los juegos de cartas también les parecen emocionantes, aunque pueden variar de un niño a otro.

Entre los pasatiempos que pueden adoptar y en los que muestran un gran interés desde el principio están los pasatiempos artísticos. Puede que les guste pintar o tocar música. Esto es algo que los padres tendrán que notar y alimentar desde las primeras etapas de la vida de su hijo. Si estas habilidades y aficiones son bien alimentadas por los padres, los niños pueden llegar a ser personas brillantes y creativas que produzcan obras de arte inigualables.

Estabilidad y rutina

El cambio no es algo que ningún taurino aprecie. En cuanto puedan expresarse un poco, incluso de pequeños, mostrarán signos de que les gusta la estabilidad y la rutina en lugar de las sorpresas y los cambios repentinos. La familiaridad lo es todo para estos niños, ya sea con las personas, los lugares o incluso la comida. Llevarlos a nuevos lugares para que conozcan a gente nueva puede ser todo un reto. Sin embargo, esto puede resultar más fácil a medida que crecen y van a la guardería o al colegio. En cuanto los taurinos se sienten cómodos con los que les rodean y desarrollan una sensación de familiaridad, se convierten en los niños más simpáticos del mundo y pueden hablar y reírse y ser simplemente ellos mismos. De lo contrario, no se sentirán cómodos en ningún entorno nuevo y eso se notará rápidamente en su actitud.

Desarrollar una rutina con un niño Tauro es una de las cosas más fáciles que puede hacer un padre. Es recomendable para que tanto el niño como el padre puedan convivir en armonía. Esta rutina debe aplicarse a todo, desde el establecimiento de un horario de sueño estricto hasta la planificación de las comidas diarias y asegurarse de que el día se desarrolle de acuerdo con un plan establecido sin apenas margen para las sorpresas. Esta rutina puede facilitar mucho la vida de los padres, especialmente con los niños de Tauro, ya que les permitirá planificar sus días en función de sus bebés. Además, podrán encontrar algo de tiempo para sí mismos de vez en cuando en medio de sus apretadas agendas.

Exploración de los sentidos

Los niños Tauro experimentan todo en la vida a través de sus sentidos. Olerán, sabrán, oirán, verán y sentirán cada pequeña cosa y cada detalle que les rodea. Nada más al nacer, empezarán a agarrar cosas y a llevárselas a la boca después de analizarlas con los ojos y la nariz. Cuando se conviertan en niños pequeños y consigan sostener el peso de su cuerpo para gatear, cualquier cosa que esté a la altura de sus ojos probablemente se la llevarán a la boca.

A estos niños les encanta comer con gusto. Por lo tanto, no es probable que los padres tengan problemas con ellos en ese sentido, pero es posible que se enamoren de una pequeña selección de alimentos y no quieran probar nada más durante un tiempo. Los padres deben seguir ofreciendo a sus hijos alternativas saludables de vez en cuando, sin forzarlos, y al final acabarán probándolas por sí mismos.

También es posible que estos niños se aferren a ciertos juguetes u osos de peluche, ya que exploran sus sentidos y buscan un plus de afecto. Los padres no deben privar a sus hijos de eso y, en cambio, deben intentar animarles a desarrollar sus sentidos de forma saludable. Pueden hacerlo ofreciéndoles juguetes educativos que les permitan utilizar todos sus sentidos de forma eficaz.

Estabilidad emocional

Los niños de Tauro tienen una personalidad muy arraigada. Les gusta que las cosas se hagan de una manera determinada y solo les gusta una selección de elementos, por lo que si se les ofrecen alternativas o se les sorprende con cambios repentinos de planes, pueden tener rabietas maniáticas. Los niños Tauro suelen ser muy tranquilos y emocionalmente estables solo si todo se hace a su manera y reciben suficiente amor y afecto. En cuanto hay un cambio en su rutina, pueden volverse rápidamente destructivos y agresivos hasta que los padres ceden y les dan lo que quieren.

Es responsabilidad de los padres evitar fomentar este comportamiento. Pueden hacerlo manteniendo conversaciones racionales con sus hijos. Es crucial explicar todo con lógica y exponer todos los hechos y consecuencias. También puede ser necesario castigar adecuadamente a los niños cuando se vuelven agresivos. Esto debe hacerse para controlar estos episodios de ira y enseñar a los niños Tauro a expresarse racionalmente.

Mantenerse activo al aire libre

Una de las cosas en las que los Tauro, como niños, destacan es en mantenerse activos al aire libre. No son niños perezosos que se sientan en casa todo el día sin hacer nada o simplemente jugando a los videojuegos. Estos niños son exploradores a los que les gusta alimentar su curiosidad natural saliendo al exterior y aprendiendo sobre el mundo. Puede que no se conviertan en atletas, pero aún así pueden rendir bien en ciertos deportes. El simple hecho de salir al exterior y empaparse de la luz del sol puede ser todo lo que necesitan para prosperar.

Los taurinos son seres terrenales que disfrutan de todo lo que ofrece este planeta. Explorar el aire libre utilizando todos sus sentidos es algo que les permitirá desarrollar sus rasgos positivos y aprender más sobre el mundo. A estos niños les gusta especialmente estar al aire libre con sus padres, ya que pueden formar un vínculo con su familia y con la tierra como elemento principal. Considere la posibilidad de llevar a sus hijos al patio trasero o al parque, donde podrán verlos en un entorno natural e incluso escuchar música divertida de fondo mientras juegan y se mantienen activos. Esto puede ser estupendo para un niño Tauro en desarrollo.

Rasgos físicos

Los jóvenes Tauro son encantadores. Tienen rasgos atractivos y casi siempre llevan los mejores genes de la familia. Como les encanta estar activos y relacionarse con el mundo al aire libre, suelen estar en forma y mantener una figura saludable al crecer. Incluso con la comida, aunque pueden ser quisquillosos, suelen preferir las opciones de comida saludable. Sus rostros son muy simpáticos y bonitos, lo que les hace fácilmente accesibles a otros jóvenes de su edad en la escuela o en cualquier área de juegos.

Habilidades artísticas

La creatividad y la innovación son lo segundo para cualquier Tauro. Por eso pueden convertirse en grandes artistas o hacer una carrera de éxito en ese sector. Todo comienza cuando son jóvenes, incluso desde que son niños pequeños. Estarán muy interesados en la música y el baile. También les puede gustar dibujar y crear sus propias obras maestras. Algunos incluso pueden mostrar interés por la cocina, ayudando a sus padres en la cocina e intentando preparar sus comidas. Sus padres deberían fomentar todas estas habilidades artísticas para que puedan convertirse en artistas de éxito.

Los niños de Tauro son artistas natos y solo necesitan la orientación adecuada para florecer. No necesariamente crecerán como pintores o bailarines, o incluso como cantantes. Pueden encontrar su vocación en el sector creativo en general. Si sus habilidades se cultivan y apoyan de niños, se convertirán en adultos innovadores. Todo lo que se necesita es un poco de apoyo de los padres y orientación en la dirección correcta cuando notan que tienen un sentido artístico agudo en una forma de arte u otra.

Los mejores juguetes para los niños Tauro

A todos los niños les encantan los juguetes; no hay ninguna excepción a este hecho. Lo único que difiere de un niño a otro es el tipo de juguetes con los que les gusta jugar. A los jóvenes Tauro les gustan los juguetes que hacen cosquillas a sus cinco sentidos y a sus habilidades artísticas. Los pequeños instrumentos musicales pueden ser los mejores juguetes para los bebés y los niños pequeños. Se divertirán mucho cogiendo el kit musical y tocando canciones todo el día. Los libros para colorear y los dibujos pueden no ser juguetes, pero son algo que un niño Tauro mayor disfrutará.

A los niños Tauro también les pueden gustar los juguetes que pueden utilizar al aire libre para mantenerse activos. Conseguirles una bicicleta es un gran paso para los padres, ya que se divertirán jugando al aire libre y manteniéndose en forma. Los padres también podrían considerar dejar que sus pequeños Tauro jueguen en el jardín o en la tierra. Conviene regalarles juguetes para cavar y un kit de jardinería para niños.

Los mejores libros para los niños Tauro

Los niños Tauro suelen sorprender a sus padres por lo mucho que les gusta leer. Incluso aquellos que son demasiado jóvenes para leer libros por sí mismos disfrutan de un tiempo de calidad con sus adultos favoritos que les leen cuentos antes de dormir. Los libros sobre la exploración de la naturaleza y los personajes de ficción en la naturaleza pueden ser bastante intrigantes para los niños Tauro, y les ayudarán con su vocabulario y a entender el mundo que les rodea. A estos niños también les encanta la jardinería, ya que su elemento es la tierra. Los libros sobre jardinería y árboles serán perfectos para enseñarles un par de cosas sobre la naturaleza. Esto los mantendrá entusiasmados y deseosos de realizar tareas como la jardinería y el cuidado de las plantas por su cuenta.

Las mejores actividades para los niños Tauro

Los padres suelen querer que sus hijos se dediquen a cualquier actividad beneficiosa cuando son pequeños para desarrollar sus habilidades desde el principio y alimentarlas a medida que maduran. Algunos padres llevan a sus hijos a diferentes clases educativas, como el aprendizaje de nuevos idiomas o nuevas habilidades. Otros inscriben a sus hijos en equipos deportivos para ver si tienen facilidad para los deportes y tal vez un futuro de atleta. Los niños nacidos bajo este signo zodiacal son grandes aficionados a las actividades artísticas y al aire libre. Por lo tanto, cuando los padres elijan una actividad adecuada para su niño o niña Tauro, deberían recordarlo.

Las clases creativas, ya sea de dibujo, canto, baile o música, son una excelente opción para estos niños. Estos cursos no les exigirán demasiada actividad, pero tendrán la suficiente para prosperar a medida que crezcan. Es una forma de que den rienda suelta a el artista que llevan dentro y comiencen un exitoso viaje creativo en ese sector.

Otra actividad que funciona perfectamente para estos niños es cualquier actividad al aire libre que les lleve a la naturaleza. Cosas como el senderismo, la acampada, la pesca y la jardinería pueden ser de verdadero interés para los niños Tauro desde una edad muy temprana y pueden ayudar a formarlos a medida que crecen.

Consejos para la crianza

Criar a un niño no es una tarea fácil. Está llena de retos emocionales y físicos para ambos padres, y es algo que cualquiera que esté esperando un hijo debería recordar incluso antes de que nazcan sus bebés. En el caso de la crianza de un niño nacido bajo el signo zodiacal de Tauro, los desafíos particulares pueden ser más manejables que otros. A medida que su hijo crece, sus habilidades de crianza deben cambiar y desarrollarse para estar a la altura de sus necesidades. Cada minuto que su pequeño hijo de Tauro crece, tendrá que tratarlo de forma diferente según su madurez creciente.

Primeros años

Los bebés Tauro necesitan mucho amor y afecto. A medida que crezcan con los años, necesitarán ese derroche de amor y afecto, pero cuando son bebés, lo necesitan mucho más que en cualquier otro momento de su vida. Si los padres abrazan a sus recién nacidos y los colman de amor y besos, es probable que se queden tranquilos e incluso sonrían y rían para ellos todo el tiempo. En cuanto sus bebés se conviertan en niños pequeños, anímelos a desarrollar sus aficiones e intereses, y haga que se mantengan activos en la medida de lo posible. Esto les permitirá utilizar todos sus sentidos y crecer para ser más creativos y conscientes.

La adolescencia

Ser adolescente es duro tanto para los padres como para los hijos, y eso siempre es así. Cuando un niño Tauro está a punto de llegar a la adolescencia, es probable que muestre una faceta diferente de su personalidad mientras intenta aprender más sobre sí mismo. Es un período en el que quieren ser amados y apoyados por sus padres e intentan buscar cierta independencia de ellos para hacer las cosas a su manera. La terquedad puede ser lo más destacado de este periodo en los adolescentes Tauro, y es tarea de los padres controlar este comportamiento mediante discusiones lógicas y exponiendo todos los hechos.

Años de juventud

Cuando su hijo llegue al final de su adolescencia y se convierta en un adulto o un joven adulto, se irá de su lado lentamente, lo que no es algo que muchos padres encuentren fácil de aceptar. Pero los padres deben darse cuenta de que sus hijos siempre les querrán y apreciarán, aunque no vivan bajo el mismo techo ni sigan las mismas reglas. Cuanto más rápido lo acepten, mejores padres podrán ser para ellos en su viaje para hacerse mayores y experimentar el mundo como toros tenaces.

Ser bendecido con un hijo Tauro es una experiencia emocionante y enriquecedora. Si usted mismo ha sido un bebé Tauro, puede darse cuenta de cómo el viaje de crecer puede ser una montaña rusa de emociones y desafíos. Los Tauro son fáciles de criar si son bien comprendidos y apoyados por sus padres. Son como cualquier otro niño que necesita mucho amor y afecto para prosperar en el mundo y convertirse en adultos exitosos con estabilidad en sus vidas.

Capítulo 5: Tauro en el amor

Las relaciones son las que hacen de la vida un viaje maravilloso. Encontrar a alguien que ames y que te corresponda puede ser una de las mejores cosas de embarcarse en una nueva relación. Si se enamora de un Tauro, debería considerarse afortunado. Estos toros celestes son puro buen gusto, así que el hecho de que un Tauro se enamore de usted también dice mucho. Los nacidos bajo este signo del zodiaco de tierra pueden ser grandes parejas. Son cariñosos, leales y amables con sus seres queridos. Es dudoso que un Tauro sea descrito como un rompecorazones. Tanto si es usted Tauro como si cree que se está enamorando de uno, aquí tiene todo lo que debe saber sobre los taurinos en el amor.

Lo que buscan en una relación

A los taurinos les encanta estar enamorados. El afecto significa mucho para ellos, y harán cualquier cosa para recibirlo y colmar de él a su amante. Cuando los taurinos se meten en una relación, lo hacen a largo plazo. Los ligues y las aventuras de una noche no les interesan a estos seres celestiales, ya que lo suyo es la estabilidad y el compromiso. No presionarán a su pareja para que se comprometa demasiado rápido ni la asfixiarán con lo mucho que desean una relación a largo plazo. Aunque, lo aclararán desde el primer minuto de esa relación están tras un compromiso estable construido para durar.

Mientras estén juntos, un Tauro no dejará de luchar por usted. Es un hecho conocido que los taurinos son tercos, pero si está saliendo con uno, piense en esa terquedad como pasión. Harán cualquier cosa por sus seres queridos y trabajarán continuamente para mejorar la relación con su pareja. Es justo decir que ocupan el primer lugar en la clasificación de los mejores amantes del calendario zodiacal.

¿Por qué son grandes amantes?

Los criterios del amante perfecto suelen variar de una persona a otra. Sin embargo, hay algunos fundamentos que hacen que una pareja sea estupenda, de los que todo el mundo puede dar fe. Estos fundamentos son los que hacen que la relación sea tan fuerte y estable para quienes buscan compromisos a largo plazo. Estar involucrado románticamente con un Tauro debe hacer que usted espere ciertas cosas que normalmente no obtendría con cualquier persona nacida bajo un signo zodiacal diferente. Estas son las características que debes esperar:

Lealtad

La confianza es la base de cualquier relación sana. Los que quieren estabilidad y tranquilidad en sus vidas siempre buscan parejas leales y comprometidas con las que puedan contar y en las que puedan confiar de corazón. Eso es algo que se puede encontrar fácilmente en un Tauro. Son intensamente leales y entregados a la persona con la que están, contra viento y marea. No necesitan un voto "en las buenas y en las malas", ya que de todos modos es así como actúan. En cuanto encuentran a alguien que los haga felices, son suyos a largo plazo y no se fijarán en nadie más bajo ninguna circunstancia.

Romántico

Las primeras impresiones de un Tauro no siempre revelan lo sensibles y románticos que son, pero estar en una relación con uno de ellos suele ser como vivir en un cuento de hadas. A los Tauro les gusta el afecto y colmar de amor a sus parejas, y nunca tienen miedo de demostrarlo en cada oportunidad que tienen. Son muy cariñosos y les encanta acurrucarse con sus parejas para expresar lo mucho que les importan. También aprecian las cosas bonitas de la vida. Por lo tanto, los Tauro gastan mucho dinero en sus parejas, les hacen regalos y realizan viajes de lujo de vez en cuando solo para mimarlas y tratarlas bien. Lo único que un Tauro espera a cambio es el amor y el respeto mutuos y la muestra de aprecio por todos sus esfuerzos.

Profundidad en las emociones

Hablar de las emociones y ser vulnerable ante los demás no es algo que muchas personas puedan hacer. Para salir con alguien, deben mostrar ese lado de ellos y ser abiertos con usted para que pueda conocerlos plenamente. Los taurinos no tienen ningún problema en abrirse a sus seres queridos y en mantener conversaciones profundas sobre sus emociones o en ser vulnerables cuando están cerca de ellos. No expondrán sus sentimientos tan profundamente a menos que sea con alguien en quien confíen y amen plenamente. Así que una vez que un Tauro se abra a usted, debe saber lo especial que es usted para él. Estas conversaciones son las que pueden hacer más fuerte una relación con un Tauro, y ambos estarán listos para enfrentar todo lo que la vida les depare.

Ambicioso

Estar en una relación a largo plazo con alguien significa tener que pensar en el futuro en un momento u otro. No se trata solo de lo que el futuro tiene reservado para la relación en sí, sino de lo que será para los individuos de esta pareja en términos de sus carreras y vidas personales. La planificación es algo natural para los Tauro. Son extremadamente ambiciosos y siempre buscan ser mejores y más exitosos en cualquier cosa que se propongan, ya sea en su carrera o en su vida personal. Las sorpresas no son algo que les guste, por lo que tendrán un plan establecido para todo lo que les gustaría conseguir y lograr en su vida. Si tienen a alguien a quien quieren, seguro que lo incluirán en ese plan.

Apasionado

Los taurinos son testarudos; eso es un hecho innegable. Sin embargo, si tiene una relación con uno de ellos, es más probable que esta terquedad se convierta en pasión. Los nacidos bajo este signo del zodiaco luchan por todo lo que creen a toda costa. Por eso, si creen que es usted quien les conviene, lucharán por usted con uñas y dientes, permaneciendo dedicados a usted contra viento y marea. No importará lo que el mundo piense de su relación ni lo que nadie diga para hundirlo. Una vez que tienen su corazón y su mente puestos en alguien que creen que es material de pareja, mostrarán su pasión por ellos y harán lo que sea necesario para mantenerlos cerca.

Dedicado

Un Tauro es conocido por ser un trabajador duro, pero el trabajo duro no solo se limita a la oficina o a que sean un poco adictos al trabajo. Llevan ese rasgo en todos los aspectos de su vida. La dedicación a sus seres queridos es algo natural para un Tauro, por lo que sus parejas nunca deben preocuparse de que no se esfuercen lo suficiente en la relación o lo den todo. Estos individuos Tauro no pasan por nada si no están dispuestos a poner su corazón y su alma en ello y a dar incansablemente todo lo que tienen. Eso incluye sus relaciones románticas, en las que estarán obsesionados con su otra mitad, de forma sana, y probablemente harán cualquier cosa por ella.

Misterioso

El periodo inicial de cualquier relación siempre está lleno de misterio y electricidad. La pareja quiere aprender todo sobre el otro e impresionarse mutuamente con su carácter y personalidad. Los taurinos pueden ser un poco misteriosos al principio y no mostrar todas sus cartas a la vez. Intentarán impresionar a quien tengan en mente, pero no se abrirán demasiado pronto. Una vez que confían en su pareja y comparten cosas sobre su pasado y cómo son, uno puede ver rápidamente que son mucho más de lo que parece. Es una de las cosas más atractivas de los taurinos, ya que solo permiten que ciertas personas derriben sus muros y echen un vistazo a su alma.

Lo que le gusta y lo que no le gusta

Amar a un Tauro no es una tarea complicada. Son seres sencillos que solo necesitan un poco de amor y aprecio para prosperar en cualquier relación. La mayor atracción para un Tauro es la capacidad de entenderlos tan bien y ser sensual a su alrededor. Planificar citas sencillas, ni demasiado extravagantes ni demasiado baratas, puede ser lo mejor que una pareja haga por su amante Tauro. Los Tauro son muy conscientes de sus finanzas, por lo que no necesitan que alguien gaste cantidades locas de dinero en ellos para hacerlos felices. En cambio, prefieren pasar largas horas con sus amantes hablando de cosas importantes y pasando tiempo de calidad juntos por las mañanas y las noches.

En lo que respecta a las desventajas de un taurino, no son de los que aprecian sentirse como "plan b". Tampoco esperan que sus amantes les den prioridad el cien por cien de las veces, pero siempre es más agradable cuando están justo en la lista de prioridades de su media naranja. No hay nada que ponga más de los nervios a un taurino que la cancelación de planes en el último momento. Estos seres terrenales se dedican a planificar y odian las sorpresas hasta la médula. Por lo tanto, si planifican y confían en que van a hacer algo con sus parejas y lo cancelan de repente, pueden iniciar discusiones masivas. Del mismo modo, a los taurinos les encanta que sus amantes se esfuercen en la relación. Por eso, si en algún momento tienen la sensación de que su pareja no se esfuerza por conquistar a su media naranja y se conforma con cualquier cosa, un Tauro se cerrará a la relación y perderá el interés rápidamente.

Las mejores parejas

Encontrar la pareja perfecta puede ser un reto. Todo el mundo quiere ser amado y comprendido para poder prosperar en una relación sana. Por eso, la gente suele tener montones de citas antes de poder decir finalmente que ha encontrado a "el elegido". Pero analizar su signo zodiacal en comparación con otros signos zodiacales puede ser solo lo que necesita para encontrar a su otra mitad. Todos los signos del zodíaco tienen cierta compatibilidad con otros signos del zodíaco; solo se trata de encontrar esa pareja celestial perfecta hecha en el cielo. Dado que el elemento principal de los Tauro es la tierra, se llevan bien con otros signos de tierra. Aquí están algunos de los mejores partidos para un Tauro y cómo será su relación.

Virgo

Los Virgo y los Tauro pueden ser la pareja más pacífica que pueda conocerse. Ambos odian los dramas y son muy francos el uno con el otro. Esta pareja de seres terrenales es de lo más sofisticada. Son pensadores lógicos que sopesan todos los hechos y mantienen discusiones racionales sobre su relación. La gente suele describir a esta pareja como un dúo encantador. Les gusta ocuparse de sus propios asuntos, pero son muy amables con los demás, y eso se nota en la forma en que tratan a todos los que los rodean. Son muy tradicionales y, si viven juntos, sus espíritus se reflejarán en su hogar con un despliegue de creatividad y calidez. Ocasionalmente, la pareja puede ser un poco sentenciosa, pero no será demasiado agresiva ni ofensiva para nadie. Tauro y Virgo son personas de mente abierta e intelectual, lo que probablemente se deba a que Venus los rige a ambos.

Piscis

Estos dos signos estelares son una pareja sensual regida por los planetas Venus y Neptuno. El hecho de que los taurinos y los piscianos se unan solo puede significar una cosa: una vida lujosa y confortable. A esta pareja le gustan las comidas gourmet y tiene un don para los vinos caros y los eventos sofisticados. Los taurinos no siempre hacen alarde de su amor por la suntuosidad, pero con un poco de estímulo de su pareja de Piscis, pueden ir a por todas. Los nacidos bajo el signo zodiacal de Piscis son imaginativos y están en contacto con sus emociones. Esto los hace perfectos para los taurinos, a quienes les encanta hablar de temas profundos y ahondar en sus emociones junto a su pareja sentimental. Esta pareja es increíblemente dinámica y controla su relación de una manera que no permite que la acumulación emocional obstaculice nunca su amor.

Capricornio

Los taurinos son conocidos por ser tercos en ocasiones. Los Capricornio son perfectos para ellos en ese sentido, ya que pueden igualar fácilmente su persistencia y llegar a un equilibrio transitorio con ellos en todo momento. Este dúo se lleva muy bien, especialmente con su amor y pasión por el trabajo. Ambos pueden ser adictos al trabajo, pero su ambición y determinación para triunfar en sus respectivas carreras es lo que podría unirlos en primer lugar. La estabilidad financiera es la prioridad número uno para este dúo, por lo que no es probable que discutan por dinero, ya que ambos son bastante sensatos con sus gastos. Aunque ambos signos del zodíaco aman la organización y planifican cada pequeño detalle, los Capricornio pueden tener un poco más de disciplina que los Tauro. Esto no causaría discusiones, pero los Capricornio tienden a presionar a su compañero Tauro para que se esfuerce más y se mantenga motivado en comparación a como lo haría fuera de la relación.

Tauro

De vez en cuando, las estrellas se alinean para que se produzca una pareja de toro y toro, la definición perfecta de una pareja de poder. Esta pareja se caracteriza por ser lenta y constante. Están en la relación a largo plazo y están comprometidos el uno con el otro. Son una pareja poderosa debido a su afición por el amor. Aprecian la belleza del otro y pueden ser cariñosos a puerta cerrada. Regidos por Venus, suelen vivir en una casa más parecida a una galería de arte que a un hogar. Como los Tauro tienen un alto sentido artístico y aprecian la belleza en todo, les gusta desplegar su creatividad si viven bajo el mismo techo. El hogar de una pareja de Tauro suele ser el corazón de las reuniones familiares. Esta pareja ama sus lazos de sangre y busca reunir a todos en todas las ocasiones. Pueden ser anfitriones de fastuosas fiestas y reuniones siempre cálidas e inclusivas. La pareja de poder también es probable que sean grandes padres, ya que pueden dar un gran ejemplo de amor y disciplina que cualquier niño sería afortunado de tener.

Las peores parejas

Así como hay signos estelares que siempre son compatibles juntos, hay otros que solo no lo son. Algunas de estas parejas pueden ser agradables y soñadoras al principio, pero pueden convertirse en una relación fallida demasiado pronto. Hay algunas excepciones a estas reglas si una de las personas, normalmente no un Tauro, se compromete a hacer que la relación funcione. Sin embargo, estas excepciones son muy raras, y cuando se encuentran, la relación puede no ser tan feliz o saludable como uno quisiera. Si alguna vez se encuentra involucrado con alguien de un signo zodiacal opuesto, tendrá que darse un tiempo para pensar en lo que podría estar metiéndose y si esta relación está o no condenada desde el principio.

Géminis

La estabilidad lo es todo para alguien nacido bajo el signo zodiacal de Tauro. Son seres muy tradicionales que tienen los pies en la tierra y les encanta tener todo listo para que encaje con su estilo de vida tranquilo. Los Géminis son todo lo contrario; son individuos extrovertidos que son cálidos y fríos y que buscan nuevas aventuras. Juntar a estos dos puede ser un desastre. Al principio, pueden pensar que se equilibran el uno al otro, pero al final, los choques están destinados a suceder, y puede romper la relación por completo. Los géminis de espíritu libre y los taurinos tradicionales es raro que tengan muchas cosas en común, si es que tienen alguna, y eso no es una buena base para empezar una relación sana.

Leo

La química entre estos dos signos celestes puede ser grande, pero esa química puede llevar a una explosión nuclear al final. La terquedad es algo que comparten, y el compromiso no es algo que ninguno de ellos esté dispuesto a asumir. A los leones les encanta mandar, pero también a los toros. Cuando se juntan en una pareja, pueden acabar de dos maneras, o bien un completo desastre en el que discutir es lo único que hacen estos dos o bien conquistar el mundo juntos como un dúo feroz y dinámico. El éxito de un león y un toro en una relación romántica es un acontecimiento raro, pero es posible. Pero por lo general estos dos signos no se ponen de acuerdo, ya que siempre están en un juego de poder que rara vez termina bien.

Libra

Tanto los taurinos como los Libra están regidos por el planeta Venus, famoso por su gran pasión y sensualidad. Sin embargo, en estos dos signos, los elementos cardinales solo se adaptan el uno al otro, ya que uno es de tierra y el otro de aire. Esto hace que una relación entre estos dos sea incómoda y a menudo infructuosa. Los signos de tierra siempre buscan la estabilidad y las tradiciones, mientras que los que siguen el elemento cardinal de aire siempre están ávidos de cambios y aventuras. Puede ser frustrante cuando estos dos se juntan, ya que quieren sentirse amados y compartir su amor por la naturaleza, pero a menudo se percibe de manera equivocada, lo que lleva a su inevitable separación.

Escorpio

Los rasgos de un Escorpio y un Tauro pueden considerarse opuestos; estos dos no se llevan bien en casi nada. No solo en las relaciones románticas, sino también en las sociales, van de la mano. Los signos de dos estrellas suelen tener una relación de amor-odio debido a sus diferencias, pero eso con frecuencia es un obstáculo para que se pongan románticos. Cada uno intenta siempre marcar su territorio y demostrar que tiene el control, lo que nunca funciona en una pareja sana.

Amar a una mujer Tauro

Enamorarse de una mujer Tauro puede ser la mejor sensación del mundo. Estas mujeres son afectuosas y cariñosas y colmarán a su pareja de amor incondicional. No es el amor asfixiante del que la gente suele huir, pero es el que los seres humanos necesitan para sentirse especiales y deseados. Si tiene la suerte de amar a una mujer Tauro, siempre debe hacerla sentir como la reina que es. Nunca intente cambiarla o decirle que no es suficiente; no le gusta sentir que debe competir por su amor. Además, las muestras de afecto en público no siempre le parecerán bien. Sin embargo, recuerde que los cumplidos son siempre agradables de escuchar en cualquier lugar, especialmente si su amado la elogia delante de su familia y amigos cercanos, a quienes ella lleva en su corazón.

Amar a un hombre de Tauro

El camino al corazón de un hombre Tauro es a través del apoyo emocional y el aprecio. Estos hombres pueden parecer un poco distantes cuando los conoces por primera vez, pero cuando se enamoran de usted, todas sus paredes se romperán. Esperan que sus parejas les acojan y les hagan sentir comprendidos y queridos contra viento y marea. Los pequeños gestos llegarán muy lejos en su relación con un chico de Tauro. Cosas como preguntarles por su día o hacerles pequeños cumplidos de vez en cuando pueden marcar toda la diferencia del mundo. Estos hombres prosperan con la rutina y la estabilidad, por lo que sorprenderlos no es una buena idea. En su lugar, intente planificar cosas juntos y ver lo que les gusta hacer en su tiempo libre para que pueda trabajar en su relación con más frecuencia y unirse de una manera saludable.

Atraer a un Tauro

Los taurinos son partidarios del compromiso a largo plazo. Si está buscando establecerse y tal vez incluso casarse en algún momento, entonces él o ella puede ser su pareja perfecta. Para atraerlos, es preciso demostrarles que está buscando las mismas cosas que ellos. Ser una persona con los pies en la tierra, que se lleva bien con su familia y que le gusta expresar sus sentimientos a los demás de forma adecuada y sana puede hacer que usted encabece la lista de un taurino. Les encantan las personas orientadas a la familia y apasionadas por las cosas importantes de la vida. A estos seres celestiales también les encanta relacionarse con alguien que se preocupe por su carrera y tenga una gran ambición que le permita triunfar en la vida.

Señales de que un Tauro está interesado

Los Tauro no son demasiado obvios para mostrar lo que sienten. Se toman su tiempo y tratan de ser sutiles al principio solo para ver cómo responde la otra persona. A los Tauro les gusta dar pistas sutiles para tantear el terreno, y una vez que sienten que la persona del otro lado también está interesada, irán a por todas. Algunas señales que darán son cosas como comprobar cómo está la persona que les interesa más a menudo. Enviarán textos y mensajes y mostrarán mucho interés en sus vidas y en cómo van sus días para hacer saber a la persona que se preocupan por ella.

Un Tauro suele demostrar que le gusta alguien pidiéndole consejo de vez en cuando. Los taurinos son muy testarudos y suelen hacer lo que quieren y les gusta. Por eso, si piden consejo de verdad a alguien que les interesa, es una clara señal de que se están enamorando perdidamente.

Ideas para una cita perfecta

Salir con un Tauro puede ser un momento mágico. Lo suyo es demostrar amor y afecto a su otra mitad, y para planificar una cita, esperan que haya mucho romance de por medio. También son personas activas a las que les gusta salir a la naturaleza y pasar tiempo de calidad con sus parejas. Por eso, planear una cita con su amante Tauro es sencillo si los conoce. Aquí hay algunas ideas de citas que garantizan el entusiasmo de un taurino.

Senderismo

Salir a los senderos naturales aislados con su persona favorita puede ser la cita perfecta para un Tauro. Puede estar repleta de deliciosos aperitivos y algunas velas o rosas para hacerla aún más romántica. Esencialmente, este tipo de cita se ajusta a todos los requisitos. Hace que Tauro salga y se active y utilice todos sus sentidos y le permite sentirse libre mientras recibe una lluvia de amor de su pareja.

Noche de cine

El romance es el segundo nombre de los Tauro. También son grandes fans de las tradiciones y les encanta estar en casa, donde pueden ser ellos mismos. Reunir todos esos elementos en una mágica noche de cine con una buena cena puede ser lo mejor que puede hacer por su Tauro favorito. Es romántico y acogedor y se trata de colmar al otro de amor y atención lejos del resto del mundo.

Masaje en pareja

No hay nada más relajante y agradable que recibir un masaje en sus músculos adoloridos en un spa, especialmente con su ser querido. Esta idea de cita permite a un Tauro y a su pareja ponerse en contacto con todos sus sentidos y relajarse juntos en un entorno tranquilo que encaja con el tema de su relación. Es la escapada perfecta para soltarse juntos y salir sintiéndose renovados y más conectados con su pareja.

Enamorarse de un Tauro puede ser una experiencia emocionante. También es probable que dure mucho tiempo, toda la vida si las estrellas se alinean para usted. Cuando salga con un Tauro, es vital que le deje ser él mismo sin juzgarle ni pedirle que cambie. Harán cualquier cosa por sus seres queridos, pero no si se sienten inseguros. Recuerde siempre expresar su amor por su pareja Tauro a través de cumplidos y mostrando atención para ellos a través de todas las dificultades, porque eso les dará toda la seguridad que necesitan de que son amados y queridos.

Capítulo 6: Tauro en el trabajo

Después de cubrir la vida personal de Tauro en los capítulos anteriores, vamos a echar un vistazo al lado profesional de este signo del zodiaco. En este capítulo, hablaremos de las características profesionales y laborales de Tauro.

En general, un Tauro es un empleado o jefe muy trabajador, fiable y decidido en el ámbito laboral. Sin embargo, ciertos puntos débiles podrían arruinar masivamente sus posibilidades de obtener el éxito. Veamos en detalle cómo son los Tauro en el ámbito laboral y qué puede impedirles alcanzar el éxito.

Las mejores opciones profesionales para los Tauro

Un Tauro es ambicioso, fiable y trabajador, lo que le convierte en un gran trabajador y líder en el ámbito profesional. En base a sus rasgos, un Tauro debería centrarse en estas trayectorias profesionales.

1. Chef o gerente de restaurante

Los Tauro aman y aprecian la comida. Les gusta probar nuevas recetas y suelen sentir curiosidad por las diferentes cocinas. Entre otros signos del zodiaco, los Tauro son aficionados a la comida. Por ello, pueden ser grandes chefs, ya que les encanta cocinar y alimentar a los demás. Además de preparar platos deliciosos, también se asegurarán de optimizar la presentación de cada plato. Si no quieren cocinar, pero sí gestionar proyectos relacionados con la comida (debido a sus conocimientos y a su afición por la comida), también pueden ser talentosos gerentes de restaurantes. Los taurinos tienen una impecable capacidad de organización y planificación. Pueden dirigir e instruir fácilmente a los trabajadores de los restaurantes, camareros, limpiadores y demás personal.

Candace Nelson y Brad Leone son dos famosos chefs Tauro.

2. Diseñador de interiores

Dado que los Tauro tienen aprecio por el arte y la cultura, son increíbles diseñadores. El diseño de interiores es una excelente opción para este signo del zodiaco debido a sus impresionantes habilidades organizativas y su capacidad para transformar un espacio. También tienen un don para hablar con los propietarios y convencerles de que sigan un plan de transformación del hogar. Aunque los individuos de Cáncer y Libra como signos del zodiaco también tienen el mismo talento para este trabajo, los Tauro pueden forjar su camino en esta disciplina debido a su deseo de perfección. Además de diseñadores de interiores, los Tauro también pueden trabajar como diseñadores de moda y gráficos. Dado que les gusta conocer y aprender sobre estética, esta opción profesional es excelente para un Tauro.

Donatella Versace y Tan France son dos famosas diseñadoras de moda de Tauro que son muy conocidas por sus conocimientos de estética y habilidades de estilismo.

3. Banquero o asesor financiero

También conocidos como encargados del dinero, una persona de este signo del zodiaco puede considerar el manejo y la organización del dinero como una opción profesional plausible. Debido a su actitud meticulosa y pragmática, los taurinos también pueden convertirse en competentes banqueros o asesores financieros. Como son sabios y resistentes, se les considera un activo dentro de esta disciplina. Además de banqueros y asesores financieros, también pueden dedicarse a la administración financiera y a la contabilidad como opción profesional en este campo. Otra razón por la que esta opción es estupenda para los Tauro es que son hábiles en el cálculo y tremendamente fiables en cuanto a precisión.

4. Botánico o agricultor

Este signo ama la naturaleza y quiere estar rodeado de flora y fauna. Si es Tauro y le gusta pasar la mayor parte de su tiempo al aire libre y rodeado de naturaleza, esta opción profesional es la más adecuada. Además de su pasión por la naturaleza, sus habilidades meticulosas y su habilidad para los detalles les convertirán en botánicos e investigadores de talento en este campo. Esta disciplina requiere que la persona siga un patrón y adopte un enfoque metódico, lo cual es una opción profesional perfecta para un Tauro. Otras subdisciplinas adecuadas son la agricultura, el paisajismo y la jardinería.

5. Político o dirigente

Los Tauro son conocidos por su terquedad y no ceden hasta convencer a la otra persona. A veces, esto puede llevar a discusiones. Pero si un Tauro utiliza este rasgo en su beneficio, puede convertirse en un político de éxito. Además, su organización y atención a los detalles les ayudarán a tomar mejores decisiones. Son independientes, decididos y rápidos de mente. Como Tauro, si persigue un objetivo, llegará hasta donde sea para conseguirlo. Este es un rasgo muy necesario en la mayoría de los políticos. Si convertirse en político no es lo suyo, también son dirigentes competentes, como el director general de una empresa o un empresario.

Algunos dirigentes famosos de Tauro son el Papa Juan Pablo II y la Reina Isabel II.

6. Cantante, compositor o músico

Los taurinos son artísticos y tienen un gran sentido del estilo, la música, la comida y otros intereses culturales. Aunque son pragmáticos por naturaleza, su sentido artístico es ejemplar, lo que también es sorprendente. En cuanto a la música, están muy dotados. Si desea que le sugieran nuevas canciones, siempre puede recurrir a un Tauro. Esta cualidad también puede convertirse en una exitosa carrera como músico o cantante. Y pueden trabajar durante horas interminables con el mismo escrutinio y atención al detalle que se requiere en una carrera musical. Los encontrará trabajando hasta alcanzar la perfección.

James Brown, Billy Joel y Sam Smith son algunos músicos y cantantes famosos de Tauro.

7. Gerente o ejecutivo

Como se ha mencionado, los Tauro están bendecidos con habilidades de gestión y pueden ser extremadamente ingeniosos. Esto hace que roles como la gestión y la dirección ejecutiva sean adecuados para este signo del zodiaco. Además, como no son tímidos, les gusta dar el paso y dirigir a otros dentro de esta disciplina. Un gerente o un ejecutivo deben estar al tanto de su trabajo y dirigir a su equipo, lo cual es otra razón por la que es una opción de trabajo perfecta. Además, teniendo en cuenta que estos dos puestos ofrecen una mayor posibilidad de obtener una bonificación o un ascenso, los Tauro suelen preferirlo.

8. Maquillador o bloguero de belleza

Un Tauro tiene un gusto estético impecable y un don para la belleza. No solo se centran en su aspecto, sino que también tienen una percepción distintiva de la belleza a su alrededor. Cuando se combina con su ojo para los detalles, pueden ser talentosos artistas del maquillaje o bloggers de belleza. El planeta regente de este signo del zodiaco es Venus, lo que explica su tenacidad para convertirse en bloguero de belleza. Todo lo relacionado con la belleza es una gran opción profesional para un Tauro, pero debe saber que tener éxito en esta disciplina le llevará algún tiempo. Aunque al principio será difícil, disfrutará de cada parte de este viaje, lo que le facilitará el éxito. Esto también se debe en parte a su naturaleza tenaz.

9. Veterinario o cuidador de mascotas

Su amor por los animales puede convertirse en una opción profesional. Dos de estas opciones son ser veterinario o cuidador de mascotas. Mientras que la primera requiere que usted tenga la paciencia suficiente para estudiar y graduarse, la segunda no requiere educación formal. Ambas opciones le permiten estar cerca de los animales domésticos la mayor parte del tiempo, algo que a un Tauro le encantará. Además, un Tauro es fiable, lo que le convierte en un gran cuidador de mascotas. Como individuo de este signo del zodiaco, también puede considerar otros trabajos similares, como peluquería de mascotas, alojamiento de perros o transporte de mascotas. Dado que también está bendecido con habilidades de gestión y organización, puede concertar las citas pertinentes y crear su propia empresa de mascotas. Considere también otras opciones como las clases de adiestramiento de perros y las tiendas de equipos de peluquería.

Las peores opciones de carrera para los Tauro

1. Doctor, enfermero o médico

Cualquier subcategoría dentro de la disciplina médica requiere tiempo y paciencia y no es el punto fuerte de Tauro. Los individuos de este signo del zodiaco trabajan duro para lograr sus objetivos; sin embargo, no son muy conocidos por practicar la paciencia. En primer lugar, se necesitan años para graduarse como médico o profesional de la medicina, lo cual es difícil para este signo del zodiaco. En segundo lugar, quieren alcanzar sus objetivos en un plazo menor, lo que puede llevarles a cometer errores precipitados. Cualquier tipo de error es inevitable en el campo de la medicina.

2. Recursos humanos

Un puesto de trabajo como RRHH suena aburrido y mundano, algo que un Tauro odiará. Dado que las personas de este signo del zodiaco suelen buscar tareas nuevas y desafiantes, este trabajo puede ser demasiado modesto para ellos. La responsabilidad de un RRHH es reducir la brecha entre la empresa y los empleados, lo que requiere tiempo y paciencia. Mientras que los Tauro pueden manejar fácilmente las habilidades organizativas e incluso sobresalir en ello, puede que solo no tengan paciencia para tratar con las quejas de los empleados. No nos olvidemos de la terquedad de un Tauro que potencialmente podría interponerse en su puesto de trabajo y causar problemas en la empresa.

3. Maestro o profesor

Una vez más, este papel es difícil de representar para los Tauro, ya que necesita que sean más tolerantes y acepten a los demás. Como los niños no escuchan fácilmente a los mayores, puede ser difícil para ellos manejar estos escenarios. Además, si un niño y un Tauro se encuentran cara a cara, sus naturalezas obstinadas pueden provocar un debate interminable. Nadie está dispuesto a ceder, lo que puede causar problemas al Tauro como profesor.

Estas mejores y peores opciones profesionales para este signo del zodiaco deben tenerse en cuenta a la hora de elegir un campo. Considere sus habilidades y puntos fuertes a nivel personal y haga una sabia elección.

¿Dónde encaja Tauro en un entorno de oficina?

En un entorno de oficina, los empleados están cerca del refrigerador y cotillean sobre otros empleados, planifican eventos sociales y gestionan reuniones informales, o se ponen los auriculares y están absortos en su trabajo. ¿Dónde se encuentra un Tauro en estos escenarios laborales?

A los Tauro les encanta su cuota de chismes y querrán comentarlos con sus amigos cercanos. Si uno de sus compañeros de trabajo es también su mejor amigo, es probable que los veas en la cafetería de la oficina o cerca del refrigerador de agua, donde de vez en cuando se reúnen para pasar las noticias frescas. Además, como son sociables, siempre les apetecen las fiestas y las reuniones informales. Si necesitan un organizador de fiestas en su oficina, contraten a un Tauro. Su impecable capacidad de organización y gestión les convierte en competentes organizadores de eventos. Es difícil encontrar a un Tauro absorto solo en el trabajo.

Como pueden ser perezosos, dependientes y a menudo demasiado distraídos, es menos probable que estén sentados en sus escritorios, completando su trabajo. O bien revolotean por el lugar de trabajo, buscando a otros para terminar la tarea o se distraen con su teléfono u otros asuntos sin importancia.

A un jefe Tauro rara vez se le ve en la oficina, lo que da a otros empleados Tauro la libertad de deambular y completar las tareas a su propio ritmo. Además, como el jefe no suele estar al tanto de las tareas y los logros del día a día, es más fácil para Tauro atribuirse el mérito.

Obstáculos en el trabajo

Un Tauro en la oficina o en un entorno laboral puede ser sorprendente. Si bien tienen muchos puntos fuertes, sus debilidades a menudo pueden sobrepasar su personalidad. Esto afecta no solo a su trabajo y productividad, sino también a su salud mental. Para resolver estas debilidades, primero hay que aprender a detectarlas.

Si es usted Tauro o trabaja con uno de ellos, es posible que note uno o varios de estos obstáculos o debilidades en su trabajo y rendimiento.

Tauro como compañero de trabajo o empleado

1. Puede que estén "centrados en las bonificaciones"

Debido a su naturaleza materialista y a su necesidad de llevar una vida lujosa, la mayoría de los individuos de este signo del zodiaco buscan constantemente una bonificación o un ascenso. Para ello, suelen trabajar en exceso y tratan de alcanzar sus objetivos rápidamente. Aunque es beneficioso para la empresa, podría afectar a la calidad del trabajo. Si no consiguen su bonificación, podrían sentirse extraordinariamente decepcionados o desanimados, lo que mermaría su productividad y sus ganas de trabajar.

2. Pueden ser demasiado perezosos

La naturaleza perezosa de un taurino puede suponer una amenaza en su camino hacia el éxito. Aunque la mayoría de los empleados de Tauro son ambiciosos, a menudo se vuelven perezosos durante los proyectos grupales o cuando se trata de una responsabilidad colectiva. Es posible que confíen en sus compañeros de trabajo para realizar el trabajo, lo que puede retrasar el plazo.

Aunque estén de acuerdo en contribuir, su naturaleza perezosa puede perturbar su patrón de trabajo, lo que provocará resultados insatisfactorios. Si un Tauro se esfuerza al 100% en su trabajo (cosa que muchos logran), probablemente será el mejor empleado en un entorno laboral. Sin embargo, su pereza suele impedirles serlo.

3. Pueden meterse fácilmente en peleas

Debido a su naturaleza obstinada, un Tauro puede fácilmente iniciar una pelea con su compañero de trabajo. Los debates y las discusiones son frecuentes con un Tauro como compañero de equipo. No solo discuten con su compañero de trabajo, sino que también pueden tener peleas ocasionales con su jefe. Es difícil ganar una discusión con un Tauro, incluso si tiene razón. Aunque apenas importa en un entorno informal, esta actitud puede afectar en gran medida al rendimiento y los objetivos de una empresa.

4. Pueden ser demasiado sociables

Aunque no perjudica su vida personal, un empleado social puede ser visto charlando y haciendo planes durante las horas de oficina. A menudo se distraen durante el trabajo debido a su necesidad de ser social. Si uno de sus compañeros de trabajo es también uno de sus amigos más cercanos, a menudo se les ve socializando, lo que puede afectar a su calidad de trabajo.

5. Son dependientes y se toman el crédito sin merecerlo

Un Tauro tiene el potencial de desarrollar ideas innovadoras; sin embargo, en ocasiones no se molestan en hacerlo y dejan que sus compañeros de trabajo se encarguen. Además, si sus compañeros de trabajo completan el proyecto a tiempo y logran el objetivo, el empleado Tauro se lleva el crédito.

Tauro como jefe o líder de grupo

1. Pueden querer lograr demasiadas cosas a la vez

Como jefe Tauro, su principal objetivo suele ser completar un proyecto o cerrar un trato lo más rápido posible. Los taurinos son muy ambiciosos y lucharán por alcanzar el éxito. Aunque esto es beneficioso para la empresa, puede afectar a la salud mental de sus empleados. No todo el mundo puede trabajar tan rápido como un Tauro, y debe entender que sus empleados tienen su propio ritmo y que solo pueden hacer un cierto número de cosas en un periodo determinado. Si es un jefe Tauro, intente tomarse las cosas con calma y dar un paso a la vez. Siga un plan para acercarse a su objetivo. Aunque le lleve tiempo, seguro que lo conseguirá.

2. Pueden ser mandones e insensibles

Si su jefe Tauro no consigue lo que quiere, puede volverse demasiado mandón e incluso perder los nervios ocasionalmente. Cuando se trata de trabajar, no tienen en cuenta los sentimientos de sus empleados y socios y no se lo piensan dos veces antes de pronunciar palabras duras. Aunque para ellos es algo casual, ciertas palabras y comentarios podrían herir los sentimientos de sus empleados, lo que incluso podría afectar a su rendimiento. En casos extremos, un jefe Tauro puede incluso hacer comentarios personales, lo cual es inaceptable. Los empleados, bajo cualquier circunstancia, deben acatar sus normas y reglamentos, que están escritos en piedra. No hacerlo podría hacer estallar al jefe Tauro, resultando en un momento difícil para los empleados. Aunque un Tauro rara vez se enfada, su actitud despreocupada a la hora de tratar a otras personas, especialmente cuando se equivocan, puede resultar mezquina y grosera.

3. Se abstienen de aceptar sus errores

Aunque no tengan claras sus expectativas, no están dispuestos a aceptar sus errores inicialmente. La necesidad de tener razón pasa factura a sus empleados. Un jefe Tauro suele informar a sus empleados de una forma que consideran "perfecta" y "detallada". Aunque normalmente es así, a veces pueden ser demasiado vagos debido a la impaciencia. En este caso, los resultados son insatisfactorios y no están a la altura de sus expectativas. Por el contrario, un jefe Tauro puede a veces culpar a sus empleados en lugar de aceptar su error.

4. Son incapaces de asumir riesgos

Si bien esto puede conducir a resultados favorables a veces, un líder debe poseer el coraje de asumir riesgos para llevar a su empresa al éxito. El jefe de Tauro prefiere ir a lo seguro, lo que resulta en la pérdida de oportunidades y acuerdos potencialmente exitosos. Los individuos de este signo del zodiaco no pueden afrontar el miedo a la incertidumbre. Asumir riesgos implica ser consciente y actuar, lo que no es un punto fuerte para Tauro. Si bien es raro que un líder o un jefe asuma riesgos, debe poseer esta habilidad para alcanzar el éxito.

Una vez que determine los defectos de un Tauro en el ámbito laboral, podrá ayudarle a resolver estos problemas para que pueda llevar una vida laboral satisfactoria.

Consejos para una vida laboral satisfactoria

Dado que un Tauro puede ser demasiado perezoso y obstinado, es probable que se enfrente al fracaso con respecto a algunos aspectos de su carrera si no cambia las cosas. Como Tauro, trabaja en sus debilidades y pule sus puntos fuertes para desarrollarse personalmente y acercarse a sus objetivos. Puesto que ya conoce sus puntos débiles, es hora de navegar por ellos para conseguir una vida profesional fructífera.

Estos son algunos consejos laborales para las personas de este signo del zodiaco:

1. Tome las riendas del proyecto

Mientras que un Tauro puede ser demasiado perezoso para contribuir a un proyecto como compañero de trabajo, es todo lo contrario como líder de un equipo, como se ha mencionado en los capítulos anteriores. Si desea mejorar su naturaleza perezosa y contribuir más a la fuerza de trabajo, hágase cargo de un proyecto. Sea un líder y ponga en práctica su capacidad de organización. Un líder de equipo Tauro es una excelente adición a la empresa y se convertirá en alguien de confianza que empujará a sus compañeros a dar lo mejor de sí mismos. De este modo, un Tauro aprenderá a hacer su parte y a conducir a la empresa hacia el éxito. Al mismo tiempo, deberá poner en marcha nuevas ideas y proyectos con un plan detallado que probablemente obtenga reconocimiento.

Los Tauro son líderes prometedores, por lo que deberían trabajar como tales. Si su jefe no reconoce su talento y se muestra escéptico a la hora de nombrarle líder, primero debe demostrar su valía. Elimine su velo de pereza y trabaje para demostrar su valía. Proponga ideas innovadoras y un plan detallado para aumentar sus posibilidades de ser nombrado líder del grupo.

2. Asuma más riesgos

Aunque es más fácil decirlo que hacerlo, asumir riesgos es imprescindible en un entorno laboral, especialmente si es el jefe o director general de la empresa. Como a los Tauro les falta valor para asumir riesgos, les resulta difícil dar el salto. Para dejar de lado este miedo y adquirir valor, pruebe aceptar sus miedos. Ser vulnerable y conocer este sentimiento puede ayudarle a construir el valor para asumir riesgos. Si conoce los peligros y el miedo que conlleva un determinado riesgo, estará más preparado para superarlo. ¿Qué es lo peor que puede pasar? ¿Qué podría salir mal? ¿En qué medida perjudicará a la empresa o a los empleados? Preguntas como estas también le ayudarán a superar el miedo a asumir riesgos.

Asumir riesgos ayudará a su empresa y le hará más seguro y resistente como persona. También es necesario desarrollar su personalidad. Le sorprenderá conocer su potencial. Por último, desarrolle más habilidades y destrezas para adquirir la confianza necesaria para superar las situaciones de riesgo. Debe tener paciencia, ya que ser una persona arriesgada no es fácil.

3. Aprenda a comprometerse

Existe una delgada línea entre ser sensato y ser obstinado. Mientras que lo primero suele relacionarse con ser sabio y tomar las decisiones correctas, lo segundo suele llevar a una caída, ya que se relaciona con la necesidad de tener la razón (incluso si la persona está equivocada). Como ya sabe, Tauro es probablemente el más testarudo de todos los signos del zodiaco. Un Tauro debe aprender a comprometerse y dejar pasar las cosas. No hacerlo puede afectar su vida personal y profesional. Incluso pueden perder el contacto con conocidos valiosos y prospectos de trabajo. Si no puede poner el pie en el acelerador, es necesario dar un giro a esta situación.

Para ello, aprenda a escuchar a los demás. No hable ni interrumpa a los demás antes de que hayan terminado. Incluso si no está de acuerdo con alguien, déjele hablar antes de exponer su punto de vista. Antes de imponer su dominio y marcar todas las perspectivas como "no", tómese un minuto para evaluar la situación y hable solo cuando esté totalmente de acuerdo. A veces, las reacciones espontáneas y las decisiones rápidas pueden provocar malentendidos e incluso discusiones. Por eso, escuche con atención antes de hablar. Además, sepa que no siempre tiene la razón. Recuérdelo cuando hable con alguien. Y lo que es más importante, recuerde que no todo el mundo tiene que estar de acuerdo con su opinión. Deje de lado sus expectativas y aprenda a comprometerse.

4. Mejore sus habilidades de comunicación

Aunque los Tauro no tienen problemas para comunicarse con los demás, su naturaleza obstinada puede provocar un tono grosero y mezquino, aunque no sea su intención. Mejorar sus habilidades de comunicación le ayudará en el ámbito profesional a impresionar a su jefe. Es una necesidad para la mayoría de los signos del zodiaco.

Además de hablar, las habilidades de comunicación eficaces también implican escuchar correctamente. Deje que la persona concluya su discurso y concéntrese en las partes críticas. Intente mantener el contacto visual. Esto demuestra que está escuchando a la otra persona y que reconoce su opinión. También le ayudará a centrarse en las partes cruciales de la conversación, lo que en última instancia le ayudará a hacer comentarios aceptables. Cuando le toque responder, sea humilde y ayude a los demás a darse cuenta de que ha estado escuchando todo el tiempo. Tanto si se trata de un empleado con el que está hablando como si conversa con un delegado en una importante comida de negocios, concéntrese en su forma de hablar y de escuchar para conseguir el mejor resultado.

5. Superar la procrastinación minimizando las distracciones

Debido a su pereza y a su necesidad de procrastinar, un Tauro puede ser partícipe de la demora de su éxito. Aunque pueden alcanzar el éxito gracias a su talento y capacidad de organización, su pereza puede ser un obstáculo importante. Para superarlo, debe minimizar las distracciones e incorpora estrategias contra la procrastinación. Dado que la procrastinación está profundamente arraigada en el patrón de comportamiento de cada uno, es un reto darle la vuelta en poco tiempo. Sin embargo, es necesario intentar tener éxito y alcanzar sus objetivos.

El primer paso para superar la procrastinación es darse cuenta del problema. Una vez que lo haga, deje de castigarse y prométase a sí mismo dar un vuelco a la situación. En segundo lugar, reduzca al mínimo las distracciones, como los teléfonos móviles, los aparatos electrónicos y la comida. Al tener pereza de trabajar, a menudo surgen distracciones que alimentan su aburrimiento. Para evitarlo, guarde el móvil y los aparatos electrónicos en un cajón y absténgase de comer. Además de esto, pruebe otras estrategias contra la procrastinación, como hacer una lista de tareas, premiarse por realizar tareas específicas o pedirle a alguien que haga un seguimiento de su progreso.

Estos consejos ayudarán a un Tauro a sobresalir en el trabajo y le impulsarán a alcanzar sus objetivos. Poner en práctica estos consejos también le ayudará a trabajar en su personalidad y a realizar un cambio positivo en su vida personal.

Como ya ha aprendido, los Tauro en el trabajo pueden hacer o deshacer la entidad para la que trabajan. Si bien es cierto que poseen numerosos puntos fuertes, sus debilidades podrían provocar una gran caída en su rendimiento y productividad. La mejor manera de combatir esta situación es reconocer estos defectos y mejorarlos. Si un Tauro lo hace, está destinado a tener éxito.

Capítulo 7: El Tauro social

La mayoría de los Tauro poseen habilidades sociales inigualables y la necesidad de hacer amigos. En este capítulo, veremos cómo se comporta un Tauro típico en una fiesta o en un entorno informal.

Amistades de Tauro

En esta sección, hablaremos de cómo Tauro hace amigos y funciona en general. Cuando se trata de hacer amigos y mantener amistades a largo plazo, Tauro da el 100%. Apenas hace amigos, pero una vez que lo hace, se dedica a ello a largo plazo. Aunque consideran que lo de "amigos para siempre" es un cliché, lo cumplen. Es un reto conquistar a un Tauro y ser su amigo, pero el vínculo es fructífero una vez que lo logra. El Toro no solo es leal, sino que también posee un gran sentido del humor.

Si está sufriendo o se siente deprimido, llame a un amigo taurino para que le dé una dosis de risa porque son ingeniosos y saben cómo hacer reír a la gente. Además, recuerdan las fechas importantes, los eventos, los cumpleaños y los aniversarios de las personas cercanas. Con un Tauro como mejor amigo, puede esperar una gran celebración en su cumpleaños. Nunca le dejarán celebrar modestamente ninguna fecha importante. Aunque no le guste, deberá aguantar su generosidad y celebrar su día como ellos prefieren. Esto demuestra que se toman la amistad en serio y que quieren que sus amigos estén contentos y felices.

Es difícil ser amigo de un Tauro, ya que son demasiado exigentes con las personas que permiten en su círculo íntimo. Por lo tanto, debe trabajar para ganarse su corazón y su confianza. Sin embargo, siempre tendrá que soportar su terquedad, lo cual es difícil. Además, como Tauro suele desconfiar de los demás y de sus intenciones, ser cercano o mejor amigo de ellos es un gran desafío. Para ellos, los extraños siempre parecen tener una agenda que puede afectar a su vida personal y profesional. No se puede culpar a un Tauro por pensar así, ya que a menudo se encuentran con personas que se aprovechan de su lealtad. Esto debilita su confianza en la gente, lo que también explica su carácter selectivo. Además, son honestos y también esperan honestidad de sus amigos.

Relación de amistad de Tauro con los otros 11 signos del zodíaco

En esta sección, examinaremos la compatibilidad de amistad de Tauro con otros signos del zodiaco.

Tauro y Aries

Aries se rige por el símbolo del carnero, lo que les hace ser impulsivos y buscar siempre la aventura. Mientras que Tauro prefiere tomarse las cosas con calma y experimentar un paso a la vez, Aries suele dar el salto, lo que a menudo provoca un desequilibrio entre ambos. Sin embargo, como Aries es directo y franco, prefiere salir con él. Le dice directamente lo que tiene en mente, y eso alimenta su alma impaciente. Por lo general, no hay problemas entre ustedes. Además, no le importa explorar nuevos terrenos y vivir aventuras ocasionales con su amigo de Aries. Pero Aries prefiere salir con Tauro debido a la actitud despreocupada y sensata de este último.

Tauro y Tauro

Sorprendentemente, una amistad entre estos dos signos similares resulta ser relativamente estable. Pueden confiar el uno en el otro y contar siempre con su amigo taurino cuando esté enfermo o tenga problemas. Como Tauro, cuando busque ayuda y consejos prácticos, siempre podrá recurrir a otro taurino. Siempre están atentos y son rápidos para darle el mejor consejo práctico posible. Ya sea una ayuda para el trabajo o una sugerencia para un buen médico, siempre tienen una respuesta. Debido a su naturaleza relajada y a su humor terrenal, disfrutan de la compañía del otro y están deseando pasar tiempo juntos. Aunque no les gusten las aventuras, no les importará vivir nuevas experiencias como una cata de vinos, una visita al parque de atracciones o un retiro en un spa con ellos. Una de las principales desventajas de esta amistad es que ambos amigos pueden entrar en una discusión interminable. Debido a su terquedad, ninguno se echará atrás fácilmente.

Tauro y Géminis

Un Géminis es conocido por ser caprichoso, lo cual es todo lo contrario a los rasgos evidentes de un Tauro. No son tan prácticos como usted y pueden hacerle cuestionar sus acciones. Mientras que ellos buscan constantemente la aventura, un Tauro prefiere seguir una rutina, que es todo lo contrario. Un amigo Géminis prefiere gastar el dinero en las mejores experiencias, mientras que un amigo Tauro prefiere ahorrar cada céntimo ganado. Como puede ver, puede ser difícil para estos signos ser amigos. Aun así, el sentido del humor de Géminis y el enfoque práctico y metódico de Tauro siempre equilibran a los dos, lo que mantiene la amistad. Para que la amistad dure mucho tiempo, un Tauro debe soportar la falta de voluntad y los movimientos constantes de Géminis, mientras que este tiene que ser paciente.

Tauro y Cáncer

Este emparejamiento es uno de los pocos vínculos de amistad que pueden durar años, lo cual es raro con este signo del zodiaco. Cáncer siempre se desahoga o pone sus pensamientos y aspiraciones frente a su amigo Tauro. A Tauro no le importa escuchar a su amigo Cáncer, aunque le llame a medianoche. Ambos signos están ahí para el otro en las buenas y en las malas. Su amistad es leal y duradera. Mientras que Cáncer admira su percepción de la vida, un amigo Tauro aprecia la capacidad directiva del otro, lo que aporta un equilibrio perfecto a la amistad. Si Tauro se las arregla para soportar el mal humor de Cáncer y a Cáncer rara vez le molesta la terquedad de Tauro, la amistad está destinada a durar mucho tiempo.

Tauro y Leo

A pesar de sus diferentes personalidades, ciertos puntos en común entre un Leo y un Tauro unen a estos signos. Su aprecio por el lujo, los materiales y las cosas más finas de la vida es incomparable, lo que a menudo los une. Además, ambos signos son muy creativos, lo que hace que surjan interesantes temas de discusión, la mayoría de ellos relacionados con el arte, los museos, la fotografía y otras implicaciones culturales. Ambos signos también coinciden en cuanto a su impecable capacidad de organización y gestión, algo que les resulta atractivo del otro. Para que la amistad dure mucho tiempo, un Tauro debe soportar el ego de Leo, y un Leo debe ignorar los pasos calculados de un Tauro.

Tauro y Virgo

Ambos signos aman la naturaleza y estar al aire libre, lo que los acerca. Los amigos de este signo del zodiaco se ven a menudo en una aventura, un picnic o paseos nocturnos al azar. Como Tauro, en caso de que necesite ayuda a nivel práctico y habilidades para resolver problemas, siempre puede recurrir a un Virgo. Pero si un Virgo necesita asesoramiento y gestión financiera, puede pedir ayuda a su amigo Tauro. Un Tauro puede encontrar molesto a un amigo Virgo porque actúan como maniáticos del orden. Pero tienden a ignorar estos detalles porque un amigo de Virgo también ignora la terquedad de un Tauro.

Tauro y Libra

Como ambos signos comparten el planeta regente Venus, tienen un deseo desmedido por la belleza y el arte. Dentro de esta disciplina, sus gustos pueden variar notablemente. Por ejemplo, un Libra puede preferir a los artistas exquisitos o contemporáneos, mientras que un Tauro se ceñirá a las formas de arte y expresión antiguas o clásicas. Mientras que un Libra es más sociable y suele estar con un grupo de amigos amplio, usted prefiere quedarse con uno o dos de sus amigos más cercanos. Aunque Tauro posee la capacidad de ser sociable, prefiere ceñirse a sus amigos más íntimos. Una diferencia significativa entre estos dos signos es que un Tauro es organizado, mientras que un Libra está por todas partes, a menudo sin un plan organizado. Además, un amigo Libra tiene la tendencia a cambiar de opinión rápidamente, lo que deja al amigo Tauro confundido. Dado que un Tauro prefiere seguir un plan, este rasgo puede resultarle molesto. Para que la amistad dure mucho tiempo, Tauro debe aguantar la espontaneidad de Libra, y Libra debe dejar de lado la atención al detalle de Tauro.

Tauro y Escorpio

Aunque Tauro y Escorpio son completamente diferentes, su amistad suele ser duradera. Aunque comparten algunos intereses similares en la danza, el arte, el vino y la cultura, un Tauro desprecia las evasivas de un Escorpio. Sin embargo, esta amistad se basa en el respeto mutuo y la admiración por el signo astrológico opuesto, por lo que sobrevive durante más tiempo. Aprenden continuamente el uno del otro. Por ejemplo, Tauro aprecia el punto de vista y la pasión por la vida de Escorpio, mientras que Escorpio quiere aprender de Tauro la gestión del dinero. Para que la amistad dure mucho tiempo, Tauro debe soportar la manipulación de Escorpio, y Escorpio debe ignorar la terquedad de Tauro.

Tauro y Sagitario

Mientras que Tauro es calculador y tranquilo la mayor parte del tiempo, Sagitario es extremadamente entusiasta, lo que contradice su naturaleza. La monotonía de Tauro y su capacidad para repetir cosas, atuendos y actividades resultan desconcertantes para un Sagitario. Lo que es más desconcertante es su respuesta nueva y entusiasta a las mismas actividades de siempre. Incluso si usted come el mismo almuerzo todos los días, su reacción entusiasta es desconcertante para su amigo Sagitario. Como Tauro, si necesita incorporar algún cambio en su vida, siempre puede recurrir a un Sagitario. Pero si un Sagitario busca una conversación amena o necesita un poco de ánimo, puede pedir ayuda a su amigo Tauro.

Tauro y Capricornio

Estos dos son signos de Tierra, por lo que comparten rasgos, personalidades y aspiraciones similares. Aunque ambos son muy exigentes, se vinculan rápidamente. Esto se debe a que comprenden la mentalidad del otro y le ayudan a alcanzar sus objetivos. Mientras que un Capricornio anhela el respeto y el prestigio, un Tauro adora y anhela la belleza. Ambos necesitan una vida cómoda y estable. Un Toro puede ayudar a la Cabra a encontrar un trabajo, uno que merezca, y ponerla en el punto de mira. Una gran diferencia entre estos dos signos es su estilo y patrón de trabajo. Mientras que Capricornio trabaja duro sin descanso, la pereza de Tauro puede resultarle desagradable. Aparte de esto, no hay ninguna razón seria para que la amistad se debilite en ningún momento.

Tauro y Acuario

Esta amistad será un reto para ambos signos. Sin embargo, saben cómo sortear las dificultades. Su interés y necesidad de posesiones materiales puede ser a menudo una gran diferencia entre estos signos, a veces incluso una amenaza. Mientras que a Acuario le preocupa menos acumular bienes materiales, a Tauro le resulta placentero. Además, Tauro prefiere estar cerca de sus amigos, mientras que a Acuario le gusta estar solo la mayor parte del tiempo. Sin embargo, como ambos signos se aprecian mutuamente por sus puntos fuertes, esta amistad puede ser duradera.

Tauro y Piscis

La amistad entre estos dos signos es probablemente uno de los vínculos más fáciles y alegres entre cualquier otra combinación. Los Piscis poseen un gran sentido del humor y habilidades creativas, que un Tauro adora. Pero Piscis admira el enfoque práctico y el sentido común de Tauro. Ambos tienen algo que ofrecer en su amistad. Por ejemplo, Piscis aprende de Tauro la gestión de las finanzas y las habilidades organizativas, y su amigo Tauro adquiere habilidades creativas de Piscis. Para que la amistad dure mucho tiempo, Tauro debe soportar la impuntualidad de Piscis, y Piscis debe ignorar la inflexibilidad y terquedad de Tauro. Para superar estas pequeñas molestias, encuentren un pasatiempo que disfruten juntos.

Signos que no se llevan bien con Tauro

Las complejas interrelaciones entre los signos importan más de lo que mucha gente cree. Aunque no debería ser un motivo de ruptura, debería ayudarle a entender mejor porqué algunas de sus relaciones con amigos o familiares son como son.

Tauro y Aries

Aries es uno de los signos más activos y competitivos, lo que le lleva a chocar a menudo con Tauro. La definición de diversión para ambos signos es diferente, por lo que suelen tener intereses drásticamente contrastados. Si pueden cooperar un poco más, pueden empujarse mutuamente para lograr grandes objetivos. Un Tauro puede ayudar a Aries a pasar por algo que raramente tiene la disciplina de pasar, mientras que el Aries puede abrir diversos caminos que el Tauro era demasiado conservador para abordar.

Tauro y Géminis

Géminis no tiene una gran capacidad de atención, lo que suele provocar que se enfrenten a un millón de cosas diferentes. Esta abrumadora divergencia puede hacer que se extiendan demasiado, que es lo contrario de lo que haría un Tauro. Tauro aprecia la familiaridad y sus zonas de confort, lo que le permite centrarse en una sola tarea o actividad hasta perfeccionarla. Ambos pueden ayudarse mutuamente, ya que uno aporta al otro perspectivas diferentes y útiles.

Tauro y Sagitario

El choque entre Tauro y Sagitario tiene que ver básicamente con lo desconocido. A Sagitario le encanta enfrentarse a lo desconocido y a los territorios desconocidos. Tauro evita lo desconocido y prefiere estar rodeado de la mayor seguridad posible. Este problema puede hacerse evidente en las relaciones románticas, ya que sus intereses pueden crear una gran brecha. Dependiendo del entendimiento de ambas partes, es posible encontrar soluciones satisfactorias.

Signos que se llevan bien con Tauro

Saber qué signos buscar puede ayudarle a evitar muchos problemas. No hay nada malo en buscar signos compatibles que puedan hacer su vida más fácil. Encontrar signos complementarios puede hacerle avanzar en su vida profesional y social.

Virgo y Tauro

Tanto Virgo como Tauro son signos de tierra, lo que significa que tienen una alta probabilidad de disfrutar de la compañía del otro. Ambos signos son conocidos por su fiabilidad y practicidad, lo que los convierte en un gran dúo. Un Tauro puede proporcionar suficiente estabilidad a un Virgo para crear una base que frecuentemente permite al Virgo avanzar y alcanzar su objetivo. Tener a un Virgo como amigo o pareja es siempre una buena idea, ya que están centrados y proporcionan energía complementaria.

Libra y Tauro

Los signos de tierra y aire no suelen ser los más compatibles, pero esta regla puede no aplicarse directamente a un dúo compuesto por Libra y Tauro. Se cree que la conexión de Venus entre ambos signos los hace relativamente estables. La perspectiva emocional y subjetiva de Tauro encuentra su polo opuesto en la visión objetiva de Libra. Pueden coincidir el uno con el otro y crear un puente que les permita centrarse en lo que es importante. Estos dos signos son una excelente pareja para las relaciones románticas y platónica.

Piscis y Tauro

La tierra y el agua son una gran combinación con los signos del zodiaco. La relación entre Piscis y Tauro es dinámicamente sincrónica. Piscis complementa la relación con su devoción e idealismo, mientras que Tauro se asegura de que no se salga de la red con su realismo. Esto puede hacer que un dúo de Piscis y Tauro sea bastante poderoso, ya que ambos pueden reducir las debilidades del otro. Una relación amorosa entre ambos puede durar toda la vida, sorteando los problemas sobre la marcha con gran determinación.

Tauro en una fiesta: Su vida social

En esta sección, describiremos una escena de fiesta y veremos cómo Tauro encaja en ella.

Si está en una fiesta de cumpleaños o en una reunión informal de Tauro, seguro que se lo pasa en grande. Como los Tauro tienen buen ojo para los detalles, es probable que organicen una gran fiesta para impresionar a sus invitados. Además, como también son grandes amantes de la comida y saben cocinar, esté preparado para probar platos deliciosos en su fiesta.

En la fiesta de otra persona, un Tauro puede encontrarse conociendo y hablando con gente nueva. Parecen estar cómodos y a menudo se les ve con una bebida (sobre todo un licor con clase) en la mano. Incluso si están en un rincón, parecen captar la atención de todos. No pierden de vista a sus amigos cercanos y se aseguran de que estén bien. Y lo que es más importante, cuidan de sus amigos y se aseguran de que no hagan el ridículo.

¿Por qué un Tauro es un gran amigo??

Aunque un Tauro tiene muchas debilidades, a menudo son mínimas y pueden pasarse por alto. Sus puntos fuertes superan a sus debilidades, lo que les convierte en un amigo leal y fiable.

Aquí hay cinco razones por las que la amistad con un Tauro es valiosa:

1. Siempre se quedará a su lado

Aunque haya cometido graves errores en su relación, un Tauro cree en dar segundas oportunidades. Incluso le ayudará a corregir sus errores y volver a ponerse de pie. Ellos son confiables y siempre permanecerá a su lado. Además, si quiere compartir desesperadamente un secreto, pero no divulgarlo, puede confiar en Tauro, ya que es el guardián de los secretos. Son leales y no difundirán chismes.

2. Tiene una solución para todos sus problemas

Incluso si mete la pata, su amigo Tauro tendrá alguna solución para ayudarle a resolver su problema. Si se encuentra en medio de una crisis, llame a su amigo Tauro y deje que le ayude. Aunque no le pida ayuda, hará lo que sea para que su vida se solucione. Tanto si se trata de una crisis familiar de carácter emocional, como si se trata de un importante plazo de entrega de un proyecto, puede contar con Tauro para sacarle del apuro. Con un Tauro como amigo, su nevera siempre está cargada de cerveza, y su Netflix estará pagado todos los meses.

3. Se ocupa de todos los eventos

Ya sea su cumpleaños o un evento escolar, Tauro pondrá en marcha sus habilidades de organización y organizará el mejor evento que pueda imaginarse. Su impecable sentido de la gestión y su atención al detalle lo convierten en un valioso amigo que puede organizar cualquier evento con poca ayuda. No es de extrañar que sean grandes encargados. Incluso si es el cumpleaños de su perro, siempre aparecerán con una golosina para perros y una vela.

4. Le mostrará el mejor lado de la vida

Debido a su aprecio por la comida, el arte, la cultura y el lujo, le guiará de vez en cuando a las mejores cosas de la vida. Con un amigo Tauro, puede explorar nuevos restaurantes y cocinas, hacer visitas a museos o ir a catar vinos. A este signo del zodiaco le encanta comer y tiene un don para la cocina. Con un Tauro como amigo, probará nuevas comidas y aprenderá sobre el mundo culinario. Incluso si no puede permitirse salir a un restaurante, un Tauro preparará algo delicioso en su cocina.

5. Le dará regalos caros

Aunque esta no debería ser la única razón para hacerse amigo de un Tauro, es un beneficio adicional con el que no todo el mundo está bendecido. Un Tauro tiene un gusto caro y prefiere usar bienes materiales grandes y lujosos. Su ropa, zapatos, bolsos y aparatos suelen ser de alta gama y de marca. No solo quieren cosas caras para ellos, sino que también quieren que sus amigos experimenten el lujo. Ya sea su cumpleaños, su graduación o cualquier otro evento importante, su amigo Tauro siempre le hará regalos caros.

¿Cómo fomentar la amistad con un Tauro?

Como puede ver, la amistad con un Tauro es muy valiosa. Sin embargo, sus debilidades a menudo pueden interponerse en el camino y estropear su vínculo. Para superar esto, lea estos consejos que le ayudarán a fomentar una amistad con Tauro y mantenerla durante mucho tiempo.

Cómo fomentar la amistad entre un Tauro y una Tauro

A pesar de que ambos Tauro viven y comprenden su naturaleza, ciertos aspectos pueden chocar y amenazar su amistad. Si es usted Tauro y quiere sostener su amistad con un compañero Tauro, tenga en cuenta estos consejos:

1. Intente ser más comprensivo

El mayor problema al que pueden enfrentarse dos taurinos en una amistad es un debate interminable debido a su terquedad y naturaleza argumentativa. La única manera de resolver esto es ser más comprensivo. Uno de los dos amigos taurinos, o ambos, deben practicar la comprensión, o esto puede hacer mella en su amistad. El primer paso es escuchar. En lugar de discutir y llenarse la cabeza con un gran "no" mientras están hablando, escuche su punto de vista y póngase en su lugar. A veces, pueden tener razón. La clave es la paciencia y una mente abierta.

2. Dele suficiente tiempo y espacio cuando esté enfadado

Como amigos taurinos, ambos pueden enfadarse y provocarse fácilmente debido a su corto temperamento. Si ambos tienen una discusión acalorada, dense tiempo en lugar de bombardearse con más puntos de vista. Dado que el temperamento de un Tauro se calma rápidamente, es más fácil resolver el asunto cuando le dan suficiente tiempo y espacio para pensar y contemplar la situación. Además, este signo del zodiaco desprecia el drama en su vida, por lo que recurre a la comodidad y la felicidad después de algún tiempo.

3. Realizar más planes dentro de casa

Si un Tauro gana dinero, es probable que lo gaste en una casa acogedora y en lujosas posesiones materiales. Como compañero de Tauro, usted también preferirá quedarse dentro de su elegante casa. Para hacer un plan con su amigo Tauro, considere la posibilidad de cocinar juntos, ver una película en casa, pedir comida o comprar comida para llevar. Planes como estos son más valiosos para dos taurinos que explorar el exterior. Además, le dará tiempo suficiente para conocer el entorno del otro.

Cómo fomentar la amistad entre un Tauro y otro signo del zodiaco

Como ha aprendido a través de la tabla de compatibilidad de amistad de un Tauro con otros signos del zodiaco, un Tauro es un amigo leal y confiable. Sin embargo, ciertos aspectos negativos representados por otros signos del zodiaco podrían afectar su amistad con un Tauro. Aquí hay tres maneras de mantener y fomentar una amistad con Tauro:

1. Se trata de la persistencia

Dado que un Tauro es terco y quiere que las cosas vayan a su manera, la única solución para superar situaciones similares es la persistencia. Es difícil desviarse de su plan y calendario. Si desea que un Tauro siga su camino sin ofenderlo, sea persistente y cortés al mismo tiempo. Mencione su deseo de vez en cuando. Aunque es testarudo, le escuchará porque este signo del zodiaco valora la amistad. En un momento dado, se dará cuenta de la importancia de ponerse firme y seguir los deseos de su amigo. Aunque digan que no a la primera oferta, siga insistiendo. Al final bajarán la guardia y le dejarán salirse con la suya.

2. Preste atención a las fechas importantes

Tauro valora los eventos y fechas importantes en su vida. Si se olvida de su cumpleaños, de su graduación, de su aniversario o de otros acontecimientos significativos, puede ser difícil para él perdonarle. Cada detalle de la vida de un Tauro es importante para él. Por lo tanto, como su amigo, deberá ser importante para usted. Para recordar las fechas importantes, márquelas en el calendario o establezca recordatorios en su teléfono. Celebre con él en lugar de limitarse a felicitarle o saludarle por la ocasión. Esto es suficiente para hacerlo feliz y retener su lealtad.

3. Sea honesto

Tauro es un amigo honesto y espera que usted sea sincero. Si le descubren mintiendo o engañando, nunca le perdonarán. Incluso pueden romper su amistad. Perder a alguien de Tauro en su vida significa perder a un amigo honesto, leal y confiable, que es una especie rara. Aunque la verdad suene amarga, nunca le mienta a un Tauro, ya que puede descifrar fácilmente la diferencia. Debido a su naturaleza desconfiada, también puede cuestionar sus intenciones. También detesta que alguien le haga un cumplido falso. Los halagos deshonestos están fuera de lugar. Sea sincero, aunque pueda ofenderlo, porque es mejor que mentir y perderlo para siempre.

Un Tauro es un amigo leal y confiable que le mostrará el lado más brillante de la vida. Una vez que aprenda a soportar su terquedad y pereza, tiene mucho que ofrecer. Su resistencia y su capacidad de gestión son una lección que hay que aprender.

Valorarse como Tauro

Es habitual que los Tauro se subestimen a sí mismos. Esto es de esperar en un signo que siempre aspira a lo mejor y nunca se replantea hasta conseguir lo que quiere. Un Tauro tiene que ver lo lejos que ha llegado y apreciar el progreso que ha puesto. Son bastante envidiados gracias al esfuerzo y la dedicación que ponen en sus vidas. La disciplina y la responsabilidad necesarias para avanzar adecuadamente en la vida es algo que a Tauro le sobra. No puede esperar que la gente respete sus logros si usted mismo no los respeta.

Es hora de ver el éxito como una curva compuesta por una serie de escalones de aprendizaje que se van subiendo poco a poco. No espere que tenga que idear todo desde cero para tener éxito. Ya ha logrado mucho, y nunca es una buena idea pensar en las duras lecciones que ha soportado como algo que debe llevarse a cabo con desprecio.

Un problema contra el que luchan los Tauro es su apego al mundo material. Muchas de las personas más ricas del mundo son signos Tauro. Cuando tenga problemas de baja autoestima, deténgase un segundo y observe lo que posee, ya sea un Mercedes o una gran carrera. Disfrutar de los lujos que ha reunido durante mucho tiempo le hará comprender que lo está haciendo más que bien.

Como cualquier otro signo, Tauro tiene sus méritos y sus defectos. Pero una relación con un Tauro siempre será estupenda.

Un signo del zodiaco que se alinea con Venus, la diosa del amor, va a ser un fuerte defensor de los grandes gestos románticos. El amor de los Tauro por asegurarse de que todo esté planeado y sea perfecto hace que tarden bastante en entablar una relación romántica. No buscan cualquier relación, sino la única. Siempre encontrarán a sus parejas increíbles porque solo se sienten atraídos por lo mejor. Si está en las primeras etapas de salir con un Tauro, puede ser difícil captar su atención completa e indivisible, pero una vez que lo eligen, mostrarán un gran nivel de lealtad genuina durante mucho tiempo. Si resulta que usted es Tauro, es posible que desee tomarlo con calma cuando se trata de buscar la perfección y tratar de disfrutar de la gente como vienen con lo bueno y lo malo.

Ser amigo de un Tauro tiene sus ventajas, como ser digno de confianza y leal, pero también es importante saber manejar la constante búsqueda de perfección de un Tauro. A veces les resulta difícil igualar sus estándares, especialmente con signos seguros como Aries, que puede llegar a ser muy competitivo. Afortunadamente, Tauro prefiere ir siempre con la verdad, así que no tendrá que estar pendiente de mentiras malintencionadas o puñaladas por la espalda.

Conclusión

Cuando finalmente empiece a comprender sus necesidades, los signos complementarios y muchas otras cosas sobre su signo, será el momento de ponerlo en práctica. Usted querrá revisar sus puntos fuertes y débiles como Tauro y ver cómo puede mejorarlos.

Si tiene un amigo Tauro, considérese afortunado. Hay un montón de grandes beneficios de los que puedes disfrutar gracias a la naturaleza y las pequeñas peculiaridades de los Tauro. Aunque muchas personas pueden tener una impresión equivocada con su temperamento, hay muchas cosas que pueden desconocer.

Si es usted Tauro, espere que la mayoría de sus amigos vengan corriendo a pedirle consejo, ya sea sobre algo romántico o una decisión profesional. Si hay un signo que tiene licencia casi oficial para aconsejar a los demás, probablemente sea Tauro. El sentido común es su mejor aliado, así como su capacidad para interpretar situaciones sobre la marcha y realizar varias tareas a la vez. Separar las emociones de las situaciones individuales le permite ver el problema desde un punto de vista ventajoso. Esto le da una perspectiva mucho más concluyente. Utilizar listas de pros y contras es una forma excelente para que un Tauro analice casi cualquier situación de forma sistemática. Si las emociones están a flor de piel y la situación se le va de las manos, un Tauro puede ayudarle a mantener el sentido común y el pensamiento lógico.

Los Tauro son conocidos por ser una roca inamovible cuando se trata de sus preferencias en cuanto a amigos y amantes. Muchos signos pueden cambiar rápidamente de pareja o de amigos, pero los Tauro se aferran a sus elecciones una vez que fijan sus ojos en alguien. Buscan la manera de disfrutar al máximo de lo que la vida les ofrece, y eso lo hacen manteniendo una rutina equilibrada en la que construyen sus relaciones sobre el amor y la confianza. Son grandes amigos que quieren que les cubran las espaldas en los buenos y malos momentos.

Un Tauro está activamente interesado en mantener a sus seres queridos protegidos a toda costa. Disfrutan de ello en lugar de considerarlo una tarea como muchos otros signos. Un Tauro sabe cómo evitar que alguien se sienta incómodo o incómoda, ya sea dándole espacio o proporcionándole lo que necesita. No tienen ningún problema en asumir las cargas de los demás, incluso si eso significa que deben llevarlas ellos solos.

Si tiene un amigo Tauro, puede esperar ser testigo de las mejores cosas de la vida en múltiples ámbitos. Tanto si se trata de buena música como de restaurantes desconocidos de los que nadie ha oído hablar, viajarán hasta el fin del mundo para encontrar algo realmente adecuado a su gusto. También pueden apreciar casi todo y darle su justa importancia, lo cual es un mérito de ser pensadores lógicos.

El perfeccionismo que tiene un Tauro siempre que trata de mejorarse a sí mismo o a su trabajo es simplemente inspirador. Tener un amigo Tauro puede influir en usted para llegar más allá de lo que está a su alcance. Son bastante populares por su sentido del autocontrol y su capacidad para frenar su apetito por actividades que pueden estancar su vida profesional o artística. Simplemente les resulta incómodo no ser los mejores en lo que hacen.

La creatividad, el amor, la estabilidad y la aptitud son grandes cualidades de los nacidos bajo el signo de Tauro. Los Tauro son un gran regalo para el universo, y tenemos la bendición de tenerlos en nuestras vidas.

Tercera Parte: Géminis

La guía definitiva del increíble signo zodiacal de la astrología

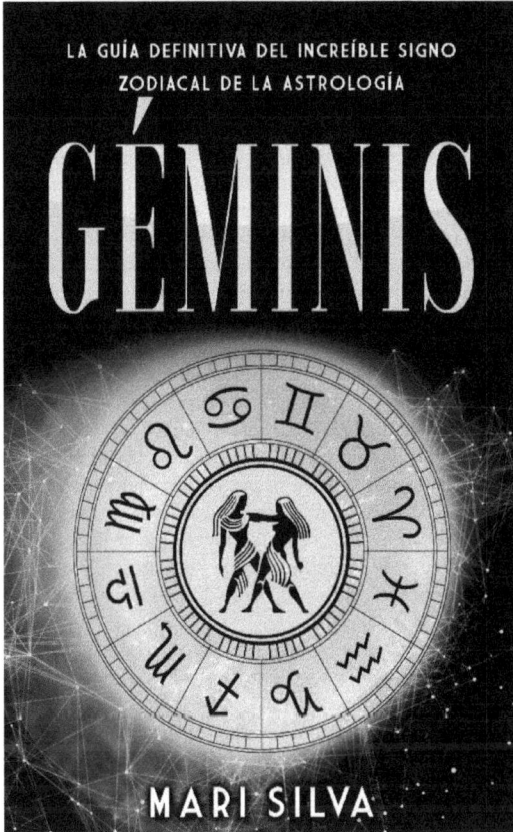

LA GUÍA DEFINITIVA DEL INCREÍBLE SIGNO
ZODIACAL DE LA ASTROLOGÍA

GÉMINIS

MARI SILVA

Introducción

Las revistas, los periódicos y otros artículos comerciales relucientes han arruinado el fascinante encanto de la astrología. Muchos individuos la reconocen como un fenómeno asombroso, también conocido como un campo de estudio formal. Si usted se encuentra entre aquellos individuos, entonces ha llegado al lugar correcto. Esta guía práctica ha sido creada para que los lectores interesados (como usted) puedan saber más sobre las personas, las estrellas, las cartas y los planetas que nos rigen.

El aspecto más interesante de la astrología gira en torno a la interpretación de la personalidad a través de las cartas y los signos, pero debe saber que no es tan sencillo. Este campo ha sido reconocido como un estudio formal debido a la naturaleza lógica de las interpretaciones que permite, en lugar de la burla presentada por varios medios de comunicación. Hay una ciencia detrás basada en las cartas natales. Con las cartas natales, la gente puede señalar la ubicación del Sol, la Luna y otros planetas/estrellas diferentes para interpretar los tipos de personalidad. Las cartas natales eran muy caras; con la evolución de la tecnología, realizarlas se convirtió en una tarea bastante sencilla y fácil de realizar. Ahora, puede obtenerlas de varios sitios en línea con solo introducir su hora de nacimiento. Cabe destacar que este proceso es gratuito.

Estos esquemas pueden ayudar a determinar los rasgos que probablemente heredará una persona. Estas interpretaciones no siempre son blancas o negras. Por eso, a los expertos en la materia les molesta tanto ver cómo se presentan los horóscopos en las revistas. Hay una serie de signos en la carta natal que se emplean para interpretar diferentes aspectos de la personalidad de una persona. Los signos solares son los doce símbolos más comunes representados en la astrología occidental. Muchas personas los conocen por su fecha de nacimiento, pero los signos lunares también se utilizan para interpretar la personalidad, el comportamiento y las emociones, y no solo los atributos básicos y los talentos relacionados con un individuo.

Este libro se centrará en un tema específico en lugar de abordar todo el espectro del enorme campo conocido como «astrología». Se centrará en uno de los signos solares, llamado «Géminis».

Este capítulo introductorio examinará las características significativas de este signo y en el por qué este estudio es fascinante. También se hablará de cómo utilizar este recurso de forma eficaz, explicando la importancia de cada uno de los diferentes capítulos a tratar.

Los Géminis

Las personas nacidas entre el 21 de mayo y el 20 de junio pertenecen al signo zodiacal de Géminis. Géminis, el nombre en sí, no es inglés, sino latín. La traducción de esta palabra latina significa «gemelos». Hay mucho de cierto en esta traducción, uno de los rasgos de personalidad más común de los géminis es su dualidad. Esto significa que los Géminis son más sugerentes que otros signos, y que lo que expresan puede ser completamente opuesto a su estado de ánimo un par de minutos antes. Esto no significa que tengan dificultades para decidir qué hacer o que tengan tendencias «bipolares». Solo significa que sus personalidades son únicas, pues expresarán esta naturaleza dual. Si usted es un Géminis, puede dar fe de este rasgo.

Esta sección profundiza en los aspectos comunes relacionados con este signo (como el aspecto de la dualidad); en los capítulos siguientes encontrará explicaciones más detalladas. También hablaremos de la información clave que todos los géminis deberían conocer sobre su signo zodiacal. Sin hablar de este tema, esta guía estaría incompleta.

Lo primero que los Géminis deben conocer es el símbolo y el glifo que se utilizan habitualmente para representar el signo zodiacal. Hay diferencias entre los dos términos (símbolo y glifo) que se explican en esta sección. El símbolo de un signo zodiacal es una representación más gráfica del signo y suele representarse con personajes de la mitología griega. En este caso, los gemelos «Dioscuros» suelen ser el símbolo representativo del signo zodiacal de Géminis. Cástor y Pólux eran hijos de Leda, pero tenían padres diferentes, aunque eran gemelos. Esto puede sonar raro y fantasioso, pero resulta ser un símbolo muy acertado, ya que representan dos personalidades contrastantes. Este símbolo enfatiza la naturaleza dual del signo zodiacal.

Un glifo es un símbolo elemental utilizado en muchos aspectos de la tipografía. La gente suele convenir en un glifo para representar un conjunto de símbolos o caracteres de una carta compleja o para otras funciones. Así, las cartas del zodiaco también tienen su propio conjunto de glifos, donde cada uno representa un signo del zodiaco. Muchas revistas y artículos sobre el zodiaco disponibles en el mundo utilizan los términos «símbolo» y «glifo» indistintamente. Lo hemos aclarado para facilitar al lector la comprensión de la jerga que gira en torno a los signos zodiacales. El glifo del signo zodiacal de Géminis es el número romano dos. También caracteriza el aspecto dual de este signo, pero es mucho más fácil de escribir/hacer que el símbolo de este signo zodiacal. Otros glifos de las cartas del zodiaco también tienen un significado importante y pueden descifrarse fácilmente si se reflexiona al respecto. Por ejemplo, el símbolo de Sagitario está relacionado con el «centauro» (también una criatura mítica de la mitología griega) que es un reconocido arquero. Su glifo es un dibujo simple de un arco y una flecha. Ahora que conoce esta importante diferencia, es momento de aprender más sobre Géminis.

A cada signo se le adjudica un «planeta regente» a través del cual se puede descifrar el patrón principal de su personalidad. Los planetas regentes demuestran que los signos del zodiaco tienen un vínculo importante con la astrología, y aprender sobre esta conexión aclarará todos los conceptos erróneos.

Los planetas son los factores decisivos principales de todo lo que se expresa a través de los signos del zodiaco. Esto pareció ocurrir por primera vez cuando los primeros astrólogos observaron los planetas y sus energías y establecieron paralelismos con los signos del zodiaco y sus cualidades. Como Neptuno, Urano y Plutón no estaban identificados en aquella época, no se les adjudicó ningún signo. Los astrólogos modernos han asociado estos planetas recién descubiertos con los signos, ya que esta rama de la ciencia sigue desarrollándose y haciendo nuevos descubrimientos. Estas asociaciones con los signos del zodiaco se realizaron después del siglo XVIII, mientras que otros emparejamientos más antiguos se mantienen sin cambios. Estas asociaciones pueden seguir cambiando a medida que se realicen nuevas exploraciones en el campo, pero surge una pregunta importante: ¿cómo se utilizan los planetas para interpretar los signos del zodiaco?

Para responder a esta pregunta, debemos examinar los detalles que los astrólogos observan al leer las cartas. En primer lugar, cada signo tiene un planeta regente (o dos) cuyas energías y cualidades ejercen una influencia primordial sobre las dimensiones de la personalidad de alguien. Si su signo solar está en Géminis, su planeta regente es Mercurio. Los griegos primero relacionaron los planetas con las estaciones del año y no con estos signos. Con el tiempo, los astrólogos desarrollaron técnicas complejas que permitieron realizar interpretaciones más específicas (en lugar de interpretaciones según las estaciones). Los planetas son como un archivo o un conjunto de datos que los astrólogos utilizan cada vez que quieren interpretar una carta natal. Observan las constelaciones de planetas según su posición respecto al signo para interpretar los rasgos principales de la personalidad. El planeta regente y el signo son los puntos centrales para el astrólogo cuando mira las cúspides de las casas en una carta. Esto nos lleva a otro elemento clave utilizado en la interpretación del zodiaco: las «casas».

La principal interpretación de las cartas zodiacales depende de las «casas» que el astrólogo elige de antemano. Las casas componen la carta, y sus posiciones se basan en la ubicación y el tiempo más que en una fecha. Por ejemplo, en una carta natal, si un astrólogo conoce la hora exacta del nacimiento, obtendrá una interpretación muy precisa. A menudo, puede que no se conozca la hora exacta, lo que limita a los astrólogos a utilizar la salida del sol como instrumento de cálculo de la casa. Esto puede producir resultados incorrectos para el astrólogo.

Como se ha visto en el ejemplo anterior, la estimación de las casas de una carta depende del movimiento de la Tierra a lo largo de su eje y de la órbita del Sol. Pero la diferencia de opiniones (diferencias matemáticas) entre los astrólogos ha creado numerosas formas de calcular las casas y, por tanto, ha producido una serie de «sistemas de casas» diferentes. Las diferentes tradiciones (culturas) tenían sus propias maneras de hacer las cosas, y por lo tanto también tenían diferentes sistemas de casas. Por ejemplo, en la tradición hindú, las casas se conocían como «Bhavas». Pero uno de los sistemas más comunes que se conocen en el hemisferio occidental se llama sistema «*Placidus*».

En general, las casas son una división del plano de la «eclíptica». Este plano contiene la órbita del Sol vista desde la Tierra; muchos sistemas de casas también consideran el movimiento de otras estrellas y planetas de nuestra galaxia. El sistema *Placidus* divide el movimiento planetario y estelar encima y debajo del horizonte. Esta división se realiza en partes iguales, y el número de casas es de doce. Las seis primeras casas suelen denominar los espacios debajo del horizonte, y las otras seis se asocian con la parte de arriba.

Las casas dependen de la hora exacta, por lo que se trata de un sistema orientado según el tiempo (Astro Dentista, 2020). Giovanni Magini desarrolló este proceso alrededor del siglo XVI, pero el matemático Placidus Titis lo perfeccionó; de ahí que el proceso lleve su nombre. El sistema no se puede utilizar para regiones de los círculos polares debido a las complicaciones matemáticas propias del momento de su desarrollo.

Existen muchos otros sistemas de casas, como el sistema de Koch, el de Capmanus y el de Regiomontanus, pero la explicación de cada uno de ellos puede llenar toda esta guía, restando protagonismo al tema. Se ha considerado necesario incluir esta explicación breve de las casas, para ofrecer una base histórica y científica del funcionamiento de los horóscopos.

Otra visión de la historia del desarrollo de este campo se ve reflejada en la imagen de una esfera tradicional de signos y casas del zodiaco. Muestra un antiguo disco construido para representar las divisiones según las casas, en función de la hora del día. La idea subyacente parece ser la de un reloj de sol. La sombra del Sol parece interpretar la posición del tiempo en el «plano» utilizado, pero su funcionamiento correcto no nos importa, ya que lo importante es su significado histórico. Demuestra lo lejos que ha llegado la astrología, desde los discos físicos que necesitaban expertos para descifrar la posición de los planetas en el momento del nacimiento, hasta tener páginas web que lo hacen solas. Esta explicación debería dar a los lectores una inmensa comprensión de cómo funciona en el fondo la lectura del horóscopo de alguien. Así, los astrólogos fusionan efectivamente el sistema de casas (relacionado con el eje de la Tierra) junto con la rueda del zodiaco (relacionada con el movimiento del Sol) para leer las cartas y hacer interpretaciones u horóscopos.

Volviendo al tema principal, se puede establecer una conexión entre las casas y su relación con los signos. Cada casa es vista como un área/parte de la vida y está regida/asociada con un signo solar (como Géminis). Muchos astrólogos entienden que las casas están regidas por un signo, al igual que los signos tienen un planeta regente. Esta interpretación se deriva del hecho de que cada una de ellas sobresale en una parte concreta de la vida (la parte de la vida que representa la casa).

Normalmente se considera que la tercera casa está regida por el signo solar Géminis. Tiene un título moderno y un nombre tradicional en latín. El título moderno es «la Casa de la comunicación». Como el título dice, está relacionada con la comunicación. Se ha vinculado con razón a Géminis, ya que se ha establecido que los Géminis no temen ser demasiado expresivos. La tercera casa está asociada a todas las formas de información, empezando por el habla/pensamiento básico y abarcando todas las formas de transmisión electrónica.

Un dato interesante de la tercera casa es que abarca las relaciones con la comunidad, los vecinos y los hermanos. Esto significa que un signo situado en esta casa en las cartas natales tendrá relaciones decentes a lo largo de su vida. Manejar tales relaciones es una tarea bastante fuerte que le resulta natural a los Géminis, lo que también demuestra que han sido correctamente ubicados en esta casa.

Otra cosa clave que hay que tener en cuenta sobre las casas es que los astrólogos sacan varias conclusiones cuando los diferentes planetas transitan por cada casa. Así, si un planeta transita por la tercera casa, los signos asociados a él reciben información integral sobre su comunidad/red. Normalmente, los Géminis nacen en meses en los que la alineación de los planetas les permite compartir los rasgos gobernantes de estos dos aspectos: las casas y los planetas/estrellas.

Lo siguiente que hay que saber sobre los signos del zodiaco es su asociación con los cuatro elementos básicos. A lo largo de su desarrollo, los estudiosos han asociado los signos del zodiaco con el fuego, el agua, el aire y la tierra. Los intérpretes pueden hacer mejores interpretaciones, ya que las relaciones con elementos pueden mostrar paralelismos con los intercambios entre los signos asociados con estos. Por ejemplo, la tierra necesita agua para prosperar (alimento para el crecimiento), y el agua existe naturalmente en la tierra, por lo que los signos de agua y tierra pueden ser típicamente buenas almas gemelas. Aries, Leo y Sagitario se consideran signos de fuego, mientras que Tauro, Virgo y Capricornio son signos de tierra. Del mismo modo, Géminis, Libra y Acuario son signos de aire, y Cáncer, Escorpio y Piscis son signos de agua. Hay muchas interpretaciones complicadas de estas categorías elementales (triplicidades) que tienen en cuenta los planetas y los diferentes signos, pero explicarlo puede ser muy engorroso y es mejor dejárselo a un astrólogo. Lo que nos debe ocupar son las implicaciones que tiene Géminis como signo de «aire».

Estos cuatro componentes son muy relevantes para este estudio, ya que sus combinaciones constituyen el mundo que nos rodea. Así pues, nos corresponde conocer el tipo de energía que demuestra cada uno de los elementos para comprender mejor el resultado de sus combinaciones. Cada elemento conforma al signo y sus rasgos naturales, y de tal manera quien pertenece a un signo puede ser quien es. Esta interpretación elemental añade otra capa de complejidad al tema, y pieza a pieza, acabaremos por desentrañar toda la cebolla La complejidad añadida permite a los astrólogos concebir una carta más compleja y precisa, que conduce a interpretaciones realistas.

Se suele considerar que el aire es el elemento de las personas intelectuales, ya que parecen prosperar con las conexiones mentales. Todos los signos de aire son buenos comunicadores, y también lidian razonablemente bien con los argumentos de los demás. La perspectiva de todo cambia cuando se ve a través de los ojos de alguien con un signo de aire, ya que su análisis suele ser único, y su proceso de pensamiento también es muy especial. La cualidad particular de los signos de aire es su capacidad de empatía. Pueden comprender el dolor y las dificultades de otra persona si se concentran en un caso durante mucho tiempo, y pueden hacerlo, ya que son individuos muy curiosos.

En general, el aire significa el espacio circundante, y es muy importante para la supervivencia humana. Así mismo, la sabiduría es vital para que el espíritu prospere, y los pertenecientes a los signos de aire son conocidos por ser portadores de conocimiento. Este es un rasgo vital para los signos de aire debido a la naturaleza analítica de su pensamiento. Esto no significa que sean más inteligentes que los demás, sino que son más completos que los demás debido a su capacidad mental para procesar todo lo que les rodea a un ritmo mucho más rápido. Su capacidad de escuchar y razonar desempeña un papel importante en su integridad, lo que les permite ser también buenos comunicadores (PeacefulMind.com, s.f.).

El aspecto negativo de este signo es la autoevaluación que acompaña a la naturaleza mental de estos individuos. Tienden a evaluarse a sí mismos con más dureza que al mundo. Esto es probablemente algo positivo en muchos casos, pero en otros puede ser desmoralizador... aunque los bajones en la vida suelen ir seguidos de buenos momentos, y esta autoevaluación está destinada a mejorar resultados más pronto que tarde para los signos de aire. Los signos de aire también tienen un estándar específico para sí mismos que se esforzarán por cumplir siempre. Esto suele estar asociado a mantenerse limpios, mantener su higiene y cumplir con un determinado modelo de rendimiento laboral, entre otras cosas. Esta naturaleza egoísta les hace sobresalir en determinadas partes de su vida, pero puede ser fastidiosa en otras.

Los signos de aire suelen ser empáticos, como se ha comentado, pero son conocidos por guardar rencor si se les enfada hasta cierto punto. También son propensos a la violencia física a veces, ya que su ira no se olvida, a diferencia de la ira del signo de fuego, pero una cosa que hay que tener en cuenta aquí es que es muy difícil hacerles enfadar, y por lo tanto, si los enfada, probablemente se equivocó El rencor puede desaparecer casi de inmediato si intenta arreglar las cosas con ellos debido a su naturaleza empática y a su capacidad para escuchar a los demás. Los signos de aire se asocian con los colores azul, blanco y amarillo y tienen predilección por determinadas piedras. Las piedras preciosas son el siguiente punto importante de los Géminis.

Las piedras preciosas son una parte integral de la teoría del zodiaco, ya que ayudan a desbloquear ciertos «poderes». Son como las piedras de nacimiento, pero la astrología las ha asociado a los signos solares. Cada signo tiene una o dos gemas que pueden ayudar en ciertos aspectos de su vida. Se sabe que las gemas tienen poderes protectores y curativos que obligan a mucha gente a tenerlas en sus casas o con ellos en todo momento. Algunos también creen que les dan suerte y pueden ser muy supersticiosos con sus piedras preciosas.

Para el signo de Géminis, el ágata y la perla son dos piedras muy comunes. Representan los colores con los que se han asociado los signos de aire y son un reflejo de su persona. Los Géminis, mentalmente activos, pueden beneficiarse de la esencia aterrizada de las piedras. Pueden recordar estar tranquilos y pueden superar situaciones muy duras si utilizan esta piedra como un adorno que mantienen cerca de sí en todo momento. También se sabe que es una protección espiritual y que puede ayudar a evitar el drenaje de energía y a eliminar el estrés. Su aura divina puede ayudar a la estimulación mental, así como a la toma de decisiones. Muchos géminis son muy exigentes con sus adornos de ágata y perla y los llevan a todas partes para que les ayuden en las decisiones difíciles (Melorra, 2020).

Ahora que se han cubierto todos los elementos clave de la interpretación del zodiaco, tendrá una idea de dónde vienen estas interpretaciones. Esto es clave para entenderse a sí mismo y a su signo de una manera más profunda. Estas claves pueden utilizarse para comprender todos los demás capítulos que siguen, ya que se centrarán en los rasgos de la personalidad y las relaciones de Géminis. Estas explicaciones también son muy útiles para comprender otros signos como el de

Acuario, ya que ambos se encuentran en la región del aire. El método de explicación de esta guía es «de los cimientos al tejado» en lugar de ser una descripción desde el tejado hasta los cimientos. Esto significa que primero se explican los conceptos y luego se dibuja el panorama general al final. Esta forma parece mucho más interesante, ya que todos los puntos de vista explicados en esta introducción son clave para las explicaciones de los capítulos siguientes.

Diferentes perfiles de Géminis

Sería inútil limitarse a contar los rasgos básicos de los signos del zodiaco sin una explicación adecuada, ya que esa información puede encontrarse en cualquier lugar de Internet. Esta guía divide la vida de una persona en muchos aspectos/períodos para que sea más fácil explicar los rasgos de este signo solar. Otra ventaja de este estilo único es que permite una mayor legibilidad y navegación por la guía. Esto significa que usted, como lector, puede ir a cualquier capítulo y buscar la información pertinente de forma infatigable. También hace que sea mucho más fácil de leer e interactivo. En esta sección se hace una breve introducción a cada uno de los diferentes perfiles que se explican en los siguientes capítulos para que sepa en cuál puede clasificar.

El temperamento básico de Géminis es siempre activo en todas las etapas de la vida, lo sepa o no. Esto es algo sobre lo que las personas necesitan tomar conciencia, y por eso se presenta como el primer capítulo de esta guía. En este se explican los «puntos fuertes y débiles» básicos y más evidentes de los rasgos de personalidad de Géminis. Pueden asociarse a todas las edades y a todos los Géminis en cualquier etapa su vida.

Los niños son diferentes de los adultos, ya que prácticamente no tienen responsabilidades y tienen una visión única de la vida. Muchos de los rasgos clave que los Géminis muestran en sus primeros años de vida son el resultado de sus inquisiciones. Esta puede ser la primera señal de que el niño está siguiendo un camino de Géminis establecido, lo que conduce a una identidad general equilibrada en el futuro. Los adultos deberían permitirles aprovechar esta personalidad, ya que en pocos años se convertirán en su ser mentalmente curioso y analítico.

Los Géminis en el trabajo funcionan de forma diferente, por lo que este también es un perfil a analizar. Esto puede aplicarse a todo el mundo, ya que todos nos comportamos de forma diferente en distintos entornos sociales. Tienen un conjunto de habilidades únicas que son esenciales para sobresalir en muchos trabajos, por lo que se puede observar a los Géminis participar en debates analíticos y resolver problemas en situaciones sociales difíciles, así como llevando a cabo el propio trabajo. Pueden establecer relaciones estrictamente profesionales y disfrutar de su trabajo al mismo tiempo. Trabajan con una excelente convicción y su capacidad de análisis les ayuda a mantener el interés en sus tareas. Este es un perfil muy interesante que se asocia a muchos Géminis trabajadores y al que se puede acceder en el quinto capítulo de esta guía.

Los Géminis en otras reuniones sociales se comportan de forma muy diferente a cuando están en el trabajo. Este perfil es quizás el más comentado por muchos astrólogos a la hora de interpretar su horóscopo. En los eventos y las fiestas, siempre participan en debates divertidos, llenos de humor y atractivos, ya que son los maestros de la comunicación. Su espíritu se nutre de esta actividad y obliga constantemente a los Géminis a ganarse la confianza de nuevas personas. Esto les permite hacer amigos con más facilidad que los demás signos. Este interesante análisis se trata con más detalle en el apartado del cuarto capítulo.

Cuando están enamorados también es un caso interesante. Su naturaleza dual se observa con frecuencia en las relaciones, y puede ser la causa de su perdición. Al mismo tiempo, puede ser el principal factor para que la relación siga funcionando. Son personas únicas, por lo que su vida amorosa es tan complicada como única.

Dentro de los espacios seguros de sus hogares, los Géminis también son bastante diferentes de cualquiera de los otros perfiles que hemos comentado. Como tienen una capacidad mental superior a la de otras personas, pueden aburrirse rápidamente. Por eso, mientras están en casa, siempre buscan algo en lo que ocupar su tiempo. También pueden perder el interés en sus tareas debido al rasgo de dualidad tan dominante.

Algunas de las celebridades más populares de Géminis son Sir Ian McKellen (famoso por interpretar a Gandalf), Octavia Spencer, Amy Schumer, Tom Holland, Heidi Klum, Angelina Jolie y Michael Cera. Las personas que los siguen podrán reconocer los rasgos clave de los Géminis en su comportamiento después de repasar esta guía.

Capítulo 1: Una rápida introducción - Soles, Lunas y Casas

La astrología es uno de los lenguajes más antiguos del mundo, y utiliza los signos del zodiaco, los planetas y las casas para componer la carta natal. Esta carta traza el lugar en el que se encontraban las estrellas, el sol, la luna y los planetas en el momento y el lugar en de su nacimiento. Si alguna vez se ha preguntado por qué la luna llena tiene un efecto extraño en usted, esta es la razón.

Hay tres puntos principales en su carta natal, que mapean su personalidad: el sol, la luna y el ascendente. Todos conocemos nuestro signo solar, pero pocos somos conscientes de nuestros signos lunares y ascendentes. Entender lo que significa todo esto puede influir en todo lo que haga en la vida.

Los tres, el sol, la luna y el signo ascendente, tienen un signo zodiacal concreto de su carta. Cada signo del zodiaco pertenece a un grupo elemental, agua, tierra, aire o fuego, y tiene una cualidad asociada: cardinal, mutable o fija. Cada uno tiene también un regente planetario.

El signo solar

El Sol proporciona su identidad, lo que brilla ante todos. Es la fuerza que le impulsa a ser lo mejor que puede ser. Representa sus experiencias vitales y su individualidad, el tipo de energía necesaria para ayudarle a revitalizarse, y cómo recarga las pilas.

Si su signo solar es uno de los signos de aire, Libra, Géminis o Acuario, se expresa intelectualmente y utiliza los entornos sociales para recargarse y revitalizarse.

Si su signo solar es uno de los signos de fuego, Aries, Sagitario o Leo, la aspiración y la inspiración le motivan, y utiliza la actividad física para revitalizarse, además de perseguir objetivos vitales específicos.

Si su signo solar es uno de los signos de tierra, Virgo, Tauro o Capricornio, le motiva el sentido práctico y el materialismo. Se revitaliza a través de la productividad, la intensificación de sus sentidos y el trabajo en el mundo físico, no espiritual.

Si su signo solar es uno de los signos de agua, Piscis, Escorpio o Cáncer, el deseo emocional le motiva. La experiencia emocional y la intimidad con la gente le revitalizan.

El signo lunar

Su signo lunar representa el alma de su identidad, la parte subconsciente que nadie ve. Esta es la parte que impulsa sus emociones y le ayuda a sentir dolor, placer, pena y alegría. Le ayuda a entender cómo y por qué reacciona como lo hace en situaciones emocionales.

Si su signo lunar es uno de los signos de aire, Libra, Géminis o Acuario, este representa cómo reacciona al cambio y lo evalúa objetivamente. La interacción social le ayuda a alinearse con su yo interior, al igual que expresar sus ideas.

Si su signo lunar es uno de los signos de fuego, Aries, Sagitario o Leo, utiliza la acción directa para reaccionar al cambio. Cuando expresa confianza, les da la espalda a los discursos negativos y muestra su fuerza, se alinea perfectamente con su yo interior.

Si su signo lunar es uno de los signos de tierra, Virgo, Tauro o Capricornio, afronta el cambio con estabilidad y firmeza. Trabajar por sus objetivos personales y ser productivo le ayuda a alinearse con su yo interior.

Si su signo lunar es uno de los signos de agua, Piscis, Escorpio o Cáncer, utiliza la emoción y la sensibilidad para afrontar el cambio. Cuando siente algo profundamente, se alinea con su ser interior, pero nunca debe olvidar poner el amor propio por delante de cualquier otra cosa.

El signo ascendente

Su signo saliente también se denomina signo Ascendente, y representa su personalidad social. Se relaciona con el signo zodiacal o solar que se elevaba sobre el horizonte oriental al momento de su nacimiento. Representa su cuerpo físico, el estilo que presenta al mundo. Es una combinación, una manifestación si se quiere, de su mundo exterior e interior, que le ayuda a comprender su enfoque en la vida y el tipo de energía que necesita su cuerpo físico.

Si su signo ascendente es uno de los signos de aire, Libra, Géminis o Acuario, es amable, curioso, rápido mentalmente y le gusta hablar. Su enfoque de vida suele estar alineado con el deseo de comprenderlo todo y a todos quienes conoce.

Si su signo ascendente es uno de los signos de fuego, Aries, Sagitario o Leo, es una persona activa, contundente, segura de sí misma y que va al grano. Tiene mucha energía física y la utiliza a su favor para dejar su huella.

Si su signo ascendente es uno de los signos de tierra, Virgo, Tauro o Capricornio, se centra principalmente en el mundo físico y es práctico. Su enfoque de vida es firme, y eso ayuda a que los demás se sientan a gusto, especialmente cuando la vida es estresante.

Si su signo ascendente es uno de los signos de agua, Piscis, Escorpio o Cáncer, es empático y sensible; su entorno tiene una influencia directa sobre usted. Su enfoque de vida es emocional y profundo.

Las doce casas

Cuando los planetas visitan alguna de las casas, esa parte de su carta se ilumina, añadiendo energía a los rasgos específicos de la Casa. Los astrólogos utilizan estas casas para interpretar las áreas de su vida que se pondrán de relieve, permitiéndoles determinar el mejor curso de acción en un momento dado.

Las casas 1 a 6 son las casas personales, mientras que las seis últimas son las casas interpersonales.

• Casa 1 - El comienzo del zodíaco, lo primero de todo, incluyendo el yo, las impresiones y la apariencia, los nuevos comienzos, la iniciativa del liderazgo y los nuevos comienzos. Regido por Aries, el signo de la cúspide de la Casa 1 es el signo ascendente.

• Casa 2 - Se relaciona con el entorno físico y material, incluyendo los sentidos: tacto, gusto, olfato, oído y vista. Está regida por Tauro y es responsable de la autoestima, el dinero y los ingresos.

• Casa 3 - Rige la comunicación, incluyendo los aparatos, las conversaciones, los dispositivos como los teléfonos móviles y el pensamiento. Regida por Géminis, cubre los asuntos de la comunidad, los viajes, las escuelas, la comunicación, las bibliotecas, el vecindario y los hermanos.

• Casa 4 - Regida por Cáncer, esta casa se encuentra en la parte inferior de la rueda y es responsable de los cimientos, incluyendo la privacidad, el hogar, los padres (especialmente la madre), la seguridad, los niños, el cariño y la crianza.

• Casa 5 - Regida por Leo, esta Casa es responsable de la autoexpresión, el color, el drama, la diversión, el romance, la atención y el juego.

• Casa 6 - Responsable de la salud y el servicio, incluyendo la organización, los horarios, el estado físico, la nutrición, el ejercicio, la vida sana y las rutinas. Regida por Virgo, también abarca la capacidad de ayuda y lo que hace por los demás.

• Casa 7 - Esta casa es responsable de las personas y las relaciones. Regida por Libra, abarca las relaciones profesionales y personales, los asuntos relacionados con esas relaciones, el matrimonio, los contratos y los negocios.

• Casa 8 - Una de las casas más misteriosas, rige el sexo, el nacimiento, la muerte, los misterios, la transformación, la fusión de energías y los vínculos profundos. Regida por Escorpio, rige la propiedad, el dinero, la herencia, los bienes inmuebles y las inversiones.

• Casa 9 - Esta casa rige los viajes de larga distancia e internacionales, la mente superior, la inspiración, las lenguas extranjeras, el optimismo, la expansión, la difusión, la publicación y la educación superior. Regida por Sagitario, también abarca la religión, los juegos de azar, la asunción de riesgos, la suerte, la aventura, la ética y la moral.

• Casa 10: la más alta de la rueda y la más pública, rige la unión, la imagen pública, las estructuras, la tradición, los honores, la fama, los premios y los logros, las reglas, la autoridad, la disciplina y la paternidad. Regida por Capricornio, la cúspide también se conoce como el Medio Cielo, lo que da a los astrólogos una idea sobre su trayectoria profesional en la vida.

• Casa 11 - Esta casa es la responsable de los grupos, la amistad, los equipos, la tecnología, la sociedad, los medios electrónicos, la justicia social, las redes, la rebelión y las causas humanitarias. Regida por Acuario, también rige la excentricidad, la originalidad, las sorpresas, los acontecimientos repentinos, la astronomía, la invención y la ciencia ficción.

• Casa 12 - La Casa final rige los finales, como las últimas etapas de cualquier proyecto, los cabos sueltos, el más allá, las terminaciones, la rendición y la vejez. Regida por Piscis, también rige la separación, los hospitales, las instituciones, las agendas ocultas, las cárceles, los enemigos secretos, la mente subconsciente, la creatividad, el cine, las artes, los diarios y la poesía.

Capítulo 2: Puntos fuertes y débiles de Géminis

Como cualquier otro ser humano, los Géminis destacan en varios aspectos de la vida, y tienen dificultades en otros. Importantes investigaciones y estudios han puesto de manifiesto ciertos rasgos de personalidad atribuidos a los Géminis. Lo mejor es que los Géminis pueden ahora conocerlos y comprenderlos utilizando esta guía.

Puntos fuertes

Los Géminis suelen ser seres humanos gregarios y sociables. Son entusiastas de las reuniones sociales y les entusiasma conocer y hablar con gente nueva, pero esto no significa que sean charlatanes molestos. Si tiene un amigo Géminis, fíjese en lo que le interesa. Es probable que les interesen las cosas profundas de la vida o cualquier disciplina especializada, y eso es lo que les encanta discutir con sus compañeros.

Pero esto no implica que los Géminis no puedan hablar de otra cosa. Les encantan las conversaciones y les encanta dar su opinión sobre todo. Esta cualidad les da una ventaja en las pequeñas pero cruciales discusiones cotidianas. Por ejemplo, a los Géminis les resulta relativamente fácil su paso por la escuela y la universidad. Hacer amigos o relacionarse con la jerarquía de la institución resulta fácil para los jóvenes Géminis.

Si usted es Géminis, probablemente le gusten las fiestas y los desfiles. Si alguna vez organiza una fiesta, asegúrese de tener a los Géminis en su lista de invitados: sacarán lo mejor de cualquier cosa. Sus excelentes habilidades de conversación les permiten entretener a una multitud y hacer que cada persona en la sala se sienta bienvenida. Sus excepcionales habilidades interpersonales se ven acompañadas por una brillante capacidad de coqueteo. Los Géminis florecen en las citas. Si tiene una cita con un Géminis, se dará cuenta de lo mucho que se esfuerzan por hacerle sentir cómodo. Se aseguran de que tenga experiencias divertidas que disfrutan ellos también. Una cita con un Géminis será sin duda un día conmovedor, pero hablaremos de ello más adelante.

Además de ser un brillante conversador, un Géminis utiliza su naturaleza extrovertida para ser amable con los demás. En lugar de ser arrogantes cuando conversan, los Géminis son gentiles y amables con quienes interactúan. Por muy entusiastas que sean, se preocupan por los puntos de vista de los que están al otro lado de la mesa. Pueden hacerse oír a la vez que escuchan a los demás. Este rasgo hace que los Géminis sean perfectos pacificadores o moderadores.

Les gusta mediar en las conversaciones y hacen lo posible por complacer a todas las personas que se sientan con ellos. ¿Necesita que alguien rompa el hielo entre usted y su enamorado? Pídale a su amigo Géminis que sea su alcahuete. ¿Es demasiado tímido para entablar una conversación con un grupo al otro lado de la pista? Pídale a su amigo Géminis que le acompañe ese día. ¿Quiere aclarar un malentendido entre usted y un ser querido? Un Géminis debería ser capaz de arreglar las cosas entre los dos. Con un Géminis, es muy poco probable que se sienta excluido de una conversación.

Además de ser locuaces, los Géminis suelen ser personas excepcionalmente enérgicas y alegres. No solo saben hablar con entusiasmo, sino que también expresan físicamente su entusiasmo por las cosas que les importan profundamente. Su lenguaje corporal les delata y describe las ideas que tienen en mente. Esto hace que los Géminis sean personas muy joviales. Pueden hacer imitaciones de alguien o contar una historia actuando algunas partes de la misma para que parezca hilarante. Nadie aprovecha más el día que un Géminis. Detestan el aburrimiento y tienden a mantenerse ocupados y activos, ya sea realizando un trabajo productivo o matando el tiempo con los amigos cercanos. Su enorme depósito de energía les ayuda a ser activos y sociales. Tardan mucho en cansarse y se retiran a la cama. Mire a su alrededor en su círculo social y compruebe qué personas son las más animadas de todas. Vea cuántos Géminis encuentra.

Otro rasgo positivo que poseen los Géminis es la capacidad de mantenerse optimistas. Los Géminis tienden a encontrar la felicidad en los más pequeños acontecimientos que tienen lugar durante el día. Esperan lo mejor y no pierden el tiempo preocupándose por lo que les depara el destino. Los Géminis siempre viven el momento. Es probable que sean felices todo el tiempo, a menos que surja algo grave. Hacen todo lo posible para mantenerse a sí mismos, y a todos los que les rodean, llenos de alegría y optimismo todo el tiempo.

Si tiene un amigo Géminis, habrá notado que son muy alegres y extrañamente optimistas sobre las cosas de la vida. No se rinden ante pequeños acontecimientos desafortunados, como un mal examen o un pequeño accidente de coche, y no dejan que les arruine el día. Los Géminis viven su vida al máximo. Se levantan cada día como un aventurero y se van a dormir con la esperanza de disfrutar también del día siguiente. Su actitud optimista también los convierte en excelentes simpatizantes. Un Géminis puede levantar el ánimo de quienes se sienten deprimidos y ayudarles a recuperar la confianza; siempre inspiran a otras personas a ser felices y positivas. Si últimamente has sufrido mucho estrés, pida ayuda a su amigo Géminis. Le ayudará amablemente si puede.

Uno de los puntos más fuertes de los que puede beneficiarse un Géminis es de ajustarse y adaptarse a las situaciones con rapidez. A Géminis siempre le apetece emprender nuevas aventuras. Se sienten cómodos emprendiendo cosas nuevas cada dos por tres. Son capaces de cambiar su actitud y ajustarla a la situación que se presente. Si usted es Géminis, pida a sus seres queridos que valoren su capacidad de improvisación. Es muy probable que le den un nueve sobre diez. Observe cómo responden sus amigos Géminis a los cambios repentinos de las actividades que les rodean. Es como si tuvieran la velocidad de un superordenador para reaccionar ante los escenarios, y no es una exageración. Incluso en las transiciones que cambian la vida, aunque sean graduales, lo procesan rápidamente en su cabeza y se adaptan a la corriente. ¿Se ha mudado recientemente a una nueva casa o ciudad con un hermano o padre Géminis? Observe cómo se adaptan a su nuevo hogar en una semana. Si su hijo o hija Géminis acaba de ingresar en la universidad, no debe preocuparse. Mientras se mantengan en contacto, estará de maravilla.

Lo mismo ocurre con los planes y reuniones espontáneas. La mayoría de los Géminis son exploradores y quieren probarlo todo al menos una vez. La palabra «no» no parece estar en su diccionario. Les gusta planificar aventuras y viajes espontáneos y se apuntan con poca antelación. Se toman el tiempo para las ocasiones alegres, y eso es lo que les hace tan buenos amigos, colegas y miembros del equipo. ¿Trabaja hasta tarde en la oficina con un Géminis? Pídale que le acompañe a dar una vuelta a la manzana. Lo más probable es que le responda con una idea más loca para pasar los próximos minutos. Recuerde cualquier plan repentino del que haya formado parte. ¿Fue un amigo Géminis quien tuvo la idea en primer lugar?

El hecho de que Géminis sea capaz de contribuir a cualquier discusión muestra su inteligencia. Cualquier persona que pueda hablar con usted durante horas sobre una serie de temas diversos, y sea amable y considerada a la vez, necesariamente posee un intelecto notable. Por lo general, estas personas son Géminis. Además de ser compañeros, se sabe y se observa que tienen una mente inquisitiva. Les gusta aprender más sobre casi todo.

Como se mencionó anteriormente, los Géminis desprecian aburrirse. Por este motivo, reciben con los brazos abiertos nuevas ideas y conocimientos intrigantes. Es fácil encontrar a los Géminis absortos en los libros o sentados en seminarios que otros suelen evitar. ¿Acaba de leer un nuevo libro y no tiene a nadie para comentarlo? Menciónelo a un Géminis y le responderá con sus ideas críticas. Los alumnos Géminis tienden a hacer preguntas fascinantes. Por este motivo, es probable que los maestros y profesores sientan predilección por los alumnos Géminis. Por el lado negativo, pueden ser juzgados como sabelotodo por sus compañeros, pero puede ocurrir lo mismo con los exámenes académicos.

Un Géminis prefiere la comprensión intelectual a los ideales. Si usted es Géminis, puede que le cueste aceptar algo hasta que no haya visto las pruebas. Tiende a no preocuparse por las noticias ruidosas de la televisión. En cambio, busca fuentes creíbles para investigar y trata de comprender cada aspecto antes de aceptarlo. Incluso cuando se entera de algo nuevo, anhela que le actualicen y le den más información sobre el asunto. Esta intuición le fortalece contra los rumores y las afirmaciones falsas. Lo bueno de ser Géminis es que es muy poco probable que se equivoque, o al menos que esté mal informado.

Ser inteligente con un encantador sentido del humor es otra de las muchas ventajas de ser Géminis. Cuando están con amigos, les gusta mucho participar de las bromas. Al pertenecer a un signo de «aire», suelen ser personas empáticas con una mecha larga. En lugar de mostrarse sensible al respecto, un Géminis puede responder con un comentario sarcástico. Por mucho que se les golpee, evitan estallar o indignarse de inmediato. Llevan la cuenta de lo que ocurre, pero no con rencor.

Aunque la historia tiene muchos grandes pensadores de Géminis, como Blaise Pascal, la inteligencia no se refiere necesariamente a los grandes pensadores. Géminis es rápido para buscar soluciones a los problemas cotidianos. Se desenvuelve estupendamente en situaciones que requieren respuestas inmediatas. No necesita conocer las leyes de la materia y el movimiento para escapar del tráfico agitado. Del mismo modo, sabe reaccionar en momentos urgentes en los deportes como el fútbol, el squash, el bádminton, etc. Fíjese en lo bien que se les dan las adivinanzas a sus amigos Géminis. Ser Géminis le permite superar sin problemas los retos diarios ante los que otras personas podrían rendirse.

La inteligencia combinada con la capacidad de hablar y la actitud de improvisación es una carta letal de los Géminis. Pueden pensar rápidamente y reaccionar bien ante las situaciones. Se les puede llamar «pensadores rápidos», ya que son capaces de tomar decisiones informadas y racionales en poco tiempo. Si usted es Géminis, será el más buscado a la hora de formar un equipo, ya que tiene las habilidades sociales e intelectuales para ser un miembro crucial del equipo. También es muy probable que el equipo gire en torno a un Géminis.

Puntos débiles

Aunque los Géminis prosperan en varios aspectos de la vida, tienen algunos defectos. Como podrá notar, la mayoría de estos defectos son la otra cara de los beneficios de ser Géminis. No todos los Géminis deben tener cada uno de estos defectos. Depende de cómo vivan su vida y afronten sus debilidades. Este libro también destacará consejos que algunos Géminis utilizan para superar estas limitaciones. Pueden o no funcionar para usted.

Aunque puede parecer que los Géminis conversan con un grupo de personas de forma tranquila, su costumbre de complacer a todo el mundo podría hacerles parecer de dos caras. En un momento dado, pueden estar a favor de cualquier asunto, mientras que en otro momento pueden estar completamente en desacuerdo con la misma propuesta. Al abrazar un conjunto de opiniones diferentes, los Géminis pueden ser deshonestos consigo mismos. Tienden a mezclar sus creencias cuando aceptan los pensamientos de otras personas. Este proceso confunde a muchos Géminis y les hace entrar en una espiral de dudas sobre sí mismos. Por lo tanto, una debilidad que puede afectar a un Géminis es el desconcierto con respecto a sí mismo. Observe a sus compañeros Géminis. ¿Ha notado que tienen múltiples opiniones o percepciones contradictorias sobre algún tema?

Los dos siguientes problemas que vamos a tratar se derivan de la debilidad mencionada anteriormente. Si bien a los Géminis les cuesta saber qué es lo que realmente defienden, también se ponen nerviosos cuando toman decisiones cruciales que cambian la vida. Al dudar de las propias creencias viene la duda sobre sus acciones. Si usted es Géminis, puede notar que a veces es indeciso. Por ejemplo, hemos hablado de que la mayoría de los Géminis se adaptan fácilmente a un nuevo hogar, pero el proceso de selección de la casa no es del agrado de los Géminis. Tienden a ser críticos con los detalles más pequeños, tanto que construyen cientos y miles de opciones en su cabeza. Seleccionar o elegir es la peor situación para un Géminis.

¿Fue alguna vez a un centro comercial con un Géminis? Hay que darles un conjunto de ropa para elegir y ver cuánto tiempo tardan en escoger su favorita. En su cabeza, pueden estar pensando en muchas cosas; la última tendencia, una revista o un actor que vieron, la sugerencia de un amigo, el precio, el número de veces que podrían usar esa ropa o lo que ya tienen en su armario. Aunque puede tener sentido participar en discusiones de manera informada y calculada, escudriñar cada cosa les cansa. Es mejor que no le pida a un Géminis que elija una película para la noche de cine. Puede que se peleen innecesariamente y acaben viendo lo que decida la mayoría. Por eso les gusta seguir la corriente y participar en los eventos.

Otro rasgo negativo que se atribuye a los Géminis es su afición a las ganancias materiales. Los géminis suelen ser miopes a la hora de identificar la belleza interior de alguien. Se dejan deslumbrar por la finura y la grandeza del mundo. Quieren tener la misma clase y belleza que les impresiona. Aunque es habitual que cualquiera se sienta atraído por el encanto y la inteligencia, Géminis tiende a pasar por alto los aspectos ocultos pero significativos de las cosas, las personas y los lugares. Es comprensible que intenten relacionarse con personas ricas y atractivas y acaben decepcionándose.

Aunque la mayoría de los Géminis hacen muy buenos amigos, un Géminis puede abandonar a sus amigos íntimos por alguien con mucho encanto y belleza. Esto puede ser perjudicial no solo para la madurez de los Géminis, sino también para su vida social. Es probable que pierdan amistades de este tipo y que acaben teniendo menos hombros en los que llorar. Lo peor de todo es que es probable que Géminis repita este error y caiga en una espiral hacia el oscuro abismo. Al igual que encuentran la felicidad en las pequeñas cosas de la vida, Géminis también debería abrazar a las personas por lo que son y no por lo que parecen por fuera, una lección que la mayoría de los Géminis aprenden por las malas. ¿Ha pasado recientemente por la ruptura de una amistad? ¿Era un Géminis? Si es así, ¿cuáles cree que fueron los motivos?

Al pertenecer al elemento aire, los Géminis no suelen conectar sus pensamientos con la realidad. Los Géminis son personas que creen más en las teorías que en la práctica. Pueden parecer idealistas que creen que todo es posible. Se dejan llevar sobre todo por la pura voluntad. Aunque la pura voluntad es buena para las personas que carecen de motivación como los Géminis, les ciega de la practicidad de sus pensamientos y opiniones. Esto también puede verse cuando Géminis exige algo que no necesita. Parece que se enfrentan a una «desconexión entre la introspección y la realidad» a la hora de tomar decisiones (preparingforpeace.org, 2020). Esto puede notarse fácilmente cuando Géminis se enfrenta a la culpa por algo que no ha hecho. Aunque una parte de ellos puede estar desconcertada con respecto al mal que pueden haber hecho, es probable que se disculpen, ya que es lo más noble que pueden hacer. Puede hacer un pequeño experimento con su amigo Géminis para comprobarlo. Intente culpar a su amigo Géminis por haber perdido algo que le ha regalado. ¿Cómo reaccionará? Este rasgo puede pesar mucho en circunstancias en las que hay mucho en juego. Para solucionarlo, recomendamos a los amigos Géminis que desarrollen la asertividad y la conciencia de su entorno inmediato.

Como los Géminis suelen ser ávidos de conocimiento, son propensos a pensar de forma impulsiva. Por ejemplo, si un Géminis escucha una opinión o teoría diferente sobre algo, es probable que cambie sus propias percepciones debido a esa influencia. No queremos decir que los Géminis no piensen por sí mismos. Por el contrario, se desconciertan fácilmente cuando se les muestra un conjunto de opiniones o pensamientos. Si no descubren la verdad a través de su investigación, caen presas del desconcierto. En el peor de los casos, esto podría llevarles a tomar decisiones imprudentes después de creer de todo corazón y cambiar sus pensamientos sobre un tema. Este comportamiento reaccionario e impulsivo también puede obstaculizar la consecución de objetivos a largo plazo. Es posible que un día se sientan motivados para realizar una determinada tarea, pero que al día siguiente la dejen pendiente. Por esta misma razón, a Géminis le cuesta lidiar con los rumores informales y chismosos. Puede que no sea correcto preguntar a la propia persona, y cualquier otra fuente a la que puedan escuchar solo aumentará la lista de historias que han oído. Aunque Géminis es impresionante en las conversaciones de frente, odian este tipo de «susurros». Fíjese en esto entre sus compañeros Géminis. ¿Qué tan indecisos cree que son?

La misma actitud impulsiva puede aplicarse al comportamiento emocional. Si bien Géminis puede tener un temperamento elevado, es probable que estalle frente a cualquiera cuando llegue a su límite. Recuerdan lo que se dijo y se quiso decir, lo amontonan en la memoria y ejecutan una respuesta explosiva cuando la sobrecarga llega a su límite. Los Géminis pueden saludar con una sonrisa brillante como un ángel o gritar con una expresión horrorosa como un demonio. Esto puede llevar a muchos Géminis a atravesar rupturas o pérdida de amistades. Pueden acabar siendo agresivos con un compañero y arruinar su relación con él para siempre. Cualquier Géminis debería trabajar sus emociones si tiende a hacer esto con frecuencia. Como es probable que reaccionen rápidamente, también es probable que un Géminis diga algo incorrecto o hiriente. Regular este comportamiento puede ser extremadamente estresante para los Géminis, especialmente si lo hacen con frecuencia. Mientras que los Géminis deben tratar de controlar su impulsividad, otros compañeros pertenecientes a otros signos deben aprender a darles un poco de espacio siempre que sea posible. ¿Es usted un Géminis que está pasando por circunstancias similares? Intente explicárselo a sus seres queridos y pídales ayuda.

Si usted es Géminis, puede que le resulte difícil mantener la motivación cuando trabaja en un proyecto de un mes de duración. Esto puede deberse a que experimenta un cambio de prioridades o simplemente se aburre. Si su horario escolar consiste en largas y crudas clases sin apenas actividades extraescolares, es posible que no disfrute de la escuela como Géminis. Los Géminis no prosperan en las rutinas, especialmente cuando las actividades son restringidas, aburridas y repetitivas. Apenas tienen una rutina fija tienden a dejarse llevar por lo que la vida les depare. Esto hace que los Géminis sean ciegos al panorama general de la vida, las relaciones, las amistades y las carreras. La exigencia de mantenerse siempre entretenido y comprometido es la mayor debilidad de un Géminis. Como les gusta profundizar en múltiples temas de su interés, pueden acumular muchas cosas sobre sus hombros, más de las que pueden llevar. Si usted es Géminis, le conviene llevar la cuenta de todos los compromisos que adquiere y de cuándo se espera su entrega. Perder la noción del tiempo es fácil para cualquiera, especialmente para un Géminis. Pueden sacrificar horas en la procrastinación, solo para satisfacer su hambre de diversión. Un buen amigo debería intentar vigilar a sus amigos Géminis y ayudarles a ver el panorama general.

Géminis es curioso y ansía saber todo lo que se le ocurre. Aunque ser un buscador de conocimientos puede ser una cualidad encantadora, muchos Géminis lo llevan demasiado lejos al interesarse profundamente por la vida de los demás. Es posible que quieran estar continuamente al tanto de los acontecimientos y cambios en la vida de todos. Este comportamiento puede molestar, con razón, a cualquier persona con la que conversen. Pueden empeorar la salud mental de una persona si hacen una mala pregunta y, sin saberlo, atacan sus inseguridades.

¿Tiene una pequeña cicatriz en la mejilla? Un Géminis seguro que le preguntará por ella y por la historia que hay detrás. ¿Acaba de llegar del dentista? Su hermano Géminis querrá saber todo lo que pasó. ¿Ha tenido una cita recientemente? Su vecino Géminis le preguntará todos los detalles. Si tiene un amigo Géminis, fíjese en lo mucho que le anima a compartir sus secretos. Aunque esto puede ayudarles a construir amistades, la mayoría de la gente puede encontrar a los Géminis entrometidos debido a este rasgo. Los Géminis, al ser tan conversadores, pueden parecer entrometidos cuando interactúan con gente nueva. No todos los que conocen querrán responder a preguntas como dónde viven, cuántos novios han tenido o cómo fue su infancia. Si usted es un Géminis, empiece a observar con precaución cuando haga preguntas y hable. ¿A qué se refiere su pregunta? Ha pensado en la forma en que su pregunta puede herir a la persona.

Aunque Géminis puede ser amable y empático, suele ser poco fiable. Su indecisión les pasa factura y tienden a volverse irresponsables con la tarea que tienen entre manos. Por ello, Géminis es menos solicitado cuando se busca consejo. Por mucho que se comprometan religiosamente al principio, muchos Géminis no consiguen hacer el trabajo. Acumulan demasiado trabajo, sin saber cuándo parar. Al final, dejan la mayor parte incompleta y no cumplen los plazos. Lo normal es que se apoyen en alguien especializado en la materia, comprometido con el trabajo, seguro de sí mismo y con conciencia de sí mismo. El hecho de que muchos Géminis encuentren problemas al evaluarse a sí mismos hace que sea difícil confiar en ellos. Un Géminis puede aburrirse al preparar una larga y tediosa hoja de Excel. Lo siguiente que se sabe es que han pasado el resto del día en Netflix o de compras. Si envía una invitación a un Géminis de un evento con mucha antelación, probablemente lo cancelará al acercarse el día. No es que los Géminis sean groseros o arrogantes. Es la pura irresponsabilidad que se deriva de sus características heredadas y que les lleva por el mal camino. Si usted es un Géminis que está pasando por la misma situación, le recomendamos que haga listas de tareas y limite los compromisos. Aunque a los Géminis les cueste ayudar a los demás en el trabajo, no dejarán que nadie se quede sin una noche de diversión.

Como ya hemos comentado, a los Géminis se les juzga por tener muchas personalidades. La gente puede juzgarlos como personas de dos caras o complacientes. Incluso en astrología, Géminis representa la «dualidad». En realidad, no es culpa de Géminis. Puede que solo intenten complacer y ser amables con la gente. El problema radica en cuando se exceden y accidentalmente incomodan a los demás. A juzgar por lo indecisos que pueden ser los Géminis, podrían ser visualizados como personas con personalidades inestables.

Hablamos de cómo los Géminis luchan por encontrar lo que realmente creen. Es posible que se preocupen por opiniones contradictorias, reacciones injustas o diferencias de trato hacia distintas personas. Por ejemplo, un Géminis puede criticar profusamente al gobierno local por su mala gestión, pero cuando habla con alguien que está a favor del gobierno, pueden discutir otras razones del incidente y justificar los esfuerzos del gobierno como suficientes. Este comportamiento de doble cara se suma a la falta de fiabilidad de los Géminis. Los Géminis pueden sufrir mucho por este defecto, ya que es probable que pierdan amigos, conocidos y clientes.

En general, los Géminis tienen personalidades sorprendentes y encantadoras. Sus puntos fuertes les permiten relacionarse rápidamente con la gente. Pero tienden a tener problemas en su vida social cuando se exceden en su locuacidad y hacen que los demás se sientan incómodos sin querer. Otros rasgos negativos no son más que el reverso de sus puntos fuertes. Géminis debe esforzarse por encontrar un equilibrio entre ambos sin renunciar al tipo de persona que es en esencia.

Capítulo 3: El niño Géminis

Los niños son la alegría de la vida de las personas; les recuerdan lo sencilla que era la vida en otros tiempos, pero los niños son comúnmente malinterpretados, lo que permite a los adultos que los rodean tomar decisiones poco informadas sobre su crecimiento y sus necesidades. Si tiene hijos Géminis y quiere entender algunas de sus acciones, ¡ha llegado al lugar adecuado! En este capítulo se tratarán todos los rasgos y características comunes de los niños Géminis que los adultos pueden considerar peculiares. La última sección de este capítulo pretende centrarse en las diferencias entre los niños y niñas Géminis. Esta es una sección importante, ya que hay algunas diferencias críticas que no mucha gente conoce. Puede ayudarle a entender al niño o niña Géminis de su vida.

Este capítulo también puede ser una lectura interesante para los jóvenes y adultos Géminis que buscan rememorar su infancia, ya que les traerá todos los recuerdos que creían haber olvidado. Todas las explicaciones que aparecen a continuación surgen de los componentes universales de la astrología zodiacal que se comentaron en la introducción de esta guía (los elementos comunes fueron los planetas regentes, las casas, las cartas natales, las piedras preciosas y mucho más).

Rasgos comunes de los niños Géminis

La primera acción significativa en la vida de un niño es hablar. Mercurio rige a los Géminis, por lo que esencialmente se convierten en comunicadores eficientes más adelante en la vida, pero esta capacidad de articulación comienza temprano. Los niños Géminis empiezan a hablar (o a murmurar palabras/balbuceos) un poco antes que otros niños pequeños. No se asuste por esta acción temprana, ya que los niños Géminis tienen esa «naturaleza expresiva» de la que hablamos al principio de esta guía. Si usted es Géminis, probablemente debería preguntar a sus padres sobre el momento en que empezó a hablar. Probablemente le dirán que fue antes que sus hermanos. Se recomienda a los padres que fomenten este comportamiento realizando actividades (o utilizando diferentes medios de comunicación, como la música) que estén diseñadas para hacer aflorar esta naturaleza expresiva. Si se cultiva correctamente, los niños pueden llegar a heredar su capacidad de articulación.

Esto no significa que, si su hijo se encuentra en el lado más silencioso del espectro de la expresión, deba haber algo malo en él. Una cantidad sorprendente de niños Géminis están en el lado más silencioso, pero son ingeniosos y encantadores cuando lo necesitan. Esta rapidez de palabra también significa que tienen la capacidad de articular eficazmente, ya que están constantemente en un diálogo consigo mismos. Aunque no sean tan habladores, hay que seguir la misma rutina que se ha explicado en el párrafo anterior. Como padres, tienen que rodear a su hijo Géminis con libros, música, rompecabezas y otros medios similares que le permitan seguir manteniendo su diálogo interior.

En los dos casos explicados anteriormente, el niño Géminis siempre está expresando su curiosidad de diferentes formas. Esto significa que, además de ser encantador y rápido, el niño Géminis es muy curioso. Esta característica evolucionará con el tiempo y desempeñará un papel importante para los rasgos de los perfiles de la vida adulta tratados en los capítulos siguientes. Recuérdelo cuando lea esos capítulos.

Otro rasgo común que tienen los niños Géminis es su interés siempre cambiante por las cosas. El concepto de dualidad que es evidente en muchos Géminis del mundo tiene sus raíces en esta etapa de sus vidas. En esta etapa temprana, los Géminis están muy interesados en examinar, realizar y llevar a cabo nuevas actividades/cosas. A menudo se observa que también cambian de una actividad a otra muy rápidamente. Esto significa que los niños Géminis suelen estar interesados en una combinación de diferentes experiencias en lugar de centrarse en extraer la máxima utilidad de una sola experiencia. Esto también hace que se aburran mucho más rápido que otros niños, ya que quieren actividades nuevas con mucha frecuencia.

Los padres de Géminis tienen mucho trabajo, ya que siempre tienen que encontrar cosas nuevas para sus hijos. Como Géminis, puede entender esto, ya que probablemente usted también hizo lo mismo de niño. Esto hace que los Géminis adultos también se aburran fácilmente. Con mucho tiempo libre, los Géminis estarán siempre a la búsqueda de tareas aleatorias y proyectos interesantes en los que invertir su tiempo. Este rasgo también se desprende de la característica de la curiosidad de la que hemos hablado antes.

Estos serán los primeros signos de la personalidad de doble naturaleza que su hijo Géminis heredará pronto, pero se puede extraer algo positivo de este rasgo. Los Géminis que cambian de opinión a menudo también son conocidos por ser adaptables y grandes solucionadores de problemas, ya que están acostumbrados a enfrentarse a diferentes situaciones.

Esta doble naturaleza también tiene su lado negativo. Los niños Géminis están tan centrados en diversificar su experiencia que es difícil hacer que se centren en una actividad concreta. Esto puede dificultar su capacidad de concentración y, a la vez, afectar sus habilidades. Recomendamos a los padres que les permitan explorar distintas experiencias y, a medida que crezcan, su mente se desarrollará de forma natural. Este desarrollo natural les permitirá vivir una vida satisfactoria, ya que no se verán presionados para aprender un solo oficio, sino que tendrán una combinación de diferentes experiencias para potenciar sus capacidades.

Los niños Géminis también empiezan a gatear a una edad muy temprana debido a su naturaleza curiosa. Para alimentar su curiosidad y su naturaleza expresiva, suelen meterse en lugares a los que otros bebés no llegan. Los padres de Géminis deberían poner toda la casa a prueba de bebés, ya que cuando su hijo se convierta en un explorador, no dejará ningún espacio sin tocar. También se aconseja a los padres que vigilen de cerca a sus hijos Géminis por su seguridad. Deben tener mucho cuidado con un niño Géminis, ya que su naturaleza curiosa puede hacer que se meta en lugares peligrosos de la casa. Este rasgo otorga al bebé más libertad para moverse, pero también significa que a veces no le gustará estar encerrado en espacios pequeños. El niño Géminis encontrará en esta experiencia restrictiva un obstáculo para satisfacer su hambre «mental». Así que, en muchos sentidos, los padres de niños Géminis deberían sentirse aliviados de no tener que esforzarse mucho en la crianza, ya que dejar que el niño Géminis se desarrolle de forma natural es el mejor camino a seguir.

Todos los rasgos anteriores pueden observarse con frecuencia en el hogar, pero pueden traducirse en rasgos diferentes cuando el niño Géminis está en la escuela. La escuela es uno de los primeros lugares fuera del hogar que el niño conoce, por lo que es bastante obvio que allí muestre rasgos diferentes. Los siguientes rasgos se observan a menudo entre los niños Géminis cuando están en la escuela.

El primer rasgo común es la naturaleza imprevisible de los niños Géminis. Debido a la naturaleza dual e impredecible de estos niños, pueden hacer algo que signifique problemas para ellos o para alguien más en la escuela, pero también puede significar muchas cosas positivas debido a esta naturaleza impredecible. Debido a esta naturaleza curiosa e impredecible, es difícil para un niño Géminis seguir un horario estricto. Esto significa que el niño podrá mostrar muchos rasgos de comportamiento negativos. Dado que ir a la escuela es una actividad con un horario estricto, el niño puede hacer rabietas en las clases o durante otras actividades si pierde el interés y sigue su alma libre. Seguir una rutina de sueño estricta también es importante para ir a la escuela. Por desgracia, también es difícil pedirle esto a un niño Géminis debido al mismo rasgo. Todo esto combinado puede crear un individuo desinteresado que puede volverse rebelde cuando entre en la adolescencia.

Todo esto no debe preocupar a los padres debido a los siguientes rasgos que son bastante positivos en un niño Géminis que va a la escuela. Un niño Géminis es un muy buen socializador pues tiene una energía contagiosa e interminable que puede atraer a todo tipo de personas. Pueden prosperar en situaciones y actividades sociales en la escuela. Esto permite que los niños sean muy queridos por sus compañeros y por el personal de la escuela. Seguramente cosecharán los beneficios de construir una fuerte relación con la comunidad. Esto se debe a que la casa regente de Géminis está profundamente asociada a las relaciones positivas con la comunidad y con los hermanos de Géminis. Si estas relaciones duran mucho tiempo, pueden tener un impacto positivo o negativo en la vida del Géminis durante su edad adulta.

La naturaleza dual de Géminis puede dificultar la elección para los niños. Esto puede convertirse en un obstáculo en situaciones como una actividad verbal en clase o la decisión del almuerzo en la cafetería, pero esto puede superarse fácilmente con un poco de orientación. El niño Géminis es muy receptivo, por lo que los adultos conocerán inmediatamente sus deseos y necesidades. Pueden utilizar esta información para ofrecerles orientación.

Estos rasgos resumen la vida que seguirá su hijo Géminis tanto dentro de su casa como en su escuela. Es útil conocer estos rasgos porque en la siguiente parte de esta sección se explicará cómo puede utilizar esta información. Los siguientes párrafos de esta sección cubrirán las necesidades básicas de un niño Géminis. Como padres, pueden ofrecer un entorno que fomente su crecimiento satisfaciendo sus necesidades según su signo del zodiaco. Los adolescentes y adultos de Géminis también pueden leer los siguientes párrafos para aprender algunos trucos sobre cómo sortear sus rasgos negativos.

Lo más importante que se desprende de todos los rasgos anteriores es que el niño Géminis reacciona positivamente a la interacción alegre y a la estimulación mental. Siempre necesitan hablar con alguien o estar ocupados en algo que desafíe sus capacidades mentales. Si los padres hablan continuamente a sus hijos y les hacen sonidos (interacción positiva), el niño responderá con sonidos positivos y palabras entrecortadas. Como padres, hay que invertir en buena literatura y actividades divertidas (como rompecabezas y juegos de mesa). Con suerte, estos juegos mantendrán al niño interesado durante un tiempo, antes de tener que pensar en algo nuevo y divertido. Este ciclo de inversión en cosas interesantes debe continuar hasta que el niño encuentre automáticamente algo que capte su atención durante más tiempo que unas pocas semanas/días.

Los padres también tienen que cuidar a sus hijos en el sentido de que siempre tienen que estar atentos al movimiento de su curiosidad, ya que pueden toparse con algo peligroso. Es bueno poner la casa a prueba de bebés porque los bebés Géminis necesitan esta protección más que otros.

Sobre todo, un niño Géminis necesita un padre paciente que le guíe en sus decisiones más difíciles. Tomar decisiones puede ser un reto recurrente en su vida, y si tienen una influencia estable que les guíe, entonces pueden crecer y convertirse en personas muy completas que cuentan con una serie de experiencias para potenciar sus capacidades.

Diferencias entre niños y niñas Géminis

Hay algunas diferencias de personalidad que dependen del sexo del niño. Los astrólogos afirman que los padres, así como los Géminis, necesitan comprender dichas diferencias para desenvolverse mejor en sus vidas. Esta sección dará una breve visión general de esas diferencias para que pueda tomar decisiones bien informadas en el futuro.

La principal diferencia entre los dos géneros es su forma de comunicación. Ahora bien, es posible que esta información no sea aplicable a todos los Géminis del mundo, pero con frecuencia puede ser útil. El niño varón tiene una forma diferente de comunicarse que la niña, aunque ambos son bastante expresivos. La niña puede expresar su curiosidad haciendo muchas preguntas. Cuando decimos muchas, puede ser un eufemismo. Estas preguntas irán desde las más sencillas hasta las más complejas, que requerirán que las investigue en Internet, pero el niño siempre busca poner en práctica su rápido ingenio y siempre está dispuesto a gastar alguna que otra broma.

Ambos conservan los rasgos básicos de los que hablamos antes en el capítulo, pero la forma de utilizarlos es un poco diferente. Otro rasgo que se utiliza de forma diferente es el aspecto de la dualidad. Las chicas tienden a cambiar sus intereses mucho más que los chicos. Pueden parecer interesadas en algo un día y hacer lo contrario al otro. Los chicos son imprevisibles, pero tienden a mantener sus intereses más que las chicas.

Otro rasgo raro que a veces no se encuentra en las chicas Géminis es la capacidad de realizar varias tareas a la vez de forma eficiente. Los chicos Géminis tienden a realizar varias tareas a la vez en la adolescencia y a desarrollar esa capacidad para poder utilizarla en su vida adulta. Las mujeres tienen una tendencia natural a la multitarea, pero es menos frecuente en las chicas Géminis que en los chicos Géminis.

Hay más diferencias, pero pueden surgir de forma más individual que colectiva. Por ello, no se han incluido en esta sección. Las diferencias que se han seleccionado representan al común de un chico y una chica Géminis. Los padres pueden utilizar esta información y relacionarla con las necesidades de sus hijos para tomar mejores decisiones sobre su bienestar.

Capítulo 4: Géminis en el amor

Confiar en una persona y ofrecerle todo su ser puede ser una tarea desalentadora. Por eso, enamorarse de alguien puede resultar difícil para ciertas personas, ya que les cuesta abrirse. Más difícil aún es encontrar la pareja perfecta para casarse. Encontrar a alguien que sea perfectamente compatible con su personalidad y que le complemente a la perfección es muy difícil. Rara vez se encuentra la persona adecuada que no se separe de uno hasta el final de los tiempos.

Los rasgos de cada personalidad son únicos, y encontrar a esa persona, alguien con características complementarias, puede ser una tarea difícil. Incluso si uno encuentra a la persona perfecta, puede tener que enfrentarse a varios obstáculos en la relación. Ya sean novios o esposos, todos enfrentan retos en sus relaciones. Muchos consiguen superar estos retos, mientras que otras relaciones se hacen añicos debido a la presión de estos obstáculos. La clave del éxito de un matrimonio duradero y de una pareja feliz es la expectativa de estos obstáculos. Si las personas esperan estos desafíos, estarán mejor preparadas y tendrán la mentalidad ideal para sobrevivir a los problemas y salvar su relación. Puede que piense que encontrar el amor y esquivar estos retos puede ser una cuestión de suerte. Se equivoca. ¿Y si le dijeran que encontrar el amor y mantenerlo durante mucho tiempo puede ser fácil si comprende su horóscopo y su carta natal? No, no es broma. Su signo zodiacal describe el tipo de personalidad que ha heredado, y si uno es consciente de estos rasgos, puede encontrar a su pareja perfecta con una facilidad incomparable.

Por lo tanto, si está enamorado de un Géminis en su vecindario, universidad o trabajo y quiere descubrir la manera correcta de conquistarlo, entonces ha encontrado el libro adecuado. Del mismo modo, si tiene una relación feliz con un Géminis y quiere conocer los obstáculos con los que debe tener cuidado, este libro también es perfecto para usted. En este capítulo, exploraremos la compatibilidad de un Géminis con otros signos del zodíaco. Aprenderemos cómo las personalidades pueden chocar o contrastar y cómo pueden iniciar su viaje exploratorio para encontrar su primer amor. Nos centraremos principalmente en los atributos de Géminis y en los consejos que le ayudarán a salir con un Géminis. También comprenderá mejor a un Géminis mirando varios temas desde su perspectiva. Le servirá para entender sus reacciones habituales ante al amor y proporcionará una guía para que puedan sobrellevar una relación sana.

Cuando uno es adolescente, tiene muchas emociones y hereda las expectativas de las personas que le rodean. En lo que respecta al amor, a un adolescente le resulta difícil sortear su relación, o encontrar el punto de partida. Las expectativas, los miedos o la excitación suelen enturbiar sus pensamientos. Como se ha explicado anteriormente, los Géminis tienen personalidades duales, y la búsqueda del amor puede ser difícil para un adolescente Géminis. Pueden confundirse por sus personalidades duales que pueden guiarlos en direcciones opuestas. Esta sección ayudará a Géminis, especialmente a un adolescente, a entender el amor y a ser consciente de las expectativas que debe tener.

En primer lugar, hagamos hincapié en el rasgo de personalidad dual de Géminis y en cómo afecta su vida amorosa. Imagine que está en una noche de fiesta, bailando despreocupadamente y pasando el mejor momento de su vida. Tiene a sus amigos alrededor y está lo más cómodo posible. Un desconocido se acerca a usted y empiezan a hablar. Como Géminis, le gustan las conversaciones y es muy fácil hablar con usted. Cuando vuelve a casa, piensa en tener una cita con esa persona. Un Géminis puede sentir que es demasiado joven para ello, o incluso si sale en una cita, puede que no vaya más lejos. La idea del amor puede asustar a algunos jóvenes Géminis, ya que piensan que les va a coartar su libertad, pero un Géminis tiene que darse cuenta de su doble personalidad y de que, dentro de una década, podría sentir que es demasiado viejo para el amor. De todos modos, un

Géminis nunca pensará que es el momento adecuado para explorar sus opciones amorosas. Serán demasiado jóvenes, demasiado viejos, demasiado ocupados o demasiado libres para involucrarse en una relación. Un Géminis, especialmente un adolescente, necesita darse cuenta de que no hay un tiempo para el amor, es eterno.

No hay una franja de edad para encontrar el verdadero amor. Temer que el amor restrinja su libertad no es el proceso de pensamiento correcto para un Géminis. A pesar de ser grandes amantes, los Géminis se alejan del compromiso, aunque sea lo que desean. Les encantan las aventuras y explorar diferentes intereses. No hay organización en su vida, ya que buscan emociones espontáneas. Por lo tanto, es importante que los Géminis tengan esto en cuenta porque el miedo a perder tiempo y libertad puede hacer que se pierdan de la persona adecuada. Solo tienen que dar el salto cuando encuentren a alguien a quien quieran incondicionalmente y que respete sus intereses y su personalidad. El tipo de personas que encajarán bien con usted y serán compatibles con su compleja personalidad se explora en la siguiente sección.

En segundo lugar, como ya hemos mencionado brevemente, la mayoría de las personas están enterradas entre las expectativas cuando se trata del tema del amor. Tener expectativas es parte de la naturaleza humana y algo que todo el mundo hace, pero los Géminis son algunas, si no las únicas, personas que dudan de las expectativas que tienen. Al ser tan enérgicos y sociales, creen que es difícil encontrar a alguien que pueda coincidir con su afán de aventura y de viaje. También dudan de que alguien pueda igualar su capacidad intelectual, su deseo de mantener conversaciones divertidas y entretenidas, y conversaciones intelectuales e ingeniosas otras veces.

Los jóvenes Géminis necesitan tener la seguridad de que hay alguien que puede y quiere igualar su amor por las aventuras y satisfacer las necesidades de su doble personalidad, pero las expectativas pueden limitar su experiencia; en este caso, nunca deben conformarse con menos. Los Géminis necesitan estar constantemente en busca de la persona adecuada y perseverar hasta que ocurra. Tenga en cuenta que esto no significa que busque a alguien que sea perfecto o un clon perfecto de la persona perfecta que ha imaginado. En cambio, busque a quien simplemente satisfaga sus necesidades emocionales, espirituales, intelectuales y físicas. Tener esto en cuenta le permitirá tomar las decisiones correctas de las que no se arrepentirá en el futuro.

Ahora que hemos destacado las dos cosas más significativas que a menudo pueden estropear la experiencia de encontrar el amor para un Géminis. Abordemos este tema desde la perspectiva de una persona ajena que intenta impresionar a un Géminis.

En primer lugar, trate de hablar de algo que ellos no conozcan. Los Géminis son personas muy curiosas y ansían aprender. Hablar de sus sueños, aficiones y pasiones, especialmente de algo que no conozcan, les entusiasmará y hará que se interesen más en usted. Su singularidad atraerá la atención de los Géminis y hará que vuelvan por más, ya que existe la posibilidad de que haya más cosas que puedan aprender de usted. Además, es esencial que sea original. No le repita ni copie el mismo truco de siempre. Los Géminis tienden a aburrirse fácilmente, así que trate cada oportunidad que tenga como si fuera la última.

En segundo lugar, a los Géminis les gusta luchar. Intente actuar de forma desinteresada con los Géminis, y ellos trabajarán para ganarse su atención. Esto podría molestarlos inicialmente, pero puede permitirle fortalecer su vínculo a largo plazo. También hará que le aprecien más en la relación. Juegue con este movimiento de forma inteligente, porque exagerar puede repelerlos.

Por último, intente que un Géminis se sienta cómodo en su propia piel. Los Géminis son mutables, lo que significa que pueden cambiar con el tiempo o cambiar con la corriente de la situación. Esto ya se ha mencionado antes y también es evidente en sus símbolos, que significan «gemelos». En lugar de restringirles la exhibición de sus diversas personalidades, permítales reposicionarse a su conveniencia. Esto hará que se sientan cómodos con usted, ya que pueden poner en escena su verdadero yo. Además, si puede ser espontáneo con los planes y los viajes, esto hará felices a los Géminis y puede causarles una buena impresión.

Estas son algunas de las cosas significativas que los Géminis deben tener en cuenta cuando exploran el amor y los no Géminis cuando intentan conquistarlos.

Ahora que hemos mencionado las cosas que harán de su viaje para encontrar el amor un poco más tranquilo, hablemos de las cosas desde la otra perspectiva. Hablaremos cómo reaccionar desde la perspectiva de alguien que está en una relación con un Géminis. La siguiente sección los equipará con ideas sobre cómo responder en la relación. En la siguiente sección, descubriremos la compatibilidad de Géminis con el resto de los signos del zodiaco. Exploraremos la relación de manera que pueda servir tanto a Géminis como a otros signos del zodiaco. Tenga en cuenta que estos son los rasgos que corresponden solamente al sol, pero con esfuerzo consciente de ambas partes se puede mejorar cualquier diferencia.

Guía rápida para salir con un Géminis

La parte anterior de este capítulo ha explorado diferentes técnicas para entablar una relación con un Géminis, pero las cosas toman un giro diferente cuando se encuentra con uno. Es posible que se encuentre con situaciones en las que no ha estado antes y que se vea expuesto a aspectos de la personalidad de su pareja que nunca antes habías visto. En estos escenarios, hay que saber reaccionar y atender las necesidades de la pareja. Para una relación sea duradera, es vital que entienda a su pareja y actúe de forma adecuada ante sus necesidades.

En esta sección se enumeran algunos consejos que pueden ser útiles para alguien que tenga una relación con un Géminis.

Escuche a su pareja

A los Géminis les encanta hablar sin parar. Es una parte importante de su personalidad, y tienen curiosidad por saber más sobre las cosas. No se agobie pensando en un tema de conversación; en cambio, deje que Géminis tome la iniciativa, porque tendrá varios temas en mente para charlar. Solo tenga cuidado de no interrumpir a Géminis durante la conversación, porque podría pensar que usted no está interesado.

Sea paciente con su pareja

Cuando entre en una relación con un Géminis, debe saber que sus estados de ánimo y su comportamiento pueden cambiar regularmente. Pueden ser divertidos y alegres en un momento y enfadarse y ponerse de mal humor al siguiente. En estas situaciones, no debe permitir que su comportamiento le afecte. No se lo tome como algo personal y trate de hablar con ellos, para preguntar qué es lo que les molesta.

No fuerce a los Géminis a tomar una decisión

La naturaleza de la dualidad se presenta una vez más aquí. Debido a este rasgo de la personalidad, un Géminis podría estar atascado en la confusión sobre dos opciones disponibles. Una parte podría querer la primera opción, mientras que la otra parte de su personalidad podría inclinarse por la segunda. La confusión entre comer comida india o tailandesa en una cita nocturna puede ser una de estas situaciones. Si le encuentra en una situación similar, no fuerce su elección. Géminis odia esto. En cambio, puede abordar estos problemas haciendo una sugerencia. Tenga en cuenta que, si enmarca su preferencia de manera que se vea como una preferencia y no como una decisión, le permitirá evitar cualquier pelea. Así, en lugar de obligarles a comer comida india, puede reformularlo y decir: «Anoche comimos comida tailandesa, y he oído que hay un nuevo restaurante indio al final de la calle. Te gustaría probar algo nuevo hoy».

Nunca rompa la confianza de un Géminis

Los Géminis son muy cariñosos y disfrutan de la compañía de las personas. Por eso, tiene mucho sentido que depositen gran parte de su confianza en sus amigos y parejas. Después de romper su confianza, los Géminis podrían perdonarle y aceptarle de nuevo en su vida, pero nunca podrá recuperar su confianza. Esto se debe a que los Géminis son personas intelectuales y eligen pensar por encima de sus emociones. Esta característica les permite perdonar rápidamente.

Además, no espere actuar a espaldas de un Géminis pensando que nunca se enterará de ello. Los Géminis son personajes muy inquisitivos. Si perciben algún secreto, tratarán de descubrirlo. Por eso siempre debe ser honesto y directo con un Géminis. Preferirán la honestidad a la mentira cualquier día de la semana. No importa cuán dura sea la realidad, ellos lo apreciarán.

No intente controlar a un Géminis

Los Géminis son almas libres que siempre están en busca de su nueva gran aventura. A los Géminis no les gusta que nadie maneje su vida por ellos. Prefieren explorar y encontrar su camino en la vida. Si trata de ponerle restricciones a su pareja o de controlarla de alguna manera, podría encontrar a su pareja Géminis muy infeliz. Permítales la libertad de explorar el mundo por su cuenta y respete su decisión, pero si encuentra a Géminis perdido y en problemas, entonces acérquese y ofrézcale su apoyo. A los Géminis les gusta la independencia, pero también les gusta la compañía.

No tome lo que dice un Géminis como algo definitivo

Puede que note que los Géminis a menudo actúan de forma contradictoria. Esto se debe a que sus personalidades son multidimensionales, lo que suele confundirlos a veces. Por lo tanto, si un Géminis le dice que quiere ir a dar un paseo mañana, no lo tome como una verdad definitiva. Puede que mañana se despierte y le apetezca ir al gimnasio en lugar de dar un paseo. Por lo tanto, esté atento a estos posibles escenarios que se dan en su relación. En estas situaciones, en lugar de forzar su decisión anterior, debe animarles a que persigan sus nuevos deseos. Si esta situación implica la cancelación de los planes, no se moleste. Si le molesta, hable con ellos sobre cómo le afecta su comportamiento. Acusarles de no estar disponibles y de ser complicados no será la solución correcta para esta situación.

Estos son algunos consejos a tener en cuenta si tiene una relación con un Géminis, pero en el próximo capítulo exploraremos la compatibilidad de Géminis con el resto de los signos del zodiaco. Exploraremos las relaciones de forma que se abarque tanto a los Géminis como a los demás signos del zodiaco. Tenga en cuenta que estos son los rasgos relacionados con el sol, pero un esfuerzo consciente de ambas partes puede cambiar los resultados.

El amor y los demás signos del zodiaco: Compatibilidad, obstáculos y el curso del amor

En astrología, la interpretación de la compatibilidad con base en el comportamiento que se supone de la interacción de los soles, lunas y planetas, es bastante amplia. La gente, en gran número, mira su horóscopo y considera la compatibilidad con otros signos del zodiaco cuando busca una relación seria, pero no hay ninguna prueba que sustente tales afirmaciones hechas en estas cartas.

Las interpretaciones de compatibilidad se basan en los signos del zodiaco que surgieron en la cultura occidental en los años 70 y se denominan sinastría. En este enfoque, el astrólogo elabora activamente las cartas natales de cada persona mediante diversos métodos. A continuación, compara estas cartas natales para interpretar el grado de compatibilidad de las dos personalidades implicadas.

Las cartas de compatibilidad son un método muy popular para hacer interpretaciones. Tienen en cuenta el signo ascendente de cada persona. El signo ascendente se refiere al signo zodiacal que emerge del horizonte oriental en el momento del nacimiento de una persona. Muchos también tienen en cuenta la posición de la luna y los planetas, pero para realizar interpretaciones precisas con base a tales posiciones, hay que conocer la hora exacta del nacimiento, ya que las posiciones cambian según el tiempo. En este capítulo, analizaremos la compatibilidad con base en los signos solares, ya que considerar otros factores solo complicará la comprensión. Veremos qué obstáculos pueden surgir en una relación, qué tan bien encajan dos signos del zodiaco en términos de amor y también veremos qué tan compatibles son en la cama.

Cada signo del zodiaco es único y se define por sus rasgos. Como ya hemos comentado, estos rasgos juegan un papel importante en la vida amorosa de cada persona, ya que su planeta regente los define. En esta sección, emparejaremos a Géminis con otros signos del zodiaco y averiguaremos qué grado de compatibilidad tienen, y encontraremos los obstáculos que pueden surgir. Hay doce signos del zodiaco en total, y los exploraremos todos, uno tras otro. Esto podría ser largo, así que, démonos prisa.

Un Aries y un Géminis juntos forman una pareja interesante. Mientras que Aries es un entusiasta, Géminis está dotado psicológicamente. Un Géminis tratará de imitar el nivel de energía y pasión de Aries, aunque no lo sienta así intrínsecamente. Al imitar su comportamiento para encajar, ignorarán todas las cosas difíciles (como enfadarse demasiado) y se centrarán en el lado bueno de su personalidad (como la empatía). Los Aries dominarán este tipo de relaciones, aunque los Géminis tampoco tendrán ningún problema en llevar el timón y no dudarán en aportar sus ideas y consejos sobre lo que hay que hacer. Lo mejor de esta relación es que Géminis no se ofenderá fácilmente. Es difícil ofenderlos, e incluso cuando sucede, lo superan con bastante facilidad. En las relaciones modernas, la mayoría de los problemas surgen por la falta de respeto y la ofensa de una persona a la otra. Este no será el caso (al menos no para un Géminis), ya que tienen la piel muy dura y no les gusta guardar rencores. Ninguna de estas personas es celosa, pegajosa o emocionalmente exigente. Un Aries ignorará las partes de Géminis que otras personas suelen señalar y criticar, pero el desafío más importante para estas parejas proviene de la falta de entusiasmo para terminar una empresa. A estas personas les encanta comenzar nuevos proyectos o tareas en su vida y pierden la emoción a mitad de camino. El atractivo de una nueva idea les distrae y pierden de vista lo que ya han empezado.

Tauro y Géminis pueden formar una pareja terrible, que puede terminar en una agónica escaramuza de comportamientos en la relación. Un Tauro suele ser mañoso, pero su terquedad se acentúa cuando está en una relación con Géminis; como ya se ha comentado, los Géminis son muy expresivos y excepcionalmente lúcidos. Esta relación puede parecer una pelota (Géminis) que rebota contra la pared (Tauro). No solo eso, sino que Tauro no comparte el amor de Géminis por el caos. Los Géminis detestan la rutina y son personas impacientes, mientras que Tauro prefiere un buen sentido de la organización. Esto puede dar lugar a muchas discusiones, pero Géminis, al ser maestro de la negociación y la articulación, tendrá ventaja. Esto frustrará aún más a Tauro, que perderá la discusión a pesar de saber que tiene razón. Además, a un Tauro le resultará difícil seguir el ritmo de un Géminis, ya que este es activo y social.

Aunque todo el mundo aprecia el trabajo duro y la dedicación, a nadie le gusta el caos y la falta de eficiencia. Esto podría extenderse también al dormitorio, donde los horarios de sueño de ambos podrían no coincidir. La personalidad social de Géminis tampoco le sienta bien a Tauro, ya que no estará tan emocionado como Géminis en una noche de fiesta. Esto podría plantearle dudas a Tauro sobre el compromiso, ya que, en una noche de fiesta solo, Géminis no dudará en hablar con extraños en el bar o bailar con alguien en la pista. Tauro podría temer que estas acciones puedan conducir a algo que perjudique la relación. Si quiere que esta relación funcione, tiene que estar dispuesto a hacer sacrificios y a adaptarse. El compromiso es importante en esta relación, o podría encontrarla demasiado exigente y agotadora.

Una pareja de Géminis y Géminis solo es adecuada si se limita a una amistad o a un coqueteo informal. La personalidad enérgica y el carácter amante del caos pueden chocar a menudo y acelerar la relación hasta la destrucción. Al ser muy activos y trabajadores, esta pareja podría encontrarse demasiado ocupada para compartir tiempo a solas. A menudo, los momentos románticos no se planifican, sino que se producen de forma natural. Dado que ambas personas serán desorganizadas y carecerán de pasión, podrían encontrarse perdidas en la relación. Puede que les resulte difícil averiguar en qué punto de la relación se encuentran, y ambos tendrán miedo de comprometerse el uno con el otro. Es posible que ambos jueguen con la mente del otro y se engañen a propósito.

En una relación tiene que haber una persona que pueda pensar emocionalmente y otra que pueda ser intelectual. También es necesario que alguien entretenga, para que nadie pierda el interés. Cuando se juntan dos signos del zodiaco iguales, sus puntos fuertes y débiles se magnifican, y esto puede influir en la naturaleza de la relación. Como los Géminis son criaturas sociales, juntos pueden ser amigos increíbles, pero la falta de pasión y emoción suele significar que no son una gran pareja romántica.

Las relaciones entre Cáncer y Géminis pueden ser excelentes o acabar mal. Los Géminis son seres humanos entretenidos que siempre buscan un poco de diversión. Por otro lado, los Cáncer son individuos intuitivos y muy empáticos. Los Cáncer suelen ser reservados y tratan de mantener sus círculos sociales reducidos. Los Géminis son criaturas sociales, por lo que los rasgos de personalidad de ambos chocan. En una cita nocturna, los Cáncer prefieren comer en casa, mientras que los Géminis prefieren comer fuera. Cáncer puede ofrecer una sensación de seguridad a la pareja y reconfortarla, y darle la atención que necesita, mientras que Géminis puede ser la fuente de aventuras en la relación, manteniéndola joven e interesante. Estos rasgos diferentes pueden proporcionar un equilibrio en la relación que, en realidad, puede funcionar bien, pero este equilibrio no surgirá de forma natural, sino que la pareja tendrá que trabajarlo. Asimismo, pueden surgir choques porque los Géminis prefieren ser un alma libre, mientras que a los Cáncer les gusta su hogar y su familia. Esto significa que un Géminis puede no estar preparado para el compromiso cuando los Cáncer lo requieren.

Las peleas pueden surgir porque los Cáncer pueden percibir a los Géminis como carentes de emociones, de empatía y de voluntad. Al mismo tiempo, los Géminis pueden ver a los Cáncer como demasiado emocionales y necesitados. Estas diferencias solo se resolverán si ambos se dan cuenta de que cada uno es diferente y, en lugar de enfadarse, intentan aprender de sus diferencias. La aceptación hará que la relación dure toda la vida.

Los Leo y los Géminis son similares en muchos aspectos y también diferentes en varios puntos. Al igual que Géminis, Leo también es muy sociable y le gusta salir. Ambos quieren ser el tema de conversación y quieren que toda la sala los note. Esta pareja puede pasar un buen rato compitiendo por el protagonismo, pero esto también puede dar lugar a luchas ya que ambos compiten por lo mismo. Al ser sociables, ambos buscan siempre la manera de entretenerse mutuamente. Pueden reírse mucho en esta relación y alimentarse de las vibraciones positivas del otro, pero cuidado, porque los Leo pueden ser dramáticos y un poco extravagantes. Los Géminis podrían no apreciar este comportamiento, ya que valoran más el comportamiento analítico que el impulsivo, y mucho menos el extravagante. Aunque, los Géminis podrían disfrutar de este rasgo eventualmente al viajar a nuevos lugares con Leo y beneficiarse de la perspectiva entretenida de este rasgo. Y la mayoría de los Leo se toman el coqueteo bastante bien, pero algunos pueden no interpretar correctamente las intenciones. Por lo tanto, los Leo pueden llegar más rápido a esperar un compromiso que los Géminis. Si esto sucede, es mejor que aclare sus intenciones sobre el coqueteo al principio de la relación.

Otra clara diferencia entre estos dos signos del zodiaco es que los Leo prefieren la organización y se esfuerzan por evitar el caos. Los Géminis, como ya hemos dicho, son desorganizados y disfrutan de la emoción de un ambiente caótico. En general, esta relación es muy compatible, tanto emocional como físicamente.

Tanto Géminis como Virgo son buenos comunicadores y pueden transmitir eficazmente sus sentimientos y formular sus argumentos. Tienen mentes muy agudas, suelen pensar con la cabeza, y no permiten que su juicio se vea nublado por las emociones. Los Virgo no son pegajosos y no son excesivamente exigentes en una relación, pero pueden malinterpretar el coqueteo casual de un Géminis con otros. En esos momentos pueden volverse mucho más posesivos que cualquier otro ser humano. La ventaja de formular firmemente sus argumentos y pensar racionalmente les permitirá resolver muchos conflictos en la relación.

Los Virgo son muy dedicados a su trabajo y pueden estresarse por los plazos y sus obligaciones. Las discusiones podrían producirse porque Géminis, al ser desorganizado, podría no tomar en serio sus preocupaciones. Además, los Virgo también pueden resultar problemáticos, ya que tienen la tendencia a criticar y a meterse en detalles menores. A los Virgo también les gusta gastar de forma inteligente. Les gusta hacer un uso eficiente de su dinero y toman sus decisiones de compra después de pensarlo bastante. Por otro lado, los Géminis son espontáneos y pueden hacer grandes compras por la emoción. Por eso, el dinero también puede contribuir a los conflictos en la relación. En general, forman una gran pareja, ya que los Virgo tienen los pies en la tierra y pueden atender las necesidades de los Géminis.

Una relación de Libra y Géminis es una relación perfecta según los libros. Ambos son muy compatibles entre sí, y no hay inconvenientes para seguir en esta relación. Hay que tener cuidado de no agotar la chispa de la relación por exceso. Los Géminis son seres humanos coquetos, pero podrían encontrar a «la persona» en Libra. Ambos signos del zodiaco son intelectuales y los debates de esta relación serán interesantes. Las discusiones podrían surgir en estos debates, pero las personas de esta relación se perdonarán fácilmente. El amor por los viajes y la aventura también es común a estos dos signos del zodiaco. A menos que haya una tormenta en el exterior, ninguno de los dos prefiere quedarse en casa. Les gustan las reuniones sociales y se sumarán con entusiasmo a los eventos. El entusiasmo y la positividad de Libra llamarán la atención de Géminis, y estos atributos sacarán lo mejor de un Géminis. Cuando esta relación se vuelva seria, los Géminis deberán tener cuidado porque los Libra serán los primeros en pensar seriamente en el matrimonio. Los Géminis son aventureros, pero esta vez cederán. Al ser indecisos, el matrimonio podría tardar en llegar, pero ambos llegarán a este capítulo tarde o temprano.

A menudo se considera que Escorpio tiene una personalidad oscura, sobre todo cuando se miran sus rasgos de forma aislada. Por lo tanto, la relación de Escorpio y Géminis podría ser una batalla difícil, ya que los Géminis están llenos de corazón. En lo que respecta a las travesuras en el dormitorio, Escorpio es una pareja maravillosa y satisfactoria, pero habrá una evidente batalla emocional en conflicto. Los Escorpio son personajes misteriosos, y esto atraerá a Géminis hacia ellos, pero este carácter misterioso también exige privacidad. Por lo tanto, Géminis tendrá que respetar su intimidad; si no, Escorpio estallará.

Los Escorpio son seres humanos muy instintivos y también reservados, pero son buenos para entender a las personas y sus intenciones. Los Géminis pueden encontrarse a menudo hablando con su pareja sobre sus propios problemas para buscar el consejo de Escorpio, ya que son buenos con la gente y tienen una excelente comprensión de su naturaleza. Debido a este intenso rasgo de Escorpio, un Géminis podría encontrarlos demasiado posesivos. Del mismo modo, los Géminis podrían ser percibidos como inmaduros debido a su naturaleza juguetona que a menudo exhiben en el peor momento. Además, a los Géminis podría no molestarles la forma en que son percibidos, pero a los Escorpio sí. Escorpio también querrá dominar la relación y tener el control. Si no se hacen compromisos significativos, esta relación no durará mucho tiempo, incluso teniendo en cuenta que es una pareja muy poco probable. El compromiso y el respeto mutuo es la única manera de que se produzca.

Los Géminis se sienten naturalmente atraídos por Sagitario debido a su personalidad, que resulta ser bastante divertida. Son seres humanos muy curiosos y prefieren estar en un entorno social en el que puedan desplegar su agudo intelecto. A ambas personas de esta relación les gusta dirigir la conversación hacia temas apasionantes, y la comunicación entre ambas personas será estupenda.

Los Géminis tienen una amplia gama de aficiones e intereses, mientras que a Sagitario le gusta concentrar sus intereses y ser muy apasionado. Cada miembro de la pareja probablemente introducirá al otro a nuevos intereses y actividades durante esta relación, pero el rasgo de personalidad de Sagitario de ser abierto y franco puede resultar molesto para muchos Géminis. Sagitario es muy obstinado, mientras que los Géminis tratan de no juzgar a las personas y las situaciones, y son más analíticos que emocionales. Por lo tanto, la franqueza de Sagitario puede no ser apreciada por muchos Géminis y puede causar conflictos en la relación. Sagitario prefiere un debate civilizado en lugar del intercambio informal de ideas. Pueden considerar a Géminis responsable y culpable de no elegir un bando y defender apasionadamente una idea. Esto puede hacer que Géminis piense que su pareja es superficial, mientras que Sagitario puede pensar que Géminis es irresponsable. Sin embargo, ninguna de las dos acusaciones es cierta en cuanto a los rasgos de personalidad del otro. Si estas cosas molestan a las personas de la pareja se verá más adelante en la relación, pero la pareja se divertirá mucho. Ambos signos del zodiaco son divertidos y extrovertidos. Les encantan las aventuras y siempre están buscando algo que hacer. También tienen un sentido del humor similar y pueden seguir bien el sarcasmo. Por eso la relación de Géminis y Sagitario siempre será enérgica y tendrá chispa a pesar de las diferencias. Según el zodiaco, estas dos personas serán completamente opuestas entre sí. Esta relación irá bien o será un desastre. Dependerá de cuan pronto se aburran el uno del otro.

Los Capricornio tienen una personalidad muy complicada. Son una combinación de pasión, trabajo duro, humildad y determinación. El lado sexy y divertido de los Capricornio se reserva para sus amigos y seres queridos, y no lo exhiben ante nadie más. A un Géminis solo le expondrán una personalidad seria, lo que le hará sentir más como un padre que como un amante. La capacidad de Capricornio para centrarse en sus objetivos y ser muy organizado choca con la personalidad espontánea y caótica de Géminis. Aunque un Capricornio puede ser sexy y romántico, es posible que exprese esta emoción a través de una serie de acciones prácticas en lugar de un comportamiento romántico cursi y desesperado. Esto puede hacer que un Géminis perciba a un Capricornio como aburrido. Esta percepción también podría cruzar la mente de un Géminis porque Capricornio maneja el dinero y vive su vida con cuidado considerable. A los Capricornio les gusta ser cuidadosos con el dinero y ahorrar para una situación desafortunada cuando les pueda servir. A una Géminis le gusta gastarlo tal y como viene.

Además, a los Capricornio les gusta la sensación de previsibilidad en su vida y saber lo que les espera. Les gusta organizar cada paso y practicar lo que quieren decir en una conversación de antemano. Por lo tanto, no les gustan los planes espontáneos ni las relaciones sociales. A los Géminis, en cambio, les encanta salir y emprender una nueva aventura cada día. Al principio, los Capricornio pueden tener la expectativa de disfrutar de la personalidad desenfadada y divertida de los Géminis. Sin embargo, pronto se desvanecerá si ninguna de las partes involucradas estará dispuesta a comprometerse o a comprender la personalidad del otro. El sexo también será divertido y alegre al principio, pero también se volverá demasiado predecible y, por tanto, aburrido, especialmente para los Géminis.

Acuario es un grupo de personas muy seguras de sí mismas y excitantes. Les gusta tener conversaciones profundas, pero también tienen un lado divertido y entretenido. Pueden ser percibidos como fríos, pero son muy intelectuales e impredecibles de forma entretenida. Esta es la razón por la que una relación entre Acuario y Géminis será perfecta y debe ser perseguida sin ninguna duda. Incluso si la relación no funciona demasiado bien, las personas encontrarán en el otro un amigo para toda la vida.

Los Géminis y los Acuario no se forman opiniones sobre otra persona porque no les importa cómo los percibe la gente, y como resultado, no juzgan a las personas. El dúo de Acuario y Géminis hace una gran pareja debido a esto. Además, Acuario encuentra la naturaleza indecisa y amante del caos de Géminis atractiva en lugar de aburrida, a diferencia de la mayoría de los otros signos del zodíaco. Sin embargo, Acuario puede ser un poco reservado a la hora de expresar sus compromisos y sentimientos románticos a su pareja. Este rasgo podría ser una amenaza para la relación con un Escorpio, ya que necesitan la atención continua y la validación de su pareja. En el caso de una relación Géminis-Acuario, este rasgo es inofensivo, ya que ninguno es pegajoso ni posesivo. Ninguna de las personas de esta relación será emocional, y a ambos les gusta tener debates ingeniosos e intelectuales.

Acuario se esfuerza por ser único, y este rasgo proporcionará una emoción a la relación, ya que a ambos les gusta la aventura. Esta aventura se extenderá también a la habitación, donde el Acuario podrá mantener al Géminis en vilo románticamente. Esta relación sobrevivirá a las dificultades y luchas siempre que se respeten los límites personales de cada uno. La única desventaja de esta pareja es que ambos odian hacer tareas, pero a quién le importa cuando están ocupados viviendo aventuras y creando recuerdos.

Los Piscis son seres humanos muy emocionales y cariñosos que piensan de forma intuitiva. Una relación entre Géminis y Piscis podría no funcionar debido a los rasgos de personalidad opuestos. El carácter muy emocional de Piscis no es compatible con la personalidad intelectual de Géminis. Géminis prefiere vivir su vida al máximo siendo aventurero y beneficiándose de la emoción que puede proporcionar cualquier situación. Es posible que Piscis le frene debido a su personalidad exigente. En la relación, Piscis buscará validación, y estará necesitado de atención y amor. Los Piscis pueden ser amantes apasionados y pueden ser muy incondicionales, pero los Géminis no conectan con el amor profundo y emocional. Su idea del amor se basa en la conexión emocional y en la amistad y la alegría resultantes. Debido a este amor emocional, Géminis se sentirá repelido y se apartará de esta relación. Esta acción hará que Piscis se sienta inseguro en la relación y lo hará aún más necesitado de reciprocidad y validación.

Géminis no se toma nada en serio, mientras que un Piscis puede tener creencias firmes y puede ser demasiado vulnerable y emocional sobre ciertas cosas y temas. Este problema también se extiende al humor. El sentido del humor de Géminis puede ser ofensivo para Piscis, ya que puede herir involuntariamente sus sentimientos. Por lo tanto, los Géminis tendrán que ser muy cautelosos con su pareja. También podrían encontrarse dando la vuelta al estado de ánimo de Piscis, que puede ser pesimista y triste a veces. Por último, al igual que Escorpio, Piscis también necesita su espacio para recargarse durante el día, pero a diferencia de

Escorpio, no se desenvuelven bien en entornos sociales, y una pareja Géminis-Piscis podría encontrarse discutiendo sobre si salir o no.

Las evaluaciones anteriores se producen tras considerar la interacción entre los signos solares. Si lee el desglose de compatibilidad anterior y descubre que no es adecuado para alguien que le gusta, no desespere. Hay otros planetas y conexiones astrológicas que pueden afectar una relación y pueden influir en la compatibilidad entre dos signos del zodiaco. Para entender mejor su compatibilidad, puede obtener una lectura astrológica oficial de un astrólogo. Si la respuesta sigue siendo la misma que en este libro, puede trabajar en las diferencias mencionadas y aceptarlas. Cualquier relación puede salvarse mediante el respeto y el compromiso.

Parte importante de una relación son los momentos íntimos que se comparten. Cuando la gente busca una pareja, busca a alguien que pueda satisfacer sus necesidades tanto emocionales como físicas. Puede ser difícil mantener una relación a flote si una persona valora más el sexo en la relación que la otra. Tener en cuenta las necesidades de cada miembro de la pareja y satisfacerlas es el quid de la relación, pero en lo que respecta al sexo, esto puede resultar difícil si una persona de la relación no quiere tener relaciones sexuales y la otra sí.

Mucha gente suele definir una relación sana según la calidad de la sexualidad. El sexo puede ser un factor decisivo para Géminis a la hora de buscar una relación. A continuación, exploraremos la compatibilidad de los diferentes signos del zodiaco en lo que respecta al sexo.

La química sexual con un Géminis no es la mejor que Aries ha experimentado en la vida con sus parejas anteriores. Los Aries son personas que necesitan un cierto sentido de conflicto para aumentar sus impulsos sexuales. La química sexual Aries-Géminis será intensa, y la pasión y la creatividad del Aries serán bienvenidas y apreciadas en el dormitorio por Géminis. Los Aries también son propensos a dominar en el dormitorio, y Géminis apreciará esta dinámica. A Géminis le excitan los amantes verbales y le gustará que los Aries hablen de sus planes. Por último, Géminis también será más adaptable en el dormitorio y se volverá más atrevido para igualar el impulso de Aries.

Los Géminis son expertos con sus narraciones en el dormitorio, pero este no es el fuerte de Tauro. Tauro es genial en el acto físico en la cama, pero no en las conversaciones, lo cual le gusta a Géminis. Al ser aventureros, los Géminis también son muy experimentales en el dormitorio y probarán todo al menos una vez. Es posible que prefieran un encuentro rápido de vez en cuando y que intenten salirse de la rutina para mantener las cosas interesantes. Esto es algo a lo que Tauro no se inclinará tanto.

Al tener personalidades divertidas, una pareja Géminis-Géminis prefiere el sexo fortuito ligero a algo con muchas emociones. Les gusta estimular sus deseos sexuales a través de llamadas telefónicas, mensajes de texto y actuaciones. Pueden ser percibidos como superficiales por otros signos del zodiaco, ya que les repele el sexo emocional, pero se satisfarán plenamente el uno al otro y nunca se aferrarán demasiado, permitiendo que la otra persona tenga su espacio personal.

A los Cáncer les gusta el sexo con sentido, profundo y emocional. Esto choca con la personalidad de un Géminis que prefiere la diversión a las emociones. Los deseos sexuales de Géminis podrían no ser plenamente satisfechos por Cáncer porque podrían sentir que sus estilos no coinciden. Del mismo modo, los Cáncer también podrían sentirse insatisfechos. Esta insatisfacción puede eliminarse si ambos se aprecian. Comunicarse con un Géminis cuando se necesita un abrazo puede ayudar a los Cáncer. Del mismo modo, si algo le falta a un Géminis, puede comunicarlo a su pareja Cáncer.

Leo y Géminis también tienen una gran química en el dormitorio. La química sexual es grande entre ellos, ya que Leo ama cuando Géminis pronuncia vívidamente sus planes sobre lo que desean hacer en el dormitorio. Ambos aprecian la diversión sexual ligera en el dormitorio, que, como hemos visto, no es correspondida por muchos otros signos del zodiaco. A ambos les gusta ser aventureros en la relación y podrían experimentar al aire libre y dentro de casa. Esta relación es un gran comienzo para que un Géminis/Leo supere cualquier tipo de pudor o vergüenza que tenga con su vida sexual.

Para Virgo y Géminis, las emociones en el dormitorio no importan, pero esto puede ser un problema, ya que el sexo podría carecer de cualquier forma de intimidad en una relación Virgo-Géminis, pero a esta pareja también podría gustarle esta relación porque no es necesitada y respeta su espacio personal. Los Virgo pueden ser demasiado predecibles para los Géminis en cuanto al sexo, y podrían aburrirse pronto. Esta pareja también aprecia el buen sexo telefónico o los juegos de rol. Los Géminis podrían adoptar el papel de dominador en la relación, mientras que Virgo será el sumiso.

El sentido imaginativo y las capacidades físicas de un Libra y un Géminis son tan brillantes que seguramente lo pasarán muy bien en el dormitorio. Ambas personas aportan dinámicas diferentes en el dormitorio. Libra aporta el romance a la relación, mientras que Géminis aporta el aspecto de la aventura. Esta relación se caracterizará por los divertidos juegos de rol antes del sexo y por diversos juegos de seducción que serán la fuente de energía.

Aunque las emociones y la pasión de Escorpio durante el sexo complementan el enfoque de diversión sexual de Géminis, no durará a largo plazo. Eventualmente, un Géminis podría encontrar que esta relación es demasiado exigente, y el aspecto emocional podría ser una gran desventaja para ellos. Escorpio y Géminis tienen necesidades opuestas en la cama, lo que puede hacer que el sexo sea insatisfactorio para ambas partes después de un tiempo, pero comprender las necesidades del otro puede evitar que experimenten esos problemas. No es tan malo adaptarse y no es tanto el sacrificio como parece. Además, los Escorpio son muy propensos a experimentar en la cama, y su sentido de la espontaneidad y la imprevisibilidad pueden mantener las cosas interesantes.

Entre un Géminis y un Sagitario, el sexo será ligero y divertido, y la pareja será muy espontánea y aventurera en sus encuentros sexuales. Ambos disfrutan por igual de la experimentación en el dormitorio y probarán cosas nuevas. Esta pareja podría llevar las cosas fuera del dormitorio e involucrarse en cosas arriesgadas. Ambas personas son intelectuales y la charla será parte de la cita, pero el sexo implicará algo más que conversaciones en esta relación. A los Géminis les encanta el impulso sexual de un Sagitario, mientras que el aspecto verbal que los Géminis aportan a la cama excita a Sagitario. Esta relación puede convertirse en un compromiso a largo plazo si ambos hacen ajustes y piensan con la cabeza. Si las cosas van bien, esta pareja también tiene posibilidades de acabar casada.

A los Capricornio y a los Géminis les encanta el sexo desenfadado, y este aspecto se apreciará en la relación porque no habrá restricciones ni expectativas de comportamiento. Habrá una pasión extrema en la relación, y los Capricornio pueden enseñar a un Géminis más sobre el rendimiento físico y empujarlo a cruzar los límites de una simple charla. Además, los Capricornio tienen una gran resistencia en el dormitorio y pueden ser muy apasionados cuando se combinan con la naturaleza experimental de un Géminis, pero hay posibilidades de que esta pasión se vea pronto ensombrecida en el largo plazo cuando se instalen sentimientos de insatisfacción.

Acuario y Géminis serán una gran pareja en la cama, ya que ambos no son muy necesitados ni pegajosos. Se tomarán las cosas con rapidez y quitarse la ropa no les llevará mucho tiempo. Empezarán a tener relaciones sexuales muy pronto en la relación. Además, estos signos del zodiaco no tienen que tener necesariamente una relación para tener sexo. Pueden ser amigos y ocasionalmente también tener sexo sin borrar las líneas de la amistad. También pueden inventar historias muy eróticas para su dormitorio debido a sus rasgos imaginativos y creativos. Esto significa que ambas personas pueden mantener siempre la excitación en la relación. En resumen, ambos son muy compatibles, tanto dentro como fuera del dormitorio.

A los Piscis les gusta tener un significado más profundo y un vínculo emocional cuando tienen sexo, mientras que a los Géminis no les gusta cuando la emoción está ligada al sexo. Más bien, les gusta la diversión y la exploración sin conexión, pero con mucha experimentación. Esta diferencia en lo que consideran un buen sexo a menudo hace que la pasión se desvanezca pronto. Después de un corto plazo de tener relaciones sexuales, las cosas empiezan a ser insatisfactorias en el dormitorio. Cuando Géminis intenta ser independiente, aumenta la inseguridad que experimenta un Piscis. Esto hace que un Piscis esté más necesitado, y un Géminis podría no proporcionarle la validación que anhela. Si las personas involucradas en esta relación pueden pensar con sensatez y comprometerse para ajustarse a las necesidades del otro, esta relación puede vencer muchos obstáculos.

Esto le ayudará a explorar sus opciones amorosas si cree que el sexo ocupa una parte considerable de su vida y es importante para usted. Pero, al igual que la sección anterior, esta sección también se basa en el Sol y no tiene en cuenta los aspectos específicos del momento del nacimiento, planetas y posiciones de la Luna.

Capítulo 5: El Géminis social

Los Géminis tienen una personalidad única que puede llevarles a tener una vida social próspera. En el siguiente capítulo se analiza todo el perfil social de los Géminis. Esto implica un análisis detallado de las diferentes situaciones sociales y la relación de Géminis con otros signos del zodiaco. La lectura del siguiente contenido puede ayudar a los Géminis a desenvolverse en situaciones sociales difíciles. Este capítulo también es esencial si tiene un compañero Géminis en su vida y quiere entenderlo mejor. Podrá hallar indicaciones útiles que le ayudarán a crecer en su relación con un amigo Géminis.

El mapa social de un Géminis

A estas alturas, ya se ha hablado de la mayoría de los rasgos comunes de los Géminis, pero esta sección cubrirá aquellos rasgos relevantes para situaciones sociales como las fiestas. Las situaciones sociales, como el trabajo, no se tratarán en este capítulo, ya que se consideran perfiles distintos y se tratarán en capítulos posteriores.

Géminis ha sido descrito como el signo zodiacal más social de la rueda del zodiaco debido a sus rasgos de comunicación y curiosidad. Estos rasgos les llevan a establecer una sólida relación con las personas que les rodean. La interacción con su comunidad también forma parte del rasgo de la casa regente, por lo que no tienen que buscar mucho para hallar conexiones satisfactorias. Estas conexiones estimulan mentalmente a los Géminis, por lo que se trata de algo similar con situaciones sociales, como una fiesta.

Dependiendo de sus cartas natales, las personas heredan diferentes rasgos de sus signos/planetas regentes. La mayoría de los Géminis tienen esta ardiente curiosidad por saber más sobre la vida. Teniendo esto en cuenta, es seguro asumir que los Géminis se encuentran entre las personas más extrovertidas de una fiesta. Los Géminis suelen interesarse por el público/los participantes de un evento o fiesta más que por la fiesta en sí. Su capacidad innata para comunicarse sin esfuerzo es un don que utilizan muy sabiamente en estas situaciones. Su elocuencia es uno de sus puntos fuertes y puede sacarles de los peores malentendidos de la vida.

Los Géminis también tienen la capacidad de adaptarse a diferentes situaciones. Pueden reconfigurar su cerebro más rápidamente que algunos de los otros signos si se enfrentan a una situación para la que no estaban preparados, ya que básicamente se han enfrentado a su doble naturaleza durante toda su vida. Ambas habilidades ayudan a acercarse a extraños y a conectar con ellos a nivel humano. Estos rasgos hacen que las interacciones azarosas sean fáciles y naturales para los Géminis.

Una noche ideal para un Géminis consiste en salir de bar en bar con un par de sus amigos más cercanos. Siempre estarán abiertos a una conversación reflexiva en los bares a cambio de unas cuantas copas. Entablar una conversación satisfará su mente mientras la actividad que les rodea les hará sentirse como en su elemento natural. Tanto si un Géminis está soltero como si no, siempre tendrá una noche de diversión si se trata de actividades de bar.

Los Géminis también tienen un par de rasgos más que pueden ayudarles a desenvolverse en una fiesta. Los Géminis son almas independientes, por lo que no temen hacer cosas por su cuenta. Esto significa que quieren hacer algo más que bailar o beber en una fiesta. Por lo tanto, salir de fiesta con ellos contribuirá a una experiencia más completa en lugar de que sea una noche de derroche que acabe provocando una resaca. Dependiendo de su individualidad y del posicionamiento de su casa (posicionamiento de la cúspide), los Géminis pueden variar desde buscar una experiencia de fiesta muy salvaje hasta una experiencia más completa, pero una cosa es segura: ninguna fiesta es una fiesta aburrida con un Géminis.

Una fiesta ideal para un Géminis comenzará con normalidad, como cualquier otra fiesta, pero es solo cuestión de tiempo para que se aburra y se vaya o haga algo para hacerla más interesante. Un montón de desconocidos interesantes deberían formar parte de la fiesta para que los Géminis puedan ejercitar sus rasgos y tener intercambios reflexivos durante toda la noche. Otra característica de una fiesta ideal para los Géminis incluye un montón de juegos de fiesta salvajes. «Salvaje», en este caso, significa absolutamente entretenido y divertido, y en muchos casos, puede llegar a ponerse muy personal también. A los adolescentes y adultos Géminis les gustan los juegos de este tipo que sacan a relucir los detalles personales de la vida de una persona, ya que siempre buscan algo interesante sobre lo que charlar.

Otro rasgo social de los Géminis es involucrarse en los chismes que circulan. Los Géminis nunca lo admitirán, pero les encanta chismosear, ya que eso también forma parte de la comunicación, y saca a relucir muchos detalles interesantes (de la vida de las personas) para satisfacer sus ansias mentales. Como Géminis, puede identificarse con este último detalle de todo corazón, ya que sabemos que no lo admitirá ante nadie más en realidad.

Algunos Géminis (que tienen una posición única en la carta natal) pueden no cumplir con la mayoría de los rasgos explicados anteriormente para un entorno social. Depende de las cúspides y las casas que el astrólogo averigüe, pero diferentes actividades pueden sacar lo mejor de ellos en una fiesta. Muchos pueden ser despreocupados mientras que otros pueden decidir dedicarse solo a las actividades. Realmente depende de la personalidad del individuo, pero los rasgos básicos de los Géminis pueden seguir observándose con frecuencia.

Hay otro factor decisivo sobre cómo los Géminis interactúan y se comportan con diferentes personas en una fiesta (o en un entorno social). El signo del zodiaco de la persona con la que se relaciona también importa. La compatibilidad es una métrica que los astrólogos suelen utilizar para decidir si dos signos serán compatibles en diferentes actividades/etapas de la vida, como el amor, el matrimonio, la amistad, el sexo y otras cosas similares. Podemos examinar la relación de los Géminis con cada uno de los signos del zodiaco para ver quién sacará lo mejor de ellos. Los resultados también mostrarán por qué los Géminis pueden reaccionar negativamente ante una persona en un bar o en una fiesta.

Géminis es muy compatible con Acuario, ya que ambos tienen rasgos bastante similares y buscan cosas que el otro está dispuesto a ofrecer. Nunca se les acabarán los temas de conversación y comparten algunos rasgos de doble personalidad, lo que significa que pueden cambiar de actividad en actividad a lo largo de la fiesta extrayendo la mayor diversión de cada una. Acuario y Géminis hacen buena pareja en muchos aspectos de la vida, y este aspecto social también puede dar lugar a una sana amistad entre ambos. Pueden vincularse con bastante rapidez, pero es raro que ambos tengan sentimientos similares hacia algo.

Tanto Libra como Géminis representan a las personas sociales, por lo que siempre tendrán una química juguetona entre ellos. Incluso pueden llegar a ser mejores amigos, pero pueden causar un choque de dos alfas en una fiesta. La unión de fuerzas puede provocar los celos de mucha gente, y pueden recibir miradas de otras personas a lo largo de la fiesta. Los Libra pueden sentir esto como una validación, pero los Géminis tienen emociones bastante diferentes, por lo que sus emociones no coincidirán.

Géminis y Aries se describen como una pareja más bien fría y caliente. Durante una fiesta, los aspectos opuestos de sus personalidades pueden atraerse mutuamente, mientras que otros aspectos pueden hacerlos desviarse. Esta situación se da cuando un signo de aire se encuentra con un signo de fuego, y puede volverse bastante aventurera y apasionada muy rápidamente.

Leo y Géminis son de los signos más egoístas, y su conversación puede hacer que ambos se aprecien mutuamente. Sus diferencias los hacen atraerse mutuamente, por lo que esta también es una mezcla de fuego y aire.

Sagitario y Géminis pueden tener una conexión instantánea por lo similares que son. Pueden sorprenderse de lo parecidos que son cuando hablan en una fiesta, pero ser demasiado parecidos puede no evitar que ambos continúen esta amistad.

A Géminis le gusta la atención, y Tauro es un signo que está dispuesto a darla. La interacción entre ellos en una fiesta seguramente hará surgir una relación fructífera, pero puede cuestionarse cuánto durará; sin embargo, es satisfactoria por el momento.

Géminis y Piscis pueden formar una conexión única centrada en su creatividad. En una fiesta, pueden seguir hablando de su lado creativo. Ambos tienen emociones diferentes y puede que no se entiendan a largo plazo.

Los Escorpio tienen una personalidad intensa y son un desafío directo a la personalidad de los Géminis. Los Géminis pueden sentirse intrigados o repelidos, pero si tienen una conversación inicial que va bien durante una fiesta, entonces es probable que hayan encontrado a alguien que pueda mantenerlos entretenidos.

Cáncer y Géminis tienen una compatibilidad bastante positiva porque los Géminis quieren sentirse apreciados y desean atención, y los Cáncer pueden dársela, pero la tendencia de los Géminis a desinteresarse con bastante rapidez podría no permitir que esta relación crezca.

Puede que Capricornio y Géminis no sean los compañeros perfectos en una relación, pero su conexión puede ser bastante divertida en una fiesta. La pose del Capricornio desanimará al Géminis, pero su curiosidad puede conducirle a lo largo de toda la conversación. Puede que no sea divertido, pero seguirá siendo interesante.

La combinación de Géminis y Virgo no es la mejor conexión que un Géminis puede tener en una fiesta. Los Virgo tienen demasiados muros, y al principio, la conexión puede ser interesante, pero el Géminis acabará por sentirse desinteresado y huirá.

Muchas de las mejores conexiones que puede tener un Géminis son con otros compañeros Géminis. Esta combinación será divertida tanto para los Géminis como para los demás en la fiesta o en cualquier otra situación social. Esto se debe principalmente a lo similares que son ambas personas y a cómo toman al instante todas sus decisiones en la vida. También se relacionarán con la vida del otro, lo que podría ser el comienzo de una incipiente amistad.

Amistades de Géminis

¿Se ha preguntado alguna vez por qué no puede entablar una conversación con su compañero Géminis? Hay un par de maneras sencillas para que la gente se haga amiga de los Géminis, y esta sección hablará de algunas de esas maneras. Esta sección también es importante para los Géminis si quieren aprender sobre cómo hacer amigos según sus rasgos zodiacales.

Los Géminis no tienen miedo de expresar su opinión, por lo que es mejor que inicie la conversación y le deje tomar el asiento del conductor. Los Géminis son bastante seguros de sí mismos, por lo que hacerles un cumplido puede funcionar al principio, pero si se les sube la autoestima con regularidad no se llegará a ninguna parte en la relación. Intente contribuir a la conversación estimulándoles mentalmente. Puede hacerlo creando nuevos debates y opiniones controvertidas para demostrar que están equivocados. Los Géminis se creen muy inteligentes (lo cual puede ser un error), por lo que debatir con ellos es bastante divertido. Puede construir una buena química al hacer esto, y eventualmente, los Géminis le van a considerar divertido. Hacer esto permite que las cosas sigan siendo interesantes, lo que será una propuesta atractiva para los Géminis. Los Géminis irán a donde su mente curiosa los lleve, por lo que sería difícil para ellos no entregarse a una conversación divertida que invite a la reflexión, donde se les permita tener el centro del escenario.

Eventualmente, también puede ayudar a Géminis a decidir entre dos opciones/opiniones fuertes, ya que puede resultarles realmente difícil decidir solos. Esto también añadirá otra capa a la dinámica de su relación. Puede dar su opinión sobre los dos y luego su veredicto final sobre lo que deberían elegir. Estas pequeñas cosas también pueden convertirse en una conversación que invite a la reflexión y que mantenga el interés de Géminis. Recuerde siempre hablar de cosas diferentes, ya que hablar de lo mismo acaba por aburrirles.

Un problema común con el que se encuentra la gente cuando intenta hacerse amigo de un Géminis es su falta de interés, pero los Géminis pueden estar preocupados por otras tareas, ya que también se les describe como una mariposa social. No solo tienen un par de amigos íntimos, sino muchos, así que tiene que esperar su turno y ser paciente con ellos. Cuando usted se les cruza por la mente, con total seguridad responderán positivamente. Este es un rasgo común de los Géminis que la gente tiene que aceptar, ya que así es como se conectan. No puede cambiarlo; solo puede ser paciente y cosechar los frutos de esta relación recién formada.

Otro punto sobre la amistad con un Géminis es que, si quiere pasar tiempo con ellos, tiene que estar preparado para muchas actividades de movimiento. A los Géminis no les gusta permanecer en un mismo lugar durante mucho tiempo, por lo que necesitan cambiar de escenario cada pocas horas. Este es el efecto de su rasgo de aburrirse fácilmente. Asegúrese de sugerirles algún buen lugar que tenga en mente cuando le pidan alejarse del lugar donde se encuentren inicialmente. Así, podrá controlar la situación, que de otro modo podría desembocar en algún lugar que no le resulte divertido. En este párrafo se hace hincapié en «sugerir», ya que a los Géminis no les gusta que les digan lo que tienen que hacer. Haga que parezca una idea mutua y, con suerte, le seguirán.

Los Géminis son bastante inteligentes y es fácil hablar con ellos, pero si usted es un Géminis, entonces puedes interesarse por los siguientes consejos que le guiarán a través de las partes críticas de mantener sus amistades. Los Géminis tienen mucho que hacer debido a todos los rasgos mencionados en esta guía, por lo que les es difícil centrarse en una relación a la vez. Su naturaleza innata cuenta con la emoción de conocerlo todo y hablar con todo el mundo. Saberlo todo tiene sus desventajas, ya que puede hacer que las relaciones se desmoronen al revelar secretos. Como Géminis, esto es algo a lo que es muy difícil resistirse, ya que tienen muchas cosas en la cabeza, y están hechos para comunicarse y articular de manera eficiente.

Es difícil mantener a raya su naturaleza de espíritu libre, pero si se centran en conocer menos «secretos», les será más fácil mantener las relaciones. Es difícil tener una relación sin conocer secretos íntimos de la otra persona, pero es posible. Mucha gente lo hace y lleva tiempo haciéndolo. Se trata de encontrar a la gente adecuada que reconozca sus rasgos y decida contarle cosas incluso después de conocerlos.

Otra cosa sobre usted como Géminis es que siempre piensa en usted primero y puede olvidarse de sus amigos a veces. Esto se debe a dos razones. La primera es que esta es la naturaleza innata de los Géminis; se consideran individuos más inteligentes que merecen atención. Esto hace que la gente sienta que los Géminis son narcisistas, pero eso puede estar muy lejos de la verdad. La percepción es la clave y, en este caso, importa la forma en que se percibe a los demás. La otra razón por la que esto es cierto es que tiene tantos amigos que a veces puede descuidar algunos.

Un consejo sencillo para este caso es minimizar su círculo de amigos, pero todos sabemos que eso no funcionará para un Géminis. Debería empezar a centrarse más en otras personas, especialmente en sus amigos. De esta manera, incluso cuando esté solo, estará pensando en los pequeños detalles que le contaron hace unos días. De esta manera, siempre podrá construir relaciones importantes en lugar de dejar pasar las buenas. Muchos pensarán que son invisibles o ignorados, por lo que finalmente dejarán de hacer el esfuerzo de convertirse en su amigo. Centrarse en los pequeños detalles y corresponderlos demostrará que se preocupa por ellos y que se esfuerza por hacerles saber que los quiere.

En el último capítulo de esta guía se tratan con más detalle todos estos consejos. El último capítulo se centra en las necesidades de un Géminis desde la perspectiva de un Géminis y de una persona distinta, de modo que se puedan crear mejores relaciones y más prósperas.

Capítulo 6: Géminis en el trabajo

La elección de la carrera profesional es una parte importante de la vida de cualquier persona. Decidir lo que se pretende hacer durante el resto de la vida puede ser alarmantemente difícil para cualquiera. En este libro, exploraremos las posibles carreras que Géminis puede adoptar. Nos referiremos a los puntos fuertes y débiles de los que hemos hablado antes para entender las razones para elegir una carrera específica.

El camino ideal para el sustento y la supervivencia es aprovechar sus puntos fuertes. Como ya hemos comentado, los Géminis son conversadores naturales y tienen una gran capacidad de adaptación, pero desprecian el aburrimiento y prefieren las tareas emocionantes y desafiantes al monótono trabajo rutinario. Si usted es un Géminis, le irá mal en un trabajo en el que se sienta obligado. Los Géminis hacen lo que realmente quieren hacer. Son conocidos por hacer su trabajo con pasión y dedicación, pero solo si disfrutan haciéndolo. Al mismo tiempo, les cuesta tomar decisiones cruciales debido a su indecisión y pueden ser imprudentes en ocasiones. Antes de profundizar en las carreras adecuadas para Géminis, piense en las posibles carreras en las que los Géminis prosperan. Piense también en los trabajos que podrían odiar. ¿Qué trabajos realizan los Géminis que conoce? ¿Sus amigos Géminis aprovechan sus puntos fuertes?

Las mejores opciones profesionales para Géminis

Por sus rasgos de personalidad creativa y franca, los Géminis serán excelentes periodistas. Sus excelentes dotes de oratoria les ayudarán a relacionarse con muchas personas con las que se cruzarán en su trabajo profesional. Entrevistar a personas influyentes es fácil para los Géminis. Utilizando su fascinante creatividad, los Géminis pueden idear preguntas y perspectivas intrigantes. Cualquier periodista está obligado a conocer las noticias por dentro y por fuera. Aquí es donde los Géminis pueden utilizar su naturaleza inquisitiva y sus amplias habilidades de investigación. Pueden observar pacientemente una situación desde todo tipo de puntos de vista y construir preguntas e ideas como producto de su investigación.

Además, el periodismo no es un campo aburrido o estancado. En nuestro mundo moderno, siempre ocurre algo importante en todos los países del planeta. Por eso, los periodistas Géminis rara vez se aburren con su trabajo. Aceptan con gusto los nuevos acontecimientos diarios y trabajan en esto religiosamente. Ser elocuente tanto con la pluma como con la lengua es otro punto fuerte del que los Géminis pueden beneficiarse en esta línea de trabajo. Al reunir una amplia gama de conocimientos, los periodistas Géminis tienen más posibilidades de obtener reconocimiento y acreditación. Como odian intuitivamente los prejuicios, también se les considera creíbles. Anderson Cooper e Ian Fleming son dos de los periodistas Géminis más famosos que conocemos. Si usted es Géminis, le recomendamos que pruebe entrevistar e investigar durante un tiempo. No solo le gustará, sino que también se le dará bien.

Una profesión similar a la de periodista es la de presentador. Los presentadores de programas de televisión, los reporteros de noticias y los presentadores en directo son trabajos en los cuales los Géminis están destinados a prosperar. Estas ocupaciones exigen habilidades interpersonales y confianza, y Géminis parece tenerlas en abundancia. Debido a su capacidad de comunicación, muchos Géminis pueden incluso ser mejores presentadores que periodistas.

Los Géminis, que tienen una gran facilidad para las conversaciones pueden aprender varios idiomas si se trasladan a otro país. Esto puede convertir a los Géminis en excelentes traductores. La capacidad de investigar exhaustivamente sobre un idioma puede ser tediosa para el resto, mientras que un Géminis puede aprender con devoción un nuevo idioma. Las personas multilingües suelen ser también buenos embajadores.

Otra profesión adecuada para los Géminis es la de guía turístico o *blogger* de viajes. A los Géminis les encanta viajar por el mundo, de ciudad en ciudad. Les encanta la libertad de expresión, así como la libertad de movilidad, y este trabajo podría satisfacerla. Ser un buen guía turístico o bloguero de viajes requiere ingenio, capacidad de comunicación y adaptabilidad. No es de extrañar que los Géminis cumplan todos esos requisitos. Ser guía turístico implica ser claro y amable con los turistas, algo con lo que los Géminis parecen sentirse cómodos. ¿Cómo olvidar la creatividad de un Géminis cuando se trata de divertirse? Nunca dejarán a sus turistas aburridos y puede ser un placer estar con ellos en una aventura. Además, los Géminis suelen sentirse cómodos delante de la cámara y se expresan plenamente. Su amor por la exploración puede llevarles hasta el punto más lejano del planeta.

El arte es un campo que utilizará plenamente la creatividad de un Géminis. En nuestro mundo moderno, el arte puede adoptar diversas formas, como la poesía, la escritura, los audiovisuales, la pintura, etc., pero lo común entre todas ellas es la creatividad, la adaptabilidad y la variedad. Los Géminis tienden a sobresalir en estos aspectos y, por lo tanto, suelen ser mejores que otras personas como artistas. Los Géminis con voces elocuentes y melódicas deberían inclinarse a ser cantantes. Los que son alabados por su humor ingenioso deberían probar suerte como comediantes. Los que son más callados que sus compañeros Géminis deberían probar dibujar o pintar para mostrar su creatividad insatisfecha. La actuación es notablemente común entre los Géminis, ya que no solo les da una plataforma para mostrar sus habilidades comunicativas, sino que proporciona emoción, retos y fama a la vida de un Géminis. ¿Hizo recientemente una obra de teatro en su instituto? Fíjese en cuántos de los actores eran Géminis. Si nos fijamos en la industria de Hollywood, algunos de los nombres más famosos que nacieron en Géminis son Morgan Freeman, Kanye West, Paul McCartney, Prince y Michael Moore.

Los Géminis también son increíbles vendedores. Utilizan su personalidad amable, enérgica y sociable para convencer a los clientes potenciales. Ven a cada persona como un objetivo y la venta de los productos como su reto. Al ser buenos aprendices sociales, saben cuándo detenerse y ser respetuosos al mismo tiempo. El marketing también requiere exhaustivas encuestas e investigaciones, algo que a los Géminis se les da razonablemente bien. Ya sea para hacer oír su voz o para conseguir vender sus productos, los Géminis están dotados para ambas cosas.

Otra profesión que Géminis puede desempeñar es la de abogado. Un abogado competente y cualificado puede pensar de forma diferente, fuera de la norma. Esta profesión requiere una gran cantidad de investigación, aprendizaje y exploración. Muchos abogados siguen estudiando incluso después de consolidar su posición en el sector, ya que siempre hay algo nuevo que aprender. Al observar esta profesión en la acción, los abogados son bombardeados con todo tipo de casos diferentes. Un abogado Géminis más empático puede aceptar casos pro bono y ayudar a los necesitados. ¿Cómo olvidar la cantidad de habilidades para hablar en público que se requieren para ser abogado? Un Géminis seguro tiene la actitud adecuada para convertirse en abogado.

La última opción profesional que tenemos para nuestro compañero Géminis es la profesión de profesor. Si se fija bien, esta profesión parece ser perfecta para un Géminis. La enseñanza requiere el poder del discurso persuasivo. Los profesores deben ser capaces de comunicar temas difíciles a sus alumnos de la forma más sencilla posible. Además, están obligados a hacer que cada alumno participe en la discusión de la clase de una u otra manera.

Como ya hemos dicho, los Géminis tienen personalidades enérgicas y francas por naturaleza. Son capaces de involucrar a las masas de estudiantes con el menor compromiso posible. Su presencia activa les permite hacer cualquier cosa para transmitir el mensaje. Tienden a desarrollar ideas y actividades divertidas para mejorar el aprendizaje y convertir una clase aburrida y árida en una interesante. Al igual que en las clases o seminarios universitarios y otros niveles superiores, los profesores Géminis se relacionarán con los jóvenes adultos que se sientan frente a ellos. Es muy probable que establezcan relaciones sanas de alumnos y profesores, en poco tiempo, con sus estudiantes. El mejor impulso que esta profesión puede dar a los Géminis es la oportunidad de interactuar con muchas mentes jóvenes dentro del aula. A lo largo de su vida, los Géminis esperan seguir aprendiendo cosas nuevas. Esta mentalidad es necesaria para prosperar como profesor, lo que refuerza aún más a los Géminis como uno de los mejores candidatos para convertirse en profesores.

Estas son las profesiones que no solo ponen a los Géminis en ventaja, sino que también pueden ser satisfactorias para ellos como seres humanos. No hay ningún problema si un Géminis opta por una carrera no mencionada anteriormente. Al final, la elección de carrera se vuelve subjetiva y depende de lo que la persona sienta y quiera realmente, pero hay algunas profesiones que probablemente no sean compatibles con Géminis.

Sabemos que a los Géminis les interesa una vida aventurera. A Géminis le desagrada mucho cualquier profesión que sea monótona en la práctica. Las carreras rentables y profesionales como las de contable, banquero, administrativo, obrero de fábrica, etc. suelen implicar procedimientos complejos pero similares cada día. Las profesiones que no incluyen mucha comunicación o discusión, con gran probabilidad, acabarán por dormir a Géminis en lugar de encaminarlo rápidamente hacia la productividad. Siempre buscan el sabor de la vida y huyen de los trabajos rutinarios de oficina. Pregunte a sus amigos Géminis, que pueden ser contables o banqueros. ¿Están totalmente satisfechos con lo que hacen para ganarse la vida? Lo más probable es que digan que no.

Pero esto no significa que los Géminis nunca serán buenos banqueros o empleados de oficina. Ser Géminis le proporciona la capacidad de adaptarse rápidamente. Si usted es Géminis y trabaja en una oficina, busca la emoción cada día y solo halla decepción, le recomendamos que le de vida a su lugar de trabajo. Salude a todo el mundo con esa brillante sonrisa suya cada vez que entre. Tal vez puede agasajar a sus colegas más cercanos un sábado por la noche si aceptan la propuesta. Deje una nota de agradecimiento a todo el mundo, desde su jefe hasta el conserje, para que su trabajo sea tan sano como quisiera. Tiene el poder y la energía para levantar a una multitud de personas. Otro consejo es hacer los mejores amigos en su trabajo. Esto, seguro, le hará salir de la cama solo por ver sus caras brillantes. Intente decorar un poco su puesto de trabajo con pegatinas y *post-its* si le lo permiten.

Aparte de las opciones profesionales mencionadas, es posible que otra profesión le intrigue. Al ser seres locuaces, los Géminis deberían encontrar una carrera que les permita aprovechar sus intereses profundos. Busque carreras que le mantengan entretenido. Los Géminis adoran una profesión que les permita enseñar y aprender simultáneamente. ¿Tuvo malas notas en la academia? No se preocupe. Compruebe si convertirse en instructor de gimnasia o en asesor de imagen despierta su interés. Los Géminis quieren una carrera que sea divertida y productiva al mismo tiempo. Así que empiece por enumerar qué es lo que más le gusta hacer. Cuando elija una carrera, hágase algunas preguntas. ¿Me sentiré constantemente desafiado mientras lo hago? ¿Podré aprender algo nuevo con este trabajo? En general, haga lo posible por sentirse cómodo con su profesión lo más rápido posible. Solo entonces podrá sobresalir realmente en su carrera.

Compatibilidad con sus compañeros

No se puede negar que la motivación individual, la dedicación, la habilidad y el trabajo duro y persistente son la base del éxito profesional. Pero para poder contribuir a una empresa, sociedad, organización o incluso a un pequeño proyecto, el excelente trabajo en equipo y un liderazgo inteligente realmente definen el producto final y su éxito. En esta sección, veremos a los Géminis como líderes o jefes potenciales, así como la compatibilidad que pueden tener con sus compañeros de trabajo.

A estas alturas, sabemos que los Géminis son excelentes con la gente. Tienden a captar el estado de ánimo de sus colegas, sus gustos y disgustos. Su habilidad interpersonal ayuda a mantener a su equipo unido durante todo el proyecto, pero sus debilidades, como la indecisión y la inconsistencia, pueden limitar su progreso a largo plazo. Teniendo en cuenta los rasgos característicos de Géminis, hablemos de cómo sería un jefe Géminis.

Un jefe típico Géminis es probablemente un miembro del trabajo inteligente, innovador, pero impulsivo. Llegan al trabajo llenos de energía y tienden a encantar a sus trabajadores con la pura energía que aportan. Un Géminis dará su corazón por el bien de su profesión. Su pasión por el trabajo alimenta principalmente el esfuerzo y el trabajo duro que realizan para alcanzar su posición en una organización. Si un Géminis llega a la cima como jefe, nadie duda de su compromiso con su línea de trabajo. Por eso, sus compañeros de trabajo los encuentran increíblemente encantadores e inspiradores. Ver a un jefe Géminis y su lealtad debería ser suficiente para motivar a los trabajadores y empleados que le rodean.

Cuando se trata del trabajo práctico real, los jefes Géminis prefieren las colaboraciones verbales y la retroalimentación constante. Es probable que tengan reuniones a primera hora de la mañana y múltiples charlas a lo largo del día. Todos los trabajadores y empleados tendrán voz y voto en las reuniones dirigidas por los jefes Géminis. Durante estas reuniones, puede parecer que todo el mundo es el jefe debido a la cantidad de atención que el jefe Géminis les presta. ¿Trabaja usted bajo el mando de un jefe Géminis? Es probable que se canse de la cantidad de reuniones a las que puede convocar a todo el mundo, pero estas colaboraciones y conferencias hacen que un Géminis siga trabajando. El intercambio de ideas, las discusiones, las críticas y los diversos puntos de vista llenan su depósito de información, que necesita para tomar decisiones. Cuanta más información tenga un jefe Géminis, más posibilidades hay de que sus decisiones sean certeras y eficientes. Además de compartir y aprender ideas, los jefes Géminis celebran regularmente los pequeños éxitos para mantener a todos motivados. Las discusiones pueden incluso pasar convenientemente de las reuniones productivas relacionadas con el trabajo a las conversaciones personales. Esto probablemente se deba al eterno odio que los Géminis sienten por los entornos de trabajo monótonos.

Los Géminis creen en el trabajo en equipo más que en la brillantez individual, pero eso no significa que restrinjan a sus trabajadores a las ideas de la masa. Los Géminis odian ser microgestores y dictar a sus empleados. Desprecian el estilo dogmático convencional de gestión en el trabajo. Bajo un jefe Géminis, los trabajadores tienden a tener pleno control sobre cómo realizar sus tareas, siempre y cuando las realicen con eficacia y en el momento oportuno. Si alguien quiere libertad creativa en el trabajo, prosperará trabajando bajo un jefe Géminis. Esto puede deberse a que los propios Géminis anhelan la libertad creativa en el trabajo. No les gusta que les den instrucciones estrictas para hacer su trabajo y siguen reflejando lo mismo cuando se convierten en jefes. Muchos jefes Géminis pueden incluso tener un grupo especial de personas para ocuparse de las responsabilidades menos importantes. Es posible que se les delegue el control total o mayoritario de muchas tareas, pero conservando su voz en las decisiones finales.

Uno de los mayores puntos fuertes de ser un jefe Géminis es ser capaz de llevar al equipo unido durante todo el proyecto. Los jefes Géminis prosperan en la comunicación y también están abiertos a ideas y propuestas. Quieren estar continuamente informados de cualquier novedad que se produzca. La mayoría de los jefes Géminis tienen una política de puertas abiertas. ¿Se le acaba de ocurrir una idea que cree que beneficiará al proyecto? Entre directamente en el despacho de su jefe Géminis. Estará dispuesto y abierto a escuchar sus propuestas.

Los Géminis son capaces de mantener motivados a sus trabajadores con facilidad. Suelen apreciar las pequeñas cosas como la regularidad y el sentido de la iniciativa que pueda mostrar un trabajador. Celebran sus alegrías personales para desarrollar su sentido de pertenencia al trabajo. También animan a sus trabajadores a interactuar entre ellos tanto como puedan. Pueden asignar una tarea a dos departamentos distintos para aumentar la productividad y permitir que sus trabajadores se conozcan entre sí. Esto es beneficioso para un proyecto, especialmente uno que consiste en muchas tareas de colaboración. Gracias al jefe Géminis, la química general entre los trabajadores mejora y el proyecto prospera.

Un jefe Géminis se siente muy cómodo a la hora de resolver los problemas urgentes de la empresa y superar los obstáculos imprevistos. Sabe improvisar y adaptarse a los cambios repentinos de las situaciones. Con sus diversos conocimientos y experiencia, son capaces de encontrar el camino a través de circunstancias insoportables. Un jefe Géminis es un campeón cuando se trata de reaccionar ante las emergencias. Se apresuran a dar valiosas sugerencias y analizan con agudeza lo que los demás tienen que decir. Esto hace que los jefes Géminis sean excelentes gestores durante una crisis. No entran en pánico bajo presión y mantienen la compostura mientras trabajan.

Si bien los jefes Géminis no son gerentes estrictos, son sorprendentes observadores. Al estar comprometidos con su trabajo, son inigualables cuando se trata de analizar y hacer un seguimiento de las actividades de quienes trabajan bajo su mando. Se apresuran a señalar y discutir los errores cometidos por los trabajadores de su equipo y a comunicarlos y rectificarlos con calma con el culpable. Aunque puede ser un poco embarazoso ser observado y criticado en el trabajo, los empleados que trabajan bajo jefes Géminis progresan y mejoran más cómodamente que el resto. Si empiezan a admirar al jefe Géminis como un mentor, notarán un crecimiento significativo en su profesionalidad y productividad en el trabajo. En resumen, quienes trabajan bajo un jefe Géminis encuentran un atajo hacia la superación personal.

Una de las mejores cosas de los jefes Géminis es que crean una experiencia de trabajo gratificante. Los propios Géminis prefieren la diversión en algunas partes de su vida, lo que se refleja cuando se convierten en jefes. Un jefe Géminis prospera en el trabajo que disfruta y cree que lo mismo ocurre con sus trabajadores. De vez en cuando pueden organizar noches de juegos o concursos con recompensas para el ganador. Además de motivar a todos los miembros a su cargo, socializarán individualmente con ellos durante horas. Además, la mayoría de los jefes Géminis llevan una vida muy social y extrovertida. Suelen divertirse mucho, por lo que cualquiera querrá trabajar para ellos porque es agradable.

Pero al igual que cualquier ser humano, los jefes Géminis son propensos a tener dificultades en ciertos aspectos. Tienen algunos puntos débiles en los que deben trabajar para sacar lo mejor de sí mismos y de su profesión.

Los jefes Géminis tienden a cambiar de dirección y a modificar sus prioridades a lo largo del proceso. Son flexibles a la hora de gestionar estos cambios. Tienden a reaccionar rápidamente a los cambios, lo que puede llevarles a tomar distintas decisiones en poco tiempo. Pueden parecer indisciplinados e incoherentes con sus trabajadores. Aunque esta práctica puede tener la ventaja de mantener a los trabajadores en vilo, tiende a ser molesta y agotadora. Por eso, trabajar bajo las órdenes de un Géminis suele ser difícil. Los trabajadores pueden no saber qué esperar cada semana. Si usted es alguien que prefiere los métodos dogmáticos y convencionales de trabajo, es probable que le cueste sincronizarse con su jefe Géminis. ¿Usted o alguien que conozca conoce a alguien que trabaje bajo las órdenes de un Géminis? Fíjese en lo frenética que puede ser la rutina de trabajo bajo sus órdenes. Esta incoherencia es lo que puede hacer que un jefe Géminis sea menos eficaz como líder. Por mucho que intente mantener a todo el mundo en la misma línea, puede dejar a la gente atrás en el ajetreo. Si usted es un jefe Géminis, deberá tener mucho cuidado de no sobrecargar de trabajo a los que están bajo su mando. Intente trabajar en su coherencia si ve que dificulta la productividad de sus trabajadores.

Los jefes Géminis son siempre propensos a distraerse. Solo les va bien en el trabajo cuando están entregados y preocupados por este. Si no consiguen mantenerse motivados en un proyecto, es probable que busquen esa emoción en otra parte. Esto puede llevar a decisiones descuidadas y mal calculadas, que pueden resultar dolorosas para los trabajadores y el propio proyecto. La dilación, los viajes al azar y los retrasos en las reuniones pueden hacer que un jefe Géminis sea despedido por sus superiores. Para hacer frente a este defecto, los jefes Géminis deberían contar con un asistente personal o un empleado cuyo trabajo consista en mantenerlos en el buen camino y deshacerse de cualquier distracción. Una buena amistad con una persona igualmente motivada en el trabajo también puede evitar que un Géminis se extravíe. Aparte de esto, los propios Géminis deberían continuar con sus costumbres alegres en el trabajo para mantenerse interesados y dedicados.

Sabemos que los jefes Géminis no son los líderes perfectos. Por eso, necesitan un equipo excepcional y el entorno adecuado para liderar un proyecto. Si trabaja en una oficina o empresa bajo el mando de un jefe Géminis, puede estar seguro de tener un día emocionante y excitante, pero también puede resultar difícil tratar con ellos a veces. En esas situaciones, la mejor opción es ir a hablar tranquilamente con su jefe Géminis. Son personas que saben escuchar, son empáticas y atenderán cualquier preocupación que tenga. Si algo hemos aprendido es que los jefes Géminis y sus trabajadores deben trabajar por igual para ser compatibles entre sí.

Es más que probable que los Géminis no acaben convirtiéndose en el jefe de ningún equipo en su carrera profesional. En esos casos, pueden acabar siendo empleados y colaboradores en un proyecto. Conocer su compatibilidad con todo el mundo puede ser agotador y casi imposible, pero nosotros se lo ponemos más fácil, ya que en esta sección, analizamos la compatibilidad de los Géminis con otros signos astrológicos en el ámbito laboral.

La primera compatibilidad que comprobaremos es entre Géminis y Aries. Los Aries son personas nacidas entre el 20 de marzo y el 19 de abril. Normalmente, Géminis y Aries se llevan muy bien. Ambos tienden a tener personalidades extremadamente enérgicas y aventureras. Si están motivados por la misma causa, lo más probable es que tengan puntos en común y trabajen juntos, pero puede haber casos en los que Géminis y Aries encuentren problemas para trabajar juntos en una sociedad. Cuando trabaje con un colega Aries, Géminis deberá tener cuidado de mantener su espacio en el trabajo profesional. Como ambos tienen personalidades curiosas, es probable que choquen con el trabajo del otro cuando trabajen en el mismo proyecto. Al compartir sus ideas con un Aries, un Géminis debe tener cuidado de presentar solo un extracto de conceptos. Mantener largas discusiones sobre diversas ideas puede llevar a una gran pérdida de tiempo, ya que Aries podría no tomarse las cosas en serio.

Los Géminis tienen mentes creativas e inquisitivas, lo que puede ayudarles a tener ideas brillantes. Por otro lado, Aries es una persona enérgica que podría hacer un excelente trabajo para llevar a cabo los planes que un Géminis concibe. Al complementarse mutuamente y rectificar los errores del otro, Aries y Géminis pueden formar una asociación profesional saludable. Si usted es un Géminis con una idea de negocio interesante, le conviene asociarse con un Aries para llevar a cabo el trabajo. En cuanto a la profesión, Aries y Géminis trabajarán juntos muy bien como vendedores o comerciantes.

Los nacidos entre el 19 de abril y el 29 de mayo pertenecen al signo astrológico de Tauro. Cuando se trata de trabajar con un Tauro, Géminis puede tener ganas de abandonar la asociación al instante. Los Tauro suelen ser trabajadores, precavidos y pragmáticos. Son dogmáticos en la forma de hacer las cosas. Por otro lado, los Géminis son personas aventureras y creativas que buscan la emoción en el trabajo. Ambos parecen tener personalidades opuestas. Mientras que un Géminis preferirá la multitarea, un Tauro se ceñirá estrictamente a sus reglas de realizar una tarea a la vez. Del mismo modo, un Tauro podría no acoger la apertura de miras que puede ofrecer un Géminis. En la práctica, puede ser muy difícil construir y alimentar una asociación saludable entre Géminis y Tauro en el trabajo, pero al poner sobre la mesa ideas opuestas, pueden beneficiarse mutuamente. Por ejemplo, un Géminis podría trabajar en nuevas ideas creativas para la comercialización de un producto, mientras que un Tauro gestionará las agitadas actividades cotidianas como las cuentas, los pedidos, las finanzas, etc.

Como hemos dicho antes, Géminis es un signo de dualidad. Por lo tanto, tener dos Géminis a bordo equivale a tener cuatro personas en su equipo. Una asociación entre dos Géminis podría dar lugar a mucha confusión y discusiones. Los dos Géminis funcionarán como una máquina de crear ideas. Nunca se le acabarán las ideas con dos Géminis en su oficina, pero es igualmente probable que ambos debatan sobre cuál, de las muchas ideas que se les ocurran, será la perfecta. Para una tercera persona, dos Géminis trabajando juntos podrían parecer dos hermanitos que se pelean por el último trozo de pastel, pero estos compañeros Géminis prosperarán en condiciones de fanatismo. Para poder colaborar eficazmente, un equipo de dos Géminis necesitará un supervisor. La pérdida de entusiasmo en el trabajo significará una caída en la productividad de los dos Géminis. Si usted es un Géminis en un trabajo con otro Géminis, siempre puede cambiar de tareas en lugar de morir de aburrimiento.

Las personas nacidas entre el 21 de junio y el 22 de julio nacen bajo el signo astrológico de Cáncer. Si pensaba que Tauro era lo opuesto a Géminis, estaba ligeramente equivocado. Los Cáncer son personas que prefieren la seguridad y las certezas a cualquier otra cosa. Tienden a ser conservadores y de naturaleza introvertida cuando conocen a gente nueva. Conocer a un Géminis puede ser una experiencia abrumadora para un Cáncer, especialmente si el Géminis se encarga directamente de los objetivos a largo plazo mientras que el Cáncer se centra en las ideas y otras actividades cotidianas. Un defecto de esta asociación es que ambos son propensos a pasar por alto pequeños errores que pueden comprometer el éxito del proyecto.

Los Capricornio son personas nacidas entre el 21 de diciembre y el 21 de enero. Los Capricornio son personas constantes, regulares, sinceras y profesionales, especialmente en su línea de trabajo. Son muy estrictos con los plazos y se esfuerzan por cumplirlos. Además, los Capricornio exigen respeto a sus compañeros. Reaccionan rápidamente ante los insultos y las bromas. Al mismo tiempo, saben apreciar a los demás cuando ven una dedicación sincera y productividad.

Una relación laboral entre un Géminis y un Capricornio es poco probable que funcione debido a la diferencia de personalidades. Es necesario ser respetuoso para trabajar con un Capricornio. Como Géminis tiende a ser hablador, es muy probable que moleste a Capricornio. Una broma casual por parte de Géminis puede dificultar la sociedad, pero si tanto Géminis como Capricornio se entienden y son considerados, pueden conseguir grandes logros juntos.

Los nacidos entre el 21 de enero y el 20 de febrero pertenecen al signo astrológico de Acuario. Acuario es reconocido por sus visionarios y pensadores. Creen que la pura voluntad es la fuerza motriz más fundamental de cualquier logro. Están sinceramente dedicados a su visión y no se detienen ante ningún obstáculo que pueda interferir. Estas cualidades hacen que la asociación entre un Géminis y un Acuario sea imparable. Tanto Géminis como Acuario aspiran a lograr una serie de cosas en sus vidas. Mientras que Géminis puede carecer de motivación para trabajar, los Acuario son las personas perfectas para rellenar su depósito. Esta pareja puede aportar muchas ideas influyentes. Si ambos, Géminis y Acuario, están en sintonía, pueden alcanzar un éxito increíble. Un defecto de esta pareja es la falta de sentido práctico y el exceso de idealismo. Tanto Acuario como Géminis tienden a flotar en una piscina de pensamientos increíbles, pero les falta cuando se trata de una planificación y ejecución meticulosas. Esto puede llevar a desperdiciar mucho trabajo. Sin embargo, es probable que tanto Géminis como Acuario se lleven bien y alcancen el éxito con optimismo mutuo. La mejor colaboración entre ambos será cuando Acuario se encargue de los proyectos a largo plazo, mientras que Géminis se ocupa de las actividades cotidianas.

Los Piscis son personas nacidas entre el 20 de febrero y el 20 de marzo. Al igual que los Tauro, los Piscis son personas introvertidas a las que les gusta trabajar en silencio en proyectos creativos. Mientras que Géminis puede relatarles su vida, Piscis seguirá siendo reservado y misterioso para sus colegas. Esto puede no ser bueno para la asociación con un Géminis, que se aburrirá y desmotivará para trabajar con su colega. Los Piscis también exigen libertad en el trabajo. Esto no es una buena noticia para su compañero Géminis porque se quedará sin con quien discutir o planificar. En general, los dos signos no son compatibles para trabajar juntos, pero tanto Géminis como Piscis son conocidos por ser personas creativas. Si sus ideas y su imaginación coinciden de alguna manera, una asociación entre ellos puede funcionar. Con el compromiso y la comprensión mutua, ambos pueden formar equipo para llevar a cabo una tarea.

Aunque los signos astrológicos pueden o no ser compatibles a veces, uno siempre puede trabajar en la relación con el otro a través del compromiso y la comprensión mutua. Si usted es Géminis, intente acercarse a sus compañeros de Tauro y Capricornio. Siéntese y hable con ellos. Ninguna relación es imposible.

En este capítulo, hemos hablado ampliamente de las posibles carreras perfectas para los Géminis. También vimos la posible compatibilidad con sus compañeros en su trabajo, según su signo astrológico. El propósito de este capítulo era informarle más sobre usted y los demás como compañeros de trabajo. Recomendamos encarecidamente a nuestros lectores que utilicen las enseñanzas para entenderse entre sí y encontrar formas de trabajar juntos.

Capítulo 7: ¿Qué necesitan los Géminis?

Al tener una personalidad tan complicada, en la que suele haber más de dos personas, los Géminis pueden confundirse a menudo. Como se mencionó en los capítulos anteriores, estos obstáculos pueden dificultar sus experiencias como niños, en el trabajo y como amantes. Aunque todos los rasgos de la personalidad, ya sea de un Géminis o de cualquier otro signo del zodiaco, deben tomarse como una fortaleza y celebrarse, a menudo pueden dificultar las cosas cuando no se depuran o se modifican de acuerdo con su situación. Por ejemplo, si alguien tiene una relación duradera, no puede rehuir del compromiso porque llega un momento en que el destino de la relación depende de las actitudes hacia el compromiso. A veces, la gente no se da cuenta del impacto que sus características pueden tener en una persona o en una situación.

En este libro hemos tratado las actitudes y acciones de Géminis en el trabajo, en una reunión social, como niño y como amante. También hemos hablado de la compatibilidad de los Géminis con otros signos del zodiaco, lo que les permite manejar sin problemas su vida amorosa y elegir a sus parejas después de informarse sobre lo que les ofrecerán y cómo les afectarán, pero aún no hemos hablado de cómo un Géminis puede trabajar con las partes difíciles de su personalidad. Este capítulo está diseñado para hacerlo. Aquí exploraremos varios consejos que pueden permitir a un Géminis ser un mejor ser humano haciendo hincapié en los rasgos que pueden dar lugar a problemas o tensiones. También analizaremos este aspecto desde la perspectiva de un amigo o un ser querido. Exploraremos cómo pueden ayudar a un Géminis a sortear esos rasgos de personalidad y a crear una situación mejor. Esto también les informará de las expectativas que deben tener en cuenta durante una interacción con un Géminis.

Para Géminis

- ### Utilice su inteligencia

Los Géminis son individuos dotados con un gran intelecto. Están equipados para pensar mejor que la mayoría de la gente y tienen un coeficiente intelectual más alto que la mayoría de las personas. Al ser un signo de aire, son muy rápidos para pensar y son grandes aprendices, pero no tienen sentido de la organización a pesar de este don. Su personalidad inteligente y encantadora puede permitirles alcanzar un gran éxito en su vida futura, pero esto se ve comprometido cuando procrastinan y no se comprometen a largo plazo. Aquí es donde tienen que utilizar su inteligencia y tomar sus decisiones de forma estratégica. La planificación y la estructuración de su futuro pueden salvaguardarles de los giros inesperados y de los baches que les depara la vida. Su espontaneidad y su carácter aventurero son un rasgo que define su personalidad, pero solo deberían explorarse en situaciones en las que no se enfrenten a una consecuencia significativa. Conseguir un trabajo bien remunerado puede ofrecerles la oportunidad de explorar más países y experimentar más cosas. Deben trazar claramente una línea en la que este comportamiento aventurero sea aceptable y no comprometa la calidad y las oportunidades de su vida.

- ### No tema a las emociones

Los Géminis tienen una personalidad con dos facetas, lo que puede hacer que se contradigan. También tienen una personalidad extrovertida, que les permite conocer gente y experimentar cosas que alguien de otro signo del zodiaco podría perderse. Su personalidad despreocupada les permitirá ser un buen compañero de trabajo y una persona accesible, pero a Géminis no le gustan las conexiones emocionales. Este rasgo puede ser apreciado a veces, pero también puede hacer que se pierdan amistades y relaciones que necesitan un cierto sentido de reciprocidad emocional. Aunque valorar el intelecto por encima de las emociones es estupendo para las discusiones, es necesario introducir una pizca de emociones en las relaciones y la amistad. Necesitan estar emocionalmente presentes para apaciguar a otras personas y hacerles sentir que importan. Esto les permitirá mantener los vínculos durante mucho tiempo.

- No sea indeciso

Al ser un signo mutable, Géminis suele cuestionarse las decisiones. Una personalidad les sugiere que sí, mientras su otra personalidad les empuja a no tomar la decisión. Esta indecisión también nace del miedo a las repercusiones si toman la decisión equivocada. Los Géminis deben dejar de lado este miedo y permitir que su rasgo aventurero supere su miedo a errar la decisión. Si un Géminis tiene una fuerte intuición que favorece una decisión sobre otra, debe seguirla.

- Controle su mal humor

El comportamiento malhumorado también es producto del rasgo de personalidad de gemelos de Géminis. Es posible que cambien de una decisión a otra y que cambien sus emociones con regularidad, pero no hay que confundir esto con una tendencia «bipolar»; es solo que pueden cambiar rápidamente su forma de pensar. Este comportamiento puede llegar a cambiar el plan de una cita en el último momento, pero este comportamiento no se limita a cambiar de planes. Un Géminis necesita tener en cuenta las emociones de los demás cuando hace cambios repentinos y cuando experimenta cambios de humor.

- Mantenga el sarcasmo al mínimo

Los Géminis son personas rápidas e ingeniosas con un gran sentido del humor. Por eso se llevan bien con mucha gente y pueden ser el centro de atención donde vayan. Su humor también emplea mucho sarcasmo que puede ser malinterpretado por muchas personas. Un Géminis debe ser considerado para no ofender a nadie. Puede disminuir el sarcasmo cuando note que está en un entorno en el que el sarcasmo podría no ser comprendido del todo. En cambio, puede mantener una conversación divertida y alegre y permitir que su humor sea relativamente suave.

- No guarde secretos

Todas las personas tienen secretos que se esfuerzan por ocultar de la gente. La gente no se enorgullece de esto, pero la decisión de contar estos secretos o guardarlos depende exclusivamente de la persona. Uno debe darse cuenta de que, al revelar los secretos, en cierto modo se está liberando del miedo, la restricción o la ansiedad que pueden causar. Los Géminis, al ser muy felices y estar desconectados de las emociones, tienden a tener muchos secretos. Mantener estos secretos puede ser muy agotador emocionalmente y puede consumir mucha energía. Los Géminis podrían perderse la oportunidad de vivir plenamente sus vidas únicamente porque tienen demasiado miedo de revelar sus secretos. Abrirse emocionalmente a la gente y compartir sus secretos personales permitirá a Géminis vivir la vida de forma más aventurera y libre que antes.

- Prepárese antes de una reunión

Los Géminis necesitan conversaciones intelectualmente estimulantes para vibrar. Por lo tanto, prepare un diálogo ingenioso o divertido para que Géminis se interese por usted. Esto también hará que esté en la misma onda que Géminis. Si no tiene nada preparado, no se preocupe. Simplemente hágale preguntas a Géminis a partir de la conversación que lleven. Las preguntas atraen la curiosidad de Géminis, y le harán partícipe de la conversación. Puede utilizar este consejo para conocer mejor a un Géminis y hacerse amigo suyo.

- ## Sea tolerante

Géminis es un signo mutable; su doble personalidad puede hacerlos parecer a menudo seres humanos incoherentes. Como ya hemos dicho, pueden tener cambios de humor y cambiar de planes repentinamente. Su tendencia a decir una cosa y hacer otra puede frustrar a mucha gente, especialmente a sus allegados, pero los amigos tienen que aceptar a un Géminis como es y fijarse en los rasgos positivos. Este rasgo de doble personalidad también significa que los Géminis son seres humanos muy adaptables que reforman sus actitudes para encajar con diferentes personas. Por ejemplo, en un ambiente elegante, pueden presentarse muy cuidadosos, mientras se muestran muy alegres y ruidosos con su grupo de amigos.

- ## Ignore el comportamiento inmaduro

A los Géminis les encanta ser el centro de atención y disfrutan haciendo reír a la gente. Aunque son personas muy intelectuales, pueden ser tontos y ruidosos en un entorno social, como en las fiestas. Muchas personas pueden percibir sus gestos divertidos como superficiales y excesivamente coquetos. Intentarán activamente impresionar a la gente y conseguir que se rían, pero quienes no comparten su mismo humor podrían molestarse. Si un Géminis no logra reprimir su humor sarcástico en ciertos entornos, las personas a las que no les gusta ese comportamiento deberían intentar ignorarlo. Si sus acciones le molestan, desvíe su atención a otro lugar o a otra cosa. Géminis no tiene la intención de molestar u ofender a la gente, así que trate de entenderlo y no se lo eche en cara.

- ## Tienen otros amigos

Los Géminis son personas muy extrovertidas por naturaleza, y esto se ha comprobado y verificado a través de pruebas e investigaciones. Les encanta entablar conversaciones e interactuar con los seres humanos. Siempre están al acecho de los cambios y pueden aburrirse fácilmente de las relaciones y las personas. Por ello, debe tener un número considerable de amigos y conocidos, y no depender en exceso de la compañía de un Géminis. No debe sentirse ofendido si un Géminis no responde a sus llamadas o a sus mensajes de texto porque puede estar ocupado en otra aventura. Volverá cuando sienta que es el momento adecuado.

- ## No le cuente sus secretos

Compartir un secreto con un Géminis es una mala decisión. Pensar que un Géminis guardará su secreto hasta el fin de los tiempos es una percepción errónea. Al ser muy sociable e interactuar con mucha gente, el secreto podría escapársele intencionalmente o no. Si es intencional, no será por malicia, sino porque es un chisme demasiado interesante para no discutir con alguien más.

Estas son algunas cosas que un amigo de Géminis debe tener en cuenta. El propósito de estos consejos es suavizar la relación que tiene con un Géminis para que cualquier discusión o malentendido pueda ser identificado y solucionado fácilmente. Estos consejos le permitirán fortalecer el vínculo y entender a Géminis a un nivel mucho más profundo que cualquier otra persona.

Conclusión

Empezamos con el fenómeno del horóscopo y terminamos con una nota positiva sobre cómo las relaciones podrían prosperar si la gente tomará en cuenta sus signos del zodiaco. Como puede confirmar ahora, el zodiaco es mucho más de lo que la gente supone en un principio. Todo el funcionamiento interno se ha expuesto en la introducción. Los lectores deben familiarizarse con la introducción, ya que puede extrapolarse a todos los signos de la rueda del zodiaco. La mejor parte de la información se ha resumido como detalles importantes en la introducción para no comprometer la legibilidad. La información sobre los planetas regentes, las casas, las cúspides, las cartas natales y las piedras preciosas se ha cubierto para mostrar la forma de operar interna de los astrólogos. Se requiere una inmensa cantidad de aplicación matemática por parte de los astrólogos para hacer una sola interpretación. Después de leer esta guía, los Géminis pueden confirmar que hay algo de verdad en todas las interpretaciones.

Esta guía se ha centrado en los diferentes perfiles tratados en el libro. Desde el nacimiento de un ser humano pasando por su vida entera, todos los perfiles han sido discutidos con gran detalle. Se ha dedicado un capítulo entero a cada perfil para poder aclarar todas las diferentes perspectivas sobre dicho perfil.

Esta guía ha intentado abarcar las dos perspectivas que existen en torno a este signo. La primera es sobre Géminis en sí, y la segunda es sobre las percepciones de los otros signos. Esto hace que la guía sea más completa que cualquier otro recurso disponible de un tema similar. ¡Esta es la guía definitiva del signo zodiacal conocido como Géminis!

Cuarta Parte: Cáncer

La guía definitiva de un signo del zodiaco increíble en la astrología

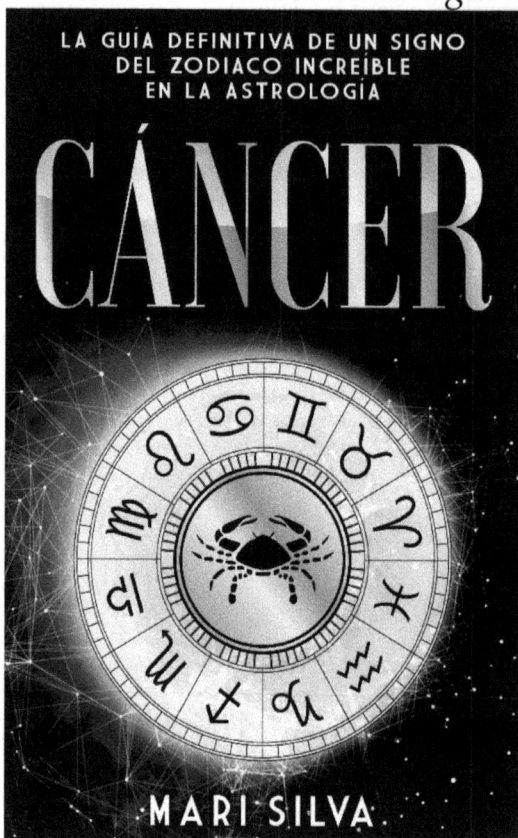

Introducción

Tal vez esté interesado en la astrología desde hace años, o incluso décadas, pero nunca ha ido más allá de la información genérica que aparece en los periódicos y en Internet. Esta guía definitiva le guiará por todas las estaciones y elementos principales de la vida de un canceriano. Prepárese para comprender su signo o el de alguien cercano a usted y entender lo que realmente significa ser un Cáncer. No solo ha nacido entre el 21 de junio y el 22 de julio; es más que un cangrejo que puede ser un poco sensible. En la astrología intervienen muchos elementos, y las lecturas del horóscopo diario son solo la guinda de un enorme helado.

El universo está en constante movimiento, y el flujo y el reflujo de la vida diaria sienten un poco de ese movimiento. La astrología es una mezcla de ciencia, creencias y fenómenos que ha despertado una intriga desenfrenada en todo el mundo durante siglos. La astrología está recuperando bastante de su antiguo furor, y la gente está empezando a cuestionar o preguntarse sobre el alcance de la ciencia que hay detrás de algo que parece divertido y desenfadado. La astrología puede informarle sobre su personalidad, su proceso emocional e incluso sobre cómo puede interactuar con otras personas. Este libro es una gran manera de profundizar en cada elemento de ser Cáncer o de tener un Cáncer en su vida. Utilícelo como una oportunidad para explorarse a sí mismo, comprender las diferentes facetas de su personalidad, aprovechar sus puntos fuertes y superar sus debilidades naturales. Los Cáncer son personas realmente únicas que pueden enfrentarse a la adversidad, dar su sincera simpatía y sacar una gran fortaleza de su interior que tal vez no sabían ni que existía. Siga leyendo para saber más sobre el signo Cáncer.

Capítulo 1: Historia del zodiaco y de Cáncer, el gran cangrejo

A lo largo de los años hemos perdido infinidad de conocimientos, pero un elemento de la vida cotidiana que está resurgiendo es el zodiaco. La comprensión de los cielos, los movimientos de los cuerpos celestes y el impacto del universo en nuestras vidas cada día está volviendo a llamar la atención. El zodiaco recibe muchos nombres. También se le conoce como zodiaco occidental, ya que existe el zodiaco oriental o el zodiaco chino. Los doce signos que componen el zodiaco occidental, también se llaman casas, en referencia a los signos del Sol y de la Luna. Estas fluctuaciones de nombres son relativamente conocidas, pero son el mejor punto de partida.

A lo largo de este texto, tendrá la oportunidad de conocer el cuarto signo, Cáncer. Nos referiremos al zodiaco occidental como "el zodiaco" para simplificar las cosas mientras nos sumergimos en los complejos matices de lo que significa regirse bajo un signo lunar, cómo el término "cardinal" le afecta a usted o a sus seres queridos, y qué es tan singular en este signo de agua.

Para empezar, vamos a introducirnos en el proceso mediante la ciencia y la historia que hay detrás del zodiaco. La astrología sigue siendo una ciencia. Se centra en los movimientos de los cuerpos celestes, pero se adentra en el terreno de la teoría y analiza el impacto en los asuntos humanos en el mundo natural. Afortunadamente, la mayor parte de las investigaciones realizadas al respecto fueron iniciadas hace miles de años por algunos de los mejores astrólogos y astrónomos de las antiguas civilizaciones de nuestro mundo.

¿Cómo surgió el zodiaco?

A principios del primer milenio, los astrónomos babilónicos dividieron los cielos entre los signos zodiacales de la eclíptica. Suena complejo, pero esencialmente, en algún momento entre el año 1.000 y el 500 a. C., estos astrónomos comenzaron a observar cómo estos doce signos se movían por el cielo en diferentes posiciones a lo largo de las estaciones. Después de notar sus patrones, estos se convirtieron en la rueda del zodiaco tan conocida entre las personas que siguen la astrología. Esto dio origen a la astrología, pero muchas de las historias y creencias asociadas a estos signos, y a las constelaciones que son las casas del zodiaco, se remontan a estudios y fábulas griegas y egipcias mucho antes de Babilonia.

El primer indicador del uso de los planetas y las estrellas para entender nuestro mundo surgió de esos primeros estudios babilónicos. En la antigua Babilonia, los astrónomos, que en aquella época también se encargaban de la astrología, rastreaban los movimientos de Venus para identificar los presagios planetarios de malos tiempos o de buena fortuna por venir. Pero también sabemos que los egipcios empleaban el seguimiento planetario, señalaban las constelaciones y utilizaban los movimientos planetarios para tomar decisiones agrícolas. Babilonia recibe la mayor parte de la fama, ya que los egipcios no documentaron ampliamente sus procesos de rastreo ni respondieron a los movimientos. El principal cambio en el zodiaco occidental que dio lugar al sistema que conocemos y entendemos hoy en día tuvo lugar en el año 330 a. C. cuando Alejandro Magno conquistó Egipto; los astrónomos y el pueblo egipcio pudieron entonces trabajar juntos e intercambiar la información que encontraron de forma independiente sobre las matemáticas y la lógica. Juntos establecieron reglas estrictas, como la segmentación de las casas a treinta grados. También son responsables de dar sentido a la estructura circular del zodiaco que construyeron los babilonios. Con el tiempo, alinearon sus posiciones en el cielo con las estaciones y correlacionaron los movimientos con otras estrellas y los cambios planetarios. En este punto, los antiguos astrónomos sentaron las bases de lo que conocemos como elementos científicos y matemáticos de la astrología. Se han producido muchos avances significativos, pero las antiguas tradiciones acumuladas durante miles de años siguen vigentes.

Cabe destacar que las culturas egipcia, griega y babilónica no son las únicas responsables del zodiaco. La práctica hebrea, específicamente la Biblia hebrea, se alinea con muchos puntos de la astrología y es la razón principal de algunas de las características más conocidas de las personas nacidas bajo signos específicos del zodiaco. A diferencia de las otras culturas, los elementos hebreos del zodiaco se fijaban explícitamente en los signos del cuarto de hora o en los signos que afectaban directamente al cambio de las estaciones, en lugar de fijarse en los doce signos por igual. La contribución hebrea al zodiaco gira principalmente en torno a Leo, Tauro, Acuario y Escorpio. Pero el hecho de que estas enseñanzas no se centren en Cáncer no significa que sus investigaciones, estudios, historias y cultura no afecten a este signo. Thomas Mann escribió una novela titulada "José y sus hermanos" en la que analizaba las doce tribus de Israel, asignando a cada una de ellas una característica específica asociada a un signo singular del zodiaco. Las criaturas que representan a Leo, Tauro, Acuario y Escorpio aparecen como los cuartos de los signos en el Libro de Ezequiel. Reconoce que estos son los signos que se alinean con el año lunar del zodiaco. Un poco más adelante en este capítulo, evaluaremos estos, y también veremos mucho más de ello a lo largo del libro.

A medida que el zodiaco se desarrollaba y aparecía en más culturas por todo el mundo, la gente empezó a asociar rasgos y características de la personalidad con los diferentes signos del zodiaco. Esto se remonta a los tiempos de los egipcios y los griegos, cuando los signos representaban figuras celestiales que venían acompañadas de historias, fábulas e incluso de un culto divino. Los emblemas de los signos, los símbolos y las raíces que conocemos hoy en día son el resultado de toda esta rica historia que se ha unido a lo largo de los años. Un momento importante que unió estas observaciones y miles de años de estudio ocurrió en los siglos XV y XVI. En el siglo XV, los astrónomos empezaron a trabajar con *volvelle*, o dispositivos móviles, para calcular la posición del Sol y la Luna con respecto al zodiaco. Durante el siglo XVI, esos mecanismos se utilizaron para dar más fundamento a cada uno de los signos, y luego los artistas del siglo XVI comenzaron a crear representaciones pictóricas con esta nueva información.

Signos solares y signos lunares

Como resumen rápido, hay doce signos del zodiaco, también llamados signos solares. Debido a que sabemos más sobre la situación cambiante del Sol con las constelaciones y los cuerpos celestes, los signos solares se ven favorecidos, pero también existen los signos lunares y ascendentes.

Los doce signos del zodiaco occidental son Aries, Tauro, Géminis, Cáncer, Leo, Virgo, Libra, Escorpio, Sagitario, Capricornio, Acuario y Piscis. Cada nombre del zodiaco está relacionado con una constelación directa que coincide con las fechas en las que el Sol está en esa casa. Ganaron popularidad gracias al astrónomo Ptolomeo, que seguía los movimientos de las constelaciones en conjunción con la posición del Sol, está es una de las razones por las que nos referimos a ellos como signos solares.

Los Cáncer nacen entre el 21 de junio y el 22 de julio, cuando el Sol está en la casa de Cáncer, el cangrejo. Este libro va a profundizar en el funcionamiento exacto de los Cáncer y en cómo el mundo que les rodea puede impactarles en diferentes niveles. Cada persona ofrece una representación única de su signo solar. Sin embargo, también se ven afectados por su signo lunar, su signo solar ascendente y otros elementos astrológicos que van más allá de lo básico de su signo solar. Al leer esto, esperamos que pueda obtener una comprensión completa de cómo los cambios en la astrología y los principios fundamentales afectan su vida o la de un Cáncer que usted conoce.

Los signos lunares son un poco diferentes de los signos solares, y son mucho más difíciles de calcular. En el caso de un signo solar, basta con saber su fecha de nacimiento para conocer su signo zodiacal. Pero los signos lunares cambian constantemente; es necesario conocer su fecha de nacimiento y la hora de su nacimiento. A veces, incluso la diferencia de un solo minuto puede cambiar su signo lunar. Su signo lunar depende del cálculo de su fecha de nacimiento completa y del lugar y la hora para calcular la posición de la Luna en el momento exacto de su nacimiento. Muchas calculadoras en línea, rápidas y sencillas, hacen ese complejo trabajo por usted, siempre y cuando tenga la información básica.

Entonces, ¿qué hacen los signos lunares? Un signo solar se considera un indicador de la personalidad y, esencialmente, de su carga o frecuencia dentro del universo. Un signo lunar juega menos con su personalidad y más con sus emociones y la gestión de estas. Los Cáncer son notoriamente privados, pero también sensibles. Esa sensibilidad puede hacer que estén especialmente en sintonía con su signo lunar. Por ejemplo, alguien nacido el 30 de junio de 1995 a las nueve de la noche en Los Ángeles tendría como signo lunar a Leo. Tendría todos los rasgos de personalidad de Cáncer, pero procesaría sus emociones de una forma mucho más "Leo" y sería más probable que saliera de su caparazón de vez en cuando. Con una combinación Cáncer-Leo, esta persona podría sentirse menos autocrítica o no preocuparse tanto por lo que piensan los demás en comparación con una combinación Cáncer-Cáncer. Pero los rasgos de un signo lunar difieren ligeramente de las características del signo solar reflejado. Aquellos con el signo lunar de Cáncer estarían muy en sintonía con las emociones de los demás y probablemente serían muy comprensivos, un empático en la vida real.

El último de los signos del zodiaco que merece bastante atención es el signo ascendente. Se trata de una forma de su signo solar que se correlaciona con su estilo exterior o con lo que proyecta al mundo que le rodea. Si su signo solar es la energía o vibración que tiene en conexión con el universo, entonces el signo solar ascendente es la vibración o frecuencia que emite específicamente cuando está cerca de los demás.

El cálculo de un signo ascendente también requiere conocer su lugar y hora de nacimiento. El ejemplo que utilizamos anteriormente de la persona nacida el 30 de junio daría como resultado un signo ascendente en Capricornio. Eso significa que el signo de Capricornio estaba elevándose con respecto a la posición del Sol en el momento del nacimiento de esta persona. De nuevo, el signo ascendente representa la versión más social de su personalidad. Según el ejemplo, la persona podría tener un mayor sentido de la responsabilidad hacia el exterior. Una persona con un signo ascendente Cáncer podría ser tímida o recelosa con la gente nueva y podría buscar el aislamiento absoluto. Las personas de signo ascendente Cáncer suelen ser introvertidas por naturaleza o pueden estar extremadamente abajo en la escala de extraversión.

¿Cómo puede afectarle aprender sobre su signo solar?

Cuando la ciencia parece tan segura, pero las figuras de autoridad que la respaldan parecen poco fiables, muchas personas recurren al enfoque de la astrología, que ya ha sido probado. Una encuesta de la Fundación Nacional de Ciencias de 2014 indicó que más de la mitad de los millennials creen que la astrología es una ciencia.

Los fundamentos de las matemáticas y la lógica que impulsan la astrología juegan un papel más importante que otros elementos de la astrología con menos fundamento científico. Pero, aunque los elementos menos científicos de la astrología pueden ofrecer mucha información sobre la personalidad de una persona, sus preferencias de comunicación y sus enfoques diarios de la vida, se trata de una mezcla de diversión y ciencia. Eche un vistazo a cómo los movimientos celestes pueden haber afectado a su nacimiento, su infancia, su vida amorosa, su trayectoria profesional y muchos otros elementos de su vida.

Tener un cónyuge, un amigo, un hijo, un hermano o incluso un compañero de trabajo nacido bajo el signo de Cáncer puede ser todo un misterio. Este es, sin duda, uno de los signos más intrigantes del zodiaco, y ofrece un encanto que atrae a las personas hacia lo desconocido. Las personas nacidas bajo el signo de Cáncer pueden ser fuertes, pero sensibles, y poseer todas las demás combinaciones oximorónicas. Si conoce a alguien que haya nacido bajo el signo de Cáncer, habrá visto cómo estos rasgos de personalidad opuestos funcionan a la perfección para dar lugar a una persona orientada a la acción, empática y productiva.

Al observar la historia de Cáncer y la constelación que representa esa casa, queda claro que hay muchos elementos fuertes, debilidades subyacentes y rasgos esencialmente humanos. La constelación de Cáncer, que en latín significa "cangrejo", se encuentra en el cielo del norte. Está situada entre Leo y Géminis, tiene una declinación de 20º al norte y cuenta con muchos cúmulos estelares, entre los que destaca la Colmena. La historia de la constelación se remonta a la mitología griega y en ocasiones se representa con un cangrejo de río o una langosta. Se cuenta que se trata del cangrejo que pellizcó a Heracles mientras luchaba contra la Hidra.

Tras pellizcar a Heracles, el cangrejo fue aplastado. Hera, la diosa de las mujeres, el matrimonio y la familia, era enemiga de Heracles y recompensó al cangrejo por su valiente esfuerzo colocándolo en el cielo.

Para mucha gente, el Zodíaco es un poco divertido, pero conocer las raíces de su signo, su posición, su elemento y otros detalles minúsculos puede ayudarle a entender partes de su personalidad. Conocer la información en profundidad sobre los signos del zodiaco puede ayudar a comprender la vida de las personas nacidas bajo cada signo. La historia del zodiaco, los movimientos del cielo y las historias relacionadas con las constelaciones se entretejen en todo el zodiaco y tienen una gran importancia en nuestras vidas. ¿No es de extrañar que un signo celebrado por Hera represente una naturaleza maternal? A lo largo de este libro, usted obtendrá una mirada en profundidad a las diferentes etapas que un Cáncer atravesará en su vida y cómo usted, o su amigo, pueden sacar el máximo provecho de sus fortalezas naturales. Además de comprender y aprovechar esas fortalezas naturales de Cáncer, puede aprender a trabajar en torno a las posibles desventajas también.

Ser un Cáncer, o conocer y amar a uno, es algo extraordinario. Aquí aprenderá cómo son los Cáncer por sí mismos, una parte de su vida poco abordada. También tendrá la oportunidad de aprender más sobre los Cáncer cuando son niños, las carreras en las que prosperan y cómo les afecta la presencia siempre cambiante de los cielos y la energía circundante.

Capítulo 2: Aspectos básicos de Cáncer

Todo lo que necesita saber sobre los aspectos básicos de Cáncer en la astrología está en este capítulo. Aunque gran parte de esta información es de conocimiento común, usted tendrá la oportunidad de evaluar la información asociada con estos elementos básicos que a menudo se pasan por alto en línea o incluso en la mayoría de los libros del horóscopo. ¿Qué significa ser un signo de agua? Puede que sepa que es un signo cardinal, pero ¿qué es eso y cómo afecta a su vida?

Estas son las preguntas que esperamos discutir mientras revisamos los aspectos fundamentales del signo de Cáncer dentro de la astrología y comenzamos nuestra inmersión profunda en el estilo de vida de Cáncer.

Los aspectos fundamentales de la vida de Cáncer

Cáncer es el signo del gran cangrejo, es el cuarto del círculo zodiacal y es exclusivo para los nacidos entre el 21 de junio y el 22 de julio.

Un resumen de todos los aspectos fundamentales de Cáncer:

- Nacidos entre el 21 de junio y el 22 de julio
- Regido por la Luna
- Elemento de agua
- Cardinal
- Representa el pecho o el torso

Por supuesto, ser Cáncer conlleva muchos otros aspectos fundamentales. Es probable que, como Cáncer, posea varios rasgos positivos asociados a este signo, como un gran sentido de la lealtad, una poderosa intuición y una naturaleza empática. También es posible que experimente los inconvenientes naturales, como el mal humor, el pesimismo y la desconfianza hacia los que le rodean.

La vida de Cáncer siempre vuelve a estos elementos básicos. Los rasgos positivos, las debilidades y las relaciones tienen su origen en el elemento de Cáncer, su planeta regente, su cualidad e incluso en sus colores o cristales de poder.

¿Qué significa una posición cardinal?

Incluso aquellos que siguen el horóscopo o el zodiaco a menudo descuidan la posición o el elemento de cualidad de su signo. Los Cáncer están en una posición cardinal u ofrecen una cualidad cardinal, lo cual es importante no solo para la historia del signo sino también para los dos elementos centrales de la mayoría de las personalidades cancerianas.

Los elementos comunes de la personalidad de los signos cardinales incluyen:

- Capacidad para superar los retos con facilidad
- Afinidad y perspicacia en el enfoque práctico
- Son percibidos como líderes naturales

Dentro del zodíaco, hay cuatro signos cardinales: Aries, Cáncer, Libra y Capricornio. Se les identifica como signos cardinales porque son de carácter reactivo o significativo, porque marcan el punto de inflexión de una estación. La palabra misma, cardinal, proviene de la palabra latina que significa importante, y estos signos ocurren en momentos clave que fueron muy importantes para las civilizaciones antiguas. Aunque ahora no pensamos mucho en el cambio de estación, el comienzo del solsticio de verano era un momento crucial del año para casi todas las civilizaciones antiguas que contribuyeron a la astrología.

El solsticio de verano tiene lugar el 20 de junio, y la casa de Cáncer lo asume al día siguiente. En los antiguos calendarios griegos, era evidente que el solsticio de verano y la entrada en la casa de Cáncer eran importantes para la cultura. El solsticio de verano iniciaba una cuenta atrás de un mes para los Juegos Olímpicos, daba lugar al Festival de Cronos, y durante este tiempo de cambio y celebración, la estructura social griega era completamente ignorada. Todos, desde la realeza hasta los esclavos, participaban abiertamente en las celebraciones. Las tradiciones paganas para el solsticio de verano eran en pleno verano, e incluso las tribus de nativos americanos tenían celebraciones y tradiciones de solsticio.

Ser un signo cardinal y entender las muchas celebraciones que ocurrían en esta época del año es importante porque explica mucho de la personalidad de Cáncer. Los Cáncer son conocidos por tener una naturaleza vacilante; a menudo cambian de opinión y sus emociones tienden a fluir con mayor variedad que los signos no cardinales. Los Cáncer pueden desconfiar del cambio cuando lo ponen en marcha otros, pero cuando están al mando, el cambio es contundente, aunque posiblemente sea temporal.

Dentro de los cuatro signos cardinales, hay otra división. Cáncer se considera el pozo emocional o el corazón de los signos cardinales. Cáncer ya está impulsado por las emociones como signo de agua, y como signo cardinal de agua, los cancerianos llevan al límite los sentimientos y la comunicación.

El elemento Cáncer – Agua

Al tener doce casas, cada uno de los signos astrológicos está unido a un elemento. Cáncer, el signo del cangrejo, está unido al elemento agua. Normalmente, los signos de agua son emocionalmente sensibles y generalmente se protegen a sí mismos, lo que se relaciona con su naturaleza sensible. Deben estar seguros de su base emocional y tomar decisiones que no tienen mucho sentido para los demás, porque los cancerianos miran todos los ángulos posibles antes de decidir qué hacer.

Los rasgos clave de los signos de agua:
- Extremadamente observadores
- Una intensa conexión emocional
- A menudo se pierden en sus pensamientos (los Cáncer tienden a perderse en el pasado)
- Anhelan la inclusión
- Misteriosos
- Pensadores creativos e innovadores

A menudo, los signos de agua se orientan hacia las artes y las ocupaciones útiles que pueden ayudar a los demás. Pero ¿por qué el agua? Cáncer, representado por el cangrejo, parece estar muy a gusto en el agua. La Tierra es habitable gracias al agua, y nos relacionamos con ella todos los días a través de la humedad, la nieve, el vapor y, por supuesto, el agua en estado líquido.

Los signos de agua pueden carecer de dirección, sentirse apáticos y perderse en la toma de decisiones. La posición cardinal de Cáncer hace que las ventajas de los signos de agua sean primordiales, a la vez que mitiga muchos de los inconvenientes. Otros signos de agua como Escorpio pueden tender a carecer de dirección, pero la posición cardinal de Cáncer los empuja con un impulso considerable. Los Cáncer pueden cambiar y son indecisos a veces, pero no hay vacilación a la hora de tomar decisiones ni sensación de desgana cuando deciden hacer algo.

Los signos de agua también son conocidos por estar en sintonía con sus emociones. Una vez más, sus experiencias con las emociones dependen de su posición dentro del Zodíaco. Como elemento de agua en posición cardinal, los Cáncer están sometidos a muchos cambios emocionales y a una gran receptividad. Para ofrecer una analogía con otro signo astrológico, Piscis también es un signo de agua, pero está en el mutable. Cuando se trata de la combinación de agua y la posición mutable, los Piscis tienden a ser emocionalmente estáticos y, más que receptivos, asistivos. Así que Piscis, en un momento dado, dejaría de escuchar y se apresuraría a hacer lo que cree que es mejor, mientras que los Cáncer tienden a escuchar los problemas y a ofrecer pocos consejos, sino más bien a dejar que la persona necesitada tome la iniciativa.

Planeta regente

Aunque la Luna no sea necesariamente un planeta, es vital para el signo de Cáncer y su contribución a la astrología es fundamental. Dentro de la astrología, la Luna es reconocida como el elemento que más rápido se mueve en el universo en términos de movimiento relativo. Como planeta de movimiento rápido, la Luna es conocida por su tendencia al cambio, y afecta en gran medida a la carta estelar única de cada persona. La astrología lunar es un elemento vital de la astrología en general, y como mencionamos en el capítulo uno, la Luna no es solo un planeta reconocido en la astrología. También tiene un signo lunar asignado.

La Luna representa todas las cosas que encontraríamos dentro de nosotros mismos, como las preferencias, las aversiones, los miedos, las emociones y el alma misma. Como signo regido por la Luna, los Cáncer son conocidos por su naturaleza amante de la paz y su capacidad para comprender las emociones dentro de sí mismos y de los demás.

Si se siente decepcionado con la Luna como planeta regente, vamos a sumergirnos directamente en el alto nivel de importancia que la Luna juega dentro de la astrología. En primer lugar, la Luna comienza su punto de partida en Cáncer, empieza en la cuarta casa y termina en Escorpio. Esto significa que Cáncer es el primer signo lunar y Escorpio el último. En segundo lugar, la propia Luna es más propensa a experimentar interacciones con asteroides o meteoros, dado que carece de atmósfera. Esto significa que está muy alejada de cualquier otra entidad celeste, siendo su único pariente cercano el Sol.

Por último, el Sol y la Luna tienen más relaciones en la astrología de lo que la mayoría de la gente imagina. Hemos mencionado que hay signos solares y signos lunares. También mencionamos que tanto el Sol como la Luna carecen de atmósfera, lo que los diferencia de cualquier otra entidad celeste. Nuestro punto final en la importancia de la Luna como planeta regente y específicamente como planeta regente de Cáncer es que el Sol y la Luna no son competidores.

La Luna es una ayudante o un asistente del Sol. A través de las infinitas civilizaciones, existe una clara división entre la luz y la oscuridad. Pero es la Luna la que trae la luz a la oscuridad de la noche. Muchas fábulas y cuentos entrañables reconocen que la Luna y el Sol están estrechamente ligados porque la propia Luna refleja la luz del Sol y proporciona esa luz para interrumpir la oscuridad.

Con la Luna como planeta regente de Cáncer, los cancerianos estamos en una posición especialmente poderosa para desbaratar la oscuridad, forjar nueva luz y proporcionar un cambio rápido a los elementos internos que tenemos.

Varias casas

Cáncer está dentro de la casa de los estados de ánimo, la cuarta casa del zodiaco, y su planeta regente, la Luna, realza aún más esa presencia de las emociones. Esto se ve reforzado por su elemento agua, que se relaciona directamente con los sentimientos, y aún más por su cualidad de posición cardinal que lo vincula al cambio.

No todos los signos tienen esta gran acumulación de una característica singular o elemento central para su personalidad. Es bastante raro, lo que hace que los cancerianos sean realmente únicos. Están dentro de la casa de los estados de ánimo y las emociones, pero su planeta representa la conciencia emocional. Su posición indica tiempos de cambio, y su elemento es el ligado a la conexión emocional.

Los Cáncer tienen otra afinidad, la de la casa, la familia y el hogar. Los Cáncer suelen sentir un profundo apego al hogar o una profunda necesidad de crear un hogar propio. Suelen rodearse de las personas a las que aprecian, ya sean parientes de sangre o de otro tipo, y crean un ambiente hogareño allí donde aterrizan.

Colores de poder

En relación con la propia Luna, los colores de poder de Cáncer son el plateado, el crema, el gris y el blanco. No solo debería sentir una oleada de energía y positividad cuando lleve o se ponga estos colores, sino que los demás a su alrededor también deberían sentirlo.

Comprenda el significado de estos colores para alinearse mejor con sus colores de poder de Cáncer. El plateado representa en gran medida la gracia y la sofisticación, mientras que el crema o el beige representan la calma y la serenidad. Estos dos colores pueden ir bien en su espacio vital, así como en su armario.

Rasgos de personalidad de Cáncer

Con el signo Cáncer, es fácil ver cómo cada elemento del signo lleva a otro. Hay un fuerte sentido general de la emoción, la gestión del cambio y la atención introspectiva. El hecho de que Cáncer esté regido por la Luna como cualidad cardinal y que albergue la cuarta casa produce muchos rasgos de la personalidad de Cáncer que claramente tienen sentido.

Los Cáncer suelen ser emocionales, lo cual no es ninguna sorpresa. Pero algunos de los cancerianos más famosos han mostrado sus emociones de maneras drásticamente diferentes. Elon Musk es del signo Cáncer. Aunque trabaja en el campo de las ciencias más que en el de las artes, es evidente, por su apasionada forma de hablar y su presencia, que se rige en gran medida por las emociones. Pocos pueden olvidar el impacto emocional evidente en la cara de Elon Musk cuando su cohete fue un éxito.

El 14º Dalai Lama y Nelson Mandela son notables cancerianos que muestran la verdadera profundidad y complejidad de los rasgos de personalidad de este signo. La bondad de corazón, el amor por los demás y la conexión emocional con los demás en el mundo están presentes en estas dos destacadas figuras.

Al explorar la importancia de que el planeta regente de Cáncer sea la Luna, se hizo hincapié en que la regla de la Luna es arrojar luz en la oscuridad. Uno de los rasgos más asombrosos del zodiaco recae en Cáncer, y es su capacidad innata para despertar la felicidad en los demás incluso cuando ellos mismos no se sienten bien. Hay una larga lista de actores y artistas cancerianos que han hecho carrera gracias a este rasgo de la personalidad. El más destacado es Robin Williams. ¿Alguien más habría hecho películas tan emotivas como "Patch Adams", "Más allá de los sueños", "Aladino", "Jack", ¿o muchas otras a las que prestó su talento?

Otros artistas y comediantes que han utilizado su capacidad para dar felicidad y sumergirse en sus emociones son Patrick Stewart, Dan Aykroyd, John Goodman, Kristen Bell, Nicole Kidman y Meryl Streep.

Los cancerianos suelen ser tímidos y suelen necesitar mucho tiempo a solas. Sin embargo, se ven atraídos por los focos debido a su tendencia a ser líderes naturales y a su inclinación por la amabilidad y la positividad. La combinación de estos rasgos de personalidad puede hacer que las personas desempeñen funciones de liderazgo natural, como dirigir un hogar, una empresa o ayudar a la gente en su vida sin ningún título oficial de liderazgo.

Hay una mención especial para los nacidos dentro de los tres días siguientes al 21 de junio o al 22 de julio, lo que se conoce como la cúspide. Aunque sigue siendo Cáncer y todo lo que ha leído aquí sigue siendo válido para usted, puede estar ligeramente confundido o alterado dependiendo del signo cúspide. Normalmente, los de la cúspide Géminis-Cáncer tienen una versión mejorada de la mayoría de los rasgos de la personalidad de Cáncer y responden con mayor entusiasmo a los elementos básicos del signo de Cáncer. Suelen ser más leales y propensos a fluir entre emociones moderadas o extremas. Es casi como si la transición de la primavera al verano intensificara los elementos de cambio y de celebración del signo de Cáncer.

La cúspide Cáncer-Leo, que abarca del 19 al 25 de julio, es una historia diferente. Aunque estos cancerianos suelen ser empáticos y estar en sintonía consigo mismos, se ven compensados por el signo de fuego más puro. Cuando el emotivo Cáncer y el egoísta Leo se encuentran, se obtiene a alguien seguro de sí mismo y empático, pero posiblemente hasta el punto de ser demasiado entusiasta o incluso manipulador. Los nacidos en la cúspide de Cáncer-Leo pueden ser más propensos a tomar posiciones de liderazgo activo, impulsar el cambio e insertarse en causas que les interesan y que requieren una mano asertiva. Es una gran diferencia con la cúspide Géminis-Cáncer, que es tranquila, amable y sensible.

Es la culminación de la base misma del signo Cáncer, que dio lugar a muchos puntos fuertes cancerianos. Los rasgos de personalidad enumerados aquí no son fortalezas absolutas, pero pueden ser una fuerza positiva o un elemento negativo en la vida de Cáncer.

Capítulo 3: Los puntos fuertes de Cáncer

Motivados por una profunda conexión emocional, recargándose a través del tiempo íntimo que pasan a solas, y desarrollando relaciones familiares dentro de su círculo íntimo, son algunas de las formas de ver a las personas de Cáncer desde una perspectiva externa. Pero, al igual que un cangrejo, todo lo bueno está bajo el caparazón, y esa apariencia externa no prepara a nadie para lo que hay debajo. Los Cáncer son bien conocidos por sus fortalezas y apreciados como muchos de los personajes más compasivos y fuertes del zodiaco. Estas personas suelen ser muy buscadas y mantenidas como amigos para toda la vida debido a esta combinación de fortalezas.

Si ha nacido en la cuarta casa, estos puntos fuertes pueden parecer partes naturales de su personalidad. Puede que ni siquiera le parezcan puntos fuertes, ya que muchos de los puntos fuertes de los cancerianos también se prestan a debilidades. Casi todos estos puntos fuertes son un arma de doble filo, pero eso hace que un Cáncer que se entienda a sí mismo sea capaz de potenciar sus puntos fuertes con frecuencia y, al hacerlo, rebajar, si no eliminar, muchas de las debilidades a las que se enfrenta como parte de su personalidad.

Si conoce a un Cáncer, estos puntos fuertes no le sorprenderán, y es probable que haya experimentado los beneficios de muchos de estos puntos fuertes con frecuencia. Los amigos, los cónyuges y los familiares de las personas de Cáncer a menudo adoran tenerlos cerca debido a las fortalezas que aportan en las situaciones cotidianas. Quienes conocen a los Cáncer deben tener cuidado de no aprovecharse de estos rasgos de la personalidad ni extorsionarlos explícitamente para su propio beneficio. Normalmente, los Cáncer no son conscientes de sus muchas habilidades y de lo que aportan porque suelen preocuparse por las demás personas que les rodean. Cuando una persona Cáncer reconoce que solo se le mantiene cerca por elementos específicos de su personalidad, tiende a retroceder y a sentirse utilizada. No se quedan mucho tiempo cuando parece que no se les quiere de verdad, sino que solo se les aprecia por una parte de su persona. Los Cáncer quieren un amor puro e incondicional, no que se les mantenga cerca para el beneficio de otra persona. Los Cáncer pueden beneficiarse de sus propias fuerzas tanto como cualquier otra persona, y pueden establecer límites saludables para asegurarse de que no se aprovechan de ellos y de que sus interacciones son mutuamente placenteras.

Compasivos y empáticos

Los nacidos bajo el signo de Cáncer se encuentran entre las personas más compasivas y empáticas que se pueden conocer. Pero la compasión y la empatía son dos puntos fuertes diferentes que tienen los Cáncer. Se combinan aquí debido a sus similitudes y a sus raíces en las emociones y los sentimientos.

La compasión, o el ser compasivo, tiene un núcleo en el sufrimiento y la piedad. La palabra "compasión" proviene de la raíz latina *pati*, que significa "sufrir". Brindar compasión a alguien significa conectarse con él en su sufrimiento y relacionarse con su dolor. Esa relación y conexión es como prestarle a esa persona un poco de fuerza. Esencialmente, los Cáncer tienen la capacidad innata de decir: "Estás pasando por algo duro, y yo estoy aquí para ti". Cáncer sabe que la otra persona no siempre necesita que entren en acción, a veces solo necesita escuchar un reconocimiento comprensivo de lo que está afrontando.

Las mujeres cáncer son más propensas a tener niveles más altos de compasión. Los hombres tienen compasión, pero pueden tener mayores expectativas de la otra persona involucrada. Las mujeres y los hombres de Cáncer tienen diferentes maneras de nutrirse, y a menudo, las mujeres de Cáncer son más sensibles, mientras que los hombres de Cáncer proporcionan un poco de empuje en la dirección correcta. Tener compasión, mostrar simpatía y ofrecer ayuda, todo se reduce a la sensibilidad del corazón y la cabeza que los Cáncer experimentan como signos de agua. Cuando se trata de los elementos que conforman la fuerza de un canceriano, es obvio que esta es su fuerza más destacada, independientemente de su sexo, e incluso puede romper las barreras que los de cúspide puedan sentir. Los de cúspide Géminis pueden tener más de este rasgo que los de cúspide Leo. Géminis, como signo de aire, tiene mucho más en común con este signo de agua, mientras que los Leo, como signo de fuego, suelen contradecir la propia fuerza que poseen los Cáncer.

La empatía es un asunto diferente; un punto fuerte para los demás, pero a menudo un inconveniente para un canceriano no entrenado. La empatía es una habilidad que los Cáncer necesitan aprender, aunque sea una parte natural de su personalidad. Los Cáncer son empáticos por naturaleza, pero no se alinean naturalmente con esta habilidad desde su nacimiento; es algo a lo que tienen que dedicar tiempo durante su desarrollo.

La definición de empatía es la acción de comprender y ser consciente de los sentimientos de los demás. Esta definición se amplía para incluir las experiencias, los pensamientos, los sentimientos y las emociones de los demás, ya sean pasados o presentes. Al hablar de la empatía como una habilidad, nos referimos a la capacidad inherente de llevar la comprensión de esas emociones, sentimientos y pensamientos a un nivel más profundo. Los empáticos no se limitan a comprender, sino que experimentan los sentimientos, las emociones y los pensamientos como si les ocurrieran directamente. Lo sienten tan cruda y abiertamente como si hubieran experimentado el evento o el sentimiento de primera mano. Cuando son niños, estos chicos tienen sentimientos enormes que cualquier otro signo, como padre, podría ver como abrumadores o directamente inmanejables. Pero los cancerianos necesitan desarrollar esta habilidad como si se tratara de una asignatura escolar, una capacidad psíquica o una habilidad atlética. Deben practicar la empatía y ser receptivos a sus habilidades a medida que se desarrollan y adaptan. Cuando está bien preparado, un Cáncer puede ser el consejero al que acudir en la familia, el lugar de trabajo o entre los amigos. Suelen ser los que resuelven los problemas y se ocupan de los problemas de las personas en pequeños grupos. Los Cáncer son ases en la empatía cognitiva, por lo que son excelentes con la gente incluso cuando son introvertidos.

Gracias a estas dos habilidades, a Cáncer nunca le faltarán amigos auténticos y siempre entenderá las emociones complejas o avanzadas mucho más allá de su edad. Comprenden el impacto en aquellos que experimentaron un acontecimiento de primera mano, pero siempre ofrecen la compasión necesaria para ejercer su comprensión aceptando la experiencia de la persona como algo único para ella.

Estas dos habilidades se remontan a dos elementos distintos de este signo del zodiaco. El primero es la conexión con la luna y la representación que esta hace del alma, las emociones y todo lo que está "bajo la superficie". En segundo lugar, sus raíces en el océano, donde las emociones son profundas y el deseo de conectar con los demás es aún más profundo. Incluso los que se encuentran en las cúspides tendrán elementos poderosos de estos puntos fuertes en su vida diaria, y estos dos puntos fuertes se prestan a un tercero: escuchar. Estos dos elementos se unen para crear excelentes oyentes. En un buen día, un canceriano simpático y empático puede reforzar la confianza y la fuerza de los demás, así como la suya propia. En un mal día, puede utilizar estos puntos fuertes para manipular una situación a su favor o, por el contrario, dejarse llevar por la emoción y recluirse. Pero incluso cuando están solos, o incluso cuando utilizan sus habilidades para sus propios fines, no son los peores resultados de estas dos fortalezas. Los Cáncer no son propensos a la manipulación y suelen utilizarla como último recurso cuando se sienten extremadamente vulnerables, por lo que incluso al final de un mal día, esta sigue siendo una fortaleza para los Cáncer.

Capacidad para encontrar la felicidad

Donde muchos signos ven la felicidad o la desesperación, la luz o la oscuridad, al cangrejo le gusta escabullirse y caminar por la fina línea que separa a ambos. Su capacidad para abordar las situaciones de forma inesperada e indirecta les permite a menudo encontrar la felicidad donde parece que no hay nada más que insatisfacción.

Cuando J. K. Rowling escribió la famosa frase: "La felicidad puede encontrarse incluso en los lugares más oscuros, si uno se acuerda de encender la luz", podría haber estado hablando específicamente de los Cáncer, y más vale que usted tenga un Cáncer cerca en los momentos oscuros. Sin duda, serán ellos los que encuentren el interruptor de la luz, enciendan la cerilla o descorran el velo para dejar entrar la luz en el mundo.

Esto no significa que los Cáncer no sufran ocasionalmente ataques de oscuridad, pero normalmente son los más abatidos cuando esto ocurre. No es común que los Cáncer pasen por episodios de depresión profunda o experimenten una depresión crónica, pero es probable que los niveles más bajos de descontento sean estacionales. No es ninguna sorpresa saber que un Cáncer experimenta un trastorno de ansiedad estacional o simples rondas de tristeza en invierno.

Los Cáncer son innatos cuando se trata de poner en primer plano la felicidad y la satisfacción. Supongamos que nota que un Cáncer en particular, quizás usted mismo, se inclina hacia una disposición pesimista. En ese caso, esto podría atribuirse en gran medida a su signo lunar, ya que puede tener cierta congestión en la gestión de su elevada sensibilidad a las emociones. Esa congestión o pesimismo podría ser un efecto de la naturaleza auto-conservadora de los Cáncer. Los Cáncer están más en sintonía con su signo lunar que cualquier otro signo astrológico, y su sensibilidad a las emociones en el corazón y la cabeza a menudo significa que su signo lunar puede amortiguar esta fuerza si no se sabe gestionar adecuadamente. Entienda un poco más sobre su signo lunar y sepa que los efectos del signo lunar de cada signo astrológico son diferentes de los efectos del signo solar. Por ejemplo, los nacidos bajo el signo lunar de Cáncer son menos propensos a aceptar el cambio y suelen estar muy arraigados a la familiaridad y la seguridad. Pueden ser menos propensos a ver lo bueno en diversas oportunidades o menos inclinados a buscar una solución cuando prefieren enfadarse. Esto es muy diferente del signo solar de Cáncer, que se inclina por encontrar la luz en la oscuridad. Explore más su signo lunar para comprender cómo puede utilizar esta fuerza de la mejor manera posible.

Esta fuerza se relaciona con el elemento cardinal del signo solar de Cáncer. Como signo cardinal, lideran los cambios en la vida, sabiendo que siempre hay algo positivo o beneficioso al otro lado de ese cambio. Tienden a vivir en el reino de la abundancia aparente y a menudo son felices con circunstancias y posesiones materiales muy por debajo de sus posibilidades.

Una nota especial para quienes tienen la cúspide de Cáncer-Leo: esto puede ser una lucha. Equilibrar las tendencias regias y algo materialistas de Leo con esta felicidad de Cáncer debería ser fácil, pero es posible que de vez en cuando se sientan divididos.

Preocupados por la justicia

Los Cáncer son defensores de la justicia de la manera que consideran que es más imparcial. A menudo son los que fomentan un acuerdo de compromiso entre dos o más personas que tienen dificultades para ponerse de acuerdo o trabajar juntas. Esta fuerza proviene de la casa y del elemento. Los Cáncer no solo están en sintonía con los misterios del océano, sino también con su ecosistema naturalmente estable. Hay corrientes subterráneas, flujos y cambios naturales, y los Cáncer sienten todo eso. En su mente, las cosas deberían funcionar de una manera determinada, dentro de lo razonable. Buscan el compromiso y lo que haría falta para crear escenarios en los que todos salgan ganando con poco esfuerzo. Pero cuando es evidente que una persona es abiertamente revoltosa o injusta, entonces intervienen con sus garras.

Muy leales

Su nivel de lealtad es sin duda un punto fuerte, pero conlleva el efecto secundario negativo de dejarles reacios a ver elementos desagradables de sus amigos o familiares. Su lealtad está por encima de la media y la demuestran con honestidad, buena escucha y preocupación genuina. Son las personas que demuestran su lealtad escuchando y colaborando con su amigo, colega, socio o familiar para aceptar o corregir cualquier situación. Para conseguir que su lealtad alcance un nivel tan alto, los cancerianos suelen desarrollar amistades sólidas desde muy temprano y luego cultivan nuevas relaciones con un aire de cautela porque saben lo que pueden tener que poner en una relación.

Esta fuerza los convierte en amigos y colaboradores excepcionales. Son estupendos cuando tienen una persona concreta hacia la que dirigir esta lealtad, lo que a menudo lleva a los Cáncer a establecer relaciones a largo plazo. Aunque los Cáncer disfrutan del tiempo a solas, suelen sentirse en su mejor momento cuando están en una relación estable, y suelen ser ellos los que aportan esa estabilidad. Una persona que tenga una relación con un Cáncer no tiene por qué tener problemas de confianza, pero puede esforzarse por mantener al Cáncer contento y por igualar su nivel de lealtad. Los Cáncer no esperan mucho más que la lealtad estándar; no esperan que la gente iguale su nivel de lealtad, aunque a menudo sacan lo mejor de otros signos, ya que la gente siente la necesidad de corresponder a lo que ha recibido de un Cáncer. La lealtad de Cáncer no es solo un punto fuerte del que se benefician los demás; a menudo significa que tienen la mejor conexión con sus amigos, su cónyuge y sus familiares cercanos. Pueden confiar en las personas en su vida sin lugar a dudas debido a esta lealtad, y esa lealtad saca a relucir las mejores cualidades de los demás.

Cuando se trata de la pérdida de confianza, los Cáncer tienen diferentes formas de responder a los cambios de lealtad. Por ejemplo, si se enfrenta a un cónyuge infiel, una mujer Cáncer puede anteponer la lealtad a la autoconservación. Esto forma parte de su personalidad, aman a esa persona y son leales debido a ese amor, por lo que anular esa lealtad no sería solo una pérdida de esa persona en su vida, sino también del amor que experimentan. Es posible que se autoproteja para quedarse y cosechar lo que pueda de la relación hasta que la confianza se vea tan disminuida que la lealtad no tenga fundamento y se desmorone.

Un hombre Cáncer, o una cúspide Leo-Cáncer (hombre o mujer), probablemente terminaría la relación inmediatamente porque su lealtad es más maleable que la de una mujer Cáncer. Incluso las personas de cúspide Géminis-Cáncer pueden alejarse de una relación si sienten que su lealtad fue explotada o no apreciada.

En general, la lealtad de un Cáncer es un punto fuerte por lo que aporta a su vida, no por lo que da a los demás. Cultivan mejores amistades y pueden contar con la gente de forma más fiable que otros signos debido a su lealtad innata, que tiende a sacar lo mejor de quienes les rodean.

Imaginativos

Los Cáncer ven formas inesperadas de enfocar la vida, ya sea algo divertido y exploratorio o algo técnico. Los Cáncer son muchos de los principales solucionadores de problemas de la gente, y también tienen una gran capacidad de imaginación creativa. Esto puede hacer pensar que un Cáncer se apaga, porque normalmente se recluye o disfruta de tiempo a solas cuando utiliza su lado creativo. Los Cáncer no siempre quieren estar solos para alejarse de la gente, aunque pueda parecerlo; en realidad solo quieren tener la oportunidad de explorar e imaginar sin distracciones.

Los hombres Cáncer se desenvuelven mejor cuando se les deja a su aire y pueden pensar en cosas cotidianas como conducir o ir de compras. A menudo se les ocurren ideas extravagantes, aunque no siempre las lleven a cabo. Las mujeres de Cáncer suelen necesitar tiempo para estar solas o dedicar tiempo a imaginar y explorar actividades creativas. No quieren que nadie se entrometa en sus pensamientos ni que las distracciones las alejen de sus intereses. Las personas de cúspide Cáncer-Leo pueden ser más propensas a explorar sus dotes imaginativas, tanto en el campo de la comunicación como en el creativo, con otras personas de su entorno. Pueden asumir proyectos de grupo o liderar ideas innovadoras de principio a fin.

Los Cáncer suelen preferir trabajar con poca supervisión y prácticamente sin restricciones, ya que no quieren que nadie ponga trabas a su capacidad para trabajar de forma creativa y pasar tiempo imaginando. Esta fuerza de Cáncer se presta a los demás de muchas maneras. A menudo tienden a atraer a otras personas que también son creativas y fomentan conexiones profundamente leales con ellas. Los cancerianos también pueden utilizar esta fuerza para animar a las personas que pasan por una mala racha o para encontrar soluciones creativas a los problemas de la gente. En general, estos puntos fuertes los convierten en uno de los signos más preciados del zodíaco, ya que casi todos estos puntos fuertes benefician a los demás y a ellos mismos. Los cancerianos no son propensos a un ego excesivo, por lo que son extremadamente desinteresados y solidarios. Su profunda conexión con la luna y el océano, junto con su capacidad de adaptación al cambio, hace que piensen constantemente en lo que pueden hacer por los que les rodean, de forma que también puedan protegerse a sí mismos. Es sorprendente cómo un signo puede aportar tanta felicidad y claridad al mundo.

Capítulo 4: Las debilidades de Cáncer

Hablemos de las debilidades porque todos las tenemos, incluso los Leo, que tienden a creerse los leones más malos del universo. Aquellos que pertenecen a la cúspide Cáncer-Leo pueden estar muy familiarizados con esta mentalidad de exceso de confianza, y el hecho de que incluso pueden creer abiertamente que son totalmente imparables, invencibles, o completamente sin defectos. Todo el mundo tiene defectos, incluso los Leo-Cáncer, y de todos los posibles defectos, los cancerianos lo tienen bastante fácil.

En general, sus debilidades son similares, excepto para quienes pertenecen a la cúspide de Cáncer-Leo, que sienten algunos de estos defectos con más fuerza que los demás Cáncer. A menudo, estas debilidades aparecen en forma de brotes o rachas y luego se calman rápidamente. El inconveniente es que parece que los Cáncer son propensos a los cambios de humor extremos y que son incoherentes. Eso es cierto a veces, pero los Cáncer no pueden evitarlo. Tienen grandes sentimientos y, cuando su estado de ánimo se desborda, pueden ser demasiado necesitados, estar demasiado conectados al pasado o ser propensos a los arrebatos pasivo-agresivos. Esto suele sorprender a los demás porque, en un día normal, los Cáncer son amables, comprensivos, generosos, leales y disfrutan de su tiempo a solas. Por eso, cuando de repente se ponen en contra de un amigo o se enfadan porque no reciben suficiente atención, es todo un shock. Estas debilidades pueden superarse, y es razonable esperar que los Cáncer aprendan a vivir con ellas de manera que puedan desarrollar sus fortalezas al mismo tiempo.

Necesidad inesperada

Normalmente, los Cáncer son los que ofrecen apoyo emocional a todos los que les rodean y luego se retiran a su tiempo a solas para recargarse. Pero, en ocasiones, no se retiran y, en cambio, quieren toda la atención de los que más quieren. Este cambio inesperado a menudo pone a la gente al borde, porque no están seguros de cómo manejar a un Cáncer necesitado que normalmente necesita espacio, pero que ahora quiere atención. Esto es muy confuso para los demás, y cuando un Cáncer tiene un mal día, esa confusión, en lo que a ellos respecta, no es su problema.

Los Cáncer se muestran estoicos y actúan como si estuvieran perfectamente bien por sí mismos y no dependieran de nadie. Pero una vez que se acerque a un Cáncer, verá la suavidad que hay debajo de su caparazón; está claro que los Cáncer son muy exigentes. Son el niño que es demasiado genial para el colegio, pero que en realidad solo necesita un buen abrazo y que alguien le muestre que no es necesario mostrar una cara tan dura. Esta debilidad suele provenir de una sobrecarga o de poner demasiado de sí mismos en los demás. Su inclinación natural hacia la simpatía, la empatía y la necesidad de asegurarse de que las cosas sean justas puede dejarlos demasiado agotados para recargarse por sí mismos. Quieren que alguien se abalance sobre ellos y les ofrezca consuelo. Desgraciadamente, cuando están en este estado de ánimo, también son una verdadera carga negativa, lo que generalmente aleja a la gente y empeora este estado de ánimo.

Entonces, ¿qué pueden hacer las personas, y específicamente los Cáncer, para manejar esto?

¿Cómo superar la necesidad?

Los Cáncer pueden aprender a manejar su necesidad de manera independiente, pero quizás el mejor enfoque es tener un régimen regular para compensar esta debilidad y conducirla hacia la oscuridad. La manera de manejar esta debilidad es programando y planificando varias cosas que disuadirán la necesidad, asegurando que el Cáncer obtenga la atención que necesita de los demás y que se permita tener tiempo a solas.

Pruebe lo siguiente para disuadir esta debilidad y asegurarse de que no se vuelve demasiado necesitado o se convierte en una persona negativa:

Tenga una cita semanal, un evento o una llamada telefónica con personas que puedan proporcionarle toda su atención.

Baile y muévase para estimular las hormonas del bienestar.

Medite para tener un tiempo a solas dedicado a procesar los sentimientos abrumadores que pueda tener reprimidos a lo largo del día.

Vea o escuche comedias a menudo; todo el mundo necesita relajarse un poco, y para los Cáncer, esto debería ser una práctica prescrita.

Encuentre una forma divertida de pasar tiempo a solas con otra persona.

Examinemos a dos Cáncer para ver cómo se las arreglan. Un hombre Cáncer escucha en la radio un programa de comedia mientras conduce para ir y volver del trabajo, o a veces por la mañana en sus días libres. Así se mantiene de buen humor, pero también tiene algo que comentar con un amigo íntimo al que le gusta la radio. También tiene una hora programada para reunirse con su hermano y un amigo en común. Se sientan juntos todos los viernes por la noche, a veces en una cervecería o a veces simplemente comiendo pizza en la casa de uno de ellos, hablando y compartiendo hasta la madrugada. Es toda la atención que necesita y le hace pasar el resto de la semana como un Cáncer de bajo mantenimiento.

La otra Cáncer es una mujer perteneciente a la cúspide de Cáncer-Leo. Está excepcionalmente necesitada, y lo sabe, pero no es algo de lo que se sienta orgullosa, por lo que se mantiene al margen y pasa mucho tiempo a solas hasta que, finalmente, estalla. Por lo general, se quiebra una vez al mes, o cada dos meses si le va muy bien. Pero ha descubierto que la meditación puede ayudar a disuadir los brotes solares de necesidad, y algo que ayuda aún más es bailar. Hacerlo rodeada de otras personas le ayuda a llamar la atención y a crear vínculos a través del movimiento. Va a una clase de Zumba o hace algunos vídeos de baile con una amiga en casa para pasar el tiempo rodeada de otros de forma positiva. Pero a veces solo necesita decirle a un amigo cercano que le gustaría tener un poco más de tiempo a solas.

Reflexionando sobre el pasado

Los Cáncer se sentarán y se aferrarán al pasado. Debido a su sensibilidad, perdonan, o dicen que lo hacen, pero nunca olvidan. Una cicatriz del pasado es siempre una herida abierta, a menos que se invierta en recuperar y estabilizar esa relación. Esta debilidad en particular es engañosa porque los Cáncer a menudo pueden beneficiarse de pasar tiempo evaluando el pasado. Los Cáncer son muy capaces de observar lo que ocurrió en el pasado y los cambios que están ocurriendo en el presente y utilizar esa información para producir un resultado más favorable en lo que sea que estén haciendo. Esto sale mal cuando entran en una espiral negativa, a la que los Cáncer son propensos.

Los Cáncer suelen ser capaces de arrojar luz y felicidad sobre situaciones que a los demás les parecen oscuras o preocupantes. No son tan buenos para hacer eso por sí mismos. Cuando un Cáncer entra en un ciclo de pensamiento negativo, puede pasar mucho tiempo mirando lo que ha hecho mal y las situaciones que han afectado negativamente a su vida. En realidad, depende de ellos dar la vuelta a esto y salir de esta negatividad, pero les resulta difícil hacerlo.

Pero ¿por qué ocurre esto? A menudo, reflexionar sobre el pasado es el resultado de su planeta regente, su símbolo y su modalidad. La palabra clave que encarna a Cáncer es "sentimiento" y eso se debe a que su planeta regente, la Luna, es responsable de la conciencia emocional y la sintonía con el alma.

Además, el símbolo de Cáncer – un cangrejo – es importante porque los cangrejos cambian de piel y, al hacerlo, se refugian en la comodidad que suelen encontrar en el pasado. También pasarán mucho tiempo aferrándose a elementos clave del pasado que no estarán presentes al desarrollar o encontrar un nuevo caparazón.

Por último, ser un signo cardinal significa que los Cáncer son excepcionalmente propensos al cambio, y con cada cambio viene una evaluación de los acontecimientos pasados. Es absolutamente necesario que un Cáncer evalúe el pasado y lo utilice como guía para el futuro. Desgraciadamente, siempre existe el riesgo de encontrar negatividad en el pasado, y eso puede influir dramáticamente en el estado de ánimo y la perspectiva actuales de un Cáncer. Es una debilidad importante, pero necesaria.

Cómo superar la reflexión

Uno de los factores clave que contribuyen a esta debilidad o que la hace aflorar es el movimiento planetario. Por lo general, los Cáncer tienen mucho control sobre la forma en que afrontan el pasado, y su apertura al cambio les permite avanzar fácilmente hacia el futuro. Pero ciertos movimientos planetarios, como Mercurio o Venus retrógrados, pueden hacer que se preste más atención a los acontecimientos pasados que han afectado negativamente a Cáncer.

Una forma de evitar esto es estar atento a los movimientos planetarios y prepararse para la forma en que probablemente le afecten. Por ejemplo, cuando Venus se mueva a la casa de Cáncer, es probable que haya un énfasis en sus relaciones románticas pasadas. Es posible que, cuando Venus está en la casa de Cáncer, tienda a sentarse a pensar en los amores pasados que han salido mal. Pero si sabe que esto va a suceder, puede aceptarlo y enmarcarlo de manera que produzca un resultado positivo. En lugar de pensar en lo que ha ido mal, Venus entrando en Cáncer es la oportunidad de evaluar lo que tomó de esas relaciones. Incluso cuando Cáncer ha tenido una relación extremadamente negativa en el pasado, puede evaluar cómo salió de esa relación como una persona más fuerte. Puede hacer esto con cada casa y desarrollar una mejor comprensión de cómo un determinado planeta en la casa de Cáncer, un planeta retrógrado o parte de un eclipse puede impactar en su conciencia y sentimientos sobre el pasado.

Por lo tanto, el primer consejo es que sea consciente de su carta natal y de cómo las diferentes casas y planetas impactan en su visión del pasado. El segundo consejo para manejar esta debilidad es documentar y dar validez a esos sentimientos. Como Cáncer, ya debería saber que las emociones y los sentimientos son tan reales como la persona que los experimenta. Validar esos sentimientos o reconocerlos como reales les da fundamento y permite al Cáncer que los siente seguir adelante.

Puede documentar y dar validez a sus sentimientos sobre el pasado escribiendo un diario, tal vez utilizando un diario por voz. No todo el mundo se siente cómodo plasmando sus pensamientos en un papel o plasmando sus recuerdos en un formato de catálogo. Los Cáncer pueden simplemente coger su teléfono u ordenador, abrir las notas de voz y hablar abiertamente. Es importante señalar que se trata de un tipo de vertedero emocional. No debería haber ningún filtro o evaluación en esta primera parte. Después de que todos los sentimientos están fuera, Cáncer puede entonces evaluar el alcance de ese proceso cómo se sintieron cuando fueron capaces de sacar esas emociones y hablarlas con el universo.

Mal humor y naturaleza pasivo-agresiva

Como resultado directo de ocultar sus sentimientos, los Cáncer son propensos a dejar que sus sentimientos se acumulen, y entonces se ponen de mal humor. Por desgracia, a menudo arremeten contra las personas que más quieren, incluso por pequeños problemas. Pueden estar muy bien durante meses, pero luego llegan a un punto en el que un fregadero lleno de platos o una frustración menor, como el tráfico, pueden hacerlos estallar.

El mal humor y la conducta pasivo-agresiva son posiblemente la mayor debilidad de los Cáncer, ya que es un problema casi cotidiano que afecta en gran medida a sus allegados. Es probable que su cónyuge y los miembros de su familia se lleven la peor parte de sus cambios de humor repentinos y su conducta pasivo-agresiva. No se sorprenda, si tiene contacto cercano con un Cáncer, de encontrar notas adhesivas malintencionadas o de recibir mensajes de texto solapados. Esto puede deberse a tareas domésticas no culminadas, a promesas incumplidas o incluso a cosas que se dijeron hace meses.

El mal humor que experimentan los Cáncer es a menudo el resultado de las personas que los rodean. Esto es una desventaja de ser un empático, alguien tan abierto a las emociones del entorno. Su pasivo-agresividad es a menudo el intento de los Cáncer de autoprotegerse sin poner sus emociones al descubierto, pero abordando el elemento subyacente de su insatisfacción.

Cómo superar las tendencias pasivo-agresivas

No hay que esperar que los Cáncer avancen mucho en el manejo de su mal humor o que se abstengan de arremeter ocasionalmente en un ataque pasivo-agresivo. Esto no es más que una versión del síndrome de la rana y el escorpión; simplemente está en la naturaleza de Cáncer ser receptivo a las emociones, y eso produce naturalmente mal humor. En una época turbulenta de su vida, especialmente durante la adolescencia, puede que no haya esperanza de escapar de este mal humor. Los Cáncer necesitan entender cómo aceptar y procesar las emociones y no dejarse abrumar por otras. Mientras aprenden a hacerlo, necesitarán tiempo para reflexionar sobre sí mismos.

Las personas cercanas a los Cáncer tienen la oportunidad de ayudar. Pueden ayudar reduciendo las expectativas personales que ponen en su amigo o familiar de Cáncer. Si usted es amigo, cónyuge o familiar de un Cáncer, asegúrese de comenzar sus conversaciones con una descripción clara de sus expectativas.

Otra forma de ayudar a los Cáncer a evitar los arrebatos pasivo-agresivos es reconocer cualquier asunto que esté sobre la mesa. Preguntar a un Cáncer qué le pasa no le llevará a ninguna parte. Probablemente dirá "nada" y se marchará enfadado; pero sentarse con él y hacerle saber que esto viene de un lugar de genuina preocupación puede hacer que la conversación se desarrolle de forma muy diferente. Supongamos que le dice a un Cáncer que no ha sido él mismo últimamente, y que le gustaría saber por qué; así podrá empezar a abordar los temas que le interesan. Asegúrese de mantener la conversación centrada en los sentimientos, porque es ahí donde los Cáncer trabajan mejor. Deje la conversación en sus manos y que sean ellos los que lleven la voz cantante. Intente preguntarle cómo se ha sentido últimamente o por qué ha actuado de forma tan diferente.

Si usted es Cáncer y desea adoptar un papel serio para frenar sus tendencias pasivo-agresivas, considere la posibilidad de tener al menos una salida creativa consistente para sus frustraciones. Mucha gente dice que tiene mucho éxito escribiendo un diario, pero algunas personas tienen problemas para acordarse de hacerlo a diario. Se encuentran con que solo escriben en su diario durante estados de ánimo excepcionalmente positivos o excepcionalmente negativos. La idea de llevar un diario de su estado de ánimo significa que necesita evaluar su estado emocional de forma constante y cómo puede estar afectando a los demás. Así que, si no puede llevar un diario de forma constante, considere una alternativa.

Algunos hacen bocetos durante un tiempo determinado cada día o hacen una foto cada día. Incluso el simple hecho de dar un paseo de cinco o diez minutos una vez al día puede ser una salida creativa. Piénselo de esta manera: si aprovecha la oportunidad de explorar sus emociones mientras se toma un tiempo para sí mismo, no descargará sus frustraciones en sus seres queridos.

Hay mil y una maneras de conseguirlo, y seguro que puede encontrar algo que le guste hacer cada día y que le permita controlar mejor sus emociones.

En definitiva, cada una de estas debilidades cancerianas contribuye al conjunto de la personalidad de Cáncer. Los nacidos en Cáncer van a estar mucho más en sintonía con sus emociones, y tendrán una mayor comprensión de los sentimientos de los demás, también. Se puede ver cómo todo esto es un resultado natural de la apertura de los Cáncer a las emociones de los demás mientras tienen que procesar las suyas propias. En todo caso, los Cáncer suelen sentirse abrumados, aunque se guardan esa información para sí mismos. Si usted es Cáncer, sepa que necesita tomarse tiempo para procesar todo lo que ha vivido durante el día, incluidas las emociones de los demás. Si no se toma tiempo para recargarse, estas debilidades pueden dominar fácilmente su vida. Mientras que, si adopta algunas medidas para cuidar de sí mismo, descubrirá que utiliza sus puntos fuertes con más frecuencia que estas debilidades. Si usted conoce a un Cáncer o está cerca de un Cáncer, asegúrese de comunicarse claramente y no espere que solo lo escuche. Inicie conversaciones que permitan a Cáncer explicar sus sentimientos y lo que está pasando también. Tenga en cuenta que los Cáncer tienden a preocuparse, y pueden pasar más tiempo preocupados por caer en estas debilidades de lo que quizás deberían.

Capítulo 5: Cáncer y los movimientos planetarios

Los movimientos planetarios afectan a todo el mundo, pero impactan en cada signo de forma diferente. Entender los movimientos planetarios y los objetos dentro del universo se orienta más hacia la ciencia que hacia la astrología. Esta fue la base de la astrología, y sigue afectando en gran medida a cómo interactuamos con el mundo que nos rodea y cómo nos sentimos en nuestro interior.

Todos los movimientos planetarios se toman desde la perspectiva de la Tierra, es decir, cómo interactúan con la posición de la Tierra en el universo. Cada planeta simboliza diferentes elementos de la vida o rasgos internos de la personalidad, pero fuera de los planetas primarios también hay puntos especiales y asteroides, a menudo llamados luminarias. Todos ellos pueden influir en nuestras vidas directamente o en las personas que nos rodean, y afectan indirectamente a nuestro día a día. A continuación, se presentan algunas de las formas en que los movimientos planetarios y luminarias impactan directamente en los cancerianos y cómo entender y acomodar los efectos de estos cambios.

Los planetas y su relación con Cáncer

Cada planeta representa diferentes aspectos de la vida, y también impactan en los signos de manera diferente. Hay dos factores en el efecto resultante; el primero es que el planeta entra en una casa específica. El segundo es que la persona puede tener diferentes experiencias con ese planeta estando en esa casa, como resultado de su signo solar. Veamos las relaciones entre su signo solar y los movimientos planetarios en los cielos.

Mercurio

En la mitología, Mercurio es el mensajero de los dioses, por lo que es el planeta de la comunicación. Mercurio no solo representa la comunicación, sino también el lenguaje, la inteligencia, la mente y la capacidad de razonar. Mercurio tarda de tres a cuatro semanas en hacer la transición entre signos, y retrograda durante unas tres semanas tres o cuatro veces al año; hay algunos signos desafortunados que sienten los efectos completos de un retrógrado de Mercurio más que los demás.

Los Cáncer suelen tener problemas con Mercurio porque este es un planeta carente de emociones. Esa falta de emoción va directamente en contra del núcleo de la personalidad canceriana.

Los nacidos bajo la influencia de Mercurio en su carta astral, probablemente parecerán más emocionales o sensibles de lo que son. Sin embargo, Mercurio aumenta la conciencia externa del funcionamiento interno de una persona nacida en Cáncer.

Cuando Mercurio entra en la cuarta casa, la casa de Cáncer, las cosas se ponen un poco difíciles. Cuando Mercurio está en su casa, puede parecer que está abrumado con ideas sobre el pasado, la política, la psicología y las actividades creativas. Mientras Mercurio esté en su casa, su disonancia emocional a menudo significará que no tiene la energía o la claridad de pensamiento para tomar acciones sobre cualquiera de estas ideas.

Venus

Venus, diosa del amor, regente de Libra y Tauro, representa tanto el amor como el dinero. La gente suele simplificar demasiado el impacto de Venus. Venus tarda entre cuatro y cinco semanas en cambiar de signo. El planeta entra en retroceso una vez cada dieciocho meses, y lo hace durante unos cuarenta días, lo que significa que es probable que impacte en dos signos en lugar de uno.

Este planeta simboliza los conceptos de belleza, interacción social y placer. Para los Cáncer, su apego al arte, las interacciones sociales y la emoción hacen de Venus un planeta importante para ellos. Venus en Cáncer suele proporcionar un alto nivel de seguridad en las relaciones. Los Cáncer nacidos bajo Venus en un punto prominente de su carta natal pueden tener un ego poco desarrollado, ser excepcionalmente exigentes o malhumorados a la hora de encontrar el amor, y volverse fríos o distantes como método de autoprotección. La entrada de Venus en la cuarta casa suele significar que los Cáncer están en la cima de sus esfuerzos creativos y buscan eventos sociales durante esta época.

Marte

Representando al antiguo dios de la guerra, Marte gobierna en Aries y hace transiciones entre signos cada seis o siete semanas. Marte suele despertar deseos sexuales, naturaleza competitiva, pasión y agresividad. La gente suele decir que, si vas a hacer algo grande, espera a que Marte esté en su sitio. Esencialmente, Marte agita nuestras naturalezas animales, lo que es posible que vaya extremadamente bien o absolutamente terrible.

Las personas bajo Marte en Cáncer en su carta natal son defensivas en casi todos los aspectos de su vida y pueden llegar a ser extremadamente manipuladoras con las emociones de los demás. Pasan cantidades extraordinarias de tiempo preocupándose y viviendo en el pasado.

Cuando Marte entra en Cáncer, los cancerianos se vuelven extremadamente protectores con los que les rodean. Temen los lados animales que surgen en las personas, y cuando se trata de su casa o su familia, les preocupa que las personas arruinen las relaciones o los vínculos familiares. En este momento es cuando los Cáncer son más propensos al liderazgo y a ser un poco mandones.

Júpiter

Gobernante de los dioses, ¿hace falta decir más? ¿Por qué Júpiter se hace a un lado tan a menudo? Bueno, quizás porque Júpiter pasa unos doce meses, a veces trece, en cada casa; no es frecuente que le afecte directamente, aunque siempre le afecta indirectamente. En 2020, Júpiter empezará a entrar en Acuario, así que quedan unos cuantos años antes de que Júpiter entre en Cáncer.

Júpiter representa el crecimiento, el optimismo, el estilo de vida de la abundancia y la suerte. Los sagitarianos disfrutan de esa suerte de Júpiter a diario.

Cuando Júpiter está presente en posición ascendente en la carta natal de un canceriano, puede ayudar a esa persona a administrar mejor su dinero y tener buena fortuna. Cuando está en posición descendente en su carta, puede empujarlos a realizar sus objetivos con más frecuencia y a luchar por la seguridad, que puede o no llegar fácilmente.

Cuando Júpiter entra en la cuarta casa, pone un alto volumen de recompensas en los asuntos familiares y la felicidad personal. Es más fácil apaciguar a la gente en casa, hay menos discusiones y se establecen fácilmente conexiones cálidas.

Saturno

Regente de Capricornio y simbolizado por el titán griego Cronos, el padre de Zeus, Saturno representa las limitaciones y la restricción. Saturno tarda dos o tres años en hacer la transición entre signos. En general, Saturno representa la ley, la disciplina, la responsabilidad y la obligación, todo ello relacionado con las restricciones y las limitaciones.

Saturno en la cuarta casa a menudo hace que la diversión diaria se sienta como una tarea y que las tareas se sientan como una tortura. Los cancerianos se dejan llevar por las emociones y disfrutan de la libertad que les da su modalidad cardinal y su elemento agua. Saturno tarda mucho en hacer la transición entre casas; esto no ocurre a menudo, pero durará un tiempo cuando lo haga.

Urano

Urano tarda siete años en hacer la transición y representa el cambio imprevisible, el atractivo excéntrico, la rebelión y la revolución. Urano es el dios del cielo y rige a Acuario. Esta casa celebra la originalidad y se burla de la tradición. Urano no ha estado en Cáncer desde 1956, pero con el tiempo volverá a aparecer. Cuando eso ocurra, esperen grandes cambios en la forma en que todos entendemos nuestras emociones y conectamos con nuestros seres queridos.

Ahora bien, es probable que Urano esté en una de las casas de su carta natal, y lo que puede esperar es tener bastante inestabilidad en esa casa. Por ejemplo, si Urano estuviera en la décima casa, que tradicionalmente rige la carrera profesional, es posible que usted salte de un trabajo a otro, que no tenga ambiciones profesionales definidas y que se sumerja a propósito en carreras que parecen estar apartadas de su personalidad.

Neptuno

Regente de Piscis y símbolo de la intuición, la imaginación, los delirios y los sueños, Neptuno tarda entre diez y doce años en moverse entre signos. También es el planeta de la misericordia y la compasión. Pero aquellos con una fuerte presencia de Neptuno en su carta astral también pueden ser propensos a la adicción, el engaño y la astucia.

Plutón

Plutón tarda al menos doce años en moverse entre signos y a veces hasta quince años. Representa el renacimiento, la transformación, el poder y la muerte. Este planeta rige a Escorpio y corresponde a Hades, el regente del inframundo.

Plutón salió de Cáncer por última vez en 1939 y no volverá a entrar en él pronto. Los Cáncer podrían evaluar su carta natal para identificar dónde podría afectarles Plutón, y deberían esperar experimentar miedos, impulsos y grandes cambios en esa casa a lo largo de su vida.

Sol

El Sol es la representación de la personalidad, la comprensión del yo y el ego, y es el dador de vida. Influye en todos los signos del zodíaco en cuanto a que las personas se comprendan a sí mismas y se conecten con sus elecciones. Es la base de los signos solares y gobierna a Leo, que no suele dejar que los demás olviden que es el centro del universo. Tarda un mes en hacer la transición entre signos.

Decir que el sol está en una casa significa que hay un enfoque especial en esa fuerza dentro de la personalidad de las personas. Los cancerianos probablemente sentirán los efectos más fuertes cuando el sol esté en Cáncer, y tenderán a centrarse más en la familia y la felicidad.

Uno de los elementos que aporta el sol en la astrología es la idea del aprendizaje dentro de uno mismo. Su signo solar es su sintonía astrológica; miramos al sol en busca de respuestas, y los nacidos en cualquier signo solar suelen buscar respuestas a cuestiones relacionadas con su signo solar. Los Cáncer se encuentran en constante aprendizaje sobre las emociones y los sentimientos. Los Cáncer tienen un impulso natural hacia la curiosidad sobre los sentimientos internos y las emociones que les impulsan a ellos y a los que les rodean.

Mercurio retrógrado

Mercurio en retrógrado es uno de los mayores eventos que ocurren de forma regular cuando se trata de movimiento planetario. Mercurio entrará en retrógrado tres o cuatro veces al año y tendrá un impacto directo en la comunicación, lo que supone un problema para muchas personas. Un movimiento retrógrado es cuando un planeta se aleja de la Tierra, como ocurre cuando el planeta da la vuelta a la Tierra mientras orbita el Sol. Como Mercurio completa su órbita en ochenta y ocho días, está retrógrado (respecto a la Tierra) tres o cuatro veces a lo largo del año, y cada retrógrado dura unas tres semanas.

Comunicación

Cuando los cancerianos experimentan a Mercurio en retrógrado, realmente sintonizan con sus emociones, porque están bajo el signo que se ve más afectado por ese retrógrado en particular. Mercurio no se define como masculino o femenino, sino que cambia de forma y se transforma para adoptar las características de la casa. La retrogradación de Mercurio en Cáncer en 2020 fue un momento emocionalmente turbulento para la mayoría de las personas, pero excepcionalmente para los cancerianos, que tuvieron problemas para comunicarse con sus seres más queridos. Afectó a la comunicación y a la familia.

Pero si Mercurio retrogradara en Venus, los problemas de comunicación podrían afectar solo a las relaciones o, específicamente, a las nuevas relaciones. Cuando Mercurio retrograda e impacta en una casa o un signo que se asocia en gran medida con la tradición y la estabilidad, existe la oportunidad de un impacto positivo. En cambio, cuando Mercurio retrograda en un signo inestable o huidizo, hay más posibilidades de que haya malas noticias. Por ejemplo, si Mercurio retrocede en Urano, conocido por sus cambios imprevisibles, es posible que todas las cosas posibles en su vida diaria vayan mal.

No importa dónde esté Mercurio cuando entre en su retrógrado, los cancerianos siempre deben esperar una sobrecarga emocional. Esta sobrecarga se produce por la cantidad de gente que les rodea y que siente el impacto retrógrado, mientras que ellos también están manejando esta lucha.

Mercurio está retrógrado; un Cáncer será abiertamente más emocional, más sensible y es probable que arremeta contra quienes lo rodean. Tendrán un temperamento inusualmente fuerte y no tendrán paciencia a la hora de comunicarse con claridad.

Eclipses solares

Los eclipses de sol son un gran acontecimiento para todos los miembros del zodíaco, y no importa en qué casa se produzca el eclipse, ni los signos de Sol y Luna presentes durante el mismo. Los eclipses solares resultan tan significativos debido a su rareza, y siempre afectarán a los nacidos en Cáncer debido a la presencia de la Luna durante el eclipse.

Los eclipses de sol se producen en el mismo grado dentro de la misma casa cada diecinueve años. Debido a que un eclipse solar tuvo lugar en 2020 en Cáncer, no habrá otro eclipse solar canceriano durante 19 años. Pero todos los eclipses solares que se produzcan desde ahora hasta entonces seguirán afectando a los Cáncer porque, sin la Luna, no existe el eclipse solar.

En pocas palabras, un eclipse solar es un "sándwich lunar". La Luna ocupa un lugar especial entre la Tierra y el Sol, y en lo que respecta a la astrología, eso es exactamente lo que ocurre. La Luna y todo lo que representa está eclipsando al Sol y todo lo que representa. Las emociones y los sentimientos tienen prioridad sobre el ego y el yo durante estos tiempos.

Las fases de la Luna en Cáncer

Los cancerianos tienen una cuestión especial que manejar cuando se trata del movimiento planetario. Deben considerar que la Luna se mueve a través de las casas y que la cuarta casa, la suya, es receptiva a los efectos de los diferentes planetas. Pero también deben tener en cuenta las fases de la Luna.

En astrología, la Luna representa la mente inconsciente, y los Cáncer son inherentemente los más intuitivos y los más conectados con otras personas. La luna tiene dos fases particulares que afectan directamente a los cancerianos y que no afectan a otros signos.

La luna no puede retroceder, pero puede volverse llena o nueva. La luna nueva y la luna llena son momentos excelentes para que los Cáncer equilibren el hogar y el trabajo. Les permite sostener un nivel de seguridad y estabilidad más alto que el que normalmente está a su disposición durante una luna creciente o menguante.

Los momentos clave del año son la luna nueva en Cáncer, que se produce desde finales de junio hasta principios de julio. También hay momentos en los que la luna llena está en Cáncer, lo que solo ocurre entre finales de diciembre y principios de enero. Pero a lo largo del año, a medida que la luna crece y mengua, afecta a los cancerianos con regularidad.

Seguimiento planetario continuo

A lo largo de este capítulo, hemos mencionado repetidamente cómo se mueven los planetas, y también hemos mencionado una carta estelar o una carta natal. Hay muchos sistemas en línea que generan una carta natal completa basada en su información de nacimiento y en su ubicación. Aunque siempre puede reunirse con un astrólogo profesional para que le construya una carta astral completa personalmente, estas son bastante precisas.

La carta astral es el punto de partida y puede proporcionar mucha información sobre su personalidad, que va más allá de sus signos solares y lunares. Cada planeta tiene su propio signo. Dependiendo de la casa en la que se encuentren durante su nacimiento, tendrán un efecto mayor o menor sobre usted. Por ejemplo, puede que haya nacido en Cáncer, incluso puede que haya nacido con un signo lunar de Cáncer también, pero si ha nacido con Marte en Virgo, puede que sea más práctico y lógico que otros Cáncer. Es posible que cree sistemas de forma natural, especialmente para la gestión del hogar y la gestión de su carrera. Esto no significa que seas menos canceriano, sino que es una faceta más de su personalidad. No se puede desconectar del elemento agua ni de su conexión emocional con los que le rodean.

Ahora bien, a medida que los planetas y las luminarias se mueven por los cielos, estos también le afectarán en cierta medida. A menos que desee trabajar estrechamente con un astrólogo profesional, lo mejor es comprobar el movimiento planetario regularmente a través de un mapa astrológico en línea. Estos mapas suelen actualizarse a diario y le muestran en qué casa está la Luna, en qué casa está su signo lunar y otros elementos de movimiento planetario que podrían afectarle, como Mercurio retrógrado. Dado que los cancerianos están tan en sintonía con el mundo que les rodea y con las emociones de los demás, a menudo pueden beneficiarse más que otros cuando se trata de un seguimiento planetario continuo. Los nacidos en Cáncer son extremadamente receptivos a los que les rodean, por lo que un Acuario o Tauro cercano que tenga algo impactante en su carta estelar podría afectar a los Cáncer en su vida. Sea consciente y receptivo al seguimiento planetario.

Capítulo 6: El niño de Cáncer

Con el tiempo, todo el mundo pasa tiempo pensando o reflexionando sobre su infancia. Es posible que lo hagan hasta bien entrada la edad adulta o incluso que comiencen el proceso de evaluación en la adolescencia. Los Cáncer a menudo experimentan sus mejores cualidades en su estado más álgido cuando son niños. Puede ser un placer criar a los niños Cáncer, pero pueden ser extremadamente emocionales y pasar de una emoción a otra en cuestión de segundos. Esto no se debe simplemente a que sean un signo emotivo.

Estas fluctuaciones del estado de ánimo se deben a que los niños de Cáncer son muy receptivos a los cambios en las posiciones planetarias y a los cambios en el universo. Cuando un planeta entra en retroceso o en una nueva casa, los niños de Cáncer suelen sentir la respuesta a eso antes que cualquier otro signo, a cualquier otra edad.

Como resumen rápido, un bebé o niño Cáncer es simpático e intuitivo, pero requiere mucha atención extra. Los niños Cáncer suelen ser muy exigentes hasta que llegan a una edad en la que empiezan a explorar su lado creativo e imaginativo. A medida que los niños Cáncer empiezan a comprender y a apoderarse de su imaginación, se vuelven muy independientes.

Entiéndase a sí mismo como un niño

¿Cómo era usted de niño? Bueno, si nació bajo el signo de Cáncer, probablemente era propenso a ser un poco testarudo, a hacer alguna que otra rabieta y, como niño más grande que entraba en la preadolescencia, probablemente pasaba bastante tiempo entretenido. Por supuesto, cosas como el primer orden, los signos de sus padres y los signos de sus hermanos pueden desempeñar un papel en la forma en que los niños Cáncer crecen y se desarrollan.

Lo que los niños Cáncer pueden aportar repetidamente a cualquier unidad familiar es una chispa de luz. Esto se debe a que la luna es la única entidad del universo que puede reflejar la luz del sol. Los hijos de Cáncer pueden experimentar depresiones o sentir que están en la rutina, pero suelen preocuparse mucho por mantener a los demás contentos. Es posible que de niño haya sacrificado bastante en beneficio de los demás, incluso para mantener felices a los adultos de su vida. Esto suele ser especialmente cierto en el caso de los primogénitos de la familia o de los niños que tienen una gran diferencia de edad con respecto a sus hermanos menores. Los Cáncer primogénitos, tanto hombres como mujeres, suelen ser propensos a desarrollar sus habilidades de liderazgo a una edad muy temprana y probablemente buscarán roles de liderazgo en su carrera adulta.

Los Cáncer que son hijos del medio son más propensos a ser un poco malhumorados. Mientras que los hijos del medio suelen ser conocidos por sus arrebatos, los Cáncer son más retraídos y tímidos. Es probable que busquen activamente el amor en lugar de la atención, y como niños, cultivarán rápidamente un grupo de amigos muy unido que mantendrán durante mucho tiempo.

Cuando los Cáncer son el pequeño de la familia, se les nota. Son ese espíritu afín y libre. Pueden parecer reservados, pero ciertamente no son tan tímidos como otros niños Cáncer. Estos niños suelen desarrollar relaciones profundas e íntimas con los miembros de su familia, y son definitivamente el tipo de niños que ven a sus hermanos mayores como héroes.

Es probable que, independientemente de su orden de nacimiento, haya tenido cualidades muy afectivas de niño. Esto se ve tanto en los Cáncer que han tenido una infancia muy dura como en los Cáncer que han tenido una infancia muy fácil. Por lo general, disfrutan del tiempo a solas, pero realmente quieren difundir ese amor y afecto a las personas que los rodean. A veces, los niños Cáncer hacen esto en su propio detrimento, ya que pueden dar más amor del que reciben, o pueden encontrarse anhelando constantemente la atención de la persona de la familia que muestra menos interés por ellos. Los niños de Cáncer pueden tener problemas para desarrollar confianza en sí mismos y probar cosas nuevas. Al principio puede parecer un contratiempo, pero muchos cancerianos florecen durante los últimos años de la adolescencia.

Lo que necesitan los niños de Cáncer

Entonces, ¿qué necesitan realmente los niños Cáncer para prosperar? Independientemente del signo de los padres, hay algunas cosas que los padres de niños Cáncer deben hacer para atender las necesidades de sus hijos Cáncer específicamente. En primer lugar, deben asegurarse de que están prestando suficiente atención a este niño. Aunque haya recibido mucha atención de niño, es posible que haya tenido ese deseo constante de más. Los niños que nacen en la cuarta casa suelen tener este apetito insaciable de atención y elogios.

Puede llegar al punto de que los niños Cáncer solo quieran sentarse junto a alguien o ver la televisión juntos. No necesitan necesariamente mucho tiempo de atención individual, pero sí mucho tiempo de tranquilidad juntos.

A medida que los niños Cáncer se desarrollan, necesitan un poco de espacio. Su privacidad se vuelve muy importante para ellos, especialmente entre los cinco y los nueve años. A medida que los Cáncer atraviesan la infancia, pasan por un viaje más emocional que otros niños. Si bien es cierto que necesitan alimento mental y físico, así como tiempo en familia, hay emociones que van a tener que aprender a procesar por sí mismos. Para muchos niños, este viaje emocional como Cáncer puede parecer realmente agotador. Es posible que observe que a menudo se echan la siesta o recurren a pasatiempos sedentarios, como ver la televisión, en lugar de hacer deporte.

Si usted es Cáncer, quizá recuerde que le decían constantemente que tenía que salir a la calle, que tenía que pasar más tiempo con sus amigos o que tenía que jugar con sus hermanos. Aunque es frustrante escuchar estas cosas cuando se es niño, eso es exactamente lo que yo llamo infancia. Un padre va a ayudar a sacarlos de su caparazón para que se sientan cómodos probando cosas nuevas por sí mismos. También puede ayudar a los niños Cáncer a desarrollar habilidades sociales en una etapa temprana de la infancia en la que, de otro modo, podrían estancarse. Los niños católicos son conocidos por su capacidad para triunfar en la vida, y cuando hacen un amigo, suele ser para toda la vida. Pero entran en un patrón en el que, una vez que hacen uno o dos buenos amigos, no socializan fuera de ese círculo inmediato.

En resumen, los niños Cáncer necesitan alimento y estímulo. Los padres de niños Cáncer deben centrarse en ayudarles a desarrollar habilidades que puedan contrarrestar ciertas debilidades de Cáncer, como el mal humor y la inclinación a estar solo. También deben esforzarse directamente en proporcionar la atención necesaria para nutrir al niño Cáncer y el espacio que necesita para digerir el día o los acontecimientos particularmente problemáticos. Debido a la capacidad de empatía y a la receptividad emocional de Cáncer, es posible que incluso un desacuerdo familiar haga que el niño Cáncer necesite un tiempo a solas después de un poco de mimos o atención especial.

¿Cómo criar a un canceriano?

Muchas personas se preguntan cómo pueden criar a un niño Cáncer si son tan emocionales y necesitados. Son emocionales e intensos, y a menudo los padres se sienten perdidos e incapaces de hacer nada bien.

En el caso de los bebés, es posible que se sientan completamente agotados porque necesitan constantemente un buen abrazo. Estos niños pueden ser imposibles de dejar. Una vez superado ese primer y duro año de la infancia, se puede ver florecer al niño Cáncer, y los padres de este niño Cáncer necesitarán cambiar de rumbo. Los padres de Cáncer necesitan ser autoritarios desde la distancia. Su hijo necesita una conexión física con sus padres, pero pueden exigir demasiado o utilizar sus necesidades para evadir la disciplina.

Este es un ejemplo de una interacción típica con un niño Cáncer:

El niño coge un objeto que no debería tener.

Mamá: Deja eso ahora mismo.

El niño deja el objeto.

Mamá: Gracias.

El niño vuelve a coger el objeto.

Mamá: Deja eso.

Niño: Pero mamá...

Mamá: Deja eso, o tiempo fuera.

Niño: Mamá, por favor.

La madre le quita el objeto.

El niño no llora, sino que abraza a su madre. Es una forma de manipulación que los niños utilizan sin querer. Pero es una técnica muy utilizada por los niños Cáncer. Cuando otros niños se enfadan, los niños Cáncer se disculpan o incluso actúan como si experimentaran vergüenza por no cumplir o no apaciguar a la figura de autoridad. Por eso, los padres deben ser autoritarios desde la distancia. Está claro que los padres tienen que establecer límites y tomar medidas para la seguridad, como retirar los objetos potencialmente dañinos o tener normas establecidas como no caminar por la calle. Pero ¿cómo hacerlas cumplir cuando el niño solo quiere más atención y cariño después de ser regañado? Los padres de Cáncer tienen que ser fuertes y guiar la comunicación. Cuando usted esté tranquilo y el niño haya tenido la oportunidad de procesar la interacción sin obtener un "perdón", inmediato, entonces ambos podrán hablar. Dado que los Cáncer son tan empáticos y receptivos, los niños Cáncer a menudo pueden tener discusiones más profundas que la mayoría de los niños. Cuando críe a un Cáncer, no rehúya las discusiones emocionalmente intensas ni explique sus sentimientos; esto puede ayudar al niño a superar su terquedad y a comprender su naturaleza comprensiva.

Una advertencia: los niños Cáncer son más propensos a encajar en las etiquetas asignadas. Si le dices a un niño Cáncer que es "malo", se sentirá así. Si le dices que es un "matón" o un "testarudo", se inclinará por ese comportamiento, aunque le duela.

Adolescentes de Cáncer

Los adolescentes presentan turbulencias emocionales, pero un adolescente de Cáncer es un auténtico enigma que desconcierta absolutamente a los padres. A veces querrán pasar más tiempo con su familia de lo que cualquiera podría imaginar de un adolescente. Al día siguiente, se pelean con todo el mundo. Nadie está a salvo de esta persona hormonal, emocional, irracional, cariñosa y de buen corazón.

Los adolescentes Cáncer exigen privacidad, y cuando un padre o hermano viola los límites de la privacidad o el tiempo de tranquilidad, se sienten totalmente traicionados. No registre la habitación de un adolescente Cáncer ni se meta en sus cosas sin invitación. Es probable que no encuentre mucho, de todos modos. Por lo general, los niños Cáncer mantendrán a sus amigos hasta la adolescencia. Es posible que sus amigos caigan en malos hábitos o en situaciones turbias, pero si no es así, estupendo; se puede contar con que un adolescente Cáncer se quede con la gente que conoce.

Cuando se trata de simples comprobaciones, una pregunta del tipo "¿Qué tal el día?" puede hacer saltar las alarmas en la cabeza de un adolescente Cáncer. Si se entromete demasiado, se volverá más reservado y se alejará de los padres.

Lo que se puede esperar de un adolescente Cáncer es un alto nivel de motivación. Puede que no sea necesariamente para la escuela, pero encontrarán una pasión, y es probable que la sigan durante toda su vida; y, probablemente sea algo relacionado con las artes. Los adolescentes de Cáncer suelen ser líderes entre sus compañeros si les apasionan las noticias locales o el activismo.

¿Cómo se puede ayudar a un adolescente de Cáncer a desarrollarse? He aquí algunas formas de ayudarles a crecer y prosperar:

- *Permítales tener responsabilidad personal.* Pídales que cocinen una noche a la semana o que se encarguen de una tarea por su cuenta.

- *Reconozca cómo ayudan a la familia.* Los adolescentes Cáncer pueden tener todo tipo de lenguajes de amor, y como tal, puede ser difícil determinar el lenguaje preferido de ese adolescente. Tal vez pueda incluir algunos enfoques diferentes para el reconocimiento en su día. Diga "gracias", ofrezca un incentivo o una recompensa por sus esfuerzos, encárguese de una de sus tareas o haga algo especial para ellos de vez en cuando.

- *Abandone las reglas innecesarias.* Los adolescentes Cáncer tienden a rebelarse contra las tonterías o cualquier cosa que no consideren importante. No fije una hora de acostarse arbitraria sin ninguna razón en particular, y haga que los toques de queda dependan de la situación. Por ejemplo, en lugar de decir: "Recuerda que el toque de queda es a las 11:00 p. m.", puede decir: "Oh, es la noche del baile de graduación, probablemente estarás fuera hasta tarde. Que sea antes de la 1:00 en esta ocasión". O, por ejemplo, "Si no pueden llegar a casa de John antes de las 10:00, pregunten si pueden quedarse toda la noche". Así, no tendrán la espada de Damocles pendiendo sobre su cabeza en todo momento.

- *Permita que se expresen.* Como con cualquier adolescente, están descubriendo sus preferencias personales, lo que les gusta y lo que no. Como los Cáncer son tan emocionales, esto es un poco más importante que con otros adolescentes. Evite los comentarios que menosprecien sus preferencias personales sin ninguna razón de peso. Por ejemplo, "¿A eso le llamas música?", o "No soporto la música, baja el volumen". En ambos casos, puede pedir que baje el volumen sin afirmar que no le gusta lo que a ellos les gusta. Los adolescentes de Cáncer siguen anhelando esa conexión con su familia, y quieren tener una conexión con usted; no quieren escuchar que usted odia algo que les gusta.

Los cancerianos como padres

No podíamos terminar un capítulo sobre los hijos de Cáncer sin hablar de los Cáncer como padres. Los padres de Cáncer son ampliamente reconocidos como los mejores criadores del zodíaco. No solo son grandes padres porque son intuitivos y empáticos, sino porque recuerdan exactamente lo que fue crecer como un niño sensible y emocional. Los Cáncer tienen la capacidad innata de aferrarse al pasado, y no olvidan las heridas ni las alegrías de la infancia.

Este elemento en particular es uno de los pocos puntos en los que los Cáncer masculinos y femeninos se diferencian realmente. Los padres Cáncer son los padres divertidos, los que dejan que los niños se queden despiertos hasta tarde y coman comida basura, los que pueden conectar con ellos a nivel emocional. Protegen a sus hijos y pueden ser feroces si se ven amenazados. Pero, por mucho que sean un papá oso o un papá cangrejo, también quieren ser amigos de sus hijos y colmarlos de afecto.

Las mujeres Cáncer son madres excelentes. Son la autoridad cariñosa que nutre y/o disciplina según la situación. Son sobreprotectoras y, en ocasiones, pueden ser un poco autoritarias. A menudo, les encanta la labor de ser madre, y son de las que tienen una agenda muy cargada con el traslado de los niños a todo tipo de actividades. Suelen recordar de la infancia cómo sus padres fomentaron o no la exploración creativa y la exploración de sí mismos.

Si creció como niño de Cáncer, siéntase orgulloso de saber que puede dar a sus hijos esa infancia soñada de afecto, conexión y provocación de crecimiento constante. Puede que la adolescencia haya sido dura, pero le preparó para todo lo que tendría que afrontar en la edad adulta. El flujo y el reflujo emocional suelen remitir en la última etapa de la adolescencia y permiten a los Cáncer aprovechar todas las lecciones aprendidas durante la infancia para convertirse en los mejores padres.

Capítulo 7: Cáncer en el amor

Los Cáncer suelen ser aplaudidos como los mejores amantes del zodíaco. Son sensuales, emocionales y apasionados, lo que parece una receta para el éxito en cualquier relación romántica. Por desgracia, también tienden a ser un poco necesitados, pero eso es algo que cualquier signo del zodiaco puede ajustar en consideración a lo que están recibiendo de la persona de Cáncer.

Los Cáncer, sorprendentemente, tienen bastantes problemas cuando se trata del amor, y hay una clara razón para ello. Abordemos este desafío en el romance antes de sumergirnos en cómo es un Cáncer cuando encuentra a su pareja.

Aunque los Cáncer son ciertamente los mejores amantes del zodíaco, a menudo no pueden encontrar otro signo que pueda corresponder a ese nivel de amor, compasión y conexión emocional. Podría parecer que la solución es que los Cáncer necesitan encontrar a otros Cáncer, pero normalmente los Cáncer no son compatibles debido a lo necesitados que pueden ser y lo mucho que anhelan estar solos. En las relaciones entre Cáncer y Cáncer, es común que les cueste estar en la misma longitud de onda porque ambos son excepcionalmente receptivos, pero también exigentes. Más adelante, hablaremos de la compatibilidad de Cáncer con cada signo, pero debe saber que, por lo general, la conexión Cáncer-Cáncer no es la solución sencilla para que los Cáncer reciban el amor que necesitan. Otra vía en la que los Cáncer se encuentran a menudo es la de conectar con un signo de fuego, que también evaluaremos individualmente, ya que estas relaciones están hechas por las estrellas o son un desastre absoluto.

En última instancia, los Cáncer tienen romances épicos, y se merecen solo lo mejor. Cuando comparten demasiado de sí mismos, corren el riesgo de ser invadidos. Su inclinación natural hacia el liderazgo los hace propensos a dominar una relación, pero buscan que alguien guíe el camino hacia la felicidad en una pareja. Las relaciones para los Cáncer suelen ser maravillosas o tumultuosas.

"Caer enamorados" es bastante literal para los Cáncer

El término del argot "caer enamorado" describe casi exactamente cómo se enamoran los Cáncer. Empiezan a hablar con alguien y, de repente, no solo se enamoran, sino que están locos por él. Es una especie de vórtice para los Cáncer, aman el *amor*. Aman a otras personas y experimentar las emociones de un nuevo romance. Su sensualidad y comprensión de las emociones les hace caer con fuerza y facilidad.

Los Cáncer son excepcionalmente sensibles al amor y a sus sensaciones físicas. Cuando se trata de sexo, los Cáncer quieren que sea casi un acto de culto, y empiezan a pensar en ello muy pronto. La mayoría de los Cáncer no se abalanzan sobre la idea de moverse demasiado rápido en el aspecto físico. Pero cuando se trata de las emociones, a menudo se encuentran *corriendo* hacia las relaciones, o al menos fantaseando con ellas. El chiste de imaginar una boda después de ese primer mensaje es especialmente cierto para los Cáncer. Son soñadores con mucho amor para dar, y esperan recibir mucho amor a cambio.

Cuando se trata de citas, los Cáncer pueden ser un poco cautelosos. Les gusta conocer a la gente y, a veces, la relación puede estancarse y dar lugar a una gran amistad, pero no a una relación. Los Cáncer también pueden disfrutar del proceso de las citas y continuar con ese elemento de la búsqueda en lo más profundo de su relación, lo que hace que esta sea realmente fructífera. Les encanta experimentar, pero en última instancia los Cáncer quieren encontrar un amor a largo plazo, que arda lentamente, en un entorno cómodo y poco estresante.

Intimidad y amor físico

En la cama, los Cáncer hacen el amor largo y apasionado. No son de los que traen juguetes, ni de los que tienen sexo en la ducha, ni de los que tienen accesorios. Quieren un acto de pasión que se acerque a la adoración. Los Cáncer quieren el contacto visual, los abrazos y los días de pereza en la cama. Muchas de estas tendencias se relacionan con el elemento agua de Cáncer. Hay mucha intimidad, pero está reservada para unos pocos, en la mayoría de los casos. Los Cáncer no suelen ser promiscuos, aunque les encanta conocer a la gente y pueden caer ocasionalmente en episodios aislados de promiscuidad.

Mujeres Cáncer y hombres Cáncer en las relaciones

"Marte... Venus", y todo lo demás, pero el hecho innegable es que los hombres y las mujeres son diferentes. Es difícil argumentar que son demasiado diferentes, emocional y psicológicamente, pero los hombres y las mujeres Cáncer tienen formas distintas de expresar sus necesidades cuando se trata de amor y romance.

Los hombres de Cáncer tienden a ser suaves, cariñosos y ocasionalmente nutritivos, pero hay que esforzarse mucho para atravesar ese caparazón. Se protegen a sí mismos a toda costa, lo que significa que una pareja podría acostumbrarse a una pareja de poco mantenimiento y muy independiente solo para alcanzar el nivel de confianza necesario para que el hombre Cáncer dé rienda suelta a su lado más suave. Los hombres de Cáncer a menudo creen en la caballerosidad, pero pueden ser propensos a ocultarla porque saben que su pareja puede desear mayores niveles de independencia o incluso desanimarse por el romance o el cortejo tradicional.

Es importante tener en cuenta que los hombres de Cáncer se sienten heridos con facilidad, y si se les hiere una vez, no son capaces de olvidarlo. Un paso en falso podría significar el fin de la relación, o que se necesiten semanas o incluso meses para reconstruir la confianza perdida.

Las mujeres de Cáncer en el amor son las verdaderas doncellas de la luna. Quieren ser cortejadas y seducidas... pero, las mujeres de Cáncer tardan un poco en entrar en calor. Por lo general, se muestran reticentes y desconfían de sus posibles parejas. No quieren resultar heridas, pero tampoco quieren perder el tiempo. Desgraciadamente, a pesar de su desconfianza y su actitud precavida, muchas se encontrarán dando mucho más en una relación de lo que obtendrán de ella.

Como las mujeres Cáncer, al igual que los hombres Cáncer, son autoprotectoras, pero también se rigen por los sentimientos, hacen un buen trabajo ocultando las emociones que creen que no son bienvenidas en la relación. La mujer Cáncer, en concreto, puede guardarse muchas de sus emociones para sí misma hasta que llega a un punto de ruptura y entonces desata un huracán de emociones. No son la novia loca; si la pareja logra superar ese huracán inicial, deberían tener aguas tranquilas por delante (a menos que no aprendan la lección, en cuyo caso la relación puede estar condenada o, al menos, tener un comienzo difícil).

La compatibilidad de Cáncer

En general, los Cáncer tienen un alto índice de compatibilidad. Aquí está el resumen de la compatibilidad de cada signo con Cáncer y los detalles sobre lo que se puede esperar en estas diferentes relaciones.

Cáncer y estos signos tienen el nivel más alto de compatibilidad:

Tauro

Los Tauro son amantes firmes y apasionados, lo que puede funcionar bastante bien. Como un signo fijo, pueden ayudarle a conectar con la tierra a un hombre o mujer de Cáncer, y es probable que catalicen una intensa química física.

Piscis

Cáncer y Piscis tendrán un viaje intenso, pero puede ser mágico si se encuentran en el punto correcto de la vida. Un Cáncer mentalmente maduro y un Piscis mentalmente maduro pueden hacer pareja para toda la vida y tener una conexión emocional casi inigualable. Sueñan juntos, planean juntos y comparten ese vínculo durante años.

Escorpio

Dos signos de agua que están hechos el uno para el otro, hay un magnetismo que atrae a estos dos juntos. Incluso cuando se producen peleas épicas, no significa que el fin de la relación esté cerca. Los estallidos emocionales son solo parte de la unión de estos dos signos. Las peleas pueden ser un desahogo que les permita apreciarse más una vez que sus emociones se estabilicen.

Aries

Esperen una intimidad equilibrada pero escasa. Este signo de fuego es el signo de fuego "seco" y el menos compatible con cualquier signo de agua, pero especialmente con Cáncer. La comunicación en estas relaciones requiere mucho esfuerzo. ¿Es imposible? No, pero requiere trabajo de ambas partes.

Géminis

Los Cáncer y los Géminis se llevan bastante bien, y si buscan un amor que tenga una base de amistad, este podría serlo. No esperen tanta pasión en el dormitorio, pero sí disfruten de la comunicación abierta.

Cáncer

Esta podría ser la mejor o peor relación que puede tener un Cáncer. Es posible que encuentre a alguien con quien congenie y con quien esté emocionalmente alineado, o podría resultar que uno de los dos esté siempre en los extremos opuestos del espectro emocional.

Leo

Como signo de fuego puro, los Leo ofrecen a los Cáncer la oportunidad de un romance apasionado y lleno de vapor. Los Leo son egoístas y pueden tener problemas de comunicacion, pero pueden derramar amor de la misma manera que los Cáncer en una relación. Es importante que Leo y Cáncer resuelvan quién es el líder en la relación.

Virgo

Los Virgo son muy compatibles, pero pueden ser combativos con los Cáncer cuando se trata de exigencias emocionales. Los Virgo son generalmente personas muy privadas, y eso funciona bien cuando los Cáncer quieren su espacio. Pero también están esos otros momentos.

Libra

Hay pocos signos que no encajen bien con Libra, y hay pocos signos que no jueguen bien con Cáncer. Estos dos parecen ser perfectos, ya que ambos son de buen corazón y se preocupan por la justicia, pero no se mezclan bien. Los Cáncer son demasiado buenos para olfatear la falsedad, y los Libra no están contentos de manejar una montaña rusa emocional.

Sagitario

Estos dos se divertirán mucho juntos, pero probablemente no tendrán una relación duradera a menos que el alegre Sagitario pueda acomodar el humor siempre cambiante de Cáncer. Y, por supuesto, a menos que Cáncer pueda seguir el ritmo de las salvajes ambiciones de Sagitario.

Capricornio

La compatibilidad es alta y el nivel de comunicación moderado. No debería tener problemas para entablar una relación estable con un Capricornio, siempre y cuando ambos recuerden que son propensos a los brotes de tranquilidad.

Acuario

No esperen casi nada de comunicación aquí. Mientras que los Cáncer son grandes oyentes y los Acuario son grandes habladores, estos dos simplemente no se alinean cuando se trata de la entrega. Por supuesto, hay una oportunidad para superar los obstáculos de comunicación, pero en general, la combinación de aire y agua es un poco deslucida para el emocional Cáncer.

Agua y Tierra

Las mezclas de agua y tierra se parecen más a la orilla de la playa que al barro que la gente imagina. Estos signos incluyen a Tauro, Capricornio y Virgo. Cáncer tiene la capacidad de ablandar a algunos de estos signos, que suelen ser muy reservados y privados. Pero al hacerlo pueden abrir una caja de emociones que no estaban preparados para manejar.

Debe haber un equilibrio entre los signos de tierra que ofrecen ayuda práctica y ánimo, con Cáncer liderando los esfuerzos de comunicación.

Agua y Fuego

Los signos de agua y fuego son la pasión embotellada hasta que la parte superior estalla. Es una combinación de vapor que puede estar bien o mal. Los signos de fuego tienen problemas particulares, ya que son un poco diferentes de los demás elementos. Los signos de fuego incluyen a Aries, el caliente que se mueve hacia lo seco, Leo el signo de fuego puro, y Sagitario el ardiente que se mueve hacia lo húmedo.

Por lo general, un Cáncer no tiene mucho que ganar además de la intimidad o la amistad de un Aries o Sagitario. O hay mucha pasión o mucha diversión. Con Leo, existe la oportunidad de una relación, pero podría ser desastrosa.

También existe el riesgo de que un signo de fuego haga que el signo de agua se sienta seco, que no reciba el alimento que necesita. Al mismo tiempo, los signos de fuego pueden sentir que los signos de agua apagan su ardiente inspiración.

De todos modos, los Cáncer se lanzan con frecuencia a las relaciones con los signos de fuego porque los sentimientos y las emociones al comienzo de la relación son demasiado intensos como para rechazarlos.

Agua y Aire

Cuando se trata de agua y aire, casi no se puede pedir una conexión más profunda hasta que llegamos a estas combinaciones. Los signos de aire crean una base sólida para que el agua pueda comunicar sus sentimientos y realizar sus sueños más elevados. Estos signos suelen alimentarse muy bien el uno del otro y se animan a avanzar. El inconveniente es que a menudo se trata de amistades, y a veces cultivar la comunicación con Cáncer abre las emociones, y los signos de aire no siempre son estables cuando se trata de un compromiso a largo plazo.

Agua y Agua

Ahora, el agua y el agua son una pareja hecha en el cielo. Al fin y al cabo, buscamos cultivar un océano, no ser un estanque solitario. Pero existe un poco de desafío porque a veces estas parejas ven demasiado de sí mismas en su pareja. Tendrán que entender cuándo su pareja quiere estar a solas, y cuándo pueden fusionarse juntos y encender su vínculo emocional.

Cómo llamar la atención de un Cáncer

Puede parecer demasiado cliché, pero lo único que debe hacer es ser auténtico. Los Cáncer son demasiado empáticos y perceptivos para dejarse engañar por la manipulación. Si alguien está haciendo algo que no sea auténtico, incluso si solo está tratando de hacerse el interesante, un canceriano puede darse cuenta. Por lo tanto, nunca intenten manipular o engañar a un Cáncer; siempre se darán cuenta.

Entonces, dedíquele tiempo. Si logra conseguir una cita, sepa que es posible que tenga que hablar bastante. Sin embargo, llenar el ambiente de conversación no significa que usted dirija el espectáculo. Dedíquele tiempo y dirija la conversión de forma que le invite a hacer algo más que escuchar; ofrezca compromiso. Además, lo mejor es asegurarse de que este tiempo a solas esté libre de distracciones. Coma y hable. Pero deje el teléfono y otros dispositivos apagados o en silencio. Los Cáncer odian romper el ambiente cuando están en la fase de conocerse.

Por último, mantengan una conversación real. No hable de temas superficiales como el tiempo, el tráfico o los últimos programas. Los Cáncer son excelentes conversadores, pero no suelen emplear esa habilidad porque son muy buenos oyentes. Encontrar a alguien que saque a relucir este elemento de su personalidad es algo realmente emocionante, y a los Cáncer les encanta explorar a las personas e incluso a sí mismos. Deles una oportunidad.

Entonces, ¿cómo debe acercarse a Cáncer? Hágalo de forma directa. No les gusta la comunicación confusa. Si le gusta, dígalo, y luego dele un poco de espacio, pero no se desvincule del todo. Hable con él a lo largo del día o unas cuantas veces a la semana, asegurándose de que no es demasiado fuerte ni le abandona por completo.

Cómo comunicarse con su pareja si es de Cáncer

Si es de Cáncer, habrá notado a lo largo de este capítulo que cada vez que hubo verdaderos problemas, se debió a la comunicación. La comunicación desempeña un papel vital en todas las relaciones, románticas o de otro tipo, pero cuando se trata de una pareja, es vital que se mantengan abiertas esas líneas de comunicación. Los Cáncer tienen tendencia a cerrarse sin querer, y a menudo sus parejas pueden percibirlo como si recibieran la ley del hielo.

Busque formas cotidianas de comunicarse y, cuando no encuentre las palabras, envíe imágenes, gifs o incluso memes. Utilice los mensajes de texto y envíe videomensajes; de este modo, no tendrá que realizar un videochat, sino que podrá enviar un mensaje personal sin preocuparse de mantener una conversación completa.

También puede considerar la posibilidad de ser más franco de lo que parece normal o educado. A los Cáncer les gusta hablar con soltura de sus sentimientos porque están muy metidos en los de los demás. Si se siente enfadado, nervioso o necesita atención, entonces sea franco al respecto en lugar de intentar mantener esas emociones enterradas. Solo cuando los cancerianos no atienden sus necesidades, especialmente las emocionales, tienen estas peleas con sus parejas o compañeros. Es probable que cualquier problema en una relación que involucre a un Cáncer y a otra persona tenga su raíz en emociones no abordadas. Aborde las emociones que está experimentando directamente, en lugar de tratar de abordar las necesidades de la otra persona primero.

Por último, tenga en cuenta su signo. El esquema de compatibilidad anterior es una guía general, pero si ambos son conscientes de sus puntos fuertes y débiles, pueden tener una relación exitosa con signos que inicialmente pueden parecer incompatibles. Las relaciones románticas se basan en la unión de personalidades y en la interdependencia de dos personas, lo que es posible en una variedad de combinaciones. Pero si está con alguien que se niega a trabajar en la comunicación difícil o en la comprensión de las necesidades emocionales, entonces no es probable que vea ningún cambio sustancial en la relación misma. Los Cáncer son muy buenos buscando relaciones sólidas. Suelen contentarse con ser independientes hasta que encuentran a alguien con quien pueden ser ellos mismos y disfrutar de su tiempo.

Capítulo 8: Los Cáncer en una fiesta

Desde fuera, los Cáncer son un enigma andante. Muchos otros signos los consideran simplemente imposibles de entender, y una de las razones es su variable grado de interacción social. Una vez más, desde fuera los Cáncer parecen introvertidos, pero en su interior los Cáncer saben que no solo les gusta una buena fiesta, sino que les encanta organizarla. Los nacidos en Cáncer suelen sentirse agotados cuando están rodeados de emociones extremas, pero suelen disfrutar de las vibraciones alegres de una fiesta.

Los Cáncer también disfrutan de vez en cuando de un poco de mimo y atención. Los Cáncer tienden a pasar el mayor tiempo posible en una fiesta con un grupo reducido de personas, y cuando son anfitriones, se aseguran de no dispersarse demasiado. En general, es sorprendente, pero a los Cáncer les encantan las fiestas y les encanta la interacción social cuando pueden controlar parte del ambiente. He aquí algunas de las ideas más profundas sobre cómo los Cáncer disfrutan del tiempo con los demás y qué es lo que pueden hacer para aprovechar al máximo ese tiempo.

Los Cáncer salen de fiesta para desconectar

Los Cáncer tienen dos formas de relajarse. La primera es la más conocida y cotilleada, la necesidad de reclusión. A los Cáncer les gusta esconderse del mundo; es algo muy propio de los cangrejos. Sin embargo, son igualmente propensos a organizar una pequeña reunión y utilizarla como una oportunidad para recargarse. De hecho, esta es una de las mejores maneras que tienen los nacidos en Cáncer de aprender a superar sus debilidades más prominentes.

Como los Cáncer se ven afectados fácilmente por las emociones de los demás, les cuesta separar lo bueno de lo malo en muchas situaciones.

Piénselo por un momento... cuando va al trabajo, probablemente reciba una mezcla de emociones buenas y malas. Puede que tenga un compañero de trabajo que esté emocionado por un gran viaje con su familia y otro que sienta que está atrapado en un trabajo sin salida y que odia su vida. Los Cáncer captan ambas cosas. Pero una fiesta con gente que conoces y quieres es una experiencia diferente.

Organizar una fiesta con sus seres queridos más cercanos tiene muchas probabilidades de resultar un buen momento y de que todo el mundo sea feliz. Por eso, a los Cáncer les encanta una buena reunión, pero no son partidarios de las fiestas desenfrenadas.

Si intenta imaginarse a un Cáncer pasándoselo bien en una fiesta y consiguiendo relajarse, piense más en una reunión de amigos que en una fiesta de fraternidad. Estamos hablando de una barbacoa, tal vez de algunas bebidas casuales y una buena conversación. Cuando los Cáncer salen de fiesta, no recurren a la música para ahogar la conversación, o bien se centran en la música y la conversación gira en torno a lo que está sonando. Les va mejor cuando ofrecen comidas caseras a sus amigos y pasan el tiempo rodeados de personas que saben que se divierten.

En cambio, un Cáncer-Leo puede disfrutar más de las grandes fiestas. Es posible que organicen estas experiencias con mucha antelación para asegurarse de que pueden prepararse emocionalmente, pero ser extremadamente sociable es una de las características que afloran en la cúspide Cáncer-Leo. Estas personas pueden encontrar una mayor alegría en la planificación de la asistencia a un gran evento como una rave bien establecida, un concierto o un evento de temporada. Incluso las personas que se encuentran en la cúspide Géminis-Cáncer probablemente disfrutarán más de las fiestas por diversión que los Cáncer puros. Pero tanto los de cúspide Géminis-Cáncer como los de Cáncer-Leo deberían esperar la misma dosis de recarga cuando asisten a pequeñas reuniones.

Prefieren la constancia a la novedad

Los hombres Cáncer son más propensos a disfrutar de las fiestas que las mujeres Cáncer. Son tradicionalistas y entienden que socializar forma parte de la vida normal. Quieren planificar sus encuentros sociales y, al hacerlo, puede parecer que están organizando un evento al estilo de la vieja escuela. Es probable que sean ellos, unos pocos amigos varones, con un consumo moderado de alcohol, música de fondo y todo reservado para el viernes o el sábado por la noche. Su naturaleza innatamente leal y su fiabilidad suelen hacer que estas reuniones constantes y tradicionales se celebren con regularidad. Los amigos de este Cáncer probablemente saben que deben acudir cada sábado por la noche, tanto si reciben una invitación como si no. De hecho, un Cáncer puede tomarse la libertad de no enviar invitaciones para ver quién aparece de todos modos.

Incluso las mujeres Cáncer prefieren salir de fiesta con un poco de constancia antes que hacerlo de forma novedosa. No son el tipo de personas que quieren seguir las ideas espontáneas de otras personas, pero las mujeres Cáncer son conocidas por sus ocasionales rachas de espontaneidad. Suelen ser menos tradicionales que los hombres Cáncer y tienden a utilizar su lado imaginativo o creativo más a menudo cuando buscan diversión. Estos momentos de espontaneidad no son las locas situaciones de "vamos a saltar del puente"; suelen ser planes de última hora. Es probable que una mujer Cáncer se dé cuenta de que tiene un fin de semana libre e invite a algunos amigos cercanos.

Es probable que las mujeres Cáncer también tengan planes fijos con las personas más importantes de su vida. Para muchas, eso es algo así como una cena el domingo, una cita el viernes o unas copas después del trabajo con los compañeros de trabajo. Este grado de constancia es lo que permite a Cáncer desconectar y relajarse con las personas con las que le gusta estar frecuentemente. A menudo hay demasiada incertidumbre para que un hombre o una mujer Cáncer se diviertan cuando se trata de experimentar novedades. Es de esperar que a los cancerianos no les gusten los parques temáticos ni los festivales de verano, a menos que puedan planificar todos los detalles y/o crear un programa consistente. Por ejemplo, un canceriano podría no querer un viaje de una sola vez a Disneylandia. Pero, si vive en el sur de California o en Florida, puede adquirir un pase de temporada para ir tan a menudo como quiera y hacer las cosas a su propio ritmo. No aprovecharían sus salidas para celebrar una fiesta y probablemente rechazarían la idea de utilizar lugares con muchos eventos o exagerados para fiestas tales como reuniones familiares o de clase.

Los Cáncer a la hora de planificar y organizar fiestas

Aunque los Cáncer parecen tímidos, se las arreglan mucho cuando se trata de socializar. Parte de ello proviene de la necesidad de controlar las nuevas interacciones, pero son buenos para hacer crecer lentamente su círculo de amigos y a menudo mezclan grupos de amigos cuando otros los mantendrían separados. Por ello, parecen ser esa persona que conoce a todo el mundo, y todo el mundo los conoce a ellos.

Pero su planificación y su labor como anfitriones son excepcionalmente exigentes, y es uno de esos factores desencadenantes que pueden provocar su mal humor, su frustración y un cierre total por parte de Cáncer. Los Cáncer trabajan mejor como mediadores y orquestadores. Son los que toman la decisión correcta cuando se trata de unas pocas opciones, pero cuando tienen que salir a buscar todas las opciones, investigarlas y tomar la decisión, las cosas van mal. La parálisis o la fatiga en la toma de decisiones es común entre los Cáncer que planifican fiestas.

En cuanto a la diversión, podemos decir que los Cáncer deberían tomar una copa de Pinot Grigio y disfrutar de un fin de semana en los viñedos en lugar de un viernes por la noche en el bar. También podemos decir que los Cáncer son bastante sensuales, y quieren una experiencia de mimos de pies a cabeza. Una buena exfoliación con sal y una ducha caliente, seguidas de un masaje corporal completo, serían lo más adecuado para los nacidos como Cáncer.

Se trata de las cosas divertidas que se encuentran en las revistas sobre cómo encontrar el mejor paquete de spa o el mejor cóctel para hacer que su fin de semana destaque. La verdad es que los Cáncer no necesitan todo esto. No son los que buscan las cosas justas; en todo caso, buscan los elementos de las fiestas que son justos para los demás. Son ellos los que probablemente harán un menú y/o una carta de bebidas y diseñarán el entretenimiento basándose en lo que creen que todos los demás disfrutarán. No hay que olvidar que los Cáncer son el arquetipo maternal del zodíaco, y no solo quieren nutrir, sino que quieren ofrecer un ambiente feliz.

Si usted es un Cáncer que quiere entretener más a menudo o disfruta entreteniendo, entonces dé el salto y busque ayuda. Pida ayuda a un amigo y aproveche sus encantos como Cáncer para conseguir la ayuda que los demás puedan darle. Usted escucha y sabe lo que la gente quiere y cómo son capaces de ayudar. Dígale a su amigo: "Siempre haces los mejores juegos en las fiestas infantiles, ¿podrías ayudar en esta fiesta?" o "Oye, ¿qué crees que estaría bien para nuestra barbacoa del sábado? Seguro que sabes de buena comida".

De nuevo, los Cáncer quieren aprovechar la oportunidad de una fiesta para sacar esas buenas vibraciones emocionales y disfrutar de que todos a su alrededor estén de buen humor. No quieren que el proceso de planificación o la fiesta en sí se sientan como una tarea, y para evitarlo, a menudo pedirán ayuda para organizar una fiesta o para asegurarse de que las cosas salgan según lo planeado. Es una de las pocas veces que los cancerianos piden ayuda, ¡y ciertamente la merecen!

¿Quién es el Cáncer en una fiesta?

Si se tratara de identificar a cada persona dentro del tropo del zodiaco en una hipotética fiesta, Cáncer sería el que se sentara fuera, junto a la hoguera. Es probable que lo encuentren con un par de amigos cercanos, no será el que circule y hable con gente que no conoce o con la que no se siente cómodo. Además, los Cáncer son los que probablemente se irán a dormir temprano (a menos que sean los anfitriones de la fiesta). Cuando los Cáncer son los anfitriones de la fiesta, no les importa que se prolongue hasta bien entrada la madrugada. Pero cuando un Cáncer sabe que tiene la oportunidad de irse a casa y relajarse de verdad, la aprovechará.

Con demasiada frecuencia, otros signos sienten que los Cáncer no son felices en las fiestas. No entienden que incluso si un Cáncer está sentado fuera tranquilamente con uno o dos amigos y comida, se lo está pasando bien. Los Cáncer no son los que se lo van a pasar bien subiéndose a la barra y bailando. Tampoco son los que se van a divertir con los típicos juegos de fiesta.

También es probable que los Cáncer se apresuren a rechazar ideas para fiestas que parecen más bien una novedad. Cosas como la revelación del sexo, las baby showers, las fiestas de ensayo de boda y cualquier otra cosa que parezca superflua no estarán en lo alto de la lista de prioridades de un Cáncer. La única excepción a esto es si el Cáncer está planeando u organizando la fiesta para alguien que ama.

Su instinto maternal y afectuoso le llevará a organizar fiestas que crea que la persona en la que se centra la fiesta disfrutará. Incluso si no les gusta la idea de la fiesta, suelen aceptarla para hacer feliz a otra persona.

Capítulo 9: Los Cáncer en el trabajo y la trayectoria profesional

Los Cáncer son personas especialmente trabajadoras. Como signo de agua, son capaces de emplear su misterio, creatividad y bondad en su trabajo. Su sensibilidad y su alto nivel de intuición pueden provocar problemas a la hora de encontrar el camino profesional adecuado y seguirlo.

Las características de un Cáncer lo convierten en un empleado muy trabajador, leal y excepcionalmente diligente. Estas personas prestan atención a reglas muy específicas y tienen ese ojo agudo para los detalles que muchos empleadores adoran. Cuando asumen un papel profesional, es un compromiso. Los cancerianos no son de los que pasan de un trabajo a otro con frecuencia. Es probable que, incluso cuando se sientan preparados para seguir adelante, se queden uno o dos años más, porque sienten que le deben algo a su empleador.

¿Cómo actúan los Cáncer con sus compañeros de trabajo?

Como compañeros de trabajo, los Cáncer tienden a decantarse por una de dos opciones. O bien son la fuerza energética y positiva del equipo que anima a los demás a alcanzar nuevos niveles de éxito, o bien lo contrario. Es importante no olvidar lo malhumorado que puede ser Cáncer a veces. Supongamos que se sienten hastiados o infravalorados en el trabajo. En ese caso, a menudo son ellos los que en el equipo señalan los aspectos negativos del ambiente de trabajo con poca visión de cómo resolver estos problemas. Los Cáncer trabajan mejor con algo de autonomía, pero no disfrutan trabajando solos. Necesitan trabajar con un equipo de personas que consideren competentes, pero que aporten cosas diferentes. No basta con tener un equipo de gente agradable. Los Cáncer quieren trabajar en un equipo de personas con visión a futuro que aporten nuevas ideas, aunque no estén especialmente de acuerdo con ellas. Los Cáncer quieren que todos exploren su creatividad, y tienden a fomentarla en otras personas. Sin embargo, si usted es Cáncer, sabrá muy bien que esta es solo la perspectiva externa. Para sus compañeros de trabajo, es posible que usted sea un excelente miembro del equipo que lo apoya y lo ayuda a crecer. Pero eso puede venir acompañado de una profunda lucha interna por ser escuchado y por comunicar lo que tiene que aportar al equipo. A menudo hay dos formas de ver las cosas, desde dentro y desde fuera. Para los Cáncer que trabajan, cada día tiene esta dualidad. Los Cáncer deben encontrar una trayectoria profesional o, al menos, un empleador con el que realmente disfruten. Como Cáncer de carácter emotivo, aceptar un trabajo que le haga infeliz no es una opción a largo plazo.

¿En qué tipo de trabajos pueden los Cáncer desempeñarse mejor y encontrar satisfacción personal? Como cuidadores y consejeros naturales, los Cáncer prosperan en funciones que les permiten ayudar a otras personas. Eso no siempre significa que vayan a ser enfermeros o cuidadores profesionales, aunque ambas son carreras excelentes para los Cáncer. Es posible que desempeñen un papel que ayude a las personas a ayudarse a sí mismas, como la enseñanza o el trabajo directivo. Además, muchos Cáncer encuentran satisfacción en prestar ayuda de forma cotidiana trabajando como mecánico o electricista. La sugerencia más común que se encontrará para la carrera de un Cáncer es que se incline por las artes. Desgraciadamente, aunque son creativos, muchos Cáncer tienen dificultades en las carreras artísticas porque no logran la satisfacción a causa de otros elementos de su personalidad. Si tiene una inclinación artística o quiere seguir una carrera en un campo artístico, asegúrese de rodearse de formas de expresar su bondad de corazón, su generosidad y su deseo de hacer el bien a otras personas.

Agente inmobiliario

Resulta un poco chocante recomendar a un Cáncer que trabaje como agente inmobiliario, pero hay muchas formas en las que los Cáncer prosperan en el sector inmobiliario. En primer lugar, ayudan a la gente a encontrar un hogar, y eso no es algo que mucha gente pueda decir que ha logrado. En segundo lugar, el sector inmobiliario es más un arte que una ciencia. Hay que saber lo que el cliente quiere y lo que espera, aunque no pueda describirlo por sí mismo.

Una nueva pareja puede decir que quiere una casa sencilla para empezar, dentro de su presupuesto, y mencionar que está planeando hacer crecer su familia rápidamente. Al manejar esto, un Cáncer puede reconocer que sí, quieren una casa inicial. Pero también quieren una casa con suficientes dormitorios para varios niños y probablemente un baño adicional.

Además, trabajar como agente inmobiliario proporciona el nivel perfecto de trabajo en equipo y de trabajo autónomo. Los agentes inmobiliarios son casi siempre contratistas independientes, pero trabajan con una oficina inmobiliaria y utilizan recursos colectivos. Es probable que, como agente inmobiliario, participe en las reuniones semanales del equipo y que se recurra a su experiencia si uno de sus compañeros tiene problemas con una venta o con el papeleo.

En general, trabajar como agente inmobiliario permite a los Cáncer la oportunidad de desarrollarse, trabajar con otras personas, ayudar de verdad a sus clientes y guiar a la gente a través de un proceso por el que puede que solo pasen una o dos veces en su vida.

Chef

Trabajar como chef es la primera carrera artística mencionada en esta lista. Anteriormente se mencionó que trabajar como artista, músico, comediante o escritor podría no encajar exactamente con los Cáncer. A los Cáncer no les basta con producir un trabajo creativo. En su lugar, deben encontrar una profesión que permita que sus rasgos característicos de Cáncer prosperen mientras exploran sus inclinaciones creativas. Los chefs hacen exactamente eso. A menudo, los Cáncer obtienen una gran satisfacción personal cuando preparan deliciosas comidas para la gente.

No estamos hablando de un cocinero común y corriente. Si desea ser chef, es mejor que reciba una educación o formación formal, pero con un célebre chef si es posible. Hablamos de abrirse camino en restaurantes a los que la gente acude para sentirse bien, en lugar de pasar por un autoservicio para conseguir algo que calme un poco el hambre.

No nos referimos a los cocineros comunes y corrientes. Si quieres ser chef, lo mejor es que recibas una educación formal o que te formes con un célebre chef, si es posible. Hablamos de abrirse camino en restaurantes a los que la gente acude para disfrutar de una experiencia gastronómica exquisita, en lugar de pasar por un autoservicio para conseguir algo que calme un poco su hambre. Explore sus habilidades artísticas y, al mismo tiempo, obtenga un rendimiento excepcional en esta profesión a veces ingrata.

Profesional del diseño de interiores o diseñador

Un profesional del diseño de interiores ayuda a las personas a convertir una casa normal en un hogar encantador. A los Cáncer les encanta ayudar, les encanta hacer manualidades y suelen disfrutar creando cosas bonitas. Tienen una gran sensación de recompensa cuando consiguen terminar un trabajo.

A diferencia de la profesión de agente inmobiliario, la mayoría de los diseñadores de interiores no trabajan en una oficina con otras personas que también trabajan de forma independiente. En su lugar, los diseñadores de interiores suelen ser contratistas independientes que trabajan por su cuenta, o bien son subalternos de otro diseñador. Hay que tener en cuenta que los Cáncer son líderes naturales y que, en las actividades creativas, probablemente no se limiten a recibir instrucciones de otra persona (a menos que sean nuevos en el campo y se dediquen deliberadamente a aprender). A los Cáncer les suele apasionar aprender, por lo que seguir las indicaciones de una persona respetada en su campo no es un problema en esa situación. Pero asumir el liderazgo de otra persona cuando un Cáncer simplemente quiere ejercer su pasión, su creatividad y su deseo de explorar, no le viene bien.

Puede tener la opción de abrir su propia empresa de diseño o trabajar como autónomo, buscando clientes por su cuenta. En muchos casos, puede encontrar un compañero de trabajo, que deberá ser un buen amigo que pueda atender a sus clientes mientras usted diseña fuera.

Trabajador social

No es de extrañar que los Cáncer estén en el campo de los cuidados recomendados cuando se trata de trabajo social. Los trabajadores sociales tienen la capacidad de prestar ayuda real a las familias y a los niños, en lugar de limitarse a emitir informes para alertar a las oficinas correspondientes de sus sospechas.

El trabajo social también explora otra área exclusiva de los Cáncer. Suelen sentirse atraídos por el misterio, porque son un signo de agua y el océano contiene su propio aire de misterio, y como trabajador social, hay bastantes oportunidades para investigar y buscar.

Enfermero o cuidador

La enfermería y los cuidados son un trabajo duro, no cabe duda, pero los Cáncer nunca rehuyen del trabajo duro. Imagínese largas horas ayudando a la gente, lanzándose a situaciones de emergencia y a entornos de mucho estrés con una calma absoluta porque usted es el que está ahí para ayudar.

Los Cáncer que tienen mucha energía pueden disfrutar más de la enfermería que del cuidado de personas. Pueden tener horarios más fiables que ofrezcan un poco más de flexibilidad con tres días libres, aunque eso signifique trabajar turnos de doce horas o estar de guardia el resto de la semana. Los periodos más largos de tiempo libre también permiten a los cancerianos la oportunidad de recargarse por completo, mientras que otros trabajos podrían no ofrecer ese mismo beneficio.

Como cuidadores, los Cáncer pueden ser demasiado receptivos al abatimiento emocional de sus pacientes y el de los familiares que aparezcan o no. Los Cáncer son casi siempre empáticos por naturaleza, y puede ser difícil toparse con tanta tristeza o pena justo en el lugar de trabajo. Pero para muchos Cáncer, esta es una oportunidad bien recibida para ayudar al enfermo y a la familia en este duro proceso. Muchos Cáncer pueden soportarlo. Están bien asentados y son menos susceptibles a los efectos de sentir las emociones negativas, pero siguen siendo aptos para comprenderlas y ayudar a los demás a navegar por las agitadas aguas que llegan al final de la vida. Es probable que los cancerianos que estén a la altura de esta tarea tengan un signo lunar de elemento tierra, como Virgo, Tauro o Capricornio. Ocasionalmente, aquellos con un signo lunar de fuego también podrían estar a la altura de las circunstancias.

Servicios esenciales: electricista, mecánico, etc.

Los servicios esenciales siempre han existido, y solo los que hacen el trabajo entienden la recompensa de un trabajo bien hecho. Los carpinteros, los electricistas, los fontaneros y los mecánicos son los que realmente comprenden la recompensa personal de una carrera en la que uno puede ensuciarse las manos y sentirse cansado al final del día.

La recompensa inesperada de este tipo de campo no es que se deje correr toda su energía o que trabaje casi solo con sus pensamientos; es que estos servicios ayudan a la gente de formas que nadie imagina hasta que necesita esa ayuda. ¿Qué pasaría si su nevera se estropeara hoy? ¿Y si se estropea el aire acondicionado en plena ola de calor? ¿A quién llama cuando se le va la luz o su coche no arranca? A los Cáncer les encanta sentirse necesitados y útiles, y estas profesiones cumplen ambos requisitos.

Los mecánicos y electricistas tienen la oportunidad de decir a la gente que su problema ha desaparecido o que pueden arreglarlo. Por desgracia, a veces también tienen que dar la mala noticia de que el problema requiere una sustitución en lugar de una reparación.

¿Qué hace que los Cáncer sean felices en el trabajo?

La mayoría de las veces, los Cáncer tienen un fuerte impulso hacia el compromiso, por lo que quieren una carrera, no un trabajo. Por supuesto, el truco para encontrar una carrera a largo plazo es encontrar un puesto o sector en el que puedan prosperar y experimentar felicidad o satisfacción. Observe qué características de Cáncer están más presentes en su personalidad y utilícelas para ayudarle a pensar en diferentes opciones profesionales.

Estos rasgos y la lista que se ofrece aquí son solo un punto de partida. Examine las opciones profesionales que le interesan e identifique si su personalidad es adecuada para una carrera a largo plazo en ese campo. A menudo hay innumerables formas de utilizar sus características clave, y es evidente, por el alto volumen de artistas de Cáncer, que ser una persona extrovertida o exaltada no es un requisito para encajar en carreras que inicialmente parecen fuera del ámbito de Cáncer.

Capítulo 10: Cáncer a solas

A los Cáncer no solo les gusta pasar tiempo a solas, sino que prosperan haciéndolo. Si es Cáncer y se siente abrumado, perdido, desganado o simplemente un poco deprimido, tómese un día para sí mismo. Los Cáncer no necesitan a otra persona para ser felices y son perfectamente capaces de divertirse por sí mismos. Aunque son emocionales y tienen una profunda conexión con su familia, prefieren estar solos si no tienen pareja. Si no tienen una gran relación familiar, crearán una propia, y puede que les lleve tiempo, pero normalmente a los Cáncer no les importa.

No todos los Cáncer son introvertidos, y hay algunas diferencias entre los Cáncer nacidos en cúspide y entre los géneros. Sin embargo, hay un elemento general de comodidad en la soledad. Casi todos los Cáncer necesitarán tiempo para sí mismos para procesar sus emociones, recargarse y prepararse para afrontar el siguiente obstáculo que se les presente.

Los Cáncer necesitan tiempo para estar solos, incluso los extrovertidos

Para entender la relación que los Cáncer establecen con su interior y por qué se sienten tan bien a solas, debemos abordar brevemente el tema de los extrovertidos y los introvertidos. De los cinco grandes rasgos de la personalidad, la extroversión es el que recibe más atención. Técnicamente, no existe tal cosa como un "introvertido"; los que se describen como tales simplemente están muy bajos en la escala de extroversión, y cuanto más bajos en la escala, más energía pierden con otras personas. Las fiestas, las situaciones sociales e incluso el mero hecho de ir al trabajo, si se trabaja rodeado de mucha gente, pueden ser extremadamente agotadores si se está en un nivel muy bajo de la escala de extroversión.

El término "introvertido" se utiliza para describir a cualquier persona que esté en un nivel muy bajo en la escala de extraversión, por lo que podemos suponer que cualquier persona que se sienta agotada por las reuniones es introvertida. Pero no es así. Los Cáncer no se agotan solo porque estén rodeados de gente, sino porque sienten y perciben todas las emociones de esas personas. Los Cáncer no tienen que ser introvertidos para disfrutar de un tiempo a solas; incluso los Cáncer más extrovertidos necesitan tiempo para recargarse.

Es más fácil ver esto en los artistas de Cáncer. A diferencia de Leo, Sagitario o incluso de su compañero de signo de agua, Escorpio, los Cáncer son demasiado protectores de su tiempo a solas y de la privacidad de su familia.

Para echar un vistazo rápido a cómo los extrovertidos o introvertidos-pero-carismáticos Cáncer se comparan con otros signos, aquí hay una lista de algunas celebridades según su signo:

- Kylie Jenner – Leo (Bastante abierta, con su vida privada)
- David Dobrik – Leo (Bastante abierto, con su vida privada)
- Chrissy Teigen – Sagitario
- Brad Pitt – Sagitario
- Ariana Grande – Cáncer (Bastante reservada)
- Robin Williams – Cáncer (Reservado)
- Tom Hanks – Cáncer (Reservado)
- Michael Jackson – Cáncer (Reservado)

Puede que noten que hay un patrón bastante evidente aquí. Los Cáncer son más privados, o reservados, a pesar de que pueden ponerse delante de inmensas multitudes y pasar la mayor parte de su tiempo entreteniendo. El grado de introversión y extroversión puede depender de su signo, pero los Cáncer tienen de nuevo un giro único en este tema. Los Cáncer adoran a la gente y a la vez se sienten abrumados por las emociones de los demás. Es una combinación de que son un signo de agua, regido por la luna, y de que su casa representa a la familia. Son aptos para la comunicación y se conectan fácilmente con las emociones de los demás, pero todo esto les resulta abrumador. Los Cáncer que presentan una baja extroversión podrían ser más susceptibles de sentirse abrumados por la carga emocional externa y necesitar más tiempo a solas. Pero ¿cómo pasan los Cáncer su tiempo a solas?

Haciendo y explorando

Los Cáncer no desperdician el tiempo que pasan a solas como lo harían muchos otros signos. Utilizan ese tiempo para ser laboriosos, al tiempo que refuerzan los elementos exploratorios de su personalidad. Son propensos a adquirir nuevas aficiones, a hacer manualidades o a crear de cualquier forma posible. Es probable que un Cáncer se dedique inesperadamente a varias aficiones y las abandone con la misma rapidez.

Muchos Cáncer incluso utilizarán su tiempo de inactividad para conectar con la gente de diferentes maneras, como a través de grandes juegos interactivos en línea o comunidades en línea.

Pero ¿por qué tanta artesanía y exploración? Esto se reduce a cierto aspecto misterioso de los Cáncer, y no está muy claro por qué este signo no puede mantener las manos quietas. Sabemos que son personas extremadamente laboriosas, lo que se suele atribuir a la velocidad de la Luna al girar alrededor de la Tierra. Los Cáncer no se quedan quietos, aunque disfrutan de alguna que otra mañana perezosa antes de lanzarse a la acción durante el resto del día.

Si usted es Cáncer y busca una forma de aprovechar al máximo su tiempo de inactividad para poder recargar energías sin holgazanear todo el día, considere la posibilidad de probar algunos pasatiempos diferentes. No es necesario que se comprometa con un solo pasatiempo ni que dedique semanas o meses a una sola actividad.

Pruebe estos pasatiempos para impulsar su creatividad y exploración durante su tiempo a solas:

• Compre algunos materiales de arte en una tienda local.

• Siga un vídeo de YouTube para pintar, tejer, hacer ganchillo, trabajar la madera o algo similar.

• Escriba una historia corta o grábela mediante notas de voz.

• Construya un rompecabezas, un diorama o una maqueta a partir de una caja (no hay que estresarse por elegir los elementos "correctos").

• Pruebe una nueva aventura que le resulte segura, pero emocionante, como un simulador de vuelo o sumérjase en un juego guiado por una historia (juego de rol o RPG).

• Lea o vea vídeos en YouTube sobre una habilidad que quiera mejorar o que desearía tener.

Ahora bien, si usted es amigo, cónyuge o pariente cercano de un Cáncer, debe asegurarse de no obstaculizar este tiempo a solas. Los Cáncer no son necesariamente personas que necesiten que se les diga que han hecho un buen trabajo. Pero cuando exploran la artesanía o se divierten haciendo algo nuevo, están tratando de hacerlo fuera de todo juicio. Lo hacen por sí mismos, pero no pueden apagar su naturaleza sensible. Los hombres de Cáncer son menos sensibles a los juicios, pero incluso ellos pueden sentir un profundo escozor cuando su trabajo recibe comentarios negativos.

Por lo tanto, si usted entra en la habitación y dice: "Vaya, es una miniatura realmente estupenda", su sensación general será que han producido algo y ahora el juicio o la crítica lo han empañado.

Los Cáncer suelen ser demasiado emocionales, y cuando salen de su tiempo de soledad, esa parte de su personalidad puede verse acentuada. Cuando los Cáncer buscan tiempo para estar solos, es porque necesitan recargarse, y si invade eso con sus opiniones y juicios, no tienen la oportunidad de recargarse, y son empujados de nuevo hacia su tiempo de soledad por más tiempo. Puede parecer que aprovechan este tiempo para expresar sus sentimientos al universo, pero sigue siendo un asunto privado.

Uno de los principales problemas con los que luchan los Cáncer, y que todo el mundo critica en silencio, es que no suelen dedicarse a más de una o dos actividades creativas. Pueden tener una o dos aficiones a las que acuden en busca de consuelo. Un Cáncer masculino explica que le gusta la música y, debido a esa pasión, toca varios instrumentos; incluso le gustaría aprender más, pero suele retomar el bajo como su zona de confort al actuar con otros. Su afición secundaria es un conocido MMORPG (juego de rol multijugador masivo en línea) en el que puede explorar aún más la creación de artesanías mientras sigue diferentes líneas argumentales con otras personas en los términos del juego.

Una mujer de Cáncer afirma que pasa su tiempo a solas escribiendo guiones; a menudo no los presenta, pero disfruta de su tiempo escribiendo y continuará con esta afición. Como afición secundaria, le gusta hacer ganchillo, y a menudo utiliza esta afición para hacer regalos únicos y hechos a mano para los miembros de su familia porque confía en la calidad de su trabajo y en sus habilidades.

Tanto el hombre como la mujer Cáncer mencionados aquí suelen ir más allá de estas aficiones. Ambos han probado la pintura, el arte con láminas, el dibujo al carbón y muchas otras cosas. El hombre Cáncer se dedica a realizar varios proyectos de electricidad utilizando piezas de repuesto o viejas para crear nuevos objetos, como despertadores estilo Frankenstein, detectores de movimiento y radios. La mujer Cáncer suele realizar actividades en solitario que la llevan al aire libre, como el senderismo, una búsqueda del tesoro y la fotografía.

¿Por qué hacen esto los Cáncer? Hay algunos motivos que impulsan su amor por la artesanía y la exploración, así como su capacidad para recargarse cuando están solos, aunque también estén bastante ocupados.

1. La luna se mueve rápidamente por el espacio, y como tal, los Cáncer son más felices cuando están en movimiento también.

2. Al nacer en la cuarta casa, los Cáncer suelen buscar formas de cultivar elementos de sí mismos que su familia también pueda disfrutar. Aquí es donde vemos el aumento de las aficiones que ofrecen entretenimiento, como la interpretación musical, la fotografía y la producción de artículos artesanales.

3. La Luna, que representa el alma y todas las cosas que están bajo la superficie, hace que los Cáncer traten constantemente de comprenderse mejor a sí mismos. Quieren saber qué es lo que les hace estar contentos, felices y descansados.

Pensar en el pasado: Lo bueno y lo malo

Los Cáncer son personas extremadamente sentimentales y tienden a deleitarse con el pasado. Pueden pasar horas revisando los recuerdos familiares e intentando preservar esos recuerdos a través de elementos como álbumes de fotos, proyecciones de diapositivas y anotaciones en un diario. No nos sorprendería ver a un Cáncer encontrar una forma extremadamente creativa de preservar sus recuerdos y esos momentos personales que son extremadamente importantes para ellos.

Pero como personas sentimentales, los Cáncer pueden caer en una espiral de pensamientos negativos por sí mismos. Pueden pasar con poco esfuerzo de un recuerdo a otro y luego a otro. Los Cáncer, especialmente las mujeres Cáncer y los que se encuentran en la cúspide Géminis-Cáncer, pueden tener que esforzarse mucho para superar esta espiral negativa. Deberían tener una lista de cosas o actividades que puedan hacer para reconfortarse y recargarse, y que les ayuden a salir de esos pensamientos negativos.

Por ejemplo, una mujer Cáncer o una persona con cúspide Géminis-Cáncer puede tener afirmaciones condicionales que le ayuden a disfrutar del pasado en lugar de quedarse atrapado en él:

• Si me siento mal y no puedo salir de ello, probaré un nuevo pasatiempo independiente.

• Si estoy atascado en el pasado y me hace sentir mal, escribiré (o haré una nota de voz) sobre las experiencias y lo que aprendí de ellas o cómo me hicieron más fuerte.

• Si los dos primeros pasos no funcionan, llamo a un amigo que me apoye y sea positivo para que venga a pasar tiempo conmigo.

Aunque los Cáncer necesitan un poco de tiempo a solas, suele ser mejor pasar tiempo con personas que saben que son una fuerza positiva cuando se quedan atrapados en este patrón de pensamiento negativo. Debido a su elevada sensibilidad emocional y a sus capacidades empáticas, estar cerca de alguien que emita energía positiva de forma natural puede ayudar a animar a un Cáncer. Los Cáncer son receptores de energía externa, por lo que su energía negativa no va a afectar a los que les rodean; en cambio, la energía positiva cercana afectará al Cáncer.

Los Cáncer masculinos y los que se encuentran en la cúspide Cáncer-Leo deben adoptar un enfoque diferente. A menudo, este segmento de los Cáncer necesitará abrazar ese tiempo a solas y realmente replegarse en sí mismos para reflexionar y analizar o separar esos recuerdos negativos.

Los hombres Cáncer son sensibles, pero se esfuerzan más por mantener sus sentimientos y emociones para sí mismos. No se aventuran a salir al mundo, a probar algo nuevo o a pasar tiempo con otra persona cuando se sienten extremadamente vulnerables. Para los hombres Cáncer, esto es un equivalente fácil de cambiar de piel. Cuando los cangrejos mudan, crean o cavan una cueva y se esconden; otros se involucran en ingeniosas artimañas que los hacen parecer muertos y desagradables a los depredadores. Esto es exactamente lo que hace un hombre Cáncer cuando se enfrenta a una confusión interna. Se esconden, se protegen a sí mismos y a sus sentimientos, y finalmente emergen con un nuevo caparazón.

Por otro lado, en el caso de las cúspides de Cáncer y Leo, la necesidad de estar a solas sin interrupciones es diferente. Volvamos a observar a las criaturas que encarnan los signos del zodiaco. Ya hemos hablado de los hábitos de muda del cangrejo, pero ahora está la presencia del león. Las hembras de león duermen entre quince y dieciocho horas al día, mientras que los machos duermen unas veinte horas al día. Este es un buen indicador de la base de un elemento de Leo que a menudo se pasa por alto. Las cúspides Cáncer-Leo suelen requerir aún más tiempo para recargarse. Puede que los Leo no tengan la disposición extremadamente sensible de los Cáncer, pero se agotan con el tiempo y, cuando lo hacen, no hay que molestarlos. No hay que molestar a un león dormido ni a un cangrejo que está mudando. Esa es la combinación que se da cuando un Cáncer-Leo entra en un ciclo de pensamientos negativos o se queda atascado en acontecimientos pasados. Solo necesitan aceptar lo que está sucediendo, descansar, recargarse y emerger cuando estén listos para enfrentar el futuro nuevamente.

Los Cáncer necesitan tiempo para sí mismos

No se debe dudar de la capacidad de un Cáncer para prosperar de forma independiente y construir nuevas experiencias por sí mismo. Los Cáncer son la casa de la familia, y anhelan tener conexiones emocionales profundas con las pocas personas que dejan entrar en su círculo íntimo. Crean sus propias familias, ya sean parientes consanguíneos, círculos de amigos o incluso grupos de trabajo. Suelen ser los encargados de la crianza y los líderes sutiles de cualquier grupo, lo que puede hacer que parezca que necesitan constantemente a personas a su alrededor para alimentar ese elemento de su personalidad.

Esa es la perspectiva externa, y los cancerianos saben que esa perspectiva es solo una cara de la moneda. Por otro lado, tienen una imaginación bien desarrollada y una personalidad creativa, que no suele ser el centro de atención de un grupo. Una de las razones por las que los Cáncer adoran pasar tiempo a solas, es porque tienen la oportunidad de explorar estos elementos de su personalidad que pueden mantener en secreto para los que les rodean. Cualquier cosa que pueda considerarse como vulnerabilidad suele reservarse para el tiempo a solas, y ésa es una de las formas en que crean estas nuevas experiencias de forma independiente.

Con la preferencia y la capacidad de crear algo de forma independiente y luego permitir que otros lo experimenten más tarde a través de las redes sociales, Internet o incluso simplemente compartiéndolo con amigos cercanos, los Cáncer realmente destacan en este enfoque. Son capaces de explorar nuevos pasatiempos y actividades creativas sin limitaciones y luego, cuando están seguros de sus habilidades, pueden presentar lo que han creado a sus seres queridos y de confianza.

Los cancerianos tienden a aferrarse al pasado, y si no fueran un signo cardinal, eso podría ser preocupante. Bajo el modo cardinal, y como elemento agua, los Cáncer son propensos al cambio. Lo vemos incluso en su símbolo, el cangrejo. Los cangrejos cambian de piel a menudo, no tienen un único hogar a lo largo de su vida y viven en un entorno siempre cambiante. Muchos Cáncer luchan especialmente con este tira y afloja entre aferrarse al pasado y avanzar hacia el futuro. Un Cáncer puede aprender a encontrar el equilibrio entre utilizar el pasado, comprenderse a sí mismo y crear nuevas experiencias para fortalecerse. Entonces podrá prosperar en casi cualquier entorno. Es la idea de utilizar el pasado para generar un cambio sostenible hacia el futuro con el que luchan a lo largo de sus primeros años de vida.

Durante la infancia y la adolescencia, esta cuestión se plantea a menudo, pero a medida que se adentran en la edad adulta, son capaces de aprovechar las nuevas experiencias que anhelan y de utilizar el pasado para dirigir su futuro. La clave para lograr todo esto es desarrollar ese equilibrio a través del tiempo a solas, y que la persona de Cáncer se permita pasar tiempo dentro de su caparazón para comprenderse mejor a sí misma.

Capítulo 11: Los Cáncer en las amistades

Una de las mejores bendiciones astrológicas que alguien puede pedir es tener una persona de Cáncer en su vida. Son muy pocos los signos que no se llevan bien con los Cáncer (el más notable es Libra). Pero incluso los Libra pueden beneficiarse a menudo de la abrumadora calidez, amabilidad y generosidad que supone tener un Cáncer en su vida. Si es Cáncer, debería estar orgulloso de cómo anima a los demás y saca lo mejor de la gente que le rodea.

A menudo parece que los Cáncer llevan un estilo de vida que consiste en cuidar de la gente que les rodea. Suelen ser los que mejor escuchan del grupo, se apresuran a intervenir cuando alguien necesita ayuda y son extremadamente generosos a diario. Sin embargo, esto hace que los cancerianos estén constantemente de mal humor debido a lo mucho que dan a la gente de su entorno. Si ha nacido en la casa de Cáncer, entonces debe tener grandes expectativas de la gente que le rodea. La única excepción a esto son las personas nacidas dentro de la cúspide de Leo-Cáncer, en las que la tendencia de Leo a no tener grandes expectativas puede haber anulado esta cuestión.

Si conoce a un Cáncer ya sea como padre o en una relación romántica, deberá tener especial cuidado en considerar sus sentimientos y su nivel de energía. Sea observador, este capítulo tendrá un fuerte impacto en usted y le dará muchos consejos sobre lo que puede hacer para ser más considerado con los Cáncer en su vida. Como Cáncer, este capítulo le ayudará a entender qué puede esperar de los demás en su vida.

Los Cáncer como amigos

No es de extrañar que los Cáncer sean amigos excepcionales, del tipo único en la vida. Son personas de familia, pero para ellos, la familia va más allá de la sangre. También son extremadamente protectores, lo que significa que a menudo se lanzan a defender a sus amigos cuando se produce un desacuerdo.

Si es amigo de un Cáncer, ya sabe que siempre está a su lado y que siempre le cubre la espalda. Pero también es posible que sepa que, por lo general, es usted quien sufre cuando ellos tienen un día difícil.

A los Cáncer les encanta pasar tiempo con sus amigos en sus dominios, por eso no se extrañe si a menudo es usted quien invita a la gente en lugar de ir a casa de sus amigos. También son los que organizan las fiestas, lo que resulta bastante sorprendente si se tiene en cuenta que los Cáncer suelen ser más proclives a la introversión. Los Cáncer prosperan cuando están rodeados de gente de buen humor y, al mismo tiempo, les encanta tener unos cuantos amigos cercanos. También puede contar con los Cáncer para preparar una comida sabrosa o para conseguir lo mejor de la ciudad.

Los Cáncer son los amigos "serviciales". Saben escuchar, y su creatividad, fruto de su conexión con la luna y el océano, les convierte en excelentes solucionadores de problemas. Por lo general, a los Cáncer les encanta ayudar a sus amigos a resolver cualquier problema en su vida, pero pueden pasar largos periodos de tiempo encerrados en sí mismos para reflexionar o recargarse.

Hay una gran diferencia entre los hombres y las mujeres Cáncer en lo que respecta a las amistades. La forma de hacerlas, el número de ellas y la forma de interactuar no son tan diferentes, pero sí el proceso de la amistad. Por ejemplo, Carrie Bradshaw, de *Sex in the City*, es una Cáncer. Es apasionada, creativa y está muy en contacto con sus emociones. Tiene tres buenas amigas, y todos los demás son realmente pasajeros. Pero estas amistades significan el mundo para ella.

Cuando se ha peleado con sus amigas, a menudo ha provocado que muchas otras áreas de su vida se desmoronen, que es exactamente lo que ocurre con una mujer Cáncer. Sus amigos también son bastante fiables.

No es solo que se ajusten a los típicos tropos femeninos de las series de la HBO, sino que tienen sentido para Carrie; se siente atraída por personas que se comunican de forma ligeramente diferente, comparten intereses similares, aplauden su trabajo y tienen personalidades diferentes.

Los hombres Cáncer utilizan un enfoque diferente. Son extremadamente autoprotectores y suele ser difícil encontrar un personaje masculino Cáncer de ficción porque son muy difíciles de entender, especialmente en su enfoque de las amistades. Algunos de los hombres de Cáncer más destacados y mejor representados son Walter White, Deadpool, Ron Swanson y Peter Parker/Spiderman. ¿Qué tienen estos tipos en común? Que no tienen amigos. Ninguno de ellos. ¿Por qué? Bueno, algunos de ellos no tienen amigos porque han pasado por eventos extremadamente traumáticos en su vida y han perdido a sus seres queridos, lo que les hace tener miedo de volverse vulnerables de nuevo. Pero dejando de lado a Spiderman y Deadpool, los otros dos simplemente no son muy amigables. A primera vista, Ron Swanson es tan acogedor como un cactus, y Walter White no era mucho mejor, quizá tan acogedor como un cactus afeitado.

Pero ambos personajes representaban un rasgo clave entre los Cáncer. Protegían a su familia y a los pocos amigos que habían reunido con todo lo que tenían. Walter presentaba algunas excepciones, pero incluso en algunos puntos clave discutibles, tenía la sensación de estar haciendo lo "correcto" por su amada. Ron Swanson sorprendió a los espectadores una y otra vez con acciones reflexivas pero pequeñas de amistad, todo ello mientras mantenía su fuerte fachada. Esto es exactamente lo que se puede esperar a nivel superficial de un amigo de Cáncer. ¿Pero qué hay sobre el nivel más profundo? Se trata de la familia. No puedes ser simplemente el amigo de un hombre Cáncer; al final formará parte de su familia durante todo el tiempo que esté dispuesto a quedarse.

Deje que tengan su espacio – física y mentalmente

¿Quiere saber cómo irritar a un Cáncer para que pase una semana en silencio? Pregúntele "¿En qué estás pensando?" con demasiada frecuencia. Dependiendo de su amigo Cáncer, preguntar más de una vez puede ser demasiado.

¿Cómo se puede saber cuándo solo quieren estar solos y cuándo están más callados de lo normal porque algo les preocupa? Cualquiera puede responder correctamente a esta pregunta con un gran encogimiento de hombros. La verdad es que usted solo lo sabrá basándose en su experiencia en esa relación. Los Cáncer sufren de un flujo y reflujo en lo que respecta a sus emociones, como las mareas puestas en marcha por la luna.

Los Cáncer dedican todo el tiempo y la energía posibles a escuchar y ayudar a los demás. Por eso, cuando quieren estar solos, no piden tanto. Simplemente quieren que les dejen solos durante unas horas, o un día, o dos. Pero para cualquiera que no sea Cáncer, esto puede ser complicado de manejar. Cuando los Cáncer están enfadados, se callan y a menudo se retraen o se vuelven pasivo-agresivos. Cuando los Cáncer necesitan tiempo para procesar el día, se retraen y se vuelven extremadamente silenciosos. Es posible que no quieran hablar de lo que les preocupa. De hecho, es probable que el Cáncer en su vida solo quiera estar solo en una habitación sin ser molestado.

Es muy probable que la persona de Cáncer que usted conoce tenga un proyecto favorito o una serie de pasatiempos que quiere explorar y a los que quiere dedicar tiempo, pero no quiere que otras personas se involucren. Entonces, ¿qué puede hacer? El mejor consejo es darles su espacio. Si esta persona se queda callada de repente, no lo considere una ofensa personal. No se lo tome como si le estuviera imponiendo la ley del hielo, y no sienta que debe levantarse y hacer algo.

A menudo, la mejor solución con los Cáncer es dejarles tomar la iniciativa. Esto no es como tratar con un signo de fuego que estallará en una explosión catastrófica si siente que no tiene el control; los Cáncer son signos de agua, y normalmente no son tan exagerados. Cuando un Cáncer quiera paz, désela y sepa que volverá en sí, ya sea completamente bien o con alguna duda, de forma calmada y prevista.

Para los Cáncer, comprender sus sentimientos y mantener una conversación productiva después de haber tenido la oportunidad de pensar en la situación es la clave para mantener sus queridas relaciones. Muchas veces, un Cáncer está tranquilo, y no está enfadado; solo está abrumado y necesita tiempo para descansar. Esto ocurre con más frecuencia cuando Mercurio está retrógrado o cuando Mercurio entra en Cáncer. Los lazos entre la emoción y la comunicación siempre se desgastan, pero cuando reaccionan de una manera que agrava el vínculo, a menudo significa que el Cáncer se apagará temporalmente. Esa desconexión es como un tiempo de mantenimiento o procesamiento. Necesitan recargarse, y muchos Cáncer saben de manera innata que, si intentan comunicarse durante estos tiempos, eso podría significar un desastre.

Un Cáncer siempre comunicará sus emociones, aprenda a escuchar

Hemos dedicado muchos capítulos a ver las distintas formas en que los Cáncer se presentan y cómo interactúan con la gente. Es fácil decir que tienen una apariencia fuerte y una coraza dura, pero que en realidad son muy blandos por dentro. Pero esa es la visión superficial. Los Cáncer están en sintonía con las emociones de los demás, y a menudo sufren porque otros que no son Cáncer no pueden entenderlos. Pero con la práctica, tal vez con años de práctica, es posible entender cómo un Cáncer comunica sus emociones.

Uno de los mitos o incoherencias más comunes en la información astrológica moderna es que los Cáncer llevan el corazón en la manga. Esto no podría estar más lejos de la realidad. Si usted es un signo de tierra o de fuego que no es tan receptivo a la energía canceriana, o incluso un signo de aire, es posible que se distraiga con demasiada facilidad para captar esas pequeñas fallas en su comportamiento.

Veamos el caso de una pareja de Escorpio y Cáncer que ha acudido a terapia de pareja profesional. Ahora bien, la mujer Cáncer a menudo se presenta como si todo estuviera bien. Pero no está bien, y el Escorpio más comunicativo lo sabe, y constantemente le pregunta a la mujer Cáncer qué está mal y qué puede hacer. Está claro que eso no es eficaz, pero él no entiende si ella solo quiere estar sola, si está agobiada o si le pasa algo más.

A lo largo de muchos años, con la ayuda de la terapia matrimonial, el Escorpio ha aprendido que cuando su mujer está tejiendo, no hay razón para molestarla. Pero, cuando ella está haciendo tareas domésticas que suele odiar, como lavar los platos o planchar, ese es el momento de preocuparse. También ha aprendido que cuando ella pasa tiempo con sus amigos, no es porque quiera distanciarse; es porque necesita otro tipo de atención, y él ha dejado de lado sus celos de Escorpio. Él toma estas pequeñas pistas para poder entender lo que pasa por la mente de ella. Ha dejado de molestarla para saber en qué está pensando y por qué se queda callada de vez en cuando.

Los Cáncer siempre están comunicando sus necesidades y deseos; es la otra persona en su vida la que debe captarlo. Esto parece extremadamente injusto, y en muchas relaciones o amistades, lo es. Los Cáncer que están pasando por un mal momento, o que están directamente deprimidos, pueden ser extremadamente manipuladores con los sentimientos de los demás. Tengan mucho cuidado en ciertas épocas de movimiento planetario con respecto al planeta Venus, ya que puede conducir a problemas románticos, y cuando Venus está en Cáncer, o la Luna está en Tauro, puede haber grandes momentos o momentos absolutamente nefastos. Estos cambios pueden sacudir a los Cáncer dramáticamente y causar extremos impredecibles. Si usted tiene un Cáncer en su vida, solo tenga cuidado de entender las pequeñas insinuaciones que lanza al mundo, con la esperanza de que alguien las capte.

Si es usted el amigo, el cónyuge, el padre o el hijo de un Cáncer, se encontrará con un poco de alivio. Afortunadamente, una vez que descubra estas pequeñas peculiaridades y determine cómo manejarlas, podrá dar un gran salto en su relación, ya sea romántica o de otro tipo.

Compatibilidad de la amistad con Cáncer

Al igual que las relaciones románticas, las amistades presentan diversos grados de compatibilidad. La mejor combinación de amistad es la de Cáncer y Cáncer; estos dos se entienden de verdad, pero a veces pueden ser demasiado parecidos y ponerse de los nervios el uno al otro, especialmente cuando ambos están de mal humor. La siguiente mejor opción es la de la mujer Cáncer y el hombre Piscis, y el vínculo puede llegar a ser tan profundo que casi parece psíquico. Los dos pueden tener conversaciones profundas, pero realmente no están destinados a una relación romántica. Piscis puede entender y respetar la necesidad de Cáncer de estar solo. Pero, cuando se trata de hombres Cáncer, suelen preferir pasar tiempo con los signos de tierra y fuego. Los hombres Cáncer pueden encontrar sus mejores amigos en un Tauro, o incluso en un Aries. Para los hombres Cáncer, son las diferencias las que hacen la amistad; quieren a alguien que sea casi lo opuesto a ellos, para ampliar su mundo.

• Aries – En general, para los varones un gran amigo; para las mujeres o las cúspides Cáncer-Leo, demasiado para manejar.

• Tauro – Grandes amigos en general.

• Géminis – Las cúspides Géminis-Cáncer saben que es una amistad hecha en el cielo, pero otros Cáncer podrían tomarlo o dejarlo.

• Leo – Las cúspides Cáncer-Leo saben que deben mantenerse alejados de los de su clase, pero los Cáncer puros saben que un León puede aportar una tonelada de diversión y sacarlos de su depresión.

• Virgo – Un amigo con los pies en la tierra que apreciará a un Cáncer como se merece.

• Libra – Son demasiado parecidos para ser grandes amigos, pero son buenos para salir de vez en cuando a almorzar o a un concierto.

• Escorpio – ¡Un Cáncer y un Escorpio pueden ser buenos amigos de por vida!

• Sagitario – Este signo de tierra es un poco demasiado loco y un poco demasiado interesado para poder darle a Cáncer la atención adecuada cuando la necesita. No es una amistad destinada a durar.

• Capricornio – Son grandes amigos, y a menudo se destacan por ayudarse mutuamente a superar los momentos difíciles.

• Acuario – Posiblemente la peor combinación para un Cáncer; a menos que compartan muchos intereses con Acuario, es probable que se peleen constantemente.

• Piscis – Una amistad para siempre, aunque ambos pueden sacar a relucir una inesperada competitividad en el otro. ¡Cuidado con las tendencias maternales!

Hay muchos elementos que intervienen en la compatibilidad de una amistad, y el más importante es la capacidad de comunicarse eficazmente. Una nota especial sobre Acuario y Sagitario; no son las mejores opciones para los Cáncer debido a sus dificultades de comunicación. Los Acuario son propensos a no comunicarse lo suficiente, y se preocupan mucho más por la lógica y la razón que por los sentimientos y la equidad. Por su parte, los Sagitario son propensos a sobrecomunicarse y a abrumar a los Cáncer con problemas triviales del día a día y con intensas frecuencias emocionales.

Lo que los Cáncer desearían que los demás supieran sobre ser sus amigos

En el capítulo sobre la infancia, mencionamos que los Cáncer hacen amigos rápidamente cuando son jóvenes, y que luego, cuando son mayores, comienzan a poner un poco de resistencia. Por lo tanto, los Cáncer adultos rechazan con frecuencia las invitaciones; a veces es porque están realmente ocupados, a veces no están preparados para estar rodeados de tanta gente y a veces solo no quieren hacerlo. También pueden tener planes regulares o rutinas que se niegan a romper por cualquier motivo. Estas son algunas de las principales cosas que los cancerianos desearían que los demás supieran acerca de ser sus amigos.

• Cuando un Cáncer no acepte una invitación, no hay que dejar de invitarlo.

• Apueste por las ideas espontáneas; son diversión garantizada.

• No invite a los Cáncer a hacer cosas aburridas que no permitan la conversación, como ver una película.

• Prepárese para un equilibrio entre el ocio y la actividad, aunque es completamente imprevisible.

En general, los Cáncer son excelentes amigos, aunque pueden parecer un montón de trabajo. Merecen la pena, ya que son los que mejor escuchan, los más leales y, sin duda, los más divertidos.

Capítulo 12: ¿Qué necesita un Cáncer para prosperar?

Los Cáncer no son tan sencillos como parecen, pero hay algunas fórmulas probadas para ayudar a un Cáncer a prosperar. Hay tantas cosas disponibles en materia de desarrollo personal que puede parecer desalentador incluso abordar el tema, y mucho menos considerar la posibilidad de pasar a la acción. ¿No sería más fácil solo dejar las cosas como están? En realidad, no. Para prosperar, es necesario gestionar los puntos débiles, aprovechar los puntos fuertes y satisfacer los distintos elementos de la personalidad.

Los cancerianos pueden tener problemas para enfrentarse a su pasado o, de hecho, para enfrentarse a cualquier cosa o persona. Es posible que apoyen tanto a los demás que se pierdan. Muchas veces las personas nacidas bajo el signo de Cáncer dan demasiado de sí mismas a los demás. Para prosperar, necesitan poner en práctica algunas formas de manejar su día a día. Si amplían habitualmente sus horizontes, los Cáncer pueden prosperar en casi todas las situaciones, incluso cuando están sensibles o se sienten más emocionales de lo habitual.

Trabajar duro, jugar duro, descansar a menudo

La Luna trabaja constantemente para reflejar la luz e iluminar la noche, y los Cáncer a menudo se encuentran haciendo lo mismo. Se esfuerzan por llevar la luz a la vida de los demás, y para asegurarse de que están gestionando sus necesidades, así como las de los demás, y aprovechar la oportunidad de descansar, tienen que planificar en consecuencia.

Los nacidos en Cáncer juegan duro. Por supuesto, eso no significa que salgan a hacer salto en bungee, ir a raves o buscar emociones. Para ellos, crear y explorar su curiosidad natural es un juego. Pueden pasar horas explorando una nueva afición que pueden abandonar al día siguiente. Los Cáncer tienden a coger y dejar aficiones muy rápidamente, aunque es probable que mantengan una o dos aficiones a lo largo de su vida. Estas personas no necesitarán que se les recuerde constantemente que deben ensayar con sus instrumentos musicales, dedicar tiempo a pintar o salir a fotografiar con regularidad. Las aficiones que los cancerianos adquieren y mantienen a lo largo de su vida probablemente formen parte de su horario habitual. Un ejemplo de un hombre Cáncer aficionado a la fotografía es una prueba de lo lejos que llegará una persona Cáncer para dedicar tiempo a su afición. Este hombre Cáncer en particular se dedica a la fotografía y, a precios bastante bajos, ofrece fotografía de bodas, de embarazos y familiares. Tiene todos los fines de semana reservados durante meses, lo que significa que no pasa esos fines de semana disfrutando de un tiempo con amigos o relajándose en casa solo. Esta es su versión de diversión, y le produce una gran alegría. La mayoría de los cancerianos tienen algo parecido en su vida.

Otro ejemplo es el de una cúspide Cáncer-Leo que disfruta de la música. Esta persona utiliza un enfoque diferente para escuchar y comprometerse con la música; en lugar de solo dejar que suene la radio, es muy consciente de sus hábitos musicales. Escucha los álbumes de principio a fin y evita cosas como iTunes y Spotify. Su naturaleza curiosa, que proviene de Cáncer, se ha unido a los elementos más tradicionales que provienen del signo fijo Leo. Escucha unas dos horas y media de música al día, y todo ello con un propósito.

Ahora, es fácil ver cómo los cancerianos juegan mucho, y lo disfrutan. Pero también trabajan mucho, y tienden a no disfrutar tanto de ello. Los nacidos bajo el signo de Cáncer son más propensos a buscar una carrera que realmente resuene con ellos. Puede estar relacionada con una de sus muchas aficiones o encajar directamente con su gran receptividad a las emociones de los demás. Muchos dentro del signo Cáncer sirven a otras personas de una forma u otra a través de carreras como la enfermería, la enseñanza, el trabajo doméstico y el sector de los servicios. Incluso cuando los Cáncer tienen este extraordinario grado de recompensa a diario, a menudo trabajan en exceso. Son los que se sienten absolutamente agotados cuando por fin tienen un día libre.

Ese grado de agotamiento nos lleva al siguiente elemento de Cáncer en la vida: descansar a menudo. No todos los cancerianos son introvertidos. Pero a menudo verá que, si hay un Cáncer extrovertido, es probable que esté en la cúspide de Géminis o Leo. Los hombres Cáncer son más propensos a ser introvertidos, mientras que las mujeres Cáncer tienden a abrir su círculo de amigos un poco más que los hombres.

No obstante, todo Cáncer necesita tiempo alejado de los demás, para descansar y recargarse, de modo que pueda controlar por completo el alcance de las emociones en su entorno. Deben programar y planificar este tiempo a solas, ya que sin él se vuelven extremadamente malhumorados y pasivo-agresivos. No es raro que un Cáncer, si pasa demasiado tiempo sin tener esta oportunidad de recargar, arremeta contra los que están más cerca de él. Si usted es Cáncer, debería planificar los momentos que va a tener para sí mismo. Puede hacerlo cuando sepa que los demás van a estar fuera de casa, o específicamente levantarse temprano o quedarse hasta tarde para tener este tiempo a solas. Si usted tiene a un Cáncer en su vida, entonces asegúrese de darle un cierto grado de cortesía cuando comience a recluirse.

Muévase de forma lateral por la vida

Cuando le pregunten cómo conoció a su amigo Cáncer, o cuando le pregunte a un Cáncer cómo conoció a alguno de sus amigos, le espera una historia interesante. El famoso movimiento lateral del cangrejo está presente en las interacciones cotidianas de Cáncer. Rara vez entran en la vida de alguien de forma directa, sino que se escabullen en el sitio.

Un gran ejemplo es el de uno de los hombres Cáncer que hemos citado a lo largo de este libro. Conoció a su pareja a través de su hermano, que salía con una mujer que era amiga de la persona que se convertiría en su esposa. Este es el tipo de movimiento lateral que los Cáncer tienen en sus relaciones, románticas o de otro tipo. Uno de los otros hombres Cáncer utilizados como ejemplo en muchos de estos capítulos conoció a su mejor amigo a través de un conocido mutuo con el que ni a él ni a su mejor amigo les gusta pasar el tiempo. Cuando acudieron a las reuniones de esta persona por cortesía, descubrieron que les gustaba pasar tiempo juntos, y la amistad floreció a partir de ahí.

Más allá de las relaciones, los Cáncer pueden experimentar este mismo camino de ida y vuelta cuando se trata de su carrera. Los nacidos bajo el signo de Cáncer probablemente se orientarán hacia una trayectoria profesional que les convenga en función de los elementos de su personalidad y de la simple conveniencia. Es posible que hayan ayudado a un familiar anciano en los últimos años de su vida y se dé cuenta de que ese cuidado les resulta bastante natural. Así que no es de extrañar que obtengan una oferta de trabajo como cuidador profesional de otro anciano y se encuentren más o menos afianzados en ese campo.

El andar lateral es una forma divertida de ver la vida para los cancerianos, y a menudo lo utilizan para analizar retrospectivamente sus principales hitos. Cuando recuerdan cómo conocieron a su mejor amigo o a su pareja, cómo encontraron el trabajo de sus sueños y otros momentos similares de su vida, pueden sonreír sabiendo que no tomaron un camino directo en ninguno de esos giros.

Planificar y luego hacer un plan B

Una de las luchas con las que la mayoría de los nacidos en Cáncer se enfrentan regularmente es la planificación y la organización. Desde el primer capítulo hasta este punto se ha hablado mucho del modo cardinal, junto con la presencia del elemento agua y la Luna como planeta regente, lo que resulta en cambios constantes y frecuentes para los nacidos en Cáncer. Esto significa que casi cualquier plan que haga un canceriano está condenado antes de que tenga la oportunidad de ponerse en marcha.

Los Cáncer deben diseñar un plan. En realidad, la propia Luna representa la obtención de los beneficios del trabajo ya realizado; la Luna refleja la luz ya creada por el Sol. El inconveniente en el ámbito humano es que no se pueden cosechar los beneficios del trabajo ya realizado si no se realiza el trabajo, para empezar. Para adaptarse a esto, los cancerianos deben hacer un plan, pero también deben tener un plan B.

Al igual que ocurre con las fichas de dominó, una caída tiende a llevar a otra, y los Cáncer descubrirán que eso es lo que suele ocurrir con la planificación. Cuando una persona de Cáncer hace un plan, y posteriormente un plan de respaldo, es importante que no se centre demasiado en que el plan original no funcione. En todo caso, deben aprender a esperar que sus planes no salgan exactamente como se pretendía, pero que al final cosecharán un resultado abundante y agradable, de todos modos. Los Cáncer necesitan planificar para su propia tranquilidad, y para entender lo que deben esperar en los próximos días o semanas. No deben derrumbarse en un lío emocional en el momento en que su plan no funcione.

Registre sus recuerdos y deles descanso

Debido a que la Luna está tan estrechamente ligada a la idea de un yo interior, y a que el cangrejo tiene ese distintivo caparazón exterior y un interior blando, los Cáncer tienden a perderse en los pensamientos, y particularmente en los pensamientos del pasado. Muchos Cáncer tienen recuerdos absolutamente asombrosos, pero pueden entrar en una espiral negativa al deleitarse con recuerdos que no pueden cambiar, y que son hirientes al revisarlos.

Sin duda, siempre se pueden encontrar beneficios al revisar viejos recuerdos y analizar retrospectivamente cómo se ha avanzado en la vida (especialmente cuando se es propenso a moverse de forma lateral y con métodos inesperados). Los Cáncer deben tomar medidas cuidadosas para registrar sus recuerdos con precisión. Muchos sugieren llevar un diario, pero muchas personas, incluso los Cáncer, tienen problemas para recordar llevar un diario con regularidad.

Sugerimos llevar un diario, grabar notas de voz, o incluso una salida creativa como la fotografía, la pintura o el teatro para ayudar a mantener un registro preciso de sus recuerdos. Después de documentar sus recuerdos de una forma u otra, déjelos reposar. Los nacidos bajo el signo solar Cáncer están excepcionalmente en contacto con las emociones, pero les cuesta reflexionar sobre sus propias emociones y evaluar la energía que están aportando al entorno porque son muy receptivos a las de los demás. Cuando dan un respiro a sus recuerdos, permiten que el entorno sea pacífico.

Aprenda a prosperar donde está

Muchos Cáncer afirman que necesitan la reclusión y el aislamiento y que su mal humor es algo que los demás tienen que aceptar a veces. Con una planificación cuidadosa, una rutina sólida y un conocimiento profundo de sus puntos fuertes y débiles como Cáncer, un Cáncer puede encajar bien en casi cualquier situación. Se desenvuelven bien en situaciones sociales porque suelen ser muy queridos y fáciles de llevar. Se desenvuelven bien solos porque son creativos y no necesitan a otra persona para entretenerse o sentirse satisfechos.

La combinación de ser un signo de agua, del modo cardinal, bajo la Luna como planeta regente, y representado por el gran cangrejo ha dado lugar a un tipo de personalidad muy fuerte para los Cáncer. Esto conlleva tantos beneficios que es casi imposible entenderlos individualmente porque funcionan juntos como un todo. Esta combinación es realmente única, y pocos otros signos tienen una presencia tan consistente entre su elemento, modo, planeta regente y símbolo. Son los signos de agua más puros, abiertos al cambio y regidos por el planeta que simboliza el yo interior, el cambio y la emoción. Sin duda, un Cáncer es muy comprensivo, compasivo y cariñoso. Les corresponde entender exactamente cómo pueden utilizar sus puntos fuertes en su vida cotidiana y cómo pueden superar algunas de sus debilidades. A través de los aspectos de la vida que se analizan en este libro, en particular los de los capítulos sobre puntos fuertes y débiles, un canceriano, incluso uno excepcionalmente malhumorado, abrumado y un poco gruñón, puede aprender a prosperar.

Conclusión

Ahora que está bien armado con algunos conocimientos profundos sobre los cancerianos, esperamos que pueda aplicar esta información a su vida diaria. A veces nos olvidamos de mirar hacia atrás, a las historias del pasado que tuvieron un impacto dramático en nuestro mundo. La historia del cangrejo que se enfrentó a Heracles es un símbolo hoy en día de lo que la gente puede hacer realmente, y el lugar de Cáncer en los cielos muestra que, en la fuerza y la comprensión, hay una recompensa justa. Los cancerianos suelen mostrarse comprensivos y conmovidos por las acciones de los demás. Pero otros rasgos clave de Cáncer, como su naturaleza inquisitiva o su tendencia protectora, pueden brillar en su personalidad particular.

Utilice esta información para orientar sus acciones y decisiones diarias. Un canceriano suele ser una persona clave en la toma de decisiones, aunque no lo sepa. Una de sus fortalezas absolutas constituye una debilidad reflejada: no son plenamente conscientes de su impacto en quienes les rodean. Esperamos que pueda evaluar sus puntos fuertes, navegar por sus debilidades y mirar al futuro con esperanza y confianza.

Asegúrese de mantener un seguimiento de los planetas y las estrellas, y de estudiar cómo esos cambios en el universo repercuten en su vida. Tomar conciencia y seguir utilizando la astrología suele ser tan gratificante como divertido.

Quinta Parte: Leo

La guía astrológica definitiva para un increíble signo del zodiaco

Introducción

¿Le gusta ser el centro de atención o el protagonista de su grupo? ¿Se siente siempre en la cima del mundo cuando alguien le hace el más mínimo cumplido? ¿Se preocupa mucho por su familia y sus amigos? Si ha respondido afirmativamente a estas preguntas, probablemente sea un Leo. Pregúntele a alguien de su entorno que tenga estos rasgos; es muy probable que también sea Leo.

Los Leo nacen entre el 23 de julio y el 22 de agosto y los representa el signo del León. Como Leo, es posible que haya oído a la gente llamarle cariñoso, generoso e incluso vanidoso a veces. Los Leo son un signo zodiacal interesante, que permite un perfecto equilibrio de sus rasgos. Pueden ser brillantes, alegres, divertidos y talentosos, pero también tercos y hasta groseros en ocasiones. Además, los Leo tienen muchas otras capas. Si usted es un Leo o está preocupado por uno, ha llegado al lugar correcto, porque este libro trata todo sobre los Leo y su modo de operar.

En este libro, usted obtendrá una comprensión más profunda del signo, que incluye las fortalezas de Leo, las debilidades, las trayectorias profesionales, el amor y las relaciones, las tendencias y el comportamiento social. El libro también le dará buenos consejos que le serán útiles en diversos ámbitos, como las fiestas, la oficina o el hogar.

Tanto si usted es un Leo como si desea entenderlo, este libro será de utilidad. Explica todo sobre los Leo: desde el nacimiento hasta la vejez, los signos ascendentes, las lunas, los soles, con explicaciones subsecuentes de sus tendencias, características y compatibilidades.

Este libro proporciona la información básica necesaria y luego profundiza sobre las partes menos conocidas de este signo del zodiaco. No solo explora los rasgos y las compatibilidades de un Leo, sino también sus razones y formas. En otras palabras, salva la distancia entre un libro totalmente «amateur» y una disertación demasiado larga, y puede ser utilizado por los aficionados a la astrología con más experiencia para repasar las particularidades de cualquier aspecto de los Leo.

Siga leyendo para saber más sobre este signo.

Capítulo 1: Introducción a Leo

Los Leo nacen entre el 22 de julio y el 23 de agosto y son conocidos popularmente como las «Reinas y Reyes del Zodiaco». Son muy conocidos por sus cualidades de liderazgo, creatividad, confianza y capacidad de socialización. Por otro lado, los Leo son propensos a tener un nivel ofensivo de arrogancia debido a su naturaleza narcisista y egoísta.

Antes de adentrarnos en los aspectos más profundos de este signo, es necesario comprender los rasgos, características e información básica de este signo del zodiaco para reforzar los cimientos de su conocimiento.

Los Leo son conocidos principalmente por su naturaleza frágil en cuanto a querer y buscar atención. Cuando obtienen la atención que creen merecer, parecen ser las criaturas más felices del mundo. Es difícil descifrar a un Leo a primera vista, o en un solo encuentro. Si realmente quiere conocerlos, debe pasar más tiempo con ellos.

Como Leo, es la estrella de su grupo y siempre está en la cima. Su carácter cariñoso y protector, especialmente hacia su familia, es digno de elogio y es atractivo. Su aura es brillante, e ilumina cualquier habitación en cuanto entra, pero siempre se le reprocha su arrogancia, terquedad y la constante necesidad de atención y validación. Como Leo, necesita una cuota de atención y siempre quiere ser el centro de atención.

Veamos los elementos, los símbolos, los planetas regentes, las casas, los colores, los números de la suerte, las piedras preciosas y los rasgos más comunes de todos los signos del zodiaco para hacer una comparación justa con los Leo.

Aries (21 de marzo al 20 de abril)
Símbolo: El carnero
Elemento: Fuego
Casa: Casa del yo, que representa el ingenio, los comienzos, las iniciativas y el aspecto físico.
Piedra preciosa: Coral
Colores: Rojo
Números de la suerte: 1 y 9
Planeta regente: Marte
Rasgos más comunes: El rasgo más destacado de Aries es su espíritu competitivo y la necesidad de alcanzar metas. Aparte de eso, los Aries son:

- Extremadamente creativos y están dotados de un increíble poder de imaginación
- Influyen positivamente en quienes les rodean
- Llenos de entusiasmo y empuje
- Necesitan atención y elogios constantes
- Un poco egocéntricos y no dejan que la gente se acerque demasiado

Tauro (del 21 de abril al 20 de mayo)
Símbolo: El toro
Elemento: Tierra
Casa: Casa del valor, que representa el materialismo, el dinero, las posesiones, la autoestima, el cultivo y la sustancia.
Piedra preciosa: Diamante
Colores: Rosa, azul y verde
Números de la suerte: 2, 4, 6, 11, 20, 29, 37, 47 y 56
Planeta regente: Venus

Rasgos más comunes: El rasgo más destacado de Tauro es su naturaleza ambiciosa. Aparte de eso, los individuos que llevan este signo

- Poseen un fuerte sentido de la intuición
- Son extremadamente confiables
- Buscan siempre relaciones íntimas y serias
- Son extremadamente testarudos
- Tienen fuertes valores morales

Géminis (del 21 de mayo al 20 de junio)

Símbolo: Los gemelos

Elemento: Aire

Casa: Casa del compartir, que representa la generosidad, la distribución, los logros, los hermanos, la comunicación y el desarrollo.

Piedra preciosa: Esmeralda

Colores: Amarillo y verde

Números de la suerte: 3, 8, 12 y 23

Planeta regente: Mercurio

Rasgos más comunes: Los individuos que llevan este signo son extremadamente sociables y poseen un talento para hacer nuevos amigos con facilidad. Además, son:

- Súper inteligentes y enérgicos
- Tienen un carácter efusivo y un aura positiva
- Son divertidos y estratégicos
- Son conocidos por tener dos caras
- Tienen la necesidad de analizar en exceso su entorno

Cáncer (21 de junio a 22 de julio)

Símbolo: El cangrejo

Elemento: Agua

Casa: Casa del hogar y la familia, que representa la herencia, la ascendencia, las raíces, el vínculo, la comodidad, la vecindad, la seguridad y el orden.

Piedra preciosa: Perla

Colores: Blanco, naranja y plata

Números de la suerte: 2, 7, 11, 16, 20 y 25

Planeta regente: Luna

Rasgos más comunes: Los individuos de este signo del zodiaco son extremadamente empáticos y son capaces de establecer conexiones profundas con los demás. Además, ellos:

- Son conocidos por ser los cuidadores
- Poseen una naturaleza cariñosa
- Se rigen en parte por sus emociones
- Pueden ser un poco difíciles de tratar en situaciones intensas
- Pueden ser un poco malhumorados debido a sus recurrentes cambios de humor

Leo (del 23 de julio al 22 de agosto)

Símbolo: El León

Elemento: Fuego

Casa: Casa del placer, que representa el entretenimiento, el riesgo, el disfrute, el romance, la expresión personal y la creatividad.

Piedra preciosa: Rubí

Colores: Naranja, rojo, blanco y dorado

Números de la suerte: 1, 4, 6, 10, 13, 19 y 22

Planeta regente: El planeta regente de Leo es el Sol. Al igual que el Sol es el centro del sistema solar, los Leo gustan de ser el centro de atención de todos. Otros planetas giran alrededor del Sol, una metáfora desde otra perspectiva.

Rasgos más comunes: Aunque hablaremos de los rasgos de Leo en profundidad más adelante en el libro, echemos ahora un breve vistazo a los rasgos más destacados de los Leo:

- Los Leo quieren ser el centro de atención todo el tiempo. Quieren la atención constante y la validación de las personas que los rodean.

- Son cálidos, brillantes y generosos. Los Leo son conocidos por su generosidad y a menudo son apreciados por su carácter dadivoso.

- Tienen gustos caros. Los Leo pueden ser materialistas y a menudo se dan el gusto de comprar objetos caros y lujosos, aunque no puedan pagarlos.

- Los Leo son testarudos. No escuchan a la mayoría de la gente y suelen optar por sus propias reglas y decisiones. Aunque la otra persona tenga razón, los Leo harán todo lo posible por demostrar que están equivocados para ganar la discusión como sea.

- Los Leo son líderes. Tienen una capacidad de liderazgo impecable y están dispuestos a dirigir un equipo. Su personalidad y su sabia capacidad de decisión son apreciadas por los demás, lo que facilita que la gente siga sus consejos.

- Son valientes y protectores de su familia y amigos.

- Los Leo son apasionados y románticos. Si está enamorado de un Leo, espere pasión y calor en su relación. Los Leo esperarán lo mismo a cambio. Si no lo consiguen, prepárese para consolar y reconfortar a un Leo desairado.

Virgo (del 23 de agosto al 22 de septiembre)

Símbolo: La virgen

Elemento: Tierra

Casa: Casa de la salud, que representa la fuerza, el empleo, la vitalidad, el cuidado de la salud y las habilidades.

Piedra preciosa: Esmeralda

Colores: Marrón, beige, amarillo, naranja, verde y azul marino

Números de la suerte: 5, 14, 23, 32, 41 y 50

Planeta regente: Mercurio

Rasgos más comunes: Los Virgo necesitan ayudar a la gente que les rodea, lo que les hace extremadamente fiables. Son:

- Súper prácticos y trabajadores

- Suelen hacer todo lo posible para que la gente que les rodea sea feliz

- Ingeniosos e inteligentes

- Se cree que son perfeccionistas obsesivos

- Despreciados por su carácter crítico

Libra (del 23 de septiembre al 22 de octubre)
Símbolo: La balanza
Elemento: Aire
Casa: Casa de la balanza, que representa el matrimonio, la pareja, los acuerdos comerciales, los contratos y el equilibrio.
Piedra preciosa: Diamante
Colores: Pasteles, especialmente azul y verde
Números de la suerte: 6,15, 24, 33, 42, 51 y 60
Planeta regente: Venus
Rasgos más comunes: Este signo es extremadamente social y puede hacer amigos con facilidad. Además, los individuos de este signo del zodiaco son:

- Llenos de ingenio, moral y modales
- Extremadamente encantadores
- Agradan a la gente
- Son conocidos por ser grandes solucionadores de problemas
- Dependientes de otros

Escorpio (del 23 de octubre al 22 de noviembre)
Símbolo: El escorpión
Elemento: Agua
Casa: Casa de la transformación, que representa el rejuvenecimiento, los ciclos de nacimiento y muerte, los recursos, las finanzas, el karma y la transformación personal.
Piedra preciosa: Coral
Colores: Rojo oscuro, escarlata y óxido
Números de la suerte: 9, 18, 27, 36, 45, 54, 63, 72, 81 y 90
Planeta regente: Marte
Rasgos más comunes: Los Escorpio son conocidos por su naturaleza ambiciosa y su actitud extremadamente seria hacia el trabajo y su carrera. Son:

- Serios en las relaciones y pueden sumergirse demasiado en ellas
- Extremadamente confiables
- Muy curiosos y enamorados de los misterios
- Controladores y difíciles de entender
- Suelen sospechar de todo, lo que les hace paranoicos

Sagitario (del 23 de noviembre al 21 de diciembre)
Símbolo: El arquero
Elemento: Fuego
Casa: Casa de la filosofía, que representa la cultura, la expansión, el derecho, la ética, los viajes y los asuntos exteriores.
Piedra preciosa: Zafiro amarillo
Colores: Púrpura, rojo, rosa y violeta
Números de la suerte: 1, 4, 8, 10, 13, 17, 19, 22 y 26
Planeta regente: Júpiter
Rasgos más comunes: Las personas de este signo son probablemente las más curiosas de todas. Tienen sed de conocimiento e información. Además, son:

- Muy trabajadoras
- Siempre están explorando nuevas actividades
- Poseen una increíble capacidad para contar historias
- Se cree que son unos sabelotodo

- Suelen pisar la palabra de los demás

Capricornio (del 22 de diciembre al 19 de enero)

Símbolo: La cabra

Elemento: Tierra

Casa: Casa de la empresa, que representa la carrera, la sociedad, el gobierno, la motivación, la autoridad y la ventaja.

Piedra preciosa: Zafiro azul

Colores: Marrón oscuro y negro

Números de la suerte: 1, 4, 8, 10, 13, 17, 19 y 22

Planeta regente: Saturno

Rasgos más comunes: Los capricornio son ambiciosos y anteponen su carrera a cualquier otra cosa. Aparte de eso:

- Tienen un empuje y una pasión inagotable por su trabajo y por alcanzar metas
- Son conocidos por tomar iniciativas
- Son excelentes líderes
- Tienen una ligera necesidad de controlarlo todo
- No creen en el tiempo «para mí» y trabajan duro sin cesar, lo que explica su actitud fría como una piedra hacia los demás

Acuario (del 20 de enero al 19 de febrero)

Símbolo: El portador de agua

Elemento: Aire

Casa: Casa de las bendiciones, que representa el esfuerzo, los amigos, los grupos, las comunidades, las pertenencias, el voluntariado, las asociaciones, el amor y la riqueza.

Piedra preciosa: Zafiro azul

Colores: Turquesa, azul, verde y gris

Números de la suerte: 4, 8, 13, 17, 22 y 26

Planeta regente: Saturno

Rasgos más comunes: Este signo adora su independencia y quiere libertad en todos los aspectos de su vida. Aparte de eso, tienen:

- Una personalidad única que les ayuda a distinguirse de la multitud
- Siempre están buscando maneras de cambiar el mundo
- Son pensadores creativos
- Suelen tener opiniones controvertidas en debates y conversaciones
- Sienten la necesidad de expresar su perspectiva «única» en cualquier asunto

Piscis (20 de febrero al 20 de marzo)

Símbolo: Los peces

Elemento: Agua

Casa: Casa del sacrificio, que representa el retiro, la reclusión, el refugio, la intuición, la suerte, la curación, la tranquilidad y la culminación.

Piedra preciosa: Zafiro amarillo

Colores: Verde marino, violeta, púrpura y lila

Números de la suerte: 3, 7, 12, 16, 21, 25 y 30

Planeta regente: Júpiter

Rasgos más comunes: Probablemente los individuos más amables de todos los signos, los piscianos son soñadores y apasionados. También:

- Son capaces de establecer conexiones profundas con la gente
- Son extremadamente creativos y positivos
- Tienen ideas nuevas e imaginativas
- Suelen perderse en sueños y son distraídos
- Pueden agobiarse fácilmente

Leo famosos

En esta sección, conoceremos a algunos Leo famosos y sus rasgos definitorios o más destacados de Leo.

1. Barack Obama

Esta personalidad ocupa el primer puesto de la lista. Líder ideal, orador motivacional y ser humano compasivo, Barack Obama es probablemente el Leo más significativo de la historia del mundo. Nacido el 4 de agosto de 1961, Barack Obama es popularmente conocido como ex presidente de los Estados Unidos. Naturalmente, debido a sus cualidades de liderazgo, Obama tiende a robar el protagonismo en cualquier escenario. Sus discursos pueden ser conmovedores, audaces e inteligentes. Es listo y tiene la capacidad de hacer que una multitud le siga. Además, es curioso, posee una gran capacidad de comunicación y puede motivar a una gran multitud con su sola presencia.

Rasgo definitorio de Leo: Es un líder nato. Su encanto es adictivo y la gente respeta su opinión como líder. Todos conocemos los cambios que realizó en Estados Unidos durante su presidencia y liderazgo.

2. Arnold Schwarzenegger

Schwarzenegger es otra personalidad popular en el mundo de la actuación y el *fitness*. Nació el 30 de julio de 1947 y ha motivado a muchos adultos jóvenes para unirse a su viaje de *fitness* y a lograr sus objetivos en esta dirección. Arnold es conocido por ser amable, generoso y cálido, lo cual viene del signo solar de Leo. Como se ha visto en el pasado, Arnold no es capaz de aceptar las críticas con facilidad y odia que le ignoren. Es un ser creativo y quiere mostrárselo al mundo. Su mundo gira en torno al drama, el lujo, el cine y el teatro, rasgos prominentes de Leo en él. Si le dan amor, devolverá una cantidad igual o mayor de amor. A menudo le gusta ser el centro de atención.

Rasgo definitorio de Leo: Se siente frustrado y desanimado cuando no puede demostrar su valía. Se esforzará por demostrar su valía y será fiel a su palabra.

3. Bill Clinton

Otro presidente de Estados Unidos con una fuerte y significativa presencia en la historia mundial, Bill Clinton es un Leo con fuertes rasgos de este signo. Nacido el 19 de agosto de 1946, Clinton ha demostrado sus habilidades de liderazgo como Leo. Aunque demostró sus cualidades de liderazgo en el mundo profesional y político, su vida personal también fue dictaminada por sus prominentes rasgos de Leo. Era conocido por ser un mujeriego con un encanto irresistible, visible en su aspecto. Las mujeres quedaban prendadas de su carisma y personalidad. Su esposa estaba dispuesta a dejar pasar muchos de los rasgos negativos que poseen la mayoría de los Leo, lo que demuestra el fuerte vínculo que los unía. Por último, cuando Clinton estaba en el poder, tenía un aura de motivación a su alrededor. La habilidad para el drama en la mayoría de los Leo explica la controversia que rodeaba al presidente.

Rasgo definitorio de Leo: Como Leo, Bill Clinton ha demostrado sus cualidades de liderazgo y ser una persona carismática con una fuerte personalidad desde sus días de juventud.

4. Napoleón

Nacido el 15 de agosto de 1769, Napoleón Bonaparte fue muy conocido en el mundo por sus habilidades militares y por hacerse con el título de emperador francés. Como Leo, quería su parte de protagonismo. Aunque este fenómeno en la antigüedad no se denominaba así, Napoleón siempre se las arreglaba para estar en el centro y comandar a los demás con autoridad. Fue un valiente luchador y líder del ejército.

Rasgo definitorio de Leo: Su valentía, la necesidad de ser el gobernante y la capacidad de liderazgo son rasgos evidentes de Leo.

5. J. K. Rowling

Famosa por sus libros y películas de *Harry Potter*, esta autora nació el 31 de julio de 1965. Su fuerte y carismática personalidad captura la atención de la sala tan pronto entra. También se cree que es cálida, de buen corazón y generosa, que son los indicadores del signo solar. Su rasgo de generosidad queda demostrado por el hecho de que donó una gran cantidad de sus ganancias a obras de caridad, lo que hizo que su nombre fuera retirado de la lista de multimillonarios de Forbes. Sin embargo, recientemente ha sido noticia por su nuevo libro y sus infames comentarios sobre los «trans», lo que explica la afición de los Leo por los trucos polémicos o dramáticos.

Rasgo definitorio de Leo: Su rasgo Leo más destacado es la creatividad. Su facilidad para escribir y su capacidad de imaginación son poderosas, lo que coincide con algunos Leo. Además, su generosidad es otro poderoso rasgo de Leo.

6. Madonna

Nacida el 16 de agosto de 1958, Madonna ha sido una figura popular desde su juventud. Es conocida por su confianza, su talento como cantante y su belleza exótica. A Madonna siempre le ha gustado ser el centro de atención y sigue disfrutando de su fama y protagonismo. Sus rasgos de Leo están tan acentuados que puede considerarse el epítome del signo zodiacal. Además, puede trabajar en varios proyectos a la vez, lo cual es un rasgo de Leo poco conocido. Ha sido el centro de muchas polémicas y, de alguna manera, siempre ha conseguido estar en la mira de todos.

Rasgo definitorio de Leo: Su encanto, personalidad y talento son algunos de los rasgos Leo más evidentes y positivos. La necesidad de ser el centro de atención es su principal rasgo Leo.

«Cómo ubicar» a un Leo

Aunque los Leo se comportan igual en la mayoría de los ambientes, se pueden notar sutiles diferencias en su comportamiento debido a un cambio de entorno.

Leo en casa

Mientras que un Leo en el trabajo o en cualquier otro entorno público se siente en la cima, les gusta estar en su refugio al final del día para liberar el estrés y tener un poco de tiempo «a solas». Un Leo en casa se relaja más porque se toma el tiempo en su espacio para estar tranquilo y contemplar. De hecho, cuando el trabajo y la vida social se vuelven demasiado abrumadores para los Leo, a menudo desaparecen y se quedan en casa durante un par de días hasta que recuperan la energía. Quieren alejarse del caos del mundo. El hogar es el lugar donde toman tiempo para recargarse y volver más fuertes, pero incluso en casa, los Leo pueden encontrarse explorando nuevas opciones y habilidades. Deles un día para relajarse y estarán haciendo algo nuevo.

Leo en el trabajo

En el trabajo, los Leo se hacen cargo de proyectos o de cualquier otro proceso para el cual las cualidades de liderazgo sean indispensables. Son impulsivos, motivados y se esfuerzan al cien por cien para conseguir sus objetivos, pero se aseguran de que se les reconozca por ello. Si alguno de sus colegas es un Leo, lo encontrará cerca del jefe la mayor parte del tiempo. También intentarán que su trabajo sea más notorio. Quieren que su jefe los elogie y los aprecie. Si no reciben comentarios positivos, los Leo se enfadarán e incluso harán berrinches. Si usted es un Leo, posiblemente sabe que hace un berrinche cada vez que recibe una crítica constructiva en la oficina.

Leo en una fiesta

Los Leo en una fiesta se roban el foco. Su irresistible encanto y su naturaleza extrovertida atraen a la gente. Si usted es un Leo y está solo en una fiesta, encontrará inmediatamente compañía y se sentirá cómodo. Los Leo no tienen problemas ni se sienten incómodos cuando conocen gente nueva. Son espontáneos y maestros en la construcción de nuevas relaciones en un santiamén. En una fiesta, encontrará a un Leo vestido de forma muy extravagante o en el centro del escenario; a los Leo les encanta la atención y a menudo se esforzarán por conseguirla.

Cúspides de Leo

Los individuos nacidos en el límite de dos signos del zodiaco pertenecen a una «cúspide». Estos individuos tienen una combinación de rasgos relevantes de ambos signos. También puede que estos rasgos choquen, lo que da personalidades únicas a quienes nacen en las cúspides.

Hay dos cúspides para cada signo del zodiaco. En el caso de los Leo, forman cúspides con Cáncer, que precede al signo de Leo, y con Virgo, que lo sucede. Dentro de estas cúspides, cabe esperar individuos totalmente diferentes entre sí debido al dominio del Sol. Las cualidades de un individuo perteneciente a las cúspides dependerán de la posición del Sol y de su poderosa postura.

Cúspide Cáncer-Leo (19 de julio al 25 de julio)

Si el Sol se aproxima al signo de Cáncer, el individuo será demasiado expresivo, social y extrovertido. Básicamente, los individuos nacidos en esta cúspide son introvertidos que en camino de convertirse en extrovertidos. También están dotados de habilidades creativas y de una naturaleza generosa. Compartir y recibir regalos será rutinario para estos individuos. Pero si el Sol se encuentra del lado de Leo, el individuo se sentirá vulnerable por dentro y tendrá muchas inseguridades; es muy fácil herir a estos individuos. Las personas de esta cúspide pueden estar en la cima un día y sentirse tristes y deprimidos al siguiente. El cambio repentino de su estado de ánimo se debe a la combinación de rasgos de ambos signos.

Se comportan como niños y son testarudos. Aunque estén heridos y se sientan inseguros por dentro, no lo demostrarán. En cambio, lo enmascararán con un espíritu juguetón. Las personas nacidas en esta cúspide son creativas, valientes, cariñosas, generosas y a menudo ensimismadas, pero a veces parecerán bloqueadas emocionalmente.

Cúspide Leo-Virgo (19 de agosto al 25 de agosto)

Si el sol se halla del lado de Leo dentro de esta cúspide, el individuo resultará un ser perfeccionista. Tendrá un aire de libertad creativa y la necesidad de expresarse. Pero si el Sol toma el lado de Virgo, el individuo será más expresivo. Una combinación de estos rasgos formará una persona perfeccionista con un toque creativo y lúdico.

Las personas que pertenecen a esta cúspide siempre están entusiasmadas con el inicio de un nuevo viaje, especialmente si se trata de la vuelta al colegio para comenzar un nuevo curso tras un largo parón veraniego. Un aspecto interesante de esta cúspide es que las personas de ambos signos poseen egos diferentes. Los Virgo sirven a los demás mientras que los Leo esperan que los demás les sirvan a ellos, lo que da un interesante desequilibrio a esta cúspide. Los Virgo están dispuestos a servir, pero con un toque de orgullo, casi por obligación. Aunque se comporten como divas (que es un rasgo prominente de Leo), también organizarán y cumplirán sus tareas a tiempo, como la mayoría de los Virgo. Aunque esta cúspide es una opción perfecta para un actor o una celebridad de la industria del entretenimiento, el lado Virgo de esta cúspide es más apto para ser un director.

Algunos datos curiosos sobre Leo

Si bien es necesario aprender sus rasgos básicos, elementos y otra información fundamental, también debe conocer algunos datos divertidos sobre este signo.

- A los Leo les encanta el drama. Se les puede ver en una situación dramática o cerca de ella. Los Leo en la escuela secundaria podrían formar un grupo de teatro como su hábitat. Además, debido a su afición por el drama, su lugar ideal sería Hollywood, California.

- Se cree que los Leo son adictos a las compras. Incluso si están, o están a punto de estar en la ruina, encontrarán la manera de comprar y adquirir las cosas que les gustan. Se sabe que los Leo son testarudos, por lo que conseguirán lo que quieren a cualquier precio. Como las compras son una adicción, sus deseos suelen girar en torno a la ropa nueva, los zapatos y otros artículos de lujo.

- Los Leo preferirán un café con leche de calabaza con especias en Starbucks.

- Una frase exótica que representa bien a los Leo sería la *douleur exquise*, una expresión francesa que se traduce como «el dolor del amor no correspondido» describe su necesidad y pasión en las relaciones y la vida amorosa.

- Si eligieran o se asignara una casa de *Harry Potter* en el zodiaco, lo más probable es que todos los Leo pertenecerían a *Gryffindor*.

- Dada su necesidad de ser estrellas y ponerse en el punto de mira, preferirán prendas de vestir brillantes o cualquier cosa que llame la atención. El glamour y la chispa en las prendas de vestir suelen cautivarles.

Si usted es un Leo, la mayoría de estos datos divertidos le resultarán familiares. Como ejercicio, piense en otros elementos divertidos que se relacionen con otras categorías de sus rasgos. Considere categorías como música, películas, libros, estaciones del año, alimentos, etc., y anótelas.

Capítulo 2: Fortalezas y debilidades de Leo

Tras conocer alguna información básica sobre los rasgos y otros aspectos del signo, pasaremos a sus fortalezas y debilidades.

Fortalezas o rasgos positivos de los Leo

Entre los diversos rasgos positivos de los Leo, estos son los que más destacan:

1. Son cálidos, brillantes y dan amor a las personas de su vida

Los Leo aman y son amados por las personas en sus vidas. Poseen una personalidad brillante y cálida, a menudo un signo de su planeta regente, el Sol. Aman incondicionalmente a sus familiares y amigos y aportan paz y felicidad a sus vidas. Son muy fiables, lo que atrae a la gente. Además, los Leo son amables, compasivos y educados, lo que les hace parecer más brillantes.

Un Leo se asegurará de que su familia y sus amigos estén cómodos. Su carácter hospitalario es siempre acogedor. Cuando los Leo conocen a alguien, le hacen sentir inmediatamente como en casa. Pero no se aproveche de su amabilidad, ya que se exasperan fácilmente y se vengan sin remordimientos.

2. Son carismáticos

Dondequiera que vayan, los Leo adoptan una postura de liderazgo y parecen la persona más importante de la sala. Su personalidad, presencia y carácter hacen que los Leo sean carismáticos. Debido a este encanto, los Leo pueden atraer a quien quieran, y logran que se queden por un período prolongado. El encanto de una persona suele estar determinado por sus rasgos positivos, lo que explica la personalidad carismática de Leo. Son leales, valientes, guapos y lo suficientemente seguros de sí mismos como para personificar el carisma.

Además, están dotados de un gran sentido del humor. Su ingenio y sus bromas les ayudan a llegar a donde quieren ir o a cumplir con las tareas con facilidad. La personalidad carismática de los Leo es tan magnética que a menudo se le compara con una polilla atraída por una llama. Los Leo atraen a la gente y la mantienen entretenida. Además de esto, los Leo poseen poder y son impulsados por la ambición, lo que se suma a su encanto y poderosa personalidad.

3. Son sociables y pueden establecer fácilmente relaciones con personas que acaban de conocer

Los Leo no tienen ningún problema para acercarse a extraños en las fiestas o para entablar una conversación con personas que acaban de conocer. Tanto si se trata de charlar con el personal de la tienda como de conocer a un profesional en un entorno formal, los Leo lo tienen fácil. Dirán «sí» cuando les proponga salir y no tienen esa actitud de «solo quiero quedarme en casa» que otros signos tienen por defecto. Se les puede llamar extrovertidos y hacen que los demás se sientan cómodos. Son muy propensos a relacionarse con personas que les resultan interesantes o que comparten rasgos similares.

Si usted es Leo, no tiene nada de qué preocuparse en una reunión social con desconocidos. Se hará fácilmente amigo de los demás y se sentirá cómodo en cualquier entorno. Si no es un Leo, es probable que se le acerque uno. A los Leo les encanta estar rodeados de gente. No pueden estar solos y siempre buscan oportunidades para salir y socializar. Su naturaleza extrovertida les lleva a organizar fiestas, eventos sociales o pequeñas reuniones informales como cenas de fin de semana para conocer gente.

4. Son líderes natos

Si necesita a alguien que dirija un proyecto de grupo en su escuela u oficina o que tome decisiones importantes como líder de cualquier manada, siempre puede recurrir a un Leo. Son fiables y se hacen cargo de cualquier situación. Tienen rápidos reflejos y pueden decidir con facilidad, lo que les ayuda a desenvolverse en situaciones apremiantes que requieran espontaneidad. La capacidad de tomar decisiones es necesaria en la mayoría de los líderes y los Leo la cumplen a cabalidad. Como Leo, su aura es regia e inspira instantáneamente a la gente a seguirle. Aunque le gusta ser el centro de atención, se esfuerza por ganárselo; no se lo dan sin más, lo cual es otra razón por la que quiere tomar las riendas y liderar el grupo. Los Leo también tienen una intuición que agrada a la multitud, por lo que suelen estar al mando y motivar a sus seguidores.

Considere el rasgo de sociabilidad en la mayoría de los Leo. No solo quieren hacer fiestas y conocer gente, sino que también quieren estar a cargo de las celebraciones. A los Leo les gusta ser el anfitrión y el líder en cualquier evento. Les encanta hacerse cargo de cualquier situación formal o informal. Se trate de una agenda política, de un líder nacional, de un director general de una empresa o de un anfitrión de una fiesta, siempre se puede confiar en que los Leo tomarán la iniciativa y tomarán decisiones informadas. Nunca se rinden y trabajan duro para lograr sus objetivos.

5. Los Leo son muy protectores con sus seres queridos

Los Leo protegen a su familia, amigos y otras relaciones valiosas tanto como pueden. Su naturaleza valiente les ayuda a enfrentarse a cualquier obstáculo y a asegurarse de que sus seres queridos están a salvo y en paz. Harán todo lo posible por mantener sus relaciones intactas. Valoran muchísimo a sus amigos y a su familia y lucharán hasta su último aliento para protegerlos a ellos y a su relación. Si hay una mínima posibilidad de que la relación tenga problemas, harán todo lo posible por arreglarla. Los Leo son extremadamente apasionados. Dan y quieren un amor apasionado, hasta el punto de que puede llegar a ser abrumador.

Los Leo son conocidos por su valentía y confianza, lo que potencia su rasgo protector. Como el símbolo del Fuego rige a Leo, son apasionados y ponen toda su energía para proteger lo que aman. El rasgo de valentía de Leo está relacionado con su naturaleza protectora y la disposición a realizar actividades arriesgadas. Los Leo no se dejan intimidar fácilmente por las circunstancias temibles y toman riesgos. Los Leo rara vez dicen que no y se entusiasman con actividades que la mayoría de la gente se niega a realizar. Desde hacer excursiones peligrosas hasta invertir dinero en un negocio, los Leo no temen los riesgos. Son extremadamente aventureros.

6. Los Leo perdonan fácilmente y son honestos

No importa lo mucho o lo profundamente que sean heridos, los Leo perdonan fácilmente y darán otra oportunidad a las personas que les han hecho daño. Ya sean rupturas, matrimonios, amistades o relaciones casuales, quieren mantener a las personas en su vida, pero para que perdonen a otros, quieren una disculpa sincera. No guardan rencor, lo que les mantiene alegres y felices la mayor parte del tiempo. Este rasgo positivo de los Leo les permite mantener intactas sus valiosas relaciones.

Los Leo son probablemente uno de los signos más honestos del zodiaco. Se atienen a su palabra y pagan todas las deudas. Cuando se trata de mantener las promesas, siempre se puede confiar en este signo. Son honorables y hacen lo que dicen, pero si sienten que no pueden hacerlo, lo dirán para evitar que se construyan falsas expectativas; esto ahorra tiempo a ambas partes y les ayuda a seguir adelante. Su honestidad es otra de las razones por las que son buenos líderes y pueden llevar a un equipo al éxito.

7. Los Leo son creativos y divertidos

Poseen creatividad y la percepción de ver las cosas de forma diferente, lo que hace que sus jugos creativos fluyan. A menudo se les ve probando nuevas aficiones y actividades. Si tiene un Leo en su círculo íntimo, se dará cuenta de que siempre está tramando algo. Su pasión por la aventura y la exploración es interminable, lo que les convierte en una compañía alegre para pasar el tiempo.

Asimismo, los Leo tienen un gran sentido del humor que mantiene entretenida a la gente que les rodea. Los Leo no solo son divertidos, sino que también pueden entretenerse ellos mismos. Su constante necesidad de hacer algo y de probar nuevas actividades les mantiene ocupados y mejora sus habilidades.

Debilidades o rasgos difíciles de Leo

Tras repasar sus fortalezas, ahora vamos a tratar las debilidades y los rasgos difíciles de Leo que podrían causar problemas en sus vidas.

1. Los Leo son impulsivos

A veces, Leo puede ser bastante impulsivo. Mientras que tomar una acción inmediata sin pensarlo dos veces es útil en algunas circunstancias, también puede conducir a muchos problemas. Tomemos un ejemplo anterior: invertir en un negocio. Se trata de un riesgo enorme que requiere proyecciones concretas y exige pasos calculados. No se puede tomar una decisión sin más. Aunque los Leo toman decisiones con conocimiento de causa, la espontaneidad de este rasgo también puede provocar grandes fallos debido a circunstancias imprevistas.

Pero cuando una oportunidad llama a su puerta, suelen pensárselo dos veces antes de tomar una decisión, lo que les evita problemas. Su naturaleza impulsiva solo entra en acción cuando tienen una idea y quieren ponerla en práctica. No pueden esperar a que una idea suya tome forma, lo que les lleva a tomar decisiones impulsivas. Cuando se les ofrece algo se lo piensan dos veces, pero no tardan en arriesgarse cuando se les ocurre un plan propio.

2. Pueden ser un poco controladores

Esta debilidad de los Leo puede conducir al fracaso de una relación. Lamentablemente, los Leo lo hacen sin saberlo. Hasta que se dan cuenta de su comportamiento controlador, a menudo es demasiado tarde. Cuando este rasgo eclipsa a los demás, pueden acabar perdiendo a sus parejas. Muchas personas rompen con sus parejas Leo, poniendo fin a relaciones que duraron más de una década.

Para los Leo, es importante darse cuenta de la naturaleza de su comportamiento controlador y trabajar en ello. No hacerlo puede dar lugar a relaciones incompatibles que acaben en rupturas o divorcios. Su comportamiento controlador también obedece a su naturaleza obstinada, porque sienten que tienen razón todo el tiempo; creen que eso les da la autoridad para controlar a sus parejas y a su familia. Si este rasgo es fuerte en un Leo, podrían repeler a las personas o incluso perderlas para siempre.

3. Los Leo suelen ser tercos y estar a la defensiva

No están dispuestos a escuchar a los demás. Cuando desean algo, harán todo lo posible por conseguirlo. Esto es útil en situaciones ocasionales, como lograr sus objetivos profesionales o trabajar duro para comprar un coche de lujo, pero en situaciones en las que los Leo deberían esperar y escuchar a los demás, como una discusión en una reunión social, a menudo estarán en desacuerdo per se. Esta actitud obstinada puede pasar por arrogancia, sin que el Leo lo sepa.

Además, cuando no se les permite tener ciertas cosas, no escuchan y se esfuerzan por conseguirlas de todos modos, por cualquier medio. Por ejemplo, un Leo diabético encontrará la manera de comer la barra de chocolate que se le antoja. Cuando alguien les dice que no pueden hacer algo o que están equivocados, se defenderán hasta demostrar lo contrario. Su naturaleza defensiva puede ser problemática. Esta naturaleza de argumentar y defenderse hasta que se les pone azul la cara no es apreciada por otros signos, y es una de las pocas razones para alejarse de un Leo. No importa si tienen razón o no; si los Leo piensan que tienen razón, harán cualquier cosa para demostrarlo.

4. Los Leo son un poco egoístas

Los Leo son probablemente los más egoístas entre los signos del zodiaco, lo que a menudo puede ser problemático. Para los Leo, sus grandes egos pueden ser un gran problema. No soportan bien las críticas y se ofenden con facilidad. Incluso cuando se enfrentan a una crítica constructiva, pueden tomársela demasiado en serio.

Sus egos también allanan el camino a su egoísmo. Los Leo sienten que se merecen todo y más. A menudo anteponen sus necesidades a las de los demás, lo que les hace parecer egoístas e incluso codiciosos. Aunque se dan cuenta de que este acto es egoísta, apenas les importa y no están dispuestos a trabajarlo. Debido a su inteligencia, siempre sienten que están por encima de los demás, lo que también explica su necesidad de ser el centro de atención. Lo difícil es que se las arreglan para conseguirlo de cualquier manera. La sensación de tener el derecho se combina con su capacidad para aprovechar todas las oportunidades que se les presentan, alimentando aún más su ego. Su ego también les hace creer que el mundo gira alrededor suyo.

5. No pueden lidiar con sus inseguridades

Los Leo son muy conscientes de sus inseguridades y pueden entristecerse fácil y profundamente cuando alguien las señala, volviéndose aún más inseguros. En otras palabras, su ego puede considerarse su mayor inseguridad. Dado que los Leo tienen afán de ser perfectos en su aspecto, en sus tareas y en cualquier otro aspecto de su vida, cualquier queja o señalamiento de sus inseguridades puede ser demasiado duro para ellos. Si se prolonga durante mucho tiempo, pueden llegar a quebrantarse. En cierto modo, atacar su inseguridad significa señalar sus imperfecciones, lo que también podría robarles el protagonismo. A ningún Leo le gusta ni quiere eso.

Quieren ser respetados y alabados todo el tiempo. Si no es así, podría afectar su autoestima. Incluso si no es su intencional, se tomarán las cosas de forma personal y seguirán pensando en ello una y otra vez.

6. Necesitan validación constante

Los Leo necesitan atención y validación constante. Hacen gala de que no les importa la opinión de los demás, pero en el fondo necesitan atención y amor. Una ausencia prolongada de validación puede volverlos infantiles hasta que reciban suficiente atención. Sienten la necesidad de la aprobación de los demás, incluso de las personas que acaban de conocer. Cuando trabajan duro por algo y no reciben los elogios que merecen, los Leo pueden enfadarse demasiado e incluso desesperarse por conseguir que su trabajo sea reconocido. Sus pensamientos habituales son: «Merezco que me elogien por algo que he conseguido en menos tiempo que los demás» o «¿Por qué nadie se da cuenta de que trabajo duro? ».

Este rasgo de búsqueda de atención puede llevarles a presumir y alardear de sus logros, intentando conseguir aceptación. Se esfuerzan por mostrar lo que son y quieren que los demás los perciban así, pero su orgullo nunca les permitirá admitir que necesitan una validación constante; este rasgo es tóxico y necesitan trabajarlo para mostrarse humildes y con los pies en la tierra. No es fácil, pero con práctica y trabajo lo conseguirán.

7. Son incapaces de soportar las pérdidas

Los Leo pueden considerarse románticos sin remedio. Necesitan atención, aunque están dispuestos a dar la misma atención. Pero hay un pequeño inconveniente, un insulto o una pérdida en las relaciones puede dejar una profunda cicatriz en sus corazones. En casos como las rupturas y los divorcios, no solo se sienten heridos, sino que además son incapaces de soportar la pérdida. En situaciones intensas, esto podría llevar a un gran bajón y caos en la vida de un Leo.

8. Pueden ser demasiado materialistas

A los Leo les atraen los objetos caros y se entregan al lujo. Tienden a comprar en exceso y les resulta difícil evitarlo. Si les gusta algo, harán todo lo posible por poseerlo, sin importar lo caro que sea. Hasta cierto punto, también juzgarán a las personas que no puedan permitirse o regalarles objetos caros.

Cómo manejar las debilidades de los Leo

Si usted es un Leo, tener las debilidades mencionadas anteriormente es natural. Conocerlas es la mitad del camino a hacia la victoria, pero también debe centrarse en lidiarlas para mejorar su vida.

1. Establecer objetivos a largo plazo

Los Leo son impulsivos y se arriesgarán a materializar sus ideas, pero a veces, esta espontaneidad puede conducir al fracaso. Para combatir esta situación, Leo debería establecer algunas metas a largo plazo. Podría ayudarle a tomar decisiones más centradas y a cumplir sus objetivos con facilidad. Aunque este proceso lleva tiempo, es una forma segura de alcanzar el éxito.

Entonces, ¿cómo puede un Leo establecer objetivos a largo plazo? El primer paso es definirlos. Hágase preguntas relevantes como: «¿Qué es lo que realmente desea?» o «¿Dónde se ve en los próximos cinco años?». Estas preguntas le ayudarán a delimitar metas realistas. Asegúrese de que son relevantes, realistas y alcanzables. Si sus objetivos no son alcanzables, no tiene sentido anotarlos. Para hacerlos más plausibles, divídalos en objetivos o pasos más pequeños que conduzcan finalmente a la meta mayor. Por tanto, diseñe sus objetivos en consecuencia. Por último, no se rinda. Si su objetivo final es comprar la casa de sus sueños, trabaje duro para conseguirlo y hacerlo realidad. Sus objetivos más pequeños serán ahorrar dinero e investigar las mejores propiedades del lugar. Como Leo, tendrá el impulso natural de trabajar duro y cumplir sus objetivos.

2. Concéntrese en sus acciones

Cuando un Leo se encuentra en una situación dramática (lo cual es bastante frecuente), es probable que responda con un comentario ingenioso o incluso que insulte a la otra persona. Esta tendencia debe ser controlada y evitada. Si de verdad quiere responder de forma impactante, demuéstrelo con acciones. Si su jefe le regaña por no haber alcanzado el objetivo antes, esfuércese por ser el mejor de la oficina en el siguiente trimestre en lugar de contestar a la defensiva. Deje de lado el drama y enfóquese en conseguir sus objetivos en lugar de aumentar el drama. Como se suele decir, «concéntrese en convertir los limones en limonada en lugar de lanzárselos a los demás».

Si su naturaleza impulsiva es responder con palabras duras, cuente hasta tres antes de decir algo. Aunque suene a lugar común, funciona. Evitará decir algo de lo que luego se arrepienta. Pruebe la acción «*Big Gulp*», hacerse una señal para ponerse más atento. Además, avance paso a paso. No se queme para conseguir objetivos lejanos. Tómelo con calma y vaya a un ritmo constante. La constancia y la paciencia son claves para cumplir objetivos.

3. Intente anteponer las necesidades de los demás a las suyas

Como Leo, su egoísmo puede ser evidente a veces por poner sus necesidades por delante de las de los demás. Esto le hace ver egoísta, necesitado y codicioso. Las personas que conocen este rasgo negativo de los Leo a menudo intentan aprovecharse de ello, especialmente en el ámbito laboral, por lo que es necesario que usted sortee este rasgo negativo y se centre en los demás. Aunque es justo que también tenga en cuenta sus necesidades, centrarse demasiado en sí mismo le convertirá en un egoísta y le hará quedar en evidencia. Para sortear el egoísmo y anteponer las necesidades de los demás a las suyas, primero debe reconocer este comportamiento. Se cree que cuanto más egoístas son las personas, menos se dan cuenta del tamaño de su egoísmo. Por tanto, reflexione sobre su comportamiento y pregúntese si es egoísta o no.

A continuación, reflexione y dese cuenta de lo que sufren los demás. Por ejemplo, si el empleado de una tienda de comestibles es grosero con usted, podría significar simplemente que está molesto o que tiene un mal día. A veces, no es lo que parece en la superficie. Intente pensar lo mejor de la otra persona. En lugar de pensar: «Soy yo contra el mundo», cambie de mentalidad a «Debemos conquistar nuestras metas juntos». Si sus necesidades siguen siendo importantes, busque lo que realmente quiere y de lo que no puede prescindir. Mientras tanto, asegúrese de no causar molestias a los demás.

4. Evite la arrogancia

Los Leo son conocidos por ser arrogantes y suelen mirar a los demás por encima del hombro. Aunque no sea su intención, su aura regia y su pomposidad les hacen parecer arrogantes. Lamentablemente, los Leo no se dan cuenta de su pomposidad y arrogancia, ya que creen que se trata de confianza propia, lo cual es percibido de otra manera por la mayoría de los signos. Esta arrogancia puede afectar las relaciones personales y la carrera de un Leo. Antes de que sea demasiado tarde, todo Leo debería aprender a controlar este comportamiento.

El primer paso para combatir la arrogancia es darse cuenta. Una vez que se dé cuenta de que es arrogante, a diferencia tener seguridad personal, abrirá los ojos. Aumente la conciencia de sí mismo y trate de percibir su comportamiento a través de la perspectiva de los demás. Para que se produzca esta compresión, busque señales en su comportamiento. Una actitud arrogante puede ser la interrupción constante, culpar a los demás y el dar consejos innecesarios o no solicitados. Tratar a todos los que le rodean como competidores o usar constantes palabras o frases condescendientes se suman al factor de la arrogancia.

Una vez que se dé cuenta, habrá ganado la mitad de la batalla. A continuación, intente ser compasivo con los demás y consigo mismo. No se tome demasiado en serio e intente reírse de sí mismo. Demuestre humildad y modestia. Trátese a sí mismo y a los demás con amabilidad. Acepte los errores e intente aprender de ellos. No se esfuerce en ocultarlo. Por último, disfrute de su propia compañía y haga algo que le haga feliz y le tranquilice. Aunque le llevará tiempo, la práctica constante le ayudará a combatir la arrogancia. Dado que esta es una de las mayores debilidades de Leo, superar o aprender a sortearla le ayudará a despejar el bloqueo que antes tenía para triunfar en la vida.

5. Evite comprar artículos que no necesita

La mayoría de los Leo sienten el impulso de darse un lujo y comprar objetos caros, aunque no puedan permitírselo. Como quieren ser apreciados por su gusto caro, comprarán un artículo, aunque signifique vaciar sus ahorros. Una forma sencilla de evitarlo es poner freno a los impulsos de compra. Para ello, primero debe reconocer que sus apegos materiales son tóxicos e irrelevantes. El apego a lo material establece un ciclo vital que se perpetúa. Cuanto más compre, más querrá. Por eso mucha gente recurre al concepto de minimalismo, que implica que debe vivir de la forma más sencilla y mínima posible, con solo los objetos que necesita y no todo lo que cree que quiere. Esta práctica ha demostrado traer paz interior y alegría a las personas que la han seguido durante muchos años.

Para controlar su impulso, el primer paso es anteponer sus necesidades a sus deseos. Antes de comprar algo impulsivamente, pregúntese si realmente lo necesita o no. Si es solo un deseo y no una necesidad, posponga la compra. Piense en qué puede emplear el mismo dinero para darle un mejor uso. Inviértalo en algún sitio o súmelo a sus ahorros. Otra forma de frenar las compras impulsivas es evitar ir al centro comercial o a la zona de compras. Una vez que esté cerca de una zona de este tipo, se verá automáticamente obligado a comprar. Así que, para evitar las compras impulsivas, evite ir al centro comercial en primer lugar. Si sus amigos le piden que vaya al centro comercial, evítelo a toda costa. Sí, le será difícil resistirse, pero debe aprender el valor de anteponer sus necesidades a sus deseos.

Otro truco es congelar su tarjeta de crédito. Si no tiene una tarjeta de crédito, no se plantee nunca conseguir una. Cancele su tarjeta de crédito o congélela hasta que aprenda a controlar las compras impulsivas.

Los Leo están bendecidos con muchos rasgos positivos. Sus pequeñas debilidades pueden ser sorteadas fácilmente para sacar lo mejor de su personalidad. Aunque son testarudos, a menudo se les considera los individuos más generosos, cálidos e inteligentes del lugar. Una vez que logran sortear sus debilidades, pueden alcanzar fácilmente sus objetivos y triunfar en la vida.

Capítulo 3: El niño Leo

En este capítulo, hablaremos sobre los niños Leo y los rasgos que presentan. También aprenderá cómo los Leo interactúan con otros niños y qué pueden hacer para mejorar su relación con ellos.

Niños Leo

Los niños Leo suelen ser generosos y cálidos. Están llenos de energía e irradian vibraciones positivas. Suelen estar entusiasmados con sus experiencias vitales y viven cada momento con felicidad. Aunque por fuera parezcan seguros de sí mismos y duros, es muy probable que por dentro sean vulnerables o incluso estén asustados. Poseen un toque de vanidad, que no se ha desarrollado del todo. Parecen seguros de sí mismos, pero si se mete con ellos, podría herirlos profundamente. En casos extremos, podría incluso destruir su autoestima.

Si usted es padre de un niño Leo, es posible que tenga que reflexionar sobre su tono al disciplinar a su hijo. Las palabras duras o mezquinas pueden disminuir la confianza de un niño Leo. Entonces, es difícil que los niños Leo vuelvan a la normalidad. Por lo tanto, mantenga la compostura y entrene o discipline a su hijo de la manera correcta. Todos los niños Leo están en constante búsqueda de aprobación y reconocimiento. Ya sean sus padres, sus profesores, sus amigos o incluso sus invitados en casa, los niños Leo harán todo lo posible para obtener una o dos palabras de elogio. No son tímidos e interpretarán con entusiasmo una canción infantil o un baile para escuchar unos cuantos aplausos de los invitados.

Desde pequeños, los niños Leo se miran en el espejo, se disfrazan e intentan ganarse la atención de todos a su alrededor. Cuando reciben suficientes elogios y aprecio, se esforzarán más por ganar más atención; por eso suelen tener éxito, aunque haya un motivo oculto. La confianza en sí mismos y las habilidades que adquieren desde una edad temprana es otra de las razones por las que los Leo tienen una excelente capacidad de liderazgo. Dado que el León representa a los Leo, están dotados de una capacidad de liderazgo natural.

Los Leo son tan talentosos y hábiles que pueden atraer oportunidades desde una edad muy temprana. Son lo suficientemente hábiles como para ser actores en obras de teatro o incluso en anuncios de televisión. Si son seleccionados para el equipo de fútbol, tampoco será sorpresa. Los niños Leo nunca rehuirán la posibilidad de hacerse populares y aprovecharán al máximo todas las oportunidades. Aunque no les vaya bien al principio, desarrollarán sus habilidades por el camino y acabarán destacando.

Además, los niños Leo son conocidos por su honestidad y lealtad. Nunca mentirán, aunque acaben metidos en problemas. Como padre de un niño Leo, debe recompensarle por su honestidad; esto le inspirará a ser honesto en el futuro. Los niños Leo también son conocidos por su moral firme. Premiar a los niños Leo por su honestidad y su moral es más importante que elogiarlos por su sentido del estilo y su apariencia. De lo contrario, crecerán prestando más atención a su apariencia que a su comportamiento.

Los niños Leo le harán reír. Como todos los Leo tienen un sentido del humor muy arraigado, es probable que causen risas. Es probable que sean líderes de su grupo. Como son mandones, pueden ser arrogantes con otros niños. Enseñe a su hijo la importancia de dar una oportunidad a los demás. Asegúrese de que aprendan a evitar la arrogancia. Una forma de manejar esta situación es inscribirlos en campamentos de escultismo. Estos campamentos enseñan a los niños a ser líderes, a ser humildes y a poner en práctica sus mejores habilidades para progresar en la vida. Dado el talento y las habilidades creativas de los Leo, los campamentos de escultismo son la mejor manera de moldear su personalidad y carácter desde una edad temprana.

Niños Leo en casa

Los Leo en casa son iguales: alegres y entusiastas. Siempre los encontrará explorando o investigando nuevas áreas de su casa. Muestran su talento creativo coloreando en las paredes o se mantienen ocupados extendiendo su juego de Lego por todo el suelo. Básicamente, encontrará a un niño Leo haciendo algo inusual.

Son los más traviesos, pero también los más divertidos entre sus hermanos. Aunque sus padres no lo admitan, los niños Leo son sus favoritos. Si están aprendiendo a montar en bicicleta, seguirán intentándolo hasta que aprendan perfectamente. El fracaso no es una opción para ellos; fracasarán varias veces, pero se levantarán y seguirán intentándolo hasta conseguir su objetivo. Para los niños Leo, abandonar es mejor que aceptar la derrota, algo que cambia cuando maduran. Para fomentar su confianza, ayúdeles a aceptar la derrota; enséñeles la importancia de cometer errores y de aprender de ellos. Enséñeles a no rendirse, pero también a no poner demasiado énfasis en ganar. Aunque no les enseñe la definición de ganar, este signo ya ha nacido con ella.

En casa, los Leo suelen estar ocupados en diversas actividades, la mayoría de las cuales son organizadas por sus padres para enseñarles nuevas habilidades. Como padre de un niño Leo, identifique sus expresiones creativas y reserve tiempo para que practique en casa, normalmente después de la escuela. Puede ser la pintura, el origami, la cocina o incluso los juegos de mesa que desarrollan su memoria. Es necesario desarrollar estas habilidades a una edad temprana, y dado que los Leo ya están dotados de creatividad, inteligencia y curiosidad, es más fácil convencerles de que sigan su creatividad.

Los niños Leo también pueden obligar a sus padres a tener una mascota. Les encantan los animales y son cuidadores naturales. Dado que los Leo están llenos de pasión y tienen mucho amor que ofrecer, puede esperar que este rasgo forme parte de su personalidad natural. Otra razón por la que a los Leo les gustan las mascotas es que siempre están dispuestos a abrazar. Cuando los Leo no reciben atención por mucho tiempo, siempre pueden recurrir a su mascota, que está lista para colmar a sus dueños de inmenso amor.

Niños Leo en la escuela

Los niños Leo en la escuela suelen rondar a sus profesores para escuchar palabras de agradecimiento por sus deberes terminados o por un dibujo que hayan hecho en la clase de arte. Si no reciben atención, armarán un alboroto al respecto e incluso harán berrinches para ganarse la atención de su profesor. Destacan en los estudios y suelen ser los mejores de la clase. Ya sea en la clase de arte, en el grupo de teatro o en el equipo deportivo, los niños Leo suelen destacar en todo aquello en lo que participan. También inspiran a sus amigos y compañeros de clase a rendir bien. Si en una clase hay dos niños Leo, lo más probable es que compitan. Al principio comienza una competencia sana, pero pronto puede convertirse en peleas o incluso en odio. Como los Leo quieren toda la atención para sí mismos, odiarán compartirla con los otros Leo de su clase.

Los niños Leo suelen ser la estrella de su grupo de amigos jóvenes. Lideran la manada durante los trabajos de clase o cuando deciden gastar una broma. Son influyentes y provocan a sus amigos para que participen en cualquier actividad. También se debe a su actitud mandona. Los demás niños siguen al chico Leo y a menudo quieren parecerse. Si un amigo del grupo se ha portado mal o ha gastado una broma a alguien, los padres de los niños interrogarán primero al chico Leo, que probablemente sea el líder del grupo.

En el patio de recreo los verá correr con energía y jugar alegremente. Tienen una fuerza física impresionante, que supera a la de los demás. A menudo verá a un niño Leo en las barras o subiéndose a otras instalaciones sin miedo. Su actitud atrevida e intrépida les inspira a explorar nuevas zonas y objetos, aunque sea a la hora de jugar. No los pierda de vista, ya que pueden acabar en situaciones de peligro con facilidad.

Leo como padre

Los Leo son grandes padres y suelen ser conocidos por ser generosos, cálidos, amables y sabios. Al igual que ellos, quieren que sus hijos disfruten de cada momento y aprovechen al máximo las oportunidades que se les presentan. Dado que los Leo son extremadamente seguros de sí mismos, quieren que sus hijos también muestren su mejor versión. Se asegurarán de que sus hijos sean los mejor vestidos y no les importará que se exhiban un poco. Los Leo dan suficiente tiempo de juego a sus hijos y les permiten divertirse mucho. No son tan restrictivos como otros padres de diferentes signos y entienden la necesidad de tener suficiente libertad. Como los Leo nunca están acostumbrados a estar encerrados o en una estantería, entienden la importancia de la libertad y dan a sus hijos la suficiente.

A cambio, los hijos de padres Leo suelen ser de mente abierta, creativos y seguros de sí mismos. Puede que acojan rasgos de vanidad de su padre o madre Leo, pero suele ser inofensivo. Los padres Leo impulsan a sus hijos a dar lo mejor de sí mismos y les proporcionan todos los recursos que necesitan. Les gusta desarrollar las habilidades artísticas y de interpretación de sus hijos y apoyan su creatividad.

Sin embargo, hay algunas desventajas. Los padres Leo están tan centrados en sus hijos que a menudo ignoran su vida social, lo cual es muy poco saludable para un Leo. Al mismo tiempo, sus hijos pueden volverse demasiado exigentes debido a que los miman. Si usted es un padre Leo y se enfrenta a este problema, puede programar citas de juego para sus hijos. Así tendrá tiempo para socializar con sus amigos y desarrollar las habilidades sociales y comunicativas de su hijo. O bien puede contratar a una niñera.

Después de todo, usted es un Leo; tiene la necesidad de gobernar y tener el control de su vida. Incluso antes de tener a su hijo, conservaba sus intereses y los ajustaba a su apretada agenda. Al tomarse un tiempo libre, también puede prestar más atención a su hijo, que después no le parecerá una obligación. Es un gran ejercicio para usted y para el desarrollo de su hijo. A la larga, notará la diferencia. Aunque no sea padre, tenga en cuenta estos puntos para cuando lo sea. Su hijo se lo agradecerá.

Niños Leo con padres Leo

Si bien hablamos sobre los Leo como niños y como padres por separado, tal vez sienta curiosidad por saber de los padres Leo con hijos Leo. Esta coincidencia es extremadamente interesante, ya que ambos individuos necesitan su versión del centro de atención. Ambos poseen personalidades cálidas con un aura brillante y radiante. Disfrutan de la compañía del otro y siempre intentan aprender nuevas habilidades juntos. Leo como padre es lo suficientemente maduro para renunciar a su parte de protagonismo y asegurar que su hijo reciba suficiente atención. Se siente apegado y admirado por su hijo. Sus habilidades, su confianza y su generosidad son algo que aprecia cada día. Asegúrese de elogiar a su hijo todos los días y de guiarlo para que se convierta en la mejor persona posible.

Aunque ambos muestren un comportamiento duro, son suaves y vulnerables por dentro. Los hijos Leo se lastiman más fácilmente que usted. Intente proteger a sus hijos con elogios y afecto. Esto les ayudará a olvidar los incidentes y les motivará a centrarse en el lado positivo de la vida. Asegúrese de que el afecto y los elogios sean reales, ya que los niños Leo tendrán un agudo sentido para detectar la falsedad. Su afecto y atención son necesarios para fortalecer a su hijo.

Cuando dos Leo se encuentran, es normal que surjan diferencias. Cuando usted y su hijo Leo se pelean, es muy difícil llegar a concilio. Ninguno de los dos se echará atrás fácilmente, lo cual responde al rasgo de terquedad de los Leo. Usted quiere lo mejor para su hijo, y a él no le agradará que se niegue a complacerlo. En momentos así, es su cónyuge quien resolverá el conflicto, ya que ninguno de los dos aceptará la derrota. También es probable que alguno hiera los sentimientos del otro. Aunque odie este rasgo, no le gusta perder, sobre todo cuando intenta luchar por educar a su hijo.

Lo que un niño Leo necesita para prosperar y sentirse cómodo

Como ya vimos, los niños Leo necesitan sortear ciertas debilidades para desarrollar una personalidad y carácter positivos. Y a la vez, hay ciertos rasgos positivos que deben ser utilizados de la manera correcta para moldear las habilidades de un niño Leo. Como padre de un Leo, su trabajo es hacerlo desde el principio.

Aquí hay algunas maneras:

1. Encuentre la manera de canalizar su energía

Dado que los niños Leo son extremadamente enérgicos, sus padres deben encontrar formas de canalizar toda esa energía estimulante en la dirección correcta. Por ejemplo, inscribirlos en clases de natación, de gimnasia o en un club de entrenamiento de fútbol son algunas opciones inteligentes para aprovechar su energía al máximo. No solo les ayudará a desarrollar sus habilidades atléticas, sino también a mejorar su capacidad de socialización. Si son constantes y rinden bien, también podrán considerarlo como una opción profesional seria, pero antes de inscribir a su hijo Leo en cualquier clase pregúntele su preferencia, ya que seguirá su pasión con más entusiasmo. Puede resultar que ni siquiera le gusten los deportes o los temas relacionados con ellos.

2. Sea paciente con su hijo Leo

Como los niños Leo son testarudos, hay que manejarlos con paciencia. Ya sea que se niegue a usar un determinado atuendo o que se empeñe en no terminar las verduras de su plato, su hijo Leo puede ser muy terco y negarse a escucharlo. Es difícil para un padre salirse con la suya frente a un niño Leo, ya que no escuchan y solo hacen lo que quieren. Debido a su temperamento explosivo, tienden a hacer rabietas cuando no se les escucha. Aunque este rasgo de terquedad puede ayudarles a lidiar con los matones en la escuela, puede afectarles negativamente. Tratar su terquedad con paciencia, es la clave para manejarla y disminuirla. Acompáñela de un poco de firmeza para manejarlos mejor.

Como padre de un niño Leo, es necesario que mantenga la calma y sea paciente durante situaciones intensas. Por ejemplo, si su hijo se muestra obstinado en no terminar los deberes, sea paciente, piense y maneje la situación con calma en lugar de regañarlo. Para combatir esta situación, puede decir: «Mira a tu amigo, qué buenas notas saca. Seguro que hace los deberes todos los días. No me extraña que sea siempre el mejor de la clase». Como los Leo quieren estar en la cima, se verán impulsados a ocupar el primer puesto. Verá que su hijo Leo se lanza al instante a hacer sus deberes.

3. Enséñeles valores morales

Los arrebatos repentinos y las rabietas en lugares públicos son una escena común de la mayoría de los niños Leo. En algún momento, se convierte en algo tan normal que la mayoría de los padres se acostumbran a ello, pero podría afectar su personalidad y vida personal cuando crezcan. La mejor manera de controlar esta situación es enseñar a su hijo Leo la importancia de los valores y el comportamiento moral. La importancia de ser amable, tranquilo y sereno debe repetírseles para que capten todo el concepto. Y así mismo, usted debe comportarse de forma similar. Como los niños imitan a los mayores, es muy probable que su hijo le imite. Si está tranquilo y puede manejar la situación con calma, su hijo también reflejará el mismo comportamiento. Por último, dele palmaditas en la espalda para calmarlo. Cuando hacen rabietas, sus pequeños monstruos están llenos de rabia y enfado. Acaricie su pelo o su espalda para que se tranquilicen y calmen su ira.

También se sentirán decepcionados al ser rechazados. Tienden a pensar que tienen que ser perfectos para ser amados y respetados. Enseñe a su hijo Leo que está bien sentirse cómodo como uno es y que alcanzar la perfección es imposible. Si no se les enseña a una edad temprana, a menudo se quemarán para alcanzar todas las metas, incluso si eso significa sacrificar la comida, el sueño y la paz interior. Lo más importante es enseñarles estos valores morales en privado, especialmente si han cometido un error. Si les señala su error en público y trata de corregirlo delante de los demás, se sentirán heridos, e incluso podría herir su orgullo. Si hiere el orgullo de un Leo, automáticamente pasará a engrosar su lista negra.

4. Poner música tranquilizadora

La música tranquilizadora ofrece beneficios terapéuticos a todos los seres vivos. Su efecto calmante es equivalente al de la meditación, que alivia el estrés y mejora la concentración. Es una forma útil de hacer que su hijo Leo se calme y mantenga la compostura. El cerebro de los niños empieza a desarrollarse a una edad muy temprana. Poner música relajante estimula el cerebro de su hijo y mejora su funcionalidad. Los estudios han demostrado el efecto positivo de la música relajante en el desarrollo del cerebro. Como a los Leo les gusta la música y el baile, poner música les mantendrá activos, mejorará su concentración y potenciará sus habilidades. Puede poner música tranquila, la que prefiera su hijo. Ya sea una melodía de meditación, una canción pop o una nana, cualquier melodía ayudará a desarrollar el cerebro de un niño Leo. Como los Leo son creativos y tienen afición por la música, la danza, el teatro y cualquier otro medio cultural, podrían incluso tomarlo como una carrera.

5. Establezca una rutina para ellos

Establezca una rutina a la hora de acostarse. Dele a su hijo Leo tareas que debe hacer antes de irse a dormir; esto, por supuesto, implica cepillarse los dientes y ponerse la ropa de dormir, pero también puede incluir otras tareas domésticas como llevar los platos a la cocina u ordenar su habitación. Asegúrese de que las tareas que le asigne no sean una tontería y que las sienta como algo importante; al fin y al cabo, su hijo Leo se siente como un rey y necesita sentirse importante y digno de las tareas. La rutina les ayuda a relajar su actitud enérgica y les hace poner los pies en la tierra. También aprenderán algunas habilidades organizativas, junto con la importancia de ser ordenados. Y aprenderán el valor de ayudar a los demás y de trabajar en equipo.

Es muy probable que su hijo responda bien a este ejercicio y le ayude porque los niños Leo son generosos, comprensivos y están llenos de energía. Además, al darles tareas a la hora de dormir, se sienten necesarios. Incluya también en la lista de tareas otras tareas tontas, como recoger su ropa del suelo o meter los calcetines en la lavadora. Si estas tareas están en la lista, las harán sin descanso. Para mayor eficacia, pídale a su hijo que tache cada tarea cuando la haya hecho. Les dará una sensación de logro, que es para lo que la mayoría de los Leo viven.

6. Asegúrese de que se críen en un entorno cariñoso y positivo

Los niños Leo necesitan refuerzos positivos y elogios para mantenerse felices y motivados. Aunque no hay que malcriarlos con elogios innecesarios, es importante mantenerlos en pie; esto es cierto para los niños de cualquier signo. Dado que su cerebro, su carácter y su personalidad se desarrollan a una tierna edad, deben estar siempre rodeados de positividad y amor. Si es así, verá que su hijo Leo responde más positivamente. Siempre llevarán un aura brillante, una sonrisa en la cara y una energía contagiosa que motiva a otros niños también.

Si es una niña Leo, es posible que la encuentre demasiado apegada. Este comportamiento suele ser el resultado del miedo a mostrar una atadura emocional, que a menudo se produce en ausencia de relaciones sanas. Cuando recibe, aunque sea, un poco de afecto y amor, tratará de aferrarse a él y no lo soltará fácilmente. Para corregir esto, haga que su hogar sea un entorno cariñoso. Enséñele que el afecto y el amor son normales y que siempre será querida. Al mismo tiempo, enséñele el sentido de amar a los demás y de corresponder.

Como hemos visto, los niños Leo son seres sumamente talentosos, curiosos, generosos y cálidos. Como rasgo típico de un Leo, necesitan protagonismo en la escuela, en casa y en el patio de recreo. Se esforzarán al máximo para conseguir la atención y el afecto de sus padres, profesores, amigos e invitados. Si se les moldea de la forma adecuada, su personalidad rebozará de encanto a medida que crecen, pero pueden ser demasiado testarudos y no ceder fácilmente. Además, son feroces y leales. Si rompe la confianza de un niño Leo mintiendo, le dará la espalda, incluso si es su padre. Aunque le perdonarán fácilmente y le darán una segunda oportunidad, difícilmente lo olvidarán y puede que saquen el tema a colación la próxima vez que repita el error. Por último, los niños Leo son extremadamente seguros de sí mismos, lo que les ayudará a conseguir sus objetivos sin problemas. Si a eso se le suma su capacidad creativa, verá a un líder en crecimiento.

Capítulo 4: Leo en el amor

Hemos llegado a una de las partes más esperadas de este libro, que trata sobre las relaciones y el amor para los Leo.

Los Leo son apasionados y ardientes cuando se trata del amor. Sí, estamos hablando de un amor loco, apasionado y embriagador que a menudo vemos en las películas y leemos en los libros. No solo son excelentes amantes en la vida, sino que también son sensuales en la cama, pero si se les deja solos, los Leo son lo suficientemente valientes como para caminar sin ninguna duda. O aman intensamente, o no lo hacen - no hay un punto intermedio. Si aman con pasión, esperan lo mismo a cambio. Si tiene a un Leo como pareja, hará todo lo posible por demostrar su amor y mantenerle a salvo. Sin embargo, esperará lo mismo a cambio; un paso en falso y se apagan fácilmente. Por lo tanto, asegúrese de ser honesto y capaz de corresponder al amor de un Leo.

Compatibilidad con otros signos

En esta sección, vamos a elaborar una tabla de compatibilidad para los otros signos del zodiaco y determinar el signo más compatible para los Leo.

Leo y Libra: Aunque los Leo son conocidos por su espíritu competitivo, prefieren compartir aquel espíritu con los Libra en lugar de competir, y ambos rasgos conseguirán el foco. No ser competitivo con los Libra ayuda a los Leo a atraerlos como potenciales parejas a largo plazo. Si disfrutan de la compañía del otro y dejan que su pareja disfrute de su éxito y de la atención, e incluso le animan y participan en la celebración, todo irá bien.

Leo y Escorpio: Los Leo tienen más protagonismo comparados con los Escorpio, lo cual no es realmente un problema para estos últimos. De hecho, participarán en la celebración y apreciarán a los Leo por sus logros, pero los Escorpio querrán su cuota de poder, especialmente en una relación con un Leo. Si no la consiguen, podrían terminar en una gran pelea que podría destruir la relación. Como los Escorpio son conocidos por elegir y librar sus batallas sabiamente, habrá un equilibrio entre estos signos hasta que alguno tenga demasiada sed de poder.

Leo y Sagitario: Probablemente uno de los emparejamientos de signos más compatibles, Leo y Sagitario forman una gran pareja y viven sus vidas pacíficamente. Apenas hay drama en su vida cotidiana. Crean y consiguen objetivos juntos. Disfrutan tanto de la compañía del otro que enfocan su atención a la realización de tareas que les ayuden a alcanzar su objetivo cuanto antes. Hablan poco y hacen mucho. Además, siempre tienen agendas muy ocupadas y rara vez se encuentran en casa debido a la seriedad que dan a su carrera y sus objetivos, en los que ambos signos se apoyan mutuamente en cada paso. La naturaleza aventurera y amante de la diversión de los Leo suele complementarse bien con un Sagitario.

Leo y Capricornio: Estos dos signos son menos propensos a sentirse atraídos el uno por el otro, pero cuando lo hacen, forman una pareja fuerte que se preocupa por su reputación. Esta pareja trabajará duro para establecer su reputación y asegurarse de que los demás los vean como ellos quieren. Aunque la necesidad de ser respetado es más fuerte en Leo, los Capricornio tienen una fuerte ética de trabajo y están orientados hacia los objetivos, lo que les hace brillar a los ojos de sus compañeros de profesión. Si se lo proponen, esta pareja puede conquistar el mundo y alcanzar todas sus metas.

Leo y Acuario: Los acuarianos y los Leo tienen una mayor probabilidad de sentirse atraídos sexualmente el uno por el otro; esta atracción les lleva a menudo a entregarse a una relación un poco vana que suele ser común. Es difícil que estos dos signos se involucren en una relación seria porque tienen poco en común, pero si se lo proponen y se esfuerzan por lograrlo, pueden surgir como una pareja fuerte. Si es un Leo y quiere entablar una relación seria a largo plazo con un Acuario, debe esforzarse por conocer a la persona por dentro y por fuera. Ya que no tienen muchas similitudes, conocer a su pareja le ayudará a sostener la relación.

Leo y Piscis: En comparación con los Leo, los Piscis son necesitados y quieren más atención, especialmente en las relaciones. Su necesidad de ser amados, nutridos y comprendidos recae en su pareja. Si un Leo no satisface esa necesidad, la relación podría terminar pronto. Además, los Leo son más fuertes y seguros de sí mismos que los Piscis. Estos últimos pueden desmoronarse fácilmente en circunstancias graves y carecer de confianza; es entonces cuando los Leo aportan el equilibrio con su gran confianza y fuerza. Si un Leo ama de verdad a su pareja pisciana, hará todo lo posible para proteger a su pareja y cuidar la relación. De hecho, en una relación entre Piscis y Leo, toda la responsabilidad de manejar y estabilizar el vínculo recae en el Leo. Además, la comprensión mutua entre ambos signos mantiene el barco a flote, pero si un Leo se siente cansado de deber ser fuerte durante un período prolongado, la relación podría romperse.

Leo y Aries: Otro gran vínculo de compatibilidad, Leo y Aries son conocidos por ser buenos amigos y compañeros. A estos dos signos les encanta pasar tiempo con el otro. Aunque no hagan nada juntos, se sienten cómodos en presencia del otro. Un rasgo peculiar que posee esta pareja es que tienen tendencias sociales celosas e inductoras de celos. En el fondo, no quieren que su amigo o pareja pase tiempo con otros y tienen la tendencia a ponerse celosos fácilmente, pero con comprensión y confianza, pueden superar fácilmente el factor de los celos.

Leo y Tauro: Como los Leo tienen necesidad de atención, un Tauro puede abrumarse fácilmente. No les gusta la necesidad de ser siempre validados, lo cual exaspera a un Tauro; esto podría ponerlos celosos y causar problemas mayores en su relación. Un Tauro sabe que merece relajarse y tomarse un tiempo de descanso en su apretada agenda, mientras que un Leo siempre tendrá ganas de estar al límite.

Leo y Géminis: Si bien ninguno de estos signos sobresale por su «adultez», pueden mantenerse ocupados divirtiéndose todo el tiempo, lo que aliviará el estrés de la responsabilidad. Saben que están a cargo de sus vidas, de sus facturas y de su supervivencia, pero pueden no afrontar esta realidad y cubrir esta fase de negación jugando juntos. Disfrutan de la compañía del otro y rara vez necesitan a una tercera persona para divertirse. Se hacen reír mutuamente y solo asumen la responsabilidad cuando algo se sale de control.

Leo y Cáncer: Al igual que un Tauro, un Cáncer no disfruta del rasgo de búsqueda de atención de Leo. Sienten que su necesidad de atención y validación es poco sincera, superficial y poco auténtica. Aunque no quieren ser el centro de atención, tampoco aprecian que los Leo quieran serlo siempre, pero una vez que un Cáncer conoce a un Leo, puede tolerar o dejar de lado esta necesidad y fluir fácilmente. Aunque no lo aprecian, tampoco tiene por qué molestarles. Dado que ambos signos son muy diferentes entre sí, tienen el potencial de complementarse y apoyarse mutuamente.

Leo y Virgo: La relación entre estos dos signos es más madura en comparación con otras parejas. Son abiertos y están dispuestos a aceptar las fortalezas y debilidades del otro, lo que resulta en una relación extremadamente madura y feliz. Estos signos son bastante compatibles y se ayudan mutuamente en cada paso de la relación. A un Virgo no le importa que un Leo sea el centro de atención, lo cual es apreciado por el Leo. Este emparejamiento demuestra que el equilibrio real puede existir en las relaciones.

Leo y Leo: Un Leo que sale con otro Leo puede ser volátil a veces, ya que ambos necesitan ser el centro de atención. A menos que los miembros de la pareja sean maduros o estén dispuestos a dejar de lado esta debilidad, la relación puede ser demasiado tóxica; esto se observa especialmente en los Leo que ejercen la misma profesión que su pareja. Una pareja de Leo que sea médico o arquitecto puede acabar a menudo en una discusión interminable debido a su necesidad de ser la estrella y a su actitud obstinada. Los Leo que quieran tener una relación seria y duradera deben encontrar un equilibrio y hacer que funcione de alguna manera. Esto solo puede lograrse si uno o ambos miembros de la pareja aceptan replegarse cuando las cosas se calientan. Pero como los Leo sienten la necesidad de ser validados, suelen hacer cumplidos y prestar toda la atención al otro.

Las primeras relaciones de los adolescentes Leo, o su respuesta ante la atracción, pueden ser interesantes. Los adolescentes suelen ser bastante inmaduros y no saben qué decir o cómo comportarse en determinadas circunstancias, y esto puede suponer un gran obstáculo para los adolescentes Leo que exploran sus primeras relaciones. Los Leo necesitan atención y quieren ser validados. Es un rasgo que se acentúa en la adolescencia, cuando se están convirtiendo en adultos. Su búsqueda de atención será extremadamente fuerte en esta fase, lo que podría empeorar las cosas, pero como están atrayendo a personas de su edad, esto puede ser un arma de doble filo.

En un escenario totalmente opuesto, los adolescentes u otros signos del zodiaco podrían ignorar el rasgo de búsqueda de atención de los adolescentes Leo. Puede que no entiendan la necesidad constante de atención. La mayoría de los adolescentes de todos los signos mostrarán un comportamiento similar, lo que hará que las primeras relaciones sean demasiado fáciles o demasiado difíciles.

La mayoría de los adolescentes Leo son encantadores, guapos, tienen un gran sentido del estilo y atraen a los demás. Si es un Leo y le gusta alguien, averigüe si tiene algún problema con que llame la atención. Si pertenece a otro signo del zodiaco y se siente atraído por un adolescente Leo, le encontrará en grandes grupos y le resultará difícil acercarse.

Entonces, ¿qué enfoque deben adoptar los Leo adolescentes para explorar su primera relación? El consejo más sabio es tomárselo con calma. Debe trabajar su orgullo (que proviene del León), ya que podría desequilibrarle y volverle rígido. En su adolescencia su carácter y personalidad crecen rápidamente, por lo que debe tomarse el tiempo suficiente para construirse a sí mismo antes de encontrar el amor. Dado que las relaciones de los Leo en la adolescencia pueden fracasar debido a la falta de comprensión, la inmadurez y la incapacidad de encontrar un equilibrio entre ambos miembros de la pareja, es prudente esperar algunos años.

Primeras relaciones y enamoramientos

Aunque enamorarse y mantener una relación es fácil para los Leo, puede ser muy difícil para ellos encontrar una pareja ideal. Aunque los Leo están listos para darlo todo, les lleva tiempo encontrar una pareja que supla sus necesidades. Incluso si encuentran a alguien, tener una relación a largo plazo es difícil, y las razones se explicarán en la siguiente sección.

Los Leo están abiertos a las citas y no dudan en intentarlo. Son de mente abierta y no se apresuran a juzgar a una persona sin interactuar con ella lo suficiente. Saborean cada fase de las citas, desde sentir las mariposas hasta llevarlas a la cama, y no les importa volver a empezar. Para ellos, incluso las citas son como una aventura; cuanto más se explora, mejor se conoce.

Se crean una serie de expectativas antes de las citas. Quieren que sus citas sucedan y resulten de una manera determinada. Si no es así, puede ser decepcionante para los Leo, y podrían tomarse un tiempo antes de salir a la siguiente cita. Es muy probable que esto ocurra, porque a los Leo les resulta difícil encontrar una pareja ideal. Solo unos pocos afortunados no tienen dificultades en el mundo de las citas. Al mismo tiempo, no les importa volver a las relaciones pasadas y darles otra oportunidad. Como los Leo son extremadamente indulgentes, esperan que una persona cambie y se comporte a la altura de sus expectativas. Si esto ocurre, también encuentran ocasionalmente el amor verdadero con ex parejas o citas pasadas.

En la cama, los Leo se vuelven apasionados y salvajes. Son amantes apasionados, incluso en la primera cita. Debido a su naturaleza aventurera, también pueden sugerir que se grabe su experiencia, si la pareja se siente cómoda; esto también explica su afición al lenguaje sucio. Si quiere emoción en su primera relación o cita, siempre puede contar con un Leo. Si es Leo, debe encontrar a alguien que esté dispuesto a subirse al carro de la locura con usted. Cuando se trata de encuentros sexuales, las parejas de Leo tienen suerte, ya que los Leo no se cansan de complacer a sus parejas, pero esperan lo mismo a cambio. Por lo tanto, si está dispuesto a ello, tendrá un largo viaje en la cama.

Leo en el matrimonio o en las relaciones a largo plazo

En esta sección, conocerá los obstáculos que pueden presentarse en una relación con Leo y cómo sus rasgos (que se explicaron brevemente con anterioridad) influyen en la relación.

- Es posible que no le guste que su pareja Leo acapare la atención. Si usted es una persona a la que también le gusta la atención, la relación podría convertirse en una competencia, lo cual no es saludable. Por otro lado, si no le gusta la atención, pero tampoco le gusta que otros la busquen, también podría tener problemas en una relación a largo plazo con un Leo.

- Actuarán de forma infantil si no les dedica el tiempo suficiente. Podría ser difícil mantener a su pareja Leo satisfecha cuando está bajo mucho estrés.

- Su temperamento explosivo puede ser bastante difícil de manejar a veces. Si no está de acuerdo con algo de lo que dice, su temperamento puede arder, lo que puede llevarle a un pozo interminable de discusiones. Harán todo lo posible para demostrar su punto de vista y ganar el debate (incluso si están equivocados), lo que puede ser extremadamente frustrante.

- Si no puede permitirse cosas y regalos caros, su pareja Leo puede perder el respeto por usted. Aunque no siempre es así, y dan suficiente tiempo para el desarrollo, el fracaso constante puede ser demasiado desagradable para ellos, lo que podría poner fin a una relación a larga.

Guía rápida para salir con un Leo

Si usted es Leo

Dos Leo como pareja pueden ser muy fuertes o bastante desastrosos. Dado que ambos necesitan atención por igual y no aprecian que otra persona sea el centro, la otra persona podría sentirse insegura. Sin embargo, los Leo conocen y comprenden la sensación de ser el centro de atención, lo que le brinda cierta libertad de acción al otro, pero solo si hay equilibrio. Si la pareja no es lo suficientemente madura o carece de comprensión, esto podría provocar una ruptura. Así que, antes de salir con un Leo, hable con él al respecto. Si no le gusta mucho el horóscopo a su pareja, al principio no creerá en esta previsión y se lanzará inmediatamente a una relación seria. Entonces, usted será responsable de llevarla a cabo sin problemas.

Si usted es de otro signo del zodiaco

Dependiendo de su signo del zodiaco, amará o despreciará a su pareja, en cuyo caso romperá pronto con ella. Aunque los Leo son alegres, trabajadores y apasionados, su constante necesidad de atención resultará desagradable o apenas importará. Si es Sagitario, tiene muchas posibilidades de compatibilidad con Leo, ya que le preocupa menos la fama y el deseo de atención. En su primera cita, notará que su pareja Leo coquetea con el camarero o el servidor. Es involuntario y no tiene la intención de ponerle celoso. Sólo está tratando de satisfacer su necesidad ocasional de atención. Usted y su pareja saben que irán a casa juntos. Además, es muy probable que su pareja se vista bien. Apreciará si usted también lo hace, pero asegúrese de no eclipsarlo porque puede robarse la atención, lo cual odiará.

Atraer y salir con un hombre Leo

A los hombres Leo les gusta sentirse como reyes y quieren ser tratados como tal, especialmente por sus parejas. Para seducir a un hombre Leo, concentre toda su atención en tratarlo como un rey y hágalo sentir importante. Al igual que las mujeres Leo, los hombres Leo también se sienten atraídos por el drama, así que asegúrese de añadir suficientes elementos dramáticos a sus narraciones y experiencias generales con él. Si realmente quiere gustarle, respételo y hágale un cumplido de vez en cuando.

Les gusta oír cumplidos sobre su aspecto, así que lance pequeños cumplidos como: «Me gustan las arruguitas en tus labios cuando sonríes» o «Tus grandes ojos me distraen». No haga cumplidos demasiado obvios. Mantenga un perfil bajo; los hombres Leo lo apreciarán e incluso podrían agitarse con un pequeño movimiento de cabeza. Además, asegúrese de que los cumplidos sean auténticos. No deben parecer falsos; los Leo son inteligentes y se darán cuenta al instante de los cumplidos falsos. No se limite a decirlos para su beneficio; asuma que son ciertos. Lo mejor de todo es que no tendrá que rebuscar cumplidos. Los hombres Leo son gentiles, compasivos y amables; rasgos que son fáciles de admirar.

Si lo trata de esta manera y le presta atención, un hombre Leo se verá obligado a corresponder de manera similar, con el mismo amor y cuidado abundante. Una vez que atraiga a un hombre Leo, prepárese para que le llene de regalos y amor apasionado. Si usted realmente lo ama, debe mostrar paciencia y demostrarle su valía. Los hombres Leo necesitan la seguridad de que sus parejas son fuertes y capaces de manejar situaciones difíciles en las relaciones. Si lo consigue, un hombre Leo le amará infinitamente y con pasión. Si realmente le gusta un hombre Leo, prepárese para enfrentar algunas disputas, ya que los hombres Leo están constantemente a la caza, lo que significa que podría enfrentar una seria competencia de otras mujeres.

Siga intentándolo y sedúzcalo como a él le gusta, y si lo consigue, será recompensada por ello con regalos, lujos y trato de realeza. Al mismo tiempo, sea siempre feliz y no se queje. Los hombres Leo adoran a las mujeres alegres que pueden igualar su energía. Muéstrele que tiene un don para la aventura y que está dispuesta a explorar nuevos lugares con él. A los hombres Leo les encantará eso y se sentirán atraídos al instante, pero cuando llegue el momento, prepárese para soportar la aventura. Simplemente decir y no hacer puede verse como una gran desventaja para los hombres Leo, y también podría significar que usted estaba mintiendo solo para impresionarlo.

Por último, los hombres Leo quieren que sus parejas sean conscientes de lo que sienten. Si aman a alguien profundamente, no lo demostrarán fácilmente, pero se dedicarán al cien por cien a la relación y siempre se considerarán el héroe de la misma. Le darán seguridad y le mantendrá con los pies en la tierra. Demuéstrele que la frase «todo irá bien» es justa y fiable.

Atraer y salir con una mujer Leo

Al igual que los hombres Leo, las mujeres Leo también necesitan atención constante, elogios y cumplidos. A todas las mujeres les gustan los cumplidos, pero a las mujeres Leo les gusta especialmente oír comentarios sobre su aspecto y su personalidad. Pero entender a las mujeres Leo puede ser muy complejo. Hay una gran mezcla de rasgos positivos y negativos, tanto que encontrar un punto medio es demasiado difícil. Mientras que algunos hombres de otros signos pueden soportar fácilmente a las mujeres Leo, otros prefieren mantenerse alejados, especialmente si odian las personas en búsqueda constante de atención. Si se encuentra entre estos últimos, tal vez deba replantearse su decisión de salir con una mujer Leo.

Además, cuando salga con una mujer Leo, debe colmarla de regalos, lujos, y esto no hace falta decirlo: mucha, mucha atención. Básicamente, una mujer Leo debe ser el centro de su mundo. A menos que esté locamente enamorado de ella, esto es casi imposible. Si está preparado, tome nota de todas sus reglas y sígalas religiosamente. No hacerlo puede desesperarla fácilmente, y se irá sin darle un aviso previo, pero como los Leo perdonan fácilmente, puede que le acepte de nuevo tras una disculpa sincera. Sólo asegúrese de que esto no suceda muy pronto, porque las mujeres Leo se hieren fácilmente, y es muy difícil para ellas superar las pérdidas.

Los celos son un rasgo prominente en las mujeres Leo. Una vez que percibe a otra mujer en su vida o cerca de usted (incluso si es platónica), le dejará sin darle la oportunidad de explicar nada. Tenga cuidado y sea claro respecto a sus relaciones con otras mujeres. Como sabe, los Leo son controladores, lo que es muy evidente en las mujeres Leo. No escucharán a sus parejas e intentarán controlarlas. Si sale con una mujer Leo, lo más probable es que ella decida lo que puede vestir, comer y hacer. Rara vez le dejará salirse con la suya. Le dominará, pero usted le creará una afición y dejará que le controle porque sabe que quiere lo mejor para usted.

Para atraer a una mujer Leo, debe hacerle sentir que es única. Les gusta el lujo, así que un regalo caro de vez en cuando la hará feliz. Además de los regalos caros, este signo también aprecia los actos dignos. Elija un restaurante caro y elegante para su primera cita, porque para las mujeres Leo, la primera impresión es importante. Si es rico, tiene más posibilidades de ser aceptado como pareja; esto se debe a que les gusta el lujo y las cosas caras. Si no tiene nada que ofrecer, salvo sentimientos, puede que no tenga ninguna oportunidad.

Es apasionada en la cama, pero no aprecia los juegos ni los experimentos. Cuanto más amor y pasión le demuestre, la mujer Leo le corresponderá igualmente o con más amor a cambio. Se sentirá inmediatamente atraída por usted si demuestra su valía y se muestra como un individuo fuerte e independiente, pero demuéstrele que puede confiar en usted. Trátela como a una reina, cuídela y ámela con pasión.

Guía rápida para una relación sana
Algunos consejos útiles para la primera cita

Si los aplica en su primera cita, estos consejos seguramente impresionarán a su cita Leo y le darán ventaja. Aunque algunos de estos consejos se trataron brevemente en las secciones anteriores, esta guía resumirá y ofrecerá formas adicionales de impresionar a su cita de manera efectiva.

- Deje que elijan el lugar. Si está planeando una cita con un hombre o una mujer Leo, deje que ellos elijan el lugar de la primera cita.

Es probable que elijan algo extraordinario, extraño o fuera de lugar debido a su capacidad de aventura. También quieren que usted explore nuevos lugares con ellos, así que sígales la corriente. Al fin y al cabo, ir a un lugar que prefieran es mejor que elegir un lugar que no les guste, lo cual es un movimiento arriesgado cuando se trata de causar una primera impresión.

• Si le dan la opción de elegir un lugar, apreciarán un sitio conocido por su ambiente peculiar, su comida cara o su clase. Puede ser un restaurante caro o incluso una obra de teatro o un musical, ya que a los Leo les encanta el drama. Llévelos a un restaurante fino o a un restaurante elegante después de la obra de teatro o del musical. Dé a sus almas curiosas variedad y opciones para devorar. De este modo, dejará salir a su niño creativo interior y este esfuerzo suyo quedará grabado en su mente durante mucho tiempo. Si quiere impresionarles de verdad, busque algo aventurero y completamente fuera de lo común, como una experiencia de rafting o un viaje en globo. Como les gusta explorar, les encantará la idea.

• Apueste por las cosas más finas. A los Leo les gusta todo lo lujoso, elegante y caro. Si están en un restaurante, pidan el mejor vino y prueben algo nuevo para comer. Prefieren un gusto caro y les gustan quienes muestran y poseen un gusto por las cosas más finas. Si ha quedado con una mujer Leo para una cita, cómprele flores exóticas y hermosas que coincidan con su gusto elegante.

• Pida la cuenta o, al menos, sea convincente para repartirla (si la toman primero). Aunque los Leo se hagan cargo e insistan en pagar la cuenta, apreciarán que haga un esfuerzo.

• Si está en una disco, puede que le pidan que baile con ellos; recuerde su necesidad de ser el centro de atención y no se niegue. Les gusta la gente enérgica y quieren que se una a ellos. Aunque odie bailar, haga un esfuerzo. No importa si es pésimo, lo que cuenta es el esfuerzo.

• Haga un cumplido dentro de la conversación. Como ya hemos dicho, no se olvide de hacer cumplidos. Le hará quedar bien con ellos al instante y desarrollarán un gusto por usted. Si muestra interés, ellos también mostrarán interés. Permita un poco los roces, pero no de una manera extraña. Los Leo son coquetos y no les molestan los toques sensuales ocasionales. Cuando los conozca, deles un gran abrazo en lugar de un apretón de manos. Toque su mano cuando sienta excitación o cuando le haga un cumplido; esto funciona principalmente cuando está en una cita con un hombre Leo. Con una mujer, podría parecer extraño e incómodo, así que actúe en consecuencia.

• Preste mucha atención, sobre todo si ha quedado con otros amigos. Si un Leo se pierde entre la multitud y no recibe atención, podría sentirse desairado. Cuando intenten robar el protagonismo, présteles atención y haga que se sientan importantes entre los demás. Un hombre o una mujer Leo lo recordarán durante mucho tiempo y apreciarán su preocupación.

Cómo sortear y mantener una relación a largo plazo

Aunque atraer y salir con un hombre Leo es difícil al principio, puede ser extremadamente gratificante a largo plazo. Su hombre Leo necesita atención y seguridad al principio, pero una vez que la obtiene, la protegerá hasta su último aliento. Así que dedíquese al cien por cien a esta relación.

Aquí hay algunas maneras efectivas de sortear y mantener una relación con Leo a largo plazo:

- Dar amor y pasión a partes iguales. Los Leo son cálidos y compasivos. Cuando dan amor, quieren recibir una cantidad igual o mayor de vuelta. Por lo tanto, para mantener su relación, ámense con pasión.

- Los Leo son extremadamente leales. No hace falta decir que el engaño puede arruinar cualquier relación, pero en el caso de los Leo, dejará una profunda cicatriz durante un período prolongado. Romperán con usted y se sentirán profundamente heridos y dolidos porque su lealtad nunca fue recíproca. Por lo tanto, mantenga la lealtad, que es la clave de toda relación.

- Llevar la adulación a otro nivel. Si su marido Leo está muy elegante con su nuevo traje, dígaselo. Si su mujer Leo lleva unos tacones nuevos, dígale que no puede esperar a estar a su lado en la cama. Construya una base de halagos y tendrá una relación a largo plazo; más importante aún, una relación apasionada y feliz.

- Aumente el dramatismo. Si encuentra una oportunidad para mostrar o dejar que su pareja Leo experimente algún tipo de drama, hágalo. Como a los Leo les encantan las pequeñas dosis de drama de vez en cuando, esto los mantendrá entusiasmados y excitados.

- No los retenga. Los Leo son líderes natos y tienen un fuerte deseo de autoridad. Si quiere crear un nuevo negocio, déjelo; si quiere liderar un proyecto de grupo en su empresa, anímelo y apóyelo. Retenerlos los ahogará, que es lo último que quiere.

- Puede que tenga que bajar la guardia y escucharles. Los Leo son controladores, obstinados y no escuchan a los demás. A menos que piense que están absolutamente equivocados, debe escuchar lo que dicen. No hacerlo podría dar lugar a peleas, lo que también podría significar el fin de la relación. Si ciertas peleas parecen salirse de las manos, deles tiempo para que reflexionen sobre sus pensamientos y se calmen.

- No deje que los errores o encuentros del pasado arruinen su presente. Los hombres Leo desprecian que saquen a relucir el pasado y se les eche en cara. Siendo los seres prácticos que son, prefieren centrar su atención en el presente y solucionarlo. Aunque es difícil conseguir una disculpa de los Leo, se disculparán sinceramente cuando se den cuenta de su error, así que manténgase lejos de buscar disculpas. Deje que se den cuenta por sí mismos y actúen en consecuencia. Al mismo tiempo, tampoco aceptan ningún tipo de comportamiento pasivo-agresivo. Considérelo un no absoluto, ya que podría arruinar su relación por completo.

Los Leo en el amor son demasiado gratificantes o completamente desastrosos. Si realmente le gusta un Leo y quiere cosechar los beneficios de su relación, tendrá que esforzarse y tener mucha paciencia al principio. Si consigue avanzar en la relación de la manera mencionada, surgirá una pareja fuerte.

Capítulo 5: Leo en las fiestas y con los amigos

Aunque ya hemos hablado brevemente de los rasgos de Leo en una fiesta, los veremos en detalle. En este capítulo, hablaremos de la capacidad de los Leo para entablar amistad con los demás, de los Leo en una escena típica de fiesta, de su comportamiento y capacidad de interacción, y daremos un vistazo a las formas de fomentar una amistad con Leo.

El signo del León indica el orgullo de los Leo, que también se manifiesta en su amistad. En comparación con otros signos, los Leo se sienten muy orgullosos de sus amistades y de su capacidad para hacer nuevos amigos. Se desviven por demostrar su amistad y reiteran su buena disposición en este ámbito. Sin embargo, puede que no les gusten los amigos que acaparan el protagonismo y atraen la atención más que ellos, por lo que miden cuidadosamente su postura y deciden avanzar en consecuencia. Alguien que se ve, se viste o se desempeña mejor que ellos, puede ser una seria amenaza, y los Leo prefieren mantenerlos alejados antes que arriesgar la pérdida de atención.

A pesar de este sentimiento, si a un Leo le gusta de verdad una persona y quiere que esté cerca durante un período prolongado, la apoyará y tratará de superar la sensación de no ser suficientemente reconocido.

Compatibilidad de amistad entre Leo y los otros 11 signos del zodiaco

La amistad de los Leo con otros signos del zodiaco es bastante interesante, especialmente con algunos de ellos. A pesar de que los Leo son sociables y hacen amigos con facilidad, se puede presenciar una peculiar relación platónica con cada signo.

Leo y Libra: El radar para la amistad de estos dos signos es fuerte. Se trata más bien de admiración. Ambos signos se gustan y admiran las cualidades del otro y se inspiran en sus respectivos rasgos positivos. Por ejemplo, un Leo siempre acudirá a su amigo Libra para que le recomiende libros, música y películas, dado su impecable gusto artístico. Su sutil encanto y gracia son cautivadores. En lugar de ponerse paranoicos, los Leo también admiran a los Libra y prefieren aprender un par de cosas de ellos. Por otra parte, a los Libra les encanta cómo viven los Leo. El glamour y el dinamismo que rodean a los Leo es algo que a la mayoría de los Libra también les gustaría experimentar. Ambos signos son encantadores, pero Libra es más sutil y no lo grita en voz alta.

Los Leo, en cambio, no se contienen. Gritan a los camareros o gruñen si no reciben el servicio que esperan. Siendo Libra el gran maestro de la etiqueta, podría sentirse incómodo o incluso avergonzado por su amigo en estas situaciones. No pueden ser tan audaces como los Leo y preferirían suavizar la situación con un tono más tranquilo. A los Leo les molesta la indecisión de los Libra. Cuando están de compras o en un restaurante, un Libra puede tardar mucho en decidir qué ropa va a comprar o la comida que va a comer, lo que resulta bastante molesto para el impaciente Leo. Su naturaleza impulsiva no puede esperar y les obliga a comprar ambas cosas. Estos dos signos deben dejar de lado estas pequeñas diferencias para celebrar un hermoso vínculo de amistad.

Leo y Escorpio: Ambos signos son apasionados, lo que podría dar lugar a una intensa amistad. Para los Escorpio, el rasgo más atractivo de los Leo es su calidez y su naturaleza afectuosa porque los Escorpio se enfrentan a frecuentes impulsos oscuros que pueden ser eliminados, o al menos, evitados en presencia de los brillantes Leo. Su naturaleza vibrante corta toda la negatividad, lo cual le gusta a Escorpio de vez en cuando. La amistad entre estos signos tiene muchos momentos de confusión. A los Escorpio les resulta difícil entender la necesidad de ser el centro de atención, y por otro lado, los Leo se sienten confundidos por el factor de privacidad de los Escorpio.

Una vez que ambos signos se pelean o incluso tienen un debate menor, ambos lucharán hasta que la otra parte esté de acuerdo, lo cual es casi imposible en una amistad entre un Leo y un Escorpio. Como Leo, luchará hasta que el otro acepte la derrota, lo que también ocurre con su amigo Escorpio. Para evitar la posibilidad de que esto arruine la amistad, la apuesta más segura es evitar entrar en peleas. Sorprendentemente, este rasgo de los Leo es lo que les atrae al uno del otro. Los Escorpio hacen que los Leo tengan conversaciones acaloradas y estimulantes, de lo cual pueden aprender. Aunque se puede esperar que ambas partes estén de acuerdo en no estar de acuerdo, siempre hay algo valioso que sacar de estos encuentros.

Leo y Sagitario: Estos dos signos se llevan bien, especialmente en comparación con otras combinaciones. De hecho, este emparejamiento es probablemente el más popular y compatible. El signo de Sagitario, que es el Arquero, es extremadamente compatible con el León, el signo de Leo. Están representados por el fuego, lo que significa que son igualmente apasionados y comparten el gusto por la aventura y la exploración. Aunque un Sagitario prefiere estar solo, las habilidades sociales de un Leo lo arrastrarán a la multitud, lo cual conduce a un equilibrio perfecto. A un Sagitario no le importará verse arrastrado. Cuando estos dos signos planean ir a la aventura, puede ser uno de los mejores momentos juntos. Aunque cualquier tiempo que pasen juntos es valioso para estos dos signos, las experiencias aventureras siempre sobresalen. También se debe a que ambos signos se desafían sanamente y sacan a relucir su lado más atrevido. En otras palabras, sacan lo mejor de sí mismos y se inspiran mutuamente para lograr sus objetivos. Cuando un Sagitario y un Leo se hacen amigos, nada puede impedirles lograr las cosas que desean.

Al mismo tiempo, se moldean para presentar su mejor versión ante el mundo. Intentan ser lo que los demás quieren que sean, sobre todo para llamar la atención. Sin embargo, cuando están juntos, pueden bajar fácilmente la guardia y mostrar su verdadero yo. No solo se relacionan para ir a aventuras y viajes emocionantes, sino también para tomar una taza de té caliente. Disfrutan de la presencia del otro y pueden permanecer durante horas en un silencio cómodo.

Leo y Capricornio: Como Leo, aunque sea el alma de la fiesta en la mayoría de los ambientes, los demás siguen admirando la presencia y la autoridad de los Capricornio en la misma habitación. En lugar de sentirse intimidados por su presencia, también admiran su personalidad. Los Capricornio quieren las cosas a su manera y las harán realidad a cualquier precio. Por lo tanto, si usted es el maestro de los chasquidos para llamar la atención, considere que los Capricornio están por encima de usted. Debido a esto, puede haber pequeños altercados en una amistad entre un Leo y un Capricornio. Si se les da el mando, los Capricornio podrían incluso superar sus habilidades de liderazgo.

Sin embargo, para mantener una amistad entre estos dos signos, es conveniente encontrar un verdadero equilibrio y unir fuerzas para vencer juntos. Por ejemplo, el Leo puede tomar el centro del escenario, y el Capricornio puede respaldarlo con su autoridad detrás del escenario, que es crucial en cualquier evento. Deles los bastidores o los camerinos, y ellos le cederán con gusto el centro del escenario. Esta pareja es una de las más fuertes. Las pequeñas molestias de ambos extremos incluyen el pesimismo y la visión negativa de la vida de Capricornio y el ego y la impaciencia de Leo. Sin embargo, son maleables, evitables y no deberían afectar demasiado a la amistad.

Leo y Acuario: Para los Leo, Acuario es probablemente uno de los signos más diametralmente opuestos o contradictorios de todos. Sin embargo, como los opuestos se atraen, esto forma una interesante pareja de amigos. La necesidad de validación y afecto constantes de un Leo difiere de la de un Acuario, a quien apenas le importan las opiniones de nadie y no siente la necesidad de ser validado. Mientras que los Leo son más cálidos, extrovertidos y animados, los Acuario son más reservados y prefieren estar solos. Asimismo, mientras que los Leo piensan con el corazón y se dejan llevar por sus emociones, los Acuario son más prácticos y piensan con lógica.

Si hay tantas diferencias entre ambos signos, ¿qué hace que la amistad sea tan interesante? Una de las razones es la lealtad. Como sabe, los Leo son leales y son conocidos por ser uno de los signos más confiables. Es un rasgo atractivo para los demás y los mantiene en sus vidas. Al igual que los Leo, los Acuario también son conocidos por su lealtad, lo que acerca a ambos signos. Una vez que usted, un Leo, es amigo de un Acuario, nunca se abandonarán el uno al otro por citas improvisadas u otras razones. Además, los Acuario nunca hablarán a sus espaldas ni compartirán sus secretos con los demás, lo que los convierte en amigos de confianza. En lugar de enfrentarse por pequeñas molestias, podrían enfrentar ciertas situaciones confusas. Por ejemplo, es posible que su amigo acuariano hable siempre con abstracciones o intente poner demasiados matices en sus conversaciones, lo que puede resultar confuso. Pero sus conversaciones podrían tratar principalmente de moda, drama o productos de aseo personal, temas que no son de agrado para Acuario.

Leo y Piscis: Los Piscis suelen ser tímidos, lo que hace que quiera protegerlos. Como Leo, su rasgo protector sale a relucir, y brilla con fuerza cuando está cerca de un pisciano. Los piscianos tienen un ego frágil. Para ayudar a combatirlo, los Leo suelen hacer cumplidos ocasionales a los piscianos para levantarles el ánimo. A veces, los Leo también les hacen regalos caros y atentos. Debido a estos gestos, un amigo pisciano valora la amistad con los Leo y se siente lo suficientemente intrigado como para mantener el vínculo durante mucho tiempo.

Al mismo tiempo, los piscianos devuelven los gestos teniendo la mente abierta y prestando siempre sus oídos a los Leo. Los piscianos toleran las quejas de los Leo y los escuchan activamente. Ofrecen su simpatía e incluso los consuelan si es necesario. A los Piscis no les gusta estar atados y son de espíritu libre; como los Leo pueden ser posesivos con sus objetos e incluso con sus relaciones, puede parecer que se imponen a los Piscis. Estos quieren explorar sus opciones y conocer gente nueva, algo que a los Leo no les gusta ni aprecian. A veces, un amigo Piscis vuelve loco a los Leo por su carácter despistado. Como los Leo prefieren un poco de perfección, ciertos hábitos despistados, como llevar zapatos o calcetines que no coinciden y olvidarse la cartera en casa, pueden resultar molestos. Pero, de nuevo, es algo que se puede ignorar y superar fácilmente.

Leo y Aries: Estos dos están representados por signos de fuego, que representa su naturaleza cálida y afectuosa. Estos dos signos son amables el uno con el otro. Al igual que los Leo, los Aries son apasionados y entusiastas con la mayoría de las cosas de la vida. Por ello, ambos signos están siempre dispuestos a vivir una aventura, lo que puede reforzar los cimientos de su amistad. Cuando ambos signos están juntos, todo es más alegre y elevado. Por ejemplo, cuando un Leo comparte un chiste normal con un Aries, es diez veces más divertido para ellos. Del mismo modo, cualquier plato mediocre sabrá mejor si lo prepara uno de los dos.

También hay algunas repercusiones negativas en esta amistad. Mientras que a Aries le disgusta la aversión de Leo a las decisiones calculadas (los Leo suelen ser espontáneos e impulsivos, pero serán demasiado tímidos para tomar la iniciativa de una decisión que no es suya), Leo desprecia la honestidad brutal de Aries. Además, llamar la atención y desear el poder podría crear algunos problemas. A los Leo les gusta estar en el centro, y los Aries quieren su cuota de poder. Sin embargo, ambos signos suelen llegar a un acuerdo, ya que les gusta la compañía del otro y no quieren arruinarla. Prefieren divertirse juntos que arruinarlo por diferencias tan insignificantes.

Leo y Tauro: Estos dos signos son extremadamente diferentes - la forma de pensar, vestir, comer y percibir la vida difiere. Sin embargo, Leo y Tauro comparten algunas similitudes. Por ejemplo, ambos signos aman el lujo. Les gusta todo lo caro. Otra similitud es la lealtad. Ambos signos son extremadamente leales y difícilmente engañarán a sus parejas, amigos o cualquier circunstancia de la vida. En tercer lugar, ambos signos necesitan mucha atención. Los Tauro tienen el signo del Toro, lo que significa que también pueden ser testarudos. Si quieren comer algo que a los Leo no les gusta, igual lo quieren. Además, como ambos signos necesitan atención, podrían competir por ella una y otra vez, pero de forma sana. Es muy difícil que ambos signos cedan, lo que podría generar rencores.

Sin embargo, este no es el caso de los amigos íntimos. Si un Tauro y un Leo deciden ser amigos íntimos, apenas se preocuparán de que el otro acapare el protagonismo. Ambos tendrán las mismas y justas oportunidades de ocupar el centro sin sentirse desairados. El secreto es ver más allá de las debilidades del otro y celebrar sus puntos fuertes. Como Leo, si es capaz de hacerlo, tendrá una fuerte amistad con Tauro que tiene el potencial de durar toda la vida. Además, pueden aprender una o dos cosas el uno del otro. Por ejemplo, un Tauro puede aprender algunos consejos sobre moda de un Leo, mientras que un Leo puede aprender consejos para ahorrar dinero del Tauro.

Leo y Géminis: Los Géminis son efusivos, tienen un aire de ligereza a su alrededor. A pesar de su edad, parecen eternamente jóvenes. La mayoría de los Leo poseen un comportamiento serio, que puede ser tratado con el aura juguetona de un Géminis. De hecho, los Leo quieren sacar su niño interior, pero son incapaces de hacerlo. Una amistad con un Géminis puede sacar eso y alimentar el espíritu infantil de un Leo. Con un Géminis, un Leo se siente radiante y feliz y se olvida de sus preocupaciones y tensiones durante un breve período. Cada momento con un Géminis es divertido y está lleno de alegría.

Con un Géminis, se pueden producir guerras de comida o bromas en lugares públicos, pero el Géminis se encargará de la situación o de limpiar el desorden. Los Leo son demasiado exquisitos para limpiar un desorden, lo cual no es molestia para los Géminis. Sin embargo, como disfrutan de su tiempo juntos, a un Géminis no le importa. Por otro lado, los Leo aprecian y también desprecian la necesidad urgente de su amigo Géminis de limpiar las cosas y hacer que todo sea perfecto. Además, los Géminis son incapaces de concentrarse en un aspecto concreto durante mucho tiempo, lo que molesta a la mayoría de los Leo. Estos pequeños detalles molestos no son realmente un gran problema y pueden evitarse fácilmente, lo que ambos signos hacen con éxito, y da lugar a una preciosa amistad entre estos dos signos.

Leo y Cáncer: La mayoría de los Cáncer son malhumorados, lo que podría suponer una amenaza entre ambos signos. Cáncer suele estar melancólico o de mal humor por pequeños inconvenientes, lo que realmente molesta a un Leo porque los Leo son cálidos, brillantes y alegres la mayor parte del tiempo. Al mismo tiempo, es difícil para un Cáncer comprender el humor soleado de su amigo Leo. Sin embargo, intentan aprender y adaptarse. Incluso si no pueden hacerlo, la mayoría de las veces lo dejan pasar. Los Cáncer son leales y protectores, algo que también ocurre con los Leo. Estas similitudes atraen a ambos signos entre sí.

Un amigo Cáncer es extremadamente cariñoso y quiere lo mejor para sus amigos. Como Leo, puede esperar que su amigo Cáncer esté cocinando y poniendo sus platos favoritos en la mesa cuando visita su casa. Se aseguran de que sus amigos estén cómodos. Además, un amigo Cáncer siempre halagará a un Leo, que es otra razón por la que a los Leo les gusta estar con los Cáncer. La cosa no acaba ahí; como Leo, dan amor y cuidados por igual. Al igual que otros emparejamientos, habrá pequeñas molestias y altercados, pero ambos signos entienden que la amistad es más importante.

Leo y Leo: La amistad entre dos Leo es imprescindible para revelar todo su potencial, talento y belleza. Un compañero Leo entenderá verdaderamente su personalidad sin que usted intente siquiera explicarla. Usted también apreciará y quedará impresionado por el conjunto de talentos que posee su amigo Leo. Ambos podrán entenderse plenamente y satisfacer las necesidades de una amistad para Leo. Se sentirán atraídos el uno por el otro en el primer encuentro y podrán desarrollar una fuerte relación en los siguientes. Una vez que se haga amigo de un Leo, prepárese para las bromas internas, los abrazos frecuentes y los cumplidos ocasionales. En cierto modo, será como mirarse en un espejo y tratar de entender a su alter ego.

Sin embargo, este emparejamiento de amistad puede tener algunos inconvenientes. Sus fuertes egos y su constante necesidad de ser el centro de atención afectarán la amistad. Como sabe, los Leo odian compartir la atención, lo que puede afectar la amistad en crecimiento. Sentirá que sus problemas son más grandes que los de su amigo Leo; su amigo podría sentirse inseguro por la atención que usted acapara. Si quiere desarrollar una amistad que dure mucho tiempo, hay que evitar o eliminar este egoísmo y la necesidad de ser el centro. Si son capaces de hacerlo, la amistad y vínculo serán sólidos como una roca e indestructibles.

Leo y Virgo: Los Virgo son conocidos por ser fastidiosos, lo que puede ser un poco molesto para otros signos. Sin embargo, a los Leo les encanta este rasgo particular de Virgo e incluso quieren aprender un par de cosas al respecto. Después de todo, este amigo Virgo se asegurará de que esté bien vestido y con un peinado perfecto. Básicamente, un Virgo nunca dejará que un Leo se sienta avergonzado debido a un mal sentido de la moda (lo cual es muy poco probable de todos modos), un mal peinado o incluso con comida atascada en los dientes. Como a los Leo les gusta el espectáculo y el buen aspecto, les encantará tener un amigo Virgo cerca. Por encima de todo, los Virgo no necesitan ser el centro de atención y no les importa que los Leo la acaparen toda, un equilibrio perfecto.

Como los Leo siempre devuelven los favores y dan la misma importancia a los demás, nunca dejarán de halagar a sus amigos Virgo. Aprecian la inteligencia y el sentido práctico de los Virgo, lo que refuerza sus frágiles egos y les hace ver el lado bueno de la vida.

Aunque parezca perfecto, esta amistad tiene algunos inconvenientes. A los Virgo les gusta la etiqueta y no les gusta ver a los Leo haciendo un berrinche de vez en cuando. Por otro lado, las neurosis de los Virgo pueden volver loco a un Leo. Una vez más, al igual que con otras parejas de amigos, trate de dejar de lado estos pequeños agravios, ya que podrían costarles una hermosa amistad.

¿Cómo se comportan los Leo en una fiesta o reunión social?

A los Leo les encantan las fiestas y las reuniones sociales informales. No solo tienen la oportunidad de engalanarse, sino también de llamar la atención. Estos eventos son una gran oportunidad para que los Leo hagan amigos y conozcan gente nueva, algunos de los cuales pueden ser contactos útiles para el futuro. Las fiestas son un lugar en el que los Leo pueden dar rienda suelta a su verdadero lado salvaje y a la locura. Les encanta cantar, bailar y disfrutar de cada momento. Tanto si se trata de una ronda de «*Yo nunca he*» como de simples juegos de mesa, los Leo están dispuestos a todo siempre que sea divertido.

Los Leo son conocidos por su capacidad para hacer amigos y agrandar su círculo. Con la amistad, su lema es «cuantos más amigos tengas, más fácil será la vida». De los contactos que establecen, eligen poco a poco a personas que podrían tener el potencial de convertirse en amigos íntimos y para toda la vida. A veces, ni siquiera tienen que elegir; si puede funcionar, Leo se encariñará automáticamente con ellos y les propondrá ideas para pasar tiempo juntos.

Cada vez que los Leo entran a una reunión social, se imaginan que se ha desplegado una alfombra roja para ellos. Se visten para impresionar, lo que les sitúa automáticamente en la mira de todos. En cuanto un Leo entra en una habitación, no para de llamar la atención. No solo por su forma de vestir, sino también por su personalidad.

Cuando los Leo conocen a gente nueva, conectan al instante con ellos, sobre todo por su gran confianza. No todo el mundo tiene la confianza necesaria para acercarse a los demás e iniciar una conversación de improviso. Toman el mando, no solo de la conversación, sino del lugar, y mandan hasta que llega la hora de irse. Además, suelen marcharse antes de tiempo, sobre todo si no se les presta suficiente atención; si, por el contrario, se les presta, pueden llegar a quedarse toda la noche. Como se aburren y distraen con facilidad, pueden dar un codazo a su pareja para indicar la señal de «es hora de irse». Rara vez encontrará a los Leo en salidas nocturnas tranquilas con pocas personas, a menos que se trate solo de sus mejores amigos.

También tienen tendencia a coquetear con los camareros para conseguir bebidas gratis y postres de cortesía. Si tiene poco dinero y quiere un vaso extra de cerveza, puede confiar en su amigo Leo. Utilizará su encanto para conseguir lo que quiere. Aunque no sea por cosas gratis, los Leo coquetean para llamar la atención. Esto les da espasmos de alegría ocasionales y sirve para que la noche sea legendaria.

Por los rasgos de personalidad de los Leo, son los más adecuados para una fiesta en la piscina. Es un evento *chill-out* perfecto para los Leo, donde pueden reunirse y socializar con un grupo de amigos. Como este signo siempre está dispuesto a hacer algo extraordinario y al aire libre, una fiesta en la piscina es el escenario perfecto para una cálida tarde de verano. Si es un Leo, lo más probable es que recurra incluso hasta el frenesí para demostrar su hospitalidad y sus habilidades como anfitrión. En otras palabras, querrá presumir y dar envidia. Aunque suene mezquino, a los Leo no les molesta hacerlo repetidamente.

Si los Leo organizan una fiesta de cumpleaños en el interior o son anfitriones de una cena, esperan que sus invitados se vistan bien, pero no más que ellos. Los amigos íntimos y los invitados de los Leo anfitriones lo saben y se aseguran de ir adecuadamente vestidos para este tipo de eventos. A menos que usted se vista de punta en blanco, no logrará impresionar a su anfitrión Leo. Este signo trata de crear eventos para todos los momentos de su vida. Ya sea una inauguración, una fiesta de bienvenida o una despedida, se asegurarán de que haya una fiesta o un evento a la vuelta de la esquina. Si sucede, esto captará su atención y estarán emocionados hasta que llegue el momento. Sabrán de antemano como vestirán y se asegurarán de que todo esté perfectamente arreglado. Después de todo, Leo es conocido por ser un anfitrión increíble, y por lo tanto, todo tiene que estar en su lugar.

Cómo hacen amigos los Leo y cómo fomentar una amistad con ellos

Como se mencionó anteriormente, los Leo poseen la capacidad natural de hacer amigos con facilidad y socializar sin problemas. Tienen muchos contactos y amigos, y su red es enorme. Sus habilidades sociales son encomiables. Pueden conversar fácilmente con un desconocido, responder a los mensajes de texto, deslizarse en los DM de Instagram y hacer planes al instante. En un momento hablan con una persona en los grandes almacenes, y al siguiente lo invitan a su fiesta Leo. Los Leo solo necesitan hacer «clic» con los demás, después de lo cual serán amigos o al menos un contacto en su lista telefónica.

Aunque los Leo dan el 100% para mantener la amistad y hacer felices a sus amigos, esperan lo mismo a cambio. Su aura alegre y brillante atrae a la gente, pero es difícil que los demás mantengan una larga amistad con los Leo. Sólo aquellos que pueden tolerar la terquedad y no se preocupan por ser ellos el centro de atención pueden ser buenos amigos de Leo. En otras palabras, la amistad con un Leo no es fácil.

Debido a esto, tendrán menos amigos, y esto contradice el hecho de que pueden hacer amigos con facilidad y que a menudo tienen un grupo grande. Hablamos de amigos de verdad, con quienes los Leo pueden compartir sus sentimientos, y a los que consideran su familia. Estos amigos que se quedan durarán mucho tiempo, probablemente el resto de sus vidas. Se quedan porque son capaces de decirle a un Leo lo mejor y lo peor. Intentaron conocer al Leo a un nivel más profundo, y desentrañaron su verdadera personalidad. No todo el mundo es capaz de hacer eso con un Leo. Si el Leo no es muy cercano a usted, rara vez compartirá sus sentimientos. Si lo hace, siéntase honrado. Como amigo de un Leo, es su deber elogiarlo y hacer que se sienta querido constantemente. Si le da suficiente amor y atención a su amigo Leo, espere lo mismo a cambio. Una vez que los Leo se dan cuenta de que su amistad durará mucho tiempo y consolidan esta idea, se asegurarán de que sus amigos sean felices y estén cómodos. El intercambio de regalos caros suele ser una tradición tácita, dados los gustos caros de los Leo.

Otra razón por la que los Leo no pueden conservar y mantener todas las amistades durante mucho tiempo es porque son difíciles de localizar. Tienen planificado todo su tiempo y su agenda social está siempre apretada. Incluso si alguien quiere fortalecer su vínculo de amistad con Leo, le costará hallar tiempo para encuentros individuales. Su mejor oportunidad será ganar su atención en una reunión social o cuando estén en un grupo. Si los primeros intentos tienen éxito, tendrá más posibilidades de entrar en el grupo privado de amigos de Leo. Tener un amigo Leo es valioso, ya que no solo son el alma de la fiesta, sino que también hará todo lo posible para cultivar la amistad con sus mejores amigos.

El valor de un amigo Leo

Para ser amigo de un Leo, debe mostrarle su lado atrevido. Los Leo adoran a los que viven sin miedo y en voz alta. Los Leo son valientes y aprecian a los que poseen la misma cualidad. Los Leo se sienten inmediatamente unidos a los que comparten sus mismos rasgos y pensamientos.

Cuando un Leo se acerca a usted para hablar, le hará sentir cómodo. Son los principales portadores de cualquier conversación. Para mantener su atención y llevar la amistad al siguiente nivel, escuche con atención. Aunque no hablarán de nada personal ni compartirán sus secretos más profundos con usted, probablemente soltarán algún chisme o incluso hablarán sobre los acontecimientos que les rodean. Les encanta una buena dosis de dramatismo. Incluso si no le gusta el chisme, pero quiere ser amigo de un Leo, asienta con la cabeza e intente ser parte activa de la conversación.

También es muy probable que un Leo hable de algún lugar nuevo que quiera conocer o que haga una o dos referencias sobre su última y costosa compra. Si quiere entrar en la agenda de los Leo, hágales cumplidos a menudo; es el mejor truco para construir una amistad o una relación con los Leo. Hágales cumplidos y asegúrese de darles su dosis de atención con frecuencia. Si le molesta fácilmente este hábito, debe reconsiderar su deseo de construir una amistad con Leo, ya que es su rasgo natural.

Aquí hay tres razones por las que una amistad con Leo es valiosa:

1. Un vínculo para siempre

Si logra acercarse a un Leo y conocer todos los secretos de su vida, lo tendrá cerca de por vida. Los Leo son maestros de la conexión. Es difícil para otros signos hacerse amigos de ellos; sin embargo, una vez que comparten sus secretos internos y se sienten cercanos a usted, la amistad está destinada a durar el resto de la vida. De hecho, los Leo lo convierten en parte de su familia y le tratan como a uno de los suyos.

2. Son generosos

Si su mejor amigo es un Leo, espere regalos caros en su puerta de vez en cuando. Los Leo son generosos, dadivosos y amables. Siempre tienen un plan para sorprenderle con regalos y planes de la nada. Siempre es gratificante estar con un Leo. No solo por los regalos; los Leo también son generosos con otros aspectos de la amistad. Si enfrenta algún problema en la vida, los Leo harán todo lo posible para ayudarle a superar las situaciones difíciles. Ya sea un problema financiero, emocional, físico o cualquier otro, los Leo se asegurarán de que salga del apuro y le ayudarán todo lo que puedan.

3. La vida con amigos Leo es emocionante

Los amigos Leo siempre están tramando algo. Tienen un plan ideado para la próxima reunión o «juntada». Siempre irán a un nuevo restaurante, explorarán nuevos lugares o buscarán una aventura al aire libre. No pueden quedarse en un solo lugar y le arrastrarán con ellos. Si usted es una persona introvertida a la que le gusta quedarse en casa, estar con un Leo cambiará su vida social por completo. Conocerá gente nueva a menudo y se encontrará en fiestas o clubes muy concurridos. Lo extraño es que lo disfrutará y pedirá más. Además, como los Leo son el alma de la fiesta, también le percibirán a usted como una estrella y le concederán la importancia correspondiente.

Cómo mantener una amistad con Leo

He aquí algunas formas de mantener una amistad con Leo a largo plazo.

- Si usted es un Leo y desea entablar una amistad con otro Leo, ambos deben llegar a un entendimiento mutuo para permitirse compartir el centro de atención. Como sabe, las amistades de Leo pueden ser difíciles debido a que no les gusta compartir el protagonismo.

- Buscar aventuras. Una buena forma de pasar el rato con su amigo Leo y reforzar su vínculo de amistad es invitarle a vivir aventuras. Las excursiones por el bosque, los parques de atracciones, las catas de vino, etc., son algunas de las mejores formas de atraer a un Leo para que pase tiempo con usted y explore nuevos lugares al mismo tiempo.

- Deje que tome el control. A los Leo les encanta mandar, ser el anfitrión y el líder de cualquier evento formal e informal. Si está de acuerdo con las elecciones y decisiones de su amigo Leo, deje que planifique la agenda mientras usted solo disfruta del viaje. Siendo tan perfeccionistas como son, nunca tendrá un momento aburrido, así que disfrute de cada momento. Incluso si quiere estar al mando, los Leo lucharán de alguna manera por su puesto y nunca permitirán que tome el control. Para evitar esas peleas y mantener la amistad durante mucho tiempo, simplemente ríndase y deje que se salgan con la suya.

- Nunca le mienta. Los Leo son honestos, leales y fieles a su palabra. Nunca le mentirán y esperarán lo mismo a cambio. Si incumple, se volverán paranoicos con su amistad y no volverán a confiar en usted. Si hay algo que le da miedo contarle a su amigo Leo, puede recurrir a la mentira. Sin embargo, si su amigo Leo lo descubre, le costará su preciada amistad. Es más seguro ser honesto. Los Leo son conocidos por perdonar y están dispuestos a dar segundas oportunidades. Además, apreciarán su honestidad.

- Hágales cumplidos a menudo. Aunque no reciban suficientes cumplidos y atenciones de extraños (lo cual odiarán), es su deber hacer que su amigo Leo se sienta querido. Al hablar de cumplidos, no nos referimos a hacer cumplidos falsos que puedan hacerles sentir demasiado confiados y vanidosos; haga cumplidos reales que les levanten el ánimo.

En resumen, un amigo Leo es generoso, dadivoso, afectuoso, cálido y el anfitrión perfecto. Puede que exijan protagonismo y validación, pero aparte de eso, un amigo Leo es extremadamente valioso. Le devolverán el mismo afecto y le harán sentir valorado. Siempre que necesite un amigo, un Leo estará cerca de usted y hará todo lo posible por sacarle de los problemas. Además, serán honestos y leales hasta su último aliento.

Capítulo 6: Leo en el trabajo - trayectorias profesionales de Leo

Este capítulo trata de las trayectorias profesionales de los Leo y de cómo se comportan en el ámbito laboral.

Grandes carreras para los Leo

Este es un tema interesante de tratar. Como ya sabe, los Leo poseen una serie de rasgos de personalidad distintos, lo que puede dificultar ubicarlos en un lugar determinado. También tienen la oportunidad de considerar diferentes trayectorias profesionales adaptadas a sus rasgos. Veamos algunas de estas opciones profesionales y por qué los Leo deberían considerarlas.

1. Difusión

Dado que los Leo son vivaces y seguros de sí mismos, ser locutor es una excelente opción. Esta opción profesional les permite ser el centro de atención y hacerse oír. La televisión y la radio son dos nichos para esta disciplina. Dependiendo de sus preferencias, pueden elegir cualquiera. A los Leo les gusta hablar y están dotados de excelentes habilidades de comunicación, lo que hace que esta opción sea una gran oportunidad para su carrera. Ya sea en la televisión o en la radio, un Leo se adueñará del lugar y añadirá dinamismo para convertir la emisión en un éxito.

Como Leo, si tiene partes de Sagitario o Géminis en su horóscopo, definitivamente debe tener esta opción de carrera en su lista. Un ejecutivo de relaciones públicas es otra gran opción profesional para Leo. El control de los rumores, el envío y el mantenimiento de los comunicados de prensa y la investigación de información crucial son tareas importantes de un ejecutivo de relaciones públicas. Si usted es un Leo tímido al que le gusta su cuota ocasional de atención, este puesto es apto para usted. No solo le permite mantener una vida privada, sino que también le da una dosis de atención pública de vez en cuando. Otras opciones profesionales en esta línea son *life coaching*, presentador de radio y nutricionista.

2. Diseñador

Los Leo pueden ser grandes diseñadores gracias a su pasión y a su capacidad creativa. La mejor opción para la carrera de diseñador puede ser la gráfica o la de moda. Es una excelente elección de carrera para los Leo, especialmente si tienen partes de Acuario o Virgo en su horóscopo. Se les da bien la creatividad, pero también son conocidos por salir al mercado. Mientras que otros signos realizan un trabajo creativo y esperan a que los demás se fijen en ellos, los Leo intentan mostrar su trabajo y hacerlo notar. Como la disciplina del diseño es muy competitiva, los Leo se esforzarán por abrirse camino y hacerse notar.

Ya conoce el amor de Leo por la ropa, la moda y el glamour, que se ve muy bien en la industria de la moda. Saben cómo vestir bien y tratan de vestir a los demás de la misma manera. Incluso la industria de la moda es muy competitiva, pero los Leo saben aprovechar al máximo todas las oportunidades. Encontrarán una forma única de mostrar su trabajo, de comercializarlo y de destacar en cualquier disciplina. No temen a la competencia y la afrontarán como un verdadero León. La confianza de los Leo les ayudará enormemente en cualquier disciplina de diseño.

Para introducirse en el diseño gráfico o de moda, primero debe desarrollar sus habilidades creativas. Intente reforzar su capacidad de observación y percibir los objetos de forma diferente. Si se dedica a la moda, investigue y encuentre su nicho.

Realice los cursos pertinentes o cree su propio portafolio de diseño después de practicar un poco. Solicite trabajo en agencias de diseño o trabaje como independiente. La disciplina del diseño no necesita un título, así que, si está pensando en cambiar de carrera, nunca es demasiado tarde.

Coco Chanel, Yves Saint Laurent y Michael Kors son algunos famosos diseñadores de moda Leo.

3. Actor

Como sabe, a los Leo les encanta su cuota de drama. Prefieren estar en y alrededor de cualquier cosa dramática y poseen un don para el teatro. Les encanta ver películas y obras de teatro, que también son grandes ideas para las primeras citas con Leo. La actuación es una gran opción profesional para este signo, ya que ofrece glamour, dinamismo, atención y drama, todo en un mismo lugar. Además, la alfombra roja y los focos son perfectos para Leo. Se dará cuenta de que hay un montón de actores y actrices de este signo. Si tiene talento para el canto o el baile, también puede convertirse en músico, lo que le dará el mismo protagonismo.

Otras posibilidades dentro de esta disciplina son los artistas de teatro, los agentes teatrales y los directores de escena. Aunque no sepan actuar, consiguen formar parte de la profesión actoral, lo que es suficiente para obtener la atención necesaria. Además, los Leo pueden demostrar su capacidad de gestión y organización en estos puestos de trabajo. Con este trabajo, interactúan con actores famosos, agentes de casting y otras figuras importantes de la industria cinematográfica. Cualquier otra profesión relacionada con esta línea, como la dirección artística, la dirección de museos, el diseño de iluminación y el diseño de vestuario, es adecuada para los Leo. Sandra Bullock, Daniel Radcliffe, Jennifer López y Lisa Kudrow son algunos actores y actrices Leo famosos.

La carrera de modelo también es una opción adecuada para los Leo. Pueden ser el centro de atención (literalmente) todo el tiempo y atraer la atención de todos los presentes. Además, pueden formar parte del mundo del glamour. Desfilar para diseñadores y lucir trajes y maquillaje exquisitos es el sueño de la mayoría de los Leo. Si destacan en lo que hacen, los Leo pueden llegar fácilmente a la cima.

Los Leo que no pueden llegar a la cima debido a la alta competencia también pueden allanar su camino siendo *influencers* en las redes sociales y avalando productos de grandes marcas. Como *influencer* de las redes sociales, puede conseguir muchos seguidores y recibir una lluvia de validaciones, lo cual es el paraíso para la mayoría de los Leo. Además, los Leo son conocidos por ser grandes vendedores debido a su capacidad para convencer a la gente, lo que les ayuda a vender los productos que respaldan. La mejor parte es que se quedan con los productos que avalan de varias categorías: maquillaje, cosméticos, electrónica, ropa, etc.

4. Comediante

Sí, los Leo también pueden ser comediantes. Su naturaleza juvenil, juguetona y carismática es adictiva. Además, los Leo son divertidos por naturaleza. Pueden soltar un chiste o dos de la nada. Los Leo son grandes animadores y, gracias a su naturaleza efusiva y confiada, pueden ser grandes comediantes. También reciben su cuota de protagonismo y atención, algo que, como sabe, a los Leo les encanta. Como Leo, si tiene partes de Sagitario o Géminis en su horóscopo, debería tener esta opción profesional en su lista. Esta carrera no solo le dará fama, sino que también es extremadamente gratificante. Además, si es muy bueno en lo que hace, más oportunidades llamarán a su puerta en poco tiempo.

Algunos comediantes famosos Leo son James Corden, Teddy Ray, Victor Pope Jr. y Drew Lynch.

Cómo convertirse en comediante: La mejor manera de empezar es a través de las redes sociales. Las plataformas de redes sociales como YouTube, Instagram y Facebook tienen miles de millones de usuarios en conjunto, lo que supone una amplia audiencia a la que entretener. Estas plataformas permiten compartir clips de su *stand-up comedy*. Antes de empezar a grabar y compartir sus clips, escriba guiones narrativos divertidos que giren en torno a uno o dos temas. Practique mucho y realice una sesión de actuación de prueba para sus amigos y familiares. Acepte los comentarios sinceros y efectúe los cambios; luego grabe y comparta en las redes sociales. Poco a poco, a medida que gane popularidad, puede conseguir ayuda de agencias que realizan espectáculos para vender entradas.

5. Publicidad y marketing

Sus habilidades extrovertidas, creativas y sociables hacen de los Leo grandes mercadólogos y publicistas. Saben convencer a la gente para que compre productos y pueden ser grandes vendedores. Su aura alegre y brillante hará que la gente crea que está invirtiendo en algo que vale la pena. Usted, como publicista, trabajará, por supuesto, entre bastidores. Sin embargo, sus habilidades creativas necesitan un empujón para convencer a los posibles compradores de que pasen a la acción. Los Leo pueden canalizar su creatividad a través de la persuasión, que es lo que hace grande a un buen vendedor. Los Leo tienen la capacidad para crear estrategias de marketing excepcionales que funcionan la mayoría de las veces.

Como se mencionó anteriormente, los Leo también pueden especializarse en otros nichos dentro de esta disciplina, como el marketing en las redes sociales, vendedor o desarrollo de productos. Como los Leo están abiertos a la exploración y quieren experimentar el cambio, son excelentes vendedores. Además, encajan bien en cualquier papel; ya sea en la venta al por menor, como gerente de una línea de productos o en el equipo de gestión empresarial, los Leo se asegurarán de obtener su parte de comisión y propinas. Sus habilidades benefician a cualquier marca y les ayudan a aumentar las ventas.

6. Orador, oradora motivacional o portavoz

Aunque no es una opción profesional convencional para todos, la oratoria motivacional puede ser una gran opción para los Leo. Poseen una habilidad de liderazgo que les inspira a hablar en público. Cuando hablan, transmiten una sensación de autoridad. Los Leo son efusivos y llenos de pasión, lo que les da el fuego y la motivación que reflejan en sus discursos. Inspiran a los demás para que alcancen sus objetivos. Incluso si el discurso es un poco débil, el aura y la pasión de Leo elevarán al oyente y lo motivarán a alcanzar sus metas. Si desea que alguien se haga cargo de un área y dirija a los demás hacia el éxito, los Leo son la mejor opción.

Esta posición profesional es adecuada para los Leo como oradores motivacionales, portavoces, vendedores, editores y comerciantes de productos básicos. Como portavoz, puede representar a su empresa durante las entrevistas o durante las reuniones con inversores de capital. Los Leo pueden vender un producto o servicio con facilidad. Convencen a la gente con su encanto y sinceridad, lo que también hace que encajen muy bien como vendedores y publicistas (más al respecto en la siguiente sección).

7. Maquillador o estilista

La industria de la belleza también es una gran opción profesional para los Leo, ya que les encanta el glamour y siempre intentan verse lo mejor posible. Su visión de la belleza y el glamour es bastante seria. Quieren verse bien ellos mismos y quieren que quienes están a su alrededor se vean lo mejor posible. Les encanta el maquillaje y los peinados exquisitos. Debido a estos rasgos, pueden convertirse en maquilladores y peluqueros exitosos. Dado que los Leo tienen un gusto exquisito por los peinados distintos, tienen una habilidad natural para concebir y cultivar un gran aspecto para los demás (ya sea un peinado o el estilo de sus trajes).

Aunque los Leo suelen ser indecisos con respecto a su propio cabello, puede contar con ellos para peinarle. Al mismo tiempo, los Leo mantendrán a sus clientes entretenidos, lo que les inspirará a volver. Otros nichos y profesiones dentro de esta disciplina, también aptos para Leo, son los de asesor de imagen, propietario de un spa y estilista de rodaje.

8. Gerente general o director

Como sabe, las habilidades de liderazgo están muy arraigadas en la mayoría de los Leo; por eso el puesto de gerente general es ideal para ellos. Pueden motivar y dirigir a un grupo de empleados en cualquier empresa. Este signo del zodiaco, al que representa el León, posee todas las cualidades necesarias para ser un jefe. Si usted es un Leo, es probable que sea elegido para este papel. Sin embargo, asegúrese de estar preparado para ello y de trabajar duro para conseguirlo. Ser ascendido al puesto de gerente general no es fácil. Se necesitan años de trabajo duro, paciencia y esfuerzo para llegar a la cima. Sin embargo, como los Leo ya tienen el empuje y la creatividad, solo tienen que esforzarse y ser pacientes. Además, sepa que este trabajo es difícil, así que prepárese para enfrentarse al estrés.

Lo mismo ocurre con el papel de director. Al igual que el gerente general, el papel de un director también consiste en dirigir a su grupo de empleados y tomar decisiones importantes dentro de la empresa. Como directores, los Leo exigirán un trabajo específico a sus empleados y se asegurarán de que estén al máximo de su capacidad. Se saldrán con la suya por cualquier medio y avanzarán hacia un único objetivo, que es la mejora de la empresa. Además, ordenar y mandar es algo que la mayoría de los directores hacen, lo cual, como ha adivinado, es apetecible para la mayoría de los Leo.

9. Arquitecto o paisajista

Los Leo están llenos de creatividad y capacidad de imaginación. Sus habilidades de comunicación también son impresionantes. En conjunto, estos rasgos los convierten en arquitectos talentosos que pueden visualizar y diseñar espacios a la medida de las necesidades de cualquier cliente. La arquitectura también implica, en parte, la resolución de problemas, algo que a los Leo se les da bien. Crear espacios y planos para edificios es algo que a los Leo les encantaría hacer, no solo para satisfacer su creatividad, sino también para impresionar a los demás. Dado que la arquitectura es la forma de arte más visible (imagínese que los dibujos se convierten en edificios altos que realmente existen), tienen una gran oportunidad de obtener mucho reconocimiento. Ya sea un centro educativo, un edificio residencial o un rascacielos corporativo, los Leo pueden diseñarlo todo.

Además de la arquitectura, un campo similar es el diseño de paisajes. Si los Leo tienen partes de Virgo, Cáncer o Tauro en su horóscopo, este campo es la opción ideal para ellos. Los Leo aprecian la tierra y la naturaleza, y esta disciplina les permite explorar y experimentar con la naturaleza. Como a los Leo les gusta llamar la atención, esto también puede reflejarse en su trabajo. Es muy probable que sus diseños para los clientes llamen la atención. Por ejemplo, su diseño arquitectónico y paisajístico puede ser el más escandaloso, el más exquisito o el que más llame la atención en cualquier calle. Es poco probable que se integre en el contexto, a menos que el cliente lo sugiera específicamente.

10. Abogado o juez

Los Leo son testarudos y esgrimirán sus argumentos para demostrar su punto de vista hasta que la otra persona esté de acuerdo o se rinda. Este rasgo puede ser muy adecuado para puestos profesionales como el de abogado o el de fiscal. Además, los Leo respetan la ley y el orden, un rasgo que rara vez se encuentra en otros signos. Aunque sean principiantes en esta carrera, ascenderán a la cima demostrando su talento y utilizando su encanto. Su admiración e importancia por el orden y la organización son notables, otra razón por la cual los Leo son abogados y fiscales exitosos. Se enorgullecen de luchar por la justicia y de llevar paz a la sociedad. También es muy estimulante para su ego, por lo que disfrutan de esta carrera profesional.

También se puede decir lo siguiente: una carrera que sirve a la ley, el orden y la justicia día tras día puede alimentar la naturaleza narcisista de la mayoría de los Leo. Sin embargo, no es cierto en todos los casos. Depende de la oportunidad, la posición y la suerte del Leo. Además, como algunos Leo prefieren no discutir o son más reservados, esta trayectoria profesional puede ser un poco entusiasta. Sin embargo, la mayoría de las veces se ha demostrado que es apta para los Leo, así que puede considerarla si usted es uno. Su facilidad verbal, su capacidad de seducción y su poder de convicción harán que los Leo sean conocidos como abogados victoriosos en la mayoría de los casos. Incluso si el juez es estricto, los abogados Leo encontrarán las palabras y alimentarán los pensamientos percibidos para ganar el caso.

11. Escritor

Los Leo también son escritores increíbles, ya que les encanta contar su historia y siempre tienen una narración a mano. Sus habilidades creativas también mejoran su estilo de escritura. Como escritores, los Leo necesitan seguir una serie de pautas y al mismo tiempo tener la libertad de la creatividad, que es un equilibrio perfecto para todos los Leo. Como Leo, si la escritura le fascina, intente profundizar y comience su investigación. Escoja un nicho: ficción, no ficción, fantasía, terror; no importa, siempre y cuando se sumerja a fondo. Intente sacar el máximo partido a su capacidad creativa e investigación. Como escritor, también tendrá la oportunidad de mostrar y vender su trabajo, lo que dará a todos los Leo la validación que necesitan.

Por otro lado, también debería echar un vistazo a algunas carreras profesionales que no son aptas para todos los Leo y que deberían evitar a menudo.

He aquí algunas de ellas

1. Secretaria

Los Leo quieren ser el jefe, y también lo merecen. Como ya sabe, los Leo poseen una excelente capacidad de liderazgo. No les gusta que les digan lo que tienen que hacer. Los Leo pueden convertirse en grandes gerentes generales y jefes, llevando a la empresa hacia un gran éxito gracias a sus calculadas y sabias decisiones. Además, la gente les escucha y no al revés. Quieren imponer su pensamiento, lo que no es posible con el trabajo de secretaria. Siempre quieren expresarse y desprecian a quienes les dan instrucciones. Con un puesto de secretaria, se sentirían encerrados y robados. La sensación de alcanzar grandes metas y realizar tareas formidables está ausente en este puesto, por lo que probablemente los Leo no deberían considerarlo.

2. Trabajador del comercio minorista o camarero

Aunque hemos mencionado que los Leo pueden trabajar en el comercio minorista, no considere esta opción a menos que no tenga otros puestos de trabajo disponibles. Ya sea en el comercio minorista o como camarero, odiaría absolutamente la idea de servir a los demás. A veces, los clientes serán groseros con usted, que es lo último que Leo desea. Su temperamento explosivo hará que a Leo le resulte más difícil controlar la situación, y lo más probable es que le devuelvan la jugada. En el comercio minorista, la mayoría de los clientes quieren ahorrar dinero, incluso si eso significa dejar de lado las últimas tendencias de la moda. Leo no puede entender esta mentalidad y odia atender a esos clientes. Los Leo, que suelen ir bien vestidos, rechazarán automáticamente a las personas frugales que ahorran dinero durante las compras. Aunque no es del todo erróneo, los Leo nunca verán con buenos ojos ni aceptarán esta actitud. Si encuentran a un cliente que gasta lo menos posible, dejarán de intentar complacerlo y se abstendrán de darle la mejor atención. Servir es algo que odian, y prefieren ser ellos quienes gastan dinero.

Como camarero o camarera, tomar pedidos de los clientes también es una falla absoluta para ellos, especialmente de quienes tienen un aire de autoridad a su alrededor y que tratan a los demás sin respeto. Los Leo prefieren ser el cliente y pedir su comida que ser los que toman los pedidos y sirven a clientes malhumorados. Si un cliente es grosero, lo más probable es que los Leo respondan con un tono grosero, lo que podría costarles el puesto de trabajo.

3. Ama de llaves de hotel

De nuevo, este puesto exige a los Leo estar en una posición inferior con un jefe siempre por encima de ellos. Los Leo odiarían que el director del hotel venga a controlarles de vez en cuando. Además, si se olvidan de cerrar una habitación o pierden una llave, podrían recibir una buena paliza. Aunque quieren estar en el puesto más alto, esta paliza y crítica adicional les hará odiar aún más su trabajo. Los Leo no aceptan bien las críticas; se ofenden con facilidad y se niegan a corregir sus errores inmediatamente. Si necesita dinero urgente, puede aceptarlo como un puesto temporal, pero piénselo dos veces antes de decidirse a aceptarlo como un trabajo permanente.

Básicamente, cualquier puesto que requiera que los Leo trabajen a las órdenes de alguien debería ser reconsiderado por este signo. A menos que sea temporal o tenga potencial de promoción, reconsidere su decisión antes de seguir adelante.

¿Dónde encajan los Leo en una oficina o lugar de trabajo?

A los Leo les encanta el drama, por lo que es probable encontrar a un Leo cerca de la fuente de agua o de cualquier otro lugar de cotilleo popular. Juzgan con facilidad y odian a cualquiera que no piense como ellos. Como sabe, es difícil enfrentarse a un Leo, y cuando lo hace, puede acabar en su lista negra para siempre (a menos que sea su mejor amigo). Se irritan con facilidad y mantienen la guardia alta. Si es un Leo y hay otro Leo en la misma empresa, lo más probable es que se hagan amigos y chismoseen sobre otros empleados. Sin embargo, siempre estarán en una batalla constante por quedarse con el protagonismo.

Algunos Leo son reservados, aunque es un porcentaje muy pequeño de este signo del zodiaco. Si en su lugar de trabajo hay un Leo reservado, se sentará tranquilamente en su escritorio, ocupándose de sus asuntos y cumpliendo sus tareas. Sin embargo, seguirán buscando cumplidos y querrán que se les reconozca por su mérito. Además, les resultará difícil soportar las críticas.

¿Cómo destacan los Leo en el trabajo?

Aunque los Leo siempre estén ávidos de atención y validación, tener un Leo en su equipo vale la pena. Su fuerte sentido de la responsabilidad, su ética de trabajo y sus mentes inteligentes hacen que sean empleados sólidos que alcanzarán y cumplirán todos los objetivos del proyecto. Un jefe suele contar con un Leo para que le dé ideas sobre el próximo proyecto, diseñe estrategias y ayude a otros empleados a avanzar. Es muy probable que un Leo sea elegido para dirigir el próximo proyecto. Cualquier equipo de oficina que busque a un empleado para que sea el orador principal en cualquier presentación o conferencia siempre recurrirá a un Leo.

Además, saben cómo cumplir con las tareas. Los Leo suelen cumplir las tareas encontrando una ruta más inteligente en lugar de trabajar más duro. Engañarán a sus subordinados para que realicen la tarea o encontrarán una solución más sencilla devanándose los sesos. Y como son los líderes de grupo, pondrán a las mejores mentes en el proyecto para aumentar las tasas de éxito.

En definitiva, la creatividad, el fuerte sentido de la responsabilidad, la ética laboral y las técnicas de trabajo inteligentes hacen de un Leo un empleado valioso. Sin embargo, tenga cuidado con su presencia cercana, ya que podría robarle fácilmente el puesto y es más probable que consiga el ascenso. Aunque usted muestre un mejor rendimiento, ellos encantarán e influirán a su jefe, lo que les convertirá automáticamente en una mejor opción. Por último, los Leo son extremadamente leales, lo que significa que puede confiar en sus decisiones y que nunca le engañarán.

Si todo va bien, su empresa será bendecida con un Leo como jefe meritorio, que es valiente, inteligente y responsable.

Estas razones también explican por qué los Leo son grandes empresarios. Tienen un tono autoritario, que la mayoría de los empresarios deberían poseer. Exigen lo que quieren y no tienen miedo de hablar. Si ven que algo va mal en la empresa, redireccionarán inmediatamente su rumbo y se asegurarán de que todos los empleados estén al máximo de su capacidad. Su ambición es contagiosa, y muestran una enorme fuerza y resistencia para cumplir sus objetivos. Si tiene un Leo de jefe, calibrará con precisión su valía. Aunque necesitan atención, corresponderán con una cantidad similar de aprecio y atención a sus empleados que se desempeñan bien bajo su liderazgo.

Además, como los Leo están abiertos a los riesgos, es más probable que abran un negocio y tengan éxito en lugar de trabajar como empleados y recibir instrucciones de otra persona.

Obstáculos que un Leo puede experimentar en el trabajo

Ahora que ya conoce los caminos profesionales que puede aprovechar, echemos un vistazo a los rasgos negativos de un Leo en el trabajo y cómo estos podrían afectar su trabajo y productividad.

1. Son impulsivos, lo que puede llevar a tomar malas decisiones

La mayoría de los Leo son impulsivos, lo que puede tener algunas repercusiones, especialmente de tipo emocional. A pesar de que los Leo son rápidos en la toma de decisiones, su naturaleza impulsiva puede llevarlos a acciones fallidas.

2. Pueden sentirse desairados a veces

A un Leo le gusta y quiere su parte de reconocimiento cuando culmina un proyecto. Si el jefe no aprecia su trabajo, pueden sentirse desanimados o incluso enfadados. Quieren su parte de crédito y que los demás aprecien su valiosa presencia en el equipo, especialmente si han ayudado a firmar un acuerdo lucrativo. Tanto si se trata de un gran proyecto del que se han encargado como de mantener una pequeña racha de victorias en el trabajo, querrán que se les agradezca en todos los casos. Si se trata de un proyecto importante en el extranjero, prepárese para elogiar a su subordinado Leo, ya que necesitará crédito extra durante tales instancias significativas. Si bien los jefes Leo elogian a sus empleados por sus esfuerzos, los jefes Leo extremadamente egocéntricos se llevarán todo el crédito. Aunque es menos probable, puede esperar que esto ocurra.

3. Los Leo pueden sufrir ataques ocasionales de pereza

Esto se debe principalmente a que se aburren y se distraen. Aunque los Leo tienen un gran sentido de la responsabilidad, a menudo se distraen, y esto da lugar a la pereza y la dilación, lo cual es inaceptable en un entorno laboral. Cuando se sienten perezosos, encuentran la manera de hacer las cosas con menos esfuerzo o de relegarlas a los miembros de su equipo. Sorprendentemente, incluso cuando son perezosos, consiguen hacer las cosas a tiempo.

4. El lugar de trabajo puede volverse un poco melodramático

Ya sabe que a los Leo les encanta el drama. Son dramáticos en su vida personal y tienden a mostrarlo cuando están un poco sobrecargados de trabajo o no reciben su cuota de atención. Se sienten demasiado desairados o causan estragos en el lugar de trabajo. Con los Leo a su alrededor, de vez en cuando enfrentará situaciones tensas debido a algún aspecto de su naturaleza.

Consejos para que los Leo logren una vida laboral satisfactoria

Aprender y ser consciente de sus rasgos negativos es la mitad del trabajo. Para vencer, debe trabajar en sus debilidades y sortearlas para lograr el éxito en su vida laboral.

1. Establezca una rutina

Aunque los Leo tienen un gran sentido de la responsabilidad, a veces pueden ser demasiado perezosos y distraídos debido a su naturaleza impulsiva. Si es un Leo, se encontrará soñando despierto con la próxima gran compra en su mesa de trabajo, lo que arruinará su plan de objetivos diarios. Para no distraerse, debe establecer una rutina. Planifique el día con una lista de tareas; esto no solo ayudará a mantenerle en el camino, sino que también cumplirá sus tareas muy pronto.

2. Trabaje en sus habilidades y técnicas de comunicación

Si su objetivo final es ser el director general de su empresa, debe trabajar en sus habilidades de comunicación. Aunque hablar con suavidad forma parte del encanto de un Leo, ser jefe puede requerir un tono más autoritario, pero tranquilo, que sus empleados escuchen y sigan. Practique sus habilidades de comunicación involucrándose con otras personas, escuchando a los demás, tomándose tiempo para responder y simplificando el mensaje. También es necesario establecer contacto visual y trabajar el lenguaje corporal mientras se comunica con los demás, especialmente si la otra persona es una figura importante dentro de su disciplina.

Además, los Leo pueden ser un poco arrogantes, lo que se nota en su tono. Aunque no quieran ofender a nadie, su tono puede delatarles. Por este motivo, los Leo deben trabajar en sus habilidades de comunicación; esto les ayudará a ascender rápidamente en la empresa y a controlar su ego.

3. Prepare o descubra su expresión creativa

Su expresión creativa es decirse a sí mismo que necesita un tiempo para usted. Cuando está siempre ocupado y no puede tomarse un tiempo para usted, se agota y retrasa sus objetivos. Todo el mundo necesita un descanso. Encontrar su expresión creativa le mantendrá entusiasmado en todas las áreas de su vida y le ayudará a combatir las distracciones y la procrastinación. Ya sea una noche de karaoke o un proyecto de bricolaje, su expresión creativa le ayudará a desarrollar nuevas habilidades mientras disfruta de un tiempo de descanso. Encontrar y seguir su expresión creativa es necesario para mantener la salud mental bajo control y darse un merecido descanso.

Si hay algo que no le deja dormir por la noche, podría ser su expresión creativa. Preste mucha atención y reconozca la idea. ¿Hay algún pensamiento que le molesta todo el tiempo y le priva del sueño? ¿Necesita remodelar su casa? ¿Está atascado con una idea de negocio? ¿De qué se trata? Reflexione sobre sus pensamientos y trabaje en ellos. Otra forma de encontrar se expresión creativa es encontrar un estudio creativo en su localidad. Puede ser un estudio de arte, un escenario musical o un club de lectura de libros. Profundice y encuentre un espacio que le llame la atención.

4. Encuentre su inspiración

Esto está relacionado con lo aprendido anteriormente. Su inspiración le ayudará a mantener el impulso y la motivación. ¿Quiere empezar un nuevo negocio? ¿Siempre ha soñado con escribir un libro? ¿Está deseando cambiar de profesión? Dé el paso y manténgase inspirado. Aunque los Leo son motivados y motivan a los demás, es posible que se sientan estancados en algún momento, que es cuando encontrar la inspiración ayuda. Aunque no tenga un pensamiento o un plan a la mano, pruebe cosas nuevas y encuentre una nueva pasión. Apúntese a una clase de actuación, dedíquese a la repostería, abra su negocio de velas; dé el salto y haga lo que le haga feliz. Los Leo son personas brillantes y creativas, y encontrar inspiración y pasión les mantendrá siempre en pie.

En resumen, los Leo en el trabajo suelen ser fiables y comprometen su mente y su alma para alcanzar sus objetivos. A veces, pueden distraerse por pereza y su naturaleza impulsiva puede interponerse en su camino. Una vez que los Leo apliquen los trucos mencionados anteriormente, ascenderán rápidamente en la jerarquía empresarial y lucharán por conseguir el liderazgo. Son excelentes jefes y directores generales, y tienen un don para llevar a cabo negocios sin problemas. Preste la atención necesaria y dé crédito a los Leo en el lugar de trabajo, y le resultará más fácil calmarlos.

Capítulo 7: ¿Qué necesitan los Leo?

En este capítulo, hablaremos de algunas formas efectivas para que los Leo potencien y aprovechen al máximo sus rasgos, y sorteen las partes más difíciles de su signo. Aunque hemos hablado de los rasgos importantes, las fortalezas, las debilidades y cómo sortearlas, vamos a discutir algunos consejos rápidos para resumir estos métodos y ayudar a los Leo a tomar un mejor control de sus vidas. Estos consejos son sencillos de aplicar en la vida cotidiana de los Leo y generan un gran impacto.

Como ha aprendido, un Leo necesita lo siguiente

Atención y protagonismo: Como usted sabe claramente ahora, un Leo quiere atención y robarse el foco. No soportan que otra persona ocupe el centro del escenario.

Respeto: La atención que reciben debe ser genuina. Detectan fácilmente los gestos falsos y los rechazan automáticamente. Con un Leo, hay que darle respeto para ganarse su respeto.

Amor apasionado: Los Leo son extremadamente apasionados y quieren el mismo amor a cambio. Tanto si se trata de una relación romántica como de un encuentro sexual puntual, complacerán a sus parejas con una pasión ardiente.

Amistad verdadera: Los Leo hacen amigos con facilidad, pero tardan en intimar con alguien. Esperan lealtad, confianza, apoyo constante y respeto en una amistad, lo que hace que la amistad sea verdadera.

Lujo: Los Leo quieren todo lo lujoso y caro. Hacen regalos caros y quieren lo mismo a cambio. Si le da dinero a un Leo, verá que lo desperdicia en un artículo de lujo innecesario.

Estas son las necesidades básicas que un Leo quiere en todos los ámbitos de su vida.

Consejos rápidos para Leo

1. Pulir su personalidad o imagen

Mientras que usted ya está trabajando en la construcción de su personalidad cada día y tratando de llegar a su mejor versión, los Leo deben centrarse en la creación de su identidad y descubrir un rasgo único. Esto le ayudará a pulir su imagen y a diferenciarse de la multitud. Como le gusta la atención, este consejo rápido le ayudará a recuperar el centro de la escena. Asegúrese de que está construyendo una imagen que refleja la autopromoción. Por ejemplo, si está creando un nuevo negocio o diseñando un nuevo logotipo para su marca, este aspecto único de su personalidad debería reflejarse también en otros aspectos de su vida. Esto pulirá aún más su imagen y ayudará a que su marca se distinga.

Ya sea su dirección de correo electrónico, el logotipo de su marca o su tarjeta de presentación, los elementos que utilice y diseñe deben reflejarle. Añada los colores que le gustan y los que representan su aura. Aunque sea una apuesta arriesgada, este consejo le ayudará a conseguir más reconocimiento en el mundo profesional y a impulsar su negocio hacia el éxito. Su cara representa su marca y viceversa. Por ello, es necesario causar una buena impresión, parte de la cual le llega de forma natural por ser Leo.

2. Coma más alimentos con sabor a sol

Los alimentos que ingiere afectan directamente su salud física y mental. A los Leo se les aconseja consumir alimentos secados al sol, y lo mejor es lo orgánico local. Como el signo del Sol rige a los Leo, los alimentos secados al sol le mantendrán cerca de su naturaleza y le harán más radiante. También se sabe que los alimentos madurados al sol hacen que un Leo se sienta bien, más sano y con más energía. Estos alimentos incluyen los tomates secados al sol, las uvas, los albaricoques, los chiles, los pimientos picantes y los dátiles.

La cosecha secada al sol suele estar libre de productos químicos, pesticidas dañinos y es extremadamente saludable. El secado al sol de frutas y verduras aumenta la vida útil y ayuda a mantener intactos los beneficios para la salud; lo mejor de los alimentos secados al sol es que conservan todos los nutrientes y pueden utilizarse durante un periodo prolongado. Tome unos cuantos alimentos secados al sol a diario para mejorar su salud y lucir más radiante. Aunque comer alimentos secados al sol debe ser una prioridad, procure no descartar los caprichos ocasionales para conservar también la cordura. Cómase la porción de tarta o un trozo de chocolate que se le ha antojado.

3. Sonría y ría más a menudo

Naturalmente, sonreír y reír más a menudo le hará parecer más radiante, más brillante y atraerá a la gente hacia usted. La gente se siente atraída por aquellos que tienen un aura positiva, lo que suele verse en las personas que siempre están felices. Aunque los Leo parezcan brillantes y radiantes, sonreír y reír más a menudo reforzará su sistema inmunológico y mejorará su salud cardíaca. Se preocupará menos, lo que reduce el estrés y mejora la salud mental. Además, cuanto más sonría y se ría, más atraerá a la gente. Le ayudará a desarrollar mejores conexiones en su vida personal y a atraer oportunidades en el mundo profesional.

Intente sacar tiempo y reunirse con sus amigos cercanos a menudo. Planifique salidas o invítelos a jugar juegos de mesa. Pruebe más actividades que le hagan feliz. Mire espectáculos de comedia o números de stand-up. Además, juegue con sus hijos o sus primos pequeños para dar rienda suelta a su niño interior. Por último, asista a eventos divertidos al aire libre como conciertos, viajes al parque de atracciones o incluso un día de playa para sentirse feliz y obtener paz interior.

4. Cuide su salud física y mental

Aunque esto se aplica a todos los signos, los Leo deben centrarse especialmente en su salud física y mental, ya que este signo suele ser proactivo y derrochar su energía. Coma bien, haga ejercicio al menos treinta minutos cada día y beba mucha agua. Preste atención a su dieta e intente añadir todos los nutrientes posibles; esto mejorará su salud física y su resistencia, y le ayudará a perder o mantener el peso. Además de esto, también debería practicar ejercicios para mejorar la salud mental, como la meditación y el yoga. Mejore su patrón de sueño y duerma entre siete y ocho horas cada noche.

Además de su salud mental y física, también debe centrarse en su salud espiritual y emocional. Cuide su corazón y dele el tiempo adecuado para sanar y desarrollarse, especialmente si ha habido una situación traumática. También ayudará a los hombres Leo a expresar sus sentimientos, ya que se reprimen. Mantenga una conversación de corazón a corazón con sus seres queridos, practique el chakra yoga para abrir los chakras de su cuerpo y practique la autosanación. Céntrese en ejercicios que abran su chakra del corazón.

5. Añada más colores cálidos a su paleta de colores

El signo solar que rige a los Leo hace que los individuos de este signo del zodiaco parezcan cálidos y brillantes. Los colores brillantes del sol también deberían ser adoptados por todos los Leo y añadidos a su paleta de colores. Tonos como el rojo, el naranja y el amarillo deberían formar parte habitual de su paleta de colores. Las cosas que lleva, usa y come deben incluir estos colores de alguna forma. Los colores brillantes realzarán su personalidad y le harán más atractivo. Su vivacidad y su espíritu juguetón necesitan un toque de estos colores en usted y a su alrededor.

Si prefiere tonos más oscuros, añada algunos accesorios brillantes, como un cinturón o un sombrero con un toque amarillo o naranja. Estos colores también reflejan el elemento fuego y la pasión ardiente que hay en la mayoría de los Leo. No tenga reparos en llevar un conjunto de colores cálidos con un toque de labial rojo intenso. Como Leo, es probable que lleve este look con confianza y de forma audaz. Aparte de la ropa y los accesorios, añada tonos cálidos en los detalles de las cosas que le rodean, como la alfombra, el sofá, las cortinas, las toallas, etc.

Consejos rápidos para los amigos de Leo

1. Deje que tengan protagonismo

Aunque ya hemos mencionado este consejo antes, es crucial recalcarlo. Como los Leo viven para llamar la atención, despreciarán ser amigos de alguien que se lleve el protagonismo. Si valora a su amigo Leo, deje que tenga su parte de atención y disfrute de su momento. Tanto si se trata de una noche de karaoke como de una fiesta de cumpleaños, deje que sea el centro de atención. Incluso si no le gusta compartir el protagonismo, intente cooperar y apoyar los deseos de su amigo Leo. Si quiere ir más allá, anime y dé bombo a su amigo contando una de sus anécdotas más divertidas al público o felicitándole delante de todos.

Estas técnicas astutas son una forma de ganarse el corazón de su amigo Leo y de seguir siendo amigos íntimos a largo plazo. Como a los Leo les gusta que los validen, automáticamente se sentirán más valiosos y cercanos a usted; esto es particularmente útil para aquellos Leo que son tímidos y más reservados. Quieren ser validados, pero no son capaces de llamar la atención. Como su amigo, tome la iniciativa y ayúdeles a obtener la atención que a menudo anhelan. Básicamente, deje que brillen.

2. Nunca intente aprovecharse de su situación

Como sabe, los Leo son extremadamente leales y confiables, y esperan lo mismo a cambio. Su rasgo de generosidad y lealtad puede hacer que parezcan excesivamente amables, lo que algunas personas confunden con ingenuidad. Si pretende ser su mejor amigo, o uno muy cercano, nunca se aproveche de su generosidad y amabilidad. Una vez que los Leo descubran que sus verdaderas intenciones no son buenas para ellos, perderán el respeto y la confianza depositada en usted. Si bien es fácil que perdonen, les resultará difícil olvidar. No se aproveche de su liberalidad, a sabiendas o sin saberlo.

No intente aprovecharse de su actitud cooperativa. No tardarán en corresponder con dureza. Notará que desatan su ira y sacan su León interior. No provoque a los Leo rompiendo su confianza de ninguna manera. Intente por todos los medios no hacerles enfadar.

3. Escuche bien

Cuando los Leo están heridos o sufren, sus corazones están doloridos y quieren que alguien les escuche. Como amigo de un Leo, es posible que se dirija a usted en ocasiones. Deje que se desahoguen y se sientan más ligeros. No escuche para dar consejos; solo escuche lo que dicen, lo que le convertirá en un buen oyente. Aunque pueda parecer un poco desagradable o repetitivo, aguante porque eso es lo que hacen los mejores amigos. Si pueden confiar en que les escucha en situaciones desagradables, tratarán de mantener la amistad y se sentirán atraídos por usted con el paso del tiempo.

Cuando se desahogan, los Leo suelen dejar salir toda su rabia y frustración, lo que les hace sonreír. Después de calmarse, desarrollan la capacidad de pensar racionalmente. No les interrumpa cuando se desahogan. Deje que se desahoguen y que expresen sus más profundos remordimientos delante de usted. Para calmarlos, intente reconfortarlos mostrando empatía.

Por ejemplo, si su amigo Leo dice: «Estuve intentando llamarte durante dos horas porque quería que alguien hablara conmigo y no estabas disponible», debe responderle: «Entiendo que me necesitabas durante esas horas tan intensas y que debería haber estado ahí para ti. Entiendo que debe ser frustrante».

Aparte de estos consejos, debe colmar a su amigo Leo de regalos, cumplidos y halagos en la medida de lo posible. Intente ser sincero con sus sentimientos, ya que los Leo pueden detectar fácilmente si es falso.

Conclusión

Para resumir, describamos los rasgos de la personalidad de los Leo en tres palabras: vivaces, apasionados y teatrales. Un Leo es como un león en la sabana: el rey poderoso. Los Leo son leones poderosos en la jungla de cemento que intentan allanar su propio camino y salir victoriosos. Saben cómo acaparar el protagonismo, son siempre curiosos, extremadamente creativos y líderes natos.

Los Leo en casa, en el trabajo y en las reuniones sociales son casi iguales: tienen curiosidad por todo y siempre están dispuestos a probar nuevas habilidades. Además, su talento supremo y su capacidad de liderazgo son impecables y tienen éxito con los demás.

Si es un Leo, trate de alinear sus debilidades y fortalezas en la dirección correcta para lograr sus objetivos y crear la mejor versión de sí mismo. Trabaje en su terquedad y vanidad. Al mismo tiempo, aproveche adecuadamente sus puntos fuertes.

Si es amigo, padre o pareja de un Leo, debe prestarles mucha atención y manejar situaciones intensas con soltura. Demuéstreles afecto y deje que tengan su protagonismo en los ambientes públicos. Si intenta impresionar, seducir o salir con un Leo, vístase bien, haga regalos caros y haga cumplidos a menudo. Haga que se sientan deseados e importantes.

Como Leo, esta información no solo le dará un mejor control sobre su vida y las dimensiones relevantes de la misma, sino que también podrá cambiar su vida de forma significativa. Si se aplican correctamente, los consejos de este libro le ayudarán a sobresalir en el trabajo, con sus relaciones y en los eventos sociales, lo que en última instancia aumentará su confianza y le ayudará a tener éxito en la vida.

Ahora es el momento de poner en práctica esta información, consejos y sugerencias y conquistar el mundo. Buena suerte.

Sexta Parte: Virgo

La guía definitiva sobre un increíble signo del Zodíaco en la astrología

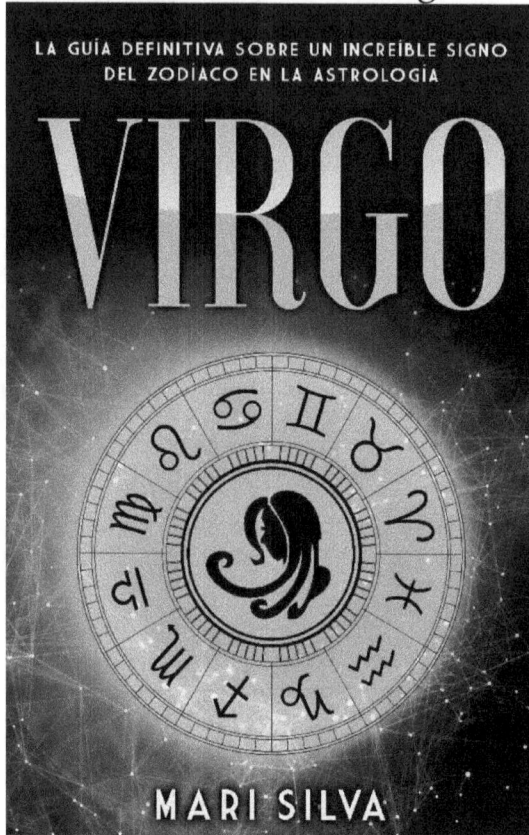

LA GUÍA DEFINITIVA SOBRE UN INCREÍBLE SIGNO
DEL ZODÍACO EN LA ASTROLOGÍA

VIRGO

MARI SILVA

Introducción

La comprensión de la astrología puede cambiar su vida. Lo ha hecho para muchas otras personas alrededor del mundo, yo incluido. La astrología saca a la luz los rincones ocultos de todo su ser. Es una forma de ampliar la percepción de usted mismo y de los demás. La compasión que se tiene a usted mismo y a su entorno depende de ello. Con la astrología, su pasado se aclara mucho más y se consigue vislumbrar su posible futuro.

La astrología puede alterar su percepción. Una vez que comprenda su lugar en las estrellas, le será imposible percibir el mundo como antes. Este campo está lleno de términos tanto poéticos como objetivos, que alimentan su curiosidad y estimulan su intelecto. A medida que profundice en los caminos místicos de la astrología, cada ser humano se transformará en un misterio que espera ser comprendido.

Lo mejor de todo esto es que la astrología presenta una forma inigualable de descubrirse a uno mismo, no solo como miembro de un signo zodiacal, sino como una mezcla personalizada de habilidades y cualidades. Usted es una persona cuya esencia personal refleja el cosmos. Muchos creen que la astrología se limita a clasificar a las personas en doce lugares, ¡pero no podrían estar más equivocados! La astrología enseña que cada uno de nosotros es susceptible de ser sometido a los deseos y necesidades universales y que todos somos completa y exquisitamente únicos.

La astrología es tan antigua como el propio tiempo y es un sistema en constante evolución que posee una gran variedad de dimensiones y puede percibirse de varias formas, desde la astrología china hasta la védica o la occidental. Este libro se centra en el signo zodiacal Virgo de la astrología occidental, pero también tiene muchos subniveles y se pasea por otros signos zodiacales cuando es necesario.

La astrología es una herramienta imparcial que sirve para entender a los demás y a uno mismo. Se utiliza para aprovechar las oportunidades, afrontar la adversidad, analizar las relaciones y tomar decisiones sencillas. Durante siglos, el hombre ha estado muy fascinado con los astros y la forma en que nos afectan a todos. Es natural que le intrigue la astrología y que se pregunte por todas las formas en que los cuerpos celestes pueden afectar a su vida cotidiana.

Si está leyendo este libro, significa que está particularmente cautivado por los Virgo o que usted es uno. No importa si usted es Virgo o si simplemente busca entender al Virgo de su vida, ¡hoy está de suerte! Este libro contiene todo lo que necesita saber sobre el signo zodiacal de Virgo.

Por último, la astrología no tiene nada que ver con la predestinación o el destino. Se inclina más hacia la propensión y la posibilidad. Además, se trata de maximizar sus puntos fuertes y reconocer los débiles. Con la astrología, usted por fin puede entender a las personas y alinearse con el universo. Como dijo una vez Sir Francis Bacon: "las estrellas no obligan, impulsan". No se han dicho palabras más ciertas.

Capítulo 1: Introducción a Virgo

Cuando usted le dice a la gente "soy Virgo", normalmente está hablando de su signo solar. Pero ¿qué es un signo solar? Cuando el Sol gira alrededor de la Tierra cada año, pasa por los doce signos del Zodiaco y dura un mes en cada uno de ellos.

En la astrología el Sol se considera un planeta. Podríamos decir que es el planeta más poderoso. En lo que respecta a los horóscopos, el Sol es el planeta que más influye en la forma en la que lo perciben los demás, en cómo usted se expresa y en las motivaciones y razones que tiene para querer alcanzar los objetivos que se ha marcado.

Su signo solar ofrece una descripción general de su personalidad. Piense en él como el esbozo de un dibujo antes de rellenarlo con más detalles. Para tener una idea general de usted mismo como Virgo, o de un amigo o familiar que sea Virgo, el signo solar le dará lo que necesita saber.

Si alguna vez ha leído sobre la astrología de Virgo y ha pensado: "bueno, eso no ser parece especialmente preciso", es porque su signo solar solo le da la base de su personalidad. Además del Sol, hay que tener en cuenta la Luna. Un estudio de su carta natal mostraría que la Luna está en un signo Zodiacal muy diferente al del Sol.

Todos los planetas de su carta natal pueden ser de un signo diferente, lo que lo convierte en un individuo complejo y único. Imagine que todos los Virgo fueran iguales. Eso haría que el mundo no fuera tan divertido. Y no es que los Virgo no sean divertidos, ¡en realidad son increíbles! Bueno, al menos una vez que dejan entrar a las personas.

En lugar de centrarse solo en el signo solar, estudiar toda la carta natal es el único camino para saber quién es usted. Incluso cuando tenga toda la información que necesite, entienda que usted es un ser humano, lo que lo hace un ser dinámico.

Los signos pueden mostrarle el tipo de persona que es, pero al final, usted es quien decide lo que es realmente y en lo que se transformará. Sin embargo, conocer los atributos de Virgo le ayudará a tener mejores relaciones con ellos. Si usted mismo es Virgo, lo ayudará a entenderse a usted mismo y a saber cómo puede conectar con el mundo que le rodea de forma beneficiosa para ambos.

Los signos solares y sus divisiones

Antes de abordar los detalles sobre Virgo, debo ayudarlo a entender las distintas agrupaciones y divisiones de los signos del Zodiaco. Comencemos con las dualidades.

Dualidades

Los doce signos del Zodiaco pertenecen a lo masculino o a lo femenino, por lo que seis de ellos pertenecen a cada categoría. A estas agrupaciones se les llama dualidades. Aunque existen ciertas ideas preconcebidas sobre lo que significa ser masculino o femenino, esto no implica que uno sea mejor que el otro. Piense en ellas como cualidades neutras y poco más.

Lo femenino es magnético y receptivo y no tiene nada que ver con ser débil, pasivo o negativo. Por otro lado, lo masculino es enérgico y directo. Esto no significa que sea mejor que lo femenino, simplemente es así.

Existe una mejor forma de describir estos rasgos: todos los signos femeninos demuestran una fuerza silenciosa, pues son autosuficientes y poseen resolución interior, mientras que los signos masculinos muestran sus poderes a través de la acción dirigida hacia el exterior.

Los signos masculinos son Acuario, Libra, Aries, Leo, Géminis y Sagitario, mientras que los femeninos son Tauro, Piscis, Cáncer, Capricornio, Escorpio y, por último, pero no menos importante, Virgo.

Triplicidades

También podemos dividir los doce signos del Zodiaco en grupos de cuatro, con tres signos para cada grupo. Estos grupos se denominan triplicidades, y cada uno de ellos representa uno de los cuatro elementos: tierra, aire, agua y fuego. Estos elementos constituyen las características básicas de los doce tipos.

Los signos de tierra (Virgo, Capricornio y Tauro) son estables y prácticos. Los signos de aire (Libra, Géminis y Acuario) son comunicativos e intelectuales. Los signos de agua (Cáncer, Piscis y Escorpio) están en contacto con su intuición y sus emociones. Por último, los signos de Fuego (Leo, Aries y Sagitario) son entusiastas y a menudo activos.

Cuadruplicidades

También dividimos todos los signos del zodiaco en tres grupos de cuatro, conocidos como cuadruplicidades, que significan rasgos particulares. Hay tres cualidades en particular:

- Cardinal
- Fijo
- Mutable

Los signos cardinales suelen ser los más extrovertidos y emprendedores. Son los que inician las cosas. Si quiere a alguien que sea un impulsor innato, puede recurrir a los signos de Capricornio, Cáncer, Libra y Aries.

Los signos fijos son Escorpio, Leo, Acuario y Tauro. No están abiertos al cambio, lo que puede ser bueno, ya que terminan y perfeccionan lo que empiezan, en lugar de iniciar cosas.

Los signos mutables son Virgo, Géminis, Piscis y Sagitario. Son versátiles, se adaptan rápidamente y son flexibles. Son abiertos y capaces de adaptarse en función de las circunstancias a las que se enfrentan.

Hay que recordar que no hay ningún signo del Zodiaco con una combinación exacta de elementos, dualidades y cualidades. Gracias a las combinaciones únicas, todos los signos se expresan naturalmente de manera diferente entre sí.

Polaridades

Esta es la última agrupación de los signos del zodiaco, en la que se asignan dos signos a un grupo. Cada agrupación es una polaridad, lo que significa que comprende signos opuestos con naturalezas conflictivas. Veamos rápidamente las polaridades:

- Mientras que Sagitario se dedica a la filosofía y a las actividades mentales superiores, Géminis se dedica a la expresión personal.

- Acuario tiene que ver con los ideales y las esperanzas a gran escala, mientras que Leo tiene que ver con la creatividad y el placer personal.

- Libra se centra en el compañerismo, mientras que Aries se centra en la individualidad.

- Capricornio es un signo que tiene que ver con la vida pública, mientras que Cáncer tiene que ver con la vida en el hogar.

- Escorpio tiene que ver con las posesiones compartidas y la construcción de legados, mientras que Tauro se enfoca en sus posesiones personales.

- Los Piscis son todo autoengaño y sueños, mientras que Virgo está más relacionado con el autodesarrollo y lo funcional.

Cada signo del Zodiaco tiene sus días y números de la suerte, colores y plantas especiales, joyas, metales, lugares, etc. También tienen sus atributos positivos y sus retos. No le estoy sugiriendo que viva su vida según todo esto. Como Virgo, usted es más que bienvenido a usar otros colores además de los de Virgo y a intentar jugar a la lotería en cualquier otro día de la semana que no sea su día de la suerte.

Nada de esto significaría el fin del mundo. Sin embargo, puede que le resulte fascinante intentar experimentar con lo que está a punto de aprender. Como este libro trata sobre los Virgo, ahora nos enfocaremos en este increíble signo.

Virgo (22 de agosto — 22 de septiembre)

Aquí tiene una guía rápida de todo lo que necesita saber acerca de ser Virgo.

- Su dualidad es femenina.
- Su triplicidad o elemento es la Tierra.
- Su cualidad o cuadruplicidad es mutable. Usted es exigente, práctico, modesto y reservado.
- Es una persona trabajadora con una mente analítica y penetrante que está dispuesta a buscar minuciosamente el conocimiento y la comprensión en todo lo que hace.
- Su planeta regente es Mercurio. Este es el antiguo dios del comercio y la comunicación. Este planeta supervisa la razón y la inteligencia y lo predispone a ser un poco exaltado o "mercurial".
- Su símbolo es la Virgen. La Virgen representa las intenciones puras, la laboriosidad, la modestia y el servicio. Utiliza sus talentos para ayudar a otras personas. La representación típica de la Virgen es aquella donde sostiene una gavilla de trigo. Esta gavilla es una representación de Virgo usando sus habilidades, conocimientos e ideas para el beneficio (o alimento) de todos en el mundo.
- Su glifo (un símbolo escrito) representa a la Virgen porque es la representación pictórica de los órganos sexuales humanos intactos y sin mancha. El glifo tiene dos líneas curvas (una cruzada) y una línea recta. Esto representa la forma en que se entrelazan las emociones y los sentimientos con la sabiduría y la practicidad.
- Su frase clave dominante es *yo analizo*.
- Su polaridad es Piscis. Mientras que Piscis se engaña a sí mismo y se deja llevar por las ilusiones, Virgo es responsable y se esfuerza por mejorar. Mientras que el pisciano se deleita con la imaginación, la ensoñación, el autoengaño, el escapismo y la ambigüedad, el Virgo es bastante práctico y tiene los pies en la tierra.
- Las partes del cuerpo regidas por Virgo incluyen los intestinos y el sistema nervioso. Como Virgo, usted es bastante susceptible a las enfermedades causadas por la tensión nerviosa y el estrés. Las úlceras son una preocupación común para usted.
- Su día de suerte es el miércoles.
- Sus números de la suerte son el 3 y el 5.
- Su piedra de nacimiento mágica es el zafiro, la cual le da paz y tranquilidad mental y lo cuida de lesiones y enfermedades mientras viaja.
- Sus colores especiales son el gris y el azul marino, los cuales significan un gusto refinado.
- Sus ciudades son París, Heidelberg, Boston y Estrasburgo.
- Sus países son Grecia, Turquía, las Indias Occidentales y Creta.
- Sus flores son los pensamientos y la gloria de la mañana.
- Sus árboles son de frutos secos.
- Su metal es el mercurio.

- Sus animales son pequeños animales domésticos.
- Su desafío: Usted no puede evitar interferir, ofrecer críticas y parecer impasible. Estos rasgos pueden hacer que los demás se enfaden y se pongan violentos, por lo que debe ser consciente de ello.

Celebridades que son Virgo

1. Beyoncé
2. Zendaya
3. Idris Elba
4. Taraji P. Henson
5. Salma Hayek
6. Keanu Reeves
7. Lili Reinhart
8. Keke Palmer

Virgo en el trabajo

Es difícil encontrar un jefe o empleado que sea mejor que Virgo. Usted trabaja muy duro y es inteligente, cosas que son ventajas innegables. Cuando la gente necesita que se haga un trabajo, usted es la mejor mujer o el mejor hombre para el trabajo.

Uno de sus rasgos más fuertes es la atención que presta a los detalles, incluso a las cosas increíblemente pequeñas en las que la mayoría de las personas no se fijan. Usted no es de los que se descuidan. No se atrevería a dar por terminado algo que esté claramente incompleto.

Usted es cuidadoso con las decisiones que toma y tiene un proceso preciso para hacer las cosas. A veces, su proceso de trabajo particular y su atención a los detalles hacen que sea difícil para las personas con las que trabaja, ya que la mayoría de ellas prefieren que las cosas avancen lo más rápido posible. Pero usted no está dispuesto a sacrificar la calidad por la rapidez y por eso se siente cómodo haciendo que todos se tomen un momento para repasar el proyecto en cuestión con una lupa para poder solucionar todos los problemas. La perfección es algo que tiende a conseguir como resultado de todo ese proceso.

En la oficina, usted es analítico, práctico, trabajador, leal y amable. Estos son sus puntos fuertes. Por otro lado, es crítico con usted mismo, se preguntas si ha dado lo mejor de usted y si no debería intentar hacer más.

Usted también es crítico con los demás, pues no soporta que la gente no haga bien lo que debe hacer y no entiende cómo alguien puede ser tan descuidado. No es crítico porque disfrute siendo difícil, sino porque nada lo complace más que ser capaz de realizar un proyecto de forma impecable.

A veces se preocupa mucho por lo que podría salir mal y a menudo no descansa hasta que recibe una respuesta que asegure que ha hecho un buen trabajo. Además, usted es un poco tímido, pero puede superarlo simplemente expresando sus pensamientos. Al fin y al cabo, usted es más inteligente que la mayoría.

Este signo es muy trabajador y tiene la capacidad de resolver problemas. Es increíble trabajar con usted, especialmente cuando se permite ser generoso y amable. No importa cuál sea el trabajo, usted siempre será un elemento invaluable para el equipo.

Virgo en una fiesta

Los Virgo y las fiestas son algo complicado. De vez en cuando, se sueltan la melena y se divierten, pero normalmente es después de que unas cuantas copas los hayan relajado. Esto no significa que no sean sociables, sino que prefieren pasar el rato con la gente de forma individual o en pequeños grupos.

Usted probablemente sea la persona que se sienta en la fiesta con una copa, disfrutando de ver a los demás bailar y hacer el tonto. No es que usted sea un aguafiestas ni que no se lo pase bien, simplemente le encanta observar.

Cuando los Virgo deciden ser parte de la locura, se lo pasan en grande. Dejan a todo el mundo con la boca abierta, ya sea cantando las melodías de una canción de Christina Aguilera con notas especialmente altas o bailando como si fueran los hijos predilectos de Shakira y el difunto Michael Jackson.

Pero, cuando el efecto del alcohol pasa, están más que felices de tomar asiento... o de irse. Una cosa de la que nunca se los podrá acusar es de ser ese amigo que no sabe cuándo se acaba la fiesta. Y hablando de alcohol, cuando se dan cuenta de que han bebido más de lo que debían, son los primeros en irse a casa. Tienen un autocontrol increíble y solo se permiten llegar al punto de balancearse de un lado a otro y derrumbarse en un charco en el suelo cuando están en la relativa seguridad de su casa o con la gente que quieren y en la que confían.

Virgo en el hogar

Como Virgo, no hay nada que le importe más que un hogar limpio y ordenado. Puede que no sea religioso, pero usted sin duda se toma a pecho la frase "la limpieza está estrechamente relacionada con la santidad". Usted vive de acuerdo a eso, por lo que su casa debe estar en orden. No le gusta el desorden y lo limpia con regularidad. Seguro que sus amigos y familiares lo miran con escepticismo cuando dice cosas como "tengo que limpiar este sitio", porque desde su punto de vista no hay nada que necesite ser limpiado.

Le encanta que su casa tenga mucho espacio y mucha luz. Así que, al crear su espacio, usted vive según la idea de que todo tiene un espacio designado. No es que insista en esta necesidad de tenerlo todo ordenado para nada, es que usted realmente necesita el orden para funcionar. Sin él, no puede evitar sentirse apagado y sin paz.

En cuanto a la decoración del hogar, usted opta por el minimalismo. Esto no significa, ni mucho menos, que no tenga gusto. Usted presta atención al color, al estilo, a los materiales, a la artesanía y a cualquier otro elemento de cada habitación de su casa. Le gusta tener objetos bonitos que le den más elegancia al lugar, pero que también sean funcionales y prácticos.

Si alguien quiere conocerlo, encontrará su verdadero yo en la comodidad de su casa. Mientras que en el exterior se lo puede acusar de ser demasiado recto y de tener cara de pocos amigos, en casa usted se suelta por completo. Puede que se ponga a cantar y bailar porque está a punto de comerse una pizza increíble o simplemente porque le provocó.

Dado que el hogar es el lugar en el que usted se siente vulnerable, es cuidadoso con las personas que deja entrar a su espacio. Incluso cuando están con usted, es consciente de cuánto tiempo la gente permanece allí, a menos que formen parte de aquellos que considera cercanos y queridos.

Capítulo 2: Las fortalezas y debilidades de Virgo

En este capítulo, echaremos un rápido vistazo a las fortalezas y debilidades de los Virgo cuando hablamos de un amigo o familiar. Así que, ¡comencemos!

Las fortalezas de Virgo

De todos los rasgos de Virgo que usted o su amigo tienen, el más admirable es el esmero. Usted se empeña en hacer un buen trabajo para cualquier responsabilidad que se le haya asignado e, inevitablemente, esto lo lleva a prosperar y a alcanzar puestos más altos, sin importar a qué se dedique.

Por muy enigmático que parezca, la verdadera acción transcurre bajo su exterior tranquilo y frío. Por dentro, está inquieto y deseoso de aprovechar su tiempo al máximo. Usted es intenso de forma controlada y concentrada y esa intensidad la dirige a cosas que cree que mejorarán su vida.

Usted no es de los que se pasan todo el día viendo Netflix en pijama, y lo más probable es que en las raras ocasiones en las que ceda a ese impulso, se asegure de hacer al menos una cosa que considere productiva antes de irse a dormir. En lo que a usted respecta, siempre hay una oportunidad para ser mejor y hacerlo mejor, por lo que aprovecha cada segundo para trabajar en ser una mejor versión de usted mismo.

No es casualidad que esté tan obsesionado con la necesidad de hacer cosas. Después de todo, su planeta regente es Mercurio. Eso significa que le encanta la actividad constante, ya sea aprender a ser un corredor de bolsa o averiguar cómo ser un mejor jardinero. Está impulsado a hacer que las cosas sucedan y que lo hagan de la manera más perfecta posible.

A los Virgo se les da fatal dejar las cosas para después. Son increíblemente organizados la mayor parte del tiempo y se dedican a hacer que las cosas sucedan. Mientras el resto del mundo sueña, ellos actúan.

Como Virgo, usted está abierto al amor, pero necesita mucho más que solo amor para ser feliz y estar en paz usted mismo. Para usted, no basta con tener un amante, amigos, hijos o un hogar. Usted quiere asegurarse de que su vida significa algo, de que su existencia contribuye a mejorar su entorno.

Usted está lleno de ambición, pero no solo se trata de ganar dinero. Se trata de querer crecer en conocimiento y sabiduría y aplicar todo lo que ha aprendido de una forma que lo beneficie a usted y a todos los que lo rodean.

Nadie tiene un propósito tan puro como usted. De hecho, esto es lo que representa a Virgo. No vive su vida para explotar a la gente. Aspira a ideales mucho más elevados y nada le atrae más que la posibilidad de ser útil.

Hace mucho tiempo, Virgo simbolizaba la cosecha. ¿Recuerda la imagen de la Virgen con una gavilla de trigo en la mano? Esto representa que aquellos bajo el signo solar Virgo siempre tomarán las habilidades, el conocimiento, la sabiduría y la información que tienen, la plantarán y luego cosecharán los frutos para disfrutar y compartir los beneficios de todo lo que han sembrado. Usted, querido Virgo, es un proveedor.

Si hay algo de lo que nadie puede acusarlo es de ser poco inteligente. Su memoria es aguda, con una forma de pensar definida y capaz de analizar como nadie más puede hacerlo, y puede atravesar las lagunas mentales para llegar a respuestas claras gracias a sus facultades mentales.

Otra cosa que se le da increíblemente bien es averiguar por qué la gente hace realmente lo que hace, independientemente de las razones que aleguen. Lo más probable es que sea la persona a la que sus amigos y familiares consulten antes de hacer cosas importantes porque a menudo es muy bueno para descubrir los puntos débiles de sus planes.

La lógica es algo con lo que se siente muy cómodo, por lo que no tiene inconvenientes para desmenuzar un problema y reconstruirlo hasta llegar a una solución. Es excelente dando respuestas y poniendo fin a los desacuerdos.

No es común que tome una decisión antes de tener todos los datos que necesita. Le gusta el mundo de los hechos y no le gustan los videntes, las bolas de cristal y demás. No le gusta hacer juicios basados en las emociones y tampoco le gusta que la gente lo haga.

Las debilidades de Virgo y cómo manejarlas

A pesar de lo bueno que resulta ser siempre racional, considere la posibilidad de dar cabida a conceptos como la fe, la espiritualidad y la sincronicidad. Ya que usted es un Virgo amante de los hechos, aquí tiene un hecho que definitivamente amará más y más mientras reflexionas en él: las cosas suceden y conocemos a la gente por una razón. No es algo aleatorio. Este es el reto al que se enfrenta como Virgo: estar dispuesto a aceptar y permitir cosas como la fe.

Su planeta regente Mercurio tiene que ver con el pensamiento y las suposiciones, los cuales forman parte de la realidad que experimenta. Asumir lo peor y pensar siempre lo peor le llevará inevitablemente a las peores experiencias.

Tiene que conocer su tendencia a evitar sus verdaderas emociones porque prefiere negarlas. Puede que insista en que no está enfadado por algo o que está bien con la forma en que han salido las cosas cuando otra persona consigue el chico o la chica o consigue el trabajo cómodo o el ascenso que usted quería. Lo único que hace esto es mantener los sentimientos desagradables ocultos dentro de usted.

Otra cosa que debe tener en cuenta es que tiende a centrarse en una cosa excluyendo el panorama general. Tiene un talento asombroso para organizarse y ser preciso, pero a veces eso hace que le cueste darse cuenta de si está ocurriendo algo más importante.

Como confía explícitamente en la lógica, le resulta difícil ser imaginativo y la inspiración no le llega tan a menudo como podría permitirlo. Tiende a recurrir a lo que ya sabe que funciona, en lugar de buscar algo nuevo. Le importa aprender cómo y por qué las cosas funcionan como lo hacen. Lo bueno es que es un signo solar mutable, así que puede hacer los cambios necesarios para incorporar lo nuevo a lo viejo.

Es posible que tenga el hábito de hacer una montaña de un grano de arena. Toma un problema pequeño y sencillo y lo exagera complicándolo. Lo que debería aprender es a no ser tan analítico con las cosas; a veces las cosas en realidad sí son lo que parecen y no hay nada más que eso.

Usted es reservado por naturaleza, incluso un poco tímido. No acostumbra a mantener conversaciones triviales, pues no le resulta nada relajante charlar con extraños sobre cosas tan mundanas como el clima o el color de esmalte de uñas que lleva en sus manos. Prefiere hablar con la gente sobre cosas más profundas que realmente importan; es en esta situación donde prospera y su ingenio e intelecto brillan por sí mismos y penetran como un láser. En sus interacciones individuales, deja que la gente vea que está lleno de ingenio, perspicacia, encanto, percepción y sabiduría.

No se engaña diciendo que "el dinero no importa". Conoce su importancia y es un experto en el manejo de sus finanzas, aunque no le guste alardear de ello. No es de los que gastan dinero en cosas innecesarias o en productos supuestamente milagrosos. Esto no significa que sea un tacaño, simplemente es experto en sacarle el máximo provecho a su dinero.

Como tiene muy claro lo que acepta y lo que no, puede ser demasiado crítico. No está de acuerdo con el *statu quo* y hará todo lo posible para mejorar las cosas. Presiona a las personas para que den lo mejor de sí mismas.

A veces, como es tan consciente de todas las formas en que las cosas podrían ser mejores, deja que este conocimiento se apodere de usted y se siente infeliz. Sin embargo, usted hace todo lo posible por evitar situaciones en las que los demás puedan criticar lo que hace mal, a menos que sea el único tipo de Virgo que puede soportar las críticas y que no tiene inconveniente en admitir que no siempre lo hace bien.

En cuanto a su salud, usted no quiere nada menos que lo mejor. Nunca necesita que el médico lo llame para pedirle una revisión porque usted solo se presenta con la puntualidad de un reloj. Toma sus vitaminas y mueve su cuerpo tan a menudo y tan bien como puede. Esto es estupendo, pero debe tener cuidado con preocuparse demasiado por su salud. Cuando se preocupa así, se pone tenso y nervioso, lo que naturalmente lo predispone a enfermarse. Además, tenga cuidado para no ceder a la hipocondría, en la que se asume que uno está enfermo, aunque en realidad esté bien.

No hay nada tan asombroso como estar en la relación correcta, donde hay mucha calidez y amor. Al haber nacido bajo el signo solar de Virgo, usted es un alma naturalmente cariñosa, dadivosa, leal, devota y amable. Cuando alguien tiene la suerte de ganarse su amor, usted hace todo lo posible para servirle y mantenerle feliz.

La persona que es en realidad

No hay nadie tan dedicado y con tanta fuerza de voluntad como usted, y hará todo lo posible para asegurarse de llevar algo a cabo hasta el final y que todo esté perfecto. La razón por la que usted es así es simple: no soporta la idea de fracasar en algo y se inclina por ser demasiado duro con usted mismo. Por muy "crítico" que la gente piense que puede ser, la cantidad de críticas se multiplican por cien cuando se las dirige a usted mismo.

Si alguien cree que puede descifrarlo, que lo piense mejor. Usted es un rompecabezas rodeado de misterio y envuelto en un enigma. Cuando trata con personas que no conoce demasiado bien, a menudo se reprime. Incluso aquellos que usted conoce y quiere lo describirán como reservado. Por muy frío que parezca por fuera, en su interior hay un torrente de emociones que nadie puede ver. Nadie es tan intenso como los Virgo, y no solo eso, sino que también es dado a la sensibilidad a niveles extremos, algo que solo conocerán las personas que usted deje que lo descubran.

Le gusta poder cuidar de la gente que lo rodea, ya sea aportando materialmente o dando consejos útiles muy necesarios. Sin embargo, le gusta que le muestren aprecio por sus actos. Le importa que las personas a las que ayuda demuestren activamente que no está perdiendo el tiempo y que están agradecidas por lo que les ofrece. Para usted es importante sentir que sirve para algo, que presta ayuda porque la gente le importa.

Como otras personas lo ven

La gente piensa en usted como alguien que tiene éxito. Usted es el epítome de la persona ambiciosa. Es por ello que a menudo se le asignan muchas responsabilidades y la gente confía en usted para manejar todo lo que se le presenta. Saben que puede resolver cualquier problema que se le presente gracias a sus habilidades incomparables.

Sus amigos y familiares acudirán a menudo a usted para que les ayude a entender por qué actúan como lo hacen o por qué se sienten como lo hacen respecto a su carrera, sus seres queridos o cualquier otra cosa que les moleste.

Usted es increíblemente hábil para priorizar y encontrar el orden en medio de la locura. Cuando todo el mundo pierde la cabeza, usted es el que mantiene las cosas firmes.

Como es exigente (en el buen sentido), la gente siempre se fija en sus recomendaciones sobre cualquier cosa, desde la cocina hasta la moda, pasando por los libros y las películas. Nunca deja entrar a nadie tan fácilmente. Su corazón podrá está en cualquier parte, pero definitivamente nunca irá con él en la mano. Por esta razón, algunas personas asumen erróneamente que usted es frío e insensible. ¡Si tan solo supieran lo mucho que usted siente y se preocupa por ellos!

Virgo en la familia

Si pudiera cambiar la forma de actuar de algunos de sus familiares, ¿lo haría? Sea sincero. Piense en ese tío espeluznante, o en ese hermano quisquilloso, o en su madre prepotente. A veces nos gustaría poder cambiar a las personas con las que nos ha tocado vivir, pero como no tenemos una varita ni un hechizo mágico para arreglarlas, la única opción que nos queda es huir... Vale, eso puede ser un poco dramático. Tal vez podríamos intentar comprenderlos un poco mejor. Para ello, la astrología puede ser muy útil. Si miramos a los astros, podemos averiguar qué es lo que funciona con los Virgo.

Con la astrología, se deben tener en cuenta otras cosas además de los signos del Zodiaco y el lugar en el que se encuentran, ya que estas cosas también desempeñan una función importante en la dinámica familiar única. Me refiero a las modalidades de las que hablamos antes (mutables, cardinales y fijas) y a los elementos (tierra, fuego, agua y aire).

Los Virgo pertenecen al elemento tierra, por lo que tienen cualidades que nos recuerdan a la Tierra. Por un lado, descubrirá que son los miembros de la familia que tienen los pies en la tierra. Son modestos en cuanto a las cosas que han logrado y de las que son capaces, y también son increíblemente aterrizados.

Virgo es la persona más pragmática en casa. Notará que a veces pueden ser un poco conservadores y eso está bien. Les encanta tener una rutina, ya que les da una sensación de orden y estabilidad y los hace sentirse seguros y tranquilos.

Notará que a su pariente de Virgo le gusta analizar las cosas y se empeña en ser práctico, pensando en todos los ángulos antes de tomar una decisión o hacer un movimiento. Lo que ocurre con la tierra es que se mantiene firme como una roca, a diferencia del aire y el fuego. A los Virgo no les gustan las sorpresas. Una forma segura de provocar su ira o de hacer que se sienta incómodo sería meterlos en un problema inesperado. Pero si hablamos de un Virgo que ha aprendido a aceptar su rasgo mutable, entonces soportará cualquier cosa que le lancen, aunque les hará saber después de haberlo resuelto que lo que le hicieron no le gustó.

Al igual que no es tan fácil transformar una roca en otra cosa, los Virgo no están del todo abiertos al cambio. Son muy organizados y prefieren hacer algo con lo que están familiarizados y se sienten cómodos en lugar de arriesgarse a alterar el orden. Esto puede parecer algo terrible, pero no lo es. Usted descubrirá que la cabeza más tranquila, paciente y firme en el hogar es la de Virgo. Puede confiar en ellos para hacer el trabajo. Puede confiar en que, si han dicho que van a empezar a hacer algo, lo van a hacer.

En medio de la confusión, el pánico o una discusión acalorada, puede recurrir al infinito pozo de la razón de su pariente virgo. La próxima vez que haya una crisis, mire a todos en la habitación y se dará cuenta de que el Virgo es la persona más equilibrada. El único problema de que sean tan firmes, equilibrados y estables es que puede resultar difícil saber lo que sienten o piensan. No es que esto sea un problema. Si quiere saber qué les ronda por la cabeza, pregúnteles. No sea insistente; en su momento y a su manera, le darán una respuesta.

La tierra es un elemento relacionado con el materialismo. Esto no significa que su pariente virgo sea materialista ni mucho menos, al menos no de forma superficial. ¿Tienen un gusto muy sofisticado? Sí, lo tienen. Pero no les gusta mostrar sus posesiones (ni las de los demás) de forma ostentosa.

Para los Virgo, lo más importante es la fiabilidad y la estabilidad emocional. Para ellos, eso es tan importante como estar en un terreno financiero estable. Hablando de dinero, los Virgo hacen todo lo posible para que nunca sea un problema y puedan vivir la vida sin tener que preocuparse por el efectivo.

Otro aspecto interesante de este signo de tierra es que les encanta tocar y tienen sensualidad a raudales. Tal vez usted no piense que son todo azúcar, flores y todas esas cosas bonitas, pero son cariñosos, sentimentales y de sentimientos genuinos.

La tierra se encuentra con el agua

Si vemos la forma en que trabaja la naturaleza, notaremos que el agua y la tierra tienen una relación de beneficio mutuo. Lo mismo ocurre con los Virgo de tierra y cualquier otro signo de agua que haya en la familia. Si usted es un signo de agua y tiene un pariente virgo, probablemente habrá notado que hay buenas vibras entre ustedes. La tierra y el agua se unen profundamente, sin fisuras y sin dificultad.

Al ser un signo de tierra, los Virgo tienen toda la paciencia que necesitan para lidiar con la naturaleza compleja y los estados de ánimo de los signos de agua. Al mismo tiempo, los signos de agua son excelentes para apoyar emocionalmente a los Virgo y crear un espacio cómodo y seguro para que estos se adentren en sus sentimientos. Por supuesto, los Piscis pueden pensar que Virgo está demasiado tenso, pero en realidad solo hay amor. El signo de agua suele empujar a Virgo a ser mucho más compasivo y perceptivo emocionalmente, mientras que la tierra les dará calma y estabilidad a los signos de agua.

La tierra se encuentra con el aire

Los signos de aire y Virgo comparten un sentido del humor similar: inusual y único. También tienen la misma sensibilidad delicada. Además, ambos encuentran el drama completamente desagradable. Dicho esto, debido a la naturaleza práctica de los Virgo, podrían tener un problema con lo frenéticos e impredecibles que suelen ser los signos de aire. Por otro lado, si usted es un signo de aire, probablemente piense que los Virgo son inflexibles, demasiado rígidos y demasiado medidos en cada paso que dan.

Mientras que el signo de aire está lleno de ideas, Virgo, al ser de tierra, prefiere lo tangible y práctico. Por ejemplo, si usted es padre o madre de un Virgo y de un Libra, no se moleste si su hijo discute cuando usted está indeciso. No se desespere y aprovéchelo; su hijo Virgo puede enseñarle por qué vale la pena comprometerse con una decisión y usted puede enseñarle a soltarse y ser un poco más espontáneo.

La tierra se encuentra con el fuego

Sería difícil encontrar elementos más opuestos que estos dos... Vale, es cierto, están el fuego y el agua, pero estamos hablando de Virgo. Los signos de fuego tienden a ser espontáneos y esto es todo lo contrario del cauteloso Virgo. Si usted es un padre o madre virgo, esta es la razón por la que su hijo Sagitario lo considera demasiado sofocante. Eso no significa que no haya ningún aspecto positivo en este complicado baile entre la tierra y el fuego.

Virgo podría ganar mucho con el amor por vivir la vida de los signos de fuego, ya que aprenden a estar bien cuando experimenta cosas nuevas y hacen las paces con lo desconocido. Por otro lado, los Virgo pueden ayudar a sus parientes del signo de fuego dándoles una base estable y enseñándoles el valor de la concentración, la constancia y la paciencia.

El Virgo mutable de la familia

Dado que los Virgo son mutables, eso significa que son increíblemente flexibles y versátiles porque pueden aprender a lidiar con el cambio. Casi como un camaleón, se adaptan a cualquier entorno o situación en la que se encuentren.

Nadie es tan complaciente, comprometido y servicial como el Virgo mutable. Irónicamente, por muy organizados y prácticos que sean los Virgo, y por muy enamorados que estén de sus rutinas, se dejarán llevar por la corriente siempre que las circunstancias lo dicten.

Los Virgo mutables toman deliberadamente el camino reticente. Son el mejor jugador de equipo que se puede tener. No les gusta liderar, pero pueden esclarecer una situación cuando se trata de enseñar al resto de la familia a estar en paz con los nuevos acontecimientos y estar dispuestos a acomodarse.

Ser mutable significa que a los Virgo no les gustan los conflictos en la familia. Harán todo lo posible por ver las cosas desde el punto de vista de todos, y es esta cualidad suya la que les convierte en excelentes mediadores, porque ayudan a las personas a resolver sus diferencias y a que las cosas vuelvan a la normalidad.

Capítulo 3: Los niños virgo

Los bebés que sean Virgo serán sensibles y conmovedores. Se sobresaltan con todos los sonidos, prefieren que solo las personas conocidas los toquen y lloran cuando una voz a su alrededor no le parece suficientemente suave.

Los bebés virgo distinguen muy pronto entre los extraños y la familia y se sienten incómodos cuando se les deja solos con caras desconocidas. Son propensos a estar inquietos en un ambiente con cunas incómodas, sonidos agudos, pañales mojados y luz brillante.

Aunque un bebé virgo no llorará con fuerza, seguramente tendrá rabietas. Gimotearán y mantendrán la cara arrugada hasta que se les devuelva la comodidad. Estos niños necesitan un flujo constante de amor y estímulo; de lo contrario, se sienten indefensos y desprotegidos.

Los niños virgo se inclinan por lidiar con las inseguridades incluso a temprana edad, y esto les impide participar en grupos con otros niños y en cualquier evento desconocido o comunicarse con extraños. Pero que no lo engañen, son pequeños seguros de sí mismos y sin miedo, mas solo cuando están en compañía de caras conocidas y cariñosas.

Los niños virgo suelen sentir curiosidad por el espacio que les rodea y se sienten atraídos por todo lo desconocido, a pesar de ser indecisos y cautelosos. Nunca se lanzarán de cabeza a una situación extraña y no darán ningún paso sin la guía de un adulto conocido. Incluso en ese caso, mirarán continuamente al adulto en busca de aprobación o retroalimentación mientras avanzan. El adulto se encarga de proporcionarle elogios, confianza en sí mismo y explicaciones.

En cuanto aprenden a hablar, todo se acelera. Los bebés virgo preguntan de todo, especialmente el nombre de las cosas. Parece que tienen un don para ello. La lectura se convierte en una de sus actividades favoritas. Recuerdan todos los poemas y cuentos, repitiéndolos alegremente tantas veces como sientan la necesidad de hacerlo.

Prefieren juguetes totalmente inofensivos, como muñecas, cubos u osos de peluche. También les entusiasman los juegos con historias, en los que tienen que asumir el papel de médico, profesor, padre, etc. A estos pequeños les encantan los animales y aprecian mucho tener una mascota como un cachorro, un loro, un hámster, un gatito, etc. Esto les ayuda a desarrollar la disciplina y el sentido de la responsabilidad a una edad temprana, ya que se dan cuenta rápidamente de cómo cuidar a su pequeño amigo animal.

En cuanto pueden moverse cómodamente, los pequeños Virgo se convierten en grandes ayudantes. Aprovechan cualquier oportunidad para participar en las tareas de la casa, como fregar los platos o limpiar el suelo, o al menos lo intentan, sobre todo cuando reciben algún tipo de elogio y estímulo. Este hábito se mantiene porque rápidamente aprenden a recoger sus juguetes, a mantener el orden y a asegurarse de que sus habitaciones están tan organizadas como sea posible para su edad. En la mayoría de los casos, este comportamiento se prolonga hasta la edad adulta, sobre todo si recibieron refuerzos positivos y estímulos de sus padres o tutores durante los años de formación.

Como niño en edad preescolar, es posible que prefiera pasar la mayor parte del tiempo jugando solo, dibujando o descifrando sus juguetes. Para aprender, el niño en edad preescolar se compromete. Sin embargo, es frecuente que haya algo que cause problemas a estos niños: la comunicación con sus compañeros. Esto puede pasar desapercibido hasta que llega el momento de practicar deportes de equipo o cualquier actividad que implique trabajo en grupo.

Los niños virgo suelen encontrarse solos, pues prefieren observar y participar desde la distancia. Sin la orientación de los padres o los profesores, pueden aislarse tanto que empiezan a pensar que no son como los demás, lo que a veces les provoca un complejo de inferioridad.

Como he mencionado antes, los niños virgo dan mucha importancia a la pulcritud. Deben mantener esa pureza interna y externa. Son dignos de confianza, sobre todo con las finanzas, siendo de los que se gastan el dinero del colegio en las comidas o en cualquier cosa que parezca práctica y útil. Son extrañamente tranquilos, lo que hace que uno se pregunte qué pasa por sus pequeñas cabezas.

Expresar emociones no les resulta fácil debido a sus intensos niveles de contención y tranquilidad. Todo lo que dicen lo piensan detenidamente más veces de las que uno puede imaginar. Esto es un arma de doble filo, ya que puede ser una bendición tener un niño tranquilo y sosegado o un problema cuando se necesita saber por qué problemas puede estar pasando.

El niño virgo

Todos los Virgo son pensadores profundos. La Tierra es una fuerza que se conecta con la tierra para aquellos nacidos bajo este signo, a diferencia de los temerarios de los signos de fuego. Esta es la razón por la que el joven varón virgo se siente más atraído por las actividades mentales que por las físicas. Un niño virgo piensa en tantas posibilidades como puede y planifica cada una de ellas. Si usted tiene un hijo virgo, seguramente habrá notado la poca frecuencia con la que tiene que recordarle que tome precauciones porque siempre lo hace. No es propenso a utilizar la fuerza bruta o la bravuconería. En cambio, se inclina por la escucha, la previsión y la inteligencia.

Esto no significa que cada pequeño detalle en la mente del niño virgo esté colocado en compartimentos. Hay momentos en los que experimenta ansiedad, incluso cuando no debería. Este es el precio que hay que pagar por absorber información constantemente, ya que el conocimiento puede impedir que uno actúe sin preocuparse por el mundo.

Por ejemplo, puede estar excesivamente preocupado por las cosas pequeñas y privarse a sí mismo de las experiencias que habría disfrutado si no estuviera abrumado por la preocupación.

Al chico virgo no le gustan los compromisos. Esto puede molestar a los demás que no ven a través de la lente de Virgo, que mejora el contenido y el nivel de todo lo que le rodea. Un niño virgo puede ser fácilmente percibido como quisquilloso y mezquino cuando, en realidad, solo es observador y está alerta.

La niña virgo

Las niñas de esta categoría poseen un fuerte deseo de saber y entender las cosas de la vida. Si no se les educa en un entorno cálido y cariñoso, este deseo de entenderlo todo puede transformarse en una fea necesidad de manipular, pero no es su culpa si no fueron criadas por los mejores padres.

La observación aguda y la capacidad de elección son características de las niñas virgo a una edad temprana. Son buenas comunicadoras y aún mejores oyentes aún. En sus momentos de silencio, sus ojos observan constantemente el mundo, tomando nota de las palabras y acciones de quienes tienen alrededor. Pasarán mucho tiempo analizando el mundo que las rodea en sus cabezas.

Como la niña nacida bajo el signo Virgo exige la perfección, es propensa a tener un complejo de inferioridad. Fuera de los sistemas de apoyo adecuados, puede ser su peor crítica porque se crea expectativas irreales de sí misma en su cabeza. Estas expectativas le hacen suponer erróneamente que nunca será suficiente tal y como es. Por eso necesita una base adecuada de amor y cuidado, y ganaría mucho si estuviera con personas que vieran sus esfuerzos y los reconocieran al tiempo que le hicieran saber que está bien tal y como es. Lo más importante es que sepa que está bien cometer errores. Esto es especialmente importante porque cuantas menos normas imposibles se imponga a sí misma, más podrá disfrutar de una vida rica y satisfactoria.

Su voz interior le dice que haga todo lo posible para causar una buena impresión a las personas de su entorno. Esto puede ser algo bueno o malo. A veces es algo bueno porque significa que se asegurará de poder conectar con la gente que la rodea y crear un espacio cómodo para todos.

Por otro lado, podría significar que se moleste porque está tratando de adherirse a las normas de otras personas para su vida, mientras que descuida su propia alegría, y algunas de esas normas en realidad solo se basan en suposiciones de lo que ella piensa que se requiere de ella, no en lo que las personas que conoce le piden explícitamente.

La salud de los niños virgo

Los intestinos y el estómago son los puntos vulnerables de los niños virgo y pueden ser especialmente propensos a las intoxicaciones. Hay que tener cuidado al seleccionar sus comidas cuando son bebés. El hecho de que algo funcione bien para otros bebés no significa que sea igual de bueno para su hijo virgo.

Recuerde que su hijo virgo es propenso a padecer trastornos nerviosos y tiende a ocultar sus emociones a las personas en las que no confía. Incluso cuando usted, a quien considera un padre cariñoso y de confianza, necesite saber cómo se siente, hágale entender que puede hacerle saber cualquier cosa, y asegúrese de no condenarlo ni juzgarlo por lo que siente.

Aunque los niños virgo tienden a desarrollar enfermedades pulmonares, los problemas gastrointestinales son más comunes. No se preocupe si su hijo virgo está delgado al crecer. Haga lo que haga, no lo alimente a la fuerza. Su sistema digestivo funciona muy bien y los niños están en contacto con él. Si no quieren comer algo, o no quieren comer más, confíe en que es por una buena razón, aunque los niños no conozcan la complicada jerga médica para explicárselo. Si le preocupa que no tengan suficiente apetito, siempre puede consultar con su médico en lugar de tomar el asunto por sus propias manos.

Los Virgo comen la comida exacta que necesitan, y si eso significa que son un poco más pequeños que los otros niños, no hay problema. Tienen una gran intuición para seleccionar lo que les funciona y lo que no. Esto no es sinónimo de ignorar si su hijo virgo tiene un peso inferior al normal, así que busque ayuda si ese es el caso.

Las aficiones de los niños virgo

Una de las primeras cosas que notará en un niño virgo es que tiende a terminar todo lo que empieza. Son demasiado autocríticos y pueden detectar sus propios defectos y errores antes que usted, así que no se moleste en señalarlos.

El niño virgo ya sabe dónde se equivocó con lo que está haciendo. Si usted cree que lo está ayudando al mostrarle sus errores, no es así. Lo único que conseguirá es desmoralizarlos por completo. Se desenvuelven bien cuando se concentran de forma intensa, así que no se sorprenda si se enfada porque usted ha invadido su espacio personal para ofrecerle sus "recomendaciones".

Los niños virgo se sienten atraídos por cualquier actividad que requiera una gran concentración. Les encanta leer, escribir, dibujar, pintar, tocar instrumentos o hacer cualquier otra cosa que puedan hacer con sus manos si les apetece. Tienen un ojo increíble para los detalles, así que puede esperar que cualquier cosa que hagan sea increíble.

Sea lo que sea lo que atraiga a su hijo virgo, usted puede estar seguro de una cosa: estará profundamente concentrado en ello. A veces, puede que le cueste conseguir que dejen lo que están haciendo para ir a bañarse o a cenar. No se lo tome a pecho y tampoco los obligue a salir. Simplemente, hágales saber que tienen unos minutos más para terminar después y que pueden volver a su afición cuando hayan terminado de ocuparse de su estómago o de su cuerpo.

Los niños virgo en el colegio

Los niños virgo son casi siempre el estudiante ideal en la escuela. Se divierten mucho aprendiendo, que de todos modos es el objetivo de ir a la escuela. Les encantan los libros, ya sea que estén llenos de historias o de conceptos intrigantes sobre la vida. Los Virgo nunca harán trampas en los exámenes. Es más común que sean los otros niños quienes quieran copiarles las respuestas a ellos. Son los estudiantes a los que se verá garabateando y que probablemente necesiten una hoja extra porque quieren anotar cada pensamiento que tienen sobre lo que han aprendido hasta ahora.

Consejos para los padres

Muéstrele a su hijo virgo todo lo que pueda del mundo a través de libros, viajes, documentales o cualquier otro recurso. Esto es importante porque los abre a todas las posibles formas en que pueden expresarse. Usted estará aprovechando la mutabilidad de su signo al permitirle tener un abanico de formas diferentes de estructurar su vida.

No intente ni por un segundo insinuar que hay algo malo en la necesidad de su hijo por tener orden y estructura. Anímelo, pero, al mismo tiempo, hágale saber que no todo el mundo es tan limpio y ordenado como él. Recuérdele que eso no tiene nada de malo y que, dentro de lo razonable, es posible tolerar el desorden de los demás.

Cuando tenga que criticar a sus hijos virgo, usted debe asegurarse de que se trata de críticas constructivas, es decir, comentarios que lo fortalecen en lugar de derribarlo. Comparta sus críticas con ellos como si fuese un amigo. Utilice la persuasión y la influencia, no los castigos y la fuerza. En lugar de decir: "deberías haberlo hecho así", anímelos a que se acerquen a su forma de pensar preguntándoles: "¿y si lo intentas de esta manera? ¿Qué te parece?". Si le ofrecen razones por las que creen que no podría funcionar, entonces convénzalos discretamente preguntando: "bueno, ¿qué otra cosa crees que podríamos intentar hacer que pudiera ser incluso mejor que lo que hicimos antes?".

Levantarle la voz a su hijo virgo para dejarle claro un punto nunca será necesario, porque en realidad son lógicos y lo entienden de todos modos. Gritar solo hace que se callen y que usted nunca vuelva a saber lo que piensan o sienten sobre cualquier cosa. A su hijo virgo no le interesa la violencia, la ira o la confrontación, sobre todo cuando es él quien la recibe.

Dele acceso a los libros, ¡a muchos libros! No importa si son libros de cuentos, enciclopedias, libros de viajes, etc. Es a partir de estos libros que el niño puede formar su propia visión del mundo. Esto no significa que a su hijo no le interesen los juguetes y los aparatos, así que cómprelos también. Sean cuales sean sus aficiones, su trabajo como padre es crear un entorno que les permita dedicarse a ellas con tanta pasión como su corazoncito quiera.

Ayudarlo a aprender a interactuar con los demás y a salir de su caparazón es igual de importante. Demuéstrele que está bien trabajar con otros haciendo que se una a los niños en grupos, preferiblemente aquellos centrados en sus intereses. Cuando se sienta bien con el concepto de pasar tiempo con otros, estará abierto a explorar actividades fuera de su zona de confort, sabiendo que ahora tiene las herramientas para interactuar con otros a su alrededor.

El niño virgo se aleja de sus padres o tutores si se siente incomprendido, por lo que es importante construir y cimentar la confianza entre ambos en los años de formación del niño. Hable con él con calma, sin juicios ni reproches. Alégrese de verdad con él y por él.

Capítulo 4: Virgo y el amor

Algo interesante sobre los Virgo es que tienden a tomarse más tiempo para enamorarse. No es que sean incapaces de amar o que no sean dados a ser soñadores y románticos, pero para ellos, la persona a la que le entreguen su corazón tiene que valer la pena.

A los Virgo no les interesan las aventuras amorosas tontas y sin sentido; quieren profundidad, quieren la verdad y quieren fiabilidad. No importa cuántas mariposas sientan en su estómago cuando usted pase frente a ellos o cuando huelan algo que les recuerde a usted, seguirán manteniendo su corazón firmemente en su sitio a menos (y hasta) que puedan estar seguros de que usted está allí para quedarse a largo plazo.

Virgo: los verdaderos sapiosexuales

Los Virgo son los cerebritos sensuales del Zodiaco. Como Virgo, usted considera que la mente es el aspecto más atractivo de una persona. Le encantan las conversaciones increíbles, las bromas ingeniosas e incluso los dobles sentidos. No hay nada que le guste más que una conversación recíproca en la que la otra persona puede devolver lo que recibe.

Para usted, una forma segura de que alguien en *Tinder* deje de ser un *match* de forma instantánea es que solo le lance frases de una sola línea... o peor aún, respuestas de una sola palabra que, de paso, son solo acrónimos o abreviaturas.

Los Virgo: ¡cualquier cosa menos fríos!

Si usted es Virgo y alguna vez ha leído un libro o un artículo que dice algo así como "los Virgo pueden parecer demasiado fríos", probablemente se habrá opuesto rotundamente a eso cientos de veces porque sabe que no es cierto. Es cierto que a veces lo parece, pero normalmente solo con desconocidos, con personas con las que aún no se siente cómodo o con personas que se han encontrado en ese momento con usted.

Para estar en una relación íntima, más vale que quien tenga la suerte de tenerlo esté bien preparado para el calor candente de su amor. Cuando usted está seguro de lo que siente por alguien, se entrega al cien por cien. Les deja entrar. Deje que se sumerjan en lo más profundo y ahí la otra persona puede ver que sus emociones son profundas y verdaderas.

Apoyo para los Virgo

Los Virgo son sus peores críticos y valoran la perfección en sí mismos por encima de todo. Tener una pareja que le brinde amor incondicional, apoyo y estímulo conduce a un Virgo más sano y feliz. La gente debe ser cuidadosa y suave con usted durante los conflictos o podría correr el riesgo de debilitar el vínculo en lugar de fortalecerlo.

Los Virgo prefieren tener una pareja madura por una buena razón. Necesitan una pareja en la que puedan confiar y que no reaccione de forma exagerada ante cada pequeña crisis; una pareja que pueda mantenerse centrada en los hechos de cualquier asunto que se esté tratando en el momento, en lugar de escuchar solo lo que ella misma quiere oír y sacar a relucir cosas irrelevantes.

Las mejores parejas para Virgo

Veamos los signos que serían la mejor pareja para los Virgo. Se trata de signos que resaltan las mejores cualidades de los Virgo y pueden proporcionar un equilibrio para las cualidades menos positivas.

Escorpio

Virgo y Escorpio son la pareja más sorprendente y una de las más fuertes del Zodiaco. Escorpio es salvaje e intenso, mientras que Virgo tiene los pies en la tierra, y esto hace que funcionen maravillosamente juntos.

Ambos se preocupan, ¡y mucho! Si hay alguien en quien siempre se puede confiar, esos son los Escorpio, además de que ellos mismos valoran la confianza como una de las cosas más importantes en cualquier relación. No son los mejores para abrirse, pero en cuanto usted se abre paso en su corazón, están más que felices de amarlo con una intensidad que nunca hubiera imaginado posible.

Los Virgo se ocupan de las necesidades de los demás antes que de sí mismos, y a menudo se critican por no dar mucho más de lo que ya hacen por otros, lo cual es curioso porque los Virgo siempre dan, dan y dan. Como Virgo, usted se siente bien dando.

Ahora, tanto Virgo como Escorpio sienten las cosas profundamente. Puede no sea evidente, pero los Escorpio son emocionales. Pondrán un gran muro para que nadie lo vea y puedan mantenerse a salvo. Sí, así es... a Escorpio le preocupa ser vulnerable, por lo que se mantiene cerrado hasta que alguien que valga la pena (ese es usted, Virgo) se acerque y logre que se abra.

Cuando los Virgo y los Escorpio se juntan, saltan chispas. Las cosas se vuelven intensas y profundas. Cada uno sabe que puede confiar en el otro. Incluso como amigos, su lealtad no conoce límites. Ambos aprenden del otro y crecen juntos. La profundidad del entendimiento que ambos comparten no necesita palabras, ni siquiera para usted, querido Virgo. Usted conoce a su Escorpio de cabo a rabo y no tiene miedo de hacer lo mismo y desnudar su corazón para él.

Capricornio

Capricornio es una pareja increíble para Virgo. Al ser ambos signos de tierra, son realistas y prefieren centrarse en lo mundano y material. Los dos destacan en varios campos y poseen una profunda intuición sobre las necesidades del otro. Es probable que una pareja Capricornio-Virgo se haya conocido en una ocasión relacionada con el trabajo y hayan congeniado inmediatamente.

Los dos tienen un gran sentido del humor que los hace reír constantemente. Es una buena forma de relajarse y desconectar, sobre todo para entrar en un estado de ánimo sensual.

A pesar de todas las similitudes, ambos tienen rasgos distintivos que permiten un equilibrio en su relación. Capricornio suele estar saturado de trabajo, pues tiene la vista puesta en el futuro, por lo que puede tender a descuidar su salud y otros aspectos importantes de la vida.

Pero los Virgo se centran más en los detalles que cualquier otro signo del Zodiaco, aunque de todas formas son propensos a perder la concentración y a desviarse del camino. Como Virgo, usted puede asegurarse de que su amante Capricornio recuerde los detalles importantes, como el cuidado personal, mientras que su Capricornio puede ayudarlo a mantenerse concentrado.

Tauro

Esta es otra maravillosa opción para usted. Ambos son signos de tierra, por lo que están destinados a compartir las mismas visiones realistas del mundo. Los Tauro son uno de los signos domésticos del zodíaco, mientras que usted es el más organizado. Estas cualidades son lo más destacado de su exitosa relación.

Al igual que Capricornio, ustedes dos también tienen notables diferencias que les permiten equilibrarse mutuamente. Los Tauro son fríos y les gusta disfrutar de los placeres de la vida, así que a usted no le queda más remedio que relajarse y saborear los placeres de la vida con ellos. Tauro también puede ser el ancla que usted necesita para sentirse con los pies en la tierra. Lo que usted aporta como Virgo es la motivación, entre otras cosas.

La tranquilidad de Tauro puede convertirse fácilmente en exceso y pereza. Usted se asegurará de que Tauro haga lo que hay que hacer cuando debe hacerse, o incluso antes porque así es usted.

Cáncer

Cáncer puede parecer una pareja extraña para usted siendo Virgo, pero los dos tienen una alta puntuación en la tabla de compatibilidad. Se entienden profundamente de un modo que otros signos no logran hacerlo. Usted tiende a preocuparse y hacer alboroto por todo, lo que puede ser molesto para otros signos. Esta similitud fomenta la tolerancia en la relación porque ambos lo entienden.

Sin embargo, la diferencia es que, a pesar de su tendencia a preocuparse por todo, se preocupan por cosas diferentes. La naturaleza perfeccionista de Virgo hace que se preocupe por las pequeñas imperfecciones. La naturaleza nutritiva de Cáncer hace que se preocupe por las necesidades y la seguridad de los demás. Cáncer es un signo de agua, por lo que su imaginación es tan ilimitada como el océano. Esto hace que exageren el potencial de la amenaza que tienen delante y que se preocupen cuando ni siquiera lo necesitan.

Así, sus fuentes diferentes de preocupación crean el equilibrio perfecto en su relación. Cáncer lo tranquilizará a usted, dejando de lado las pequeñas imperfecciones, mientras que usted puede aportar claridad a la mente de su pareja frente a las amenazas imaginadas. Este equilibrio se reforzará si alguna vez tienen hijos, porque juntos son los mejores padres.

Piscis

Piscis es su polo opuesto. En teoría, los signos opuestos obtienen una alta puntuación en la tabla de compatibilidad, pero solo unos pocos opuestos son altamente compatibles en la práctica. Esta pareja es una de las pocas.

Se espera que los signos opuestos sean los mejores compañeros el uno para el otro porque lo opuesto equivale polaridad y la polaridad trae el equilibrio. La polaridad entre estos dos signos no puede explicarse concretamente, pero puede observarse en la práctica. Mientras que Piscis se centra en el lado emocional y espiritual de las cosas (el panorama general), Virgo se preocupa más por los detalles, el lado lógico y material de la vida.

Los dos están orientados al servicio y son modestos, pero esto se manifiesta de diferentes maneras. Piscis ofrece compasión y apoyo espiritual, mientras que Virgo ofrece asistencia práctica. De este modo, son una pareja perfecta. Piscis trabaja para tranquilizarlo y calmarlo mientras usted mantiene a Piscis con los pies en la tierra en el mundo real.

Las peores parejas para Virgo

Es el momento de observar las parejas que tienen una puntuación baja en la tabla de compatibilidad. Esto no significa que estos signos sean personas terribles, sino que simplemente no van muy bien juntos. Piense en ellos como el pescado y el helado; por separado son deliciosos, pero no van bien juntos, ¿cierto?

Acuario

Por muy intelectual que sea Acuario, es uno de los peores partidos para el igualmente intelectual Virgo. A pesar de la intensa energía cerebral que emana de ustedes dos, piensan de manera diferente.

A usted le gusta el análisis, la practicidad y clasificar las cosas. A Acuario le gusta pensar de forma creativa. Los dos hablan idiomas diferentes, pero se tienen un inmenso respeto intelectual incluso con estas diferencias.

Aparte de eso, no hay mucho más entre ustedes, especialmente en el plano romántico. Para Acuario, Virgo es demasiado crítico y quisquilloso, mientras que a Virgo le molesta constantemente que Acuario no respete las reglas.

No tienen un elemento que los conecte ni nada que les atraiga del otro, por lo que es probable que nunca se planteen una relación entre ustedes. Puede que acaben siendo compañeros de trabajo o simplemente amigos interesados en una afición que comparten.

Leo

Leo también tiene pocos elementos en común con Virgo. A diferencia de usted y Acuario, donde simplemente no sienten nada el uno por el otro, la coincidencia entre usted y Leo molestará a los otros signos. Irónicamente, esto a veces funciona para formar un vínculo entre ustedes.

A Leo le gusta ser el centro de la atención positiva y la admiración, mientras que usted prefiere quedarse detrás de bastidores. Leo piensa que usted es crítico y mezquino, mientras que usted cree que Leo es arrogante y pomposo.

Al igual que Acuario y Virgo, es poco probable que se establezca una conexión romántica entre Leo y Virgo. Es posible que tengan una o dos citas que no lleven a nada sustancial. No son malas personas como individuos, simplemente no encajan románticamente.

Sagitario

Sagitario y Virgo están a 90 grados de distancia en la rueda del Zodiaco. Este tipo de relación se denomina cuadrado. En teoría esto indica incompatibilidad, pero en realidad, los signos cuadrados forman mejores relaciones que los signos que no tienen ningún rasgo en común. La tensión producida por su posición en la rueda del Zodiaco puede provocar una gran química sexual entre ambas partes.

A pesar de la candente tensión sexual que existe entre ustedes, son muy incompatibles. Puede que las cosas ardan en el dormitorio, pero fuera de él, les cuesta conectar o avanzar con el mismo pie.

Puede que la química física y los sentimientos románticos sean suficientes para atraerle, pero para que la relación sobreviva, los dos deben ser capaces de funcionar juntos fuera del sexo.

El problema es que, cuando intentan realizar una actividad no sexual juntos, Sagitario se aburre rápidamente y se frustra con el exceso de análisis y atención a los detalles de Virgo. Mientras tanto, en el plano económico, a Virgo le invade la ansiedad y el nerviosismo por el entusiasmo de Sagitario por reducir gastos.

Repaso breve

La compatibilidad romántica es alta entre usted y Capricornio, Piscis, Tauro y Cáncer. Ellos comprenden su personalidad y aportan estabilidad y equilibrio a su signo. Sin embargo, su pareja ideal caída del cielo es Escorpio.

Virgo no tiene casi nada en común con Leo y Acuario. La ausencia de un denominador común es la razón de su incapacidad para involucrarse románticamente el uno con el otro. Hay una tensión sexual muy fuerte, pero solo entre Sagitario y Virgo. Aunque esto es genial, no pueden realizar ninguna tarea juntos fuera del sexo.

Cuando usted busque orientación en la compatibilidad zodiacal, recuerde siempre que una relación exitosa requiere mucho más. La compatibilidad le dirá qué signos son los mejores juntos, pero el éxito de una relación depende también de la dedicación y el compromiso. Con la dedicación y el compromiso adecuados, incluso los signos más incompatibles pueden vivir una bonita relación. Sin estas cualidades, incluso las mejores parejas se vuelven incompatibles.

En cuanto a Virgo, se trata de un signo bastante directo. Usted no es un jugador precipitado. Piense en su primera vez en la playa cuando era niño y era cauteloso al entrar al agua. Se lo tomó con calma, ¿verdad? Ese era Virgo actuando dentro de usted. Es lógico y metódico. Evita la exposición emocional, así que se toma su tiempo para asegurarse de que la persona merece el riesgo emocional y el esfuerzo.

El Virgo adolescente y las relaciones

Puede resultar difícil saber cuándo un Virgo está desarrollando sentimientos por alguien, especialmente cuando aún no ha llegado a la adultez. Los varones tienden a moverse siempre con un acompañante. No es nada importante, simplemente les gusta saber que no serán rechazados cuando hagan su jugada.

El adolescente se toma su tiempo para observar a su potencial interés amoroso y vigilan cualquier señal de alarma. Cuando está completamente convencido, no tiene problemas en moverse rápidamente para conseguir a la chica.

En general, los adolescentes virgo se sienten abrumados por la novedad del amor al principio, pero debajo de todo eso hay un amante que está dispuesto a protegerle, adorarle, mimarle y colmarle de regalos y atenciones.

Pensar a largo plazo con Virgo

Todas las relaciones tienen una fase de luna de miel, normalmente al principio cuando las cosas van bien y los dos parecen estar completamente enamorados el uno del otro. Para algunos, esta fase continúa durante toda la relación. Para otros, las cosas comienzan a ir cuesta abajo.

Si usted está con un Virgo, puede que note que se vuelve crítico con las cosas que usted hace y que se vuelve aún más perfeccionista. Nada de esto proviene de un lugar de desprecio, así que no lo malinterprete. Si Virgo le dice las cosas con las que no se siente cómodo, ¿adivine qué? La única razón por la que lo hacen es que han llegado a quererlo a usted mucho más. Confíe en que lo que dicen viene de un lugar en el que quieren que usted sea la mejor versión de usted mismo.

Para los Virgo, la forma de expresarse con estas críticas es importante. Hable con su pareja como si fuera su amigo más íntimo y verdadero, que, sabiendo cómo es usted, probablemente ya lo es. Usted quiere ser amable y fácil con ellos.

Si lo hacen con amor, cada vez que usted y su pareja hablen de sus problemas, progresarán. Aproveche su lado sensible cuando hable con su pareja. Póngase en su lugar y deje que las palabras lo inunden a usted también. De este modo, sabrá exactamente cómo comunicarse para que sea productivo, saludable y edificante para ambos. Y mientras hace todo esto, ¡escuche a la otra persona también!

Adentrarse en las emociones de Virgo

A veces se percibe que usted es introvertido porque no expresa sus emociones tan a menudo o tan rápidamente como otros signos. Expresar las emociones puede parecer una amenaza para su imagen externa de calma y control, por lo que normalmente prefiere evitarlo, excepto cuando está enamorado. Usted será emocional porque confía en su pareja lo suficiente como para saber que no utilizará esa vulnerabilidad en su contra.

Comprometerse con un Virgo

Los signos que son compatibles suelen tener ideales similares y buscan el equilibrio en la vida. Los Virgo quieren una pareja romántica con la que puedan estar de por vida, pero eso rara vez ocurre a la primera. La variabilidad del carácter y la expresión de los rasgos propios de este signo dependen también en gran medida de otros signos astrológicos y de las posiciones de sus cartas natales individuales. Cuando usted intente comprender qué es lo que mueve a su pareja virgo, debe tener en cuenta las energías y los matices de su carta natal que pueden perturbar o potenciar las energías de Virgo.

Datos breves sobre los Virgo

- Les gustan las cosas de una manera particular.
- Son extremadamente lógicos.
- Saben lo que quieren.
- Son unos absolutos planificadores.
- Pueden resolver casi cualquier problema.
- Pueden parecer prejuiciosos, pero solo intentan ayudar.
- Valoran la lealtad.
- Pueden ser perfeccionistas.
- A veces pueden ser testarudos.
- Son independientes.

Obstáculos que se presentan al salir con un Virgo

- Puede que sean demasiado silenciosos.
- Puede que se preocupen mucho, pero normalmente por una buena razón.
- Puede que lo critiquen mucho, pero no con mala intención.
- Son más duros consigo mismos que con los demás.
- Tienden a obsesionarse con las cosas.

Guía rápida para salir con un Virgo

- Siempre elija la honestidad.
- Cuide su apariencia y olor.
- No sea melodramático.
- No se guarde sus opiniones para usted mismo.
- Conquístelos a través del estómago. Para ellos aplica el clásico "barriga llena, corazón contento".
- Sea ordenado.
- Confíe en ellos para liderar.

Atraer a un hombre virgo

Si le interesa seducir a un hombre virgo, debe comenzar por respetar su orden y limpieza. Por lo general, tarda en aventurarse al romance porque se toma su tiempo para conocer a las personas. Pero, cuando lo conozca, usted deberá mantener cierta constancia o todo se acabará antes de empezar. Esto no significa que no habrá espacio para el crecimiento personal con Virgo. Lo único que digo es que no puede fingir mucho tiempo con este signo.

El hombre de Virgo tiene una apariencia fría, pero no se deje engañar: sus necesidades sensuales y emocionales son profundas. Debe ser paciente con su hábito de sobre análisis para llegar a sus cálidas profundidades. El trabajo duro y la dedicación deben ser suficientes para conquistar a cualquier signo, pero esto aplica aún más con el hombre de Virgo.

¿Quiere arrasar con él? Inspírelo. Le gusta que le recuerden sus propios talentos. Cuando se busca pareja, se prioriza la honestidad, la paciencia y el orden. Si usted ya los tiene, entonces está en el camino correcto para ganarse su corazón.

Atraer a una mujer virgo

Normalmente, Virgo suele ser una combinación de atención al detalle, compromiso, sentido común e inteligencia. Por eso, no sorprende que una mujer virgo sea nada menos que inteligente, capaz y modesta.

Al igual que el hombre de Virgo, ella valora la limpieza. Por lo tanto, es mejor que usted no solo tenga un buen aspecto, sino que también sea ordenado, al menos dentro de lo razonable. Ella entiende que no todo el mundo es tan ordenado como ella, pero usted debe hacer un esfuerzo. Además, su olor importa, y mucho. Aunque eso no significa que deba empaparse con un frasco de Axe.

Cualquier intento de cortejar a esta mujer puede parecer desalentador al principio, porque probablemente llevará una máscara de indiferencia. La verdad es que está lejos de ser fría y poco práctica. Simplemente le gusta ser cauta y realista en sus nuevas relaciones. No hay forma de que esta mujer se entregue a usted sin hacer un análisis completo de su personalidad, sus pros y sus contras. Ella siente profundamente y ama incondicionalmente.

En ningún caso se la puede considerar materialista o mimada. Es un signo de tierra, así que tome en cuenta que ella apreciará los lujos del mundo, como los viajes, el arte y las cosas bellas de la vida. Usted no está obligado a regalarle estas cosas, ya que ella siempre las buscará y las hará por sí misma, con o sin usted. También le gustan los regalos prácticos y bien pensados.

Capítulo 5: El virgo social

¿Usted es ese amigo que siempre parece tener todas las situaciones resueltas? ¿Usted es exigente y a la vez sociable? ¿Trabajador, pero modesto? ¿Nunca es arrogante, pero está bien informado? Si las respuestas son afirmativas, usted es Virgo hasta la médula, y todo el mundo necesita al menos un amigo virgo.

¿Por qué Virgo es un amigo increíble?

Usted es extremadamente organizado. Se le conoce por ser el signo más práctico y metódico del Zodiaco. No importa si está organizando un cóctel o planificando una presentación en el trabajo, siempre se confía en usted para que dé lo mejor y se asegure de que la actividad se desarrolle sin problemas.

Apuesto a que, si uno de sus amigos revisara su teléfono, probablemente encontraría una variedad de aplicaciones que lo ayudan a mantener el orden de las cosas en su vida. A usted le encantan las listas, los sistemas de archivo, el material de oficina y las aplicaciones útiles.

Usted es el único amigo que es tan puntual como la vida lo permite. Siempre recuerda los cumpleaños importantes y tiene la solución a prácticamente todos los problemas de la vida, algo que siempre viene bien. Su capacidad para mantener la calma bajo presión no tiene precedentes. Además, tiene la capacidad de idear un plan de contingencia cuando más se necesita de forma inesperada.

Usted siempre está bien informado y es un gran conversador. Disfruta de una conversación estimulante, de un buen libro y de una broma sana. No es de los que se echan para atrás y dicen "no lo sé", a menos que de verdad no sepa algo, lo que lo hace estar genuinamente ansioso por descubrir la respuesta. Y eso no lo hace un sabelotodo, simplemente le gusta aprender.

También le preocupan los pensamientos y sentimientos de aquellos que le rodean, por lo que, aunque no sea muy expresivo al respecto, hace todo lo posible por ser educado e inclusivo.

Le gusta adquirir conocimientos, pero la mayoría de la gente se sorprende y se siente insegura cuando le hace mil preguntas sobre algo que usted no conoce. Esto no le gusta, pero lo entiende.

Su aversión a la aventura contradice su constante sed de conocimiento, pero su deseo de tener una rutina y orden lo justifica. Puede que no quiera ir de excursión a esas montañas peligrosas, pero eso no le impide animar a un amigo que sí quiere ir.

Su memoria es épica. Usted ha dominado el arte de recordar los pequeños detalles. La gente se sorprende diciendo: "¿cómo demonios has recordado eso? Tuvimos esa conversación hace años". Sin embargo, su memoria es una bendición y una maldición.

Siempre se comporta con un aire de dignidad y clase. ¿Usted vio la película Divergente? La facción de la erudición resume en gran medida la personalidad de Virgo. Hay pocos signos que se respeten tanto a sí mismos como este signo solar. Usted se enorgullece de su capacidad para mantener la calma durante una tormenta, se mantiene alejado de las discusiones sin sentido y considera todas sus opciones antes de asumir una posición en lugar de tomar atajos. También tiene unos modales impecables y siempre parece vestido de forma perfecta para la ocasión.

A primera vista, es fácil asumir que usted es incapaz de soltarse la melena y divertirse, sobre todo si lo ven trabajando. Desgraciadamente, las primeras impresiones no siempre importan, ya que usted puede desahogarse con la gente con la que se siente cómodo. Ser reservado al principio nunca le ha hecho daño a nadie.

A usted no le gusta sentirse avergonzado porque es uno de esos sentimientos que parece acompañarlo durante bastante tiempo. Sé que recuerda todas las cosas embarazosas que lo han hecho morir de vergüenza y también sé que se ha propuesto que no vuelvan a ocurrir.

Adicionalmente, usted es una persona muy perspicaz y muy ambiciosa en todos los aspectos de su vida.

Todos saben que su nivel de exigencia es más alto que los tacones de Ru Paul, por lo que otras personas se sienten halagadas cuando son admitidas en su círculo íntimo. A usted le gustan los amigos maduros, inteligentes y de alto rendimiento, no porque sea pedante, sino porque siempre quiere mejorar y entiende la influencia que los amigos tienen en ello.

Rara vez se mantiene la amistad con personas que no tienen sentido de la dirección, pero se queda para motivarlas e inspirarlas las pocas veces que lo hace. Si usted tiene amigos en el trabajo, confía en que sepan lo ambicioso e inflexible que es.

A pesar de su vena ambiciosa, evita tomar el poder de forma repentina. Usted prefiere el juego a largo plazo, por lo que elabora un plan de carrera, cumple el programa hecho y desafía los retos. Además, la mayor parte del tiempo, su carácter paciente y diplomático contribuye a que los planes den buenos resultados. Y a usted no le importa esperar por largo tiempo para ver los frutos.

Usted siempre está abierto a trabajar en sus amistades. Cree firmemente en el poder del trabajo duro. Si se compromete con una idea o un proyecto, está dispuesto a llevarlo a cabo hasta el final. Algunas personas pueden incluso encontrarlo un poco obstinado e intenso cuando se centra en una causa o un problema. Este es un rasgo muy útil para las amistades.

Asimismo, usted no da por sentado ningún aspecto de su amistad, pues sabe que todas las relaciones están aún en desarrollo. Si hay una discusión, es menos probable que la evite o la deje para después. Usted prefiere abordar cualquier problema inmediatamente, lo que fortalece aún más la amistad. Puede que no tenga muchos amigos, pero definitivamente da prioridad a los que tiene. Es uno de los mejores amigos que cualquiera podría tener. Su sentido práctico, sus conocimientos, su orden y su apoyo a los demás son algunos de los rasgos más apreciados en las amistades sanas.

Puede que se sienta atraído por personas con intereses e intelecto similares, pero de vez en cuando, consiga un amigo o un grupo de amigos que lo saquen de su caparazón y lo lancen a un mundo de aventuras desconocidas, es decir, amigos que lo hagan probar cosas nuevas.

La compatibilidad de Virgo con otros signos en la amistad

1. **La Virgen y el Carnero:** ¿usted y Aries en una amistad? ¿Cómo pudo ocurrir eso? Probablemente fue Aries quien empezó, al estar obsesionado con los retos y todo eso. Por lo general, usted es una persona reservada, pero Aries probablemente interpretó eso como un signo de discernimiento. Ganar su aceptación es todo un logro para Aries, quien sabe apreciarla. Es cierto que usted es muy exigente con las personas que deja entrar a su vida, pero Aries ha sido aprobado por su calidez y entusiasmo. Son generosos con los abrazos, los besos y el apoyo. Aries admira su dedicación y trabajo duro. A usted no le gusta el estilo de vida de Aries, ese en el que se pone a sí mismo de primero, y a ellos no les gusta la actitud quisquillosa de Virgo.

2. La Virgen y el Toro: Usted y Tauro se sienten atraídos por naturaleza. Virgo encuentra un gran consuelo en la naturaleza cariñosa y leal del Toro, mientras que Tauro aprecia de la Virgen su disposición a ayudar o a tender la mano cuando lo necesita. Tal vez piense que Tauro puede ser un poco complaciente y ellos piensen que usted puedes ser iluso, pero si usted deja de arrastrar al Toro a territorios que preferiría no visitar, tal vez su amigo no suspiraría tan a menudo. Además, es probable que compartan intereses similares.

3. La Virgen y los Gemelos: Ambos están regidos por Mercurio, que es el planeta de los intelectos agudos. Desgraciadamente, allí acaban las similitudes. Mientras que usted tiene los pies en la tierra y es serio, Géminis tiene la cabeza en las nubes. Virgo se siente más cómodo trabajando con conceptos concretos y lógicos, mientras que Géminis prefiere tratar con conceptos ambiguos. Virgo es muy precavido y reservado, mientras que Géminis prefiere mostrarse al desnudo. Irónicamente, las diferencias los atraen. Virgo aprecia la astucia de Géminis, mientras que los Gemelos aprecian la capacidad para solucionar problemas de la Virgen.

4. La Virgen y el Cangrejo: Aquí podemos encontrar una relación con potencial para durar décadas. Como ambos prefieren el calor del hogar, deciden pasar una noche tranquila y acogedora junto al fuego en lugar de salir al bar local, incluso si es con amigos. A Virgo le gusta Cáncer por su capacidad para calmar sus nervios agotados, mientras que a Cáncer le encanta de Virgo su atención a los detalles, cómo se acuerda siempre de los cumpleaños o su color favorito. No obstante, Cáncer tiene la costumbre de acumular objetos, lo que molesta muchísimo a Virgo porque es un signo que prospera en el orden y la simplicidad. A Cáncer tampoco le hace mucha gracia que Virgo se niegue a complacer sus caprichos. Pero, aparte de esto, ¡los dos son grandes amigos!

5. La Virgen y el León: Se necesita mucho valor para entablar amistad con el dominante Leo. Es comprensible, pero hay que tomar en cuenta todo el amor y la calidez que exuda el león. Aun así, alimentar el ego de Leo puede llegar a ser muy agotador, especialmente para alguien tan modesto como Virgo. Leo también se cansa de Virgo y su constante preocupación por la llegada de un desastre inminente. Si Virgo puede centrarse en sus muchas cualidades maravillosas, como la capacidad, la inteligencia y la lealtad, podrá darle espacio y oportunidad para que aprecie la fiabilidad y eficacia del León. Los dos son amantes de los animales, ¡así que este es un gran tema de conversación!

6. La Virgen y la Virgen: Debe ser encantador tener otro Virgo como amigo. Al menos no habrá preocupaciones de que alguno coloque un vaso mojado sobre la mesa antigua que el otro compró el otoño pasado o que camine por todo el suelo recién pulido con los zapatos llenos de fango. Además, los Virgo son unos magníficos conversadores, por lo que estos amigos podrán intercambiar chismes interesantes o podrán comentar un resumen completo del *best-seller* de la semana sin soltar *spoilers*. La mayor desventaja de esto es que los dos tendrán la costumbre de alimentar las inseguridades del otro en lugar de ofrecerle ánimos. Ambos están llenos de talento y necesitan estar abiertos a oportunidades más arriesgadas de las que se permiten experimentar. Los dos disfrutan del paisaje natural, así que consideren dar largos paseos en bicicleta o una caminata por el parque.

7. La Virgen y la Balanza: La inteligencia de Libra le resulta muy satisfactoria a Virgo. Pero ciertas cosas de su amigo le resultan un poco difíciles de entender. Por ejemplo, el hecho de que Libra evite cualquier tipo de incomodidad. Virgo prefiere enfrentar los problemas de frente antes de que sean demasiado difíciles de manejar. También le molesta la incapacidad de Libra para concentrarse en un tema o persona durante mucho tiempo. Los Libra también tienen algunos problemas con Virgo. Ellos no aprecian recibir consejos que no han pedido ni les gusta administrar el dinero y ser reprendidos por sus gastos impulsivos.

8. La Virgen y el Escorpión: El misterio del Escorpión hace que sean un hueso duro de roer, pero si alguien puede hacerlo, ese es Virgo. Escorpio tiene afinidad con Virgo, probablemente porque siempre está dispuesto a ayudar a los demás y valora la autenticidad en sí mismo y en los demás. Si Virgo hiciera la promesa de ayudar en un evento, estaría en el lugar treinta minutos antes con cualquier cosa que considere necesaria. Toda esta dedicación de Virgo hace que llegue al corazón de Escorpio. A pesar del tiempo que les lleva entablar una amistad, Virgo pronto conoce todas las cualidades maravillosas del Escorpión, como la sensibilidad, la lealtad y la persistencia.

9. La Virgen y el Arquero: Sagitario, aunque está lleno de espontaneidad, es un amigo agotador para Virgo. Aunque ambos comparten un amor profundo por el conocimiento, Virgo no logra comprender por qué Sagitario no se tranquiliza ni se decide por sentar cabeza. A Sagitario, en cambio, le fascina el deseo de Virgo por analizarlo todo, desde el peinado de la cajera hasta la preferencia del gato por la comida seca. Si encuentran la manera de manejar las peculiaridades del otro, se puede sacar mucho poder de esta amistad. Virgo debe permitir que el arquero amplíe los límites de sus experiencias. Para eso pueden viajar juntos o probar comidas exóticas. A cambio, los consejos de organización y eficiencia de Virgo serán apreciados por el arquero.

10. La Virgen y la Cabra de Mar: No es sorprendente que estos dos se hagan amigos rápidamente. Al ser signos de tierra, Virgo y Capricornio comparten valores. Ninguno le huye el trabajo duro y se sienten más felices cuando hacen algo productivo. También tienen un profundo respeto por las tradiciones y las rutinas familiares. No hay ningún signo que se emocione tanto con los días festivos como este par. Comienzan los preparativos con semanas de antelación, y aunque Capricornio puede volverse un poco dominante, los problemas se resuelven rápido y se quedan en el pasado. A Capricornio le disgusta cuando Virgo es demasiado crítico con sus defectos, pero las similitudes de ambos signos son suficientes para pasar por alto cualquier disgusto. Los pros superan a los contras.

11. La Virgen y el Aguador: Nadie lleva tanto caos a la vida de Virgo como Acuario, así que, ¿por qué se siente tan atraído por este amigo poco convencional? Le diré por qué. En el fondo, Virgo anhela esa emoción. Se siente mejor con la regularidad y el orden y obtiene placer organizando ambientes caóticos. Pero, cuando se siente un poco aburrido, es cuando Acuario irrumpe en el espectáculo, proponiendo hacer una carrera a medianoche o darse un chapuzón desnudos en un lago cercano. ¿Conseguirá el salvaje Acuario convencer a Virgo de cambiarse de bando? Es muy poco probable, pero Virgo vive a través de él y disfruta del espectáculo desde la distancia. Acuario es uno de los signos más inteligentes del zodiaco, así que seguro se llevan muy bien y puede que incluso compartan un amor por la ciencia ficción.

12. La Virgen y el Pez: A pesar de que son polos opuestos, los dos se hacen amigos rápidamente. El caótico Piscis agradece el orden que le proporciona Virgo, mientras que Virgo disfruta de sus historias cortas. Seguro que odia que el pez llegue una hora tarde al restaurante, pero Virgo sabe bien que su interminable preocupación le pone las cosas difíciles a Piscis. Cuando el pez pone a prueba la paciencia de Virgo, porque lo hará, este se consuela con el hecho de que nunca encontrará a alguien que sean tan bueno escuchando. Del mismo modo, el pez aprecia capacidad de Virgo para convertir los sueños en realidad.

Virgo en una fiesta

Para usted, la gente exagera las fiestas y, aunque son geniales, cree que están sobrevaloradas. La gente cree que su asistencia refleja de alguna manera su valor como persona, especialmente en los cumpleaños. Las personas hacen una gran producción del evento, y si alguien las menosprecia, expresan su descontento con rabietas emocionales.

Tanto los cumpleaños como las fiestas son grandes acontecimientos, pero los Virgo son muy discretos en cuanto a los eventos sociales. No están tan obsesionados con las fiestas como otros signos del zodiaco. Esto no significa que nunca asistan a fiestas. A veces, disfrutan del *baby shower* de un ser querido, de la boda de un amigo, etc., o disfrutan a regañadientes de un *rave* en el club o de una fiesta universitaria.

Virgo suele estar en sintonía con su mundo interior y con lo que quiere de la vida. Esto hace que se preocupe más por lo que realmente existe que por las experiencias extrínsecas. Es más probable que se concentre en el simbolismo central del cumpleaños de la persona que en las exhibiciones externas y los extras. Para decirlo de forma más sencilla, prefiere centrarse en lo que hay dentro de una caja de regalo que preocuparse por su bonito envoltorio. Esta es la razón por la que no se vuelve loco por su propio cumpleaños; simplemente prefiere disfrutar del día con las personas que son especiales para él.

"¡Dejen de intentar llevarme a cualquier fiesta!", le repite a sus amigos. Esto es algo que le gustaría que sus amigos entendieran. Si usted quiere impresionar a un Virgo, esta no es la forma adecuada de hacerlo y, además, puede transmitirle un mensaje equivocado

En cambio, si usted tiene la intención de dar una fiesta o de organizar un evento, irónicamente, los Virgo son perfectos para la planificación. Al final no le darán nada menos que la perfección. Esto no quiere decir que quieran bailar como locos; en su caso, es posible que tenga que darles una o dos copas.

¿Cómo hacen amigos los Virgo?

Cuando se siente lo suficientemente cómodo en un entorno, usted es un excelente comunicador. No es raro que al principio se muestre reservado entre los desconocidos, pero cuando ha establecido un punto de partida con todos, usted se siente perfectamente cómodo relacionándose con los demás. En otras palabras, le gusta estudiar el ambiente de la sala y leer a la gente para saber cuál es la mejor manera de conectar con ellos.

Si usted tiene un amigo virgo, preste atención a lo siguiente. Los Virgo pueden aplicar el clásico "perdonar y olvidar", pero antes sacarán su bolígrafo de gel rojo favorito y tacharán la parte del "olvido", dejándola completamente de lado, especialmente si les siguen haciendo daño una y otra vez.

Su amigo virgo le dará un hombro para llorar cuando lo necesite, pero prepárese para recibir mucho más que eso. Lo ayudará a recuperarse haciendo todo lo posible para recordarle por qué es increíble y capaz, incluso si eso significa que deba arrastrarlo física y literalmente fuera de la depresión.

Si nota que su amigo virgo está intensamente concentrado en algo, por amor a todo lo sagrado, ése es el momento exacto para *no* molestarlo por algo trivial como su antojo de comer shawarma libanés. Dejarán de trabajar en lo que sea si usted realmente necesita su atención para algo, pero por favor, que sea algo importante.

Los Virgo necesitan orden. Si usted es desordenado, no les va a funcionar. Incluso si tiene una habitación en casa de su amigo para usted solo, si es desordenado, a los Virgo no les bastará con tener el desorden fuera de su campo visual; ellos *saben* que está ahí. Y al final lo obligarán a limpiar para que no acabe atrayendo cucarachas, mal olor, o lo que sea que odien en su casa. También saben dónde ponen qué y odian que usted lo mueva. Incluso cuando los Virgo hacen un "desorden", déjelo como esté. Existe un orden que solo Virgo entiende en ese caos.

Si su amigo virgo se pasa el día holgazaneando sin hacer nada, muy pocos milagros podrán sacarlo de ese estado. Deje que lo haga, de todas maneras, nadie trabaja tanto como los Virgo.

La lealtad lo es todo para este signo. Su enorme corazón, que irradia tanta calidez a pesar de su capacidad para golpear fuertemente a cualquiera que intente hacerle daño, es solo una de las muchas razones por las que son amados por todos los que los conocen y comprenden.

Capítulo 6: Los matices de Virgo

Los "decanatos" y las "cúspides" son términos astrológicos que dividen su signo solar en diferentes categorías. Estas categorías enfatizan y definen ciertos rasgos y cualidades particulares de su signo solar.

Cada fecha de nacimiento cae dentro de un decanato específico de un signo solar, mientras que solo ciertas fechas de nacimiento están dentro de una cúspide. Básicamente, cada cúspide es un decanato, pero no todos los decanatos son cúspides.

Todo el mundo nace dentro de un decanato particular de un signo y las personas también pueden nacer en la cúspide. En este capítulo, espero aclarar el significado de los decanatos y las cúspides en su vida.

Decanos o Decanatos

Cada signo astrológico se divide en tres categorías. Cada una se denomina decano o decanato. Este término tiene su origen en la palabra griega *dekanoi*, que significa "separado por diez días". Este término se tomó de los egipcios, que tenían un calendario que dividía cada año en 360 días. El calendario anual egipcio tenía doce meses por año, cada uno de los cuales contenía treinta días. Cada mes se dividía a su vez en tres secciones, cada una de las cuales contenía diez días. Estas subdivisiones de diez días se llamaban *dekanoi*.

La astrología sigue dividiendo cada zodiaco en decanatos. Imagine que todo el Zodiaco es un círculo. Un círculo mide 360 grados y un decano es solo una parte que mide 10 grados de ese círculo, cada uno de diez días. El sol pasa por el círculo del Zodiaco (todos los signos), a un ritmo aproximado de un grado por día. Hay que tener en cuenta que esto no es exacto porque no todos los meses tienen exactamente 30 días, pero las matemáticas son las mismas.

Ahora bien, el decanato de un signo zodiacal no altera las características fundamentales del signo. Por el contrario, solo refina y personaliza los rasgos generales del Zodiaco. Por ejemplo, imagine que nació en el tercer decanato de Aries. Usted sigue siendo Aries, pero ahora se distingue de los Aries del primer y segundo decanato. Usted es especial y distinto ellos, mientras que ellos son especiales y distintos a usted.

Cada decanato está representado por una constelación en el cielo. La traslación especial y espiritual de las constelaciones también contribuye a la singularidad y calidad de los individuos nacidos bajo diferentes decanatos.

Por último, cada decanato está regido por un planeta, también conocido como "subregente", pues no destrona al planeta gobernante general del signo. Este regente secundario es como un vicepresidente; solo trabaja para añadir o mejorar las cualidades especiales de ese decanato en particular.

Decanatos de Virgo

- Decanato: primero
- Fecha 22 de agosto – 1 de septiembre
- Palabra clave: analizar
- Constelación: la copa, el cráter o la copa de Apolo, que representa la generosidad emocional.
- Planeta subregente: Mercurio

Mercurio es el planeta de la actividad mental. Es tanto el subregente como el regente de este decanato, lo que le otorga a usted un intelecto que no debe ser ignorado. Usted aborda los problemas con racionalidad, por lo que busca la razón de ser detrás de todas las cosas y aplica ese conocimiento para encontrar una solución. En más de una ocasión, sus perspicaces aportaciones han sido consideradas como proféticas, cuando en realidad son simplemente el resultado de una aguda observación.

Usted irradia una gran calidez e ingenio que atrae a admiradores y conocidos. Sin embargo, no todo el mundo consigue acceso para ver el detrás de cámara de cómo sucede todo, pues usted espera que aquellos a los que llama amigos actúen con decoro e inteligencia.

Cuando usted se enamora, se convierte en un romántico empedernido que es extremadamente sensible con su amante. Su exterior tranquilo oculta la energía nerviosa que se esconde debajo. Es propenso a preocuparse en secreto y a inquietarse por los pequeños problemas.

- Decanato: segundo
- Fecha: 2 de septiembre – 12 de septiembre
- Palabra clave: eficiencia
- Constelación: Hércules, el poderoso semidios que vence al mal.
- Planeta subregente: Saturno

Saturno es el planeta de la tenacidad. Esto, combinado con su planeta regente, le da una ventaja especial a su personalidad. Usted se centra en los detalles y prefiere planificar con antelación para evitar errores.

Suele ser percibido como centrado y persistente cuando, en realidad, usted es mutable y versátil. Su objetivo es exigirse constantemente la perfección a usted mismo y la determinación de superarse siempre. Usted es el tipo de perfeccionista que sufre innecesariamente cuando no alcanza sus propias expectativas.

En el amor, usted es el alma más simpática y amable. Está dispuesto a cruzar océanos para complacer a su pareja, una cualidad que es difícil de encontrar hoy en día Es relativamente fácil convivir con usted mientras nadie despierte su naturaleza obstinada.

- Decanato: tercero
- Fecha: 13 de septiembre – 22 de septiembre
- Palabra clave: discernir
- Constelación: Bootes, el pastor o el boyero, que es el símbolo del uso de la sabiduría.
- Planeta subregente: Venus

Venus es el planeta del placer. Las cualidades extrovertidas y acogedoras de este subregente, combinadas con Mercurio, significan que usted tiene una forma de ganarse a la gente. La aprobación es su principal motivación. Usted es un experto para expresarse, tanto de forma escrita como oral. También es simplemente encantador, con un aire de creatividad y un perfecto uso del color, lo cual se puede ver su apariencia o en su entorno.

Su gusto al vestir siempre se interpreta correctamente, lo cual proyecta una poderosa imagen personal de lo que usted es. La confianza y el porte son sus principales atributos en el entorno laboral y se lo reconoce por su diplomacia y sensibilidad.

Vivir con limitaciones le quita la alegría a su vida, por lo que le atraen las aventuras creativas en las que tiene libre control creativo. Cuando usted se enamora, es generoso y cálido, a pesar de su casi incesante demanda de atención.

Cúspides

¿Alguna vez se ha sentido como una mezcla de dos signos del Zodiaco? ¿Como si fuera Piscis, pero también otra cosa? Es como tener una pierna en dos países cercanos, y eso se llama cúspide. Cada signo del Zodiaco tiene sus cúspides, una combinación de dos signos del Zodiaco. Es común encontrar personas que son Escorpio, pero tienen cualidades de Sagitario. Muchas personas han nacido al final o al principio de un signo del Zodiaco, lo que puede causar confusiones al intentar determinar su lugar en la astrología.

Cuando la fecha de nacimiento de una persona está a unos días de la transición del sol de un signo al siguiente, significa que la persona nació en una cúspide y su personalidad puede verse afectada por esos dos signos zodiacales distintos.

Una cúspide es una barrera invisible que separa a un par de signos del Zodiaco uno al lado del otro. Dado que este disco solar tiene aproximadamente medio grado de ancho, es posible que el sol cree una cúspide a medida que se desplaza por todos los signos. Este movimiento hace que el disco solar se encuentre a mitad de camino en el siguiente signo del Zodiaco, permaneciendo el resto en el actual.

Para entenderlo mejor, dibuje un vaso rojo y otro azul en el suelo, uno al lado del y con un centímetro de distancia entre ellos. Luego, dibuje una línea en el centro, tome una caja de cerillas y muévala lentamente de un lado a otro. Durante el movimiento, observe el periodo en el que la mitad de la caja está en el lado rojo mientras que la otra mitad está en el lado azul. Eso, querido lector, ¡es una cúspide!

El significado de una cúspide

Nacer en una cúspide lo convierte en un híbrido de los dos signos. Las energías que emanan de los dos signos podrían o no podrían llevarse bien. De cualquier manera, cada individuo nacido en una cúspide adquiere ciertas cualidades basadas en la cúspide en la que nació:

1. Cúspide del poder: 16 - 22 de abril
2. Cúspide energética: 17 - 23 de mayo
3. Cúspide mágica: 17 - 23 de junio
4. Cúspide de oscilación: 19 - 25 de julio
5. Cúspide de exposición: 19 - 25 de agosto
6. Cúspide de la belleza: del 19 al 25 de septiembre
7. Cúspide de la revolución: 18 - 24 de diciembre
8. Cúspide de la profecía: 18 - 24 de diciembre
9. Cúspide misteriosa: del 16 al 23 de enero
10. Cúspide de la sensibilidad: 15 - 21 de febrero
11. Cúspide del renacimiento: 17 - 23 de marzo

Cúspides de Virgo

Cúspide: Virgo-Leo
Fecha: 23 - 27 de agosto

Usted es un Virgo con una pizca de Leo. Su fiabilidad, generosidad y amabilidad atraen a la gente como la luz a las polillas. También es conocido por su lado creativo y su buen gusto al vestir. Usted es notablemente ingenioso, optimista y fascinante. Los proyectos que emprende casi siempre resultan un éxito gracias a su gran atención a los detalles y su rapidez mental. Es común que esté a cargo de eventos porque su capacidad de organización es famosa entre los signos del Zodiaco. Esto puede causar que sea un poco impaciente con otros que no son tan rápidos como usted, pero eso suele inspirar responsabilidad y creatividad en sus colegas. Los entornos sociales sacan a relucir sus mejores cualidades. Cuando está enamorado, usted no tiene reservas, es ferozmente leal y cálido.

Cúspide: Virgo-Libra
Fecha: 18 – 22 de septiembre

Usted es un Virgo y con un poco de Libra. Es perspicaz, inteligente y le encantan las ideas. Es extrovertido por naturaleza y tienes una forma de llegar a la gente a un nivel psicológico. Su mente siempre está llena de ideas o información y eso hace que siempre esté de humor para mantener conversaciones estimulantes. Sus habilidades sociales son muy valiosas en el entorno laboral. Ama la belleza y la estética, lo que lo hace propenso a convertirse en un coleccionista de objetos raros y bellos o a participar en aventuras creativas.

Capítulo 7: Virgo en el plano profesional

En todos los lugares de trabajo hay un empleado que hace las cosas como es debido: llega media hora antes que la mayoría de los trabajadores y vuelve locos a todos con su actitud perfeccionista y detallista. Lo más probable es que esa persona sea Virgo.

Todo el mundo sabe lo exigentes y ordenados que son, con sus millones de listas de tareas pendientes y sus notas bien organizadas. Son buenos trabajando en equipo, pero prefieren tener su propio espacio creativo para hacer lo que mejor saben hacer. Les gustaría que alguien les diera esa autonomía que tanto desean.

Como era de esperarse, prosperan en entornos laborales en los que las normas son aquello que mantiene la reputación impoluta de la profesión. Aunque cualquiera puede realizar casi cualquier trabajo con la formación y la dedicación adecuadas, ciertas profesiones se adaptan mejor a los talentos únicos de usted, Virgo.

1. Escritor: Como tiene muchos pensamientos fluyendo por su mente a toda hora y le encanta tener su propio espacio para trabajar, así que usted destacaría como escritor. Además, le encanta estar a solas. Lo único que puede gustarle más que abrir un buen libro es escribirlo usted mismo o, al menos, desafiarse a hacerlo.

2. Contador: Ya he mencionado múltiples veces su gran atención al detalle, pues es una de sus cualidades más populares y apreciadas por lo útil que siempre resulta. Combinada con su comprensión de los números y su actitud crítica, casi parece el candidato perfecto para este trabajo. Elegir esta profesión le permite satisfacer su necesidad de repasar las cosas tantas veces como sea necesario para estar seguro. Es un reto manejar el dinero de otra persona, pero su disciplina garantizará que su brújula moral se mantenga en la dirección correcta. Otras carreras similares son las de contable, auditor, gestor de fondos de inversión y programador.

3. Nutricionista: Usted quiere hacer del mundo un lugar mejor y una excelente forma de hacerlo es enseñar a la gente a cuidarse mejor a través de sus hábitos alimenticios. Si a esto le sumamos su fascinación por la nutrición y la salud, la profesión de nutricionista tiene todo lo necesario para que usted se sienta a gusto ejerciéndola. Además, todo el mundo sabe que a Virgo le gusta practicar lo que predica, y lo más probable es que ya lo hayan practicado mil veces antes de empezar a predicar. Prefieren enseñar desde la experiencia, ¿no es así? Otras carreras similares son las de masajista, terapeuta y dietista.

4. Acupuntor: Usted ya está interesado en los métodos de curación naturales y la salud, así que este sería un camino gratificante para usted. Le gusta probar hierbas, trucos de salud, vitaminas, etc. Estudiar la ciencia que hay detrás de esta práctica es común para los miembros de su signo solar. Otras carreras similares son las de instructor de yoga, sanador holístico, sanador de reiki y patólogo natural.

5. Ama de llaves profesional: Si su vida diaria es un torbellino incesante que mezcla el lavado de ropa, la organización, el orden y las tareas domésticas, convertir ese sentido natural del orden y la estética en un trabajo maximizará el perfeccionismo que hay en usted. Otras profesiones similares son las de asistente personal, preparador de casas para ponerlas en venta, organizador de bodas y organizador profesional.

6. Asistente ejecutivo: Nadie es tan organizado como usted. Si combina esto con su gran concentración, atención a los detalles y eficiencia, usted se convierte en el asistente ejecutivo perfecto. Estos son los rasgos perfectos para organizar las agendas de uno mismo y de otros, especialmente si la otra persona es una celebridad o el director general de una empresa. Usted es excelente en la organización de horarios, reuniones, funciones y viajes, y no hará un escándalo si su jefe añade algunas tareas adicionales como el cuidado de la casa, responsabilidades varias y compras. Al fin y al cabo, usted organizará las cosas de todos modos, así que, ¿por qué no recibir un cheque de pago a cambio?

7. Estadista: Su obsesión por los detalles hace que esta sea una carrera excelente para usted. No es el trabajo más fácil, pero una oportunidad de recopilar y analizar estadísticas para una empresa o el gobierno seguramente hará brillar sus mejores habilidades. Otras carreras similares son las de geólogo, auditor, analista de investigación, consultor y guardabosques.

8. Archivista: Esta es otra carrera que exaltará su afición por clasificar y ordenar. Este trabajo exige atención al detalle, la cual no solo es su fuerte, sino también una parte de usted mismo que no puede ignorar. Esto le resultará muy satisfactorio. Otras carreras similares son las de historiador de arte, arqueólogo, director de museo, contable, etc.

9. Ingeniero informático: Cuando hay un fallo en el flujo de trabajo de los sistemas o en la salida de información, usted es la persona ideal para este empleo (con la formación adecuada, por supuesto). Usted es infinitamente paciente, algo muy necesario cuando se trata de tecnología defectuosa. Ningún otro signo del Zodiaco tendrá tanta dedicación como usted para encontrar y borrar todos los archivos duplicados y la información basura, reconstruir el sistema y asegurarse de que todo funcione lo mejor posible. Otras profesiones similares incluyen las de electricista, urbanista y analista de sistemas.

10. Técnico de laboratorio: Su talento único lo hace perfecto para este trabajo. Recopilar datos, mantener registros, clasificar información y elaborar informes son las actividades perfectas para mantenerlo mentalmente ocupado y darle la satisfacción que le produce el orden. Su minuciosidad, concentración y capacidad para generar resultados son bien conocidas por todos. Puede que vuelva locos a sus colegas por la cantidad de tiempo que se toma para trabajar o por su necesidad ocasional de echar "un último vistazo" al material, pero saben que siempre cumple de forma impecable. Algunas profesiones similares son las de científico, analista de datos, bioquímico y topógrafo.

11. Soldador: Este trabajo requiere un alto nivel de concentración, una mano firme y precisión. Un movimiento en falso y el proyecto podría llenarse de bordes irregulares o grietas. Y lo que es peor, ¡toda la estructura podría derrumbarse! Pero eso nunca sucedería bajo su supervisión. Usted se asegura de que cada soldadura se realice con la máxima precisión y según las normas del sector. Otras carreras similares son las de artesano, arquitecto, escultor, diseñador de muebles y ceramista.

Virgo como empleado

Usted es un idealista hasta la médula. Su idealismo es una ventaja en el trabajo y la gente lo sabe. Cuando se le encargan una tarea, usted va directo al núcleo y se sumerge en ella hasta que la termina. Aunque Aries y Capricornio se parecen a usted en este sentido, lo que lo separa del grupo es la determinación por hacer el trabajo con la máxima calidad según sus estándares. No lo hace porque le guste ser mejor que los demás, sino porque cree que una cosa que vale la pena debe hacerse bien.

Usted no aprecia que haya un rendimiento inferior al esperado o un trabajo que no se haya hecho con todo el corazón, por lo que las personas con las que trabaja saben que cualquier proyecto en el que usted se embarque se completará con la máxima precisión y cuidado. Un Virgo es un excelente trabajador.

Otro rasgo que es casi tan característico como la inquebrantable necesidad de perfección es su forma meticulosa de actuar. Cuando se le asigna una tarea, usted se enfoca en el punto central del asunto y lo analiza sin dejar ninguna sección sin ser estudiada. Si hay una tarea o un proyecto de alto nivel que requiera su máxima atención y minuciosidad, lo más probable es que tengan su número en la marcación rápida. Usted no es como Géminis, cuya atención es efímera y lo lleva de una tarea incompleta a otra. O como Acuario, que es un maestro en la concepción de ideas abstractas. No puede evitar prestarle una atención total al trabajo que tiene entre manos, para el que considera cada explicación y cláusula. Esta es razón suficiente para que destaque en campos como la moda, la banca, el derecho y otros que exigen un ojo agudo para los detalles y una concentración inquebrantable.

No tiene miedo de criticar. Como un empleado virgo, usted señalará con gusto cualquier fallo en el sistema, incluso si es usted mismo es la razón por la que existen los fallos. No tiene miedo de asumir sus errores. Si el jefe es el causante del problema, eso tampoco le exime de sus críticas, especialmente cuando las considera necesarias. Esto se debe a que exalta la perfección por encima del carácter sagrado que se le da a los títulos y los cargos.

Si usted es un becario o un recién contratado, mantenga sus críticas a raya por el momento, al menos hasta que se familiarice con el terreno y comprenda las dinámicas de poder en su nuevo trabajo. Por lo general, esto debería llevarle unos tres meses. Evite tentar a su suerte agitando el avispero.

Dicho esto, probablemente sería mucho más fácil si sus compañeros de trabajo trataran de recordar que, como Virgo, su comportamiento excesivamente crítico no proviene de un lugar de odio o malicia, sino del deseo de que todos lo hagan mejor. Usted no tiene la costumbre de tolerar un trabajo que no sea de calidad, por lo que está dispuesto a hacer lo que sea necesario para mejorarlo.

Usted siempre tiene los pies en la tierra, lo cual no es de sorprender porque el elemento primario de Virgo es la tierra, y esto es consistente con su personalidad aterrizada, práctica y realista. Usted es práctico y solo le preocupan las actividades que parece que tendrán un resultado prometedor. Tiene un buen ojo para discernir lo útil de lo que no lo es, además de una mente sensata, lo que lo lleva a buscar solo lo que puede llegar a un fin lógico.

Usted no es como el soñador Piscis, cuya imaginación parece fluir en la dirección que le plazca, ni como Géminis, que tiene una habilidad mental especulativa que se deja fluir. Por lo tanto, usted es la opción ideal para puestos que impliquen una concentración incesante y una fuerte capacidad de análisis.

Otro campo profesional en el que sus habilidades intrínsecas resultan útiles es elsector de los servicios, como la beneficencia, la sanidad, la banca y las finanzas, el entretenimiento (como la escritura, la dirección, etc.), la educación, la hostelería y mucho más. Estos y otros campos similares harán que se sienta en su elemento debido a su constante disposición a ayudar a los demás, otro rasgo clave de su signo solar.

Está demasiado dispuesto a saturarse con una tonelada de compromisos y trabajo duro si sabe que está mejorando la vida de alguien en algún lugar. Esto se debe probablemente a su planeta regente Mercurio, el cual era representado en la antigua mitología romana como un dios extremadamente ocupado que siempre se encontraba en una carrera contra el tiempo para entregar mensajes de y para entidades divinas.

Usted podría convertirse en un adicto al trabajo (si ya no lo es), lo que es la mayor desventaja de su personalidad altamente trabajadora y meticulosa. Es posible que muestre síntomas de ser un *workaholic*. De hecho, cinco de cada siete Virgos son adictos al trabajo, y usted puedes estar dentro de esa mayoría. Esto sucede porque cree firmemente que el servicio va primero y en el ocio después.

Todos sus compañeros de trabajo aprecian su carácter de adicto al trabajo, incluso usted, ya que lo hace subir como la espuma en la escala profesional. Pero también conlleva un estilo de vida poco saludable. Piense en las clásicas ofertas de "compre uno y lleve otro gratis". Cuando una persona, sea del signo del Zodiaco que sea, está encerrada en su casa casi todo el tiempo y concentrada en el trabajo con tanta intensidad nerviosa, se vuelve propensa a una serie de problemas de salud.

Si es el caso contrario y usted tiene empleados virgo, deles un descanso cuando se sientan mal porque es raro que un Virgo se tome uno. En cambio, si usted es un empleado virgo, aproveche al máximo el fin de semana (y no, no me refiero a que lo aproveche trabajando incesantemente). No se preocupe por una caída en su productividad porque no hay duda de su gran capacidad para hacer el trabajo. Al fin y al cabo, se trata de usted, ¡un Virgo!

Su signo del Zodiaco tiene un impacto significativo en su personalidad, lo que hace que usted, Virgo, se convierta un recurso de valor en su campo de trabajo. Esto no se debe simplemente a su actitud meticulosa y dedicada al trabajo, sino a que también es uno de los pocos empleados que prosperan con o sin supervisión.

Es cierto que a veces trabaja muy despacio debido a la cantidad de cuidado que pone al realizar una tarea. Pero se puede confiar en usted para que trabaje solo porque su mente va a toda velocidad y tiene un fuerte sentido de la responsabilidad y de la ética de trabajo.

El jefe virgo

Como jefe, le gusta pasar desapercibido, pero sin perder de vista su lugar de trabajo. Le gusta estar involucrado en todo lo que ocurre a su alrededor, pero dando a sus empleados el espacio suficiente para hacer su trabajo.

Estar en una posición de poder no afecta su disposición a ensuciarse las manos cuando es necesario. Le gusta tener una relación personal, pero profesional con las personas que trabajan para usted. Como se ha mencionado anteriormente, le gusta estar presente y en contacto con el entorno de trabajo, incluyendo a los empleados.

Pide hacer reuniones con el personal, que se hagan informes sobre todo y que cualquier cosa se haga ahora y pronto. Le gusta saberlo todo porque no le agradan las sorpresas inoportunas, especialmente en el trabajo. Todo debe estar organizado de principio a fin.

También querrá estar en contacto con quienes trabajan para usted. Tendrá reuniones de equipo, pedirá que le informen sobre todo lo que se está haciendo, lo que va a pasar después y todo el plan de ejecución de principio a fin.

Cuando está en su mejor momento, puede ser un consejero amable, suave y de confianza que es excelente para analizar y tomar de decisiones. Da instrucciones concretas sobre cómo hacer las tareas y a veces echa una mano cuando lo cree necesario.

Cuando está en su peor momento, se convierte en un microgestor quisquilloso que juzga y critica sin compasión. No solo vigila a todo el mundo como un halcón, sino que no pierde el tiempo señalando cada defecto y cada paso en falso. Se vuelve insaciable. Entonces, ¿cuál es la solución?

El estilo de liderazgo introvertido

Este tipo de liderazgo es ideal en cualquier entorno de trabajo productivo. En este caso, usted debería mostrar una tranquilidad y una sensibilidad que impongan respeto, pero que lo hagan accesible. En lugar de acaparar la atención de todos e interrumpir las discusiones, escuche más de lo que hable y dé más consejos que quejas.

Este estilo de liderazgo lo hará ser flexible y receptivo cuando se enfrente a proyectos desafiantes y reciba nuevas ideas. Esto fomentará la crítica constructiva y las sugerencias de sus empleados, a las que deberá prestar mucha atención, dejando su mente abierta a nueva información. Esto crea un mejor ambiente de trabajo con empleados que se sienten escuchados y valorados, lo que aumenta la motivación, la proactividad y la productividad.

Si su jefe es Virgo...

Lo más importante que hay que recordar cuando se trabaja para un jefe virgo es siempre saber exactamente lo que se quiere decir. Esto significa tener todas las cifras, los detalles y los hechos a mano cuando se interactúa con ellos. Ellos piensan en cada una de las palabras que usted dice, así que diga lo que realmente pretende decir. Es relativamente fácil trabajar con un jefe virgo. Todo lo que tiene que hacer es:

1. Ser proactivo y trabajar duro.

2. Obedecer todas las políticas de la empresa y seguir los procedimientos necesarios.

3. Conocer el trabajo y evita cometer errores.

4. Prepararse para respaldar las sugerencias con lógica y pruebas factibles.

5. Asegurarse de que usted y su zona de trabajo estén limpios y ordenados.

6. Vestirse con modestia y pulcritud.

7. Mantener las emociones y los sentimientos fuera del trabajo a menos que sean necesarios para hacerlo efectivamente, como es el caso de los proveedores de servicios.

8. Esto puede parecer irrelevante, pero no desperdicie su tiempo con chismes, sobre todo a espaldas de su jefe.

9. Asumir la responsabilidad de sus errores y actuar inmediatamente para corregir el daño que ha causado.

Una vez que usted se haya adaptado a la actitud tranquila, profesional y perfeccionista de su jefe, verá cómo sus mejores cualidades salen a flote. Repasemos estas cualidades.

Sensible, justo y servicial: su jefe virgo puede hacer muchas críticas sobre el proyecto en el que usted esté trabajando, pero también le propondrá soluciones para sus dilemas y le pedirá las correcciones en repetidas ocasiones para estar seguro de que va por el buen camino. Se asegurará de que usted tenga todo lo que necesita para hacer un trabajo espectacular y así no habrá lugar para las excusas. Incluso puede ofrecer su ayuda en ocasiones. Su amabilidad no se limita a las cuestiones profesionales. Si necesita un descanso o un día libre por asuntos personales importantes o una enfermedad, su jefe lo entenderá.

Confiables: la confianza es algo muy importante para el jefe virgo. Usted descubrirá lo imparcial, amable y servicial que es cuando tenga su confianza. No olvide que Virgo es más sensible de lo que parece por fuera y le gustaría tener la seguridad de que su ayuda no se da por sentada. La mayoría de los jefes se sienten complacidos con una nota de agradecimiento, pero Virgo quedará realmente impresionado por una. Se sentirá más apreciado y conmovido por su gratitud que la mayoría.

Cero conversaciones triviales: ¿se ha dado cuenta de que a su jefe virgo no le gusta ningún tipo de conversación trivial? No es de los que entablan conversaciones en la oficina que no estén relacionadas con el trabajo, a menos que tengan una relación personal fuera del trabajo. Si no es así, no espere ningún tipo de charla. Es franco y claro cuando se comunica sobre temas relacionados con el trabajo y es un profesional a la hora de dar comentarios positivos si son merecidos. No tiene problemas en hacer que sus empleados se sientan apreciados. Las opiniones negativas que quiera compartir sobre su trabajo suelen hacerse en privado para preservar su dignidad y reputación en el entorno laboral.

Tranquilo e indulgente: a pesar de su afán de alcanzar la perfección y de su ojo exigente, es una persona relajada y de mente abierta para trabajar. Estos atributos hacen que el ambiente de trabajo sea menos tenso, cómodo y más productivo. Piense en él como un jefe que puede parecer mandón, pero que realmente no lo es. Su actitud profesional, sus relaciones interpersonales y su apariencia son modestas.

Obstáculos que Virgo enfrenta en el trabajo

Su agudo sentido de la observación: aunque es uno de sus rasgos más preciados en el entorno laboral, también es el culpable de su ansiedad. Usted tiende a mirar hacia atrás y recordar un problema que experimentó hace años y siente vergüenza al pensarlo. No puede creer que haya sucedido y se culpa por lo que pasó. Esto lo lleva a dudar de usted mismo y a preocuparse excesivamente sin necesidad.

Las luchas de la vida son reales y usted no suele tener mucho optimismo natural, pero puede contrarrestarlo decidiendo conscientemente ver siempre lo bueno de las situaciones y las personas. Céntrese en los momentos en los que logró hacer un trabajo fantástico. Lo hizo antes, así que puede volver a hacerlo. Agradezca todo lo que es y tiene.

Su tendencia a criticar a los demás: el pensamiento crítico se le da muy bien, pero también es popular por la cantidad de críticas que le hace a los demás. Es comprensible que quiera ayudar, pero debe recordar que no todo el mundo aprecia las opiniones no solicitadas.

También debe suavizar sus críticas antes de compartirlas porque algunas personas son más sensibles que otras y usted no querrá ir por ahí hiriendo los sentimientos de la gente, ¿verdad? El fin no siempre justifica los medios, recuérdelo.

Su obstinación: cuando se imagina una idea o una cosa que quiere, usted se abstrae del mundo y pone en marcha sus planes. A veces puede ser reacio a recibir opiniones, incluso las buenas. Puede ser desafiante, pero no tiene por qué serlo. Está bien tener preferencias y querer que las cosas vayan de una manera determinada.

Sin embargo, no olvide dejar espacio para las sugerencias y el crecimiento. Las situaciones y factores inesperados pueden ser útiles. Puede que no lo crea, pero todo sucede por una razón, y es absolutamente imposible controlarlo todo. Permita que haya lugar para la flexibilidad.

Su tendencia a preocuparse demasiado: usted disfruta de saber que todos los que lo rodean son felices, y más aún si usted es la razón detrás de esa felicidad. Esto puede significar que se esfuerce al máximo para complacer a la gente, especialmente en el trabajo. Debe recordar que a veces debe elegirse a usted mismo. Sus necesidades, su salud y su felicidad también importan. Si tiene que decir que está enfermo, hágalo. Si no puede asumir un proyecto por motivos personales, tampoco pasa nada.

Su tendencia a frustrarse con facilidad: como perfeccionista, usted puede ser su peor crítico. No se permite ser nada menos que la imagen perfecta de usted mismo que tiene en su cabeza. Usted podría arruinar todo un proyecto porque cree que no lo ha hecho perfectamente. Primero, respire, recuerde que nadie es perfecto. No pasa nada por cometer errores. Está bien hacer lo mejor posible y dejar el resto como está.

Su propensión a pensar demasiado: le encanta darle muchas vueltas a todo, ¿verdad? Esto puede ser algo bueno y algo malo. Repase a fondo los hechos, las ideas y las situaciones antes de decidir. Pero pensar demasiado también puede hacerlo ver cosas que no existen. De nuevo, respire y confíe en su instinto. Perdónese por los errores del pasado y deje pasar las cosas.

Su constante exigencia de independencia: le gusta hacer las cosas por usted mismo y eso es admirable. Soy un firme creyente de que "si quiere que algo se haga bien, hágalo usted mismo mismo". Pero está bien pedir ayuda cuando la necesite. Puede que no se sienta cómodo molestando a la gente, pero hay quienes estarán dispuestos a ayudarlo porque lo quieren o porque les pagan por ello. En cualquier caso, ¡acepte!

Su inclinación a ser quisquilloso: usted es preciso, y esa es una cualidad que lo hace destacar entre sus compañeros. Pero deje espacio en su vida para experiencias nuevas y diferentes. Nunca sabe a dónde lo llevarán ni lo que aprenderá.

Capítulo 8: La compatibilidad sexual de Virgo

Si usted conoce todas las cualidades de su signo solar, entonces ya sabe que es un amante atento y paciente. Esto puede resultar exasperante para las personas que solo buscan un polvo rápido. Usted prefiere concentrarse en las preferencias de su amante, ya que posee un conocimiento casi biológico de sus zonas erógenas. Esto lo convierte en uno de los amantes más sensuales y deseables del Zodiaco.

Sin embargo, usted tiende a entregarse demasiado a los demás a expensas de sus propias necesidades sexuales. Es necesario que se permita recibir placer con la misma intensidad que se lo da a los demás. Recuerde que el sexo no tiene por qué ser perfecto ni ordenado. Es más agradable cuando es mutuo y está lleno de espontaneidad. Todos sabemos que usted es genial en el sexo, pero veamos qué tan bien se lleva en la cama con otros signos.

Virgo y Aries

Sin duda, esta es una pareja caliente. Aries es más que capaz de hacerlo perder la cabeza antes de que tenga tiempo para parpadear. Esto es muy emocionante si está buscando un amante para algo sucio, rápido y frenético. Pero es probable que se sorprenda a usted mismo deteniéndolo todo para decir algo como: "¿ni siquiera iremos a comer primero?". Todo el mundo sabe que a Aries no le gusta andarse con rodeos, especialmente en el sexo, pero a usted le gusta tener un poco de información sobre la persona con la que está intercambiando fluidos corporales.

En el dormitorio, la cocina o el automóvil, Aries es apasionado y sexi sin esfuerzo, pero no es el más considerado. Esto podría fastidiarlo, a menos que de alguna manera usted decida que cambiar eso será su nuevo objetivo. Incluso podría disfrutar mientras que sus planes de convertirlo en un padre omnisciente se materializan. Usted ni siquiera tiene que molestarse en buscar formas complejas de seducir a esta persona, ya que muchos Aries pasan el día en un estado de excitación casi perpetuo.

Sorprendentemente, muchos Aries saben que necesitan la orientación y la ayuda que usted les proporcionará con mucho gusto. En agradecimiento a los consejos sobre posiciones sexuales o sobre cosas menos lujuriosas como las normas de etiqueta en la mesa, Aries lo adorará por completo. Son de los que irrumpen en su oficina para informarle que lo van a llevar a una aventura de lujo que seguro acabará con los dos enredados en las sábanas.

Aries es fuerte y muy activo, pero no tolera muchas cosas. En resumen, si usted está buscando una persona que lo saque de su agujero, que sea receptiva y que agradezca sus influencias realistas, ¡Aries es el indicado para usted! Este signo lo enseñará a dejarse llevar y a ser sensual.

Virgo y Tauro

Esta persona razonable y lógica le hará cosquillas desde el primer día. Las muchas similitudes que hay entre ustedes les garantizarán una amistad rápida. Tauro será capaz de adquirir todas las posesiones materiales que usted considere de valor, pero no podrá sobrevivir con nada que no sea el mayor de los lujos. También es posible que encuentre desconcertantes algunos aspectos de las preferencias de este signo, así que seguramente se preguntará cosas como por qué una persona cree que es necesario tener un llavero de oro macizo.

Pero, cuando el sexo está sobre la mesa, puede que vea el brillo en los ojos de Tauro por su deseo de rodearse de lujo. El regente planetario de Tauro es Venus, el planeta del deseo, y esto le suele aportar un toque sensual a este signo de tierra. En lugar de lo que le sucede a Virgo, que reacciona a las cosas que siente y ve según lo que pueda ganar o aprender de ellas, Tauro suele hacerlo simplemente porque se siente bien. ¡En un instante y así de simple!

Esto significa que debe dejar de lado muchos de sus pensamientos mientras usted esté en la cama para lograr conectar con sus instintos. Tauro responderá prácticamente a todo lo que usted haga, así que no lo piense demasiado. Con el tiempo, ambos se llevarán mejor que al principio, pero es posible que haya que hacer ciertos ajustes para mantener el fuego sexual encendido. Reduzca un poco sus reflexiones y permítase simplemente darse un capricho de vez en cuando.

Virgo y Géminis

Usted y este signo parlanchín se sienten naturalmente atraídos el uno por el otro. Esto se debe a que ambos comparten el mismo regente planetario, Mercurio. Géminis manifiesta la energía diurna de Mercurio, con sus ilusiones y sus trucos, mientras que usted es el lado nocturno del planeta. Usted piensa en todo lo que siente a través de sus sentidos y trata de categorizarlo, pues ha desarrollado un método para ver el orden en todo.

Afortunadamente, al caótico Géminis le gustará eso de usted y necesitará su ayuda. Usted puede que note esto antes del sexo, pero todo se aclarará cuando lo hagan. Mientras crea el ambiente perfecto, Géminis hablará todo el tiempo, así que tendrá que pensar en formas de relajarlo.

Cuando termine la parte verbal, es probable que experimente una conexión muy satisfactoria con Géminis. Su vasto conocimiento de la anatomía humana y sus placeres asombrarán a Géminis porque este signo probablemente no conocía tanto sobre el plano sexual. Géminis también hará todo lo posible para complacerlo. Pero debe recordar que debe ser vocal y claro cuando le diga a Géminis lo que a usted le gusta. Esta experiencia le enseñará que siempre hay algo nuevo que aprender de todos, a pesar de lo que puedan aparentar las personas. Las numerosas notas y observaciones de Géminis lo fascinarán durante un largo rato.

Virgo y Cáncer

Este signo malhumorado, desordenado y sensible lo atraerá porque usted sentirá que ha encontrado un verdadero compañero. Ambos se preocupan mucho por cuidar de los demás y por prestar servicios a las personas que lo necesitan. La diferencia entre sus actos de servicio es que Cáncer prefiere ponerse a hacer cosas por la gente, mientras que usted adopta un enfoque de enseñanza. Este es un rasgo que se manifiesta mucho mejor en la cama.

Usted reconocerá instintivamente las necesidades de Cáncer porque tiene una extraña manera de saber lo que beneficiará a la gente. Los dos podrían tener roces equivocados si se ven atrapados en un bucle donde no hay voluntad para ser complacidos. Cáncer se da cuenta rápidamente de lo que usted quiere y hará todo lo posible por complacerlo. También espera que aprecie el cariño que recibe de su parte.

Además, usted deberá tener mucho cuidado al manejar los frágiles sentimientos de Cáncer. Es posible que este signo no aprecie sus sutiles sugerencias e insinuaciones. También existe la posibilidad de que ambos se agoten eventualmente por intentar superar al otro sexualmente. Esta es una gran pareja si lo que busca es una aventura pasajera. La lección a aprender aquí debería ser obvia: olvídese de todo lo que ha interiorizado acerca de recibir placer sexual, pues recibirlo puede ser tan divertido como darlo.

Virgo y Leo

Este signo es ostentoso, muy sensual y elegante. Leo captará su atención sin hacer esfuerzo. Puede que usted note algunos defectos aquí y allá, como una pequeña arruga en su camisa, pero rápidamente aceptará este fabuloso paquete que rezuma un estilo innegable.

Ni se le ocurra sugerir pasar a lo sexual, porque este animado signo prefiere ser el que tome la iniciativa. Una vez que el majestuoso león termine de volverlo loco, verá que su rugido es menos temible que un pequeño mordisco. El impresionante león en realidad es un enorme oso de peluche que se acurruca en sus brazos y recibe todo el cariño que se le pueda dar.

A pesar de la tendencia de Leo a ser dominante y exigente en la vida diaria, este signo es uno de los más generosos del Zodiaco. Son almas generosas que se divierten al complacer. Dicho esto, el ego de Leo crece y crece entre más veces pueda hacerlo perder la cabeza. Leo puede ser muy ruidoso, con un apetito voraz. Si deciden ir más allá de una relación momentánea, puede que a usted le toque domar un poco su orgullo. Si lo consigue, tendrá un amante garantizado para siempre.

Virgo y Virgo

Conocer a otro Virgo puede ser una experiencia bastante gratificante para los dos. No solo habrá innumerables similitudes en sus ideas, ética y gustos, sino que la atracción sexual entre ustedes también será aprobada por ambas partes. Ahora que ha conocido a alguien igual de reservado que usted, podría pasar un tiempo antes de que se haga un movimiento en la dirección sexual, pero eso está bien. Solo imagine las cosas que despiertan a las mariposas en su estómago, como el hecho de que por fin hay alguien que se preocupa por usted.

Cuando se enreden entre las sábanas, sabrán qué botones tocar con facilidad. Puede que haya una lucha o competición inicial por superar al otro, pero las cosas irán viento en popa cuando encuentren su ritmo. Hay mucho potencial para que esto se convierta en una relación a largo plazo. A diferencia de las relaciones entre usted y algunos otros signos, aquí no hay competencia entre ustedes por acaparar la atención. Si una relación surge de este apasionado romance, ambos podrían sentirse demasiado cómodos el uno con el otro.

Hagan todo lo posible por mantener las cosas interesantes entre ustedes. Añadan variedad a la mezcla con pequeñas escapadas de vez en cuando, pero procuren no pasar cada segundo juntos. "La ausencia hace al corazón más afectuoso" es la frase más adecuada para ustedes. Estar separados durante un tiempo les dará la oportunidad de ver por qué quieren volver a estar juntos. La lección que usted aprenderá de esto es que debe permanecer abierto a la posibilidad de encontrar a alguien tan atento, generoso y casi tan perfecto como usted.

Virgo y Libra

El atractivo exterior de Libra lo atraerá, especialmente por lo difícil que le resultará encontrar alguna grieta en su caparazón. Los Libra son casi siempre tan hermosos como dicen. Su gusto, su ojo para la belleza y su asombrosa inteligencia son también aspectos que le resultan muy impresionantes.

Es posible que usted sea completamente consciente de la tensión sexual tangible entre ambos, que es como una cuerda invisible que conecta sus cuerpos, pero será un reto conseguir que Libra parezca siquiera notar sus avances sexuales. Libra es un romántico empedernido con grandes expectativas de tener un romance perfecto de cuento de hadas. Estas expectativas pueden ser un poco irreales, incluso para usted. No obstante, usted disfruta de las experiencias desafiantes así que tomará el riesgo.

Prepárese para negociar un poco antes de poder llevarlo finalmente a la cama. Libra se sentirá cómodo sabiendo que usted es digno de la cantidad de devoción romántica que puede darle a su amante. Libra aporta su toque delicado y su sensualidad chapada a la antigua al dormitorio, algo que le impresionará. A cambio, usted hace exactamente lo que Libra quiere, como lo quiere, casi sin esfuerzo.

Pero tenga cuidado porque tienden a estar demasiado dispuestos a dejarlo complacer todas sus necesidades físicas sin devolverle el favor. Esto definitivamente afectará las posibilidades de mantener una relación a largo plazo, si es que alguna vez comienza una. Establezca límites sólidos y tenga claras sus expectativas. Usted aprenderá una valiosa lección de esta experiencia tanto si está interesado en algo más que una relación de una noche como si no. Pasar tiempo rodeado de personas increíblemente bellas como los Libra lo hará sentir más cerca de esa perfección que siempre ha anhelado.

Virgo y Escorpio

Conocer a Escorpio puede ser una experiencia desalentadora para usted. Al principio, es posible que se sienta paralizado como un ciervo ante los faros de un automóvil o como un personaje del grupo de Dorothy cuando por fin conocen al mago de Oz. Escorpio rezuma la energía de un líder, decidido, pero tranquilo. Son personas naturalmente seguras de sí mismas y esto puede hacer que parezcan muy intimidantes. Sin embargo, no lo piense demasiado, sus esfuerzos por mejorar siempre su experiencia con usted le harán ganar puntos.

Los Escorpio no tardarán en llevarlo al dormitorio y lo harán pensar en el sexo desde una perspectiva totalmente nueva. Una vez que tengan sus brazos alrededor y sobre usted, podría sentir como si su alma se separara de su cuerpo. Escorpio está aquí para llevarlo a los límites del placer y darle un fuerte sacudón, haciendo que todo su cuerpo duela mientras su primer orgasmo lo desgarra.

Los Escorpio quedarán muy impresionados con sus conocimientos y su capacidad para mantenerse firme. A pesar de su fama de manipuladores y posesivos, los Escorpio prefieren la compañía de aquellos que saben defender su posición. Admiran a los que no se dejan abrumar por la euforia que acompaña a la experiencia del sexo con un amo. Si usted está pensando en una tener una relación a largo plazo con Escorpio, puede que la consiga.

Mientras usted recibe su amor y su lealtad, a cambio le da sugerencias y consejos útiles para ocuparse de pequeños detalles que suelen pasar por alto por estar demasiado ocupados en el momento. Con Escorpio usted aprenderá que el sexo está lleno de magia y misticismo.

Virgo and Sagitario

Los Sagitario sociables y despreocupados son muy atractivos, tal como podrá comprobar en la primera cita. No tendrán problemas para llevarse bien porque ambos son capaces de adaptarse a las distintas situaciones sin dejar que un poco de viento los desvíe del camino.

Sagitario no necesita demasiados incentivos para comenzar la estimulación sexual. El único problema es la incapacidad de Virgo para evitar que vaguen por ahí. Un Sagitario requiere suficiente espacio para dejar salir a la bestia que vive en su interior. Usted puede interpretar esto de forma metafórica o literal, pero es prudente retirar cualquier objeto de valor delicado de la zona donde tenga lugar la acción.

Los enérgicos Sagitario provocan pequeños, pero costosos, accidentes cuando se excitan demasiado, especialmente cuando prueban de lo que usted es capaz en la cama. Les cuesta mantenerse en contacto con su humanidad durante el sexo, pero esto puede ser algo bueno, ya que probablemente se divierta con las reacciones entusiastas de Sagitario a sus técnicas.

Si esta experiencia se prolonga en el tiempo, es posible que los dos tengan que buscar la manera de compaginar sus horarios. Mientras que a usted le gusta que le informen de cualquier plan con antelación, su amante no solo está siempre preparado para embarcarse en la siguiente aventura, sino que vive a la expectativa de lugares nuevos y emocionantes que visitar cada día. Consienta a su Sagitario de vez en cuando. Aquí aprenderá que las cosas pueden ir a donde quieran y puede confiar en que todo volverá a la normalidad cuando esté preparado.

Virgo y Capricornio

Esta persona, aparentemente conservadora, despertará su curiosidad de inmediato. Usted finalmente habrá conseguido a una persona a la que considere digna del tipo de servicio que a usted le gusta prestar. Mientras tanto, Capricornio preferiría morderse la lengua antes de decirle que aprecia su disposición a ocuparse de los pequeños detalles. Podría esperar tener una noche de pasión básica con este signo, pero no podría estar más equivocado.

Sus habilidades y su amplia experiencia con el cuerpo humano no serán una novedad para Capricornio. La cabra de mar no se baja de la cima del éxito para mezclarse con el resto de nosotros sin un motivo que valga la pena. Este signo, que parece un serio adicto al trabajo, puede transformarse de repente en una persona divertida y espontánea. Ambos son signos de tierra, así que confíe en que Capricornio también sabe cómo volverse loco y sucio.

Si usted se siente incómodo con algún fetiche o incluso con un acercamiento directo, será mejor que tenga cuidado. Capricornio le mostrará diferentes matices de la lujuria. Desde luego, usted disfrutará del espectáculo siempre y cuando Capricornio tenga la suficiente confianza como para dejar que lo que pase en Las Vegas se quede en Las Vegas. A Capricornio también le gusta la confianza, así que puede estar seguro de que los acontecimientos de la noche no verán la luz del día.

Es posible entablar una relación duradera con este signo si evita asumir el papel de guardián constante. Cuando Capricornio vuelva a su papel de ejecutivo con corazón frío, es posible que usted se sienta desanimado. La lección que aprenderá con esto es que a veces es necesario sumergirse en las profundidades de las sensaciones sexuales.

Virgo y Acuario

Acuario es popular por su comportamiento excéntrico y su capacidad para mantenerse distante, pero una vez que pase más tiempo con esta persona vivaz, seguramente le podrá perdonar algunas rarezas. De alguna manera, Acuario siempre tiene una historia que contar y usted disfruta de las buenas historias, aunque pase más tiempo analizando y buscando el lado negativo que escuchando.

Lleve esta relación a la etapa física inmediatamente porque el viaje a niveles mentales similares no será natural. Para entender al aguador, usted tiene que reconocer y respetar a las personas que no solo tiene una forma de pensar fuera de lo común, sino que también viven así.

Usted se dará cuenta rápidamente de lo útil que esto resulta en el dormitorio. Acuario es más receptivo cuando está plenamente convencido de que usted está de acuerdo con él en muchas cosas. Su tendencia a establecer límites basados en puntos de vista políticos y sociales es parte de lo que les hace ser tan visionarios. Es por ello que le puede costar olvidar sus malos hábitos a la hora de consumir productos de plástico, pero si lo toca en todos los lugares correctos, el tamaño de su huella de carbono no importará en lo más mínimo.

Hay pocas probabilidades de que coincida con Acuario, por lo que puede que no sea posible tener una relación seria con este signo. Tanto si tienen un romance fugaz como si mantienen una relación a largo plazo, usted puede aprender una lección de esto: la aceptación es un precedente válido del amor y siempre debe ser mutua.

Virgo y Piscis

No tiene mucho sentido que el despistado y aparentemente incapaz de Piscis sea la pareja perfecta para usted, ¡pero así es! Verá por qué una vez que empiece a ahogarse en sus ojos. Mientras que usted tiene puntos de vista e ideas fijas básicamente grabados en piedra, Piscis existe en un mundo completamente diferente. De hecho, cuando hable con el pez, usted se dará cuenta de lo pequeño que es el puente entre lo que mucha gente denomina "realidad" y el lugar al que va el pez. Esto despertará un gran deseo de cuidar a su pez. Los Piscis se interesarán una vez que se den cuenta de que usted sabe cómo transformar sus vidas de insoportables a emocionantes.

La voluntad de ambos signos por encontrarse a mitad de camino revelará una aventura que sanará las muchas heridas emocionales que usted pueda tener. Visitar el mundo de los sueños a través de la experiencia en la cama con Piscis de vez en cuando es la cura ideal para su estilo de vida que a veces es rígido. Usted no sabrá qué lo golpeó, pero ese viaje al éxtasis que es el sexo con Piscis merecerá la pena. La experiencia es transformadora, por lo que le será difícil evitar tener una relación seria con este signo. La lección que usted debe llevarse a casa es que la manera perfecta de lidiar con todas sus preocupaciones es relajarse y permitir que el Pez lo ame hasta que se deje llevar por completo.

Capítulo 9: El signo lunar

La ubicación de la Luna en su horóscopo es el segundo factor astrológico más importante después de la ubicación del Sol. El signo solar influye en el aspecto de la personalidad que es más claro en la superficie. Es el factor que influye en cómo lo perciben los demás. Por otro lado, el signo lunar es el aspecto de la personalidad que existe en el interior. Es el factor que influye en cómo se ve a usted mismo.

En el mundo de la astrología, la Luna representa los instintos, los sentimientos y el inconsciente. Mientras que el signo solar refleja la voluntad, el signo lunar refleja las respuestas instintivas. La astróloga más popular de principios del siglo XX, Evangeline Adams, afirmaba que el signo solar de una persona representaba su individualidad, mientras que el signo lunar representaba la personalidad.

A lo largo de los años, diferentes astrólogos han definido el efecto del Sol como una fuerza vital, mientras que el efecto de la Luna se considera una fuerza inherente. En términos sencillos, el signo lunar es responsable de la parte de usted que reacciona antes de que se tome el tiempo de pensar.

Las diferencias entre el impacto del Sol y la Luna en la astrología son el antecedente de la teoría del Id (el ello) y el Ego de Sigmund Freud. La teoría de Sigmund afirma que el ego es la conciencia humana, representada por el Sol en la astrología, y el Id es el instinto humano, representado por la Luna.

Su persona lunar es la parte que oculta a los demás. Los seres humanos tienden a condenar el comportamiento instintivo, calificándolo de primitivo, bruto e incivilizado. Por eso, la persona lunar es ese aspecto suyo que considera inquietante. Es lo que usted es realmente en el núcleo, esa parte de usted que alberga libremente sentimientos de celos y odio, miedo e incertidumbre, incluso deseos que le avergüenzan demasiado para admitirlos ante usted mismo. Sin duda, este no es el cuadro completo del impacto que la luna tiene en la identidad.

El signo lunar también es responsable de la parte de usted que actúa con espontaneidad. Es la parte que muestra el verdadero placer y la felicidad, la parte responsable de su respuesta a los estímulos emocionales. La Luna influye mucho en el lado que encuentra placer en las pequeñas pasiones de la vida, como el dulce aroma de las flores, el olor de la tierra después de una fuerte lluvia o la alegría que llega después de un largo baño en la bañera. El signo lunar está inseparablemente conectado con las respuestas a su entorno inmediato. Esto se debe a que la Luna domina los cinco sentidos físicos: el oído, el tacto, la vista, el gusto y el olfato.

En el mundo de la astrología, el simbolismo de la Luna puede ser complicado o incluso críptico. También representa las respuestas de una persona desde la infancia hasta la niñez. Simboliza los recuerdos, el pasado y los sueños. Se puede decir que forma la psiqueinterior.

Landis Knight Green, un conocido astrólogo, dijo que la luna es el principio del subconsciente. La identidad lunar se expresa sobre todo en los sueños, en las ensoñaciones que usted ignora mientras continúa con sus actividades cotidianas y en los sueños dormidos que atormentan su mente en los momentos de vigilia.

El poder de la Luna sobre las emociones humanas explica la influencia que tiene en la apertura de una persona hacia los demás y los sentimientos que tiene consigo misma. Esto significa, obviamente, que la Luna tiene una gran influencia en las relaciones románticas. Una conexión emocional sólida y sostenible suele estar marcada por el hecho de que la mujer tenga su Luna en la misma posición que el Sol del hombre. Por ejemplo, si él es de signo solar Cáncer y el signo lunar de ella es Cáncer, la pareja tiene muchas posibilidades de vivir una relación larga y feliz porque ambos tendrán una profunda comprensión del otro.

Seguro que usted alguna vez se ha preguntado cómo dos personas nacidas bajo el mismo signo solar pueden tener personalidades tan diferentes. Esto suele llevar a la siguiente pregunta: "¿cuáles son sus signos lunares?". Se lo explicaré utilizando dos populares artistas cuyo signo solar es Sagitario. Bette Midler y Woody Allen.

Los dos comparten el mismo cumpleaños y el mismo mes, el 1 de diciembre, pero no el mismo año. Allen nació en 1935, mientras que Midler nació en 1944. Ambos expresan poderosos rasgos sagitarianos como la franqueza, el humor, la autonomía y la verdadera libertad de expresión.

Woody Allen es un hombre inteligente, con un humor mordaz que atrae a los intelectuales. Además de autor, es guionista, productor, director e incluso actúa en sus propias películas creadas fuera del estudio.

La carrera de Bette Midler comenzó con actuaciones cómicas poco convencionales en los balnearios del sur de Manhattan. Su público era mayoritariamente homosexual. Pero pasó a realizar importantes actuaciones en el escenario y la televisión, participando en películas como comediante y cantante. Es famosa por sus interpretaciones dramáticas en las que siempre interpreta a personajes demasiado escandalosos, atrevidos y descabellados.

Se trata de dos artistas que han pasado años en la industria del entretenimiento, creciendo y finalmente liberándose de las limitaciones para expresar sus ideas poco ortodoxas utilizando su sentido del humor. Ahora, profundicemos en ello.

La luna de Woody Allen está en Acuario, la cual es responsable de sus muestras de rebeldía. Su signo lunar se expresa en la actitud librepensadora de una persona típica con luna en Acuario que tiene un control completo de su vida. Es progresista, poco ortodoxo y radical en su vida privada, en el trabajo y en la política. También representa el desapego emocional que se asocia desde hace tiempo a Acuario. Sus papeles en el cine no están llenos de pasión; sus personajes comunican sobre la vida y sus condiciones de forma incisiva, pero no para captar las emociones de su público. En cambio, hacen reír a la gente y estimulan intelectualmente de la forma en que normalmente lo hace Acuario.

Las personas nacidas cuando la Luna está en Acuario no tienen ningún problema en terminar una relación e incluso llegan a hacerlo con frialdad. El público lo ha visto protagonizando telenovelas privadas junto a las mujeres de su vida.

Bette Midler nació con la Luna en Cáncer y en ella se percibe una cierta cualidad emocional. Comunica una intensa cantidad de emociones con su trabajo. Los personajes que interpreta muestran una vulnerabilidad que suele asociarse a Cáncer. Adopta papeles de mujeres valientes, adorables y que tienden la mano a los demás y se preocupan por ellos.

Como artista musical, Bette lanzó canciones exitosas que tenían un profundo significado emocional, como *The Wind Beneath My Wings*, que trataba sobre una pareja compasiva, otro valor de Cáncer. Su vida personal es muy privada, una característica importante de Cáncer. Ha sido bendecida con una unión estable y duradera con hijos.

A lo largo de la historia, la gente ha temido, adorado y estudiado la Luna. De la información obtenida de las reliquias sobre las antiguas civilizaciones, se dice que la entidad de la Luna, generalmente femenina, siempre gobernó junto al Sol. Ciertas religiones incluso consideraban que la Luna era más fuerte que el Sol porque era la sede del conocimiento y la sabiduría espirituales.

Hay un día reservado por los romanos para celebrar la Luna. Este nombre ha resistido la prueba del tiempo, incluso hasta hoy. Ahora se llama lunes, en lugar del día de la Luna. Los científicos han estudiado el poder de la Luna sobre las mareas, la fertilidad, la vida vegetal, la menstruación, el crimen, la emoción y los biorritmos. Los astrólogos siguen descubriendo formas nuevas y sutiles en las que la influencia de la Luna se deja sentir en nuestra vida cotidiana. La posición de la

Luna en el horóscopo potencia el signo solar. Aporta nuevas fuerzas, elementos y motivaciones a la personalidad del signo solar.

El vínculo entre la personalidad del signo lunar y la del signo solar es como un matrimonio. A veces están en perfecta armonía y, al igual que un matrimonio, tienen diferencias que pueden fomentar una conexión más fuerte para construir una relación sostenible, en la que cada personalidad pone lo mejor de sí misma. Pero, como en todos los matrimonios, el conflicto surgirá cuando los rasgos contrastantes choquen entre sí.

Si alguna vez siente que está en una batalla perpetua con usted mismo o si alguna vez piensa que tiene dos personalidades dentro de usted en constante guerra, podría encontrar la paz en la astrología. Estudie su signo lunar y solar. Descubra los aspectos negativos y positivos de ambos e intente identificar los elementos especiales en su propia personalidad. Se dará cuenta de que una mejor comprensión de los factores que lo motivan le permitirá ser más compasivo con usted mismo. También reconciliará por fin lo que siempre le ha parecido un complicado remolino de contradicciones.

Por otra parte, si su signo lunar y solar son iguales, descubrirá que los rasgos del signo se manifiestan con el doble de fuerza en su personalidad.

"Conózcase a usted mismo" es la inscripción grabada por los antiguos griegos en los muros del templo de Delfos. Es un fenómeno que ha desconcertado a los humanos durante más de mil años y aquí, la astrología es la clave.

La Luna Virgo

Tener la Luna en Virgo influye en el signo solar de dos maneras:

El lado positivo es que usted es meticuloso, decidido, inteligente, ingenioso y responsable. El lado negativo es que puede ser hipocondríaco, prejuicioso, excesivamente crítico, frío, polémico y muy nervioso.

El signo Virgo estabiliza el resultado cambiante de la Luna. Virgo, al ser el signo de la lógica y la inteligencia, da una aguda inclinación analítica al impacto de la Luna. Si su signo lunar es Virgo, su mente es refinada y exigente. No busca el conocimiento solo porque sí; el conocimiento que usted pretende adquirir debe tener una utilidad o relevancia.

La respuesta instintiva a la información sensorial que recibe del entorno es analizar todo lo que ve y oye. Le gusta tomar todo lo que necesita para revisar la información mientras cuestiona todo lo que obtiene. Usted tiene una personalidad tan escéptica que tiende a desaprobar las cosas, aunque las tenga delante. Le gusta debatir ideas y estudiar minuciosamente otras opiniones, aunque las nociones externas no influyan en usted fácilmente.

Usted no es una persona obstinada propiamente dicha; simplemente se apega mucho a una teoría hasta que se demuestre que está equivocada por los hechos. Le gusta buscar la verdad, por lo que es un firme creyente de que la verdad es lo único que queda tras la exposición de las falsedades. Definitivamente, usted no es la persona que ve la vida color de rosa. Esto no lo hace ser pesimista o amargado; simplemente aborda la vida tal y como es. Esta practicidad y realismo es la razón por la que es tan bueno con el dinero y los negocios. Usted ve el panorama general más que la satisfacción momentánea y se preocupa más por asegurar que tendrá un sustento y protección en la vejez.

Tener la Luna en Virgo es la razón por la cual le da esa pizca extra de profesionalidad y perfeccionismo a cada tarea que realiza. Prefiere adoptar un enfoque metódico para averiguar la solución exacta y abordar los problemas paso a paso. Sin embargo, su tendencia a preocuparse por cada posible resultado negativo y a perder el tiempo pensando en muchas situaciones imprevistas probables es un poco frustrante. Usted piensa que un esfuerzo muy productivo puede ser destruido si al final falta ese pequeño último empujoncito, por lo que es extremadamente duro con usted mismo y con los demás.

Usted lleva una vida de completa disciplina, la cual que puede ser asfixiante. Es la clase de persona que se dejaría la camisa abotonada hasta arriba porque se ve perfecto, aunque sea muy incómodo. Le cuesta entender las mentes despistadas o ilógicas, algo extraño teniendo en cuenta lo mucho que le atrae Piscis. Le fastidian tanto que cree que a este tipo de personas las debieron haber sacado de un dibujo animado de Disney. Usted no solo es muy exigente a la hora de elegir a sus amigos, sino que también lo es con las actividades culturales en las que participa.

Su signo lunar es el responsable de esa cualidad crítica que lo sigue a casi todas partes. Asimismo, usted nunca pierde la oportunidad de aprender de la experiencia. Las mujeres nacidas bajo este signo lunar a veces son percibidas como poco femeninas porque exhiben ciertas cualidades que muchos no ven como femeninas: minuciosidad, eficiencia y orden.

Todas las personas con Luna en Virgo son reservadas sin importar de su género. También evitan la efusividad y el sentimentalismo innecesarios y suelen considerarse distantes. En realidad, es el Virgo incivilizado es el que muestra una mezquindad tacaña, el que destroza a la gente y el que es distante.

Por lo general, las personas con la Luna en Virgo muestran su generosidad y atención a través de medios prácticos. Siempre se puede contar con ellas. El signo del servicio es Virgo, y los Virgo lunares están deseando ser útiles.

Independientemente de cuál sea su signo solar, las cualidades lunares de Virgo de seriedad y precaución se manifiestan en su personalidad. Su naturaleza laboriosa y práctica se refuerza el doble si su signo solar es uno de los signos de tierra. También tiene una sana relación con el dinero.

Si su sol está en un signo de fuego, la Luna en Virgo manifiesta resistencia y fuerza para echarle una mano a su creatividad sin reservas. Esta combinación es ideal para políticos y artistas. Si tiene su sol en un signo de aire, la Luna en Virgo le otorga un intelecto aún más agudo y un don de autenticidad. Finalmente, si su sol está en un signo de agua, su personalidad emocional adquiere una dimensión más expansiva porque está dotado de una rara mezcla de realismo obstinado y verdad psíquica. Sea cual sea su signo solar, la Luna en Virgo le otorga una aguda capacidad mental y un enfoque intelectual y práctico para abordar diversas situaciones.

Celebridades con Luna en Virgo

1. Amy Adams (actriz estadounidense)
2. Alice Dellal (modelo brasilera)
3. Anna Paquin (actriz canadiense)
4. Elizabeth Moss (actriz estadounidense)
5. Madonna (cantautora)
6. Bella Hadid (modelo estadounidense)
7. Blake Lively (actriz estadounidense)
8. Donatella Versace (diseñadora de modas italiana)
9. Dolly Parton (cantante)
10. Jodie Foster (actriz estadounidense)
11. Gal Gadot (actriz israelí)
12. J. K. Rowling (escritora británica)
13. Chelsea Handler (comediante estadounidense)
14. Kate Bosworth (actriz estadounidense)
15. Nicki Minaj (cantautora)
16. Barbara Stanwyck (actriz estadounidense)

17. Serena Williams (tenista estadounidense)
18. Linda Evangelista (modelo)
19. Elle Fanning (actriz estadounidense)
20. Natalie Portman (actriz estadounidense)
21. The Olsen Twins (diseñadoras de moda)
22. Carey Mulligan (actriz estadounidense)
23. Michelle Williams (actriz estadounidense)
24. Jada Pinkett Smith (actriz afroestadounidense)
25. Joss Stone (cantautora)

Capítulo 10: Virgo y los planetas

Todos conocemos el sistema solar. Nos acostamos por la noche con la certeza de que mañana volverá a amanecer a la misma hora. Este patrón de confianza no solo es responsable de nuestro día a día, sino que también determina nuestras estaciones, años e incluso nuestras vidas. Nuestra adhesión a estas leyes universales nos permite determinar la posición pasada, presente y futura de los planetas en cualquier momento.

Cada cuerpo celeste de nuestro sistema solar se mueve a un ritmo y velocidad diferentes en su propia órbita o trayectoria. Esto hace posible que haya un suministro interminable de combinaciones únicas de emplazamientos de planetas en el cielo. En el momento en que naciste, el Sol, la Luna y todos los planetas estaban en posiciones específicas, creando una disposición específica en el cielo. Esta combinación particular no se volverá a ver durante al menos cuatro millones de años. No habrá otro ser humano con un horóscopo idéntico al suyo que pise la Tierra durante ese período de tiempo. Aun así, esa persona no será igual que usted debido a los diferentes factores ambientales y genéticos.

Se preguntará entonces, ¿qué sucede con los nacimientos múltiples? Deberían tener exactamente la misma combinación solar, ¿no? De hecho, no es así. El ascendente se mueve un grado cada cuatro minutos. Técnicamente, los gemelos nacidos con tan poco tiempo de diferencia entre ellos (cuatro minutos) tendrán sus ascendentes en dos signos del Zodiaco muy diferentes si uno de los gemelos llegó al mundo durante el final de un ascendente y el otro al comienzo de uno nuevo. Incluso una diferencia tan insignificante como un grado, justo en el mismo ascendente, provocará que se manifiesten cualidades diferentes en los dos bebés. En el momento en que el ascendente se mueve, produce una carta natal diferente.

¿Qué pasa con las personas que nacen el mismo día y en el mismo segundo, incluso en el mismo lugar? A estas personas se les llama gemelos temporales o astrales. En la actualidad, se está dedicando mucho tiempo a la investigación de los patrones de vida de los gemelos astrales. Los resultados hasta ahora son alucinantes. Se ha registrado que los gemelos temporales tienen patrones de vida extrañamente similares. Hay muchos casos en los que se casan el mismo día, tienen el mismo número de teléfono e incluso hijos del mismo género. Incluso se sabe que han viajado, se han mudado, han dejado un trabajo y se han divorciado simultáneamente. Algunos incluso mueren al mismo tiempo y tienen la misma causa de muerte.

Está claro que los gemelos astrales son extremadamente raros. La posición distintiva del Sol, la Luna y todos los planetas en la carta natal es muy probablemente particular solo para usted. Puede que tenga su Sol en Escorpio o en Leo, pero es completamente distinto a cualquier otro Escorpio o Leo. Imagine cuántas huellas dactilares distintas existen en el mundo. Esa es más o menos la cantidad de horóscopos individuales que hay. Suponga que pretende obtener más información sobre las influencias de los planetas en su vida. En ese caso, debe conocer las distintas posiciones de los planetas y sus influencias individuales antes de aplicar este conocimiento a su carta natal personalizada.

Cada planeta puede influir en la astrología de formas muy específicas. Cada planeta rige un aspecto particular de su personalidad o de su visión de la vida. Por ejemplo, Mercurio controla la perspectiva mental, mientras que Venus rige todo lo relacionado con el deseo.

Las manifestaciones de estos diferentes aspectos de su personalidad dependen de la colocación de estos cuerpos celestes. Si el emplazamiento de Mercurio está en Géminis, es probable que usted sea ingenioso y hablador. Si su Mercurio está en Capricornio, su eficacia a la hora de manejar los detalles de un proyecto o de hacer planes con antelación será legendaria.

Si su Venus se sitúa en Leo, usted no estará contento hasta que lo llenen de más atención de la que pueda necesitar de una pareja. Si su Venus se está en Acuario, será de los que opinen que la libertad de expresión es uno de los pilares más importantes de una relación romántica.

Virgo como ascendente

En el momento exacto en el que usted nació, había un punto en el horizonte oriental llamado ascendente o signo ascendente. El Sol es responsable de sus acciones y reacciones conscientes y la Luna se encarga del pasado y de sus tendencias subconscientes. Entonces, el ascendente es responsable de su respuesta instintiva al entorno, especialmente si hay elementos nuevos. Se ocupa de la forma en que usted interactúa con el mundo exterior, por lo que fusiona todas las energías del signo solar y el signo lunar y del resto de la carta natal. Todo lo que ocurre se filtra a través del signo ascendente, lo que indica la función central del alma.

Las personas con ascendente en Virgo suelen tener un aspecto y gestos un poco modestos, aunque mucho depende de la colocación del planeta regente en la carta natal. En este caso, el planeta regente es Mercurio. Por lo general, tienen un aura reservada, pero inteligente que es imposible pasar por alto. Estos individuos algo tímidos necesitan tiempo para analizar todos los elementos de su entorno con los que se sientan cómodos, antes de entrar en contacto con nuevas personas y circunstancias. Este rasgo puede percibirse exactamente como eso o como algo crítico y distante.

Esta posición viene acompañada de una mayor conciencia física. Las personas nacidas con ascendente en Virgo son muy conscientes de su cuerpo y de sus respuestas a cualquier estímulo externo e interno. Captan estas señales más rápidamente que cualquier otro ascendente. A varios de ellos les fascina y les interesa especialmente la salud física. Tienen tendencia a encontrar consuelo y paz en los ejercicios de conciencia que combinan la mente y el cuerpo, como el yoga. También son muy apasionados por la comida, aunque pueden ser muy quisquillosos sobre qué comer y dónde, ya que dedican buena parte de su atención a lo que ponen sobre y dentro de su cuerpo.

Como es típico de Virgo, estos nativos tienen tendencia a preocuparse, especialmente cuando se enfrentan a nuevos territorios, situaciones y personas. Se sienten atraídos por las personas que necesitan ayuda (¿o es al revés?). Por lo tanto, sus relaciones pueden tener un aire de confusión al principio, especialmente debido a la aversión de los Virgo por el desorden... ¿y qué hay más desordenado que las emociones?

Muchas personas con ascendente en Virgo son conocidas por su encanto tranquilo. Pero, una vez que se les ha dado el espacio y el tiempo necesarios para adaptarse a su entorno, usted se dará cuenta de lo mucho que aportan. Son amigos increíblemente leales que se desviven por ayudar. Es normal sentirse sorprendido por la modestia que se esconde bajo una primera apariencia distante y crítica. El signo ascendente suele llamarse la máscara que nos ponemos cuando nos exponemos a información y personas nuevas. Más exactamente, es la respuesta instintiva a nuestro entorno inmediato. Nuestro ascendente revela nuestra seguridad natural y los mecanismos de defensa que usamos en el día a día.

Como se mencionó anteriormente, los rasgos de los nativos de Virgo también están influenciados y modificados por la ubicación del regente planetario del signo regente. Por ejemplo, si su ascendente es Piscis con Venus (el regente planetario) en Géminis, usted reaccionará a su entorno de forma diferente a una persona con ascendente Piscis que tenga Venus en Escorpio.

Más sobre el ascendente Virgo

Con su Ascendente en Virgo, usted se esfuerza por realizar cada tarea con precisión, precaución, atención al detalle, un perfecto sentido de la artesanía y perfeccionismo. Usted tiene un agudo sentido de la observación y una aguda sensibilidad a cada elemento que se encuentre en su entorno inmediato. Esto hace que se fije en pequeñas cosas que podrían parecer insignificantes para alguien con un ascendente diferente. Usted se da cuenta de todo, por muy sutil que sea, incluso de las más pequeñas partículas que componen la vida.

El único deseo que logra ser más fuerte que la necesidad de alcanzar la perfección es el deseo de servir y ayudar a tantas personas como le sea humanamente posible, muy probablemente de forma modesta, discreta y pedestre. Más que por la gloria o el reconocimiento personal, a usted le interesa participar en la caridad con el objetivo de ayudar en serio a los demás. Además, usted siempre tendrá un impacto a donde quiera que vaya gracias a su anhelo básico de ser útil y de servir, a su disposición a participar en prácticas constantes destinadas a mejorar las vidas de los que le rodean y a su disposición a cambiar o a adaptarse a las circunstancias.

Pero no todo es tan bueno. Cada vez que usted se siente desequilibrado físicamente, se obsesiona y se preocupa demasiado por su salud, lo que solo sirve para empeorar sus problemas. De todos modos, todas estas son simplemente características generales asociadas con el ascendente Virgo.

El ascendente en Virgo con Mercurio en los signos

Mercurio en Aries y el ascendente en Virgo: Mercurio es su planeta regente y está en Aries. Esto indica un intelecto agudo combinado con un manejo intuitivo de las situaciones y la capacidad de mantenerse firme. Tiene una mentalidad creativa y siempre se le ocurren planes e ideas auténticos. Puede ser muy impaciente y eso se nota en las conversaciones con personas de intelecto más apagado y lento.

También tiene tendencia a ser agresivo y demasiado argumentativo si está seguro de tener la razón. Suele dominar las conversaciones, con poca o ninguna receptividad. Tampoco se le da muy bien escuchar.

Recuerde que esta interpretación es independiente de los demás factores de su carta natal, que podrían sugerir receptividad a las opiniones de otros. A usted suelen buscarlo como símbolo de autoridad en su campo de trabajo.

Mercurio en Tauro y el ascendente en Virgo: su regente planetario, Mercurio, está en Tauro, un signo muy humilde, con los pies en la tierra y simpático. Esto indica que usted prefiere prestar un servicio práctico en vez de uno emocional. Rezuma eficiencia y orden, pues solo piensa en términos muy pragmáticos, realistas y lógicos. Le gustan las matemáticas o encontrar una solución a los problemas con respuestas definitivas y directas en lugar de abstractas, intangibles y abiertas. Le atrae la sencillez, el sentido común y la lógica, en contraposición a lo abstracto y complicado.

Usted es una de las personas más pacientes del mundo, con capacidad para manejar tareas mundanas, repetitivas o estresantes. Si otros factores de su carta natal sugieren imaginación o creatividad, de todos modos, le costará mucho ignorar el lado sólido o terrenal de las cosas. Si alguna parte de usted se inclina hacia el arte, suele ser del tipo utilitario, práctico y funcional. Los datos concretos, la información y los hechos son su especialidad.

Mercurio en Géminis y el ascendente en Virgo: su regente planetario, Mercurio, está en el animado, rápido y vivaz signo de Géminis. Esto indica un intelecto y una actividad mental de alto nivel. Se puede decir que todo le entusiasma. Usted absorbe nuevas ideas al instante y reacciona rápidamente a las circunstancias y necesidades cambiantes. Le gusta organizar la información y las ideas o simplificar la comunicación para que se entienda mejor. Esto podría ser un área importante de su carrera o de los servicios que preste.

Hay muchas posibilidades de que se convierta en bibliotecario, escritor, editor, director de un entorno de trabajo dinámico o informático. Usted sufre de estrés nervioso cuando realiza tareas que requieren una actividad mental excesiva. Le convendría bajar un poco el ritmo de trabajo para calmar su sistema nervioso y cuidar su salud. Algo con lo que sí tiene suerte es su metabolismo rápido, ¡qué afortunado!

Mercurio en Cáncer y el ascendente en Virgo: su regente planetario, Mercurio, está en el subjetivo y simpático signo de Cáncer. Esto indica un interés en las artes curativas, específicamente en la salud de los niños y las mujeres. También le apasiona la alimentación y la nutrición, la enseñanza y la psicología humana. Tiende a darle demasiadas vueltas a las situaciones, lo que lo lleva a preocuparse innecesariamente y a tener ansiedad. Hace tiempo usted debería haber asistido a una sesión de meditación con la que podría liberar toda esa tensión y ansiedad acumulada.

Usted también tiene predilección por criticar a las personas que le importan, sobre todo si cree que es para ayudarlas. Su especialidad son las artes domésticas, sobre todo porque son también su forma de contribuir a la sociedad.

Mercurio en Leo y el ascendente en Virgo: su regente planetario, Mercurio, se encuentra en el signo expresivo y creativo de Leo. Indica el uso frecuente de su creatividad, la capacidad de comunicarse de forma amable, dramática e incluso colorida. Todos estos son aspectos importantes de su función principal. Usted tiende a modificar y censurar las áreas infantiles, animadas y artísticas de su personalidad. Con esto solo logrará ocultar su luz y usted ha nacido para brillar todo lo que pueda.

Mercurio en Virgo y el ascendente en Virgo: su regente planetario, Mercurio, también está en Virgo. Esto indica una mente estable con una inclinación por el análisis lógico, la clasificación y la designación. Tiene predilección por desarrollar técnicas y habilidades especializadas en un campo práctico. Pero, a no ser que otros factores de su carta natal indiquen un atisbo de comprensión o visión, usted tiende a olvidarse de todo lo demás cuando busca hasta el más mínimo detalle. Suele perderse en la abundancia de hechos y datos, lo que suele incapacitarlo para percibir el significado global o el propósito de las cosas.

Mercurio en Libra y el ascendente en Virgo: su regente planetario, Mercurio, se encuentra en el signo imparcial y juicioso de Libra. Este es un fuerte indicio de diplomacia y la capacidad de comunicar sus críticas, lógica y observaciones con el mayor tacto posible.

Usted es muy humilde e imparcial, con una asombrosa capacidad para ver las cosas desde un punto de vista objetivo y dar una opinión ecuánime. Esto le da fama de buen árbitro o mediador. La naturaleza lógica, práctica y racional de la ciencia le resulta muy atractiva. También es un amante ferviente de la estética, la forma y la belleza.

Mercurio en Escorpio y el ascendente en Virgo: su regente planetario, Mercurio, está en el intelectual Escorpio. Esto es un indicador de que tiene percepciones agudas y poderosas y una fuerte capacidad de investigación, análisis de sondeo y detección. Usted valora discreción y es bueno guardando secretos. Se inclinas por la mordacidad, la crítica negativa y el humor agridulce u oscuro.

Mercurio en Sagitario y el ascendente en Virgo: su regente planetario, Mercurio, ha aterrizado en Sagitario, el signo del idealismo. Esto significa que usted tiene creencias, opiniones, convicciones e ideas filosóficas sólidas que tiene presentes en su corazón. Estas ideas son los pilares de su visión de la vida.

Usted cree saber lo que es mejor para todos, lo que lo lleva a hacer críticas, generalmente no solicitadas, y a la frustración. Además, usted se pone estándares demasiado altos, lo que puede llevarlo a tener a ataques de ira y a decepcionarse.

Su sistema nervioso, sensible y muy tenso, es el responsable de los hábitos holísticos regulares que lo ayudan calmarlo a usted y, a su vez, a quienes lo rodean.

Mercurio en Capricornio y el ascendente en Virgo: Mercurio, su regente planetario, está en Capricornio, el signo del desapego. Esto lo convierte en un símbolo de objetividad, claridad, discriminación y ecuanimidad. Su persona desapegada le da una visión de la vida desprovista de pasión, y aunque esto pueda parecer algo malo, le otorga un enfoque como ningún otro.

Usted no es la persona más fácil de halagar ni es de los que se deja llevar por actos de cortejo extravagantes. Su especialidad es el discernimiento y el realismo. Le atrae la sencillez, el orden y la estructura, ya que son los valores que guían toda su vida.

Mercurio en Acuario y el ascendente en Virgo: Mercurio, su regente planetario, ha encontrado su camino en el innovador e inventivo signo de Acuario. Esto es un indicativo de su voluntad de ayudar y servir a los demás, la cual que puede manifestarse cuando sugiere ideas y conceptos nuevos.

Su capacidad para pensar fuera de la caja es una de sus cualidades más preciadas y definitorias. A usted suelen fascinarles las áreas no convencionales, como la atención sanitaria o los métodos de curación poco ortodoxos.

Mercurio en Piscis y el ascendente en Virgo: Mercurio, su planeta regente, está en Piscis, el signo de la receptividad y la sensibilidad. Eso significa que usted tiene la capacidad de prestar atención de forma profunda y verdadera, ser empático, compasivo y servicial. Tiene una imaginación poética y una buena disposición para inspirarse, lo cual equilibra su técnica y su aguda atención al detalle. Aquí, usted se convierte en el técnico y el artista.

Conclusión

"La mejor versión de mí puede ser incluso mejor"

Querido Virgo, estas son las palabras por las que usted vive. Su naturaleza agraciada, aunque obsesiva y armoniosa, lo convierte en uno de los signos más admirados del Zodiaco. Usted es un firme creyente de que todo lo bueno puede transformarse en algo grande, y son estas cualidades las que lo impulsan a superar sus estándares. Su ingenio e intensidad son inigualables, por lo que no es de extrañar que sus amigos acudan a usted, su enciclopedia andante.

Usted, Virgo, es famoso por su gracia y su capacidad de negociar para salir de las situaciones más complicadas, pero su inquebrantable deseo de perfección lo convierte en una de las personas más desafiantes.

Buscar la excelencia es totalmente comprensible, pero también es necesario tener un toque de compasión. A veces hay que dejarse llevar por el viento, ¡porque hay muchas posibilidades de acabar en algún lugar extremadamente emocionante! Siempre recuerde eso.

Ahora que hemos llegado al final de este libro, espero que haya sido capaz de verse como realmente es. Espero que, de alguna manera, sepa qué hacer para trabajar en sus partes desordenadas; ¡y no hay nada malo con tener algunas partes desordenadas, querido Virgo! Todos las tenemos. Es parte de la experiencia humana y el desorden nunca desaparecerá.

Dicho eso, entienda que tiene defectos, y eso está perfectamente bien. Quiérase más. Sea más abierto y acepte que usted es realmente increíble tal y como es. Usted es especial y amado. Incluso con sus defectos, usted es perfecto.

Séptima Parte: Libra

Guía Definitiva para un Signo Zodiacal Fascinante

Introducción

La mayoría de las personas en el mundo occidental están familiarizadas con el concepto de los signos del zodíaco y los horóscopos, aunque generalmente solo lo conocen de forma superficial. Este mismo hecho plantea la pregunta: "¿Por qué en esta sociedad sobrecargada de información, a la gente todavía le gusta leer sus horóscopos?". ¿Es por diversión, por curiosidad o por la creencia genuina de que los horóscopos importan?

Esta pequeña guía presenta a los lectores el fascinante mundo de la astrología y, en particular, el signo Libra. Al hacerlo, obtendrá una comprensión más profunda de los signos y lo que se encuentra dentro de los mensajes que lee en su periódico a diario. Cada capítulo profundiza en los rasgos, fortalezas, debilidades, trayectorias profesionales, relaciones y tendencias de Libra. Armado con esta información, un libra puede interactuar y comunicarse a un nivel más profundo con otros libra.

¿Qué es la Astrología?

La astrología se conoce como una pseudociencia. Esto significa que el estudio de la astrología se basa en creencias que se afirman que son tanto fácticas como científicas, pero que no se ajustan a la metodología científica. Por lo tanto, la astrología es percibida como sesgada, ya que no se puede probar de manera científica, pero partiendo de esta percepción moderna, sorprendentemente, la astrología ha existido desde el segundo milenio antes de Cristo. Sus raíces se pueden encontrar en la comunicación divina, lo que significa que las sociedades antiguas interpretaron los eventos terrestres y las relaciones humanas en términos de ciclos celestiales y sus sistemas de creencias.

Muchas sociedades se han imbuido de estas comunicaciones divinas y las han incorporado a sus culturas. La cultura hindú y china todavía predice eventos terrenales a partir de eventos celestiales. En el mundo occidental, las raíces de la astrología se remontan a Mesopotamia durante los siglos XIX y XVII a. C. Desde allí, llegó a la antigua Roma y Grecia, y al mundo árabe, donde finalmente se extendió a Europa central y occidental.

Muchos científicos insisten en que no hay una base científica para creer en la astrología y los horóscopos. Los astrólogos discrepan. Entonces, ¿quién está en lo cierto? Una vez más, no hay una respuesta real, ya que se puede decir que ambas creencias son correctas. La astrología fue percibida como la única "ciencia" en la historia occidental y se asoció con la alquimia, la meteorología y la astronomía.

Cuando el descubrimiento científico hizo su aparición en los siglos XVIII y XIX, los científicos del siglo XIX profesionalizaron la medicina y la metodología científica, desterrando a la astrología a los márgenes del conocimiento. Así, perdió su estatus en el mundo académico, pero a pesar de ello, las encuestas han demostrado que casi una cuarta parte de los británicos, canadienses y estadounidenses aún mantienen la creencia de que las estrellas determinan sus vidas y fortunas. Una encuesta realizada por la National Science Foundation reveló que casi el 50 por ciento de los encuestados creía que la astrología era científica o al menos "algo científica" (Baird, 2013).

La creencia de que los planetas y las estrellas pueden afectar la personalidad y el estado de ánimo de una persona e incluso su entorno se basa en el momento de nacimiento de la persona. Los horóscopos impresos en los periódicos hacen exactamente eso. Predicen cómo será el día de una persona en función de cuándo nació, o lo que es lo mismo, con qué signo zodiacal nació. Su objetivo es asesorar a las personas sobre cómo conducir su día y qué esperar. Aunque muchos se burlan de ello, es pura ciencia que las estaciones se crean dependiendo del lugar del sol en relación a la Tierra y que es la fuente de energía del planeta. Además, como la mayoría de nosotros sabemos, la luna influye en las mareas del océano. Pero, ¿es esto meteorología o astrología?

Otra pregunta es: ¿Influye la astrología en las personas y en sus vidas? La respuesta simple es sí. Al menos, nos hace sentir mejor cuando leemos nuestro horóscopo y promete cosas buenas o nos dice que algo bueno podría llegar a nuestras vidas. Es una respuesta muy humana. El cambio estacional afecta a cómo nos sentimos y, a veces, a cómo actuamos. Los cielos grises nos hacen sentir malhumorados, y los días soleados y claros nos dan energía.

Para aquellos de nosotros que valoramos la astrología y la usamos en nuestra vida cotidiana, leer los signos astrológicos es como ver lo que hay más allá del universo y comprender cómo los planetas y las estrellas se mueven en formas que se relacionan con la vida humana. El estudio de la astrología proporciona información que nos dice dónde estamos en el universo y cómo nuestras vidas están intrínsecamente vinculadas a la naturaleza y al universo.

Signos del Zodiaco

En esta introducción, es útil familiarizarlo con todos los signos del zodíaco antes de profundizar más en el signo de Libra. Puede volver a este apartado al comparar el signo de Libra con otros signos del zodíaco.

- Acuario - el signo del Agua - (20 de enero - 18 de febrero)
- Piscis - el Pez - (19 de febrero - 20 de marzo)
- Aries - el Carnero - (21 de marzo - 19 de abril)
- Tauro - el Toro - (20 de abril - 20 de mayo)
- Géminis - los Gemelos - (21 de mayo - 20 de junio)
- Cáncer - el Cangrejo - (21 de junio - 22 de julio)
- Leo - el León - (23 de julio al 22 de agosto)
- Virgo - la Doncella - (23 de agosto - 22 de septiembre)
- Libra – la Balanza- (23 de septiembre - 22 de octubre)
- Escorpio - el Escorpión - (23 de octubre - 21 de noviembre)
- Sagitario - el Arquero - (22 de noviembre - 21 de diciembre)
- Capricornio - la Cabra - (22 de diciembre al 19 de enero)

Lo Que Aprenderá

Este libro se divide en once partes. Cada capítulo le proporcionará una comprensión más profunda de Libra. El primer capítulo le presenta los conceptos básicos de la astrología del zodíaco, incluidas las casas, los elementos, los signos ascendentes y más. El segundo capítulo comenzará a describir a los libra para crear un perfil con el que pueda relacionarse tanto usted como el libra que tal vez conozca. El tercer capítulo examina las fortalezas y debilidades de libra y es una guía útil para entenderse a usted mismo y a otros libra con los que puede trabajar o compartir su vida.

En el Capítulo 4, se explora a la mujer libra. ¿Qué mueve a la mujer libra? ¿Cómo se relaciona con el mundo? El capítulo 5 explora al hombre libra y lo contrasta con la mujer libra. El capítulo 6 considera al niño libra. ¿Cómo debería crecer y prosperar con éxito el niño libra? El capítulo 7 es el capítulo central y examina a libra en el amor. Este capítulo analiza la compatibilidad con otros signos del zodíaco y explora cómo las personas libra se esfuerzan para hacer florecer sus relaciones.

Los capítulos 8 y 9 van más allá y profundizan en la personalidad de libra en el trabajo y en entornos sociales. El capítulo 10 es un homenaje a libra y analiza cómo algunas personas nacidas bajo este signo han cambiado el mundo. Completando nuestra investigación, el libro concluirá con un resumen de lo que los libra necesitan para prosperar en todos los aspectos de sus vidas.

Capítulo 1: Astrología para el Zodíaco

Antes de empezar con Libra, sería útil brindarle información sobre algunos elementos importantes para ayudarle a comprender mejor la astrología, especialmente en lo que respecta al signo Libra. Comenzaremos con los cuatro elementos.

Los Cuatro Elementos

Hay 12 signos del zodíaco, y estos se dividen en tres grupos de cuatro. Cada grupo es un elemento (fuego, agua, aire y tierra) y cada uno tiene sus propios rasgos. En conjunto, estos grupos son el mundo natural, por lo que no es sorprendente que todos dependan unos de otros.

Fuego - Aries, Leo, Sagitario

Tierra - Tauro, Virgo, Capricornio

Aire - Géminis, Libra, Acuario

Agua - Cáncer, Escorpio, Piscis

Fuego

Como era de esperar, este es un elemento dinámico, apasionado y temperamental. El fuego puede hacer dos cosas: mantenerle caliente o destruir cualquier cosa a su paso. Y aunque se consume rápidamente, sus cenizas pueden reabastecer su energía. Los signos de fuego deben ser tratados con cuidado, ya que una chispa puede causar gran destrucción.

Aire

La naturaleza de los signos de aire son el movimiento, las ideas y la acción, los "vientos de cambio" por así decirlo. Hay quien es un cabeza hueca, pero también hay quien posee una poderosa personalidad con fuerza G que desafía a la gravedad. Los signos de aire aportan cierta frescura y usted debe estar preparado para la posibilidad de ser barrido por uno.

Tierra

Estos son signos bien asentados, los que tienen la cabeza en su sitio y hacen que todos los demás vuelvan a poner los pies en la tierra. Son estables y leales, permanecen junto a sus amigos y familiares pase lo que pase. Son personas prácticas, pero pueden ser algo materialistas, centrándose en la superficie y no en lo que hay debajo.

Agua

Los signos de agua son sensibles, emocionales e intuitivos. Son profundos, a veces refrescantes, a veces te ahogan en sus profundidades. Suelen soñar intensamente y con una experiencia e intuición que a veces roza lo psíquico. Una de las cosas más importantes para ellos es la seguridad. Quítesela y se secarán.

Cualidades de la Astrología

La única forma de comprender los signos del zodíaco es comprender las tres cualidades de la astrología:

- **Cardinal** –iniciadores
- **Fija** –hacedores
- **Mutable** –finalizadores

Cada uno tiene sus propias fortalezas, debilidades y características definitorias que ejercen influencia sobre sus respectivos signos.

Hay cuatro signos del zodíaco para cada cualidad, y cada signo se asigna a un cuadrante del zodíaco. Las cualidades se combinan con un solo signo de cada elemento, por lo que, por ejemplo, hay un signo fijo de agua, tierra, aire y fuego.

Como los elementos agrupan signos específicos, indicando rasgos y comportamientos, las cualidades también agrupan signos específicos, destacando los rasgos y comportamientos comunes que comparten. Cada persona tiene un papel que desempeñar en la vida: algunos son iniciadores, otros ponen el trabajo duro y otros son los finalizadores. Conocer la relación entre los signos y las cualidades le ayuda a identificar qué papel desempeña en la vida.

En la rueda del zodíaco occidental, los signos opuestos comparten una cualidad. Entonces, si bien estos signos pueden ser opuestos entre sí, hay ciertas características que comparten.

Signos Cardinales – Aries, Cáncer, Libra, Capricornio

Los cardinales son los iniciadores, los que hacen que las cosas se muevan. Esta cualidad representa nuevos comienzos y energía, y estos signos son líderes natos, con el instinto para generar ideas fantásticas. Son competitivos, generalmente los primeros en proponer una tendencia, y marcan la ruta que siguen todos los demás.

Signos Fijos – Tauro, Leo, Escorpio, Acuario

Los signos fijos son los cimientos de la sociedad, los constructores. Toman las ideas que se les ocurren a los signos cardinales y las llevan a cabo, creando algo a partir de la idea. Son fiables, hacen lo que se debe hacer, son creativos y lo llevan todo hasta el final.

Signos Mutables – Géminis, Virgo, Sagitario, Piscis

Los signos mutables son los finalizadores, los que terminan lo que comienzan los signos cardinales y fijos. Son adaptables, van con la corriente, analizan una situación antes de decidir su curso de acción. Prosperan independientemente de la situación, y tienen la mente abierta. Los signos mutables son aventureros y desinteresados, adaptándose a las cualidades de quienes los rodean.

Las 12 Casas

Si sabe algo sobre astrología y signos, habrá oído hablar de las Casas. Cada asteroide, planeta o punto celestial se encuentra dentro de una casa específica, lo que indica información valiosa sobre su personalidad, su pasado, presente y futuro. A medida que los planetas hacen su viaje a través de estos dominios, desencadenan eventos emocionales y tangibles. Son estas Casas las que hacen que la astrología sea tan asombrosa.

¿Qué Son Las 12 Casas?

Toda carta natal se divide en 12 secciones: las 12 casas, pero las casas se diferencian de la rueda del zodíaco en que esta se basa en la rotación anual del Sol, mientras que la primera se basa en la rotación de 24 horas de la Tierra alrededor de su eje.

Debido a que las Casas rotan sin parar las 24 horas del día, es fundamental que su carta de nacimiento se calcule utilizando su hora exacta de nacimiento. Cada cuatro minutos, las Casas también se mueven, por lo que incluso si nació el mismo día que su mejor amigo, ambos tendrán cartas muy diferentes, a menos que hayan nacido con cuatro minutos de diferencia entre sí evidentemente.

La 1ª Casa

La primera Casa es la determinante Casa del Ser. Es su casa definitoria, que representa su cuerpo, su apariencia y su temperamento. Se centra en sus capacidades mentales, su resistencia, fuerza, etc. A menudo se pasa por alto, pero esta Casa es la responsable de las debilidades de un individuo.

La 2ª Casa

Esta Casa se ocupa de las necesidades que surgen de la primera Casa. Representa riqueza, finanzas personales, el concepto de valor y posesiones materiales. Estas, como muchos estarán de acuerdo, son las necesidades básicas de la mayoría de las personas en los tiempos modernos y antiguos.

La 3ª Casa

Esta Casa rige la comunicación, la comunidad y el transporte. Así como las Casas 1 y 2 tratan específicamente sobre el cuerpo, esta Casa se centra en la mente,

La 4ª Casa

La cuarta Casa gira en torno al hogar, la familia y todo lo que une a una persona a un lugar. Es la Casa la que se centra en la pertenencia, inculcando ese sentido en cada persona. Puede ser con su hogar real o en algún otro lugar que sientan como su hogar.

La 5ª Casa

Todos somos niños por dentro y a algunos de nosotros nos gusta dejar salir a nuestro niño interior más que a otros. La quinta Casa se centra en ese niño interior, en cualquier actividad que nos parezca placentera, incluidas aquellas que recordamos y amamos de cuando éramos niños.

La 6ª Casa

Esta es la Casa responsable de nuestra salud y bienestar. Eso incluye la mente y el cuerpo, y la atención se centra en la satisfacción y la nutrición. Esta Casa también se ocupa de los horarios y la gestión del día a día, ayudándonos a lidiar con la estructura, la organización y el establecimiento de horarios.

La 7ª Casa

La séptima Casa tiene que ver con los asuntos externos en nuestras vidas, el concepto de perspectiva. Se trata de cosas que están fuera de nuestro control y cosas que suceden debido a algo que hizo otra persona. Debido a que esto significa observar sus acciones y a usted mismo personificando el mundo externo, también cubre las relaciones y el matrimonio; a veces se le llama la Casa del matrimonio y su lema se puede traducir a El Cónyuge.

La 8ª Casa

Casi todos los signos del zodíaco odian esta Casa. ¿Por qué? Porque representa todo aquello de lo que queremos huir, evitar. Esto incluye las limitaciones de la vida, los tabúes que de otra manera deberíamos poder disfrutar, los miedos que nos impiden alcanzar nuestras metas. También se la conoce como la Casa Encantada, que representa el sexo, la muerte y la transformación, y una inclinación por lo sobrenatural y lo oculto.

La 9ª Casa

El lema de esta Casa se traduce como Viaje o Camino y eso la convierte en la Casa de los viajes, la exploración, las opiniones y la perspectiva. Esta Casa es responsable de todas las preguntas que hemos hecho, de cada filosofía de vida, porque permite que nuestra mente divague, cuestione todo y haga preguntas nunca antes formuladas.

La 10ª Casa

Esta Casa representa todo aquello de lo que no podemos dejar de hablar. A menudo, cuando hablamos de nuestras vidas con otros, nos obsesionamos con las mismas cosas: el clima, el trabajo, aquello en lo que tuvimos éxito o fracasamos, la vida hogareña, etc. Todo eso se debe a la Casa número diez. Es responsable de la imagen pública, los logros y las aspiraciones profesionales.

La 11ª Casa

La undécima Casa es la Casa de la Amistad, pero también nos permite profundizar más para interactuar y tratar de hacernos amigos de nuestro ser interior. Esto nos ayuda a aceptar nuestra existencia y nos ayuda a seguir adelante.

Esta es también una casa donde viven la innovación y la tecnología, lo que a menudo resulta en el nacimiento de ideas revolucionarias.

La 12ª Casa

La casa final se llama Casa de la Autodestrucción. Gobierna todo lo que no tiene forma física: secretos, sueños y emociones. Es una Casa que puede convertir tu vida en una prisión, una Casa que contiene todos los obstáculos que debemos superar en el camino que elegimos en la vida.

Astrología y Ascendente

El ascendente o sol naciente es uno de los elementos más críticos de nuestras cartas, ya que indica qué signo se elevó en el horizonte oriental en el momento en el que nacimos. Revela las impresiones que da a los demás, lo que perciben de usted en función de su comportamiento. También le proporciona todo lo que necesita para aprender cómo debe comportarse para aprovechar al máximo lo que le brinda su signo astrológico.

Su ascendente se asegurará de que sepa lo que los demás piensan de usted y cómo le ven. Eso significa que también sabrá cómo comportarse y cómo debe comunicarse con los demás.

Su signo astrológico también se conoce como su signo solar o signo del Sol. Esto indica dónde estaba el Sol en su momento de nacimiento y revelará sus rasgos más profundos en términos de personalidad. En el otro lado de la moneda está su signo lunar, que indica dónde estaba la Luna durante su nacimiento. Es mucho más profundo que su signo solar, ya que revela su verdadero yo interior, la persona que sabe que es. Su signo lunar refleja sus miedos internos, sus anhelos y emociones, y todas las obsesiones que bullen bajo la superficie de la personalidad que le proporciona su signo solar. Se trata de sus ansiedades y motivaciones y tiene un impacto significativo en sus relaciones, cómo se vincula con los demás y cómo se siente acerca de cualquier cosa.

Decanatos de Libra

¿Alguna vez se ha preguntado por qué dos personas que comparten el mismo signo del zodíaco son tan diferentes entre sí? Todos conocemos a otra persona que comparte nuestro signo del zodíaco y es lo contrario de lo que somos, pero, si bien puede ser una pregunta simple, la respuesta es un poco más compleja. Los signos del zodíaco por sí solos no dictan la naturaleza de una persona. Eso requiere toda la carta natal.

Los antiguos astrólogos ya lo sabían y por eso dividieron cada signo del zodíaco. La astrología moderna ha ido varios pasos más allá. Los signos del zodíaco se dividen por sus cualidades, elementos, expresión negativa (femenino) y expresión positiva (masculino). Otro método utilizado para dividir signos y determinar la gobernanza es utilizar las triplicidades en una división conocida como decanatos.

Sin embargo, ¿deberíamos saber cuáles son? ¿Son importantes? A veces, sí, lo son porque pueden contarle toda la historia. Para comprender más sobre un signo del zodíaco en particular, comprender los gobernantes y los decanatos es importante y efectivo con la astrología predictiva.

El decanato del Sol naciente está gobernado, y ese gobernante influye en toda la vida, por el momento, especialmente si el planeta está en una posición fuerte en la carta natal y cualquier aspecto de la vida está gobernado por ese gobernante. Tiene sentido, ¿no?

Cada signo del zodíaco gobierna una parte de la carta natal, 30 grados, para ser precisos. Tenemos 12 signos del zodíaco, cada uno de los cuales gobierna 30 grados, que componen la carta natal completa de 360 grados. Cada signo del zodíaco se divide en tres divisiones más, cada una de 10 grados. Hay tres decanatos para cada signo, uno para cada división de 10 grados, y cada decanato tiene su propia regla. Ese gobernante se convierte en el sub-gobernante del signo. Una vez que comprenda las triplicidades (fuego, tierra, aire y agua) puede determinar cada sub-gobernante del decanato.

El decanato de cada signo comparte una triplicidad con el signo del zodíaco en el mismo orden en que aparecen en el zodíaco. Entonces, por ejemplo, el primer decanato de Aries es Aries y Marte lo gobierna. Leo es el segundo decanato y el Sol lo gobierna. Eso significa que el Sol gobierna el segundo decanato de Aries. Aquí, para ayudarle, están los tres decanatos de Libra:

Libra del primer Decanato: del 23 de septiembre al 3 de octubre. 0 ° a 10 °. Gobernante - Venus.

El primer decanato, gobernado por Venus, produce a los amantes de la paz de todo el zodíaco. Estas son personas que necesitan las mejores cosas de la vida y conocen cualquier relación imaginable entre ellos y sus semejantes, mujeres y hombres. Pero, a pesar de estar muy orientados hacia los demás, pueden ser pendencieros y desequilibrados, y uno de sus mayores dilemas es hasta qué punto confían en los demás y cuándo deben hacerlo solos.

Libra del segundo decanato: del 4 al 13 de octubre. 10 ° a 20 °. Gobernante - Urano

El segundo decanato de Libra es Acuario y, con los rayos de Saturno y Urano, a menudo se les llama los "libras más profundos". Se sumergen en cómo funciona la mente humana y les encanta todo lo que tenga que ver con la interacción social. De manera abstracta, a menudo pueden gravitar hacia un conocimiento superior y, en un sentido romántico, pueden resultar algo paradójicos. Quieren la relación perfecta donde ambas partes lo comparten todo, pero necesitan más soledad y espacio de lo que podrían haber imaginado.

Libra del Tercer Decanato: del 14 al 23 de octubre. 10 ° a 30 °. Gobernante - Mercurio

Este decanato tiene rayos de Mercurio y es el libra inquieto. Su polaridad y ambivalencia naturales, especialmente en temas de romance, quedan revelados aquí. Estos libra pueden pasar toda su vida buscando la relación perfecta. Se les dan bien las personas y son lógicos e intuitivos, lo que hace de este un decanato versátil. Les resulta fácil engatusar a la gente y sienten el deseo de comunicarse más que cualquier otro signo.

Cúspides de Libra

Aparte de preguntarse por qué dos personas de un signo pueden actuar de manera diferente, algunas personas también sienten que sus rasgos son una combinación de dos signos del zodíaco. Algunos signos nacen en la cúspide con rasgos de dos signos, por ejemplo, es posible que haya nacido como libra, pero también siente que tiene rasgos de escorpio. Cuando nace al final o al comienzo de un signo, es confuso saber dónde encaja.

Cuando una persona nace a los pocos días de que el Sol pase de un signo al siguiente, se la clasifica como nacida en la cúspide y sus rasgos están influenciados por ambos signos. Pero para evitar confusiones sobre qué signo del zodíaco es, solo puede nacer bajo un signo solar: su signo oficial del zodíaco. Entonces, si nació en los últimos días de un signo, ese es su zodíaco; no puede ser libra y escorpio, por ejemplo.

Si bien la cúspide es algo confusa, no significa que sea algo malo. Es cierto que puede sentirse como una carga tener los rasgos de dos signos solares, pero también puede ser una bendición. Si bien puede heredar rasgos negativos de su segundo signo, también puede beneficiarse de los positivos, y eso le abre un mundo completamente nuevo de posibilidades.

Hay dos posibles cúspides de Libra: Virgo-Libra y Libra-Escorpio. Esto es lo que puede significar para sus características y rasgos de personalidad.

Virgo-Libra
Fechas: 19 de septiembre - 25 de septiembre
Nombre: Cúspide de la Belleza

Si su fecha de nacimiento es entre el 19 y el 25 de septiembre, está en la cúspide Virgo-Libra. Desde su lado de Libra, tiene esa naturaleza indecisa a la vez que recibe una naturaleza cerrada de Virgo. Esta combinación hace que sea difícil establecer una relación estable. Pero la naturaleza analítica de Virgo se combina con la naturaleza afectuosa de Libra, lo que garantiza que, cuando se establezca, no necesite palabras para saber lo que su pareja quiere o necesita.

Libra-Escorpio
Fechas: 19 de octubre - 25 de octubre
Nombre: Cúspide del Drama

Los nacidos entre el 19 y el 25 de octubre son las cúspides de Libra-Escorpio. Normalmente, la naturaleza indecisa de Libra le impediría tomar decisiones rápidas, pero agregando la capacidad de Escorpio para ser muy preciso, eso deja de ser un problema. El encanto de Libra se conserva, pero debe combinarlo con la naturaleza típicamente cínica de Escorpio.

Capítulo 2: Conociendo a Libra

El signo zodiacal de Libra es la balanza (que significa equilibrio). El símbolo de la balanza tiene sus raíces en la balanza de la justicia, que Themis, la diosa griega de la ley divina, sostenía en alto como símbolo de la justicia. Así, incluso hoy en día, la imagen de la Dama de la Justicia puede verse dondequiera que se cumpla el estado de derecho. Se encuentra en la constelación de Libra y su elemento es el aire. Gobernado por Venus, la cualidad de Libra es cardinal. Esto significa que Libra pertenece a los cuatro signos más importantes (Capricornio, Libra, Aries y Cáncer). Son importantes porque se encuentran en el punto de inflexión de un leve cambio estacional. Como séptimo signo astrológico representado en el zodíaco, la transición del sol a través de este signo ocurre alrededor del equinoccio de septiembre (23) y el 22 de octubre. A diferencia de las otras once constelaciones del zodíaco, que están representadas por personajes mitológicos y animales, Libra está representada por la balanza, un objeto inanimado.

El Símbolo de Libra: El signo de la balanza representa la armonía y el equilibrio. Se dice que los nacidos bajo el signo de Libra tienen rasgos como la justicia y la igualdad. Libra está asociado con el romance, con Venus como su gobernante. En la mitología Venus es la diosa del amor. Cada signo del zodíaco tiene un diseño estándar reconocido por la mayoría de las personas que siguen sus horóscopos o estudian astrología, pero al igual que con los otros once signos, el símbolo de Libra es modificado y re-imaginado por quien recrea la imagen. A veces, la balanza se representa como un glifo (un dibujo lineal). En otras ocasiones, se representa como una elaborada balanza de la justicia.

Libra, el Signo de Aire: Libra, Acuario y Géminis son todos signos de aire. Se puede considerar que las personas nacidas bajo estos tres signos tienen la capacidad de mantener la ecuanimidad cuando se enfrentan a la mayoría de situaciones, de ser racionales y tranquilas cuando se enfrentan a circunstancias difíciles. Mientras que en la mitología griega, Themis se asocia con la balanza de la justicia, en la mitología romana, este honor pertenece a la diosa Justitia. Marco Manilio, poeta y residente de la antigua Roma, sugirió que los jueces romanos nacieron bajo el signo zodiacal de Libra. La antigua Roma tiene muchas asociaciones con Libra. Por ejemplo, se creía que cuando Roma se fundó, la luna estaba en Libra, lo cual significó que "la ciudad eterna" fue fundada sobre justicia y equilibrio. Los romanos explicaron esto al señalar que las horas de la noche coincidían con las horas del día, demostrando equilibrio. En la antigua Grecia, se creía que Escorpio, Virgo y Libra estaban intrínsecamente vinculados y que formaban una "garra" en el cielo, que se puede identificar como las estrellas que componen la constelación de Libra.

Planeta Gobernante: Venus. Venus, la diosa del amor, gobierna Libra y es conocida como el planeta de la belleza. Venus también gobierna a Tauro. En la mitología antigua, el planeta Venus es la influencia más fuerte de todos los cuerpos celestes. Los nacidos bajo la influencia de Venus son buscadores de justicia, luchan por la armonía en sus relaciones sociales e íntimas y poseen encanto y belleza. Venus también influye en el arte, la literatura y la música. Los nacidos bajo el signo de Libra amarán la música y el arte. Las personas gobernadas por Venus buscarán consuelo en su entorno y en aquellos a quienes cuidan. Felices en la vida doméstica, los Libra son leales y sus amistades tienden a durar toda la vida. En cambio, en el lado negativo, ya que Venus influye en la armonía, libra evita los conflictos en lugar de resolverlos. Demasiado emocional, libra puede resultar herido incluso por el menor desaire y cavilar excesivamente sobre discusiones pasadas.

Los libra son personas complejas debido a su búsqueda del equilibrio en sus vidas. Propensos al letargo un momento y a la hiperactividad al siguiente, los libra pueden verse como paradójicos. Es cierto que libra valora los atributos físicos por encima de cómo es una persona por dentro, pero una vez comprometido con una amistad o relación amorosa, los libra se mantendrán fieles, a veces hasta un poco posesivos. No dependa demasiado de un libra en caso de emergencia. Titubean, incluso ante un peligro real. El planeta regente de Libra, Venus, domina los procesos de toma de decisiones. Incluso cuando se enfrenta a un peligro inminente, libra se pondrá a sopesar las posibilidades aun cuando la necesidad de actuar les esté mirando a la cara.

Nacer bajo la influencia del planeta Venus hace que los libra sean amantes de la vida lujosa. Tienen gustos exquisitos y adoran los actos públicos y las fiestas elegantes. Algunos dicen que los libra odian estar solos, y que es estando rodeados de cosas agradables, cómodas y lujosas, como la decoración y la buena comida, cuando son felices. Venus no es un planeta jactancioso, por lo que los libra rara vez se jactan o actúan de forma superior a los demás. Esto se debe a que Venus representa la sensualidad y la feminidad, lo que hace que libra sea atractivo para los demás. En la mitología griega, este planeta también está asociado con la diosa Afrodita. Venus también es probablemente el planeta más antiguo conocido del universo. Es el más brillante, a excepción de la luna y el sol, a veces llamado la Joya en el Cielo.

Colores: Los colores de Libra son el azul pálido y el rosa claro: colores aireados que aportan calma al alma de libra. Símbolo de fresca suavidad, estos colores representan equilibrio y claridad, que recuerdan al encanto, la dulzura y la naturaleza agradable de libra. Libra, que nunca es una persona llamativa, prefiere la armonía en sus colores, así que busque tonos como el rosa, el bronce y el blanco cuando combine colores para decoración y moda. Los colores llamativos tienden a no impresionar a libra, pero aprueban el negro como una apariencia clásica y elegante. Cuando se requiere energía, un libra opta por el rosa, ya que este color le carga las pilas.

Cuando el libra necesita mostrar dominio y poder, como en el lugar de trabajo o cuando intenta atraer a una pareja en una primera cita, el rosa le proporciona la energía necesaria. Para la buena suerte, libra elegirá el azul. Si bien la preferencia de libra es por los azules suaves, cualquier tono de azul trae buena suerte al usuario. Por lo tanto, el azul es el tono a elegir cuando se busca un nuevo trabajo o un ascenso. Aquellos que conocen bien a libra, sabrán que el blanco también es un tono que usan a menudo en la moda y la decoración.

Si es usted libra, pruebe estos colores y observe cómo le funcionan. Pruebe por ejemplo a vestir prendas blancas. Aunque no siempre es un color práctico, alguien que viste de blanco nunca pasa desapercibido y usado de la manera correcta, los aspectos virginales de este color pueden suprimirse. Un traje de baño blanco o unos jeans blancos ajustados aumentan la energía de libra. Pruebe la decoración blanca en el hogar, combinada con rosas o azules con quizás un cereza más oscuro o azul marino para un entorno que combine con su personalidad libra. Cuando necesita estimular la concentración, libra usa el azul para brindar calma, claridad y valentía cuando es necesario. Piense en términos de cielo azul, sin barreras ni fronteras, cielo infinito y vastas áreas de espacio de pensamiento creativo. El azul también es un color útil para vaciar la mente después de un largo día de trabajo. Los gurús de la meditación sugieren pensar en un cielo azul infinito cuando se medita.

Piedras Preciosas

• **Ópalo**: Para libra, las piedras preciosas y los cristales suelen ser un aspecto importante de su vida. El ópalo se considera la piedra de nacimiento de libra. El ópalo proporciona a libra inspiración y creatividad, sincronizando sus relaciones y su vida cotidiana para promover la armonía y el equilibrio. Llevar ópalo encima o tenerlo cerca protege de la negatividad y previene las pesadillas, una ocurrencia común para los libra que luchan contra la injusticia y la desigualdad. Una joya de la buena suerte, el ópalo proporciona valor cuando es necesario.

• **Ojo de Tigre**: Esta piedra preciosa también está asociada a libra. Esta piedra preciosa proporciona resistencia, y si es usted libra, sabrá que tratar de satisfacer las necesidades de todo el mundo y ponerlas antes que las suyas es agotador y le deja sin energía. Mantener esta piedra preciosa cerca le ayuda a mantener el equilibrio y le proporciona el impulso interno y externo que necesita. Cuando la vida se vuelve desafiante, el citrino también puede ser útil, ya que ayuda a libra a navegar por situaciones difíciles y enfrentar desafíos que pueden requerir una acción decisiva.

• **Cuarzo Rosa**: Se dice que esta piedra preciosa representa el amor incondicional. El rosa tiene un significado especial para libra y es la piedra lunar que proporciona amor propio y favorece las relaciones amorosas. Muchos libra se sienten incompletos cuando viven solos. A menudo se escucha a los libra decir que quieren más romance en sus vidas: el amor de una pareja sentimental. Para algunos libra, la sensación de inquietud que a veces tienen sin razón aparente es a menudo el resultado del deseo inconsciente de una relación romántica. El cuarzo rosa inspira a ver el propio valor y a darse cuenta de que amarse a uno mismo es el mayor de todos los regalos. Los astrólogos creen que el cuarzo rosa puede atraer un pretendiente a la vida de libra. Para mejorar sus sentimientos de amor propio, use cuarzo rosa en casa, en el dormitorio y en el baño.

• **Lapislázuli**: Esta hermosa piedra preciosa azul aporta una mayor reflexión e intuición a la vida de libra. Permite que el elemento aire penetre en el entorno de libra para centrar las emociones. A los libra no les gustan demasiado los conflictos y tienden a apaciguar o huir de tales desafíos. El Lapislázuli ayuda a libra a expresarse de manera más asertiva. Los libra son conocidos por su diplomacia y esta piedra preciosa refuerza este rasgo. Si es usted libra, llevar esta piedra preciosa en su bolso o en su bolsillo le permitirá sentir seguridad en situaciones difíciles. Proporciona energía positiva cuando es necesario.

• **Aguamarina**: Esta es la piedra de nacimiento favorita de libra. Contiene una inmensa energía. Mantener esta piedra cerca le proporciona a libra tolerancia y apertura de mente. Utilizada al meditar, la aguamarina ofrece la posibilidad de alcanzar un nivel más profundo de intuición.

• **Piedra de Sangre**: Esta piedra preciosa proporciona valentía y coraje a libra. Es una piedra verde salpicada de rojo. Si es usted libra, debe agregarla a su colección de piedras preciosas. Posee poderosas propiedades para mantenerle conectado a la tierra. La mayoría de los libra saben que pueden ser percibidos como poco fiables y descentrados. Esto se debe a que a libra le resulta difícil a veces permanecer en el aquí y ahora y, a menudo, ve problemas cuando ni siquiera están allí, pero esta no es una percepción justa de libra, que en general está bien centrado y siempre interesado en lo que sucede a su alrededor y en la vida de sus seres queridos.

Libra Famosos

No es sorprendente que muchas personas famosas sean libra, ya que el signo otorga a los nacidos bajo él rasgos como la creatividad, el amor por el arte, la música y el diseño. ¿Quién nació el mismo día que usted? Creo que todos estarán de acuerdo en que son personas hermosas, creativas, ambiciosas y artísticas. Estos famosos tienen mucho en común, ya sea música, teatro, películas, escritura o diseño.

- Bruce Springsteen - 23 de septiembre - Personalidad - Un líder nato
- Will Smith - 25 de septiembre - Personalidad - Ambicioso
- Catherine Zeta-Jones y Michael Douglas: sí, ambos tienen la misma fecha de cumpleaños el 25 de septiembre
- Catherine Zeta-Jones - Personalidad - Creativa / Resiliente
- Michael Douglas - Personalidad - Emprendedor
- Barbara Walters - 25 de septiembre - Personalidad - Emprendedora
- Olivia Newton-John - 26 de septiembre - Personalidad - Creativa / resiliente
- Serena Williams - 26 de septiembre - Personalidad - Compasiva
- Gwyneth Paltrow - 27 de septiembre - Líder nata
- Jerry Lee Lewis - 29 de septiembre - Sensible / apasionado
- Ian McShane - 29 de septiembre - Humanitario
- Julie Andrews - 1 de octubre - Perceptiva / apasionada
- Susan Sarandon - 4 de octubre - Loba solitaria
- Kate Winslet - 5 de octubre - Emprendedora
- Matt Damon - 8 de octubre - Lleno de energía / movimiento constante

Vivir con un Libra

El conocimiento de cómo libra emana sus rasgos de carácter y personalidad puede ser útil cuando se trata de comprender o conocer a un libra. También es útil para los propios libra, ya que tener una comprensión más profunda de cómo podría reaccionar en determinadas circunstancias puede mejorar su experiencia de vida. Aquí, describiré brevemente al libra cuando está en casa, cuando está en el trabajo y cuando sale por ahí. Estos temas se tratarán con más profundidad más adelante.

Los Libra en Casa

Es posible que la casa de Libra no siempre sea tranquila y armoniosa, pero es el ideal al que libra aspira para su vida doméstica. Al ser creativo, libra generalmente tendrá una casa bien diseñada llena de toques artísticos en decoración y arte mural. Si es usted libra, poseerá muchas habilidades interpersonales, y su deseo de crear un hogar armonioso le impulsará a seguir adelante en esta búsqueda, pero la necesidad de crear equilibrio en su vida familiar puede causarle problemas, especialmente a la hora de tomar decisiones. ¿A qué escuela deben ir los niños? ¿Qué decoración queda mejor en qué habitación? ¿Qué hobbies quiere tener? Todas estas son preguntas que usted, como libra, pasará un tiempo considerable tratando de responder.

Para resolver las disputas en la familia, las cosas se ponen aún más tensas a medida que intenta negociar los conflictos para que los resultados sean justos para todos. Toda su motivación en su vida hogareña será la calma, la armonía y la creatividad. Su signo de aire significa que se esforzará por dominar los principios básicos de honestidad, igualdad y justicia. Trabajará duro para imbuir estos principios en sus hijos y su pareja. Sin embargo, estas características pueden interpretarse como indecisión y renuencia a ceder en cuanto a decisiones familiares importantes. Un rasgo de libra es verse a sí mismos a través de los ojos de los demás, lo que lo hará muy sensible a los comentarios irreflexivos de los miembros de la familia. Pero como libra, usted proporcionará la piedra sobre la que se forman los cimientos de su vida familiar. Su diplomacia y capacidad de consenso calmarán las aguas, haciéndole brillar intensamente como padre o madre y como pareja.

Los Libra en el Trabajo

Libra es una gran persona con quien trabajar porque "consenso" es su segundo nombre. Si es usted libra, ya lo sabrá. Le encanta trabajar en equipo y se sentirá en su ambiente en las actividades grupales. Debido a que le gusta ver la situación en su conjunto, los detalles no le preocupan demasiado. Esto puede hacer que otros empleados no le aprecien, especialmente cuando está indeciso. Estar demasiado relajado en el trabajo puede generar resentimientos, especialmente si quienes le rodean son impulsivos o están siempre cargados de adrenalina. Los hombres libra prefieren trabajar con personas que les agradan. Los conflictos latentes y los entornos hostiles los angustian, ya que los libra son los primeros en sentir la tensión en el ambiente. Los entornos de trabajo tóxicos no son buenos para nadie, pero el hombre libra se sentirá particularmente deprimido en entornos de trabajo poco saludables.

Como jefe, al hombre libra pasa un mal rato si los empleados no están contentos y buscan conflicto abiertamente, y puede estar algo indeciso sobre qué acción tomar. Cuando los problemas no se resuelven, el hombre y la mujer libra guardarán un tenso silencio, y esto afectará al trabajo. Visto desde afuera, libra, generalmente tan conciliador y emprendedor, parecerá perezoso y apático porque cuando las cosas no están equilibradas, libra tampoco lo está.

La mujer trabajadora nacida bajo el signo de Libra puede parecer un enigma. En la superficie, parecerá la dulzura personificada para quienes trabajen con ella. Preparada para implicarse y aceptar las sugerencias e ideas de otras personas, la mujer libra será de modales agradables y hablará suavemente. No todas las mujeres libra se ajustan a esta descripción, y si es usted libra, es posible que tampoco. En general, las mujeres nacidas bajo el signo de Venus no son chicas duras y rara vez muestran su sexualidad en público, pero no se deje engañar por este agradable aspecto exterior. Bajo de esta muestra de suave frescura hay una mente aguda y ambiciosa y un impulso feroz que hace que la mujer y el hombre libra sean líderes natos.

Tampoco se deje engañar cuando la mujer libra se doblegue ante las peticiones de los demás. Si la balanza no está equilibrada, tenga cuidado. La mujer libra no será feliz y no tendrá reparos en decirlo. La mujer libra infeliz en el trabajo lo reducirá todo a escombros hasta que pueda restaurar la armonía y el equilibrio en su vida. Esto hace que las mujeres y los hombres libra sean líderes y trabajadores ambiciosos. La dicotomía entre el empleado o jefe relajado y el empleado/jefe perezoso y descontento se combina para hacer que el liderazgo sea dinámico e inevitable.

Los Libra en Entornos Sociales

Si tiene intención de salir por la noche a la ciudad, prepárese para que libra le haga esperar. Los libra son muy conscientes de cómo son percibidos y pueden ser bastante vanidosos. Por lo tanto, es posible que deba sacarlos arrastras desde enfrente del espejo para salir a tiempo. Pero si conoce a un libra, sabrá que es amable, de buen humor y divertido. Los libra también atraen a la gente hacia ellos, por lo que si está en la ciudad en busca de nuevos amigos, llévese a su amigo libra con usted.

Si es usted libra, sabrá que es atractivo. Le encantará el lado social de su vida, aunque a veces busque la soledad. No es que no le guste la compañía, es más bien que no se siente incómodo estando solo, pero cuando llegan las invitaciones, no necesita pensárselo dos veces. Aun así tenga cuidado, todo libra quiere que las cosas salgan bien, por lo que cualquier interacción social que no sea perfecta será un problema. Especialmente no les gusta que los agobien y, si eso ocurre, tienden a alejarse. En cuanto a la amistad y las relaciones íntimas, los libra son románticos y luchan por la pareja perfecta, ya sea en un compañero o en una pareja.

Los Libra son soñadores, por lo que les gusta la compañía de otros soñadores, aunque este tipo de relación puede que al final no resulte productiva. Nuevamente, si es usted libra, también sabrá que a libra le gusta ser espontáneo y siempre está feliz de emprender una nueva aventura en un abrir y cerrar de ojos, por lo que encontrar a alguien con la misma espontaneidad es el sueño de todo libra. Socializar es una de las ocupaciones favoritas de los libra, y nada les gusta más que dedicar tiempo a cuidarse. Esto es cierto para el hombre y la mujer libra. Por lo tanto, los días de spa y las noches de champán, sin olvidar el chocolate, son el paraíso para libra. Los libra suelen tener un círculo de amigos pequeño pero leal. Suelen tomar la iniciativa cuando surge una disputa y siempre están listos para ofrecer consejos: tal vez se excedan de vez en cuando, y aquí es donde sus amigos libra pueden parecer demasiado agresivos. Pero los libra, aunque en general quieran divertirse, son inteligentes y elocuentes y son amigos leales y encantadores.

Capítulo 3: Fortalezas de Libra

Como ocurre con otros signos del zodíaco, libra tiene fortalezas y debilidades. Las fortalezas de libra son realmente formidables, y esto es lo que hace que los nacidos bajo este signo sean tan atractivos para los demás, pero también tienen debilidades. No es sorprendente, dado su signo zodiacal, que los libra se preocupen profundamente por el bien y el mal, y el símbolo de la balanza juega un papel dominante en la forma en que conducen sus vidas. Las injusticias que ocurren en el mundo les causan gran inquietud y no son reacios a expresar sus opiniones, ya sea a nivel político o social. A nivel personal, hacen frente a la injusticia cuando se manifiesta entre amigos, compañeros de trabajo o familia. Esta es la razón por la que es bueno tener a un libra al lado. Si bien pueden ser mediadores y pacificadores, desafiarán la injusticia y están dispuestos a sacrificar sus propias libertades por los demás.

En un plano más negativo, libra no es tan directo como otros signos, y esto puede preocupar a los amigos y familiares de libra. Los Libra están tan interesados en mantener la paz que puede ser difícil aceptar su palabra. Esto se debe a que tienden a elegir sus palabras con mucho cuidado, especialmente si piensan que sus palabras pueden molestar. Si es usted libra, sabe que probablemente dirá cualquier cosa para evitar conflictos o herir los sentimientos de los demás. Entonces, aunque un libra luchará por la justicia, al mismo tiempo, es probable que evite las confrontaciones y prefiera usar la diplomacia y la conciliación antes que palabras más duras. Esto hace que libra parezca una bomba sin detonar. Serán pasivamente agresivos, pero pueden explotar de rabia ante la menor cosa que salga mal.

Si conoce a un libra, no le sorprenderá saber que uno de los aspectos más negativos de su personalidad es su miedo a ser directo sobre cómo se siente. Las parejas más dominantes pueden aprovecharse fácilmente de libra debido a su indecisión y tácticas evasivas cuando se enfrentan a conflictos. Veamos las fortalezas y debilidades de libra con más detalle.

Fortalezas

• Elegancia Innata

Si es usted libra, tendrá una elegancia innata. Cualquiera que sea la moda o las tendencias en un momento dado, ya sea grunge o casual elegante, instintivamente tenderá hacia la elegancia. ¿Con qué frecuencia ha salido con un amigo y se ha quedado mirando los expositores de joyería en los escaparates de las tiendas de lujo? No son los llamativos collares rojo rubí o los enormes anillos de diamantes lo que le llaman la atención, sino los pendientes de una sola perla elegantemente montados en delicadas garras de plata. La elegancia sutil es el sello distintivo de libra.

Cuando se trata de decoración, ya sea hombre o mujer, su hogar será elegante y armonioso. Todas sus elecciones en cuanto a decoración se exhibirán elegantemente para resaltar lo mejor de su entorno. Esta elegancia es una fortaleza. Puede confiar en que su amigo libra tomará las mejores decisiones cuando se trata de organizar muebles, elegir ropa elegante o simplemente comportarse de manera elegante cuando socializa.

• Romanticismo

El rasgo más conocido de libra es su romanticismo. Ya sea en literatura, arte, música o intereses amorosos. Libra se siente atraído por lo romántico. Si tiene un compañero libra, las cenas románticas a la luz de las velas deberían entrar en sus planes. Pero incluso una noche en casa acurrucados junto a la chimenea debe ser romántica: el vino bien frío, las luces bajas y música romántica de fondo. ¿Qué mejor para un libra que disfrutar de un libro romántico o escuchar canciones de amor en un tocadiscos antiguo?

Muchos artistas son libra, y no es ninguna sorpresa. Este aspecto de su personalidad se manifiesta en su trabajo. Libra huye de los pensamientos oscuros y los rincones sombríos. Si su pareja es libra, reconocerá este lado romántico de su naturaleza como una fortaleza. Siempre presentarán la mejor visión posible del mundo y siempre verán la belleza en el objeto, flor o sentimiento más pequeño. Atesore a libra por su capacidad para buscar lo mejor en las personas.

• Adaptabilidad

La fuerza de libra es su adaptabilidad. Incluso cuando los tiempos se ponen difíciles, están a la altura del desafío y se adaptan a la mayoría de situaciones. Esto convierte a los libra en aliados útiles. Los libra tienen más probabilidades de sobrevivir a divorcios complicados, mudanzas de casa y cambios de trabajo. Puede que la situación sea difícil, pero algo dentro de ellos entra en acción cuando los derriban; se ponen de pie, listos para intentarlo de nuevo. Esta es una fortaleza particular si está buscando trabajo, ya sea en el mundo del espectáculo o en el entorno comercial. Los libra no se dan por vencidos una vez que han mordido a su presa. Si conoce a un libra, lo habrá oído decir muchas veces: "Bueno, busquemos el lado bueno de esto" o "sé que puedo hacer que esta nueva situación funcione para mí". Ser adaptable hace que los libra se calmen y equilibren cuando el caos reina a su alrededor. Sí, puede que se sientan perturbados por la inclinación de la balanza cuando las cosas cambien, pero el impulso de libra por el equilibrio pronto restablecerá las cosas.

• Buen Gusto Estético

El libra tiende a tener buen gusto y capacidad para juzgar las cosas inteligentemente, por lo que es muy probable que reconozca algo que tiene belleza estética. El buen gusto es algo que ocurre a través de los sentidos, como oír, tocar, saborear, ver, etc. La noción del buen gusto estético se alinea maravillosamente con el sentido innato de la elegancia y, por supuesto, el romanticismo de libra. Se podría argumentar que el buen gusto estético es la piedra angular de la personalidad de libra. Tienden a alejarse de los elementos toscos o desordenados de la vida cotidiana, a menos que estos elementos se utilicen para explorar significados más profundos, como en la poesía y el arte. Los músicos y cineastas libra tienden a explorar los lados más oscuros del alma cuando crean su arte.

Es probable que su amigo libra disfrute de la buena comida y del tacto de las telas suaves. Observe a su amigo libra caminando por una tienda que vende ropa de cama suave y túnicas lanudas, simplemente no puede resistirse a tocarlas al pasar. Si es usted libra, ¿cuántos pares de calcetines de cama de lana tiene? La buena comida y las bellas artes y la literatura encienden la imaginación de libra, por lo que, si tiene un compañero libra, elegir los regalos de Navidad no debería ser ningún problema. Los libra son buenos maestros, así que si quiere aprender las mejores cosas de la vida, pregúntele a un libra.

• Justicia/Rectitud

Esta es una fortaleza obvia de libra. La equidad y la justicia, hacer lo correcto incluso si crea problemas, son características intrínsecas en la estructura de libra. Libra encontrará aborrecibles los actos egoístas, y en ocasiones esto puede hacerles perder popularidad. Si alguien de tu grupo de amigos no está dispuesto a permitir que se hable mal de otro miembro del grupo que está ausente, diciendo "esto está mal, no está aquí para defenderse", entonces lo más probable es que esa persona sea libra.

Muchos políticos comienzan sus carreras porque ven injusticia en el mundo y quieren ayudar a arreglar las cosas. No es de extrañar que algunos hayan nacido bajo el signo de Libra. Alexandria Ocasio-Cortez y Kamala Harris son libra. Los libra se sienten atraídos por profesiones que luchan por la justicia social. Por supuesto, nadie es un santo, y a veces la gente se comporta mal, y los libra no son diferentes a los demás en este aspecto, pero si es usted libra, probablemente admitirá que cuando se comporta mal con otra persona, afecta a su equilibrio durante mucho tiempo. Esto suele deprimirle hasta que consigue restablecer el equilibrio.

• Capacidad de Liderazgo

Los libra son líderes natos, por lo que suelen ser jefes magníficos. Dado que ser justos está en su naturaleza, tienden a hacer lo que es moralmente correcto, por lo que los jefes libra generalmente tienen empleados leales. Si trabaja para un jefe libra, es probable que trabaje con un grupo de personas felices. A los libra no les va bien en atmósferas cargadas de tensión. Si los empleados son irrespetuosos o combativos, saldrá a la luz el temperamento de libra y es probable que la comunicación se interrumpa muy rápidamente.

Su jefe libra probablemente querrá mantener la paz y estará abierto a tener una conversación honesta sobre cómo se siente acerca de ciertos aspectos del trabajo. Buscar la confrontación no funcionará con su jefe libra. Si es usted libra, es posible que desee considerar trabajos o actividades en las que pueda mostrar sus habilidades de liderazgo de la mejor manera. Bruce Springsteen es un libra, y aunque es divertido saber que es conocido como "el Jefe", no es de extrañar que no solo haya "nacido para correr" (born to run), sino que también haya nacido para llevar a su banda al éxito.

• Diplomacia

Los libra son diplomáticos. Harán cualquier cosa para no alterar el equilibrio en su propia vida y la de otras personas. ¿Cuántas veces, como libra, le han llamado para negociar y mantener la paz? Los padres libra son especialmente buenos en ser diplomáticos con sus hijos. Cuando se enfrenta a desacuerdos familiares difíciles, es libra quien generalmente calma la situación porque tiende a contemplar todas las partes de una discusión. Cuando alguien está claramente equivocado en algo, libra empleará el tacto y la diplomacia para corregir opiniones y acciones incorrectas.

Los libra son analíticos, y esto puede ser frustrante para sus familiares y amigos, pero es una de las fortalezas de libra, ya que a menudo son los que presentan todos los puntos de vista de manera diplomática para que se resuelvan las rencillas que de otra manera podrían haberse convertido en un conflicto.

• Lealtad

Su amigo libra le querrá por siempre, a menos que, por supuesto, altere su equilibrio, en cuyo caso se cuestionará mucho el mantener su amistad. La lealtad es una característica determinante de libra. Su amigo o amante libra también esperará lealtad de usted. Sus compromisos son fuertes. La mayor virtud de un libra es que le acompañará en casi cualquier crisis o momento difícil. La traición no está en su repertorio. Si su pareja es libra, no dude en decirle cuánto la ama y recuerde que, al igual que ellos estarán a su lado, no esperan menos de usted.

Libra siempre priorizará su felicidad por encima de la suya propia. Les encanta hacer feliz a la gente porque ello crea armonía en sus vidas. Siempre listo para ayudar a las personas en momentos de necesidad, libra irá más allá de lo que se espera de ellos. Libra hará cualquier cosa para hacerle feliz, lo que hace que mucha gente pueda aprovecharse de ellos. Si quiere un favor de un libra, no tendrá que pedírselo dos veces. Recuerde, también, que debido a que los libra son románticos empedernidos, harán todo lo posible para mostrarle su lealtad, ya sea conseguir una mesa en un buen restaurante o los mejores asientos para ver a su banda favorita.

Capítulo 4: Debilidades de Libra

Las personas nacidas bajo el signo Libra son seres complejos que no esconden sus "sentimientos internos". Son cautivadores, diplomáticos, justos e intensamente leales. Mucha gente está de acuerdo en que libra es una persona hermosa, por dentro y por fuera, pero, así como no pueden ocultar los aspectos positivos de su personalidad, tampoco pueden ocultar sus debilidades. Si es usted libra o tiene amigos libra, reconocerá algunas de esas debilidades a continuación.

• Duda e Indecisión

Sí, esta es probablemente una de las debilidades más notables de libra. Simplemente son incapaces de tomar una decisión y, si lo hacen, es probable que la vuelvan a cambiar. Ser vacilante e indeciso resulta un lastre para libra. ¿Aceptarán ese trabajo o se quedarán donde están? ¿Qué pasa si las cosas van mal? ¿Debo decirle a esa persona que no quiero volver a verla o me arrepentiré? Hay que asumir que en una crisis, los libra estarán perdidos. Si bien son líderes natos, deben tener un entorno estable y equilibrado.

Si tiene un amigo libra, puede ayudarle a superar su vacilación e indecisión recurriendo a sus fortalezas. Los libra son muy adaptables, indíqueles que decidir incluso si resulta ser una decisión equivocada, no es el fin del mundo, ¡que pueden hacer que las cosas funcionen a menos que necesite sacarlos de un edificio en llamas! La naturaleza indecisa de libra se debe principalmente a su capacidad para ver ambos lados de un problema. Para libra, hacer lo correcto es lo más importante. Los libra a menudo envidian y admiran a los amigos y familiares que poseen más determinación, pero desafortunadamente, su propia duda e indecisión los hace parecer débiles a los ojos de personas más asertivas.

• Miedo a Ofender

No le pida a libra que sea cruel o desalmado, ya que es incapaz. Incluso cuando han sido heridos, los libra no pueden ofender a otras personas porque simplemente no está en su naturaleza. Si inadvertidamente hacen daño a alguien, se sienten profundamente turbados. Esta debilidad evita que los libra se defiendan cuando es necesario. También los hace parecer débiles frente a los demás.

Si es usted libra, es posible que haya experimentado el ser herido por los comentarios de otras personas, incluso cuando usted mismo nunca es cruel o hiriente. Esto se debe a que algunas personas a su alrededor saben que no responderá a las ofensas, por lo que es casi como si les estuviera dando permiso para ser hirientes. Tome el ejemplo de alguno de sus amigos más asertivos, si ofende a alguien, probablemente sea porque se lo merece. Si un amigo libra es reacio a ser asertivo cuando sea necesario, apele a su sentido de la justicia sugiriendo que su aquiescencia solo hará que esa persona sea ofensiva hacia más gente.

• Sed de Justicia

A veces, libra puede ser exasperante cuando se trata del tema de la justicia. Su necesidad de justicia puede llegar al extremo. Por ejemplo, debido a que los libra son generalmente personas muy inteligentes, les gusta debatir hasta el punto de agotar a la gente. Cuando libra piensa que no se ha hecho justicia, no se detendrán ante nada para asegurarse de que todo el mundo lo sepa. Esto puede enfurecer a quienes le rodean. Pero habiendo dicho esto, si tiene un amigo libra o vive con un libra, sabrá que son seres complejos que no encajan fácilmente en un marco agradable y ordenado. Son como mariposas, revoloteando de una característica a otra. Su inconsistencia nunca es tan clara como cuando exigen justicia.

Libra puede estar muy molesto cuando sus opiniones no se toman en serio, o peor aún, cuando no se le escucha. Libra no es reacio a inclinar la balanza a su favor para convencer a la gente de que algo es injusto. La inconsistencia de libra a menudo puede considerarse una debilidad, particularmente cuando se aboga por la justicia, pero para libra, la balanza no se equilibra fácilmente, requiere de un ajuste cuidadoso para alinearse. Para que otros vean ambos lados de una discusión, se verá como libra pasa de una característica a otra, volviéndose indolentemente excesivo, de mal humor un momento y equilibrado al siguiente. Aquellos que no entienden esto a menudo se sorprenden por los contrastes en este libra supuestamente sensato.

• Seducción Involuntaria

¿Puede una persona ser seductora sin darse cuenta? Por supuesto que sí. Libra es un ser inteligente y esto puede resultar sumamente seductor. Cuando intente atraer a un libra, notará que le gusta hablar sobre temas profundos y significativos, por lo que a menudo es difícil llamar su atención sobre lo que tiene en mente. Este aspecto estético de su personalidad y su comportamiento aparentemente "inconsciente de que me encuentra atractivo" puede ser muy seductor y serlo además inadvertidamente. Los libra tienen el poder de atraer desde el otro lado de una habitación llena de gente, pero no imagine que lo saben. Esa mirada de "vamos" puede no ser todo lo que parece. Los libra pueden perder el interés con acercamientos toscos y torpes.

Si sabe que la persona con la que quiere coquetear es libra, partirá con ventaja. Libra responde a la conversación elegante y, como puede imaginar, a un buen debate. Pero no caiga en la confrontación, este enfoque no es del agrado de libra. Si tiene la intención de llevar a su cita libra a la cama, hay una o dos cosas que debería considerar. Generalmente, libra preferirá hacer el amor en una cama en lugar de encuentros aparentemente espontáneos en el asiento trasero de un coche. Una de las grandes debilidades de la personalidad de libra es su renuencia a ser terrenal y sucio. Recuerde, Libra es igual a elegancia.

• Narcisismo

Incluso con todas las debilidades anteriormente mencionadas, a menudo libra es considerado como el signo del zodíaco más hermoso y más lleno de amor. Pero cuidado, algunos libra tienen un lado oscuro en su personalidad: sus tendencias narcisistas. Como libra, puede admitir que emplea gran parte de su tiempo concentrado en sí mismo. Esto se debe a que le gusta complacer a los demás, lo que implica lucir lo mejor posible, sentirse apreciado y ser admirado. Este aspecto le aporta a libra el tan ansiado equilibrio por el que lucha en su vida.

Si bien el narcisismo es una debilidad del carácter de libra, son narcisistas con buenas intenciones. Pero este rasgo de personalidad, mostrado al mundo como autoconfianza y egoísmo, a menudo puede ocultar un alma torturada que anhela reconocimiento. Esto hace que libra sea sensible a las críticas. Si conoce a un libra, reconocerá fácilmente este rasgo. Odian las críticas a sí mismos, pero se sienten cómodos criticando a los demás. El encantador libra puede volverse petulante y agresivo rápidamente. Si quiere llevarse bien con un libra, pero descubre que es narcisista, entonces debe aceptar que existen límites para su encanto y buena voluntad. Explíquele a una persona narcisista, sea cual sea su signo de estrella, que no será un obstáculo para su ego inflado.

• Voluntad Débil

La débil voluntad de libra puede ser frustrante a veces, pero esta percepción negativa de libra puede que esté exagerada. Es posible que el indeciso libra se derrumbe cuando es necesario tomar una decisión, pero ello no significa necesariamente que libra sea superficial. Adoptar una postura de moderación es una decisión difícil. El libra parece tener una voluntad débil porque su objetivo primordial es el equilibrio y la armonía. Siempre intentarán hacer lo mejor para mantener la paz. Si es usted libra, no adopte esta percepción negativa de usted mismo. Quiere lo mejor para quienes le rodean y lucha por la equidad y la justicia en su propia vida y en la vida de los demás. Sí, su vacilación puede parecer debilidad, pero tiene un fuerte sentido de la justicia, así que use su diplomacia de manera asertiva y asegúrese de respaldar sus decisiones con mensajes claros. Por ejemplo, diciendo: "No estoy preparado para hacer esto hasta que lo haya pensado bien" y una vez decidido ciñéndose a ello.

Si tiene amigos o pareja libra, sabe lo difícil que es cuando se deben tomar decisiones y esas decisiones deben cumplirse. Sabe que tal vez su libra cambie de opinión, pero al ser débil, es cauteloso. Si su libra le importa, reconozca este hecho y confróntenlo juntos. Dado que se puede influir fácilmente en libra, tal vez una conversación seria sea suficiente para ayudar a libra a decidir y mantener su decisión.

En situaciones familiares, al padre o madre libra puede resultarle difícil no ceder ante los niños exigentes. Pueden castigarlos por cosas pequeñas, quitándoles el móvil o la consola, pero ceden rápidamente cuando el niño llora o monta una escena. Si tiene un compañero que es un poco débil cuando se trata de disciplinar a los niños, quizá necesite ayudarlos a ser más asertivos, pero esto debe hacerse dentro del marco de una discusión equilibrada en lugar de una confrontación.

• Adopta Soluciones Paliativas

Libra buscará con mayor frecuencia una solución paliativa a los problemas. Quizás esta sea una característica profundamente inherente de libra, pero también puede percibirse como una debilidad. Es como poner un póster para tapar una grieta cuando en realidad lo que hace falta es hacer una reforma.

La naturaleza terapéutica de libra se puede ver a menudo. Si es usted libra, ¿con qué frecuencia le han acusado de no ver las cosas como son? Las soluciones paliativas a los problemas a veces pueden funcionar, y hay muchas ocasiones en las que el enfoque del mazo no funciona, pero este enfoque para la resolución de problemas no siempre funciona y los observadores pueden considerar que hace la vista gorda ante los problemas reales. Si usted es un padre o madre libra, es posible que desee sentar a un niño para hablar de su mal comportamiento y ofrecer soluciones que no aborden por qué el niño se está portando mal. Si es así, debe recurrir al lado intelectual de su naturaleza y enfrentar el problema de frente. De lo contrario, no le está enseñando a su hijo a abordar problemas de conducta graves.

A menudo, libra mira solo el lado positivo cuando una respuesta más realista sería más efectiva. Buscar soluciones que no aborden los problemas reales puede ser difícil para libra. Requieren una conversación seria que les permita ver que, a veces, una solución paliativa no siempre restablecerá el equilibrio y la armonía en sus vidas.

• Perezoso

Si conoce a un libra, ¿cuántas veces le ha escuchado describiéndose a sí mismo como alguien que tiene la capacidad de ser increíblemente activo o sumamente perezoso? Esta dicotomía es esencialmente una reminiscencia de la balanza, que puede estar equilibrada o no, aunque lo mismo se puede decir de otros signos, por lo que este aspecto perezoso de libra debe ser tomado con precaución, ya que la pereza de libra es una noción compleja, sobre todo porque es una aliteración omitida fácilmente por las personas que escriben horóscopos. Si es usted libra, o conoce a un libra, sabrá que una de las debilidades de la personalidad de libra es que no pueden quedarse quietos. Son almas inquietas que buscan el equilibrio en sus vidas y luchan enérgicamente por la armonía en sus vidas, lo cual es un trabajo duro, por lo que la noción de que libra es perezoso debe ser atemperada con la idea de que la actividad y la pereza son contrapesos y funcionan bien para el equilibrio de libra. Si no conoce a libra demasiado bien, este comportamiento indolente será una debilidad más que una fortaleza.

Debido a que el libra es de naturaleza estética, buscarán actividades relajantes como sentarse en un cómodo sillón leyendo un libro o relajarse en un día de spa con amigos, sin nada más que hacer que disfrutar. Pero recuerde que los libra probablemente trabajen duro para lograr este equilibrio en sus vidas. Los nacidos bajo el signo de Libra son buenos escritores de viajes, que combinan el trabajo duro con el lujo de explorar lugares románticos y atardeceres mediterráneos. Por lo tanto, no se deje engañar por esta "debilidad" en la personalidad de libra, luchar por tener un momento en el que puede simplemente no hacer nada sin sentirse culpable o ser irresponsable requiere planificación y trabajo duro.

En Resumen

Habiendo explorado las fortalezas y debilidades de la personalidad de libra, debe recordarse que las influencias ambientales también afectan la forma en que se comportan las personas. Si bien lo anterior no pretende definir a libra, estos rasgos son comunes en los nacidos bajo este signo del zodíaco.

Este capítulo termina con una mirada positiva a la personalidad de libra y sus rasgos más comunes. Libra es un alma amable y cariñosa, y si tiene la suerte de tener una madre, hermana o pareja que sea libra, entonces tiene suerte. Si está buscando un amigo o alguien con quien pasar su vida, entonces los libra son las personas más deseables del zodíaco. Permanecerán constantes y fieles y trabajarán arduamente para brindarle todo lo que necesita para hacer su vida cómoda y feliz. Libra siempre busca el equilibrio tanto en las relaciones como en el trabajo.

Así pues, si tiene un libra como pareja, un consejo: agárrese a él porque extrañará su amor, belleza interior y afecto en caso de que le deje.

Capítulo 5: La Mujer Libra

Amante

Después de leer los dos primeros capítulos de esta guía, sabemos que libra está influenciado por Venus y tiene la balanza para simbolizar la equidad y la justicia. Reconocido por ser el más hermoso de los signos del zodíaco, no es de extrañar que la gente se sienta atraída por ellos. Muchas personas se sienten cautivadas por la mujer libra, sobre todo porque desafiará constantemente sus suposiciones sobre ella: objetora un momento y obediente al siguiente, a veces muy clara, a veces errática. Aunque no está abierta a recibir críticas, la mujer libra está dispuesta a admitir cuando está equivocada. En el amor, la mujer libra se esfuerza por lograr la armonía y el equilibrio. Le encanta ser amada y le gusta la atención. Una vez enamorada, una mujer libra seguirá estando entregada, pero esperará honestidad de su pareja y no consentirá los juegos mentales. Ser justo en el amor es primordial para la mujer libra.

En el amor, la mujer libra será apasionada y coqueta. Si se siente apreciada, florecerá. Pero eso no significa que haya que estar constantemente pendiente de ella. Puede cuidar de sí misma y no es reacia a pasar tiempo sola. Lo que la mujer libra quiere es alguien en quien pueda confiar cuando se sienta vulnerable. La fiabilidad es una prioridad para ella. Pero, como buena libra, esperará que se respete su independencia. Por lo tanto, la mujer libra puede pasar de ser dependiente a independiente dependiendo de la situación. Dado que a los libra no les gusta lidiar con los conflictos, prefieren solucionar las cosas hablando y rara vez estallan de ira. Este deseo de hablar las cosas puede resultar desconcertante para su pareja masculina, ya que muchos hombres prefieren no hablar de sus emociones más íntimas. La mujer libra puede parecer intrusiva y quejica cuando convierte una discusión acalorada en una discusión de "sentémonos y hablemos de esto". La negativa de una pareja a tener una conversación profunda y significativa puede hacer que la mujer libra se sienta malhumorada y deprimida.

Como signo de aire, es probable que la mujer libra intelectualice el sexo. Considerará las necesidades de su pareja y las suyas propias y luego tratará de reproducir esa diversión en el dormitorio. La mujer libra es seductora y le gusta tomarse su tiempo con los juegos preliminares, ya que el placer sensual es importante al hacer el amor: el tacto, el aroma y las palabras románticas contribuyen a las actividades sexuales de la mujer libra. Las parejas de las mujeres libra son afortunadas en el dormitorio porque el sexo debe ser tan generoso como amoroso. Dicho esto, la mujer libra tampoco es una ninfa en el dormitorio. Puede ser tímida hasta que confía en su pareja. Su indecisión también puede dificultar que se abra sobre lo que quiere en la cama, pero cuando confíe en usted, la mujer libra será todo lo que quiere que sea y más. Debe ser sensible a las necesidades de la mujer libra en el dormitorio. Si quiere hablar, déjela hablar. Las áreas de respeto y honestidad deben ser visibles en el dormitorio como lo son en la vida cotidiana.

Compatibilidad

• **Libra y Virgo:** A primera vista, esta combinación sexual parece no coincidir. Virgo es un signo de tierra, mientras que Libra es de aire. Gobernado por Mercurio, los virgo son bastante tímidos en el dormitorio. Libra, aunque es algo tímido, querrá más aventuras sexuales, que rápidamente se convertirán en amor espiritual con significados más profundos. Pero a medida que la personalidad de virgo llega a conocer a libra en un nivel íntimo, los opuestos se pueden atraer y cada uno trae sus propias personalidades únicas a la creación de juegos para un apego amoroso profundo y gratificante.

• **Libra y Capricornio:** Lo primero que hay que tener en cuenta es que el sexo es extremadamente importante para ambos signos del zodíaco. Y, sin embargo, parece difícil de creer, ya que a ambos signos les gusta tomarse las cosas con calma. A menudo, capricornio y libra no se sienten atraídos inicialmente el uno por el otro y no persiguen una relación más profunda, pero, si algo enciende la chispa, tenga cuidado porque pueden hacer maravillas juntos en una relación. La amistad es importante para ambos signos, por lo que la amistad es un factor clave en su relación si se enamoran el uno del otro. El ritmo es importante para libra y capricornio, por lo que cuando sienten que es el momento adecuado, su atracción sexual explotará y caerán todas las barreras.

Pruebe con Otra Pareja

Primeras Citas

Está en su primera cita y ha descubierto que su cita es libra. ¿Qué debe saber para que su cita transcurra de forma satisfactoria? Primero, debe saber que a la mujer libra le gusta pasar un buen rato y no será pasiva ante esta expectativa. Ella se esforzará para asegurarse de que usted también lo pase bien. Incluso si va a ser su primera y última cita con su mujer libra, ella lo hará lo mejor que pueda y no desperdiciará su velada. No importa a dónde la lleve, la mujer libra mostrará interés. Su curiosidad natural y su enfoque intelectual de la vida se asegurarán de ello.

La mujer libra no le hará sentir incómodo y no se burlará de usted, por muy nervioso que esté en esta primera cita. Puede que empiece a bromear e incluso a flirtear un poco, pero no le hará sentir mal. Esto se debe a la tendencia de libra a la indecisión. Ella estará feliz de que usted decida dónde ir e incluso qué comer. No se quejará ni siquiera en el caso de que su elección no sea muy de su agrado. Por lo tanto, no se ponga nervioso ni se preocupe por lo que ella pensará de la cita, ella estará feliz de seguir adelante. En algunos aspectos, esto puede ser un poco desconcertante porque puede salir de su cita sin estar del todo seguro de cómo fue la noche.

A la mujer libra le gusta hablar, así que no se sorprenda cuando ella lo guíe a una conversación profunda, desde un debate filosófico hasta política local. Si espera que la cita acabe en la cama o en un ambiente romántico, probablemente visitar un museo o una sala de cine no sea la mejor estrategia, ya que ella querrá hablar, en profundidad, sobre los entresijos de las piezas del museo o el complicado final de la película. Lo más probable es que acierte con su cita libra si inicia una conversación intelectual. Le gusta la lectura y el arte y le gustan las discusiones salpicadas de toques románticos.

Es probable que su cita libra llegue un poco tarde, ya que tardará una eternidad en decidir qué ponerse. A ella le gusta que su ropa combine con el lugar y con su estado de ánimo y probablemente se habrá cambiado de ropa una docena de veces antes de entrar al restaurante para sentarse frente a usted. Ella también será crítica con lo que usted lleva vestido, aunque no hará ningún comentario al respecto. No se presente con ropa informal a menos que el lugar lo requiera. Haga un esfuerzo. A la mujer libra le gusta el estilo y la elegancia. Recuérdelo también cuando elija el lugar para la primera cita. Una advertencia para cuando salga con una mujer libra por primera vez: trate de no pedirle a ella que decida el lugar. Estará indecisa y probablemente le envíe un mensaje de texto varias veces con un cambio de lugar. Es posible que aún esté indecisa incluso después de que se reúnan, distrayéndose sobre si ha tomado la mejor decisión. Así que, a menos que usted también sea libra (es posible que nunca decidan dónde reunirse), tome la iniciativa y sugiérale un lugar. Ella no discutirá.

Compatibilidad

• **Libra / Libra**: Cuando conoce a alguien por primera vez, no importa si son compatibles o no. Hay más factores que juegan un papel en un emparejamiento que el signo bajo el que nace, pero algunos signos conectan especialmente bien en la primera cita, incluso si después no conduce a nada permanente. La mujer libra responderá positivamente a alguien que ponga todo su corazón y su empeño en cuidar de ella. Esta es la razón por la que libra y libra lo pasarán bien en una primera cita. Al ser ambos signos de aire, inmediatamente buscarán una apertura romántica para su primera cita. La luz de las velas, la música suave y un buen vino probablemente estarán en el menú.

• **Libra / Acuario**: Esta es una buena combinación para una primera cita. El acuario no va a estar especialmente pendiente de encontrar fallas en su primera cita como tampoco lo hará libra. Por lo tanto, ambos tendrán una buena predisposición para conocerse. También estarán interesados en lo que el otro tiene que decir. Libra y acuario son una buena pareja en general, y cada uno encuentra inspiración en el otro. Esta unión también tiende a funcionar permanentemente, cada uno concede al otro el espacio para ser ellos mismos, pero resolviendo los problemas juntos: acuario es justo lo que la mujer libra necesita para resolver problemas, y seguirá el liderazgo de este signo más decisivo.

Hobbies

Si ha leído el capítulo anterior de esta guía, no se sorprenderá al saber que la mujer libra tiene muchos hobbies y, a menudo, pasa de una actividad a otra cuando está inquieta o aburrida. Su principal afición es mantener todo equilibrado, y esto requiere una cantidad considerable de tiempo y planificación.

• **Decoración del hogar**: A la mujer libra le gusta la decoración del hogar, que requiere tiempo y mucha energía, de la que se puede cansar fácilmente si las cosas no van bien. Si bien es posible que pase días, tal vez semanas, diseñando la decoración para una habitación en particular de la casa, es muy probable que compre por impulso algo que haya visto en un escaparate y luego remodele completamente la habitación en función de esa compra impulsiva. Esto es lo que hace que la decoración del hogar sea tan absorbente para la mujer libra. Todo debe estar en perfecta armonía. Debido a que la mujer libra comprende el equilibrio de los opuestos (yin/yang), los visitantes de una casa libra encontrarán artículos graciosos y de bajo coste que comparten espacio con artículos caros y elegantes que crean una atmósfera hogareña interesante pero relajante.

• **Compras**: Si bien las compras son un pasatiempo habitual para la mujer libra, rara vez incluye la compra de alimentos a menos que sea en emporios de alimentos de alta gama y tiendas de delicatessen que ofrecen alimentos exóticos o selectos. Las compras en el supermercado aburren a la mujer libra, por lo que es probable que se desplace por los pasillos y deje caer cualquier cosa en la cesta que se parezca a una cena, pero mirar escaparates, comprar ropa y comprar muebles ocupan un tiempo considerable en el calendario libra. Al comprar ropa, libra será muy indecisa, por lo que generalmente tiene amigos o familiares de confianza para ir a comprar ropa.

• **Senderismo y Paseos por la Montaña**: Este es el pasatiempo perfecto para la mujer libra. Adora el aire libre, especialmente ir a las montañas y caminar por senderos que ofrecen paisajes espectaculares. Una mujer libra amante de la naturaleza encontrará la paz y la tranquilidad perfectas sentada en la cima de una montaña, tomando fotografías o simplemente meditando en silencio. La perfecta simetría de la naturaleza, ya sea accidentada o suavemente ondulada le proporciona inspiración. La mujer libra tiene pies inquietos, por lo que caminar y hacer largos recorridos al aire libre satisface su necesidad de moverse. Además, a libra nada le gusta más que no hacer nada. Caminar por las montañas, perversamente, satisface esa necesidad en libra. No tener nada más que hacer que poner un pie delante del otro y ser uno con la naturaleza es el pasatiempo supremo.

• **Jardinería**: Si el momento es apropiado y siempre que sea posible, la mujer libra dedicará tiempo a la jardinería para aliviar el estrés. La jardinería también le permite ser creativa. Siempre atraída hacia colores y formas naturales, la jardinería satisface la necesidad creativa de libra. También es probable que libra prefiera recostarse en una hamaca leyendo en el jardín en lugar de cortar el césped o arrancar malas hierbas. Para los libra de clase más acomodada, un jardinero se encargará de las tareas mundanas mientras ella pasa el tiempo revisando catálogos de semillas y revistas de jardinería en su búsqueda de encontrar el jardín perfecto. Los libra son excelentes jardineros, ya que su creatividad y búsqueda de armonía dan como resultado jardines acogedores, tranquilos y en sincronía con la naturaleza.

Compatibilidad

• **Libra/Virgo**: Compartir hobbies puede ser altamente gratificante, pero las cosas pueden salir terriblemente mal si dos personas no son compatibles, y esto es especialmente cierto con los hobbies creativos. La mujer libra buscará actividades que requieran equilibrio y sincronización. Su compañero debe ser de la misma opinión, o la mujer libra se marchará. Los virgo son buenos compañeros de hobbies, ya que son más asertivos, pero buscan inspiración en otras personas. Con gusto contribuirán a hobbies que supongan un desafío como caminar por la montaña o hacer senderismo y disfrutarán comprando productos inusuales o elegantes.

• **Libra/Acuario/Géminis**: Esta es una excelente combinación de signos. A estos signos les motiva la búsqueda de actividades inspiradoras como caminar y viajar. Al igual que la mujer libra, acuario y géminis buscan la armonía. No desean la fatiga que implican las actividades como los deportes extremos y los destinos de viaje arriesgados.

Libra/Tauro: Esta es una maravillosa combinación, ya que ambos signos buscan la belleza tanto en el entorno como en los alimentos que consumen. Juntos, la mujer libra y su compañero tauro disfrutarán de largas conversaciones sobre cómo buscar los mejores alimentos y los mejores vinos y pasarán horas buscando la tela o el mueble adecuado para decorar una habitación.

Dinero

El dinero es la pesadilla en la vida de la mujer libra, ya sea que tenga mucho dinero o no tenga nada. A menudo, se pregunta si alguna vez estará libre de preocupaciones con sus finanzas. Curiosamente, este signo del zodíaco está pasando por una nueva frase planetaria disruptiva, por lo que los libra, tanto mujeres como hombres, deben abordar sus circunstancias financieras antes del cambio del siglo XXI. Si lo hacen, descubrirán que todos los problemas de dinero que hayan experimentado desaparecerán. Hay varias razones por las que la mujer libra no es buena gestionando dinero. Primero, le resulta difícil ahorrar: ese viaje a un país extranjero o esa elegante silla que ocupa un lugar central en el escaparate de la tienda la invitan a gastar su dinero.

Si es usted libra, sabrá que también le encanta comprar regalos para familiares y amigos, ya que siempre quiere mostrar su amor y cariño. Si conoce a un libra, tiene la suerte de recibir su generosidad, pero también es su deber demostrar que se preocupa por ella amando y aceptando sus rasgos generosos. Esto podría significar estar ahí para apoyarla cuando no tenga dinero.

Muchas mujeres libra creen que están maldecidas cuando se trata de dinero. Por supuesto, no lo están, y una vez que la mujer libra empiece a ahorrar en lugar de gastar, reconocerá como se equilibra su balanza de la fortuna, lo que mantendrá su equilibrio constante y en buena dirección. Ser intuitiva significa que usted, como mujer libra, tendrá la perspicacia para anotar cómo están progresando sus finanzas y reconocer dónde necesita ahorrar para eventos futuros.

Las mujeres libra pueden ser perezosas con la contabilidad, cosa que debe trabajarse si se quiere mejorar las circunstancias financieras. La mujer libra evitará escatimar y ahorrar siempre que le sea posible. Probablemente gastará demasiado dinero en calentar la casa, llenar la nevera o abastecer su bodega. Dedicar tiempo a las cuentas financieras le revelará a la mujer libra que primero debe equilibrar su contabilidad para tener una vida equilibrada.

Si bien el deseo de buscar el lujo y la elegancia es un rasgo inherente a la mujer libra, también es lo que la mantendrá justa de dinero. Si se reconoce en este rasgo, como mujer libra, es hora de hacer un cambio. Puede hacer que su hogar sea elegante con su buen ojo para la estética sin vaciar su cuenta bancaria. Pruebe nuevos diseños Feng Shui en su hogar con el fin de gastar poco o nada de dinero. Utilice sus instintos creativos para crear armonía y estilo siendo intuitiva y espiritual.

Antes de continuar con el tema del dinero, conviene señalar que el dinero sí hace girar el mundo. Todos necesitamos mantenernos a nosotros mismos y a nuestras familias: necesitamos comer y alimentarnos y, si tenemos suerte, nos sobrará lo suficiente para darnos un capricho de vez en cuando. Las mujeres libra son generosas en extremo y a menudo dan a los demás mientras se lo quitan a ellas mismas. La mujer libra dedicará una cantidad considerable, si la tiene, en donaciones a la caridad. A menudo, es probable que den dinero a personas sin hogar, a bancos de alimentos y a centros para personas sin hogar. La mujer libra es un ser espiritual y, a menudo, cree que la armonía en el universo se encuentra siendo generosa con su dinero.

Compatibilidad

• **Libra/Cáncer:** Esta es una unión que puede hacer que ambas partes estén mejor financieramente. Las personas de signo Cáncer tienden a ser cuidadosas con su dinero. Ahorrar para el futuro es algo natural para muchos cáncer. Por ejemplo, si un cáncer ha experimentado dificultades en su juventud, tienden a querer evitar la pobreza ahorrando para cuando vengan las vacas flacas. Este rasgo puede suponer un desafío si tienen una compañera libra, pero no es insalvable y ambos aprenderán el uno del otro. La mujer libra entra en juego cuando su pareja cáncer cae presa de las promesas de enriquecimiento rápido. Debido a la indecisión de libra, es probable que disuada a cáncer de entregar su dinero basándose en falsas promesas. Por lo tanto, esta asociación une lo mejor de ambos mundos, la capacidad de ahorrar dinero en el lado de cáncer y la capacidad de analizar promesas financieras dudosas en el lado de libra.

• **Libra/Leo:** Para las personas nacidas bajo este signo del zodíaco, existe una tendencia a tener suerte en asuntos de dinero. Pueden tomar buenas decisiones financieras basándose en poca información. Los leo tienen buen olfato para detectar una buena oportunidad de negocio. Desafortunadamente, también les gusta el estilo de vida lujoso, lo cual puede ser desastroso para la mujer libra, que puede estar de acuerdo con planes financieros de dudosa viabilidad.

• **Libra/Virgo:** Ser uno de los signos zodiacales más trabajadores significa que virgo es una buena pareja financiera para la mujer libra, que puede ofrecer ideas creativas para ganar dinero, pero puede que no tenga la energía para llevarlas a cabo. Virgo disfruta de la riqueza material, lo que, por un lado, no es un buen augurio para un libra que puede necesitar ahorrar dinero para comprar las cosas que desea, y virgo, a su vez, puede tener dificultades para gastar dinero en lo que cree que no es una buena inversión, pero equilibrando las cosas con cuidado, cosa en la que es experta libra, la combinación Libra/Virgo puede conducir a un muy buen resultado financiero.

Capítulo 6: El Hombre Libra

Amante

Si quiere alguien a quien amar, busque un hombre libra. Son sensacionales para el amor, especialmente porque su planeta regente es Venus. Atento, perversamente encantador y por si eso fuera poco, sensible, ¿a quién no le puede gustar eso? Bueno, puede que haya gente a la que no le guste, pero ya hablaremos de eso más adelante. El hombre libra irradia confianza, por lo que, con él a su lado, se deslizará sin problemas a través de las reuniones sociales, notando a medida que avanza que muchos ojos están puestos en su atractiva pareja. El hombre libra se siente atraído por las mujeres inteligentes y femeninas. Admira a una mujer elegante y es naturalmente atractivo para las mujeres creativas y artísticas.

Hay personas que pueden encontrar a los hombres libra un poco absorbentes como interés romántico porque una vez que se enamoran, quieren estar cerca de ti todo el tiempo. Si bien puede parecer algo tedioso, permanecerán fieles para siempre. A primera vista, puede parecer que al hombre libra le gusta flirtear, pero el flirteo se dirige principalmente a su afortunada compañera. Ambos miembros de la pareja se aprecian y se quieren, por mucho que puedan flirtear con personas que encuentren interesantes.

El hombre libra es sensible a cómo lo ven los demás, por lo que siempre intentará ser bueno cuando esté a su lado. Le toma mucho tiempo prepararse para salir, así que acostúmbrese a pelear por el espejo del baño. Al igual que las mujeres libra, al hombre libra le gusta mucho mirar su propio reflejo. Esto puede parecer vanidad, pero la verdad es que el hombre libra se preocupa por lo que otros piensan de él, por lo que gran parte del acicalamiento tiene que ver con cómo lo ve su interés romántico. Si no muestra respeto o incluso admiración por él, rápidamente verá un lado más oscuro de su personalidad.

El hombre libra es un hábil manipulador, especialmente en entornos sociales. Nunca perderá la oportunidad de exhibirla para sus propios fines en lugar de porque esté orgulloso de usted. Sus demostraciones de encanto para quienes lo rodean suelen ser un intento de ser incluido en los círculos de élite que tanto admira, pero si su interés romántico comparte los mismos objetivos en la vida, que suelen ser cosas como cenas elegantes y vacaciones de lujo, entonces esta puede ser la pareja perfecta. El hombre libra es romántico y nunca falla en este rasgo. Ve romance en todo. Desea personas sofisticadas que también estén abiertas a veladas románticas junto al fuego con champán y buena comida.

El hombre libra rezuma sexualidad, y esto es parte de su encanto. Le gusta que su pareja sea atrevida en la cama, pero también sensual. El misterio vuelve loco al hombre libra. Es un amante paciente. Quiere que su pareja se sienta segura, la confianza en una relación sexual es importante para el hombre libra. El hombre libra puede ser difícil de atar. Le gusta su libertad y siendo un signo de aire, no le gusta particularmente la idea de estar atado, pero una vez que lo tenga, lo más probable es que lo tenga de por vida.

Compatibilidad

• **Aries/Libra:** Aparte de la unión libra/libra, aries/libra es la pareja perfecta. Son opuestos primarios con libra bajo la casa gobernante de Venus y aries bajo Marte. Curiosamente, aunque su pasión arda intensamente, tienden a establecerse en una relación más pasivo-agresiva, por lo que, si las cosas van mal, harán todo lo posible para hacerse daño mutuamente. Este emparejamiento puede ser volátil, así que tenga cuidado. Estos dos signos deben trabajar en su relación porque una vez que se hayan asentado y la energía de aries se una a la indecisión libra, es probable que se queden juntos para siempre.

• **Tauro/Libra:** Esta es una unión interesante. Ambos signos están regidos por Venus, pero sus personalidades son opuestas. El hombre libra querrá que todo tenga buen aspecto. Son sensibles a los aromas atractivos y las telas hermosas. Tauro, como pareja, prioriza la comodidad sobre la apariencia. Prefiere la sustancia en lugar del estilo. El hombre libra busca placer sexual en sus relaciones. Si bien se puede decir lo mismo de Tauro, expresará este deseo de una manera diferente, lo que a veces puede dificultar lo que de otro modo podría ser una relación muy sólida.

Primeras Citas

Al igual que con la mujer libra, al hombre libra le gusta estar en entornos que crean inspiración, como museos y galerías de arte. Si conoce el signo zodiacal de su cita y resulta que es libra, organizar una primera cita en un teatro o galería de arte atraerá inmediatamente el interés de los hombres libra. Tenga en cuenta que lo que lleve puesto en su primera cita con un hombre libra debe ser apropiado y elegante para la ocasión. Su primera impresión con su cita libra debe ser buena. Si es usted mujer, piense en un vestido negro de líneas limpias y sofisticadas. Como toque travieso, use un toque de rojo: una elegante boina roja o zapatos rojos de tacón alto. Esto sorprenderá a su cita libra.

Si ya conoce los signos zodiacales, sabrá que su cita libra será sociable, por lo que estará buscando una sonrisa amable y genuina. Muéstresela si se siente con confianza. Al hombre libra no le gustan las personas tímidas, sobre todo en una primera cita. Eso no quiere decir que quiera una cita con la que pueda meterse en la cama la primera vez que se conozcan, más bien todo lo contrario. Estará buscando a alguien que pueda estimularlo mentalmente. Querrá un desafío. Querrá cortejarla para poder usar todo su encanto romántico. Espere que la primera cita con un hombre libra sea conversacional. Por lo tanto, preste atención porque querrá que le cuente mucho sobre usted. Si es usted amable y cariñosa y le encanta hacer cosas para la caridad o hacer algún tipo de voluntariado, es probable que se lo meta en el bolsillo, y una segunda cita estará garantizada. Recuerde, su imparcialidad y sentido de la justicia definen al hombre libra. Si está usted involucrada en causas nobles, él lo querrá saber todo sobre ellas.

Compatibilidad

• **Hombre Libra/Mujer Aries:** La mayoría de los astrólogos estarían de acuerdo en que libra y aries pueden sentirse profundamente atraídos el uno por el otro. A primera vista, parece que no tienen nada en común porque los nacidos bajo el signo de Aries pueden ser celosos y posesivos. Ella querrá ser el miembro dominante, y debido a que el hombre libra es más pasivo, podrían surgir problemas si hay una segunda y tercera cita. Aries es apasionada y divertida, por lo que, si el hombre libra está algo indeciso sobre sugerir sexo en una primera cita, su cita aries podría ser la que decida por él. Puede que acabe siendo una noche para recordar, pero quizás también sea la última cita. A los hombres libra les gusta conocer a su pareja antes de comprometerse.

• **Libra/Géminis:** Esta es una buena combinación para una primera cita. Tanto géminis como libra son observadores y leen bien a la gente, por lo que tendrán mucho de qué hablar. Los géminis son elocuentes, divertidos e ingeniosos. El hombre libra sentirá interés por un géminis de inmediato, adaptándose al tono de conversación de su cita. Puede que libra esté algo indeciso sobre tener una segunda cita, pero la personalidad cálida e intelectual de géminis lo acabará conquistando.

Hobbies

El tipo de hobby que alguien tiene nos dice mucho sobre esa persona. La astrología es increíblemente certera para combinar los hobbies con los signos del zodíaco. El hombre libra practica muchos de los hobbies que le gustan a la mujer libra. Le apasiona todo lo que se practique al aire libre, por lo que el hombre libra buscará a alguien que pueda compartir esta afición con él.

• **Senderismo:** El senderismo es una pasión para muchos hombres libra, y no se divertirá del todo si se le impide adentrarse en la naturaleza salvaje. Los viajes y la aventura están en lo alto de la lista de hobbies de libra. Con sus rasgos románticos y su amor por la elegancia, sus actividades son variadas y, a menudo, opuestas. Por ejemplo, a libra le encantará la escalada y el senderismo, no solo por el desafío, sino por el hermoso paisaje que solo los escaladores experimentan cuando se encuentran en la cima de una cordillera.

• **Turismo Cultural:** Por el contrario, también es posible ver a un hombre libra contemplando el atardecer en una hermosa isla exótica, el mar azul brillando sobre la copa de champán que tiene en la mano. Será feliz deambulando por los concurridos mercados callejeros de Italia con una guía en la mano o sentado en un café de París mirando a la gente pasar. El hombre libra necesita una compañera a su lado que comparta estos viajes de descubrimiento.

• **Lectura:** Por mucho que al hombre libra le gusten las noches de manta y película con su pareja, probablemente tendrá una novela escondida bajo los cojines en la que se sumergirá si la película no llama su atención, cosa que ocurre con bastante frecuencia. El hombre libra es inquieto, por lo que quedarse en casa puede ser una tarea ardua. Es probable que los libros sean una de las pasiones del hombre libra. Disfrutará hojeando librerías y bibliotecas. Su gusto es amplio, desde la historia natural hasta la literatura clásica.

• **Decoración:** Cuidado con el hombre libra. Le encanta decorar el hogar y, si está soltero, su hogar será elegante y con estilo. Al hombre libra le gusta comprar telas elegantes y simétricas. El blanco y el negro son sus colores de diseño favoritos. Debido a que la tecnología también atrae al hombre libra, comprará gran parte de su decoración por internet. Las expediciones a las tiendas físicas no es que sean su actividad favorita.

Compatibilidad

• **Leo/Libra:** Esta es una combinación interesante, ya que a leo le gusta ser enérgica. También está dispuesta a probar nuevos hobbies que la desafíen. Estos rasgos atraen particularmente al hombre libra. Leo es una buena compañera de hobbies porque al hombre libra le gusta que lo estimulen, por lo que se verá arrastrado a actividades desafiantes, como el ala delta o el surf. El amor de los hombres libra por la música y el arte puede hacer que él y su compañera leo aprendan a tocar un instrumento musical o asistan a clases de arte.

• **Libra/Aries:** Como de costumbre, una asociación con un aries parece ser inevitable para los hombres libra. A ninguno de los dos les va la inactividad. Quedarse en casa viendo la televisión no está hecho para ellos. Tampoco les gusta ser espectadores en un deporte, prefieren participar en ellos en lugar de mirar pasivamente, por lo que una pareja de hombre libra con un aries, ya sea hombre o mujer, estará siempre en busca de hobbies que les haga gastar su energía. Los aries prefieren hobbies enérgicos, por lo que es muy probable que pasen los fines de semana haciendo recorridos en bicicleta o corriendo una maratón.

Dinero

El hombre de libra no es del todo cuidadoso con su dinero. A veces, puede ser francamente indulgente a la hora de gastar su dinero. No es alguien que piense en términos prácticos, el hombre libra a menudo compra por impulso, muy probablemente algo que quiere en lugar de algo que necesita. Dicho esto, no piense erróneamente que libra no tiene respeto por el dinero porque lo tiene. A menudo, los hombres libra usarán su lógica para hacer lo que otros puedan pensar que es una inversión imprudente y convertirla en una inversión estable a largo plazo.

Dado que al hombre libra le gusta disfrutar de un estilo de vida elegante, se asegurará de que su cuenta bancaria sea estable y equilibrada para poder disfrutar de una vida de viajes y aventuras. Disfruta del lujo de ver crecer su cuenta bancaria, pero para el hombre libra menos acomodado, el dinero siempre puede ser escaso porque su generosidad hacia sí mismo y hacia los demás significa que no es capaz ahorrar para la estabilidad futura.

Debido a que el hombre libra es lógico e intelectual, es probable que, si puede permitírselo, emplee a otra persona para que se encargue de sus finanzas. Si está casada con un hombre libra, la persona empleada para ello podría ser usted. Así que, cuidado, las finanzas de su cónyuge libra podrían quitarle el sueño. Cuando su cuenta bancaria esté estable, el hombre libra sentirá que la balanza está equilibrada, y es más probable que se sienta seguro y feliz con su suerte.

Si es usted un hombre libra, necesita enfocar su atención en sus finanzas y encontrar formas de vivir de la manera que desea con un presupuesto limitado. Esto puede ser un anatema para usted, pero averiguar la manera de viajar a un destino exótico sin arruinarse requiere que recurra a su lógica e inteligencia. Es posible vivir con un presupuesto limitado y hacerlo con estilo si se lo propone. Si su pareja es un hombre libra, debe guiar a su hombre en la dirección correcta diciéndole que un saldo bancario estable asegura una vida armoniosa, lo que el hombre libra anhela.

Compatibilidad

• **Aries/Libra:** Una vez más, entra en juego la unión aries-libra. Ambos signos están muy sincronizados, por lo que ambos deben tener mucho cuidado cuando se trata de ahorrar dinero. Aries es audaz a la hora de hacer inversiones y gastar dinero en las cosas que desea. Aries no tiene miedo, mientras que el hombre libra es indeciso. Sin embargo, una cosa que ambos tienen en común es que ambos luchan por tener carreras de éxito, por lo que probablemente puedan permitirse el lujoso estilo de vida que tanto desean. Pero ni aries ni libra encuentran fácil ajustarse a un presupuesto, por lo que un desafío que puede ser difícil de superar es asegurarse de que sus cuentas bancarias sean estables, cosa que los hombres libra pueden encontrar muy inquietante. Los aries pueden ser personas impulsivas, por lo que junto con el hombre libra que es más cauteloso, la atracción de aries por las dudosas empresas financieras se puede cortar de raíz antes de que causen demasiado daño.

• **Virgo/Libra:** La combinación virgo-libra puede ser buena económicamente, pero también puede resultar explosiva si no se tiene cuidado. Virgo tiene los pies en la tierra y es práctica, por lo tanto, no siempre está dispuesta a correr riesgos, lo que en muchos aspectos es bueno para el hombre libra que ve la vida de color de rosa. Virgo sabe instintivamente cómo hacer un presupuesto, por lo que la combinación virgo/libra puede ser muy dinámica. Con la capacidad de virgo para usar el dinero sabiamente y las tendencias creativas de los hombres libra, se puede hacer mucho con poco. Juntos, virgo y libra forman una buena asociación, y si esta asociación es financiera en lugar de íntima, estos dos pueden llegar lejos en iniciativas empresariales en industrias creativas como la fotografía, la realización de películas y la publicación de libros.

Capítulo 7: El Niño Libra

Este capítulo dirige nuestra atención al niño libra. Nunca la astrología es más fructífera que cuando consideramos los rasgos de nuestros hijos o sobrinos, por ejemplo. ¿Con qué frecuencia hemos comparado a nuestros propios hijos con los hijos de nuestros amigos y familiares? ¿Se trata simplemente de entornos diferentes, tiene más que ver con las diferencias de género? Si llegamos a la conclusión de que los niños nacen con determinados tipos de rasgos que los obstaculizan o los ayudan a crecer, entonces el estudio de estos rasgos a través del prisma de la astrología puede resultar útil y divertido.

El Niño Libra en Casa

Nadie sugiere que su hijo libra sea un adulto mini-libra. A sus rasgos de personalidad se añaden el condicionamiento social y el condicionamiento ambiental. A medida que crecen, el condicionamiento primario y secundario juegan un papel importante en cómo el niño madura hasta la edad adulta. Sin embargo, si podemos identificar los rasgos inherentes a nuestros hijos y fomentar los rasgos de personalidad positivos, podemos contribuir a que nuestros hijos prosperen.

El niño libra es social y es probable que comience pronto a hablar, incluso si su lenguaje solo tiene sentido para él. Al niño libra le gusta la compañía, por lo que también es probable que llore cuando se le deja solo en momentos como la hora de acostarse, o cuando aún es un bebé, cuando no puede ver a su cuidador. Les encanta jugar a juegos que impliquen la interacción con los demás. Por ejemplo, jugar a los médicos o a las tiendas. También le gustan las fiestas de té y, por lo general, se rodea de muchos juguetes para los que será el anfitrión.

Agradar a los demás es un rasgo que verá en su propio hijo libra o en el de otros. Sonríen mucho y son conversadores, deseosos de contarle lo que han estado haciendo durante el día y, en general, se involucran en conversaciones adultas que a veces parecen ser un intento de llamar la atención. Este no es el caso; solo quieren unirse y ser sociables y aprenden rápidamente las dinámicas sociales, como saludar a la gente amablemente y estrechar la mano si se les anima a hacerlo. Por esta razón, se debe disuadir suavemente a los niños libra de hablar con extraños. Su deseo desde una edad temprana de complacer a los demás debe ser controlado, por lo que cuando tengan la edad suficiente para comprenderlo, se les debe enseñar a ser cautelosos cuando estén cerca de extraños.

Su pequeño y encantador niño libra le engatusará con sus desesperados intentos de formar palabras. Estudiarán sus expresiones faciales y tratarán de emularlas, y responderán con entusiasmo a los arrullos y las risas de los adultos. Hablar con su hijo libra es vital para permitirle desarrollarse porque la comunicación, ya sea en el habla, el lenguaje corporal o los dibujos, forma un componente importante de la personalidad de libra. A la hora de comer, los padres se darán cuenta de que, si bien su hijo libra no es particularmente quisquilloso con la comida, les resulta difícil decidir qué quieren comer. Si ha observado a un niño dudar sobre si quiere zumo de manzana o zumo de naranja, con el padre corriendo hacia adelante y hacia atrás ofreciéndole una cosa tras otra, entonces ese niño probablemente será un libra. No es que sean caprichosos o mimados; es que el lado indeciso de su personalidad está comenzando a mostrarse, y realmente no pueden decidir cuál es el que quieren. Con toda probabilidad, si eligen el zumo de manzana y el resto de la familia elige el de naranja, sospecharán que han tomado la decisión equivocada y demandarán el mismo zumo que todos los demás.

Incluso desde muy pequeño, la independencia de libra se reconoce fácilmente. Es probable que se frustren fácilmente porque tienen muchos pensamientos dando vueltas en sus cabezas y luchan por actuar en consecuencia. Como se indicó anteriormente, no debería ver a su hijo como un adulto mini-libra o un "mini-yo", que es una tendencia bastante común. Pero notará que la capacidad de ser analítico, que es un rasgo fuerte de la personalidad de libra, es evidente en un niño libra desde una edad temprana. Aprenden rápido y son sensibles a lo que ven como injusticia en sus jóvenes ojos.

Si su hijo libra tiene hermanos, no lo dude, este es el niño que insistirá en que las chucherías se compartan por igual. De lo contrario, tendrá una situación de consejo de guerra en sus manos en la que tendrá que explicarse y negociar nuevos términos basados en la justicia y la igualdad. Es posible que tenga amigos o parientes que se hayan reído con usted sobre estos problemas y bromeen sobre tener que medir rebanadas de manzana y contar las pasas cuando le dan la merienda a sus hijos libra.

A muchos niños les gusta presumir y demostrar las nuevas habilidades que han aprendido, ya sea bailar, cantar o tocar un instrumento musical. El deseo del niño libra de ser sociable, combinado con su personalidad tranquila y amante de la diversión, hace que le encante ser el centro de atención. Así pues, si está visitando a un amigo o pariente con un niño libra, espere que lo obsequien con la última interpretación del repertorio del niño, ya sea una canción recién aprendida, un nuevo paso de baile o una carta escrita a Papá Noel. Como padre de un niño libra "aspirante a estrella", a menudo es necesario coger al niño de la mano y alentarlo a calmar su entusiasmo y dejar que los adultos conversen.

El Niño Libra en la Escuela

A medida que el niño libra crezca, articulará mejor sus pensamientos y su personalidad comenzará a formarse mejor. Con la influencia secundaria de la escuela, el niño libra tiene más material social con el que trabajar y más decisiones que tomar sobre cómo responder a la vida en general. Por ejemplo, el libra en edad escolar, es probable que ya haya superado su tendencia a llorar o enrabietarse cuando se le deja solo. Ha aprendido a que le gusten los ratos que en los que se queda solo para jugar porque ello le brinda oportunidades para ser creativo. Como son niños conversadores, es probable que sea lo primero que un maestro de escuela pueda percibir sobre su joven estudiante. Los niños libra responderán bien al entorno escolar, ya que es colorido y se alientan las actividades creativas. Sin embargo, por temperamento, el niño libra tiende a sospechar un poco de otros niños. Sensibles por naturaleza, pueden molestarse incluso con la más mínima burla de otro niño.

El aula debe ser ordenada pero cálida para que el niño libra prospere. Les gusta tener su propio espacio, que mantienen limpio y ordenado. Sin embargo, es probable que quieran tener juguetes y libros a su alrededor como compañeros de sus actividades diarias. Aparte de ser ordenado y equilibrado en el aula, al niño libra también le gusta ser justo. Como se dijo anteriormente, el niño libra no responde bien a lo que percibe como injusticia. Si bien son conversadores y elocuentes desde una edad temprana, es probable que cuando sean niños se alejen de la injusticia percibida e interioricen su angustia en lugar de hablar sobre ella.

Como padre, cuidador o maestro, debe permitir que el niño libra se exprese, ya que, de otra manera, este sentido de justicia permanece en ellos durante mucho tiempo. Por ejemplo, la mayoría de los padres y maestros saben que si un niño no es elegido para ser el personaje principal de una obra de teatro escolar, su decepción a menudo hace que acusen al maestro de ser injusto. Si este escenario se presenta con un niño libra, su sensación de injusticia no se olvida fácilmente, aunque la acusación rara vez se basa en la verdad. Los niños libra se fijan en una injusticia percibida y alentar al niño a hablar sobre estas emociones brinda la oportunidad para que el niño evalúe la situación, y dado que son buenos en esto, puede contribuir en gran medida a calmar las cosas.

Sobre la justicia y la equidad, los niños libra esperarán la verdad, y sus mentes analíticas reflexionarán sobre historias como el ratoncito Pérez y Papá Noel desde una edad temprana, por lo que, si su hijo es libra, es probable que sea él o ella quien dé la terrible noticia a sus hermanos de que Papá Noel no existe. En la escuela, el niño libra probablemente será el que haga muchas preguntas cuando el maestro lea a la clase y también es probable que empiece a molestar cuando se aburra. A menudo, el niño libra ya suele estar familiarizado con las historias que se les cuentan en clase y puede recitarlas casi prácticamente palabra por palabra.

A medida que los niños libra crecen, pueden tener dificultades con algunas clases que no satisfacen sus necesidades de aprendizaje. Las matemáticas por ejemplo probablemente no serán su asignatura favorita, y se desenvolverán mejor en clases que sean creativas usando los números de manera colorida y activa. Además, las matemáticas son demasiado formuladas para la pequeña mente de libra que prefiere pasar de un proceso creativo a otro. Serán lectores ávidos y, a medida que crezcan, comenzarán a demostrar una feroz independencia en su aprendizaje. Quieren leerlo todo, sin importar el género. Los maestros y los padres saben que los niños libra también querrán compartir sus conocimientos con ellos, porque, según la mente de un libra, ¿de qué sirve saber cosas si no puedes hablar de ellas con otras personas?

A medida que el niño libra se va desarrollando, el libra colegial demostrará sus habilidades de negociación. A los niños libra, al igual que a sus contrapartes adultos, no les gustan los conflictos o estar rodeados de personas conflictivas. Sus grupos de amigos tendrán las mismas cualidades. Si bien no responde bien a los conflictos, el niño libra puede ser un poco cotilla y disfrutará hablando de los demás a sus espaldas, aunque sentirán un remordimiento abyecto por haberlo hecho. La disposición habladora del niño libra lo lleva a extraviarse en situaciones incómodas, como susurrar en los rincones, que rápidamente pueden generar problemas.

La sensación de injusticia solo surge cuando el niño libra siente que un amigo ha traicionado su confianza al repetir lo que se ha discutido con la desafortunada víctima. Por lo tanto, los niños libra pueden encontrarse en conflictos que ellos mismos han creado simplemente porque les resulta difícil mantener un secreto o mantener sus pensamientos para sí mismos.

El Adolescente

Lo primero es lo primero; los adolescentes *son adolescentes*. Se comportan como lo hacen porque producen nuevas neuronas en sus cerebros en desarrollo, lo que les causa muchos problemas: rebelde sin causa un día y todo dulzura y luz al siguiente. La astrología es útil porque conocer el signo zodiacal de los adolescentes y el planeta regente puede ayudarlo a comprender un poco mejor sus confusiones. También puede enseñarles a reconocer sus rasgos para que puedan desarrollar los aspectos positivos de sus personalidades. Molly Hall (2020) sugiere que los adolescentes libra son especialmente creativos y tienen grandes sueños y aspiraciones.

Si es usted un adolescente libra y está leyendo esto, sabrá que su vida social es importante. Está preparado para defender a sus mejores amigos hasta la muerte, siempre y cuando no le traicionen. Como todos los adolescentes, el sexo opuesto ocupa gran parte de su espacio cerebral, y en los adolescentes libra aún más debido a sus personalidades románticas. Venus es su planeta regente así que, ¿qué esperaba? Sin embargo, si es usted un chico y está interesado en una novia libra, entonces espere seguir el ritmo del cortejo. Las chicas libra quieren paseos románticos por el parque y noches de películas de comedias románticas. Suena bien, ¿no?

El adolescente libra se siente atraído por las personas que son interesantes y van a la moda. Es probable que los amigos de libra sean chicos y chicas populares en el instituto, inteligentes, pero no nerds. A menudo, los adolescentes libra tendrán un amigo cercano con el que conversarán la mayor parte del tiempo, los teléfonos móviles nunca están fuera del alcance de los adolescentes libra, y enviar mensajes de texto al mejor amigo es algo habitual que causa mucha consternación en el hogar. Si es usted libra, sabe que comparte cada pensamiento con su mejor amiga. En relación a los estudios, será con su compañero con quien estudie. Dado que al adolescente libra le gustan los deportes, es probable que elija actividades en las que puedan jugar dos personas, como tenis o bádminton y, para las actividades más intelectuales, las damas.

Nunca subestime al adolescente libra ni lo dé por sentado. Si es usted padre de un adolescente libra, ya sabe cómo se aburren cuando no son desafiados. Es posible que se sorprenda al descubrir que su adolescente libra no solo pasa una gran cantidad de tiempo en el baño acicalándose y haciendo Dios sabe qué, sino que también está abierto a sugerencias que implican visitar museos e incluso ir a la ópera. Muchos adolescentes libra se sienten atraídos por las artes, especialmente el teatro, así que anímelos a desarrollar su lado intelectual.

En la escuela, el adolescente libra probablemente estará en el grupo de teatro y en el club de debates. No es que sean particularmente enérgicos; el adolescente libra es el epítome de la pereza cuando tiene la oportunidad, pero tiene más que ver con su impulso de hacer algo diferente. Siempre están buscando algo diferente, lo que a menudo les puede poner en apuros. No son tan tenaces como otros signos, pero son más fáciles de dirigir. Un ejemplo clásico de ello es cuando un compañero de clase desea trabajar en una presentación con otra persona para poder librarse ellos mismos de trabajar. El adolescente libra es un fanático de los halagos, y dado que anhelan la amistad y la conversación, a menudo caen en la trampa y terminan haciendo todo el trabajo mientras su astuto compañero de equipo se va en busca de sus propios intereses, y como al adolescente libra no le gustan los conflictos no dirán nada.

Después de todo, el adolescente libra es popular porque es tranquilo, amigable y equilibrado en su enfoque de la vida, cosa que resalta aún más en un momento en el que la vida parece caótica y confusa para muchos adolescentes. Debido a sus habilidades de negociación, se buscará al adolescente libra para resolver disputas y aliviar situaciones difíciles. Son buenos en esto porque harán cualquier cosa para evitar la confrontación. Por lo tanto, si está buscando a alguien que luche a su lado, no es probable que sea un amigo libra. Pero si siente que le han tratado injustamente, el adolescente libra le respaldará. Los adolescentes libra son capaces de hacer un alegato en cuestiones de justicia. Esta es la razón por la que frecuentemente suelen formar parte de los comités escolares. Son lúcidos y pueden resolver disputas y expresar las preocupaciones de los estudiantes a las autoridades escolares.

El adolescente libra probablemente caminará en otra dirección cuando se encuentre con disputas entre otros estudiantes. A menos que les pidan ayuda expresamente para resolver una disputa. Sin embargo, si es un adolescente que lee esto o un padre de un adolescente libra, reconozca que la vida no siempre es tranquila y armoniosa. Enfrentarse a los problemas y a las personas que los crean a veces es necesario. Si es usted libra, ya lo sabe, porque si algo es, es fiel a usted mismo. Tener integridad es importante para usted, sobre todo porque cuando se restablece la paz, se encuentra en su mejor momento.

Lo que los Niños Libra Necesitan para Prosperar

Criar a un bebé puede ser una tarea abrumadora, especialmente cuando se trata de algunos de los rasgos más difíciles inherentes a su hijo. Sin embargo, la mayoría de nosotros salimos adelante cuando éramos niños, y ahora hay muchos más consejos para los nuevos padres. Al estudiar el signo bajo el cual nace su hijo, está adquiriendo algunos conocimientos sobre cómo podría responder su hijo libra en cualquier circunstancia. Hay muchas cosas que los niños necesitan para desarrollarse y prosperar para que, aun siendo pequeños, a veces lleguen a mostrar comportamientos que le hagan admirarlos. A continuación, se muestra una lista de lo que el niño libra necesita para prosperar durante su niñez, pubertad y adolescencia.

• Libra es un signo de aire, por lo que los niños libra son pequeñas criaturas sociales. Esta sociabilidad perdurará a lo largo de sus años de desarrollo si se les anima a expresarse. Se les debe leer desde una edad bastante temprana, ya que es probable que sean hablantes tempranos.

• Su hijo libra será adaptable y no le importarán los cambios repentinos en la rutina si se le explica lo que está sucediendo. El signo de Libra es cardinal, por lo que están más que felices de experimentar cosas nuevas.

• Los adolescentes libra suelen ser jóvenes atractivos que pueden atraer al tipo de amigos equivocados. Es importante reconocer que el adolescente libra puede ser un poco ingenuo, así que asegúrese de que se sienta cómodo hablando de su vida personal con usted y sepa que no lo juzgará. El adolescente libra odia la confrontación, por lo que cuando el amigo inadecuado hace aparición, debe asegurarse de no montar una escena. Es probable que el adolescente libra perciba esto como injusto, por lo que debe tratar con cuidado el tema de los novios o novias inadecuadas.

• Asegúrese de que su hijo libra tenga la oportunidad de participar en actividades en las que haga uso de su creatividad. Fomente las clases de baile para niños y niñas libra. Acérquese a ellos para que se interesen en actividades educativas fuera de las aulas, como pueden ser los paseos por la naturaleza y observar las estrellas. Los jóvenes libra tienen mentes curiosas. Asegúrese de que tengan un estímulo intelectual.

• Tal vez piense que su hijo libra es algo vanidoso, un aspecto no del todo positivo de la personalidad de libra. Eduque a su joven libra para que reconozca que demasiada introspección no siempre es algo bueno. También necesitan que se les enseñe que la belleza no lo es todo. Su hija adolescente, por ejemplo, tal vez esté obsesionada con su peso corporal. Como padre, debe hablar sobre este aspecto de la personalidad de su hija. Dado que un libra siempre está abierto a una evaluación crítica, una discusión adulta sobre cómo esta obsesión no contribuye a una vida tranquila y armoniosa puede ser todo lo que se requiera.

• Los niños libra rara vez se verán en el suelo del supermercado, gritando por los dulces que se les niegan. Son tranquilos y equilibrados. Este rasgo puede ser una carga para ellos a medida que crecen. Los niños inofensivos a menudo se ofenden fácilmente con un comentario inadvertido o un desaire percibido. Tenga cuidado con esto, ya que los niños libra pueden tener problemas en el desarrollo de su autoestima si empiezan a internalizar las críticas de los demás. No son buenos a la hora de lidiar con las críticas, especialmente porque su objetivo en la vida es hacer felices a los demás. Anime a su hijo libra a expresarse abiertamente sobre sus sentimientos. Esto le ayudará a orientarlos en la dirección correcta y eliminar la ansiedad innecesaria.

• Empiece temprano a enseñar a su hijo libra sobre temas de dinero. Incluso de niños, derrochan su dinero en artículos bonitos y llamativos, le aseguran que los necesitan desesperadamente. El dinero les quema en los bolsillos, por lo que los asuntos relacionados con el dinero deben manejarse con cuidado para que el niño desarrolle respeto por el dinero que se le da. Debe dar lecciones sobre dinero a su hijo libra porque a medida que crezca, notará que está más interesado en la belleza del mundo, como una flor fresca o un hermoso cuadro. Siendo sus mentes como mariposas, pasarán de una cosa hermosa a otra. El dinero no es importante para ellos, por lo que es probable que los adolescentes derrochen el dinero que ganan con tanto esfuerzo en sus trabajos a tiempo parcial en música y ropa y se olviden de ahorrar para el futuro.

Capítulo 8: Libra en el Amor

Libra y Aries

El aire y el fuego son elementos poderosos cuando se combinan. Hay chispas, combustión. Esta relación será apasionada e intensa. Por un lado, esta química elemental puede crear un fuego que arde intensamente para siempre. Pero también puede acabar quemándose. Sucede lo mismo tanto si libra es un hombre y aries la mujer, o viceversa. El futuro de esta unión está escrito en las estrellas. Si sobrevive, las diferencias entre sus dos personalidades harán de esta unión la pareja perfecta.

Libra y Tauro

Esta es una unión importante a tener en cuenta. Libra y tauro están buscando a la persona adecuada con quien compartir sus vidas y cuando encuentren a esa persona, el amor crecerá y probablemente será "hasta que la muerte los separe". Ambos signos son tranquilos y ambos luchan por la armonía en sus vidas. Ambos signos están regidos por Venus, por lo que el amor será profundo y duradero. Tauro es terco, por lo que complementa la indecisión de libra.

Ambos buscan instintivamente la tranquilidad en sus vidas, pero tauro puede encontrar la actitud despreocupada de libra hacia la vida un poco irritante, ya que el signo del toro es decidido y firme. Como pareja en el amor, son casi perfectos. Mientras resuelvan sus pequeñas diferencias, no habrá problema. Es más que probable que libra y tauro vivan felices para siempre.

Libra y Géminis

Tanto libra como géminis tienen personalidades intelectuales. Libra (la balanza) es honesto y verdadero, lo que equilibra algunas inseguridades presentes en géminis. La atracción inicial que sentirá libra será por las agudas respuestas de géminis. A libra siempre le seduce el ingenio. Ambos signos tienen personalidades definidas que tienden a no cambiar mucho a lo largo de sus vidas. Uno de estos rasgos de personalidad es su capacidad para ir con la corriente y adaptarse al cambio cuando sea necesario o deseado.

Ambos signos pueden liderar y ninguno muestra mucha preocupación sobre cuál es el líder. Un punto conflictivo en esta unión amorosa podría ser que la indecisión de libra contrasta marcadamente con el rasgo de géminis de no cambiar una decisión una vez que se toma. Sin embargo, la adaptabilidad de libra probablemente anulará este problema, y si permanecen juntos, formarán una pareja formidable que nadie puede separar.

Libra y Cáncer

Cáncer y libra no son muy compatibles a primera vista. Los libra detestan los conflictos, pero son optimistas y les encanta conocer gente nueva, mientras que los cáncer son increíblemente francos y suelen ser malhumorados. Sin embargo, ambos signos están comprometidos con las relaciones a largo plazo y son signos de pensamiento profundo que valoran mucho hacer feliz a su pareja. En cambio, los libra prefieren ignorar lo que sucede, mientras que los cáncer son más directos y prefieren afrontar los problemas de frente. Como signo de agua, cáncer se deja gobernar por su corazón, mientras que libra se rige por su cabeza. Los cáncer siempre necesitan expresar sus emociones y tienen un fuerte deseo de saber que sus necesidades están siendo atendidas, mientras que los libra siempre buscan la calma y la equidad. A los libra no les gusta ver a su pareja infeliz, pero tampoco les gustan las personas que son un tanto dramáticas y que intentan agitar lo que consideran un barco tranquilo. Los cáncer pueden ver a los libra como fríos, sin sentimientos, mientras que los libra pueden ver a los cáncer como necesitados y malhumorados. A menos que estas diferencias se limen al principio de la relación, hay pocas posibilidades de éxito, ya que tanto libra como cáncer son excelentes guardando rencores.

Libra y Leo

Leo y libra suelen sentirse atraídos de inmediato. Ambos signos buscan el amor y el romance. Para los leo, encontrar una pareja romántica es a veces incómodo, ya que tienden a ser un poco inseguros cuando se trata de encender el encanto. Sin embargo, libra tiene suficiente encanto para los dos. Aunque no son tan extrovertidos y sociables como libra, los hombres y mujeres leo tienden a ser más bien tímidos. Libra, al ser astuto y analítico, determinará la diferencia entre ser tímido y distante y guiará la relación por el camino que ambas partes desean. Libra y leo demostrarán abiertamente su afecto mutuo.

Ambos signos adoran que el otro les preste atención, por lo que los vínculos de la relación serán muy seguros. El reto de esta pareja es que ninguno de los dos signos responde bien al conflicto: Libra es indeciso cuando se enfada, y leo es incapaz de contener su ira. Así, un simple conflicto puede convertirse en una guerra "total". Siempre que ambos signos puedan adaptarse y limar sus diferencias, los lazos de amor permanecerán estrechos.

Libra y Virgo

Prácticamente viviendo uno al lado del otro, estos dos signos no pueden fallar cuando deciden unirse en el amor. Son compatibles. Libra es aire y virgo es tierra: el equilibrio perfecto. Sin embargo, hay mucho cielo entre ellos y este es el espacio en el que ocurren las diferencias. Ambos signos odian la confrontación y, por lo tanto, tienden a huir del resentimiento latente en lugar de enfrentarlo. Sin embargo, dado que ninguno de los dos desea seguir discutiendo, las peleas suelen terminar con un beso y una reconciliación y ya ambos están preparados para seguir adelante con sus vidas, barriendo así el desacuerdo debajo de la alfombra. Cuando la tierra y el aire se mezclan, ocurre la magia, especialmente en la cama. Hacer el amor es esencial en esta unión amorosa en la que cada uno sabe lo que quiere el otro.

Sin embargo, ambos signos tienen un comportamiento bastante perezoso a veces, y esto no es bueno para ninguno de ellos. Se puede concluir que, si bien Libra y Virgo se sentirán atraídos el uno por el otro, no siempre sacan lo mejor el uno del otro.

Libra y Libra

No es de extrañar que libra y libra tengan mucho en común y compartan los mismos rasgos de personalidad. ¿Pero esto los hace compatibles en el amor? Bueno, debido a su naturaleza cariñosa y el deseo de hacer felices a quienes los rodean, esta es una buena pareja por amor porque se cuidarán el uno al otro.

Ambos signos tienden a tener rasgos de comportamiento impecables con compatibilidad sexual y aprenderán el uno del otro lo que es esencial para una relación íntima amorosa, cada uno conociendo los límites y los protocolos personales del otro. Charlar hasta altas horas de la madrugada, acurrucado en la cama es uno de los pasatiempos favoritos de libra/libra. Esta unión demostrará un gran amor el uno por el otro y se tendrá en gran estima. ¿Durará esta unión para siempre? Es difícil saberlo con este emparejamiento porque, si bien están hechos el uno para el otro, tienen un factor de riesgo importante que ha de ser resuelto.

Libra debe poder confiar en las personas con las que está. Si eso se rompe, ya sea de forma percibida o real, la relación puede romperse para siempre. Siempre que se puedan resolver los problemas de confianza, esta combinación tiene el potencial de durar para siempre.

Libra y Escorpio

Esta no es una pareja por amor que normalmente funciona bien. Tiene un gran potencial siempre que cada uno esté preparado para hablar de los problemas y esté de acuerdo en estar en desacuerdo. Generalmente, este matrimonio por amor se basa en el respeto más que en la química. Escorpio tiene rasgos de personalidad más individualistas en comparación con el enfoque de la vida más relajado de libra. Pero libra y escorpio pueden ser una pareja formidable: el enfoque equilibrado de la vida de libra complementa los aspectos más inseguros de la personalidad de escorpio. Libra aporta estabilidad a la vida de escorpio y lo que consolida esta relación son sus expresiones de amor mutuo en el dormitorio. Esta unión se compone de grandes amantes, lo que contribuye a una unión duradera.

Fuera del dormitorio, puede ser una historia diferente, ya que ambos signos quieren controlar la forma en que discurren sus vidas. Cada uno puede encontrar al otro demasiado controlador y autoritario. Escorpio es un poco inseguro y esto le hace potencialmente celoso. Libra no tolerará un comportamiento celoso y dominante, por lo que para que la relación funcione, es posible que escorpio deba guiarse por el equilibrio que ofrece libra.

Libra y Sagitario

Las posibilidades de formar una relación duradera son altas cuando esta pareja se une. El emparejamiento entre libra (aire) y sagitario (fuego) es una unión basada en una pasión difícil de extinguir una vez encendida. Estos dos signos tienen mucho en común, pero sus diferencias se equilibran, lo que se adapta tanto a libra como a sagitario. Libra se siente profundamente atraído por los signos que cuidan de los demás y que aman rodearse de personas. Sagitario tiene estos rasgos en abundancia.

El arquero reconoce la necesidad de justicia en el mundo, por lo que vivirá su vida de acuerdo a la balanza de la justicia, haciendo que una relación de amor perdure. Al ser vecinos en la carta del zodíaco, libra y sagitario tienen mucho en común, este último responde bien a la actitud relajada de libra ante la vida. A sagitario le gusta la emoción y es un mini huracán, por lo que tener a libra para calmar el ojo de la tormenta tiene sentido. A sagitario le encanta vivir el momento, puede ser impulsivo e incluso imprudente. Libra no responde bien a esto, ya que desea estabilidad en su relación amorosa.

Sagitario también puede ser irreflexivo en sus críticas, poniendo a prueba el equilibrio de libra. Para empezar, estos dos deben tomarse las cosas con calma antes de comprometerse con una relación a largo plazo. Primero necesitan conocer a su pareja, de lo contrario, podrían tener un viaje lleno de baches.

Libra y Capricornio

Si conoce a un capricornio, o es usted uno, sabrá que las personas nacidas bajo este signo están llenas de energía y empuje. Van directamente a por lo que quieren en el trabajo, el amor y el matrimonio. Libra se enamorará de estos rasgos e invertirá una gran cantidad de tiempo en cultivar la relación. Esto puede no ser correspondido por la cabra que tiende a estar más enfocada en sus propias necesidades.

Sin embargo, una vez en una relación, capricornio probablemente apoyará a su pareja libra, brindándole estabilidad y lealtad. Este emparejamiento tiene una afinidad natural el uno hacia el otro y en público se presentan como dos personas trabajadoras y centradas. Capricornio es un signo sólido que responde a las cosas materiales de la vida. Libra, por otro lado, es estético. Esta diferencia puede causar irritación en esta pareja con capricornio cansándose fácilmente de la forma despreocupada en la que libra va por la vida.

Sexualmente, esta unión funciona bien, y cada signo comprende las necesidades del otro. Un aspecto crítico de esta unión es que ambos signos se preocupan mucho por cómo se ven ellos mismos y cómo podrían verse ante los demás. Esto puede hacer que esta pareja se vuelva distante con el tiempo, dando a cada uno por sentado y centrando su atención en sí mismos o en los demás. Estos dos signos, que no tienen fama de tener éxito a largo plazo, deben trabajar duro para hacer su vida lo más dulce posible, ya que ninguno de los dos tiene el aguante para ello.

Libra y Acuario

Esta unión será constante y verdadera. Ninguno de los signos quiere apresurarse a entablar relaciones y ninguno es impulsivo a la hora de tomar decisiones. Acuario se enamorará de libra por su intelecto y capacidad para tener conversaciones profundas y significativas. Libra se sentirá atraído por acuario por las mismas razones.

Esta relación tiene el potencial para ser una hermosa historia de amor porque ambos signos desearán que así lo sea. Su hogar será artístico y hermoso, su vida amorosa equilibrada y su vida profesional estará bien entrelazada con sus actividades de ocio. Libra y acuario son como piezas de un rompecabezas que encajan. Como en cualquier relación, las cosas no siempre encajan perfectamente, especialmente al principio. Ambos signos pueden sentir que han conocido a su alma gemela, pero la inclinación de libra hacia la indecisión puede ser verdaderamente irritante para acuario, que es más impulsivo y enérgico a la hora de decidir. Los acuarianos son ferozmente independientes y no siempre están contentos con el deseo de estabilidad de libra en sus vidas.

Para que esta unión funcione, y vale la pena hacer el esfuerzo, estos inconvenientes deben eliminarse. Cuando finalmente funcione, esta relación perdurará porque la impulsividad de los portadores de agua se equilibra con el cuidadoso equilibrio de la balanza.

Libra y Piscis

Si está buscando una pareja amorosa estable, relajada y fácil, esta es la pareja ideal. A ninguno de los dos le gustan los enfrentamientos y, por eso, evitan los conflictos como la peste. El romance ocupa un lugar destacado en el día a día cuando estos dos signos se encuentran. Ambos apreciarán el amor que sienten el uno por el otro. Es notable que los niños criados por padres libra y piscis sean tranquilos y cariñosos, sea cual sea su signo zodiacal.

Los amantes piscis son leales y derramarán devoción sobre su alma gemela elegida. La confianza es la piedra angular de una relación duradera. Es probable que esta actitud romántica relajada florezca con el paso del tiempo, pero al igual que todas las parejas, siempre hay elementos irritantes que tienen el potencial de hacer estallar la relación. Ambos signos son idealistas, por lo que cuando cualquiera de ellos cae por debajo de las expectativas, comienzan los problemas. La constante indecisión, un rasgo de personalidad fuerte en libra, puede desgastar a Piscis.

Los nacidos bajo el signo de piscis a veces tienden a revolcarse en la autocompasión y este aspecto de su personalidad aumentará cuando se sientan desgastados por la forma alegre en que libra flota por la vida. Para que esta relación prospere, ambos signos deben trabajar duro para reparar las fisuras que seguramente aparecerán cuando se interrumpa el equilibrio. Ambos signos se centrarán más en los desaires percibidos que en el romance que floreció cuando se conocieron. Ambos signos deben generar confianza entre ellos si quieren que su relación perdure.

El Adolescente en el Amor

El adolescente libra, como se vio en un capítulo anterior, es complejo. Por un lado, el adolescente libra es vulnerable y fácilmente influenciable. Pero son indecisos y un poco vagos. Al explorar las primeras relaciones, todos estos rasgos entran en juego. El adolescente libra pasa mucho tiempo pensando en el amor y el sexo opuesto e incluso puede tener una visión muy poco realista de cómo será su primera relación.

Si es usted un adolescente libra que está dando sus primeros pasos en la exploración de las relaciones, debe prevalecer el lado indeciso constante de su naturaleza. Su versión ideal del amor y el romance puede ser difícil de encontrar.

Es joven y está a punto de descubrir el mundo de los adultos. Tiene ideas anticuadas sobre la caballerosidad y la lealtad. Por el momento, mantenga estos ideales: ellos le mantendrán a salvo de las personas que quieren aprovecharse de su naturaleza amorosa. A medida que explora nuevas relaciones y experimenta las primeras punzadas del amor, encontrará la vida fascinante. Los paseos por el parque, las hojas de otoño que soplan con la brisa son emocionantes, aférrese a sus pasiones, el paisaje puede ser perfecto, pero la pareja puede no serlo. Use su intelecto y lógica para tomar decisiones basadas en la atracción sexual y el romance.

Relaciones Adultas

Gobernado por Venus, libra nunca es más feliz que cuando está enamorado. A libra le encanta estar en una relación con todo lo que eso conlleva. Cuando libra se enamora, las estrellas brillan más intensamente, el mundo se inunda de color. Conocer a quien creen que es su alma gemela por primera vez en un encuentro queda escrito de manera indeleble en sus corazones. Para el hombre o la mujer libra, conocer un nuevo interés romántico generalmente ocurre en una reunión social como bodas, clubes nocturnos o festivales. Libra puede incluso entablar relaciones en museos o galerías de arte, conociendo a alguien de ideas afines. Cuando libra está buscando posibles parejas, flirteará con las personas que encuentre atractivas, pero de una manera sensual y elegante. Así es como libra usa sus encantos para conseguir a quien quiere.

Si un hombre o una mujer libra encuentra a alguien con quien conecte, rápidamente se enamora. Esto puede sorprender al afortunado destinatario del amor y la atención de libra. Dependiendo del signo bajo el que nacieron, podría significar que los ahuyente, o que se sienten igualmente atraídos y dispuestos a entregarse al amor y la atención que reciben del romántico libra.

Una mujer libra puede ser indecisa, pero desea romance y estimulación intelectual. Si lo consigue, es probable que se adapte a las demandas de su amante. Si es usted una mujer que se enamora de un hombre libra, hay cosas que debe saber para llevar la nueva relación al siguiente nivel. El hombre libra busca el equilibrio en una relación, así que no opte por la apariencia de personalidad estrafalaria de Sandra Bullock. Vaya más hacia el look de Jessica Rabbit inmortalizado por Kathleen Turner en ¿Quién mató a Roger Rabbit? Libra, un hombre, bien puede tratar de cambiarla para que se adapte a su perfecto ideal de armonía y equilibrio.

No hay duda de que se enamorará del hombre libra, y si esta es su primera historia de amor real, se enamorará a lo grande. Es encantador y atento. Muchos hombres y mujeres libra poseen un encanto carismático, por lo que el primer amor que experimentan dos libra puede proclamar todos los viejos clichés amorosos como "A primera vista supe que él era para mí" o "Nuestras miradas se encontraron en una habitación llena de gente". La lista es interminable, y las experiencias de libra en el primer amor repetirán estos clichés a cualquiera que esté dispuesto a pasar el tiempo suficiente para escuchar.

Libra en el matrimonio / relaciones a largo plazo y cómo sus rasgos influyen en la relación

La tabla de compatibilidad mostrada anteriormente indica, en resumen, qué signos es probable que se conviertan en relaciones duraderas. Si bien aries y libra son un buen emparejamiento en apariencia, es probable que esta pareja no dure, especialmente si se trata de un hombre libra y una mujer aries. Esto se debe a que a los aries les gusta abordar los problemas a medida que surgen, abordando el meollo del problema de inmediato y con contundencia. Libra odia los conflictos, por lo que ambos socios encontrarán estas situaciones, graves o no tan graves, insoportables.

Según sus rasgos de personalidad, los hombres y mujeres libra son buenos compañeros de matrimonio porque evitarán disputas insignificantes y, si bien les gusta liderar y tomar el control de las situaciones, están felices de aceptar lo que su pareja quiera si eso los mantiene felices. Anteriormente en esta guía, aprendió que las parejas libra son leales y muy cariñosas, que derraman amor y afecto en sus parejas si ellos también son leales y cariñosos. Las mujeres libra a menudo se casan con hombres tauro u hombres libra. Es más probable que las combinaciones libra/libra tengan relaciones más duraderas. Las mujeres libra pueden manipular usando su encanto para obtener lo que quieren, y esto amenaza algunos matrimonios, ya que las parejas con características más asertivas como leo y tauro no caerán en esta táctica por mucho tiempo.

Guía Rápida para las Citas con un Libra

Llegue a tiempo para su cita. A libra no le gusta que le dejen preguntándose si aparecerá o no.

- Vístase siempre de manera apropiada. A libra le gusta la ropa elegante y desaprobará la vestimenta informal en una cita.
- Corteje románticamente a su cita libra. Utilice la estrategia de las flores y el champán. Si esto se sale de su presupuesto, planifique un paseo romántico por el río o un parque. Si es otoño, se enamorará.
- Lleve a su cita libra a lugares inspiradores. Los museos, las galerías de arte y los festivales culturales atraen al intelectual libra.
- Esté preparado para participar en conversaciones profundas y significativas. A la cita de libra le gusta la conversación.
- Cuando intente llevar su relación a otro nivel, enamore a su cita con elegancia. La cita de libra no solo quiere sexo rápido y fácil.

Guía Rápida para Relaciones

- Recuerde conservar las cualidades que primero atrajeron a su pareja hacia usted. Es cariñoso, intelectual, y su deseo de hacer felices a los demás no debe ser influenciado por personas tóxicas o que no se preocupan por usted.
- Esté abierto a los rasgos de personalidad inherentes a su pareja. Pueden chocar con sus rasgos no tan agradables. Por ejemplo, tiende a ser un poco indolente a veces, no permita que una pareja de ideas afines refuerce este aspecto negativo de su carácter, o puede que se aburra con su estilo de vida pasivo y se aburran el uno del otro.
- Sea abierto y honesto acerca de su deseo de armonía y equilibrio. Es algo que a la mayoría de las personas les gusta en sus parejas. Pero también debe demostrarle a su pareja que se adapta fácilmente al cambio. Si bien es posible que tenga miedo de alterar su equilibrio porque sabe que esto lo perturba, hágale saber que está listo para emprender esa aventura o viaje que él o ella siempre quiso hacer, o que está dispuesto a mudarse de casa si su trabajo lo exige.
- No se obsesione acerca de cómo poner las cosas en su hogar, ya que puede ser un algo nefasto para la relación si su pareja no es tan ordenada como usted o no valora los muebles elegantes tanto como usted. A veces no importa si esa figura que su madre le regaló se ve fuera de lugar en el alféizar de la ventana. Sea su generoso yo habitual. Hacer feliz a la gente es su fortaleza.
- No sea indeciso a la hora de decidir si su relación está funcionando o no. Si la relación no funciona, reúna su valor, enfrente el problema y cierre el asunto. Esto puede ser particularmente difícil de hacer para un libra, especialmente si su pareja es amable y considerada. Utilice sus excelentes habilidades de comunicación para terminar la relación. No es su estilo salir corriendo de casa. Enfréntese a sus demonios, afronte la conversación difícil y termine la relación correctamente.

Capítulo 9: El Libra Social

Libra es un ser social, siempre está listo para participar en las conversaciones y es en compañía cuando mejor está. Entonces, ¿cómo es libra como amigo? Este capítulo reúne algunos de los rasgos de carácter expuestos en capítulos anteriores. Para obtener una guía rápida de compatibilidad, vea a continuación cómo libra interactúa con otros signos del zodíaco.

Libra/Aries - Son opuestos astrológicos, pero aries siempre está dispuesto a aguantar a libra cuando le hacen esperar porque no pueden decidir qué ponerse.

Libra/Tauro - A esta pareja le gusta viajar juntos y pasar el rato escuchando música.

Libra/Géminis - Gran compañerismo entre estos signos, siendo ambos buenos conversadores.

Libra/Cáncer - Dos personalidades diferentes, pero el amigo libra siempre apoya las inseguridades del amigo cáncer.

Libra/Leo - Dos personas inmensamente atractivas y glamurosas que comparten muchas actividades al aire libre.

Libra/Virgo - La mente inteligente y las cualidades organizativas del amigo virgo complementan al amigo libra, especialmente aquellas personas en la cúspide, que viven virtualmente en la misma casa, por así decirlo, porque comparten muchos rasgos en común.

Libra/Libra - Esta es una relación amistosa que puede haberse formado en la infancia. Comparten los mismos rasgos y aman todas las cosas elegantes y agraciadas.

Libra/Escorpio - A libra le gusta la actitud despreocupada de su amigo escorpio, ya que complementa la perspectiva más precavida de libra sobre la vida.

Libra/Sagitario - Libra aceptará felizmente las características más estridentes y jocosas porque le resultan divertidas.

Libra/Capricornio - Esta es una amistad bastante difícil, pero disfrutarán viajando juntos a lugares exóticos y viviendo aventuras culturales.

Libra/Acuario - Esta es una amistad en la que libra habla y acuario escucha. Es una amistad basada en el compañerismo.

Libra/Piscis - La intuición de piscis se adapta al temperamento de libra, ya que el amigo piscis siempre está dispuesto a escuchar las ideas de libra.

Libra en las Fiestas

Hay pocos libra que rechazan una invitación para ir a una fiesta, ya sea una noche de chicas, la boda de un familiar o amigo, o una noche en la que sale a dar una vuelta que se acaba convirtiendo en una noche de fiesta. ¿Y qué hay de esas fiestas en las que usted y sus amigos se presentan sin siquiera ser invitados? La forma en que libra interactúa socialmente en las fiestas generalmente se basa en los rasgos de su carácter, tanto positivos como negativos, que ya se han expuesto en capítulos anteriores.

Fiestas de Cumpleaños

¿A quién no le gusta una fiesta de cumpleaños? Bueno, hay algunos, pero no libra, que es Mr. o Miss Sociable. Si es usted libra, conocerá este entorno. Lo primero es lo primero. ¿Qué regalo debería comprar para la fiesta de cumpleaños de su mejor amigo? Oh, decisiones, decisiones. El hombre libra puede ir a la joyería más cercana y elegir un elegante brazalete o reloj. La decisión puede provenir de si se trata de un reloj o una pulsera.

Para la chica libra, es una historia diferente. Qué comprarle a su mejor amigo. Le encantan los adornos originales, pero ¿tiene demasiados? Por otro lado, ¿debería comprarle algo de ropa? La conoce lo suficientemente bien como para elegir algo que le guste. Elegir regalos para amigos y familiares no es uno de los puntos fuertes de libra. Ser indeciso puede significar que compra algo por impulso y reza para que al final todo salga bien.

Luego está qué ponerse. Ha estado considerando esto durante semanas, tal vez meses. No es de los que usan lo mismo dos veces, así que, aunque tiene un armario lleno de ropa, necesita algo especial. Por lo general, sus amigos conocen este dilema al que se enfrenta, por lo que siempre estarán dispuestos a ir de compras con usted. Pero lo hacen con la intención secreta de que se compre algo, lo que sea, con tal de que deje de hablar de ello.

La chica libra es un poco vanidosa, por lo que probablemente será una de las últimas en llegar a la fiesta. Sin embargo, si conoce a una chica libra, sabrá que vendrá elegante y llamativa. A las chicas libra les gusta llevar atuendos impactantes en las fiestas. Las líneas simétricas frías son el aspecto característico de un libra. El blanco y negro es uno de los looks favoritos de libra, que sabe que siempre llamará la atención. Aquellos que puedan sentirse atraídos por las chicas libra pueden encontrarse ante un desafío en un ambiente de fiesta. Será difícil captar la atención de esta chica durante el tiempo suficiente como para expresar su interés.

Las chicas libra en una fiesta se sentirán atraídas por las personas que estén involucradas en conversaciones. Si usted es libra, se identificará con el escenario en el que siempre parece haber una conversación interesante en otra habitación, generalmente la cocina, por lo que a menudo se debate entre bailar y beber y mudarse a la cocina para unirse a la conversación.

Libra, que nunca se encoge, se rodeará de personas dispuestas a charlar, bailar o, en general, adentrarse en las conversaciones de otras personas, invitadas o no. Como la chica libra suele ser la última en llegar a una fiesta, generalmente será la última en irse. Temerosa de perderse alguna conversación interesante, se quedará en la cocina para ayudar con la limpieza. Solo entonces dirigirá su atención al sexo opuesto, uno o dos de los cuales pueden haber estado esperando a que la chica libra saliera a tomar aire. No se dejes engañar por este aire de distracción, porque la chica libra probablemente le ha tenido en la mira toda la noche.

Bodas

La chica libra es fabulosa en las bodas. Si es amigo o amante, puede confiar en que se comportará impecablemente en una ocasión tan formal. Esperará que su acompañante esté impecablemente vestida al igual que ella misma. Las reglas de compromiso para comprar el regalo de bodas son las mismas que las anteriores. Si es usted libra, conocerá la sensación de alivio cuando la novia o el novio le presente una lista de regalos de boda. Qué ponerse es otra historia. Sin embargo, las amigas de las chicas libra que también están invitadas a la boda saben que ella organizará tardes de compras para que puedan decidir qué ponerse.

Los libra son invitados deseables en las bodas, especialmente si son amigos cercanos de la novia o el novio. Se le pedirá que calme los nervios de la ansiosa estrella del espectáculo. Como libra, es posible que haya experimentado tener que calmar a la novia cuando decide que no ama a su futuro esposo, por lo que la boda está cancelada. Aquí es donde la chica libra entra en juego. Una hábil negociadora y diplomática, la chica libra, puede amansar a la nerviosa novia, hacerla reír con anécdotas divertidas sobre sus aventuras juntas y restaurar por completo la armonía. Los libra disfrutan de las bodas. Les gusta la oportunidad de vestirse elegantemente y les encanta la pompa y la circunstancia.

Los Libra disfrutan particularmente de una boda al aire libre porque apelan al sentido de armonía de libra con la naturaleza. El equilibrio parece adecuado para la ocasión: unir a dos personas en la cúspide de una nueva vida. Rodeado de franjas de flores, música y buenos vinos, ¿qué más podría pedir libra? Compartir ocasiones románticas como esta con otra libra es la manera perfecta de socializar.

Salir toda la Noche

Desde muy temprana edad, los libra han sido animales sociales. Tendrán un gran círculo de amigos con los que saldrán. Las noches de chicas dentro y fuera de casa son una de las actividades de ocio favoritas para las chicas libra. Por lo general, rodeándose de almas con ideas afines, las chicas libra no están tan interesadas andar por la ciudad en busca de una cita como lo están en socializar con sus amigos. Aunque les gustan las cenas románticas y los eventos elegantes, a libra le gusta compartir su pasión por las conversaciones ingeniosas, las discusiones intelectuales y probar restaurantes elegantes. Pero una chica libra es adaptable, cosa que puede resultar difícil para sus amigos, especialmente aquellos nacidos bajo el signo de cáncer, ya que pueden sentirse incómodos con la inclinación de su amiga libra y su indecisión sobre cómo pasar la noche.

Los amigos de libra no se sorprenderán cuando se cambien los planes en el último minuto o cuando el ambiente se transforme en algo diferente. Incluso teniendo en cuenta que libra puede haber tardado una eternidad en vestirse apropiadamente para cenar en un restaurante elegante con amigos, es muy probable que él o ella sienta el impulso de dejar el restaurante y unirse a otros amigos en una fiesta de karaoke, sea su atuendo informal o no. La perspectiva de escuchar música e incluso cantar ella misma es atractiva para la sociable libra, que se siente como en casa en grandes grupos de amigos.

Tener un amigo libra puede ser frustrante y desconcertante. Esta amable, elegante y social libra puede verse envuelta fácilmente en una situación poco saludable porque se ha sentido atraída por el encanto de un admirador. Afortunadamente, tiene amigos leales de todos los signos del zodíaco que están más que dispuestos a cuidar a la persona que suele cuidarlos.

Los Libra como Amigos

Los libra hacen amigos fácilmente. Si bien algo indeciso al principio, una vez que libra se siente cómodo con su compañero, la amistad seguramente surgirá. Los amigos libra también son leales y probablemente serán los que mantengan viva una amistad. Él o ella mantendrá la amistad enviando mensajes de texto, manteniéndose en contacto en las redes sociales y organizando encuentros para reunirse con amigos. Los libra mantendrán sus preocupaciones para sí mismos sobre cuánto de la amistad se debe a su compromiso más que al de su amigo. Siempre luchando por el equilibrio y la armonía, libra se esforzará por mantener vivas las amistades.

Muchas personas se sienten atraídas por la personalidad de libra. Libra tiene amigos de todos los ámbitos de la vida y generalmente perdonará la mayoría de las debilidades de sus amigos cercanos. La chica libra hará amistades al ser atenta y relajada con los nuevos conocidos. Se siente atraída por la gracia y la dignidad, por lo que evitará personalidades más estridentes. Los grupos de amistad a menudo se forman dentro de las actividades sociales que atraen a libra, como grupos de senderismo, clases de arte y clubes de lectura. A libra no le gusta estar sola durante mucho tiempo, por lo que buscará activamente oportunidades para socializar, aunque puede tardar una eternidad en elegir el atuendo adecuado para su viaje de senderismo o festival de música.

Libra hace amigos fácilmente porque es extrovertida por naturaleza y hará que los nuevos conocidos se sientan cómodos. Siempre dispuesta a probar nuevas aventuras, estar con ella será emocionante y será divertido ir a fiestas formales e informales. Si tiene una amiga libra, sabrá que es ella quien le hará vivir nuevas experiencias: recorrer el sendero de los Apalaches o cruzar el país en autocaravana. Es muy probable que gracias a ella conozca una nueva película o la última novela bestseller. Ella solo quiere hacerle feliz. Una vez que se dé cuenta de esto, puede confiar en que su amiga libra estará ahí para usted. Libra es un ser curioso, de mente abierta hasta el extremo, siempre listo para una nueva aventura que conviene emprender con elegancia y estilo.

Al hacer nuevos amigos, libra buscará personas de mente abierta que sean dignos de confianza y reales. Libra odia la superficialidad. Le hace desconfiar, cosa que pone a la gente en guardia. Su intelecto siempre les llega cuando conoce gente por primera vez. Ella sentirá curiosidad por su vida, lo que le gusta y lo que no le gusta, y cuáles son sus valores. Para algunos signos como capricornio, esto puede no gustar. A capricornio, que no es famoso por sus habilidades de conversación, no le gusta este interrogatorio si resulta demasiado intrusivo.

La diplomacia es a menudo una herramienta que usa libra cuando hace nuevos amigos. Son buenos oyentes, aunque les gusta mucho hablar de sí mismos. Pueden ver ambas caras de la moneda, lo que genera conversaciones interesantes. Las personas que conocen a libra por primera vez suelen sentirse atraídas por esta característica porque indica que libra los está escuchando. Por lo tanto, los hombres a menudo se sienten atraídos por las mujeres libra sin saber por qué. La diplomacia también entra en juego cuando libra socializa en grupo. Quiere que todos estén contentos, por lo que alejará las conversaciones de temas polémicos que puedan crear tensión en el grupo. Una vez más, esta es una característica que atrae a las personas y que facilita que libra entable nuevas amistades.

Cómo Mantener una Amistad Libra

Libra, una mariposa social, siempre se alegra cuando está rodeada de sus amigos. No intente atar a su amiga libra a una amistad exclusiva, ya que esto altera enormemente su equilibrio. Libra puede tener un pequeño círculo de amigos o uno amplio, pero los favorecerá a todos por igual y nunca será feliz cuando un amigo intente interponerse entre ella y sus otros amigos. La búsqueda de libra por la armonía y la justicia garantizará que todos sus amigos sean tratados con respeto y lealtad.

Recuerde que su amiga libra tomará siempre el camino correcto en los debates y en temas que sean importantes para ella. Ella siempre pensará bien las cosas antes de tomar decisiones, y aunque pueda ser irritante para algunos signos, los amigos aries se las arreglan muy bien con este rasgo en su amiga libra. Esta indecisión no es una debilidad, aunque muchos la ven como precisamente eso. Es solo un deseo de garantizar que se haga justicia, y de que ella ha llegado a una conclusión justa.

A libra le encanta debatir, así que, si quiere fomentar su amistad con un libra, recuerde que nunca hay una respuesta simple para un libra y que la probabilidad de que deba sentarse y escuchar una conferencia sobre algo que es de interés para libra es alta. Libra también es generosa con su tiempo, dinero y conocimientos. Él o ella tiene un gran corazón, y si es un amigo, entonces le ve como un amigo digno.

La chica libra acudirá a usted cuando quiera compartir noticias, recetas, ropa y planes. Ella no compartirá a su novio con usted, pero compartirá casi todo lo demás. Este es el talón de Aquiles de libra. A menudo, su generosidad la hace vulnerable a aquellos que se aprovecharían de su naturaleza amable. Así como ella está preparada para luchar en su esquina, usted debe estar preparado para luchar en la suya. Ser amigo de un libra es una experiencia gratificante y probablemente para toda la vida.

Capítulo 10: Libra en el Trabajo

Carreras Profesionales

No hay escasez de profesiones adecuadas para el intelecto y el temperamento de libra. Una mirada a los cambios estacionales y el movimiento de los astros sugiere que el ciclo anual influye en cómo le irá a libra en su viaje profesional. Como siempre, los libra buscan el equilibrio en sus vidas, y comenzar un nuevo trabajo a principios de año tiene mucho sentido para ellos. En algunos aspectos, esta es una respuesta típica porque el año nuevo (1 de enero) sugiere una resolución, y esto es algo de lo que libra va algo justo. La indecisión puede hacer perder muchas oportunidades laborales a libra. Siempre listo para hacer cambios importantes en su vida como un cambio de trabajo, libra querrá aprovechar cada oportunidad para encontrar el equilibrio.

Un nuevo trabajo, una resolución de año nuevo, una nueva oportunidad de hacer nuevos amigos y experimentar algo diferente. Otro aspecto importante de cambiar de trabajo a principios de año es que, si las cosas no van bien, hay muchas oportunidades para encontrar algo más. Enero, febrero y marzo son meses muy productivos y suelen ser los meses en los que las empresas analizan los problemas de personal. Las empresas comienzan a evaluar sus recursos humanos y nuevas firmas empiezan a aparecer con fuerza. Esta es la razón por la que las "startups" se forman alrededor de los primeros tres meses del año nuevo. Como libra, reconoce instintivamente este ciclo de eventos, así que no sea indeciso. Si surge la oportunidad de cambiar de trabajo, siga sus instintos y hágalo.

Abril, mayo y junio deberían ver cómo su trabajo o negocio comienza a echar raíces. Es primavera. Las semillas que plantó en enero ahora deberían estar germinando. Es hora de tomar un descanso y evaluar cómo te ha ido la primera mitad del año. Al ser una persona creativa, es probable que lleve un diario profesional. La primavera es el mejor momento para repasar los últimos seis meses y decidir qué funciona para usted y qué no.

Libra tiene una mente analítica, por lo que probablemente será una parte natural de su vida profesional. Si está en una profesión asistencial, llevar un diario de desarrollo profesional será como una segunda naturaleza. La reflexión es una gran parte del carácter general de libra. Hace que la gente asuma que los libra son indecisos. Reflexionar sobre la primera parte de su año, ya sea en un nuevo trabajo o no, es crucial para el equilibrio de libra. Querrán equilibrar el año y querrán asegurarse de que las decisiones que tomaron a principios de año, por difíciles que hayan sido algunas, den sus frutos. Llevar un diario también le indicará dónde hay oportunidades para mejorar su carrera, ya sea a través de un ascenso o la contratación de más clientes. Por esta época es un buen momento para considerar la ampliación de locales o una reducción de personal. Libra querrá que todos los empleados estén contentos y se sientan seguros, por lo que las evaluaciones periódicas son importantes.

Julio, agosto y septiembre son meses complicados para muchos profesionales libra. Es un período de vacaciones para muchos y la escuela está cerrada durante el verano. Para aquellos en profesiones asistenciales como la medicina o la enfermería, la experiencia de libra difiere de la de los libra en profesiones de enseñanza, por ejemplo. Los espacios abiertos pueden atraer al aventurero libra, pero el trabajo será lo primero para algunos, lo que puede ser frustrante. Justo cuando necesita recargar sus baterías y evaluar su progreso, el período de verano puede ser agotador y estresante, ya que el clima estacional cambia las actitudes de las personas y afecta a los rasgos de carácter.

Para muchos Libra es la temporada tonta en la que abundan las distracciones y sus instintos veraniegos alteran su equilibrio. Este es el momento de reconocer el impacto de su planeta regente y cómo el equinoccio puede afectar la toma de decisiones. Ya sea que su trabajo se intensifique durante estos meses o no, es hora de hacer inventario y aprovechar sus características positivas. Es agotador asegurarse de que su personal/estudiantes (cualquiera que sea el caso) estén logrando sus metas y estén contentos. Para septiembre, haga cosas para sentirse feliz usted también.

Para cuando lleguen octubre, noviembre y diciembre, la mujer y el hombre trabajadores libra se sentirán caritativos. Si las cosas no han ido bien este año, libra verá el lado positivo. Usando sus habilidades lógicas y evaluativas, la generosidad de libra se manifestará al donar a causas locales y organizaciones benéficas. Debido a que libra es un poco indeciso, los profesionales libra buscarán organizar vacaciones para ellos y sus trabajadores. Todos aman a los jefes libra y a los colegas libra en noviembre y diciembre, ya que el bien natural de libra surge para garantizar que la temporada navideña sea feliz para todos. La generosidad de libra nunca es más evidente que en la época navideña, cuando el momento de dar equilibra la balanza y brinda armonía y buena voluntad.

Trayectorias Profesionales de Libra

- **Medicina** - Los médicos hacen el juramento hipocrático de cuidar a las personas y no dañarlas.
- **Psicología** - Comunicadores expertos con mente evaluativa.
- **Arquitectura** - La elección perfecta para libra que aprecia los diseños que cuentan una historia y se mezclan con el medio ambiente.
- **Enfermería** - La profesión asistencial es perfecta para libra.
- **Diseño de Moda**- El buen diseño y el gusto impecable son un rasgo dominante de libra.
- **Ingeniería** - El intelecto y la lógica de libra hacen que la ingeniería sea una elección perfecta.
- **Veterinaria** - La cuestión es cuidar de los demás, ya sean animal o humano.
- **Abogacía** - La diplomacia y un fuerte sentido de la justicia son un símbolo de libra.
- **Ciencias**- La mente curiosa y las habilidades analíticas de libra hacen que las profesiones científicas sean una elección perfecta.
- **Doctorado en Filosofía**- Siempre curioso por el mundo, ya sea religión, política, historia o literatura, esta profesión atrae a muchos libras.
- **Música** - Los libra adoran la música y elegirla como profesión es el sueño de todo libra musical.
- **Docencia** - Nada le gusta más a libra que compartir sus conocimientos y experiencias.
- **Arte** - Ya sea como aficionado o profesional, esta es una opción popular para los libra.
- **Escritura**- La creatividad es una característica dominante de la personalidad de libra, por lo tanto, sea escritor o poeta, libra encuentra su hogar en esta profesión.

8 Profesionales y su Signo

Nombre	Profesión	Fortalezas
Bruce Springsteen	Músico	Dedicación, creatividad
Oscar Wilde	Escritor	Comunicador estético, artístico
Christopher Wren- Arquitecto Británico (1832 - 1723) También astrónomo y anatomista	Arquitecto	Lógico, intelectual, mente curiosa
James Lind - Médico escocés que descubrió que los cítricos curan el escorbuto (1716 - 1794)	Médico	Analítico, bondadoso, curioso
Alfred Nobel – Sueco (1801 - 1872) Inventor de la dinamita– Premio Nobel se entrega en su nombre	Científico	Pasivista, inventor, mente lógica y curiosa.
Ralph Lauren	Diseñador de moda	Artístico, ambicioso, líder, creativo.
Michel Foucault (1926 0 1984)	Filósofo	Curioso, intelectual, trabajador, elegante.
Sunny Hostin (Corresponsal legal de ABC News)	Abogada	Ambiciosa, trabajadora, intelectual, fuerte sentido de la justicia.

Libra en el Trabajo

Como era de esperar, el trabajador libra es tranquilo y trabaja mejor cuando hay armonía en el lugar de trabajo. Su temperamento estable significa que rara vez entrará en discusiones en el trabajo. Tampoco serán arrastrados a disputas laborales a menos que haya un caso claro de injusticia en cuyo caso estarán preparados para liderar una revuelta. En los asuntos cotidianos de la organización, libra no causará problemas. A diferencia de sus colegas cáncer, no romperán a llorar ante la más mínima crítica, pero la sentirán profundamente y rumiarán sobre las críticas en silencio durante un largo período.

Dentro de la propia organización, libra tendrá que asumir puestos en mostradores de atención al cliente o servicio y quejas. Son lúcidos y diplomáticos, por lo que los servicios de quejas de los clientes son buenos roles para los empleados libra. Los libra son buenos recepcionistas y son trabajadores leales a sus jefes. Los libra brillan en trabajos como recepcionistas en consultas médicas y secretarias de citas donde la cabeza fría y la diplomacia son cruciales. Los libra siempre saben lo que deben decir y hacer cuando los ánimos se calientan, por lo que a menudo se confía en ellos para tratar con clientes incómodos o enojados. El libra amigable y cercano puede ser un activo en un entorno de oficina o en un rol en el que representan a la empresa. En puestos de relaciones públicas, son excelentes. Los jefes tienden a reconocer el tacto y la diplomacia de libra cuando lo ven y, por lo general, los usan para organizar eventos y reuniones de negocios con los clientes VIP.

Libra es bipartidista en el trabajo y no favorece a una persona sobre otra. Son abiertos y amigables con todos. Esto los convierte en una apuesta no demasiado buena si alguien está buscando un aliado en el trabajo. El equilibrio forma la base de la personalidad de libra en el lugar de trabajo, y probablemente serán fundamentales para calmar las aguas turbulentas cuando los ánimos se calientan en el trabajo. La mesa de libra estará organizada y embellecida. Estará adornada con artículos personales de buen gusto, con estampados artísticos que recubren las paredes del despacho si el libra tiene un despacho o un espacio de trabajo para ellos solos. Inevitablemente surgirá una comparación interesante con el trabajador leo, que probablemente sea más exagerado con la decoración de la oficina. Tanto a libra como a leo les gusta el lujo, por lo que probablemente compartirán ideas sobre la decoración del hogar y la oficina.

El Empleado Libra

El Libra odia los chismes, por lo que no se lo encontrará cotilleando en la sala de fotocopias o alrededor de la máquina de café. No es tanto que libra no sienta curiosidad por las personas con las que trabaja. Cuando en ocasiones son víctimas de la influencia de un compañero de trabajo chismoso, la sensación de camaradería secreta les atrae. Sin embargo, los chismes hacen que libra se sienta incómodo. Andar por las esquinas hablando sobre otras personas a sus espaldas perturba su equilibrio y no apela a su sentido del juego limpio.

La fortaleza de libra en el lugar de trabajo es su capacidad para organizar eventos. Aquí es donde probablemente encontrará a libra, ocupado organizando reuniones y recolectando donaciones de compañeros de trabajo para pagar los pequeños extras que agregarán estilo y lujo al evento. Libra disfruta del desafío de organizar eventos sociales, en parte porque ellos mismos son animales sociales extrovertidos, pero también porque les permite difundir un poco de felicidad entre la plantilla. También es posible que el indeciso libra deambule por diferentes lugares durante semanas antes del evento simplemente porque no pueden decidir qué lugar podría ser el más apropiado.

Si bien libra es un ser social, se sienten cómodos con su propia compañía cuando trabajan. Sin embargo, desafortunadamente para libra, se distraen fácilmente cuando pasan largos períodos trabajando solos. El teletrabajo no es lo que más atrae a los libra, ya que les gustan los aspectos sociales de la oficina o del lugar de trabajo. Por lo tanto, libra puede ser fácilmente seducido y alejado de su escritorio con promesas de almuerzo con compañeros de trabajo o súplicas de ayuda con los proyectos de otros trabajadores. Este aspecto de la personalidad de libra puede hacer que parezca perezoso porque a veces no cumplen con los plazos porque otras cosas han captado su atención. Sin embargo, en general, es probable que libra trabaje duro para cumplir con los plazos porque un acuerdo es un acuerdo y debe tomarse en serio.

Libra se adapta muy fácilmente a un entorno de trabajo ajetreado. Debido a que son adaptables, es probable que encuentre a libra involucrado en múltiples tareas en diferentes trabajos de oficina. Se sienten como en casa hablando con los clientes y están igualmente felices haciendo recados para compañeros de trabajo ocupados. Donde no encontrará a libra es en la oficina del jefe quejándose. Libra hará la vista gorda ante las pequeñas disputas en la oficina y es probable que no se queje al jefe. En cambio, libra tiende a quedarse pensando en los conflictos e internalizar los desaires percibidos, lo que puede causarle estrés.

A pesar de su deseo de armonía y tranquilidad en su entorno, libra se puede encontrar en la oficina del sindicato si creen que existe algún tipo de injusticia en el lugar de trabajo. El fuerte sentido de la justicia y el juego limpio de libra están por encima de su aversión por la confrontación. Libra puede aparecer en reuniones y manifestaciones del sindicato. Dispuesto a arriesgar el desequilibrio en sus vidas, la naturaleza solidaria de libra pasa a primer plano cuando apoya a quienes enfrentan la injusticia.

A libra también se le puede encontrar en el comedor del lugar de trabajo, no solo para almorzar o tomar un descanso, sino también para estar con los compañeros de trabajo. Los colegas deben distinguir entre los chismes y una conversación estimulante cuando pasan tiempo con libra. Libra es sociable e incluso en el trabajo buscará formas de pasar el tiempo charlando. Aunque este rasgo puede suponer una debilidad. Libra a menudo tendrá que regresar corriendo al trabajo, después de haber sido distraído por amigos o colegas durante el almuerzo.

La gestión del tiempo no es algo en lo que libra sea bueno. Tardará años en prepararse para ir al trabajo porque este signo zodiacal presta especial atención a su apariencia. Tomarse unos minutos extra para mirarse en el espejo cuando ya llegan tarde al trabajo es un gran defecto de libra. Las personas nacidas bajo el signo de la balanza, aunque lucen frescos y alegres, con una actitud despreocupada, pasan bastante tiempo corriendo de un lugar a otro porque llegan tarde.

Desafíos en el Trabajo

La gestión del tiempo no es el único desafío al que se enfrenta libra en el lugar de trabajo. Numerosos obstáculos pueden hacer que la balanza de libra se incline en la dirección incorrecta. Libra es impulsivo. Esto puede causar problemas en las relaciones en el lugar de trabajo, especialmente si libra tiene una función administrativa.

Por ejemplo, el comportamiento impulsivo puede hacer que se apresuren a enviar correos electrónicos sin pensarlo bien primero. Irónicamente, pensar detenidamente es una fortaleza de libra muy apreciada en el lugar de trabajo, pero desafortunadamente, el comportamiento impulsivo también se equilibra con esta fortaleza. Libra es yin y yang, y resulta evidente en la capacidad de libra para ser impulsivo. Puede que decidir basándose en el impulso no sea algo habitual para los libra en el lugar de trabajo, pero fiel a la naturaleza extrovertida de libra, cuando sucede, puede ser desconcertante para todos los involucrados.

La indecisión es un rasgo dominante en el carácter de libra. En un lugar de trabajo ajetreado, ser indeciso puede ser una gran desventaja. Esta incapacidad para tomar decisiones rápidas u oportunas no se basa en la capacidad de libra para actuar rápidamente, sino que tiene más que ver con la necesidad de pensar en cómo una acción podría tener un resultado no deseado para los colegas o la empresa. Los compañeros de trabajo cercanos aceptarán que libra esté indeciso sobre las cosas, pero la paciencia puede ser puesta a prueba cuando se necesita una decisión de inmediato. Libra dudará y esto puede ser preocupante. Libra no se sentirá atraído por trabajos en los que las decisiones descansen sobre sus hombros porque libra no es alguien especialmente lógico. Serán conscientes de que ciertos roles no les convienen, por lo que tienden a aceptar que no serán buenos corredores de bolsa y que nunca podrían verse a sí mismos trabajando en el mercado de valores.

La verborrea de libra es uno de sus atributos más entrañables. Nadie tiene la capacidad de hacer que las personas se sientan cómodas y aceptadas que el sociable libra. Sin embargo, este rasgo puede suponer un gran obstáculo en el lugar de trabajo. A libra le resulta difícil no hablar. Tanto los hombres como las mujeres libra son grandes conversadores y se esforzarán por hablar sobre cualquier cosa que les interese o sobre la que tengan ideas. El tiempo se detiene para los libra cuando están inmersos en una conversación, y esta es una debilidad en un lugar de trabajo ajetreado. Nunca usando dos palabras cuando pueden usar cincuenta, a menudo sus colegas se enfrentan a largos correos electrónicos y conversaciones de las que no pueden salir. La pérdida de tiempo para libra generalmente implica tener demasiadas conversaciones o charlas con colegas.

El aburrimiento es otra de las debilidades de libra. El lugar de trabajo es un entorno obvio para que el aburrimiento haga aparición en la jornada de libra. Ávido de estimulación, libra se distraerá fácilmente cuando se aburre y le resultará fácil dejarse llevar por su propio mundo. A libra le gusta sentirse estimulado la mayor parte del tiempo y buscarán formas de aliviar el aburrimiento en el trabajo. A menudo, escucharán música con auriculares o navegarán por Internet cosa que hace que libra parezca perezoso. En muchos aspectos, se puede decir que una debilidad característica de Libra es la indolencia. De nuevo. Esta es la complejidad de libra y la balanza de equilibrio. Libra es trabajador, creativo y productivo, pero cuando no hay demasiado que estimule su intelecto, se aburren y se vuelven perezosos. Este es un desafío para libra en el entorno laboral, y a menudo se les sorprende perdiendo la concentración y sin concentrarse en el trabajo que tienen entre manos.

Consejos para el Trabajador Libra

Ser capaz de reconocer los rasgos de carácter de uno es un atributo deseable. Cuando reconocemos nuestras fortalezas y debilidades, podemos lograr mejor el éxito en nuestras vidas. Esto es importante en el trabajo porque al desarrollar nuestras fortalezas y abordar nuestras debilidades, nos convertimos en mejores trabajadores y es más probable que nos asciendan o se nos otorgue más responsabilidad y, por lo tanto, más dinero. Las personas de éxito aprovechan sus fortalezas, y los capítulos anteriores han demostrado cómo los nacidos bajo el signo de Libra pueden reconocer sus fortalezas y desarrollarlas. En el trabajo, libra puede fortalecer los aspectos positivos de su carácter al reflexionar sobre sus debilidades y abordarlas. A continuación, se incluyen consejos útiles para mejorar las experiencias laborales de libra y aumentar su nivel de ingresos.

• Rutina Diaria

Libra necesita estabilidad en el lugar de trabajo. Desarrollar una rutina productiva ayudará a libra a tener una sensación de control. Emplee sus habilidades de liderazgo para delegar las tareas tediosas y repetitivas si es posible. El exceso de trabajo o las rutinas desordenadas lo distraerán de su trabajo e inhibirán su creatividad. Levántese temprano para comenzar su rutina diaria de trabajo. Asegúrese de tener suficiente tiempo para prepararse y llegar al trabajo a tiempo. Trate de tener la ropa de trabajo lista la noche anterior para evitar la indecisión sobre qué ponerse si no tiene que usar uniforme. Tome descansos regulares cuando pueda para no distraerse ni aburrirse. La rutina, una vez establecida, le asegurará una vida laboral equilibrada, creativa y productiva.

• Técnicas de Comunicación

Los libra no carecen de habilidades de comunicación, pero estas habilidades deben usarse de manera productiva. Como buen comunicador y oyente, tendrá una ventaja inicial en el perfeccionamiento de estas habilidades. No se distraiga cuando converse con sus colegas. Cíñase al tema y no permita que otros le desvíen de los asuntos que tiene entre manos.

Como libra, las opiniones de otras personas le influyen fácilmente y esto le vuelve indeciso. Manténgase centrado y dedique el tiempo necesario a las conversaciones importantes. Asegúrese de que sus correos electrónicos son concisos. Los demás trabajadores rara vez tienen el tiempo o la energía para leer correos electrónicos largos. Debido a su habilidad natural para escribir, puede dejarse llevar al escribir correos electrónicos o al hablar por teléfono. Para una jornada laboral más productiva, reduzca el tiempo dedicado a largos correos electrónicos y conversaciones extensas.

• Espacios Creativos

Utilice sus instintos creativos en el lugar de trabajo. Evalúe cómo las aplicaciones creativas pueden mejorar su entorno y hacer que el entorno de trabajo sea más agradable para usted y sus compañeros de trabajo. Cuando trabaje en proyectos, deje que sus instintos creativos naturales pasen a primer plano. Muchos libra trabajan en industrias creativas, por lo que su pasión por el arte y la escritura o la música se puede aprovechar al máximo.

En un entorno donde falta la creatividad, piense en cómo puede mejorar su espacio. Si comparte espacio con otras personas, analice cómo puede aportar un poco más de armonía y belleza a su entorno. Esto se puede hacer deshaciéndose de los elementos desechados que abarrotan el espacio de trabajo y reemplazándolo con objetos clásicos más atractivos, agradables a la vista y que apelen a su sentido del equilibrio. Los trabajadores libra son famosos por aportar un poco de tranquilidad a los entornos de trabajo caóticos.

Capítulo 11: ¿Qué Necesita un Libra para Vivir una Vida Satisfactoria?

A lo largo de esta guía, se le ha presentado el mundo de libra y sus características. Al reunir todos los rasgos de libra, este capítulo analiza lo que libra necesita para ser feliz y productivo.

• Romance

En la vida de todo libra debe haber espacio para un poco de ternura y romance. Las mujeres y los hombres libra prosperan cuando son amados y admirados. Libra necesita saber que es amado y apreciado. Por lo tanto, la mujer libra necesita un compañero que la colme de atención y para el cual ella lo signifique todo. La mujer libra crecerá en confianza cuando se sienta segura y feliz.

Libra encontrará romance no solo en una pareja amorosa, sino también en los libros que lee, en la música que escucha y en las ciudades que visita. Como dice el refrán, el amor está en todas partes y libra lo sabe. Para aquellas personas que conocen y aman a libra, nunca subestime su necesidad de atención. Lo que libra necesita después de un duro día de trabajo es una conversación estimulante, un beso amoroso y tal vez diversión romántica en el dormitorio.

Los amigos son una parte importante del romance que libra necesita. Ver películas románticas juntos, pasear por lugares románticos, puede que haciendo fotografías o simplemente ver la puesta de sol. Para libra, los amigos son tan importantes como los amantes a la hora de llevar belleza e inspiración a su órbita. Con Venus como el planeta regente de libra, el amor y el afecto se extienden a amigos, familiares y amantes.

• Estabilidad

Libra nació bajo el signo de la balanza y la estabilidad es una necesidad importante. Cuando la balanza está equilibrada y todo está ponderado de manera uniforme, libra está asentado y tranquilo. Libra buscará estabilidad en las relaciones y en el lugar de trabajo. Incapaz de lidiar con la confrontación, libra se alejará de relaciones volátiles. El conflicto no forma parte de su composición. Incluso de niños, libra requerirá orden y estabilidad y no aceptará las palabras duras con amabilidad. En el mundo de libra, todas las cosas son iguales, o deberían serlo.

Si es amigo de libra, debe ser un amigo estable y no tener muchos altibajos. Libra necesita saber que puede confiar en usted cuando necesite su apoyo. Muchos Libra tienen amigos que conocen desde la infancia y son a ellos a quienes acudirán en busca de compañía. Las amistades estables contribuyen al equilibrio de libra. Como amigo de libra, sabe que no esperará que esté a su entera disposición. Son seres independientes y quieren que usted también lo sea. Sin embargo, esperan que sea estable en su amistad.

Si es un amante de libra, él o ella está buscando un estilo de vida estable a largo plazo. La estabilidad para libra significa que sabe dónde se encuentra y qué se espera de ella. Ella también entiende que sus caprichos y fantasías indecisos son parte de su maquillaje, y no quiere que la cambien por algo que usted quiere en lugar de lo que ella quiere.

• Aventura

Libra siempre busca aventuras. Impulsiva e intuitiva, Libra reconoce la necesidad de sacudirse el polvo y ver el mundo. Libra no es de los que se quedan en casa. El aire libre atrae tanto a hombres como a mujeres libra. Como signo de aire, libra siente un gran amor por la belleza del aire libre. Los libra deben tener la libertad de deambular, conocer nuevos amigos y conocer nuevos lugares.

Libra tiene un gran sentido de la aventura, ya sea en países lejanos o en su propio jardín. La necesidad de explorar tampoco se relaciona solo con el mundo físico. Libra también necesita explorar el mundo abstracto. Tanto las mujeres como los hombres libra tienen mentes curiosas que disfrutan explorando la filosofía y la literatura. Caminar por un museo puede brindar información fascinante sobre las aventuras del pasado. Libra necesita de estímulo para prosperar y aprovechar al máximo su mundo. Explorar las relaciones también es una aventura, y otros signos se sienten atraídos por libra simplemente porque pueden ver la luz de la curiosidad en sus ojos cuando se les presenta por primera vez. Conocer a un Libra es ser introducido a muchas aventuras de la mente, el alma y el mundo natural. Está muy claro para aquellos que conocen a Libra que necesitan estar inspirados y necesitan ser estimulados.

Si tiene un hijo libra, ya sabrá que su pequeño libra querrá explorar el mundo que lo rodea. ¿Qué aventuras hay más allá de la puerta de la despensa, quién vive en el manzano del jardín y de dónde vienen los zapatos? Estas preguntas son pintorescas y, a menudo, divertidas. Incluso pueden ser un poco irritantes, con la palabra por qué constantemente en los labios del niño libra. Esta curiosidad debe alimentarse porque el adulto libra seguirá viendo la vida como una aventura, para ser explorada y cuestionada.

• Amistad

Al igual que con otros signos del zodíaco, sin amistad, libra no prosperará. Necesitan compañía como un pez necesita agua. Si bien pueden pasar tiempo solos y hacerlo a menudo mientras se sumergen en actividades como el arte, la literatura y la música, compartir experiencias de vida con amigos es una alegría particular para libra. La amistad ocupa un lugar especial en la vida de un libra. Esto se debe a que Venus influye en la forma en que libra percibe el compañerismo. El amor se experimenta cuando se ama a un amigo o una pareja íntima. La vida se refleja a través de los ojos de un amigo o amante especial. Libra mantendrá amistades durante la mayor parte de sus vidas y esto nutre sus almas.

Si tiene un amigo libra, sabrá que será incluido en sus vidas, pero lo que puede ser un poco desconcertante es que libra, aunque valora mucho la amistad, es probable que trate a todos sus amigos por igual y no favorezca a unos por encima de otros.

Si es su mejor amigo, habrá conocido a libra desde hace mucho tiempo, y una ruptura de la confianza entre ustedes sería devastadora para ambos. Las amistades pueden ser algo natural y normal en la vida de la mayoría de las personas, pero para algunas, la amistad no es una prioridad: la familia puede ser lo primero o una persona puede preferir su propia compañía. El mundo no se acaba porque tenga pocos amigos, si es que tiene alguno. Este no es el caso de libra. Los amigos enriquecen la vida de libra y, sin ellos, no se sentirán satisfechos.

• Lealtad

La astrología nos informa de que los libra son ferozmente leales. No hay nada superficial en la lealtad de libra, y necesitan lealtad a cambio. Libra requiere confirmación de que tiene su lealtad y espera compromiso porque si invierten su tiempo, energía y amor en usted, esperan que se devuelva en la misma medida. Así es como libra equilibra la balanza. Libra siempre luchará a su lado y nunca traicionará su confianza. Por mucho que libra sea un ser social y le encante estar cerca de otras personas, una vez que se han comprometido con usted, es para siempre.

No es probable que libra se aleje de una relación y no esperan menos de su pareja. La naturaleza coqueta de libra puede ser, y a menudo es percibida como una deslealtad por las parejas celosas. Este no es el caso. Tanto los hombres como las mujeres libra tienen una sensualidad inadvertida que es parte de su encanto.

No son personas egoístas y les encanta ser queridas y admiradas, pero su lealtad hacia sus amigos y su pareja es indiscutible. Libra tiene un gran corazón y la lealtad es una gran parte de cómo libra ama. Cuando los libra son traicionados, es devastador, y tardan mucho en recuperar su equilibrio, por lo que ellos nunca lo hacen. Vaya con cuidado con libra, ya que se le hiere fácilmente. Una vez en una relación segura, libra será una pareja leal y hará un esfuerzo adicional para asegurarse de que sean felices. En algunos aspectos, es fácil ser leal a libra debido a su disposición alegre y su naturaleza amorosa.

Conclusión

Lista de control

- Libra nació bajo el signo de la balanza, lo que significa que cree en la justicia y la igualdad y utilizará su destreza intelectual para luchar por la justicia en la sociedad. Su elemento es el aire y su planeta regente es Venus. La piedra preciosa que representa su nacimiento es el Ópalo. Los rasgos más comunes de libra son la honestidad, la justicia, el amor por la belleza y el deseo de elegancia y estilo en su vida cotidiana.

- Debido a su naturaleza tranquila, libra se lleva bien con la mayoría de los signos del zodíaco, pero será más compatible con géminis y acuario.

- Libra se lleva bien con los compañeros de trabajo, pero es muy parlanchín, y a menudo tiene problemas con los plazos de entrega.

- Libra es un amante de las fiestas y un gran conversador. La mujer libra a menudo llega tarde a las fiestas, ya que es vanidosa y pasa demasiado tiempo frente al espejo preparándose.

- La casa de libra suele estar bien organizada y es estéticamente agradable. A libra le gusta decorar y le encantan el lujo y el estilo. Los muebles de libra se colocarán cuidadosamente para lograr el equilibrio y la armonía.

- Fortalezas de libra: elegancia innata, naturaleza romántica, adaptabilidad, gusto estético, su adhesión a la equidad y la justicia, la diplomacia y la lealtad. Estas fortalezas hacen de libra un amigo ideal, un colega de trabajo y una pareja íntima.

- Debilidades de libra: Vacilante e indeciso, temeroso de ofender a la gente, inadvertidamente seductor, narcisista y de voluntad débil. Los amigos, familiares y compañeros de trabajo encontrarán frustrantes estas debilidades y, a menudo, perderán la paciencia.

- La mujer libra es cariñosa, vulnerable y fácilmente influenciable. Su elegancia y estilo innatos la hacen atractiva tanto para hombres como para mujeres. Las mujeres libra tendrán una profesión creativa o un trabajo intelectual que requiera diplomacia.

- El hombre libra es un gran partido para cualquier mujer. Es encantador, reflexivo y romántico. Espere las flores y el champán en la primera cita y un esposo y padre devoto a largo plazo.

- El niño libra es sociable y conversador, pero odia que lo dejen solo para jugar. El niño libra empezará a hablar pronto y disfruta leyendo y dibujando.

- Libra enamorado es un regalo de los dioses. Dedicarán su vida a hacerle feliz. Son leales y están comprometidos con una relación estable.

- Libra es extrovertido, por lo que disfruta de las fiestas y las reuniones. No importa cuál sea la ocasión de la fiesta, libra será sociable y los invitados a la fiesta gravitarán naturalmente hacia ellos.

- Las profesiones adecuadas para hombres y mujeres libra incluyen medicina, ciencia, literatura, música, filosofía y abogacía. Muchos personajes famosos confirman la característica creatividad, diplomacia y liderazgo de libra.

- Libra necesita ser necesitado. Tanto los hombres como las mujeres libra prosperan con el amor y la atención. El amor es la piedra angular del temperamento de libra. Son de gran corazón y se pasan la vida haciendo felices a otras personas.

Octava Parte: Escorpio

La guía definitiva de un signo del zodiaco increíble en la astrología

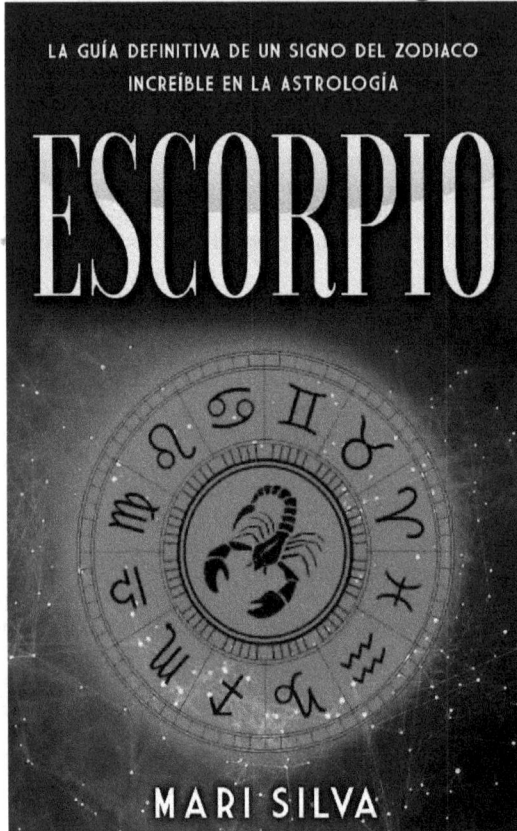

Introducción

La astrología es importante, y es sorprendente la cantidad de información que se puede encontrar respecto a su propia vida a partir del estudio de la forma en que los astros afectan a sus decisiones cotidianas. Ha ayudado a muchas personas a descubrir por qué actúan como lo hacen y qué hacer al respecto. Conozco bien la astrología: he disfrutado de sus beneficios durante la mayor parte de mi vida.

Gracias a la astrología, por fin puede conocer y comprender a las personas que le rodean, no solo a usted mismo. Es vital tener este nivel de comprensión de la vida, que nos permite ser más compasivos, cariñosos y aceptar a las personas que nos rodean en sus mejores y peores momentos. En el momento en que se toma conciencia de dónde nos situamos entre las estrellas, ya no se puede volver a ser como antes. Es un cambio de vida radical.

En el campo de la astrología, encontrará muchos términos que, aunque son poéticos, sirven para dar cuerpo a cada parte del individuo único que es. Descubrirá cosas sobre sí mismo que ni siquiera había notado sobre la única persona que creía conocer a fondo: ¡usted!

En este libro, descubrirá lo que significa ser un Escorpio. Usted aprenderá acerca de sus fortalezas, sus debilidades, y cómo puede tomar las riendas y superarlas para que pueda ser el mejor Escorpio que podría ser. A la mayoría de la gente le puede parecer raro pensar que su vida está marcada por las estrellas, pero lo cierto es que estamos hechos de materia estelar. Nuestra esencia es la esencia del cosmos. ¡Somos un universo que camina, habla y respira por sí mismo!

La astrología va mucho más allá de solo colocar a los más de 7.000 millones de personas del planeta en 12 casillas y darlo por terminado. Es mucho más que eso. A través de la astrología, puede aprender cómo cada individuo tiene necesidades únicas, mientras que al mismo tiempo es casi como todos los demás. En otras palabras, la astrología puede ayudarle a descubrir cómo todos somos diferentes e *iguales*.

Desde el principio de los tiempos, los seres humanos han mirado a los astros en busca de sabiduría y orientación para resolver sus problemas. Así que se puede decir que la práctica de la astrología es tan antigua como los humanos. Pero no hay que dejarse engañar por su antigüedad y pensar que es un campo de estudio estático o que está muriendo por culpa de ideologías inmutables. La astrología védica, la china e incluso la occidental siguen evolucionando y aportando nuevos y profundos conocimientos con el paso de los años.

Este libro trata sobre el signo zodiacal Escorpio de la astrología occidental. Hay muchos niveles en este signo, y cuando sea necesario, nos desviaremos para hablar de otros signos del zodiaco que se relacionan con Escorpio.

El hecho de que esté leyendo esto indica que está muy interesado en aprender sobre el misterioso y magnético Escorpio, porque usted mismo es uno o tiene un Escorpio en su vida que le encantaría entender mejor. Pues bien, está usted de suerte. En este libro encontrará todo lo que necesita saber sobre este maravilloso signo solar. ¡Que se divierta pelando las múltiples capas de Escorpio!

Una última cosa: la astrología no implica en modo alguno que su vida sea inamovible, que esté predestinada a ser de una manera y no de otra. Tampoco sugiere que esté predestinado o condenado a vivir su vida en un solo camino, sin desviarse nunca a la izquierda o a la derecha. Lo que la astrología pretende es ayudarle a descubrir sus puntos fuertes y débiles, para que pueda convertirse en una mejor versión de lo que es. Terminaré esta introducción con las sabias palabras de Sir Francis Bacon: "Las estrellas no obligan; impulsan".

Capítulo 1: Introducción al signo de Escorpio

La mayoría de las veces, cuando se escucha a alguien decir: "Ella es Escorpio", se está hablando del signo solar. El signo solar es, básicamente, el punto en el que se encuentra el Sol cuando da vuelta a la Tierra cada año, pasando por los 12 signos del zodiaco.

En el ámbito de la astrología, el Sol es un planeta con derecho propio. Es el más poderoso, y por una buena razón: En todos los horóscopos, el Sol es el astro más influyente en lo que se refiere a cómo vive su vida y cómo le ve la gente. Influye en sus elecciones, en sus motivaciones y en sus razones para esforzarse por alcanzar cualquier deseo que se haya propuesto.

El signo solar le da el plano de quién es usted como individuo. Es la base de su personalidad. Todo lo demás que se le añade puede hacer que un Escorpio sea algo diferente de otro, pero al final, ofrece una imagen fiable de quién es usted. Por lo tanto, si espera comprender a su amante, amigo o familiar Escorpio, entonces está haciendo un gran trabajo al examinar su signo solar.

Tal vez ha estudiado la astrología de Escorpio en el pasado y ha pensado: "¡Espera, eso no es cierto! Yo no soy así". Pues bien, eso suele deberse a que el signo solar solo le ofrece el esquema básico de quién es usted. Para obtener la imagen completa, es preciso mirar su signo lunar y otros factores. Si examina su carta natal, podría saber que mientras el Sol estaba en Escorpio cuando usted nació, la Luna estaba en otro lugar.

Cada planeta de su carta natal puede estar en un signo diferente a los demás. Esta es precisamente la razón por la que se siente incomprendido cuando lee los horóscopos. Es la razón por la que usted es tan único e intrínsecamente complejo. Si todos los Escorpio del mundo fueran iguales, ¡la vida no sería tan divertida!

Para tener una imagen mucho más precisa de usted mismo, debe considerar su carta natal en su totalidad. Incluso después de eso, debe tener en cuenta el hecho de que es humano. Si lo desea, es muy capaz de romper el molde que su signo zodiacal Escorpio le ha asignado.

Aunque los astros le guíen, al final del día, usted determina en qué se convierte. Usted está al mando, ¡siempre! Con eso fuera del camino, conozca cuáles son sus tendencias como Escorpio para que pueda tener una mejor relación consigo mismo. Si no es un Escorpio y solo busca entender a este signo, podrá relacionarse mejor con ellos.

Los signos solares y sus divisiones

Es fundamental que consideremos las formas de agrupación de los signos del zodiaco. Así que, entremos en materia.

Dualidades

En cuanto a las dualidades, cada signo del zodiaco es femenino o masculino. Hay seis signos en cada división. Cada división se llama dualidad. Quizá entendamos lo que significa ser femenino o masculino, pero independientemente de lo que sean, ninguno es mejor que el otro; simplemente son neutros con respecto a "mejor" o "peor".

Los signos femeninos son receptivos, seductores y magnéticos. Se podría pensar que los signos femeninos son pasivos, débiles o malos, pero no es así. Los signos masculinos son directos y energéticos. De nuevo, debo aclarar que lo masculino no es mejor que lo femenino o viceversa.

Piense que los signos femeninos poseen un vasto océano de fuerza silenciosa, son muy reservados y están llenos de una poderosa resolución interior. Sin embargo, los signos masculinos representan la fuerza dirigiendo toda la acción hacia el exterior.

Los signos femeninos son Piscis, Tauro, Capricornio, Cáncer, Virgo y, por último, pero no menos importante, Escorpio. Los signos masculinos son Géminis, Leo, Sagitario, Libra, Aries y Acuario.

Triplicidades

Además, se puede clasificar cada signo del zodiaco en grupos de cuatro. Como hay 12 signos, habrá tres en cada grupo. Por lo tanto, se les llama triplicidades. Cada triplicidad es una representación de uno de los cuatro elementos: Agua, Tierra, Fuego y Aire. Estos son los elementos que forman los rasgos básicos de los signos del zodiaco.

Los signos de Agua — Escorpio, Cáncer y Piscis — están en sintonía con sus emociones y su intuición. Los signos de Tierra — Virgo, Capricornio y Tauro — son algunas de las personas más prácticas y estables que se pueden encontrar. Los signos de Fuego — Leo, Sagitario y Aries — tienen un gran entusiasmo por la vida y son los más activos. Los signos de Aire — Acuario, Libra y Géminis — son muy intelectuales y hábiles comunicadores.

Cuadruplicidades

Los 12 signos del zodiaco también se dividen en tres grupos, con cuatro signos por grupo. Estos grupos se denominan cuadruplicidades. Cada cuadruplicidad representa una cualidad específica:

- Fija
- Mutable
- Cardinal

Los signos fijos — Escorpio, Acuario, Leo y Tauro — no son especialmente receptivos al cambio. En realidad, eso es algo bueno, ya que significa que puede que no comiencen las cosas, pero cuando lo hacen, fijan su mente directamente en el objetivo que deben lograr y no se detendrán hasta que lo terminen y lo perfeccionen.

Los signos mutables — Virgo, Sagitario, Piscis y Géminis — son los más versátiles de todos. Pueden ser flexibles y están dispuestos a doblarse y moverse sin importar las circunstancias que les depare la vida. No tienen problema en adaptarse cuando es necesario.

Los signos cardinales - Aries, Cáncer, Capricornio y Libra — suelen ser los más extrovertidos. Son muy emprendedores y les encanta emprender proyectos.

Tenga en cuenta que no hay dos signos del zodiaco que sean precisamente el mismo combo de dualidades, triplicidades, cuadruplicidades, elementos y cualidades. Cada signo del zodiaco es único y se expresa de forma diferente a los demás.

Polaridades

Existen seis polaridades con dos signos zodiacales por grupo. Las polaridades consisten en signos considerados opuestos entre sí en cuanto a sus rasgos y características. Veamos cuáles son:

- Acuario tiene grandes esperanzas e ideales, mientras que Leo se dedica a expresar su creatividad única y a crear su propia diversión.
- Cáncer es un apasionado de la vida hogareña, mientras que Capricornio se preocupa por su vida pública.
- Aries se ocupa plenamente de sí mismo, mientras que Libra se centra en la construcción de asociaciones.
- Géminis anhela la autoexpresión, mientras que Sagitario se ocupa de procesar ideas elevadas y la filosofía.
- Virgo se apasiona por el trabajo y la superación personal, mientras que Piscis es soñador y se autoengaña.

• Tauro valora sus posesiones personales, mientras que Escorpio se dedica a compartir sus posesiones y a construir grandes legados.

Cada signo del zodiaco tiene números y días especiales, plantas y colores únicos, metales, lugares, joyas, etc. Cada signo también tiene buenos rasgos y desafíos. En cuanto a los colores, no es necesario que viva su vida solo con los colores propios de su signo. Puede usar colores que no estén ligados a Escorpio, y puede hacer reuniones en otros días además de su día de suerte. El mundo no se acabará, como probablemente ya habrá notado. Dicho esto, es posible que se sienta gratamente complacido si intenta incorporar a su vida estas cosas que está a punto de aprender. Ahora que hemos sacado lo básico sobre las agrupaciones, podemos centrar nuestra atención plenamente en Escorpio, un signo magnífico, misterioso y magnético.

Escorpio (23 de octubre - 21 de noviembre)

Aquí tiene una guía rápida sobre todo lo que necesita saber acerca de lo que significa ser un Escorpio.

• Su dualidad es femenina.

• Su triplicidad es el agua.

• Su cuadruplicidad o cualidad es fija. Es muy apasionado, muy emotivo, e igual de imaginativo. Tiene persistencia a raudales. A pesar de lo apasionado y emocional que es, puede ser sutil. También es bastante inflexible y obstinado, a veces.

• Su planeta regente es Plutón. Este es el antiguo dios de los muertos y del mundo subterráneo. Según la astrología, Plutón se encarga de la regeneración y dirige el comienzo y el final de todas las fases de la vida.

• Su símbolo es el Escorpión. Esta criatura es mortal y puede envenenar a todos sus enemigos con una sola y fatal picadura.

• Su glifo o símbolo escrito representa el aguijón del Escorpión conectado al símbolo de los órganos reproductores humanos, la parte del cuerpo regida por Escorpio. Este símbolo representaba al fénix en la antigüedad. El fénix simboliza la regeneración y la inmortalidad. Las líneas curvas y la flecha en el glifo de Escorpio simbolizan emociones fuertes basadas en la practicidad y dirigidas a una conciencia superior.

• Su frase clave dominante es: *Yo deseo.*

• Su polaridad es Tauro. Escorpio se centra en los legados y la herencia. Siente la llamada del destino y un sentido de propósito. Es más feliz cuando comparte su fuerza vital con los demás. Los Tauro, en cambio, se centran en la propiedad y la posesión. Los nacidos bajo el signo de Tauro tienen el deseo de tener, tomar, poseer y coleccionar. Les cuesta soltar todo lo que consideran suyo.

• Las partes del cuerpo regidas por Escorpio son los genitales. Los Escorpio son propensos a las infecciones del sistema urinario y a las enfermedades venéreas. Debido a sus emociones bastante volátiles, también son propensos a la mala salud, o al simple agotamiento.

• Su día de la suerte es el martes.

• Sus números de la suerte son el 2 y el 4.

• Su piedra natal mágica es el topacio. Esta piedra aporta calma y serenidad a su mente y le mantiene a salvo de enfermedades y enemigos. También le ayuda a liberar sus poderes ocultos innatos.

• Sus colores especiales son el granate, el burdeos y el carmesí. Estos colores significan una profunda y ardiente pasión.

• Sus ciudades son Liverpool, Newcastle, Washington, D.C. y Nueva Orleans.

- Sus países son Marruecos, Noruega, Tahití y Argelia.
- Sus flores son el rododendro y el crisantemo.
- Sus árboles son los arbustos y el espino negro.
- Su metal es el plutonio.
- Sus animales son crustáceos e insectos.
- Su desafío: Como Escorpio, en ocasiones tiende a hacer enfadar a los demás a causa de lo celoso y reservado que puede llegar a ser en ocasiones. Con su temperamento explosivo, puede hacer que los demás se enfaden tanto que se vuelvan violentos.

Escorpios famosos

1. Sylvia Plath
2. Charles Manson
3. Whoopie Goldberg
4. Julia Roberts
5. Hilary Rodham Clinton
6. Calvin Cline
7. Pablo Picasso
8. Marie Curie

Escorpio en el trabajo

Cuando se trata de trabajar, es difícil encontrar a alguien tan apasionado como Escorpio — excepto tal vez Virgo. Los Escorpio suelen ser muy celosos, independientemente en lo que estén trabajando en ese momento. Como Escorpio, está motivado para dar el 110 por ciento porque tiene un profundo miedo al fracaso, es muy leal y aporta una perspectiva única a cualquier reto que haya que resolver en el trabajo.

Usted es muy encantador y tiene una fuerte voluntad. Es magnético — pero, por supuesto, eso ya lo sabe. Con una personalidad como la suya, atrae a sus compañeros de trabajo. Irónicamente, le gusta trabajar solo. Le gusta tomar la iniciativa en los proyectos, pero también se siente cómodo siguiendo las indicaciones de otra persona — siempre y cuando "esa persona" sepa lo que está haciendo y tenga claro lo que quiere que usted haga. Le encanta ir a por sus objetivos con todo lo que tiene, pero prefiere que le dejen en paz mientras lo hace.

Aunque puede tener un fuerte miedo al fracaso, se diferencia de los demás en que donde ese miedo podría paralizarlos, usted lo utiliza como combustible para impulsarse implacablemente hacia el éxito, y lo consigue.

Si un Escorpio es uno de los miembros de su equipo, le resultará un activo inestimable. Son fuertes jugadores en equipo, aunque prefieren encargarse de las partes del proyecto que no requieren a nadie más que a ellos para realizarse. Esto puede suponer un reto, pero es algo que los Escorpio pueden manejar fácilmente con un poco de compromiso. Solo debe repartir su tiempo para trabajar en las tareas del grupo y en sus tareas personales.

Escorpio en una fiesta

A primera vista, podría suponer que Escorpio está muy por encima de mezclarse con el resto de la aburrida humanidad en su fiesta, pero ese no es el caso. Los Escorpio no son precisamente mariposas sociales. Algunos Escorpio pueden revolotear y ser el alma de la fiesta, pero no son los típicos, y esos chicos y chicas probablemente tengan alguna influencia del elemento Aire, de todos modos. En general, a un Escorpio no le importan las normas sociales ni la forma correcta de actuar en una fiesta. ¿Qué significa eso de "forma correcta"?

No le gusta la cháchara ni las conversaciones triviales sobre nada. Va al grano y no tiene problemas en decir cualquier cosa "políticamente incorrecta" que quiera. Casi parece que usted es asocial, ¡pero eso no es cierto! Lo que usted es en realidad, es *socialmente selectivo*.

El problema de los Escorpio es que no hay nada que les guste más que vibrar con su propia tribu. Con su tribu, pueden socializar sin preocuparse por el mundo, pasando de ser esa persona reservada en la fiesta a una mariposa social despreocupada. Hay algo muy interesante en esa tribu: Puede que no haya más de diez personas en ella, suponiendo que sean incluso más de tres para empezar.

Así que, si desea que los Escorpio se lo pasen bien en su fiesta, será mejor que forme parte de la tribu o que les deje traer su propia tribu. Entonces seguro que se lo pasa bien. Aparte de eso, simplemente deberá dejar que Escorpio tenga tiempo para averiguar de qué va todo esto antes de soltarse.

Escorpio en casa

Los Escorpio son un signo de agua, y esto significa que son muy tranquilos. También son igual de versátiles y se apasionan por todo. Aunque algunas personas podrían pensar que la propensión de los Escorpio al misterio y al drama no es tan buena, ¡en realidad es algo bueno! Además, todos haríamos bien en recordar que no hay nadie tan profundamente devoto y leal como el Escorpio.

Ahora bien, cuando se trata del hogar de Escorpio, puede estar seguro de que han canalizado este nivel de devoción para convertirlo en un lugar al que siempre quieren volver al final del día. Como Escorpio, su hogar tiene un toque muy personal, con sus propias instalaciones, muy dinámicas y funcionales, y sus matices añadidos.

Por mucho que le guste socializar con su tribu, anhela el equilibrio. Por eso, es necesario un espacio al que se pueda retirar para recargarse y estar a solas, en algún lugar alejado del constante ajetreo de la vida. De hecho, es preferible que el lugar donde viva esté alejado del ruido de la ciudad.

Debido a su aire misterioso, le gustan los tonos fuertes y oscuros que rezuman opulencia. No es precisamente un fanático del blanco o de los tonos pastel. En cambio, le gustan los azules intensos, los negros puros, los grises elegantes (cuanto más oscuros, mejor) y los tonos rojo vino potentes, que pueden contrastar entre sí.

Su casa es su santuario, amueblado solo con los mejores materiales. No se conforma con nada menos que lo mejor, y le encanta ese aire de elegancia y lujo discretos. Por eso, prefiere el metal, el mármol, el cuero y las maderas más raras. También le gusta que todo ese lujo vaya acompañado de un toque de comodidad, funcionalidad y confort.

Capítulo 2: Fortalezas y debilidades de Escorpio

En este capítulo, nos centraremos en los puntos fuertes y débiles de Escorpio, ya sea su colega, su amigo, su familia o su amante. ¡Entremos de lleno en el tema!

Los puntos fuertes de Escorpio

Uno de los rasgos más adorables de los Escorpio es el del idealismo. A este signo del zodiaco le gustan los extremos. Probablemente ha oído hablar de las personas nacidas bajo este signo como débiles, pero poderosas; frías, pero apasionadas; aferradas, pero independientes. Como Escorpio, usted es un hermoso manojo de contradicciones. Tiene ambos lados del espectro de la naturaleza humana en su interior.

Nunca haces las cosas a medias. A los demás les resulta fácil depender de usted para hacer el trabajo. Si hace una promesa, definitivamente la mantendrá, a diferencia de un signo como el escamoso Piscis, por ejemplo.

Es emocional, muy magnético y seductor, y es muy contundente en situaciones que requieren una demostración de fuerza. Hablando de fuerza, como signo de agua, usted saca la suya de las reservas más profundas de su ser, y se sobrepone a la mayoría de las cosas que harían que otros se rindieran fácilmente. En usted, el elemento agua es fijo; es como un pozo profundo y sin fondo, o un iceberg, si lo prefiere. A quienes no le conocen lo suficiente les puede parecer que es bastante difícil acercarse a usted y que es bastante impasible, pero debajo de esa superficie, tiene mucha pasión agitándose turbulentamente, invisible para todos, excepto para quien se acerque lo suficiente para verla.

Puede parecer que está tranquilo en la superficie, que sonríe cuando es necesario, pero es muy persistente en lo que se propone, y también tiene una gran fuerza de voluntad. El hecho de que tenga una voluntad fuerte no significa que no esté dispuesto a ceder y a buscar soluciones. Cuando las cosas no salen como quiere, no es de los que agacha la cabeza en señal de derrota. Se levanta de inmediato y vuelve a intentar algo nuevo. Nadie es tan hábil o ágil como usted para detectar problemas u obstáculos y sortearlos con elegancia. No solo encontrará una forma, sino una veintena de formas de conseguir su objetivo. Esta naturaleza flexible suya es la que le permite mantener el control.

Su mente es muy filosófica y puede tener un gran interés en la religión, así como en lo oculto. Tiene una extraña manera de saber lo que va a suceder antes de que suceda. De alguna manera, también entiende lo que significa ser humano más que otros, y sin que se le enseñe conscientemente, sabe de los secretos más profundos de la vida.

Los signos de agua son psíquicos, pero usted, Escorpio, puede sumergirse aún más en el mundo psíquico, más profundamente que la mayoría de los otros. Donde otros se acobardarían y huirían, usted corre ansiosamente hacia la madriguera del conejo, deseoso de explorar más de lo que es su campo de juego natural. No es casualidad que seas así. Escorpio es un signo que reina sobre el nacimiento, la muerte, el sexo y la regeneración. Todos estos son aspectos de la vida humana a los que todos debemos enfrentarnos y de los que todos no sabemos casi nada. La mayoría de los Escorpio son increíbles cirujanos, científicos, médicos y líderes espirituales.

No es de los que están dispuestos a quedarse solo con lo que aparece en la superficie. Es un buceador profundo, dispuesto a ir a lo más profundo posible bajo la superficie. No importa lo que haga. Puede ser que esté aprendiendo a hacer cosméticos, o aprendiendo a levitar, o leyendo algo solo por diversión. Incluso en ese caso, usted penetrara más allá de la superficie de las cosas, para ver lo que otros pasarían por alto. Es solo su forma de ser.

Es tan flexible y adaptable que no le cuesta nada tomar su formidable empuje y celo para canalizarlo todo en nuevos emprendimientos. No tiene miedo de sumergirse en carreras o proyectos completamente nuevos a los que nunca ha tenido que enfrentarse. Cuando ocurra un desastre, reunirá todos los recursos a su alcance para asegurarse de que todo termine con éxito. Nadie es tan astuto y práctico como usted. Es un campeón a la hora de establecer objetivos inmediatos, reales y tangibles, y de hacerlos realidad. A menudo, su determinación y su asombrosa concentración le permitirán alcanzar el éxito.

Respecto al dinero, es usted muy inteligente. Es un gastador conservador. Amasar riqueza es fácil para usted. En los negocios, es de los que primero hacen las cosas y luego anuncian que las han hecho. Sus oponentes nunca podrán seguirle el ritmo porque usted siempre está a años luz de ellos.

Es triste que muchos astrólogos no mencionen nunca lo amable, cariñoso, leal, generoso y gentil que es un Escorpio. Hay muchos idealistas en la vida que siguen los principios más elevados y nobles, y son Escorpio. Estas personas han sido una fuerza maravillosa para el cambio positivo en el mundo y siguen siéndolo.

Como Escorpio, ningún otro signo siente las cosas tan intensamente como usted. La emoción es lo que manda en su caso. Ya sea el amor, el trabajo, los pasatiempos, las relaciones o las causas, todo le apasiona.

Los puntos débiles de los Escorpio y cómo navegar por ellos

Es una parodia que sea usted tan incomprendido en comparación con los demás signos. Generalmente usted tiene sus propios planes, y nadie, aparte de a quien se los revele, sabrá nada. Tiene mucho brillo, y hay mucha profundidad en usted.

Puede parecer que está muy tranquilo, pero por muy relajado que parezca, hay muchas cosas que pasan por su cabeza. Siempre está tratando de averiguar qué hacer a continuación y elaborando una estrategia para su vida. La razón por la que es así es porque necesita tener el control. Si alguna vez no tiene el control, usted interpreta que se está poniendo en peligro, psíquicamente. No hay nada que odie más que la idea de estar fuera de control o de ceder el control a fuerzas ajenas a usted. Para usted, el control es igual a la seguridad.

Puede utilizar este control para su propio beneficio, devolviendo la cordura en tiempos de caos, o ayudando a otros a hacer realidad un sueño, enseñándoles a controlarse, o acondicionando su espacio de trabajo y su hogar para que pueda rendir al máximo.

Cuando Escorpio no está evolucionado, suele intentar manipular y controlar a otras personas y situaciones para su propio beneficio o codicia. Con este Escorpio, el tira y afloja entre la luz y la oscuridad en su psique es muy real y muy turbulento.

Como Escorpio, puede y debe utilizar ese mismo fervor siempre que tenga un objetivo y lo ponga en relaciones que alimenten a todas las partes implicadas. invierta esta energía en proyectos personales que signifiquen mucho para usted. Si no está atento, podría gastar energía, tiempo y recursos en cosas y personas que no le merecen. Cuando hace esto, es inevitable que sus esfuerzos se desperdicien, y al darse cuenta de que todo ha sido en vano, se centra en su interior mientras se revuelca en un mar de arrepentimiento y aversión; esto puede hacer que se vuelva fácilmente destructivo para sí mismo y para los demás.

Al ser muy emocional, evitará dar de sí mismo a causas y a otras personas que no sean dignas. Esto es genial cuando se trata de buenas emociones, pero cuando son negativas, el resentimiento, los celos y la venganza que puedes desatar sobre el mundo son más que legendarios. Lo único igual de legendario es su capacidad de aguante, su empuje y su energía. Así que busque el sentido de su vida. Lo mejor es que encuentre su vocación fundamental y la siga con un abandono temerario.

En las relaciones, sus mejores y peores rasgos aparecen con toda su fuerza, y esto puede hacer que sus relaciones sean un poco complicadas, quizás más que "un poco". Puede parecer extraño, pero es de los que pueden ser cariñosos, amables y, sin embargo, imprevisibles y violentos. Incluso cuando es usted el más feliz, existe la posibilidad de que su estado de ánimo cambie de dirección con la fuerza de mil olas.

Aunque es muy fiel a los que considera su tribu, también puede ser posesivo y celoso. Para usted, no está bien que alguien a quien aprecia o ama pueda sentir algo por otra persona que no sea usted. Es por su naturaleza de todo o nada que es así. Aquí hay una lista de palabras que a menudo se pregunta qué utilidad podrían tener en el lenguaje: Desenfado, contención y moderación. Usted ama plenamente y vive plenamente. No hay un punto intermedio.

Es el tipo de persona que no olvida en absoluto cuando alguien se ha portado bien con usted, y hará todo lo posible por devolverle el doble. Por otro lado, nunca perdonará un agravio, y estará más que dispuesto a esperar años para atacar con venganza. Si no es Escorpio y simplemente trata de entender a las personas nacidas bajo este signo, sepa esto: Será mejor que nunca se enfrente a ellos. Si lo hace, se habrá fabricado el peor enemigo del mundo, uno tan sutil y tan mortal, dispuesto a escarbar en las arenas del tiempo para esperar la oportunidad perfecta para golpearle con deleite... como el verdadero escorpión en el desierto.

Los Escorpio son ferozmente competitivos, aunque nunca lo adivinarían solo con verlos. Como Escorpio, guardará toda la información valiosa que encuentre y, cuando se presente la oportunidad adecuada, la utilizará según sea necesario. Si un rival muestra un indicio de debilidad, usted estará allí preparado y listo para entrar a matar.

Puede llegar a ser muy obsesivo con sus objetivos o con lo que le impulsa, y esto puede hacer que sea difícil razonar con usted. Por ello, tiende a controlar y dominar a cualquiera que le ofrezca un mínimo de espacio para hacerlo. Se vuelve muy desconfiado, y es lento para dejar entrar a la gente o confiarles su corazón. Lo bueno es que cuando usted los deja entrar, los ama, verdadera y profundamente. Aprenda a estar más abierto al mundo. No se preocupe por lo que dicen las noticias; no todo ni todos van a por usted. Si se abre, se sorprenderá de lo maravillosa y el regalo que es la humanidad.

¿Quién es usted realmente?

Querido Escorpio, usted es una persona con una increíble fuerza de voluntad, fortaleza y determinación. Puede que por fuera se esfuerce por parecer tranquilo e imperturbable, pero en el fondo es un mar de emociones que mantiene a raya concentrándolas en actividades que considera útiles.

Es una persona con un alto nivel de rendimiento. Solo "lo consigue" sin esfuerzo, gracias a sus habilidades psíquicas, que ha aprendido a conocer y en las que ha confiado a lo largo de su vida. Usted escucha a su instinto cuando le dice que debe esforzarse por lograr más y llegar más alto, y no se permitirá aflojar en ese frente.

Cuando ve una oportunidad de grandeza, es usted la persona que la revisa con un microscopio y un peine de dientes finos antes de lanzarse. Es un guerrero con mucha energía para luchar por todo lo que cree. Su única y continua lección es seguir canalizando su energía hacia objetivos e ideales positivos. A medida que lo haga, se convertirá en una persona con mucho éxito en la vida, ganando siempre en todo momento. Claro, a veces se siente como si fuese un guerrero solitario. Se siente demasiado complejo para ser comprendido, y no tiene las palabras para expresar lo que siente. En esos momentos, queda perpetuamente claro que lo que usted sabe que quiere, siempre lo desea mucho, y no se detendrá hasta que lo haya hecho realidad.

Cómo lo ven los demás

Debido a lo increíblemente reservado que puede ser, la gente está desesperada por descubrir lo que le hace funcionar. En un grupo, es probable que sea usted el sabio al que la gente acude en busca de respuestas, porque tiene una extraña forma de saber cómo será el futuro. Tiene una profunda visión cuando se trata de saber por qué los demás hacen las cosas que hacen.

Una cosa que la gente sabe de usted es lo sensual que es. No es raro que fantaseen con que les haga el amor, tal vez para siempre. Algunos le ven como una persona demasiado ambiciosa, demasiado controladora y con mucha hambre de poder, pero incluso con todo eso, le ven como alguien en quien pueden confiar porque nunca hace una promesa que no piensa cumplir.

Escorpio en la familia

En la familia, nadie ama tanto o tan profundamente como Escorpio. Dentro de su familia, si necesita ayuda con un proyecto o un problema, o solo necesita un consejo sólido, Escorpio es la mejor opción para estar a su lado. No hay nada que no haga por usted para verlo sonreír.

Sin embargo, si alguna vez se enfrenta a un Escorpio, a esté no le importará terminar con usted, con sangre o sin ella. Se tomará un momento para sentirse mal por el hecho de que se hayan estropeado tanto las cosas entre ustedes, pero solo un momento. Al minuto siguiente, no vacilará en cortar con usted. Es como si estuviera muerto para ellos, en sentido figurado y literal.

Puede parecer un poco exagerado, pero recuerde que se trata de un signo con el que no existe el término medio. No hacen medias tintas, nunca. Así que, si valora su relación con Escorpio, será mejor que nunca le traicione. Si lo hace, puede esperar que no se rindan hasta que se hayan vengado o hasta que usted haya demostrado que está verdadera y profundamente arrepentido y que se ha comprometido en cambiar su forma de actuar.

Los Escorpio suelen apoyarse en sus emociones e instintos y, por ello, son los que más sienten el dolor ajeno en la familia. Su hermano, padre o hijo Escorpio a menudo solo le entenderá, sin que tenga que explicar demasiado cómo se siente o qué está pensando. Son completamente comprensivos y harán todo lo posible por hacerle feliz. De hecho, los Escorpio suelen ignorar sus propias necesidades para centrarse en las de los demás miembros de la familia, especialmente si son padres.

Al ser un signo de agua, Escorpio sabe muy bien cómo es la naturaleza humana, así que, si alguna vez trata de ocultarle algo, solo tiene que saber que es inútil. Si piensa que ha tenido éxito en ocultarlo, entonces sepa que solo está eligiendo ignorarlo y dejarle libre de culpa hasta que esté listo para acercarse a limpiarlo usted mismo.

La madre Escorpio es increíble porque conoce a sus hijos al dedillo. Ella sabe cuándo hay algo mal. Lo mismo ocurre con los Escorpio más jóvenes de la casa; son muy hábiles para poder discernir cuando algo está mal cuando hay tensión o problemas. Sin que se les haya enseñado, solo saben mostrar mucho más afecto y ser más suaves cuando notan que un hermano o un padre no se siente muy bien.

Si necesita el mejor consejo, un oído para quejarse o apoyo, puede contar con los Escorpio. Sin embargo, no hay nada más irritante para Escorpio que cuando la gente ni siquiera es consciente de que lo necesita o de que no es feliz. Dado que Escorpio es muy sutil en la forma de expresar sus emociones tan intensas, puede costar un poco aprender a leer a su Escorpio y darse cuenta de que no está bien con algo. Dicho esto, tomarse el tiempo para leer sus sutiles señales merece la pena. Descubrirá que, aunque pueden estar de mal humor en los momentos más imprevisibles, también son las personas más divertidas, cariñosas, afectuosas y juguetonas que jamás haya conocido.

El agua se une a la tierra

El agua y la tierra son elementos que van juntos de forma natural, ofreciéndose beneficios mutuos. Si es un signo de Tierra, usted y Escorpio se llevarán fabulosamente bien. Los demás envidiarán a menudo este vínculo entre ustedes.

Escorpio puede ofrecer el apoyo emocional que los signos de Tierra necesitan para poder compartir cómodamente sus sentimientos. En cuanto al signo de Tierra, tiene paciencia más que suficiente para lidiar con el mal humor y la naturaleza compleja de Escorpio. Son de Tierra; y como la Tierra, siempre estarán ahí.

El agua se une al fuego

Si juntamos el Agua y el Fuego, ¿qué obtenemos? ¡Un montón de vapor! Escorpio es un signo apasionado por sí mismo, y las personas nacidas bajo este signo son volátiles y actúan de forma errática. Lo mismo ocurre con los signos de Fuego, pero ahí acaban sus similitudes.

El Fuego a menudo se rasca la cabeza por descifrar el misterio y el enigma que es Escorpio. Escorpio puede sentirse agotado por los signos de Fuego debido a su aura ultra imponente, más grande que la vida.

Los signos de Fuego son excelentes para levantar el ánimo de los Escorpio por su carácter lúdico y les ayudan a tener más confianza a la hora de expresar sus sentimientos. Escorpio retribuye a los signos de fuego enseñándoles a ser más suaves, menos egoístas y más empáticos.

El agua se une al aire

Lo crean o no, el Agua y el Aire son opuestos, al menos, astrológicamente. Mientras que a los signos de Aire les parece bien ser expresivos y lógicos, Escorpio es más emotivo e intuitivo, por lo que la conexión entre estos dos requerirá mucho esfuerzo para que funcione.

Por ejemplo, un padre Escorpio puede sentirse muy frustrado por el constante parloteo de su hijo Géminis. Sin embargo, es posible que estos miembros de la familia se beneficien y se equilibren mutuamente. El escorpiano puede aprender a vivir la vida sin estar tan atado a las emociones del géminis. Mientras tanto, el Escorpio puede mostrar a los signos de Aire que no hay nada malo en expresar sus emociones, en lugar de tratar de racionalizar todo.

El agua se encuentra con el agua

Lo que ocurre con otros signos de agua y con Escorpio es que hay MUCHAS emociones. Tal vez incluso demasiadas. Claro, Escorpio puede entender a todos los demás signos de agua, y puede averiguar lo que la otra persona necesita sin que diga una palabra, pero estos signos juntos son propensos a tener enfrentamientos llenos de pucheros y enfurruñamientos cuando no se ponen de acuerdo. Por ejemplo, Escorpio puede impacientarse fácilmente con Piscis porque este puede ser demasiado insensible, y Cáncer tendrá problemas con la intensidad de Escorpio y su falta de voluntad para comunicarse.

Escorpio como signo fijo en la familia

Los signos fijos se empeñan en hacer las cosas como se lo proponen, y además son constantes. Esto puede ser algo bueno en el sentido de que se puede contar con Escorpio. Por otro lado, esto puede ser malo porque pueden llegar a ser muy tercos y negarse a escuchar consejos sin importar lo bien que les puedan servir.

Como Escorpio, no es un gran fanático de tomar riesgos sin saber en qué se está metiendo primero. Su miedo al fracaso le impide ser imprudente, por lo que a menudo es usted quien hace sonar una nota de precaución cuando alguien está a punto de caer en una estafa o algo así.

Es increíblemente paciente y persevera sin importar lo mal que se pongan las cosas, por lo que a menudo se encuentra siendo la persona en la que todos en casa se apoyan, a menos que haya otro Escorpio o signo fijo en la casa en el que la familia pueda apoyarse también.

Su familia reconoce la capacidad de recuperación, la fuerza de carácter y la resistencia que usted tiene, por lo que saben que pueden contar con usted para sacar adelante los momentos difíciles, hasta el final. Su familia sabe que usted es fiable, leal, diligente y dedicado. Confían en usted, y usted les da muchas razones. Gracias a usted, su familia tiene una sensación de estabilidad.

Capítulo 3: El Niño Escorpio

Los niños Escorpio son tan fascinantes como los adultos. Vamos a sumergirnos en lo que necesita saber para poder educar bien a su hijo escorpión. ¡Vayamos al grano!

El niño Escorpio es reservado. Como sin duda ya sabe, a los escorpianos les encantan los secretos. El pequeño Escorpio no es una excepción, ya que guarda muchas cosas en su interior. No hay nada que quiera más que un montón de tiempo tranquilo y a solas, así como privacidad para poder ser él mismo.

No debe pensar ni por un segundo que podría ocultar algo a este niño brillante e intuitivo. Su hijo Escorpio es un increíble maestro de la percepción y se da cuenta al instante de que algo no va bien. Lo más probable es que sea él quien descubra todos los secretos de la familia. Puede intentar disuadirle de que le haga desnudar su alma, pero tiene muy poco poder cuando pone su intensa mirada sobre usted.

El niño Escorpio es realmente, sensible. Claro, su hijo puede parecer muy tranquilo y a gusto para el ojo ordinario, pero su pequeño tiene una montaña rusa emocional de lo más salvaje en su interior. Va súper rápido, tiene giros y vueltas locas — y puede apostar que la velocidad y los giros son aún más intensos cuanto más silencioso es su hijo, ya sea porque está aplicando la ley del hielo o porque solo está súper callado.

Como padre, solo tiene un trabajo: conseguir que saque a relucir lo que le molesta cuando siente que hay algo con lo que no está bien. Es importante que comience a animarle desde pequeño a compartir sus sentimientos. Y es que los niños Escorpio son tan extremistas con sus emociones como los adultos. Son capaces de pasar del puchero más largo que jamás se haya visto a la sonrisa más bonita y cálida en cuestión de segundos.

En el caso de los niños Escorpio, siempre hay que tranquilizarlos. Es difícil encontrar un niño más fuerte. Cuando se sienten intimidados, no lo admitirán ni ante usted ni ante nadie. Un niño Escorpio es audaz y valiente, y está dispuesto a enfrentarse a cualquier reto o situación desconocida. Sin embargo, a menudo están llenos de inseguridades y miedos.

Por esta razón, simplemente tiene que tranquilizar a su hijo Escorpio. Él necesita que le hagan saber que todo está realmente, verdaderamente, bien. La deshonestidad no funciona; solo hay que hacerle saber que, a pesar de lo que ocurra, las cosas irán bien. Dele a este niño mucho afecto de la forma en que lo desea. Puede darle un abrazo, cogerlo en brazos o, si es un niño pequeño, acurrucarse con él. Hágalo solo hasta que se sienta cómoda de nuevo y luego suéltelo.

Al niño de Escorpio le gusta el misterio y la intriga. Al igual que el escorpión, a su hijo le gustan dos cosas: La oscuridad y esconderse. A su hijo en particular le encantan los juegos como el escondite y cualquier otro juego que le permita desaparecer.

No hay nada que le guste más al niño Escorpio que la fantasía, la magia y el misterio. Es probable que sea el niño cuyo amor por Harry Potter es súper profundo. Si busca algo y no lo encuentra, mejor que confíe en que Escorpio lo olfateará por usted. Les encanta que las cosas estén escondidas y haya que encontrarlas. Tiene un pequeño Sherlock en sus manos.

Ningún otro niño tiene tanta fuerza de voluntad como su hijo Escorpio. Desde el día en que nace, su bebé Escorpio se adueña de usted y de todos los que le rodean con sus ojos. Pueden ser desconcertantes, ya que parecen atravesar su alma y despojarlo de lo que *realmente* es. También tiene energía para días y días.

Su hijo Escorpio aprovechará cada oportunidad que tenga para poner a prueba los límites y desafiar las reglas que usted le haya impuesto. Al ser ferozmente competitivo, puede estar seguro de que no parará hasta ganar. No importa lo que su pequeño Escorpio esté haciendo en ese momento; puede apostar a que es el mejor en ello y que vencerá a todos los demás.

Independientemente de lo que haga, debe ser suave, pero firme, a la hora de disciplinar a su pequeño Escorpio. Nunca asuma: " Oh, es un niño, no se acordará de nada". ¡Lo hará! Tienen una memoria increíble. Si a eso le sumamos su gran propensión a la venganza y la reivindicación, no deseará contrariarles, ¡por muy pequeños que sean! Nadie puede cocinar planes de venganza como el pequeño Escorpio. Tampoco nadie puede aguantar el rencor tanto tiempo como él.

Escorpio es bastante intenso. Pero eso ya lo sabía, ¿no? El niño Escorpio es intrigante, magnético, por así decirlo. Quieran o no, siempre atraen seguidores, lo cual es curioso porque su pequeño Escorpio es probablemente introvertido, al haber nacido bajo este signo.

Con las personas que realmente le importan a los Escorpio — la familia y los amigos íntimos — son los más leales. Lucharán por usted si le quieren. Sin embargo, con los extraños, el niño Escorpio no es necesariamente el más cariñoso. En el mejor de los casos, puede mostrarse indiferente con las personas que no conoce. En el peor de los casos, es posible que se muestre descortés y, a veces, incluso cruel, sobre todo si su hijo Escorpio recibe un mínimo indicio de debilidad por parte de quienquiera que sea. Es usted quien debe mostrarle cómo ser amable con los sentimientos de los demás.

Su pequeño Escorpio es posesivo. Puede que no le parezca bien tener que compartir la merienda o los juguetes con los demás niños. En realidad, es solo un rasgo de Escorpio, pero no hay nada de lo que deba preocuparse. Podrá superarlo con una guía cariñosa de su parte. Solo debe elogiarlo cada vez que note que comparte con sus hermanos o con sus amigos.

Otra cosa que debe hacer es asegurarse de dedicar mucho tiempo a su pequeño Escorpio. Debe asegurarse de pasar tiempo a solas con su hijo Escorpio y de hacerlo en un horario determinado. Si no lo hace, podría empezar a sentir celos, y esos intensos sentimientos llegarán tarde o temprano a estallar y a asustar a todo el mundo. Ya sabes lo que dicen: ¿No hay peor furia que la de un bebé escorpiano ignorado? Pues algo así.

El niño Escorpio

No hay nada que le guste más a su hijo Escorpio que dominar en casa. Su hijo es muy fuerte. Tiene buena salud a raudales y puede ser un poco agresivo, así que deberá domar ese rasgo en él. Su trabajo es estar ahí como un excelente ejemplo para el niño Escorpio, enseñándole a respetar la autoridad y a tener una actitud saludable al perder ante otra persona. Si va a enseñar a su hijo Escorpio esto, entonces simplemente tiene que asegurarse de que usted y su cónyuge continúen mostrándole estos valores de diferentes maneras para que su hijo Escorpio pueda crecer como un buen chico.

Como su hijo Escorpio es de Agua, usted debe aprender a equilibrarse, demostrándole afecto y dándole estructura. Cuando no lo hace, su hijo Escorpio simplemente se refugiará más y más en su caparazón. Por otro lado, cuando le brinda mucho amor y mucha estructura, su hijo Escorpio saldrá de su caparazón y estará muy ansioso por compartir sus sentimientos y pensamientos con usted, franca y honestamente.

Cuando su hijo Escorpio llegue a la adolescencia, se volverá territorial. Si necesita un momento para ordenar sus pensamientos, se retirará a su dormitorio y se dedicará a ello en algún momento; ese es su espacio sagrado. No quiera entrar allí sin ser invitado. No profane ese espacio irrumpiendo en él; respete la necesidad de espacio de su hijo. Piense que es la cueva en la que su joven escorpión se retira y se descomprime de la sobrecarga sensorial que ha tenido que experimentar.

Al igual que sucede con una hija Escorpio, su hijo Escorpio no quiere más que la verdad de usted en todo momento. Esto también significa que espera que, si hace una promesa, la cumpla. Si alguna vez tiene que romper su palabra ante su hijo Escorpio, entonces será mejor que tenga una muy, muy buena razón. De lo contrario, es mejor cumplirla o ser como su hijo Escorpio: Simplemente no haga nunca promesas que no tenga la intención de mover cielo y tierra para cumplir.

Cuando su hijo Escorpio se haga mayor, notará que es atractivo para muchas personas. Es importante que se prepare para esta etapa enseñándole la importancia de responsabilizarse de sus proezas sexuales. También debe enseñarle que sus parejas no son trofeos para presumir de tenerlos, sino verdaderos seres humanos con sentimientos que haría bien en respetar.

La niña Escorpio

Su niña Escorpio está llena de impulso, con la vista puesta en el futuro. Notará que su hija tendrá fuertes deseos de emprender una determinada carrera cuando sea mucho mayor. Por lo tanto, es su trabajo como padre de esta increíble niña darle todas las herramientas que pueda desear o necesitar para hacer realidad sus sueños.

Sí, con el tiempo, habrá cambios en ese sueño. Puede que decida que ya no quiere ser maga y que prefiere ser violinista. En cualquier caso, su pasión y su determinación por sus objetivos siguen siendo igual de ardientes, y siempre deberá alimentar sus sueños. Nunca insista en que se concentre en una sola cosa. Dele espacio para que se descubra a sí misma.

Notará que su hija Escorpio tiende a ser muy reservada, y esto puede dificultar la comunicación con ella. A veces, es necesario poner todas las cartas sobre la mesa porque es la única manera de animarla a que le permita echar un vistazo a su tormentosa cabeza. Tiene un don para esconder cosas; ¡no es casualidad que le encante jugar al escondite! Otra cosa estupenda de su hija Escorpio, es que es muy reservada, y que es la mejor en guardar sus secretos. Le encanta que usted los comparta con ella porque eso le dice que confía en ella. Ella guardará su secreto hasta el fin de los tiempos.

Es probable que se haya dado cuenta de que a su hija Escorpio le encanta la noche. Al ser un búho nocturno, debe estructurar su rutina a la hora de acostarse. A su hija Escorpio le encanta la oscuridad. Con todo su corazón, cree que hay mucha magia en la oscuridad. Así que no se extrañe si va a ver cómo está durante la noche y descubre que sus ojitos están bien abiertos.

A medida que su hija Escorpio crece, su amor por la oscuridad se convierte en una necesidad de explorar la vida y hacer muchas preguntas. No piense, ni mucho menos, que se trata de las típicas preguntas tontas. Serán profundas y perspicaces, e incluso podrían llevarle a hacer un examen de conciencia. Un consejo útil: si le pregunta algo para lo que no tiene respuesta, no se invente una. Dígale que no tiene la respuesta, pero que lo descubrirá y se lo hará saber. Si no lo hace, hará que su mente dé vueltas constantemente y se retraerá hasta que tenga una respuesta que funcione.

Su hija Escorpio es sensible, incluso más de lo que usted cree. No es raro que se aferre a cosas que le han hecho mucho daño, mientras hace todo lo posible para que no se note. Debe hacer lo que pueda para ayudarla a soltar esas emociones problemáticas y dolorosas, especialmente cuando se convierta en una adolescente.

Puede esperar que a medida que su hija Escorpio se convierta en una adolescente y luego en una mujer, tenga muchas personas interesadas en salir con ella porque es muy misteriosa y seductora. En serio, su magnetismo es tan fuerte que incluso si usted es el más duro de los padres, tendrá dificultades para mantener a los chicos alejados de ella. Lo que debería hacer en cambio es instruir a su hija en que se merece lo mejor en una pareja y mostrarle que es importante respetar los sentimientos de la otra persona.

Salud de los niños Escorpio

Su hijo Escorpio nunca podrá ser acusado de no tener energía. Sin embargo, su hijo Escorpio puede ser susceptible de enfermarse, lo que suele ocurrir en los momentos más inesperados. Debe estar muy atento a la dieta de su hijo Escorpio, asegurándose de que tiene todos los nutrientes que necesita para mantenerse fuerte y saludable.

A medida que su hijo Escorpio se hace mayor, se vuelve susceptible a problemas que afectan a sus órganos reproductivos. Pueden sufrir cistitis, erupciones, infecciones venéreas y enfermedades del tracto urinario. Así que, en cuanto sea razonable, querrá enseñarles la importancia de estar limpios y mantenerse a salvo.

Otra cosa que debe saber: Su hijo Escorpio podría enfermarse a causa de las emociones fuertes. A medida que crecen, esto podría significar enfermar por estar demasiado tenso o sobreestimulado. Es importante que le enseñe prácticas tan útiles como la meditación de atención plena, para que pueda ayudarle a controlar sus sentimientos y a descomprimirse cuando lo necesite.

Un Escorpio tiene sales celulares como el sulfato de calcio. Esta es la sal que ayuda a reparar los tejidos dañados y a mantener a raya las enfermedades infecciosas. Es increíblemente útil para mantener la boca, la nariz, la garganta, el esófago, las vías intestinales y los órganos reproductores funcionando en condiciones óptimas. Cuando su Escorpio tiene una deficiencia en esta sustancia, se vuelve más susceptible a las infecciones sinusales y a los resfriados que nunca desaparecen, a la infertilidad y a las erupciones cutáneas que se niegan a sanar.

Deberá asegurarse de que su Escorpio consuma alimentos ricos en sulfato de calcio, como rábanos, coliflor, higos, cebollas, cerezas negras, tomates y coco. También es vital que tomen alimentos cargados de calcio, como el yogur, el requesón y la leche. Una dieta rica en proteínas le vendrá muy bien. También hay que asegurarse de que consuman frutas y verduras, y si tienen que comer pan, que sea integral. El pescado (y el marisco en general), las almendras, las ensaladas verdes, las lentejas, la remolacha, los plátanos, los cítricos, las nueces y las piñas son excelentes para ellos.

Haga lo que haga, no dé a su Escorpio comidas muy abundantes. Lo que tomen por la noche debe ser ligero. Dele agua de manantial, no del grifo. Al ser un signo de agua, es importante que su Escorpio se mantenga hidratado. Además, el hecho de que su Escorpio sea de Agua significa que es fácil para ellos captar las emociones negativas de otras personas. Esto hace que se vuelvan malhumorados, que mediten mucho y que exageren los problemas en su mente. Inevitablemente, esto conduce a problemas de salud. De nuevo, la meditación de atención plena ayudará a su Escorpio en este aspecto.

Aficiones de los niños de Escorpio

Puede poner a su hijo Escorpio en una clase para lo que quiera y necesite su dedicación y paciencia ante lo que se le está enseñando. Mientras que el hijo Escorpio está muy interesado en alistarse en el ejército o convertirse en detective privado, la hija Escorpio es increíble en los deportes.

Los niños Escorpio suelen crecer para convertirse en periodistas o médicos. Tienen una gran intuición y a menudo saben dónde ir para obtener la primicia por excelencia, o cómo tratar un caso peculiar. A la hora de elegir su universidad, no los presione. Deje que la intuición de su Escorpio le guíe. Tampoco le presione para que elija una profesión, ni siquiera medicina o periodismo. Hay otras cosas en las que los Escorpio destacan. Este es un signo muy creativo, y pueden destacar como actores, escritores, artesanos, ¡lo que sea! Solo hay que permitirles seguir su pasión.

El niño Escorpio en la escuela

En la escuela, su hijo puede dominar a los demás de la clase. Por otro lado, su hijo Escorpio aprende muy rápido. Es muy astuto, inteligente y tiene una gran ética de trabajo incluso a una edad tan temprana. Es importante que su hijo Escorpio siempre tenga algo interesante y útil para mantenerlo ocupado, de modo que su energía se utilice siempre de forma productiva.

Si a su hijo Escorpio no le gusta algo, es mejor que crea que no estará interesado en aprenderlo, no importa lo que usted haga. Debe dejarle decidir qué temas le interesan más. A menudo, elegirá cosas que le resultarán útiles con el tiempo.

Cómo educar a su hijo Escorpio

Cuando su hijo Escorpio se encuentra entre sus compañeros, es fácil distinguirlo. Es el que está ocupado reflexionando, sus ojos conmovidos, su cabeza llena de muchos pensamientos. Lo que realmente ocurre es que observa con atención todo lo que le rodea. Ha dominado el arte de la observación sin que parezca que está observando. En las actividades de grupo, se une a sus amigos más cercanos, con los que comparte un vínculo de lealtad y confianza.

Notará que su hija o hijo Escorpio tiene emociones poderosas. Son estas emociones las que utilizan para explorar su mundo. A veces, se vuelven tan intensas que otros niños simplemente se ven superados por todas ellas. ¡Incluso usted puede verse abrumado por ellas! Lo que debe hacer como padre es dejar que su Escorpio experimente sus emociones plenamente. Hágale saber que está bien hablar de lo que siente y dejarlo salir de una manera sana.

Cuando su hijo Escorpio tiene un arrebato, es solo porque ha estado aguantando durante mucho tiempo, haciendo todo lo posible para no dejar que las cosas le afecten. La razón es que finalmente ha llegado al final de su paciencia. Así que, pase lo que pase, no trate estos arrebatos como si no fueran más que simples rabietas. Su hijo Escorpio realmente necesita su ayuda. Ayúdele a entender por qué siente tan profundamente como lo hace, mientras que otros niños son más alegres.

Puede ayudar a su Escorpio a liberar sus emociones animándole a explorar actividades creativas, como la escritura, la pintura, la música, la jardinería, la fotografía o cualquier otra forma de arte. El niño Escorpio es ridículamente talentoso. Descubrirá que ni siquiera necesita darles lecciones formales para aprender a tocar un instrumento o moldear algo. Tienen un talento natural, gracias a su elemento Agua, que les pone en contacto con su intuición y les da un aprecio natural por el arte y el trabajo con las manos.

Fomente las habilidades psíquicas de su hijo Escorpio. Enséñele a confiar en su intuición, ya que es intuitivo por naturaleza. Puede jugar a la telepatía con ellos. Usted o su hijo actúan como emisores, y la otra persona actúa como receptor. Quien haga de emisor tiene que pensar en un número, un color o una forma (lo que quiera, en realidad) y visualizarlo tan claramente como pueda. El receptor tiene que sentarse con los ojos cerrados y la mente vacía y luego decir lo primero que se le ocurra. ¡Le sorprenderán los resultados!

Capítulo 4: Escorpio y el amor

De todos los signos del zodiaco, Escorpio es el más misterioso y profundo. Cuando está enamorado, un Escorpio es muy intenso y muy entregado. Como dice la canción de Cher, este signo es todo o nada.

Debo señalar que usted, querido Escorpio, cuando tiene a alguien en la mira, puede volverse un poco melodramático debido a las emociones conflictivas y a las complejidades que lo aquejan.

Está bien que sea así. Es usted un signo de Agua. Esto significa que aparta el Aire, desgasta la tierra y apaga el fuego. ¿Significa esto que el amor es una tragedia para usted? Mil veces no. Cuando se deja llevar por completo y confía su corazón a otra persona, solo hay una forma de describir esa relación: mágica.

Escorpio: Un amor muy profundo

Debido a la influencia del Agua, a menudo sentirá el amor por su pareja profundamente. Puede volverse introspectivo y dejarse llevar por sus emociones. Como la emoción principal en su relación es el amor, escalará montañas por esa persona afortunada.

Como su cuadruplicidad es fija, esto significa que su amor es profundo. Cuando decide que ha encontrado a la persona con la que quiere pasar el resto de su vida, lo decide. No hay peros que valgan. Va a aguantar. Usted va a luchar por su relación. Renunciar no está en su vocabulario.

Cuando usted se enamora, es innegable. Puede sentirlo en su alma. Por razones que escapan a su comprensión, quiere estar con esa persona. A veces tiene el deseo de controlarla, pero procura mantenerlo bajo control.

Como Escorpio, quiere sentirlo todo. Desea las emociones, el amor y el dolor. Le encanta lo que siente y quiere más y más. Le parece bien perderse totalmente en el amor, buscarlo y dejarse cambiar radicalmente por él.

La razón por la que usted es tan intensamente apasionado, posesivo, protector y francamente leal como amante se debe a su cuadruplicidad fija y al elemento Agua.

Creativo en el amor

Como Escorpio, es inusualmente creativo, y este mismo amor por la creatividad entra en juego cuando está enamorado de alguien. Dedica la misma pasión que emplea en aprender una pieza de piano o en elaborar una estrategia de fondos de inversión al amar a esa persona.

Literalmente, invierte en amar a su pareja. Desea seguir este sentimiento hasta que sea viejo, canoso y se haya ido. A menudo escribirá poesía o letras de canciones sobre la pasión que siente. Como Escorpio, usted considera que su pareja es afortunada de tener un amante tan devoto y verdadero como usted. Por muy brillante u oscuro que sea, encuentra la catarsis en expresar todo lo que siente en el arte. No es de extrañar, entonces, que muchos Escorpio creen ¡grandes obras de arte inspiradas en el amor!

El celoso Escorpio

Usted siente todo profundamente. Por eso, por muy profundo que sea su amor, puede ser algo aterrador cuando se pone celoso. Sus celos son tan ilimitados como su amor. Esto puede ser algo terrible si no se controla.

Su naturaleza acuática y fija, significa que expresa y siente los celos tan profundamente como el amor. Cuando está celoso, puede volverse francamente vengativo. Se vuelve muy implacable. Pase lo que pase, solo el hombre del cielo podría salvar a su amante o a quien sea de usted.

Siempre que un amante le desprecia, lo siente en lo más profundo de su alma. Parece la muerte — y no, no es que sea usted el que se muestra dramático. Realmente se siente así. También es natural porque no es como los signos de Fuego, que pueden ser optimistas tras un corazón roto, o como los signos de Tierra, que aún pueden encontrar una forma de ser estables cuando el amor les ha abandonado, o como los signos de Aire que pueden casi racionalizar su dolor. Es usted un Escorpio, hasta la médula. Eso significa que usted siente. Es emocional, y extremadamente sensible.

El fiable Escorpio

Claro, estar con un Escorpio puede ser una montaña rusa para navegar por los altos y bajos de sus emociones, pero una cosa con la que puede contar con seguridad es que son leales y comprometidos con usted y solo usted.

Escorpio es muy fiable. Superará los altibajos a su lado. Si le brinda la misma fidelidad y lealtad, subirá la apuesta. Recuerde que este es un signo que se empeña en retribuir a todos con generosidad. Si le da bien, recibirá mucho bien. Dé lo malo... Pues solo podrá culparse a sí mismo de lo que ocurra después.

Las mejores parejas

Ahora echemos un vistazo rápido a los signos que son más compatibles con el increíble Escorpio.

Virgo

Escorpio y Virgo son, literalmente, una pareja hecha en el cielo, ya que son uno de los mejores emparejamientos de la historia en lo que respecta a la astrología. Usted, Escorpio, es un salvaje. Es intenso. En cambio, Virgo es uno de los signos más prácticos y estables, y esto hace que ambos formen una maravillosa pareja, Agua y Tierra, fijos y mutables.

Los dos se preocupan mucho por quien está con ellos. Los Virgo cuidan las necesidades de los demás antes que las suyas propias, y a menudo serán duros consigo mismos, simplemente porque sienten que no están dando lo suficiente de sí mismos o haciendo lo suficiente por su pareja.

En cuanto a usted, Escorpio, es muy digno de confianza. Considera que la confianza es muy importante, junto con la lealtad, si quiere que su relación funcione. Cuando una Virgo se abre paso en su corazón, usted se siente muy feliz de prodigarle su amor con una intensidad que podría asustar a otros signos, *pero no a* Virgo.

Solo que, al igual que usted, Virgo siente profundamente. Puede que no sea tan obvio sobre sus profundas emociones, pero están ahí. Le preocupa mucho que su suavidad y vulnerabilidad estén a la vista del mundo, así que lo mantiene todo en secreto hasta que un Virgo le convierte en su última parada y derriba sus muros.

Hay mucha compatibilidad entre ustedes dos, intelectualmente y en el dormitorio. Virgo está muy dispuesto a dejar que tome la iniciativa, al igual que el control que usted necesita, y está más que feliz de hacerlo. Virgo encuentra su confianza súper atractiva, y usted, a su vez, ama que él pueda ser lo suficientemente confiado como para dejarle tener el control y no desafiarle.

En un giro divertido, la disposición de Virgo a permitir que usted tenga el control saca a relucir su lado más suave y gentil. Como Virgo es de tierra, firme como una roca y tranquilizador, puede influir en usted para que se relaje y se sienta a gusto. El resultado es que ambos tienen una relación muy estable, no plagada de volatilidad. Otra cosa que ayuda es que ambos aman el tiempo a solas y respetan cuando la otra persona necesita su espacio. Los dos son buenos con las finanzas y nunca tienen que preocuparse de que la otra persona gaste de más.

Escorpio y Cáncer

Estos dos tienen muchas similitudes, la más obvia es que ambos son signos de agua. Lo mejor es que incluso sus diferencias se complementan. Cáncer y Escorpio disfrutan de mucha intensidad con las emociones, lo que los une.

Ambos signos aman su intimidad, valoran la lealtad y están muy en contacto con su intuición, lo que hace que las cosas sean hermosas en el dormitorio. Ambos saben lo que quiere la otra persona.

Gracias a las cualidades nutritivas de Cáncer, sus inseguridades se calman. Aunque Cáncer es tan emocional como usted, tiene menos reparos para expresar lo que siente. Esto es algo bueno para usted, ya que puede mostrarle que está bien dejarlo salir. Además, el hecho de que Cáncer sea flexible hará que haya una gran relación entre ustedes dos, ya que, como Escorpio, no es demasiado aficionado a asumir compromisos.

Escorpio y Piscis

Hacen una excelente pareja. Piscis es gentil y leal, y eso funciona muy bien para usted, Escorpio, ya que no es tan rápido para confiar. Esta pareja funciona bien porque como Escorpio desea liderar, y Piscis está feliz de seguir sus pasos. Le permitirá tomar las riendas y se adaptará a lo que necesite. El sexo también es increíble y apasionado por esta misma razón, y seguro que ayuda que ambos signos estén llenos de emociones.

Tanto el pez como el escorpión tienen una tendencia a los cambios de humor muy dramáticos, cambiando de lo alto a lo bajo y viceversa. Esto es estupendo, ya que entienden eso del otro. Sin embargo, la intensidad de los altibajos puede causar un poco de drama.

Las peores parejas

Escorpio y Sagitario

Estos dos signos tienen muchas cualidades que contrastan y que a menudo darán lugar a muchos conflictos. Por ejemplo, Escorpio es muy reservado y misterioso. Los Sagitario, sin embargo, son muy francos y abiertos. Puede que usted no sea tan rápido a la hora de mostrar su mano, pero Sagitario no tiene problema en compartir toda su historia con personas que conoció hace solo dos segundos.

Donde usted tiende a ser profundo e intenso, Sagitario prefiere mantener las cosas ligeras y aireadas. No le gusta su tendencia a no tomarse las cosas en serio.

A Sagitario le gusta mucho el debate, mientras que a Escorpio no le gusta que le desafíen. Si a esto le sumamos que los Sagitario tienden a ser insensibles en su franqueza y contundencia, una relación entre ambos resulta casi imposible. Usted es emocional y odia que la gente sea insensible.

El último clavo en el ataúd es que usted es muy prudente con su dinero; al contrario, Sagitario es muy imprudente y un gastador impulsivo. Otros signos podrían pensar que son generosos o espontáneos, pero usted solo los considera derrochadores.

Escorpio y Géminis

Géminis no tiene nada que envidiar a Escorpio en cuanto a profundidad emocional. Simplemente no pueden relacionarse, por lo que nunca podría funcionar. Si a esto le añadimos que Géminis es una mariposa social de corazón, mientras que Escorpio es muy poco sociable, tenemos una receta para el desamor. Además, a los géminis les encanta estar rodeados de gente. Esto puede ser una pesadilla para usted, Escorpio, que necesita su espacio.

Cada vez que hay un conflicto, los Géminis recurren a las burlas. Algunos signos pueden disfrutar de esto, pero a usted, como Escorpio, le resulta muy irritante. Al final, ambos no podrían funcionar porque Géminis lo considera un aguafiestas, mientras que a usted le parece la persona más superficial del mundo.

Escorpio y Acuario

El problema de los Acuario en lo que a usted respecta es que son demasiado distantes y emocionalmente superficiales. Si alguna vez ha estado en una relación con uno, es posible que haya tenido que entrar constantemente en batalla con ellos. Sus necesidades emocionales siempre fueron desafiadas por su constante análisis intelectual y racionalización.

Al igual que con Sagitario, Acuario puede ser contundente al exponer sus puntos. A veces, lleva esta brusquedad hasta el punto de la dureza, lo que significa que inevitablemente dirá algo que usted nunca perdonaría ni olvidaría, siendo el Escorpio que es.

Tienen cierta compatibilidad en el dormitorio. Los dos están muy abiertos a probar cosas nuevas y aventureras. Además, el sexo de reconciliación entre ambos es explosivo. Como una droga, continuamente vuelven a por más, aunque saben que tarde o temprano esta relación debe terminar.

Escorpio con otros signos

Escorpio y Tauro

Si alguien entiende sus celos, son los Tauro. De hecho, incluso se sienten halagados por ello. Lo que ambos tienen en común es que son ahorradores, leales y muy ambiciosos.

Mientras que los Tauro pueden ser relajados y tranquilos, usted es un poco más intenso para ellos. Sin embargo, lo que hace que ambos sean incompatibles es esto: Los dos son súper tercos y tienen un temperamento terrible. Tienen que trabajar en esto si quieren tener un amor duradero entre ustedes.

Escorpio y Libra

En muchos sentidos, ambos son opuestos. Usted es emocional, pero Libra es muy analítico. Usted tiene un círculo íntimo de amigos y ama las conexiones profundas, pero Libra ama tener un montón de charlas alegres con muchas personas. Usted es súper intenso, pero Libra lo mantiene casual. Pueden hacer que esta relación funcione si ambos están dispuestos a comprometerse.

Escorpio y Aries

Oh, ¡cómo le gusta el apasionado Aries! Le encanta su fuego, pero hay algo que impide que ambos funcionen a la perfección: no consigue que Aries se comprometa. Esto no es un problema si no está interesado en establecerse. Debido a sus pasiones compartidas, ambos pueden tener experiencias sexuales increíbles.

Aries es una persona caprichosa, mientras que usted es muy práctico en comparación con él. Solo hay una manera de hacer que esto funcione: No debe ponerse demasiado celoso cuando vea a Aries hacer lo suyo, y Aries debe establecerse y comprometerse con usted.

Escorpio y Leo

Ambos tienen personalidades muy fuertes. Los dos adoran el control. Los dos son leales, aunque Escorpio duda mucho de que Leo conozca siquiera el significado de la palabra "leal", y por una buena razón: Leo es un coqueto nato. Todo lo que sea coquetear solo hará que Escorpio se ponga celoso y se vuelva completamente loco.

Sin embargo, hay un lado positivo: Ambos son increíbles en la cama juntos. La química es incomparable. Pero si lo que buscan es algo más que un revolcón entre sábanas, se darán cuenta de que ambos tienen problemas para dejar que el otro tome el control, especialmente con el deseo del escorpión de tomar las riendas frente al soberbio león.

Escorpio y Capricornio

Ambos son ambiciosos, diligentes en lo que hacen y leales. Capricornio no es ni de lejos tan emocional como usted, Escorpio, pero puede conseguir que se sienta más romántico y emotivo. Le encanta que Capricornio sea confiable y con los pies en la tierra, mientras que Capricornio no se cansa de su pasión. ¡No es una mala combinación!

Escorpio y Escorpio

Esta relación es increíble, ya que siente que por fin ha encontrado un amante que le entiende completamente. A los dos les encanta que los dos sean emocionales y leales el uno con el otro. Sin embargo, esta relación puede ser difícil porque son demasiado parecidos. También puede ocurrir que no se sientan tan entusiasmados porque si bien los dos son misteriosos por separado, juntos no tienen ningún misterio. Si añadimos el hecho de que no le gustan del todo los rasgos negativos inherentes a las personas nacidas bajo su mismo signo, pues bien, esto podría no durar.

El adolescente Escorpio y las relaciones de pareja

Un Escorpio adolescente en el amor tiene una imaginación activa y los mismos sentimientos intensos comunes de todos los Escorpios. Cuando cualquier otro adolescente se enamora de un adolescente Escorpio, la atracción es simplemente poderosa. Es muy tentador dejar el cerebro en la puerta al entrar en el mundo del adolescente Escorpio.

El adolescente Escorpio puede ser muy cariñoso, más aún porque probablemente aún no ha tenido ninguna experiencia como para sentirse hastiado del amor. Como las relaciones son nuevas para ellos, el adolescente lo da todo y no se guarda nada. Intensidad es la única palabra que puede describir cualquier relación en la que se encuentre un adolescente Escorpio.

Sin embargo, el adolescente Escorpio es muy dado al melodrama, creando crisis donde no las hay. Tiene una fuerte necesidad de supervisar todo y a todos los que le rodean, y de ejercer su influencia sobre quienquiera que esté con él. En otras palabras, el adolescente Escorpio es voluntarioso, a menudo hasta el punto de ser mandón en sus relaciones.

Recuerde que el adolescente Escorpio piensa en el sexo más que la mayoría, es intenso y súper obsesivo. A pesar de todo esto, o debido a todo esto, Escorpio sigue siendo muy poderoso e intrigante. Una vez que el adolescente Escorpio tiene a alguien en su punto de mira, su enfoque único es suficiente para hacer que a otros adolescentes se les debiliten las rodillas. Puede que su adolescente Escorpio nunca lo diga en voz alta, pero disfruta teniendo a los demás bajo su control.

En una relación con un adolescente Escorpio, no sería prudente que su media naranja lo etiquetara en una publicación en las redes sociales sin su permiso. No son muy aficionados a las muestras de afecto en público. Solo porque le permitan tomarse una foto íntima no significa que quieran que la publique para que todo el mundo la vea.

La pareja de un adolescente Escorpio en una relación haría bien en tomarse su tiempo para ganarse al Escorpio. Deje que se revelen a usted cuando estén listos y de la manera que quieran.

Pensar a largo plazo con Escorpio

Cuando finalmente se gane a Escorpio, deberá hacer todo lo posible para no traicionarle nunca. Tienen un nivel de exigencia increíblemente alto y no estarán dispuestos ni podrán olvidarse de lo que hizo.

Si usted es Escorpio, entonces atesora la lealtad, la confianza y el amor. Da estas cosas libremente a aquellos que le han demostrado que son dignos de ellas. Sin embargo, cuando su amante lo traiciona, se asegura de que se gane de nuevo su amor, suponiendo que no decida simplemente dejarlo.

Siempre va al grano y está muy centrado. No se anda con rodeos, y lo mismo ocurre con las relaciones. Por eso, cuando está con alguien, no está con él mientras tanto. Está con él a largo plazo.

Si está en una relación con un Escorpio, espere disfrutar de más amor del que jamás haya imaginado. Además, el hecho de que sean los más asombrosos conversadores y sean elocuentes los hace absolutamente seductores para usted.

Una de las probabilidades que puede tener con un Escorpio es que hará todo lo posible por entenderle en todos los niveles. Algo de la mirada de Escorpio le hace sentir que no tiene nada que ocultar, y es mejor que no lo intente tampoco. Cuando usted decida desnudarse ante ellos, siendo honesto sobre quién es, simplemente hará que se enamoren aún más de usted.

Datos curiosos sobre los Escorpio

- Son increíbles para liderar, inspirar y animar a los demás.
- No es conveniente que estorbe su crecimiento personal, o lo arruinará a usted.
- No son fans de las personas que son falsas o superficiales. Prefieren las conexiones profundas con personas motivadas y apasionadas.
- Le funcionan bien las relaciones a larga distancia, manteniéndose profundamente leales pase lo que pase.
- Son muy exigentes con sus palabras. Quieren decir lo que dicen y dicen lo que quieren decir.
- Tienen un miedo mortal a ser traicionados. A los Escorpio les resulta particularmente difícil lidiar con la traición en cualquier etapa de la relación.
- Atesoran la honestidad de quienes les importan.
- Les encanta tener la razón — ¡pero esto no es algo malo! Simplemente necesitan estar seguros de que están en el camino correcto.
- No hay nada que les guste más que ser comprendidos.
- Pueden ser increíblemente tercos, al igual que los Tauro. Sin embargo, pueden estar abiertos a hacer las cosas de manera diferente cuando se les convence de la manera correcta.
- Si se enfrenta a un Escorpio, recibirá todo el impacto de su ira.
- Nunca abandonan los proyectos que les importan.
- Los Escorpio son extraordinarios en la realización de múltiples tareas.
- Son súper ingeniosos y muy impulsivos.
- Pueden ser increíblemente cariñosos y muy pacíficos, pero pueden estar llenos de intenso odio y comenzar la Tercera Guerra Mundial en el otro extremo del espectro.
- Son difíciles de leer, pero son muy conscientes de sus emociones.
- Nadie le cubrirá la espalda como lo hace un Escorpio.
- Son súper divertidos y muy creativos. ¡Nunca hay un momento aburrido con este signo!
- Les encantan los regalos sentimentales de las personas que les importan.
- Si los decepciona una vez, puede que nunca tenga otra oportunidad.

- A los Escorpio no les gustan los que se rinden.
- ¿A quién le gusta ir de vacaciones a los lugares más lejanos del mundo? A este signo.
- Detestan los juicios injustos.
- Escorpio puede ser su pareja, amante o amigo de por vida.

Obstáculos que surgen al salir con un Escorpio

No es fácil amar a un Escorpio, pero si puede trabajar con estos hechos sobre ellos, encontrará que vale totalmente la pena:

- Se toman un buen tiempo antes de abrirse.
- Pueden ser un poco malhumorados a veces.
- Necesitan tiempo a solas, y eso está bien.
- Nunca hay un momento en el que no estén listos y con ganas de sexo. Si tiene un alto deseo sexual, entonces esto no debería ser un problema para usted.

Guía rápida para salir con un Escorpio

Vestirse de forma seductora le hará ganar muchos puntos. Con la lujuria, Escorpio reina por encima de otros signos. Lucir bien vale la pena, pero por supuesto, es necesario hacer algo más que lucir bien.

Antes de que digan que sí a una cita con usted, lo más probable es que se hayan puesto en plan detective sobre su caso. Harán algo más que investigar en Google. Tienen formas y medios para averiguar quién es usted realmente y ver si quieren explorarle más en persona.

Los Escorpio son lentos en el amor. No son de los que se enamoran a primera vista, e incluso si lo hacen, se tomarán las cosas con calma. Les encanta que la seducción sea sutil y no son partidarios de un avance directo, vulgar o brusco. Solo porque les guste el sexo no significa que no tengan normas y dignidad... Y solo porque tengan normas y dignidad no significa que no sean expertos a la hora del sexo. ¿Eso que escuchó sobre los Escorpio? Es cierto.

Espere que los Escorpio le formulen muchas preguntas, permitiendo que usted se revele mientras son muy adeptos a darle solo la información suficiente para que usted sienta que tiene suficiente información. Si tiene la suerte de que sigan adelante con usted, se dará cuenta de lo poco que sabe, ¡y le encantará!

Elija un lugar para su cita que parezca secreto, uno al que no todo el mundo vaya o conozca y que sea bueno para los Escorpio. Preste atención a ellos. Sinceramente, comparta con ellos sus pasiones. Si va a ver una película, asegúrese de que sea una que tenga algún misterio que deba ser desentrañado, y que sea complejo.

Es imprescindible que se muestre seguro de sí mismo, no fingiendo, sino estando bien en su propia piel. Puede apoyarse en Escorpio, pero por el amor de Dios, no sea empalagoso con su simpatía, y no sea condescendiente en su "apoyo".

Preste atención a Escorpio para que pueda hacerle los regalos más considerados y lo apreciará. Organicen una escapada para los dos; vayan a algún lugar; donde nadie sepa quiénes son los dos, y en algún lugar donde nadie que ustedes conozcan pueda encontrarlos. Eso lo valorará.

En cualquier caso, no le diga mentiras a los Escorpio, ni siquiera para impresionarlos. Lo sabrán, o lo descubrirán de una forma u otra, y entonces se acabará todo entre los dos. A los Escorpio les encantan los retos y les gusta tener el control. Es posible que los consienta, pero hágalo sin ceder su poder; de lo contrario, perderá su respeto.

Es necesario que considere su motivo para salir con ellos. Si está pensando en utilizar a los Escorpio, entonces será mejor que se lo replantee. No tiene sentido que intente dominar a su Escorpio. De un modo u otro, el Escorpio se saldrá con la suya. No se moleste en intentar competir con ellos.

La última cosa que desea hacer es sumirse en su inseguridad o autocompasión a su alrededor. No lo soportarán. Es poco atractivo y seguramente los alejará. Además, no se precipite y dé por sentado que ya son pareja cuando Escorpio no lo ha dicho expresamente o no ha reconocido lo mismo.

Debe ser respetuoso con la necesidad de privacidad de Escorpio, y eso significa que no debe compartir nada íntimo de su relación con sus amigos, ya sea en persona o en las redes sociales. De nuevo, nunca los etiquetes en nada sin preguntarles si está bien.

¿Cómo atraer a la mujer de Escorpio?

Para atraer a la mujer Escorpio, tenga en cuenta que a ella le encanta ejercer su poder sexual, por lo que no debe acercarse a ella demasiado rápido o demasiado fuerte. Ella necesita su espacio. Puede permitirse un toque aquí, una mirada allá. No es el momento de ser impulsivo.

Debe respetarla. Ella necesita saber que no la dejará tirada cuando las cosas se pongan intensas porque se entrega completamente cuando se enamora. Por lo tanto, sería mejor que el proceso fuera lento para que ella tenga tiempo de saber quién es usted. Ella se fija más en sus acciones, que en sus palabras. Ella valora más la devoción que el sentimentalismo o el solo hecho de ser "lindo".

Si solo es usted un fanfarrón sin nada que ofrecer en cuanto a experiencias reales, ella lo detectará a un kilómetro de distancia. Ella conoce sus puntos fuertes y también sus puntos débiles. Usted debería ser muy franco con los suyos, sin ser demasiado confiado ni tener una actitud de "yo soy el malo".

Usted quiere ser el tipo de persona que vigila su espalda, no se burla de ella cuando tiene problemas serios y muestra respeto por sus necesidades más íntimas. La mujer de Escorpio es muy pragmática y se dedica a actuar. Puede tener habilidades psíquicas y estar en contacto con su intuición, pero también es consciente de la realidad. Le encanta que su pareja sea productiva y esté decidida a hacer algo por sí misma.

Por último, debe ser constante y consistente. La mujer Escorpio no busca a alguien que llegue "y se vaya". Ella quiere a alguien que esté allí a largo plazo.

¿Cómo atraer al hombre de Escorpio?

Él está lleno de secretos, y no saldrán a la luz pronto. Será mejor que le pregunte sobre cosas como sus intereses y otros temas seguros. Deje bien claro que no le interesa invadir su intimidad, y llegará a respetarle más. Puede estar segura de que, mientras se relacionan, él le está tanteando a nivel interno.

Lo último que quiere hacer es contarlo todo en su primera cita. El hombre de Escorpio no es un fan de alguien que derrama sus emociones demasiado pronto. Si nota que habla demasiado después de una o dos copas, tal vez debería moderar la bebida.

No hay nada que le guste más al hombre de Escorpio que alguien que tenga el control absoluto de su vida. Para alejarlo, demuestre que usted es exactamente lo contrario. Si no tiene confianza en lo que es, es posible que los ojos del hombre de Escorpio que la juzgan le resulten intimidantes y demasiado difíciles de soportar. Mantenga la calma, y cuando se abra a usted, usted encontrará que valió la pena la incomodidad.

Con las conversaciones, no se equivocará sí habla sobre misterios oscuros, embrujos y cosas raras de la psique humana. Prospera y se deleita con ese tipo de conversaciones.

Tenga en cuenta que puede ser difícil saber lo que siente por usted a primera vista. Sin embargo, si le llama y le pide que se reúnan de nuevo, sabrá que va en serio. Su atención, al igual que su signo, está fija en usted. Si lo trata de forma casual o como si no le importara, prepárese para una reacción desagradable. Recuerde que el hombre de Escorpio no confía fácilmente, por lo que es posible que las cosas no funcionen por razones que él solo conoce y que están fuera de su control.

Una cosa que tiene el hombre de Escorpio es que su sensualidad no tiene comparación, pero nunca lo adivinaría porque la mantiene en secreto, cuidadosamente oculta por su inmensa capacidad de control. Pero no se deje engañar. Su elemento básico es el Agua, lo que solo significa una cosa: es profundamente emocional y actúa en función de lo que siente.

Al hombre de Escorpio le encanta que le seduzcan sutilmente, así que dele solamente un poco por aquí, un poco por allá, para que le haga soñar con lo que está por venir. Le encanta alargar el placer y acumular bloque tras bloque de tensión sexual antes de ceder finalmente. Además, le encanta la discreción cuando está en público, ya que esto da mucho tiempo para que la tensión entre ambos aumente. Es mejor que se asegure de que puede guardar algo para cuando estén los dos solos.

Capítulo 5: Escorpio en la vida social

Como Escorpio, probablemente esté harto de que le llamen asocial. De nuevo, no es asocial; simplemente es muy selectivo con quién pasa el tiempo. La única manera de que la gente pueda conocer esto de usted es si se convierte en parte de su tribu— estas son las únicas personas que ven el lado cálido, ingenioso y cariñoso de usted cuando no se siente cohibido y está despreocupado.

¿Por qué Escorpio es un amigo increíble?

Los Escorpio conectan profundamente con su tribu. Cuando se es Escorpio y se está con las personas con las que se conecta profundamente, se puede ser muy carismático, encantador y atractivo. Es el tipo de persona que involucra a los demás emocionalmente y les hace sentir que pueden compartir sus sentimientos.

Cuando se trata de personas ajenas a la tribu, no se molesta en fingir que se preocupa por ellas. Incluso si son los amigos más cercanos y queridos de su madre, no se comportará de forma cálida y mimosa si no le apetece; no entiende cuál es el problema. Puede que sea cordial, pero eso es todo.

No es malo, simplemente es selectivo porque ama a su tribu con pasión. Cualquiera que piense que es mezquino se equivoca al interpretarlo. Usted es un Escorpio, lo que significa que está muy interesado en conservar su energía. No la regala a extraños al azar. Le gusta ser consciente de dónde va su tiempo, su pasión y su interés. No le gusta la gente al azar ni las grandes multitudes. Cuando está con su tribu, puede ser la persona más adorable y encantadora de la Tierra.

Como Escorpio, usted prefiere los vínculos profundos y significativos con la gente. Inevitablemente, eso significa que solo podrá establecer vínculos con una cantidad limitada de personas para no agotar toda su energía. Es muy exigente en cuanto a las personas con las que pasa el tiempo e intercambia ideas, y quiere asegurarse de no malgastar toda su energía en conexiones que apenas existen o son superficiales. Eso puede estar bien con Acuario, ya que no discrimina y puede compartir sus emociones y afectos por todas partes, aunque sea de forma superficial, pero eso no funciona para usted.

Cuando se tiene la atención de un Escorpio, ellos le validan. Saludan lo que usted es. Es un regalo que debe atesorar porque es muy raro que le brinden esa atención a alguien como si fuera un regalo. No es algo que den todo el tiempo ni un gesto que se pueda descartar por carecer de sustancia. Los Escorpio se diferencian mucho de otros signos en este aspecto.

Los Escorpio son muy superficiales y suelen creer que todo gira en torno a ellos. Reservan su atención y sus emociones para unos pocos en concreto. Si es una de estas personas especiales, puede estar seguro de que recibirá la máxima comprensión, amabilidad, encanto y afecto. Les encanta compartir con cualquiera que forme parte de su tribu.

Debido a lo fuerte que es su amor y devoción, es importante que el Escorpio no tenga en cuenta a nadie que no forme parte de su tribu. No le gusta socializar. Le importa poco charlar. No le importa mucho cualquier estímulo social que pueda recibir.

Si no pertenece a la tribu de Escorpio, debe aprender a no tomárselo como algo personal porque lo más probable es que no tenga nada que ver con usted. Y no, tampoco es que sean fríos o arrogantes ni que jueguen con usted. Solo son muy selectivos a la hora de elegir con quién pasan el tiempo porque necesitan ser capaces de preservar y proteger su energía, ya que, en su mayoría, suelen dar energía a los demás a costa de la suya propia. Es una cuestión de supervivencia, no de esnobismo.

¿Por qué las tribus son importantes para los Escorpio?

Los Escorpio tienen a su tribu en alta estima porque se trata de un signo que gira en torno a la intimidad, no solo en el romance, sino en todas las formas. Claro, Escorpio es una persona muy individualista. Incluso es posible que se sienta tentado a etiquetarles como solitarios, ya que no sienten la necesidad de socializar o asociarse con alguien todo el día, como los Géminis, Libra o Piscis. Dicho esto, pueden abandonar el autobús de los solitarios de vez en cuando y pasar gran parte de su tiempo y espacio con sus mejores amigos.

Este es un dato curioso sobre los Escorpio: Si se les da una pareja romántica que sea un buen partido, estarán bien. Esa es su principal necesidad. No necesitan una tribu platónica, pero pueden tener una y amarla tan profunda y ferozmente como a su pareja. Imagínese.

Unirse a la tribu de Escorpio

En primer lugar, debe demostrar que es digno de confianza. Cuando se trata de la amistad con un Escorpio, no puede permitirse hacer una promesa y no cumplirla. Debe demostrar lealtad y probar que está dispuesto y es capaz de comunicarse emocionalmente con ellos. Dicho todo esto, solo con esto no se consigue entrar en la tribu.

Como verán, Escorpio vive de acuerdo a sus instintos. Escorpio valora mucho lo cósmico y lo intangible. Elegir su tribu puede implicar un montón de factores totalmente fuera de tu control, e incluso se podría decir que *fuera de su control* también.

Por ejemplo, ¿tienen química? Si no la tienen, ¿cómo la crean? No se puede. O la tienen los dos o no la tienen. ¿Tienen ambos la sensación de que se conocen desde hace mucho más tiempo del que realmente se conocen? ¿Entran sin problemas en conversaciones o simplemente en contacto? ¿Se sienten cómodos juntos incluso cuando nadie dice nada? ¿Experimentan una sensación de sincronización entre ambos cuando hablan, bromean, cantan, bailan o cocinan juntos? Pero la cosa no acaba ahí.

Una parte de estos intangibles es esa llamada y respuesta a nivel del alma entre dos personas que se entienden al instante, de modo que cuando uno de los dos necesita al otro a su lado, este está ahí y satisface la necesidad exacta en todo momento. Además, ¿conoce el significado de hablar sin palabras? Tal vez lo sabe, pero ¿ocurre eso entre usted y Escorpio? ¿Es capaz de decir solo por intuición cómo se está sintiendo o qué está pensando? ¿Se siente cómodo compartiendo sus emociones incluso más de lo que la sociedad consideraría correcto o normal, y si es así, siente Escorpio que usted es el tipo de persona dispuesta a correr ese riesgo?

Además, considere si usted es el tipo de persona que puede crear cambios en la vida de Escorpio o desencadenar una cadena de acontecimientos que lo sacuden, pero en el buen sentido. ¿Es usted? ¿Es capaz de guardar secretos y llevarse a la tumba lo que se le dice? Puede sonar dramático para usted, pero no para los Escorpio. ¿Jura solemnemente estar ahí para Escorpio, para alimentar la amistad solo como lo haría con una relación? De nuevo, puede que piense que esto es exagerado, pero no es el caso. Si todavía piensas así, entonces definitivamente Escorpio no será de su agrado. Como mucho, serán conocidos, pero nunca formarán parte de su tribu.

La primera regla de la tribu de Escorpio: No hablar de la tribu

Vale, no quiero ser demasiado dramático, pero si no forma parte de la tribu de los Escorpio, para empezar, ni siquiera sabrá que tienen una. Es posible que nunca conozca quiénes son sus miembros, y mucho menos sus nombres. Podría suponer erróneamente que Escorpio no tiene amigos. Es posible incluso que la propia familia del Escorpio desconozca por completo el hecho de que tiene toda una maldita tribu propia.

A los pocos instantes de conocer a otra persona, los Escorpio pueden saber si quieren que esta persona forme parte de su tribu. Ese sentimiento no debe ser comparado con el deseo sexual que pueda tener por esa persona, incluso aquellos que han compartido su cama en el pasado pueden no ser dejados entrar en su tribu.

Entonces, ¿quiénes forman la tribu? Por lo general, tiene como amigos a gente de los signos de Agua, especialmente a sus compañeros escorpiones. También puedes tener a personas nacidas bajo la octava casa y a aquellas con influencias muy intensas de Plutón. Sin embargo, su tribu realmente se reduce a sus necesidades personales, a su carta natal, a lo que le gusta y a las energías que tiene en abundancia frente a las que le faltan. No se sabe qué es lo que le atraerá de otra persona, así que es posible que su tribu esté formada por varios otros signos.

El alto coeficiente social de Escorpio

Sin duda, para el ojo inexperto, podría parecer que no tiene ninguna especie de aptitud social cuando trata con el público. Sin embargo, tiene muchos rasgos que demuestran que es socialmente inteligente, más que la mayoría, y más de lo que a menudo está dispuesto a admitir.

Como ejemplo claro, destaca su astuta capacidad de observación, sus miradas agudas e intensas y su habilidad para indagar profundamente en la psique de quien está con usted. Sabe leer los estados de ánimo de forma excelente. Lee las caras y los lugares con la misma facilidad.

Alguien desinformado podría tachar a los Escorpio de sociópatas, pero ni siquiera ellos pueden negar que cuando accionan el interruptor, son magnéticos y rezuman encanto. Es la razón por la que todo el mundo le desea, o quiere ser usted, o quiere estar cerca de usted. Algunos Escorpio pueden apagar y encender su magnetismo y encanto según sea necesario. Hay otros que atraerán a una multitud hagan lo que hagan, aunque prefieran pasar desapercibidos.

El signo más comprometido socialmente

Ya hemos hablado de la tendencia de Escorpio a desentenderse, pero esto no significa que sea socialmente distante. En realidad, significa que está comprometido socialmente. En otras palabras, se conecta con cualquier entorno en el que se encuentre tan profunda e intensamente que necesita tomarse un momento para mantenerse a sí mismo. Usted siente la necesidad de reprimir los sentimientos en su interior, así que hace todo lo posible para parecer indiferente ante ellos. Sin embargo, por dentro, sus reacciones se salen de lo normal porque está muy en sintonía con el momento. Este es otro signo de su elevado coeficiente social como Escorpio.

Simplemente tiene que seguir clasificando todas las frustraciones que le rodean, para saber qué o quién merece la intensidad de sus reacciones, ya sea un extraño, un marginado o alguien que no encaja en los esquemas. Luego, por supuesto, hay momentos en los que sabe muy bien que debajo de toda la aparente normalidad de las cosas, algo no está del todo bien, y tal vez incluso sea peligroso.

Cuando es un Escorpio sensible, se da cuenta de que algunos lugares le hacen reaccionar de tal manera que no puede soportar estar allí, al igual que algunas personas. No soporta estar en la misma habitación que ellos... A menos que sea parte de su plan para vengarse o algo por el estilo. Mientras que a otros signos les parece bien hacerse los simpáticos socialmente o ignorar a quien han etiquetado como "enemigo", usted siente la emoción negativa con tanta fuerza que, si no sale de allí pronto, va a explotar (o implosionar).

Cuando es un Escorpio fuerte, no tiene problemas para cerrarse totalmente y levantar muros contra todos los estímulos entrantes, de modo que solo está usted en su propio mundo, como lo hace el niño Escorpio, hasta el punto de que los padres y los profesores suelen suponer erróneamente que su hijo es autista. Esta estrategia, sin embargo, exige mucho de usted, ya que requiere un montón de concentración.

Para acabar con todo esto: La capacidad de los Escorpio de mantenerse socialmente cerrados se debe a un nivel de disciplina muy impresionante, en un intento de no ceder a la tentación de utilizar sus rasgos escorpianos para el mal en lugar de para el bien. Es muy sabio ser socialmente reservado. Como puede decirle cualquier Escorpio que demuestre "promiscuidad social" — especialmente si es joven — hay una tendencia a ceder a comportamientos poco elegantes, como la manipulación, las puñaladas por la espalda, la mezquindad y los chismes. Lo hacen mucho más que cualquier otro signo del zodiaco. ¡Así que no permita que nadie le haga sentir una mierda por ser consciente de su forma de socializar!

Compatibilidad de amistad con Escorpio

Escorpio y Tauro: El toro es su opuesto astrológico. Sin embargo, sabe que todos sus secretos están a salvo con ellos, y lo valora. Mientras que el toro puede preocuparse poco por sus sentimientos en ocasiones, usted no presta tanta atención a su deseo de sentirse cómodo. Aun así, Tauro tiene un increíble sentido del humor y le ayuda a encontrar la risa incluso en las cosas tristes o molestas. Lo que usted ofrece a los Tauro es su intuición misteriosamente precisa, que les impide cometer errores garrafales de los que se arrepentirán, especialmente con los asuntos del corazón.

Escorpio y Aries: Con esta amistad, de vez en cuando saltarán chispas. Esa es una de las razones por la que disfrutan los Aries. No tienen miedo de discutir con usted, y usted saborea cada oportunidad que tiene para un buen combate. No importa lo mucho que difieran sus opiniones sobre política y religión; le encanta que el carnero tenga algo de fuego. Es casi tan brillante y ardiente como sus ganas de vivir. Cómo se puede mantener esta maravillosa amistad es recordando que los Aries nunca guardan rencor, o al menos rara vez lo hacen. Cuando usted y su amigo discutan, probablemente lo habrán olvidado media hora después. Así que no guarde rencores contra ellos, por muy tentado que esté de hacerlo.

Escorpio y Cáncer: ¡Es natural que los signos de agua se lleven bien! A usted le encanta que los Cáncer sean increíblemente cariñosos. Nunca se los dirá, pero disfruta cuando le preparan su comida favorita o le traen su bebida preferida. Por su parte, a los Cáncer les encanta que usted sea capaz de saber lo que sienten sin que tengan que decir una palabra. Les encanta que nunca se burle de ellos por sentirse como se sienten y que respete lo sensibles que son. Los dos disfrutan del agua y probablemente les gusten los deportes acuáticos como la navegación y la natación. También les gusta cualquier actividad que requiera el uso de las manos:

cosas como hornear, esculpir, hacer trabajos de jardinería, etc. Al fin y al cabo, no importa lo aburrido o mundano que sea lo que hagan, mientras lo hagan juntos, los dos se divertirán como nunca.

Escorpio y Géminis: Géminis es muy optimista, y eso contrasta con su propia personalidad. Esta es una de las razones por las que le gusta estar en su compañía. Le encanta la forma en que es capaz de hacer que su tristeza desaparezca, gracias a su espíritu juvenil y a su constante optimismo. Le recuerda que debe ver el lado bueno de las cosas, pase lo que pase. Sin embargo, a veces puede ser un problema su parloteo incesante, y en la misma línea, no les gusta cuando usted se pone malhumorado y silencioso como de costumbre. Aun así, a los dos les fascina la vida y les encanta descubrir juntos las preguntas sin respuesta. Los dos disfrutan del misterio. Esto los une a ambos.

Escorpio y Leo: Otro signo optimista, Leo, le deja boquiabierto con la forma en que siempre persigue apasionadamente las razones para seguir siendo optimista. Le encanta, y le cautiva sin remedio. Cuando está con Leo, todo parece más brillante. Le parece divertidísimo cuando trata de establecer su control sobre usted, y se pregunta cómo puede suponer que puede tener la sartén por el mango en lo que respecta a su amistad. El león es inocente. Usted lo sabe. Son demasiado puros para vencer a un estratega de por vida como usted. Aun así, de vez en cuando es conveniente acariciar el ego del león. Es justo, ya que es comprensivo cuando se trata de sus talentos.

Escorpio y Libra: Oh, Libra. Tan encantador. Tan imposible de resistir. Le encanta lo hermosos y elegantes que son. Le encanta su ingenio. Usted es mucho más emocional que ellos, ya que son muy desenfadados. Por esta razón, ambos pueden tener malentendidos de vez en cuando. Puede que piense que su comentario casual es una reprimenda cáustica hacia usted. Usted no es del tipo que expresa su descontento, así que cuando le dicen algo que le desagrada, resulta demasiado fácil arruinar su amistad. Aquí tiene un consejo para mantener la amistad: Si dicen algo o hacen algo que le molesta, debe hablar de ello de inmediato en lugar de sentarse a reflexionar. Después de todo, puede confiar en la balanza para sopesar y abordar sus quejas de manera equilibrada.

Escorpio y Sagitario: A los Sagitario les encanta divertirse. ¿A usted? No siempre. Dicho esto, aún tiene mucho que ganar de este amigo optimista, mientras que ellos podrían aprender un par de cosas de usted para aprender a ser sobrios cuando sea necesario. El arquero es la persona que le ayuda a abrir su mente para que esté dispuesta a conocer gente nueva, a tener nuevas experiencias y a tener nuevas y brillantes ideas. Usted consigue mostrarle cómo puede ser peligroso no ser exigente y discriminatorio cuando sea necesario. Esta amistad les beneficia a ambos en ese sentido. Ahora bien, puede que no le importe su franqueza, que es legendaria, pero admita que su afición a guardar secretos pone contra las cuerdas a los Sagitario. Aun así, estos son solo asuntos menores de los que preocuparse cuando ambos estén haciendo cosas que les gustan hacer juntos.

Escorpio y Acuario: Nadie es tan imprevisible como Acuario. Por muy bueno que sea leyendo a la gente, este signo es un reto. No puede encontrar una sola cosa lógica en su forma de actuar y, por extraño que parezca, esta es la razón por la que está lleno de admiración por el portador del agua. Le encanta que tengan las ideas menos ortodoxas. Le mantienen entretenido. Claro, puede que encuentre que Acuario es, bueno, en todo lo que le interesa. Sin embargo, le encanta lo leales que son. Para usted, su lealtad es lo único que cuenta. En el caso de Acuario, no es capaz de resistirse a sus encantos. Cada día, sigue sorprendiéndose de lo bien que puede deducir las cosas que se esconden bajo la superficie, desapercibidas para los demás. Si no le importa lo olvidadizos que son, entonces ellos podrán hacer las paces con lo celoso que son ustedes, y ambos podrán ser grandes amigos.

Escorpio y Capricornio: Le encanta lo estable que es Capricornio, y a él le encanta lo apasionado que es usted. Cuando las cosas se ponen fuera de lugar para usted, la cabra siempre estará ahí con su influencia estabilizadora. Ellos tienen los consejos más prácticos, que le parecerán increíbles. Le mantendrán lúcido y tranquilo, por muy tempestuosas que se pongan las cosas. Usted es genial para ayudar a Capricornio a encontrar su chispa interior cada vez que se sienten abrumados por el mundo y sus problemas. Puede que no le guste lo insistente que se pone Capricornio, y puede que a ellos no les guste que nunca esté dispuesto a dejar pasar las cosas, pero en el fondo, ambos comparten la misma esencia y un montón de intereses similares.

Escorpio y Piscis: Su vínculo con Piscis es muy profundo. Esta es una persona que está bien con usted y todos sus errores y defectos. Lo más probable es que se sientan atraídos por sus defectos, para empezar. Ellos solo aman cuando la gente tiene defectos porque, para ellos, hace que la gente sea más humana y relacionable, y esta es la razón por la que tienen algo bueno en marcha. Les encantan los temas espirituales, al igual que a usted. Al igual que usted, desean conversaciones intelectuales sobre la ley de la atracción, la religión o la filosofía. Puede que se sienta irritado por su tendencia a saltar de opinión en opinión, pero esto no es un gran problema porque hay muchas cosas que le gustan de salir con ellos. En cualquier caso, usted tampoco es perfecto. El pez no es fan de su intensa obsesión por un interés amoroso.

Escorpio y Virgo: No hay mejor amigo para tener a su lado que un Virgo. Como tienen los pies en la tierra, le darán la perspectiva que necesita sobre cualquier cosa. Si siente que necesita a alguien que le dé un toque de realidad o que le diga la verdad sin endulzarla, entonces Virgo es su amigo. Cuando Virgo analiza cuidadosamente lo que comparte con él, le hará saber lo que piensa de la manera más honesta y a la vez con el mayor tacto posible, respetando sus sentimientos. Su amigo de Virgo está lleno de admiración por usted, tanto como usted ama los regalos que le comparte. El nivel de su intensidad sigue siendo una inspiración para los Virgo, que son un poco tímidos a la hora de compartir lo que sienten. Gracias a usted, pueden aprender a convertir su amor por la escritura, la lectura o cualquier otra cosa en una verdadera pasión. Ahora bien, Virgo es propenso a ser crítico, y esto puede irritarle a veces. Pero su costumbre de guardar resentimiento los volverá locos de impaciencia. Al fin y al cabo, un poco de comprensión por parte de ambos contribuirá a construir una amistad para toda la vida.

Escorpio y Escorpio: Cuando se tiene amistad con otro escorpión, ¡es un placer exquisito y un dolor exquisito! Usted los ama porque, finalmente, hay alguien que entiende su intensa pasión por la vida. En cuanto al dolor, se debe a que ambos son expertos en bajar a las profundidades de la desesperación. Sin embargo, ser amigo de otro Escorpio tiene su lado positivo: ambos tienen un delicioso y oscuro sentido del humor, que resulta útil cuando las cosas se ponen difíciles para uno de los dos o para ambos. Se enojarán el uno con el otro y explotarán; no hay forma de evitarlo cuando se trata de dos escorpiones en una amistad. Aun así, acabarán encontrándose una y otra vez porque no hay nada más sorprendente que la empatía que ambos comparten, lo que crea un atractivo demasiado intenso como para resistirse.

Capítulo 6: Los matices de Escorpio

Su signo solar se divide en cúspides y decanatos, o en decanos, si lo prefiere. Se trata básicamente de categorías que le ayudan a definirse como la persona que es, en lugar de centrarse solo en su signo solar. El cumpleaños de cada persona cae bajo un determinado decanato y cúspide de su signo. A continuación, vamos a ver cada uno de ellos en detalle.

Decanos

Todos los signos del zodiaco se dividen en tres categorías únicas, cada una de las cuales se denomina *decano*. Este término proviene de la palabra griega *dekanoi*, que se traduce como "separado por diez días". Originalmente, los egipcios utilizaban este término. Tenían un calendario que asignaba 360 días a un año. Otra cosa interesante del calendario egipcio era que cada año tenía 12 meses, cada uno de ellos compuesto por treinta días — y eso significaba que nadie nacido el 29 de febrero tenía que preocuparse de celebrar su cumpleaños cada cuatro años, lo cual es bueno. Ahora bien, cada mes de su calendario se dividía en tres partes, cada una de las cuales comprendía diez días. Estos diez días se conocían como dekanoi.

Hasta la fecha, la astrología sigue dividiendo el zodiaco en decanatos. Piense en un círculo de 360 grados como un todo; un decano no sería más que una parte de 10 grados de ese círculo, que dura solo diez días antes de que el siguiente decano tome el relevo. Cada día, el sol atraviesa este círculo zodiacal solo un grado. Sí, esto no es del todo exacto, ya que ahora trabajamos con un calendario en el que algunos meses tienen más de 30 días y un mes tiene un día que se nos escapa cada cuatro años, pero se entiende la idea.

Quiero aclarar que el decano de un signo no cambia radicalmente los rasgos de ese signo. Pero sí mejora la conexión que la persona tiene con su signo. Si usted es un Escorpio nacido en el primer decanato, puede esperar diferir mucho de otro Escorpio nacido en el segundo decanato.

Cada decanato está asignado a una constelación. Cada constelación tiene sus propias implicaciones espirituales, que se prestan a hacerle único. Y cada decano está regido por un planeta, a menudo llamado subregla. Piense en el regente secundario como el segundo al mando o el vicepresidente. Simplemente realza sus cualidades únicas dentro de su decano.

Los tres decanos de Escorpio

Como es un signo de agua, aquí están los tres decanos que debe conocer como Escorpio. Pronto aprenderá cuál es el suyo.

Primer Decano — Intensidad: 23 de octubre al 2 de noviembre

Nacer bajo el primer decano significa que usted es Escorpio/Escorpio. Sus planetas regentes son Marte y Plutón. Es el más puro de los Escorpio, y su energía escorpiana se potencia en lo bueno y en lo malo.

Puede mantener la calma incluso ante el peligro o las situaciones más duras, gracias a Marte y Plutón, cuando le ofrecen un fuerte apoyo. Sin embargo, cuando los planetas son desafiados, tal vez pueda tener temores extremos. Aun así, no importa porque siempre está más que preparado para lo peor.

Es el más sensual de los Escorpio, y su libido no tiene parangón. Tiene tendencias obsesivas, fuertes deseos y está más que impulsado. Así como ama el placer, también está abierto a la pena, la pérdida, el dolor y el sufrimiento. No piensa que las cosas sean fáciles; aun así, tiene una tenacidad similar a la de un bulldog para conseguir lo que quiere. Tiene la fuerza de voluntad y el coraje necesarios para superar las adversidades, y es asombroso a la hora de recuperarse cuando las cosas no funcionan, y de empezar de nuevo.

Es una persona solitaria y muy reservada en lo que respecta a sus asuntos personales. No es el tipo de persona que es súper habladora o amistosa a primera vista. Sus ojos pueden ser bastante intimidantes para aquellos que no son lo suficientemente audaces como para enfrentar el fuego con el fuego. También puede parecer inaccesible o frío, o a veces incluso cruel.

Según los astrólogos especialistas en evolución, usted es el único que está aprendiendo a utilizar sus energías como Escorpio, y es posible que cometa algunos errores de los que deba aprender a lo largo de su vida.

En el tarot, el primer decanato de Escorpio está representado por el Cinco de Copas. Las palabras clave de este decano son el dolor, la pérdida y la ira

Segundo decano — Transmutación: Del 2 al 11 de noviembre

Es un Escorpio/Piscis. Tan impulsivo como cualquier otro Escorpio, pero también con la energía de Piscis y los regentes Júpiter y Neptuno, que moderan su impulso. Los temas más comunes en la vida de los nacidos bajo este decano son la muerte y la resurrección.

Si este es su caso, siente que tiene un propósito mucho más elevado que la mayoría. Usted pasará por mucha transmutación en el proceso de averiguar cuál podría ser ese propósito. Cuando Júpiter y Neptuno están bien situados en su carta, es posible y fácil que descubra sus talentos y dones. Si estos planetas no están bien colocados, es posible que usted no tenga tanta fe en sí mismo como debería, y no confiará en los demás tanto como debería, lo que podría llevarle a tener un miedo innecesario a fracasar o a ser traicionado.

Como Escorpio/Piscis, busca la sabiduría. Le encanta tratar con el humo y los espejos, los significados ocultos y las insinuaciones escurridizas. Usted anhela el misterio y no tiene miedo de dar un paseo por el lado oscuro. Le interesa lo oculto, lo místico y lo esotérico. Siempre está buscando lo que es real y verdadero, y como tal, sacrificará lo que sea necesario para encontrarlo.

Su magnetismo es maravillosamente crudo. Nunca flaquea y es extremadamente seductor. Puede que se sienta como un sanador, siempre dispuesto a sacrificarse. Es posible que posea un cierto complejo de Dios, experto en el arte de la manipulación, sin igual cuando se trata de su astucia, que utiliza para obtener el control sobre otras personas. Su aura misteriosa atrae a la gente hacia usted.

En el tarot, el segundo decanato de Escorpio está representado por el Seis de Copas. Sus palabras clave son la paz, el perdón y la armonía.

Tercer Decano — Manifestación: Del 12 al 22 de noviembre

Como Escorpio/Cáncer, su energía escorpiana está templada por Cáncer y la Luna. Tiene integridad emocional y se siente cómodo confiando en sus sentimientos. No es usted el tipo de persona que cede a los compromisos.

Usted tiende a sacrificarse y a cuidar de las personas más cercanas y queridas, pero también es sensible, por lo que se lastima fácilmente. Nunca manifestará el dolor abiertamente, desde luego, pero nunca olvidará lo que lo causó en un principio. Cuando el tiempo y la oportunidad se presenten, se vengará, y lo hará generosamente.

Como Escorpio/Cáncer, sus emociones son profundas y oscuras. Cuando la Luna está puesta en entredicho en su carta natal, podría fácilmente enterrar todo lo que siente mientras se siente solo, perdido y abandonado. Cuando su Luna está bien colocada, usted puede manejar mejor sus emociones dolorosas. Es más fácil para usted ocuparse de ellas y, por lo tanto, puede perdonarse a sí mismo y a los demás y ser más tolerante.

Su fuerza de voluntad como Escorpio/Cáncer es inigualable, al igual que su confianza en sí mismo. Tiene la capacidad de hacer siempre el bien y de ser sensible. Puede ser un escritor u orador convincente que conmueve a la gente con fuerza gracias a su elocuencia y compasión. Su encanto también lo consigue, por lo que siempre obtiene resultados cuando trabaja con un grupo, o va tras algo en lo que cree de corazón.

El tercer decanato de Escorpio en el tarot es el Siete de Copas. Sus palabras clave son encontrar dónde puede encajar, la búsqueda del alma y el autoexamen.

Cúspides

Hablemos ahora de las cúspides. Si alguna vez se ha molestado en leer material sobre varios signos del zodiaco, es probable que haya pensado: "Bueno, ¿por qué me siento como Escorpio y Libra mezclados en uno?". Se preguntará si hay algo de verdad en la astrología y se preguntará si no se trata solo de un montón de gente que escribe muchas cosas sobre las personas nacidas en cada mes y espera que algo de ello encaje. Bueno, eso tiene una explicación.

Cada signo del zodiaco tiene algo llamado cúspide, que es básicamente como el límite entre un signo y el siguiente. Supongamos que su cumpleaños se produce justo cuando el sol se desplaza de un signo zodiacal al siguiente; eso significaría que ha nacido en una cúspide, y se expresará no como un signo, sino como dos. A veces, ambas energías se mezclan maravillosamente, mientras que otras veces, es un viaje agitado. Aun así, dependiendo de la cúspide en la que haya nacido, adoptará ciertas cualidades:

- Aries/Tauro — la cúspide del poder: 16 - 22 de abril
- Tauro/Géminis — la cúspide de la energía: 17 - 23 de mayo
- Géminis/Cáncer — la cúspide de la magia: 17 - 23 de junio
- Cáncer/Leo — a cúspide de la oscilación: 19 - 25 de julio
- Leo/Virgo — la cúspide de la exposición: 19 - 25 de agosto
- Virgo/Libra — la cúspide de la belleza: 19 - 25 de septiembre
- Libra/Escorpio — la cúspide del drama: 19 - 25 de octubre
- Escorpio/Sagitario — la cúspide de la revolución: 18 - 24 de noviembre
- Sagitario/Capricornio — la cúspide de la profecía: 18 - 24 de diciembre
- Capricornio/Acuario — la cúspide del misterio: 16 - 23 de enero
- Acuario/Piscis — la cúspide de la sensibilidad: 15 - 21 de febrero
- Piscis/Aries — la cúspide del renacimiento: 17 - 23 de marzo

Cúspides de Escorpio

La cúspide del drama, Libra/Escorpio: Si esta es su cúspide, entonces está regido por Plutón y Venus. Es el tipo de persona que se apresura a hacer saber a la gente exactamente lo que piensa, aunque le resulte doloroso escucharlo. Lo mejor sería que nadie le hiciera una pregunta que pudiera llevarle a una verdad hiriente y abrasadora a menos que esté preparado para ello. Es un gran rasgo para el trabajo y el hogar, pero si no es consciente de cómo suelta sus bombas de verdad, podría herir muchos corazones.

Puede ser crítico. Puede ser tenaz. Y puede ser muy seductor. Como está muy dispuesto y es capaz de decir la verdad, tiene la ventaja cuando se trata de sus interacciones sociales con los demás. Rebosa de carisma porque tiene toneladas de energía sexual, pura y cruda, y también es encantador de una manera muy distante. Puede que sea sarcástico a veces e incluso mandón, pero dentro de todo eso, su honestidad le hace ser objeto de admiración.

En cuanto a las relaciones, como alguien nacido en la cúspide de Libra y Escorpio, es súper leal y romántico. El problema es que su lealtad es tan intensa que a veces puede ponerse celoso, y esos celos pueden arruinar su vida amorosa si no se cuida. Afortunadamente, usted posee una tenacidad muy resistente, así que, si quiere hacer todo lo posible para mantener sus celos a raya, encontrará la manera de hacerlo.

Su capacidad para mantenerse firme y con determinación respecto a sus objetivos es estupenda en el trabajo, ya que suele hacer realidad sus grandes metas. Sin embargo, puede ser un poco egoísta, por lo que le conviene hacer una pausa y reflexionar cuando se sienta incapaz de cambiar algo o no quiera hacerlo.

Una cosa importante que debe hacer todo el tiempo es un chequeo con usted mismo sobre su ego. Es importante que sepa si le impide convertirse en la mejor versión de usted mismo. Mientras hace esto, necesita aplicar la misma honestidad que reparte a todo el mundo también en usted mismo y ser igual de brutal. Corte cualquier cosa que no necesite y que se interponga en su camino, ya sea un hábito o una persona que le agote cada vez que se encuentren.

Una nota final para los nacidos en la cúspide Libra-Escorpio: Los celos son algo que debe sofocar. No le harán ningún bien. Necesita aprender a confiar en sí mismo y en las personas que le rodean. Seguro que no le gusta cómo suena este consejo (o cualquier consejo, en realidad, ya que preferiría que la gente se ocupará de sus propios asuntos y le dejará en paz), pero le ayudará a aceptarlo a largo plazo.

La cúspide de la revolución, Escorpio/Sagitario: Esta es toda una combinación, con un Escorpio intenso y oscuro y un Sagitario activo y audaz. Se rige por Marte, Plutón y Júpiter. Toda su vida consiste en ir en contra de las convenciones. Si se entera de que algo debe hacerse de una determinada manera, buscará otras formas de hacer lo mismo. Es el tipo de persona que se convierte en un experto en cualquier cosa fácilmente, enseñándose a sí mismo. Le encanta aprender realizando una actividad y ensuciándose las manos. Los astrólogos le consideran el niño salvaje del zodiaco y un rebelde de corazón cuando es niño.

Cuando crece, puede ser contradictorio, rebelde y revolucionario. Es un verdadero líder, sin ningún tipo de miedo. Toma todo lo que ha aprendido durante sus muchas aventuras y lo aplica para convertirse en la mejor de las figuras de autoridad. Es posible que se convierta en una persona verdaderamente poderosa, siempre progresista, pero la cuestión es la siguiente: debe aprender a ser siempre objetivo y no dejar que sus emociones nublen su juicio. Si se deja llevar por reacciones instintivas, eso podría ser su perdición.

Cuando se nace en esta cúspide y la energía de Escorpio es más fuerte que la de Sagitario, usted notará que los celos son su punto débil y podrían causar su posible ruina. Es posesivo cuando está en una relación, pero, por otro lado, es cariñoso, romántico y amable. Es competitivo, a menudo compite contra sí mismo, lo que le permite alcanzar grandes éxitos. Tiene un impulso que le hace ver las cosas hasta el final, y nunca, ni una sola vez, no completa algo que se propone.

Ser Escorpio/Sagitario significa que estará en desacuerdo con la autoridad, así que abandone la idea de un trabajo de 9 a 5 y considere convertirse en su propio jefe. Lo más probable es que ya lo sepa y que haya organizado todo para no tener que rendir explicaciones a nadie que no sea usted. Si este es su caso, esté atento: Sea siempre amable y generoso con su vida profesional.

Algo que debe recordar un Escorpio/Sagitario es que puede volverse pesimista, y adoptar un estado de ánimo lúgubre, basado en el pasado. Por esta razón, usted tiende a sentirse excluido de las cosas. Sin embargo, tiene unas ganas de vivir inigualables, ¡y eso le convierte en una persona increíble!

Capítulo 7: Los profesionales de Escorpio

Que la gente se sienta muy atraída por usted, querido Escorpio, puede ser muy útil en su carrera. Es uno de los trabajadores más ambiciosos y decididos, y sabe sin lugar a dudas qué es lo que quiere conseguir profesionalmente.

Está decidido a hacer realidad sus sueños y conoce perfectamente la estrategia para alcanzar el éxito. También ayuda el hecho de que sea capaz de mantener la cabeza fría cuando todo el mundo está perdiendo la suya a causa de un acontecimiento caótico. Es más paciente que la mayoría, y puede soportar los altibajos de cualquier cosa que le depare su vida profesional.

No le gusta recibir órdenes y prefiere trabajar por su cuenta. Sin embargo, es el mejor dando órdenes, literalmente. Le iría muy bien en el ejército. A pesar de ello, no es usted el tipo de persona a la que le gusta ser el centro de atención, profesionalmente hablando. Para usted, se trata de mover los hilos entre bastidores porque, en lo que a usted respecta, es ahí donde reside el verdadero poder. Podría ser un magnífico inspector de Hacienda, un detective, un policía o incluso un espía.

Tiene una capacidad innata para dirigir, curar, investigar, crear y conmover a la gente con su talento y su mente. El hecho de que tenga mucha curiosidad por todo y le apasionen las cosas místicas de la vida significa que también podría dedicarse a la patología, la psicología y la investigación.

La ciencia es un campo que debería considerar, ya que los escorpiones son grandes médicos y suelen ser los mejores cirujanos. También podría destacar en el arte, el periodismo y la literatura si considera esas profesiones.

Es el tipo de persona que sabe instintivamente la diferencia entre el bien y el mal, incluso cuando los demás no pueden verlo. Por lo tanto, será excelente en el negocio, siempre y cuando trabaje de forma independiente y no se sienta confinada. Es usted la persona cuyas palabras fluyen como la miel. No es raro que se solicite su presencia en cosas como las charlas TED porque es usted un orador poderoso, y también escribe con la misma fuerza. Considere la posibilidad de hacer carrera en marketing, o incluso en política.

Así que ahora tiene una idea aproximada del tipo de trabajos que puede desempeñar. Analicemos algunos de los que podrían encajar perfectamente con usted y por qué debería considerar un cambio de carrera si no está haciendo algo que le resulte naturalmente satisfactorio.

Empleos para Escorpio

Como Escorpio, es magnífico en términos de trabajo. Usted trabaja duro, y sus poderes de percepción son extraordinarios. Le encanta cuando su trabajo tiene cero distracciones, y no es tan accesible para todo el mundo. Le encanta cuando puede hacer las cosas como quiere. Sin embargo, aquí hay algunos puestos que debería considerar:

Detective: Es infinitamente curioso, y le encanta descubrir secretos mientras se aferra a los suyos. Por lo tanto, se le daría muy bien descubrir todas las cosas que la gente hace lo posible por mantener en secreto. Es increíble lo de ir de incógnito, observando silenciosamente a todo el mundo como un halcón mientras ellos permanecen felizmente inconscientes de que se están delatando. Es el mejor de los investigadores y nunca se detiene hasta que lo ha descubierto todo. También ayuda que le guste la venganza. También podría ser un coach de vida, un investigador privado o un periodista.

Químico: Los trabajos de carácter científico le encantan. Gracias a su curiosidad, podrá idear nuevas reacciones o incluso desafiar el statu quo en su campo. Sus manos son firmes y su amor por la investigación le servirá en esta profesión. Por estas razones, también debería considerar estas profesiones: biólogo, forense, oncólogo.

Farmacéutico: Es muy trabajador y ambicioso, además, es el tipo de persona que es resistente y tiene mucha fortaleza. Estos rasgos le hacen muy adecuado para ser farmacéutico. Claro que hay mucha formación y tiene que ser lo más preciso posible, pero realmente destacaría en este puesto, combinando sus conocimientos científicos con su capacidad para tratar a la gente, todo ello con el fin de hacer un trabajo de calidad. También podría ser cirujano.

Psiquiatra: Por supuesto, este trabajo lo tiene todo. Puede escuchar todo tipo de secretos escabrosos, mientras ayuda a sus clientes a resolver los problemas de sus vidas y a sentirse mejor. Se le da de maravilla trazar un mapa de la psique humana y observar los detalles, y esta línea de trabajo le mantendrá muy comprometido. Además, obtendrá un gran éxito. Otras profesiones similares que puede considerar son las de terapeuta, orientador, biógrafo, memorista y antropólogo.

Cirujano: Es impulsivo, intenso y tiene resistencia a raudales. Además, su necesidad de alcanzar la excelencia en todo lo que hace le lleva a lograrlo siempre. Por esa razón, le iría fabulosamente bien como cirujano. Su tenacidad y sus profundas reservas de fuerza interior le permiten continuar con lo que hace, incluso cuando otros han perdido la esperanza. Otras profesiones que debería considerar son las de Paramédico, Comerciante, Electricista.

Investigador: Puede encontrar un buen número de escorpiones en laboratorios científicos, profundamente inmersos en la investigación para el gobierno o agencias privadas. No hay nada que le guste más que considerar un problema y luego averiguar cómo resolverlo. Se le da muy bien evaluar los enigmas y obtener resultados. Para ser el mejor en todo, lo más probable es que sea el investigador que dé con la respuesta para erradicar el resfriado común y el cáncer o que dé con una solución sorprendente para perder peso. Considere también estas otras profesiones: ejecutivo de marketing, consultor, analista.

Auditor: Su buen ojo para los detalles, su precisión, su tenacidad y su resistencia le garantizarán el éxito en este campo. No tendrá problemas para examinar todo tipo de datos durante horas. Es muy eficaz en la comunicación e igual de fiable, lo que significa que es del tipo que puede tomar decisiones críticas. Valore también estas profesiones: analista de datos, contable, investigador.

Recursos Humanos: No tendría problemas para revisar el más enrevesado de los planes de salud y resolver todos los planes de pensiones. Se le da bien estar al tanto de los registros de los empleados, así como averiguar sus complicadas necesidades. Sabe gestionar varias cosas a la vez y sabe priorizar con eficacia. Sería increíble en esta profesión, pero también podría considerar estas: ingeniero de sistemas, arquitecto cultural, director de operaciones.

Hipnotizador: Le encanta tener el control y está enamorado de la mente humana: el inconsciente, donde todo tipo de oscuras maravillas están al acecho para que las descubra. Puede trabajar con clientes que intentan romper con hábitos terribles o superar fobias. Mientras estén bajo hipnosis, deberá sugerirles algunas ideas que les ayuden a resolver estos problemas, o ayudarles a recordar cosas que han enterrado y escondido de su mente consciente, o incluso ayudarles a recordar sus vidas pasadas. Es el signo al que se recurre para todas las cosas ocultas y secretas. Considere también estas profesiones: astrólogo, médium, vidente.

Terapeuta sexual: Si alguien tiene problemas en el dormitorio que necesitan ser solucionados, es la persona más indicada para el trabajo. Imagínese: Oír todo tipo de secretos fascinantes, conocer las fantasías sexuales de la gente y todas las demás cosas embarazosas que la gente prefiere no compartir, y nada de eso le molesta. Al fin y al cabo, es usted Escorpio. Nada puede escandalizarle, y tiene el don de llegar al fondo de la cuestión. Usted, mejor que nadie, puede ayudar a sus clientes a resolver sus problemas de alcoba. También podría considerar estas ocupaciones: coach de vida, terapeuta ocupacional, urólogo, ginecólogo.

El empleado de Escorpio

Está muy decidido a hacer las cosas. Nunca se confunde con las cosas que quiere lograr ni con los medios que necesita para hacerlas realidad. Es el tipo de persona que se mueve con un sentido de propósito, manteniéndose firme en sus objetivos. Cuando le asignan una tarea, su jefe sabe que ya es un hecho. Usted se asegurará de que consiga lo que quiere, pase lo que pase.

Tiene una mente muy analítica. Tiene uno de los cerebros más perceptivos y agudos de todos los signos, aunque también es consciente de su verdadera naturaleza. Es el empleado que entiende lo que los demás piensan y sienten sin que tengan que decir una palabra.

Conoce lo que impulsa a sus colegas, o lo que les impulsaría a actuar si no se mueven con la fuerza o la rapidez que a usted le gustaría. Además, sabe cuáles son sus puntos débiles y sus puntos fuertes, y utiliza este conocimiento para conseguir que se esfuercen, ya sea para completar una tarea, para exigir una mejor remuneración o para cualquier otra cosa.

Tiene una gran confianza en usted mismo y en sus capacidades, por una buena razón. Los Tauro y los Capricornio pueden saber un par de cosas sobre la determinación, pero hay algo que le diferencia de estos signos: Sabe muy bien en qué es bueno y confía implícitamente en sí mismo para hacer lo que sea necesario.

No es de los que se engañan a sí mismos, y nunca se mentiría a sí mismo sobre sus debilidades, fortalezas y motivaciones. Su seguridad en sí mismo no tiene nada que ver con el ego, como en el caso de Aries, ni con el engrandecimiento, como en el caso de Leo. Está seguro de sí mismo porque se conoce objetivamente. No es el tipo de empleado que culparía a otros trabajadores por lo que sabe que es su propia culpa. En cambio, se propone arreglar las cosas y salir airoso.

Usted anhela el poder. Normalmente, esto lo motiva. Es la razón por la que hace todo lo que hace. No se trata de la necesidad de sentirse seguro, como los Tauro, ni de querer poner en práctica ideas increíbles, como los empleados de Acuario. Para usted, lo importante es el poder, es decir, su posición, su influencia sobre los demás y todo lo que conlleva ser el jefe o el que mueve y agita las cosas.

Su necesidad de poder marcará sus relaciones con sus compañeros de trabajo. Es la persona que lo intentará una y otra vez, a pesar de que le digan constantemente que "no". Es imperturbable ante el rechazo porque cree que tarde o temprano se saldrá con la suya. Tampoco se asusta por las rabietas y se alegra de permitir que la gente se salga con la suya porque sabe en su corazón que es usted quien realmente es fundamental para su éxito.

Como empleado de Escorpio, sabe muy bien que la forma de conseguir el poder es a través de su jefe, y por eso hará todo lo que este le pida. Si un compañero de trabajo le molesta, deberá vigilar sus espaldas. Es legendario cuando se trata de venganza y reivindicación, utilizando su aguijón fatal en todos los que cree que se lo merecen. No es probable que usted perdone un agravio, no importa cuánto tiempo haya pasado o cuántas veces haya recibido una disculpa. Cuando llegue el momento, ese compañero de trabajo se arrepentirá de no haber abandonado la empresa el día que usted asumió el trabajo.

Sería prudente que su jefe le tratara con dignidad y precaución, por muy complaciente que sea. Ya encontrará la manera de igualar su posición o de superarla. Lo último que ellos necesitan es estar en su contra.

Es muy hermético. En general, es reservado y cauteloso. Usted no se involucra en las relaciones sociales en el trabajo porque ama su privacidad, y no cree que sea necesario. De hecho, la mayoría de las veces opta por almorzar solo y por no hablar en la cafetería. No le atraparán ni muerto intentando organizar la fiesta de Navidad, eso está claro. Si alguien quiere llevarse bien con usted en el trabajo, sería prudente que no fuera a husmear en su vida social o personal.

Es tranquilo por fuera, pero siente las cosas intensamente. En el trabajo, solo deja traslucir una pizca de sus fuertes emociones, a menudo en un rápido destello de enfado o molestia o en una cálida mirada de agradecimiento. Es un profesional en ocultar lo que siente, y así continuará disimulando sus emociones.

Al fin y al cabo, es un empleado que tiene que gestionar su propio negocio: Convertirse en el número uno. Su tenacidad férrea, su mente aguda y su valor inquebrantable hacen que, dondequiera que trabaje, usted sea el activo más valioso de esa empresa.

El jefe Escorpio

Es muy decidido. Como jefe Escorpio, es valiente y tenaz, y estas son las cualidades que le han llevado a donde está. No tiene miedo de arriesgarse, incluso ante dificultades insuperables. Comenzará y terminará lo que empiece. No es del tipo de persona que opta por abandonar los asuntos en los que se ha metido, pase lo que pase. Por eso es el mejor en liderar a los demás, y es el mejor en afrontar las crisis de la empresa.

Debido a su valor y a su tenaz determinación, espera que los demás le den la misma energía. Nunca es indeciso ni tiene complejos a la hora de tomar decisiones difíciles. Avanza con una confianza bien fundamentada en sus capacidades. Para usted, no es un concurso de popularidad. Hará pasar a sus empleados por todo lo que crea necesario para sacar lo mejor de ellos.

Es extremadamente temperamental. Oscila entre las emociones extremas. En el trabajo controla mejor sus emociones que en el amor, pero a veces muestra estas emociones siendo muy crítico con un empleado que ha metido la pata mientras instantes después se deshace en elogios. No es como Libra, que mantiene el equilibrio y el aplomo. Es el tipo de jefe al que no le importa jugar con sus empleados si cree sinceramente que eso hará que hagan mejor su trabajo.

Es precavido y se aferra a sus secretos. No es como el jefe Cáncer o Libra que se pone a charlar con los empleados sobre su familia. Usted nunca les dará ni siquiera un indicio de lo que está pensando. No tiene sentido que sus empleados intenten conocer sus asuntos porque no conseguirán nada de usted y solo le molestarán.

Parece muy tranquilo y sereno, pero está lleno de todo tipo de emociones muy intensas. Su pasión no tiene límites, y es la razón por la que elige ser reservado para protegerse de quienes quieren explotar estas emociones. Nunca se sincerará a la vista de todo el mundo porque cree que eso le llevaría al desastre, al dolor y a la decepción.

Es extremadamente perspicaz. Sus poderes de percepción son incomparables y le ayudan a mantener el control de sus empleados. Es capaz de saber lo que quiere la gente con una precisión asombrosa. Puede llegar hasta el fondo del alma de los demás y entender lo que les mueve. Por lo tanto, tiene una tendencia natural hacia lo oculto y lo psíquico, especialmente si es mujer. Cualquiera que quiera impresionarle será mejor que sea honesto sobre sí mismo, ya que solo con sus ojos puede penetrar en el engaño al igual que un cuchillo caliente en la mantequilla, y detesta profundamente la deshonestidad.

Es posesivo y celoso. Con las personas que le importan, es muy posesivo. ¿Cómo se traduce esto en el trabajo? Bueno, más vale que su empleado se cuide cuando se trata de pluriempleo o de sus lealtades hacia quien usted considere "el enemigo", que podría ser una empresa o marca rival o alguien que esté compitiendo por su puesto.

Un jefe Libra puede demostrar ecuanimidad, pero nadie debe esperar que usted, el jefe Escorpio, entienda que la única razón por la que acaba de enfrentarse al jefe de un departamento de una empresa rival es que es la esposa de su hermano. O el empleado trata con usted y su empresa a solas, o dimite.

Si un empleado intenta alguna vez ponerse por encima de usted, será mejor que solo despeje su mesa. Es el tipo de jefe que se vengará si siente que le han traicionado o engañado, y no hay nada que no vaya a hacer para dar una lección al empleado infractor.

Trabajar para un jefe como usted puede ser un poco desalentador, pero sus empleados se lo agradecen porque pueden tomar prestada su determinación y su empuje cuando le observan trabajar. Solo tienen que ser honestos, trabajadores y leales, ¡y lo pasarán muy bien en la oficina junto a usted!

Obstáculos a los que se enfrenta Escorpio en el trabajo

Su carácter vengativo puede ser un problema. Debido a su naturaleza vengativa, puede encontrarse con algunos problemas en el trabajo. Esta misma actitud vengativa podría impedirle alcanzar la verdadera grandeza. Es necesario que aprenda a dejar de lado los agravios. No siempre se puede tener todo lo que se quiere, y es necesario hacer las paces con ese hecho.

Además, debe controlar la agresividad subyacente que se esconde bajo su exterior tranquilo y sosegado, porque de vez en cuando puede salir a la luz, y podría significar la diferencia entre avanzar en su carrera o quedarse estancado donde está.

No es un jugador de equipo. Cuando trabaja en un entorno solitario, no pasa nada, pero cuando trabaja con otras personas, su ambición combinada con su naturaleza reservada es perjudicial. Puede considerar a sus compañeros de trabajo como su competencia y aislarse de ellos. Deberá reducir su intensidad y dar una oportunidad a la cooperación. Puede que le guste. O no. No pasa nada.

Debe resistir el impulso de jugar sucio. No hay que endulzar este hecho: nadie es mejor, más astuto y diabólico que usted. Usted posee una *serie de trucos sucios* que tiene a su disposición durante varios días. Esto está muy bien cuando está en el campo de batalla, y es un general que se enfrenta a un enemigo formidable, pero necesita reducirlo para trabajar.

Por un lado, está desperdiciando todo ese increíble poder mental en tratar de vengarse y arruinar a otra persona. Tiene que darse cuenta de que, al final, no vale la pena. No cambiará lo que pasó, y lo único que logrará es hacer que todos los demás sean demasiado cautelosos a la hora de tratar con usted, tanto que se limitarán a mantener la distancia. Este no es particularmente el mejor ni el más productivo ambiente de trabajo en el que estar.

Por otra parte, debe tener cuidado de no perderse tanto en las constantes intrigas que se olvide de lo que más le importa: Asegurarse una posición mucho mejor en el trabajo. Al fin y al cabo, es necesario que la gente hable bien de usted, y si todo lo que hace es causar problemas, entonces podría despedirse de sus sueños de éxito.

Sea consciente de sus celos. A veces, las cosas no son lo que piensa, a pesar de lo astuto que es para juzgar las cosas y las personas. No le servirá de nada asumir una postura de todo o nada para tratar con sus colegas y jefes.

Debe comprender que los seres humanos son diferentes y complicados, y que no encajan perfectamente en las cajas que les ha asignado. Tendrán muchas motivaciones, relaciones, amistades y conexiones, y eso no tiene nada de malo. El hecho de que alguien sea amigo de otra persona en un departamento o empresa diferente, o que sea amigo de alguien a quien usted desprecia profundamente, no significa que pueda ir a por usted o que le haya traicionado.

Aprenda a estar en paz con el hecho de que no siempre será el número uno en la vida de todos los miembros de su tribu, ya sea esta una tribu personal o profesional. Todos tenemos muchas otras obligaciones, ¡incluso usted! Resista la tentación de deshacer esas otras conexiones que no aprueba, porque a la larga también alejará a las mismas personas que está tratando de mantener exclusivamente para usted. En el peor de los casos, su empresa le dará la patada cuando se entere de lo tóxico que ha sido, o si usted es el jefe, sus empleados podrían decidir que no hay suficiente dinero en el mundo que pueda tentarles a quedarse con usted.

La próxima vez que vea a un colega al que valora "confraternizando con el enemigo", deténgase, tómese un momento, cierre los ojos, respire profundamente, exhale lentamente y dígase a sí mismo que todo irá bien. Cuando la gente que le rodea se dé cuenta de lo complaciente que es, ¿quién sabe? Puede que descubra a algunas personas increíbles que nunca habría conocido si siguiera siendo celoso.

Capítulo 8: Compatibilidad sexual de los Escorpio

Los Escorpio son simplemente hipnóticos. Rebosan de puro magnetismo emocional y sexual. Son el único signo que hace que se enamore más rápido de lo normal, con su capacidad de ver a través de usted, hasta su núcleo, y ese asombroso control que tienen sobre usted sexualmente. Puede que usted caiga fácilmente en manos de los Escorpio, pero ellos no caen tan fácilmente en las suyas — y eso es a propósito.

El problema de ser Escorpio es que le resulta difícil confiar. Va a costar mucho que baje la guardia y deje entrar a alguien. Esto es, irónicamente, parte de su atractivo y lo que le da esa aura misteriosa a la que todo el mundo se siente atraído. No hay nada más sexy que el misterio que desprende. La gente se siente atraída por usted porque quiere saber qué se esconde bajo su aparente frialdad y tranquilidad.

La gente da por sentado que es del tipo de persona que es fría, siempre intrigante y calculadora. Esto está lejos de ser cierto. Simplemente no quiere que le hagan daño porque siente las cosas intensa y profundamente.

Su destreza sexual y su resistencia son material de leyenda. Cualquiera que haya estado en la cama con un Escorpio sabe que nada ni nadie podrá compararse ni ser tan bueno como usted. Se toma el sexo muy en serio; de hecho, podría decirse que el sexo es sagrado para usted. Significa entregarse al éxtasis como uno solo, y no se lo toma a la ligera. Además, es la forma en que es capaz de liberar y expresar la emoción que no deja salir fácilmente, por lo que la mayoría de los Escorpio necesitan tener mucho, mucho sexo.

Cuando están enamorados, se comprometen al cien por cien con la otra persona. Es muy devoto y muy leal. En lo que a usted respecta, esta es su última parada, y estará en ella para siempre. Su amor puede rozar la obsesión, y cuanto más inseguro sea (a menudo por haber sido traicionado en el pasado), más necesitará tener el control, y más permitirá que los celos se apoderen de usted.

Los Escorpio y la fidelidad

No le gusta ser infiel a quien esté con él. Desea la seguridad, por lo que valora la permanencia y el compromiso en sus relaciones. La única vez que se alejó fue cuando su pareja se fue a pescar a otro lago. No perdonará ni olvidará ese hecho sin cobrar por ello.

Escorpio y Aries

Ambos tienen mucho en común. Solo que tienen diferentes estilos de batalla. Mientras que Aries se apresura a entrar a matar, usted prefiere ir a lo lento. Se podría pensar que ambos no pueden funcionar porque Aries es fuego y usted es agua, pero no es tan malo. Ambos tienen una libido increíblemente alta, y eso puede hacer que haya mucha pasión entre las sábanas. Ambos experimentarán una lucha por el control debido a que están regidos por Marte, y puede que no estén dispuestos a rendirse el uno al otro. También tendrán muchos celos mutuos.

Escorpio y Cáncer

La pareja de Escorpio y Cáncer está bien compenetrada, ya que ambos son conscientes de lo que la otra persona necesita a nivel instintivo. Su conexión puede ser profunda e intensa. Ambos son muy apasionados, lo cual es genial porque significa que serán muy íntimos y cariñosos el uno con el otro. Sin embargo, en el momento en que surjan los celos o las inseguridades sexuales, las cosas pueden salirse un poco de control.

Escorpio y Libra

No es probable que congenien al principio. El Libra mantiene la cabeza fría la mayor parte del tiempo, por lo que puede no ser capaz de relacionarse con la intensa pasión y los celos del Escorpio. Estar con Libra significa que se pondrá muy celoso porque puede ser un poco indeciso cuando se trata de comprometerse sexualmente. A usted le gustan las discusiones sanas, pero a Libra no le gusta la confrontación, por lo que su amabilidad interminable le parecerá poco sincera e irritante. Sin embargo, una vez que ambos tienen una relación sexual estable, pueden llegar a ser bastante íntimos y cercanos el uno con el otro. Esto se debe a que ambos valoran la unión, y priorizan una relación que los absorba a ambos.

Escorpio y Capricornio

Los dos tienen mucho en común porque ninguno de los dos se compromete fácilmente en una relación. Los dos prefieren ir despacio y con calma. A Capricornio le puede parecer que su pasión sexual es demasiado intensa a veces. A usted, en cambio, le puede parecer que la cabra es demasiado distante y fría, sobre todo en el dormitorio. Sin embargo, ambos son muy serios en el amor, y con un poco de trabajo, pueden superar fácilmente sus problemas.

Escorpio y Tauro

Son una pareja increíble. Los dos mantienen un equilibrio de yin yang, lo que los convierte en un conjunto maravilloso. Tauro necesitará ser un poco más sensible, y usted, Escorpio, necesitará ser un poco menos sensible. Además, ambos necesitan aprender a controlar sus celos e inseguridades sexuales. Sin embargo, los dos están comprometidos y son leales el uno al otro, y pueden hacer que funcione.

Escorpio y Leo

Ambos tienen una gran libido. Esto puede hacer que las cosas sean increíbles en el dormitorio. Nadie puede acusar a su vida amorosa de ser aburrida. Sin embargo, ambos tienen una tendencia a querer controlar al otro, y no les resulta fácil entregarse plenamente al otro. El resultado es una batalla constante o una lucha de poder que puede convertirse en auténtica agresividad. Ambos son propensos a los celos cuando se trata de sexo, y usted en particular, Escorpio, puede volverse muy suspicaz y desconfiado.

Escorpio y Escorpio

Sexualmente, no se puede negar que son una pareja perfecta. Los dos son conscientes de lo que el otro quiere y necesita, y sus almas están entrelazadas de una manera inexplicablemente sorprendente. Los dos son apasionados, y esto significa que hay mucha química en el dormitorio. El único problema es cuando ambos se vuelven posesivos o se sienten inseguros sexualmente; entonces los problemas se descontrolan. Los dos quieren estar al mando, y a ninguno de los dos le interesa rendirse al otro. Sus mentes son siempre suspicaces, sus egos siempre vulnerables, y pueden desempeñar muchos juegos de poder cuando se trata de sexo.

Escorpio y Acuario

Sexualmente, ambos están muy desajustados al principio. El aguador tiene un punto de vista de tómalo o déjalo y no es partidario de estar atado. Esto es precisamente lo que hace que usted se ponga celoso e incluso se resienta. Para los Acuario, es demasiado manipulador y desean que los deje ser en lugar de ser tan posesivos. La única manera de que las cosas funcionen para ambos es si se relaja, Escorpio. Además, el portador de agua debe aprender a ser mucho más sensible a su vulnerabilidad y a su sensibilidad, que son muy profundas.

Escorpio y Géminis

Ambos no son realmente compatibles. Los Géminis son bastante coquetos. Pueden ser un poco inconsistentes y volubles con el amor. Ya lo sabe, sin duda, esto significa que se pondrá celoso más veces de las que le gustaría, y le molestará que le haga sentir así. En cuanto a los Géminis, piensan que usted es demasiado controlador y posesivo sexualmente. Cómo hacer que las cosas funcionen entre ustedes dos es sencillo: Los Géminis tienen que entender que es una persona profundamente apasionada y que no se anda con rodeos, por lo que tienen que ser respetuosos con sus sentimientos. Por su parte, Escorpio, puede intentar ser un poco menos intenso. Una propuesta complicada, pero si se lo proponen, pueden lograrlo.

Escorpio y Virgo

Tiene mucho en común con este signo de tierra. Ambos se toman en serio su relación y valoran la seguridad y la privacidad. Esto es estupendo. Claro, Virgo puede encontrar su intensidad emocional demasiado abrumadora, y el Escorpio puede pensar que es un mojigato distante y clínico, pero como ambos están dispuestos a tener una buena vida sexual, no hay ningún problema que no puedan resolver juntos.

Escorpio y Sagitario

Esta no es una pareja perfecta ni mucho menos. En primer lugar, los Sagitario tienen un caso grave de sed de viajes. Pueden ser coquetos con casi cualquier persona, y esto naturalmente causará que un Escorpio se ponga celoso y posesivo. La única manera de que las cosas funcionen entre ustedes es si Sagitario hace un intento consciente y continuo de frenar su entusiasmo por ser tan coqueto para respetar sus sentimientos delicados, mientras usted trata de entender que, si lo ama, no importa con quién coquetee, su corazón es suyo y solo suyo.

Escorpio y Piscis

Hacen una gran pareja. Ambos son conscientes de forma instintiva de lo que el otro teme y de lo que le hace sentirse inseguro. Ambos conectan a un nivel emocional muy profundo e increíblemente tierno. Más que los Piscis, valoran el aspecto físico del sexo. Los Piscis quieren más romance. Quieren más de su lado suave. Puede ser un problema cuando usted ve a su Piscis como nada más que un polvo fácil; usted lo puede intimidar para que haga su voluntad cuando sea. Sin embargo, por muy suaves que sean los peces, son escurridizos y le resultará difícil inmovilizarlos.

Capítulo 9: El signo lunar

Además de su signo solar, su signo lunar es igual de importante en astrología, ya que básicamente afecta a las partes de su personalidad más intrínsecas. Influye en la forma en que se ve a sí mismo. La Luna tiene que ver con los sentimientos, el instinto y el inconsciente. Contrasta con el Sol, que tiene que ver con su voluntad. Según Evangeline Adams, mientras que su signo solar muestra su individualidad, su signo lunar muestra su personalidad.

Para los astrólogos, el Sol es una fuerza vital, mientras que la Luna es una fuerza inherente. La Luna controla los aspectos, que reaccionan antes de que usted se tome el tiempo de pensar en su reacción.

Usted es el único que puede ver su personalidad lunar o su comportamiento instintivo, que se nos ha socializado para mantenerlo oculto por ser "incivilizado" o "bruto" o "primitivo". Por lo tanto, su personalidad lunar es la parte de su personalidad que usted y los demás considerarían bastante perturbadora. Es la parte que se entrega a las emociones y pensamientos negativos con un abandono temerario. Es la parte de nosotros que no estamos dispuestos a admitir que existe.

La luna también es responsable de su comportamiento espontáneo. Es la parte de usted que es honesta con su felicidad y placer, y la que siempre responde a los estímulos emocionales. Influye en la parte de usted que quiere jugar bajo la lluvia, rodar por una colina, arrancar una manzana de un árbol y comerla allí mismo. La Luna domina todas las cosas sensoriales, como los cinco sentidos físicos.

El simbolismo de la Luna en la astrología es un poco críptico. Se trata de sus reacciones e instintos desde que era un bebé hasta un niño pequeño. Es una representación de sus sueños, su pasado y sus recuerdos, que se unen para crear su psique interior.

Según la astróloga Landis Knight Green, la Luna es básicamente una expresión de su subconsciente. Está en contacto con su signo lunar cuando sueña despierto y también cuando duerme. Tiene poder sobre sus emociones, lo que significa que gobierna sus relaciones románticas. Si es una mujer con su Luna en el mismo lugar que el Sol de su hombre, tendrá una relación equilibrada. Su signo lunar es otra de las razones por las que se diferencia de los demás escorpianos.

La Luna de Escorpio

Al nacer con la Luna en Escorpio, es del tipo de persona que está bien en contacto con las partes más oscuras de la psique humana. Es consciente de las cosas que se ocultan a los demás, pero este don puede ser una carga pesada de llevar.

Como Luna de Escorpio, es muy consciente de las palabras que no se dicen. Nadie hace el subtexto mejor que usted. No hay nadie que pueda engañarle y, por muy apasionado que sea, está increíblemente anclado a la realidad.

Es reservado y nunca quiere acercarse demasiado a nadie, sobre todo si ha tenido mala suerte en el amor. La ansiedad que siente podría considerarse de vida o muerte. Esta es la razón por la que no tiene tanto interés en lanzarse al amor con todo.

Cuando pertenece a la Luna de Escorpio, puede ser difícil para usted ser tan intenso como el Sol de Escorpio en el día a día. Debido a esto, la gente le teme. Y por ello, mantiene todas sus emociones encerradas.

Cuando no puede expresar lo que siente, se bloquea emocionalmente, y este bloqueo se manifestará en su cuerpo. En general, se enferma; a menudo, es una enfermedad relacionada con el estómago, ya que la Luna controla el estómago.

Para los miembros de la Luna de Escorpio, nada menos que un compromiso total a nivel del alma es suficiente en la vida. Sin embargo, siempre se involucran en relaciones amorosas tan apasionadas como dramáticas. Necesitan encontrar esa misma pasión en otros aspectos de su vida.

Son muy sensibles a todos los que les rodean, asumiendo sus estados de ánimo, tanto los buenos como los malos y los neutros. Son vulnerables a los ambientes oscuros, estancados, pesados, tóxicos y de baja energía espiritual. Es importante que halle tiempo para purgar las emociones negativas que siente a lo largo del día. Con el tiempo y la práctica, aprenderá a confiar en sus instintos con las personas y las circunstancias.

Las aguas más tranquilas y profundas

Cuando se tiene la Luna en Escorpio, a menudo se intenta aparentar que se tiene todo bajo control y que todo está bien. Sin embargo, bajo esa fachada se esconde una gran intensidad melancólica. Siente demasiado, y le asusta que alguien lo sepa. Sus amigos y familiares saben que no deben demostrarle demasiado.

Es reservado y se pierde en todas las emociones que siente. Cuando no es consciente de sí mismo, puede llegar a ser tragado por la fuerza de las emociones en su interior. Puede perderse en la venganza, los celos y el resentimiento. Es un poco complicado para usted tener que reprimir sus sentimientos, lo que hace que sean demasiado poderosos para mantenerlos encerrados en su interior. Aprenderá, si aún no lo ha hecho, que la mejor manera de domar su agresividad interior es dejar que los sentimientos salgan.

Es una persona que comprende totalmente la condición humana, por lo que es un excelente detective criminalista o dramaturgo. Destacará en cualquier carrera en la que se necesite su perspicacia. Además, tendrá éxito.

Con el romance y el trabajo, debe tener todas las vías posibles para expresar sus muchos e intensos sentimientos desde la profundidad de su reserva emocional. Ganar su confianza podría llevar años y muchos intentos de derribar sus muros.

Como es un signo fijo, no deja ir fácilmente a las personas que valora. Se aferra fuertemente a los pocos de confianza que se han convertido en parte de su tribu. Sabe cómo conectar con la gente a un nivel profundamente emocional, y sabe que necesita las conexiones que establece para sentirse seguro y protegido frente a sus emociones.

Como Luna de Escorpio, ama a las personas dispuestas a explorar la vida junto a usted en profundidad. Le encanta ayudarles a ver la verdad sobre ellos mismos. Para usted, la verdad importa por encima de todo. Usted prefiere enfrentar una verdad fea que tratar de disfrazarla para que nadie salga herido, porque entiende que ser deshonesto solo conduce a más dolor y daño de lo que la honestidad podría causar a largo plazo.

Su sexualidad es poderosa. Todo el mundo puede sentirla. A veces, los deseos pueden llegar a ser muy primarios y hacer que sea muy difícil mantener la fidelidad emocional. Sin embargo, estar en una relación con usted es increíble porque proporciona confianza y sensualidad a raudales. Puede ser vengativo, malhumorado, reservado y resentido, pero, por otro lado, está lleno de ambición, es intenso, sensual, intuitivo e imaginativo.

Algunas personas no están contentas con su forma de ser con las emociones. Puede que sienta que nadie le entiende. Puede ser que se desprenda de las circunstancias en las que se encuentra o que intente controlar a los demás, pero solo es porque no quiere que le hagan daño porque es muy vulnerable. Un Escorpio menos consciente de sí mismo se encontrará arremetiendo contra las personas que le rodean o volviéndose resentido y celoso. Si este es su caso, entonces necesita tomarse un tiempo para reflexionar. Necesita encontrar formas saludables de liberar sus intensas emociones. La única manera de estar verdaderamente en paz es permitirse estar emocionalmente abierto.

Tiene un corazón cariñoso y es leal. Está en contacto con otras personas a nivel psíquico. La gente se siente atraída por usted; acuden a usted con su dolor y sus secretos más oscuros. Como gran amigo, les ofrece todo lo que percibe, lo que realmente necesitan para sentirse mejor emocionalmente. Usted maneja las crisis mejor que nadie.

Famosos con Luna en Escorpio

1. Thandie Newton
2. Nia Long
3. Bob Marley
4. James Dean
5. Alfred Hitchcock
6. Jason Momoa
7. Katy Perry
8. Mila Kunis
9. Eddie Murphy
10. Snoop Dog
11. Francis Ford Coppola
12. Beyonce
13. MIA
14. Alexa Chung

Capítulo 10: Ascendente en Escorpio

Cuanto más se habla de astrología, mayor es el avance más allá de sus signos solares para conocerse mejor a sí mismos. La gente se fija en sus signos lunares, revisa sus cartas natales y mucho más. Sin embargo, no todo el mundo sabe lo que es un signo ascendente, así que nos sumergiremos en ello ahora mismo.

Todo sobre los signos ascendentes

El Sol suele estar en cada signo durante 30 días, mientras que la Luna pasa solo dos días y medio en cada uno. El signo ascendente obtuvo su nombre por su significado, ascendiendo justo en el horizonte cuando usted nace. Necesitará saber su hora exacta de nacimiento en lugar de una estimación para tener una carta natal adecuada.

Mientras que el Sol muestra su ser más profundo, y la Luna muestra sus emociones internas, el ascendente o signo ascendente es la forma en que ve el mundo, o la primera impresión que se lleva la gente cuando le conoce. Cuanto más le conozcan, más verán el resto de su personalidad. Esto ocurre con el tiempo.

Piense en su signo ascendente como una máscara que lleva puesta o un pasillo con muchas habitaciones. Este signo ascendente también define su planeta regente, que es el que alimenta la energía de su signo. Cuando los astrólogos consideran las casas, los signos y los planetas, también tienen en cuenta el regente de cada casa, signo o planeta. Hay mucho más que solo su luna, sol y signo ascendente. Así que, cuando no se identifique con ningún signo solar, recuerde que hay otras cosas que considerar.

Cómo encontrar su signo ascendente

Una vez más, la única forma de conocer su signo ascendente es saber la hora exacta en que nació. Eso significa que debe obtener su certificado de nacimiento en formato completo para saber cuándo fue.

Cuando lo tenga, puede dirigirse a Astro.com, donde puede obtener un cálculo preciso de sus signos lunares, solares y ascendentes. También lo podrá hacer con aplicaciones en su teléfono, como Time Passages y Costar.

Debe recordar que la astrología tiene muchos matices. Por eso, puede que no concuerde del todo con la descripción de su signo ascendente, pero eso es solo porque hay muchas otras partes móviles que hay que tener en cuenta. Tiene que pensar en la casa que ocupa su planeta regente, entre otros factores como la posición de los planetas cuando nació. Hay muchas combinaciones y posibilidades.

Ascendente en Escorpio

Como ascendente en Escorpio, es usted seductor, tranquilo y misterioso. Es encantador, pero no siempre se trata de un encanto sexual. Bajo su superficie siempre ocurren muchas cosas, y a la gente le encantaría saber de qué se trata. Es intenso por buenas razones. Hay cosas por las que ha pasado que le hacen levantar muros, sobre todo si hay otros factores de Escorpio que le influyen, por lo que tarda en abrirse lo suficiente para que los demás le conozcan.

Tiene un instinto animal muy astuto y agudo. Es apasionado y tiene una fuerza interior que puede canalizar hacia la regeneración y la curación, según lo necesiten usted u otras personas o incluso la sociedad. Su voluntad es fuerte, poderosa, y a la vez tranquila y discreta. Sin duda, es una fuerza con la que no hay que meterse. Conoce el dolor de la gente de forma intuitiva, y es muy bueno para curar, o herir, si se cruzan con usted. Confíe en sus instintos y alcanzará las más grandes metas. Sus planetas regentes son Plutón y Marte.

Escorpio ascendente y Marte en Aries: Marte está en el signo de Aries, que es valiente, motivado e independiente. Lidera y abre caminos para que otros los sigan. Es audaz y original. Es un guerrero, feroz en la competición, posee instintos asesinos que debe moderar con amabilidad, aunque tenga buenas intenciones. Su lado oscuro es egoísta, despiadado y utiliza la fuerza extrema.

Escorpio ascendente y Marte en Tauro: Marte está en Tauro, que es productivo, sensual y fértil. Lo suyo es la sensualidad, satisfacer sus deseos y apetitos. Le encanta disfrutar de la vida como de un gran festín, pero la mejor manera de experimentar la felicidad es que no se entregue a sus antojos ni se exceda. Es usted firme en su voluntad, muy decidido, y posee la resistencia que necesita para hacer realidad sus sueños. Tiene mucho éxito. El ser obstinado y no estar dispuesto a cambiar o dejar ir puede ser problemático para usted, así que tenga cuidado con eso.

Ascendente en Escorpio y Marte en Géminis: Marte está en Géminis, que es diestro, inteligente y hábil. Es muy hábil con las manos y posee los más agudos reflejos. Es bueno con el lenguaje y este juega un papel importante en su destino. Su yo en la sombra es intrigante, astuto, sagaz y egoísta. Tiene el don de la palabra y puede utilizarla para sanar.

Ascendente en Escorpio y Marte en Cáncer: Marte está en Cáncer, que es emocional y llena el alma. Su sensibilidad es profunda. Es muy protector con los animales, los niños y la vida en general. Es empático por naturaleza y puede conectar con su entorno a nivel emocional. Es apasionado y muy sensual. No le resulta fácil comunicar, entender o articular sus sentimientos para que tengan sentido intelectual o racionalmente. Le resulta más fácil comunicarse utilizando la música.

Ascendente en Escorpio y Marte en Leo: Marte está en el confiado, orgulloso y siempre radiante Leo. Tiene mucha fuerza de voluntad y sería un gran líder, capaz de influir en miles de personas gracias a su magnetismo. Tiene una fuerza vital fuerte e intensa, que, junto con su enfoque constante, le ayuda a llevar a cabo sus nobles ideales. Debe hacer uso de su poder personal de la manera correcta. Su yo en la sombra puede ser tiránico.

Ascendente en Escorpio y Marte en Virgo: Marte en Virgo significa que le interesan las habilidades especiales, el servicio, los conocimientos técnicos y el conocimiento en general. Le interesan las ciencias de la salud, la medicina, la química y la biología. Es muy astuto en sus observaciones y analiza bien las cosas. Su trabajo es siempre eficiente y minucioso, sobre todo por su obsesión. Cuando no está equilibrado, se preocupa demasiado y es crítico consigo mismo y con el mundo. Generalmente es la fuerza detrás de un rey o actúa como un astuto consejero.

Ascendente en Escorpio y Marte en Libra: Tiene el deseo de cooperar con los demás. Le encanta trabajar en equipo y siempre encuentra la manera de equilibrar las necesidades de todos, incluyendo las suyas. Sus acciones se deben a su necesidad de conexión, belleza y armonía. Debe tener cuidado con reprimir sus deseos y no actuar por su propio bien, ya que esto puede llevar a conflictos y a una ira oculta. Mantenga la honestidad en todo lo que haga y en lo que se proponga, y no intente hacer realidad sus objetivos a escondidas o utilizando a los demás. Acérquese a ellos y elija ser siempre justo.

Ascendente en Escorpio y Marte en Escorpio: Es uno con las fuerzas primarias de la naturaleza. Necesita permanecer conectado a la naturaleza de una manera incivilizada, cruda y salvaje. Emite las energías de la muerte y el nacimiento, la destructividad y la creatividad, y entiende por qué ambos extremos del espectro son esenciales. Su presencia física es palpable, y está lleno de pasión y vitalidad, que puede utilizar para bien o para mal. Conoce su poder y aprende lo que significa tenerlo y utilizarlo. Este puede ser su fuerza, y puede curarle a usted y a los demás. Para usted, lo que más importa es la intensidad de la experiencia, y no su permanencia.

Ascendente en Escorpio y Marte en Sagitario: Es aventurero, expansivo y enérgico. Le gusta el futuro. Le atrae el riesgo y le encantan los desafíos. Cuanto más peligrosa sea la búsqueda, mejor. Es filosófico e idealista y utiliza sus convicciones y su necesidad de justicia para controlar sus instintos. Lo suyo es la pasión y el celo. Cuando no está equilibrado, se vuelve santurrón, celoso y temerario. Cuando está en su mejor momento, le encanta explorar e inspira a los demás. Para usted, hay mucha alegría en la aventura y en la exploración de la vida.

Ascendente en Escorpio y Marte en Capricornio: Es ambicioso, práctico y terrenal. Le encantan las metas que son tangibles y los logros materiales. Entiende el funcionamiento del mundo y siempre calcula antes de ponerse en marcha para hacer realidad su objetivo. Tiene una gran ética de trabajo, autodisciplina y abnegación. Puede convertirse en un adicto al trabajo. Para usted, su ambición en términos de carrera es más importante que cualquier otra cosa. También puede ocupar un lugar de autoridad si lo desea.

Ascendente en Escorpio y Marte en Acuario: Le gusta lo colectivo. Es poco convencional y un pensador libre. Le interesa regenerar la sociedad tal y como la conocemos. Conoce los problemas que aquejan a la humanidad y sabe cómo crear las soluciones más innovadoras, ya sea por su cuenta o con otros. El mejor papel que puede desempeñar es el de líder de un grupo, el de disidente o el de reformador.

Ascendente en Escorpio y Marte en Piscis: Visionario, soñador e imaginativo es lo que le describe. Es abierto espiritualmente, lo que significa que puede conectar fácilmente con otros reinos o entrar en estados alterados de conciencia. Utiliza el arte o la visualización para curarse a sí mismo y a los demás. No es bueno para usted el consumo de sustancias tóxicas como el alcohol, ya que le hacen sentir impotente y confuso. Tiene increíbles habilidades psíquicas, que pueden llegar a ser aún más prominentes si así lo desea.

Ascendente en Escorpio y Plutón en Aries: Tiene pasión por ser un héroe y un personaje por sí mismo. Es libre. Es un temerario. Es audaz y posee una arrogante confianza, que podría ser su perdición si no tiene cuidado.

Ascendente en Escorpio y Plutón en Tauro: Es obstinado, voluntarioso, inflexible. Está obsesionado con la economía, la riqueza y el dinero. Esto podría dictar su destino.

Ascendente en Escorpio y Plutón en Géminis: Necesita entender a todos y a todo. Valora la educación y el intelecto. Por lo general, se siente impulsado a usar la cabeza.

Ascendente en Escorpio y Plutón en Cáncer: Necesita dejar de lado todos los viejos condicionamientos y los surcos familiares en los que se encuentra. Necesita dejar ir todas las cargas que el viejo mundo ha puesto sobre sus hombros para que pueda regenerarse y usar sus poderes para el bien.

Ascendente en Escorpio y Plutón en Leo: Tiene que dejar de lado su deseo de adular a los que son carismáticos. Tiene que dejar de amar tanto el poder. Entra en la autoglorificación, utiliza mucho la voluntad propia y presta atención solo a usted y a sus deseos. Debe lidiar con esto si quiere alcanzar sus más grandes ideales.

Ascendente en Escorpio y Plutón en Virgo: Desea la perfección. Siente que debe purificarse, y esta necesidad puede volverse un poco obsesiva. Siente culpa por muchas cosas, tanto si los males son reales como si están en su cabeza. Se le da muy bien la perfección, la pericia técnica y el análisis en profundidad de todo. Su trabajo es siempre muy preciso.

Ascendente en Escorpio y Plutón en Libra: Desea la igualdad, la justicia y la equidad. Desea el equilibrio. Usted ve la corrupción y la injusticia, y desea sacar esto a la luz para que pueda terminar. También le preocupa la forma en que el equilibrio de poder se desarrolla en sus relaciones personales.

Ascendente en Escorpio y Plutón en Escorpio: Puede ir a las profundidades más oscuras solo para dar al mundo algo de luz, conciencia y curación. Cuando utiliza sus poderes para obtener beneficios egoístas, siente que está solo y se convierte en su peor adversario. Sabe de exaltación, de profundidad, y de cosas que son horribles. Puede que sea el mejor de los sanadores, quizás incluso un chamán, si su corazón está en el lugar correcto.

Ascendente en Escorpio y Plutón en Sagitario: Necesita revisar, limpiar y llevar sus creencias sobre cómo funciona la vida aún más lejos. Necesita deshacerse de su inherente dogmatismo y exceso de celo, y de sus convicciones sesgadas, para poder alcanzar la más alta de las posiciones.

Ascendente en Escorpio y Plutón en Capricornio: Puede romper y reconstruir la sociedad, desde las empresas hasta el gobierno. Quiere deshacerse de la hipocresía, la corrupción y la avaricia, y no hay nadie más adecuado para esta labor que usted. Tiene una voluntad muy fuerte, y necesita apaciguarla con amabilidad y humildad.

Conclusión

Querido Escorpio, ¡es usted increíble! Que conste. Es el único signo del zodiaco que a menudo es incomprendido, así que mi más sincera esperanza es que haya podido ayudarle a usted y a los demás a entender cómo es realmente. Nadie podría igualar la intensidad de los sentimientos de su corazón, y esto es algo grandioso cuando está en su punto más amoroso, dispuesto a permitirse ser vulnerable y abierto.

Ama todo lo que tiene que ver con lo que es y nunca tiene que disculparse por ello. Esto no es un pase para que sea una persona de mierda cuando esté en su peor momento. Simplemente quiero decir que cuando se siente decaído, debe recordar sus mejores cualidades y aspirar a "reforzar sus puntos fuertes", por así decirlo.

Aprenda a confiar más en la gente. Lo cierto es que la gente puede y seguirá decepcionándolo. Al fin y al cabo, somos humanos y no existe el signo solar, lunar, la casa o el decanato perfecto. Así que esté dispuesto a confiar, porque cuanto más confíe, mejor será su intuición para descubrir quién es el adecuado para su tribu y quién no.

Por fin hemos llegado al final de este libro y, con un poco de suerte, ahora tiene una comprensión más profunda y clara de quién es usted realmente. ¡No hay nada malo en usted, querido Escorpio! ¡Es increíble, así que asúmalo!

Novena Parte: Sagitario

La guía definitiva de un signo zodiacal sorprendente en la astrología

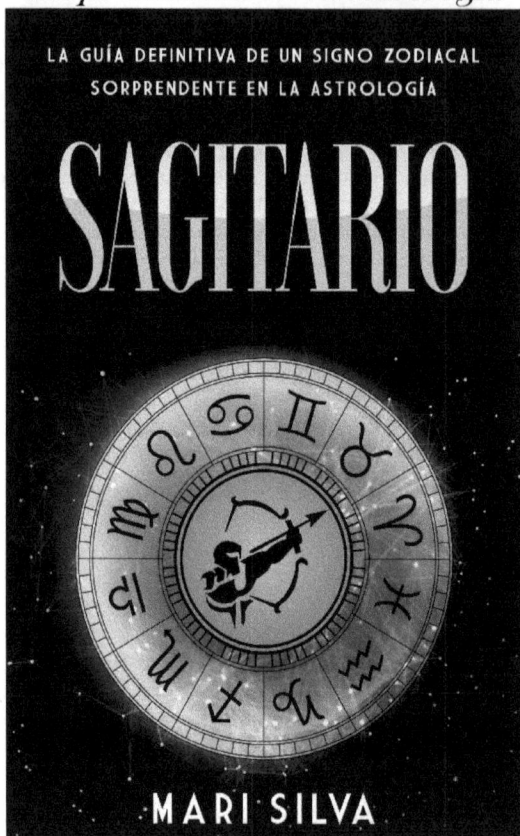

LA GUÍA DEFINITIVA DE UN SIGNO ZODIACAL
SORPRENDENTE EN LA ASTROLOGÍA

SAGITARIO

MARI SILVA

Introducción

Los misterios del zodiaco nos rodean, pero en lo más profundo de nuestra personalidad, nuestros signos solares nos conectan con el universo. Si es Sagitario o conoce a uno, puede sumergirse en las profundidades del apasionado signo de fuego con esta guía. Nuestra guía completa explora lo que significa ser un Sagitario, cómo le afectan los movimientos planetarios y qué desafíos encontrará a lo largo de la vida. Tendrá la oportunidad de entender más sobre Ofiuco, el signo evasivo que reside en su casa y explorar el contexto de haber nacido en la Novena Casa del zodiaco y estar regido por Júpiter.

Como Sagitario, es posible que haya notado fortalezas y debilidades clave. Aprenda más sobre lo que significan para usted en la vida diaria, y cómo puede abordarlos de frente. A los sagitarianos les encanta explorar, vagar, aprender y decir lo que piensan. Puede vivir su mejor vida y alimentar estos aspectos de su personalidad central. Los sagitarianos tienen la oportunidad de gobernar el mundo y llevar a un grupo fuerte de amigos diversos hacia adelante a través de la vida como guía y mentor. Como líder natural con una profunda pasión por la libertad, encontrará que la gente se acerca a los Sagitario por diversas razones. Con un mayor conocimiento de sí mismo o del nativo de Sagitario en su vida, adaptará su enfoque a los diversos obstáculos de la vida y utilizará sus puntos fuertes para seguir avanzando hacia el futuro con la clásica mentalidad positiva sagitariana.

Capítulo 1: Sagitario en el zodiaco

Hace más de 4.000 años, una combinación de creencias generales se unió. Los romanos, los egipcios y los antiguos babilonios habían trazado de forma independiente los cielos con los mismos hallazgos. Cuando Roma y el antiguo Egipto se unieron, combinaron sus hallazgos para trazar las estrellas con una base matemática y científica. Este fue el nacimiento de la astronomía. Estas civilizaciones unieron sus mitologías y su comprensión de los cielos para dar lugar al zodiaco que conocemos hoy. A lo largo de muchos miles de años de investigación y seguimiento de los movimientos planetarios, y de los rasgos y cambios de personalidad, la astrología acabó separándose de la astronomía.

Las tres civilizaciones identificaron las 12 casas y las 12 constelaciones que regirían el zodiaco en los miles de años siguientes. Este es el mismo zodiaco que conocemos y utilizamos hoy en día. La astrología desempeña un papel importante en nuestras vidas, independientemente de que la gente crea o no en ella. Todos estamos juntos en el universo, y aquellos que entienden y reconocen la amplia red de conexión pueden comprender sus puntos fuertes, superar las debilidades y planificar su vida diaria para obtener los mejores resultados posibles.

La astrología ha sufrido altibajos a lo largo de los siglos, pero siempre ha estado presente en nuestras sociedades. Incluso cuando la creencia estaba en su punto más bajo, el zodiaco y la época del año en que nacemos influyen en nuestra personalidad y en nuestra vida cotidiana.

En este libro, podrá explorar el signo zodiacal de Sagitario y lo que significa vivir como sagitariano. Este libro no es exclusivo para los nacidos en este signo. Puede ayudar a cualquiera a entender mejor a un amigo, hermano, hijo, padre, pareja romántica o incluso compañero de trabajo sagitariano.

Aquí tendrá acceso no solo a una mirada en profundidad sobre Sagitario, sino al impacto de los movimientos de los planetas, y los signos lunares, los signos ascendentes, así como las dos formas de cúspides sagitarianas.

Orígenes mitológicos de Sagitario

Los orígenes míticos de Sagitario varían desde la creencia babilónica, la romana, la griega y la mitología sumeria. Es fácil ver una conexión entre cada historia y cómo puede haberse adaptado a lo largo de los años. También hay claras similitudes que juegan en las creencias detrás de la personalidad de Sagitario, aunque cada civilización tenía un ángulo diferente cuando se revisó la personalidad.

Entre la mitología babilónica, Sagitario fue reconocido como el dios *centauro* Nergal. Sagitario entre los babilonios tenía un cuerpo similar al de un caballo, un torso similar al de un humano, alas, el escorpión de un Aguijón situado sobre la cola del caballo, y dos cabezas, una humana y otra de pantera. Nergal se muestra a menudo representando la guerra y la tierra quemada.

Los romanos tenían un enfoque diferente de Sagitario. Utilizaron la raíz de la palabra Sagitta, que significa flecha. Al principio, muchos observadores identificaron una tetera entre la constelación, pero finalmente, el arco y la flecha del arquero se impusieron, y la constelación fue declarada Sagitario.

Eratóstenes, uno de los astrónomos más conocidos de la historia, insistió en que la constelación era un sátiro y no un centauro. Este era otro término para Sagitario porque fue a través de la narración que se formó el motivo del centro que conocemos ahora. La leyenda de Sagitario entre la mitología romana es que Crotus era el hijo de Pan, y que vivía en la cima del monte Helicón e inventó el tiro con arco. Finalmente, Sagitario fue colocado entre las estrellas cuando las musas se lo pidieron a Zeus.

La conexión entre las musas y Sagitario aparece de nuevo en la mitología griega. Sagitario se sigue mostrando como un centauro o como una criatura mitad humana y mitad caballo. Pero en la mitología griega, el centauro era un enfermero de las musas, y hacía de vigilante cuidadoso para custodiarlas. Se identifica a Sagitario apuntando su flecha hacia el corazón de Escorpio. Esta historia es como las creencias entre la mitología sumeria.

Aspectos básicos de ser un Sagitario

¿Qué hace a un Sagitario? Los sagitarianos nacen entre el 22 de noviembre y el 21 de diciembre. Son el noveno signo dentro del círculo zodiacal, y están simbolizados a través del Arquero, que apunta con su arco a los reinos superiores de la vida.

Para ofrecer una visión clara, aquí están los elementos más presentes y contundentes dentro de Sagitario:

- Signo de fuego
- Modalidad mutable
- Dualidad asertiva
- Novena casa del zodiaco
- Regido por Júpiter
- Los colores del poder son el azul y el púrpura
- Representa los riesgos potenciales para la salud en el hígado, las caderas y los muslos
- Se representa como el clavel
- Las piedras incluyen la turquesa, el circón azul, el topacio y el citrino

En general, los sagitarianos son las personalidades más curiosas y enérgicas del zodiaco. También son conocidos por su amor a los viajes, su mentalidad abierta y sus fuertes opiniones filosóficas. Son las personas que se hacen las grandes preguntas. Quieren conocer el sentido de la vida y explorar su propósito.

Por supuesto, ésa es la imagen general de un Sagitario. A nivel personal, suelen ser extrovertidos, entusiastas, fáciles de emocionar, optimistas y disfrutan del cambio. Su modalidad mutable, unida a su elemento fuego, los hace extremadamente apasionados por lo que les espera.

La modalidad mutable es lo que les hace estar tan entusiasmados con el cambio. Al mismo tiempo, el elemento fuego les da ese impulso para buscarlo más que los otros elementos con la misma modalidad. Sagitario no es una guerra entre ninguno de sus factores presentes, como su modalidad, elemento, planeta o casa. Todos estos factores se conjugan muy bien para Sagitario, por lo que es probable que se sientan en paz dentro de sí mismos la mayor parte del tiempo, pero es posible que tengan un par de años difíciles en la adolescencia mientras aún están descubriendo esto.

Como nota final para la visión general de Sagitario, valoran la libertad por encima de todas las cosas. Ese amor por la libertad se muestra mejor a través del famoso sagitariano John Jay. Jay se encuentra entre los doce padres fundadores más conocidos de los Estados Unidos y fue el primer presidente del Tribunal Supremo de los Estados Unidos. Ayudó a liderar los cambios que formaron a Estados Unidos tras la guerra de la Independencia y, en 1799, demostró que era un defensor del cambio generalizado al liberar a todos los esclavos de Nueva York. John Jay es un ejemplo, pero la historia tiene innumerables figuras que destacan por dar el máximo valor a la libertad, la honestidad y el cambio.

Nacido con Júpiter

Uno de los aspectos más definitorios de los sagitarianos es que han nacido bajo Júpiter y lo estrechamente que eso conecta con su elemento fuego. El planeta Júpiter es el mayor de los cuerpos celestes, excluyendo el sol. Muchos en astrología idealizan a Júpiter por su naturaleza benévola y benéfica. Este planeta aporta mucha esperanza a los sagitarianos.

Júpiter representa el crecimiento, la expansión, la curación, los milagros, la buena fortuna y la educación superior. Para los sagitarianos, este planeta marca el núcleo de su personalidad, y a menudo significa que ven el mundo a través de esas clásicas gafas de color rosa. Júpiter es la razón por la que muchos sagitarianos experimentan niveles tan altos de entusiasmo y optimismo.

El mutable de los signos de fuego

Los signos mutables llegan en la época del año en que el cambio es inminente. Por supuesto, el fuego es el elemento de la pasión, y después del otoño, hay una pasión por el cambio para entrar en la estación de la calma, la muerte y el renacimiento. Los sagitarianos no tienen miedo de enfrentarse a las dificultades o a los tiempos difíciles. Seguirán adelante y mantendrán el rumbo, sabiendo que el cambio es lo único que acabará con las dificultades que tienen delante.

Este profundo deseo y la aceptación de que el cambio llega de muchas maneras contribuyen al optimismo sagitariano. Los sagitarianos esperan con ansia el invierno y lo ven como una estación con propósitos. No ven el invierno como la estación de las penurias, sino que lo ven como el puente para llegar a la primavera, el nacimiento y la revitalización.

Sagitario: el último signo de fuego

Cada elemento presenta un trío de signos zodiacales, y el lugar que ocupan los signos dentro de ese trío indica cómo impacta ese elemento en ese signo. Sagitario es el último de los signos de fuego. Le preceden Aries y Leo. Para contextualizar, las áreas como primer signo de fuego son como la ignición de un fuego o ese lento crepitar que se produce con el encendido. Leo suele representar el fuego en su forma más pura.

Sagitario es el último signo de fuego que presenta algo edificante, es la combustión lenta, y es a través de esto que los sagitarianos a menudo pueden llevar a cabo hazañas monumentales. Se entrenan para tener largos tramos de energía en lugar de las ráfagas cortas de energía o los niveles de energía moderados y el descanso que vienen con Leo. De los tres signos de fuego, son conocidos por su generosidad, y superan tanto a Leo como a Aries cuando se trata de ser generosos y trabajar con buenas intenciones.

Como signo de fuego, suelen ser más compasivos y tienen una comprensión más profunda de la condición humana. A menudo se ven obligados a dar más de lo que pueden y se debaten entre el deseo de ser más generosos y su capacidad para hacerlo.

El nivel de generosidad de Sagitario suele sorprender a otros signos. Los sagitarianos suelen dar mucho más de lo que la gente ve, y a diferencia de Aries y Leo, no se apresuran a saltar por el reconocimiento de su generosidad. Incluso pueden parecer vacilantes a la hora de comprometerse o llevar a cabo planes, y eso se debe a que se han saturado de obligaciones queriendo ofrecer su tiempo y energía. También está muy extendida la idea de que Sagitario es nuestro huidizo o poco comprometido. Su fugacidad es su deseo de cambio, y su actitud no comprometida a menudo expone sus sentimientos u opiniones subyacentes sobre esta persona. Si un Sagitario puede aportar su tiempo, energía o dinero, entonces su fugacidad y su nivel de compromiso pueden cambiar drásticamente.

Hombres y mujeres sagitarianos

Los signos de fuego presentan mayores diferencias entre hombres y mujeres que los demás elementos. Con los signos de tierra, se puede garantizar que ambos sexos tienen bastante fundamento. Los signos de fuego arden de diferentes maneras.

En primer lugar, los hombres de Sagitario son clásicamente idealistas y oportunistas. Exudan esta inocencia y pueden resultar molestos o infantiles. A menudo trabajan en la fe ciega y confiar en casi cualquier persona, que puede causar un montón de resultados desafortunados, especialmente cuando se trata de romance y de negocios. Los hombres Sagitario están menos en sintonía con el elemento lógico de Júpiter, pero están más alineados con la chispa de curiosidad de Júpiter.

Los hombres de Sagitario también reciben el regalo de la suerte de Júpiter. Es posible que pasen por largas rachas de mala suerte, y eso suele ser una lección que necesitan. Esta lección les permite aprender que no pueden confiar en que las cosas buenas les lleguen. Y no toleran la deshonestidad ni el comportamiento incoherente. Esto se nota especialmente cuando son niños. Necesitan padres que sean coherentes con las expectativas y la disciplina.

La otra cara de los hombres Sagitario es su sentido del humor y su capacidad para hacer amigos. Son rápidos para hacer amigos, los quieran o no. Tienen una personalidad magnética que atrae a la gente, pero todos los Sagitario también son propensos al síndrome de la imprudencia. A menudo dicen las cosas con demasiada franqueza o son demasiado comunicativos con sus opiniones cuando no tienen conocimientos sobre el tema. Los hombres de Sagitario suelen estar dotados del don del humor y pueden emitir estas opiniones o percepciones demasiado contundentes a través del modo de la comedia. Este don les permite conservar muchos más amigos que las mujeres de Sagitario.

En el lado negativo, los hombres bajo este signo también son propensos a la irreflexión y al pensamiento disperso. Puede que tengan grandes sueños y quieran ayudar a cultivar un cambio duradero, pero a menos que tengan a alguien que les guíe en esos cambios o les ayude a conseguir ese objetivo, puede que les lleve mucho más tiempo del que deberían. Estos hombres necesitan una luz que los guíe y que les recuerde constantemente por qué están trabajando en un proyecto concreto.

Las mujeres Sagitario, en cambio, aplican la lógica de forma implacable y son más propensas a aceptar la estructura general de una organización que los hombres Sagitario. Son las mujeres que saben lo que hay que hacer para alcanzar los grandes objetivos y lograr un gran cambio. La lucha a la que se enfrentan se reduce a la comunicación.

Como se ha mencionado anteriormente, los sagitarianos a menudo luchan por ser demasiado francos y directos. Este reto es aún más difícil para estas mujeres. Una mujer Sagitario es la que hará preguntas embarazosas en entornos de grupo, hablará de forma inapropiada a menudo y será completamente honesta, pero muchas hacen de esto una fortaleza más que un desafío. Utilizan su honestidad y franqueza para pillar a los demás con la guardia baja. Una celebridad sagitariana en particular se ha hecho una reputación de esto, Chrissy Teigen es bien conocida por expresar su opinión sin pedir disculpas en todos los asuntos del foro público. El truco aquí para estas damas es decidir si esto es un desafío que debe superar o una fuerza que encarnará en la vida cotidiana.

Las mujeres de este signo son extraordinariamente independientes. No es necesariamente que vivan solas o sean abyectas a la vida familiar, sino que se ven a sí mismas como individuos que contribuyen a diversos grupos, más que como una persona sometida a etiquetas y roles.

Comprendiendo las cúspides sagitarianas

Cada persona en una cúspide tiene un giro un poco diferente cuando se trata de sus signos zodiacales y lo que se puede esperar de su personalidad principal. Las cúspides de Sagitario luchan porque una es una combinación de agua y fuego, y la otra es una combinación de aire y fuego.

La cúspide de Escorpio a Sagitario combina agua y fuego. Aunque estos dos normalmente se contradicen, su nivel de intensidad es lo que hace que la cúspide Escorpio-Sagitario tenga un gran éxito. Tradicionalmente, Escorpio estaba regido por Marte y era conocido por la acción, aunque el zodiaco moderno muestra a

Escorpio representado a través de Plutón con una profunda conexión psíquica y vínculos con la muerte. Cuando se toma esto y se une a Sagitario, se tiene a alguien muy abierto y receptivo al cambio, pero también propenso a tomar las medidas necesarias para lograr sus objetivos.

Los nacidos en la cúspide de Escorpio a Sagitario son más propensos a ver el éxito generalizado, pero pueden tener dificultades para conservar los amigos. Harán amigos rápidamente, como todos los demás Sagitario, pero probablemente los perderán un poco más rápido debido a su forma de contar las cosas y a esa dosis extra de ira que reciben de su lado Escorpio.

En cuanto a las desventajas, la cúspide Escorpio-Sagitario a menudo trae consigo una actitud de sabelotodo, y estas personas pueden volverse rápidamente demasiado santurronas. Pueden soltar bombas de verdad cuando no son apropiadas y se sumergen obsesivamente en la investigación para asegurarse de que tienen razón sobre algo mucho después de que la conversación o la discusión haya terminado.

En el otro lado del signo está la cúspide Sagitario-Capricornio, que va del 18 al 24 de diciembre. Estos visionarios tienen una gran comprensión de las profecías y de cómo impulsar el cambio y controlar la dirección de este para cumplir esa profecía. Los Capricornio son conocidos por su intensa determinación y su naturaleza obstinada o testaruda. Intrínsecamente, esto parece contradecir el deseo de cambio de los sagitarianos y su enfoque de la vida según la corriente. Es posible que una cúspide Sagitario-Capricornio pueda obtener lo mejor de ambos mundos. Podrían comprender los límites y las lecciones que provienen de los regentes planetarios de Capricornio, Saturno, y apoyar esa curiosidad y necesidad de cambio asociadas a Júpiter y su modalidad. El problema es que es *igual de probable* que reciban lo peor de ambos mundos. Entonces podrían ser tercos y demasiado directos con sus opiniones. Pueden estar intensamente decididos a demostrar que los demás están equivocados y alejar a muchos amigos.

Los nacidos en la cúspide de Sagitario-Capricornio suelen ser llevaderos, leales y razonables. Se disculpan con frecuencia, pero también responden a las preguntas y dan consejos.

Ser Sagitario

Los elementos que intervienen en el hecho de ser Sagitario conforman partes específicas de su personalidad central. En conjunto, los sagitarianos son personas amistosas, curiosas, aventureras y divertidas.

A medida que vaya leyendo este libro, verá cómo los diferentes elementos de ser Sagitario juegan en diferentes aspectos de su vida, como la infancia, el romance, las trayectorias profesionales y más. Pero su elemento, modalidad y el signo en sí no determinan su personalidad de forma independiente. Sagitario es su signo solar y la esencia de sí mismo. Pero otros movimientos planetarios y presencias planetarias dentro de su natal pueden afectarle también. La forma en que el universo impacta en su camino siempre pasa para ver y experimentar la vida a través de la lente de un Sagitario.

Capítulo 2: ¿Quiénes son los sagitarianos?

Los sagitarianos no ocultan quiénes son, y no piden disculpas en casi todos los aspectos de su vida. Los nacidos en Sagitario tienen un propósito en la vida, y saben que ese impulso por explorar y desafiar los límites define quiénes son en todas las etapas de la vida. No se adhieren a las convenciones estándar y buscan activamente información que pueda contradecir algunas de las creencias fundamentales de la sociedad. Son las personas que hacen preguntas; quieren saber por qué y por qué no. Los sagitarianos son los buscadores de la verdad del Zodíaco.

Su necesidad de conocimiento, curiosidad y exploración se debe a su planeta regente, Júpiter. El flujo de energía de Júpiter se enfoca en la mente superior, la expansión y la buena fortuna. Tendrá la oportunidad de aprender un poco más sobre Júpiter, pero es clave mencionarlo inicialmente por el importante papel que desempeña en la vida de ellos.

También es necesario mencionar la modalidad de Sagitario. Como signo mutable, a menudo se dejan llevar por la corriente y tienen un carácter jovial y de buen humor. Estos son solo algunos de los muchos puntos fuertes o beneficios que conlleva ser Sagitario. En este capítulo, tendrá una introducción a esas fortalezas, un puñado de los desafíos que enfrentan, y la visión general o el panorama general de quiénes son los sagitarianos en la vida.

¿Qué significa ser Sagitario?

A primera vista, parece que ser Sagitario solo significa que ha nacido entre el 22 de noviembre y el 21 de diciembre, pero quienes estén familiarizados con el signo sabrán que los sagitarianos son ferozmente independientes, de buen humor, encantadores y, en ocasiones, molestos y optimistas. Los nacidos en Sagitario también tienden a ser emotivos y a enfadarse rápidamente. En sus peores momentos, pueden parecer desconsiderados o reaccionar de forma exagerada ante acontecimientos demasiado pequeños.

Muchos de los rasgos más notables de los nativos de Sagitario son su capacidad para ser francos, filosóficos y extraordinariamente independientes. Los nacidos en este signo son más que francos. A menudo dirigirán las conversaciones en la dirección que deseen para exponer sus ideas y opiniones. Y las personas de Sagitario se encuentran a menudo en debates amistosos. La palabra clave es amistoso. Debido a su mentalidad abierta, los sagitarianos aceptan ampliamente las opiniones y puntos de vista diferentes. Parte del elemento subyacente a esta brusquedad y a esta franqueza es el impulso de los sagitarianos por la verdad y el aprendizaje. Adoptan un enfoque de "la verdad duele" en temas filosóficos, políticos y sociales. Los nacidos en Sagitario no consideran hermanos a nadie que no pueda soportar la verdad. Creen que todo el mundo necesita oírla y harán todo lo posible por difundirla.

Lo que suele causar un conflicto para los sagitarianos es su necesidad de desmenuzar los puntos de vista abstractos y las ideas filosóficas. Les gusta el concepto de que los aspectos de la vida no tienen respuestas claras, pero odian no encontrar la respuesta única. Esta contradicción les ayuda a seguir creciendo y a menudo es la razón por la que los sagitarianos son aprendices de por vida.

Todos los elementos de Sagitario que hemos abordado anteriormente provienen de dos factores clave de este signo. Su planeta regente, Júpiter, y su elemento fuego, pero es su modalidad la que presenta el elemento final de la personalidad global de Sagitario. Cuando la gente mira a Sagitario en un nivel superficial, a menudo ve una independencia extrema o una franca inquietud. Los sagitarianos necesitan la libertad personal como todos necesitamos el aire, y esto se debe a su cualidad mutable.

La modalidad mutable es la que impulsa la necesidad de cambio, y eso ocurre cuando cambian las estaciones. Sagitario marca el final del otoño y el comienzo del invierno. Los nacidos bajo Sagitario miran hacia el futuro, y cuando están atados, piensan que el futuro so lo les deparará lo mismo que han estado experimentando. Los sagitarianos no son necesariamente reacios a las relaciones duraderas, y cultivan bien las amistades a largo plazo. El problema es que cuando las cosas dejan de cambiar y de ser nuevas, el sagitariano se retira. Para los nacidos en Sagitario, lo ven como una situación de "ya he pasado por eso".

Por ejemplo, si un Sagitario ha tenido un amigo durante mucho tiempo, y ha visto a ese amigo entrar y salir con frecuencia de la misma mala relación, podría terminar su amistad. En este ejemplo, el Sagitario no tendrá mucha paciencia para escuchar los mismos problemas una y otra vez. No aceptarán mucho a sus amigos, siendo incapaces de avanzar. Debido a esta escasa tolerancia a la repetición y a su afán por vivir sin limitaciones, parece que los hombres y mujeres Sagitario tienen problemas para cultivar las relaciones.

Estos elementos de la personalidad de Sagitario están relacionados con el elemento, la modalidad, el planeta regente y la asociación con los movimientos planetarios de Sagitario. Aunque la astrología no es ampliamente aceptada como una ciencia, hay más astronomía que juega un papel en la comprensión de su signo solar y su impacto en su vida cotidiana. Es fácil decir que los nativos de Sagitario suelen ser confiables y de mente abierta. Estas observaciones son superficiales. A lo largo de este libro, y a partir de este capítulo, tendrá la oportunidad de ver el análisis en profundidad necesario para comprender los movimientos planetarios, los signos solares, los signos lunares y cómo le afecta el universo.

Comprenda sus diferentes signos

Para comenzar el asunto, ser Sagitario es su personalidad principal o su signo solar, pero tiene otros signos a considerar, y ellos pueden dirigir qué tipo de Sagitario es usted y cómo se presenta al mundo. Existen los signos solares, los más conocidos del Zodíaco, los signos lunares y los signos ascendentes.

Los signos solares son los más conocidos dentro de la astrología occidental, y cuando la gente se refiere al Zodíaco, se refiere específicamente a los signos solares. La mayoría de la gente solo conoce sus signos solares y no ha explorado una carta astral o carta de nacimiento, que revela dónde estaban sus planetas en las distintas casas durante su nacimiento. La mayoría de los horóscopos que encuentra en Internet o que recibe a través de aplicaciones en su teléfono solo se basan en los signos solares y no tienen en cuenta otros factores de su carta astral. Esto se debe a menudo a la comodidad. Es fácil calcular su signo solar porque solo necesita saber su fecha de nacimiento.

Los signos solares desempeñan un papel fundamental en la astrología y en la comprensión del zodiaco por varias razones. En primer lugar, el Sol es el centro de nuestro sistema solar y se considera la raíz de la vida. En segundo lugar, como fuerza planetaria simboliza el núcleo del yo o ego. Por último, el Sol representa el centro, la vida y la iluminación. Si está buscando aprender más sobre sí mismo, entonces debe aprender sobre su signo.

Su signo solar es lo que usted es; Sagitario es la representación de los aspectos centrales de su identidad que son inmutables. Comprender esto puede ayudarle a convertirse en su mejor yo, reconociendo y comprendiendo los desafíos comunes, al tiempo que aprovecha los puntos fuertes de su personalidad. Aquellos que se enfocan en recorrer un camino que se alinea con su energía y su signo individual, a menudo verán mayores éxitos en la vida y una mayor conexión con los cambios y vibraciones planetarias.

Sagitario como signo ascendente o ascendente

Los signos ascendentes suelen llamarse su ascendente, y es la forma en que se presenta al mundo. Su carta comienza con su signo ascendente, la primera casa de su carta. Esto suele desvelar cómo comienza las cosas en la vida y su alineación entre el espíritu y el cuerpo. Imagine que todos los elementos de su vida se extienden por el cielo. Este es el horizonte de ese cielo por donde sale el Sol.

Es lamentable que la gente no preste mucha atención a su signo ascendente o a su ascendente porque puede ayudarles a entender cómo lo ven los demás. Mientras que su signo solar le permite aprender sobre sí mismo, su signo ascendente le permite aprender sobre cómo se presenta ante los demás. Cuando la gente encuentra incoherencias entre su personalidad y su signo solar, el responsable suele ser su signo ascendente.

Por ejemplo, un Sagitario nacido con su signo ascendente en Capricornio puede parecer inicialmente reservado, trabajador y tranquilo. Aunque los Sagitarios son conocidos por su capacidad para trabajar con diligencia, rara vez son reservados o callados. Lo más común es que el Sagitario pueda parecer inicialmente tímido o manso, y una vez que llega a conocer a la persona o se siente cómodo en el ambiente, su Sagitario interior sale a la luz.

El signo ascendente cambia en función del lugar de nacimiento y de la hora de nacimiento. Es un poco más complicado que calcular su signo solar. Los signos ascendentes cambian cada dos horas, pero puede encontrar calculadoras en línea que pueden ayudarle a encontrar su signo ascendente si conoce el lugar y la hora de su nacimiento.

Aprender más sobre su signo ascendente le proporciona un mayor conocimiento de sí mismo. Comprenderá mejor cómo se adapta a un nuevo entorno y cómo ese signo ascendente interactúa con su signo solar. Los signos ascendentes no tienen intrínsecamente los mismos rasgos que los signos solares. Existen diferencias significativas entre ambos signos.

Necesitará calcular o encontrar una calculadora en línea para encontrar su signo ascendente. Para darle un poco de información, he aquí un rápido resumen de los ascendentes de Sagitario.

Los signos ascendentes de Sagitario suelen confiar mucho en la intuición y suelen estar muy seguros de sí mismos en cualquier situación. Son las personas que se adueñan de cada habitación en la que entran, y si no saben lo que está pasando, lo fingen. Las personas con un signo ascendente Sagitario son lo suficientemente inteligentes como para salirse con la suya "fingiendo" en muchas situaciones y son muy optimistas, lo que pone a todos los demás de buen humor.

Sagitario como signo lunar

Su signo lunar es un indicador de su ser interior o de las partes de sí mismo que oculta a los demás, incluso a sus allegados. Se trata de su lado más íntimo y emocional, las áreas de su personalidad que salvaguarda. Los signos lunares también pueden apoyar el tipo de padre que es, cómo procesa las emociones y cómo se siente respecto a sus recuerdos.

La energía lunar tiende a manifestarse de diferentes maneras según el elemento. Por ejemplo, las lunas de agua suelen ser extraordinariamente empáticas y valoran mucho las emociones. Las lunas de tierra se enfocan en crear estabilidad en sus finanzas y en su vida laboral. Las lunas de aire y de fuego suelen buscar formas de cultivar su signo solar y sacar a relucir su personalidad central sin responsabilidad añadida.

Un Sagitario como signo lunar magnificaría drásticamente el impulso de libertad del sagitariano. Es posible que sientan una aversión extrema a conectarse con los lazos de una relación o a establecerse. Los nacidos con Sagitario como signo lunar son tipos gitanos con una necesidad de vagar y deambular. Se involucran en las emociones en los dos extremos de la paleta. Los sagitarianos lunares desean estar solos y ser independientes para evaluar sus emociones. En el otro extremo del espectro, los Sagitarios lunares buscan nuevas experiencias e interacciones con gente nueva. Obtienen beneficios emocionales al observar cómo otras personas procesan sus sentimientos sin tener una relación con esa persona.

Los que tienen la luna en Sagitario también son solucionadores de problemas. Dado que observan su interior de forma tan crítica y se separan de las relaciones, tienen una oportunidad única de analizar sus sentimientos de forma objetiva.

Comprender sus signos y cómo funcionan juntos

Es muy poco probable que tenga a Sagitario como sus tres signos principales. Antes de continuar con los capítulos restantes, podría evaluar rápidamente su carta astral en línea. A través de un creador de cartas natales en línea, puede ver su ascendente y su signo lunar. Ambos pueden ayudarle a explorar diferentes áreas de cómo entiende y expresa su personalidad principal.

Conozca un poco estos otros dos signos. Puede ser muy útil comprender los elementos de estos signos y su casa regente. Por ejemplo, cualquier persona con un signo lunar de Cáncer puede tener una mayor receptividad para comprender las emociones y procesar las emociones de los que le rodean. Este superpoder astrológico se debe a que la luna es el planeta regente de Cáncer, lo que la hace excepcionalmente fuerte. Igualmente, un ascendente Leo irradia energía magnética y atrae a la gente hacia él. Son conscientes de sí mismos y presentan su signo solar con orgullo porque Leo está regido por el Sol.

Luego está la importancia de que sus signos trabajen juntos, o a menudo, en contra de ellos. Un signo de fuego como Sagitario o Leo con un Ascendente de signo de agua puede parecer tímido, reservado y relajado. Un signo de fuego con un Ascendente de tierra puede parecer demasiado centrado y testarudo.

Si comprende cómo funcionan sus distintos signos en conjunto, podrá navegar a través de su ser núcleo con mayor confianza. Si sabe cómo se presenta ante los demás y cómo procesa o retiene las emociones, puede identificar cómo encajan en su personalidad individual. También puede utilizar estos factores dentro de su personalidad total para construir una vida que enfatice los valores positivos de su yo individual y le ayude a superar los retos comunes a lo largo de la vida.

Capítulo 3: Impacto de los movimientos planetarios en un Sagitario

El movimiento planetario o los tránsitos impactan en todas nuestras vidas y de forma ligeramente diferente. La forma en que se mueven los planetas es consistente para todos. Eso está fuera de nuestro alcance, pero la forma en que esos movimientos nos impactan depende en gran medida de nuestro signo solar y de cómo aparecen nuestras casas en la carta astral. En el último capítulo, hablamos de la carta astral o carta natal, y es importante para entender la astrología. Hay algunos aspectos que se pueden extraer de los cambios planetarios basados únicamente en su signo solar. En este capítulo, veremos cómo estos movimientos afectan a los nacidos bajo el signo de Sagitario.

Recuerde que los cuerpos planetarios, que incluyen a Plutón, el sol y la luna, están en continuo movimiento. También está el elemento tierra, lo que significa que comprender cómo interactúan y se mueven estos planetas es un asunto un poco complejo. A medida que nos alejamos del sol, vemos órbitas más grandes y menos oportunidades para que estos planetas entren en su signo específico.

¿Qué elementos del universo afectan a Sagitario?

Prácticamente todo lo que hay en los cielos puede afectar a cada persona de una manera coherente con su personalidad central o sus signos solares. Los cuerpos planetarios dentro de la astrología incluyen planetas, estrellas, lunas y planetoides. A veces hay un significado específico ligado a ciertos signos donde un planetoide o estrella puede afectar a esos signos y no a otros.

Sagitario es uno de estos signos con Kaus Borealis y Kaus Australis en su constelación. La presencia de estas dos estrellas prominentes puede poner de manifiesto rasgos clave de la personalidad cuando son más brillantes y cuando Sagitario está presente. Kaus Borealis se asocia con la fuerza y la flexibilidad, mientras que Kaus Australis potencia la fijación de objetivos y el apuntar alto.

El impacto de las estrellas de Sagitario será mayor cuando Sagitario esté presente. Para los que se encuentran en el hemisferio norte, esto ocurre desde principios de junio hasta finales de agosto o principios de septiembre.

Movimientos planetarios

Los cuerpos celestes y sus movimientos están en constante cambio; aun así, puede utilizar la información básica sobre cada cuerpo para planificar con antelación. Aquellos que siguen la astrología pueden estar familiarizados con términos como Mercurio retrógrado, y aquí es donde esos términos entran en acción.

Los astrólogos miran años en el futuro para ayudar a determinar cuándo los planetas entrarán en ciertas casas y signos. Este elemento de la astrología es donde se convierte en más ciencia que otra cosa. Estos planetas y otros cuerpos celestes se mueven siguiendo pistas predeterminadas. Estos movimientos fiables hicieron que las civilizaciones antiguas utilizaran los movimientos de los planetas y las estrellas como base para sus calendarios y los calendarios que utilizamos hoy en día.

Mercurio en Sagitario

Mercurio aparece en dos formatos principales. En primer lugar, el planeta puede estar simplemente en Sagitario, o puede estar retrógrado en Sagitario. Cuando Mercurio interactúa con Sagitario, promueve la libertad de pensamiento y la comunicación abierta. El inconveniente es que la mayor parte de esta comunicación comienza de forma bastante optimista y luego da un giro. Los sagitarianos deben tener especial cuidado de utilizar cualquier técnica que empleen al iniciar las conversaciones, porque estas discusiones pueden convertirse rápidamente en discusiones.

Cuando Mercurio está en Sagitario, puede notar que otros signos adoptan medios sagitarianos para comunicarse. Otras personas pueden estar menos inclinadas a guardar sus opiniones para sí mismas o a quedarse calladas sobre lo que piensan durante una conversación. Mercurio es la casa de la comunicación, y a menudo impulsa a las personas a explorar nuevas formas de comunicarse. Desgraciadamente, muchas personas viven con un leve temor a Mercurio por problemas de información.

Hay otro elemento que viene con Mercurio estando en Sagitario. La organización. Los sagitarianos nunca son grandes organizadores de todos modos, pero pueden sentir la necesidad de desordenarse cuando Sagitario entra en Mercurio. Para los nacidos en Sagitario, la entrada de Mercurio en su signo suele provocar la sensación de tener demasiadas cosas y la necesidad de espacio libre. Así es, aunque su demanda de libertad personal se manifieste en su espacio vital inmediato.

Mercurio puede permanecer en Sagitario entre 14 y 30 días. Eso no ofrece una gran ventana, pero sí un alivio rápido si ese tramo de Mercurio en Sagitario no está funcionando bien.

Venus en Sagitario

Venus es el planeta del amor y sigue rigiendo las relaciones hasta el día de hoy. Cuando Venus entra en Sagitario, las personas son más propensas a ver lo bueno de los demás. Otros signos pueden ponerse esas gafas de color rosa que los sagitarianos llevan a diario. Además, los nativos de Sagitario y muchos otros signos percibirán la necesidad de aprender cosas nuevas sobre su pareja y tener nuevas experiencias juntos.

Venus puede permanecer en Sagitario desde 23 hasta unos 60 días, y eso puede ser una buena noticia para muchas relaciones. Los nativos de Sagitario sienten el efecto de Venus directamente cuando está en este signo. Es posible que idolatren a su amante y aprecien sus ideas y creencias en lugar de participar en debates y discusiones amistosas. Los sagitarianos también se vuelven más serios cuando Venus está en su signo y pueden incluso plantearse sentar la cabeza.

La buena noticia es que cuando Venus está en Sagitario, muchas personas suelen estar más abiertas a las experiencias e ideas. Pero si Venus está en Sagitario durante un tiempo prolongado, puede sentirse como una sobrecarga emocional. Después de unos 20 días, los sagitarianos están listos para pasar de Venus, pero tienen una pequeña lista de control. Por lo general, aspiran a experimentar algo nuevo y a consolidar sus relaciones antes de salir de Venus. Los sagitarianos deben saber que no exigen ser perfectos durante este tiempo. Pueden seguir siendo ellos mismos y no abrumarse con las emociones. No hay ningún deseo de ser perfectos para su pareja, padres, hijos o amigos. Cuando están en Venus, los nativos de Sagitario se complacen fácilmente, pero pueden sentir que están atascados en la rutina o que no contribuyen lo suficiente a sus relaciones.

Marte en Sagitario

Marte está en Sagitario durante un mes y medio o seis semanas. Durante ese tiempo, tenga cuidado. Los sagitarianos ya tienen problemas para evitar que las conversaciones tomen un giro desafortunado. Cuando Marte está en Sagitario, los nacidos en Sagitario tienen una dificultad excepcional con la paciencia, para mantener su ira bajo control y la inquietud durante una conversación. Aunque Marte no tiene nada que ver con la comunicación, tiene mucho que ver con la ira, ya que el Dios de la Guerra lo rige.

Los sagitarianos pueden compensar un poco esto eligiendo la comunicación por texto y tomando medidas para reducir el tiempo de espera de un mensaje. Por ejemplo, en lugar de esperar airadamente a que su pareja le devuelva el mensaje mientras intenta cultivar una discusión, apague el teléfono durante 10 minutos o déjelo en la otra habitación, olvídese de él y luego vuelva a cogerlo. También puede intentar establecer restricciones en su teléfono durante las horas de trabajo, o en los momentos en los que quiera estar solo para que no le molesten las conversaciones que puedan distraerle. Por supuesto, esta no es una solución permanente. A los sagitarianos les encanta la interacción social, pero a veces, por el bien de sus amistades y otras relaciones, podrían necesitar apartarse un poco para evitar discusiones y peleas.

Las personas con Marte en Sagitario en su carta natal se enfrentan a problemas peculiares para los sagitarianos. Si es Sagitario y Marte está en Sagitario en su carta astral, es posible que haya notado un claro problema con la terminación de las cosas. Marte suele encarnar el caos, y cuando eso se mezcla con el gusto por la vida del sagitariano, significa grandes sueños y poca acción. Si este es su caso, evalúe cuidadosamente qué proyectos quiere llevar a cabo y cuánto tiempo le dedica. De este modo, podrá reducir el número de proyectos a medio hacer que hay en su casa o en su escritorio.

Saturno en Sagitario

Saturno y Sagitario tienen bastantes cosas en común. Ambos están profundamente arraigados en la ética, la espiritualidad y la mente superior, pero Saturno y Sagitario se diferencian porque Sagitario tiene que ver con las restricciones y las reglas. Sagitario, regido por Júpiter, tiene que ver con posibilidades ilimitadas y aspiraciones extraordinariamente altas. Así que, cuando Saturno entra en Sagitario y mientras transita por él, los sagitarianos tienen esta capacidad insana de llevar a cabo muchos de los proyectos que han comenzado.

Los sagitarianos no son conocidos por dejar de lado un proyecto, pero son conocidos por tomarse su tiempo cuando Saturno está en Sagitario. Tienen este período de aceptación, en el que reconocen lo que tienen que hacer y lo hacen. Para los primeros sagitarianos, esta es también una gran oportunidad para lograr un poco de reflexión interna. Muchos nativos de Sagitario utilizan este tiempo para evaluar cuán en sintonía están con ellos mismos y si están prestando suficiente atención a su vocación superior en la vida. Es una excusa para hacer un poco de inventario moral.

Urano en Sagitario

Urano no ha entrado en Sagitario desde 1988, y nadie debería esperar que vuelva a rondar por allí pronto. Cuando Urano está en Sagitario, hay una buena cantidad de rebelión. Hay muchos empujones contra los tabúes, la educación y los sistemas de creencias. Esto es bastante coherente con lo que se vivió a finales de los 80 y principios de los 90. Urano dejó Sagitario en 1995.

El planeta regente de Sagitario-Júpiter

Este es el planeta que rige a Sagitario, guardián de la mente abstracta y superior, del afán por la curiosidad y las ideas. Realmente no hay forma de minimizar a Júpiter. Es una fuerza tan grande.

Júpiter es el planeta de la suerte, y promueve la formulación de la ideología, opera en el reino de los espíritus y rige directamente la religión y la filosofía. Todas estas cosas están relacionadas con la mente superior. Esa conexión es la que lleva a los sagitarianos en su búsqueda permanente de aprendizaje y nuevas experiencias. A menudo lleva a muchos a adentrarse en el reino espiritual, e incluso cuando los sagitarianos no son necesariamente religiosos, pueden estar interesados en comprender la religión y la espiritualidad.

Exploremos ese lado de la suerte por un momento. Sabemos que Júpiter está en su carta astral en la posición más importante, su signo solar. Júpiter tiene dos rachas de suerte. La primera es la suerte pura y dura. La buena fortuna parece llegarles, y a menudo reciben lo que necesitan en el momento justo. Pero también existe el elemento de la suerte de juez y jurado. Los sagitarianos a menudo aprenderán las lecciones de la manera más dura cuando parece que su buena suerte se ha agotado, y entonces, en el último momento, podría haber indulgencia. La suerte, al menos con Júpiter, no siempre consiste en obtener ayuda cuando la necesitas. A menudo puede ser simplemente la menor de las consecuencias.

Júpiter, en la mitología romana, era el dios del cielo y de la naturaleza. También se le llamaba padre de los dioses y de los hombres. En la mitología griega, representa a Zeus, que derrocó a Saturno, o a Cronos, padre de Zeus. Como parte de esta mitología, Júpiter sirve como un poco de rebelión, pero estas historias marcan el significado de la ideología y la religión, ya que tanto Zeus como Júpiter derrocaron a dioses que gobernaban a través del caos y el miedo.

Mercurio en efecto retrógrado en los sagitarianos

Mercurio retrograda a menudo. Por término medio, retrocede tres o cuatro veces al año, y cuando lo hace, trae problemas. No todos los retrógrados son malos, pero el impacto del dominio de Mercurio sobre la comunicación suele causar problemas a muchos signos. Sagitario siente estos impactos de forma aún más dolorosa que otros signos, debido a su forma contundente de comunicarse.

Aunque los sagitarianos no se preocupan por lo que piensan los demás, especialmente si se trata de algo que han dicho, este retrógrado plantea desafíos específicos. Los sagitarianos deben esperar tener frecuentes desacuerdos y sentirse constantemente perjudicados en las conversaciones cuando Mercurio está retrógrado.

Para contrarrestar esto, los nativos de Sagitario pueden centrarse no en la conversación en sí, sino en la actividad que se deriva de ella. Especialmente en el trabajo, los sagitarianos pueden centrarse en los asuntos y la buena actividad que se produce gracias a que otras personas defienden sus opiniones. Recuerde que sus opiniones e ideas suelen abrumar a los que le rodean. El problema es que ven su pasión como una agresión, y puede que no se enfrenten a usted para expresar su propia opinión. La mayoría de los otros signos no se dan cuenta de que usted es obstinado, pero también de mente abierta. Mercurio retrógrado puede ser frustrante, pero también puede presentar la oportunidad que ha querido para entrar en temas profundos y complejos con personas que normalmente evitan la conversación.

Sagitario en diferentes casas

Hay 12 casas en el zodiaco, y cada una alberga un signo zodiacal, pero son diferentes. En cambio, la casa refleja el reflejo de la tierra sobre su eje, ya que el zodiaco representa el movimiento de la tierra alrededor del sol. De las 12 casas, es habitual que las personas tengan un vínculo más estrecho con la casa de su signo solar, pero cada casa afectará a su vida.

Cuando tenga su carta astral o natal, podrá encontrar cualquier cuerpo planetario en sus diferentes casas. Esto le brinda la oportunidad de evaluar cada faceta de su personalidad y de su vida cotidiana, teniendo en cuenta las casas y los planetas. Este elemento ve tanto los árboles como el bosque; está mirando el panorama general con las piezas pequeñas en mente. Las casas varían para cada persona como una pequeña pieza de su personalidad. Alguien puede tener varios planetas o cero cuerpos planetarios en cualquier casa, pero puede utilizar esta guía rápida para navegar por las diferentes casas a través de los ojos de la personalidad de Sagitario.

Primera Casa: Casa de las primeras impresiones, del liderazgo y de la apariencia - Regida por Aries

La primera casa está regida por Aries y es más grande que la vida. Los sagitarianos a menudo se sienten en lo más profundo de su primera casa, y de ahí sacan su sentido del humor. Los sagitarianos con Sagitario en su primera casa son ciertamente rápidos con los comentarios inteligentes, pero los atemperan con un poco de humor tonto.

Incluso cuando Sagitario no está en la primera casa, se conecta fuertemente con el liderazgo y las primeras impresiones. Eso puede provocar una fuerte conexión.

Segunda Casa: Casa de los entornos, los sentidos y el dinero - Regida por Tauro

Los sagitarianos no siempre están muy arraigados a su segunda casa, que está regida por el signo de tierra Tauro, y mucho tiene que ver con los viajes. La diferencia entre los viajes de la segunda casa y los de los sagitarianos es que los nativos de Sagitario tienen tendencias nómadas para aprender y ser testigos de ideologías o espiritualidad en diferentes países. Con la segunda casa, esta es la casa de los ambientes y los sentidos, que suele tirar más hacia los ambientes estáticos.

Tercera Casa: Casa de la comunicación, los viajes y la comunidad - Regida por Géminis

La tercera casa es la de la comunicación, los viajes y la comunidad. Al observar su carta astral, considere cuán profundamente conectado está con su comunidad. Los que tienen un signo de fuego en su tercera casa a menudo sienten una comprensión más profunda de la obligación con los que les rodean. Si Sagitario está en la tercera casa, una persona puede sentirse dividida entre la necesidad de alejarse y la de quedarse.

Lo que la mayoría de los Sagitarios obtienen de su tercera casa es un profundo sentido de la comunidad y la comunicación. Los nativos de Sagitario ya tienen una base sólida para viajar, y no necesitan tirar de otra casa para alimentar esa necesidad. En cambio, esta casa puede ayudar a Sagitario a entender cómo interactúan con las comunidades y cómo se comunican con los extraños o con las personas que acaban de conocer.

Cuarta Casa: Casa del hogar, la familia, la privacidad y los cimientos - Regida por Cáncer

Esta casa representa el hogar, la familia y, esencialmente, la creación de una familia propia. Está estrechamente vinculada a la luna, y su signo lunar, y su signo solar, pueden desempeñar un papel en su cuarta casa. El signo que se encuentra en su cuarta casa durante su nacimiento tiene el impacto más monumental, y ese es su signo lunar. Pero, a medida que diferentes signos entren en la cuarta casa, sentirá cambios sutiles en sus ideales en torno a la familia y el hogar.

Quinta Casa: Casa de la autoexpresión, la creatividad, la atención y la diversión - Regida por Leo

La quinta casa tiene que ver con el placer y la satisfacción. Los sagitarianos suelen encontrar gran diversión en los viajes o en la exploración de otras culturas. Si no siente el deseo de viajar, considere la posibilidad de ver equipos deportivos extranjeros, películas románticas en diferentes idiomas o aprender un nuevo idioma usted mismo.

Sexta Casa: Casa de la salud, del servicio, de la rutina y de la ayuda - Regida por Virgo

La sexta casa es la casa de la salud. Los sagitarianos tienen notoriamente problemas con las caderas y el hígado. Son propensos a la ciática, pero un Sagitario puede sentirse mejor cuando algunos signos se mueven por la sexta casa. Por supuesto, lo mejor es responsabilizarse de la salud en general. Con estrellas o sin ellas, manténgase activo, cultive rutinas saludables y mantenga buenos hábitos alimenticios.

Séptima Casa: Casa de las Relaciones, tanto de negocios como personales - Regida por Libra

Libra ve sobre la séptima casa, pero como los diferentes signos se mueven a través de ella, hay fluctuaciones en los eventos diarios con respecto a las relaciones. La séptima casa es en gran medida responsable de lo personal y de los negocios, pero suele llamarse la casa del matrimonio.

Octava Casa: Casa del nacimiento, la muerte, la transformación y la energía - Regida por Escorpio

La casa del nacimiento y la muerte suele alimentar los deseos carnales como la energía y el sexo, pero también puede manifestarse en el odio y la ira. Si está albergando ira, entonces tenga cuidado, ya que Sagitario entra en la octava casa. Cuando esté observando su carta astral, preste mucha atención a esta casa, es una gran oportunidad para acercarse al sexo, y redefinir su energía.

Novena Casa: Casa de la mente superior, de la religión y de la educación- Regida por Sagitario

Esta es su casa, la casa de la mente superior y la educación. Explore y aprenda todo lo que pueda mientras sea divertido y atractivo. Si algo se convierte en "trabajo" y no es obligatorio para su carrera, abandónelo. Su novena casa puede ayudarle a acumular una gran riqueza de conocimientos si no le pesa. Esto afectará en gran medida a su carrera.

Décima Casa: Casa de la estructura, la tradición, la carrera y la imagen - Regida por Capricornio

Esta casa es la forma en que nos sentimos con el resto del mundo. Nos lleva a evaluar y aceptar nuestras obligaciones, a planificar grandes proyectos y a saber cuándo aceptar la responsabilidad personal. Capricornio es en gran medida un signo responsable y organizado, por lo que no es de extrañar que esta sea su casa, pero el problema abrumador es que los sagitarianos tienen casi una alergia natural a la planificación y se sienten obligados a cumplir con las obligaciones. Es probable que le cueste identificarse con esta casa a lo largo de su vida.

Undécima Casa: Casa de las amistades, la tecnología y el futuro - Regida por Acuario

Los nativos de Sagitario lo saben todo sobre la amistad y a menudo tienen las experiencias más tumultuosas y gratificantes en la amistad, pero esta casa también rige la tecnología y lo que está por venir. Cualquier sagitariano puede sentir una fuerte atracción hacia los cambios que trae la undécima casa.

Doceava Casa: Casa de los finales, de atar cabos y de la vida después de la muerte- Regida por Piscis

La duodécima casa es razonablemente la casa de los finales y la que también puede dar lugar a la perdición. Las personas de Sagitario deben ser excepcionalmente cuidadosas y conscientes de su casa doce, ya que puede conducir a una buena cantidad de autosabotaje. Esto lleva a las personas a tener aventuras secretas para destruir una relación estable y amorosa. O que se posponga continuamente un gran proyecto laboral porque es más fácil fracasar y arriesgarse a ser despedido que afrontar el reto de ascender.

Todas estas casas tienen un impacto en su vida diaria, y con una carta estelar activa, puede trazar exactamente qué casas debe afrontar con más atención en cualquier día.

Capítulo 4: Fortalezas de los sagitarianos

Los nativos de Sagitario tienen superpoderes únicos en el mundo del zodiaco. Ven el bien, la luz, y actúan asumiendo que lo mejor está por llegar. Manifestar y trabajar a favor de los resultados positivos es lo que diferencia a los sagitarianos del resto de los signos y conduce a todas sus fortalezas. Suelen ser aplaudidos como el más bondadoso de los signos de fuego y el más divertido de todo el zodiaco.

Los nacidos bajo Sagitario aman la vida y son optimistas sobre todas las cosas maravillosas que están por venir. No ven la necesidad de darle vueltas al pasado ni de obsesionarse con las cosas que pueden salir mal. Los nativos de Sagitario se fijan en la palabra intangible en esas situaciones. Ven el "puede", el "posiblemente" y el "podría" como acontecimientos improbables de los que no deberían preocuparse. Normalmente, los sagitarianos tampoco se enfocan en sus desgracias, a menudo porque saben que la buena suerte o un giro a mejor está cerca.

Su habilidad para mirar hacia el futuro les permite jugar hacia las fortalezas regularmente. En el próximo capítulo trataremos las debilidades y los desafíos comunes de los sagitarianos, pero aquí verá que a menudo se trata de que estos desafíos sean de naturaleza similar a sus fortalezas. Cuando un sagitariano se pasa de la raya, puede haber algunos inconvenientes. Pero, por ahora, nos enfocaremos en cómo estas fortalezas a menudo permiten a los nativos de Sagitario vivir sus mejores vidas con generalmente poco esfuerzo.

Como guinda del pastel, los nativos de Sagitario suelen tener las personalidades más directas y francas, lo que hace que se enfoquen en sus fortalezas. No prefieren dejarse enredar por todas las pequeñas cosas de la vida. La mayoría de las veces, los sagitarianos descubren en qué son buenos y se pasan la vida mejorando en esas áreas o utilizando esas fortalezas para aprender y explorar otras áreas de la vida.

Lealtad

La lealtad es una presencia frecuente entre los signos de fuego. A diferencia de otros elementos, los signos de fuego son notablemente leales. Aunque los sagitarianos son espíritus libres y no les gusta quedar atrapados en un grupo, seguirán siendo fieles a varias personas en su vida.

La configuración habitual o típica de este estilo de lealtad en la vida de un Sagitario es que a menudo se conectará con unos pocos amigos dispersos en unos pocos grupos de amigos diferentes. Utilizando como ejemplo las agrupaciones estándar de la escuela secundaria, un Sagitario podría tener un amigo atleta cercano, otro amigo preppy cercano y otro amigo punk cercano. Ninguno de estos amigos entenderá por separado cómo llegaron a ser amigos del Sagitario o por qué todos encontraron tan buenos amigos en una sola persona, pero el Sagitario a menudo puede reunir a personas inesperadas, y cuando eso sucede, es mágico. No solo ofrecen una lealtad extraordinaria, sino que la cultivan en otras personas.

Un ejemplo de personaje sagitariano es Rachel Green de Friends. Una sagitariana que claramente es el pegamento entre el extraño surtido de compañeros del grupo. No se encuentran en grupitos, sino que se encuentran dando su lealtad a amigos independientes, o extrayendo lo mejor de cada grupito para construir un grupo de amigos.

Los sagitarianos también odian los prejuicios y trabajan activamente para cultivar amigos de todos los orígenes. Quieren ser amigos del mundo, pero saben que eso puede acarrear problemas. Como los nativos de Sagitario hacen amigos con facilidad, puede parecer que tienen problemas para dedicar su lealtad a unas pocas personas. Eso no podría estar más lejos del caso. A un nativo de Sagitario le puede resultar fácil, pero solo tiene un puñado de mejores amigos. En ese sentido, ofrecen una lealtad inigualable, y pueden clasificar fácilmente su lealtad a amigos específicos.

Si usted es amigo, familiar o pareja sentimental de un Sagitario, es posible que haya sido testigo de esta lealtad de primera mano. Los que ponen un ultimátum a los nacidos en Sagitario, como "son ellos o yo", la persona que propone el ultimátum perderá. Si les piden que elijan entre su relación o sus amigos, los amigos ganarán.

Como amigo de un Sagitario, tendrá una suerte increíble. Pero tenga cuidado de no pedirle demasiado a su amigo sagitariano porque son lo suficientemente leales y generosos como para dar más de lo que pueden.

Como miembro de la familia de un sagitariano, tenga cuidado. Los nacidos en Sagitario son leales, pero a diferencia de Cáncer, Leo o Piscis, no valoran intrínsecamente a los familiares por encima de los amigos. Intente cultivar una amistad cuando entren en la edad adulta y acomódese a sus necesidades lo mejor que pueda sin arrastrarse por su amistad. Los sagitarianos detestan las personas que se rebajan.

Como pareja romántica de un sagitariano, hay muchas oportunidades para la lealtad de por vida, pero también el riesgo de perderlo todo rápidamente. Los sagitarianos son notoriamente difíciles de engañar, así que, si tiene una relación, ha superado el mayor obstáculo. Pero, si alguna vez se trata de una cuestión entre usted y las demás personas de su vida, es probable que elijan a quienes conocen desde hace años antes que a un amante.

Los sagitarianos apoyan a esas personas en su vida y quieren verlas triunfar. También prefieren ver a la gente en buenas relaciones y cultivar vínculos y amistades que resistan el paso del tiempo.

Donde un Sagitario puede flaquear en esta fortaleza es en el sentimentalismo. Hay un elemento abrumador en Sagitario: dicen lo que piensan. Son el amigo que siempre será honesto y comunicativo. Por desgracia, muchas personas no pueden soportar eso, y a menudo se irán. Sin embargo, eso está bien, porque los nativos de Sagitario no disfrutan del sentimentalismo de las personas frágiles o demasiado emocionales. No dan su lealtad a cambio de nada. Es gratis. Solo esperan que no se aprovechen de ellos, ni los utilicen, ni los exploten.

Naturalmente atlético y aventurero

Los sagitarianos son atletas, tanto si aspiran a la excelencia atlética como si no. Su naturaleza atlética les ayuda a desarrollar su fuerza aventurera. Sagitario quiere salir al mundo; caminar por las muchas maravillas y viajar a lo profundo de países extranjeros o ciudades nuevas. Normalmente, los sagitarianos dan largas zancadas y balancean los brazos al caminar. Son muy decididos.

Y puede que les gusten las actividades atléticas que les proporcionen emoción, cosas como la espeleología, el alpinismo, el ciclismo, el CrossFit o incluso el yoga. Si puede llevarle a nuevos lugares o proporcionarle experiencias únicas, entonces merece la pena el tiempo del sagitariano.

La fuerza reside en el hecho de que esto culmina en una colección mayor de impacto planetario. En primer lugar, tiene el planeta regente Júpiter, el dios de los dioses. En segundo lugar, tiene la energía y la pasión del elemento Fuego y, por último, tiene el factor de aceptación del cambio de la modalidad. Exudan una vitalidad para la vida, y la difunden. Energizan a otras personas con esta fuerte energía interna.

La mejor manera de mantener esta fortaleza es hacer más cosas. Haga ejercicio, explore o sea activo a menudo en la vida. Cuando se tome un descanso en el trabajo, dé un paseo por el edificio o la zona. Aunque solo sea hasta el estacionamiento y de vuelta, aumentará su energía para el resto del día. Y lo que es mejor, es probable que mucha gente le acompañe. La gente prefiere naturalmente estar cerca de usted, especialmente cuando está activo. Esto se debe a que, sin saberlo, sienten una atracción magnética por su alto nivel de aventura y atletismo, y quieren compartir esa vitalidad por la vida.

Los nativos de Sagitario deben saber que no deben encerrarse durante demasiado tiempo. Puede que sea necesario salir de casa o del edificio de la oficina, para no sentirse encerrado y separado de esa fuerza natural suya. Mejor aún, puede dedicarse a una carrera o a un pasatiempo que le permita aprovechar estas fortalezas con regularidad.

Curioso

La curiosidad mató al gato, pero el Arquero está a salvo en este escenario. Los Sagitario suelen dejar que su curiosidad les guíe por la vida. Son el niño que pregunta constantemente: "¿Qué es esto?" o "¿Por qué?" y quieren respuestas completas. Esto se debe a Júpiter. Como planeta de la mente superior que es, los sagitarianos tienen una atracción natural hacia el aprendizaje.

Pero los nativos de Sagitario llegarán a un punto en el que tendrán el control para dirigir su curiosidad. De niños, los sagitarianos muestran interés por todo, desde el arte hasta las matemáticas, e incluso se adentran en la música y el aire libre. Son los niños más exigentes cuando se trata de que sus padres tengan la energía suficiente para seguirles el ritmo. Pero, cuando llegan a la mitad o al final de la veintena, saben en qué son generalmente buenos y pueden dirigir su curiosidad hacia ese campo y temas relacionados.

Por ejemplo, dos autores famosos de Sagitario incluyen a Mark Twain y C. S. Lewis. Aunque ambos escribieron extensamente en la ficción, también exploraron múltiples géneros y escribieron no ficción de observación de la política y la ética de la época. Utilizaron su habilidad en la escritura para explorar otros intereses que tenían. También vale la pena señalar aquí que estos dos sagitarianos eran extremadamente fuertes en la búsqueda del conocimiento. Aunque solo C. S. Lewis recibió una educación formal, Mark Twain fue un apasionado aprendiz de por vida. Twain utilizó su amor por el lenguaje y el material impreso para explorar otros elementos que no se enseñaban en la escuela. Mientras trabajaba en una imprenta, aprovechó ese tiempo y el acceso a los materiales para aprender sobre botánica, historia y gobierno.

Positivo hasta lo último

En la apertura de este capítulo, no nos cansamos de hablar de la actitud positiva de un sagitariano, y es cierto. Probablemente no encuentre una persona más positiva en la vida que un Sagitario. Además, están dispuestos a difundir esa positividad.

El resultado de este alto nivel de positividad es a menudo un gran sentido del humor, la voluntad de hacer una broma, y una personalidad extrovertida. Son personas extremadamente directas y pasan poco tiempo preocupándose por las posibles consecuencias de su comportamiento.

En los mejores momentos, esto significa que el sagitariano puede dedicar mucho tiempo a manifestar su mejor vida. Se enfrentan a las situaciones creyendo que el mejor resultado no solo es posible. Es el resultado más probable. Son felices, y el simple hecho de serlo hace que muchas personas les traten bien y les den lo que quieren. Los sagitarianos también provocan, sin quererlo, muchas relaciones románticas con esta positividad.

Todo esto proviene de la energía radiante del fuego y de la suerte innata de Júpiter. Aportan su propia luz al mundo y no dependen de nadie más para ser felices. Con un optimismo excéntrico, tienden a la impaciencia y a emocionarse con demasiada facilidad. De niños, pueden ser exigentes y ocasionalmente molestos debido a su gran energía, mientras que, de adultos, pueden parecer egocéntricos o demasiado enérgicos para muchas personas. Eso está bien porque, de nuevo, los nativos de Sagitario no necesitan a nadie más para ser felices; así que en lo que a ellos respecta, esto no es su problema.

Independiente

Los sagitarianos valoran mucho la independencia; se aferran a ella con fuerza. Quieren tener la oportunidad de dar rienda suelta a sus pasiones, buscar todo el conocimiento del universo y vivir con un abandono imprudente. Buscan la independencia y la libertad incuestionable.

Esto parece una debilidad para todos los demás, como si no pudieran atarse y nunca tuvieran raíces significativas en un lugar específico o con una persona. Pero el Sagitario nunca se dejará molestar o influenciar por otras personas. La cúspide Capricornio-Sagitario puede exudar esto en un grado aún mayor.

Ellos también son muy directos, y con las cúspides de este signo, eso puede significar fácilmente un montón de arrebatos de ira, pero los sagitarianos suelen ser relajados, y los escorpianos y capricornianos se entiende que no lo son.

¿Cómo es esto una fortaleza para los nativos de Sagitario? Su alto nivel de independencia les da la libertad de buscar lo que quieren de la vida. Estas personas piensan con mucha libertad y son excepcionalmente hábiles para resolver problemas de forma creativa porque no están atados a otras personas. Además, manejan con facilidad las luchas internas porque han aprendido a temprana edad que no necesitan depender de nadie más.

Comprender la personalidad general del sagitariano fuerte

En su conjunto, pocas cosas parecen contradictorias, pero trabajan juntas para crear una fuerza tan potente detrás de las fortalezas de su personalidad.

En primer lugar, son leales e independientes. Pero la mayoría de las veces, la gente confunde ambas cosas como opuestas, cuando simplemente son diferentes. Los sagitarianos no dependen de otras personas para nada, y eso significa que pueden dar una lealtad diferente a la que la mayoría de la gente experimenta de otros signos. No quieren nada a cambio de su lealtad, y pueden parecer amigos distanciados, pero los verdaderos amigos de un Sagitario saben lo importante que es para ellos su independencia.

En segundo lugar, son hipercuriosos y atléticos. La gente ha adoptado esta mentalidad de "cerebro o músculo", y parece que una persona no puede ser ambas cosas. Evidentemente, eso no es cierto, y no todos los Sagitarios son musculosos de por sí, sino que disfrutan de la aventura. Normalmente, la aventura requiere destreza física, pero muchos sagitarianos han encontrado otra forma de crear aventuras. C. S. Lewis, el creador de Las Crónicas de Narnia y de muchas otras novelas de fantasía y ciencia ficción, cultivó sus propias aventuras. No necesitó aventurarse en la naturaleza; creó su propio mundo con su curiosidad y su intelecto.

Por último, un Sagitario puede parecer contundente, descarado y extrañamente... excepcionalmente positivo. Parece que la brusquedad y la insensibilidad serían rasgos de una persona negativa, pero todo esto proviene de una persona positiva. Dirán lo que quieran sin tener en cuenta a los demás debido a su alto valor de independencia, pero su positividad a menudo significa que esto viene de un buen lugar. Si un sagitariano dice: "Tu dieta no debe ir muy bien si sigues invitándome a comer pizza", no está diciendo que la otra persona esté gorda. Están señalando que su amigo no está cumpliendo con las expectativas que él mismo se ha fijado. Este Sagitario está ofreciendo su apoyo de la única manera que conoce; no duda de que pueda cumplir sus objetivos, *solo intenta ayudar a alcanzar el nivel que quiere lograr.*

En general, los sagitarianos son algo diferente. Pueden parecer un surtido de personalidades disparatadas, pero lo tienen claro, y cuando no lo tienen, no les molesta.

Capítulo 5: Desafíos comunes de Sagitario

Los sagitarianos pueden disfrutar de su éxito creado de forma independiente durante la mayor parte de su vida, pero todos se enfrentan a desafíos. Aunque están regidos por Júpiter, que tiene un papel enorme en su vida, y es el cuerpo más grande del sistema solar además del sol, siempre están en la cúspide de la excelencia y la expansión. Son las personas que exploran y quieren saber absolutamente todo sobre el mundo que les rodea. Ahí es donde experimentan la mayoría de sus retos.

Si ha vivido cerca de un Sagitario, habrá notado que estas exigencias se relacionan directamente con su personalidad central, y a veces ni siquiera lo notan. Para los nativos de Sagitario, la lectura de estos desafíos puede ser realmente reveladora. A diferencia de otras facetas del Zodíaco, los conocedores del movimiento planetario y de los signos solares, este no será un momento en el que se pueda sentar y asentir con la cabeza. Muchos sagitarianos podrían argumentar rotundamente que no son desafíos. Muchos podrían incluso insistir en que son elementos positivos de su personalidad.

Aquellos que conocen a un nativo de Sagitario verán fácilmente estos desafíos o debilidades comunes entre los nacidos en la novena casa.

Impaciencia

Un nativo de Sagitario no puede ni quiere esperar pacientemente por nada. Los sagitarianos se encuentran entre los niños del zodíaco y encarnan este estilo de estado mental siempre joven. Esto se deriva directamente de su modalidad y de su deseo de máxima flexibilidad y movimiento constante, pero esa necesidad de movimiento constante es lo mismo que una absoluta inquietud.

El elemento mutable los anima a aceptar el cambio y a buscar el cambio constante. Si a un Sagitario se le dice que debe esperar seis meses para un ascenso, es más probable que esa persona deje su trabajo y encuentre un puesto diferente en otra empresa. Incluso si eso no se traduce en un ascenso, es algo diferente, y los sagitarianos anhelan eso.

En lo que respecta a la escuela, muchos sagitarianos ya se han retirado cuando llegan a la escuela secundaria. Pueden manejar esto de una de dos maneras. Pueden ver la escuela secundaria como un mal necesario y simplemente hacer lo suficiente para salir adelante y rebelarse por completo. O bien, sobresalen y se mantienen entre los mejores de su clase para tener la mayor cantidad de opciones disponibles después de la graduación. Los sagitarianos están orientados a grandes objetivos y otros pueden pensar en su juego a largo plazo, pero muchos tienden a enfocarse en el juego a corto plazo y no pueden ser lo suficientemente pacientes para cosechar todas las recompensas de su duro trabajo.

En el trabajo, la necesidad de cambio de los sagitarianos suele conducir a la impaciencia, y esa impaciencia se lleva a flor de piel. A un Sagitario no le gustará estar atrapado en un puesto sin salida y no le gustará estar demasiado comprometido con una empresa. Puede que incluso renuncie a un trabajo para demostrar la libertad que tiene.

En el amor, la necesidad de cambiar y avanzar rara vez los lleva en la dirección que la gente espera. No se apresuran a casarse y no están impacientes por establecerse y formar una familia. En todo caso, están impacientes por volver a encender ese romance apasionado que alimenta el comienzo de una relación. Les encanta la fase de luna de miel, y para ellos, la necesidad de cambio es precipitarse hacia esa fase de luna de miel de nuevo, incluso con una nueva persona.

Intolerancia

Hay dos factores principales que contribuyen a esta debilidad, y este es un reto que los sagitarianos podrían considerar como un periodo de superpotencia. Pero cuidado, porque pueden caer en su propia tontería. Los sagitarianos reciben un regalo del planeta regente Júpiter y de la novena casa, que es la casa de la mente superior. Los sagitarianos pueden leer a la gente y evaluar los elementos más profundos de una persona a simple vista.

Su naturaleza excepcionalmente intuitiva les permite captar rápidamente el carácter de una persona. Por sí solo, es un don, pero cuando se combina con su abrumadora honestidad y su deseo de tener una sociedad entera de inconformistas, los sagitarianos simplemente no soportan a los individuos que llevan una máscara en público. Si un Sagitario puede notar que alguien es diferente en privado de lo que es cuando está rodeado de otras personas, lo rechazará de su vida. No son personas que sean educadas por serlo. No reparten "tonterías", ni tampoco la aguantan.

Hay otros dos factores de personalidad que los sagitarianos no soportan en absoluto. Un nativo de Sagitario no tolerará que alguien sea egoísta. Aquí es donde los sagitarianos se diferencian de otros signos de fuego. Aunque ambos son generosos, Aries y Leo ponen sus necesidades por encima de las de los demás. Sopesarían ambos conjuntos de necesidades por separado y decidirían cuál es el curso de acción más lógico antes de poner simplemente sus demandas en primer lugar.

Miedo al compromiso

Este problema no es necesariamente una debilidad o un defecto, sino que es una cuestión de mala interpretación. Es un reto que experimentan los sagitarianos por lo que piensan los demás. Pero a los nativos de Sagitario no les importa lo que piensen los demás, ni su nivel o capacidad de compromiso. Se dan cuenta de que son buscadores de libertad, y que no se verán obligados a entrar en ninguna relación.

Los sagitarianos suelen ver las situaciones románticas de forma negativa, como una situación en la que un adulto controla o retiene a otro. Este no es el caso, y los sagitarianos pueden tardar toda la vida en darse cuenta de que las buenas relaciones no implican que nadie controle o manipule a la otra persona.

Ahora bien, a los nativos de Sagitario no les gusta sentirse cercados, y las relaciones pueden ciertamente causar eso, pero no tienen miedo de comprometerse. Temen comprometerse con la persona equivocada. Un Sagitario raramente dará tanta importancia a la posibilidad de que algo salga mal. Son personas positivas por naturaleza y no piensan en que las cosas salgan mal, pero con las relaciones, pasarán mucho tiempo pensando en todas las cosas que podrían salir mal.

En pocas palabras, si alguien muestra la más mínima inclinación de:

- Drama complicado (incluyendo el drama familiar)
- Egoísmo perpetuo
- Necesidad de aprobación constante
- Carácter sentencioso

Un nativo de Sagitario realmente anhela esa profunda conexión de alma gemela, pero saben que es una oportunidad única en la vida. No tienen prisa por precipitarse en una relación o en un compromiso con alguien que podría no encajar. En cambio, es probable que tengan muchas relaciones mientras buscan a alguien que les ayude a sacar lo mejor de ellos para poder devolverles el favor.

Los sagitarianos necesitan a alguien que pueda seguir el ritmo de su gran energía o que disfrute sentándose de vez en cuando. Dejar que los nativos de Sagitario tengan libertad es importante, y suelen creer que la libertad y la independencia deben fomentar las relaciones incluso durante el matrimonio.

Uno de los principales desafíos que experimentará un Sagitario es que los demás sientan que tienen miedo al compromiso. Otros tratarán de presionar al nativo de Sagitario para que se comprometa o siga adelante y se impacientarán, lo que puede significar que experimenten el fin de muchas relaciones. Este desafío consiste en que creerán que es una situación que "no es mi problema", pero si no comunican lo que esperan de la relación, esta se convertirá rápidamente en su problema.

Franqueza

En cuanto a la comunicación, los sagitarianos no dudan en "decir las cosas como son". Dicen exactamente lo que quieren decir, y lo dicen cuando les apetece soltar las palabras al mundo. En general, es una falta total de disciplina y tacto, pero solo dicen la verdad desde el punto de vista sagitariano, y todo el mundo merece oírla.

Este desafío en particular surge siempre que son infelices. En muchos otros signos solares, las personas pueden callarse, retirarse o debatirse en silencio sobre las palabras que quieren decir, pero que saben que no son correctas. Un Sagitario no lo hará, y esto se debe a los factores de su planeta regente Júpiter y su elemento fuego. Estos dos factores combinados significan que están apasionadamente en la búsqueda de la verdad y el conocimiento y quieren que todos los demás lo experimenten. Cuando los nativos de Sagitario se sienten heridos, acuden a los foros públicos para asegurarse de que todo el mundo sepa cómo se les ha perjudicado y lo que piensan al respecto.

En el lugar de trabajo, esto provoca importantes problemas y desafíos. Un sagitariano puede tener dificultades para ascender en una empresa o para permanecer en un equipo durante mucho tiempo, no solo porque carece de paciencia, sino también porque simplemente no tiene tacto. Es probable que alguien en la empresa o en el equipo se canse de escuchar al Sagitario quejarse de lo mismo o, lo que es peor, soltar "bombas de verdad" en reuniones o correos electrónicos importantes.

Para los sagitarianos, podrían probar algunas de estas tácticas para superar esta lucha:

Practique la escucha activa cuando sea inapropiado expresar una opinión. Por ejemplo, cuando otra persona está dirigiendo una reunión.

No se dirija a grupos grandes para hablar de asuntos que implican a personas concretas. Por ejemplo, no responda a toda la empresa en un correo electrónico cuando el asunto solo afecta a una o dos personas.

Cuando sienta que tiene que educar a los que le rodean sobre cómo son "realmente las cosas", tómese un respiro y aléjese. Su lado fogoso puede provocar un ataque de ira y hacer que todos se sientan mal por la situación.

Descuidado y a menudo aburrido

Sería un grave error decir que un sagitariano famoso como Winston Churchill era descuidado, pero ciertamente tenía sus momentos y a menudo se aburría. De hecho, tenía fama de alejarse de las cosas que no le llamaban la atención o que no le llevaban a la acción. No tenía tiempo para la gente que solo hablaba, y cuando se aburría con algo, dejaba que otros se encargaran de ello. Por su descuido, hay momentos clave en la historia que marcan el desafío de este líder, a menudo olvidado. El incidente de la Gran Niebla, en el que murieron muchas personas porque el gobierno no tomó medidas para proteger al pueblo, es posiblemente el más notable. Churchill desechó este peligro como "mera niebla" y no se molestó en prestarle más atención.

Los sagitarianos quieren vivir una vida feliz y vivirla. Ponen toda su atención en el presente. Por eso muchos grandes líderes son los grandes líderes que conocemos, ya que miraron el presente y tomaron las mejores decisiones posibles para el momento, pero diariamente, esto puede presentar problemas.

Pueden dejar varios proyectos sin terminar durante largos períodos y ser inconsistentes para manejar elementos dentro de su vida laboral. Cada vez que hay un asunto que involucra a alguien que cuenta con ellos, pueden tener problemas para mantener el control de por qué algo es importante cuando también es aburrido.

Para evitar el aburrimiento:

Conéctese regularmente con quienes valoran la tarea como crítica o vital para que le recuerden con frecuencia por qué estas tareas aburridas son necesarias.

Dedique una cantidad de tiempo limitada a las tareas aburridas, para que sea manejable y no se apodere de su vida.

Determine cuánto tiempo es justo dedicar a los proyectos o tareas aburridas, para que no tenga la sensación de que se eternizan.

Para evitar descuidos:

Pida a un amigo o compañero de trabajo que revise su trabajo.

Cree una lista de comprobación al principio de la tarea, cuando todavía está muy concentrado, y utilícela cuando esté a punto de terminarla para asegurarse de que no ha omitido nada.

Disfrute del proceso de aprendizaje; enfóquese en lo que está experimentando y aprendiendo más que en las ganas que tiene de cerrar el proyecto.

Para ayudar a un sagitariano a superar este reto:

Cree recompensas extrínsecas por completar los hitos.

Ofrezca la posibilidad de aprender e investigar nuevos factores del proyecto o tarea siempre que sea posible.

Aproveche su franqueza para determinar cuándo una tarea o hito no es necesario o no sirve para nada.

Desafíos especiales para las cúspides

Como se ha mencionado anteriormente, muchos nativos de Sagitario caen justo en las líneas de cúspide de Escorpio o Capricornio, y estos dos signos no suelen ser cúspides razonables o fáciles de manejar. Escorpio viene con un montón de complicaciones en la comunicación, el procesamiento de las emociones y la materia del planeta opuesto. Mientras que un Sagitario siempre mira hacia el futuro y busca la positividad, Escorpio es todo lo contrario.

Cúspide Escorpio-Sagitario

La batalla de las emociones, el Sagitario con sus grandes emociones y el Escorpio que esconde sus emociones bajo una gruesa coraza, es una receta para discusiones explosivas después de largos períodos de cavilación. También son más propensos a sentirse poco apreciados y a no decir nada. Es posible que trabajen durante largos períodos de trabajo aburrido sin recompensa y se sientan despreciados o desvinculados sin nada más que mostrar. Odiarán esto y a menudo se desquitarán con sus seres queridos en lugar de con los de su lugar de trabajo.

Estas cúspides deberían hablar más y asumir la responsabilidad de hacer llegar sus quejas a la persona adecuada. Buscar a alguien que pueda ayudarles en su situación en lugar de a los que les rodean.

Cúspide Sagitario-Capricornio

Con los Capricornio, existe el asunto de que tanto el lado Capricornio como el Sagitario aman que los demás se equivoquen. Ahora bien, desde el punto de vista de Sagitario, les encanta debatir, aprender y discutir. No quieren que la otra persona se sienta equivocada. Solo quieren ganar la discusión, mientras que Capricornio quiere hacer sentir a alguien que nunca podría ganar una discusión contra ellos cuando están enojados.

Las cúspides Sagitario-Capricornio deben prestar mucha atención a la forma en que se dirigen a la gente. Estos fallos de comunicación pueden hacer que se pierdan muchas amistades tan importantes para los Sagitario.

Capítulo 6: Sagitario a través de la infancia

Los sagitarianos se encuentran entre los niños eternos del zodíaco. Serían los niños perdidos del País de Nunca Jamás, ya que sencillamente no parecen envejecer, pero sus experiencias de la infancia moldearán drásticamente al Sagitario adulto, más que a otros signos. Por ejemplo, un Sagitario que recibió muchos elogios de niño probablemente buscará una carrera gratificante con frecuentes elogios. Aunque a los sagitarianos no les importa excepcionalmente lo que piensen los demás, asociarán esos elogios frecuentes con la comodidad del hogar.

Pero hay una situación más común a la que se enfrentan los sagitarianos. Odiar su infancia, o tener una aversión extrema por ella. Una de las principales debilidades de un Sagitario es su incapacidad para tratar con cierto tipo de personas. Supongamos que crecieron con alguien que veían como extremadamente necesitado o alguien que parecía victimizarse perpetuamente. En ese caso, es probable que les resulte aún más difícil estar cerca de quienes hacen esto más adelante en la vida. Es posible que abandonen a su familia, aunque sean excepcionalmente leales.

Los males y las buenas acciones que los sagitarianos experimentaron de niños actuarán como su estrella del norte a lo largo de la vida. La utilizarán para guiarse hacia lo que creen que es mejor para ellos y les ayudará a exponer cómo pueden mejorar y aprender de sus experiencias de la primera infancia.

Qué esperar de los niños sagitarianos

Un niño Sagitario se mostrará muy activo casi todo el tiempo. Es de esperar que estos niños dejen de dormir la siesta al principio de su etapa infantil, y que oscilen entre la independencia y la necesidad. El niño Sagitario está explorando su necesidad de libertad, pero quiere hacerlo con la red de seguridad. Es posible que se apegue más a uno de los padres que al otro en varios momentos, y eso podría ser para tantear el terreno de lo que cada uno de los padres le permitirá hacer.

Un niño Sagitario puede ser muy feliz jugando solo o con sus hermanos durante los primeros años, pero no es probable que forme un vínculo muy fuerte con los hermanos, a menos que tengan una edad cercana. Durante los años de la infancia, puede ser fácil ayudarles a alcanzar los hitos. Los niños Sagitario suelen aprender a ir al baño más rápido, son más serviciales con las tareas domésticas y se enorgullecen de completar un proyecto, ya sea para el preescolar o un proyecto artístico de su propia creación.

Todos estos son factores de su personalidad en desarrollo. Son valiosos en el hogar, y captan estos hitos de la edad temprana tan rápidamente porque ya fomentan esa necesidad de independencia: su deseo de participar en proyectos y jugar con grupos alimenta su creciente extraversión.

Es posible que durante la infancia sea cuando más se diferencien los hombres y las mujeres Sagitario. Las mujeres pasarán este tiempo explorando diferentes facetas de su identidad, y para cuando lleguen a la adolescencia, tendrán la mayor parte de su personalidad central solidificada y lista para la edad adulta. Los varones sagitarianos utilizan la primera infancia como tiempo de juego y luego descubren su identidad durante la adolescencia y finalmente se solidifican en su núcleo a los 20 o incluso a los 30 años.

Niñas Sagitario

Las niñas Sagitario son un placer para criar. Tienen un encanto extraordinariamente desarmante. Utilizan su naturaleza inquisitiva para incitar a los demás a comprometerse con ellas a un nivel más profundo que el que la mayoría de los niños pueden obtener de un adulto. También se apresuran a dejar que cualquier pensamiento que tengan salga de su boca, lo que hace que toda la vida sea "Los niños dicen las cosas más raras".

Sorprenden a la mayoría de la gente con su intelecto, su curiosidad y su franqueza. Son los niños que preguntan de dónde vienen los bebés a una edad muy temprana, y son los que preguntarán por qué es esencial sacar buenas notas o por qué es necesario querer ser algo cuando sean adultos. Y quieren respuestas reales. No aceptarán respuestas blandas. Seguirán indagando hasta que un adulto les dé una respuesta cuantificable con la que se sientan bien.

Desafortunadamente, muchos padres de niñas Sagitario se disculpan con frecuencia por las cosas que dice su hija. Estos padres también deben tener cuidado de no decir nada que no quieran que se repita. No querrán bromear sobre el deseo de patear a un perro (malo) de la familia delante de la joven Sagitario, que buscará a su tía y denunciará la declaración rápidamente.

Como puede ver, las niñas Sagitario siempre están escuchando. Necesitan saber exactamente quién está a su alrededor y quién las apoya en la edad adulta. Rápidamente formarán vínculos muy fuertes con las personas de su familia que consideren más adecuadas para criarlas. Estas jóvenes pueden apegarse a una tía o a una prima con más devoción que a sus hermanos.

Sin embargo, las niñas sagitarianas presentan una de las cualidades más redentoras en los niños. Son irremediablemente devotas de la verdad, y nunca debería esperar que su niña nativa de Sagitario mienta. Estos niños pequeños también son optimistas. Las niñas Sagitario son un poco más suspicaces sobre el flujo y reflujo de la vida que los varones Sagitario, pero notará que la mayoría de las niñas Sagitario perseveran en la vida con una actitud de poder.

Niños Sagitario

Los niños Sagitario dan a cualquiera una carrera por su dinero. Estos chicos necesitan nacer con otro signo de fuego de alta tensión que pueda seguir el ritmo de su energía. Cuando Aries o Leo tienen hijos varones de Sagitario, pueden prosperar juntos y cultivar una relación de por vida que progresa naturalmente de padre a hijo a una amistad adulta basada en el respeto mutuo.

Estos niños son aventureros. Necesitan salir a jugar al aire libre y no entrar hasta que se ponga el sol. Si son propensos a los videojuegos, quieren juegos basados en la aventura, con mucha acción y grandes mundos que explorar. Los niños Sagitario muestran muchos de los retos más destacados en sus primeros años. Estos chicos se rebelarán rotundamente contra cualquier signo de rutina, y odiarán rotundamente la normalidad.

Como niños pequeños, esto puede ser extremadamente difícil para cualquier padre; lo que casi lo hace peor es que el joven simplemente se está divirtiendo y, con suerte, el padre puede mostrar que no debe apagar eso cada vez. Sí, a veces es necesario cumplir con un horario o con ciertos hitos, pero los padres de los niños Sagitario deben recordar que son niños muy pequeños, y especialmente cuando son niños pequeños, el tiempo de juego suele ser más importante que seguir un horario o una rutina. Este niño utiliza el tiempo de juego para explorar el mundo que le rodea y comprender mejor cómo actúan los adultos que le rodean.

Aunque las niñas Sagitario pueden ser mucho más maduras que los niños en la infancia, una cosa que los niños hacen es *recrear a través de la imaginación*. A través del juego imaginativo, puede notar que los niños Sagitario a menudo representarán cosas que parecen estar fuera del ámbito de lo normal, pero están explorando la conversación y los conceptos profundos. Puede que estén jugando a los Piratas, pero lo que están haciendo es explorar la idea del bien y el mal, el robo y la redención, la jerga y el discurso formal.

Una de las mayores diferencias entre los nativos de Sagitario en sus años de juventud es que los niños son un poco más encantadores. Las niñas Sagitario utilizarán su brusquedad y curiosidad para incitar a los adultos a un comportamiento específico, mientras que los niños son dulces y acogedores. Quieren estar cerca de usted, y no quieren toda su atención. Simplemente quieren su presencia. La mayoría de los chicos no comienzan a explorar ese deseo de libertad hasta la adolescencia. También es posible que reserven más su curiosidad hasta la adolescencia.

Mariposas sociales tempranas

Incluso a edades tempranas, los sagitarianos son mariposas sociales. No pueden evitar hacer conocidos, y su gran energía es perfecta para protagonizar juegos infantiles.

Incluso cuando son bebés, les gusta que les cojan en brazos multitud de personas, no solo sus padres. Cuando entran en la edad infantil, se relacionan con los demás con facilidad y encuentran amigos en casi cualquier entorno. Son el niño que saluda alegremente a mamá o a papá cuando se va corriendo a la sala de preescolar mientras otros niños lloran porque sus padres se van.

Es posible que los padres de los nativos de Sagitario tengan que esforzarse un poco más para inculcarles la idea del "peligro de los extraños", o de las personas que no son de confianza. Tienen que demostrar quién tiene ciertas responsabilidades con ellos y cuándo las cosas están o no están bien. Por ejemplo, si los padres están separados, hay que trabajar para explicarles quién les recogerá después del colegio o qué autobús deben tomar para volver a casa. También existe un alto riesgo de descuido cuando se trata de situaciones sociales. Un niño Sagitario puede no darse cuenta de lo tarde que se ha hecho o de que sus amigos han pasado a otra cosa o a otra actividad.

Requieren entretenimiento constante

Un elemento de lucha común para los niños Sagitario es que necesitan entretenimiento y estimulación constantes hasta que aprenden a participar en el juego imaginativo, aproximadamente entre los cuatro y los seis años. Necesitan que alguien les enseñe a jugar con ciertos juguetes y a relacionarse con otros niños. Aunque los niños Sagitario hacen amigos rápidamente, desean que alguien les enseñe a participar en ese juego a una edad temprana.

A los niños Sagitario les encanta explorar el mundo y estarán encantados de traerle una montaña de piedras, palos o bellotas que recogen o convierten en proyectos. Prefieren hacer estas cosas con alguien, no quieren que se le mande al patio solo, y el padre será rápidamente notificado sobre su opinión en esa situación.

Entretener a los jóvenes Sagitario en un espacio público plantea algunos problemas. A los nativos de Sagitario les encanta el ajetreo, pero llevar a un niño Sagitario a una tienda de comestibles o a un viaje de compras puede parecer una labor porque quieren meterse en todo. Desde sacar cosas de los estantes hasta cargar el carro con artículos al azar, encontrarán formas de entretenerse si el adulto en la situación no les proporciona una salida.

Ahora bien, si tiene un niño así, puede hacer este juego. Recuerde que a los sagitarianos les encanta la idea de la responsabilidad incluso a una edad temprana, y entienden que ayuda a fomentar su independencia en años posteriores. Incluso cuando son niños pequeños, pueden ayudar a escoger artículos de la estantería y colocarlos obedientemente en el carrito. Asegúrese de que, si le lleva a hacer un recado, le asigne una tarea y le haga sentir que es una parte importante de la misma.

Comprendiendo su infancia

Este no es un problema inherente a Sagitario. Muchas personas se esfuerzan por comprender su infancia y el lente que forjó su visión del mundo. Como este signo, puede sentirse atraído por esta problemática debido a su conexión con el planeta de la mente superior y su profunda curiosidad.

Quizás el primer paso sea revisar las acciones de sus padres con un poco de compasión. Los nativos de Sagitario se apresuran a evaluar a las personas con dureza y a emitir juicios que mantienen durante mucho tiempo. Como adulto, puede considerar que sus padres se encontraban en una situación muy diferente a la que usted entendía cuando era adolescente o niño. Incluso con solo leer este capítulo, podría notar ciertos patrones con los que sus cuidadores tuvieron que luchar mientras usted desarrollaba su independencia y su personalidad.

Los niños con mucha energía a menudo informan de que no sentían que tuvieran suficiente atención o compromiso cuando eran pequeños. Ahora bien, si el padre de la foto también trabajaba a tiempo completo, es probable que el niño Sagitario pasara más tiempo en la escuela o con niñeras. Como adulto, puede comprender mucho más la situación que rodea a su infancia, pero eso no explica sus sentimientos.

Como signo de fuego, tiene tendencia a ser más lógico en su forma de ver el mundo, incluso con esas gafas color de rosa de Sagitario que le dan ese encuadre optimista. Este sería el momento de evaluar su infancia de forma analítica y ver qué aspectos positivos puede extraer de la experiencia. Muchos nativos de Sagitario no sienten una conexión profunda con su familia, aunque tengan lealtad hacia ella. Permítase considerar los factores que rodean su infancia y explore lo que puede haber sucedido y que estaba fuera de su alcance.

Lo que necesita un niño Sagitario

Un niño Sagitario exige mucho. Necesitan una gran cantidad de atención, salidas creativas, compromiso y energía; pero cuando un padre puede ofrecer esto, es una experiencia excepcional. Estos son los niños que harán preguntas que le harán sonreír y, en general, harán observaciones que parecen salir de la mente de un adulto.

Están preparados y contentos de aprender sobre el mundo que les rodea, y ya tienen una visión optimista de la vida. Incluso a edades tempranas del niño, suelen pensar en el marco del mejor escenario posible.

Los padres de un niño de este signo no deben esperar que el niño permanezca sentado durante largos periodos de tiempo ni que se someta a confinamiento en corralitos. Al principio puede parecer que el niño Sagitario es impaciente y tiene mucha energía; cuando el adulto trata de involucrarlo y agota esa energía, puede ceder y establecer rutinas si entiende que sus necesidades se satisfacen a través de esas rutinas.

Capítulo 7: Sagitario, "El mejor amigo"

El noveno signo del zodiaco combina rasgos de personalidad que lo preparan para ocupar el puesto de mejor amigo en el círculo de casi cualquier persona. Son extraordinariamente abiertos de mente y tienden a rodearse de individuos diversos. Por lo general, aportarán una colección ecléctica de conocidos que podrían prosperar juntos, dependiendo de sus signos y aspectos de su personalidad. Buscan la mayor variedad de personas posible, y es fácil pensar que podrían tener una especie de lista de control para mantener a sus amigos.

Los sagitarianos siempre están al acecho de la posibilidad de conocer nuevos individuos. No es solo que sean extrovertidos. Están realmente interesados en conocer diversas experiencias vitales. Buscan la oportunidad de conocer otras formas de vivir y evaluar las relaciones y los elementos de la personalidad. Un sagitariano rara vez dejará pasar la excusa para conversar sinceramente con alguien sobre sus opiniones, puntos de vista o experiencias. Los nativos de Sagitario hacen amigos con extraordinaria rapidez, y a menudo la otra persona siente que ha hecho un amigo para toda la vida, pero eso lo deciden ellos.

Aunque los sagitarianos hacen amigos rápidamente, suelen tener un pequeño círculo de personas que consideran cercanas. Dentro de ese círculo, son la forma más auténtica de su "yo" y es cuando están con sus amigos cuando son más felices. Si es el amigo íntimo de confianza de un sagitariano, entonces tiene algo verdaderamente especial, y debe asegurarse de alimentar o reforzar esa amistad con frecuencia.

Los amigos de los sagitarianos y los propios sagitarianos tienen dificultades para mantener relaciones. Aunque siempre son accesibles, les cuesta sentirse atrapados o demasiado comprometidos. Puede parecer que han hecho un nuevo mejor amigo solo para dejarlo o pasar a otra persona unas semanas o meses después.

Como resumen de Sagitario como amigo, son abiertos, sinceros, cariñosos y leales. Muestran un genuino interés por el drama de sus amigos y por todo lo que tienen que decir, lo que hace que casi todos los demás signos se sientan bien consigo mismos. Los signos de fuego tienen sobre todo una profunda conexión con el carácter y el ser. Como último signo de fuego, a los sagitarianos les encanta ayudar a los demás a aumentar su ego, al tiempo que ellos mismos reciben una pequeña oleada de ego.

¿Quién es Sagitario como amigo?

Un Sagitario es el mejor de los amigos, es el alma de la fiesta y es el que siempre quiere divertirse. Para dar algunas referencias de la cultura pop, Aang de Avatar: El último maestro del aire, Gina de Brooklyn Nine-Nine y Penny de The Big Bang Theory son todos sagitarianos y amigos feroces. El otro elemento de esta amistad que se puede ver fácilmente en estos ejemplos es cómo son todos ellos sin disculparse entre sí. Ese es un rasgo de la amistad que los hace tan buenas personas y que atrae a los demás tan estrechamente.

Los sagitarianos rara vez se pondrán una máscara para nadie. No necesitan impresionar a la sociedad ni a nadie individualmente, pero no se trata de un asunto de *"hago lo que quiero para confrontar a los demás"*. Realmente no creen que lo que los demás piensen sea importante. Júpiter gobierna este signo, y a través de las muchas historias mitológicas de Júpiter o Zeus, no tienen a nadie a quien impresionar. Son el dios de los dioses y el vencedor de los dioses. Esto se vincula con la relación porque esta autenticidad en bruto es algo que casi todas las demás personas en existencia envidian o desean alcanzar. Muchas personas viven detrás de máscaras o hacen cosas para apaciguar a los demás, y cuando ven que los sagitarianos ni siquiera consideran eso como una opción, quieren ser parte de ello. Quieren experimentar ese amor a sí mismos y a la vida en bruto como lo hacen los Sagitarios; es a través de la amistad que sucede.

Ahora bien, a los Sagitarios les encanta una buena fiesta, y eso no coincide con todo el mundo. Para un número suficiente de personas, es un éxito, y un Sagitario no siempre está buscando el tipo de fiesta en la que la casa se mueve, o en la que salta de una fiesta a otra o se llama a la policía por ser demasiado ruidosa. A veces son realmente felices en una pequeña fiesta o en una parrillada en el patio trasero. Aportan a cada reunión, por grande o pequeña que sea, su cruda e incontenible personalidad y energía.

Como amigo, puede contar con este signo para conectar a la gente y con la gente. ¿Pasará mucho tiempo a solas con ellos? Probablemente no. Los de este signo son unos de los más extrovertidos que puedes conocer, y a diferencia de otros signos ardientes y fogosos como los Leo, quieren poco tiempo a solas para recargarse. A diferencia de Aries, no se vuelven demasiado agresivos y necesitan perder el tiempo para recomponer las piezas de cada relación cada dos semanas. Ahora bien, un Sagitario puede tener un mal día o una racha en la que sea demasiado brusco, demasiado comunicativo con sus opiniones y demasiado "metido en los asuntos de todo el mundo", pero eso suele ser culpa de un movimiento planetario más que de su personalidad principal.

Quieren estar cerca de la gente, y no se sienten mal por decir lo que hay que decir, pero cuando se les va la mano, lo que ocurre más a menudo cuando mercurio está retrógrado o en su casa, saben que tienen que arreglar las cosas con ciertos personajes.

Como amigo de un Sagitario, alguien podría experimentar una de estas situaciones:

Amigos impecables con algún que otro desacuerdo de opiniones.

Amistad ininterrumpida con algunas grandes peleas al año cuando los planetas causan problemas.

Amistad sólida sin peleas, pero sabe que no es su "mejor" amigo.

Amistad cercana que a menudo se siente como si corriera el riesgo de perder su amistad y que finalmente se aferra demasiado y aleja al Sagitario.

El patrón es que el Sagitario suele arreglar sus conflictos o superar los desacuerdos solo con sus amigos más cercanos. Supongamos que uno de sus conocidos tiene un desacuerdo. Ahí, el Sagitario no suele ver como una inversión recuperar la amistad si la otra persona no quiere trabajar por ella. Esencialmente, saben lo que aportan y lo buenos amigos que son, así que esperan que la gente también se esfuerce.

Por otra parte, los sagitarianos tienen un gran sentido del humor y siempre están dispuestos a reírse. El famoso comediante y sagitariano Richard Pryor es una prueba absoluta, pero otros comediantes son Tiffany Haddish, Patrice O'Neal y Ron White. Consiguen que la gente se ría sin pretenderlo, y a menudo incitan a otros individuos a explorar sus talentos con el humor también. Suelen tener ese perfecto sentido del tiempo para bromear, aunque no lo entiendan cuando pasa a la conversación habitual, pero abordan todas las cosas de la vida pensando en la diversión y la comedia.

Gran parte de su comedia es para sus amigos. Los sagitarianos quieren hacer reír a sus compañeros y quieren que la gente se lo pase bien a su alrededor. Serán extravagantes y dirán las cosas que todo el mundo piensa, pero no quiere decir. Es ese enfoque de la comedia y el humor lo que hace que muchas personas quieran ser amigos de un Sagitario.

A veces, un amigo Sagitario puede parecer un poco abrumador o prepotente. Los sagitarianos quieren solucionarlo todo, y a veces hacen bromas en situaciones inapropiadas cuando claramente no es el momento. Lo hacen porque, en su mente, es una forma de solucionar la situación, de hacerla menos triste o menos frustrante. Los nativos de Sagitario tampoco entienden que no necesitan arreglar todos los problemas de sus aliados.

A menudo, una persona puede necesitar solo que el Sagitario escuche. Podrían tomar nota aquí y dedicar más tiempo a escuchar a sus amigos en lugar de saltar directamente a la acción. Mientras tanto, sus compañeros podrían ser un poco más directos cuando no necesiten ayuda, sino solo un oído atento.

Compatibilidad de amistad con Sagitario

Como todos los demás signos, en lo que respecta a la compatibilidad, son ampliamente compatibles y se llevan bien con muchos más individuos que otros signos. Aquí está una guía completa de las relaciones de un Sagitario con otros tipos.

Aries

Los signos de fuego arden juntos, y aunque no sean amigos para toda la vida, pueden pasar un buen rato de fiesta. Estos dos coincidirán en términos de energía y amor por la diversión. Un Sagitario y un Aries conectarán cuando se aventuren y pasen de todo con poca planificación y cero atenciones a lo que sucede en el mundo.

Son excelentes amigos, pero pueden pasar largos periodos de tiempo sin verse. El único problema es que el Aries puede no disfrutar del eclipse de poder que ocurre con estos dos.

Tauro

Tauro y Sagitario no suelen ser una buena mezcla. Tierra quemada es la mejor manera de describir lo que ocurre cuando este signo de tierra y el de fuego se juntan. El Tauro prospera en la familiaridad y las posesiones materiales. Mientras que el Sagitario ve los objetos materiales como una cadena a un espacio concreto, es un ancla, y eso lo odia. Y el Tauro es excepcionalmente terco, y eso se mete en la piel del Sagitario. En general, la compatibilidad es muy baja.

Géminis

El signo Géminis es astrológicamente opuesto a Sagitario, y en un verdadero momento de atracción de los opuestos, les va bastante bien juntos. Un Géminis complementará los rasgos de un Sagitario. Ambos buscan lo que el otro tiene. El géminis quiere la franqueza y el humor del sagitariano, mientras que el sagitariano quiere el dominio de las habilidades y la concentración del géminis.

Cáncer

Los Cáncer son un torbellino de emociones y compasión, que es todo lo que no es el Sagitario. Los sagitarianos no son lentos. Tienen poca conexión con la luna y no soportan a las personas sensibles. Eso es todo lo que encarna un canceriano. Hay esperanza para esta combinación. Cáncer podría ser ese único mejor amigo que tiene un sagitariano para sus necesidades emocionales y porque los sagitarianos pueden ayudar a menudo a este signo.

Ambos signos aman la comida y prefieren la serenidad del aire libre. Cuando estos dos se reúnen, pueden hablar de las cosas profundas de la vida, como la naturaleza humana, la religión y los conceptos que van más allá del plano físico.

Si tiene un amigo Cáncer, sepa que un canceriano necesita espacio del mismo modo que usted. Ser demasiado necesitado suele acarrear problemas, ya que un Cáncer quiere tiempo a solas del mismo modo que usted quiere libertad.

Leo

Para describir a esta poderosa pareja, solo tenemos que fijarnos en algunas de las parejas más infames de la ficción o de la vida real. Piense en Thelma y Louis, o en Bonnie y Clyde, y eso describiría con exactitud a estos dos juntos. Están llenos de energía, tienen ganas de fiesta, son extrovertidos y son grandes amigos. Podrían ser mejores amigos si el Leo del grupo puede evitar volverse posesivo. Los Leo quieren tener a sus amigos cerca todo el tiempo, y para un Sagitario, eso podría ser demasiado tiempo de calidad.

Virgo

Un Virgo es un planificador cauteloso, quieren saber exactamente lo que está pasando, y un Sagitario simplemente no puede entregar eso. Pero un Virgo es uno de los pocos que puede apreciar la opinión sin filtro y la visión que un Sagitario proporciona. Son igualmente honestos y comunicativos y entienden que se trata de honestidad, no de abrasividad.

Libra

Los Libra son confiables y no se apresuran a sacar conclusiones. Hay un acuerdo mutuo en esta amistad para que puedan ser buenos amigos durante mucho tiempo a través de la honestidad. ¿Es este su mejor amigo? En realidad, no. Los Libra son notoriamente de baja energía. No quieren ir a aventuras locas, ni salir de fiesta todo el tiempo. Y podría haber problemas con la tendencia de Libras a la vergüenza.

Escorpio

Mientras que los Sagitarianos siempre ven lo bueno de la vida y las posibilidades de lo que podría venir, los Escorpio son todo lo contrario. Usted es Piglet, y ellos son Ígor. Entonces, ¿Pueden llevarse bien el uno con el otro? En muchos aspectos, sí. Los dos son propensos a las peleas, pero también disfrutan demostrando que la otra persona está equivocada, por lo que podría ser una pasión compartida. El hecho de irritar a los demás y al otro podría provocar peleas monstruosas en las que uno acabará entrando en razón, y entonces podrán volver a empezar.

Sagitario

¡Aún mejor juntos! Las parejas de Sagitario se empujarán mutuamente para mejorar, ir más lejos y aventurarse más. Dos nativos de Sagitario juntos son imparables.

Capricornio

Los Capricornio se sienten cómodos teniendo sus posesiones cerca, y que se ciñen a métodos probados. A los sagitarianos les encanta lo novedoso y lo nuevo, por lo que no se mezclan bien con los capricornianos, aunque pueden apoyarse en un capricorniano para obtener una visión útil sobre cómo aprovechar al máximo sus puntos fuertes. Los capricornianos son buenos consejeros para los sagitarianos, aunque el nativo de Sagitario no siempre quiera escuchar lo que tienen que decir.

Acuario

Un signo de fuego y un signo de aire pueden formar un tornado de fuego, y esta mezcla es un gran partido. Como amigos, suelen ser aventureros juntos, y los Acuario suelen presentar la planificación y la gestión que les falta a los sagitarianos. Pueden elaborar planes de viaje y asegurarse de que ambos tienen los documentos y el presupuesto adecuados para disfrutar de su viaje. Estos dos se empujarán mutuamente a explorar, y el sagitariano ayudará al acuariano a olvidar los juicios de los demás.

Piscis

Un verdadero signo de agua al que le gusta apagar la llama, Piscis no puede soportar la honestidad del nivel de Sagitario, y no quiere saber nada de aventuras locas. Se van de fiesta y tienen profundos lazos espirituales, que es donde estos dos pueden conectar. Es probable que se trate de una armonía pasajera y no de un romance para toda la vida.

Cuando los amigos se pelean

Los sagitarianos hacen buenos amigos, incluso los mejores compañeros, y es común que tengan muchas personas felices de lanzarse a la amistad rápidamente, pero siempre existe la posibilidad de una pelea. A los sagitarianos les encanta demostrar que la gente está equivocada, y ni siquiera es que les guste tener "razón".

Les encanta la emoción de intentar demostrar a alguien que está equivocado. Se pelean a menudo, y a veces es porque han llevado una broma demasiado lejos.

Ser un amigo como Sagitario

Comprender que los demás no son tan abiertos con la comunicación, tanto para recibir como para dar.

Saber que necesita una colección diversa de amigos para asegurarse de que no está alienando a unos pocos o abrumando a otros.

Ser amigo de un Sagitario

Tome la honestidad contundente como un acto de amor, ellos lo aman y quieren que usted tenga éxito o prospere, y creen que están ayudando.

Tómese un descanso cuando no pueda seguir el ritmo. Solo causará problemas.

Absorba las pequeñas cosas que hacen los sagitarianos, como su generosidad u optimismo.

Pero cuando un Sagitario se pelea con alguien a quien quiere, se apresura a hacer las paces y a resolver el problema. Los signos de fuego trabajan con optimismo y suelen ser los que se esfuerzan por arreglar algo, aunque no crean necesariamente que se hayan equivocado. Un signo de fuego puede reconocer que fue demasiado agresivo o que se pasó de la raya. Para ellos, un gran amigo siempre merece un poco de humildad o una disculpa.

Por último, no se tome sus bromas demasiado en serio, y dele espacio para apoyar su libertad. Perderá a un Sagitario como amigo de dos maneras. Podría ser demasiado pegajoso o dependiente, o podría ser demasiado sensible. Si encuentra sus bromas ofensivas, entonces podría no ser un buen partido porque el Sagitario no se verá empujado a dejar de hacer lo que les resulta tan natural. Los sagitarianos siempre serán su verdadero yo, así que no harán mucho por adaptarse a las necesidades de sus amigos.

Capítulo 8: Sagitario en el amor

Un Sagitario es notorio en el amor, tal vez por todas las razones equivocadas. No es lo que parece en la superficie. Echemos un rápido vistazo a cómo es una relación con un Sagitario desde el exterior y para la otra persona involucrada en la relación.

El comienzo de la relación es un torbellino. Es posible que la otra persona ni siquiera se haya dado cuenta de lo rápido y lo fuerte que se ha enamorado, o al menos se ha entusiasmado. La energía de los sagitarianos puede absorber a casi todo el mundo, y hacen que la gente se sienta especial. ¿A quién no le gusta eso? Luego, las cosas se ralentizan porque el otro individuo necesita un descanso, y parece que esto es el asentamiento del agua. Parece que se han acabado los rápidos y se ha pasado a la parte suave y tranquila del río. Y entonces ocurre, se distancian y rompen con la persona. ¿Qué ha pasado? Desde fuera, nadie lo sabe. Parece que los nativos de Sagitario son malos en las relaciones románticas porque son grandes amigos, así que solo sus amantes sufren este terrible destino.

Desde el interior de esa relación, es una experiencia drásticamente diferente. Si más personas dedicaran tiempo a observar al Sagitario enamorado en lugar del alma afortunada de la que se han enamorado, verían en una persona agresiva, divertida y segura de sí misma al principio de la relación, pero una vez que esa fase de luna de miel se desvanece y el desafío desaparece, el Sagitario empieza a ver todas las demás cualidades de su pareja. Empieza a ver qué tal vez no saca lo mejor de ese otro, y que tal vez esa persona no es extrovertida, sino que es un poco reservada. Es entonces cuando el Sagitario se distancia, y eventualmente, se va.

Cuando un Sagitario está en una relación o está coqueteando con alguien y se prepara para entrar en una unión amorosa, hace que su entusiasmo por la vida sea contagioso. Es casi imposible evitar la sensación de amar a la vida y la aventura cuando un Sagitario se enamora de usted. Los sagitarianos también disfrutan mimando a sus parejas, y lo hacen con grandes gestos y mucha generosidad. Como la mayoría de los signos de fuego, los sagitarianos aman la pasión, pero no se quedarán en una relación en la que cualquiera de los dos deba comprometer alguna parte de sí mismo.

Es esa falta de voluntad para negociar lo que hace que los sagitarianos parezcan tan huidizos. Son los que se aferran a esa pareja absolutamente perfecta, y no les importa esperar hasta bien entrada la edad para encontrarla. Si una pareja empieza a presionarlos para que tengan una aventura o para que lleven su relación al siguiente nivel, casi siempre es el fin de esa parte de su vida.

Compatibilidad de Sagitario en el romance

Como es lógico, los sagitarianos son muy compatibles con muchos signos durante cortos periodos de tiempo. Pero se vinculan con signos clave durante largos momentos de tiempo, y eso es lo que un Sagitario debe buscar en una pareja.

Aries

Estas relaciones son de fuego, y estos dos se divertirán mucho pasando semanas o meses haciéndose los duros el uno para el otro. Ninguno de los dos se toma nada como algo personal, y ambos necesitan mucha independencia. Aries y Sagitario son bastante compatibles si Aries puede controlar sus celos, y Sagitario no pide demasiado a su pareja.

Tauro

Estos dos son grandes compañeros de aventuras, pero nada más allá de eso. Venus y Júpiter se alinean felizmente en términos sexuales, pero fuera de eso, este signo de tierra deletrea el desastre para Sagitario. Mientras que a Tauro le suele preocupar lo que piensen los demás, a Sagitario no le importa. Estos dos se criticarán mutuamente con rapidez en una relación.

Géminis

Una relación entre un Sagitario y Géminis es todo acerca de la conexión mental. Estos dos signos tienen profundas raíces en la afiliación espiritual y el pensamiento superior, y es donde encuentran la alegría juntos. Esta es una de las pocas relaciones en las que un nativo de Sagitario podría pasar más tiempo conversando con su pareja en lugar de divertirse con un grupo de personas.

Cáncer

El problema entre Cáncer y Sagitario es que el Cáncer tendría que soltar mucho cuando se trata de necesidades y expectativas emocionales. Un Sagitario no pediría eso a su pareja, por lo que estos dos raras veces funcionan muy bien. Básicamente, los cancerianos buscan ambientes de apoyo y cuidado, y crean rutinas que establecen seguridad. Esto saca de quicio a un nativo de Sagitario.

Leo

Estos dos signos de fuego realmente pueden ayudarse mutuamente a utilizar todos sus puntos fuertes y superar los desafíos comunes a ambos signos. Ambos son extrovertidos, les encanta entretener y organizar fiestas, y ambos disfrutan haciendo cosas nuevas. Por supuesto, los Leo tienden a tener un lado perezoso, pero su necesidad de tiempo a solas a menudo significa que no les importa cuando el Sagitario sale y se divierte sin ellos.

Para los sagitarianos, Leo es la pareja casi perfecta. Si se encuentran pueden disfrutar de una relación a largo plazo en la que ninguno de los dos tiene expectativas excepcionalmente altas del otro, y ninguno de los dos quiere que la otra persona cambie. Es todo lo que un Sagitario busca en una relación.

Virgo

Los Virgo pueden igualar el rápido ingenio de un Sagitario, y tienen un poco de humor por lo que pueden jugar y disfrutar de las bromas juntos. La diferencia es que los Virgo son más objetivos y analíticos, y puede que no cedan a todas las grandes ideas de los sagitarianos o a la ruptura de conceptos profundos. De lo contrario, las grandes conversaciones pueden convertirse rápidamente en una pelea total porque el Virgo está preguntando "dónde están las pruebas" y el Sagitario está jugando al juego de "qué pasaría si".

Muchas personas descartan la capacidad de Sagitario y Virgo para congeniar a largo plazo, concretamente porque muchos observan que los Virgo son reservados y tienden a ser tranquilos. El problema es que por lo general se muestran tranquilos y serenos en situaciones nuevas.

Libra

Hay algunos problemas clave en las relaciones entre libras y sagitarianos. El primero es el problema de la apariencia. Los Sagitarios no prestan atención a lo que otros individuos piensan de ellos, y a menudo harán lo que les plazca. El libra se preocupa mucho por lo que otros individuos piensan de ellos y se preocupa por su apariencia, y por cómo manejarse en situaciones públicas. Es posible que se sientan fácilmente avergonzados por su pareja sagitariana, por mucho que la quieran y disfruten de su compañía.

La segunda cuestión es el dinero. Salir con un Libra puede ser rápidamente costoso, y los sagitarianos no tienen mucha relación con las posesiones materiales. Pueden ver los hábitos de compra y los hábitos de gasto del Libra como frívolos y que se están perdiendo las cosas más finas de la vida experimentadas por los bienes materiales.

Escorpio

Existe una profunda conexión sexual, pero la novedad se desvanece durante los primeros meses. Esta es una situación clásica para los sagitarianos. Los escorpianos son misteriosos y estimulantes y quieren mantener conversaciones profundas, pero no tienen la energía ni la naturaleza extrovertida de los sagitarianos. El Escorpio es absorbido por el vórtice de vitalidad y optimismo del

Sagitario, y luego, eventualmente, el Sagitario ve que el Escorpio es esencialmente lo opuesto a ellos. No quieren que el Escorpio se comprometa, y no están dispuestos a negociar, por lo que la relación termina.

Sagitario

Un Sagitario saliendo con un Sagitario podría ser el comienzo de una buena broma. Los dos son un poco huidizos, a ninguno de los dos se le da bien el compromiso, a ninguno le importa mucho el dinero y ninguno es muy práctico. Parece una receta para el desastre, pero un elemento subyacente podría cambiar los estados de la relación entre Sagitario y Sagitario: los signos lunares.

Los sagitarianos no conectan profundamente con sus signos lunares, ya que no son personas muy emocionales, pero las relaciones son siempre impulsadas por las emociones, y cuando un Sagitario y un Sagitario se juntan, sus signos lunares se vuelven más prominentes para determinar la compatibilidad.

Capricornio

Los capricornianos y Sagitario son la muestra perfecta de cómo los opuestos se atraen. Los capricornianos son cuidadosos, planifican, analizan y miran de cerca el riesgo. Los sagitarianos corren de cabeza hacia el riesgo, y no se preocupan por analizar o planificar o ser cuidadosos. Pero estas dos facetas están profundamente arraigadas en el aprendizaje y la experimentación de nuevos puntos de vista a través de la experiencia humana. Les encanta aprender el uno del otro, y les encanta ver cómo el otro es a menudo inamovible en lo que necesita de la relación.

Esta es quizás la mayor compatibilidad que puede tener un Sagitario, a excepción de Leo, y es porque los capricornianos son confiables, ambiciosos y comprometidos. Ellos devuelven la lealtad, la responsabilidad y la honestidad que proporcionan los sagitarianos. Una pareja famosa de Sagitario-Capricornio es Chrissy Teigen y John Legend.

Acuario

Acuario es tan intenso como usted lo sea, son igual de independientes y aventureros, pero les apasionan cosas diferentes. La mayoría de los acuarianos están profundamente arraigados a la familia, y no están dispuestos a ceder en cuanto a la gestión de su vida en torno a lo que quieren llevar a cabo. Una relación entre un Acuario y un Sagitario podría resultar a menudo en una situación de "encuentro ocasional".

Piscis

Son filósofos, lo que puede dar lugar a conversaciones interesantes, pero estos dos no congenian porque los sagitarianos son extremadamente seguros de sí mismos, y los piscis son todo lo contrario. Necesitan seguridad, comodidad y apoyo. Un sagitariano no les proporcionará eso durante mucho tiempo.

No malinterprete las señales de compromiso

A los sagitarianos les encanta precipitarse en las cosas, pero son lentos para comprometerse. A veces son famosos por su lentitud al ser solteros o solteras de toda la vida. Esperan la mejor opción. Son el niño de la tienda de caramelos que podría tener cualquier caramelo, pero quieren ese que va a dar en el clavo y les va a dejar satisfechos durante mucho tiempo.

También necesitan a alguien que encaje en su grupo de amigos y que no se sienta alienado por estar rodeado de ellos a menudo. Muchos signos asocian las parejas románticas con la intimidad, pero para un Sagitario la pareja solo debe ser un factor siempre presente en su vida. Si salen con amigos, sus parejas son más que bienvenidas. Si su pareja romántica no quiere pasar tiempo con sus amigos, entonces hay un problema porque nunca los van a ver.

Un poco inseguro y necesitado

Hay un problema que surge en una relación romántica que no aparece en ningún otro elemento de la vida de un Sagitario. La inseguridad. Los sagitarianos siempre son seguros de sí mismos, y no tienen ningún problema en lanzarse a situaciones desconocidas con valentía. Pero, después de un par de relaciones fallidas, es común que los sagitarianos se vuelvan un poco inseguros.

Después de un par de relaciones fallidas, es probable que el Sagitario comience a sentir pánico en cuanto sienta que la fase de luna de miel está terminando. Pensarán en si invirtieron demasiado de sí mismos y en la posibilidad de que la otra persona se haya aburrido de ellos.

Se preguntarán si deberían terminar la relación ahora para ahorrarse un disgusto más adelante. ¿Por qué no llaman, envían mensajes de texto o hacen cosas emocionantes como antes? Estas son las preguntas que invadirán la mente de un sagitariano cuando vea que la luna de miel ha terminado, y es hora de construir una vida juntos.

La única cura para esto es entender que sus relaciones pasadas no funcionaron porque usted se resistía a comprometerse, y no estaba dispuesto a dejar que otra persona se comprometiera por usted. Esa es una razón muy noble para dejar pasar las relaciones, y es mejor haberlas dejado pasar si eso significa encontrar ese gran amor de su vida más adelante.

Si siente que se está volviendo demasiado necesitado debido a esta inseguridad, comuníquelo a su pareja. Dígale que no sabe hacia dónde va la relación, pero que siente la necesidad de pasar más tiempo a su lado y que quiere mantener esa fase de luna de miel. La fase de luna de miel no puede durar siempre, pero sí puede trabajar con su pareja para mantener las cosas nuevas e interesantes.

Lo que necesitan los sagitarianos en una relación

Más que nada, un sagitariano necesita un compromiso basado en la confianza. No pueden tener a alguien que les pregunte con frecuencia a dónde van y qué están haciendo. No lo soportarán durante mucho tiempo y abandonarán la relación rápidamente; dicho esto, los sagitarianos no son necesariamente partidarios de las relaciones abiertas. Quieren vivir de forma independiente junto a otra persona. Necesitan sacar lo mejor de esa otra persona al mismo tiempo que son la mejor versión de sí mismos, y es difícil encontrar eso con una sola persona, así que ¿por qué iban a intentarlo con varias?

Un nativo de Sagitario también requerirá una comunicación clara y contundente a lo largo de toda su relación. Esto ayudará al nivel de independencia que necesitan, ya que ambas partes entenderán exactamente lo que el otro necesita. Por último, a la hora de comunicar el amor, los sagitarianos anhelan la comodidad física y los pequeños recordatorios. No necesitan grandes gestos, y rara vez buscan que el otro individuo se desvíe de su camino. Quieren el beso en la puerta antes de que alguien salga de casa y el bonito mensaje de texto a mitad del día solo para saber que la otra persona estaba pensando en ella.

Capítulo 9: Sagitario, el alma de la fiesta

Los sagitarianos saben que las actividades de gran energía, la espontaneidad y el entusiasmo por la vida son algo natural para ellos. Desde fuera, otros signos podrían ver a los nativos de Sagitario como simples animales de fiesta. Su gran intensidad y su personalidad exagerada los convierten en el centro de atención de la mayoría de las fiestas y son muy conocidos en muchos círculos festivos. Son las personas que sabrán dónde es la celebración y quién va a estar allí. El nivel de electricidad es difícil de igualar para cualquier otra persona, excepto en la escena de la fiesta. En estos eventos los nativos de Sagitario encuentran a sus iguales en términos de intensidad y presencia.

Los nacidos en Sagitario son los fiesteros por excelencia, los que quieren saltar sobre una mesa, montarse en el toro mecánico, iniciar el baile en una gran fiesta o desafiar al resto a entrar en el ambiente de la fiesta. En general, los demás signos tienen pocas posibilidades de frenar a un Sagitario. Son simplemente una fuerza demasiado grande. Son imparables, como el Arquero. Si quieren conseguir algo, sin duda lo harán.

Los nacidos bajo el signo de Sagitario saben que la fiesta saca la esencia de su alma, y necesitan que todos los demás funcionen a su nivel. Los sagitarianos suelen ser los primeros en proponer una fiesta o una reunión, aunque sea tranquila. Quieren que todo el mundo esté unido, y que vibre el conjunto de alta energía y buen humor que se reúne en una celebración.

Los sagitarianos prosperan en la escena de la "fiesta"

A los del signo Sagitario no solo les gustan las fiestas. Es donde prosperan. Si pudo trabajar durante sus primeros años como anfitrión o planificador de eventos o sirviendo copas en un bar, ésos podrían ser algunos de sus mejores recuerdos.

¿Qué deberían esperar otros signos de las escenas de fiesta de Sagitario? Piense en el Nueva York clandestino o en el Oeste de Hollywood. Ahora bien, los Sagitario no necesitan "encajar" en la escena para hacer acto de presencia. Si se enteran de que hay una fiesta, se dirigen a ella. Por ejemplo, a menudo pueden ir a una rave sin que les guste la Música de Danza Eléctrica.

Además de prosperar en la escena de la fiesta, tienen un extraño acercamiento a los bajos fondos de la escena. Sagitario es un buscador de emociones y un jugador por naturaleza, pero no es excepcionalmente propenso a las adicciones porque no le gusta sentirse dependiente de nada. Aunque un Sagitario puede probar o experimentar repetidamente con las drogas o la bebida en exceso, a menudo identificará cuándo debe frenar ese comportamiento.

A los nativos de Sagitario puede resultarles difícil comprender que más no es siempre más. Son propensos a engancharse en una variedad de comportamientos, por lo que es importante ser conscientes de ese desafío.

Por otra parte, si han caído en la adicción, su lealtad a las personas más cercanas a menudo les impulsará a corregir el comportamiento antes de que pase demasiado tiempo. Los sagitarianos y sus amigos o familiares deberían estar atentos a los primeros signos de adicción o de actividad peligrosa con la experimentación en el ambiente fiestero.

Siempre son los que salen, pero no esperan una rutina

Sin duda, Sagitario es el niño salvaje del grupo del zodiaco. Salen de fiesta con regularidad, pero no de forma rutinaria. Los Sagitarios odian la rutina en todos los aspectos de su vida y eso también ocurre con la fiesta. No irán a las mismas discotecas las mismas noches, ni tendrán la costumbre de hacer las mismas cosas repetidamente. En cambio, prefieren que todo su tiempo libre no esté programado para poder hacer lo que quieran.

Esto funciona excepcionalmente bien para sus amigos porque significa que siempre pueden contar con un buen momento, pero nunca saben lo que les espera. Los sagitarianos también son relajados, así que, si alguien quiere hacer algo específico, normalmente pueden seguir la corriente y aceptar los planes inesperados.

La rutina es una de las cosas que menos le gustan a Sagitario. Odian la rutina y la evitan a toda costa. En cuanto a las fiestas, son los que agitan las cosas y sacan a la gente de sus rutinas para asegurarse de que todos, incluidos ellos mismos, se diviertan.

A los sagitarianos tampoco les gusta la gente que cree que tiene que complacer a los demás, por lo que cualquier "persona de plástico" presente en el grupo será rápidamente expulsada o rechazada. Facilitan que todos se diviertan siempre que no juzguen a los demás.

Los sagitarianos traen la fiesta

Los sagitarianos hacen fiestas y "hacen" fiestas. No tienen problemas para manejar, organizar y ser anfitriones de una fiesta. Los sagitarianos suelen disfrutar planificando y siendo anfitriones. Están entre los mejores anfitriones del zodíaco, con los contendientes cercanos de Piscis y Leo, pero pueden hacer que el evento de otro sea un éxito. Son exploradores de nuevas experiencias y a menudo pueden idear nuevos juegos o temas de conversación sobre la marcha. Si entran en una fiesta que acaba de empezar o que aún no ha cobrado impulso, ¡seguro que alcanzará su máximo esplendor poco después de que aparezca un Sagitario!

También son los que animan a los demás a probar cosas nuevas. Los nativos de Sagitario conseguirán que la gente se suba a la pista de baile, que mantenga conversaciones profundas y atractivas, y que interactúe en juegos de fiesta que sean divertidos.

Desconfíe de las conversaciones filosóficas y políticas

Los nativos de Sagitario son excepcionalmente propensos a entrar en conversaciones profundas. Desgraciadamente, no son los conversadores más hábiles para este tipo de temas. Tienen opiniones fuertes y rara vez tienen en cuenta las opiniones de los demás. Las conversaciones políticas casi nunca van bien para los sagitarianos, lo cual es lamentable porque, aunque no escuchan bien durante estos intercambios, están genuinamente interesados en aprender.

Con este asunto, los sagitarianos pueden no darse cuenta de que están desvirtuando la conversación o volviéndose agresivos. Es decir, hasta que se encuentran en una discusión en toda regla en la que han perdido el control por completo de sí mismos y han acabado con el ambiente de la fiesta. Son un gran riesgo cuando están cerca de otras personas con opiniones políticas o filosóficas fuertes. Ahora bien, cuando no están en una fiesta, estas personas pueden llevarse muy bien y meterse de lleno en conversaciones que incomodan a muchas otras personas, pero estos temas no son para todo tipo de eventos. Muchas personas solo quieren pasar un buen rato y descansar de las conversaciones profundas o políticas. Pero su forma brusca y abrasiva de llevar las conversaciones suele significar que estas conversaciones acabarán con el ambiente.

Cómo ayudar a un Sagitario con una fiesta

Debido a que los sagitarianos son tan buenos para las celebraciones, es común que planifiquen algo, o que alguien les pida que planifiquen su evento. Muchos signos que ven su destreza para esto querrán lanzarse y apoyar, pero ¿cómo puede ayudar sin disminuir el encanto sagitariano que hace que esta fiesta sea tan genial?

La mejor manera de ayudar a un Sagitario con una fiesta es preguntar directamente. Diga: "¿Qué puedo hacer para ayudar en la planificación de la fiesta?". Como Sagitario es tan directo con su comunicación, puede estar seguro de obtener una respuesta directa. Debe comunicarse tan directamente como el Sagitario, desde la comida hasta la lista de invitados. Es posible que quieran actualizaciones o comprobar si necesita ayuda. Esto no se debe a que no confíen en usted, sino a que tienen tanta energía que probablemente hayan planeado hacerlo todo ellos mismos y se sorprenden de que las cosas se muevan tan rápido.

Otra forma de ayudar es mostrar su apoyo. Nunca ha habido un signo de fuego que no se haya empapado del cumplido ocasional. A los sagitarianos no les importa lo que piensen los demás, pero sí reconocen cuando otras personas les aprecian.

Un cumplido genuino puede ayudar a que el Sagitario se recupere de cualquier resentimiento que pueda haber ocurrido en el proceso de planificación. Muchos elementos de la planificación de una fiesta seguramente saldrán mal. Por ejemplo, si estaban planeando una reunión y le dijeron a todo el mundo que era una comida a domicilio, es seguro que alguien no traerá algo, o dos personas traerán platos muy competitivos. El sagitariano, en este ejemplo, podría sentir que no es tan difícil seguir las instrucciones. Podrían sentir que sus invitados deberían ser capaces de seguir las sencillas indicaciones de traer un plato, o incluso acalorarse un poco al respecto. Un cumplido de un amigo puede curar esa herida y hacer desaparecer las ganas de arremeter. Cuando se sienten agraviados, no se detendrán ante nada para actuar o vengarse de ellos. Pero como amigo íntimo, tiene el poder de hacerles bajar los humos, para que vuelvan a estar de fiesta y pasen de los sentimientos heridos.

¿Cuándo deben los sagitarianos evitar una fiesta?

A veces, un Sagitario debería evitar la fiesta por completo, pero ¿cuándo es eso? Un Virgo, un Acuario y un Tauro organizan una fiesta y el Sagitario se queda en casa. Deberían considerar quién estará en la celebración antes de ir. Si saben que habrá alguien a quien no soportan, deberían quedarse fuera. No deberían tratar de forzar la diversión, y en medio de una fiesta no es el momento de hacer las paces o resolver por qué no se llevan bien.

Los sagitarianos también deberían evitar las fiestas en las que participan principalmente personas introvertidas o caseras. Si a estas personas no les gusta salir y lo evitan activamente, no se divertirán mucho. Esa fiesta se cerrará pronto, y puede que se quede con una noche sin planes, y que sea demasiado tarde para ir a la aventura.

Los sagitarianos no tienen por qué estar en todas las celebraciones, aunque quieran hacerlo. Si tienen problemas de adicción, es posible que necesiten separarse de la escena, y encontrar otra salida para estar rodeados de gente de buen humor sin mucha oportunidad de presencia de sustancias o alcohol.

La cuestión es que los nativos de Sagitario no necesitan sustancias o alcohol para pasarlo bien. Lo hacen por sí mismos, pero pueden caer en estos hábitos, y puede ser una lucha difícil de afrontar.

Puntos clave de la fiesta de Sagitario

En general, los sagitarianos salen de fiesta a menudo y fiestean con ganas. Se ponen a cien, bailan toda la noche, y su energía realmente da un impulso positivo a todos los que les rodean, pero deben tener cuidado con la posibilidad de apegarse demasiado al estilo de vida de la fiesta porque puede poner un freno a otras áreas de la vida.

También existe el riesgo de que estas personas abrasivas y contundentes agrien las conversaciones en una fiesta. Ocurre de vez en cuando y, por lo general, no se puede salvar el evento después. Simplemente se sentirán como si hubieran metido la pata, y entonces podrían sentirse mal durante el resto de la fiesta. Y podrían tener el impulso de demostrar que los otros asistentes están equivocados y atacar descaradamente a la otra persona con su intelecto y sus opiniones, lo cual es injusto en el mejor de los casos. Otros signos simplemente no están preparados para esa batalla, pero un Sagitario siempre está dispuesto a dominar una conversación sobre política o filosofía.

Los sagitarianos deben salir a menudo por su salud mental. Necesitan estar rodeados de mucha gente de buen humor donde puedan expulsar su energía. Al hacerlo, se sentirán más en línea con la versión más cruda de sí mismos. Los nativos de Sagitario estarán mejor cuando estén rodeados de muchos amigos.

Capítulo 10: Trayectorias profesionales de los sagitarios

El Centauro tiene innumerables trayectorias profesionales que podrían convenirle, pero ¿cuál es realmente la correcta? Necesita la oportunidad de pensar libremente, mejorar constantemente y buscar cambios gratificantes. Pero ¿qué carrera puede ofrecer eso? ¿Dónde puede viajar, vivir aventuras y explorar la necesidad de aprender y sumergirse en los elementos mentales superiores?

Su signo es el del viajero que aspira a grandes metas y a menudo lo consigue. Quedarse quieto es posiblemente su mayor reto en el trabajo. Muchos sagitarianos se sienten cómodos siendo emprendedores e incluso pueden abrir negocios con el plan expreso de venderlos para obtener beneficios dentro de unos años para no atarse. Como visionario, a menudo es el que aporta soluciones a problemas que parecen un callejón sin salida y las ideas para nuevos productos o servicios que realmente satisfacen las necesidades de los clientes.

Sagitario tiene una asociación distintiva con la carrera y el dinero. En general, no tienen mucha facilidad para ello; por lo general, les atraen las carreras que implican planes a largo plazo y la cooperación con otras personas. Los sagitarianos son excelentes amigos, pero aún está por verse si son grandes compañeros de trabajo o empleados.

Sagitario con la carrera y el dinero

Los nativos de Sagitario tienen factores clave dentro de su personalidad básica que influyen directamente en su trayectoria profesional y en su relación con el dinero. El factor más significativo es su incapacidad para concentrarse en un solo interés. Una vez más, estos factores se relacionan con Júpiter, el planeta regente, y con los lazos que le unen a la hora de aprender todo lo que puedan. Muchos sagitarianos sienten que tienen un tiempo muy limitado para aprender todos los secretos del universo. Debido a ese sentimiento, elegirán aficiones a diestra y siniestra, y sus intereses aumentarán rápidamente. Es importante que un Sagitario aprenda a enfocarse en dos o tres intereses primarios que puedan vincularse con muchos pasatiempos más pequeños. Por ejemplo, a la mayoría de los Sagitario les gusta viajar, y pueden hacerlo a través de una carrera que implique viajes frecuentes. Pueden disfrutar de la comida local y conocer las costumbres locales durante sus viajes.

Un libro que aborda directamente mucho de lo que los sagitarianos necesitan en una carrera se llama <u>Haciendo el trabajo que amas</u>. Hace un llamamiento a esa pasión interior para que salga a la luz y se centra en cómo los sagitarianos sienten la necesidad de huir de un trabajo a otro porque no están satisfechos.

Como signo que representa la educación superior y la mente más fuerte, es probable que un Sagitario se sienta más recompensado y más completo en un puesto en el que pueda aprender. Trabajar como profesor, funcionario religioso o en una industria de vanguardia como la de los juegos o la tecnología le permitirá aprender cosas nuevas todo el tiempo. Incluso puede exigirlo. Existe la creencia permanente de que los sagitarianos prosperan en el mundo editorial, pero la industria ha cambiado drásticamente en los últimos 100 años. Ahora publicar implica a menudo sentarse en un escritorio durante muchas horas al día y hacer llamadas telefónicas. Ya no es el entorno de "sacar el periódico a tiempo" que era antes.

Sin embargo, los sagitarianos son conocidos por su habilidad para escribir, y entre los famosos sagitarianos que escriben están Mark Twain, Jay-Z, Taylor Swift y Winston Churchill. Al hablar en público, los sagitarianos prosperan de verdad, y a menudo están contentos de salir a actuar porque, en realidad, solo son ellos mismos.

Con los proyectos específicos, los nativos de Sagitario sobresalen con proyectos con muchos objetivos pequeños. Los sagitarianos serían muy adecuados como gestores de proyectos en varias empresas de construcción o en compañías que se expanden rápidamente. Es posible que sus habilidades de seguimiento no sean ideales para las oportunidades de gestión de proyectos, pero su capacidad para trabajar estrechamente con la gente y para negociar el compromiso hace que su talento sea excepcional.

Los nativos de Sagitario se benefician de la buena suerte de Júpiter con el dinero. Les importa poco el dinero y no están extraordinariamente interesados en los productos físicos o las posesiones. Suelen comprar lo que necesitan, y de vez en cuando compran algo que les gusta. Al igual que otros signos de fuego, tienen una naturaleza muy generosa y es probable que disfruten comprando para otros más que para sí mismos. Esta relación con el dinero influye en su trayectoria profesional, ya que muchos sagitarianos no están vinculados a su trabajo o a su carrera desde el punto de vista monetario. Es posible que dejen un trabajo por otro que pague menos, pero que ofrezca más recompensas intrínsecas, como explorar nuevos temas o dirigir un equipo.

Tal vez sea porque se preocupan tan poco por el dinero es que parecen tenerlo constantemente. Los sagitarianos prefieren gastar el dinero en aventuras como acampar, viajar, salir con los amigos y experiencias únicas en la vida como el salto en bungee. Los nativos de Sagitario siempre parecen tener suficiente dinero para hacer lo que quieren y ser generosos, pero si se trata de elegir entre cambiar de trabajo y no poder viajar tan a menudo, es una elección clara. Para la situación de quedarse con un trabajo en el que no tienen tanta libertad como les gustaría y tener dinero, dejarían el trabajo y tendrían menos capital en lugar de reducir la libertad.

¿Quién es el Sagitario en el trabajo?

Como empleado, el Sagitario es el comodín. Es el encargado de organizar las mejores fiestas y de recordar cosas como el Día de la Apreciación Administrativa o la Semana de la Apreciación del Servicio de Alimentación. Es probable que sea un Sagitario el encargado de armar la decoración del escritorio o del auto para un cumpleaños o un aniversario. A los sagitarianos les encanta celebrar y hacer que la gente que les rodea se entusiasme con lo que hacen. Tener a un Sagitario como compañero de trabajo es absolutamente increíble, a menos que esté listo para irse.

Cuando Sagitario está descontento, normalmente está esperando su momento, y puede ser por lo leales que son a sus compañeros de trabajo. Los sagitarianos son leales casi hasta la exageración, y pueden pasar un tiempo en un puesto que no les gusta o bajo un jefe que no soportan porque sienten que están sirviendo de amortiguador para el resto de sus compañeros de trabajo. Si ven que un jefe está presionando a su compañero de trabajo, serán los primeros en levantarse y defenderlo. Además, si saben que un buen jefe no está recibiendo el respeto o el aprecio que merece, serán los primeros en decir algo al equipo.

Para los directivos, esta franqueza e imprevisibilidad causan bastantes problemas. Los sagitarianos no están motivados por el dinero, por lo que los supervisores suelen saber que no pueden comprar a estas personas con un aumento de sueldo. Además, puede haber motivación para aceptar un ascenso, pero nunca se sabe con un Sagitario. Si están contentos con su puesto y creen que un ascenso restringiría su libertad, entonces pasarán de largo y no lo aceptarán.

A menudo, los directivos se preguntan qué es lo que sigue ocurriendo cuando entran en una reunión porque no saben cómo reaccionará ese Sagitario. Pero el nativo de Sagitario tendrá mucho que decir, y no se contendrá. La mejor manera de manejar a un Sagitario es proporcionarle recompensas intrínsecas. Permítales celebrar una fiesta, tener más libertad, tener un poco más de tiempo en el enfriador de agua. Es probable que le estén proporcionando un trabajo superior, así que es bien merecido que reciban un poco más aquí y allá.

Desafíos particulares que pueden orientar las trayectorias profesionales

Volvemos a las exigencias particulares que acosan a los nativos de Sagitario a lo largo de su vida. En primer lugar, son inquietos. En segundo lugar, necesitan sobresalir y avanzar, pero no desean estar atados a ninguna empresa o entidad, y, por último, son impacientes. ¿Qué tiene que hacer un Sagitario?

Inicialmente, deben priorizar lo que más valoran en su personalidad y qué tipo de trabajos podrían encontrar para beneficiar ese aspecto de la personalidad.

Aquí hay un ejemplo que enumera muchos de los valores más comunes que los nativos de Sagitario buscan en un trabajo o carrera:

- Capacidad para trabajar al aire libre
- Viajar con frecuencia
- Libertad para cambiar de horario según sea necesario
- Capacidad para ayudar a la gente
- Capacidad de aprender cosas nuevas
- Variedad en el trabajo diario
- Grandes objetivos

Cuando los sagitarianos pueden enumerar las cosas que buscan en una carrera, pueden centrarse en lo que es más importante para ellos y eliminar el ruido. Por ejemplo, la persona puede estar interesada en el trabajo de jardinería, en trabajar como guardabosques, en ofrecer visitas guiadas a una atracción local o a un elemento natural, o incluso en hacer un trabajo con el gobierno local, como las obras hidráulicas.

Ahora bien, si la lista anterior se pareciera más a

- Ayudar a la gente
- Aprender
- Viajar
- Trabajar al aire libre
- Grandes objetivos

Una lista como esta podría orientar a un sagitariano hacia la enseñanza, concretamente hacia la enseñanza en el extranjero. Muchos nativos de Sagitario se dedican a la enseñanza religiosa, que ofrece constantemente muchas oportunidades de viajar, la posibilidad de ayudar a las comunidades y una experiencia de aprendizaje para toda la vida.

El elemento central aquí es tomar lo que es más importante y luego evaluar las diferentes trayectorias profesionales que están más alineadas con su signo solar.

Odio a las rutinas y a los elementos demasiado organizados de la vida

Por lo general, el factor que determina si un Sagitario puede hacer de un trabajo una carrera es el grado de rutina. Si el trabajo implica la misma rutina matutina, puede estar bien. Pero la misma rutina durante todo el día ahuyentará rápidamente a un Sagitario, aunque le guste el trabajo. Odian el ambiente excesivamente organizado y simplemente no soportan trabajar para personas "tipo A".

El problema con esto es que el nativo de Sagitario se sentirá confinado dentro de su trabajo, y ahí es donde los adultos pasan la mayor parte de su tiempo. Si no pueden tener libertad en su lugar de trabajo, entonces podrían sentir que toda su vida está planificada, y que han llegado al final de su racha de libertad antes de cumplir los treinta años. Los sagitarianos tienen el don de hacer explotar las situaciones de forma desproporcionada.

Haga su propio camino

Un Sagitario excepcionalmente famoso ha mostrado el método probado y comprobado que funcionaría para casi cualquier Sagitario... Walt Disney. No solo se hizo un nombre por sí mismo, sino que se dedicó a hablar en público con frecuencia. Era creativo, tenía total libertad en su horario de trabajo y controlaba todos los aspectos de su negocio. Trabajaba con las personas que elegía y encontraba la alegría en conectar con los demás a través de la narración de historias. Walt Disney encarnaba casi todos los elementos de la carrera que un Sagitario podría desear. Es bien sabido que, una vez establecida Disneylandia, solía pasear por los terrenos y pasar tiempo al aire libre.

Otro famoso sagitariano que forjó ese mismo camino es Andrew Carnegie. No solo fue uno de los industriales más notables de Estados Unidos, que revolucionó la industria del acero, sino también uno de los principales filántropos de su época. Tuvo varios trabajos antes de encontrar su amor por la industria del acero. Entre ellos, trabajó como operador de telégrafo y superintendente de ferrocarriles.

Los mejores trabajos para Sagitario

Estos son los aspectos básicos de lo que necesita un Sagitario en un trabajo. Un sagitariano puede prosperar en cualquiera de estos puestos, pero sus intereses y pasiones personales deben dirigirle hacia una carrera que pueda amar de por vida.

Arquitectos

Los sagitarianos son almas excepcionalmente creativas en la resolución de problemas. Los arquitectos suelen trabajar más allá de la estructura estándar del edificio y a menudo colaboran con los que ejecutan las "tuercas y tornillos" del edificio. Buscan la manera de hacer que estos edificios sean visualmente atractivos a la vez que increíblemente útiles. Encajan en funciones basadas en el diseño, pero tienen problemas porque los trabajos de diseño a menudo implican pequeños desplazamientos y significa sentarse detrás de un escritorio. Son dos cosas que los sagitarianos odian.

Por otro lado, un arquitecto también estará en la escena durante la construcción y supervisará muchos elementos del proyecto. Al igual que un gestor de proyectos, el arquitecto ocupa una posición de liderazgo y, al mismo tiempo, puede estar en la obra a intervalos irregulares.

Por último, el diseño de la industria de la arquitectura y la construcción cambia constantemente. Los elementos de diseño que están de moda o son populares cambian constantemente, y eso es algo que los sagitarianos realmente disfrutan.

Profesor de primaria

Como profesor de escuela primaria, podrá controlar cada día y asegurarse de que sus rutinas abarcan su necesidad de libertad, y podrá compartirla con los niños. Tener la capacidad de ser creativo y aportar emoción a un aula puede encajar con muchos sagitarianos. Además, los profesores suelen tener mucha libertad para llevar sus clases al exterior para realizar proyectos de ciencia y arte.

Como profesor, podría explorar su pasión por el aprendizaje todos los días y ayudar a los niños a desarrollar ese entusiasmo también.

Carreras basadas en la teología

Los nacidos bajo Júpiter conectan profundamente con la teología, y puede que se sienta inclinado a explorar carreras religiosas o teológicas. Trabajar en una iglesia o en los estudios de religión puede, sorprendentemente, venir acompañado de muchos viajes. Además, puede influir en la vida de innumerables personas, aunque solo busque validar información o difundirla.

Esta carrera es común entre los sagitarianos, ya que les permite sumergirse en las comunidades. Ni siquiera tienen que trabajar en asociación con una iglesia, pero a través de la investigación teológica, un Sagitario podría conectar fácilmente con muchas personas necesitadas y ayudarlas.

Entrenador deportivo, entrenador de vida o entrenador personal

A los sagitarianos les encanta ayudar a las personas a ser su mejor "yo", y usted puede llevar a cabo precisamente eso como entrenador. Como entrenador de vida, entrenador deportivo o entrenador personal, puede conectar directamente con alguien que necesita un impulso y darle lo que necesita. Puede enseñar a otros a adquirir nuevas habilidades y dedicarse a mejorar su vida. Esta trayectoria profesional también puede hacer que salga mucho al exterior y a menudo ofrece libertad de horarios.

Una combinación de intereses para una carrera, no solo un trabajo

A Sagitario le encanta el trabajo humanitario o hacer el bien a los demás, y puede encontrar muchos trabajos en los que este sea un elemento siempre presente, pero eso no significa que vaya a ser feliz con el primer trabajo sin ánimo de lucro que se le presente. En cambio, busque un trabajo que le permita hacer el bien mientras sigue explorando los muchos elementos de la vida que le interesan. Que sea sagitariano no significa que debas apuntarse a un trabajo de misionero. Si no es muy religioso, es probable que no le convenga. Pero puede encontrar varias organizaciones que le permiten viajar y ayudar a otros con una buena paga y sin gastos de viaje.

Lo ideal es que pueda tener muchos caminos que seguir. A los nativos de Sagitario les encanta poder mantener sus opciones abiertas. No se comprometa demasiado con una sola empresa. En cambio, dedíquese a una industria o a algo que le apasione más que a una empresa, o a una institución.

Capítulo 11: El Gran Cambio Zodiacal y Ofiuco

Ya en los años 70 se hablaba de un decimotercer signo. Luego, alrededor de 2014, la NASA intervino y puso el pie en él. El gran cambio zodiacal impacta a los sagitarianos más que a casi cualquier otro signo del zodiaco porque este decimotercer signo está presente a través de la mayor parte de Sagitario en el rango.

¿Hay 13 signos en el zodiaco? Hay muchas razones por las que las antiguas civilizaciones responsables de la fundación de la astrología omitieron el decimotercer signo. Hay un equilibrio matemático abrumador en tener 12 signos en lugar de 13. Con 12 signos, hay cuatro elementos primarios, y cada elemento tiene tres signos. Y hay tres modalidades, y cada modalidad tiene cuatro signos. Cada signo está representado por un cuerpo planetario de nuestro sistema solar inmediato, ya que hay 12 cuerpos celestes en el sistema solar si se incluyen el sol y la luna. Las civilizaciones antiguas también utilizaban 12 signos para el zodiaco, ya que representaban con exactitud el calendario de 12 meses que utilizaban durante ese periodo de tiempo. Es el caso de babilonios, egipcios, griegos y romanos.

Entonces, ¿por qué todo el mundo sigue hablando de este decimotercer signo? Cada vez que se menciona el decimotercer signo, Ofiuco, se habla de si las civilizaciones antiguas conocían este signo. La respuesta es sí, Ofiuco tiene raíces históricas, la constelación es reconocida históricamente, y tiene una presencia en el conjunto universal de la astrología.

En 2014, la NASA se sometió a un mayor escrutinio y publicidad cuando anunció que el zodiaco estaba mal hecho. La declaración no se hizo para socavar la astrología, que la NASA no reconoce como una ciencia, de todos modos. El mensaje era más bien un segmento de hechos históricos divertidos, y no pretendían causar el revuelo que se produjo. Lo vieron como una visión divertida de la historia, y muchos dentro de la comunidad astrológica lo tomaron como una ofensa personal.

Parte del problema del informe de 2014 es lo que ocurrió en los años 70. La idea era presentarlo al público como si fuera nuevo; como si estas antiguas civilizaciones no conocieran este decimotercer signo y lo omitieron accidentalmente.

Ofiuco siempre ha estado presente en los cielos, y su posición a lo largo de la eclíptica estaba bien documentada entre las civilizaciones antiguas. Simplemente no fue seleccionada entre los primeros astrólogos. Irónicamente, es uno de los argumentos clásicos en contra de la astrología en el que pueden estar de acuerdo las listas de astrología y los no creyentes. Este signo no fue elegido con un propósito, e incluso hace 4.000 años, la astrología y la astronomía eran cosas diferentes. Hoy en día, la astronomía es un campo muy científico y matemático. Aunque son los fundamentos de la ciencia y las matemáticas en la astrología, la presencia histórica y la información nos dan una visión diferente de los mismos cuerpos celestes. Los astrónomos clasifican los planetas y consideran los distintos aspectos de la vida y el medio ambiente. Los astrólogos observan cómo el universo afecta directamente a las personas.

Mucha gente tiene un montón de preguntas sobre Ofiuco, y merece la pena explorar cómo puede afectar exactamente esta constelación y su movimiento a un nativo de Sagitario.

¿Cambió realmente la NASA el zodiaco?

No, la NASA ha declarado que no ha cambiado el zodiaco. Solo hicieron una observación. La agencia espacial salió y anunció que no cambiaría la astrología porque no se ocupa de ella. Su negocio es la astronomía, y consideraron que era una experiencia que invitaba a la reflexión y a la diversión. De todas formas, cultivan bastante la charla.

El zodiaco y el universo no se representan con exactitud en un papel plano. Los antiguos hicieron lo mejor que pudieron con las herramientas y los recursos que tenían. Durante 4.000 años, cada nueva generación perfeccionó y mejoró la representación visual del zodiaco hasta que, aproximadamente en el siglo XVII, surgió el modelo moderno del zodiaco con el círculo que muestra los elementos, las modalidades y los símbolos de cada signo solar.

¿Qué es Ofiuco?

El signo de Ofiuco cae desde el 29 de noviembre hasta el 18 de diciembre y tres fechas adicionales de cúspide a cada lado. La mayoría de los nativos de Sagitario se ven afectados inadvertidamente por Ofiuco de una forma u otra, aunque el zodiaco no haya cambiado.

Ofiuco no es como cualquier otro signo del zodiaco, sobre todo porque no es un signo solar. Pero, aparte de eso, la constelación ilustra a una persona real que los historiadores pueden demostrar que existió. El signo también representa una figura humanoide, lo que, aparte de Acuario, lo convierte en el único otro signo que lo hace.

Ofiuco se asocia directamente con Imhotep, el visir real, y lo representa. Imhotep estaba bien documentado como astrólogo, arquitecto, sabio y segundo rey de la tercera dinastía de Egipto. Tras su muerte, alrededor del año 2600 a. C., fue adorado como dios de la medicina en Egipto y Grecia. Ofiuco era el hijo ilegítimo de Apolo o un semidiós que navegaba por los mares dando vida a través de la leyenda.

El signo Ofiuco se diferencia radicalmente de otros signos solares porque no tiene ningún elemento y no pertenece a una modalidad común. Además, no tiene un signo opuesto. En Grecia, no se le conocía directamente como Ofiuco, sino como Serpentario, el Portador de la Serpiente.

El desequilibrio de este decimotercer signo rompe con muchos de los elementos estructurados del zodiaco.

Rasgos de personalidad de Ofiuco

Ofiuco es el único signo que representa a un hombre real; incluso Acuario, como portador de agua, solo representa la idea de un hombre. Esto ha llevado a muchos a sentir celos de Ofiuco porque se cree que poseen la sabiduría de Ofiuco, concretamente en cuestiones de medicina y ciencia. Si esto le resulta familiar, entonces está en el camino correcto, ya que los sagitarianos tienen una curiosidad innata, y gran parte de ella podría atribuirse a Ofiuco.

Normalmente, cabe esperar que un nativo de Ofiuco tenga un conocimiento insaciable por la sabiduría y el aprendizaje. Eso se alinea directamente con los rasgos sagitarianos. Otros elementos comunes entre este signo son un buen sentido del humor, un toque de celos y una apertura al cambio, pero adoptan algunos rasgos de Escorpio, incluyendo un temperamento explosivo y una gran inclinación hacia un ego inflado.

En general, suelen mostrar:

- Curiosidad y deseo de obtener nueva sabiduría
- Grandes conexiones familiares
- Buena suerte
- Habilidades visionarias para resolver problemas
- Capacidad innata para interpretar los sueños

Elementos extraños del signo de Ofiuco

Ofiuco es apasionado e inteligente, pero hay muchos rasgos extraños en ellos, que los marcan como diferentes a todos los demás. Hemos mencionado que no tienen ningún elemento, y que no tienen ninguna modalidad, aunque parecen encajar dentro de la modalidad mutable junto con Sagitario.

Su naturaleza sin elemento puede hacer que parezcan personas excepcionalmente sosas. No solo al principio, muchas personas afirman que los nativos de Ofiuco pueden ser menos interesantes que los que son puramente sagitarianos. Taylor Swift cae cuadrada en las fechas de Ofiuco, y mucha gente se pregunta quién es ella detrás del lápiz de labios rojo. Es bien sabido que ella no es responsable de todas o la mayoría de sus canciones y ha llevado una vida muy reservada fuera del escenario. Incluso ella misma informa de que no es muy interesante.

En ese mismo guiño, tiene a Ozzy Osbourne, el cual es alarmantemente interesante. ¿Por qué hay resultados drásticamente diferentes de los mismos factores? Muchos lo achacan a su falta de elemento.

Para contextualizarlo, los signos de agua son notoriamente emocionales, tanto en lo bueno como en lo malo. Escorpio, Piscis y Cáncer son los signos de agua, y todos ellos son internamente muy emocionales o una bola externa de emociones. Los signos de aire, como Géminis, Libra y Acuario, pasan la mayor parte del tiempo pensando. Son lógicos y se comunican bien, pero su inteligencia les lleva a menudo a complicados enigmas. Los signos de fuego, como Aries, Leo y Sagitario, son apasionados, leales y un poco fogosos. Mientras que los signos de tierra, incluidos Tauro, Virgo y Capricornio, están arraigados en el mundo físico, en las cosas que pueden ver y en los logros que pueden demostrar. Suelen ser extremadamente productivos y orientados al trabajo.

Dada la naturaleza de los nacidos en el signo de Ofiuco, mucha gente asume que pertenecen a la colección de fuego. Suelen ser apasionados, pero no de forma estática. No se puede decir que Ofiuco sea un apasionado de la familia y el lujo como lo son los Leo, o un apasionado de la equidad como lo son los Aries, o que compartan la misma pasión por la independencia y la libertad como lo hacen los sagitarianos.

¿Podría esto explicar el carácter excéntrico e imprevisible de Sagitario?

Sin duda. El hecho de no tener un elemento significa que no hay nada que los una, pero ciertamente explica cómo los sagitarianos pueden tener una escala tan drásticamente más amplia en cuanto a personalidades que otros signos. Otros signos se vieron afectados por el cambio del zodiaco, pero recuerde que no hubo mucho cambio real. De hecho, muchos de los que ahora son Piscis habrían sido Piscis en los años 1600, o incluso en los 800.

La diferencia con Sagitario y los otros signos solares es que Sagitario, en su mayor parte, implica a Ofiuco. Ofiuco cae naturalmente dentro del rango de fechas que los antiguos establecieron para los signos solares.

¿Qué hacer si es un Sagitario-Ofiuco?

Si descubre que usted es un Sagitario que también ha nacido dentro de las fechas de Ofiuco, hay cosas que puede hacer para frenar los elementos negativos de este signo tan poco estudiado. En primer lugar, deje de lado los celos, porque es el rasgo más asociado a Ofiuco que no está ya en su cabina de mando. En segundo lugar, considere cuidadosamente sus intereses. Si ha pasado una vida dedicada a la ciencia y la medicina, puede que esté más en sintonía con este signo sin planetas ni elementos que sus compañeros sagitarianos.

Por último, podría dedicar un tiempo determinado a explorar este signo por su cuenta. Recuerde que es posible interactuar con Ofiuco en su signo lunar y en su signo ascendente. En general, sabemos que los nativos de Ofiuco pasan mucho tiempo solos e independientes. Aprecian su privacidad y muestran intereses muy centrados en lugar de los intereses fugaces del signo de Sagitario. Hay muchas oportunidades para los del signo de Ofiuco, ya que suelen estar muy concentrados y logran los objetivos con facilidad.

Capítulo 12: Sagitarianos prósperos

Los sagitarianos representan el crecimiento del espíritu humano y el desarrollo de las creencias. Cultivan la liberación y el optimismo allá donde van. Son los girasoles que vuelven su cara al sol, y ayudan a todos los que les rodean a hacer lo mismo. Un Sagitario se negará a venderse a sí mismo o a cumplir con las normas sociales si no encaja de forma natural con lo que es. Ven el panorama general y se valoran a sí mismos, pero lo entienden y pueden alinearlo con las situaciones y personas cotidianas.

Un Sagitario utilizará su mente filosófica para ayudar a resolver problemas en situaciones sociales. También recurrirá a su buen humor para aliviar la tensión en muchos casos. A veces esto puede ir demasiado lejos y meterlos en problemas, pero el don de la suerte de Júpiter y el don del carisma del elemento fuego los ayuda a salir de muchas situaciones difíciles.

En general, desean animar a los demás a ver lo bueno de las cosas y a esforzarse por vivir su mejor vida. Lo único que quieren ver en la vida es que todo el mundo explore su mejor yo. Quieren que nadie lleve una máscara en público ni cambie su comportamiento en función de la opinión de otra persona, y les encantaría que todo el mundo persiguiera sus sueños y viviera aventuras salvajes. Sin embargo, tienen problemas a la hora de animar a los demás a hacer cosas que creen que deberían hacer. Incluso con este pequeño contratiempo, los sagitarianos hacen buenos amigos debido a su naturaleza optimista e inspiradora.

Los sagitarianos rara vez tienen problemas para prosperar dondequiera que estén, hasta que se sienten atrapados. Pueden sentirse enjaulados y con necesidad de huir. Es el aspecto caballo de su símbolo centauro. Necesitan espacios abiertos, mucha libertad y pocas reglas o restricciones en la vida.

Tiempo para jugar y mucha libertad

Lo primero que necesita un Sagitario para prosperar es la oportunidad de jugar mucho. Quieren divertirse, y eso suele ocurrir en entornos sociales. Un nativo de Sagitario puede divertirse jugando en línea con un montón de amigos, o incluso en un servidor donde pueden conocer gente nueva y tener conversaciones en profundidad mientras se divierten.

Disfrutarán de mucho tiempo al aire libre. Cosas como el geocaching y el senderismo son aficiones clásicas para que un sagitariano pueda salir al aire libre, pasar tiempo con personas afines y conectar con los elementos. Los nativos de Sagitario odian la costumbre, así que, si significa hacer lo mismo cada sábado, lo abandonarán rápidamente y pasarán a otro pasatiempo.

La segunda cosa que necesitan los sagitarianos es una buena fiesta; de forma regular, pero no programada, los sagitarianos deben ir a divertirse. Estos eventos pueden ir desde una fiesta, una parrillada o una reunión en una cervecería local. También pueden incluir noches salvajes en la escena de las fiestas de Nueva York, raves en el desierto o fiestas en graneros. No hay límite en la frecuencia con la que este signo solar puede salir, y no hay restricciones en la forma en que debe ocurrir esa diversión. Saben cómo relajarse y cómo divertirse.

Las fiestas son una forma estupenda de que los sagitarianos impulsen a sus amigos. Ayudan a sacar a la gente de su caparazón, y aquellos que normalmente se quedarían a un lado de la pista de baile con cara de tímidos, no tardan en seguir a un Sagitario y hacer varios bailes bien llevados. A diferencia de otros signos de fuego, los sagitarianos no consumen a la gente con su ego o su intelecto, sino que lo provocan en los demás.

Pero necesitan mucha libertad. Si algo les parece programado o regular, lo rechazan. Son rebeldes en el sentido más fundamental de la rebelión. No sienten la necesidad de hacer algo porque otra persona lo haya dicho. Sin embargo, no buscan la libertad por rebeldía. Es su naturaleza. Júpiter es el planeta de la mente superior. Están en la modalidad del cambio y bajo el elemento del fuego apasionado. Aman apasionadamente el cambio, para poder crecer mentalmente y desarrollar su comprensión del mundo.

Una relación basada en la confianza y sostenida por la diversión

Hay mucha información y creencias erróneas sobre los sagitarianos en lo que respecta a las relaciones. ¿Son estos personajes huidizos? Sí. ¿Son rápidos para salir de una relación? Sí. ¿Les lleva mucho tiempo entrar en una relación? Por lo general. ¿Son más propensos a tener aventuras cortas que a tener un amor para toda la vida? Sí.

Pero la gente no ve el panorama general. Un Sagitario es leal, cariñoso y abierto. A menudo son sus cualidades negativas las que tiran la relación hacia abajo, pero es típicamente el Sagitario el que deja la relación, y aquí está el por qué.

Un Sagitario no puede ser nada más que ellos mismos, no pueden enmascarar su personalidad, y no lo intentarán. Son descaradamente quienes son, y el mundo puede tomarlo o dejarlo. Por eso, cuando están en una relación, dan lo que deben dar. Ofrecen esa lealtad, apertura y amor. Cuando ven que su necesidad de libertad, su gran energía y sus opiniones tan firmes afectan a la relación, pueden empezar a pensar que es hora de seguir adelante. Este desafío crea un efecto dominó en el que la otra persona se aferra aún más a la relación y se vuelve más insegura sobre su postura. El Sagitario a menudo se irá por sus necesidades, y porque sabe que tampoco está ayudando a la otra persona a prosperar.

En última instancia, un Sagitario encontrará su mejor pareja en un Leo, un Aries o un Acuario. Leo y Aries son opciones obvias, ya que permiten que una relación crezca sobre la base de la confianza y la diversión. Estos otros signos de fuego se dan cuenta de lo que significa necesitar espacio, y tienden a no preocuparse demasiado de que su pareja romántica deambule o haga sus propias cosas. Además, estos signos pueden tener mucha energía, y cuando no la tienen, no les importará que el Sagitario se vaya a hacer algo divertido sin ellos.

Acuario es único. Claramente, no es un signo de fuego, pero tiene muchas cosas en común con un Sagitario que hace una gran relación romántica. En primer lugar, ambos son muy independientes y ninguno de los dos le dirá al otro lo que quiere hacer. En segundo lugar, Acuario también está profundamente arraigado en la necesidad de explorar la filosofía y los conceptos que impulsan la creencia humana. Estos dos se divertirán mucho juntos y no exigirán nada al otro.

Normalmente, en una relación, puede esperar que el sagitariano tenga mucha energía y lo cuestione todo. Ansían saber por qué le gustan sus aficiones o qué le llevó a su carrera. Tampoco les impresionan las respuestas aburridas como "bueno, es un buen dinero" porque necesitan la historia completa. Además, querrán divagar. No serán infieles porque los sagitarianos son leales, pero anhelarán conocer gente nueva y tener conversaciones animadas. Los nativos de Sagitario no tienen tiempo para aguantar los celos y no quieren que alguien siga todos sus movimientos.

Yendo al tema más importante que la gente plantea a los sagitarianos y las relaciones: sentar la cabeza. ¿Cuándo lo hacen? Normalmente, cuando encuentran a la persona que les permite ser ellos mismos. Suena a cliché, pero es cierto que los sagitarianos no se asientan hasta que encuentran a "la persona" que no les pide que negocien y que tampoco compromete sus valores o necesidades.

El cónyuge o pareja debe esperar cambios constantes y planes divertidos casi sin parar. También deben esperar que se les abra la puerta para que confíen en ellos, y esa confianza es la base de la relación.

Los sagitarianos prosperan cuando tienen una pareja sólida a su lado y cuando se apoyan mutuamente.

Una trayectoria profesional que funciona a varios niveles

Los sagitarianos necesitan encontrar satisfacción a través de su empleo, o saltarán de un lado a otro con frecuencia. Un nativo de Sagitario se apoyará en la dualidad de su signo zodiacal para entrar y salir fácilmente de diferentes ambientes, y prosperan en el desafío de aprender una nueva posición.

Ahora bien, un nativo de Sagitario podría necesitar un pequeño empujón en la dirección correcta por parte de las personas a las que respeta y en las que confía. La mayoría de los sagitarianos no encontrarán nada satisfactorio en los puestos de entrada, pero experimentan problemas particulares para obtener toda la información necesaria y dedicar el tiempo necesario para ascender en cualquier industria específica. La lucha a la que se enfrentan es que quieren aprender todo lo que puedan, y normalmente lo hacen antes de poder avanzar hacia el siguiente puesto razonable.

Necesitan una carrera en la que puedan estar rodeados de gente importante y ayudar a otros a mejorar. Lo ideal es que trabajen donde cada día les aporte algo nuevo. Incluso cuando hay una estructura, prosperan en sectores de gran energía e imprevisibles que ofrecen muchas oportunidades para resolver problemas.

Además, un Sagitario probablemente se enfrentará a problemas únicos con sus compañeros de trabajo. Dicen lo que piensan, y eso puede impedirles avanzar en su carrera. Incluso puede tratarse de un problema de energía en el que la alta intensidad de Sagitario es demasiado para otro compañero de trabajo, y puede causar conflictos.

Un sinnúmero de trayectorias profesionales puede poner a un Sagitario en el camino correcto con todas las oportunidades adecuadas. Pero, aun así, es probable que el Sagitario cambie de carrera más a menudo que otros signos durante su vida.

Hacer un plan para seguir aprendiendo

Un Sagitario no puede prosperar ni ser feliz si no está aprendiendo de una forma u otra. Un Sagitario con el que se habló durante la creación de este libro señaló que no necesitaba aprender nada tangible, solo aceptar nueva información. Por eso, escucha ávidamente audiolibros y podcasts, ya que la radio le resulta poco atractiva. Otro señaló que utilizaba el *Great Courses Plus* y tomaba clases sobre cualquier cosa que le interesara.

Como el filósofo y el aventurero dentro del zodiaco, hay muchas veces en las que no necesitan un plan formal de educación proporcionado por libros o información. Aprenderán a través de la experiencia, por lo que eligen las excursiones y los programas u oportunidades culturales. Un Sagitario considerará que viajar es la mejor lección y puede hacer frecuentes viajes a museos locales o centros de arte.

Controle sus emociones

Los sagitarianos, como signo de fuego, se enfadan con rapidez, pero su modalidad de cambio y su novena casa de la mente superior alejan su atención de ese deseo de estallar. Además, los sagitarianos pueden caer en la melancolía si no están haciendo cosas que se alinean con su esencia. Si están atrapados en un trabajo sin futuro, no pueden salir de fiesta, no se divierten y se sienten encerrados en su familia o en su relación, entonces son directamente infelices en toda la extensión de la palabra.

La preocupación no es que los nativos de Sagitario tengan la oportunidad de tener emociones tan grandes. Es que les cuesta cambiar de velocidad. Se quedan atascados en una marcha y, aunque quieren cambiar, pueden sentirse como si estuvieran fijos en una rutina. Este estancamiento podría ser una lección dada por el planeta Júpiter acerca de crear su propia suerte o forzar su propio camino hacia una situación mejor. Recuerde que ambos representantes de Júpiter, siendo Júpiter (dios romano) y Zeus (dios griego), tuvieron que luchar para derribar a su padre y convertirse en el dios de los dioses.

Estas grandes emociones pueden resultar alarmantemente inestables e incluso hacer que el Sagitario sienta que sus emociones le aprisionan. Cuando se enfadan, se vuelven mezquinos. Se deshacen de los amigos en las redes sociales e ignoran a los que les han despreciado. Luego, cuando están tristes, se cansan emocionalmente e intentan huir de todo. Pueden dejar su trabajo, negarse a comer, esconderse en su habitación durante días o salir corriendo sin decir nada a nadie.

Para evitar que estas grandes emociones le controlen, debe tener un régimen de acciones que alimenten a su Arquero interior. Al menos una cosa divertida, al menos una forma de conectar con gente nueva, y una forma de expresar su humor que le permita bromear con los demás.

Mantenga sus emociones bajo control con estos consejos

Haga pequeñas cosas que le hagan feliz.

Comprenda su signo lunar: tiene una conexión más profunda con sus emociones internas que su signo solar.

Distanciarse de los espectadores cuando esté en su peor momento. Si arremete contra los demás, elimine a los inocentes de la escena. Recurra a amigos de confianza, o simplemente consiga tiempo a solas para recargarse.

Sienta sus fortalezas sagitarianas

La mejor manera de asegurarse de que está viviendo su mejor vida es avanzar con una visión clara y un enfoque en la toma de desafíos tanto físicos como intelectuales. Es demasiado común que los nativos de Sagitario caigan en su debilidad de la mala planificación y, por ello, a menudo no alcanzan las grandes metas que tienen para sí mismos. Los sagitarianos prosperan cuando se enfrentan a grandes retos y pueden esforzarse por ser aún mejores. Quieren ver que su duro trabajo se convierte en algo útil, y esa es la recompensa. No le dan tanta importancia a reunir posesiones materiales, así que no se centren demasiado en lo que tienen, sino en lo que logran.

Los nacidos en la Novena Casa tienen un fuerte ego y son testarudos. Si usted es amigo, familiar o pareja sentimental de un Sagitario, puede ser difícil entenderlo. Su naturaleza ferozmente leal hace que parezca que debes prestarle más atención, pero ellos quieren independencia y libertad. Su inclinación por ayudar a los demás a mejorar hace que parezca que no necesitan ese mismo apoyo. Eso es lo que puede darle a un Sagitario para ayudarle a prosperar. Comunique con claridad que entiende que pueden lograr sus objetivos y asumir grandes exigencias.

Con una mentalidad hacia el impulso hacia adelante y un énfasis en las grandes demandas y recompensas de la mente superior, un Sagitario puede llevar una de las mejores vidas posibles. No se ven afectados tan fácilmente por su entorno y pueden prosperar realmente en cualquier lugar, ya que dan la bienvenida al cambio y a los nuevos retos. Sagitario es uno de los signos más nobles, y afectará a los que están en su vida, a menudo de forma positiva. Lo único que anhelan a cambio es la libertad de ser ellos mismos con un poco de humor en su vida.

Conclusión

Esperamos que este libro le haya ayudado a descubrirse a sí mismo o al nativo de Sagitario en su vida. Los sagitarianos son individuos complejos que se exponen a todo el mundo. Parece que son un grupo de "lo que ve es lo que obtiene", pero, sin saberlo, se enfrentan a muchos desafíos en su vida que no comprenden. Típicamente, un Sagitario revoloteará por la vida con una pasión, una carrera y un amante tras otro.

A lo largo de esta guía, hemos descubierto que las exigencias a las que se enfrentan son a menudo las dificultades de la otra persona involucrada en su vida. A los propios Sagitario no les importa lo que los demás puedan pensar, y a menudo se enorgullecen de hacer las cosas a su manera. Con un deseo inigualable de libertad e independencia, no es de extrañar que algunas de las figuras políticas y públicas más conocidas del mundo sean sagitarianos. Destilan confianza en sí mismos, tienen una personalidad magnética y, como ha visto aquí, siempre abordan la vida pensando en el mejor de los casos.

Gracias por leer nuestra guía, y esperamos que le haya resultado útil en su día a día.

Décima Parte: Capricornio

La guía definitiva del increíble signo zodiacal de la astrología

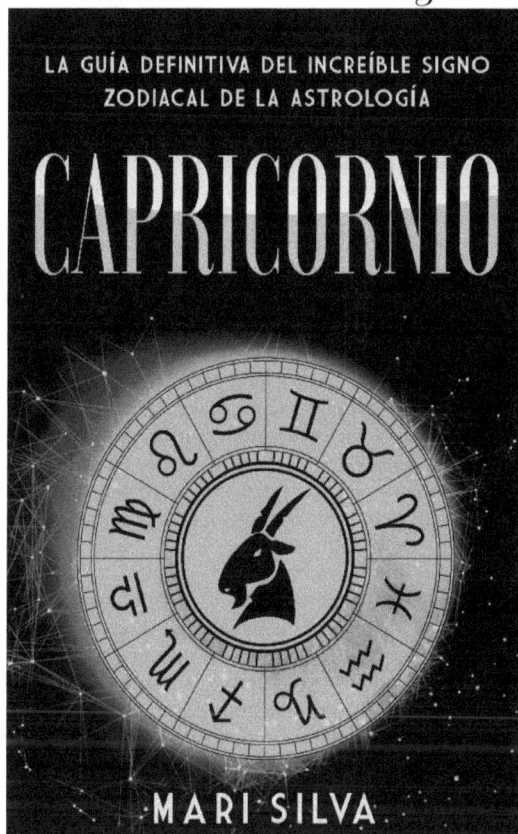

Introducción

Las estrellas y los planetas siempre han desempeñado un papel importante en nuestras vidas, y ha sido así desde el principio de los tiempos. Cada uno de nosotros nace con su propio destino, sin excepciones. Aunque cada uno de nosotros no sea más que una pequeña parte del universo, tenemos nuestro propio significado cósmico.

En la antigüedad, se crearon muchas historias o mitos en torno a estas cosas. Los antiguos daban mucha importancia a las estrellas y planetas. Las estrellas y los planetas actuaban como guía y divinidad para las personas. Aunque ahora hay muchos escépticos, también hay muchos creyentes. También hay quienes sienten curiosidad y quieren aprender más. Sea cual sea la razón, los factores astrológicos y astronómicos son una parte ineludible del mundo.

Cuando nacemos, tenemos un plan determinado creado exclusivamente para nosotros. Se trata de una combinación de la genética y las características relacionadas con el momento astrológico en el que nacemos. El alcance y los detalles exactos nunca pueden predecirse, pero la gente ha recurrido al horóscopo durante siglos. Encontramos mucha información sobre nuestro destino y sobre nosotros mismos a través de nuestros signos solares.

Una de las primeras menciones del zodiaco se encuentra en la astrología babilónica. Su concepto fue influenciado posteriormente por la cultura helenística. Se cree que los signos solares representan muchas características de las personas.

Por ello, la gente siempre ha estado interesada en aprender sobre el zodiaco; les ayuda a conocerse a sí mismos y a las personas de su entorno. En este libro, nos centraremos específicamente en un signo concreto del zodiaco: Capricornio. Conocerá los rasgos exclusivos de las personas que pertenecen al signo de la Cabra de mar. Este libro le revelará los secretos de la mente y el corazón de un Capricornio en cada etapa de su vida.

Entenderá cuáles son sus puntos fuertes y débiles, y qué buscan en la vida. Aunque cada individuo en la Tierra es único a su manera, aprender sobre su signo zodiacal puede ayudarnos a conocerlos. Así que, si usted es un Capricornio, o su amigo, cónyuge, familiar, compañero de trabajo o hijo lo es, este libro puede ser inmensamente útil como guía para conocer este signo.

El antiguo arte de la astrología ha recuperado su popularidad en los últimos años. Conocer su signo del zodiaco y su horóscopo puede servirle de punto de referencia en la vida. Le proporcionará orientación y una visión valiosa.

Se ha cubierto una amplia gama de temas, desde Capricornio como niño y adulto hasta la compatibilidad de Capricornio con otros signos en el amor o en el trabajo. Estar en sintonía con su signo zodiacal o aprender sobre el Capricornio de su vida aumentará el potencial de llevar una vida más feliz.

Mientras lee este libro, recuerde mantener la mente abierta. Le ayudará a descubrir mucho sobre los Capricornio, y sobre los demás signos del zodiaco.

Capítulo 1: Introducción a Capricornio

Capricornio es el último signo de tierra entre los doce signos del zodiaco. También se considera uno de los signos cardinales y es un signo de tierra negativo. El planeta regente de esta casa es Saturno, y su origen proviene de la constelación de la cabra con cuernos de Capricornio.

Probablemente lo vea representado por una figura de cabra cuando consulte su horóscopo o lea sobre el zodiaco en cualquier lugar. Este símbolo es una cabra marina, una criatura mitológica con cola de pez y la parte superior, el cuerpo de una cabra. También tiene relación con Enki, que era el dios de la sabiduría y del agua para los sumerios. En la mitología de babilonios y acadios, se le llamó posteriormente Ea y se le consideró el dios de la inteligencia, la magia, la creación y el agua. El equivalente de Capricornio en la mitología hindú es Makara, y el cocodrilo representa el signo.

Fecha: Si nació entre el 22 de diciembre y el 19 de enero, es un Capricornio.

Símbolo: La cabra de mar.

Elemento: El elemento es la Tierra.

Polaridad: Negativa.

Casa gobernante: Décima.

Cualidad: Cardinal.

Carta del Tarot: El Diablo.

Colores favorables: Marrón, caqui, negro y morado.

Colores a evitar: Amarillo y Rojo.

Famosos Capricornio: Michelle Obama, Kate Middleton, Liam Hemsworth, Dolly Parton, Diane Sawyer, Kit Harington, Denzel Washington.

Simbolismo y mitos asociados a Capricornio

La mitología asociada a la cabra marina que representa a Capricornio se remonta a la Edad de Bronce. Para los babilonios, Ea era un dios protector de la creación, el agua y el conocimiento. La cabra marina también tiene otras asociaciones en la mitología griega. Se la relaciona con Amaltea, la cabra que amamantó a Zeus cuando huyó de la ira de su padre siendo un bebé. Otro relato describe cómo el cuerno roto de Amaltea se convirtió en la Cornucopia. La Cornucopia era el cuerno lleno de recompensas terrenales.

Este signo del zodiaco también está vinculado a Pricus, que era el padre de las cabras marinas. Pricus trató de proteger a las cabras marinas haciendo retroceder el tiempo cuando empezaron vagar por tierra firme y perdieron su capacidad de pensar y hablar, pero tuvo que resignar sus hijos a la naturaleza. Entonces Pricus creó la constelación de Capricornio y consiguió un hogar inmortal en el cielo. La historia de Pricus se considera la razón por la que se asocia el estereotipo melancólico y triste a la mayoría de los Capricornio.

Estación

La estación de Capricornio comienza el 21 de diciembre en el zodiaco occidental. Es el solsticio de invierno en el hemisferio norte. La luz y el calor del sol están en su punto más bajo durante esta época del año. La duración de la noche es algo mayor que la del día. A partir del solsticio de invierno, la duración de los días empieza a alargarse lentamente hacia el equinoccio de primavera. El equinoccio de primavera representa la última y cuarta estación del año. Las actividades de invierno reflejan la afinidad de Capricornio por la preparación y el ingenio. La mayoría de las criaturas se guardan e hibernan durante esta estación.

Clasificación

Capricornio es uno de los signos cardinales del zodíaco. Contiene la energía elemental del liderazgo y la iniciación. El comienzo del invierno marca la estación de Capricornio, cuando los niveles de energía y luz están al máximo. La raíz de la fuerte autoridad cardinal de un Capricornio y su naturaleza es la cualidad definitiva de la estación.

Elemento

El elemento asociado a Capricornio es la tierra. Es el elemento más sólido y pesado. Los antiguos astrólogos consideraban que la tierra era la forma más densa de toda la materia. Este elemento representa todo aquello, y sobre, lo cual la naturaleza está construida. Sin tierra, no hay nada que pueda tomar forma material. La afinidad de Capricornio para dirigir, administrar y ejercer el poder material está relacionada con el elemento tierra y lo tangible.

Planeta regente

Casa de Saturno: Según la astrología clásica, Capricornio y Acuario estaban regidos por el planeta Saturno. Se consideraba a Capricornio el residente nocturno de este planeta. Este signo de tierra, disciplinado y ambicioso, permite la expresión y ejecución de las funciones más autoritarias y severas de Saturno. Ser organizativo, productivo y práctico son habilidades concedidas a Capricornio.

Si ha nacido con Saturno en Capricornio, estas habilidades pueden ser naturales para usted. Estas personas suelen tener un sentido innato de la responsabilidad y el deber. Lo utilizan para poner orden y estructura en su mundo. Los Capricornio nacen con un profundo sentido de conciencia de cualquier adversidad que les rodea. También aceptan que están hechos para lidiar los tiempos difíciles que se les presenten.

El detrimento de la Luna

Este zodiaco está en polaridad con Cáncer, que es un signo cardinal de agua. Dado que la Luna rige a Cáncer, las personas de este signo son emocionalmente afectivas, protectoras y sensibles. Se sienten cómodos siendo vulnerables y son intuitivos por naturaleza. Esto contrasta con la gente de Capricornio, que es mucho más seria.

Los Capricornio tienen una ética de trabajo muy fuerte y quieren lograr más para que los demás los reconozcan. La luna en Saturno compensa este detrimento. Los nacidos en esta casa tienden a tener una barrera protectora en torno a ellos y a sus emociones. A un Capricornio le lleva mucho tiempo abrirse completamente a alguien y mostrar su vulnerabilidad. Puede haber un efecto saturniano debido a su colocación, el cual puede causarles ataques de depresión o tristeza.

Si están heridos emocionalmente, son propensos a volverse cínicos. Tales experiencias hacen que a un Capricornio le resulte difícil volver a confiar en la gente. Las personas con la Luna en Capricornio tardan mucho en admitir la necesidad de apoyo emocional. En cambio, siempre se enorgullecen de su autosuficiencia e independencia.

Exaltación de Marte

Marte es el planeta de la guerra, el impulso y el combate. Tiene un lugar especialmente exaltado en el signo de Capricornio. El poder y la propulsión de Marte se combinan de forma única con la ética de trabajo firme y decidida de un Capricornio. Esta ubicación permite la formación de personas buenas en artes marciales y otros deportes. También tienen mentes estratégicas y tácticas.

Estas personas trabajan en torno a sus objetivos ayudadas por su fuerza y resistencia de forma ordenada. Esta ubicación ayuda a dominar las cualidades precipitadas de Marte y permite que su energía se estabilice para que sus nativos puedan perseverar y rendir bien.

Caída de Júpiter

Según los astrólogos clásicos, Júpiter era exaltado en Cáncer, y allí expresaba su conocimiento, benevolencia y expansión de manera generosa, pero algunos dicen que Júpiter tuvo su caída en Capricornio, que es el signo opuesto. El detrimento es más bien un desafío de adaptación comparado con esto, pero sigue causando molestias a la fuerza planetaria.

Capricornio es un signo de tierra, frío y seco. El arquetipo es reservado y cauteloso, mientras que Júpiter promueve el optimismo y la fe. Por eso la energía de Júpiter no puede fluir libremente. En cambio, los nativos desarrollan un optimismo cauteloso en el que les resulta difícil creer que el universo está trabajando a su favor o que tienen buena fortuna. Sin embargo, las cualidades entusiastas de Júpiter pueden seguir brillando y permiten que estos nativos sobrevivan a las adversidades que enfrentan en la vida.

Regencia de la casa

Casa X

El Alfabeto de las Doce Letras es un sistema astrológico moderno. En este, cada signo del zodiaco rige una casa determinada entre las doce de la carta astral. Los astrólogos psicólogos crearon esta innovación para ayudar a relacionar los temas de las casas con las afinidades de los signos. La décima casa, de la carrera y el estatus público, se asignó al signo zodiacal de Capricornio. Esto se debe a que los objetivos ambiciosos y terrenales de Capricornio se identifican con los motivos de la décima casa. El tiempo y la paciencia tienden a regir en Capricornio, por lo que la forma analítica de Saturno es bienvenida en esta casa.

Casa XII

Según la astrología tradicional, Saturno es el regente planetario de Capricornio. Algunos dicen que Saturno encuentra la alegría en la casa doce. La duodécima casa es la del encierro, el aislamiento y la soledad en la carta astral. Los astrólogos clásicos también llamaban a esta casa la casa del mal espíritu. Esto significaba que la casa doce estaba conectada con temas de ansiedad y sombras que pueden causar angustia mental.

La relación con Saturno es la responsable de las mayores pruebas que afronta una persona. Se manifiesta como una sensación de estar cargado con muchas preocupaciones y responsabilidades. Por eso, Saturno se expresa mejor en la casa doce, pero esta ubicación puede considerarse buena a pesar de las dificultades, porque también está vinculada al tema de la perseverancia hasta la conquista de todos los obstáculos.

Características de Capricornio

Personalidad

Los rasgos de la personalidad de las personas de este signo zodiacal se derivan de las cualidades yin que son receptivas y femeninas. Por ello, los Capricornio están comprometidos con su conciencia interior y orientados a la contemplación. Independientemente del sexo, un Capricornio será disciplinado, decidido y dominante. Esto constituye el núcleo de la personalidad de un hombre o una mujer de Capricornio. Es señal de su ingenio y resistencia frente a la estación fría en la que han nacido.

Capricornio es un signo zodiacal cardinal y, por lo tanto, tiene cualidades de constructor, escalador y triunfador. Pueden fijarse metas elevadas y alcanzarlas dando un paso a la vez. Las personas nacidas con este signo son fiables, constantes y decididas. Además, suelen cumplir mucho más de lo que prometen. Los del signo de la cabra de mar se toman su reputación y su honor mucho más en serio que los demás.

Capítulo 2: Perfiles de la cúspide de Capricornio

Al conocer las características de un Capricornio, también hay que tener en cuenta a los que entran en la categoría de cúspide. Una cúspide es cuando el cumpleaños de una persona cae justo entre dos signos del zodiaco. Se considera que está en una cúspide si ha nacido dentro de los tres días anteriores o posteriores a la transición de un signo zodiacal al otro. En el caso de los Capricornio, existen dos perfiles de cúspide.

Uno es la cúspide de Capricornio y Acuario, y el otro es la cúspide de Capricornio y Sagitario. El primero se encuentra al final del período de Capricornio, mientras que el otro se encuentra al principio del período de Capricornio. Estas personas tienden a tener características de las dos casas en las que cae la cúspide. Por ello, el conflicto interno es un problema real de sus personalidades. Estas personas tienen dificultades para tomar decisiones porque sus diferentes rasgos siempre chocan entre sí. A medida que lea más sobre los dos perfiles de cúspide de Capricornio, entenderá mejor esto.

La cúspide Capricornio-Acuario

Si ha nacido entre el 17 y el 23 de enero, entonces ha nacido en la cúspide Capricornio-Acuario. Una persona nacida en la cúspide Capricornio-Acuario tiende a poseer energías polarizadas y contrastadas, lo que la convierte en un individuo único. Tiende a ser un idealista trabajador y, en el mundo del tarot, se le considera una amalgama de la cúspide del misterio y la imaginación.

Si se observan los dos signos por separado, difieren mucho el uno del otro. Sin embargo, esta combinación permite a estos individuos mirar el mundo con una perspectiva poco convencional de forma inigualable. El planeta regente de Capricornio es Saturno, también conocido como el planeta de las lecciones y las limitaciones. Esto hace que los Capricornio tengan una visión muy práctica de la vida y se centren en sus responsabilidades del mundo real.

Pero el planeta regente del signo de Acuario es Urano, que empuja a las personas a desarrollar pensamientos radicales y poco convencionales y les da la capacidad de abrir las mentes de las personas que les rodean. Cuando estas dos personalidades tan marcadas se unen, pueden crear un individuo poderosamente brillante, creativo y ambicioso.

Como la cúspide Capricornio-Acuario es un contraste de personalidades y perspectivas, que son los elementos capaces de influir, también puede crear una contradicción compleja. El lado de Capricornio, o el lado de la tierra, es extremadamente aterrizado y determinado, mientras que el lado de Acuario, el lado del aire, tiene un fuerte afecto por la espontaneidad y la variedad. Esto puede suponer un reto si se tiene en cuenta que hay que alimentar estas dos mitades de la personalidad, pero si se consigue canalizar estas energías de forma sana y productiva, se puede crecer y triunfar sin importar lo que la vida depare.

Una persona nacida en la cúspide de la imaginación y el misterio tiende a tener mucha excitación interna. Es posible que su mente produzca constantemente pensamientos interesantes e ideas creativas, y que tenga la posibilidad de experimentar más epifanías y momentos de avance que la mayoría de la gente, pero esta producción constante de sueños y ambiciones que fluyen por su psique puede hacer que parezca desinteresado y desapegado de la mayoría de la gente y de las situaciones en las que se encuentre.

Una persona nacida en la cúspide Capricornio-Acuario puede estimular las conversaciones, lo que le hace parecer un mago mientras conversa con otras personas. Puede ver el mundo tal y como es, y le atrae discutir sus problemas y encontrar formas de solucionarlo. Aunque esto le da la capacidad de mantener conversaciones intrigantes y fascinantes, puede ser aislante e intimidante cuando se trata de conectar con sus allegados, como sus amigos y familia.

Su mente rebosa de sabiduría y opiniones poco convencionales sobre diferentes temas que le conciernen a usted y al mundo, pero esto puede impedirle ver a sus amigos y familiares, y puede provocar un distanciamiento y tensar sus relaciones personales. Aunque puede ser un esfuerzo muy noble pensar en el panorama general, no debe olvidar tomarse un respiro de vez en cuando y comprobar cómo están sus seres queridos y nutrir sus relaciones personales.

Si ha nacido en la cúspide Capricornio-Acuario, puede estar seguro de que su vida no será aburrida. Mientras no esté machacando y trabajando incansablemente en sus ideas creativas, así como en las conexiones sociales que tiene, estará llenando su vida de emoción y propósito. Como individuo único, puede convertirse en un poderoso líder e inspirar cambios significativos si se esfuerza en ello, pero tenga en cuenta que incluso las ideas más profundas necesitan el apoyo de las personas que le rodean; no deje de esforzarse por conectar con las personas de su vida y hacer que se sientan apreciadas.

Fortalezas

La autodeterminación, la creatividad, el ingenio, la empatía y los procesos de pensamiento idealistas son solo algunos de los muchos puntos fuertes que poseen las personas de la cúspide de Capricornio. Al haber nacido en la cúspide Capricornio-Acuario, está naturalmente bendecido con un fuerte impulso hacia el éxito y la creatividad al formular sus pensamientos.

Aunque estos rasgos de carácter contrastados pueden chocar, estas diferencias le permiten prever cambios significativos y positivos y tener mayores ambiciones e ideas. Puede empatizar con los demás y ponerse en su lugar, lo que le permite ver el mundo desde diferentes perspectivas. Esto le convierte en un gran amigo y en un alma bondadosa y generosa, si se toma el tiempo para conversar y escuchar.

Debilidades

Cuando no están en su mejor momento, el desapego, el caos, el egoísmo, el pensamiento crítico y los prejuicios son los vicios comunes en la cúspide Capricornio-Acuario. Debido a que tiene que estar tan involucrado con la creatividad y la imaginación para mantenerse motivado y ocupado, puede encerrarse inadvertidamente en su propio mundo, y puede sentir que no necesita la compañía de otras personas para darle sentido a su vida.

Se siente más cómodo estando solo con sus propios pensamientos, y esto puede hacer involuntariamente que sus seres queridos se sientan poco queridos y apreciados. Esto puede llegar a ser contraproducente y tener un impacto negativo en sus relaciones personales, lo cual es una pena porque estas personas también resultan ser algunos de sus mayores apoyos.

Supongamos que ha nacido en la cúspide Capricornio-Acuario. En ese caso, debe recordar la importancia de un sistema de apoyo fuerte y esforzarse en sus relaciones personales de vez en cuando, o pueden convertirse en un obstáculo y afectarle de forma negativa.

Compatibilidad

Si ha nacido en la cúspide Capricornio-Acuario, la libertad y la autosuficiencia son muy importantes para usted. Tiende a prosperar por su cuenta, y más que a menudo, puede sentir que el compromiso y las relaciones de dependencia no son lo suyo, pero también necesita el apoyo y la compañía que le ofrece un amante. Puede que le lleve tiempo asimilar la idea de tener una pareja, pero cuando lo haga, descubrirá que un buen compañero ayuda a mantener la vida divertida y ligera.

Los signos de fuego tienden a ser más compatibles con la cúspide Capricornio-Acuario; se sentirán atraídos por su creatividad y su ética de trabajo, y le ofrecerán fácilmente su apoyo y respaldarán sus ideas poco convencionales y radicales. Los signos de aire como Acuario, Libra y Géminis también son buenos compañeros para la cúspide Capricornio-Acuario. Pueden seguirle el ritmo intelectualmente y comprender su personalidad no tan emocional mejor que los otros signos.

Puntos clave

Desarrolle el hábito de autoevaluarse y reflexionar sobre sus emociones de vez en cuando. Aunque sea fácil perderse en su cabeza y mantenerse ocupado, también debe mantenerse con los pies en la tierra y con un pie en el mundo real. No quiere perderse las pequeñas, pero significativas, conversaciones que ocurren a su alrededor.

Intente escuchar a los demás mientras le hablan y mantenga sus prejuicios e ideas preconcebidas bajo control. No todo el mundo puede ser tan rápido y creativo como usted. Si mantiene la conciencia de sí mismo y se esfuerza, no olvide disfrutar de la vida y divertirse; esto mantendrá vivo el sentido de las posibilidades y la imaginación a largo plazo.

La cúspide Sagitario-Capricornio

Las personas nacidas entre el 18 y el 24 de diciembre forman parte de la cúspide Sagitario-Capricornio. Se convertirán en verdaderos visionarios, con una capacidad de éxito tremenda. La cúspide Sagitario-Capricornio también se conoce como la cúspide de la profecía; la fuerza de voluntad y determinación inherentes ayudarán a conseguir cualquier cosa propuesta.

Júpiter, como planeta de la expansión, rige a Sagitario, mientras que Saturno, como planeta de los límites y las lecciones, rige a Capricornio. Esto significa que tiene lo mejor de ambos, ya que no son tan contrastantes en comparación con la cúspide Capricornio-Acuario. Esta combinación única de sensibilidad e inspiración da la capacidad de ser no solo un gran visionario, sino también un verdadero pragmático que puede inspirar cambios reales.

Como cúspide Sagitario-Capricornio, lo nutre una fuerte pasión característica de un signo de *Fuego* (Sagitario), así como con la gran fuerza de voluntad y determinación de un signo de *Tierra* (Capricornio). Esto le ayudará a abrirse camino en la vida con una tenacidad feroz de la que carece la mayoría de la gente. Su signo de fuego le ayuda a mantenerse positivo y entusiasmado para afrontar la vida, pero eso por sí solo puede extinguirse rápidamente si no se complementa con la constancia y la fuerza de voluntad del elemento Tierra. Aprender a equilibrar estos dos elementos de su personalidad puede ayudarle a conseguir mucho más de lo que cree.

Las personas nacidas en la cúspide Sagitario-Capricornio tienden a ser leales, cariñosas y socialmente activas. Les rodean constantemente personas que les quieren y admiran y que tienen un interés genuino en las cosas que tienen que decir. Por ser razonables e ilustrados, la gente acudirá constantemente en busca de consejo y apoyo, y se encontrará orientando a las personas que forman parte de su vida. Solo recuerde ser empático y amable con las personas que acuden en busca de consejo. Puede ser un poderoso líder y maestro para aquellos que lo necesiten, siempre y cuando sea paciente y no se ponga agresivo con la gente; después de todo, no todos aprenden al mismo ritmo.

La combinación de Sagitario y Capricornio puede crear personas valientes y trabajadoras, dispuestas a esforzarse y a trabajar como lo exige el éxito. Será un individuo motivado, ansioso por escalar en la jerarquía y crear su propio espacio significativo dentro de la sociedad, pero este impulso y enfoque fuertes pueden crear una brecha entre usted y las personas que le rodean si no los tiene bajo control. Su actitud intransigente y su personalidad independiente tienen el potencial de cambiar el mundo, pero también pueden hacerle sentir un poco solo de vez en cuando.

Al haber nacido en la Cúspide de la Profecía, tendrá todo el potencial a su disposición. Aunque debe estar agradecido y ser humilde ante esta energía y determinación natural que lleva dentro, debe canalizarla y dejarla salir a través de expresiones positivas. Tiene el potencial de marcar una auténtica diferencia para los demás si tiene un plan definitivo. Si puede ser empático con los demás y tener un viaje divertido hacia la cima, se convertirá en el gran maestro y líder que estaba destinado a ser.

Fortalezas

Los nacidos en la cúspide Sagitario-Capricornio son personas responsables con un fuerte impulso hacia el éxito. También tienen la capacidad de ser extrovertidos y amigables con otras personas debido a su naturaleza justa y humorística. El fuerte deseo de ampliar los conocimientos permite experimentar y aprender de todo lo que la vida ofrece.

Cuando esto se une a un ardiente empuje y eterna determinación, puede darle la capacidad de crear un impacto positivo en su vida y en la de aquellos que forman parte de su círculo. Puede profundizar en ideas complejas y, al mismo tiempo, ser lo suficientemente organizado como para allanar su camino de forma lenta y constante hacia el éxito. La resolución estratégica de problemas es su punto fuerte, y si puede mantener constantemente su actitud positiva, puede convertirse en un poderoso líder.

Debilidades

Cuando alguien de la cúspide Sagitario-Capricornio no está en su mejor momento, se vuelve malhumorado y cerrado. Pueden ser intensos con sus interacciones, y cuando las cosas van mal, pueden volverse egoístas e impacientes. La gente puede interpretar esto de forma negativa y verle como un individuo aislado. Con todo el trabajo duro y la pasión que ponen en el trabajo, puede que no tengan tiempo para las personas que forman parte de su vida. Aunque son extremadamente serviciales y leales con las personas de su círculo, puede que les falte el equilibrio emocional necesario para una verdadera amistad o compañía.

Compatibilidad

Formar parte de la cúspide Sagitario-Capricornio o de la cúspide de la Profecía significa que tiene fuertes cualidades de liderazgo, que a menudo enseña a los demás y que se ocupa de sus talentos y de las cosas que le interesan. Para poder desarrollar una relación romántica fuerte, debe buscar a alguien que sepa escuchar y esté dispuesto a aprender de usted y a comprenderle como persona. Los signos de fuego alentarán su esfuerzo y empuje, animándole a ser mejor y más capaz. Los signos de Tierra también le ayudarán a mantener un pie en el mundo real y apreciarán su fiabilidad.

Puntos clave

El aislamiento puede producirse sin querer, así que trate de no aislar a las personas de su vida, aunque eso pueda parecer muy tentador en ciertos escenarios. Profesionalmente, es un trabajador capaz de aportar ideas brillantes que pueden ayudarle a tener mucho éxito en el trabajo. Las conversaciones triviales no son algo que le guste mucho, y necesita conversaciones divertidas y filosóficas que le inspiren a estar a la altura de su potencial. Concéntrese en sus amistades y relaciones personales, y se sentirá extremadamente satisfecho con todos los aspectos de su vida.

Capítulo 3: Fortalezas y debilidades de Capricornio

En esta sección, profundizaremos en los rasgos clave de Capricornio, tanto los positivos como los «desafiantes». Si tiene un Capricornio en su círculo íntimo, puede notar que tiende a hacer cosas que definitivamente le desagradan o le gustan. Y si usted es un Capricornio, es posible que se sienta identificado con las cosas que se mencionan aquí.

Por ejemplo, a los Capricornio no les cuesta acercarse a desconocidos en las fiestas y se sienten cómodos charlando con el personal de una tienda. Dirán que sí cuando les proponga salir y no tienen ese defecto de «solo quiero quedarme en casa» que tienen otros signos.

Veamos ahora los rasgos positivos y negativos de la personalidad de Capricornio.

Fortalezas de Capricornio

Trabajador

Este es uno de los rasgos más positivos de la personalidad de Capricornio. Son más diligentes y serios que cualquier otro signo del zodiaco. Las personas de este signo trabajan persistentemente en cualquier tarea que emprendan. Si les ponen deberes en la escuela, se aseguran de hacerlos bien. Si tienen que hacer un examen, trabajan duro para obtener la mejor puntuación posible. Si les encargan un proyecto en el trabajo, dedican mucho tiempo a que se lleve a cabo de forma eficiente.

Que un Capricornio nunca se rinda es una de las cosas más admirables que tienen. Incluso si no tienen talento natural para algo, su persistencia les da la oportunidad de hacerlo bien. Su actitud de «sí se puede» les basta para triunfar en la vida. Las personas de Capricornio siempre están dispuestas a aprender algo nuevo si creen que eso les acercará a sus objetivos. Por eso es importante no subestimar la tenacidad de los Capricornio.

Ambicioso

Las personas de este signo del zodiaco suelen tener objetivos muy elevados y son ambiciosos en la vida. Se fijan metas que se aseguran de poder alcanzar. Saben que el trabajo duro y el esfuerzo persistente les llevarán a donde tienen que estar. Este signo siempre está impulsado a mejorar. Quieren hacerlo mejor que ayer, y quieren hacerlo mejor que quienes les rodean. Esta ambición competitiva les hace seguir adelante en los días más difíciles.

Aunque tengan que dedicar muchas horas agotadoras, lo harán para conseguir lo que quieren. Esperan una recompensa material por su duro trabajo, que puede consistir en cualquier cosa, desde dinero hasta fama. Un Capricornio es uno de los mejores compañeros para tener en un proyecto escolar o laboral.

Responsable

Un Capricornio es también una persona muy responsable. Suelen ser mucho más maduros que otros signos de la misma edad. Abordan las cosas de forma disciplinada y pragmática. A los Capricornio les gusta ser organizados y tienden a seguir las reglas. Les gusta seguir el camino recto, aunque trabajen sin descanso para conseguir sus objetivos. Si un Capricornio comete un error, no tarda en aprender de este y reconocerlo. Aceptan sus errores y así superan estos obstáculos más rápido que la mayoría. También son muy fiables a la hora de recordar detalles importantes como las contraseñas.

Honesto

Los individuos de Capricornio no ven la necesidad de mentir. Es raro verlos ser deshonestos en algo. Si alguna vez mienten, lo reconocerán con la misma rapidez. Este rasgo positivo en un Capricornio es una de las razones por las que sus relaciones son muy fuertes. Hacen que su cónyuge o sus amigos confíen fácilmente en ellos, y se aseguran de mantener su confianza. No es un signo que engañe o mienta.

Calma

Es estupendo tener a un Capricornio de su lado durante una discusión. Siempre mantienen la calma y saben manejar la presión. Su naturaleza tranquila y analítica hace que sea difícil que alguien gane una discusión con ellos. Siempre pueden rebatir con hechos que ningún oponente puede negar. Saben protegerse a sí mismos y a los que les rodean manteniendo la cabeza fría en situaciones difíciles. Por eso también son buenos para dar consejos a otros que son más emocionales.

Debilidades de Capricornio

Pesimista

Aunque ser realista y tener los pies en la tierra es algo bueno la mayor parte del tiempo, debe tener un límite claro. Si es pesimista, solo conseguirá centrarse en todas las cosas negativas de la vida en lugar de las positivas. Por eso el pesimismo es una de las debilidades de Capricornio. Su actitud respecto a la falta de sentido les hace perderse a menudo de las cosas buenas. Les hace sentirse infelices e insatisfechos de la vida.

Los Capricornio parecen quedar atrapados en un ciclo negativo cuando se centran más en cómo se ven las cosas en lugar de cómo se sienten. Su constante necesidad de triunfar y de llegar a la cima les hace sentirse muy decepcionados cuando fracasan en algo. Su necesidad de perfeccionismo se aplica a todo en su vida. Adoptan una visión negativa de su futuro cuando tienen que afrontar algún fracaso o sienten que las cosas no son perfectas. Este abatimiento y pesimismo también tienen un efecto negativo en las personas de su entorno.

Adicto al trabajo

Ser trabajador es un rasgo positivo en Capricornio, pero lo llevan demasiado lejos y se convierten en adictos al trabajo. Para vivir una buena vida, tiene que haber un equilibrio entre el trabajo y el placer. Los Capricornio tienden a esforzarse hasta la extenuación. Están demasiado obsesionados con la perfección y el éxito, y se pierden muchas cosas en el medio. Se olvidan de tomarse un tiempo libre y de relajarse mientras persiguen sus sueños con toda su alma. Trabajar duro es una gran cualidad, pero convertirse en un adicto al trabajo juega mucho más en su contra que a su favor. Son demasiado duros consigo mismos y comprometen su bienestar mental y físico.

Terco

Capricornio es un signo conocido por ser extremadamente terco y por ser muy rígido. Aunque a este signo le gusta la diligencia y la ambición, le cuesta entender que no todo el mundo piensa igual. Por eso, a menudo tiene con los demás un nivel de exigencia imposible de alcanzar.

Los Capricornio son estrictos y valoran la tradición hasta el punto de que les resulta difícil aceptar cualquier cambio nuevo. Les cuesta abrir su mente a lo nuevo. Les resulta difícil mirar más allá de sí mismos, ya que siempre se centran en lo que es práctico y realista. La mentalidad obstinada de este signo hace que sea muy difícil que las personas de otros signos se lleven bien con ellos.

Cerrado

A un Capricornio le lleva tiempo abrirse a las personas. Son muy cautelosos y se encierran en sí mismos. No ceden tan fácilmente a las emociones como los otros signos, y esto puede ser difícil de tratar para su pareja. Los Capricornio tardan en confiar en los demás y en hablar libremente con ellos. Solo se vuelven expresivos con su pareja cuando están completamente seguros de la relación. Esto a menudo puede ser contraproducente y alejar a alguien que podría tener buenas intenciones. Ser tan precavido puede incluso dejarles sin nadie con quien hablar, lo que puede llevarles a la depresión con el paso de los años.

Aunque estos son rasgos generalizados de un Capricornio, siempre hay excepciones a la regla, pero estos puntos pueden ayudarle a entender mejor a la mayoría de los individuos de Capricornio. Lo mejor de Capricornio es que siempre está dispuesto a trabajar para mejorar sus debilidades si siente que eso le beneficia o le hace bien.

Capítulo 4: El niño Capricornio

Cada signo solar tiene una serie de rasgos de personalidad asociados. No solo en los adultos, también se aplica a los niños. Conocer los rasgos de su hijo en función de su signo solar puede facilitarle la crianza. Le ayudará a entender y predecir su comportamiento. También le facilitará el manejo de diferentes situaciones. Su hijo pertenece al décimo signo del zodiaco si nació entre el 21 de diciembre y el 21 de enero.

Leer un poco sobre su bebé Capricornio le será definitivamente útil en sus años de juventud. Incluso si no tiene un hijo, le ayudará a entender y tratar con cualquier niño Capricornio en su vida. Podría ser su sobrina, sobrino o incluso los hijos de sus amigos.

Rasgos de los niños Capricornio

Estos son los rasgos que la mayoría de los niños Capricornio suelen poseer:

Adaptables

Uno podría esperar que la mayoría de los niños tengan dificultades para adaptarse a ciertas situaciones, lo cual no se aplica a un niño Capricornio. Tienen una capacidad asombrosa para adaptarse a diferentes situaciones, y esto le quita mucha presión a sus padres. Llevarlos a nuevos lugares, conocer gente nueva, pasar de los líquidos a los alimentos sólidos son procesos sencillos. Tampoco tendrán problemas para enseñarles a usar el orinal o los modales en la mesa. Conseguir que adquieran buenos hábitos, como hacer los deberes con regularidad, será pan comido. Es posible que, debido a su fuerte personalidad, no acepten las cosas a la primera, pero tardan poco en adaptarse.

Persistentes

Los niños Capricornio suelen ser subestimados. La gente se sorprende de lo que un niño Capricornio puede lograr cuando se lo propone. Puede que algo esté fuera de su alcance, pero si lo quieren, perseguirán su sueño hasta conseguirlo. No se dan por vencidos en las cosas que realmente les interesan o son importantes para ellos. Otra gran cualidad es que se aferran a sus principios, sin necesidad de decirlo en voz alta. No hacen concesiones en las cosas que consideran importantes.

Ambiciosos

Los niños Capricornio mantienen sus sueños en su corazón. Aunque parezca un sueño inalcanzable, no pueden dejarlo. Son ambiciosos y su persistencia les ayuda a conseguir sus sueños la mayoría de las veces, pero no comparten sus sueños o ambiciones con mucha gente. Solo en quienes confían o están cerca lo sabrán. Estos niños se esforzarán mucho para lograr sus objetivos.

Almas viejas

Los niños Capricornio no son conocidos por sus rabietas ni por su mal comportamiento. Suelen ser tranquilos y parecen comportarse bien. Verá que se comportan con mucha más madurez que otros niños de su edad. Por eso se les llama almas viejas en un cuerpo joven. Los padres con hijos Capricornio apenas tendrán problemas durante los años de crecimiento. Estos niños son tranquilos y sosegados. Además, se adaptan muy bien a los cambios y no se inmutan fácilmente ante situaciones imprevisibles.

Perfeccionistas

A los niños de este signo zodiacal les gusta la perfección. Verá que siempre terminan los deberes a tiempo y que mantienen sus libros y pertenencias en su sitio. Les gusta tener su habitación limpia y bien cuidada. Si lo hace con inteligencia, puede aprovechar este rasgo perfeccionista de su hijo, pero si se enteran de sus intenciones, es posible que quieran rebelarse.

Previsible

A medida que pase más tiempo con su hijo, notará patrones en sus hábitos y comportamiento. Es fácil predecir lo que hará un niño Capricornio en la mayoría de las situaciones. Si confía y se siente cómodo con usted, le compartirá sus pensamientos, pero si no puede generar confianza, puede ser difícil adivinar lo que pasa por su mente.

Siguen las reglas

Esta es otra razón por la que es más fácil educar a un niño Capricornio. Parece que tienen un respeto innato por las reglas. Cuando se les enseña lo que está bien y lo que está mal, seguirán estas normas. También tienen una buena intuición para juzgar lo que es correcto. Su profundo respeto por las normas a menudo les hace parecer conservadores cuando se convierten en adultos, pero a veces rompen las normas si la situación lo requiere. Si su hijo parece romper una norma, debe pedirle una explicación. Normalmente tienen una buena razón para hacerlo. Si piensa que ha cometido una falta, puede hacérselo entender utilizando un buen razonamiento y lógica. Esto ayudará a hacerle entender el punto a estos pequeños adultos.

Necesitan respeto

Los niños Capricornio tienen una gran necesidad de respeto. No les gusta que les falten al respeto. También tienden a pensar que tienen que demostrar su valía para ganarse el respeto y el amor. Por eso se esfuerzan por seguir las reglas y trabajar duro, pero es necesario que le diga a su hijo que merece amor y respeto, aunque no siempre salga victorioso. Demuéstrele que respeta sus metas y pensamientos, pero también debe hacerles saber a estos seres emocionales que serán amados a pesar de todo.

Los niños Capricornio en casa

Como ya se ha mencionado, los niños Capricornio son sabios sin importar su edad. Por eso hay que tratarlos de forma un poco diferente a otros niños promedio. Son serios, incluso a una edad muy temprana. Notará que hacen preguntas profundas que son más adecuadas para los adultos. También son bastante sensibles a la desviación de su rutina habitual. Es mejor no dejar a su hijo Capricornio con un adulto con el que no esté familiarizado. Esto suele salirse de su zona de confort. Puede ayudarle con esto paso a paso. Otra cosa que hay que tener en cuenta es que a los niños Capricornio no les gustan los ruidos fuertes. Se aconseja evitar someterlos a tales ruidos o dejarlos con extraños con demasiada frecuencia cuando son pequeños.

Cuando un niño Capricornio se interesa por algo, puede ser un poco obsesivo con ello. Si les gusta jugar con trenes, probablemente querrán leer todos los libros o ver todos los programas relacionados. Si le gustan los dinosaurios, no tardará en aprenderse los nombres de todas las especies. No se sorprenda si a menudo le pide que le lleve al museo en lugar de querer ir al parque de atracciones.

Cuando vea que su hijo se interesa tanto por algo, anímelo. Exprese su interés y apoyo por las cosas que le gustan. Esta es una de las mejores maneras de ayudarle a aprender desde niño. El aprendizaje siempre empieza en casa.

Al llegar la adolescencia, puede que vea a menudo que son críticos con usted o con los demás en casa, pero esto es solo porque tienen un fuerte sentido de lo que es correcto y de la justicia social. No tienen reparos en expresar sus diferencias de opinión sobre estos temas. Como padre, tiene que aprender a no tomárselo como algo personal. En cambio, puede conectar con ellos mostrando interés por sus aficiones o intentando realizar actividades juntos.

Por ejemplo, si a su hijo adolescente le gusta leer, puede leer el mismo libro y debatir al respecto. Si le gustan ciertas películas, puede mostrar interés y pedirle recomendaciones. Estas son formas fáciles de conectar con los niños Capricornio.

Es mucho menos probable que quieran hablar de sentimientos o pensamientos serios en aquel momento de su vida. Así que hay que trabajar para tender puentes.

Aunque actúan como pequeños adultos, también tienen una vena tonta. Intente sacarla mucho cuando son niños. Anímeles a jugar a menudo y a hacer cosas que les gusten en lugar de centrarse únicamente en las tareas escolares. Aunque lo académico es importante, también necesitan aprender otras cosas. En lugar de apuntarles a actividades o eventos competitivos todo el tiempo, ayúdeles a participar en los de colaboración.

Deben aprender a comunicarse y a socializar con otros niños. La mayoría de los niños Capricornio prefieren meter la nariz en un libro en lugar de correr con otros niños. Si no les ayuda a participar en actividades de grupo, pueden sentirse solos. Como padre o madre de Capricornio, tiene que darles espacio para crecer y fomentar todos sus intereses. Exprese su aprecio por las pequeñas cosas y no solo por las grandes victorias. Esto les ayudará a convertirse en adultos seguros de sí mismos. Sea expresivo con su amor y observe cómo se vuelve un Capricornio cariñoso y empático.

Niños Capricornio en la escuela

Verá que a su hijo le resulta fácil adaptarse cuando empieza el colegio. Aunque es normal que se sientan un poco incómodos los primeros días, pronto se acostumbrarán. No será difícil para usted ni para sus profesores ayudar a crear en ellos buenos hábitos de estudio. Verá que les gusta mantener sus libros ordenados y que, en su mayoría, tienen buena letra. No tendrá que limpiar su desorden, ya que les gusta mantener su escritorio y su habitación en buen estado.

Los niños Capricornio son ambiciosos y trabajan duro para conseguir sus objetivos. Estos buscadores pueden ser competitivos, por lo que será difícil consolarlos cuando las cosas no salen a su favor. Odian ver una mala calificación y no les gusta quedar últimos en nada. Hay que explicarles mucho y ayudarles a entender que no pasa nada por fallar a veces.

En general, les va bien en la escuela. Si muestran interés por una asignatura concreta, anímales a que la cursen. Puede que incluso se dediquen a ello cuando sean mayores. Cuando se fijan un objetivo, es casi imposible que cambien de opinión. Persisten en perseguir sus intereses hasta donde puedan.

A los niños Capricornio les gusta tener tareas que hacer y a menudo se vuelven desganados cuando están libres o se aburren durante demasiado tiempo. Ayúdeles a mantenerse ocupados con tareas escolares, juegos y otras actividades frecuentes. Esto les ayudará a aprender más y también le facilitará mantenerlos contentos.

Lo que necesita un niño Capricornio para prosperar y estar cómodo

Los niños Capricornio no son muy difíciles de criar, pero debe entenderlos y ayudarlos a sentirse queridos y cómodos. Como padre, es su responsabilidad aprender a ayudar a su hijo a prosperar en su entorno.

La constancia es importante para los niños Capricornio. Si bien hay que enseñarles a adaptarse a los cambios, también hay que evitar exponerlos a más de los que pueden soportar cómodamente. Intente no cambiarles de colegio con demasiada frecuencia. Puede ser difícil para ellos dejar atrás a sus amigos y hacer otros nuevos. Lo mismo ocurre con los cambios de casa. Les gusta la rutina con la que están familiarizados. La continuidad les reconforta. Los niños Capricornio suelen ser mejores para cumplir con los horarios que sus padres.

Ayude a su hijo a crecer con mucha naturaleza a su alrededor. Los Capricornio tienen una afinidad innata con la naturaleza. Si deja que su hijo salga al patio o a un parque, puede pasar fácilmente muchas horas divirtiéndose. La naturaleza les nutre. También es el lugar al que les gusta retirarse para pensar.

Estos niños son ambiciosos y prácticos, pero les encanta ser recompensados. Cuando lo hagan bien, recuerde recompensar sus logros. También hay que ser amable y consolarles cuando fracasan. Elogie sus pequeños logros de la misma manera que lo hace con los grandes. Enséñeles también el valor de las cosas con pequeños ejemplos. Dele una alcancía para que guarde el dinero de bolsillo que reciba. Enséñeles a gastar solo en cosas que necesitan o quieren en lugar de derrochar en cosas inútiles. De esta forma, adquirirá estos hábitos de niño y le irá mejor de adulto.

También debe enseñar a su hijo a ser flexible. Los niños Capricornio pueden ser testarudos, y no sacarán provecho de ver las cosas de una sola manera mientras crecen. Ayúdeles a comprender la importancia de ver las situaciones desde diferentes perspectivas. Enséñeles a actuar adecuadamente en diversas situaciones. Estar siempre en una sola posición puede inhibir su crecimiento.

Cómo entender a un niño Capricornio según su sexo:

Niñas Capricornio

Si tiene una hija Capricornio, es fácil notar que parece actuar y hablar como adulta desde una edad muy temprana. Nunca parece una niñita. Incluso cuando es una niña pequeña, la encontrará obstinada. Estas cabritas pueden embestir de frente cuando se las desafía. También aprenderá que estas niñas tienen dos caras.

Una niña Capricornio suele ser despreocupada y alegre, pero puede ser bastante triste verlas en su estado de ánimo melancólico. Pierden todo su espíritu de lucha cuando están decaídas. Tiene que prestarles mucha atención y colmarlas de amor en esos momentos. Este lado melancólico de su hija Capricornio puede ser un poco difícil de tratar a veces, pero este es uno de los raros inconvenientes de su personalidad. Estos niños no son difíciles de levantar, y no son muy malhumorados. No tendrá que lidiar con rabietas por la cena o la ropa que les ha comprado. Comerán lo que se les sirva y se pondrán cualquier cosa que les dé. También les encanta organizar, así que consiga los juguetes que le ayuden a jugar de la forma que les gusta.

Como Capricornio, su hija necesita sentirse en control. Tiene que darle tareas que hacer para que pueda satisfacer esta necesidad. Apreciará tener una rutina establecida que seguir. Dele algunas tareas sencillas, incluso cuando crezca. El amor por la continuidad hace que las niñas Capricornio se desequilibren cuando hay una interrupción en la rutina. Pero tiene que ayudarles a superarlo para que puedan adaptarse bien cuando sean adultas.

También notará que su hija madura prefiere jugar con niños mayores que los de su edad. Le gusta conversar con los adultos o estar con ellos. Su nivel de comunicación suele estar por encima de los otros niños de su edad si son de otro signo solar. Cuando su hija encuentre un amigo que le guste, lo querrá de por vida.

Al jugar, verá que su hija prefiere los juegos con un propósito. En lugar de jugar a las escondidas, prefiere cultivar el jardín. En lugar de jugar en la arena, prefiere leer un libro. Un juego que la ayude a construir o crear algo sería más adecuado para ella.

Aunque a los niños Capricornio les va bien en la escuela, puede ver que a veces no cumple los plazos. Esto se debe a que a una niña Capricornio le gusta hacer las cosas a su propio ritmo y a su manera. Como es perfeccionista, puede tardar mucho en completar sus tareas. También será reacia a los regaños o a los recordatorios constantes para hacer las cosas. Tendrá que enseñarle a cumplir con los plazos, pero será más fácil hacer las cosas si la deja hacerlas a su manera.

En cuanto a los modales, las chicas Capricornio se comportan muy bien. Actúan con respeto y amabilidad hacia los demás. No tienen tendencia a mostrar arrogancia, por mucho que consigan. Son dignas de confianza y fiables. Es posible que le tome tiempo entrar en contacto con gente nueva, pero se abrirá completamente cuando lo haga.

Niños Capricornio

Si tiene un hijo Capricornio, debe recordar que necesita seguridad. No les gusta que se les falte al respeto ni siquiera a una edad temprana. Como padres, hay que mostrar la autoridad de forma respetuosa, pero firme, para que la reciban bien. Como son más maduros que otros niños de su edad, debe conversar de forma que les haga sentir que les trata como adultos. Si hace que la conversación sea simple, se lo tomarán de forma negativa.

Al igual que una chica Capricornio, su hijo también es un alma vieja. Pasará mucho tiempo pensando en descubrir sus objetivos personales en lugar de perder el tiempo. Mientras que un niño Capricornio es ambicioso y enfocado en sus objetivos, también presta la misma atención a su familia. Verá que puede alcanzar sus objetivos mucho más rápido que la mayoría de sus compañeros gracias a su seguridad.

Incluso cuando se enfrente a nuevos retos, mantendrá la calma y la compostura, pero odia que le ridiculicen o le malinterpreten. Esto hace tambalear el equilibrio de un niño Capricornio. A menudo puede afectarle durante semanas, por lo que es importante que los padres le ayuden a recuperar el equilibrio. Mostrar aprecio y atención en esos momentos es esencial para ayudarles.

Un niño Capricornio es bastante educado. Presta atención a la etiqueta y al buen comportamiento. Siempre trata de presentarse con pulcritud. Pero, aunque se vistan bien, es posible que perciba un cierto grado de inseguridad en ellos. Debe elogiarles un poco para devolverles su vacilante confianza. Muéstrele su aprecio por su aspecto cada vez que le vea hacer un esfuerzo extra.

También se dará cuenta de que a estos niños les gusta mantener su habitación o sus cosas ordenadas. A diferencia de la mayoría de los niños, no dejan sus calcetines o juguetes tirados por ahí. Les gusta hacer la cama y mantener todo en su sitio. Tienen su propio sentido del orden, así que evite mover sus cosas. Deje que creen su propia zona de confort. Tener en cuenta estas cosas le ayudará a criar a un niño Capricornio feliz en sus años de juventud.

Actividades adecuadas para los niños Capricornio

Un niño Capricornio es sabio sin importar su edad, y es por eso que disfrutan de estar cerca de los adultos. Su hijo apreciará tener conversaciones con ellos. También les gusta sentirse útiles para sus padres, así que no evite asignarles tareas sencillas incluso a una edad temprana. Aunque parezcan muy caseros, debe animarles a jugar con niños de su edad.

Si les lleva al parque infantil, a menudo verá que se quedan atrás en lugar de apresurarse a jugar con los demás. Como padre, debe ayudarles a salir de su caparazón. Fomente los juegos en grupo en el exterior. Además, evite los juegos demasiado competitivos. Un niño Capricornio es competitivo por naturaleza, y a menudo acabará llorando o enfadándose si no gana en esos juegos. En cambio, fomente juegos que permitan a todos mezclarse y disfrutar sin enfrentarse entre sí.

Los niños Capricornio se sienten fácilmente atraídos por los libros, así que haga lo posible por fomentar el hábito de la lectura. No deje que pasen demasiadas horas haciéndolo, ya que puede hacer que se conviertan en solitarios. Pero permítales descubrir el placer de la lectura a una edad temprana. Les ayudará a aprender mucho a lo largo de los años. Cuando sean niños pequeños o bastante jóvenes, elija libros que les ayuden a aprender una buena moral. Esto les ayudará a construir los cimientos de sus valores. Luego puede permitirles que exploren otros libros de su agrado a medida que crezcan.

Capítulo 5: Capricornio en el amor

Ahora llegamos a la parte que muchos lectores esperaban, Capricornio en el amor y las relaciones.

Si busca una relación a largo plazo, los Capricornio son la opción más sabia. Son comprometidos, confiables y fieles. Incluso si la relación es difícil, están decididos a hacer que funcione. Si usted es Capricornio o está en una relación con uno, le puede ser útil para aprender más acerca de Capricornio en el amor. Esto hace que sea más fácil trabajar en la relación y hacerla más fuerte con el tiempo.

El amante convencional

Prudente y leal

Van despacio y rara vez están dispuestos a lanzarse directamente a una relación. Se toman su tiempo para observar la situación y solo se involucran si les parece bien. Les gusta tener el control de todo en todo momento. Si sienten que no pueden confiar en alguien, nunca entablarán una relación con él. Pero cuando lo hacen, son leales y confían en su pareja de todo corazón.

Buenos para las finanzas

Este signo es ideal para alguien que busca una pareja económicamente estable. Este signo sabe manejar bien su dinero y es hábil con las finanzas. Por eso también se sienten atraídos por otras personas buenas con el dinero y trabajan duro para ganarlo. Muchos Capricornio eligen trabajar en bancos, como contadores o como directivos. Les gusta ser amigos o amantes de otras personas que también son inteligentes en cuestiones financieras.

Generosos y protectores

Hacen todo lo posible por proteger las cosas que llevan en su corazón. Esto se aplica a sus posesiones materiales y a las personas que aman. Estar en una relación con un Capricornio es genial, ya que quieren hacer todo lo posible para mantener la estabilidad y proteger a su pareja, incluso si es a un gran costo personal. Son dadivosos por naturaleza y no dudan cuando se trata de su pareja, pero su naturaleza protectora puede volverse un poco posesiva, y no todas las parejas pueden lidiar con ello. Los individuos que son despreocupados y atesoran su libertad encontrarán a los Capricornio demasiado restrictivos y se sentirán asfixiados. Sin embargo, las personas que quieren una pareja fiable apreciarán esta posesividad en su pareja Capricornio.

Controlador

Este signo es un líder natural, y no es porque quieran conscientemente ser dominantes o llamar la atención. Simplemente les gusta tener el control para poder hacer las cosas bien. Este rasgo controlador puede ser un inconveniente en una relación con personas que son más espontáneas, pero si su pareja es perfeccionista, a los Capricornio les resulta más fácil manejar las cosas.

Apasionados por su relación

Tardan en relajarse y sentirse libres con su pareja, pero su amor se hace patente cuando lo consiguen. Pero no se puede confundir la emoción con la pasión. Este signo nunca es emocional naturalmente. Evitan conscientemente cualquier emoción dramática y se niegan a dejar que las emociones les dominen. Puede ser frustrante para sus parejas, que normalmente tienen que rogar a los Capricornio para que compartan sus sentimientos. Pero si Capricornio está emparejado con una persona igualmente práctica, la relación puede ser muy sólida.

¿Cómo saber si un Capricornio está enamorado?

Los Capricornio rara vez tienen una personalidad coqueta. De hecho, encuentran poco atractivos los coquetos. Su enfoque del romance es mucho más tradicional, y tienen un comportamiento más autoritario. Si usted está interesado en un Capricornio, por lo general tendrá que hacer el primer movimiento. Si el Capricornio también está interesado, se lo hará saber directamente, pero si no es tan directo, hay otras formas de saber si está interesado en usted.

- Tratarán de aprovechar todas las oportunidades posibles para acercarse a usted.
- Siempre son generosos con usted.
- Hacen planes en torno a usted y cambian sus horarios en consecuencia.
- Se esfuerzan por impresionarle.
- Intentan hacerse indispensables para usted.

No todos los Capricornio son comunicativos a la hora de dejar ver su interés. Lo hacen a través de sus acciones y esperan pacientemente para ver si la otra persona también está interesada.

Fortalezas de un Capricornio en una relación

Los Capricornio saben lo que quieren y también saben cómo conseguirlo. Van por la vida a su propio ritmo controlado y se mueven paso a paso. Los Capricornio escuchan más a su cabeza que a su corazón, y esto no siempre es bueno en las relaciones. Aunque la practicidad de Capricornio no es muy emocionante, les ayuda a hacer las cosas. Son tradicionales y siguen el camino trillado. Este signo es digno de confianza y fiable. Es el signo al que se puede acudir para pedir consejo.

A los Capricornio les causa incomodidad cuando sienten que las emociones son demasiado profundas en su relación. Por eso empiezan a distanciarse un poco para evitar el apego, pero son considerados y buenos amantes a pesar de ser muy tranquilos. Se toman su tiempo para hacer el amor como lo hacen con todo lo demás.

Desafíos de un Capricornio en una relación

Un desafío que la mayoría de los Capricornio enfrentan en una relación es que les resulta difícil expresar afecto a su pareja. Creen que hay un momento y un lugar para todo, y esto se aplica también al amor. No les gustan las demostraciones de afecto en público, pero esto podría ser algo que su pareja necesita.

Los Capricornio deben ser flexibles y tener en cuenta lo que su pareja necesita para sentirse valorada. Este signo solo podrá superar todas sus inhibiciones cuando encuentre a la pareja perfecta. Necesitan a alguien que les ayude a manejar mejor las emociones y a abrirse más.

Los Capricornio también tienden a guardar rencor durante mucho tiempo, y esto es algo que ninguna de sus parejas apreciará. Deben aprender a perdonar y olvidar. El perdón es un aspecto importante de una buena relación. Si el Capricornio sigue siendo obstinado en todo y se niega a ceder en cualquier discusión, es difícil mantener una relación feliz.

Salir con un Capricornio

¿Está enamorado de un Capricornio o tiene una relación con uno? Es totalmente comprensible que alguien se sienta atraído por este signo. Tienen belleza y cerebro y son el signo más ambicioso y trabajador de la lista del zodiaco, pero los Capricornio pueden ser esquivos cuando se trata de asuntos de amor. Debe saber esto si quieres salir con un Capricornio.

Este planeta recibe su nombre del titán que intentó seguir siendo gobernante comiéndose a su descendencia, y es por ello que Saturno está vinculado a los problemas con los padres con bastante frecuencia. Pero en un tono más serio, la órbita de 29,5 años de Saturno significa la verdadera edad adulta para un Capricornio de veintitantos años. Este es el punto en el que Saturno vuelve a la misma posición en la que se encontraba en el momento del nacimiento de un Capricornio.

El retorno de Saturno es el momento en que se convierte en su verdadero yo y adquiere el control de su vida. Le da todo el amor duro que viene de la mano de la edad adulta. Pero la intensidad de Saturno le es desconocida por Capricornio. Por eso las personas de este signo se sienten obligadas a trabajar muy duro desde muy jóvenes. Piensan que deben ser responsables en todo momento de la vida. Esto les ayuda a desarrollar una gran ética de trabajo, y esto se puede ver en muchas personalidades destacadas como Michelle Obama y Greta Thunberg.

La resistencia de un Capricornio es a menudo lo que les define. El signo de la Cabra de Mar que puede navegar por tierra y agua puede superar cualquier obstáculo en su vida. Los Capricornio viven su vida con el panorama general en mente, y nunca dejan que nada, ni nadie se interponga en su camino. Para salir con este signo, tiene que recordar esto. Aunque tengan los mismos sentimientos que usted, su sentido práctico les hará elegir lo mejor para sus objetivos.

Los Capricornio son excelentes por naturaleza en las relaciones laborales, pero esto no se aplica a sus relaciones personales. Eligen a compañeros que parecen ser perfectos en lugar de tomarse el tiempo necesario para ver si realmente encajan. También utilizan sus estrategias empresariales para navegar por sus relaciones. Los Capricornio tienen una visión premeditada acerca de quién sería la pareja perfecta para ellos, y esto los deja decepcionados al final.

Alguien que tiene buen aspecto y gana bien no es necesariamente la pareja adecuada si solo se le elige con base en estas credenciales, pero Capricornio aprenderá esto por las malas. Cuando encuentran la pareja adecuada, los Capricornio pueden acceder a la verdadera intimidad emocional.

Cuando un Capricornio está en una relación, se compromete completamente. Los Capricornio no se comprometen con alguien a menos que lo hagan en serio. Cambian su horario para acomodarse a su pareja y esperan lo mismo de ella. Los Capricornio tienden a tener una conexión muy tangible y física con su pareja. En una relación, necesitan pasar tiempo de calidad juntos. Los Capricornio están muy orientados al trabajo y quieren a alguien en quien puedan confiar. Necesitan una pareja que les dé estabilidad y seguridad.

Si sale con un Capricornio, también tiene que recordar que tienen una gran capacidad de memoria. Si le dice algo una vez a un Capricornio, siempre lo recordará. Incluso si se trata de un comentario fuera de lugar, deja una profunda impresión en ellos. Esta cualidad tiene inconvenientes y aspectos positivos. Significa que son muy buenos recordando cumpleaños o aniversarios. Pero también significa que se acordarán de cualquier cosa hiriente que les diga.

Este signo de tierra tiene un nivel de exigencia muy alto y nunca está dispuesto a conformarse con menos de lo que considera lo mejor. A los Capricornio les atraen las personas ambiciosas y resistentes como ellos. También se sienten atraídos por quienes tienen habilidades de las que ellos mismos carecen. Así que, si quiere impresionar a un Capricornio, ponga sus habilidades a la vista para que se den cuenta. Les encantan los retos y aprecian lo mejor de los demás. Pero haga lo que haga, intente no defraudar nunca a un Capricornio.

No haga una promesa para romperla. No subestime lo que les dice. Incluso si tiene la intención de hacer algo, supere sus expectativas y sorpréndalos haciendo más de lo que dijo que haría.

Compatibilidad

Capricornio no es un signo muy romántico y es más conocido por ser leal, honesto y serio. Tienden a estar muy centrados en los negocios y no prestan mucha atención al placer, pero si encuentran la pareja adecuada, los Capricornio pueden ser muy devotos y dedicados a la relación.

En cuanto a la compatibilidad, hay que entender que las personas de este signo siempre tendrán en cuenta los aspectos prácticos, aunque se enamoren de alguien. Algunos dicen que la ubicación influye en las relaciones con los diferentes signos de la rueda del zodiaco. Si bien la compatibilidad de Capricornio se explica con más detalle en la siguiente sección, aprendamos un poco sobre las mejores y peores parejas para este signo.

Las mejores parejas para Capricornio

Estos signos son altamente compatibles para una pareja de Capricornio:

Tauro

Capricornio es muy adecuado para Tauro, ya que ambos tienen los pies en la tierra y son prácticos. Estos signos de tierra dan la misma importancia al bienestar material y por ello pueden entenderse. Son una pareja equilibrada con similitudes y diferencias. Sus similitudes les facilitan la relación, mientras que sus diferencias les ayudan a equilibrarse mutuamente.

Capricornio es muy trabajador y ambicioso y suele renunciar al placer por el trabajo. Tauro disfruta mucho más de la vida y a menudo puede volverse perezoso. Mientras que Tauro ayuda a Capricornio a relajarse un poco, Capricornio motiva a Tauro a trabajar más. Tauro también es experto en sacar la sensualidad de un Capricornio cuando están en una relación.

Virgo

Este es otro signo excelente para que Capricornio se empareje con él. Virgo también es un signo de tierra como Capricornio. El hecho de compartir el mismo elemento entre estos signos permite que su relación sea armoniosa. Técnicamente, la relación entre Virgo y Capricornio debería ser tan agradable como la de Tauro, pero esta pareja en particular puede tener un poco más de tensión entre ellos, ya que Virgo tiene más energía nerviosa. En una relación con Tauro, este asume un papel estabilizador para Capricornio. Pero con Virgo, Capricornio es la pareja estabilizadora.

A pesar de ello, Capricornio y Virgo pueden apoyarse mutuamente y equilibrar las cosas. Mientras que Capricornio ve el panorama general y establece objetivos a largo plazo, a Virgo se le dan mejor las tareas a corto plazo y se ocupa de los detalles. Esta pareja tiene una gran relación romántica, pero también tendrán éxito si trabajan juntos en los negocios.

Escorpio

Capricornio y Escorpio son similares en ciertos aspectos. Ambos son bastante serios y son buenos estrategas, pero a ninguno de los dos les gusta entablar conversaciones triviales y ambos priorizan el trabajo sobre el placer. Pueden parecer muy similares para alguien que mira desde fuera. En una sociedad de negocios, esta pareja puede ser bastante formidable.

Un aspecto de esta pareja es que ambos se sienten completamente cómodos el uno con el otro. Esto no se debe solo a que su relación sea estupenda; lo es, y sus diferencias solo la equilibran. El profundamente apasionado Escorpio hace buena pareja con el aparentemente insensible y pragmático Capricornio. Capricornio aporta estabilidad a la relación, mientras que Escorpio ayuda a suavizar a Capricornio.

Cáncer

Piscis tiene, técnicamente, mejor compatibilidad con Capricornio que con Cáncer, pero por naturaleza, estos signos opuestos son grandes compañeros el uno para el otro. El valor que dan a la vida familiar es una de las razones por las que esta pareja opuesta funciona bien junta. Toda la familia debe participar en la realización de las tareas del hogar, y todos deben interactuar adecuadamente con la gente fuera de su pequeño mundo. Capricornio y Cáncer simbolizan esta polaridad. Estos conceptos se conocen como Ágora y Hestia en la filosofía griega.

En la mayoría de las culturas, están ligados a roles de género específicos. Aunque está cambiando mucho en los últimos tiempos, los roles de género están muy arraigados en la sociedad tradicional. Por eso el matrimonio entre un hombre de Capricornio y una mujer de Cáncer es bastante tradicional por naturaleza. Pero para un hombre Cáncer y una mujer Capricornio, habrá una inversión natural de los roles. Este emparejamiento particular tendrá éxito solo si ambos se sienten cómodos navegando a través de las consecuencias sociales.

Las peores parejas para Capricornio

Ahora veamos los signos menos compatibles:

Leo

Una relación con un Leo será la más difícil para un Capricornio. Siempre habrá una sensación de competitividad en la relación, ya que ambos quieren ser líderes y son extremadamente diferentes entre sí. Leo es un signo de la realeza, independientemente de su estatus social o de su procedencia. Una persona de este signo siempre anhelará la admiración y la atención. Su principal motivo como líder es simplemente brillar; no solo quieren estar a cargo de hacer las cosas.

A los Capricornio les gusta ser líderes porque necesitan que las cosas se realicen. No tienen el mismo instinto que un Leo e incluso pueden encontrarlo poco atractivo. Leo, por su parte, puede encontrar a Capricornio aburrido y soso. Es raro ver una relación entre ambos, ya que rara vez se sienten atraídos el uno por el otro.

Aries

Del mismo modo, existe la cuestión de una lucha de poder con un Capricornio y un Aries, pero un Capricornio puede encontrar un Aries atractivo, a diferencia de su visión general de Leo. Hay un aspecto de cuadratura entre Aries y Capricornio que causa fricción, pero este cuadrado también conduce a una gran tensión sexual entre los dos. Cuando escucha una historia sobre dos personas que se odian al principio, pero acaban juntos, suele ser una en la que está presente esta cuadratura.

Aries y Capricornio quieren estar a cargo de la relación. A ambos signos les gusta hacer las cosas, pero tienen diferentes maneras de hacerlo. Los Aries no piensan mucho antes de lanzarse a un proyecto. Tienen mucha energía al principio del proyecto, pero rara vez pueden mantenerla a lo largo del mismo. A los Capricornio les gusta tomarse su tiempo y siempre piensan antes de hacer algo. Cuando empiezan un proyecto, quieren llevarlo a cabo. Este es el tipo de diferencias que hacen que su relación sea volátil.

Libra

Capricornio también tiene una relación de cuadratura con Libra, pero es una relación comparativamente menos volátil. Esto se debe a que a Libra le gusta evitar los conflictos en la medida de lo posible. Las parejas de estos dos signos se sentirán atraídas la una por la otra, pero también se molestarán constantemente. Un Libra no compite con un Capricornio como lo haría con un Leo o un Aries, pero no les gusta ceder el control, aunque al principio no lo parezca.

Las personas de este signo son buenas para conseguir lo que quieren sin mostrar una necesidad externa de control. Su gracia social encanta a la gente de la mayoría de los otros signos, pero esto no funciona con un Capricornio. Su aproximación indirecta solo molestará a un Capricornio, y la franqueza de este es frustrante para un Libra.

En la siguiente sección, aprenderá más sobre la compatibilidad de Capricornio con otros signos del zodiaco.

Capítulo 6: Compatibilidad de Capricornio con otros signos del zodiaco

La compatibilidad es otro detalle a tener en cuenta cuando se trata de diferentes signos del zodiaco. Esto es especialmente importante para las relaciones amorosas. Comprender la compatibilidad de un Capricornio con otros signos le ayudará de muchas maneras. Puede utilizar este conocimiento para evitar relaciones con ciertas personas cuyas personalidades y pensamientos chocarán totalmente con los suyos.

También puede servir para prever las probabilidades de que su relación con una determinada persona influya positivamente en su vida. La dinámica entre un Capricornio y cualquier otro signo del zodiaco es única a su manera. Mientras sigue leyendo, puede pensar en su relación con alguien de un determinado signo del zodiaco e inferir si le parece verdadera la información que se presenta aquí.

Capricornio y Aries

Compatibilidad sexual e intimidad

Cuando se trata de la compatibilidad sexual, las cosas son difíciles para esta combinación de signos del zodiaco. El regente de Aries es Marte, mientras que el de Capricornio es Saturno. Estos planetas suelen considerarse opuestos arquetípicos y enemigos kármicos. El contacto de Marte con Saturno puede dar lugar a muchos obstáculos objetivos y físicos para una relación sexual sana. Saturno ejercerá mucha presión sobre Marte y le restará energía.

La relación entre una pareja de Capricornio y Aries carecerá de deseo sexual. Se producirá un sentimiento de incompetencia e incluso puede causar impotencia en una o ambas partes. Una relación entre Aries y Capricornio suele ser desencadenada por una necesidad inconsciente de restricción o contención sexual, pero como en la mayoría de las cosas relacionadas con Capricornio, el individuo Aries podría, con el tiempo, lograr algún tipo de equilibrio. A pesar de las dificultades en su relación, podrían encontrar satisfacción sexual hasta cierto punto, pero en el momento en que esto ocurra, la pareja Capricornio podría perder su necesidad y energía para participar en las relaciones íntimas.

Por ello, estas relaciones tienden a terminar. La combinación de estos signos no es fácil ni ligera en absoluto y es especialmente difícil en cuestiones de intimidad. La separación es la mejor manera de que vuelvan a encontrar el equilibrio. Una pareja con esta combinación zodiacal puede sentirse atraída por el otro, pero normalmente debe mantenerse a una distancia prudencial debido a sus diferencias.

En el mejor de los casos, la pareja Capricornio puede controlar su pasión y apoyar la libido del ariano. La pareja Aries podría aprender mucho sobre su cuerpo y sus necesidades de su pareja Capricornio, pero este equilibrio rara vez se logra, y estas dos personalidades inevitablemente chocan de una manera u otra.

Confianza

Los individuos Aries y Capricornio son del tipo «todo o nada». Confiar en el otro les resultará fácil. Aunque tengan muchas dificultades y malentendidos en otros aspectos de su relación, ninguno traicionará la confianza del otro. Pero también tienden a dar por sentada esta confianza. Pueden perder de vista las cosas que deberían atesorar en su relación. Por eso, uno de los miembros de la pareja debe recordar siempre al otro las cualidades de su vínculo que deben ser apreciadas.

Comunicación e intelecto

Capricornio exalta al regente de Aries, Marte. Por eso, Capricornio y Aries deben limitarse a conversaciones sobre el trabajo, los objetivos profesionales, las actividades físicas o los logros. Aparte de estos temas, estos dos signos no tienen puntos en común. Un Capricornio rara vez permitirá que su impulsiva pareja Aries forme sus propias opiniones. No consideran que sus opiniones sean prácticas o útiles. Suelen considerar que el comportamiento de su pareja Aries es bastante inaceptable, aunque respetan la energía empleada.

Los individuos de Capricornio tienen los pies en la tierra y, por lo tanto, pueden medir las situaciones racionalmente. Esta racionalidad hace que se aferren a su opinión sobre la falta de tacto o la idiotez de Aries, lo cual puede ser extremadamente difícil de manejar para la pareja de Aries, ya que tienen una fuerte necesidad de ser respetados y de tener ciertos límites.

Aries, por otro lado, carece de paciencia con su pareja Capricornio. Le parece que solo quiere personas que sean útiles en su vida y que, por lo demás, es aburrida. También parece carecer de emociones y compasión. De una forma u otra, ambos miembros de la pareja estarán siempre mal. Estarán atrapados en una interminable batalla de egos y serán incapaces de entender lo que realmente necesitan de su pareja; pero puede ser difícil para ellos salir de esta relación, a pesar de las posibilidades de encontrar mejores relaciones en otros lugares.

Emociones

Capricornio y Aries siempre tendrán dificultades para entenderse. Al principio, ambos miembros de la pareja se verán como un objetivo fijado. Pensarán que su pareja puede cambiar y crecer si se esfuerza, pero el problema de los individuos de estos dos signos es que no tienen ningún deseo de cambiar.

A pesar de sus expectativas poco realistas del otro, se aferran a la imagen de la persona que creen que su pareja podría llegar a ser. Por eso hay una aparente falta de entendimiento entre estos individuos. Solo están enamorados de la falsa imagen de su pareja que han creado. Malgastan su energía y sus esfuerzos en perseguir el cambio que quieren ver. Existe una incapacidad emocional en la relación entre estos signos zodiacales de Saturno y Marte, pero el problema no es realmente la falta de emociones. El verdadero problema es la falta de aceptación y comprensión. Tienen su propia opinión de lo que es correcto y perfecto y son demasiado estrechos para ampliar estos horizontes conceptuales. Por eso no pueden aceptar a su pareja tal y como es, sino que quieren ver cambios.

Valores

Tanto Capricornio como Aries valoran la claridad, la honestidad y la independencia. Por eso, sus valores nunca son un problema que provoque conflictos en su relación. Cuando se trata de cómo ven a las personas fuera de su relación, suelen estar sincronizados. Pueden tener problemas en su propia relación por no compartir ciertos valores. Aunque un ariano puede valorar la resistencia y la persistencia en otra persona, no necesariamente quiere desarrollar estas cualidades para sí. Tampoco quieren ser controlados por alguien con esas características.

Del mismo modo, los Capricornio pueden valorar la concentración y la velocidad de su pareja, pero no es necesariamente algo que quieran para sí. Estas cualidades obstaculizarían su capacidad de prestar atención a los detalles o harían que sus necesidades psicológicas quedaran desatendidas.

Actividades compartidas

A los individuos de Aries les encanta levantarse temprano y hacer ejercicio, pero los Capricornio nunca podrán entender esa necesidad de correr a las cinco de la mañana. Los Capricornio, por otro lado, pueden pasar toda la noche haciendo algo aburrido, pero los Aries nunca podrán entender el valor de esta minuciosidad. Ser estudioso solo tiene valor para el individuo de Capricornio, mientras que a Aries le encantan los resultados del esfuerzo físico en su rutina.

Este último es bastante impulsivo, mientras que el primero necesita sopesar las cosas antes de actuar. Ambos tienen dificultades para comprender los valores del otro, pero ambos pueden encontrar actividades en las que podrían disfrutar participando juntos. Ambos individuos aprecian el valor de la rutina y de mantener su cuerpo en forma. Esto significa que pueden encontrar un momento del día que sea adecuado para que ambos hagan ejercicio, juntos. Para los dos miembros de la pareja sería motivador y edificante realizar este tipo de actividades juntos en el día a día. Participar en estas actividades compartidas puede ser muy útil para mejorar la relación entre ambos. También les permitiría entenderse mejor.

Una relación entre Capricornio y Aries nunca será fácil. Siempre competirán entre sí y no se sabe quién saldrá ganando. La separación es el único momento en el que encontrarán alivio, pero si permanecen juntos por terquedad, se pasarán la vida dándose cabezazos contra la pared. Su relación solo puede ser un éxito si ambos están dispuestos a respetarse incondicionalmente y dejan de intentar cambiar lo que no les gusta. Si deciden prestar atención a lo bueno de su pareja en lugar de resaltar sus defectos, podrán complementarse de verdad. Por desgracia, sus regentes tienen una naturaleza maléfica que impedirá esta relación de aceptación positiva. Si las personas con esta combinación zodiacal se juntan alguna vez, deberán hacer lo posible por dejar que su pareja viva como le gusta y aceptar sus diferencias.

Capricornio y Tauro

Compatibilidad sexual e intimidad

Cuando se trata de relaciones sexuales, Capricornio y Tauro pueden ser bastante frígidos. Por eso son la pareja perfecta. Cuando se asocian con otros signos, les cuesta abrirse. Por eso sienten la necesidad de experimentar más. En este tipo de relaciones, los Capricornio se muestran ingeniosos en el sexo, pero cuando un Capricornio se asocia con un Tauro, son capaces de relajarse más. Esta pareja puede llegar a conocerse mejor y por lo tanto puede encontrar la comodidad en su relación.

Capricornio no sentirá que tiene que hacer un esfuerzo extra, y Tauro dejará de temer las posibilidades de salir herido. La identificación del origen del problema en esta relación íntima radica en la comprensión de la luna. Tauro exalta la luna mientras que a Capricornio no le gusta. Si la pareja Capricornio tiene problemas de confianza o no se enamora profundamente del Tauro, puede impedir una conexión emocional entre ellos. Este problema se intensificará aún más porque los Tauro tienen la necesidad de ser amados de manera incondicional. Esto puede ahuyentar a su amante Capricornio.

La brecha entre los individuos de esta combinación zodiacal se debe a sus diferentes enfoques del amor y los instintos sexuales. Capricornio apoya a Marte y prefiere la fuerza física con iniciativa. A Tauro le cuesta entender a Marte y no le gusta la agresividad ni la iniciativa. Esto puede causar una falta de emociones para el Capricornio en su vida sexual y conducirá a la frustración para el Tauro. Incluso puede causar impotencia y llevar a la falta de deseo en su relación. Si no se aferran a la intimidad en sus relaciones sexuales, puede causar problemas para esta combinación de signos.

Confianza

Los individuos Capricornio nunca se entregan a la mentira ni la toleran de los demás. Consideran que las mentiras son innecesarias, pero no las juzgan. Cuando un Capricornio miente, suele ser solo para ver si la otra persona puede captar su mentira, pero en las relaciones, los Capricornio prefieren la honestidad total. Quieren que las cosas sean verdaderas y limpias con su pareja. Esto es algo que su pareja Tauro puede sentir, y les permite sentirse seguros en la relación.

Mientras que un Tauro a veces puede sentir la necesidad de mentir a su pareja para ocultar ciertas cosas, no es el caso cuando se asocian con un Capricornio. Venus rige el signo de Tauro y está exaltado en Piscis. Por eso entienden que el secreto es importante en las relaciones. Pero cuando están con un Capricornio, pueden ser fieles a su amor y tener una buena relación durante mucho tiempo.

Comunicación e intelecto

Capricornio y Tauro son diferentes por naturaleza, pero son capaces de entenderse bastante bien. También alientan a su pareja a crecer en la forma que necesitan. Mientras que las diferencias pueden causar problemas para algunas combinaciones, aquí los hace la pareja perfecta. Tauro y Capricornio se complementan de forma sutil, pero agradable.

Tauro está dotado de un profundo conocimiento de la luna, algo de lo que carece Capricornio. El temor a las emociones puede hacer que se descuiden las necesidades emocionales. Tauro se encarga de enseñar a su pareja Capricornio la importancia de ser amable con uno mismo. Capricornio contribuye a la relación enseñando a Tauro sobre la responsabilidad y el trabajo hacia los objetivos sin distraerse por las emociones.

La comprensión no siempre es fácil para esta pareja, pero puede superarse con compasión y empatía. Si se esfuerzan un poco, esta pareja puede apoyarse mutuamente mejor que cualquier otra combinación de signos. Ambos son signos de tierra, y si reconcilian sus diferencias, pueden crear magia juntos.

Emociones

Estos dos signos del zodiaco tienden a ser precavidos en cuestiones de amor. Por eso no se puede decir con certeza si pueden encontrar la plenitud emocional juntos. Si comienzan una relación, deberán superar este patrón. El Tauro puede sentir que no hay una buena conexión emocional en esta relación, pero será lo contrario para el Capricornio, que apreciará a su amante Tauro.

Cuando el Tauro pueda profundizar lo suficiente y llegar al núcleo emocional del Capricornio, experimentarán una satisfacción inconmensurable. En este punto, ninguno de los dos querrá separarse nunca más. El Capricornio sentirá que su corazón ha sido finalmente alcanzado, y hará todo lo posible para no dejar ir a su pareja Tauro.

Valores

Ambos signos valoran el mundo material y pueden llegar lejos juntos. A los Capricornio se les da bien liderar el camino hacia el éxito y alcanzar la seguridad financiera. A Tauro se le da bien motivar y crear. Independientemente de sus objetivos, juntos les resultará fácil alcanzarlos. El único inconveniente son sus visiones de la familia y las emociones. Las diferentes facetas de las personalidades deben observarse como complementarias y no destructivas. Esto les permitirá coexistir pacíficamente.

Actividades compartidas

Los Capricornio parecen no parar de trabajar, mientras que los Tauro pueden parecer perezosos. Capricornio necesita descansar más que cualquier otro signo del zodiaco. Como son muy ambiciosos, tienden a agotar sus reservas de energía, y Tauro les ayuda a restablecerla. Ayudan a su pareja Capricornio a comer y vivir bien al tomarse un descanso del trabajo. La naturaleza esforzada de la pareja Capricornio también puede ser motivadora para los Tauro. Les ayuda a superar su tendencia a la pereza y a trabajar para crear algo. Juntos, esta pareja puede lograr mucho. Solo tienen que encontrar un equilibrio entre el trabajo y el descanso.

La relación entre un Capricornio y un Tauro puede ser muy profunda y casi inalcanzable para otros signos en términos de poder creativo. Son complementarios de una manera tranquila. Mientras que otros pueden considerarlos aburridos, ellos viven juntos una vida emocionante lejos de los ojos del mundo exterior. La pareja Tauro puede motivar al Capricornio para que persevere, mientras que este puede enseñar al Tauro a conseguir lo que quiere. Pueden trabajar duro y formar una familia feliz juntos. Esta asociación puede causar un vínculo inquebrantable, especialmente si pueden conectarse emocionalmente.

Capricornio y Géminis

Compatibilidad sexual e intimidad

Según Capricornio, el sexo no requiere muchas palabras. Pero a un Géminis le gusta explicar cada posición y tiene conocimientos del *Kamasutra*. A este último también le gusta el sexo al aire libre. Cuando estas dos personas se juntan, a veces puede ser insoportable verlas. Sus filosofías sexuales difieren completamente entre sí, y esto dificulta la acción.

Si quiere que un Capricornio experimente con su vida sexual, tiene que trabajar para abrir su mente y conseguir que se relaje. Para el Capricornio, estar con un Géminis es como cuidar a un niño que sin duda causará problemas. Esto es lo que le parece al Capricornio, aunque no siempre sea cierto. Mientras que los Géminis no se lo piensan dos veces antes de entregarse a las actividades sexuales en cualquier lugar y momento, el Capricornio tradicional se siente mucho más responsable de sus actos.

Los Capricornio y los Géminis rara vez se sienten atraídos el uno por el otro, pero las relaciones sexuales siempre son posibles. Cuando ocurre, Géminis siempre encontrará al Capricornio demasiado rígido y poco creativo. El Capricornio encontrará al Géminis demasiado poco convencional. La relación entre estos dos signos es divertida porque ambos se encuentran aburridos. Mientras que la mayoría de la gente encuentra a los Géminis divertidos e interesantes, su falta de emociones profundas y de concentración es un factor de rechazo para los Capricornio. Por eso es mejor evitar las relaciones sexuales entre ambos. Si se da el caso, tendrán que establecer muchos límites y ser creativos para que funcione.

Confianza

Normalmente, no es fácil engañar a un Capricornio. Los Géminis suelen ser bastante coquetos y encuentran aceptable participar en lo que consideran un adulterio ligero, pero los Capricornio, que nunca se entregan al adulterio, no comparten este punto de vista. Necesitan poder confiar plenamente en su pareja y necesitan límites claros sobre lo que está bien y lo que está mal. Confiarán en su pareja Géminis debido a la profunda confianza que otorgan a su pareja de todas formas, pero solo confiarán en su propia interpretación de la verdad.

Los Géminis no se plantean mucho sus habilidades, mientras que los Capricornio siempre van un paso más allá. Por eso es fácil para los Capricornio leer a un Géminis. Pueden saber fácilmente cuando el Géminis está mintiendo o descubrir lo que han estado haciendo. En cambio, a Géminis le resultará muy difícil leer a un Capricornio o pillarlo en una mentira porque confía plenamente en él.

Comunicación e intelecto

A Géminis se le da muy bien comunicarse con los demás. Pueden resolver todo tipo de asuntos hablando con la gente, pero esta habilidad de un Géminis tiene poco valor para un Capricornio. Piensan que la mayoría de las cosas de las que habla el Géminis carecen de importancia, pero estos compañeros pueden seguir teniendo conversaciones, ya que los Géminis tienen su lado serio que resuena con la personalidad de un Capricornio.

Aunque Capricornio es el tipo de signo más difícil y estricto para tratar, Géminis comparte cosas en común. Lo mejor de los Géminis es que parecen ser capaces de hablar de todo lo que hay bajo el sol. Si un tema determinado les aburre, encontrarán otra cosa de la que hablar. Los Capricornio prefieren hablar de cosas que tienen un significado más profundo. Buscan el significado oculto de las cosas y admiran a los que saben descubrirlo. No se centran tanto en los detalles como un Virgo, pero aun así pueden pasarse la vida analizando esas cosas.

A los Capricornio les gusta averiguar la lógica que hay detrás de las cosas más pequeñas, y Géminis puede darles toda una lista de esas cosas para analizar. Mientras haya respeto mutuo y los dos individuos no juzguen al otro como alguien aburrido o estúpido, la relación puede ayudarles a entender mejor el mundo.

Géminis puede beneficiarse de la naturaleza segura y estable de un Capricornio que le enseñará a organizar mejor sus pensamientos y acciones. Un Capricornio ayudará a un Géminis a dar un paso adelante en sus pensamientos y a mejorar la gestión de su tiempo. Los Capricornio pueden beneficiarse del enfoque infantil que Géminis tiene hacia la vida. El Capricornio serio puede aprender esta cualidad de un Géminis para ayudarle a vivir una vida más feliz.

Emociones

Ambos signos no son muy emocionales, ya que Saturno y Mercurio los rigen. El verdadero problema es que estos signos no despiertan emociones entre sí. Cuando se juntan, parecen ser inmunes al encanto del otro, pero si estos signos se asocian con cualquier otro signo que no sea demasiado emocional, se sentirán despiertos. Es muy poco lo que une a un Capricornio con un Géminis. La principal conexión emocional entre ellos radica en los pensamientos oscuros de Géminis y la distancia emocional que tiene un Capricornio.

Valores

Cualquier información, independientemente de su forma, es valiosa para un Géminis. Aprecian la capacidad de una persona para ser creativa con sus manos, para hablar con elocuencia, e incluso cómo alguien pone en práctica sus diversas ideas. Para un Capricornio, las cosas que tienen valor son la puntualidad, la estabilidad y la honestidad. La independencia de estos signos es atractiva para ambos, pero no hay mucho más que coincida en su mundo.

Actividades compartidas

Los motivos de un Géminis y un Capricornio difieren enormemente. Los Capricornio aprecian las cosas útiles. Por eso solo les gusta participar en actividades que sean útiles de alguna manera. No disfrutan de un paseo solo porque sí. Pero si eso significa que van a vivir más saludablemente o si les permite llegar a un destino específico, pueden caminar kilómetros.

Un Géminis puede caminar sin un propósito. No necesitan saber dónde pueden acabar. Son espontáneos y no necesitan seguir un camino. Pueden salir a comprar comida y acabar en el cine. Mientras que a Capricornio le gusta la dedicación y la rutina, a Géminis le encanta aprender cosas nuevas. Aquí es donde ambos tienen una conexión en la resolución de problemas y el aprendizaje constructivo. A pesar de esto, suelen caminar en direcciones diferentes en la vida.

Emparejar a un Capricornio con un Géminis daría lugar a una combinación extraña. Ambos desean las cualidades que el otro posee, pero no logran reconocerlas en su pareja cuando están juntos. Géminis busca una persona que le mantenga con los pies en la tierra y le aporte profundidad a su vida. Un Capricornio puede hacer esto, pero el Géminis solo lo verá como alguien aburrido e inamovible. Los Capricornio buscan a alguien que les ayude a relajarse un poco y a encontrar la alegría en la vida.

Los Géminis pueden hacer esto, pero parecen superficiales e incontrolables para el Capricornio. Si superan sus inhibiciones y prejuicios, esta asociación podría ser valiosa para ambos. Sus diferencias pueden ayudarles a aprender mucho el uno del otro. Puede permitirles alcanzar cualquier objetivo que se propongan. Pero esto solo es posible si se abren completamente y aprenden a reconocer lo bueno del otro.

Capricornio y Cáncer

Compatibilidad sexual e intimidad

Capricornio y Cáncer son un caso de signos opuestos que traen consigo una fuerte atracción. Sus pasiones se despiertan cuando se juntan y pueden ser los amantes perfectos el uno para el otro. Cáncer necesita la paciencia que tiene un Capricornio, ya que le permite relajarse y sentirse sexy. Los Capricornio aprecian el hecho de que Cáncer no se tome las relaciones sexuales a la ligera y actúe con fidelidad a sus emociones.

Las personas Capricornio pueden haber tenido muchas parejas a lo largo de los años, pero solo se quedan con alguien que es emocional y orientado hacia la familia. La intimidad que le falta a Capricornio es exactamente lo que aporta Cáncer. Al signo de Capricornio le falta hogar, amor y calor. Cáncer puede ser muy compasivo y curar a Capricornio. Esto permite a Cáncer descongelar el frío estado emocional de Capricornio y así mejorar sus relaciones sexuales e íntimas.

Confianza

Los Capricornio son dignos de confianza, pero no son muy confiados. Su forma de pensar está influenciada por el signo Piscis en su tercera casa, y tienden a entrar en pánico cuando se trata de relaciones íntimas. Cuando se involucran con alguien, saben que la pareja tiene necesidad de confianza, y lo demuestran para apaciguarla, pero solo confían verdaderamente en su pareja después de un cierto período de consistencia o si otras personas corroboran sus historias.

La relación de un Capricornio con Cáncer funciona porque Cáncer rara vez tiene secretos feos que ocultar. La exaltación de Júpiter en Cáncer hace que tengan altos valores morales. Si los Capricornio pueden mostrar su devoción a Cáncer, este confiará plenamente en ellos. Pero son sensibles al hecho de que Capricornio no es tan confiado. A pesar de ello, optan por ser comprensivos y fingir que no son conscientes de ello. La dificultad que tiene Capricornio con los problemas de confianza es entrañable para Cáncer en lugar de ser repulsiva.

Comunicación e intelecto

El factor más extraño que Cáncer y Capricornio tienen en común es la genética. Obviamente, esto no debe tomarse al pie de la letra. Solo significa que tienen la misma imagen de las relaciones que tenían sus antepasados hace siglos. Se cree que nuestros cuerpos emocionales tienen información almacenada sobre las emociones que nuestros antepasados sentían, pero no podían actuar o entender. Capricornio y Cáncer conectan en este punto. Cuando se encuentran, se sienten como si fueran amigos o amantes perdidos hace tiempo y no solo dos personas que se acaban de conocer. Sienten un afecto mutuo instantáneo que es cálido y familiar.

Incluso si sus circunstancias fueron completamente diferentes mientras crecían, pueden sentirse como si hubieran compartido su infancia. Esta sensación de familiaridad ayuda a estos signos a conectar y a hablar de todo lo posible. Hay una cercanía inexplicable entre un Capricornio y un Cáncer, pero es aún más inexplicable cómo ese lazo emocional se manifiesta al principio.

Capricornio es cauteloso, y desde la perspectiva de Cáncer, esto puede ser difícil de abordar. A menos que puedan conectar en un nivel profundo, estos compañeros parecerán tener objetivos opuestos en la vida. Cáncer puede ser mucho más necesitado o pegajoso, mientras que Capricornio es más independiente y orientado a la carrera. Esto es así independientemente del sexo de ambos signos. Si se centran en esta diferencia y se ven de forma negativa, no podrán ser felices juntos. Pero si lo superan y se acercan el uno al otro, estarán completos.

Emociones

La historia de amor entre Cáncer y Capricornio es una historia insatisfecha que dejaron sus antepasados. Esto puede dar lugar a emociones muy fuertes entre ambos y parecer un sueño hecho realidad, pero hay que pagar una deuda kármica antes de que esta pareja pueda encontrar la felicidad junta. Estos dos signos representan el eje de exaltación de Júpiter. Sus expectativas respecto a la relación y al otro están estrechamente ligadas a sus estados emocionales.

Capricornio se considera uno de los signos menos emocionales, mientras que Cáncer se considera un signo muy emocional. Uno debería centrarse en la carrera profesional mientras que el otro debería centrarse en la familia, pero cuando estos dos signos se miran, sus emociones tienden a desbordarse. Sus diferencias primarias pueden dificultar su unión, pero esta pareja crea una relación estable y segura con el tiempo. Es difícil llegar a la profundidad emocional de un Capricornio, pero un Cáncer puede tomar esto como un desafío.

Si un Cáncer se empareja con un Capricornio, suelen llegar al matrimonio y a formar una familia juntos, pero este amor terrenal solo termina bien si se aceptan mutuamente tal y como son. Tratar de cambiar a su pareja solo causará problemas en la relación. Pueden tener un futuro mucho mejor juntos si evitan esto, y si no, solo se cansarán mutuamente.

Valores

Ambos signos valoran el sentido práctico y la estabilidad. Son signos opuestos, pero sus valores son bastante similares. Tanto Cáncer como Capricornio buscan estabilidad en su vida. Quieren una pareja que les proporcione una sensación de seguridad. Esto hará que estos signos se valoren mutuamente. Apreciarán que ambos nunca se rinden ni abandonan, aunque las cosas se pongan difíciles.

Actividades compartidas

Cuando se trata de Cáncer, no tienen preferencias por lo que hace su pareja. Estarán contentos de dejar que el Capricornio pase su tiempo como quiera si no se lo impone al Cáncer también. Capricornio es mucho más específico en cuanto a la forma de pasar el tiempo y planifica las actividades con antelación.

La planificación anticipada da a ambos miembros de la pareja la posibilidad de cambiar de opinión y decidir otra cosa si de repente se dan cuenta de que no quieren hacer algo. Mientras esta pareja muestre respeto por la personalidad del otro, no tendrán problemas para ponerse de acuerdo. Cáncer rara vez estará dispuesto a sacrificar sus horas de sueño por el trabajo, y Capricornio no irá de compras para adquirir artículos de decoración. Tienen que encontrar actividades que ambos disfruten. Si respetan estos límites, el tiempo que pasen juntos puede ser satisfactorio.

La necesidad profundamente arraigada en Capricornio y Cáncer de reparar la relación rota de sus antepasados les permite revivir una antigua historia de amor. Estos signos solares pueden manejar perfectamente cualquier deuda kármica que deba ser resuelta. Cuando lo hagan, podrán elegir al otro como su pareja de por vida. Cuando esta pareja del zodiaco se une, hay una alta probabilidad de que terminen juntos.

Capricornio y Leo

Compatibilidad sexual e intimidad

Capricornio y Leo tienen una profunda conciencia de sí mismos. Esta es la única cosa que estos signos tienen en común. Es mucho más probable que un Capricornio encuentre atractivo a un Leo que al revés. Es raro ver que un Leo se sienta atraído por un Capricornio. Incluso si desarrollan relaciones sexuales, esta pareja rara vez tiene futuro. La mayoría de los Capricornio son prácticos y de mente fría. Leo, en cambio, es apasionado y cálido.

No es que Leo sea completamente impráctico o que Capricornio no pueda ser apasionado. Sin embargo, estos signos no hallarán ningún punto en común. La historia de los regentes de estos dos signos es la de los egos caídos, y representan un conflicto arquetípico en el zodíaco. Podría dañar su autoestima y hacerles dudar de su atractivo y belleza. Esto puede deberse a que Capricornio teme la libertad de expresión sexual que posee Leo, lo que provoca inseguridad en ambos. Estos signos rara vez pueden satisfacer las expectativas del otro.

La vida sexual de esta pareja puede llegar a ser bastante aburrida. Sin embargo, no se dan cuenta de que son similares. Para que tengan relaciones sexuales sanas, necesitan probar cosas nuevas y ser cálidos el uno con el otro. Si caen en la rutina, permanecen en ella durante mucho tiempo. Esto provoca una falta de confianza y una pérdida de libido en ambos miembros de la pareja. Al final, no hay deseo sexual en ninguno de los dos.

Confianza

Neptuno tiene su detrimento en el signo de Leo, y Capricornio lo sabe. Por eso pueden ver claramente detrás de cualquier acto de Leo. La pareja Leo se cuestiona su propia personalidad y sus motivos cuando ve la profundidad a la que llega su pareja. Cualquier mentira que se diga en esta relación se devolverá enseguida, por lo que es inútil consentirlas. La luz de Leo brilla en la oscuridad de Capricornio. No hay nada que esta pareja pueda ocultar al otro. Si alguno de los dos trata de mentir o de ser reservado, se genera desconfianza. Sin embargo, esta pareja suele optar por confiar en el otro en cualquier situación porque no tiene motivos para no hacerlo.

Comunicación e intelecto

Capricornio y Leo tienen sus propias prioridades en la vida. Tienen personalidades muy diferentes y no les resulta fácil unirse. A menudo pierden mucho tiempo intentando demostrar que tienen razón en cualquier situación o discusión. No entienden que tienen su propio papel y misión que cumplir en la vida.

En lugar de intentar cambiar las prioridades de su pareja, deberían centrarse en las suyas. En realidad, es mejor que ambos tengan sus propios objetivos de vida por separado. Solo tienen que intentar aceptar las diferencias que tienen y respetarse mutuamente. Si hacen esto, su relación puede ser plena y satisfactoria. Capricornio puede ayudar a Leo a dar profundidad a su vida y encontrar más sentido. Leo puede ayudar a Capricornio a tener una visión más creativa y a ser más positivo en la vida. Si estos signos pueden hacer uso de las habilidades del otro, pueden lograr cualquier plan.

Emociones

Capricornio y Leo pueden tener una relación emocional difícil. Esto no se debe a la falta de amor entre los dos. Es más, por el hecho de que se aman. Leo tiene emociones cálidas que pueden ser enfriadas y enterradas fácilmente. Si no pueden expresar su amor, pueden deprimirse. Los Capricornio necesitan más tiempo para sus emociones, pero las ardientes emociones de Leo pueden interrumpirles. Esto puede hacer que el Capricornio sienta que su pareja Leo no es adecuada para él, aunque le encuentre atractiva o inteligente.

La forma en que estos dos signos construyen sus emociones es un problema para la relación. Tener tiempo y paciencia es crucial para que la relación funcione. Sin embargo, Leo no posee estas cualidades, mientras que son el fuerte de Capricornio. Sin paciencia, es imposible llegar al corazón de un Capricornio. Se toman su tiempo para llegar a alguien y expresar sus emociones. Si alguno de estos signos, o ambos, han tenido relaciones difíciles en el pasado, es aún menos probable que se enamoren el uno del otro.

Valores

Ambos signos aprecian los planes, la organización y la presentación. Capricornio es mucho más capaz de hacer planes y establecer objetivos que Leo. Leo valora esto de Capricornio, ya que ellos tienden a ir con la corriente en la mayoría de las situaciones. Sin embargo, los Capricornio buscan una pareja con un centro emocional tranquilo y sensible, pero no lo encuentran en un Leo. Esto solo ocurre en determinados casos. Leo prefiere a las personas abiertas, directas y libres con sus sonrisas. Si juzgan que el Capricornio no tiene estas cualidades, no hay futuro para ellos como pareja.

Actividades compartidas

Las prioridades de los miembros de la pareja determinarán las actividades en las que quieren participar. Cuando un Capricornio quiere sentirse con energía y vigor, participará en cualquier cosa que elija Leo. El Leo estará dispuesto a participar en las actividades que elija el Capricornio solo cuando quiera sentar cabeza. El momento oportuno es muy importante en esta relación. Si falta, ambos se resistirán obstinadamente a hacer lo que el otro quiere.

Si Leo y Capricornio se encuentran en el momento adecuado, pueden llevarse bien. Sin embargo, si comparten diferentes prioridades en la vida, puede ser un problema para su relación. Si Saturno puede reconciliarse con el Sol, puede encontrar muchos beneficios. Sin embargo, es más fácil decirlo que hacerlo. Capricornio puede proporcionar más estructura a la vida de Leo, mientras que Leo puede ayudar a inspirar la creatividad de Capricornio. Incluso si su relación no termina bien, esto podría ayudarles a lograr lo que quieren en sus vidas. Estos signos son muy diferentes, pero es imposible impedir que lo logren si tienen un objetivo común.

Capricornio y Virgo

Compatibilidad sexual e intimidad

Si Capricornio y Virgo no fueran estrictos y rígidos en lo que respecta al sexo, podrían tener una gran conexión sexual. Su relación siempre parece carecer de un cierto grado de emoción pura. Sin embargo, no es que les falte comprensión o paciencia el uno con el otro; rara vez hay actividad sexual en esta pareja porque tienen más razones para no hacerlo que para hacerlo. Sin embargo, si alcanzan alguna sincronización, la belleza de su intimidad sexual demuestra el tipo de profundidad de la que son capaces ambos signos. Esto se manifiesta en forma de emociones profundas que expresan durante el coito.

Ambos signos buscan una pareja que se tome el sexo como un acto serio, no como algo superficial, y que crea que debe ser apreciado. Este es un punto en común para Virgo y Capricornio. Ambos miembros de la pareja también tienden a ser un poco tímidos, y esto puede crear más atracción entre ellos. Sin embargo, esto solo es posible si se encuentran en un punto central. Si su pareja es respetuosa y fiable, Virgo siempre está dispuesto a probar cosas nuevas y a aportar emoción a su vida sexual. Capricornio es un gran complemento para ellos solo si ambos se abren un poco más al principio de su relación.

Confianza

Capricornio es un signo digno de confianza, y esto es algo que la mayoría de los otros signos reconocen. Este signo de tierra es confiable, honesto y nunca engaña a los demás. Virgo tiende a ser un signo en el que se puede confiar también, pero pueden ser infieles si no tienen fe en su pareja. Si siente que puede confiar en su pareja, Virgo no puede contener sus emociones ni ser vengativo. Sin embargo, los Capricornio pueden sacar lo mejor de su pareja y ayudarles a mantenerse en una relación fiel. Puede llevar algún tiempo que ambos signos se acostumbren el uno al otro y construyan la confianza. Sin embargo, cuando lo hagan, ninguno de los dos romperá la confianza de su pareja y será sagrada su relación.

Comunicación e intelecto

Las conversaciones de Virgo y Capricornio pueden parecer muy aburridas para los espectadores de los signos de fuego o aire. Otros signos del zodiaco rara vez pueden soportar el flujo de la conversación entre dos signos de tierra. Sin embargo, para estos dos signos es una experiencia completamente agradable. Ambos tienen pensamientos profundos que pueden compartir y discutir entre ellos. Ver una profundidad mental similar en su pareja es increíblemente emocionante tanto para Capricornio como para Virgo. Les gusta intercambiar datos informativos e interesantes y disfrutar de un debate respetuoso entre ellos. Encuentran en su pareja al adversario perfecto. Estos signos pueden llevar una conversación de forma satisfactoria.

Capricornio es bueno para decidir cuándo se resuelve un debate, mientras que Virgo tiende a decidir el siguiente tema de conversación. Tienen un sistema perfecto a su favor. Es como si los engranajes encajaran bien y funcionaran sin problemas. Sus conversaciones intelectuales son lo que más les apasiona. Les resulta muy estimulante y los mantiene felices juntos. Su capacidad de comunicación es muy buena y saben que siempre pueden hablar. Si hay un problema, saben que pueden resolverlo.

Emociones

Virgo y Capricornio no suelen ser individuos emocionales. Capricornio es el signo del detrimento de la luna, mientras que Virgo, el de Venus. Ambos signos tienen sus propios problemas emocionales. Sin embargo, sus problemas difieren entre sí, y esto les permite comprender y ayudar a su pareja. Al igual que la confianza entre ellos, tomará tiempo para que sus emociones se desarrollen hacia el otro.

El tiempo es esencial en esta relación. Ambos miembros de la pareja se sentirán mucho más seguros de sí mismos a medida que la pasión entre ellos aumente lenta y constantemente. Cuando tienen confianza, se sienten mucho más liberados con su pareja. Están abiertos a experimentar tanto en su vida sexual como en otras cosas. Esto añade calidez a su relación. Esta pareja se toma su tiempo para comprender y descubrir lentamente nuevas cosas sobre el otro. A medida que van quitando las capas de su pareja, se dan cuenta de cosas que antes no veían. Se convierte en un proceso fascinante para ellos y es un aspecto increíble de su relación.

Valores

Los Capricornio y los Virgo aprecian la calma, la frialdad y la tranquilidad. Por muy complicada o difícil que sea una situación, prefieren afrontarla de forma racional. Dado que ambos signos son capaces de hacerlo, se aportan paz mutuamente. Además, valoran la profundidad que tiene su pareja y agradecen no tener que pretender ser superficiales como con los demás.

Estos dos signos son muy prácticos y tienen los pies en la tierra. Les gustan las decisiones racionales y acertadas con respecto a las finanzas. Sin embargo, la diferencia entre ellos es que Capricornio llegará a extremos para lograr sus objetivos mientras que un Virgo no lo hará. A veces, ver hasta dónde llega un Capricornio puede ser demasiado para el Virgo. A Capricornio también le costará entender la falta de motivación y competitividad de un Virgo.

Actividades compartidas

Virgo se centra más en avanzar en la vida, mientras que Capricornio se centra en ascender. Aquí es donde estos dos signos de tierra difieren entre sí. Tendrán la misma energía para seguir hacia donde va su pareja, pero rara vez coinciden en el destino. Esto se aplica también a las actividades que realizan juntos. Es importante para estos signos encontrar actividades que les ayuden a sentirse positivos.

Necesitan una rutina para mantenerse felices en la vida. Si no es así, Virgo puede hacer a veces demasiados sacrificios y acabar deprimiéndose. Capricornio no siempre está dispuesto a asumir la responsabilidad de lo que hace su pareja y es menos probable que caiga en la depresión.

Dado que tanto Capricornio como Virgo pertenecen al elemento tierra, pueden caminar al mismo ritmo. Mientras que otros signos pueden sentir que esta pareja se mueve con demasiada lentitud, Virgo y Capricornio van exactamente igual. Se toman su tiempo para construir su relación con amor, confianza y respeto mutuo. Si se dan un poco de tiempo, pueden encontrar la pareja perfecta en el otro. También saben escuchar las necesidades de su pareja y están dispuestos a satisfacer sus expectativas. Como no son emocionales, su relación puede llegar a ser demasiado rígida. Sin embargo, este obstáculo puede ser superado con el tiempo a medida que crecen y pasan su vida juntos.

Capricornio y Libra

Compatibilidad sexual e intimidad

La espera es el primer término en la relación sexual entre un Capricornio y un Libra. Es similar a la de una esposa que espera el regreso de su marido en un barco después de años en el mar. Tanto Libra como Capricornio consideran el sexo como un aspecto importante de sus vidas. Sin embargo, estos signos regidos por Saturno y Venus pueden tener muy poca actividad sexual en pareja.

Al principio, puede haber una completa falta de atracción entre ellos. Cuando forman una relación, descubren la falta de química sexual en su relación. Aunque la falta de atracción no sea una preocupación para estos signos, siempre habrá algo que se interponga entre ellos. Esta pareja tendrá que lidiar con muchos factores fuera de su control. Normalmente se sentirán demasiado presionados en la relación, lo que podría afectar negativamente su autoestima. Sin embargo, la exaltación de Saturno en el signo de Libra podría crear un entendimiento entre ambos. Ayudará a la pareja a comprender la importancia del buen momento. También evitará que cometan errores por tener expectativas poco realistas.

Si Libra y Capricornio logran superar todos los demás obstáculos para formar un vínculo, sus relaciones sexuales podrán ser rutinarias y conservadoras. Solo encontrarán satisfacción si ambos signos se desprenden de cualquier regla y premisa estricta.

Confianza

Esta improbable pareja tiene una cantidad extrañamente alta de confianza en el otro. Mientras que Libra puede tener motivos cuestionables en ocasiones, su pareja Capricornio le hará sentirse culpable ante el más mínimo indicio de mentira. Sin embargo, si la pareja Capricornio es demasiado estricta al principio de la relación, Libra se sentirá juzgado e inadecuado. Esto podría llevar a la deshonestidad en la relación, incluso si no hay nada que ocultar. Los Libra simplemente son reservados porque quieren proteger su intimidad y a sí mismos.

Comunicación e intelecto

Libra no suele ser un signo muy obstinado. Sin embargo, cuando está emparejado con un Capricornio, de repente se vuelve imposible hablar con él y es muy testarudo. Debido a la exaltación de Saturno, Libra amará mucho a Capricornio. Sin embargo, expresan este amor de forma inusual y parecen hablar por despecho la mayor parte del tiempo. Esto puede llevar a una batalla interminable entre los dos, sin que ninguno salga ganando. Estos dos signos no dejan de levantar muros, aunque no sepan por qué sienten la necesidad de hacerlo. Los elementos a los que pertenecen estos signos pueden suponer un obstáculo para su entendimiento mutuo.

La Tierra y el Aire están muy alejados, y estos compañeros no pueden acercarse el uno al otro. Sea cual sea el tema, no consiguen entenderse. Sin embargo, ambos signos tienen cierta prudencia que les permite mantener conversaciones interesantes y motivarse mutuamente.

Mientras sigan siendo racionales, pueden disfrutar de cosas con el otro donde la mayoría de los otros signos no encontrarían alegría. Tanto Libra como Capricornio encuentran una inmensa satisfacción en resolver un problema serio. Hacer esto juntos es posible si Libra utiliza sus palabras y Capricornio actúa en consecuencia. Sus egos estarían en lo más alto si pueden esforzarse por encontrar una solución juntos.

Emociones

La forma en que un Capricornio y un Libra abordan sus sentimientos es un punto difícil de conciliar para ellos. Las emociones son naturales para los Libra, ya que Venus los rige. Sin embargo, también son serios por naturaleza y tienden a contener sus emociones porque temen ser juzgados por los demás. Capricornio será la fuerza juzgadora que puede frenar a Libra. Esto también alimenta el ego de los Capricornio y les hace sentir que siempre tienen la razón. Esto los aleja aún más del punto en el que pueden conocer a su pareja.

Para que un Libra y un Capricornio hagan que funcione, tienen que demostrar que se aman y se respetan mutuamente. Como Capricornio no es muy emocional por naturaleza, es difícil para la mayoría de los signos llegar a ellos. Sin embargo, para un Libra, esta tarea es más difícil que para otros. Libra retrocederá en cuanto Capricornio subestime sus emociones. Encontrar un punto central en el que ambos muestren absoluta aceptación y respeto por el otro es esencial para que esta relación funcione. Tienen que permitirse llorar, enfadarse, romper cosas o incluso montar escenas en público si eso les ayuda a ser más expresivos.

Valores

Asumir la responsabilidad y valorar el tiempo es importante tanto para Libra como para Capricornio. Estos valores compartidos les ayudan a superar sus personalidades opuestas y cualquier diferencia. Saben que tienen ciertas responsabilidades hacia el otro y las cumplirán. Al ser signos de tierra y de aire, son de costumbres fijas. Son muy diferentes en su forma de hablar y en lo que hacen. Libra considera que su mente tiene un gran valor, y a Capricornio no le importan las palabras si no ve resultados. Estar con un Capricornio puede ayudar a Libra a poner sus palabras en acción. Sin embargo, la relación romántica entre ambos no será agradable para ninguno de los dos.

Actividades compartidas

Ser aburridos para los demás es lo mejor que estos signos pueden hacer juntos. Es probable que su relación les haga trabajar mucho sin ser creativos, y cuando descansan, son perezosos. Es importante que creen una rutina que les permita salir juntos y hacer cosas divertidas. Si no es así, su pasión por el otro morirá.

La mejor manera de describir una posible relación entre Capricornio y Libra es decir que es difícil. Pueden disfrutar de todos los problemas que conlleva su acoplamiento e incluso permanecer juntos durante mucho tiempo. Sin embargo, este es el tipo de vínculo que la mayoría de los otros signos querrán evitar. El verdadero desafío en esta relación es que no respetan el valor emocional. Ambos miembros de la pareja deben descubrir un lenguaje compartido para expresar su amor y entenderse.

Capricornio y Escorpio

Compatibilidad sexual e intimidad

Existe un vínculo especial entre Capricornio y Escorpio cuando se trata de relaciones sexuales. Marte es el regente de Escorpio y Capricornio lo exalta, lo que hace que los signos estén en sextil. La naturaleza física de Capricornio acoge las necesidades sexuales de Escorpio. Sin embargo, estos signos son la caída y el detrimento de la Luna. Esto puede causar problemas en la pareja. Acordar no ser demasiado emocionales o sensibles aleja cualquier intimidad real de la vida sexual entre estos signos. Puede que disfruten de su relación física, pero se vuelven fríos y distantes el uno con el otro.

Aunque piensen que la relación física es suficiente, no apaciguará sus corazones. Se dan cuenta de su necesidad de intimidad solo cuando otras personas aparecen y satisfacen esta necesidad. Estos signos se sienten atraídos por personas de sus signos opuestos, Cáncer y Tauro. Estos dos signos son muy emocionales en contraste con esta pareja. Esta atracción explica la necesidad que tienen Capricornio y Escorpio de una intimidad genuina que vaya más allá de lo físico. No estarán verdaderamente satisfechos hasta que el placer físico venga acompañado de emociones y ternura.

El carácter conservador de Capricornio puede ser frustrante para Escorpio, ya que exalta a Urano. Sin embargo, puede tomarse un tiempo para ayudar al Capricornio a superar sus inhibiciones y relajarse lo suficiente como para probar cosas nuevas con su pareja Escorpio. A Capricornio le resultará difícil acostumbrarse a esta excitación sexual. A cambio, Escorpio apreciará la paciencia de un Capricornio y la sensación de seguridad que le proporciona.

Confianza

El único signo del zodiaco en el que Escorpio puede confiar plenamente es Capricornio. Al ser honesto y directo, Capricornio hará que Escorpio no sienta la necesidad de ser deshonesto. La falta de verdadera intimidad es lo único que podría causar desconfianza en esta pareja. Si no tienen profundidad en la conexión, no pueden estar seguros de confiar en el otro. Sin embargo, si ambos signos trabajan para superar sus inseguridades y ponen algo de esfuerzo emocional en la relación, este problema puede resolverse.

Comunicación e intelecto

Capricornio es terrenal, testarudo y está anclado a sus costumbres, mientras que Escorpio está en constante cambio y evolución. Esto puede ser difícil de manejar para los Capricornio. Pueden entenderse bien, ya que Capricornio es paciente y tienen un ritmo similar para hacer las cosas. Sin embargo, un desacuerdo entre ambos puede provocar una pelea que dure años.

Las conversaciones entre estos signos nunca son fáciles ni ligeras. Ambos reconocen la profundidad de la mente de sus parejas y tienen una visión similar del karma. Sin embargo, rara vez se les verá bailar, reír o disfrutar juntos. Aunque la pareja pueda pensar que no necesita estas cosas, no es cierto. Todo el mundo necesita algo de diversión y risas en su vida. Es más fácil para la pareja si tienen amigos comunes o comparten algo de humor negro. Capricornio puede ayudar a Escorpio a desarrollar amistades duraderas si respeta a su gente. Tener el mismo grupo de buenos amigos puede ser genial para esta pareja.

Emociones

El contacto emocional entre Capricornio y Escorpio plantea el mayor problema en su relación. Ambos signos tienen sus propios problemas emocionales, pero los subestiman. Al principio de la relación, ambos mostrarán a sus parejas que tienen los pies en la tierra y son fuertes. Sin embargo, no se darán cuenta de que esta impresión les hará sentir que siempre tienen que ser el fuerte de la relación. Se esforzarán por no mostrar ningún signo de debilidad, aunque les vendría bien un poco de apoyo. Ambos signos se alejarán de su objetivo de equilibrio emocional si no se esfuerzan por desarrollar una comprensión emocional más profunda del otro.

Valores

Los valores que comparte esta pareja son interesantes de observar. Capricornio da culpa a Escorpio, el signo del detrimento de Venus. Esto significa que sus valores se basan en la culpa, y siempre sienten que nada es suficientemente bueno. Aunque esto puede ayudarles a mantenerse motivados y a trabajar en sí mismos, puede ser difícil de manejar a largo plazo. Ambos necesitan una relación sana que les ayude a aceptar que son más que suficientes.

Actividades compartidas

Capricornio y Escorpio se esfuerzan por alcanzar la grandeza juntos. Su energía se centrará en actividades constructivas para poder alcanzar las metas que se han propuesto. Esta relación no será un lugar fácil y alegre donde todo es arco iris y pasteles. Sin embargo, es un gran emparejamiento que promueve el crecimiento personal, el realismo y la practicidad. Si comparten su pasado con el otro, pueden ayudar a su pareja a sanar. A ambos les gusta indagar la verdad de las cosas, y esto les ayudará a permanecer juntos.

Capricornio y Escorpio pueden compartir una relación inspiradora. Les gusta escarbar en los árboles genealógicos, buscar la verdad y lidiar con cualquier deuda o karma no resuelto. Ambos signos son profundos y nunca se toman las cosas a la ligera. Aprecian esto en el otro, y les ayuda a construir una base sólida. Sin embargo, esta profundidad y estos valores también pueden hacer que su relación carezca de emoción y se vuelva demasiado oscura. Esto podría llevarles a la depresión o a la tristeza e incluso podría hacerles buscar la luz en otra persona.

Capricornio y Sagitario

Compatibilidad sexual e intimidad

El contacto sexual entre esta pareja es de alguna manera insoportable. Aunque Capricornio y Sagitario se sientan atraídos el uno por el otro y mantengan relaciones sexuales, pronto sentirán que no deben estar juntos. Este sentimiento no tiene una explicación lógica, pero existe de todos modos en esta pareja. Pueden manejar las diferencias en su personalidad con bastante facilidad, ya que los Sagitario son fáciles de tratar, mientras que los Capricornio tienden a interpretar la inmadurez de su pareja como culpa suya.

Capricornio busca profundidad y sentido en sus relaciones físicas, ya que es paciente y realista. Sin embargo, los Sagitario no siempre pueden entender este ritmo. No entienden la importancia de ser tan realistas como Capricornio. Esta pareja no podrá ver su incompatibilidad al principio de su relación. Sin embargo, con el tiempo, se hace evidente. Sus diferencias empañarán sus relaciones sexuales y les harán darse cuenta de que no son adecuados el uno para el otro. Capricornio y Sagitario solo podrán tener una vida sexual sana si Capricornio se suelta y Sagitario empieza a respetar lo físico. El punto de encuentro para estos signos es la emoción pura.

Confianza

Sagitario es un signo honesto cuando se trata de relaciones. Sin embargo, tienen un problema para ser honestos con ellos mismos. Los Capricornio notan este defecto y reconocen que es algo que no cambia en un Sagitario. El problema es que Júpiter rige a Sagitario, mientras que Capricornio es el signo de la caída de Júpiter. Capricornio no puede comprender la magia de la vida ni las creencias de cierto tipo. Solo confían en el pensamiento racional, el trabajo duro y los resultados reales. Sin embargo, los sagitarianos piensan que sus creencias positivas pueden ayudarles a obtener un buen resultado en la vida.

Comunicación e intelecto

Un Sagitario y un Capricornio deben evitar hablar o discutir sobre sus sistemas de creencias. Si logran hacerlo, estos signos suelen ser bastante comprensivos el uno con el otro. La sonrisa optimista de un Sagitario siempre puede hacer sonreír el rostro serio de un Capricornio. El enfoque práctico de Capricornio ayuda al creativo y fogoso Sagitario a sentirse con los pies en la tierra. Mientras esta pareja sea respetuosa con el otro, podrán construir mucho juntos. Su visión de construcción es similar y pueden darle vida con éxito.

Intelectualmente, son una pareja compatible siempre que no esperen grandes cambios el uno del otro. Estos signos tienen roles protectores complementarios, y este es el aspecto más hermoso de su relación. Tanto Sagitario como Capricornio representan la protección. Si esta pareja construye un núcleo funcional, nunca permitirán que ningún extraño afecte a su relación. Esta pareja es la mejor elección para ambos signos si están buscando parejas que no permitan que otras personas se entrometan, interfieran o falten al respeto a su relación.

Emociones

Es posible que estos signos compartan un lenguaje emocional. Esto se debe a que Capricornio busca a alguien que lo complete, y Sagitario se convierte en esa persona, ya que es donde Júpiter está exaltado. El corazón de un Sagitario y un Capricornio se unen en este punto de encuentro. Pueden enamorarse profundamente el uno del otro con un poco de fe y evitando expectativas poco realistas. Capricornio suele necesitar como pareja a una persona tierna y melosa, pero Sagitario no suele tener este temperamento. Sin embargo, si comprenden las diferencias y se acercan, este obstáculo es fácil de superar para la pareja.

Valores

Otro punto en común para Capricornio y Sagitario es que valoran la inteligencia. Los sagitarianos se centran en el aprendizaje y la filosofía, ya que buscan la unidad y la verdad universal. Capricornio es un signo capaz de utilizar el conocimiento de forma práctica. Esto los convierte en una buena pareja. Pueden tener la misma longitud de onda si no se consideran estúpidos el uno al otro.

Aceptarse mutuamente les permitirá ver que tienen una profundidad de pensamiento similar y que comparten ciertos valores. Esto no es posible si se juzgan el uno al otro a primera vista. Sin embargo, la mayoría de sus valores siguen siendo bastante diferentes, y ambos signos tienen también necesidades muy distintas. Uno valora más la responsabilidad, la practicidad y la concentración, mientras que el otro valora la creatividad, la libertad y la amplitud mental.

Actividades compartidas

Se podría pensar que una pareja de Capricornio sería demasiado aburrida para un Sagitario, y esto podría provocar la huida de este último. Sin embargo, no ocurre en la mayoría de los casos. Como sus soles no comparten ninguna relación, estos signos son respetuosos el uno con el otro. Por eso Sagitario encuentra interesante a Capricornio a pesar de sus diferencias. Sus diferencias hacen que estos signos sientan curiosidad por el otro, y Sagitario, en particular, siempre está dispuesto a probar cosas nuevas.

Las parejas de Sagitario tienden a disfrutar de un montón de actividades infantiles en las que un Capricornio se negará a participar. Sin embargo, les gusta convencer a sus serios compañeros Capricornio para que participen en estas cosas de una manera alegre y divertida. Ambos signos son inteligentes y son conscientes de las diferencias entre ellos. Esto les hace mucho más refrescantes y emocionantes para ellos.

El acoplamiento de un Sagitario y un Capricornio no es ideal, y rara vez se eligen mutuamente como compañeros de vida. Sin embargo, su relación puede ser agradable y refrescante, ya que ambos se aceptan y comprenden a pesar de sus diferencias. Por muy corta que sea su relación, lo pasarán bien juntos. Esta relación solo será estable si el Capricornio se esfuerza por ayudar a la causa. Sin embargo, la pareja Sagitario siempre será capaz de llevar la alegría a Capricornio y actúa como el pilar en este emparejamiento.

Capricornio y Capricornio

Compatibilidad sexual e intimidad

Puede ser difícil predecir la vida sexual de esta pareja. Al ser del mismo signo, ambos exaltan a Marte. Esto significa que tienen una fuerte libido y les gusta seguir sus instintos. Sin embargo, Capricornio es un signo que tiende a aferrarse a las restricciones. Esta pareja puede preferir tomar decisiones racionales en lugar de ceder a sus instintos y buscar la satisfacción. Es difícil combinar la sexualidad con la practicidad.

Capricornio es mucho más creativo sexualmente cuando está en una relación con otros signos, y también es capaz de formar un vínculo más íntimo. Sin embargo, cuando un Capricornio está en una relación con alguien de su mismo signo, rara vez satisface sus necesidades sexuales o emocionales.

Capricornio es también el regente del tiempo, y esto significa que esta pareja puede acabar esperando mucho tiempo a que las cosas sucedan. Como exaltan a Marte, no les faltará iniciativa. Sin embargo, en cuestiones de sexo y tabúes, estos miembros de la pareja no consiguen llegar al punto de contacto sexual. Si dos personas de este signo se juntan, su relación puede ser extrema en dos sentidos diferentes. Puede que necesiten muy pocas palabras para entenderse, o puede que nunca sean capaces de entender lo que su pareja quiere decir o necesita. No existe un término medio para ellos.

Confianza

Como Capricornio, es fácil confiar en alguien del mismo signo solar. Sin embargo, también existe la necesidad de competir incluso en este asunto. Ambos miembros de la pareja sentirán que son mejores y más honestos que el otro. Esto puede dificultar la confianza en la relación. Las mentiras nunca son un problema real en la relación entre dos Capricornio. El problema es el silencio entre ellos. Cuando intentan comunicarse, ambos miembros de la pareja tienden a crear un ambiente tenso entre ellos, y esto hace que se cuestionen mutuamente. El silencio les dificulta identificarse con su pareja.

Comunicación e intelecto

Capricornio es un signo intelectual con mucha profundidad. Esto significa que dos personas de este signo tendrán mucho de qué hablar. Sin embargo, estas conversaciones rara vez durarán mucho tiempo. Al ser extremadamente competitivos, siempre terminarán en un debate. En lugar de un debate prolongado, se convierte en un torneo silencioso que ninguno gana. Esta pareja necesita ser abierta y decir lo que piensa el uno del otro. Si optan por analizar al otro en silencio, no llegarán muy lejos, sino que perderán el respeto por su pareja.

La mayoría de las veces, la pareja de Capricornio no sentirá la necesidad de hablar. Ambos se interesarán por la vida de su pareja y tendrán muchas cosas que decir. Sin embargo, no comparten mucho, ya que parecen tener constantemente un cerco. Cuando trabajan juntos en un proyecto, tienen la oportunidad de hablar, y es entonces cuando descubren lo mucho que tienen en común.

Trabajar juntos es la mejor manera de que esta pareja tenga conversaciones significativas y se comunique. Al tener mentes similares, serán mucho más eficientes a la hora de resolver problemas juntos. Podrán disfrutar de sus conversaciones si siguen haciendo esto.

Emociones

El contacto emocional entre dos personas de este signo es bastante interesante. Ambos carecen de la capacidad de ser emocionales la mayor parte del tiempo, y siempre tratarán de ser racionales, fríos o controladores. Reconocerán los mismos rasgos en el otro, y esto les molestará aún más. Sin embargo, lo mejor de esta pareja es que comparten los mismos valores y el mismo enfoque de las relaciones.

Se tomarán su tiempo para conocerse y abrirse. Cuando la presión desaparezca, se sentirán seguros en la relación y podrán expresarse mejor.

Si esta pareja se enamora, tardará en decirlo en voz alta. Esto se debe a que los Capricornio tienden a temer cualquier muestra emocional. No tienen la suficiente confianza para hacerlo en privado o en público. Si se muestran mutuamente comprensivos y aumentan la confianza del otro, será mucho más fácil ser emocionalmente expresivos. Sin embargo, esto no se conseguirá fácilmente, aunque se respeten mutuamente. Esta pareja se sentirá más cómoda en silencio y dejándose llevar. Pueden entenderse porque son similares, pero esto provocará una ruptura entre ellos si no trabajan en su conexión emocional.

Valores

Se puede pensar que los Capricornio comparten todos los mismos valores, pero no es así. Cada individuo Capricornio puede tener sus propios valores, y están grabados en piedra. Puede ser difícil que dos Capricornio compartan estos valores. Si cierto comportamiento no les gusta o lo consideran incorrecto, no lo aceptarán ni siquiera en el caso de su pareja. Todas sus normas y valores se aplican a cualquier individuo con el que se crucen. Esta pareja debe evitar cuestionar los diferentes valores de su compañero y centrarse en los valores que sí comparten. Juzgar al otro por esas diferencias solo provocará una ruptura.

Actividades compartidas

Aunque ambos miembros de la pareja de Capricornio pueden participar fácilmente en una actividad juntos, uno o ambos se negarán a hacerlo. Aunque tengan tiempo para hacerlo, parecen evitar participar en actividades compartidas por despecho. No hay otra explicación lógica para ello. Se podría pensar de otra manera, ya que este signo suele ser bastante responsable y leal. Sin embargo, al principio de la relación y hasta que no se suelten el uno al otro, será difícil conseguir que hagan cosas juntos. Cuando lo hagan, podrán comprobar que les gusta hacer muchas cosas similares y disfrutarán haciéndolas juntos.

Sin embargo, los Capricornio no son muy buenos para entender lo que su pareja del mismo signo puede necesitar o querer. Tienen que estar lo suficientemente cerca para conseguirlo, y si se distancian, pierden toda comprensión del otro. Cuando esto ocurre, la pareja puede optar por separarse y buscar parejas de distinto signo que sean más suaves y compasivas.

No es ideal para un Capricornio estar con una pareja del mismo signo. Dos negativos a veces dan un positivo, pero con los Capricornio es mucho más probable que den otro negativo. Cuando un Capricornio dominante se junta con otro, la relación no es muy funcional. Ambos quieren mostrarse superiores, lo que eventualmente llevará a que su relación termine.

Si realmente quieren que funcione, tienen que enfocar su sentido de superioridad y competitividad fuera de su relación. Esto les ayudará a mantener el equilibrio en la relación. Si no dejan de enfrentarse, podrían terminar con parejas diferentes.

Capricornio y Acuario

Compatibilidad sexual e intimidad

Acuario es el opuesto de Capricornio, que es restrictivo y tradicional. Sin embargo, el mismo planeta rige a ambos signos, y esto significa que también tienen similitudes. El problema en la vida sexual de estas parejas es que tienen un ritmo diferente debido a sus diferentes elementos. Capricornio es un signo de Tierra minucioso y lento. Esta pareja solo se lanzará a una relación con alguien a quien respete y se sienta atraído.

Cuando tengan relaciones sexuales, Capricornio intentará dar lo mejor de sí mismo. Acuario es un signo de Aire poco fiable y ligeramente escamoso, a pesar de que el maestro de la fiabilidad les rige. Los acuarianos no piensan demasiado antes de lanzarse a una relación y son bastante espontáneos. Les gusta que las cosas sean relajadas y no demasiado serias al principio. Este signo rara vez es lo suficientemente paciente como para ir al mismo ritmo que Capricornio. A los Capricornio les gusta tomarse su tiempo y hacer un plan, por lo que la espontaneidad y el desenfado de Acuario pueden ser un factor de rechazo para ellos.

A los Capricornio no les gusta tener sexo de forma precipitada, por lo que no se precipitan con nadie. Ambos signos son muy apasionados con la pareja adecuada, pero el comienzo juega un papel importante en cómo funcionará la relación. Es difícil que estos dos concilien, ya que su enfoque es muy diferente. Sin embargo, pueden llegar a ser buenos amigos, ya que se respetan mutuamente. Incluso pueden tener una relación sexual como amigos si se comunican bien entre ellos.

Confianza

Las mentiras no son un gran problema entre estos signos. Los Capricornio son firmes en sus convicciones y odian equivocarse o cometer errores. Acuario no teme la confrontación y valora la verdad. Por eso, ninguno de los dos ve motivos para mentirse. Sin embargo, ambos tienen ideas diferentes sobre la confianza. Puede resultarles difícil aceptarse mutuamente. Pueden creer que ambos son honestos, pero no creen que su relación vaya a funcionar. Solo les falta confianza en su relación.

Comunicación e intelecto

Si pertenece a un signo como Cáncer o Tauro, puede ser difícil soportar la relación intelectual entre Acuario y Capricornio. Ambos se respetan de forma silenciosa, pero distante. Sin embargo, se van distanciando cada vez más mientras intentan mantener esta relación respetuosa. No quieren verse de otra manera y prefieren separarse antes que cambiar las cosas.

Esto significa que es mucho más probable que sean buenos amigos duraderos. Pero es importante recordar que estos signos son muy diferentes. Les cuesta entender la forma de vida de su pareja. Su relación solo puede durar si tienen un amor mutuo por un vínculo serio e intereses compartidos.

Emociones

Capricornio y Acuario tienen un extraño lado emocional. Ambos signos suelen ser bastante poco emocionales y se mantienen alejados de los demás que no son cercanos. Pero esta naturaleza cerrada no es la razón por la que su relación carece de conexión emocional. Para Capricornio, las emociones deben expresarse de forma práctica y física. A este signo de tierra se le suele llamar egoísta, ya que antepone sus necesidades.

A los signos espirituales les cuesta aceptar la naturaleza terrenal de Capricornio. No entienden la necesidad de nada material, ni siquiera de dinero. Al ser un signo de aire, Acuario tiene una fe máxima en todo. Su fe no se centra en ninguna regla o religión que el hombre haya creado. Quieren una pareja con la que puedan compartir sus ideas flotantes y su amor celestial. No tienen apego a la comida, al dinero e incluso al sexo. Quieren soñar y vivir sin preocupaciones. Para que Acuario y Capricornio se unan emocionalmente, tienen que aceptar la diferencia de la realidad de su pareja.

Valores

Acuario necesita libertad, mientras que Capricornio valora los límites. Por eso puede parecer difícil para ellos estar en una relación amorosa. Pero Capricornio precede a Acuario, y tiene que haber cierta presión para que se sientan liberados. Estas parejas se unen de forma extraña, pero se dan cuenta de que valoran las mismas cosas si se acercan. Ambos quieren lealtad y coherencia por parte de sus parejas. También suelen tener las mismas exigencias cuando buscan pareja. A ambos signos no les gusta estar con alguien que intente controlarlos. Sus necesidades de una pareja a largo plazo son sorprendentemente similares.

Actividades compartidas

A ninguno de los dos signos le falta energía. Capricornio es bueno para saber en qué debe gastar su energía. Acuario no sabe qué hacer con toda su energía. Es posible que esta pareja no quiera hacer las mismas cosas a menudo, pero pueden tomarse el tiempo necesario para encontrar actividades que disfruten juntos. Acuario debe evitar insistir o tratar de forzar a su pareja Capricornio. Este último debe evitar tratar de negar, restringir o inhibir a su pareja Acuario.

Es posible que Acuario y Capricornio no se sientan atraídos al instante el uno por el otro. Aunque Saturno los rige a ambos, tienen papeles diferentes en el zodíaco. El contacto emocional entre los dos signos es el aspecto más desafiante con el que tienen que lidiar. Para permanecer juntos, Capricornio tiene que ser un poco menos punitivo, mientras que Acuario tiene que ser un poco menos volátil. Encontrar un punto medio puede ser beneficioso para ambos. Acuario puede aprender cómo actuar con las ideas de un Capricornio, mientras que Capricornio será capaz de aprender algo nuevo y dar algunos cambios en su vida.

Capricornio y Piscis

Compatibilidad sexual e intimidad

Si Capricornio realmente quiere estar relajado en una relación, necesita encontrar una pareja del signo Piscis. Las relaciones sexuales entre estos dos pueden ser estupendas, ya que ambos son poderosos a su manera. Capricornio es racional y estricto, mientras que Piscis es emocional y flexible.

A pesar de ser diferentes, ambos están seguros de lo que creen. Existe una fuerte atracción entre estos dos signos. Si se observa el carácter de estos dos signos de forma superficial, puede ser difícil explicar su vida sexual. Sin embargo, Piscis puede conectar emocionalmente con Capricornio de una manera diferente a la de Cáncer. Se trata más de su verdad interior profunda que de la pasión.

Aunque Capricornio parece ser un signo frío, no carecen completamente de emociones. Aunque pueda parecer que Piscis se pierde en sus emociones, puede ser bastante racional a veces. Estos signos pueden sacar lo mejor del otro. Su entendimiento racional-emocional les permite compartir un vínculo profundamente íntimo.

La relación sexual entre estos dos signos puede ser muy espontánea. Piscis inspirará a Capricornio a abrirse y dejar de lado sus inhibiciones. Capricornio ayudará a que ambas partes actúen con más fundamento y muestren sus afectos de forma física. Piscis se volverá más serio mientras que Capricornio se soltará un poco en el transcurso de esta relación. Si pueden permanecer juntos durante mucho tiempo, su relación tendrá confianza, estabilidad y emoción en las cantidades perfectas.

Confianza

Capricornio y Piscis generalmente se mantendrán alejados de la deshonestidad si se comprenden y respetan mutuamente. Sin embargo, todavía existe la posibilidad de que se encuentren con algunos baches. La naturaleza áspera de Capricornio puede hacer que la pareja Piscis sienta la necesidad de mentir a veces. Pero si el Capricornio se muestra inalcanzable y cerrado, no lograrán entenderse. La aproximación a la confianza de estos dos signos es lo que hace que su relación sea hermosa. Ambos son cautelosos a la hora de abrirse al mundo, y la confianza tiene que construirse día a día. Así es como ambos llegan lentamente a confiar en el otro y a conectarse.

Comunicación e intelecto

La pareja Piscis puede ser muy inspiradora para Capricornio. Ambos se preocupan por la buena comunicación en una relación. Les gusta hablar, pero aprenden a detenerse y escuchar en esta relación. Como ambos son tímidos hasta cierto punto, tienen que prestar atención al otro si quieren aprender más sobre su pareja. Ambos lo harán si están realmente interesados en conocer a su pareja en profundidad. Sin embargo, enfrentarán problemas cuando Capricornio actúe con rigidez respecto a sus creencias u opiniones.

Júpiter rige a Piscis, Capricornio lleva a este planeta a su caída. Esto puede poner en peligro la relación entre estos signos. La simple incredulidad del racional y estricto Capricornio puede dañar mucho la fe de Piscis en sus propias convicciones. Los Piscis viven por su sistema de creencias y rara vez lo abandonan. Sin embargo, su pareja Capricornio puede hacerles cuestionar sus convicciones y sentirse solos. Si su pareja Capricornio es demasiado dominante, puede hacer que Piscis pierda su naturaleza inspirada y espontánea.

Emociones

Cuando estos signos se juntan, pueden construir un vínculo profundamente emocional a lo largo de los años. Pueden sacar lo mejor del otro y facilitar el crecimiento constante de su pareja. Lo hacen sin hacer grandes cambios en su personalidad y solo tratan de hacer lo mejor que pueden en la relación. Mientras que Piscis puede parecer poco fiable y escamoso, Capricornio puede parecer malhumorado. Estos signos pueden molestarse mutuamente si se mantienen demasiado firmes en sus opiniones o puntos de vista. Cuando esto sucede, Piscis decepcionará a su terrenal pareja Capricornio, y Capricornio drenará la magia de Piscis.

Valores

La forma en que estos signos abordan sus valores es coherente en cierto modo. Sorprendentemente, los Piscis valoran las emociones estables cuando están en una relación a largo plazo. Capricornio también valora la capacidad de su pareja para ser emocional y pensar positivamente. Esto va en contra de su propia naturaleza, pero es la forma en que abordan sus valores en esta relación.

Sin embargo, tienen problemas cuando tienen que utilizar estas creencias o emociones en su vida cotidiana. Piscis no podrá valorar la frialdad o racionalidad de Capricornio. A veces pueden ser demasiado diferentes, ya que Capricornio piensa que es imposible encontrar el amor perfecto con el que sueña Piscis. No es fácil para ninguno de los dos, pero pueden superar estas diferencias si se valoran lo suficiente.

Actividades compartidas

Al principio de su relación, ambos miembros de la pareja pasarán todo el tiempo juntos, aunque suelen tener intereses muy diferentes. Capricornio querrá entrar en el mundo de su pareja Piscis, mientras que Piscis querrá descubrir la mente de su pareja Capricornio. A medida que pasan más tiempo juntos, comenzarán a participar en diferentes actividades.

Piscis se dará cuenta de que los intereses de Capricornio son aburridos, al menos para sí. A Capricornio le parecerán locas las aficiones de Piscis, ya que no son útiles ni están bien planificadas. Sin embargo, pasarán tiempo haciendo algunas cosas juntos porque valoran las tradiciones. Mientras que Piscis tiene una idea romántica de la tradición, Capricornio respeta la tradición en sí misma. A pesar de los diferentes enfoques, querrán compartir algunas actividades.

Capricornio y Piscis tienen una historia de amor relacionada con la inspiración. Piscis es el signo que puede arrastrar a Capricornio a una historia de amor emocionante e imprevisible. Capricornio es el signo que puede aportar estabilidad y paz en la montaña rusa emocional de la vida de Piscis. Su relación hará que Capricornio sea más optimista y alegre, mientras que Piscis puede actuar de forma más práctica y pensar de forma realista. Sin embargo, su amor por Júpiter puede causar algunos problemas. Los diferentes enfoques que estos signos tienen hacia la fe y la religión pueden dificultar a veces su conciliación. Por eso es importante que cada uno se pregunte si su propio sistema de creencias funciona y si el de su pareja también. Solo tienen que encontrar la manera de aceptar y respetar el Júpiter del otro.

Esperamos que pueda utilizar esta información para conocer mejor a su pareja o elegir una pareja del signo que sea más compatible con usted. Siempre hay excepciones a las reglas, así que no puede juzgar a una persona solo por su signo. Sin embargo, ciertas relaciones fluirán con facilidad, mientras que otras requerirán mucho más trabajo. También tiene que asegurarse de que su pareja se dedica lo suficiente a la relación como para superar los obstáculos que surgen cuando ciertos signos se mezclan. Pero con un poco de tiempo y sinceridad, puede utilizar esta información para comprender mejor a su pareja y mejorar su relación.

Capítulo 7: Las amistades de Capricornio

Esta sección abarcará las amistades, la vida social y la forma en que los Capricornio se desenvuelven en el mundo que los rodea.

Capricornio se toma en serio sus amistades, como todo lo demás en su vida. Son leales y cariñosos, y les gustan las historias compartidas y las bromas internas. Les gusta cuidar de sus amigos y prepararles la cena. Utilizan sus puntos fuertes para ayudar a sus amigos lo mejor posible.

Los Capricornio animan y motivan a sus amigos y ayudan a sacar lo mejor de ellos. No son tímidos a la hora de hacerle saber a sus amigos que están decepcionados de ellos. No ignoran el mal comportamiento y llaman la atención a un amigo si notan algo que consideran incorrecto. Los Capricornio no son el alma de la fiesta y les gusta estar en la cama a tiempo. No son amigos divertidos, pero siempre tienen los mejores regalos. Se dedican a sus amigos y esperan lo mismo.

Cómo ser amigo de un Capricornio

Para acercarse a un Capricornio, hay que ser persistente. Este signo puede parecer distante, pero solo quieren ver si vale la pena antes de invertir en él. Los Capricornio son muy observadores y se toman su tiempo para juzgar si una persona es digna de formar parte de su círculo íntimo. Los Capricornio valoran el buen carácter, ya que ellos mismos son muy honestos.

Para ser amigo de un Capricornio, tiene que ser leal, trabajador y honesto. Esto les impresionará. También, debe mostrarles sus habilidades, ya que se sienten atraídos por esas cosas. Para pasar tiempo con un Capricornio, elija una actividad útil como una clase en la que puedan aprender algo, o únase a ellos para dar un paseo o una caminata solo porque es saludable. Un café o una cena les parecerán inútiles la mayoría de las veces.

Para mantener una buena amistad con un Capricornio, debe esforzarse por estar en contacto. Tenga en cuenta sus cumpleaños y los acontecimientos importantes. Mantenga el contacto con ellos regularmente y envíeles regalos de vez en cuando. A los Capricornio no les gustan los amigos a corto plazo que desaparecen de sus vidas. Aprecian a los que se quedan o mantienen el contacto, aunque sea una amistad a distancia.

A los Capricornio les encanta recordar los viejos tiempos y hablar de historias compartidas. Puede que no parezcan del tipo sentimental, pero realmente lo son. Les gusta guardar fotos y mirarlas de vez en cuando. Tener una foto enmarcada de su amigo Capricornio le demostrará que atesora su amistad.

Los Capricornio son buenos amigos

Son leales

Hacen todo lo posible por cubrirle la espalda y protegerle. Aunque no estén de acuerdo con sus decisiones, tratarán de estar a su lado. Son algo paternales por naturaleza y dan lecciones, pero solo por su beneficio.

Recuerdan cosas importantes

Si visita a su amigo Capricornio, preparará su comida favorita o tendrá preparado su vino preferido. Recordará sus gustos y le darán exactamente lo que quiere para su cumpleaños. Recordarán los detalles de cada historia que les cuente y los nombres de cada ex o familiar del que hable. Este amigo le conocerá al dedillo.

Aprecian sus fortalezas y aceptan sus defectos

Los Capricornio suelen ser consejeros para sus amigos. Le ayudarán a hacer planes y a encaminarse hacia sus objetivos. Saben en qué es bueno y cómo utilizarlo para su beneficio. También conocerán sus debilidades y le aceptarán a pesar de ellas.

Amistades de Capricornio con los otros 11 signos del zodiaco

Capricornio y Aries

Para Capricornio puede ser un reto tener un amigo Aries. Aunque Capricornio está preparado para el desafío, su personalidad opuesta chocará. Aries es impulsivo mientras que Capricornio es frío. Mientras que a Capricornio le gusta saborear su vida, a Aries le gusta apresurarse. Ambos son muy ambiciosos y pueden tener un fuerte vínculo si apoyan las ambiciones del otro.

Capricornio y Tauro

Un Capricornio siempre atesorará su gran amistad con un Tauro. Este signo es humorístico, cariñoso y leal. Admirarán las cualidades de su amigo Capricornio al igual que la cabra de mar admira sus virtudes. Tauro alabará constantemente el empuje, la fiabilidad y la sofisticación de un Capricornio. Ambos signos desean estabilidad financiera para poder jubilarse pronto. A estos amigos les encanta hablar de sus sueños para el futuro y de lo que quieren hacer cuando hayan alcanzado sus metas. Cualquier problema menor apenas afectará su amistad a lo largo de los años.

Capricornio y Géminis

A Capricornio le cuesta entender a su amigo Géminis, pero no por falta de intentos. Los Géminis son imprevisibles, y nunca se puede saber con certeza qué les mueve. Pueden estar interesados en una cosa hoy y en otra mañana. Su comportamiento precipitado es difícil de soportar para el práctico Capricornio. A Géminis, en cambio, le molesta la reticencia de Capricornio a probar cosas nuevas. Pero los amigos Géminis están dispuestos a soportar a los Capricornio si estos aprenden a lidiar con su imprevisibilidad.

Capricornio y Cáncer

Aunque Cáncer es el opuesto astrológico de Capricornio, pueden ser amigos. Los amigos Cáncer son compasivos y cariñosos, y esto puede hacer que los Capricornio se sientan atraídos. La capacidad ejecutiva de un Capricornio es similar a la de Cáncer, y este último los considera un alma gemela. Sin embargo, Cáncer es mucho más emocional y sentimental que Capricornio. No obstante, estos signos pueden crear un buen equilibrio entre sí.

Capricornio y Leo

Tener estos signos como amigos siempre atraerá la atención. Esto puede ser positivo o negativo, dependiendo de algunos factores. Leo es un amigo extrovertido que facilita que el introvertido Capricornio conozca gente nueva. Pero la personalidad soleada de Leo puede eclipsar al tranquilo Capricornio. Estos dos deben evitar competir por las mismas cosas si quieren seguir siendo amigos. Leo será mejor amigo de alguien que tenga sentido del humor, mientras que Capricornio resonará con personas que tengan un humor seco.

Capricornio y Virgo

La amistad entre estos dos signos es bastante notable. Ambos signos son cautelosos, pero parece que se aficionan al instante. Cuando empiezan a hablar, se dan cuenta de que a ambos les gustan actividades como la jardinería. Sin embargo, podrían hacerlo de forma diferente. Virgo aprecia el ritmo lento con el que Capricornio disfruta las cosas, mientras que a Capricornio le gusta la modestia de Virgo. Estos dos serán amigos para siempre si pueden pasar por alto los defectos del otro.

Capricornio y Libra

La amistad entre estos dos signos solo es posible si ambos pasan por alto conscientemente sus diferencias. Libra es un signo muy diferente de Capricornio, y suele ser difícil que se lleven bien. Capricornio se centra en los hechos, mientras que Libra juega con los conceptos. Los Capricornio son personas constantes, mientras que los Libra están en constante cambio.

A Libra le costará entender la naturaleza seria de Capricornio, mientras que este odiará la incapacidad de Libra para tomar decisiones. Lo único que tendrán en común estos amigos es su capacidad de liderazgo. Capricornio es bueno en la gestión de materiales, mientras que Libra es mejor en la ejecución de ideas. Combinar ambos talentos puede ser beneficioso para estos amigos. Trabajar en la construcción de algo juntos hace que su amistad también funcione bien.

Capricornio y Escorpio

Estos signos encuentran gran comodidad en su amistad. Escorpio entenderá la cautela de Capricornio, y este simpatizará con la forma en que Escorpio juega sus cartas. Esta pareja se sentirá cómoda en sus silencios y no les importará que ninguno de los dos hable mucho. El único inconveniente es que a Escorpio no le gusta el comportamiento mandón, y Capricornio se sentirá incómodo con el rencoroso Escorpio. Pero, en general, se llevan bien. Estos signos tienen un humor similar y disfrutan de las comedias oscuras.

Capricornio y Sagitario

Capricornio admira los rasgos de Sagitario como su humor y honestidad. Sagitario, por su parte, admira el empuje y la determinación de Capricornio. Por ello, estos dos signos querrán ser amigos el uno del otro. Ambos se ayudarán mutuamente cuando lo necesiten.

Capricornio y Capricornio

Tener un amigo del mismo signo del zodiaco puede ser agradable para Capricornio. Saben que su amigo nunca les dejará colgados ni actuará de forma irresponsable. Pueden contar con ellos para que cuiden de una mascota cuando están fuera o para que se queden a su lado en una fiesta. A estos amigos no les gusta hablar de sus secretos más oscuros, pero pueden confiar el uno en el otro cuando lo necesitan. Al ser similares, saben que pueden confiar el uno en el otro para mantener sus secretos a salvo y ser leales.

Capricornio y Acuario

El amigo más obvio para Capricornio no es Acuario, pero funciona. El comportamiento impredecible de Acuario sirve como una catarsis para Capricornio. Este signo le recuerda a Capricornio que ayuda desechar las reglas a veces y seguir su instinto. Capricornio enseña a los amigos Acuario el valor de las tradiciones. Pero Acuario suele acusar a Capricornio de ser aburrido y engreído, mientras que este último se cansará de la naturaleza rebelde de Acuario.

Capricornio y Piscis

Capricornio siempre está dispuesto a actuar como santuario para Piscis, que busca refugio en ellos. Saben que Piscis estará allí para reconfortarlos en sus momentos de necesidad. Aunque Capricornio suele ser bastante introvertido, derrama abiertamente sus lágrimas delante de su amigo Piscis. Sin embargo, la falta de puntualidad de Piscis puede ser muy molesta para el puntual Capricornio. Pero la mayoría de las veces, estos amigos se llevan bastante bien.

Capricornio en una fiesta

Es raro ver a los Capricornio en la ciudad todos los días. Sin embargo, siempre aparecen en una fiesta cuando es importante. Si se trata de un cumpleaños o un evento para sus amigos más cercanos o la familia, Capricornio siempre caerá. Nunca fallan en esos días, aunque les guste acostarse temprano. A los Capricornio también se les da bien organizar una fiesta temática para sus amigos de vez en cuando.

Si invita a su amigo Capricornio a una fiesta navideña, estará allí sin falta. Aunque este signo no es muy extrovertido, cambia cuando están con sus personas de confianza. Si acompañan a un amigo a la fiesta de un desconocido, actúan con responsabilidad y se quedan con su amigo todo el tiempo. Beberán un poco, pero nunca más de lo que puedan soportar. Si no conocen a nadie en la fiesta, entablarán una conversación educada e intentarán marcharse cuando sea aceptable. Puede que este signo no sea el alma de la fiesta, pero se divierte a su manera con las personas que realmente quiere.

Capítulo 8: Capricornio en el trabajo - Trayectorias profesionales de Capricornio

En esta sección, veremos a Capricornio en el trabajo. Ciertos tipos de profesiones se adaptan mejor a la personalidad de un Capricornio. Les va mejor en sus carreras cuando las eligen. También conocerá la compatibilidad de los Capricornio con otros signos en el campo laboral.

Las mejores opciones profesionales para Capricornio

Los Capricornio son los más adecuados para una carrera en la que son capaces de capitalizar las fortalezas asociadas a su signo zodiacal. Los Capricornio son intrínsecamente trabajadores y les encanta dedicarse a una tarea concreta. Un Capricornio tiene una gran capacidad para ser organizado y paciente. Pueden seguir bien las rutinas y tienen una fuerte ética de trabajo que les ayuda a realizar varias tareas y a prosperar en el mundo corporativo. Teniendo en cuenta estos rasgos, he aquí algunas de las opciones profesionales más adecuadas para los hombres y mujeres Capricornio.

Profesor

La enseñanza requiere mucha paciencia y una gran capacidad de organización. Esto hace que esta elección de carrera sea una buena opción para los Capricornio. Los profesores deben ser capaces de organizarse y de manejar a veinte o treinta alumnos en una clase.

Los profesores también deben tener mucha paciencia para tratar con niños pequeños, que suelen tener poca capacidad de atención. Todos estos retos hacen que los Capricornio encajen perfectamente en la profesión docente. Sin embargo, recuerde también que muchos Capricornio no pueden relacionarse con los niños pequeños. También hay muchos Leo y Géminis en la profesión docente por su habilidad para relacionarse con otras personas, incluidos los niños pequeños.

Gestor/Organizador profesional

El fuerte de Capricornio es ser organizado y poder manejar diferentes cosas simultáneamente, lo que los convierte en grandes gestores y organizadores profesionales, e incluso en decoradores de casas; pueden ayudar eficazmente a sus clientes a organizar sus hogares, espacios comerciales u oficinas.

La mayoría de las personas que no tienen muchos de los rasgos del signo de *Tierra* en su horóscopo personal no pueden llevar una vida organizada, y necesitan la ayuda de un Capricornio para organizarse. La organización es algo que le viene naturalmente a un Capricornio y capitalizarla profesionalmente puede traer mucho éxito.

Contabilidad/Gestión financiera

La contabilidad puede considerarse el trabajo ideal para un Capricornio. Los Capricornio son excelentes en la gestión de las finanzas. Su gran capacidad de organización les ayuda a preparar grandes estados financieros, lo que les convierte en grandes contables y planificadores financieros. Pueden llevar a cabo estas tareas con facilidad y casi a la perfección, sin errores. La contabilidad y la planificación financiera no es un trabajo destinado a todo el mundo, y la mayoría de las personas no lo disfrutan, pero a los Capricornio es algo que les resulta natural.

Al igual que un contable, el trabajo de un planificador financiero también implica trabajar con la misma gestión de las finanzas y los números, los extractos bancarios y las inversiones de fondos que requiere la contabilidad. Los Capricornio son excelentes para predecir cuándo hay que mover los fondos y encontrar las mejores áreas que produzcan mayores beneficios. Son excelentes para gestionar los riesgos y pueden guiar a las personas y a las organizaciones hacia la seguridad financiera. Los Capricornio son competentes en la gestión financiera; es algo que se les da fácilmente.

Ejecutivo de negocios

La mayoría de los jefes y gerentes de empresas son Capricornio; este puede ser un papel difícil de cumplir para la mayoría de las personas, ya que requiere fuertes habilidades de organización y una excelente capacidad para resolver problemas. Ser ejecutivo también requiere mucha paciencia para tratar con muchos tipos diferentes de personas. También es tarea del directivo decidir quién merece un aumento de sueldo o un ascenso en función de su rendimiento, y a los Capricornio se les da muy bien tomar decisiones desvinculándose emocionalmente de estas situaciones.

Programación y tecnología informática

Ser un hábil programador informático requiere una excepcional capacidad de resolución de problemas y de organización. Los Capricornio tienen un talento natural para la programación informática, la codificación y la gestión de datos. Aunque la mayoría de la gente puede encontrar este trabajo aburrido, los Capricornio son tenaces y pueden concentrarse en los problemas y trabajar en ellos hasta dar con una solución.

Compatibilidad laboral de Capricornio

Los Capricornio son uno de los signos del zodiaco más perseverantes. Si usted es Capricornio, es muy probable que deje a sus jefes impresionados con su empuje, determinación y soluciones prácticas. Mientras que otros signos del zodiaco, como Sagitario y Libra, son expertos en manejar los aspectos sociales de un lugar de trabajo, los Capricornio tienen una disposición diferente y prefieren mantener un perfil bajo y centrarse en hacer su trabajo lo mejor posible.

Capricornio y Aries

Aunque Capricornio es capaz de admirar y relacionarse con la alta energía y la fuerte ética de trabajo del Carnero, puede haber algunas fricciones debido a su comportamiento descarado. Como Capricornio, usted es el tipo de persona que prefiere cubrir su núcleo fuerte e independiente con una funda de terciopelo suave y accesible. Los Aries tienden a pasar por alto estas sutilezas, y su comportamiento descarado puede no sentarle bien.

Aunque su comportamiento brusco puede hacerle estremecer, no puede negar que pueden lograr mucho y obtener grandes resultados. En lugar de criticarles por sus defectos, intente canalizar sus talentos para que le ayuden en diferentes situaciones. Al fin y al cabo, no tiene sentido reprender en vano a personas que se mantienen en su adolescencia y no están dispuestas a dar marcha atrás. Del mismo modo, también es mejor ser directo y cuestionarles si siente que algo no le gusta.

Mientras que un Aries puede ayudare a manejar los aspectos rudos de su negocio, usted puede encargarse de las tareas que requieren delicadeza y sutileza. Juntos, pueden formar un gran dúo y hacer un trabajo importante a su manera.

Capricornio y Tauro

Un Tauro puede ser un magnífico compañero para los Capricornio, principalmente porque comparten los mismos valores fundamentales. Tanto Capricornio como Tauro buscan trabajos que ofrezcan estabilidad, rentabilidad y lujo. Si un Capricornio y un Tauro deciden entrar en el mundo de los negocios juntos, pueden utilizar sus habilidades únicas para crear y mantener empresas rentables como restaurantes de cinco estrellas, concesionarios de coches de lujo y otros negocios de alta gama. Un Capricornio y un Tauro pueden ascender rápidamente en el escalafón proporcionándose mutuamente una valiosa ayuda y apoyo.

Al ser la persona que establece un estándar más alto para este modesto signo del zodiaco, puede ayudarles a liberar todo su potencial, y ellos le recompensarán con su lealtad eterna. Un Tauro también es muy bueno para ponerle a raya cuando es demasiado y corre el riesgo de quemarse. A veces necesita un recordatorio para tomarse un descanso y poder hacer mejor el trabajo.

Capricornio y Géminis

Los Géminis no son las personas más fáciles para trabajar si usted es un Capricornio. Eso no significa que no puedan convivir pacíficamente. Lo importante es recordar que los Géminis no son los mejores para seguir la rutina con regularidad. Por lo tanto, debe ser inteligente al asignar tareas a un Géminis. Asígnele responsabilidades de ritmo rápido, como encargarse de la recepción, responder al teléfono, tomar pedidos y atender a los clientes, mientras usted se concentra en los objetivos a largo plazo, como hacer proyecciones financieras, cumplir con los plazos y formular estrategias de marketing.

Aunque un Géminis pueda parecerle escamoso, no puede negar que la actitud optimista de un Géminis puede alegrar el ambiente y sacar lo mejor de usted. Trate de no reprenderlo demasiado por su comportamiento ansioso; después de todo, solo tiene en mente sus mejores intereses. Los dos pueden crear un dúo muy dinámico y ser curadores, subastadores y archiveros de éxito.

Capricornio y Cáncer

Aunque el Cangrejo es su opuesto astrológico, ambos pueden trabajar muy eficazmente como equipo profesional. La mayoría de los Capricornio son adictos al trabajo, y necesitan a alguien que sepa identificarlo y decirles que bajen el ritmo y se lo tomen con calma para evitar quemarse. Cáncer es perfecto para este trabajo. Del mismo modo, un signo del zodiaco sensible como el Cangrejo necesita muchos elogios y ánimos para funcionar de la mejor manera posible, algo que un Capricornio puede proporcionar con creces.

Sí, el carácter sensible y temperamental de su compañero le pone los nervios de punta en ciertos momentos, pero su lado profesional y su naturaleza directa pueden abrumar a un Cáncer hasta la médula. Si son capaces de superar estas diferencias y admirar los puntos fuertes del otro, pueden ser un dúo eficaz y eficiente. Ambos están dotados de cualidades de liderazgo, aunque un Cáncer está más dotado para trabajar con diferentes tipos de personas, mientras que un Capricornio es más adecuado para trabajar con productos.

Si está pensando en asociarse con un Cáncer, considere la posibilidad de entrar en el sector de la banca de inversión o en la industria naviera.

Capricornio y Leo

Los Leo pueden ser compañeros estimulantes, pero desafiantes, para los Capricornio. Ambos son capaces de trabajar muy duro y tienen una fuerte ética laboral, aunque pueden tener necesidades y objetivos muy diferentes. El León busca la fama mientras que el objetivo principal de un Capricornio es la fortuna. A los Leo les gusta llevar un estilo de vida glamuroso, mientras que a los Capricornio les gusta la elegancia discreta.

Los Leo tienen fama de gastar a manos llenas en sus caprichos mientras que un Capricornio ahorra obsesivamente. Sin embargo, si consiguen superar estas diferencias, ambos pueden crear una poderosa asociación y construir un imperio rentable. Tendrán mucho éxito en el sector inmobiliario y en otras agencias de marketing. A un Leo le encanta trabajar con la gente y ser el centro de atención, mientras que usted puede mantenerse ocupado entre bastidores orquestando la operación y tomando las decisiones importantes. A un Capricornio se le da bien manejar las finanzas, pero puede servir para escuchar a un Leo y trabajar en su presentación.

Capricornio y Virgo

Trabajar con un Virgo es como si sus plegarias fueran escuchadas. Nunca encontrará un compañero más trabajador y honesto. Un Virgo nunca se interpondrá en su camino profesionalmente, y de hecho tratará de hacer que su viaje sea más fácil.

Si es paciente con un Virgo y deja claras sus expectativas, recibirá nada menos que un rendimiento estelar de este signo del zodiaco. Tenga en cuenta que es uno de los signos del zodiaco más propensos al estrés y al agotamiento. Si trabaja con un Virgo, es mejor que deje que su colega se encargue de las operaciones diarias mientras usted se centra en los proyectos a largo plazo y en el panorama general. Juntos pueden utilizar sus habilidades combinadas para obtener los mejores resultados.

Capricornio y Libra

Como Capricornio, aprecia y admira la profesionalidad, y los Libra ciertamente hacen gala del buen trabajo que realizan. Sí, su actitud puede parecer superficial y frívola a veces, pero eso solo puede ser un prejuicio resultante de su forma seria de hacer las cosas.

Los dos tendrán que encontrarse a mitad de camino y encontrar un punto medio que funcione para ambos. No se puede negar que este signo del zodiaco tiene una cabeza muy inteligente sobre los hombros. Tienen una gran capacidad de análisis y les gusta aprender cosas nuevas. Al mismo tiempo, son expertos en convertir la paja en oro y crear algo de la nada.

Esto es algo que un Libra apreciará y admirará mucho. Si trabaja con un Libra, deje que sea la cara de la operación y que se encargue de la clientela mientras usted se encarga de las operaciones ejecutivas. Aunque ambos poseen fuertes habilidades ejecutivas, Capricornio es mucho mejor para tomar decisiones a largo plazo.

Capricornio y Escorpio

Un Escorpio y un Capricornio forman un dúo muy productivo, ya que ambos son extremadamente trabajadores. Esto también se debe a que un Escorpio no tiene ningún problema en que usted esté al frente de la operación. De hecho, los Escorpio prefieren trabajar entre bambalinas, al tiempo que obtienen una ventaja intelectual sobre sus competidores. Mientras un Escorpio se mantiene ocupado construyendo expedientes financieros, usted puede ser la cara de la operación e impresionar a la clientela con su profesionalidad, diligencia y trabajo duro.

Puede confiar en el Escorpión cuando se trata de datos y cifras, que luego puede incorporar en informes y presentaciones para impresionar a su clientela. Aunque pueden tener pequeñas rencillas y agravios el uno con el otro, no hay nada que los dos no puedan solucionar y crear una asociación poderosa y productiva profesionalmente.

Capricornio y Sagitario

La actitud relajada de Sagitario puede ser una distracción para usted, ya que es una persona extremadamente profesional y enfocada en los objetivos. Aunque un Capricornio y un Sagitario tienen rasgos muy conflictivos, la verdad es que un Sagitario puede ser extremadamente importante para su éxito.

Este signo del zodiaco puede conectarse con personas de diferentes ámbitos de la vida, y los dos pueden crear una clientela muy diversa e impresionante y hacerse un nicho único. Además, un Sagitario también es extremadamente honesto y es probable que le controle para evitar que se tomen malas decisiones. Del mismo modo, también puede dar una estructura y un régimen muy necesarios a la naturaleza relajada de un Sagitario para sacar lo mejor de sí.

Capricornio y Acuario

Un Acuario puede intentar poner a prueba su paciencia durante ciertas situaciones, pero eso no significa que sea imposible que ambos coexistan y trabajen en sociedad. Aunque este signo del zodiaco es más conocido por su creatividad, no puede negar su gran capacidad para resolver problemas. Del mismo modo, un Acuario admirará su fuerte ética de trabajo y su capacidad para afrontar grandes responsabilidades sin dejar escapar ni una sola queja.

El trabajo es un aspecto de la vida en el cual a los Capricornio siempre les irá bien mientras amen lo que hacen.

Capítulo 9: ¿Qué necesita un Capricornio?

A estas alturas, ya sabe mucho sobre los rasgos distintivos de Capricornio y lo que les diferencia de otros signos del zodiaco. Para que un Capricornio tenga éxito en su vida, tiene que recordar algunas cosas.

Un individuo de este signo del zodiaco debe tener mucha confianza en sus decisiones, ya sea en el trabajo o en casa. Especialmente en el trabajo, tienen que aprender a valorar sus propias decisiones y así ganarse el respeto de sus compañeros.

En el trabajo, este signo debe esforzarse por parecer muy interesado. A menudo se observa que tienen prisa por irse cuando terminan su trabajo, aunque los compañeros sigan en sus mesas. Cambiar este hábito puede ser útil y hará que la gente note su dedicación.

Los Capricornio deben tratar de elegir las cosas que les gustan o les convienen en lugar de seguir a la multitud. Aunque les gusta la comodidad y la seguridad de seguir a los demás, podrían lograr mucho más éxito si recorren el camino menos transitado.

Es mejor que un Capricornio no trabaje con su cónyuge o incluso en el mismo lugar. Este signo es muy competitivo y controlador, por lo que esto puede tener un impacto negativo en su relación. Tener un lugar de trabajo separado es muy recomendable para los Capricornio y sus parejas. Esto les permitirá tener espacio para su crecimiento personal sin ser influenciados por el otro.

Los Capricornio necesitan probar algo nuevo de vez en cuando. Esto les ayudará a exponerse, a salir de su zona de confort y a ser mundanos.

Los individuos de este signo también necesitan trabajar para ser mejores oyentes. Aunque tienen opiniones fuertes y les gusta expresarse, también deben dar a los demás la oportunidad de hacerlo. Dejar que alguien hable sin interrumpir es una habilidad que este signo necesita adquirir. Les ayudará a aprender de las personas que les rodean y a ser mejores oyentes.

Disponer de un tiempo «a solas» cada día también puede ser beneficioso para su bienestar. Les ayudará a sentirse mejor y a controlar mejor su temperamento incluso en los peores días.

Ser realista es una característica innata de Capricornio. Sin embargo, también es importante que aprendan a ser más positivos en la vida. Está bien esperar lo mejor, aunque sientan que existe la posibilidad de que las cosas salgan mal. Permitirse algunos sueños fugaces a veces puede ser bueno para ellos.

Los Capricornio también deben dejar de criticarse a sí mismos todo el tiempo. Deberían pensar en las cosas que se dicen a sí mismos y tantear si es algo que alguna vez le dirían a un ser querido. La autocrítica constante solo hará que baje su autoestima y afectará a sus capacidades.

Estos son algunos puntos simples que un Capricornio debe tener en cuenta.

Conclusión

A estas alturas, ya sabe mucho sobre la personalidad de Capricornio, junto con sus fortalezas y debilidades. También sabe cómo funciona su mente la mayor parte del tiempo, y esto puede ayudarle a entender mejor a este signo tan distante.

Para un Capricornio, es crucial encontrar la pareja adecuada en el amor que le ayude a equilibrar sus debilidades y a sacar lo mejor de sí. También es importante para ellos estar con una persona que comprenda su necesidad de trabajar duro y tomarse su tiempo para hacer las cosas.

Este signo del zodiaco tiene muchas cosas únicas y admirables. Esperamos que la información de este libro sobre Capricornio le haya resultado esclarecedora. Incluso puede recomendarlo a otros Capricornio o a personas que tengan un Capricornio en sus vidas.

Undécima Parte: Acuario

La guía definitiva de un signo zodiacal sorprendente en la astrología

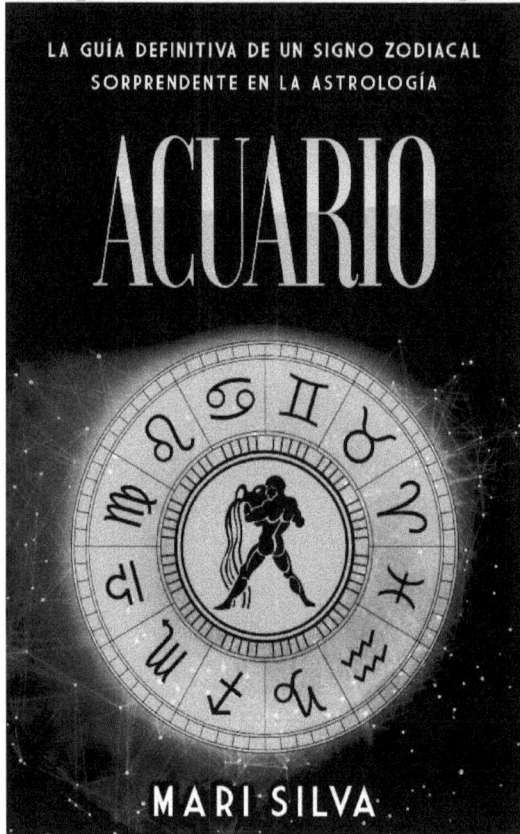

LA GUÍA DEFINITIVA DE UN SIGNO ZODIACAL
SORPRENDENTE EN LA ASTROLOGÍA

ACUARIO

MARI SILVA

Introducción

La gente ha estado fascinada con las estrellas y los planetas desde la antigüedad. Antes de que la tecnología e Internet se impusieran, las estrellas y los planetas servían de guía para la vida y el futuro. Antiguamente, teníamos una conexión mucho más fuerte con el reino celestial y la tierra bajo nuestros pies. Antiguas historias y mitos rodean a estos cuerpos celestes, pero el mundo en el que vivimos ahora es muy diferente.

La ciencia se considera la verdad real y todo lo demás se cuestiona, pero hay un poco de verdad en todo, y esto se aplica al antiguo arte de la astrología. Creer en los signos del Zodiaco y en su relevancia en nuestras vidas es algo a lo que mucha gente se ha ido abriendo de nuevo. No es necesario creer solo en lo que se ve o en lo que está probado por la ciencia. También puede elegir creer en cosas que están más allá de su comprensión. Por eso animo a explorar los signos del Zodiaco.

Dependiendo de la estación del año y del día en que nació, se encontrará bajo uno de los doce signos del Zodiaco. Conocer su propio signo del Zodiaco o el de las personas que le rodean puede ser de gran ayuda. La mayoría de las personas conocen su signo del Zodiaco, y muchas de ellas también leen su horóscopo con bastante frecuencia.

En este libro, nos centraremos específicamente en Acuario y nos esforzaremos por ofrecerle un conocimiento profundo de cualquier individuo que pertenezca a este signo.

Este libro destaca las fortalezas, debilidades, rasgos únicos y peculiaridades de los acuarianos. También le dará una mejor idea sobre la compatibilidad en el amor, el trabajo y la amistad de un individuo de Acuario con todos los demás signos.

Las cosas que aprenda en este libro podrían sorprenderle al darse cuenta de cuánto de ello resuena con usted o con el Acuario en su vida. Esencialmente, este libro debería ayudar a cualquier Acuario a comprenderse mejor a sí mismo, a obtener un mejor equilibrio en la vida y a aprender mucho sobre el gran impacto que su signo del Zodiaco tiene en sus vidas.

Si está preparado para adentrarse en el mundo de Acuario, ¡comience a leer!

Capítulo 1: Introducción a Acuario

Acuario es uno de los signos fascinantes del zodiaco y a menudo se le considera "el signo extraterrestre". Es un signo estrafalario, único y a veces extraño que está lleno de corazón y amor. Este capítulo le ayudará a comprender los intrincados detalles de este signo.

El signo astrológico Acuario aparece en el undécimo lugar del zodíaco. Es una representación de la constelación de Acuario. El Sol entra en este signo alrededor del 21 de enero y sale el 20 de febrero en el zodiaco tropical. En el zodiaco sideral, el Sol entra en este signo el 15 de febrero y sale el 14 de marzo. Este factor también se ve afectado por el fenómeno del año bisiesto.

El mito de Acuario

La constelación zodiacal de Acuario se representa como un portador de agua. Este portador de agua era Ganímedes, un joven frigio de la mitología griega. Era hijo del rey Tros, gobernante de Troya. Según otras fuentes, podría ser hijo de Dardanus. Un día Ganímedes estaba cuidando el rebaño de ovejas de su padre cuando Zeus lo vio y perdió su corazón por él. Adoptó la forma de un enorme pájaro y se llevó a Ganímedes. Desde entonces, Ganímedes se convirtió en el copero de los dioses. Orfeo canta esta historia en la obra de Ovidio.

Constelación

La constelación de Acuario es una constelación de invierno situada junto a Cetus y Piscis en el hemisferio norte. Es una constelación bastante radiante.

Símbolo de Acuario

Como se ha mencionado, Acuario suele representarse como un portador de agua. Este símbolo se representa a menudo de otras formas, como un hombre sabio, una mujer joven o una persona mayor. A veces solo se utiliza una olla llena de agua para representar el signo. (La representación es meramente conceptual y no una definición perfecta del signo).

Hay muchas maneras de interpretar el símbolo de Acuario. Por ejemplo, una interpretación dice que la vasija llena de agua representa la recolección de la sabiduría. El individuo o el alma de Acuario está siempre en busca de la sabiduría y es el portador de la sabiduría colectiva de la humanidad. Puede sonar bastante elevado, pero las personas que conocen a los individuos de Acuario estarán de acuerdo en que esto tiene sentido en un nivel profundo.

Los individuos de Acuario creen en la esencia de la vida y tienen una enorme capacidad de curación. Les encanta mejorar su entorno y su comunidad y realizar actos de altruismo. Les gusta mejorar la vida de las personas que les rodean. Hacen estos actos porque los disfrutan, no para obtener elogios o crédito. Acuario dispensa bondad, sabiduría y serendipia a través de su vasija.

En la antigüedad, el portador de agua caminaba muchos kilómetros para ir a buscar agua fresca para su comunidad. Del mismo modo, la persona de Acuario está dispuesta a atravesar el dolor, las dificultades y la lucha para buscar la verdad, las ideas iluminadoras y la sabiduría. Con mucho gusto recorrerán los caminos que otros evitan.

El glifo de Acuario y su significado

Para describir los signos del Zodiaco de forma abreviada, los astrólogos de todo el mundo utilizan glifos y signos específicos. Estos son únicos y diferentes para cada signo zodiacal y tienen un significado crucial en la representación del signo. Los glifos son sencillos, por lo que cualquiera puede emularlos con facilidad. El glifo de Acuario también es sencillo, pero encierra un significado profundo y representa el signo de la mejor manera posible.

Muchas personas se hacen el símbolo de Acuario como tatuaje. Se representa mediante aguas agitadas o un rayo. El glifo de las aguas agitadas tiene dos olas que se mueven en paralelo. Este glifo muestra la profunda naturaleza oculta del signo.

Acuario es un signo inteligente bendecido con el poder de la intuición. Esto les permite saber cosas, aunque no entiendan la razón. Las líneas de ondas paralelas también representan el deseo acuariano de igualdad. Estos factores se pueden observar en cualquier persona típica de Acuario. Odian la disparidad entre clases, géneros, etc. Para ellos, todos son iguales. Tienen el deseo de hacer y ver el mundo bajo una luz de igualdad.

Creen que esto puede hacerse sacando a la luz las grandes verdades para que la humanidad pueda beneficiarse de ellas. Son conscientes de que este acto puede aislarles o alejarles, pero recorren gustosamente este difícil camino con inmensa valentía.

Elemento

Cada signo del Zodiaco está regido por uno de los cuatro elementos: aire, agua, tierra o fuego. Los signos del zodiaco forman cuatro tríos; por lo tanto, se puede ver la superposición de emociones, rasgos y acciones en los signos que pertenecen al mismo trío.

Muchos principiantes suelen sorprenderse al darse cuenta de que el elemento agua no rige a Acuario. El glifo tiene olas; el símbolo de Acuario es un portador de agua; todos estos factores parecen indicar que el signo tiene una estrecha relación con el agua, pero está regido por el aire.

Los acuarianos odian las convenciones y nunca se doblegarán a las expectativas de nadie; no es de extrañar que su elemento regente haga añicos las expectativas en esta materia. El trío de Aire está formado por Géminis, Acuario y Libra. Todos estos signos tienen una visión rápida de la vida. Son ingeniosos, agudos e intelectuales. Aunque los signos son similares en ciertos aspectos, Acuario se diferencia de los demás por sus características particulares.

El elemento Aire en el zodiaco representa las ideas, los pensamientos y el razonamiento intelectual. Los individuos de Acuario suelen estar confundidos porque aman a la humanidad, pero no entienden las emociones y los sentimientos. Esto crea una constante sensación de confusión. Suelen tener mala suerte en el amor, aunque no es culpa suya. Como Acuario, el mayor problema al que puede tener que enfrentarse es la difícil naturaleza de las emociones pesadas, como la pena, el amor y el dolor.

Emociones como estas se vuelven inmensamente complicadas cuando intentas abordarlas desde un punto de vista intelectual, como haría un Acuario. Cuando los Acuario no tienen su razón para apoyarse, se confunden y se asustan con sus sentimientos. Es necesario mantener la compostura al tratar con una persona de este signo.

Estos individuos suelen tener ideas profundas y grandiosas, al tiempo que evitan los pensamientos superficiales. Son artísticos, distintos y audaces. Son provocadores y disfrutan de la humanidad, y ayudan a la gente con su combinación de intuición e inteligencia.

Las cabezas de los individuos de Acuario están llenas de ideas que se mueven por sus cerebros con rapidez. Hablan con pasión y viveza. La gran cantidad de ideas a menudo los lleva a dar vueltas y les desvía hacia temas tangenciales. Como amigo de un Acuario, tenga paciencia cuando hagan esto. Su mente se mueve en todas las direcciones a la velocidad de la luz. Si no vuelve pronto al tema, puede darle un empujón en la dirección correcta.

Los planetas de Acuario

Cada signo del Zodiaco tiene elementos o artículos particulares que lo representan. Estos incluyen glifos, símbolos, elementos, constelaciones, etc. Otro factor que rige los signos del Zodiaco es su planeta; un "planeta astrológico" particular, que generalmente se correlaciona con uno de los planetas físicos de nuestro sistema solar, rige cada signo.

Según la astronomía, hay ocho planetas en el sistema solar, pero en astrología hay más de ocho. Algunos signos también comparten planetas. Gracias a la ciencia moderna, se han descubierto nuevos planetas; con el tiempo, eso ha provocado cambios en la lista clásica de planetas regentes. Por ejemplo, Marte regía el signo Escorpio, pero ahora lo rige Plutón (que, por cierto, ya no es un planeta). Otros cuerpos del Sistema Solar también rigen algunos signos del Zodiaco; por ejemplo, la Luna rige a Cáncer.

En el caso de Acuario, tanto Saturno como Urano lo rigen. Las interpretaciones de los rasgos y efectos de estos dos planetas difieren mucho, pero ambos trabajan en conjunto para poner en primer plano la singularidad de su personalidad.

Saturno es un planeta severo en el sistema solar, según la mayoría de las interpretaciones. Está enfocado a la autodisciplina, el orden y el método. Un código de conducta sigue rigiendo incluso a los Acuario más extravagantes. Este código de conducta suele ser personal y no sigue el código de conducta de otras personas.

Urano es un planeta al que le gusta hacer las cosas por su cuenta, al igual que el individuo de Acuario que es único y audaz. Urano rige el aprendizaje superior, la sabiduría, las nuevas posibilidades, la libertad y la pasión por el cambio. Estos rasgos son bastante típicos de la persona de Acuario.

La gente suele estar asustada y nerviosa ante los grandes cambios, pero Acuario los acepta de buen grado y a menudo los disfruta. Creen que la vida debe avanzar siempre, aunque en armonía y paz. Están llenos de sabiduría y de elevados ideales presentados con total compasión.

Casa de Acuario

La astrología es un campo infinito, y una multitud de factores la convierten en un arte intrincado. Incluso en el nivel más básico, existe una gran cantidad de conceptos diferentes que hacen que sea difícil de entender para un principiante. Por ejemplo, además de los doce signos del Zodiaco, existen doce casas. Si no comprende las casas, lo más probable es que se haya saltado un aspecto integral de la astrología.

Las casas astrológicas representan las áreas exactas de la vida de una persona de las que habla el horóscopo. Cada casa en la astrología representa un factor único. Estas casas representan los lugares, las personas, las situaciones y las circunstancias que tienen lugar en la vida.

Cada casa recibe el nombre de los signos del Zodiaco, por lo que comienzan en Aries y terminan en Piscis. Cada casa tiene una característica particular, según la rueda del zodiaco. Para interpretar las casas, es necesario tener una carta astral.

Casa Undécima

La Casa Undécima es la casa de Acuario. En ella es donde debuta en la sociedad. También representa la recepción o la reacción que recibe de la sociedad. Se considera la casa de los amigos. También incluye otros círculos sociales como los colegas y los conocidos. Al igual que el signo, esta casa también está regida por Saturno y Urano.

La Casa undécima muestra si usted encaja o se aleja de sus condiciones de nacimiento y de cómo lo han criado. Establece el estado de ánimo de estos factores.

Una persona con una Casa Undécima fuerte suele acabar en una tribu totalmente diferente a la de su nacimiento. Su tribu original puede hacer que se sienta como un extranjero o un forastero. Otros individuos con una Casa

Undécima fuerte pueden provocar a la gente que les rodea y pueden romper las tradiciones en las que fueron criados.

El regente de esta casa es Saturno, junto con Urano. Esta casa representa la comunidad, la expresión de la comunidad, las visiones compartidas, las colaboraciones y la unión.

Casa del Buen Espíritu

Los antiguos astrólogos griegos consideraban la Casa Undécima como la casa de las aspiraciones. Se considera la casa del buen espíritu y de la libertad, ya que se siente libre tras romper las convenciones de la sociedad sin preocuparse por los implicados. Esto le proporciona su amplitud de miras, que remite al elemento rector del aire. Le permite ser soñador sin ningún tipo de juicio.

También se la conoce como la Casa de la Divinidad y está llena de compasión. Permite a la persona tener una visión total de la humanidad.

A muchos astrólogos les resulta difícil o complicado definir la casa, ya que está llena de contradicciones, al igual que el propio signo. Ambos aspectos permiten las implicaciones simultáneas, pero contradictorias, de las aspiraciones individuales, junto con la potencia de un grupo.

Colores para Acuario

Los acuarianos suelen ser considerados los extraterrestres del sistema zodiacal, ya que son únicos, piensan de forma innovadora y están muy adelantados a su tiempo. Suelen tener una visión global y son muy humanitarios. Se esfuerzan por hacer del mundo un lugar mejor. A menudo se les considera raros o ligeramente excéntricos, pero estos factores los hacen aún más entrañables. Por eso, los acuarianos tienen muchos amigos de distintos ámbitos. Esta sección le ayudará a entender qué colores son los mejores para los acuarianos.

Aunque las personas de Acuario se visten y actúan de una manera que les hace destacar, hay ciertos colores que son genuinamente buenos para el signo. Cada signo del Zodiaco tiene ciertos colores que son "adecuados" para ellos.

Azul: un portador de agua representa a Acuario, y no es de extrañar que el color del poder para el signo sea el azul. Los acuarianos, al igual que el portador de agua, llevan y traen conocimiento y sabiduría al mundo. El color azul los mantiene centrados y tranquilos. Como los acuarianos tienen la costumbre de salirse por la tangente, el color azul puede mantenerlos con los pies en la tierra. Proporciona un aura tranquilizadora que puede mantenerlos estables y centrados.

Otro color muy recomendado para Acuario es el púrpura. La piedra preciosa de Acuario es la amatista, un cristal púrpura brillante. Es una piedra psíquica que puede mejorar la intuición del portador y otras habilidades "psíquicas". La amatista representa la sabiduría, la compasión y el idealismo, que son rasgos importantes de Acuario. El carácter general de este signo es de inteligencia y compasión.

Piedra de nacimiento para Acuario

Según la astrología, Saturno es considerado el planeta más duro. Se supone que este planeta (junto con Urano) rige Acuario. Cualquier acuariano que pueda satisfacer a Saturno y hacer feliz al planeta tendrá un gran éxito en casi todos los ámbitos de la vida. La piedra favorita de este planeta es el Zafiro Azul. Por ello, el Zafiro Azul se considera la piedra de nacimiento de los acuarianos. Se recomienda llevar esta piedra en el dedo medio en un anillo de oro. Llevarlo en la mano derecha mejorará la calidad general de su vida.

Otras piedras de la suerte para los Acuario

Hay muchas otras piedras que se consideran afortunadas y poderosas para Acuario. Algunas de ellas son el granate, el ámbar, la amatista, el ópalo, el ágata musgosa, la sugilita, etc. La piedra talismán de Acuario es el jaspe, mientras que su piedra planetaria es la turquesa. Veamos este tema de las piedras, una por una.

Piedra de ámbar

Es buena para mantener a raya la energía negativa.

Amatista

Es una piedra curativa que puede ayudarle a deshacerse de las penas y culpas del pasado.

Granate

Es otra piedra curativa que puede ayudarle a conseguir una buena salud.

Hematita

Es una piedra calmante que aleja la energía negativa, la presión y el estrés. Es buena para la confianza en uno mismo. Actúa sobre el Chakra Raíz y puede convertir la energía negativa en vibraciones positivas.

Piedra de la suerte para la mujer de Acuario

Para las mujeres de Acuario, las siguientes son las mejores piedras:

Ágata

Turquesa

Granate

Amatista

Piedra de la suerte para el hombre de Acuario

Los hombres de Acuario deberían llevar estas gemas para provocar cambios positivos en su vida:

Jaspe

Granate

Amatista

Es necesario elegir la piedra preciosa correcta asociada a su signo del Zodiaco. Si se elige una incorrecta, puede dar lugar a la aparición de diversos problemas.

Características de Acuario

Los individuos de Acuario son generosos y dan con las manos abiertas, pero a menudo se pierden en sus planes, ideas, preguntas y soluciones creativas. Por lo general, desprecian que la gente irrumpa en su proceso de pensamiento, pero si ve que un amigo Acuario es demasiado excelso, es un deber suyo devolverlo a la realidad; de lo contrario, podría perderse demasiado en sus pensamientos.

También es necesario recordar que, con su singularidad, están dotados de una notable y poderosa perspicacia. Bajo su extravagante y a veces extraña apariencia exterior, esconden un enfoque pionero hacia el mundo, que puede hacernos avanzar a todos.

Los acuarianos tienen un conjunto de características que se encuentran en la mayoría de los individuos que pertenecen a este signo. Estas características son tanto positivas como negativas. Se recomienda potenciar las características positivas y deshacerse de las negativas para hacer su vida más agradable.

Rasgos positivos de Acuario

Los acuarianos suelen ser descritos como originales, inteligentes y listos. Están orientados al futuro y son los visionarios de este mundo. Algunos de sus rasgos positivos son:

Visión

El rasgo más común y destacado de este signo es la ambición y la visión. Son muy ambiciosos en cuanto a su futuro personal y social. Gracias a su naturaleza humanitaria, los acuarianos se preocupan por la mejora de la sociedad y se esforzarán mucho por conducirla hacia un futuro glorioso. Emprenden varias causas humanitarias generosas, como la lucha contra el hambre en el mundo, la búsqueda de nuevas formas de detener el cambio climático y la lucha contra la pobreza y la corrupción.

Los acuarianos pueden ser un poco dogmáticos en sus creencias a veces, pero a menudo harán todo lo posible para hacer del mundo un lugar mejor. Tienen un fuerte sentido de la justicia y la compasión. Una combinación de ambos guías sus opiniones y acciones. Disfrutan y aman la libertad y la extienden a todo el mundo.

Los acuarianos pueden cambiar el mundo con su pasión, su voluntad humanitaria y sus perspectivas únicas.

Inteligente

Uno de los signos más cerebrales, los acuarianos tienden a ser muy inteligentes, pero a menudo se pierden en el análisis de las cosas para encontrar nuevas soluciones a un problema. Su inteligencia no se limita solo a los libros, y es posible encontrar acuarianos expertos en diversos campos. Ven posibilidades en casi todo y les encanta analizar y diseccionar las cosas. Esto les hace ser muy tolerantes con una variedad de puntos de vista.

Los acuarianos tienden a ver el panorama general, lo que les hace muy aptos para resolver problemas. Sus propias ideas y el constante bombardeo de pensamientos pueden distraerles, pero cuando se concentran, pueden producir las mejores sugerencias y opiniones bien documentadas e imparciales sobre una cuestión o un asunto.

Original

Las personas nacidas bajo este signo son conocidas por su originalidad y singularidad. Seguramente son una de las personas más singulares que pueda ver, y les gusta llevar este hecho en la manga.

Son genios innovadores a los que les encanta pensar fuera de la caja, especialmente en proyectos creativos y en la búsqueda de soluciones a los problemas. A menudo, los acuarianos se salen de lo establecido y proponen algo que puede ser revolucionario e innovador. Su inclinación por la revolución y la novedad se observa también en su deseo de un mundo mejor.

La originalidad y la singularidad marcan la existencia de todos los acuarianos. Estos factores se extienden también a sus mentes creativas, por lo que suelen tener diversas tendencias artísticas. Los acuarianos adoran utilizar el arte como medio de expresión y se dedican a medios como la escritura, la pintura y la composición.

En la vida personal, los acuarianos suelen ser conocidos como ligeramente (o en muchos casos muy) excéntricos, pero a casi todos los acuarianos les gusta esta etiqueta. Prefieren abrazar su excentricidad y rareza que llevar una vida aburrida e intrascendente.

Rasgos negativos de Acuario

Ahora que hemos repasado los rasgos positivos de Acuario, es el momento de echar un vistazo a las características negativas del signo.

Frío

Los acuarianos pueden parecer insensibles y fríos. Esto se debe a que son menos emocionales y más pragmáticos, lo que les permite tener una perspectiva única del mundo. Tienden a analizar demasiado las cosas, lo que crea una sensación de distanciamiento del mundo habitual. Esta naturaleza desapegada puede hacer que los demás se sientan incómodos. Cuando este desapego se combina con sus ideas y procesos de pensamiento rígidos, la gente suele desanimarse.

Suelen tener problemas debido a su naturaleza distante e impersonal, especialmente cuando tienen que enfrentarse a una situación que requiere emociones fuertes y sensibilidad. Cuando la situación es grave, no se quiere alienar a la gente.

Altivos

Los acuarianos tienen una inclinación por el pensamiento y las ideas profundas, lo que los convierte en uno de los signos más inteligentes, pero esta inclinación también los hace susceptibles a la altivez. Los acuarianos se aferran a sus ideas y a menudo creen que son correctas, lo que automáticamente convierte a todos los demás en incorrectos. A menudo no se dan cuenta de que están hablando mal de una persona, porque creen que su opinión es más que una opinión, es decir, es un hecho. Una vez que un acuariano toma una decisión, puede ser imposible que vuelva a cambiarla.

Este rasgo puede ser el precursor de la frustración de las personas que rodean a Acuario, especialmente si intentan intercambiar ideas o proponer soluciones. El comportamiento de los acuarianos puede hacer que los demás se sientan inferiores.

Demasiado idealista

Los acuarianos están bendecidos con una visión que es una ventaja, pero esta ventaja también puede convertirse en una maldición si no se maneja adecuadamente. Los acuarianos tienden a ser demasiado idealistas, lo que les hace perseguir cosas que son nada menos que perfectas. La perfección es un concepto imposible, pero los acuarianos pueden no darse cuenta de ello, lo que a menudo los lleva a la frustración, la insatisfacción y, en algunos casos, a la depresión cuando no consiguen alcanzar los estándares imposibles y elevados.

Por lo general, su idealismo puede hacer los acuarianos sean ligeramente ilusos y algo santurrones.

Impredecible

A los acuarianos les encantan los cambios y la singularidad. A menudo intentan cambiar para mejorar, pero esta cualidad puede hacerlos impredecibles. Los acuarianos a menudo parecen distantes y sin emociones; esto se debe a que liberan sus emociones, especialmente la ira, en estallidos repentinos, rápidos e impredecibles que parecen salir de la nada.

El mal genio y el control de la ira pueden ser problemas importantes para los acuarianos, especialmente los individuos que tienen que enfrentarse a mucha presión y estrés. Estos individuos odian ser emocionalmente vulnerables, por lo que, si algo les saca de quicio, pueden arremeter con dureza. Este arrebato puede compensar e incluir muchas emociones reprimidas.

Características de Acuario en situaciones comunes

A veces, los acuarianos pueden parecer insensibles, ya que tienen dificultades para manejar sus emociones y sentimientos. Su dificultad no significa que no sean comprensivos o compasivos con los demás. Los acuarianos pueden establecer vínculos estrechos con las personas (una vez que se sienten cómodos con ellas). Estos son algunos ejemplos que muestran cómo reaccionan los acuarianos en determinadas situaciones.

Acuario en el amor

Lo suyo es la estimulación mental e intelectual, y no es de extrañar que una persona acuariana busque las mismas cualidades en una relación. Necesitan parejas que puedan entablar conversaciones interesantes, complejas e intrigantes y que puedan tolerar su costumbre de salirse por la tangente todo el tiempo. Como persona acuariana, nunca podrá sentirse románticamente inclinado hacia una persona a menos que esta pueda proporcionarle alguna forma de estimulación intelectual. Esta estimulación no tiene por qué ser sobre el existencialismo o la banalidad del mal; puede ser sobre cosas sencillas como los videojuegos.

Junto con la estimulación intelectual, los acuarianos desean una conexión mental. No se sienten cómodos con una persona a menos que puedan formar y disfrutar de una conexión mental con ella. Además de estos dos factores, un acuariano también aprecia la independencia y la honestidad. Una persona acuariana está incompleta sin independencia. Están hambrientos de libertad, aunque sea a costa de ser un solitario. Necesitan un sentido de independencia de su pareja y le darán lo mismo. Siempre respetan los límites de su pareja y la tratan de igual a igual. Si un Acuario se enamora de alguien, considerará la relación como un compromiso de por vida. No tendrán miedo de sacrificarse para salvar y cuidar su relación.

Si alguien les traiciona o engaña, experimentan una ira sin igual. Lo más probable es que terminen la relación de inmediato y sigan adelante. Los acuarianos no perdonan y tampoco olvidan. Hablaremos de esto en detalle en un próximo capítulo.

Acuario en la familia y la amistad

Los acuarianos aman a sus amigos, a su familia y a sus allegados. Aprecian la vida familiar y disfrutan de las personas que son creativas, honestas e inteligentes. Están dispuestos a hacer sacrificios y asumir riesgos por el bien de su familia y sus seres queridos.

En cuanto a la amistad, los Acuario tienden a ser populares. Suelen tener muchos conocidos y son amigos de mucha gente. Esto se debe a que ven el mundo desde un punto de vista colaborativo. Poseen una actitud santurrona y ligeramente altiva que puede hacer que la gente se sienta incómoda, pero generalmente, los acuarianos son extravagantes, divertidos y es fácil relacionarse con ellos.

Los acuarianos son malos con sus emociones y desprecian ser emocionalmente vulnerables. Esto puede ser un factor de su ineptitud para hacer amigos íntimos y formar vínculos personales con la gente. Siempre se tomarán su tiempo antes de establecer una relación estrecha con alguien. Necesitarán mucho tiempo para procesar las cosas y sentirse conectados con alguien a nivel intelectual y emocional. Una vez que se hace amigo de un Acuario, siempre será su amigo más fiable. Cuando alguien rompe su confianza, un Acuario se vuelve loco.

Celebridades de Acuario que adoptan los rasgos del signo

La gente de Acuario es conocida por ser fuerte, original y de pensamiento profundo. Son humanitarios y son audaces y dedicados.

Nacer en el signo de Acuario tiene muchas ventajas, ya que le permite luchar por causas que pueden cambiar el mundo. Son intransigentes y pueden tomar decisiones difíciles. El único problema que tienen es que no logran expresar sus emociones adecuadamente. Aun así, pueden ser muy empáticos con los dolores y las penas de los demás.

El elemento aire rige a muchos famosos. He aquí una lista de algunos famosos de Acuario que muestran muchos de los rasgos asociados con el signo.

Ellen DeGeneres

Ellen se ha convertido en una estrella internacional y es muy conocida por su personalidad audaz y divertida. Nació el 28 de enero. Es presentadora de programas de entrevistas, comediante, actriz y productora, y es más conocida por su programa de entrevistas diurno sindicado, The Ellen DeGeneres Show.

Además de sus muchos reconocimientos en Hollywood, Ellen muestra con orgullo los dos rasgos notables de Acuario: la filantropía y el humanismo. Es una firme defensora de los derechos de los animales y del colectivo LGBTQ y ha creado muchas organizaciones benéficas. También hace donaciones regularmente a otras causas. Por su labor benéfica y otras actividades relacionadas, ha recibido la Medalla Presidencial de la Libertad.

Millie Bobby Brown

Millie Bobby Brown, una joven actriz de gran talento, conocida por su serie innovadora, *Stranger Things*, es una verdadera Acuario. Apoya firmemente la justicia social y la igualdad y utiliza su fama para hacer del mundo un lugar mejor.

Nació el 19 de febrero y es la embajadora de buena voluntad más joven nombrada por UNICEF. Ha utilizado su estatus de celebridad para llamar la atención sobre los problemas que afectan a la actual generación de niños y jóvenes. Sus actividades humanitarias y su disposición representan realmente su corazón de Acuario.

John McEnroe

Conocido por ser el "chico malo del tenis", John McEnroe tiene todos los rasgos clásicos de Acuario. Nació el 16 de febrero y es conocido por su temperamento, dentro y fuera de la pista. Ha tenido enfrentamientos con sus oponentes, funcionarios y árbitros. Sus "rabietas" o arrebatos le han hecho famoso entre la prensa y las redes sociales, y estas rabietas han sido parodiadas en múltiples ocasiones, convirtiéndolo en una sensación de la cultura pop. Es un individuo franco, independiente y de mentalidad fuerte, al igual que otros Acuario. Está dispuesto a luchar por las cosas en las que cree, literalmente y en sentido figurado.

Elizabeth Banks

Actriz, productora y directora progresista y de gran talento nacida el 10 de febrero, Elizabeth Banks tiene todos los rasgos de una persona Acuario. Es una firme partidaria y defensora de la elección, los derechos y la autonomía de las mujeres sobre su propio cuerpo. Ha utilizado su fama y su poder para influir en la gente y garantizar la igualdad salarial para el reparto y el equipo, independientemente del género. A menudo inserta temas feministas y radicales en sus obras de arte.

Su proyecto más reciente fue un reinicio de *Los Ángeles de Charlie* con cuatro protagonistas femeninas fuertes que derriban una organización corrupta. Ha dirigido la atención de la gente hacia el empoderamiento de las mujeres en la industria cinematográfica, que siempre ha estado dominada por los hombres.

Oprah Winfrey

Uno de los rostros más reconocidos del mundo, Oprah Winfrey (o simplemente Oprah) es una encarnación del signo Acuario. Es una excelente oyente y una persona empática. Su intuición y empatía han ayudado a cientos de celebridades y personas comunes a abrirse a ella en sus programas, como The Oprah Winfrey Show y Super Soul Sunday. Su deseo de igualdad le permite mirar a sus invitados sin un ápice de prejuicio y proporcionarles una amplia empatía y simpatía. Es empática con su dolor y sus dificultades. Nació el 29 de enero. Otro rasgo notable de Acuario es su inclinación por la caridad.

Capítulo 2: Fortalezas y debilidades de Acuario

Cada persona es bendecida y maldecida con un conjunto de fortalezas y debilidades. Los individuos nacidos bajo un determinado signo del Zodiaco tienden a tener ciertos rasgos comunes similares que comparten. Algunos dicen que la comida de un hombre es la basura de otro. Del mismo modo, algo que es absolutamente crucial para un signo del Zodiaco puede convertirse en algo totalmente trivial y despreciable para otro. Es necesario entender sus debilidades y fortalezas que pueden ayudarle a llevar su vida de una manera mejor. Acuario es un signo contradictorio; por lo tanto, es aún más importante comprender sus fortalezas y debilidades para que pueda ayudarse a sí mismo (o a su amigo acuariano) a tener una vida libre de rabietas.

Rasgos positivos

He aquí un rápido vistazo a los rasgos positivos de un individuo Acuario.

No convencional

A los acuarianos les suele fascinar la libertad, las ideas no convencionales, los conceptos y la tecnología. Son rebeldes y están siempre necesitados de libertad. Su amor por la libertad no significa que no aprecien a las personas, sino que les gusta la gente y pueden apreciar las ideas innovadoras. Les encanta la innovación y apreciarán una idea innovadora, aunque no sea plausible en la vida real.

Marcadores de tendencias

Los acuarianos son los que marcan las tendencias del zodiaco y les encanta relacionarse con otras personas. El undécimo signo del zodíaco es conocido por su amor a la libertad. Pueden parecer tímidos, pero pueden ser bastante animados y poco convencionales si la situación lo requiere. Siempre se enfocan en conceptos, ideas y sentimientos filosóficos. Esto es posible gracias a su intelecto superior, que generalmente utilizan para ayudar a los demás. No son críticos y tienden a ver todos los aspectos de la historia antes de llegar a una conclusión. Son adaptables, lo que les hace ser sociables, pero siguen prefiriendo su soledad. Es posible que necesiten volver y recargar sus niveles de energía en la soledad.

Personalidad estimulada

El mundo está lleno de oportunidades para todos los signos de aire, especialmente para los Acuario. Los signos de aire utilizan su mente a fondo cada vez que se enfrentan a nuevas situaciones y personas. Los acuarianos necesitan estimulación mental; si no se sienten estimulados mentalmente, se aburren y pierden toda la motivación.

Visionarios

Dos planetas, Saturno y Urano, rigen Acuario. Urano es conocido por sus ideas y propiedades visionarias. Estas ideas visionarias también hacen que las personas nacidas bajo este planeta sean visionarias. Por ello, los Acuario suelen ser muy intuitivos y están dotados del don de la precognición. Esto también los convierte en expertos en la planificación de cosas. Son versátiles, poderosos, audaces, brillantes y encantadores. Son grandes pensadores, auténticos humanistas y trabajadores innovadores.

Amantes de los grupos

A estas personas les encanta estar solas, pero les gusta trabajar en grupo, por lo que suelen tener muchos compañeros a su alrededor.

Independencia

Siempre luchan por la igualdad y la independencia. No les gusta que les obliguen a permanecer encadenados y odian que les roben sus derechos. Esto hace que a menudo parezcan distantes y fríos, pero estos dos factores son solo mecanismos de defensa contra la intimidad y el descaro.

Carisma

Al principio les cuesta confiar en la gente, pero una vez que aprenden a hacerlo, pueden expresarse libremente de forma más guiada. Esto les hace ser muy carismáticos, amables y sociables.

Popularidad

Las personas que pertenecen a este signo suelen ser populares, y a menudo intentan hacer del mundo un lugar mejor. Sin embargo, tienen sus problemas; por ejemplo, a menudo se dejan llevar por conceptos, ideas y planes que pueden ser poco realistas.

Problemas de comunicación

Si es acuariano y a veces le resulta difícil hablar con la gente, no es culpa suya; es un rasgo de la personalidad de su signo. Los acuarianos suelen tener dificultades para invertir en emociones, lo que les hace tener problemas de comunicación. Aprender a establecer conexiones con la gente y a invertir en emociones puede ayudarles a conocer mejor a los demás y a mejorar la comunicación de forma espectacular.

Soledad

Su amor por la soledad puede tomarse como un concepto tanto negativo como positivo. Por un lado, su soledad les hace parecer distantes y apartados, mientras que, por otro, les hace estar centrados, dedicados y llenos de energía. A los Acuario les encanta estar solos a veces, y si se le deja a su aire, pueden aportar ideas nuevas y emocionantes.

Si a los Acuario no se les da su espacio y soledad, se ponen de mal humor, y su claridad y precisión mental se desvanecen. Esto a menudo confunde a sus allegados, ya que no comprenden la razón de este comportamiento peculiar e imprevisto. Como Acuario, debe haber notado que no se preocupa por dar explicaciones o razones cuando quiere que lo dejen solo. Esto puede sobresaltar a sus seres queridos y les puede parecer inexplicable. Evítelo.

Liderazgo

Los acuarianos están dotados de un cerebro impecable. Son extraordinariamente encantadores, independientes y originales. Anhelan la estimulación intelectual en todo momento y se mantienen fieles a las personas que pueden proporcionársela. Estas cualidades les convierten en un gran líder de equipo, a pesar de ser rebeldes. Su falta de convencionalismo les convierte en un líder inimitable, ya que aportan soluciones que nadie más puede.

Atractivo

Su encanto, elucidación, audacia y alto intelecto los hacen populares entre las posibles parejas románticas, pero sorprendentemente, los acuarianos se inclinan más por la amistad que por el romance. Un problema al que suelen enfrentarse sus parejas es la dificultad para entenderlos. Esto puede conducir a la frustración, especialmente si las parejas no se llevan bien con su entusiasmo y energía. Los acuarianos son descuidados cuando se trata de reglas y normas, y eso puede parecer desagradable a sus parejas.

Inventivos y activos

Piensan continuamente, lo que les hace ser activos e inventivos. Siempre están pensando en nuevas ideas y encontrando nuevas soluciones para hacer del mundo un lugar mejor. Intentan descubrir nuevas formas de ayudar a los demás.

Aman los cambios

No solo desean el cambio, sino que lo adoran. Les encanta agitar las cosas para poder inspirar a los demás. Quieren mejorar la vida de todos, incluida la suya.

Entretenidos

Son extraños, no hay duda, pero esta actitud excéntrica los convierte en amigos muy codiciados. Nunca son aburridos y suelen tener un gran sentido del humor. Son buenos narradores y nunca le aburrirán. Les encanta compartir su alegría con los demás, lo que les hace ser populares entre todos.

Pensadores fuera de lo común

Sus excentricidades también les convierten en pensadores con una precisión y capacidad poco comunes. Se atreven a imaginar ideas que a otros simplemente no se les ocurren. Suelen interesarse por las discusiones filosóficas y poseen un pensamiento "fuera de la caja". Suelen asombrar a los demás aportando soluciones sencillas, pero eficaces, a problemas complejos.

Creativo

Nunca se sienten ociosos; siempre hacen una cosa u otra porque odian aburrirse. Son creativos e individualistas.

Agradable

Pueden parecer distantes, pero son algunas de las personas más amables y cariñosas que existen.

Librepensadores

Son grandes oyentes y a menudo escuchan las opiniones de los demás, pero rara vez cambian sus puntos de vista sobre algo. Tienden a mantener sus creencias e ideas, pero esto no significa que sean inflexibles.

Rasgos negativos de Acuario

De la sección anterior se desprende que los acuarianos están dotados de muchos rasgos positivos que pueden ayudarles a cambiar el mundo para bien. Estos rasgos les permiten disfrutar de su vida a fondo y con plena dedicación.

Sin embargo, no todo es genial en los acuarianos, ya que el signo también tiene características negativas. Estos rasgos negativos son, en cierto modo, una debilidad para los acuarianos, que a menudo les acarrean problemas. Deshacerse de estas debilidades puede facilitar la vida de los Acuario. Aquí hay una lista de debilidades comunes para los acuarianos.

Desapegado

Pueden ser bastante desapegados del mundo y de las personas que les rodean, lo que a menudo puede resultar irrespetuoso. Como acuariano, es necesario aprender a no parecer irrespetuoso ya que este rasgo puede hacer que le traten como un marginado.

Falta de equilibrio

Esto no se refiere al equilibrio físico. A los acuarianos les encanta cuidar de sus amigos y familiares, así como de otras personas. Están dotados de instintos humanitarios y tienden a mejorar el ambiente de sus grupos y equipos. Esto puede ser una ventaja para un líder de equipo, pero muchos acuarianos suelen olvidar que un equipo está formado por individuos distintos. Aunque cuidar del equipo como grupo es esencial, también es necesario cuidar de los individuos como personas separadas. Cada persona tiene una importancia distinta en su vida y tratarla como tal le ayudará a mejorar la comunicación y la relación con ella. Es importante encontrar el equilibrio entre el equipo y el individuo.

Testarudo

Pueden ser bastante testarudos. Se mantienen firmes en sus puntos de vista y opiniones y no los cambian, independientemente de quién intente convencerles y de qué manera. Escucharán las opiniones de los demás, pero seguirán estrictamente sus propias ideas.

Impaciencia

Esto está estrechamente relacionado con el punto anterior. Los acuarianos no solo evitan cambiar sus opiniones o ideas, sino que también tienden a impacientarse con las personas que intentan cambiarlas. Odian que la gente no pueda entender su opinión o ver su lado de algo.

Imprevisibilidad

Esta es una ventaja y un inconveniente para los acuarianos. La imprevisibilidad, combinada con la amabilidad hacia la independencia, puede hacer que los Acuario parezcan demasiado impersonales y distantes. Los acuarianos aman sus propios pensamientos e ideas, lo que los hace imprevisibles y confusos para las personas que no los conocen bien.

En la sección anterior se han tratado los rasgos generales de Acuario. La siguiente sección se centrará en los rasgos clave específicos que se observan en los individuos de Acuario de ambos sexos.

La mujer Acuario: Rasgos clave

Ningún signo es como Acuario, ni siquiera otros signos de aire. Los acuarianos son bastante serios y están conectados con la realidad, pero les encanta entregarse a la filosofía y la fantasía. Las mujeres acuarianas son poderosas, casi como una fuerza de la naturaleza, lo que puede resultar bastante aterrador para las personas que las rodean. Estos son los rasgos que pueden ayudarle a entender mejor a una mujer acuariana.

Lado dominante

Cuando conoce a una mujer acuariana, deje que su lado dominante salga a la superficie. Esto le ayudará a entenderla mejor. Estas mujeres suelen ser sabias, autosuficientes y muy auténticas. Suelen estar siempre a la búsqueda de nuevas ideas y libertad.

Humanitarismo

Al igual que el resto de los acuarianos, a las mujeres acuarianas les encanta ayudar a los demás. Tienden a interpretar la vida en general de una manera sorprendentemente poco convencional y fuera de lo común. Le sorprenderán con su interpretación de la vida. Algunas de las mujeres acuarianas más famosas son Rosa Parks, Virginia Woolf, Oprah Winfrey, Yoko Ono, Shakira y Jennifer Aniston.

Independencia y misterio

Una mujer nacida bajo Acuario está llena de misterio, falta de convencionalismo y pasión. Le encanta la independencia. Acuario es un signo fijo, por lo que no le gusta que la controlen.

Servicial

Les encanta ayudar a los demás. Siempre que necesite un consejo o ayuda, ella estará ahí para usted. Le encanta cuidar de las personas y de los animales. Siempre se involucrará en una causa si eso puede ayudar a que la Tierra y la sociedad sean un lugar mejor para vivir. Nunca se echa atrás ante un reto o para ayudar a los demás.

Mariposa social

A una mujer acuariana le encanta socializar y, por lo general, tendrá amigos de varias culturas y lugares si su entorno se lo permite. No solo le gusta entablar amistad con varias personas, sino que también tiende a mantener las amistades intactas. Cumple sus promesas y es muy leal. También es leal a las ideas, los conceptos y las condiciones. Por ejemplo, si le gusta un restaurante o un lugar para comer, lo visitará con frecuencia. De hecho, es posible que visite siempre el mismo restaurante. Es devota y dedicada.

Una amante independiente

Una mujer acuariana será una amante independiente. Le encanta el concepto de amor y puede transformarse en varios papeles solo para satisfacer a su pareja. Puede hacer de hermana, de madre, de proveedora e incluso de padre si es necesario.

Aunque a las mujeres acuarianas les encanta el concepto del amor, les resulta bastante difícil enamorarse. No les gusta encariñarse con alguien, ni siquiera en el amor. Las primeras citas sirven únicamente para establecer la confianza. Una vez establecida la confianza, puede encontrar interés en la persona.

El amor duele

Amar a una mujer Acuario puede ser una tarea difícil. Es muy inteligente e independiente. La pareja debe estar preparada mental y psicológicamente para lidiar con una fuerza como ella. Una mujer acuariana pone un alto precio a la comunicación. Está en contacto con sus sentimientos y emociones y los filtra con frecuencia para salvaguardarlos. Es amistosa, pero nunca dejará que nadie llegue a ella con facilidad. En cuanto una mujer acuariana se enamora de alguien, se convierte en la persona más entregada que se pueda imaginar. Es difícil predecir sus acciones, por lo que la otra persona puede sentirse a menudo sorprendida y aturdida en la relación. Para una mujer acuariana, hacer el amor es algo cerebral, y no le gustan las inhibiciones; le gusta experimentar mucho y hará una variedad de cosas nuevas en la cama.

Incluso en una relación, una mujer acuariana querrá y apreciará su independencia. No puede tolerar a un compañero que no respete su independencia y autosuficiencia. Su pareja ideal debe ser comprensiva, inteligente y audaz. Deberá entender su lado que rara vez es visible para los demás.

Domesticidad

Una mujer de Acuario no es muy doméstica. Necesita su espacio y discreción en una pareja; de lo contrario, la relación morirá inmediatamente. Los acuarianos odian la tradición y una mujer acuariana tampoco será del tipo tradicional. Nunca le lavará la ropa ni le preparará la cena. Es una rebelde y hará su propio camino. Las parejas ideales para las mujeres de Acuario son Géminis, Libra, Sagitario y Aries.

Maternidad

Aunque no todas las mujeres aman ser madres o quieren serlo, las que lo hacen pueden continuar con esta sección. Las madres acuarianas están llenas de amor, pero necesitan su propia libertad. Sus hijos suelen aprender la importancia de la individualidad a una edad temprana y saben cómo tratar a otras personas con respeto y honor.

Una madre acuariana trata a sus hijos de igual a igual y disfruta jugando con ellos. Siempre está orgullosa de su familia y hablará de ella con los demás con bastante frecuencia.

Amigable

Una mujer acuariana es bastante amistosa y tiene muchos amigos de diversos ámbitos de la vida.

Reservada

Una mujer acuariana disfruta plenamente de su libertad, por lo que al principio puede resultarle un poco difícil mostrar sus verdaderos sentimientos a otras personas. Prefiere a las personas que tienen los mismos puntos de vista sobre la libertad que ella. Su grupo de amigos suele estar formado por pensadores profundos e intelectuales. Le gustan los retos intelectuales si se siente cómoda con la persona, de lo contrario, puede actuar de forma reservada.

Persona diversa

Tratan a todo el mundo por igual, y no es de extrañar que el grupo o círculo social de una mujer acuariana esté formado por personas de muy diversa índole. Tendrá todo tipo de amigos de una gran variedad de entornos sociales. Todos ellos tendrán, por lo general, personalidades bastante coloridas y atrevidas. Una mujer acuariana siempre querrá un grupo de amigos que sea diverso e interesante, como su personalidad. Para ella, ser multilateral es crucial. Valora la amistad y aprecia y celebra a sus amigos. Es confiable, devota y dedicada a sus amigos.

Dinero

Les gusta tener dinero, pero es solo un medio para conseguir cosas, y no el objetivo. Una mujer acuariana no está demasiado enfocada en ganar dinero; en cambio, se enfoca más en si disfruta del trabajo.

La independencia y la dedicación permiten a la mujer acuariana ganar mucho dinero. No le importa correr riesgos y suele estar abierta a una variedad de nuevas ideas. No está loca por el dinero, pero sí sabe cómo ganarlo.

Es generosa y suele donar generosamente a la caridad.

Se recomienda a las mujeres acuarianas que contraten a contadores. Los acuarianos no valoran mucho el dinero y no piensan demasiado en él. Esto puede arruinar sus finanzas si no se maneja con cuidado.

Trabajo

Acuario está representado con un portador de agua, es decir, el portador de ideas; esto hace que el signo sea audaz, inteligente y creativo. Una mujer acuariana también es muy solicitada porque es imaginativa y creativa en su trabajo. Sabe cómo hacer que las cosas sucedan y es buena para ser asertiva y mantener el control. Esto la convierte en una gran jefa y una brillante líder de su gente.

Tanto los colegas como los trabajadores la encuentran agradable, inspiradora y dedicada. Su carácter trabajador la convierte en una buena psicóloga, profesora, política, músico, gestora, trabajadora social, etc.

Salud

Por lo general, gozan de buena salud y no hacen mucho ejercicio. Aun así, se les recomienda seguir una rutina de ejercicios para mantener su salud. Las mujeres acuarianas tienen su talón de Aquiles en su talón. Deben prestar mucha atención a sus tobillos. Debe prestar atención en dónde pisa y debe cuidar sus piernas.

Creadora de tendencias

Les gusta encontrar y forjar su propio camino, por lo que rara vez verás a una mujer acuariana en un centro comercial normal comprando ropa sencilla. Le gusta comprar piezas únicas que le parezcan impresionantes y diferentes. No le gusta seguir las tendencias, sino que prefiere crear las suyas propias. Trabaja con la ropa que tiene, por lo que su estilo suele describirse como interesante, valiente y fuera de lo común.

Una mujer de Acuario debería vestir de verde esmeralda, turquesa y tonos brillantes similares, ya que estos colores le favorecen. Tiende a llevar ropa elegante con joyas minimalistas y discretas.

El hombre Acuario: Rasgos clave

En la sección anterior se trataron los detalles y los rasgos clave de las mujeres acuarianas; aquí hay una pequeña sección que cubre los rasgos clave de los hombres acuarianos.

Órdenes

Los hombres acuarianos odian seguir órdenes; no espere que hagan algo solo porque se lo has pedido. Los hombres acuarianos son libertinos, autosuficientes y muy independientes. Siempre buscan la libertad en cualquier situación.

Encantador

Muchas personas se sienten un poco abrumadas después de conocer a un acuariano por primera vez. Pero si les concede el tiempo suficiente, le sorprenderá su intelecto. Le encantará al instante y quedará fascinado con sus soluciones visionarias, brillantes e inventivas.

Poco ortodoxo

Un hombre acuariano puede parecer ligeramente poco ortodoxo al principio o incluso más adelante en la relación, pero esto es normal. La naturaleza poco ortodoxa de un hombre acuariano es el resultado de su perspectiva única sobre el mundo. Con el tiempo, la gente aprende a apreciar esta singularidad y le sigue. Le gustan las cosas inusuales que mucha gente desconoce. No le gusta seguir a la gente, ya que es un líder nato.

Innovación

Un hombre acuariano está dotado de una creatividad e intelecto extremos. Sus ideas suelen estar orientadas al beneficio de la sociedad y pueden provocar un cambio en el mundo si se le brinda la oportunidad adecuada. Sin embargo, este intelecto superior no lo hace demasiado cerebral y suele tener los pies en la tierra. Seguirá siendo innovador y pensando profundamente hasta que se le quite la libertad. Una vez que se le falte el respeto a su libertad, valores e ideales, puede empezar a caer en espiral.

Inconformismo

Un hombre acuariano sabe cómo funciona el mundo y puede mostrarle cómo funciona si se lo permite. Nunca le llevará a los lugares habituales y siempre tratará de encontrar lugares interesantes que vendan cosas únicas. El lugar rara vez tendrá la clientela habitual y regular. A los hombres acuarianos les gusta ser inconformistas, y a menudo tendrán un estilo de vida curioso con una carrera diferente e inusual.

Entre los hombres famosos de Acuario se encuentran Thomas Edison, Bob Marley, James Dean y Michael Jordan.

Les gusta el respeto

Para mantener feliz a un acuariano, es necesario respetar su libertad, pero nunca abusar de ella. Un hombre acuariano trata todo con alegría, incluso el amor. Generalmente se mostrará juguetón durante toda la relación y será encantador siempre que sea necesario.

A los hombres acuarianos no les gusta demostrar el amor de la forma habitual y anticuada. Puede que ni siquiera hagan la rutina del "te quiero" cuando llegue el momento. Esto será demasiado convencional y normal para ellos. Los hombres acuarianos no elegirán los regalos habituales ni las citas regulares, como flores, chocolates, películas, etc. Esperan ir a los viejos artistas chinos para hacerse tatuajes, tener estrellas con su nombre, o ir de excursión y ver cuevas.

Lealtad

Un hombre acuariano puede ser bastante popular y tener muchos amigos, pero es un romántico incurable bajo la apariencia de una persona racional. Es un idealista, un compañero leal y un verdadero amigo.

El gran número de amigos que tiene un hombre Acuario demuestra lo popular y encantador que es. Es un romántico empedernido, una persona racional, un gran amigo, un compañero de confianza. Puede ser bastante caprichoso, pero en última instancia, es lógico. Sus decisiones pueden parecer inusuales, pero generalmente serán correctas.

Libertad en la relación

Prefiere una relación en la que ambos miembros de la pareja respeten y aprecien la libertad y la independencia. Prefiere una relación en la que la pareja sea autosuficiente, como él. Esto se interpreta a menudo como un deseo de tener una relación abierta, pero es falso.

Romántico sin remedio

Los hombres acuarianos son verdaderamente apasionados por sus parejas y lo sacrificarán todo, incluso a sí mismos, por sus seres queridos. Para él, las grandes historias de amor, como la de Romeo y Julieta, son fascinantes. No todos los hombres acuarianos actúan de forma muy grandiosa, pero aun así recibirá de ellos sorpresas inusuales (a menudo agradables).

Atracción mental e intimidad

Un hombre acuariano está más interesado en las capacidades mentales e intelectuales de una persona que en sus atributos físicos. Debe ser capaz de comunicarse con la persona y compartir la intimidad mental. Sin esto, no puede disfrutar de la relación.

Un hombre acuariano es un verdadero romántico al que le encantará mostrar su afecto de vez en cuando.

En el dormitorio

Un hombre acuariano anhela la intimidad mental. Le encanta la atracción mental y necesita formar un vínculo mental íntimo con la pareja antes que cualquier otra cosa. No es un amante laborioso, pero será innovador en el dormitorio. Está regido por el elemento Aire. Si quiere llegar a su lado erótico, tendrá que aprovechar su lado mental. Le encantan los juegos mentales antes que cualquier otra cosa en el dormitorio.

Desafíos

El hombre acuariano es atrevido y le encanta probar cosas nuevas dentro y fuera del dormitorio. Puede pedirle que le acompañe en una maratón o que salte de un avión. También en el dormitorio le gusta probar cosas nuevas.

Compromiso

Pueden ser silenciosos, pero siempre darán una nueva sorpresa una vez que confíen en usted. Puede ser bastante difícil tocar el núcleo de un acuariano tranquilo, pero definitivamente vale la pena el trabajo duro. Nunca lamentará ser amigo de un acuariano.

Aprecian su independencia y la disfrutarán siempre. No se comprometerán con una persona hasta que se den cuenta de que esa persona es la indicada para ellos. Una vez que se dé cuenta de que es realmente la persona adecuada, se comprometerá inmediatamente con total felicidad. Su pareja debe ser comprensiva e inteligente.

Pareja ideal

Un acuariano quiere una pareja que vea la vida desde su punto de vista. Si alguna vez cree que su independencia se ve amenazada, desaparecerá. No le gusta que las cosas vayan mal y mostrará su infelicidad.

Los signos más compatibles con Acuario son Géminis, Libra, Aries y Sagitario.

Visionario

Un hombre acuariano es intuitivo y siempre tendrá soluciones para los problemas, aunque parezcan irresolubles para los demás. Un hombre acuariano puede ser un gran líder si se vuelve más flexible. Es inteligente, lógico y avispado, lo que hace que carreras como psiquiatra, ingeniero, asesor financiero, investigador o químico sean perfectas para él. Es humanitario de corazón y desea cambiar el mundo, por lo que también puede ser un buen político.

Amistoso

Un hombre acuariano tiene muchos amigos y siempre estará interesado en socializar con la gente. Es un animal social y bastante popular entre todo tipo de personas. Aunque su amabilidad le hace ser popular entre mucha gente, no muchos de ellos le entienden correctamente. Por lo general, tiende a ocultar sus emociones y sentimientos y puede reaccionar de diversas maneras en situaciones similares. A menudo intenta descubrir los verdaderos sentimientos de sus amigos hacia él. Se recomienda que se deje llevar por esta fantasía suya y vea lo que descubre.

Lógica

Un hombre acuariano se mueve por la lógica, y solo la lógica controla su cartera. Es casi imposible ser más astuto que él, especialmente en los negocios. Sabe dónde y cómo invertir para obtener el máximo beneficio. Siempre analiza los riesgos que conlleva algo e invertirá una vez que comprenda completamente los riesgos. Siempre lee los contratos antes de firmarlos.

Salud

Gozan de buena salud, ya que suelen ser bastante activos. El exceso de actividad puede traer problemas relacionados con las piernas. Un hombre de Acuario debe cuidar sus piernas.

Jugador de equipo

Un hombre acuariano es un jugador de equipo y le encanta estar en un equipo. Le encanta formar parte de deportes y actividades de equipo, ya que le gusta hacer nuevos amigos. El hombre de Acuario puede tener muchos conocidos, pero solo tiene unos pocos amigos. Es un tipo simpático y generalmente seguro de sí mismo. La gente puede encontrarlo un poco confuso a veces, ya que tiende a distanciarse de los demás para mantener una relación adecuada. Es una persona leal y aprecia y valora la amistad.

Estilo

En cuanto al estilo y la moda, el hombre acuariano prefiere la ropa que retrata su estilo y personalidad únicos. Le gusta la ropa que siente que le queda bien y no le importa lo que piensen los demás. Suele llamar la atención de los demás con su interesante combinación de ropa. Si alguna vez lleva joyas, normalmente son elegantes y rara vez opulentas.

Capítulo 3: Cúspides

¿Alguna vez ha sentido que muestra los rasgos de dos signos zodiacales diferentes? Por ejemplo, ¿puede haber nacido bajo Leo, pero mostrar a menudo rasgos de Cáncer o viceversa? No es el único; se trata de una condición común conocida como nacimiento en cúspide. Las personas nacidas en la cúspide tienen dos signos zodiacales individuales que funcionan en varias combinaciones. Por ejemplo, usted puede nacer en la cúspide Leo-Cáncer, lo que significa que mostrará rasgos relacionados con estos dos signos.

Cuando se nace bajo un signo del Zodiaco en particular, el Sol está presente en esa constelación. El sol se mueve gradualmente entre los signos. Si una persona nace cuando se produce este movimiento, se dice que ha nacido en la cúspide. Esto permite que los dos signos zodiacales vecinos influyan en la persona.

El periodo de la cúspide del Sol comienza a 29 grados y 30 minutos en el primer signo y luego pasa por el siguiente signo a 0 grados y 30 minutos. Es necesario conocer la hora de nacimiento de una persona para calcular con precisión su carta astral y ver si ha nacido en la cúspide. Debido al ligero desplazamiento de los cuerpos astrales, la fecha varía de un año a otro. Puede averiguar su Sol natal utilizando cualquier calculadora de signos solares en línea.

En astrología, una cúspide es una línea imaginaria que divide dos signos consecutivos. El disco solar tiene alrededor de ½ grado de diámetro. Esto es conveniente, ya que permite al Sol montar la cúspide. El movimiento del Sol le permite estar parcialmente presente en dos lados simultáneamente.

En términos sencillos, si una persona nace tres días antes o tres días después de que comience el cambio, nace en la cúspide y mostrará los rasgos de ambos signos.

La cúspide y sus efectos

Nacer en una cúspide puede ser una experiencia única, ya que permite a la persona tener rasgos de personalidad de ambos signos, pero a menudo la energía de ambos signos puede competir entre sí. Esto proporciona a los individuos diversas cualidades y problemas. Acuario, como todos los demás signos del Zodiaco, tiene dos cúspides. Son:

Acuario y Capricornio
Acuario y Piscis
Veamos estas dos combinaciones.

Cúspide Acuario-Capricornio

Fechas: Del 16 al 22 de enero

Los nacidos en cúspide Capricornio-Acuario pueden mostrar muchas facetas de sí mismos al público, pero lo que más importa es su vida personal y privada. Sus sueños despiertos, sus fantasías internas, sus ideas, sus emociones y sus sentimientos les importan mucho. Son almas creativas y lo que más les importa es el funcionamiento de su mente interior.

Como su vida interior es tan fascinante y rica, los Capricornio- Acuario pueden sentirse tristes o decepcionados con su vida exterior. Pueden encontrarlas constreñidas, monótonas, aburridas y carentes. Pueden tener una vaga sensación de hastío. Esto puede provocar dificultades en sus relaciones. Es difícil estar con una persona a la que le gusta vivir en la fantasía porque la vida real nunca puede estar a la altura de sus deseos.

Un aspecto positivo de ser muy imaginativo es que hace que las personas nacidas en esta cúspide sean muy creativas. Esta creatividad fluye a través de ellos como un río.

Los nacidos en esta cúspide son grandes comunicadores. Les encantan las relaciones basadas en animadas discusiones intelectuales. Este emparejamiento de Urano y Saturno puede dar lugar a una persona creativa y emocional, pero también puede conducir a un deseo de lógica, contexto y razonamiento. Los individuos nacidos en esta cúspide son competitivos y se dejan llevar por esta paradoja. Este afán de competitividad combinado con la creatividad puede llevarles a un gran éxito si consiguen superar su vida de fantasía.

La mayoría de los Capricornio-Acuario tienen muchas contradicciones en su interior. Necesitan una fuerte sensación de seguridad, pero este deseo se combina con la pasión por la libertad. Les encanta aprender, pero pueden sentirse abrumados por los desafíos. Quieren cambiar el mundo para mejor, pero a menudo se hacen ilusiones sobre la realidad.

Las personas nacidas bajo esta cúspide pueden ser bastante críticas, lo que puede resultar difícil para los demás. Si usted es un Capricornio-Acuario cuyas críticas suelen ser mal recibidas, intente suavizar los golpes.

Cúspide Acuario-Piscis

Fechas: Del 15 al 21 de febrero

Las personas nacidas en esta cúspide suelen considerarse los videntes naturales del zodiaco.

Son tolerantes, comprensivos, compasivos y, en general, tienen una personalidad extrovertida. Son bastante sensibles. Les gusta estar rodeados de gente, ya que puede aliviar el estrés, rejuvenecerlos y ofrecerles un sentido de propósito. Suelen tener miedo a ser incomprendidos.

Las personas nacidas en esta cúspide están orientadas a los objetivos, pero también son las más procrastinadoras. La procrastinación puede estar incorporada, lo que a menudo interrumpe el flujo de cosas presentes en sus mentes. Esto puede crear un desorden en su cabeza, pero rara vez se preocupan por ello. Su mente está tan llena de ideas brillantes como de energía creativa. Esta cúspide está en contacto con su lado emocional y compasivo, lo que a menudo les inclina a evitar sus deberes y tareas diarias, lo que los lleva a tener problemas más adelante.

Neptuno y Urano rigen a las personas nacidas en esta cúspide, por lo que casi todo el mundo las quiere. Son brillantes, sorprendentes, muy inteligentes y creativos, aunque a veces sienten que nadie les entiende. Estas personas deben recordar siempre que no es necesario que todo el mundo te entienda. Lo único que importa es que usted les entienda a ellos. Comprender a alguien puede ser la mayor fortaleza que puede tener un ser humano.

Las personas nacidas en esta cúspide tienen una mente brillante que debe ser apreciada.

Rasgos de carácter de la cúspide Capricornio-Acuario

El género de los de cúspide Capricornio-Acuario no importa; todos son individuos que han nacido para reformar y cambiar el mundo para bien. Quieren introducir en el mundo los cambios ideales que deberían haberse realizado hace mucho tiempo. Esta combinación de signos es bastante viva y extraña, ya que, por un lado, a estas personas les gusta aferrarse a las costumbres y tradiciones, mientras que, por otro lado, quieren transformar el mundo que les rodea. Las personas nacidas en esta cúspide tienden a utilizar su educación de forma positiva e intentan introducir cambios utilizando las antiguas tradiciones.

Esta cúspide puede ser bastante imprevisible porque son extremadamente inteligentes y talentosos; de hecho, su inteligencia puede rozar a menudo la locura. Aun así, podrían combinar los contras con los pros y convertirlos en "pros recargados" que, en última instancia, pueden servirles mejor. He aquí una lista de rasgos positivos y negativos de esta cúspide.

Los rasgos positivos

Determinación: Estos individuos son altamente determinados y dedicados a las metas, situaciones y personas.

Reformistas: Odian el statu quo y desean introducir cambios en el mundo.

Prácticos: Saben cómo funciona el mundo, por lo que tienden a evitar la perspectiva idealista que es común en las personas inteligentes.

Creativos: Los elementos de tierra y aire rigen a las personas nacidas en esta cúspide. Esta combinación los hace bastante creativos y talentosos.

Visionarios: Poseen una visión extraordinaria y quieren cambiar el mundo con ella. Creen que el mundo puede cambiar para mejor y hacerlo más cómodo para todos.

Animador: Disfrutan de la diversión y les gusta entretener a los demás.

Disciplinados: Son muy disciplinados con respecto a ciertos aspectos de su vida y tienden a seguir ciertas reglas de manera inflexible.

Soñador: Gracias a su inmensa creatividad, tienden a ver las cosas desde un punto de vista diferente.

Tradicional: Aunque abrigan el deseo de cambiar el mundo, también se entregan a las tradiciones.

Responsables: Son responsables y evitan los problemas percibidos como sin sentido.

Innovadores: Son innovadores y pueden encontrar soluciones rápidas a problemas difíciles.

Resistentes: Tienen una inmensa resistencia y pueden trabajar duro para lograr sus sueños.

Multitalento: Son polifacéticos y se interesan por una amplia gama de temas.

Ambiciosos: Albergan grandes ambiciones, entre ellas la de cambiar su entorno para mejor.

Leales: Son muy leales a sus amigos, familiares y allegados.

En última instancia, esta cúspide da lugar a un visionario, reformista, humanitario y filántropo que valora la libertad y quiere ayudar a otros a conseguirla. Este signo ha nacido para marcar la diferencia en la sociedad y está dotado de las cualidades necesarias para ello.

Esta persona suele ser habladora y muy expresiva, pero también puede ser reservada y tímida. Tienen un mundo privado lleno de vivacidad, fantasía, emoción y excentricidad en su interior. Son muy visuales y les encanta imaginar cosas. Esto les hace ser creativos y divertidos.

Se inspiran menos en la realidad que en los sueños vívidos que suelen tener. Esto alimenta su creatividad y su instinto individual, que convierten en un medio de expresión y comunicación. También les sirve de enlace entre los sueños y la realidad.

Muchos signos del Zodiaco pueden cansarse de ciertos proyectos y dejarlos pasar, pero a las personas nacidas en esta cúspide les gusta cumplir con todas las tareas que emprenden. Poseen una dosis añadida de impulso y motivación, que les obliga a continuar hasta conseguir su objetivo.

La perseverancia es la mayor motivación de los nacidos en esta cúspide. Les permite ganar poder y autoridad. Al ser un signo fijo, les obliga a permanecer en el camino hacia la meta, incluso si el objetivo final no tiene beneficios o ganancias. El lado Capricornio de esta cúspide puede pedir que se abandone el proyecto, pero el lado Acuario obligará a la otra mitad a continuar por el bien de la imaginación y la visión asociadas al proyecto.

Otro rasgo, que es una bendición disfrazada, es que la persona nacida en esta cúspide tiene las cualidades, habilidades y pasión para transformar sus sueños en realidad. Esta cúspide es una interesante combinación de varios rasgos, entre los que se incluyen los de experimentador, soñador, realista y práctico. No les gusta seguir un camino trillado; prefieren descubrir sus propios caminos. Tienen mentes curiosas y les encanta experimentar con nuevas ideas hasta dar con algo excepcionalmente gratificante y único.

Las personas nacidas en esta cúspide son polifacéticas. Pueden ser un gran científico o un artista brillante. Por eso esta cúspide también se conoce como la Cúspide del Genio. Su mentalidad abierta, combinada con su punto de vista radical y su creatividad, hace que tengan éxito en la mayoría de las carreras y campos.

Saturno rige los dos signos presentes en esta cúspide. Este planeta está asociado al trabajo duro, y no es de extrañar que las personas nacidas en la cúspide de estos dos signos sean dedicadas y trabajen duro.

Las personas nacidas en esta cúspide tienen la cantidad justa de sentido práctico, confianza y precaución. Tienen el deseo de cambiar el mundo, pero quieren hacerlo de forma equilibrada y realista.

Son amigos brillantes que nunca defraudan a sus seres queridos. Sus amigos nunca tendrán un movimiento aburrido cuando estén cerca.

Los rasgos negativos

Esta es una lista de los rasgos negativos que tiene esta cúspide.

Exceso de crítica: Pueden ser excesivamente críticos con las personas y las situaciones; eso puede alejar a sus amigos.

Mandones: Son inteligentes, creativos y talentosos. Estos rasgos a menudo pueden traer consigo el juicio y la actitud mandona.

Distante: Les gusta la soledad, lo que a menudo se confunde con ser distante.

Testarudo: Pueden ser bastante testarudos, especialmente cuando se les pide que cambien sus creencias.

Reservado: Su soledad también puede hacerlos parecer reservados.

Duro: No tienen pelos en la lengua y dejan que la gente sepa cómo son realmente las cosas.

De mente estrecha: No les gusta cambiar sus ideas. Su amor por la tradición puede hacerlos un poco mojigatos y conservadores.

Poco convencional: Algunas personas pueden considerar que su singularidad es poco atractiva.

Rebeldes: Les gusta ir en contra de las ideas y cosas típicas.

Fríos: Son amigables, pero también pueden actuar con frialdad en ocasiones, lo que suele confundir a sus amigos.

Impredecibles: Nunca se puede predecir lo que esta persona dirá o hará.

Estos individuos son decididos y disciplinados, lo que puede hacer que sean bastante mandones y críticos con las personas que no son disciplinadas. Esta actitud exigente y excesivamente crítica les dificulta ocasionalmente las cosas.

A estas personas no les gusta que las critiquen. No pueden entender que una persona no pueda ver su punto de vista o compartir su visión. Su visión es perfecta para ellos, y si la gente no la comparte, se sienten frustrados.

Esta cúspide puede ser excéntrica, pero de mente abierta, pero cuando se cuestionan sus ideologías o creencias personales, pueden volverse de mente estrecha rápidamente.

Estos individuos prefieren estándares altos en casi todo en su vida. Prefieren mantener unos estándares elevados en casi todos los aspectos de su ser. Por eso tienden a juzgar a las personas que no están a la altura de sus normas y expectativas.

Este carácter crítico y enjuiciador dificulta el disfrute de cualquier relación, ya que siempre la comparan con otras situaciones.

Su carácter poco convencional y testarudo puede ser visto como rebelde, lo que puede no sentar bien a mucha gente de su entorno. Son extremadamente dedicados a sus sueños y trabajan por ellos con una pasión que les hace olvidar todo lo demás. Son obstinados y no saben cuándo y cómo rendirse. No dejarán piedra sin mover para conseguir algo, aunque les duela enormemente.

Temen ser incomprendidos o no ser comprendidos en absoluto. Si ven que este miedo se hace realidad, tienden a entrar en un mundo de fantasía propio y a disminuir la realidad. Por eso, a menudo pueden divagar en su mundo interior, lo que puede hacerles parecer duros, fríos, distantes y reservados.

A menudo se dice que son el alma de la fiesta y disfrutan mucho de las interacciones sociales. Pero solo establecen buenas conexiones con personas con su mismo coeficiente intelectual. Por eso, a estos individuos les resulta a menudo imposible mantener relaciones personales.

Es necesario que las personas pertenecientes a esta cúspide encuentren un punto de equilibrio entre la realidad y sus sueños. Si no buscan pronto este equilibrio, pueden volverse desapegados y deprimidos. Esto puede parecer un reto al principio, pero personas con dedicación, puede lograrse.

Las personas nacidas en esta cúspide son inmensamente interesantes y divertidas. Aportan una sensación de frescura allá donde van. Odian la monotonía y la naturaleza mecánica de la vida cotidiana y tratan de hacerla emocionante y feliz. Son amables y sociables, pero también poseen una sensación de misterio a su alrededor. Por eso esta cúspide también se conoce como la Cúspide de la Imaginación y el Misterio.

Rasgos de personalidad de Acuario-Piscis

Las personas nacidas en la cúspide Acuario-Piscis tienden a ser muy sensibles. Están más pendientes de su espacio universal y personal que de los problemas y preocupaciones del mundo.

Prefieren pasar tiempo consigo mismos para comprenderse mejor. Puede ser difícil para ellos gestionar su día a día, ya que es todo un reto centrarse en las cosas mundanas para ellos.

Estas personas desean vivir experiencias, pero no consiguen ser objetivas durante mucho tiempo o les resulta difícil hacerlo. Son sensibles y encontrar el equilibrio puede ser una tarea bastante difícil para ellos. Para obtener los mejores resultados, necesitan aprender a salir al mundo y no esconderse en un caparazón. Necesitan aprender a sentirse cómodos y a gusto con el mundo.

Las personas nacidas en la cúspide Acuario-Piscis son imaginativas, compasivas y comprensivas con los demás. Son desorganizados y tienden a procrastinar mucho. Es posible que se fijen objetivos con frecuencia, pero estas dos tendencias hacen que a menudo se creen sus propios obstáculos.

Son poco convencionales y excéntricos, y son únicos y originales. Quieren cambiar el mundo y son muy aptos para ello, ya que son polifacéticos. El único problema que se interpone entre ellos y un mundo mejor es su carácter tímido.

A veces, estas personas están dotadas de inmensas e increíbles capacidades musicales.

Aunque suelen ser tímidos, les encanta socializar. Les gusta ayudar a los demás, ya que este acto alivia su ansiedad y estrés.

Son románticos y coquetos y tienen un afecto genuino hacia las personas. Su compasión lo abarca todo. Miran el mundo desde un punto de vista único que los demás no suelen ver.

Las personas nacidas bajo este signo se consideran psíquicos naturales. Si no se concentran en estas habilidades desde su infancia, pueden ocultarlas y apagarlas para siempre.

Evitan abrirse a la gente, especialmente cuando se dan cuenta de que los demás no comparten su punto de vista y su visión. Odian ser ridiculizados y no lo toleran.

Esta cúspide también se conoce como la Cúspide de la Sensibilidad. Se caracteriza por:

Sensibilidad: Los nacidos bajo esta cúspide son bastante sensibles a las señales emocionales de los demás. Pueden entender lo que otros rara vez no logran comprender. Esta sensibilidad proviene de su capacidad para ver más allá de las fachadas que la mayoría de nosotros ponemos.

Singularidad: La amalgama perfecta de aire y agua da lugar a una personalidad única. Su capacidad de pensar y experimentar la vida es única.

Tolerancia: La tolerancia de esta cúspide no se parece a ninguna otra. Son de mente abierta y reciben el cambio con los brazos abiertos. No hay nada ni remotamente estrecho de miras en su forma de pensar. Esta tolerancia suele ser visible en todos los aspectos de su vida.

Talento: Las cúspides Acuario-Piscis son extraordinariamente creativos y talentosos. Su tendencia a dar rienda suelta a su imaginación es quizá una de las principales razones de ello.

Emociones: Como esta cúspide es conocida por su sensibilidad, sienten todas las emociones con bastante fuerza. Cuando están rodeados de seres queridos o en un entorno feliz, las vibraciones positivas que experimentan estos individuos se magnifican.

Mérito artístico: Una de las expresiones artísticas favoritas de la imaginación por la que es conocida esta cúspide es la pintura o el dibujo. La mayoría de los individuos nacidos bajo esta cúspide tienen una inclinación natural hacia las artes.

Soñadores: Esta cúspide es el de los soñadores e inventores. Sueñan con grandes sueños y no tienen miedo de perseguirlos.

Idealismo: Esta cúspide es idealista. Son fuertes defensores de la idea de "lo que debería ser" en todos los aspectos de la vida.

Sensualidad: La combinación de Acuario y Piscis da como resultado una cúspide que es bastante sensual. No solo están en contacto con su inherente sensualidad, sino que no tienen miedo de mostrarla.

Orgullo: Esta cúspide se enorgullece enormemente de su trabajo y de todos los demás atributos de su vida. Su orgullo no se traduce en arrogancia, sino que brilla en todo lo que dicen y hacen.

Coquetería: La naturaleza juguetona de Acuario los hace buenos para coquetear. El brillo travieso en sus ojos mientras coquetean es claro para cualquiera que preste atención. Este deseo de coquetear, sumado a su sensualidad, los hace hábiles en el coqueteo.

Lealtad: Los acuarianos y los piscianos son conocidos por su lealtad. Como es lógico, la cúspide de estos zodiacos se traduce en una lealtad feroz. Una vez que se haya ganado la confianza de esta cúspide, estarán a su lado hasta que haga algo que rompa su confianza.

Compasión: Este signo del Zodiaco es sensible a las emociones y los sentimientos de los que le rodean. Por lo tanto, son compasivos por naturaleza. Suelen intentar aportar su granito de arena para aliviar el sufrimiento y la miseria.

Practicidad: No son solo soñadores; su imaginación, cuando se atempera con un poco de pesimismo, les hace ser prácticos.

Los rasgos negativos

Hipersensibilidad: Una similitud que comparten todos los nacidos bajo esta cúspide es la sensibilidad. Hasta la más mínima crítica se toma como algo personal y se magnifica. Cada comentario se convierte en un ataque personal. Esta es una de las razones por las que esta cúspide es conocida por ser pendenciera.

Pesimismo: Pensar en el peor resultado en cada situación podría calificarse de realismo, pero no es más que pesimismo. Estos individuos siempre tienen una perspectiva de "vaso medio vacío" hacia la vida.

Secretismo: Jugar sus cartas cerca del pecho parece ser el mantra de esta cúspide. Son increíblemente personales y no se abren fácilmente a los demás. Lo que podría parecer secreto para el ojo inexperto es simplemente su deseo de mantener las cosas en privado.

Mal humor: La cúspide de los signos de aire y agua es conocida por su mal humor. En un momento pueden parecer alegres, abiertos y despreocupados, y al siguiente, parece que están en otro planeta por completo.

Impaciencia: Esta cúspide es impaciente. Quieren y esperan resultados rápidos en todos los aspectos de la vida.

Distanciamiento: Los acuarianos son conocidos por su distanciamiento. Cuando este signo de aire se combina con el filosófico Piscis, el cociente de distanciamiento aumenta, así que no se sorprenda si los nacidos bajo esta cúspide parecen demasiado distantes.

Testarudez: Es difícil imaginar que alguien que comparte los elementos agua y aire sea terco. Estos dos elementos son conocidos por ser de naturaleza libre, pero los individuos con estos signos tienen fuertes gustos y disgustos. Puede que no tengan muchos, pero siempre defenderán los que tienen.

Escapismo: La activa imaginación de Acuario, unida al lado soñador de Piscis, puede dar lugar al escapismo. Estos individuos son propensos a escaparse a su mundo de fantasía o a su imaginación en lugar de enfrentar las realidades de la vida.

Litigioso: ¿Recuerda la testarudez que se mencionó? Bueno, la testarudez se traduce esencialmente en opiniones e ideas fuertes. Si alguien no está de acuerdo con sus ideas y opiniones, prepárate para una discusión. El signo es increíblemente apasionado con sus puntos de vista y los defenderá con vehemencia.

Personalidad fría: La combinación de los elementos aire y agua hace que esta cúspide del zodiaco parezca fría y distante. Todo esto suele ser la culminación de su inclinación a escapar de la realidad del mundo y su distanciamiento.

Rasgos peculiares

Esta cúspide puede ser bastante peculiar. Les encanta el lujo, por lo que pueden permanecer en el mundo real lo suficiente como para disfrutar de ello. Son muy amables, y eso a menudo les acarrea problemas, ya que se esfuerzan por complacer a todo el mundo. No les gusta defraudar a la gente y tienden a concertar muchas citas simultáneamente y al final no consiguen cumplirlas todas.

No les gusta hablar de sus fracasos, pero pueden exagerar sus éxitos y logros.

Aman la liberación y la libertad. Su ensoñación, combinada con su amor por la libertad, a menudo los lleva por el camino de la perspicacia y la espiritualidad.

Tienen dotes creativas y pueden hacer un arte impresionante.

La gente los ama y se siente atraída por ellos.

Si la situación es adecuada, pueden dedicarse a la religión, la ciencia y los viajes.

Fortalezas

Esta combinación les permite tener mucha compasión y un carácter sorprendentemente visionario.

Pueden convencer a las personas de que miren el mundo desde otro punto de vista.

No están por encima de romper las reglas y pueden trabajar sin problemas. Esto los convierte en las personas más comprensivas.

Las personas nacidas en esta cúspide tienden a ocuparse de asuntos filosóficos y espirituales más que de cuestiones y tareas de la vida real. Prefieren ocuparse de sus fantasías en lugar de cumplir con los compromisos diarios del mundo real; por eso olvidan las citas, pierden cosas o llegan tarde. A menudo dejan plantada a la gente porque no se les puede molestar con las pruebas y tribulaciones de la vida real. El mejor consejo para estos individuos sería que se centraran en el mundo real más a menudo.

Capítulo 4: El niño Acuario

El signo del zodiaco le afecta a lo largo de su vida, incluida su infancia. Si es un acuariano que quiere revivir su infancia y adolescencia y analizar por qué se comportó de ciertas maneras en situaciones particulares, este capítulo es para usted. Este capítulo también está destinado a los padres o tutores de los niños acuarianos y contiene muchos consejos que pueden ayudarle a tratar con ellos de forma eficaz.

Al igual que los adultos, los niños acuarianos también tienen una mentalidad amplia y son curiosos. Son de espíritu libre y están destinados a crear problemas a sus padres.

Un niño nacido bajo este signo es como un paquete cargado. Están llenos de imaginación, resistencia, espontaneidad y terquedad. Son sensibles y se lastiman emocionalmente con facilidad. Sus rasgos son extremos y cambian con frecuencia, por lo que resulta difícil etiquetar a estos niños.

Algunos rasgos clave que comparten la mayoría de los niños acuarianos son:

- Son brillantes a la hora de tener ideas originales y únicas.
- Pueden ser difíciles de tratar, ya que son irritables y sensibles.
- Tienen mucha energía y resistencia.
- Tienen muchos amigos y son generalmente sociables.
- Su futuro es generalmente brillante.

Un niño acuariano puede tener un futuro brillante si se le permite utilizar y perfeccionar sus talentos naturales con cuidado. Depende de cómo los padres críen a estos niños, ya que esto forma la base del carácter de una persona. Los niños Acuario odian seguir órdenes, y usted se verá obligado a luchar contra su testarudez en tales situaciones. No podrá hacer nada y no conseguirá nada con ellos.

Al igual que sus homólogos adultos, los niños acuarianos son únicos y siguen sus propias reglas y decisiones. Tienen personalidades imprevisibles y tienden a tener muchos cambios de humor. Esto puede ser una situación bastante difícil para sus padres. La mejor manera de tratar con un niño Acuario es dejarle su espacio y su tiempo. No intente enseñarles u ordenarles de forma pedante o didáctica. Esto solo aumentará sus dificultades después de explicar su punto. La única manera de que estos niños aprendan es con paciencia y libertad. Acuario es un signo de "polos", es decir, está compuesto por extremos opuestos. Tiene que ser paciente si quiere llegar a ellos.

Los cambios de humor de los acuarianos adultos son habituales, pero son aún más graves en los niños y adolescentes debido a sus cuerpos y cerebros siempre cambiantes. Pueden estar tranquilos y pacíficos en un momento, y al momento siguiente, pueden volverse locos. Por lo general, son niños inteligentes, y a veces pueden ser superdotados. Tienen una capacidad de comprensión superior a la media y están llenos de racionalidad.

Son visionarios e idealistas y tratan de establecer y alcanzar metas fantásticas. Son amables y están llenos de empatía y compasión. Por eso los niños de Acuario suelen ser los más populares de un grupo social.

Son únicos y desean la originalidad, lo que les hace alejarse de los objetivos comunes y de la norma. Sus personalidades y objetivos siempre serán únicos en comparación con los de otras personas. Este deseo de singularidad se refleja también en la edad adulta y puede desempeñar un papel importante en sus carreras.

Los niños acuarianos son prácticos, pero nunca olvidan sus sueños. Puede que opten por ser prácticos durante un tiempo, pero seguramente volverán a su sueño e intentarán cumplirlo.

A los niños les encanta soñar despiertos, y los niños de Acuario no son diferentes. De hecho, los niños acuarianos sueñan despiertos más que otros niños. Esto puede resultar problemático, especialmente en la escuela. Los padres de los niños acuarianos a menudo tienen que hacer frente a las quejas sobre la falta de atención, pero estas quejas resultan inútiles en vista de sus buenas calificaciones y rendimiento.

Acuario está bendecido con el poder de la intuición. Los niños acuarianos muestran un don para la clarividencia o poderes similares. Suelen llegar a la solución o conclusión de un problema incluso antes de que se les plantee.

Su proceso de pensamiento es interesante y único, pero puede resultar agitado para ellos si se exceden. Incluso puede resultar insano y problemático.

Los padres de un niño de Acuario deben ayudarles a aprender a organizar su mente si quieren que se conviertan en adultos sanos. Los padres deben dejar que el genio de estos niños brille entre sus compañeros. También deben centrarse en su lado físico, ya que los niños pueden evitarlo por completo. Muchos niños de Acuario pueden rehuir la actividad física. Evite permitir esto.

Los niños de Acuario están en contacto con su entorno y están en sintonía con la naturaleza que les rodea.

Los niños de Acuario son sensibles, emocional e intelectualmente. Se ven afectados por factores externos con facilidad y son sensibles a las críticas y comentarios negativos. Las críticas negativas de cualquier persona pueden afectar gravemente a su equilibrio interior.

Los padres deben tener cuidado al hablar con los niños acuarianos, especialmente cuando traten de ayudarles. No permita que se sientan obligados de ninguna manera, especialmente cuando les ofrezca algún consejo, ya que se sentirán que están siendo tratados con inferioridad. Forzar a los niños acuarianos a hacer algo puede conducir a varios efectos negativos a largo plazo en estos niños.

Estos niños son socialmente eficientes y activos, pero tienen dificultades en su vida amorosa y en sus relaciones. Superan estas dificultades con el tiempo; basta con proporcionarles amplia ayuda y suficiente espacio y libertad para hacerlo.

A veces tienen visiones y objetivos poco realistas para el futuro. Si le preocupa que su hijo tenga una meta imposible, deje de preocuparse, ya que puede alcanzarla algún día gracias a su dedicación y pasión.

Bebé acuariano

Los padres pueden sorprenderse al ver el intelecto de su bebé acuariano. Los acuarianos comienzan a mostrar signos de gran inteligencia a una edad temprana, lo que puede parecer bastante notable para las personas que les rodean. Por desgracia, este alto intelecto suele ir acompañado de un mal genio y cambios de humor.

Son propensos a las rabietas y pueden pasar fácilmente de cero a cien en cuestión de segundos. Este comportamiento impulsivo puede ser difícil de manejar, sobre todo para los padres primerizos, pero tenga por seguro que la impulsividad disminuye considerablemente con el tiempo.

Son inteligentes y agudos, lo que hará que sus padres se sientan increíbles, pero también hará que los demás adultos que les rodean se queden boquiabiertos. Los niños acuarianos aprenden con rapidez y suelen tener éxito en la mayoría de las asignaturas. Son perspicaces, inteligentes y muy adaptables, lo que suele sorprender a otras personas. Estos rasgos hacen que los niños acuarianos sean especiales.

El mejor amigo y apoyo de un niño Acuario es su madre. Por lo general, una madre puede adaptarse y llevarse bien con un niño desafiante. Puede tolerar el intelecto siempre cambiante de su hijo y puede enseñarle de muchas maneras inusuales.

Es necesario desafiar y comprometer a un chico acuariano constantemente si quiere que alcance su máximo potencial.

La niña

Una niña acuariana suele estar muy interesada en socializar. Ella es el centro de gravedad en todas las interacciones sociales. Estará rodeada de nuevos y viejos amigos todo el tiempo, y seguirán llegando.

Tendrá muchos amigos diferentes a lo largo de los años, pero no todos se quedarán con ella para siempre. Irán y vendrán con frecuencia. Como padre, debes vigilar esto y comprobar con qué personas se relaciona.

Las niñas acuarianas tienden a tener un horario diario que mantienen religiosamente, gracias a su naturaleza dedicada. Tener un horario diario le permite mantener una sensación de estabilidad y control, algo que le gusta mucho.

Es una persona curiosa, y su curiosidad es su rasgo más dominante. Este rasgo sigue acompañándola también en su madurez. Preste atención a este rasgo, ya que podría explorar cosas inadecuadas a una edad temprana.

Los acuarianos han nacido para ser salvajes y libres, y una niña acuariana no es diferente. Le encanta la aventura, y seguramente se meterá en algo que amplíe sus horizontes en los campos que le gustan. Si le gusta algo, intentará crecer en ese campo.

Nunca le quite su libertad, ya que sería el peor castigo.

El niño

Un niño acuariano estará generalmente lleno de energía, resistencia y un espíritu de inmensa aventura. Por lo general, será hiperactivo, lo que le ayudará a alcanzar sus objetivos y a cumplir sus sueños.

La hiperactividad también puede conducir al caos, lo que puede convertirlo en un individuo agitado y "loco". Es necesario sofocar el fuego que lleva dentro. Tiene que aprender a controlarlo desde el principio. Puede hacerlo permitiéndole desarrollar un horario diario, lo que le dará una apariencia de orden y le ayudará a aprender a ser perseverante y paciente.

Los acuarianos son imprevisibles, y los niños acuarianos no son diferentes. Son imprevisibles; también tienen mucha energía, lo que dificulta las cosas a sus padres. Su intelecto se desarrolla a un ritmo rápido, lo que es directamente proporcional a su curiosidad por todo.

Son aventureros y pueden embarcarse en aventuras sorpresa de vez en cuando. Lo más probable es que no se lo cuenten a nadie, ni siquiera a sus padres. Como padre, es necesario vigilar de cerca a su hijo acuariano para que no se haga daño.

Su personalidad puede parecer única, extraña y totalmente ajena al mundo exterior. La mayoría de las veces, actúan incluso antes de pensar, ya que su mente cambia continuamente. Esto también refleja su naturaleza aventurera.

Su naturaleza aventurera les lleva a menudo a comportarse de forma desenfrenada. Se saltan el toque de queda muchas veces. Como padres, este comportamiento puede molestarles mucho, pero evite enfadarse. No lo hacen deliberadamente, sino que se olvidan de controlar el tiempo cuando se divierten.

Diferencias entre niños y niñas de Acuario

Hay muchas similitudes entre los niños y las niñas de Acuario, pero hay algunas diferencias clave que los padres deben recordar. Los niños Acuario son inteligentes, pero también son inconstantes y tienden a distraerse fácilmente. Hay que ayudarle de forma no didáctica a aprender a centrarse en sus objetivos. Esto lo mantendrá ocupado y dedicado. A menudo, muchos niños Acuario muestran síntomas de TDA o TDAH.

A las niñas Acuario les encanta socializar y se centrarán mucho en la vida social. Las citas y las relaciones pueden ser difíciles para una niña acuariana, ya que puede enamorarse perdidamente de alguien o ser totalmente distante.

Los niños en general

Los niños acuarianos están muy dotados para el juego en equipo. Les gustan mucho las competiciones y suelen ser feroces competidores en los deportes que requieren trabajo en equipo.

Están destinados a crecer y prosperar en la mayoría de las actividades. Disfrutan plenamente de la aventura y de las emociones de la vida. Suelen interesarse por la fantasía y lo sobrenatural, especialmente en los programas de animación, los libros y las películas.

Les encantará que les enseñes trucos científicos básicos o ilusiones mágicas. Suelen captar las cosas casi al instante y sorprenderán a todos los que les rodean con su dedicación y talento.

Su pasión es desbordante y tienden a olvidarse de todo mientras hacen las cosas que les gustan. A menudo se lesionan o se hacen moratones de los que no se dan cuenta, así que hay que vigilarlos de cerca.

Cosas que hay que saber sobre un niño acuariano

Si los bebés pudieran hablar, el bebé acuariano sería el más filósofo y profundo pensador de todos. Los acuarianos son pensadores profundos que pueden pasar horas pensando, y a menudo pensando demasiado. Es una expresión de su creatividad. Una vez que han cogido algunas palabras, balbucean continuamente sobre todo lo que les resulta curioso. Este es solo uno de los muchos rasgos que poseen los niños acuarianos. Aquí hay una pequeña lista de varios rasgos que se pueden encontrar en los niños Acuario.

Aprenden rápido

Los niños acuarianos son curiosos por naturaleza. Su curiosidad se desarrolla muy pronto y están dispuestos a aprender cosas nuevas. Indagan sobre todo lo que no entienden y tratan de llegar al núcleo de todo lo que encuentran frente a ellos. Desmontan las cosas para aprender cómo funcionan. Si alguna vez observa que sus hijos rompen o desmontan sus juguetes, no se preocupe; solo están cumpliendo su instinto natural. Recuerde que grandes científicos como Thomas Edison y Galileo también eran acuarianos.

Son empáticos

La empatía fluye naturalmente por las venas de los niños acuarianos. Aunque son aventureros y enérgicos, nunca tendrían que pasar horas explicando una situación a su hijo acuariano. Están dotados de una buena capacidad de escucha y comprenden mejor que nadie los sentimientos de los demás. Son lo suficientemente valientes como para mostrar sus emociones y su empatía. Si tiene miedo o está triste, su hijo acuariano lo entenderá inmediatamente e intentará ayudarle a superarlo. Siempre entenderán de algún modo lo que sienten los demás.

Son intrépidos

Los bebés acuarianos son aventureros e intrépidos. Aprenden rápido, pero también se aburren con facilidad y rapidez. Por lo general, buscan cosas emocionantes y nuevas constantemente. No les asusta probar cosas nuevas; buscan la novedad. Están abiertos a nuevos horizontes y les encanta explorar lo desconocido. Así es como hacen su vida más interesante y agradable.

Tienen arrebatos emocionales (de corta duración)

Los acuarianos nacen empáticos, pero esta empatía también los hace bastante emotivos. Cuando se enfrentan a desafíos, tienden a perder el equilibrio. Una vez que pierden este equilibrio, pueden tener importantes arrebatos emocionales. Estos arrebatos emocionales pueden ser aterradores, pero casi siempre son de corta duración. Su hijo volverá a la normalidad en poco tiempo. Este cambio puede sorprender a los nuevos padres, ya que no entenderán la razón última del arrebato, pero en la mayoría de los casos, su hijo le hará saber la razón por sí mismo después de algún tiempo.

Persona popular

A los acuarianos les encanta comunicarse y socializar con los demás, y los bebés acuarianos no son diferentes. Se les da muy bien establecer contactos; por eso tienden a hacerse amigos de la gente rápidamente. Siempre están ahí para ayudar a un amigo o a un familiar. También son amables con los extraños. Un niño acuariano será excepcionalmente extrovertido desde el principio. No se sorprenda si comienzan a sonreír o a hablar con la gente desde una edad temprana.

Los bebés Acuario están llenos de sorpresas

Los padres de los bebés Acuario suelen sorprenderse al ver los rasgos de sus bebés. Son empáticos, sociales, intrépidos y llenos de espíritu aventurero. Suelen reaccionar de forma inesperada y, por lo general, tienen respuestas descabelladas y extrañas para los problemas y sus acciones. Algunos les llaman despistados, mientras que otros les llaman dinámicos, pero, en definitiva, su cerebro funciona de una manera que nadie puede entender.

Son muy energéticos

La energía de un niño Acuario no tiene límites. Nunca se cansan de contemplar o pensar en un problema. Del mismo modo, no se cansan de escuchar a sus amigos parlotear constantemente sobre cosas al azar. Incluso después de hacer esto, seguirán teniendo la energía suficiente para practicar un deporte o terminar los deberes. Son rápidos, y la mayoría de la gente se queda atrás mientras ellos se adelantan.

Son testarudos

Los niños Acuario pueden ser bastante tercos, lo que puede causar muchos problemas a sus padres. No dejan que nada ni nadie les afecte, ya que ven el mundo desde un punto de vista positivo. Son aventureros y de espíritu libre, lo que significa que prefieren hacer las cosas por su cuenta. No les gusta ser controlados y les gusta ser libres todo el tiempo. Si quiere que su niño Acuario haga algo, intente inculcarle el sentido de la responsabilidad sin ser demasiado pedante o didáctico. Esto les ayudará a aprender lo que es bueno para ellos. Nunca ordene ni obligue a un niño Acuario a hacer algo; no lo hará, e incluso si lo hace, se sentirá alienado y comenzará a despreciarle.

También tienen un carácter fuerte

Los niños Acuario son testarudos, y su testarudez les hace tener una mentalidad muy fuerte y una gran fuerza de voluntad. Se centrarán en un objetivo con plena dedicación hasta conseguirlo. Este es uno de los rasgos más importantes de un bebé Acuario, ya que generalmente los impulsa. No dudarán en dar lo mejor de sí mismos y poner todo su empeño en conseguir lo que quieren.

Saben lo que les gusta y lo que no les gusta

Los bebés Acuario saben lo que les gusta y lo que no. No solo conocen sus gustos, sino que también se los toman en serio. Los acuarianos suelen ser bastante individualistas, y este rasgo también está presente en los niños. Es casi imposible persuadirlos de lo contrario una vez que se deciden.

Pasatiempos e intereses

Los niños Acuario se interesan por casi todo lo que pueden conseguir. Sus aficiones son variadas y muy distintas, a menudo rozando la exclusividad. Les encantan todos los juegos y pasatiempos que les permiten jugar con otras personas e interactuar con ellas. También les gustan las actividades que les ayudan a canalizar su creatividad y a aprender cosas nuevas. Desarrollan un interés por las cosas nuevas casi instantáneamente porque entienden que la actividad tiene cierto potencial de entretenimiento.

Una cosa que une a todos los niños acuarianos es la "diversión"; si una actividad les entretiene, les encantará, y si la actividad les aburre, se desharán de ella. Por eso tienen tantas aficiones e intereses diferentes. Los bebés y niños Acuario se aburren de las cosas con facilidad y pasan a otras nuevas rápidamente.

Hacer amigos

Para los niños acuarianos, hacer amigos no es un gran problema, ya que suelen tener buenas habilidades sociales y de comunicación. Son muy sociables y les gusta todo tipo de amigos. Se hacen amigos de casi cualquier persona, en cualquier lugar.

Rara vez se preocupan por los amigos que no son como ellos, o por los amigos que no se encuentran con ellos a menudo; aun así, intentarán ser amigos de ellos. Muchos acuarianos han hecho amigos para toda la vida en la escuela, pero esto no significa que no disfruten también de los amigos a corto plazo.

En la escuela

Acuario es un signo bendecido con un inmenso intelecto e inteligencia. Los niños Acuario también son bastante inteligentes, pero lo que les frena es su deseo de libertad y, a veces, su pereza.

Acuario es un signo muy trabajador, especialmente si a la persona le gusta lo que hace. Los niños acuarianos trabajan mucho, pero la mayoría de las veces no les gusta esforzarse en cosas que les aburren, incluidos los deberes. Sobresaldrán y sacarán las mejores notas en las asignaturas que les resulten interesantes, pero pueden llegar a suspender las clases que no les gusten o les resulten aburridas. A menudo, esto puede confundir a los padres y frustrarlos. Muchas veces, debido a la ignorancia, los niños acuarianos son etiquetados como apáticos o incluso tontos, pero este no es el caso. Estos niños entienden la materia de las clases que suspenden, pero simplemente no quieren esforzarse en estudiar para los exámenes o hacer los deberes de la asignatura.

Independencia

Los niños Acuario son extremadamente independientes. En cuanto aprenden a caminar, empiezan a alejarse de sus padres y de todos los demás para disfrutar de su libertad. Siempre quieren hacer algo por su cuenta o con sus buenos amigos y su círculo social cercano. Quieren a sus padres, pero prefieren disfrutar de las cosas por su cuenta. No les gusta depender de sus padres.

Cuanto más mayores sean, menos dependerán de sus padres. Prefieren unirse a clubes, organizaciones escolares, etc., y relacionarse con sus amigos. Aprenden a conducir desde muy pronto para poder desplazarse por su cuenta. Les gusta llevar su propia vida y no les gusta que los demás interfieran en ella.

Qué esperar cuando se cría a un niño Acuario

Espere lo inesperado con un Acuario

Espere siempre lo inesperado al criar a un niño acuariano. Su hijo le mantendrá siempre alerta. Están llenos de inteligencia, emociones y energía, y les encanta estar en movimiento todo el tiempo. Les gusta conocer gente nueva, visitar nuevos lugares, probar cosas nuevas, etc. En general, estarán ocupados y muy activos todo el tiempo. Son intrépidos y aventureros. Esté siempre preparado para algo nuevo y emocionante cuando críe a un niño de Acuario.

Son un poco despistados

Estos niños pueden ser bastante despistados. Muchos padres se quejan a menudo de que su hijo acuariano no los escucha. Sienten que los niños lo hacen a propósito, pero esto no es cierto. Los niños pueden oír a sus padres, pero simplemente lo olvidan, gracias a su despiste. Su cerebro se mueve a tal ritmo que olvidan las cosas con frecuencia.

Puede que se sienta ignorado al tratar con un Acuario, pero la mayoría de las veces, su despiste no es deliberado. Simplemente es demasiado difícil para el niño mantener el control de sus pensamientos todo el tiempo.

Los acuarianos son enfocados

Los chicos acuarianos son dedicados, enfocados y a menudo testarudos. No se rinden hasta que consiguen maniobrar según su deseo. Esta testarudez a menudo puede jugar en su contra; como padre, trate de controlarla sutilmente. A veces, déjeles ser testarudos, ya que la experiencia les ayudará a aprender una lección por sí mismos, que los acompañará para siempre.

Emociones de montaña rusa

Acuario es un signo lleno de contradicciones, y los niños Acuario no son diferentes. En un momento pueden estar contentos, relajados y despreocupados, pero al momento siguiente pueden volverse locos y entrar en una fuerte espiral. Esto es normal, ya que muchas cosas pueden desencadenar sus emociones. Todo el mundo odia estar expuesto a lo inesperado, pero los acuarianos tienden a llevar las cosas al siguiente nivel. Tienen reacciones extremas. La mayoría de estas emociones desaparecen rápidamente.

Los acuarianos son empáticos

Si alguna vez se siente fuera de su elemento o se siente deprimido y necesita palabras amables o un abrazo, su niño acuariano siempre estará ahí para usted. Siempre serán los primeros en comprender lo que está pasando y en tratar de ayudarle. Poseen la capacidad casi insólita de adivinar cómo se sienten los demás sin necesidad de que se lo digan explícitamente. Por eso se aconseja a los padres de los niños acuarianos que controlen sus métodos disciplinarios, ya que es probable que sus niños ya sepan lo molesto o enfadado que está. Utilice palabras suaves para hacerles entender que sus decisiones fueron problemáticas y que deben aprender a hacerlas mejor en el futuro.

Acuario ama a la gente

Los niños Acuario son muy sociables porque son cálidos, encantadores, amistosos y atractivos. Les encantan todas las formas de atención positiva y les gusta conocer a la gente que les rodea. Puedes ver lo social que será su niño desde una edad temprana. Los bebés comienzan a sonreír a la gente al azar todo el tiempo desde una edad temprana.

Aprendizaje rápido

Los niños acuarianos son inteligentes y rápidos, lo que puede ser una bendición y una maldición para los padres. Los niños pueden entender muchas cosas desde el principio. No solo son inteligentes en cuanto a los libros, sino que la mayoría de ellos también son socialmente inteligentes. Por lo general, son los favoritos de los profesores (si encuentran el tema interesante). Su niño acuariano necesita sentirse desafiado todo el tiempo; de lo contrario, puede volverse perezoso y dejar de interesarse.

Idiosincrásico

Nadie puede entender a un acuariano, ni siquiera sus propios padres. Siempre marcharán al ritmo de sus propios tambores y siempre harán las cosas que creen que son las mejores. Puede ser difícil entender el motivo detrás de lo que hacen, por lo que es necesario mantener la comunicación abierta todo el tiempo. Siempre estarán llenos de sorpresas y a veces de sobresaltos. Espere siempre un viaje agradable, salvaje y gratificante mientras cría a un niño Acuario.

Consejos y trucos

Juguetes para niños acuarianos

Aunque a los niños acuarianos les encantará jugar con casi cualquier cosa que tenga en sus manos, hay ciertos juguetes que disfrutarán mucho más que otros objetos. Entre ellos se encuentran las alas de hadas, los instrumentos musicales, los disfraces, las cajas, etc.

Todos estos juguetes pueden ayudar a su niño acuariano a pensar e imaginar ideas nuevas y emocionantes. A los acuarianos les encanta crear sus propios juegos, y estos objetos les servirán de apoyo para sus juegos.

Actividades para niños acuarianos

Los niños acuarianos están llenos de inteligencia, imaginación y pasión. Disfrutan de una gran variedad de actividades que aprovechan su creatividad y su pensamiento. Estas actividades incluyen la creación de arte y la lectura de libros. A los niños Acuario les encanta socializar y jugar con sus amigos en los patios de recreo.

A los niños Acuario les encanta socializar, pero también disfrutan de la paz de la soledad. Por eso, los padres deben tratar de proporcionar a los niños mucho tiempo para recargarse. Esto incluye tiempo a solas, jugando por sí mismos, y permitiendo que su imaginación se apodere del mundo cuando los adultos están fuera del alcance del oído. Estas actividades ayudarán al niño Acuario a crecer y desarrollarse. Estas son algunas actividades que ayudarán a su niño acuariano a disfrutar de su vida y a crecer.

Lectura

Los niños Acuario son artísticos, inteligentes e imaginativos, por lo que no es de extrañar que les fascinen las historias y los cuentos. Por lo general, disfrutan de las historias con niños de diversas partes del mundo, las fábulas y las fantasías. A los acuarianos les gusta identificar las diferencias y similitudes entre sus experiencias y las de otras personas. Les gusta imaginar que viven en países y mundos diferentes y pensar en experiencias que difieren de las suyas. Algunos libros que les encantarán son:

Alicia en el País de las Maravillas de Lewis Carol

Soñadores, de Yuvi Morales

Jumanji, de Chris van Allsburg

Todo sobre el adolescente Acuario

Los adolescentes Acuario, al igual que los niños y adultos acuarianos, son únicos, independientes y extraordinarios. También están llenos de hormonas y, por tanto, pueden volver locos a los padres de una forma nueva cada día. No pretenden molestar a los padres deliberadamente, pero a menudo se enfadan con las personas que no suelen estar a la altura de su potencial. A menudo pueden malinterpretar las situaciones, a veces sin entender bien los matices. Por ejemplo, si usted vuelve de la oficina después de un día bastante ajetreado y se queja de su oficina, pueden pensar que no está a gusto en el trabajo y que se está vendiendo. Es posible que ni siquiera se fijen en todas las razones positivas por las que está haciendo el trabajo, entre las que obviamente se encuentra el sueldo.

Los individuos Acuario son inteligentes, pero tienden a ver el mundo desde una perspectiva en blanco y negro cuando son adolescentes. Es necesario recordarles de vez en cuando que el mundo no es blanco y negro, sino que la mayor parte es gris. Los acuarianos son bien conocidos por su idealismo, así que no se encoge de hombros por completo; en su lugar, intente presentarles las oportunidades que pueden ayudarles a cambiarse a sí mismos y al mundo que les rodea. Concédales amplias oportunidades en las que puedan ofrecerse como voluntarios para marcar la diferencia en el mundo. Disfrutarán provocando un cambio en el mundo.

Los niños y adolescentes acuarianos tienen un fuerte sentido de la justicia social y creen que el mundo puede cambiar para bien. No les gusta que les hablen mal. Si les demuestran su respeto, ellos les devolverán el respeto.

Los adolescentes Acuario suelen tener muchos amigos, al igual que sus homólogos adultos. Son inteligentes y únicos, pero necesitan tener algunas estructuras y reglas. No haga las reglas y se las imponga; los adolescentes acuarianos nunca seguirán las reglas que se les impongan. Esto solo conducirá a la frustración de todos los implicados y puede deteriorar la relación entre ustedes. En su lugar, permítales colaborar en la elaboración de reglas y en el establecimiento de directrices. Estas directrices y reglas deben tener sentido para ellos y deben sentir que han aportado mucho en ellas. Es más probable que sigan esas reglas sin sentirse enfadados o frustrados. Recuerde que los acuarianos son seres autónomos y únicos; cuanto más respete su autonomía, más le respetarán a usted.

Los gustos de los adolescentes Acuario

Los adolescentes Acuario suelen ser polímatas, y les gusta una gran variedad de cosas y campos. Algunos de los campos más apreciados incluyen:

Aprender

Un adolescente acuariano siempre disfrutará aprendiendo cosas y experiencias nuevas; sin embargo, puede que no se sientan cómodos con la rigidez de la escuela. Les gusta aprender en su propio tiempo y acuerdo. Les gusta leer libros, disfrutan haciendo conexiones y les apasiona averiguar cosas nuevas y descubrir nuevas ideas.

Música

A todos los adolescentes les gusta la música, pero a los de Acuario les gusta con una pasión sincera. Para ellos, la música es la vida. Creen que las canciones y las piezas musicales pueden representarlos de una manera mucho mejor y pueden retratar cómo se sienten con precisión.

Independencia y autonomía

Para un adolescente Acuario, su autonomía e independencia son los objetos más cruciales. Cuando comienzan a aprender que son diferentes a sus padres y que pueden hacer elecciones de vida diferentes y disfrutar de cosas diferentes, les proporciona una experiencia casi surrealista. Permita que los adolescentes experimenten todo lo que quieran; fomente ese comportamiento. Permítales crecer y deje que encuentren su propio camino con plena pasión.

Lo que le desagrada a un adolescente Acuario

Reglas y falta de independencia

Un adolescente acuariano aborrece la falta de independencia. Le despreciarán si utiliza frases como "Porque esta es mi casa" o "Porque lo digo yo". Nunca seguirán una regla que se les imponga. Si quiere que sigan las normas, permítales colaborar en el proceso.

Grupitos

A los acuarianos les encanta hacer muchos amigos, pero al final son lobos solitarios. No les gusta que se le asocie a un grupo concreto y les gusta disfrutar de su libertad e independencia. En lugar de alinearse con un solo grupo, prefieren flotar entre diferentes personas y grupitos. Esto hace que sean populares con casi todo el mundo.

Privacidad

Los adolescentes acuarianos tienden a ser desordenados (todos los adolescentes lo son), pero nunca invada la privacidad de un acuariano, o lo odiará para siempre. Entrar en el espacio privado de un acuariano es una invasión de su privacidad. Lo encontrarán frustrante y molesto. Pida siempre su permiso si quiere entrar en su vida o espacio privado. Respete sus límites.

Capítulo 5: Acuario y la amistad

Los acuarianos son extrovertidos y están dispuestos a hacer amigos. Les encanta la aventura y siempre quieren probar algo nuevo con sus amigos. El círculo social de un acuariano está lleno de gente que ama su lealtad y encanto. La mayoría de la gente se siente atraída por ellos, ya que desprenden un sentimiento de compatibilidad. A veces, la gente puede preguntarse si un acuariano está interesado en ellos o se preocupa por ellos, ya que los acuarianos pueden parecer desinteresados y distantes.

Los acuarianos como amigos

El signo del Zodiaco Acuario es el undécimo signo del Zodiaco, y es un signo que se encuentra en la zona natural de la actividad social y la amistad. A los acuarianos les resulta fácil hacer nuevos amigos, y son amigos ideales. Se les da bien conversar con cualquiera que esté a su alrededor, pero solo tienen unos pocos amigos cercanos a su corazón. Los acuarianos son personas sorprendentes, pero tienen muchas características positivas que la gente desea tener en sus compañeros o amigos.

Los acuarianos son leales

Si tiene un acuariano como amigo, ya sabe lo afortunado que es porque son los amigos más leales. Un acuariano es muy solidario y se asegura de que se esfuerce por alcanzar sus objetivos. Si un acuariano sabe lo apasionado que es usted por alcanzar sus objetivos, entonces hará todo lo que esté en su mano para ayudarle a conseguirlos. Nunca tienen celos de la gente que les rodea. Los acuarianos son buenos para animar a la gente si está teniendo un mal día.

Les gusta entablar conversación

A un acuariano se le da muy bien conversar con la gente que le rodea. Si conoce a un acuariano en una fiesta, es posible que hable con él durante horas y que nunca sepa por qué empezó. Los acuarianos tienen las cosas más interesantes que decir a la gente que les rodea. También hacen las preguntas adecuadas porque quieren aprender más sobre la gente. Algunos pueden encontrar a los acuarianos prepotentes, y algunos acuarianos no escuchan ni lo animan. Hay otros que pueden no querer ayudar a las personas que les rodean. Los acuarianos pueden querer tomar el asunto en sus propias manos, independientemente de que alguien les haya pedido ayuda. Lo que no entienden es que no todo el mundo puede querer esta ayuda.

Le gusta la diversión

Como a los acuarianos les gusta la aventura, suelen ser imprevisibles. Puede que piense que sabe lo que quiere o ama un acuariano, pero entonces puede decir o hacer algo que le sorprenda. Pueden parecer un poco locos debido a su espontaneidad, y les encanta hacer cualquier cosa emocionante, aventurera e interesante.

Idealistas y rebeldes

Los acuarianos no son tradicionalistas y odian seguir las convenciones. No aceptan ninguna situación ni explicación a ciegas. Siempre buscan agujeros en el sistema y no son personas prepotentes, a diferencia de Aries y de Leo. Su mantra es vivir y dejar vivir. Los acuarianos son excepcionalmente amables, y esta característica atrae a la gente hacia ellos. Tienen creencias humanitarias y se preocupan por el bienestar de las personas. Rara vez se involucran demasiado en las relaciones, ya que no quieren perder su libertad o independencia.

Poco convencional

Los acuarianos son poco convencionales y espíritus libres. Sus hábitos y actitudes los convierten en las personas más excéntricas. Son conocidos por pensar fuera de la caja y buscar constantemente algo nuevo que hacer en la vida. Odian aburrirse. La combinación de su amabilidad, amor y pensamientos originales les converte en los mejores líderes. Su espíritu libre es tan contagioso como su positividad. Si odia la rutina y quiere darle sabor a su vida, necesita encontrar un amigo acuariano.

Acuario y la amistad

Acuario y Aries

Un acuariano puede comunicarse fácilmente con un Aries. Los Aries son individuos impulsivos, y esto juega a favor de un acuariano ya que a este le encanta la aventura. Un acuariano y un Aries pueden embarcarse juntos en largas aventuras, especialmente en aquellas que implican actividades peligrosas como el salto en bungee, el buceo en acantilados, el paravelismo, etc. Un acuariano puede cansarse de un Aries porque este se pone por encima de los demás. Cuando pasan tiempo alejados el uno del otro, comprenden lo mucho que se necesitan.

Acuario y Tauro

Un acuariano admira a un taurino porque este último es leal por encima de todo. Los taurinos son tan fieles como pueden serlo. Un acuariano y un taurino son devotos de sus amigos y seres queridos, y harán todo lo posible por mantener una relación. Un acuariano y un taurino permanecerán juntos en las buenas y en las malas. Mientras que a los acuarianos les gustan las multitudes y el ruido, los taurinos son materialistas. Se divierten mucho cuando pasan tiempo juntos, especialmente cuando son los únicos. Los dos pueden disfrutar de actividades como el senderismo y el remo.

Acuario y Géminis

Un geminiano y un acuariano se relacionan bien porque los Géminis son amigos satisfactorios, alentadores y estimulantes. Estas cualidades hacen que sea fácil para un acuariano motivar a un Géminis a probar diferentes actividades. Como los dos son siempre curiosos y enérgicos, probarán cualquier cosa nueva. Los Géminis tienen un gran círculo de amigos, pero solo están cerca de algunas personas, y un acuariano es una de ellas. Esto se debe a que un acuariano puede alimentar el entusiasmo de un Géminis por probar algo nuevo. Como un acuariano espera que la gente llegue a tiempo, un géminis puede necesitar trabajar en esto para mantener su amistad.

Acuario y Cáncer

Un acuariano puede tener dificultades para entender a su amigo Cáncer. Un acuariano disfruta de los desafíos, por lo que puede hacer todo lo posible para mantener su amistad con un Cáncer. Dado que tanto los acuarianos como los cánceres tienen deseos y necesidades diferentes, es difícil que ambos mantengan una relación. A los cánceres les gusta la atención, pero los acuarianos quieren ser estimulados intelectualmente. Como los cánceres tienen sentido del humor, pueden influir en el afecto de los acuarianos. Si los cánceres pueden controlar su necesidad de ser amados, podrán tener una relación estable con los acuarianos; de lo contrario, la relación dejará de existir pronto.

Acuario y Leo

Es difícil que a la gente no le gusten los Leo, pero un acuariano es todo lo contrario a un Leo. Dado que los acuarianos prefieren descansar y relajarse, rara vez se ven cara a cara con un Leo, con una actitud más grande que la habitual. Sin embargo, un acuariano en presencia de un Leo es más entusiasta que nunca. Los acuarianos son excelentes para mantener a los Leo bajo control. Dado que ambos signos disfrutan de la actividad, les pueden encantar los paseos enérgicos por el parque o una sesión de ejercicios en el gimnasio. También pueden divertirse cuando van a espectáculos de ópera y de rock. Sin embargo, los Leo y acuarianos deben trabajar juntos para mantener su relación.

Acuario y Virgo

Los acuarianos se sienten atraídos por los Virgo, ya que estos últimos son personas perspicaces e inteligentes que pueden estimular intelectualmente a un acuariano. Los Virgos son muy particulares en algunas cosas de la vida y pueden ser quisquillosos ocasionalmente, especialmente en cosas que no le importan a un acuariano. Los Virgos son personas a las que les encanta planchar su ropa, peinarse con frecuencia y lavarse las manos hasta dejarlas impecables. Un acuariano puede incluso no ser capaz de encontrar un par de calcetines en su armario. Si un acuariano y un virgo pueden pasar por alto estas características, pueden tener una amistad duradera.

Acuario y Libra

Los acuarianos y los librianos se sienten atraídos por naturaleza, y la relación entre ellos es sorprendente. Como a ambos les gustan las multitudes y las reuniones sociales, suelen encontrarse en las fiestas. Discuten sobre nuevas ideas, las noticias y otras tendencias y pronto desarrollan una amistad. A los librianos les impresiona la comprensión de un acuariano sobre cualquier tema. Como un acuariano presta toda su atención a cualquier persona con la que hable, a un libra le resulta fácil hablar con él. Un Libra es consciente de su apariencia, y esto puede poner de los nervios a un acuariano. Si un acuariano puede pasar por alto estas características, la amistad entre un libra y un acuariano puede durar toda la vida.

Acuario y Escorpio

Un Acuario y un Escorpio pueden no llevarse bien. Hay mucha tensión en esta relación, y es la razón por la que a la mayoría de los acuarianos y escorpianos no les gusta estar el uno con el otro. Los acuarianos nunca saben lo que sus amigos escorpianos están pensando. Se preguntan constantemente sobre sus sentimientos y motivos, lo que suele ser un cambio refrescante para ellos. A los escorpianos también les gusta pasar tiempo con los acuarianos, ya que no pueden descifrarlos. Cada uno trata de descifrar al otro como si fuera un rompecabezas. Tanto los acuarianos como los escorpianos son testarudos, y esto puede dar lugar a discusiones y problemas. Sin embargo, es fácil para ellos mantener su amistad si se dan una oportunidad.

Acuario y Sagitario

A los acuarianos les encanta salir con los sagitarianos. Son las mejores personas de todo el mundo, según los acuarianos. Los sagitarianos tienen una mente abierta, un corazón aventurero y un espíritu libre, y les encanta pasar tiempo con los acuarianos por sus creencias humanitarias y su espíritu aventurero. Dado que tanto los acuarianos como los sagitarianos son animales sociales, es posible que se conozcan a menudo en una fiesta. Probablemente sean los últimos en abandonar la fiesta. Les encanta practicar deportes que requieran rapidez de reflejos. A veces, un acuariano puede encontrar molesta la honestidad de un sagitariano, mientras que un sagitariano puede encontrar molesta la incapacidad de un acuariano para notar los cambios. Sin embargo, los dos pueden trabajar juntos y tener una fuerte amistad si se entienden.

Acuario y Capricornio

Los acuarianos aman los experimentos, y pueden desarrollar una relación con un capricorniano como un experimento. Mientras que los acuarianos aman las cosas nuevas y experimentan con muchas cosas en la vida, los capricornianos prefieren las viejas costumbres. Los acuarianos aman el cambio y odian las rutinas, a diferencia de los capricornianos. Los acuarianos pueden pensar que los capricornianos les están arruinando la vida, pero entonces estos últimos pueden hacer algo que les ayude a recordar por qué les tiene cariño. Los capricornianos siempre aportan algo de consistencia a la vida de un acuariano, mientras que un acuariano aporta algo de vida y emoción a la vida de un capricorniano.

Acuario y Acuario

Los acuarianos son compatibles entre sí, y la mayoría de los acuarianos se sienten normales cuando están cerca de otros acuarianos. Son tan normales como pueden ser alrededor de los acuarianos. Como a otro acuariano no le parece extraño el amor por los chocolates o las sardinas, suelen estar contentos y tranquilos. La amistad entre dos acuarianos nunca es aburrida porque ambos son aventureros. Nunca se cansan de discutir cualquier tema y pueden inscribirse para trabajar en causas benéficas.

Acuario y Piscis

Un acuariano y un pisciano pueden llevarse bien fácilmente ya que ambos tienen los mismos instintos humanitarios. Si un acuariano y un pisciano se juntan, defenderán al desvalido del grupo. Los acuarianos y los piscianos pueden coincidir a menudo en un mitin o en una recaudación de fondos. Se sienten atraídos por temas como la numerología, el tarot y la astrología. Los acuarianos se sienten atraídos por los piscianos, que comprenden estos temas. También son musicales y pueden disfrutar compartiendo música u obras de teatro juntos.

Acuarianos en una fiesta

Los acuarianos son mundanos y les encanta hablar con la gente. Disfrutan de las conversaciones intelectuales y a menudo hacen gala de su intelecto. A los acuarianos les gustan los grupos pequeños en los que pueden mostrar sus habilidades. Disfrutan de los debates y discuten sobre diversos temas. A los acuarianos también les gusta salir solos. Pueden ir a una cata de licores o vinos, a una conferencia, a una cena elegante o incluso a un concierto. Solo quieren un lugar donde puedan expresar sus opiniones. Pueden discutir sus opiniones incluso con completos desconocidos.

Estilo de amistad

Como a los acuarianos les encanta estar rodeados de gente, siempre están abiertos a conocer gente nueva. Quieren escuchar sus historias. Un acuariano nunca se siente fuera de lugar, aunque se encuentre en un grupo de gente nueva. Como saben escuchar y siempre hacen las preguntas adecuadas, siempre pueden sacar a la gente de sus casillas. La gente puede contarles a los acuarianos cosas que no le han contado a nadie antes. Sin embargo, los acuarianos son muy reservados. Nunca dicen a la gente lo que están pensando o cómo se sienten, pero puede parecer que han dicho a la gente todo lo que necesitan saber.

A los acuarianos les gustan los grupos grandes, pero tardan en encontrar amigos íntimos. Tardan en confiar en alguien. Se toman las amistades muy en serio, y si se sienten decepcionados, se lo tomarán a mal. No se toman demasiado mal si se olvida de quedar con ellos para tomar un café, pero le llevará más tiempo formar parte de su círculo. Dado que los acuarianos siempre ven las mejores cualidades en las personas, a menudo se sienten frustrados cuando la gente no puede ver esas características en ellos mismos.

Los acuarianos suelen sentirse animadores porque les gusta ser mentores de la gente. Sin embargo, desearían que hubiera alguien en su vida que les sirviera de mentor. A los Acuario les encanta divertirse y siempre están dispuestos a vivir una aventura.

¿Quién es el mejor amigo para un acuariano?

Como tanto Acuario como Libra son signos de aire, les encantan los eventos culturales, pasar horas debatiendo ideas, ir a conciertos de rock y otras actividades divertidas. Los librianos son más diplomáticos en comparación con otras personas, y un acuariano sabe cómo llamar la atención. Pueden hacer que los librianos se mantengan firmes y sean menos diplomáticos. Los librianos saben cómo romper las barreras de un acuariano con facilidad y ayudarles a confiar más en la gente. Los dos signos no tienen una amistad basada en las palabras, y son felices estando juntos incluso en silencio. Dado que tanto los acuarianos como los librianos no guardan rencor, es fácil estar con ellos. Entienden que cada uno necesita su espacio y que ya tienen suficiente con sus vidas. Pueden retomar la conversación exactamente donde la dejaron, aunque no se hablen durante días o semanas. Los acuarianos y los librianos no son conocidos por su humor, pero pueden reírse durante horas juntos.

Cómo hacerse amigo de un acuariano

A los acuarianos les encantan las reuniones sociales y son extrovertidos. La gente les rodea a menudo, y es fácil que la gente quede encantada por las características de un acuariano. Para ser amigo de un acuariano durante mucho tiempo, necesita quedarse con él. Estar ahí en los buenos y malos momentos. A los acuarianos les encanta la constancia, y cuando le vea en el mismo sitio repetidamente, intente romper las barreras. Puede tener una amistad casual con los acuarianos, ya que son agradables. Si les hace reír, le apreciarán más. Si quiere una amistad más profunda, necesita rascar por debajo de la superficie.

Cómo seguir siendo amigo de los acuarianos

Sea siempre la mejor versión de sí mismo para ser amigo de un acuariano. Los acuarianos no tienen tiempo para las personas que no están contentas con su vida. Suelen perdonar a las personas que se olvidan de responder u olvidan sus cumpleaños, pero nunca les gusta la gente que es mala o miente. Las palabras hirientes y los chismes, ya sean dirigidos a los acuarianos o a otros, no impresionan a un acuariano.

Consejos para ser amigo de los acuarianos

En esta sección, veremos diez consejos que le ayudarán a ser amigo de los acuarianos.

Sea siempre genuino

Como los acuarianos son personas serias, sinceras y reflexivas, huirán de usted si no es sincero. No pueden responder a los halagos poco sinceros, y siempre saben quién está siendo honesto y quién no. Si conoce a un Acuario, entonces debe felicitarlo por sus rasgos encomiables. Esto siempre tendrá un efecto más fuerte en los acuarianos, ya que saben que usted realmente se preocupa por ellos. Al hacer regalos, nunca debe agasajar a un Acuario con artículos llamativos o costosos.

Conózcalos

No hay que precipitarse a la hora de conocer a los acuarianos. Siempre tienen la guardia alta, por lo que se necesita un tiempo para aprender más acerca de un acuariano. Necesita darle a un acuariano el tiempo necesario para que lo entienda y se sienta seguro a su alrededor. Solo cuando esto ocurra, se abrirá lentamente a usted. Como los acuarianos son juguetones y les encanta la aventura, bromearán con usted.

Filantropía

Los acuarianos pueden parecer a veces distantes y fríos porque no les gusta abrirse con facilidad. Sin embargo, se apegan rápidamente a los desconocidos y comprenden sus preocupaciones. También harán todo lo que esté en su mano para ayudarles. Acuario puede tener un millón de problemas en la cabeza, pero ayudará a alguien que lo necesite. Siempre les darán su hombro para llorar. Para hacerse amigo de un acuariano, hay que ser filántropo.

Aprenda a debatir

Como los acuarianos tienen una voluntad fuerte, harán lo que sea necesario para que algo salga adelante si creen en ello. Lo harán incluso si la gente tiene una perspectiva diferente. Esto no significa que sean discutidores o testarudos, sino que es solo porque les apasiona lo que creen. Si quiere que un acuariano vea su lado de la historia, utilice una combinación de fuentes y hechos. Es posible que le pida disculpas por no ver las cosas como usted las ve.

Nunca mienta

Los acuarianos siempre quieren la verdad, y pueden detectar a los mentirosos al instante. Si perciben que les está mintiendo, ya no querrán estar cerca de usted. Son así por su lealtad. Tienen una moral fuerte y esperan que sus amigos tengan la misma moral. Nunca podrá tener una segunda oportunidad con un acuariano si es deshonesto con ellos. Si no puede reunirse con su amigo para tomar un café, dígale por qué y tenga las pruebas necesarias para ello.

Ingenio rápido

Los acuarianos son encantadores, inteligentes, ingeniosos y sarcásticos. Si no puede entretenerlos o conversar con ellos durante horas, o hablar de asuntos mundanos, entonces no podrá mantener su atención. También necesita tolerar su sarcasmo y saber cuándo le están tomando el pelo. Si consigue hacerlo, querrán estar a su lado.

Aprenda a amar sus puntos de vista

Como la mayoría de los acuarianos se encuentran en una crisis existencial, es importante que apoyes sus puntos de vista. Son filósofos, y a menudo quieren paz y armonía en sus vidas. Cuando escuchan una tragedia o recuerdan algo que les ocurrió, se cuestionan todo lo relacionado con sus vidas. La mayoría de la gente puede encontrar esto infantil, pero para hacerse amigo de un acuariano, es necesario confiar en ellos y en sus ideales. Si lo hace, le querrán, sin cesar.

Confíe en ellos

A los acuarianos nunca les gusta sentirse atrapados, y si intenta controlarlos, huirán de usted. Para ganarse a un acuariano hay que tener seguridad. Si cuestiona todo lo que hace o dice, se alejará. Como los acuarianos tienen moral y son leales, no harán nada para romper su confianza. Así que aprenda a confiar en ellos.

Nunca se dé por vencido

Los acuarianos tardan mucho en bajar la guardia. Tienen miedo de dejar que las personas que les rodean sepan cómo se sienten o por lo que están pasando. Cuando esto ocurra, se alegrará de tenerlos como amigos. Los acuarianos odian precipitarse en las relaciones, pero se quedarán con usted para siempre si se esfuerza. Sin embargo, temen el compromiso, pero si los quiere, luche por su amistad. Deje que se sientan seguros.

Prepárese para una amistad a largo plazo

Cuando se gana a un Acuario, significa que ha bajado la guardia. Esto significa que nunca tendrá que dudar de su dedicación a su amistad. Los acuarianos son espontáneos y le demostrarán su amor con regalos sentimentales. Siempre piensan en lo que pueden hacer como regalo. Le levantan el ánimo y le animan a seguir sus pasiones y sueños. Como los acuarianos son verbales, le recordarán su valor. Una vez que desarrolla un vínculo con un acuariano, este nunca se romperá. Si no se rompe su confianza, nunca se romperá la suya. Por lo tanto, manténgase a su lado y confíe en ellos. Esté ahí para levantar su ánimo porque siempre lo hacen por todos. Sea su mentor y su amigo. Nunca los perderá.

Capítulo 6: Acuario en el amor

Veamos la compatibilidad amorosa de Acuario con otros signos del Zodiaco:

Acuario y Aries

Las relaciones sexuales entre Acuario y Aries pueden ser excitantes o estresantes. Estos dos signos se llevan bien y se apoyan mutuamente. Ambos signos pueden seguirse con mucha energía. Sin embargo, podría haber una falta de emoción con la intimidad o las relaciones sexuales entre los dos. Aries es un signo de mucha pasión y emociones cálidas. Su relación con Acuario tiene la posibilidad de sacar lo peor de su naturaleza. Destacará que el frío y poco emocional Marte rige a Aries.

Aunque esto puede hacer que sus relaciones sean más emocionantes, no logrará la plenitud de ninguno de los dos, ya que ambos necesitan sentirse amados. Hay demasiada energía y masculinidad en esta relación, y esto podría causar turbulencias. Es fácil entender sus roles, ya que Acuario tiene ideas locas y amplía los horizontes de su pareja, mientras que Aries tiene mucho aguante y desprende energía. Al principio de la relación, las cosas pueden ser muy divertidas para ellos. Sin embargo, con el tiempo se vuelven pesadas y no hay suficientes ideas locas para llenar el vacío de las emociones.

Aries da mucha importancia a la confianza, y es fácil que Acuario lo comprenda. Aunque esto no significa que Acuario vaya a ser fiel a su pareja, podría plantear la opción de una relación abierta y ser honesto sobre cualquier indiscreción con Aries. Sin embargo, esta no es una opción para Aries, que está regido por Marte y quiere ser el centro del mundo de su pareja. Este tipo de relación solo hará que Aries se vuelva posesivo y se enfade al obsesionarse con cada movimiento de Acuario. Aparte de la fidelidad, la confianza no es un problema para esta pareja. Ambos no ven la necesidad de mentir, ya que la verdad puede ser mucho más interesante y fácil de tratar. Ambos signos no sienten la necesidad de evitar el conflicto y les gusta decir lo que piensan. Saben que cualquier discusión o conflicto puede llevarse a cabo de forma constructiva para que les ayude a entender mejor a su pareja y haga más fuerte su relación.

Las conversaciones entre Aries y Acuario pueden ser tan interesantes que la mayoría de la gente querría participar en ellas. Acuario es consciente de que Aries suele ser serio y tiene unos límites que deben ser respetados. A su vez, les gusta hacer reír a su pareja de Aries y soltarse más. Para Aries, este tipo de pareja de mente abierta y en constante cambio es inimaginable a veces. Por eso, a menudo acaban idolatrando a Acuario y les encanta entablar cualquier diálogo con ellos. Para Acuario, es un gran estímulo para su ego. Como ambos signos son fuertes por naturaleza y muy enérgicos, podrían acabar peleando constantemente. Sin embargo, también superarán esas peleas y se apreciarán mutuamente al final del día.

Acuario y Tauro

Tauro es un signo de naturaleza lenta y tierna, que encuentra molesto el carácter inusual y cambiante de Acuario. Estos dos signos rara vez se atraen y se encuentran locos o aburridos. Sin embargo, si tienen una mentalidad más abierta a las relaciones sexuales inusuales, pueden ayudarse mutuamente a crecer mucho. La naturaleza tierna podría ayudar al distante e independiente Acuario a motivarse más y ser más creativo. Esto, a su vez, podría ayudar a Tauro a ser mucho más productivo. Si estos signos son lo suficientemente respetuosos el uno con el otro y comparten sus emociones, podrían tener una gran vida sexual. Pero rara vez se llega tan lejos, ya que estos signos buscan cosas muy diferentes en sus relaciones. A Acuario le gusta estar libre de cualquier atadura mientras que Tauro busca un vínculo inquebrantable y seguro. Puede ser difícil para ambas partes encontrar un punto de encuentro.

Acuario suele estresar a Tauro, y esto tiende a impedirle ser honesto y sincero con su pareja. A Acuario le resulta difícil entender el miedo que tiene Tauro a no ser lo suficientemente bueno. Acuario no se entrega a la autocrítica ni a la culpa como hace constantemente Tauro. A Tauro le resulta aún más difícil expresar sus sentimientos a Acuario porque las estrictas opiniones de este pueden ahuyentar a Tauro. Todo esto conduce a un círculo interminable de desconfianza y mentiras. Acuario parece carecer de flexibilidad, aunque haga parecer que acepta las diferencias de otras personas. Para que haya confianza entre estos signos, Tauro tiene que ser más valiente y no temer las consecuencias de decir algo incorrecto a su pareja. Acuario tiene que ser más compasivo con Tauro y deshacerse de su actitud santurrona.

Uno es un elemento de Aire, mientras que el otro pertenece a la Tierra. Por eso a estos dos signos les resultará muy difícil encontrar algo en común de lo que hablar. Tauro es el signo de la caída de Urano, que actúa como un colador para todas las ideas brillantes de sus compañeros de Acuario. Aunque esto no suponga un gran problema, la estrechez de miras de Tauro puede hacer que su pareja sienta que ninguno de sus sueños se hará realidad. Tauro tiene que ser más comprensivo con la necesidad de volar que tiene Acuario. Si lo hacen, pueden ayudar a Acuario a trabajar en la materialización de estos sueños voladores. Esto ocurre pocas veces, ya que a Acuario no le resulta fácil hablar o abrirse a Tauro. Para estos dos signos es difícil reconciliarse y cualquier pequeño asunto puede convertirse en algo grande para ellos.

Acuario y Géminis

La estimulación verbal puede hacer que estos dos signos tengan buenas relaciones sexuales. No sienten la necesidad de estar libres de ropa para tener sexo, sino que la mayoría de las veces terminarán sin ella. Ambos signos están más enfocados en encontrar espíritus afines, y mientras continúan la búsqueda, quieren pasar un buen rato. El lado intelectual de esta relación será excitante para ambos. Ni a Acuario ni a Géminis les gusta estar en una relación con una pareja a la que consideran estúpida. Estar con alguien sin ingenio sería considerado solo un encuentro insignificante para ellos. Acuario es más dominante, ya que Géminis puede ser tímido en ciertas situaciones, y esto ayuda a Géminis a ser mucho más libre a la hora de expresarse. Pero si hay una falta de emoción o de verdadera intimidad entre ellos, su relación se desmoronará al buscarla en otra pareja.

Para esta pareja, la confianza puede ser algo extraño. No es que no confíen el uno en el otro, porque lo harán. Géminis rara vez siente la necesidad de mentir, y Acuario encuentra la deshonestidad ridícula. Sin embargo, a Acuario también le gusta la privacidad, pero esta pareja no tendrá problemas de confianza.

Los espectadores encontrarán un debate entre esta pareja bastante interesante. Acuario y Géminis pueden mantener conversaciones muy estimulantes. El sistema de creencias humanas y racionales de Acuario será fascinante para Géminis, mientras que Acuario tendrá la oportunidad de aliviar sus problemas de ego.

Acuario y Cáncer

Cáncer y Acuario tendrán una relación sexual muy estresante. Cáncer suele ser el signo más sensible, pero se vuelve bastante distante y áspero cuando quiere poner límites. Acuario es innovador, pero tiende a ser inamovible y es inmutable. Las relaciones sexuales entre ambos podrían ser estresantes para Cáncer, y esto les hará poner límites. A Acuario, en cambio, le resultará difícil cambiar solo para que su pareja de Cáncer se sienta más cómoda. Cáncer no puede entender la necesidad de Acuario de utilizar el sexo para sentirse más arraigado. Para ellos, las relaciones sexuales solo deben tener emociones de por medio.

Por lo general, Cáncer es honesto y leal. Sin embargo, si teme herir a sus seres queridos o teme una reacción agresiva por su parte, podría recurrir a la mentira. El estrés en esta relación podría dificultar que Cáncer comparta sus pensamientos o sentimientos con Acuario, y esto puede llevar a problemas de confianza entre ambos. Aunque a ninguno de los dos le gusta mentir, tienen problemas de confianza, ya que no tienen fe en su futuro juntos.

Acuario y Leo

Los signos opuestos se atraen mucho entre sí, y esto es evidente entre Leo y Acuario. Acuario parece existir para derribar a Leo, que es el rey de los signos. Hay mucha pasión y atracción entre estos fuertes individuos. Sus relaciones sexuales pueden ser tanto una lucha como una experiencia increíble. Habrá liberación, calor y pasión. Acuario acabará respetando a Leo si comparten verdaderas emociones el uno por el otro. Estos dos compañeros formarán una conexión muy fuerte entre ellos con el tiempo.

Si se observa su relación de pareja desde la distancia, todo parecerá sencillo. Sin embargo, la confianza siempre parece ser un reto para los dos signos. Ambos son comprensivos y se dan libertad. Pero cuando están separados el uno del otro, se dan cuenta de que conocen poco a su pareja y tienen muy poca confianza.

Tanto Leo como Acuario son héroes. Si luchan juntos por la misma causa, pueden provocar grandes cambios y marcar una verdadera diferencia en el mundo. Sin embargo, tienen que dejar de pelearse entre ellos si pretenden lograr esas cosas juntos. Si no, su energía solo se dispersará en peleas innecesarias.

Acuario y Virgo

La relación sexual entre los dos signos no es fácil de ninguna manera. No se sentirán atraídos el uno por el otro a menos que exista un fuerte apoyo en sus cartas astrales. Ambos signos tienen naturalezas que no se apoyarán mutuamente. Aunque Virgo y Acuario son intelectuales, difieren mucho el uno del otro. Su tendencia a pensar demasiado arruinará la posibilidad de cualquier relación sexual entre ambos. La naturaleza analítica de Virgo será una desventaja para Acuario, a quien no le gusta pensar demasiado.

Ambos signos tienen una naturaleza racional, y esto generará confianza entre ellos. A Virgo le suele costar confiar en su pareja, pero no ve la necesidad de hacerlo con una pareja de Acuario. Sin embargo, estos signos podrían distanciarse, aunque tengan una fuerte conexión al principio. Para que haya confianza mutua, ambos signos deben aceptarse mutuamente y tratar de mantener fresca su relación.

Virgo tiene una naturaleza adaptable y cambiante que hace difícil aceptar la naturaleza inmutable de Acuario. Serán buenos para comunicarse entre sí y tendrán temas comunes para discutir. Estos signos suelen compartir sus intereses y se entusiasman con las mismas cosas.

Acuario y Libra

A Libra le resultará mucho más fácil expresarse sexualmente cuando tenga una pareja de Acuario. El problema de Libra es que se preocupa demasiado por lo que piensan los demás. En las relaciones sexuales, o bien se mostrarán demasiado apagados y parecerán asexuados, o bien intentarán hacer demasiado y lo harán algo incómodo para su pareja. Sin embargo, Acuario es todo lo contrario y no le importa la opinión de los demás. Las relaciones sexuales entre ambos pueden ser liberadoras para Libra, pero desafiantes para Acuario, ya que tienen que luchar contra la necesidad de Libra de encajar.

Ambos signos tienen un carácter recto, y esto hará que confíen el uno en el otro sin excepción. Tienen las mismas inseguridades y se ayudarán mutuamente a superarlas. Sin embargo, esta confianza debe construirse y no llegará de golpe. A estos signos les gusta ser vistos como atractivos, y tienen que decírselo al otro. Pueden surgir problemas entre ambos si Libra se apega demasiado y depende emocionalmente de Acuario. Esto es algo que Acuario evitará.

Ambos signos tienen una imagen que mantener. Mientras que a Libra le gusta parecer y actuar de forma agradable con los demás, Acuario no es una persona que guste de las multitudes y le gusta ir por el camino contrario. Ambos son rígidos en sus creencias y no estarán dispuestos a cambiar de opinión.

Acuario y Escorpio

Las relaciones sexuales entre Acuario y Escorpio pueden ser muy intensas. Juntos, estos signos representan la máxima libertad sexual sin tabúes ni restricciones. Estos signos de aire y agua se sienten muy atraídos el uno por el otro. Sin embargo, si rompen, terminarán con sentimientos de odio y despreciarán todo lo que compartían. A estos signos les resultará difícil equilibrar el pensamiento racional, las emociones y la pasión. Mientras que Escorpio es profundamente emocional y tiene una fuerte necesidad de relaciones sexuales, a Acuario no le gusta el exceso de emociones y tiene problemas con alguien demasiado posesivo. Su vida sexual será estupenda o un campo de batalla. Al ser signos fijos, ambos tendrán dificultades para adaptarse a una pareja muy diferente a ellos.

Escorpio y Acuario son personas directas y honestas que idealmente no deberían tener problemas para confiar el uno en el otro. Sin embargo, cuando se acerquen el uno al otro, surgirá este problema: Acuario deberá domesticarse y comprometerse con su pareja Escorpio. Si hay algún signo de manipulación en la relación, las cosas pueden salirse de control. Su relación de pareja se romperá fácilmente por estas cosas.

La comunicación no es un problema para estos signos si no actúan de forma obstinada o son demasiado rígidos en sus opiniones. Pueden hablar de todo tipo de temas extraños con gusto, ya que a ninguno de los dos les gusta la cháchara. Las charlas triviales les parecen inútiles a ambos, y les gusta el hecho de poder discutir cosas interesantes con el otro. Su conexión de profundidad es increíble, y ambos tienen muchos problemas para entender muchas cosas de la sociedad.

Acuario y Sagitario

La única ventaja importante para las relaciones sexuales entre estos signos es que Acuario tiende a actuar de la manera que piensa Sagitario. Pueden tener una fuerte atracción hacia el otro, especialmente cuando Sagitario está en un punto en el que quiere confirmar su sexualidad y su libertad. La conexión sexual entre los dos puede ser satisfactoria, pero no son grandes cuando se trata de la intimidad. Sagitario puede aportar calidez a la relación, pero su enfoque se desvía fácilmente. Ambos signos comprenden la necesidad de un cambio en su vida sexual y lo pondrán en práctica. Sin embargo, su vínculo emocional y su intimidad no son consistentemente fuertes.

Acuario y Escorpio entenderán la mente del otro demasiado bien. A Acuario le gusta ser libre, para poder estar disponible para los demás, mientras que Sagitario lucha con la fidelidad. Como ambos sabrán esto del otro, les será difícil generar confianza. Siempre se cuestionarán si deben confiar en su pareja. Si deciden comprometerse con la relación, no podrán darse la libertad que ambos necesitan.

Si estos signos descubren un interés mutuo, nunca les faltarán temas de los que hablar. Sus interminables discusiones podrían incluso acabar cambiando sus puntos de vista sobre muchas cosas. Sagitario suele ser demasiado hablador cuando discute temas poco interesantes al tratar de conectar, y Acuario puede ser distante. Sin embargo, si encuentran un tema de interés para ambos, compartirán conversaciones estimulantes.

Acuario y Capricornio

La mayoría de la gente asume que Capricornio es restrictivo y tradicional, mientras que Acuario es todo lo contrario. En realidad, el mismo planeta rige ambos signos, por lo que tienen muchas similitudes. Su diferente ritmo es el único problema en su vida sexual, que suele deberse a sus diferentes elementos. Capricornio es un signo de tierra que es minucioso y lento. No se lanzan a una relación a menos que respeten a su pareja y se sientan atraídos por ella. Cuando finalmente se entregan a las relaciones sexuales, intentan dar lo mejor de sí mismos. Como signo de aire, Acuario es poco fiable y escamoso, pero el hecho de estar regido por Saturno les hace mucho más fiables que otros signos de aire. Les gusta que las cosas sean rápidas y espontáneas, sin tener que pensar demasiado. Acuario rara vez tendrá paciencia para tratar con Capricornio, que se toma su tiempo para crear un plan detallado. Su necesidad de apresurarse es una desventaja para Capricornio. Ambos signos pueden ser muy apasionados con la pareja adecuada, pero es mejor que sean amigos que amantes.

Capricornio se mantiene firme en sus convicciones y no le gusta cometer errores, mientras que Acuario valora la verdad y no teme la confrontación. Ambos tienen una idea diferente de la confianza y les cuesta aceptar las diferencias de sus naturalezas. Confían el uno en el otro, pero no tienen fe en que su relación funcione.

Acuario y Acuario

La relación sexual entre dos acuarianos puede ser muy interesante y llena de excitación. Ambos serán libres a la hora de expresarse y también estarán dispuestos a cumplir las fantasías del otro. No siguen las restricciones ni los tabúes que la sociedad suele dictar. Sin embargo, la falta de vínculo emocional puede ser un problema para ellos. A esta pareja le resultará difícil permanecer junta una vez que la atracción inicial desaparezca. Son más adecuados para las aventuras ocasionales.

Al ser del mismo signo, pueden entenderse sin necesidad de palabras. La libertad será la base de su confianza y ninguno querrá mentir. Sin embargo, si alguno de los dos se vuelve demasiado posesivo, será el fin de su relación.

Cuando dos acuarianos mantienen una conversación, es muy difícil que cualquier persona ajena a ellos la entienda. Tienen una gran conexión a la hora de comunicarse y las ideas vuelan constantemente. Sin embargo, sus problemas de ego supondrán un problema.

Acuario y Piscis

Las cosas nunca serán aburridas en la relación sexual entre Acuario y Piscis. Puede parecer que al principio no se llevarán nada bien, pero pueden tener una gran vida sexual si Piscis evita encariñarse con Acuario. Piscis intentará con entusiasmo mantener una relación sexual excitante, y Acuario hará lo mismo.

La confianza puede ir en dos direcciones extremas para esta pareja. Si son lo suficientemente íntimos, tendrán plena confianza entre ellos. Si no, habrá constantes sospechas y mentiras. Deben tomarse el tiempo necesario para comprenderse mutuamente si quieren construir la confianza.

Capítulo 7: Acuario en el trabajo

Los acuarianos son muy capaces de hacer muchas cosas diferentes, pero son los más adecuados para los roles que necesitan patrones de pensamiento poco convencionales. Este signo encarna muchas fortalezas profesionales como la asertividad, la conciencia social y el pensamiento crítico. Sin embargo, también tienen sus inconvenientes, como cualquier otro signo.

Los acuarianos carecen de concentración y tienden a expresar apatía hacia cualquier tarea que sea diferente a sus intereses. Siempre insisten en salirse con la suya, aunque no sea la opción más adecuada cuando se trata de una tarea concreta. Esto puede tener un impacto negativo en el crecimiento profesional de Acuario a pesar de su mejor juicio.

Sin embargo, los rasgos positivos los convierten en grandes candidatos para trabajar en los campos de las bellas artes, la política y el servicio. Estas son algunas trayectorias profesionales que ayudarán a Acuario a prosperar en el trabajo. Les permitirán trabajar de la forma que les gusta y aprovechar sus puntos fuertes cómodamente.

A los Acuario les encanta mostrar sus habilidades únicas, sus capacidades imaginativas, sus poderes intuitivos y su naturaleza audaz. Tienden a hacer esfuerzos conscientes para hacer del mundo un lugar mejor.

Les gusta mostrar su intelecto y sus talentos. Les gusta ejercitar estas cualidades y les encanta estar en un ambiente donde puedan proponer nuevas ideas y ayudar a los demás siendo creativos. La creatividad y la estimulación intelectual impulsan a una persona de Acuario. Son buenos con los grupos, pero siempre se esforzarán por ser reconocidos también por sus contribuciones personales.

La gente de Acuario es humanitaria de corazón, por lo que tienen un gran éxito en las ocupaciones que les permiten aportar cambios positivos al mundo que les rodea. Les apasionan las ideas, el conocimiento y los nuevos comienzos, por lo que son ideales para los campos basados en el descubrimiento y la invención, como los trabajos tecnológicos, la astronomía, la ciencia, etc.

Opciones de carrera para individuos de Acuario

Mediador

Este signo trae consigo pensadores profundos que pueden pensar hábilmente en cualquier problema desde un punto de vista objetivo hasta encontrar una solución. Esta es una habilidad importante en los mediadores. Los mediadores tienen que ser objetivos y encontrar soluciones prácticas mientras mantienen un registro detallado de cualquier interacción con sus clientes. Su trabajo consiste en ayudar a dos partes a comunicarse más eficazmente entre sí. Los mediadores pueden trabajar en un entorno legal mientras ayudan a sus clientes a documentar los detalles de su acuerdo.

Maestro

Dado que a los Acuario les gusta aprender, la enseñanza es una gran opción para ellos. Si un acuariano trabaja como profesor, puede aprender mucho más en esa materia específica e impartir los mismos conocimientos a sus alumnos. Este signo necesita vivir en su verdad, lo que les hace más adecuados como profesores. Los acuarianos siempre se esforzarán por seguir las mismas reglas que enseñan a sus alumnos y, por tanto, les servirán de ejemplo.

Investigador

Como ávido aprendiz y dado que los acuarianos son inquisitivos, la investigación es otro campo muy adecuado para este signo. La investigación puede realizarse tanto en equipo como individualmente. Los investigadores tienen que identificar primero una meta y un objetivo determinado para su investigación. Después, tienen que crear un plan, conseguir fondos para la investigación y, por último, poner en práctica sus habilidades para poder llevar a cabo el proyecto. Este es el tipo de trabajo que Acuario encontrará muy agradable y le apasionará. Su pasión inquisitiva hará que los demás compañeros de trabajo los aprecien al instante en este tipo de proyectos de investigación.

Entrenador

Los entrenadores están destinados a enseñar ciertas habilidades, normas o políticas a individuos o a un grupo. La asertividad y la capacidad de pensamiento crítico de Acuario les ayudarán a realizar bien esta tarea. Pueden utilizarla para inculcar inteligentemente esos conocimientos a sus alumnos o estudiantes, a la vez que utilizan su capacidad artística para hacerlo de forma interesante.

Actor

Los actores tienen más oportunidades que otras personas para expresarse de diferentes maneras. Ya sea en un estudio de cine, en el teatro o en un elaborado plató, Acuario puede ocupar el centro de atención como actor. Tienen un carácter muy imprevisible, y esto les hará las delicias de la actuación de improvisación. Su curiosidad también les hará esforzarse por profundizar en un papel y adaptarlo como propio.

Electricista

La curiosidad natural de Acuario también los hace buenos para trabajar como electricistas. Su trabajo consistirá en evaluar las averías eléctricas y ofrecer posibles soluciones a sus clientes. Pero antes de hacer esto, tienen que revisar todos los entresijos del cableado, los disyuntores y la iluminación. Jugar con estos delicados componentes será muy divertido para los Acuario, ya que intentarán llegar al núcleo del problema y luego encontrar la forma de solucionarlo.

Gestor de proyectos

Como gestor de proyectos, los acuarianos tendrán que definir los objetivos de un proyecto, crear y aplicar un presupuesto y delegar todas las tareas en las personas del equipo. Esto deberá hacerse para permitir que el proyecto se complete de forma más eficiente. Como son autoaisladores, este signo tiene que hacer un esfuerzo adicional para estar al alcance del equipo. Sin embargo, son grandes jefes de proyecto porque consiguen inspirar al equipo incluso cuando están ausentes. Los jefes de proyecto acuarianos son geniales para motivar a sus compañeros a trabajar con más fervor.

Científico

Un científico siempre es curioso, y su curiosidad no tiene fin. Esto también se aplica a los individuos de Acuario, y es la razón por la que son naturalmente adecuados para el trabajo. Pueden trabajar en una amplia gama de campos y decidir en qué área de investigación quieren centrarse. Los acuarianos tendrán la oportunidad de reunir información nueva todo el tiempo y encontrar respuestas a todas las preguntas que se planteen.

Planificador medioambiental

El alcance de este papel es bastante amplio, lo que hace que el trabajo sea atractivo para Acuario. Los planificadores medioambientales suelen tener que evaluar diferentes terrenos para determinar cómo pueden utilizarse de la mejor manera posible. Su trabajo les obliga a colaborar con personas de muchas profesiones diferentes, lo que les permite aprender mucho más haciendo preguntas a diferentes profesionales y encontrando respuestas a sus problemas. Los planificadores investigan mucho para averiguar las ventajas y desventajas que conlleva el uso de un determinado terreno para un fin específico. Los acuarianos encontrarán este trabajo de su agrado.

Acuario en el lugar de trabajo

Para que un Acuario se sienta cómodo en su lugar de trabajo, su proceso de pensamiento abstracto y profundo tiene que ser bien recibido. Esta forma de pensar les resulta natural, y si sus colegas y empleadores la aprecian en lugar de criticarla, ayuda a los Acuario a crecer profesionalmente.

Una vez que se sienten a gusto en su entorno laboral, siempre estarán dispuestos a ayudar a un compañero o a asumir el trabajo de otra persona para aligerar su carga. A este signo le encanta ser útil a los que le rodean. Su consideración es un gran activo en cualquier lugar de trabajo. Sin embargo, este signo presenta algunos retos que también pueden crear problemas en el lugar de trabajo. Por ejemplo, a pesar de su naturaleza servicial, son solitarios. Tienden a aislarse mientras trabajan en lugar de comunicarse con su equipo. Esto no siempre es aceptable para los demás, y la mayoría de los colegas quieren una comunicación clara por parte de los Acuario.

Si Acuario se desconecta repentinamente sin dar explicaciones, puede ser una molestia para los demás en el trabajo. Para facilitar las cosas, los Acuario deberían avisar a sus compañeros de trabajo con antelación si tienen la intención de tomarse un tiempo en solitario fuera del trabajo. Ser más comunicativo y proactivo en la comunicación hará que Acuario se lleve mejor con sus compañeros de trabajo. Otro reto al que puede enfrentarse este signo es el cumplimiento de un horario. No todos los tipos de trabajo pueden realizarse al ritmo de una sola persona.

Los acuarianos deben superar su aversión a la rutina fija. No pueden permitirse el lujo de irritarse solo porque haya plazos o un horario que cumplir. El trabajo no siempre se ajusta a las preferencias personales de cada uno. Este no es un problema que se pueda arreglar, y los acuarianos tienen que aprender a lidiar con él. Hay que cumplir con las obligaciones laborales, aunque a veces sean aburridas o difíciles.

A los acuarianos les suele resultar difícil realizar cualquier tarea que no les satisfaga o no les aporte alegría. Sin embargo, si se enfocan en el hecho de que hacer el trabajo a tiempo les dará más tiempo libre después, puede ser más fácil para ellos trabajar a través de él. Los acuarianos encontrarán más placer en su vida laboral si les corresponde lo que quieren del trabajo.

Compatibilidad en el trabajo con otros signos del Zodiaco

Acuario es uno de los mejores signos para tener cerca cuando se necesita una sesión de lluvia de ideas. Son originales, innovadores e ingeniosos. Siempre se les ocurren ideas vanguardistas y les encanta probar cosas nuevas. Su visión es admirable y apreciada por todos los compañeros de trabajo. Sin embargo, este signo debe tener mucho cuidado con quién establece una relación laboral. Los acuarianos se enfocan en el panorama general con tal intensidad que a menudo ignoran cómo se sienten los demás a su alrededor. Este es el tipo de cosas que hay que tener en cuenta cuando se busca un compañero de trabajo. El signo adecuado puede hacer que su equilibrio entre vida y trabajo sea mejor, mientras que otros solo dificultarán las cosas. Leer sobre la compatibilidad de Acuario con otros signos en el trabajo puede ser de gran ayuda para navegar por el mundo profesional.

Compatibilidad de Acuario con otros signos del Zodiaco en el trabajo:

Acuario y Aries

La animada asociación entre Aries y Acuario hará que el trabajo sea emocionante para ambos signos. Aries es un signo que tiende a ser pionero, mientras que Acuario siempre está dispuesto a embarcarse en un nuevo viaje. Mientras que a Aries le cuesta ceñirse a una rutina, a Acuario no le importa lidiar con diferentes responsabilidades laborales. Aries tiene tendencia a correr riesgos, y Acuario nunca rehúye las señales de peligro. Ambos son similares y compatibles en este aspecto; sin embargo, ninguno de los dos es bueno para tratar con las relaciones humanas.

No es que no sean sociables; de hecho, Aries es bastante encantador, y Acuario es un tipo sociable. Sin embargo, ambos no logran lidiar bien con las personas a las que hieren o cuando se enfrentan a algún malentendido. Estos signos necesitan depender de un tercer signo de agua o de tierra que pueda aconsejarles o encargarse de cualquier problema de recursos humanos.

Acuario y Tauro

Acuario y Tauro parecen ser completamente opuestos en la superficie. Tauro busca la comodidad en las cosas familiares, mientras que Acuario se aficiona a las cosas desconocidas y extrañas. Tauro es un signo con los pies en la tierra, mientras que a Acuario le gusta construir castillos en el aire. Tauro se esfuerza por ahorrar dinero para más adelante, mientras que Acuario tiene vía libre para gastar o regalar dinero. Estas diferencias de personalidad hacen que sea difícil imaginarlos trabajando juntos. Sin embargo, si juegan con sus puntos fuertes y tratan de mitigar los puntos débiles de su pareja, pueden hacerlo. Por ejemplo, Acuario debería ser quien trabaje en el desarrollo de cualquier producto en el trabajo, mientras que a Tauro se le deberían confiar los asuntos financieros. Acuario debería centrarse en la publicidad de cualquier servicio o producto en el trabajo, mientras que Tauro hace que su espacio de trabajo sea mucho más cómodo para mejorar la productividad. Estos signos trabajarán bien en sectores como la grabación, la promoción inmobiliaria y las ventas al por menor.

Acuario y Géminis

A Acuario le encantará trabajar con colegas de Géminis. Ambos signos son innovadores, ingeniosos y agudos. Si están en la misma habitación, habrá toneladas de grandes ideas rebotando en las paredes. El único problema de esta pareja de trabajo es que no son eficientes a la hora de ejecutar estas grandes ideas. Géminis siempre tendrá problemas para concentrarse en una sola cosa durante demasiado tiempo. Sin embargo, Acuario puede arremangarse para hacer las cosas cuando es realmente importante. Aunque Géminis no esté muy centrado, pondrá su granito de arena mientras Acuario se afana. Géminis es uno de los mejores tipos para hacer frente a cualquier emergencia de última hora que dejaría a los demás desconcertados. Es un tipo capaz y dispuesto en el que Acuario puede confiar. Esta pareja tendrá éxito si dirige un negocio de telecomunicaciones, líneas aéreas o televisión.

Acuario y Cáncer

Trabajar juntos requerirá mucho compromiso por parte de Cáncer y Acuario. Acuario es un tipo muy lógico, mientras que Cáncer es emocional todo el tiempo. Mientras que a Acuario le gusta que su entorno de trabajo sea muy profesional y austero, Cáncer quiere que sea acogedor y familiar. A Acuario le gusta trabajar con conceptos, mientras que Cáncer prefiere los productos tangibles. Si estos dos signos quieren trabajar bien juntos, tienen que salvar la distancia aprovechando los puntos fuertes de cada uno. Las habilidades de liderazgo de Cáncer pueden ser útiles para Acuario. Cáncer es muy bueno para defender una causa, hacer planes a largo plazo y delegar responsabilidades de forma que se beneficie el lugar de trabajo. Acuario es mucho mejor en la búsqueda de soluciones innovadoras para los problemas que suelen ser demasiado difíciles para los demás. Estos dos signos pueden dirigir juntos un negocio de éxito si aprovechan sus puntos fuertes y tratan de hacer más interesante una profesión como la enseñanza o la hostelería.

Acuario y Leo

Acuario encontrará interesante la experiencia de trabajar con Leo. Estos dos signos son, en realidad, completamente opuestos entre sí. Mientras que Leo trabaja solo para conseguir la gloria, a Acuario le gusta trabajar para su propia satisfacción. Mientras que a uno le gusta más el estilo, al segundo le importa la sustancia. Acuario es un tipo extremadamente lógico, mientras que Leo tiende a ser demasiado emocional. Todas estas diferencias hacen difícil imaginar que estos signos tengan un factor común. Sin embargo, ambos son signos fijos, y esto significa que buscan un trabajo seguro. Por lo general, ambos desean una estimulación intelectual constante, pero no la buscarán a riesgo de perder su trabajo. Además, ambos signos son excelentes para trabajar en proyectos difíciles y asegurarse de que se realicen a satisfacción de todos. Sus razones para trabajar duro pueden ser diferentes, pero aun así consiguen hacer el trabajo con su increíble resistencia. Si estos signos emprenden un negocio juntos, deberían considerar un campo en el cine, la radio o la televisión. Acuario debería ser el que trabaje en el lado técnico de las cosas, mientras que Leo sería un gran intérprete.

Acuario y Virgo

Virgo tiene pocos puntos en común con Acuario. Sin embargo, existe un respeto mutuo entre estos dos colegas. Virgo prefiere centrarse en los pequeños detalles, mientras que Acuario es mejor para ver el panorama general. Estos dos compañeros de trabajo no permiten que sus emociones hagan estragos en el lugar de trabajo. Se ciñen a su trabajo incluso si otros compañeros de trabajo tienen un viaje de ego o una rabieta. Los métodos empleados por Virgo a menudo pueden parecer demasiado estirados para Acuario. Virgo, por su parte, encuentra a Acuario un poco ineficiente a la hora de trabajar. A pesar de estas diferencias, su asociación laboral puede ser notablemente productiva. Algunos de los negocios más adecuados para que estos dos signos dirijan juntos son una tienda de productos reciclados, una tienda de alimentos saludables o un estudio de yoga. Sin embargo, si ambos trabajan a las órdenes de otra persona, Acuario debería encargarse de las campañas de promoción mientras Virgo se ocupa de los asuntos monetarios.

Acuario y Libra

La compatibilidad laboral entre Libra y Acuario es armoniosa. Cuando estos dos signos trabajan juntos, se divierten incluso siendo productivos. Aunque Libra puede ser un poco demasiado pegajoso para Acuario a veces, su espíritu de equipo es admirable. Los acuarianos deberían dejar que su pareja Libra se encargue de la decoración del espacio de trabajo. A Libra le encantará arreglar el espacio con algunos cuadros, plantas y otras cosas que permitan a ambos trabajar más cómodamente. La mayoría de los acuarianos no creen que esas cosas importen cuando se trata de trabajo y productividad. Pero una vez que dejan que su compañero de trabajo Libra haga esto, se dan cuenta de la gran diferencia que puede suponer en comparación con un espacio de trabajo estéril. A estos dos signos se les da mejor trabajar con conceptos que con productos. Si el negocio implica investigación científica, patentes o propiedad intelectual, a estos signos les irá bien. Si ambos signos trabajan con un empleador, Libra debería ser el que trate con los clientes mientras Acuario se encarga de las figuras de autoridad en la oficina. Acuario es mucho mejor para tratar con personas prepotentes y mantenerse firme. Para Libra, esto puede ser demasiado y tiende a derrumbarse bajo presión.

Acuario y Escorpio

Tanto Escorpio como Acuario son signos fijos. Esto significa que la dinámica de trabajo entre ellos puede ser bastante interesante. Estos dos signos siempre sienten que tienen la razón sin lugar a duda, y que la otra persona involucrada está equivocada. Tienen la firme convicción de que sus métodos de trabajo son mejores. Acuario se basa más en los hechos concretos y fríos, mientras que Escorpio es más emocional. Ambos signos están dotados a su manera. Acuario es mejor para tratar las cosas directas. Escorpio es más capaz de darse cuenta de cualquier engaño o de descubrir un secreto. Escorpio debería encargarse de cualquier trabajo sucio, mientras que Acuario debería encargarse de los asuntos de relaciones humanas. Es importante que Acuario escuche los consejos de su colega o pareja de Escorpio, ya que este tiene una intuición asombrosa que le ayuda a evitar cualquier estafa o fraude. Esto puede ser inmensamente útil para el crédulo Acuario.

Acuario y Sagitario

La compatibilidad laboral entre Sagitario y Acuario es realmente muy efectiva. Trabajar juntos puede aportar muchas satisfacciones a ambos signos. Los Sagitario admiran la innovación, la inteligencia y la independencia de Acuario. Este último adora el alto espíritu, el humanitarismo y el humor que Sagitario aporta al lugar de trabajo. Puede haber algún problema cuando Sagitario empiece a actuar de forma escasa en el trabajo debido a su falta de concentración. Sin embargo, los Acuario pueden ser insufriblemente quisquillosos con las pequeñas cosas, como mantener la papelería organizada o ajustar la temperatura de la habitación. Estos signos pueden formar una sociedad muy lucrativa si intentan pasar por alto la idiosincrasia del otro. La enseñanza, el derecho o algunos negocios de importación y exportación pueden ser empresas exitosas para esta pareja. Si ambos son empleados en el mismo lugar de trabajo, los Acuario deberían trabajar en los proyectos a largo plazo mientras que los Sagitario son más adecuados para los de corto plazo. Dividir el trabajo de esta manera permitirá a ambos rendir bien juntos.

Acuario y Capricornio

Mientras que a Acuario le gusta probar cosas nuevas y cambiar las viejas costumbres, Capricornio es todo lo contrario. Sin embargo, el emparejamiento de Capricornio con Acuario no es necesariamente una mala idea. No todos los métodos antiguos son anticuados o ineficaces, y no todo lo nuevo es productivo. Si Acuario puede estar abierto a las sugerencias de su colega Capricornio, su relación laboral puede ser bastante estable. Aunque a los Acuario les gusta agitar las cosas, tienen que admitir que un cierto nivel de seguridad es necesario para una carrera exitosa. Trabajar con un Capricornio puede aportar esta sensación de estabilidad. Si los acuarianos aprecian la capacidad de liderazgo de los capricornianos, será mucho más fácil trabajar con ellos. Estarán mucho más abiertos a aceptar nuevas ideas o estrategias innovadoras de Acuario en el trabajo.

Acuario y Acuario

Los acuarianos son difíciles de asustar, pero otro miembro del mismo zodiaco puede conseguirlo. Juntar a dos personas de este signo del Zodiaco creará una gran cantidad de creatividad. La capacidad creativa de estos dos compañeros será infinita. Ambos se interesan por la tecnología punta, por lo que les encanta trabajar con ordenadores. La radio, las telecomunicaciones y la televisión son posibles vías de éxito en la carrera de Acuario. Un empleado Acuario trabaja mejor en solitario y solo debe tener el mínimo contacto con su empleador.

Por ejemplo, reunirse al principio del día para una sesión informativa y terminar la jornada con otra breve reunión es una buena opción. En el medio, los acuarianos deberían trabajar por su cuenta para hacer las cosas. Los dos compañeros de trabajo acuarianos serán independientes y pueden producir grandes ideas si se les deja trabajar por su cuenta en lugar de obligarles a trabajar en pareja. Al ser un signo fijo, la mente de un Acuario es extremadamente difícil de cambiar. En cualquier otro aspecto, esta pareja puede trabajar conjuntamente de forma productiva.

Acuario y Piscis

Acuario suele divertirse con las extravagantes técnicas que Piscis emplea en el trabajo. Piscis admira la tremenda visión de Acuario. Aunque los colegas de Piscis pueden ser un poco escamosos a veces, los Acuario tienen sus propias debilidades. Por ejemplo, los acuarianos no son muy efusivos, y puede ser difícil para cualquiera entender si les gusta, odian o son indiferentes hacia un proyecto. Sin embargo, si los acuarianos se esfuerzan un poco en establecer una mejor conexión con los colegas de Piscis, estos se esforzarán mucho más por rendir bien. Si estos dos signos trabajan bajo la dirección de un empresario, Acuario debería ceñirse al aspecto analítico de un proyecto, mientras que Piscis puede ocuparse de las sutilezas sociales que se requieren en el trabajo.

Conclusión

Al llegar al final del libro, me gustaría agradecerle que lo haya leído. Espero que le haya resultado interesante y útil. Hay mucho que aprender del mundo de la astrología y de los signos del Zodiaco.

A estas alturas, ya ha adquirido un conocimiento profundo sobre el signo de Acuario. Cada uno de los capítulos de este libro tenía como objetivo proporcionar información vital sobre la personalidad de los acuarianos y otros aspectos de su vida.

Espero que la información de esta guía haya sido útil para revelar las fortalezas, las debilidades y los rasgos de los Acuario. Ahora también conoce mucho sobre las mejores opciones profesionales adecuadas para las personas de este signo. Aprender sobre la compatibilidad de Acuario con otros signos ayudará a navegar por las relaciones con otras personas.

Si se utiliza correctamente, este libro puede promover buenas relaciones entre un Acuario y personas de otros signos del Zodiaco. También ayudará a los acuarianos a comprenderse mejor a sí mismos y a mejorar su bienestar mental, físico, espiritual y financiero. Gracias de nuevo por haber llegado hasta el final. Por favor, recomiéndelo a cualquier amigo o familiar que pueda beneficiarse del libro también.

Duodécima Parte: Piscis

La guía definitiva de un signo zodiacal
asombroso en la astrología

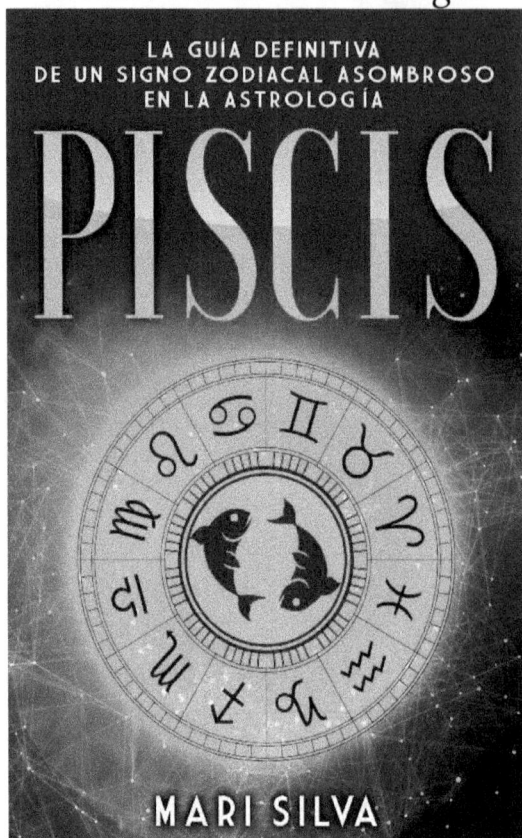

Introducción

Como todos los signos del Zodíaco, el símbolo de Piscis explica muchas cosas sobre los que han nacido bajo él. Dos peces aparecen nadando en direcciones opuestas, lo que indica tensión en el carácter de las personas de Piscis.

Yo prefiero ver los peces de otra manera. Los veo nadando en un bucle eterno, siempre girando alrededor de los misterios del universo, penetrando en ellos e iluminándolos. Esta idea está probablemente más en consonancia con la naturaleza soñadora y mística de Piscis.

Siempre en busca de lo bello y lo numinoso, las personas de Piscis no se pasan el tiempo soñando por nada. Son personas creativas y llenas de ideas, cuya imaginación les lleva a lugares que otros ni siquiera saben que existen. Como los gatos, ven lo que nosotros no vemos.

Empático hasta lo último, Piscis quiere que todos los que le rodean se sientan bien. Quiere que las personas de su círculo más cercano y las de su periferia se sientan como si pertenecieran a él. De todos los rasgos de este fascinante signo, la empatía es probablemente uno de los más destacados.

¿Pero no es cierto que la mayoría de las personas interesadas en la astrología lo saben? Sí. Por eso este libro pretende ser una exploración mucho más íntima de Piscis, y de cómo las personas de este signo navegan por las traicioneras aguas de las relaciones humanas.

En este libro, se aprenderá:

Las razones astrológicas del comportamiento de las personas de Piscis

Cómo las personas de Piscis crecen en la vida interpretándola a su manera especial

Cómo se desarrollan sus relaciones con las personas de otros signos del Zodíaco

El significado de los signos ascendentes, los decanatos y las cúspides

Por qué millones de personas siguen recurriendo a la astrología para entender mejor a los demás y por qué otros tantos la descartan

Más que un estudio superficial de Piscis, este libro le ayudará a comprender mejor este increíble signo del Zodíaco. Y si usted mismo es un Piscis, adquirirá más conocimientos sobre lo que le hace funcionar, sus relaciones y cómo vive su vida.

Espero que disfrute de esta exploración en profundidad de Piscis acuático. Gracias por leer y gracias por su interés en la astrología.

Capítulo 1: Conozca a Piscis del 19 de febrero al 20 de marzo

En nuestro primer capítulo, conoceremos a los Piscis, descubriendo los aspectos astrológicos que los hacen funcionar. Luego, nos encontraremos con Piscis en sus hábitats nativos en el trabajo, en su vida social y en su hogar.

Comenzaremos examinando la semiótica del signo, que consiste en los símbolos asignados, el planeta regente y otros detalles importantes que rigen a Piscis.

Cómo entender a Piscis

Lo primero que quiero compartir con usted sobre Piscis se refiere a los dos peces del símbolo del signo.

Estos se derivan del mito griego de Afrodita/Venus, nacida del mar. En la mitología griega, los peces se llaman "Ictiocentauros". Estas bestias míticas tenían la parte superior del cuerpo de un humano, las patas delanteras de un caballo y el resto del cuerpo consistía en la cola de un pez. Se dice que un escritor bizantino, Ioannes Tzetzes, fue el primero en utilizar el término en el siglo XII. En otros lugares, se describe a la mítica criatura como un "centauro marino".

Estos seres también se encuentran en la mitología siria y están relacionados con el nacimiento desde el mar de la diosa Astarté.

El símbolo del pez fue adoptado por los primeros cristianos para representar a Cristo. Llamado "Ichthys" en griego, el antiguo significado del pez está relacionado con la mitología sobre el agua, que emanaba de muchos sistemas de creencias primitivos y que se convirtió en la base del rito cristiano del bautismo. El bautizado se sumerge bajo el agua representando las aguas de las que nació la tierra, en el libro del Génesis, y emerge como una nueva criatura, nacida en la muerte y la resurrección de Jesús.

En su posición como último signo del Zodiaco, Piscis representa el cúmulo de experiencias de los otros 11 signos. Esto es a la vez una tremenda carga y un regalo extravagante. Vinculado a las antiguas creencias sobre el mundo y su creación, Piscis es un signo que representa tanto la muerte como la nueva vida. Su posición en el Zodiaco puede entenderse como una representación de la naturaleza cíclica y siempre cambiante de la vida humana y su misterio.

Piscis representa la finalización del año y el punto en el que comienza otra órbita alrededor del sol.

¿Femenino? Los aspectos podrían variar

Los signos del Zodiaco se consideran femeninos o masculinos, y Piscis se considera femenino. El sexo asociado a los signos del Zodiaco tiende a indicar la extroversión frente a la introversión. Hablaremos del sexo del Zodiaco en el capítulo siete, especialmente en lo que respecta a la comprensión de las nociones de género vinculadas al sexo biológico en el mundo antiguo.

Así, Piscis es un introvertido, agravado por el hecho de que este signo mutable (cambiante) tiene al agua como su significante elemental, y si hay algo que se puede decir del agua, *es que es un elemento cambiante*. Aunque el agua es indispensable y da vida a todas las cosas, también puede ser extremadamente destructiva. Pero no permita que eso le asuste demasiado. Solo tiene que saber que la dualidad implícita del pez puede manifestarse cuando hay otras circunstancias planetarias en juego. Con Piscis, el agua es más un elemento amistoso que otra cosa, y no solo para Piscis, sino también para los que le rodean.

Piscis comparte su condición de signo femenino con Capricornio, Tauro, Virgo y Escorpio, mientras que los signos Aries, Géminis, Leo y Acuario se consideran masculinos. Mientras que se dice que los signos femeninos como Piscis se centran en el interior, se dice que los signos masculinos despliegan sus energías hacia el mundo que les rodea. Mientras que el femenino atrae, el masculino ataca. Pero esto no es una valoración del valor intrínseco o de la riqueza de los signos. Así, los signos se sexan para describir su cualidad energética. Todos llevamos rasgos considerados masculinos o femeninos, viviendo en armonía. Pero tendemos a ser educados según las expectativas de género de lo que significa ser un hombre o una mujer, lo que puede enturbiar las aguas. De nuevo, echaremos un vistazo crítico al Zodiaco sexuado más adelante en este libro.

La astrología trata de la humanidad, no de los sexos, excepto en este caso concreto, que nos llega desde el mundo antiguo. Esto es importante, ya que nuestro dimorfismo antropológico (la doble expresión de la humanidad a través de los sexos) está arraigado en una comprensión de género de lo que significan los sexos y cómo se mueven por el mundo. El género se refiere a la expresión de uno mismo, que no se rige por la biología.

Avance del séptimo capítulo: ¡desafío a la astrología a que abandone los estereotipos sexuales sobre la naturaleza de la realidad biológica! ¡Llevemos juntos la astrología al siglo XXI!

Neptuno y Júpiter

Los dos planetas que rigen Piscis llevan el nombre de dioses masculinos en el mundo antiguo. Los antiguos consideraban a Júpiter como el planeta regente de Piscis, pero desde entonces Neptuno ha ocupado su lugar.

Entonces, ¿cómo funciona esto cuando se trata de un signo "femenino"? ¿No debería Piscis estar regido por planetas con nombre de diosa?

La explicación tal vez radique en el establecimiento del dominio masculino en la vida religiosa. Antes del surgimiento de las principales religiones monoteístas, las mujeres eran las encargadas de la espiritualidad humana, pero todo cambió con el nacimiento del monoteísmo en el judaísmo, luego en el cristianismo y finalmente en el islam.

Para Piscis, Neptuno tiene sentido, ya que es el planeta que lleva el nombre del Dios de los Mares. Neptuno está presente en toda Europa, pero en ningún lugar es más frecuente que en Roma (Italia), donde numerosas obras de arte público, como la Fontana de Trevi y las magníficas fuentes de la Piazza Navona, fueron creadas a su imagen.

Pero Neptuno fue descubierto oficialmente en 1846, mucho después que Júpiter en 1610. Neptuno está asociado a muchos aspectos de la personalidad pisciana. Al regir la vida intelectual y espiritual, Júpiter propone la exploración impulsada por la curiosidad y la intrepidez. Al reinar sobre los asuntos religiosos y filosóficos, parece encajar bien con la naturaleza de Piscis. Su naturaleza introvertida e introspectiva se hace eco de los rasgos del planeta que rige su signo.

En la Casa 12

Como hemos comentado anteriormente, Piscis es el último de todos los signos del Zodiaco. Y cada signo, de los cuales hay 12, denota un ambiente único. Cada casa lleva en sí el signo que representa, y cada casa del signo Piscis rige un determinado sector de su vida. Para determinar sus casas, debe crear una carta astral basada tanto en la fecha de su nacimiento como en la hora. Más adelante exploraremos las casas astrológicas y lo que rigen con más detalle, pero aquí están los aspectos básicos.

Primera Casa: Cómo lo leen las otras personas

Esta casa se ocupa de lo que la gente ve cuando le mira. Es la casa de las primeras impresiones.

La forma en que responde cuando se ve amenazado o se aventura en lugares en los que nunca ha estado también se rige por esta casa, que es la casa de Aries. Y Aries se preocupa mucho por lo superficial y por el yo.

Segunda Casa: Lo que a usted le importa

Esta es la casa de lo que es importante para usted en la vida, con un enfoque en el dinero y los objetos de valor. También determina en qué piensa y cómo vive con el dinero y las posesiones, y qué tipo de importancia le da.

Esta casa representa a Tauro, que se ocupa de la propiedad. También rige la forma en cómo se ve a sí mismo y cuánto se valora en relación con otras personas.

Tercera Casa: Cómo se comunica

Esta es la "casa del pensamiento", que determina su estilo de comunicación y los procesos de pensamiento que lo definen. Esta casa rige la forma de interactuar y hablar con las personas que le rodean, incluidos los miembros de la familia.

Géminis está representado por esta casa, determinando tanto la naturaleza de su voz como la forma en que se comunica y en los medios de comunicación.

Cuarta Casa: Sus cimientos

La cuarta casa representa a Cáncer, que tiene que ver con los sentimientos. La cuarta casa rige su sentido de "hogar" y lo que significa, con la Luna a cargo. El grado de seguridad que se siente en el mundo y el grado de arraigo en el sentido de sí mismo están determinados por esta casa sensible.

Quinta Casa: El niño interior

La forma de ser de los niños suele acompañarnos a lo largo de la vida, para bien o para mal. Rige todo lo mejor de la vida, desde el juego hasta el placer, la alegría, la creatividad y el romance, aquí es donde vive su autoexpresión.

Esta Casa representa a Leo. Leo es un signo activo que exige que acuda a la fiesta que organiza y que traiga consigo a ese niño que una vez fue.

Sexta Casa: Vida cotidiana

Representando a Virgo, el signo analítico, la sexta casa determina cómo conduce su vida diaria, su salud y cómo se organiza. En esta casa viven sus habilidades para resolver problemas, sus hábitos y su diligencia.

En esta casa también se encuentran sus queridas mascotas, su capacidad de programar y sus rutinas personales.

Séptima Casa: Relaciones con los demás

"Relaciones" aquí puede significar todo, desde las asociaciones en los negocios hasta los matrimonios, las amistades y cómo las maneja.

Pero los enemigos también se rigen por esta casa, con la vanidad y la envidia bajo sus auspicios. Esta es la casa de Libra, por lo que cualquier asunto legal que surja en la vida está influenciado por el signo de la balanza. "Equilibrio" es la palabra clave.

Octava Casa: Cambio dinámico y deseo

Escorpio es el signo representado por esta Casa, y ese signo rige la sexualidad. Pero no todo es diversión y juegos aquí. La crisis está regida por la octava Casa, así como la adicción.

Esta casa influye en la naturaleza del cambio y en cómo se responde a él en la vida. Aunque el cambio significa renacimiento o transformación, también puede significar muerte o crisis.

Novena Casa: Aprendizaje

La novena casa emana de Sagitario, que es el signo zodiacal de las posibilidades. Rige su espiritualidad, sus sistemas de creencias y su filosofía personal.

El aventurero Sagitario también rige el comercio, la cultura, la publicación de idiomas y los viajes de larga distancia. El optimismo y el ver más allá de lo que se tiene delante son rasgos regidos por la novena Casa.

Décima Casa: Reputación y lo que dejas tras de sí

La práctica de Capricornio está representada en esta casa, definiendo lo que alcanza, su carrera elegida y el legado que deja en el mundo. La décima Casa rige el éxito financiero, la notoriedad y la ambición.

Su relación con la autoridad también está regida por esta Casa, así como su actitud hacia el potencial en su vida para el logro de diversos tipos.

Undécima Casa: Sus esperanzas, sueños y propósitos

Lo que más esperaba, lo que deseaba y lo que consideraba el propósito de su vida están regidos por esta casa, Acuario.

Sus amigos, conocidos y redes personales están determinados por la influencia de esta casa. Esta es la casa de la conexión y la comunidad.

Duodécima Casa: Su espiritualidad

Esta es, por supuesto, la casa de Piscis. Rige los sectores de su personalidad que no son vistos por los demás, incluyendo sus secretos y su subconsciente.

Esta es la casa en la que se deconstruye el yo, lo que da lugar a un crecimiento espiritual. En la deconstrucción del yo está la verdad del espíritu, algo que Piscis busca ardientemente.

Es importante destacar que sus casas solo pueden definirse con precisión mediante la elaboración de una carta astral. Para ello, deberá confeccionarla usted mismo o recurrir a un profesional. Si planea hacer esto, le sugiero encarecidamente que consulte a un profesional de la astrología para obtener la lectura más precisa posible. No, no puede hacer una carta astral precisa sin su hora de nacimiento, así que obtenga esa información primero. Hay muchos sitios en línea para obtener una carta astral, pero el más fiable es Astro.com.

Piedras preciosas y colores

La aguamarina es la piedra preciosa más popularmente asociada a Piscis. Pero no es la única.

A la aguamarina se unen la piedra de sangre, la amatista, el jade, el jaspe y el rubí. La aguamarina es la piedra planetaria de Piscis, en concreto hace referencia al planeta Neptuno. Su color azul claro recuerda al mar. Esta piedra representa los poderosos poderes empáticos y la riqueza emocional de Piscis.

La amatista es una piedra preciosa de color púrpura que transmite paz, amor y felicidad a su portador.

El rubí es la piedra talismán asociada a Piscis, su color rojo brillante recuerda la sangre y la pasión. El rubí aporta a quienes lo llevan su sabiduría y la capacidad de vivir en paz con los demás.

Reconocido internacionalmente como piedra de la suerte, el Jade premia la bondad de quien lo lleva. Se cree que quienes son amables y cariñosos se beneficiarán más abundantemente de esta piedra. Representa el chakra del corazón y aporta a quienes la llevan sueños vívidos, curación y una espiritualidad más sólida.

La Piedra de Sangre, que aumenta la creatividad, puede ayudar a Piscis a recuperar su poder personal tras una crisis vital. Esta piedra también mejora las ya muy desarrolladas habilidades intuitivas de Piscis.

El jaspe calma el alma inquieta y sensible de Piscis. Se rumorea que esta piedra ayuda a Piscis a gestionar sus emociones y le revela información sobre vidas pasadas.

Los colores de Piscis son el azul, el verde azulado y las variaciones de púrpura, lila y malva. Etéreo y acuático, imagine a Piscis entrando en la fiesta con un caftán magenta fluido o una extravagancia diáfana, teñida de pies a cabeza. Puede que los hombres no aparezcan con un atuendo tan extravagante y dramático, pero puede apostar a que llevarán la misma paleta y probablemente algunos elementos bordados. Con Piscis, se trata de llevar el corazón en la manga con su color favorito.

Ahora, descubramos las cúspides, ya que son importantes, y esta sección explicará por qué.

Al borde del precipicio

Nacer en la cúspide significa que ha nacido en el límite entre dos signos del zodiaco. Si es un Piscis nacido en la cúspide Piscis-Aries, su fecha de nacimiento cae entre el 17 y el 23 de marzo. Y si ha nacido en la cúspide Acuario-Piscis, su fecha de nacimiento cae entre el 15 y el 21 de febrero.

Las personas de cúspide son propensas a sentir un conflicto interno debido al hecho de que están esencialmente al borde entre dos signos muy diferentes. Los dos ejemplos anteriores tienen nombres específicos para describirlos. La cúspide Piscis-Aries puede llamarse la "Cúspide del Renacimiento", mientras que la cúspide Acuario-Piscis se describe como la "Cúspide de la Sensibilidad". Examinemos lo que significa para los piscianos "nerviosos" haber nacido durante estos dos períodos de cúspide.

La "Cúspide del Renacimiento" de Piscis-Aries presenta al Piscis intuitivo con la naturaleza agresiva del primer signo del Zodiaco. Siendo Piscis el signo final y Aries el comienzo de la secuencia de 12 signos, se trata de una situación Alfa/Omega. Este es el punto en el que la rueda astrológica gira, y el año astrológico comienza.

Mientras que Piscis anhela la paz y la comunión con todo lo que es, Aries quiere dar cabezazos. Aries es un signo de fuego, con un impulso continuo de avanzar siempre, sin vacilaciones ni impedimentos, ¡y esa no es la forma de actuar de Piscis en absoluto!

Es importante señalar que, aunque estos dos signos son energéticamente opuestos, los Piscis de la cúspide se benefician de un sexto sentido casi insólito. Hay algo en la Cúspide del Renacimiento que hace que las capacidades intuitivas de un Piscis sean aún más asombrosas.

Los Piscis sensibles se benefician además de estar en la cúspide al tener una mayor capacidad para defenderse cuando es necesario. En lugar de derrumbarse en lágrimas de frustración, el Piscis de la cúspide del renacimiento es mucho más propenso a poner los puños proverbiales y retumbar.

La Cúspide de la Sensibilidad Acuario-Piscis. Brillante e innovador, Acuario aporta a los Piscis nacidos en la Cúspide de la Sensibilidad una energía aún más singular, combinada con una creatividad e intuición excepcionales, que rivalizan incluso con las capacidades de los nacidos en la Cúspide del Renacimiento.

Espíritus libres, siempre en busca de innovaciones y nuevos horizontes, la influencia de Acuario sobre Piscis en la cúspide es profunda. La sensibilidad de Piscis está templada por Acuario. Los piscianos nacidos en la cúspide de la sensibilidad también son mucho más capaces de erigir fuertes límites que la gente se toma en serio porque son menos propensos a permitir que sean violados.

La influencia de Acuario también hace que los Piscis soñadores se centren menos en el valor de las previsiones psíquicas y más en su poderosa intuición. Esa aptitud intuitiva se convierte en un arma en manos de un Piscis nacido en la cúspide con Acuario.

Más adelante nos adentraremos en los aspectos más complejos de la astrología, incluyendo los signos ascendentes, los decanatos y la importancia de los planetas, especialmente la Luna en las cartas astrológicas, para el carácter de cada pisciano.

Ahora que hemos cubierto los aspectos astrológicos que afectan a la forma en que este signo se mueve por el mundo, exploremos algunos de los rasgos más emblemáticos de Piscis, tanto positivos como negativos. Ni siquiera los Piscis son todo sol y piruletas.

Capítulo 2: ¿Quiénes son estas personas?

"Es más difícil ser vulnerable que ser realmente duro".

Rihanna (Piscis)

Cualquiera que tenga la suerte de tener un amigo Piscis tiene muchas historias, y yo no soy una excepción. Conocer a un Piscis, ya sea hombre o mujer, es una experiencia como ninguna otra. Aunque no son las personas más fáciles para conocer a fondo, bien vale la pena el esfuerzo.

En este capítulo, en el que se describen los rasgos clásicos de Piscis, pintaré el retrato de un amigo íntimo. Espero explicar cómo es más probable que un Piscis afronte la vida.

Después de leer el primer capítulo, entenderá que los aspectos pueden variar de Piscis a Piscis. El papel de los otros planetas en la carta de cualquier Piscis, y el lugar de nacimiento del signo, es muy influyente. También hay que considerar activa y cuidadosamente otros factores ambientales.

Es bastante razonable decir que, si bien hay diferencias entre los hombres y las mujeres Piscis, el sexo no tiende a cambiar las características de las personas nacidas bajo este signo. Estas diferencias son menos importantes que el propio signo. Recuerde que Piscis concluye el Zodiaco, conteniendo los atributos y las lecciones de los 11 signos precedentes. Esto significa que el alma de Piscis es la más antigua de los 12. Habiendo atravesado todos los demás signos para llegar a la terminación kármica de la rueda astrológica, el alma de Piscis ha alcanzado la maestría y la sabiduría espirituales.

Sin embargo, no todo es sol y rosas bajo el signo del pez. Las aguas de Piscis pueden ser tan oscuras y disfuncionales como las de cualquier otro signo.

Es difícil ser vulnerable

La cita anterior de la cantante pisciana Rihanna es muy típica de Piscis. Aunque llevan su vulnerabilidad en la manga, lo hacen desde un lugar de fortaleza. Este es el don de la sabiduría, del que todos los Piscis son herederos.

La vulnerabilidad está representada por la exposición de nuestras emociones. Esta es una parte tremenda de lo que significa ser un Piscis. Es un signo con poco interés en ocultar sus sentimientos. Mientras que muchos leen a Piscis como escurridizo, como un pez que se desliza por el agua, los piscianos tienden a chapotear lo más lejos posible, si se avecina una confrontación. Saben muy bien que una confrontación sin tapujos es una exposición emocional que puede dejarlos tambaleándose durante días, si no semanas. Así que, incluso esa cualidad "escurridiza" es una manifestación de sabiduría. Es tanto una estrategia de supervivencia como un límite.

Esto se debe a que Piscis comprende el dolor potencial que puede presentar la confrontación. Piscis también entiende que, cuando se les presiona demasiado, son perfectamente capaces de arremeter contra alguien, con todas las de la ley.

Debido a la abundante creatividad de este signo, la vulnerabilidad se traduce casi como un superpoder, lo que permite a Piscis aprovechar un manantial de escenarios emocionales de los que ha aprendido a compartir sus percepciones con los demás a través de su forma de expresión elegida.

La naturaleza empática de Piscis les convierte en una especie de esponja psíquica para las corrientes de emoción que les rodean. En presencia de personas con energía oscura, Piscis suele huir. La incomodidad de encontrarse cerca de este tipo de energía puede ser extrema.

Su vulnerabilidad les impide pasar mucho tiempo cerca de los tóxicos, narcisistas, buscadores de atención, mentirosos y manipuladores. Con los límites emocionales más porosos, los Piscis pueden sentirse abrumados cuando están en el lugar y el momento equivocados, por esta misma razón. Es posible que se levanten y se marchen sin avisar si se encuentran cara a cara con alguien que hace saltar sus alarmas.

Pero la otra cara de la vulnerabilidad de Piscis es su capacidad para confortar y nutrir a quienes le rodean. No hay un hombro más amplio para llorar que el de un Piscis ni un oído más dispuesto a escuchar sus penas.

Recuerde: Piscis ha estado allí, dondequiera que "allí" se encuentre.

Entendimiento sin conocimiento

Compartiendo honores con los otros dos signos de agua, Cáncer y Escorpio, Piscis es sin duda el más empático de todos los signos. Los piscianos tienen una habilidad única para hablar con la gente "al borde del precipicio", entendiendo lo que está pasando, emocionalmente, con otras personas, sin estar al tanto de la situación. Simplemente lo saben.

La amiga que he mencionado antes es un ejemplo perfecto. Su capacidad para consolar a los que están en crisis es legendaria en nuestro círculo de amigos. Parece que siempre sabe qué decir y cómo acercarse a alguien que lo está pasando mal. Sin ser demasiado dominante, empatiza con su sufrimiento.

¿Y cómo podría ser, si no, para el alma pisciana, la culminación y la satisfacción del viaje astrológico? Han habitado todos los demás signos. Han sentido todos los sentimientos que hay que sentir. Quizá por eso son tan abiertos emocionalmente: Han aprendido todas las lecciones que nuestras emociones tienen que enseñarnos sobre la vida; ya han vivido lo que el que sufre está viviendo.

Se dice que toda la vida humana se originó en el océano. Pero Piscis es el mensajero del océano. Mientras los demás nos hemos arrastrado hasta la orilla, Piscis sigue dando aletazos en el agua, admirando el reflejo de la totalidad empática. Todo lo que existe forma parte de este signo, por lo que la capacidad de Piscis de sentir lo que otros sienten forma parte de la magia del pez y es una de las razones por las que la gente malinterpreta a Piscis con tanta frecuencia.

Hay algo un poco extraño en el hecho de ser alguien capaz de ver dentro del corazón de los demás sin ver, de comprenderlos sin saber. No hay análisis. Solo existe esa misteriosa capacidad de saber sin entender, a través de las muchas encarnaciones que han venido antes, mientras el alma de Piscis se mueve a través del zodiaco hasta su final.

Piscis sabe que esta vida no es eterna y que, cuando termine, el mar se convertirá en el hogar de todos.

Creatividad sin límites

Aunque soñar tiene mala fama en nuestra sociedad altamente industrializada y mecanizada, sin los soñadores, ¿dónde estaríamos como especie? Son los soñadores entre nosotros los que hacen los cambios que nos hacen avanzar. Soñadores como Steve Jobs - ¡un Piscis, por supuesto!

Y aquí es donde el sueño pisciano tiene un impacto tremendo. Con una imaginación que nunca se apaga, los Piscis siempre buscan la conexión entre esa imaginación y la interconexión del alma pisciana.

Con la sensación de que están conectados a todo lo que es y siempre ha sido, Piscis tiene una plomada que perfora a través de la historia humana para descubrir las raíces de la verdad, la belleza y el propósito. Sin miedo, los Piscis a menudo desconocen de dónde proceden las ideas que les vienen a la cabeza. Sus imaginativos garabatos intelectuales pueden ser calificados por algunos como vuelos de fantasía, pero Apple es el testimonio del poder de los sueños de Steve Jobs.

Los modos tradicionales de pensar son, para Piscis, una prisión. En el tejido mismo de sus vidas, son capaces de crear nuevas formas de vivir, ver, actuar, crear y estar en el mundo que pueden parecer desfasadas.

Una de mis citas favoritas de ella es esta: "Las personas no son árboles". Aunque echemos raíces, como sabe mi amiga, de vez en cuando, no estamos arraigados al lugar para siempre. En su opinión, las personas están hechas para moverse de un lugar a otro, experimentando el mundo desde otras perspectivas y aprendiendo de la experiencia. Ella encuentra la felicidad en este desarraigo, una felicidad que provoca el misterio de la creatividad. Sabe que está conectada con todo lo que es, y por eso vive esa verdad al máximo.

Esta voluntad de salir de los límites de lo que se considera "normal" inspira a mi amiga, permitiéndole traducir su sueño, su intuición y su sentido de conexión en su trabajo, que es, por supuesto, creativo.

Estos son tres de los rasgos dominantes, clásicos y positivos de los Piscis. Pero como cualquier Piscis le dirá con gusto, el universo se mantiene en tensión. Donde hay luz, también hay oscuridad.

Así que prepárese para los rasgos negativos de Piscis.

Por ejemplo, no están de acuerdo con las convenciones sociales. De nuevo, mi amiga es un ejemplo perfecto. Nunca ha sido una persona que se quede en un lugar durante mucho tiempo, prefiere moverse libremente por el mundo. Pero no es una turista. Cuando encuentra un lugar que le gusta, se queda. Echa raíces durante el tiempo que cree que debe estar allí, aprende el idioma y la cultura, y luego se va.

Cuando los peces se vuelven fríos

La sensibilidad pisciana es un arma de doble filo. Si bien su naturaleza sensible les permite "leer" a las personas y desenvolverse en situaciones sociales basándose en su capacidad para hacerlo, también les hace muy susceptibles de ser heridos u ofendidos.

Los Piscis se relacionan con personas que han "leído" como seguras para estar cerca. Esto puede llevar a la idealización de las personas con las que se han conectado de alguna manera. Y cuando esa idealización ocurre, los Piscis responderán mal a los desaires percibidos.

Un desaire puede ser cualquier cosa, desde cancelar una cita o una salida social en el último minuto hasta no llamar cuando dijo que lo haría. Al estar en el pedestal de Piscis como amigo, amante, miembro de la familia o colega, se cerrarán, obligando a la persona que les ha decepcionado a dar el primer paso.

Pero si se ha metido con Piscis deliberadamente, se encontrará con un muro de silencio absoluto. Una vez que los Piscis le han identificado como un mentiroso, un manipulador, un tramposo o cualquier otro tipo de persona que los Piscis evitan activamente, no espere siquiera un reconocimiento de su existencia.

Ha muerto para ellos. Ya no existe. Es una expersona.

Cuando el pez se enfría, se queda frío. Si no es la persona que Piscis creía que era, se encontrará con el oscuro frío de las profundidades del océano, y será mejor que se acostumbre a él porque no hay vuelta atrás. Piscis no tolera a las personas que viven según cualquier código de conducta que no esté basado en la decencia y la amabilidad.

Pero si lo que sucedió entre ustedes no fue intencional de su parte, Piscis se descongelará eventualmente. Un consejo: cuando trate con Piscis, sea exactamente quien dice ser. Pretender ser algo o alguien que no es, le hará ganarse el eterno desprecio de Piscis.

Y sé que esto es 100% cierto porque he visto a mi amiga Piscis hacer esto con más de una persona. Uno era un exmarido infiel. Ella no intentó solucionar la relación. No le dio una segunda oportunidad. Se mudó, empezó de nuevo y se divorció de él. Los que mencionan su nombre en presencia de ella se arrepienten.

También está el caso de la amiga que la tiró por la borda por un amante. Mi amiga de Piscis había echado un vistazo al tipo y supo de inmediato lo que era: un oportunista, que intentaba aprovecharse de su amiga. Intentó explicárselo, pero su amiga no la escuchó, así que Piscis salió por la puerta y no volvió a mirar atrás. Hasta el día de hoy, no se habla con esta amiga, que echó al novio oportunista de su lujoso apartamento siete veces en nueve meses, lo aceptó de nuevo y lo volvió a echar. Durante su separación, él pasó tiempo con otras dos mujeres, y se comportó de la misma manera. Mi amiga de Piscis sabía todo esto, y hablamos de ello. Me dijo: "La gente elige lo que cree que se merece y lo que ella cree que se merece es un gigoló".

No se volvió a hablar del asunto, y hasta el día de hoy no se menciona a esta amiga. Cuando Piscis dé un portazo y usted esté del otro lado, no espere volver a atravesar la puerta.

"¿Dónde diablos he puesto mi teléfono?"

Con la propensión de los piscianos a evitar la crueldad del mundo, se les puede encontrar soñando y a menudo por soñar viene una huida, que puede ser inquietante para los demás que se cruzan en su camino.

Una cosa es ser desorganizado. Es algo totalmente más problemático cuando deja el teléfono móvil en el asiento trasero de un taxi, solo porque estaba preocupado, o deja las llaves del coche a la vista, solo para olvidar dónde las puso cinco minutos después.

Y este es un rasgo negativo común de Piscis. De hecho, este es un rasgo que puede volver loca a la gente que les rodea. Cuando se pierden objetos importantes, como un teléfono móvil, todo el infierno puede desatarse rápidamente.

Pero no lo hacen a propósito. La mente de Piscis está siempre llena de pensamientos, sueños y visiones, por lo que sus teléfonos móviles son lo más alejado de su mente, la mayor parte del tiempo. Eso es especialmente cierto cuando están mirando por la ventana el mundo que pasa sin preocuparse.

Los piscianos luchan contra esta tendencia que puede costarles trabajos, amigos y amantes. Es frustrante para los que les rodean porque Piscis tiende a tomarse con calma la pérdida de objetos importantes, como los teléfonos móviles, y suele reírse de la pérdida.

De nuevo, mi amiga pisciana. Aunque, como todos los Piscis, es adorable, divertida, inteligente e ingeniosa, también es despistada. Ha perdido al menos tres teléfonos móviles en los últimos dos años. Para Navidad le compré una correa para el móvil para su bolso. Cuando lo vio, se alegró mucho y dijo: "Bueno, sabes que lo necesito, ¿no?". Nos reímos mucho con eso.

Pero no lo usa, lo cual es un comportamiento pisciano clásico.

Y es por eso por lo que la gente que conoce y ama a los Piscis se queda. Son lo que son, y la mayoría de nosotros encontramos el comportamiento atolondrado de mi amiga entrañable. Además, da pie a una gran conversación en una cena. Y no, a los Piscis no les importará que se ría de sus payasadas. Se reirán con usted.

¡Mañana!

Uno de los mayores retos de la vida de Piscis es la tendencia a ser perezoso. Siento ser tan directo, pero hay que decirlo. Pregúntele a cualquier Piscis que conozca si es perezoso, y puede que proteste hasta lo último, pero solo momentáneamente. Al final, estarán de acuerdo en que son muy felices tumbados y soñando.

Sin embargo, para ser justos, la pereza de los piscianos no consiste solo en distraerse con su activa imaginación o en no querer trabajar. En realidad, se trata del aburrimiento. Esta es la razón principal por la que Piscis necesita elegir la línea de trabajo adecuada. Un trabajo que no les interesa es un infierno para Piscis.

Por desgracia, nuestra cultura sigue promoviendo la idea del trabajo duro como la panacea para todo lo que nos aflige. Y aunque es cierto que trabajar duro para conseguir algo es noble, no es necesariamente la forma en que un Piscis ve la vida. No todo el trabajo duro es interesante, noble o gratificante. El trabajo duro no es más que el que se rompe para enriquecer a otras personas, y Piscis no juega a eso.

El universo moral de Piscis se inclina hacia la justicia. Es la naturaleza del pez. Es crucial que Piscis no se deje tentar por las circunstancias económicas o por un sueldo elevado para firmar por un trabajo con el que no conecta emocionalmente.

Mi amiga de Piscis ha aprendido esto sobre sí misma. Una vez me dijo que había aceptado más de un trabajo por pura desesperación para poder pagar el alquiler, resintiendo amargamente tener que hacerlo. Un Piscis amargado es un Piscis al que encontrará mirando por la ventana en lugar de hacer aquello por lo que se le paga.

Y la pereza no es lo único que puede tener un efecto perjudicial en la productividad de los piscianos. La procrastinación es otro reto para este signo. Si no quieren hacer algo, lo pospondrán hasta el último momento. Sea lo que sea, se arrastrará por la lista de "cosas por hacer" de Piscis hasta que desaparezca de la página, ya que Piscis se ha olvidado de ello. Esto puede crear muchos conflictos innecesarios en el ámbito laboral.

Para Piscis, el ambiente de trabajo es extremadamente importante. Necesitan compromiso y estimulación para mantenerse interesados en lo que hacen. Más que eso, necesitan creer en lo que hacen y encontrar alegría y satisfacción en lo que sea.

Así que ahí lo tienen. Estos son los rasgos más notables y universales de las personas nacidas bajo el signo de Piscis. Otras facetas de Piscis aparecerán a medida que avancemos en el libro, pero estas son las más emblemáticas.

Nadie es perfecto. Todos tenemos nuestros defectos y nuestras aristas de crecimiento. Debería reconfortarnos a todos el hecho de que incluso el Piscis espiritualmente consciente y kármicamente experimentado tiene algunas verrugas entre sus escamas plateadas.

En nuestro próximo capítulo, acecharemos a los Piscis en sus hábitats naturales en el trabajo, el juego y el hogar. ¡Veremos si reconoce a alguien!

Capítulo 3: Asomándose a las esferas de Piscis

La mujer con la flor de seda en el cabello. El hombre que siempre está sonriendo y no se acuerda de ningún cumpleaños. El adolescente que llena cuaderno tras cuaderno con intrincados dibujos. La niña que parece saber mucho más de la vida de lo que debería.

Cualquiera de ellos puede ser un Piscis.

En este capítulo, nos asomaremos al mundo de Piscis. Estos breves retratos resumen los comportamientos piscianos en las tres esferas dominantes de la vida: el trabajo, el hogar y el ocio. Veremos qué podemos esperar de Piscis en cada uno de estos contextos. Comencemos nuestro viaje al mundo de Piscis con el trabajo.

El jefe Piscis

Muchos de ustedes encontrarán el título de esta sección oximorónico. Pero entonces, estarían olvidando a piscianos como el primer presidente de los Estados Unidos, George Washington, el director Spike Lee y Steve Jobs.

Así que, aunque muchos Piscis rehúyen los focos y el nivel extremo de responsabilidad inherente al liderazgo, eso no es cierto para todos los Piscis. De nuevo, las influencias de su signo, como los signos ascendentes y la luna bajo la que han nacido, tienen un tremendo impacto en el temperamento. La luna puede tener un impacto sorprendente en cualquiera de los signos del Zodiaco. Muchos dicen que es el elemento más importante de la carta astral, y otros llegan a decir que el signo lunar es más importante que el signo solar.

El jefe Piscis existe, y a veces, le sorprenderá saber que los líderes que conoce y con los que se relaciona son peces. Parece que está fuera de lugar y, sin embargo, es una realidad innegable.

Pero solo puede ser una realidad cuando el Piscis ha encontrado el nicho que resalta todas las cualidades más preciadas de este signo del Zodiaco. Es entonces cuando sale a relucir la pasión insaciable de Piscis, que nunca se cansa del trabajo, nunca deja de inspirar y siempre ejerce una influencia dinámica sobre quienes trabajan con él.

Uno de los atributos más convincentes del jefe Piscis es la ausencia de microgestión. Un jefe Piscis no se encontrará parado detrás de usted, tratando de encontrar errores en su trabajo o gritándole por llegar unos minutos tarde. Ese no es su estilo.

Su estilo consiste en "leer" a sus empleados para asegurarse de que reciben todo lo que necesitan para reconocer su potencial. Los Piscis, que luchan contra la procrastinación o la pereza, son muy conscientes de lo que los compañeros de trabajo necesitan para mantenerse plenamente comprometidos. De todos los demás signos, un Piscis es el que tiene más probabilidades de reconocer el aburrimiento y el acoso, cuando se produce bajo su mirada.

Los Piscis se orientan hacia el bien en materia de relaciones humanas y desean fervientemente que sus supervisados se sientan no solo cómodos en el lugar de trabajo, sino valorados y apreciados. Saben que les duele que les pasen por alto. Saben que les duele ser ignorados e incomprendidos. Les pasa mucho.

Por lo tanto, el jefe Piscis es como un faro que se ve en los mares tormentosos: tranquilizador, inspirador y listo para alentar a los empleados a dar lo mejor de sí mismos. El jefe Piscis ve con mucha anticipación. Esa capacidad de ver lo que otros no ven, aunque es desconcertante, es también el sello de los líderes que cambian el mundo para mejor y transforman los lugares de trabajo de molinos de productividad a centros de excelencia.

Piscis entiende que cuando su visión única de un determinado proyecto u objetivo se articula con los empleados, estos se encienden, y por ello, las habilidades de comunicación de Piscis se despliegan activamente para garantizar que todos los empleados compartan esa visión única y su propósito.

Dado que el jefe Piscis es un líder intuitivo y empático, sabe que los empleados necesitan liberarse de las regulaciones arcanas para hacer su mejor trabajo. Piscis sabe que cuando esto sucede, sus empleados se convertirán en parte de un equipo de liderazgo que es colaborativo en lugar de jerárquico.

En lugar de microgestionar a los empleados, el jefe Piscis los deja salir del granero y entrar en el campo, sabiendo que los empleados en libertad producen resultados más satisfactorios y que es más probable que esos resultados se ajusten a la visión en juego cuando no están asfixiados.

Pero no se equivoque; no se trata de ser "amable". Un líder consultivo que fomenta una jerarquía menos marcada es estratégicamente consciente. Este líder entiende que estar encima de la gente no hace el trabajo; el intuitivo Piscis sabe exactamente cómo extraer el rendimiento y los resultados deseados.

Y todo esto suena un poco a Steve Jobs, ¿verdad? Pues sí, y no lo es. Steve Jobs también se ha visto como un líder de mano dura, pero es innegable que es el empresario más exitoso del último medio siglo. Muchas variables de la astrología pueden influir en las características de los signos, por lo que es posible que usted vea un resultado diferente. Al mismo tiempo, hay verdades generales que suelen ser válidas.

No voy a mentir: tener un jefe Piscis también tiene sus inconvenientes. Acabo de mencionar a Steve Jobs, que era conocido por centralizar el poder en su oficina, exigiendo un control total de arriba a abajo. Hay que decir que Steve Jobs nació con una luna de Aries, y Marte también estaba en Aries. El carnero agresivo es conocido por sus enfrentamientos, y Jobs rechazaba la idea de que los empleados tuvieran derecho a hacerlo con él. Era conocido simultáneamente como "malo e intimidante" e " inspirador y motivador". Téngalo en cuenta mientras lee el resto de esta sección.

A los Piscis no les gusta ser portadores de malas noticias, especialmente la de que un empleado ha sido despedido. Los asuntos administrativos son el mayor aburrimiento del mundo para el jefe Piscis. Funciones como las revisiones de rendimiento y las nóminas hacen que los ojos del jefe de Piscis se vuelvan vidriosos en unos 10 segundos. Un jefe Piscis puede incluso escaparse por la puerta lateral para evitar estas importantes facetas de la vida laboral.

Solo tiene que saber que, si trabaja con un jefe pisciano u otro líder, verá lo mejor de la humanidad y también una pequeña huida infantil de la responsabilidad. Lo que el jefe Piscis necesita más que nada es el apoyo administrativo para *llevar a cabo la parte aburrida del trabajo*. Cuando esto está en su lugar, un jefe Piscis es inspirador, productivo y excepcional.

SUGERENCIA: No intente dirigir la agenda. Esa cola de Piscis puede salir a abofetear para que regrese a la línea.

El empleado Piscis

Al igual que el jefe de Piscis, el empleado Piscis es una fuerza de naturaleza creativa. No hay signo más imaginativo, que aporte un pensamiento innovador y novedoso a cualquier mesa. Aunque el mundo corporativo o la política puedan parecer el último lugar en el que se encontraría un Piscis, están ahí fuera. El difunto congresista John Lewis, un incansable defensor de los derechos civiles de toda la vida, era Piscis, al igual que el difunto senador Ted Kennedy y, lo crea o no, el líder de la mayoría del Senado, Mitch McConnell.

El individualismo de Piscis y su desinterés por el conformismo en aras de "encajar" es lo que los convierte en activos valiosos en el lugar de trabajo. Estos brillantes pensadores poco convencionales pueden no estar en casa en la contabilidad, pero dondequiera que las nuevas formas de hacer las cosas sean bienvenidas, sobresaldrán. Y quién sabe, un Piscis podría inventar un software de contabilidad colegiada que haga que todo el asunto sea menos aburrido.

La capacidad de adaptación de los Piscis es el punto en el que los empresarios encontrarán una estrella. Dondequiera que vayan los Piscis es su hogar, por lo que su capacidad bajo este signo zodiacal para girar en un instante es ciertamente un punto de venta. Parte de esa adaptabilidad es la tendencia de Piscis a acoger el cambio como una cura para lo mundano. Los Piscis se aburren con facilidad y les encanta que les cambien las reglas del juego. Mientras que el cambio no es bien recibido por muchos, Piscis lo adopta, lo que hace que sea muy fácil trabajar con él.

Cualquier empleador que pueda aprovechar el potencial ilimitado de la imaginación, la creatividad y la adaptabilidad de Piscis se beneficiará enormemente. Pero muchos empleadores son pensadores convencionales anclados en un pasado mecanicista y basado en reglas. Esto puede crear muchos problemas a los Piscis en el trabajo.

Por esta razón, los Piscis deberían pensar en carreras como la consultoría o el trabajo autónomo que les ofrezcan la libertad que necesitan para crecer y conocer la satisfacción en su vida laboral.

Naturalmente, las artes creativas son el terreno de juego de los piscianos, pero aquí hay otras carreras que encajan bien con el temperamento de los peces.

Cineasta: La imaginación de Piscis está hecha a la medida de la Ciudad de las Estrellas.

Consejero: La naturaleza empática de Piscis les hace ideales para este papel. Su capacidad de "leer" a las personas y de sentir con los demás son requisitos indispensables.

Cuidador: Los Piscis son muy compasivos y son excepcionales como cuidadores y enfermeros.

Caridad: La pasión de Piscis sale a relucir en este sector, impulsando su capacidad para conseguir donaciones, desplegando sus excepcionales habilidades de comunicación.

Marketing: Las empresas que contratan a un Piscis para crear su marca a través del marketing y la publicidad han contratado a un genio que construirá una marca consistente y poderosa. A los Piscis les encanta dar vida a lo invisible y crear un personaje para una marca comercial es exactamente ese tipo de magia.

Hay muchos tipos de trabajo en los que Piscis puede destacar. El truco está en encontrar ese lugar especial que representa el ajuste perfecto para estas personas excepcionales y poco convencionales.

Piscis en el juego

Se encuentra en una fiesta. La música está sonando, las bebidas fluyen y todo el mundo se lo está pasando muy bien. Mira alrededor del patio para ver quién está ahí, y ve a un hombre sentado tranquilamente, bebiendo a sorbos una bebida fría, sonriendo y disfrutando de la escena que tiene ante sí.

Mientras le observa, levanta la mano y saluda a una mujer que está al otro lado de la sala. Al verle saludar, ella se detiene en medio de la conversación, se excusa y se apresura a saludar al hombre, como si estuviera obligada por la fuerza de su personalidad.

Así es como los Piscis hacen las fiestas. Al no ser el más sociable de los signos, Piscis no será ese "alma de la fiesta" que inicia conversaciones con gente al azar. Piscis se relacionará con aquellos en la fiesta que estén dispuestos a relacionarse con ellos, preferiblemente haciendo el primer movimiento. ¿Ese saludo al otro lado de la habitación? Hasta ahí llega Piscis hasta que se siente más cómodo con el torbellino social que le rodea.

Esa amiga de Piscis que le presenté anteriormente en este libro es un ejemplo perfecto de lo anterior. He asistido a muchas fiestas en las que ella también ha sido invitada. ¿Y saben qué? En casi todas las fiestas, se ha sentado en la misma silla toda la noche, levantándose solo para reponer su bebida, ir a la mesa de aperitivos y visitar el baño. A pesar de ello, casi todas las personas de la sala se acercaban a donde estaba sentada y charlaban con ella. Al final de la fiesta, estaba rodeada de otras personas, todas las cuales discutían sobre la situación actual del mundo.

Aunque mi amiga es una consumidora social de bebidas alcohólicas, eso no puede decirse de todos los Piscis, ni mucho menos. Los Piscis son o bien abstemios (habiendo aprendido la lección sobre el alcohol) o bien unos locos que bailan sobre la mesa de billar con una pantalla de lámpara en la cabeza. Esta es la verdad por defecto sobre Piscis en una fiesta.

Parte de esa verdad es el placer que siente Piscis al observar a otras personas. Este es el juego de fiesta más querido de Piscis. Capaz de captar el paisaje emocional de los demás, Piscis toma notas mentales acerca de quiénes les gustaría conocer y charlar, a quiénes evitar como a la peste y quiénes podrían estar pasando por un momento difícil y necesitar un poco de apoyo.

Y lo más probable es que Piscis acabe siendo la persona que proporcione ese apoyo y un hombre sobre el que llorar cuando las lágrimas catárticas y borrachas lleguen más tarde en la noche.

A menudo se les encuentra disfrutando de la música que recorre la sala, del sonido de las risas y del placer de quienes les rodean.

Sin embargo, cuando Piscis se entrega al lubricante social conocido como alcohol, podría proponer un juego de girar la botella, especialmente si la ha vaciado.

Algo que Piscis debe evitar es volverse dependiente de las sustancias. Intentar que la interacción social se centre menos en las emociones que compiten y más en las personas que les rodean y en divertirse. Debido a su afinada empatía, Piscis puede creer que necesita valor líquido para surcar las peligrosas aguas de las situaciones sociales. Esto les ayuda a embotar las energías que les llegan y a centrarse en disfrutar de su tiempo.

Aunque tiene su lugar, Piscis debe tener cuidado de no verse envuelto en comportamientos como el abuso de sustancias. El potencial de Piscis para la adicción a las drogas y el alcohol puede ser legendario, con la difunta Elizabeth Taylor como *Prueba A*. Cuando los Piscis conocen los peligros, son capaces de disfrutar al máximo de las fiestas, especialmente cuando su entorno está lleno de diversión y risas.

Piscis correrá a la pista de baile solo, cuando el ambiente sea el adecuado, y el resto de la fiesta le seguirá. Una vez más, mi amiga Piscis es siempre la primera en salir a la pista de baile y se sabe que se desconecta por completo, mientras cierra los ojos y se mueve felizmente al ritmo de la música. Aunque nunca se la podría describir como la vida de la fiesta, sí se la puede describir como el alma.

Piscis en casa

Los principales objetivos de Piscis son el equilibrio, la tranquilidad, la comodidad y la belleza.

Espiritualmente afinado, Piscis concibe su espacio vital como un santuario del mundo, donde puede relajarse y dejarse llevar por el ritmo. No hay nada más importante para Piscis, que necesita tiempo para recargar las pilas en un espacio nutritivo y agradable que le hable.

Una característica interesante de la forma de ser de Piscis en el mundo es que su hogar es algo así como una extensión de ellos. Incluso se podría pensar en el hogar de Piscis como un capullo.

Una mirada de primera mano a la mentalidad de Piscis sobre sus hábitos de vida en el hogar proviene de mi amiga. Su casa es un oasis de calidez y comodidad.

El color y el arte llenan todas las habitaciones, y gran parte del arte que verá en sus paredes es arte "marginado". Se trata de arte realizado por quienes normalmente reciben poca atención; a ella le encanta la originalidad de estas obras. Le gusta apoyar a una comunidad artística invisible y no reconocida. De nuevo, la empatía de los Piscis impulsa incluso las elecciones estéticas.

Profundizando aún más, es interesante considerar un poco lo que significa el hogar para los Piscis. Mi amiga, de niña, viajaba con su familia a varios lugares de su ciudad. A menudo se fijaba en pequeñas arboledas aquí y allá y solía fantasear con la idea de vivir en ellas por su cuenta. Para ella, ese era el mejor estilo de vida. Por supuesto, la gente crece y cambia. Siempre soñó con vivir junto a un río caudaloso, con árboles a ambos lados y pájaros revoloteando entre las densas ramas de los árboles. Ahora vive junto a un río, en una casa pequeña y confortable.

En el hogar de Piscis, encontrará mascotas, por lo general más de una y a menudo adoptadas por una agencia de apoyo/rescate de animales. No existe un Piscis que pueda ignorar el llanto de los gatitos y los cachorros. Puede que no les den un hogar a todos, pero Piscis nunca pasará de largo ante un animal necesitado, por lo que un hogar Piscis siempre se verá agraciado por la amable presencia de animales, desde pájaros hasta perros y gatos, pasando por cabritos.

A los Piscis les encanta estar en su casa. Cuidan mucho la decoración a su gusto, ya que, habitualmente, pasan mucho tiempo en ella. Esperen colores hermosos y ricos. Las paredes estarán pintadas y no necesariamente con los azules y verdes del océano. Piscis también adora los colores que se ven en el mundo natural más allá del elemento agua, encontrando inspiración en los colores de las flores, las plantas, la puesta de sol, el amanecer y el amarillo brillante del propio sol.

Espere exceso de cojines. No hay forma de evitarlos en un hogar de Piscis, y puede apostar que Piscis tiene un topper de cama o un colchón de espuma con memoria. La comodidad y el cuidado de uno mismo son cruciales para el bienestar de los Piscis sensibles. Les encanta tener la sensación de que su hogar es un mundo que solo pueden comprender plenamente ellos mismos, sus queridas mascotas y sus amigos más cercanos.

Puede que incluso vea a sus amigos y vecinos de Piscis decorando sus paredes con coloridos murales y diseños. Aunque no todo el mundo entienda esta práctica, Piscis entiende el hogar como la raíz del alma, donde viven en perfecta satisfacción y paz. En ese estado nutritivo y regenerador, se preparan para lo que se espera de ellos en el mundo.

Los piscianos casados o que conviven con otros necesitan tiempo de tranquilidad para soñar o practicar el arte que han elegido. Aunque son abrazadores y cariñosos, los Piscis solo pueden mantener el nivel de intensidad que requiere una relación cuando pueden disfrutar de mucho tiempo a solas. Por lo tanto, el hogar de Piscis es uno de gran amor. Pero también es uno en el que el respeto a las necesidades individuales de ambos miembros de la pareja es primordial. Si se respeta la necesidad de Piscis de pasar tiempo a solas, la armonía reinará en su pacífico reino. Si no es así, Piscis se retrae, resintiendo la incapacidad de su pareja para permitirle el tiempo regenerativo que tanto necesita. Los Piscis, la Greta Garbo del Zodiaco, "quieren estar solos", ya que es lo que mantiene su espíritu en equilibrio.

Y casi siempre encontrará a Piscis en casa. Las personas nacidas bajo este signo son lo que me gusta llamar "semisociales". Les encanta su tiempo social, pero sin su precioso tiempo a solas, se marchitan. Si se les da el espacio que necesitan en su oasis privado de calma y placeres atractivos, volverán a la vida social bien descansados y listos para comprometerse.

Solo los más cercanos del grupo de amigos de Piscis serán invitados a compartir las delicias del hogar de Piscis. Extremadamente privado y selectivo en sus asociaciones, Piscis opera en base a la confianza. Si no hay confianza, no espere una invitación para compartir una botella de vino en su acogedora terraza, repleta de plantas e inundada de comodidades hogareñas.

Piscis es un signo con muchos niveles, que crea las capas de un Alma Vieja como ninguna otra que se encuentre en el Zodiaco. Quienes trabajan, juegan y viven con estas criaturas de sintonía cósmica no querrían existir en un mundo sin ellas. Muchos de nosotros tenemos animales espirituales. Los más afortunados tienen a los piscianos para guiarnos.

En nuestro próximo capítulo, veremos al niño Piscis y cómo los padres pueden ayudarles a convertirse en las personas únicas que son.

Capítulo 4: La crianza del bebé Piscis

El niño Piscis es a veces un poco misterioso para los padres. Todos los niños son un poco raros, sin duda, pero Piscis supera a todos los demás niños del planeta.

Mi amiga de Piscis es un ejemplo perfecto. La única niña de su familia, siempre fue un poco diferente. En primer lugar, rara vez lloraba de pequeña. Tampoco tenía las rabietas épicas de la mayoría de los niños pequeños. Callada y atenta, observaba todo lo que veía y a todos los que veía.

A los dos años ya había aprendido a leer y tenía un gran interés por comprender el mundo que la rodeaba. Quería hacer todo lo que había que hacer, estudiando piano, ballet y pintura.

Desde que podía hablar, estaba claro que era imaginativa, ya que siempre era la líder del vecindario cuando llegaba el momento de que los niños montaran un espectáculo. Animaba a sus compañeros de juego a hacer lo que mejor se les daba, lo que a menudo incluía cantar, bailar o montar un espectáculo.

Cuando llegó a la escuela secundaria, era aún más una fuerza de la naturaleza, metiendo el dedo en cada pastel de conocimiento que encontraba, especialmente si ese pastel tenía que ver con la creatividad o la espiritualidad. Escribía constantemente, inventando personajes y pequeños mundos para su hiperactiva imaginación.

Me contó que una de sus series favoritas mientras crecía era "Mi bella genio". Le encantaba porque Jeannie vivía en una botella de aspecto exótico forrada de cojines. Nunca se le ocurrió que su "amo" la enviara a la botella cuando se portaba mal y se negara a dejarla salir. Sin embargo, el pensamiento crítico no entraba en ella. Tampoco los matices patriarcales abusivos de mantener a una mujer en una botella. Más bien, se centró en la intimidad del espacio y en lo acogedor del mismo. Así es Piscis; ¡se trataba de esa botella exótica, con sus abundantes y lujosos cojines para mi amiga!

No es su oso promedio

Los niños Piscis son la prueba de la afirmación de Platón de que todas las personas nacen con el conocimiento de vidas anteriores. Tienen una cualidad de conocimiento que no se ve en otros niños. Esto está relacionado con la posición del signo al final del ciclo astrológico kármico. Todo el conocimiento adquirido en los otros signos se lleva dentro de sus pequeñas almas. La forma en que expresan esa realidad es exactamente la que he descrito en el caso de mi amiga. Sus ojos siempre están mirando. Sus mentes siempre están indagando.

La creatividad pisciana es una parte enorme de lo que son los niños nacidos bajo este signo. Los niños de Piscis manifiestan su creatividad a una edad temprana, exigiendo un estímulo constante, libertad para explorar y los materiales artísticos que necesitan para dar rienda suelta a su activa imaginación.

Aunque los niños de Piscis hacen amigos con facilidad, también se contentan con permanecer en sus propios mundos, pintando con los dedos, tocando un piano de juguete o bailando sus canciones favoritas en la radio. Y si bailan ¡será mejor que lo mire y luego aplauda!

Y, como todos los demás Piscis, su bebé pez es sensible. Fácilmente heridos y desanimados de brillar como saben que han nacido para ello, su apoyo, como padre, es crucial para el desarrollo saludable del niño Piscis. Necesitan que les diga que pueden elegir la creatividad y recurrir a ella como manantial emocional y espiritual durante toda su vida.

Cuide su entorno emocional en torno a su hijo Piscis. Nacidos como mega empáticos, a menudo se aferrarán a sus emociones para reforzar la conexión con usted y, además, para reconfortarlo. Saben cuándo no se siente bien y estarán encantados de acompañarle en su depresión temporal. Por eso es importante que modere sus emociones con ellos.

Por supuesto, porque usted es el adulto en la relación, que no va en ambos sentidos, por lo que su bebé Piscis le dirá cómo se siente. Abiertos a sus emociones, quieren que sepa cuando están molestos o heridos. Los Piscis no son tímidos a la hora de hacer saber a los demás cuando no son felices.

En nuestro mundo post-emocional, esto es a menudo un rasgo no deseado. Pero para Piscis, los sentimientos son importantes, y compartirlos con las personas en las que confía lo es aún más. Si bien debe apoyar el derecho de su hijo a expresar emociones que no son las ideales, también es crucial que le hable de la gestión emocional y de los comportamientos que se esperan fuera de casa.

Un niño Piscis en la escuela siempre será el primero en defender a alguien que está siendo acosado. Será el primero en consolar a otro niño que esté llorando, y no tolerará la mezquindad, la mentira o la manipulación de ningún tipo. Este es uno de los rasgos más nobles de Piscis: la defensa de los demás, que surge de la infinita compasión del signo.

A veces, la imaginación pisciana puede ser un poco abrumadora. A muchos les sorprenden las historias que cuentan los niños de Piscis, tan llenas de detalles y aventuras, que casi parecen delirios. Pero no se preocupe, esto es normal en los niños Piscis. Los niños de Piscis tienen una gran capacidad para contar historias, como la escritura creativa o la creación e improvisación de obras de teatro con su familia y amigos. Los niños de Piscis le entretendrán a la primera de cambio.

Mi amiga cuenta que una vez se escapó de las garras de su madre después del baño y corrió hasta la sala, todavía mojada y completamente desnuda. A continuación, se lanzó a una salvaje actuación de baile mientras su padre gritaba que estaba bloqueando el partido de fútbol en la televisión, y sus hermanos se revolcaban por el suelo riendo.

Una cosa es segura. Cuando se es padre de un niño Piscis, los únicos momentos aburridos son los que su hijo pasa en el mundo privado al que le gusta retirarse. Esto es algo que agradecerá. Los niños Piscis también son muy habladores, siempre dispuestos a contarle lo que han aprendido, su nuevo amigo o su último proyecto de fantasía. Cambiarán regularmente de intereses amorosos de la infancia, rompiendo, reconciliándose, revoloteando de favorito en favorito como las pequeñas mariposas que son.

El niño Piscis aprende lo que ve. Como aprendices visuales, captan las cosas rápidamente. Este será su estilo de aprendizaje a lo largo de su vida, así que anímelos a que se pongan al día con el aprendizaje visual. Obtenga más información al respecto en la sección de Recursos al final de este libro.

Algo genuinamente maravilloso del niño Piscis es su tendencia natural a querer ayudar. Mientras que otros niños se quedan atrás, los Piscis se ofrecen inmediatamente a echar una mano.

"Yo" y "mío" no forman parte del vocabulario del bebé Piscis. Les encanta compartir lo que tienen con los demás. Cuando ven que alguien a su alrededor no tiene algo que todo el mundo tiene, harán lo que puedan para solucionar el problema. Son socialistas por naturaleza, que creen que todo debe compartirse con los demás y que nadie debe quedarse sin nada mientras otros tienen más de lo que necesitan.

Como he dicho antes, el universo moral de los piscianos se inclina hacia la justicia de forma natural, y eso comienza tan pronto como son capaces de razonar y de notar la desigualdad y la injusticia en su entorno inmediato.

Uno de los rasgos más entrañables del niño pisciano es su amor por los mimos. Esto les dice, de forma clara e inequívoca, que son amados. Sus mimos son muy apreciados por su niño Piscis. La falta de ellos puede frenar su desarrollo, así que sea extravagante a la hora de mostrarle a su bebé de agua lo mucho que le quiere.

Lleve a su pequeño Piscis al aire libre con frecuencia. A los Piscis les encanta el mundo natural, con todos sus colores, texturas y olores. Les encanta experimentar la naturaleza, explorar los insectos y aprender todo lo relacionado con los animales, las plantas y las flores. Su curiosidad es infinita.

Si hubiera un mantra de la infancia para los piscianos, sería "no me encierres". A los Piscis les encanta su libertad para soñar, explorar, crear e ir a los lugares a los que les lleve su imaginación. Puede que no siempre entienda a su pequeña persona, pero un niño Piscis le dará una rica bendición con una sorpresa tras otra, trayendo los frutos de la imaginación y la fantasía a su vida.

Deles todo el tiempo libre que necesiten para perseguir sus mundos secretos, su curiosidad y su creatividad. Descubrirá que se sienten más cómodos con un pequeño grupo de otros niños o solos. Como he relatado, los piscianos son "semisociales". No se les puede forzar a entrar en un molde que no les corresponde. Intentar hacerlo es un enfoque equivocado.

Los niños Piscis también son, por desgracia, objeto de acoso a veces por parte de otros niños. Mi amiga pisciana lo sufrió de niña y durante toda la escuela secundaria. Incluso en la edad adulta, a veces es acosada por mujeres adultas en el trabajo. El sensible Piscis es el blanco favorito de los acosadores. Pero los niños de este signo se defienden tanto como a otros niños cuando se presenta el momento. A veces, se sorprenden incluso a sí mismos con la ferocidad de su contraataque. Esto puede dar lugar a desafortunados incidentes en el patio de recreo. Eso puede requerir un poco de delicadeza por parte de los padres. Su trabajo consiste en inculcar a su hijo que hay mejores formas de enfrentarse a un matón que golpearle en la cabeza con una batuta giratoria.

Una historia real. Mi amiga pisciana respondió así a un bravucón en tercer grado. Un matón le tiró una silla cuando el profesor había salido de la clase, y ella respondió golpeándole en la cabeza con su recién dotada batuta. La enviaron a casa por sus esfuerzos. Al bravucón no. Porque cuando el niño Piscis estalla, las bombas de neutrones palidecen en comparación.

Aunque expresar la ira de forma tan visceral puede ser un problema, es importante entender que los piscianos interiorizan las emociones negativas. Esta no es una respuesta saludable a las emociones negativas. Retener esos sentimientos es corrosivo. Por ello, asegúrese de trabajar con su hijo Piscis en la contención de su temperamento y también en aprender a nombrar y liberar las emociones negativas.

También puede pasar tiempo con ellos cuando acudan a usted quejándose de compañeros de escuela controladores, o manipuladores y engañosos. Incluso en la infancia, los niños Piscis no tienen tiempo para las personas que tienen esos comportamientos. Recuérdeles que es mejor que muchas personas intimiden.

Todo esto le servirá a su bebé de agua en la vida.

En nuestro próximo capítulo, nos sumergiremos en la aventurera vida amorosa de Piscis, explorando su compatibilidad con otros signos. Su estilo de amar, que es bizantino en su complejidad, ilimitado en su práctica, y emocionante para quienes tienen la suerte de conocer el amor con este signo sensual.

Capítulo 5: Piscis en el amor

No hay romántico más desesperado que Piscis. Piscis vive y respira el romanticismo, soñando con compartir su vida con un ser querido.

La intensidad de los Piscis en el amor es algo para lo que no todos están preparados. Puede parecer casi surrealista lo lejos que están dispuestos a llegar para darlo todo a quienes aman. Experimentar el amor con un Piscis es una experiencia única en la vida que no tiene igual.

Intuitivos y espirituales, los Piscis leen a su amante como un libro y luego traducen lo que han leído en las necesidades de esa persona. Así que asegúrese de que va en serio. Porque cuando los Piscis lean cualquier indicio de engaño o falsedad, se harán añicos, y se asegurarán de que comparta al menos una pequeña parte del dolor que ha causado.

Los Piscis no son personas con las que se pueda jugar. Las cicatrices del amor pueden ser profundas en ellos, creando balsas de tejido cicatricial que pueden abrirse fácilmente cuando detectan que está siendo deshonesto o equívoco con ellos.

Pero si es sincero, se verá envuelto en una experiencia de amor sin parangón, repleta de las emociones elevadas de dos corazones que laten y no se calman. El amante honesto con intenciones serias es la clave de la felicidad pisciana.

Para quienes lean que se han quedado encantados con un sensual Piscis, recuerde que es usted quien debe hacer el acercamiento. Los tímidos Piscis nunca se atreverían a hacerlo. Es un pequeño precio que pagar para experimentar la plenitud de lo que es el amor romántico. Como ha enganchado a este pez, le espera la experiencia más deliciosa de su vida. Y Piscis permanecerá a su lado, incluso cuando las cosas vayan mal. La inversión emocional que hacen en sus parejas no se hace a la ligera. Está hecha para el largo plazo. Para Piscis, el corazón y sus caminos son una segunda naturaleza, y el amor es todo lo que hay.

Visitemos los demás signos del zodiaco para descubrir cuál de ellos es más compatible con el más romántico y emocionalmente disponible de todos los signos.

Aries (del 21 de marzo al 19 de abril)

Probablemente el más agresivo de todos los signos del zodiaco, Aries puede describirse como ambicioso y audaz.

Atraídos el uno por el otro como imanes, existe una atracción química abundante entre el apacible Piscis y el audaz carnero. Aries moverá cielo y tierra para llegar a Piscis. Pero así es Aries. Estos tipos consiguen lo que quieren.

El problema para un Piscis soñador es que la energía del carnero puede ser tan destructiva como energética. Al tender a la insensibilidad, Piscis tendrá dificultades para mantener el equilibrio emocional en una relación con alguien nacido en Aries.

Sexualmente, Aries ama el sexo como un evento atlético. Hay poco del tierno romance por el que viven los piscianos. Con el compromiso, esta parte de un Aries puede animarse, pero ¿el carnero parece interesado en el compromiso?

Como todo en la astrología, el signo zodiacal puede verse atenuado por otros elementos presentes en la carta natal, como la luna bajo la que ha nacido su interés amoroso.

Sin embargo, Aries puede ser un divertido ligue de Piscis, pero hay poco que sugiera que las energías opuestas de estos dos signos puedan coexistir en armonía amorosa en el contexto de una relación.

Tauro (del 20 de abril al 20 de mayo)

Representado simbólicamente por el toro, este signo estelar ama la serenidad y la sensualidad. Aunque es fiable y tiene un carácter intrínsecamente estable, Tauro también cree en el principio del mañana: no hay que meterles prisa a estos bovinos. Prefieren tomarse su tiempo, relajarse y disfrutar de los sonidos, los olores y el paisaje.

Piscis y Tauro pueden ser serenamente felices juntos, siempre que Tauro no intente cambiar a Piscis. La flexibilidad no es el punto fuerte de Tauro. Pero si Tauro acepta las maneras soñadoras y libres de Piscis, hay mucho potencial en esta pareja.

La estabilidad del toro es un complemento maravilloso para Piscis. Saber lo que quieren y cuándo lo quieren ayuda a Piscis a centrarse en el aquí y el ahora, en lugar de en los éteres más allá de la tierra.

Una recomendación para este emparejamiento es la dedicación que ambos signos tienen a la lealtad y el compromiso. Además, tanto el Pez como el Carnero son reservados e introvertidos, y ambos tienden a un sentimentalismo que aporta alegría mutua.

Piscis está profundamente conectado con el componente emocional del sexo, mientras que Tauro se centra en su naturaleza física. Aunque esto pueda parecer un obstáculo, representa el ying-yang del acoplamiento que puede aportar gran felicidad a ambos miembros de la pareja. Ambos entienden el sexo como un asunto serio, que representa la expresión de un vínculo amoroso entre dos personas.

En resumen, los Piscis enamorados de Tauro suelen encontrar la dichosa realización de su sueño, y si ambos miembros de la pareja son conscientes de sus diferencias y están dispuestos a trabajar en ellas, esta pareja tiene el potencial de durar toda la vida.

Géminis (del 21 de mayo al 20 de junio)

Como los dos peces, los gemelos de Géminis representan la dualidad. Pero también representan un signo dinámico y activo que no encuentra suficientes horas en el día para hacer todo lo que tiene en su febril imaginación para hacer.

El problema aquí es que la vitalidad de Géminis conlleva una tendencia a pasar de una prioridad a otra en un abrir y cerrar de ojos. Esto puede desequilibrar a Piscis, y esa desorientación puede ser fuente de dolor para los peces sensibles.

El nivel de actividad de Géminis también es un problema para Piscis. El pez necesita tiempo para recargar sus baterías, y la naturaleza hiperactiva de los gemelos le hará sentirse agotado.

Aunque Géminis es sexualmente apasionado, a menudo considera su sexualidad como un juguete. Y pueden incluir al sensible Piscis en esa columna, en detrimento de este. El sexo es mucho más que una diversión para Piscis, ya que tiene fuertes componentes emocionales y espirituales. Mientras que Géminis parecerá un ave de paso para Piscis, este le parecerá una piedra de molino a Géminis.

Las energías de estos dos signos pueden ser mitigadas por otros factores de la carta natal, pero en última instancia, trabajan el uno contra el otro, haciendo un resultado desfavorable.

Cáncer (del 21 de junio al 22 de julio)

Si Piscis tiene algo parecido a un gemelo en el resto del Zodiaco, ese es Cáncer. Representado por el cangrejo, Cáncer hace gala de una capacidad similar para leer las corrientes emocionales de las personas que le rodean. Cáncer se siente a gusto tanto en las actividades terrenales como en las espirituales, por lo que es una excelente pareja para Piscis.

En el plano sexual, se trata de una pareja hecha en el cielo y ordenada por los astros. Soñadores, tiernos, románticos y llenos de sorpresas, el pez y el cangrejo saben exactamente cómo hacerse felices mutuamente.

El vínculo espiritual, emocional, creativo e intelectual entre Piscis y Cáncer es el epítome de una sexualidad holística y saludable que satisface a ambos en todos los niveles de su ser.

Cáncer proporciona un ancla en el mundo real para Piscis. Mientras que a Piscis no le interesa planificar, Cáncer se preocupa por crear las condiciones adecuadas para que la pareja prospere en el futuro.

Se trata de un emparejamiento excepcional, que proporciona a ambos la felicidad, la satisfacción emocional y la conexión intuitiva, casi psíquica, que ambos anhelan.

Le aseguro, esta es una de las mejores oportunidades de Piscis para conseguir el tipo de amor que desea; un amor casi sobrenatural.

Leo (del 23 de julio al 22 de agosto)

Muchos llaman a las personas nacidas bajo este signo los narcisistas del Zodiaco, y eso no está muy equivocado. Leo no solo reclamará el protagonismo, sino que lo exigirá. Dramático y expresivo, no puede faltar el león. Al reinar sobre todos los demás signos, Leo no es un segundón para nadie.

Como a Leo le gusta liderar y controlar todos los aspectos de su vida, probablemente querrá eso también en su relación. Esto, por razones obvias, puede ser un problema en una pareja Leo-Piscis.

Al sensible Piscis no le gustará el enfoque de Leo sobre la vida, bajo el cual se aplasta la autonomía de Piscis, junto con las vibrantes emociones de Piscis. Piscis también es introvertido, mientras que Leo es la vida extrovertida de todas las fiestas a las que va, en el centro de atención de principio a fin. Esta tendencia puede aplastar a los sensibles Piscis.

El éxito de una pareja entre Piscis y Leo depende de la voluntad de Leo de moderar su necesidad de atención. Piscis también puede tener dificultades con la naturaleza materialista de Leo.

Sexualmente, estos dos encuentran mucho que disfrutar en el otro. La intensidad y la teatralidad de Leo complementan el amor por la fantasía de Piscis, aportando a ambos satisfacción sexual. Más allá de eso, esta es una pareja que requerirá mucha adaptación y compromiso por parte de ambos.

Virgo (del 21 de agosto al 22 de septiembre)

El perfeccionista Virgo tiene sus raíces en el mundo material. Práctico, lógico y coherente, a Virgo le encanta pasar el tiempo haciéndose dueño de lo que se esfuerza por dominar.

Cogito ergo sum. Pienso, luego existo, es el mantra de Virgo. En cambio, Piscis siente. Este es uno de los mayores desafíos de una pareja entre estos dos. Mientras que Virgo se basa en el intelecto para guiarse, la intuición de Piscis es su brújula para navegar por el mundo.

Con los pies firmemente plantados en la tierra, la naturaleza analítica de Virgo desconcierta a Piscis, cuyas principales preocupaciones son el significado de las cosas y el potencial inherente a cada día. Esto impulsa mentalmente al práctico y calculador Virgo.

Piscis puede ser enloquecedor para el minucioso Virgo, pero Piscis también puede ser capaz de equilibrar la naturaleza obsesivo-compulsiva del signo, mientras que Virgo puede ser capaz de refrenar algunos de los rasgos "menos deseables" de Piscis, organizándolos y templándolos.

Físicamente, el sexo para esta pareja es excelente. Ambos miembros de la pareja estarán muy satisfechos por el vínculo emocional que su sexualidad combinada puede crear. Pero la naturaleza analítica de Virgo puede entorpecer el camino, ya que siempre se preguntará si esto es lo mejor que pueden hacer.

Y, francamente, eso no es suficiente para los emotivos Piscis, cuyo compromiso con sus parejas es total.

Libra (del 23 de septiembre al 22 de octubre)

Dato curioso: Solo Libra se designa con un símbolo hecho por el hombre. La balanza representa la naturaleza equilibrada de este signo, y las personas nacidas bajo él reflejan la naturaleza de la balanza, que es la simetría en todas las cosas.

Aunque este emparejamiento es deseable, ambos signos necesitan una pareja algo más estable y fuerte. Siendo ambos intensamente idealistas, este acoplamiento celestial podría ser mejor con un poco más de realidad. Como siempre, este factor puede verse mitigado por otras influencias en las cartas de ambos.

La diplomacia de Libra, combinada con la preferencia de Piscis por la flexibilidad, pueden estar en desacuerdo. Pero, afortunadamente, los estilos comunicativos de ambos signos están enfocados a llegar a un acuerdo. La diplomacia y la flexibilidad son dos caras de la misma moneda, realizadas a través de diferentes metodologías y estrategias para cada una.

Libra tiende a ser analítico, mientras que el corazón de Piscis lleva la delantera, en un camino forjado por ese rasgo pisciano dominante, la intuición. A Libra le cuesta dejar de lado la racionalidad, mientras que Piscis ha aprendido a confiar en la intuición por encima de todo. Esto puede dar lugar a enfrentamientos. El hecho de que ambos signos tengan dificultades para tomar decisiones complica aún más la interacción entre los dos.

Debido al lado analítico de Libra, Piscis puede interpretar sus palabras y acciones como emocionalmente distantes o incluso frías. Y mientras Piscis es introvertido, Libra tiende a ser extrovertido, lo que crea posibles conflictos de estilo de vida.

Hay mucha química entre estos dos, pero eso puede mostrar tensión, eventualmente, ya que Libra tiene un enfoque menos serio del sexo que Piscis, que requiere una conexión sexual emocional y espiritual.

Si ambos miembros de la pareja se comprometen a comprender las necesidades del otro, este emparejamiento puede perdurar. Pero ese compromiso es necesario para que la relación resista la prueba del tiempo.

Escorpio (del 23 de octubre al 22 de noviembre)

Este poderoso y dinámico signo está tan lleno de fuego que la gente suele creer que no podría ser un signo de agua, pero al igual que Piscis y Cáncer, eso es exactamente lo que es Escorpio.

Y cuando Piscis se junta con Escorpio, la frase "una pareja hecha en el cielo" viene a la mente. Equivalente a un emparejamiento con Cáncer, no hay pareja más perfecta para los peces románticos que Escorpio. Al leer la mente del otro, es la pareja por la que reza Piscis.

Escorpio se compromete, por naturaleza, a proteger a los más cercanos y queridos. Son líderes que aplican su capacidad de liderazgo a las relaciones, pero no de forma dictatorial. Buscan asegurarse de que no se produzca ningún daño a los que más quieren, y para Piscis, este es un rasgo estelar en una pareja. Escorpio, al igual que Piscis, puede intuir las motivaciones de los demás, templando la naturaleza confiada de Piscis con la capacidad de identificar las banderas rojas en otras personas.

Sin embargo, Piscis debe ser paciente con el nivel de sensibilidad que muestra Escorpio. Esto puede rozar la paranoia. Piscis puede atraer a Escorpio, permitiendo que este se abra y comparta.

Hay un aura distintiva en esta relación. En el fondo, estos dos signos de agua son un misterio para los demás, pero Piscis y Escorpio encuentran en el otro la personificación de la normalidad. ¡Los demás son los raros!

Para esta pareja, el sexo es trascendental. Al satisfacer las necesidades tácitas del otro por telepatía, la pareja romántica Piscis-Escorpio trasciende lo que la mayoría de la gente considera amor. Esta combinación astrológica es intensamente espiritual y va mucho más allá de lo mundano.

Sagitario (del 22 de noviembre al 21 de diciembre)

Representado por el arquero, Sagitario apunta su arco hacia la aventura y el conocimiento. Este signo se dedica a las aventuras de todo tipo, ya sean viajes, intelectuales o espirituales.

Un obstáculo en el éxito de una relación con una pareja Piscis-Sagitario es la naturaleza directa y sin filtros del arquero. El sensible Piscis no es el mayor fan de esa característica. También cabe destacar que Sagitario hace las cosas, mientras que Piscis necesita soñar con las acciones antes de emprenderlas. Aunque esto pueda parecer perezoso, este aspecto de Piscis consiste más en prever el camino a seguir que en no querer moverse. La naturaleza decisiva y activa de Sagitario puede parecer un poco vulgar para los peces.

A pesar de todas las vibraciones hippies de Piscis, las personas nacidas bajo este signo son, por naturaleza, conservadoras. Piscis piensa antes de hablar y mira antes de saltar. No así Sagitario. Son impulsivos y parecen salvajes y temerarios para los piscianos cuidadosos.

La naturaleza intensamente social de Sagitario también es ajena a Piscis, que desea el capullo más que el torbellino social. Sagitario también suele ser poco comprometido con las relaciones románticas, lo que Piscis leerá invariablemente como un insulto.

Aunque la atracción física entre Piscis y Sagitario puede ser poderosa, Piscis sentirá la ausencia de un componente emocional o espiritual. Sagitario piensa en el sexo en términos muy físicos, lo que puede ser frustrante para Piscis, para quien el sexo es casi un sacramento.

Aunque esta relación puede tener una oportunidad bajo las condiciones adecuadas, ya que la atención mutua es indispensable, Sagitario no es el mejor partido para Piscis.

Capricornio (del 22 de diciembre al 19 de enero)

Aunque Capricornio es un signo de tierra, está representado por la cabra mitad pez. Esta mítica criatura tiene cola, por lo que se encuentra a gusto tanto en el ámbito de las emociones como en el del mundo material y tangible.

El sólido y práctico Capricornio es un excelente complemento para la naturaleza emocional y mística de Piscis, devolviendo al pez a la realidad con paciencia, comprensión y profundo amor. Estos dos encuentran un terreno común con facilidad.

Capricornio aporta a Piscis la estabilidad que necesita. Con la cabra mitad pez capaz de moverse entre los reinos de lo material y los éteres lejanos, Piscis encuentra una fuerza tranquila en un amante de Capricornio. Y Capricornio, al no estar tan afectado por las nociones románticas, encuentra en un Piscis una puerta a este mundo de emociones y espiritualidad, permitiéndole entrar en un mundo del que a veces se aleja.

Un conflicto potencial entre estos dos es el dinero. Capricornio es muy consciente de las preocupaciones prácticas del mundo real, mientras que Piscis es más propenso a no preocuparse por este aspecto de la vida. Esto puede ser frustrante para ambas partes, ya que Capricornio teme la tendencia pisciana a la generosidad y la caridad y Piscis se inhibe en este sentido por el cuidado que tiene la cabra mitad pez en torno al dinero.

En el plano sexual, Capricornio adora el aspecto lúdico del sexo, entrando en esta faceta de la relación con gusto. A Piscis le encantará esto, añadiendo romanticismo y una constancia emocional que Capricornio encuentra tranquilizadora. Este emparejamiento tiene grandes posibilidades de éxito debido al equilibrio entre los dos signos.

Acuario (del 20 de enero al 18 de febrero)

El portador de agua es un signo de aire que repone la tierra, creando vida abundante. Grandes pensadores humanistas, la preocupación más acuciante de Acuario es reparar lo que está roto y curar lo que duele.

Piscis y Acuario tienen poco que recomendar como pareja. Sin embargo, la disposición de Piscis a comprometerse puede servir para cualquier relación que se busque entre ambos. Y si Piscis puede sacar a Acuario del reino del intelecto que es su hogar natural, ambos pueden hacer que su emparejamiento funcione.

Piscis se siente atraído por la naturaleza intelectual de Acuario, encontrando una salida para su propia naturaleza intelectual, que tiende fuertemente hacia lo metafísico, un interés que muchos acuarianos probablemente compartan.

En última instancia, el frío distanciamiento de Acuario desconcertará a Piscis y frustrará la necesidad de intimidad del pez. Las muchas distracciones y preocupaciones de Acuario volverán loco a Piscis, ya que puede parecer que no hay tiempo para estar totalmente presente para el activo e inquisitivo Acuario. Piscis también puede sentir que se le pone en último lugar, ya que Acuario a menudo se deja llevar por los muchos intereses que atraen a las personas nacidas bajo este signo en detrimento de todo lo demás, incluida su pareja.

Piscis también tendrá dificultades para mantener una fuerte conexión con el portador de agua, sexualmente. Los acuarianos, si bien son amantes aventureros e inventivos, parecerán demasiado distantes y orientados físicamente a Piscis. Por esta razón, Piscis puede acabar sintiéndose insatisfecho por su incapacidad para conectar emocionalmente con Acuario.

Piscis (del 19 de febrero al 20 de marzo)

Como hemos aprendido anteriormente en este libro, Piscis es la realización de todas las lecciones de los otros 11 signos del Zodiaco. Intensamente espiritual y emocional, Piscis vive en una tensión entre lo fantástico y lo concreto.

Puede parecerlo al principio, pero, dos peces unidos en una unión romántica no es un paseo por el parque. Con dos de estos románticos soñadores encerrados en un abrazo amoroso, la cosa puede ponerse un poco rara.

El aspecto más peligroso de una relación Piscis-Piscis es la tendencia de los dos a perderse completamente en el otro, en detrimento de todo lo demás. Las tendencias emocionales de Piscis se magnifican cuando hay dos en una relación. Eso puede llevar a una negatividad severa, ya que se alimentan el uno del otro en un bucle tóxico.

Sin embargo, si uno o los dos Piscis de la relación tienen la luna en un signo de tierra, hay más esperanzas de que la pareja tenga éxito. Siendo la luna (posiblemente) tan importante como el sol en cualquier signo, los Piscis necesitan estabilidad, pies plantados en la tierra mientras exploran los éteres.

El sexo para una pareja dual de Piscis es casi sobrenatural, con la intuición de los dos llevando a la trascendencia erótica mucho más allá de lo que la mayoría de las parejas experimentan.

Aunque esta relación puede funcionar, ambas partes deben tomarse el tiempo necesario para explorar sus respectivas cartas astrales antes de intimar. Dos Piscis pueden vivir vidas de felicidad armoniosa cuando los planetas están bien alineados.

Puesto que en este capítulo hemos hablado de las relaciones románticas, a continuación, debemos profundizar en los aspectos más complejos de la astrología para comprender cómo los planetas de las cartas individuales pueden afectar al carácter de Piscis. Como ya he mencionado, la Luna es una influencia especialmente fuerte que debe tenerse en cuenta, ya que está a la altura del Sol. También estudiaremos los decanatos para comprender mejor las características de Piscis.

Capítulo 6: Profundizando en el mundo de la astrología para entender a Piscis

Muchas personas son escépticas con respecto a la astrología porque su representación pública es superficial. Muchos creen que el signo solar determina el carácter general del Zodiaco.

Esta es una comprensión muy superficial de lo que hace la astrología. Mientras que el sol está determinado por la fecha de nacimiento, otros aspectos de los signos están determinados por indicadores mucho más sutiles, incluyendo la posición de otros planetas en la carta natal.

Aunque en el primer capítulo hemos tratado los aspectos de la astrología a partir de este método de investigación más profundo, para comprender el significado de cualquier signo es esencial conocer otras influencias presentes durante el nacimiento. Por lo tanto, lo que cuenta no es simplemente la fecha en la que nació. Saber dónde estaban los demás planetas en el momento exacto de su nacimiento es esencial para obtener una imagen más precisa de los nacidos bajo los distintos signos.

En primer lugar, hablemos de los decanatos, también llamados "decanos" en los círculos astrológicos.

Una cuestión de grado

Pero ¿el grado no lo es todo? Unos pocos centímetros hacia aquí, unos pocos centímetros hacia allá, y todo no solo se siente, sino que se ve diferente.

La astrología es simplemente una disciplina dinámica que consiste en leer el movimiento de los planetas durante los plazos específicos en los que hemos nacido. Esto se puede refinar aún más conociendo la hora. Dado que los planetas no se mueven por el sistema solar sin más, sus posiciones varían por grados.

Antes de entrar en la discusión de los decanos, vamos a conocer las triplicidades.

Cada signo del Zodiaco está regido por uno de los cuatro elementos físicos: tierra, aire, agua y fuego:

Tierra: Capricornio, Tauro, Virgo

Aire: Géminis, Libra, Acuario

Agua: Cáncer, Escorpio, Piscis

Fuego: Aries, Leo, Sagitario

Es fácil ver por qué estas agrupaciones se denominan *triplicidades*, con tres signos en cada uno de los cuatro elementos.

Como sugiere el subtítulo, los decanos se refieren a los grados, es decir, a los grados en múltiplos de diez. En cada signo hay tres decanos, que representan diez grados cada uno. Cada uno de estos decanatos, a su vez, está regido por los movimientos de un planeta específico. Esto ejerce una poderosa influencia sobre las personas nacidas bajo cualquier signo del Zodiaco. El planeta que rige su decanato es tan influyente como el propio signo solar. Pero cuanto más se profundice en la astrología, más extraordinariamente específico será.

El primer decanato forma parte de la misma triplicidad del elemento del signo en cuestión. Por ejemplo, el primer decanato de un planeta que aparece en Piscis se aplica al primer decanato o diez grados. Esto indica la expresión más pura de los rasgos por los que Piscis es más conocido. Es la misma historia para todos los signos.

Veamos en detalle los decanatos de Piscis. Una vez que comprendamos las influencias planetarias sobre Piscis desde este punto de vista, nos dará una imagen más desarrollada.

Del 19 de febrero al 29 de febrero, Primer Decanato, Piscis-Piscis

En este decano (Nota: los términos son intercambiables y se refieren a las mismas tres secciones de diez grados de Piscis), Neptuno es la influencia planetaria, lo que hace que las personas nacidas durante este decanato sean doblemente Piscis, ya que también es el planeta que rige el signo, en su conjunto.

Este es el decanato de la imaginación y la intuición. Los piscianos nacidos en este decano pueden prácticamente leer su mente y predecir lo que harán en cualquier situación. Estos peces también tendrán vidas llenas de cambios y aventuras.

Los Piscis dobles tendrán muchos amantes. Apasionados y sensuales, esta variedad de Piscis quiere experimentarlo todo para conocer mejor el sentido de la vida. En el centro de sus exploraciones está la espiritualidad. Con quien congenian suele ser alguien de tremenda energía, con una capacidad de comunicación superior. Piscis-Piscis también quiere saber que sus amantes creen en la vida sana.

Los Piscis dobles son amantes leales que necesitan un pequeño empujón para colaborar, pero una vez que reciben ese empujón, se comprometen a largo plazo.

Como este Piscis exige la búsqueda de un estilo de vida saludable, estos peces no aparentan su edad. Su salud contribuye a su necesidad de explorar y experimentar la vida al máximo.

A Piscis también le mueve la filantropía y el servicio a su comunidad. La humildad es un sello distintivo de este decanato, así como el sacrificio por el bien de los demás. Los piscianos han nacido para ser cuidadores, no solo los que crían a los niños, sino para cuidar de cualquier persona que llegue a sus vidas.

Del 01 al 10 de marzo, Segundo Decanato, Piscis-Cáncer

Regido por la Luna, las personas de este decanato disfrutan de las influencias combinadas de Neptuno y de la cálida y reconfortante Luna. Los nacidos en esta posición tienen una marcada sensibilidad a las necesidades y emociones de los demás.

Aquí es donde encontrará a Piscis más equilibrado emocionalmente. En colaboración con Cáncer y su planeta regente, los peces en estos diez grados de su signo tienen un sentido del humor que mantiene a la gente rodando por el suelo. Chiflados y excéntricos, estos piscianos siempre tienen una idea creativa descabellada que compartir. Dirán que es una locura, y luego verán que otra persona la hizo realidad décadas después. No se ría de estas personas inusuales, pero brillantes.

Para los Piscis-Cáncer, el amor lo es todo. Les transporta y transforma, satisfaciendo su naturaleza romántica. Y los Piscis-Cáncer enamorados de la luna adoran todas las cosas bellas, desde otros seres humanos hasta el arte y la naturaleza. Encontrarán puntos en común con otras personas que se fijan en los detalles, mientras que la mayoría los pasan por alto en la prisa de la vida.

Pero este decanato es todo menos solitario cuando está solo. Cómodos en su piel y en su propia compañía, aprecian sus momentos de soledad. Cualquiera que desee conocer esta parte especial de Piscis deberá comprender este aspecto de Piscis-Cáncer.

Para que no crea que Piscis-Cáncer es un hippie que se mira el ombligo, comprenda que estas personas son observadoras de todo lo que ven. Pensadores transformadores, construyen mejores trampas para ratones.

Aunque no son especialmente extrovertidos, el encanto natural de los Piscis-Cáncer les hace caer bien a los demás. Son rápidos y conversadores. También están obligados por naturaleza a ser ingeniosos y creativos.

Piscis-Cáncer es el pisciano que proclama: "No lo sueñes, hazlo", porque es lo que mejor sabe hacer. Cuando su destino se levanta, se ven arrastrados por él, casi en un abrir y cerrar de ojos.

Del 11 al 20 de marzo, Tercer Decanato, Piscis-Escorpio

Regido por el contundente planeta "hazlo", Marte, los Piscis del tercer decanato satisfacen la necesidad pisciana de desahogar el vapor que puede acumularse en ellos. Al ser el último decanato del último signo del zodiaco, estos Piscis son fuerzas de la naturaleza. El impulso proporcionado por el ciclo astrológico que se reinicia en el adyacente Aries es poderoso, lo que convierte a estos Piscis en procesadores dinámicos de información. Como si fueran ordenadores blandos, absorben los datos y los escupen en una acción creativa una vez que han analizado la información.

El amor es la palabra que más importa a los Piscis-Escorpio. Motiva sus acciones e impulsa sus decisiones. Comprenden a los que les rodean de forma casi insólita, son los empáticos.

Aunque este signo es muy expresivo con sus puntos de vista y opiniones, también son oyentes apasionados. Los piscianos tienen un notable talento para interpretar los significados fundamentales que hay detrás de las opiniones de los demás y, por tanto, para aceptarlas.

Piscis-Escorpio necesita sentir que importa, y cualquiera que pueda hacer esto por ellos encontrará una conexión profunda y duradera con esta iteración de Piscis centrada en el amor. Sensual y con un gran aprecio por la comodidad, Piscis-Escorpio lleva la felicidad doméstica a un nivel completamente nuevo. Si las personas fueran abrazos, serían estas personas.

Los Piscis del tercer decanato son visionarios, con una fuerte orientación hacia lo práctico. Suelen estar dotados para la ciencia y la tecnología. Pero, sobre todo, estas personas solo quieren dar de sí mismas allí donde disciernen una necesidad.

El destino es más activo en la vida de Piscis-Escorpio que la planificación. Saben que los planes mejor trazados pueden echarse a perder en un santiamén, por lo que responden a las llamadas de la vida tal y como se presentan, viajando a menudo a lugares que otros nunca imaginarían, tanto intelectual como espiritual y físicamente. Aventureros de la mente, el espíritu y el cuerpo, los piscianos del tercer decanato no sufren el miedo de los demás mortales. Han estado allí y lo han hecho. Todo ello.

A continuación, me gustaría guiarle a través de una discusión sobre la influencia de la luna en Piscis (más allá del segundo decanato) y cómo puede crear una sinergia interesante y una raza bastante diferente de lo que creemos que es el estereotipo de Piscis.

¿Qué pasa con la luna?

Como todos los que leen saben, los escépticos astrológicos abundan. Usted los conoce. Yo los conozco. Una de sus principales quejas es la afirmación de que no se parecen en nada a lo que su signo solar afirma que se supone que son.

Y eso es un argumento desde la ignorancia. Como he ido insinuando a lo largo de todo este tiempo y diciendo claramente aquí y allá, la astrología no solo se ocupa de las fechas entre las que usted ha nacido. Como acabamos de leer en la discusión de los decanos, la influencia de los planetas elementales es una cuestión de grado, y un factor que hace una tremenda diferencia. Así que ya hemos roto el mito.

El problema con la astrología no es que trate en generalizaciones, sino que la gente que no la entiende hace generalizaciones sobre ella. Para muchos de nosotros, ese contingente basa su comprensión en la concepción popular de la astrología, que a menudo se considera una tontería que se puede encontrar en una columna del periódico.

Pero cuando se interesa por la astrología, rápidamente se hace evidente que hay mucho más que dos fechas en el calendario. El día de su nacimiento es tan crucial para una comprensión más profunda como la hora de su nacimiento.

La hora de su nacimiento puede producir una carta astral natal, que revela la posición de todos los demás signos en el momento de su nacimiento, representados por planetas. Y, de todos esos planetas, la Luna es uno de los más importantes.

A menudo se dice en los círculos astrológicos que la luna influye más en algunas personas. No saber bajo qué luna ha estado puede dar lugar a aparentes anomalías, como un artista del hula-hula de Tauro o un contable de Piscis. Estas son las personas que le dirán: "¡La astrología no es exacta! Soy todo lo contrario a mi signo".

Porque están más influenciados por la luna bajo la que han nacido.

Mientras que su signo solar influye en los rasgos externos de usted como persona, como la personalidad, la luna es la que rige en su interior. Esta es la parte de su persona que es menos evidente y tal vez incluso, secreta. El subconsciente está regido por la luna, por ejemplo.

Sus rasgos y características menos evidentes, pero posiblemente más importantes desde el punto de vista personal, son competencia de la luna. La luna, que solo brilla de noche, puede decirnos mucho sobre nosotros mismos. Es simplemente más sutil, quizás, que el sol.

Lo interesante es pensar que el sol es activo y la luna reactiva, que refleja la luz del sol. Su signo lunar, por tanto, tiene que ver con su respuesta emocional al mundo que le rodea.

Exploremos la influencia de la luna en Piscis, que se produce bajo los distintos signos. Recuerde que para descubrir su luna debe conocer su hora de nacimiento.

Luna en Aries

El carnero pisa el suelo, resopla por las fosas nasales y baja la cabeza. Aries es propenso a iniciar una pelea cuando se ve acorralado, y quiere lo que quiere, y se lanza a por ello. Le encantan las emociones, los escalofríos y ganar. Los Piscis con luna en Aries son menos propensos a dejar pasar las oportunidades y son mucho más extrovertidos que introvertidos.

Luna en Tauro

El lento y constante gana la carrera, con el paciente y estable toro. Cuando una luna de Piscis está en Tauro, se beneficiará de un equilibrio emocional y de la fuerza necesaria para alcanzar sus objetivos en la vida. Como Tauro es otro amante de la belleza, los piscianos con su Luna en este signo crearán belleza en cualquier medio que elijan.

Luna en Géminis

Los Piscis son emocionales como forma de vida. Otros prefieren contener sus emociones como un asunto privado. Con la Luna en Géminis, Piscis es demostrativo y comunicativo sobre sus sentimientos en cualquier momento y en cualquier entorno. Este es un rasgo de Géminis, ya que este signo valora la apertura emocional.

Luna en Cáncer

Como ambos signos son elementos de agua, los Piscis con la Luna en Cáncer son lo que algunos individuos clasificarían como psíquicos. Saben lo que están pensando, lo que están planeando y lo que motiva a los demás a comportarse como lo hacen. Los Piscis con esta influencia lunar necesitan tener un cuidado especial para encontrar tiempo lejos de los demás para limpiar todos los restos emocionales que acumulan en sus viajes.

Luna en Leo

Cuando un Piscis artístico nace con la Luna en Leo, espere fuegos artificiales, de los buenos. Se trata de un dinamo creativo, destinado a ascender a las alturas del logro creativo. Expresivo y demostrativo, esta reina del drama crea la excelencia artística.

Luna en Virgo

Esta es una luna difícil para un pisciano que nace bajo la influencia de Virgo. La incesante ambición de Virgo y su enfoque en los logros pueden hacer que los Piscis emocionales se sientan solos. Los piscianos bajo esta luna necesitan estar más en contacto consigo mismos, lo que puede requerir un serio trabajo interno. De este modo, podrán lidiar con los conflictos inherentes a esta influencia lunar y dar lo mejor de sí mismos. El autoconocimiento es crucial.

Luna en Libra

Dado que las relaciones importan a los Piscis tanto como a los Libra equilibrados, los Piscis con la Luna en Libra pueden agotarse tratando de dar todo lo que tienen a su pareja. Los piscianos con luna en Libra a menudo encontrarán que necesitan ser abiertos y honestos con sus potenciales parejas sobre sus expectativas en una relación. Querrán explicar sus comportamientos aceptables, los límites y los puntos de ruptura.

Luna en Sagitario

Los piscianos con la luna en Sagitario estarán ávidos de conocimiento y aventura. Les apasionará ver todo lo que el mundo ofrece y descubrir todo lo que está más allá de lo que se considera "normal". Los Piscis absorben el mundo y, con esta luna, son como esponjas superabsorbentes. Esto es Piscis desatado, aventurándose por la vida con gusto.

Luna en Capricornio

La industriosa Capricornio hace que Piscis se arraigue a la realidad y a la necesidad de trabajar para alcanzar sus sueños. Cuando influye en el soñador y esotérico Piscis, el efecto es sorprendente. Los Piscis son más creativos y productivos con su Luna en Capricornio. La única preocupación es la tendencia a trabajar hasta la muerte, en lugar de atender otras necesidades y prioridades de forma equilibrada.

Luna en Acuario

Un Piscis cuya luna está en Acuario se compromete activamente a hacer el bien a la humanidad. Esta es la influencia de Acuario, que es de lo más noble, y, cuando es asumida por el empático Piscis, se convierte en un movimiento en sí mismo. Con la creatividad y el pensamiento innovador de Piscis, esta influencia lunar es extremadamente dinámica.

Luna en Piscis

Esta es el alma vieja del alma vieja. Las personas nacidas bajo el sol y la luna de este signo a menudo encontrarán que el mundo es un lugar rudo para estar, con su naturaleza de otro mundo y espiritualmente intensa. Pero cuando este arquetípico y casi totémico Piscis comprende lo que tiene entre manos y sabe cómo desplegarlo, se espera magia.

Espero que todos los que nos lean empiecen a hacerse una idea de la intrincada y polifacética disciplina que es la astrología. Espero que la gente se acerque a ella con respeto. Tiene mucho que revelar sobre nuestras motivaciones, paisajes emocionales y psicológicos si nos acercamos a ella con una mente abierta y respetuosa.

En el próximo capítulo hablaremos brevemente de la astrología y el sexo biológico. Aunque está claro que los hombres y las mujeres están hechos de la misma tela, la forma en que nos educan y la verdad biológica de lo que somos afecta a la forma en que expresamos esos rasgos asociados a nuestras cartas astrológicas.

Pero antes de que usted ponga los ojos en blanco, permítame que le dé una pista: el sexo biológico tiene poca importancia más allá de las suposiciones sociales sobre lo que significa el sexo y la aceptación individual de esas suposiciones como el evangelio. Hablemos de una aproximación a la astrología en el siglo XXI, que deja atrás el espectro de las suposiciones de género sobre el sexo biológico.

Capítulo 7: ¿Qué tiene que ver el sexo con la astrología?

A pesar del discurso público sobre las diferencias cerebrales entre los hombres y las mujeres, estoy aquí para decirle que solo hay un tipo de cerebro.

Ese cerebro es humano. Sus capacidades no están definidas por el sexo biológico. Tampoco la preferencia por los camiones rosas o azules o por las muñecas Barbie. Dicho esto, cada célula de nuestro cuerpo está impregnada de los cócteles químicos asociados a nuestros respectivos sexos. Esos cócteles no afectan a la calidad de este cerebro ni a su valor intelectual innato.

Así que, no. Las mujeres no son de Venus. Los hombres no son de Marte. Todos somos criaturas terrestres, y nuestro sexo biológico es solo uno de los medios por los que nos identifican otras personas y uno de los factores que rigen nuestras interacciones con el mundo y nuestra experiencia del mismo.

A pesar de lo que la gente diga, la mayoría de las diferencias percibidas entre hombres y mujeres, intelectualmente, son impuestas por las estructuras sociales y los estereotipos aceptados durante mucho tiempo, que no tienen ningún significado, salvo el de definir lo que nosotros, en nuestros cuerpos sexuados, estamos diseñados para hacer. Estas estructuras y estereotipos han representado, durante milenios, una camisa de fuerza que exige que los humanos encuentren su lugar dentro de ciertos parámetros de comportamiento, apariencia y propósito prescritos por la sociedad.

Todos los signos del Zodiaco tienen sexo, masculino o femenino. Pero consideremos la época en la que se estableció la astrología como disciplina.

Un poco de historia para usted

En Croacia, en 2012, se descubrió el tablero de astrólogo más antiguo que se conoce, utilizado para proporcionar horóscopos personalizados. El tablero representaba tres signos solares, a saber, Cáncer, Géminis y Piscis.

Con más de 2.000 años de antigüedad, el tablero llega tarde a la fiesta de la astrología, que comenzó en el Antiguo Oriente Próximo, concretamente en Babilonia. Pero ni siquiera Babilonia se remonta lo suficiente.

Se calcula que la historia de los seres humanos que miran a los astros para guiar su proceso de toma de decisiones y dar sentido a sus vidas es tan antigua como 25.000 años.

Fue en el Neolítico cuando la gente empezó a comprender la naturaleza cíclica del mundo, incluyendo los cielos. Confiando en estos acontecimientos para predecir los resultados tanto en la agricultura como en las anomalías meteorológicas.

Pero la astrología como disciplina no tomó una forma reconocible para nosotros hoy en día hasta aproximadamente el 3.000 a. C. en Mesopotamia. Pero pasarían otros 1.000 años hasta que la astrología primitiva se convirtiera en la sofisticada disciplina que conocemos en los tiempos modernos.

Eso es hace mucho tiempo, y si entendemos la posición de las mujeres en el Antiguo Oriente Próximo alrededor de esta época, podríamos tener una mejor comprensión de por qué los signos del Zodiaco están sexuados.

Las mujeres, que antes eran consideradas líderes religiosas en la sociedad, siempre han sido definidas por su capacidad reproductiva y han sido definidas como el pilar del hogar y la fuente de vida. Por ello, las mujeres han sido relegadas a un estatus divergente y consideradas de menor valor que los hombres. Los hombres iban a la guerra. Los hombres realizaban trabajos físicos. Los hombres dirigían las sociedades. Los hombres hacían cosas fuera del hogar. Las mujeres hacían cosas dentro del hogar, especialmente la crianza de los hijos.

En muchas sociedades, las primeras teorías sobre lo que proponen los sexos han perdurado incluso hasta nuestros días. Y esas ideas no se expresan de forma más potente que en los signos astrológicos con sexo masculino o femenino.

Para ver lo que quiero decir, observemos el Zodiaco a través de los ojos del sexo biológico y veamos si no podemos detectar los temas perdurables.

Sexo masculino: Aries, Géminis, Leo, Libra, Sagitario y Acuario

Sexo femenino: Tauro, Cáncer, Virgo, Escorpio, Capricornio y Piscis

Aplicando los conocimientos que hemos adquirido en nuestra discusión sobre la influencia de los planetas que rigen los decanatos y la influencia de las lunas de varios signos, no es difícil ver lo que ocurre aquí. Los signos con sexo masculino son extrovertidos, mientras que los signos con sexo femenino son introvertidos. Los signos masculinos son agresivos, mientras que los femeninos son pacíficos. Los signos masculinos tienden a la acción, mientras que los femeninos tienden a la pasividad.

¿Todas estas afirmaciones sobre los signos no tienen su origen en los estereotipos sobre los roles masculino y femenino en la sociedad?

Y, si nos tomamos la astrología en serio, comprendiendo los significados matizados que se atribuyen a los signos en todas nuestras cartas respectivas, ¿tienen estas suposiciones construidas socialmente algún valor real?

Esto es controvertido, pero responderé a esta pregunta con un "no" inequívoco. Aunque puede haber distinciones físicas entre los cerebros masculinos y femeninos que tienen que ver principalmente con el tamaño del cerebro, corroborando con la diferenciación general de tamaño entre hombres y mujeres, no hay distinción entre la calidad o capacidad del cerebro.

Confirmado a través de una importante investigación, información a la que no tuvieron acceso los inventores de la astrología en el Antiguo Oriente Próximo. En concreto, el libro de Gina Rippon, El género del cerebro, ha desmontado la suposición de que el "género", que afirma que los hombres y las mujeres tienen roles y comportamientos específicos que se esperan de ellos, tiene algo que ver con el sexo biológico.

El trabajo de Rippon como neurocientífica le llevó a estudiar intensamente el cerebro humano, buscando posibles diferencias en los ejemplos masculinos y femeninos. Lo que descubrió: el tamaño, relacionado con las amplias diferencias encontradas en los cuerpos masculinos y femeninos, es la única diferencia. Por lo demás, nuestros cerebros tienen las mismas potencialidades, independientemente del sexo del cuerpo en el que se encuentran.

¿Por qué les cuento todo esto? Porque soy de la firme opinión de que las únicas diferencias entre hombres y mujeres en lo que respecta a la astrología son los mismos estereotipos y otras construcciones sociales asociadas a un sexo biológico, ahora desacreditadas y consideradas producto de épocas anteriores, menos sofisticadas científicamente.

Y por eso no se ha incluido en este libro una discusión sobre las diferencias de sexo. Cualquier discrepancia de sexo entre hombres y mujeres, y sus respectivos comportamientos, resulta directamente de la socialización en cuanto al significado del sexo biológico y no de su valor operativo inherente.

Si la astrología moderna ha de tomarse en serio, debe, como todas las demás disciplinas, desarrollarse. Los componentes de la práctica, que indican que abarca las creencias del pasado, deben desprenderse. El signo astrológico de género está seguramente en el límite extremo de su utilidad en el siglo XXI.

No todas las mujeres son pasivas. No todos los hombres son agresivos. No todos los hombres impulsan la acción en sus contextos. Muchas mujeres hacen exactamente eso.

Los estereotipos del pasado han sido desmontados y ahora es el momento de que la astrología lo reconozca. Puede que piense que esto es arcano, pero la astrología está disfrutando de un renacimiento en este momento y lo ha hecho desde aproximadamente 2017. De hecho, la disciplina no ha sido tan popular desde la década de 1970.

Tal vez sea el momento de que la astrología evolucione y se convierta por fin en una disciplina integral enraizada en las acciones reales del cosmos. ¿No aumentaría eso su influencia al confirmar su comprensión de los seres humanos más allá de lo logrado por los ancestrales?

Para ilustrar mejor lo que intento compartir con ustedes, observemos el que se considera el signo más masculino del Zodiaco, Leo, y cómo dos mujeres, una de ellas mundialmente famosa y la otra una conocida mía, viven su papel no como reyes, sino como reinas de la selva. Reconocido como el signo más femenino, haremos el mismo ejercicio con Piscis.

La reina de la jungla literaria, J.K. Rowling

Autora de la serie literaria más vendida de la historia y la única persona que se ha hecho multimillonaria gracias a la escritura, J.K. Rowling es Leo y mujer. No solo modela plenamente todos los rasgos del signo, sino que además lo hace de forma inflexible, comprometida socialmente y filantrópica.

Ya no es multimillonaria. Esto no se debe a que haya malgastado sus miles de millones en aviones privados y otras extravagancias, ni a que haya tomado malas decisiones de inversión: ha regalado el dinero.

Enfrentada a un tremendo desafío por parte de los partidarios del grupo de presión de la identidad de género, ha demostrado gracia bajo presión, mientras sigue produciendo obras literarias para niños y adultos.

A diferencia de muchos autores cuyos libros se convierten en películas, J.K. Rowling ha mantenido un férreo control sobre su contenido, teniendo el control creativo y el derecho de aprobación sobre todos los guiones. No hay nada más Leo que eso. No es habitual que un autor reciba tanta distinción en la producción de películas basadas en su obra.

Más allá de eso, J.K. Rowling se abrió camino hacia el éxito literario mundial. Cuando escribió los primeros libros de Harry Potter, recibía asistencia social, era madre soltera y había sobrevivido a abusos domésticos y agresiones sexuales. No solo eso, sino que también fue rechazada por al menos una docena de editoriales antes de encontrar su historia de éxito.

Pero, como una típica Leo, ni siquiera pestañeó. Sabía lo que tenía y siguió enviándolo a las editoriales hasta que una de ellas vio el valor de su trabajo. Leo no se rinde. Leo no cede, y Leo acepta todos los retos, sin dudarlo.

Rowling es un ejemplo perfecto de que el género no da la talla para definir los signos del Zodiaco y las características de los nacidos bajo ellos. Ha vivido la vida a la que se ven abocadas demasiadas mujeres, saliendo no solo próspera, sino victoriosa y con gracia en su prosperidad.

¡Dinero! Rosalind

Hace muchos años, tuve una amiga Leo bastante extraordinaria. Rosalind era bailarina profesional, entre otras cosas. Pero lo más extraordinario de ella era la fuerza de su personalidad y su efecto sobre los demás.

Insistía en ser el centro de atención. No importaba si estaba bailando, cantando, actuando o enseñando; era una fuerza de la naturaleza que no podían ignorar. Si tenía la suerte de compartir el escenario con Rosalind, o incluso de estar en la misma habitación que ella, estaba allí solo para disfrutar de su gloria.

Rosalind era una marca en sí misma. Cuando decían su nombre, la mayoría de la gente sonreía, pero unos pocos ponían caras. Otros, que eran desafiados por su fama y fortuna, se encontraban en su lado malo.

Rosalind no se dejaba desafiar por el dinero bajo ninguna circunstancia. Lo coleccionaba y evitaba el sistema bancario formal en favor de rollos de billetes de gran valor que escondía por toda la casa.

Por la fuerza de su personalidad y su condición de artista, la gente la atendía de muchas maneras. Rosalind tenía un séquito detrás de ella, desde cocineros profesionales, asistentes, incluso una masajista para todos sus deseos.

A diferencia de Rowling, Rosalind no se interesaba por ninguna obra de caridad de la que no se beneficiara directamente. Hombre o mujer, el amor perdurable por el dinero es un rasgo humano, no un rasgo de sexo. Ambos sexos pueden ser tan codiciosos, egoístas e interesados como el otro, y Rosalind lo dejó claro a todos los que la conocieron.

La personalidad no se rige por el sexo, sino que está formada por la vida que llevamos. Y estas dos Leos son grandes ejemplos que modelan la propensión del signo a ser el centro de atención, una de forma positiva y otra algo negativa. Las dos mujeres descritas han alcanzado cotas increíbles en sus carreras y han obtenido increíbles beneficios fiscales. Pero lo han hecho de forma diferente, con un espíritu diferente y con una agenda diferente.

Las dos siguen siendo mujeres, pero son Leos clásicas.

Ahora conozcamos a dos Piscis masculinos para desafiar aún más el zodiaco sexuado de los ancestros.

El pez va a Washington

La gente no suele considerar a los piscianos como líderes. Es un signo femenino, ¿verdad? Y el liderazgo es inherentemente masculino. Además, ¿no se supone que los Piscis son "introvertidos" y "femeninos"?

Bueno, aquí hay un dato para usted, cuatro presidentes de EE. UU. han sido piscianos. Además, en el Despacho Oval estuvieron James Madison, Andrew Jackson y Grover Cleveland. De ellos, George Washington fue un Piscis de primer decanato, y los otros tres nacieron en el segundo decanato.

Dígame que eso no es intrigante. El decanato Piscis-Cáncer es el segmento en el que el pensamiento transformador y el liderazgo son probablemente más poderosos.

Dejando a un lado el hecho de que se trata de hombres de su época, con todos los prejuicios que ello conlleva, es especialmente interesante considerar que dos de los Padres Fundadores de nuestra nación eran piscianos. Guiar a la gente hacia esa "unión perfecta" mencionada en el preámbulo de nuestra Constitución no es una ocupación pisciana tan extraña como parece a primera vista. Sin duda, tanto Washington como Madison eran líderes idealistas con una convincente creencia en el floreciente experimento de su incipiente nación.

Y luego está Andrew Jackson. No se le recuerda como el líder más sensible o empático, sino que se le conoce por su infame política de expulsar a los nativos americanos de sus territorios tradicionales, dando lugar al vergonzoso Sendero de Lágrimas.

De nuevo, es importante recordar la época y los imperativos en los que vivieron estos presidentes. De todos modos, admitamos que esta política del gobierno de Jackson fue una basura y ciertamente no suena como algo que un Piscis firmaría.

En cuanto a Grover Cleveland, fue el último Piscis en ser presidente, y lo hizo en dos mandatos no consecutivos, como presidente número 22 y 24. Ampliamente admirado, incluso por sus compañeros del Partido Republicano de la época, Cleveland fue un enemigo de la corrupción y un campeón de la honestidad y la integridad.

Los siglos XX y XXI han privado a los Estados Unidos de un liderazgo pisciano, pero es de esperar que un poco de esa magia pisciana vuelva a la Casa Blanca en un momento oportuno.

Mi primo, Bob

Bob no es discernible como Piscis para nadie más que para sus allegados. Rudo y desinteresado en la filosofía, la religión, el sentido de la vida, o básicamente cualquier cosa excepto los deportes, parecería ser el típico campesino.

Bob siempre tiene razón, incluso cuando se equivoca. Bob peleará con usted por un desaire percibido, más rápido de lo que puede parpadear. Bob siempre exige disculpas por esos desaires percibidos. No he hablado con Bob desde hace casi cinco años, y es poco probable que vuelva a hacerlo.

De niño, Bob era aficionado a atacarme con una variedad de armas, desde bolígrafos hasta sus uñas, que mantenía largas precisamente para ese propósito. Cuando veía a mis primos llegar a la puerta de nuestra casa, sabía que tendría unas cuantas cicatrices al final de la visita.

El rasgo más pisciano de Bob es su sensibilidad cruda, casi autocompasiva. Como una herida abierta, la más mínima mirada puede hacer que despotrique sobre lo horrible que es usted. Volviendo a su infancia, Bob era conocido por sus rabietas, que incluían hazañas físicas como la levitación. A cuatro patas, Bob podía conseguir la luz del día mientras golpeaba el suelo con sus puños y rodillas.

No conozco ninguna razón neurológica para la personalidad de Bob. Él es simplemente Bob, y así ha sido siempre. ¿Por qué Bob es así? Bob es así porque, en su raíz, es un niño sensible que exige que se le respete a él, a su autoridad, a sus rencores y a su insistencia en pedir disculpas por cosas que pueden o no haber ocurrido.

Permanentemente puesto en "descontento", el único aspecto de Bob, que es incluso vagamente pisciano, es su sensibilidad patológica. Incurioso como el que más, Bob se contenta con beber cerveza frente al televisor cuando no está conduciendo una plataforma.

Así pues, Bob no solo es el Piscis menos curioso y soñador que he conocido, sino que también es el único Piscis pueblerino, con sombrero de camionero y camiseta de franela que creo que existe.

Así pues, cuatro presidentes de los Estados Unidos y un pueblerino truculento e hipersensible, todos ellos eran y son piscianos. Todos son hombres. Y todos ellos representan una especie de desviación de lo que esperamos de los Piscis supuestamente "femeninos".

Aunque algunos sigan sin estar de acuerdo, asignar el sexo a un signo del Zodiaco en reconocimiento de las suposiciones de género sobre los hombres y las mujeres solo confunde aún más la disciplina de la astrología.

Con nuestros conocimientos actuales sobre el sexo biológico dismórfico, que consiste en que todas las personas tienen personalidades y experiencias que guían sus acciones y elecciones en la vida, es arriesgado creer en la noción de que la masculinidad y la feminidad tienen algo que ver con la astrología. Tanto si aceptamos la sexuación de los signos del Zodiaco por parte de los antiguos fundadores de la disciplina, como si afirmamos que los hombres y las mujeres viven los rasgos de sus signos zodiacales de forma diferente, sigo afirmando que es hora de dejar atrás esas viejas creencias.

Ahora que nos encontramos en la cúspide de la Era de Acuario que, según los astrólogos, comenzará el 1 de diciembre de 2020, quizás sea un proyecto al que le ha llegado su hora. Mientras hacemos la transición desde la Era de Piscis, durante la cual surgieron la religión y la filosofía monoteístas arraigadas en los mismos supuestos de género y demasiado a menudo guiadas por ellos, tal vez esta sea una oportunidad para que la comunidad astrológica lidere.

Como he dicho a lo largo de esta exploración de Piscis, son muchos los factores que afectan a la forma en que exhibe los rasgos de ese signo solar. Desde la época en la que nació, hasta su personalidad, pasando por el movimiento de los planetas en su signo, la fecha y la hora, todos estos factores tienen una fuerte influencia en la forma en que modelamos los rasgos asociados.

Pero un factor no es, que yo sepa, el sexo biológico. A medida que aprendemos más sobre el sexo biológico y empezamos a comprender que los hombres y las mujeres se definen por ello, queda más claro que no podemos continuar con la práctica de sexar el zodiaco. Es engañoso y perjudicial para la comprensión más profunda del verdadero trabajo de la astrología, que está en las estrellas, no en la carne.

¿Un nuevo comienzo sin un zodiaco sexuado? ¡Me apunto!

Nuestro próximo capítulo explorará los Piscis y la amistad. Con quiénes les gusta salir, a quiénes evitan y con quiénes pueden cambiar el mundo.

Capítulo 8: Amigos, enemigos y colaboradores de Piscis

Piscis, aunque es intrínsecamente introvertido, es, como he mencionado antes, semisocial. Aunque le gusta pasar mucho tiempo en casa con sus seres más queridos (especialmente con sus amadas mascotas), a Piscis también le gusta pasar tiempo con personas con las que se siente comprendido y apreciado, ¡como todo el mundo! Sin embargo, los Piscis semisociales necesitarán tiempo y soledad para recargarse después de cada incursión en el mundo. Cuando eso no está disponible para el pez tímido, es probable que se ponga un poco de mal humor.

En este capítulo, me gustaría dar un paseo por el zodíaco para identificar a algunos de los más probables compinches, enemigos, amigos y colaboradores de Piscis. Las sinergias se producen, y cada sinergia entre la aplicación específica de las personas da importantes frutos, en las circunstancias adecuadas.

Busquemos este elenco de personajes astrológicos y veamos lo que es más probable que hagan o no hagan con Piscis cuando están cerca. Aquí se aplica mi descargo de responsabilidad habitual: los signos ascendentes (que examinaremos en el próximo capítulo, con una mirada más profunda a las Casas) y las influencias planetarias asociadas a ellos, así como las lunas, los decanatos y las cúspides, pueden influir enérgicamente en todos los signos. Por lo tanto, es importante recordar que todos estamos bajo los auspicios de los planetas, a medida que se abren camino a través del cielo.

Pero antes de comenzar, entérese de que Piscis, aunque tímido y retraído, es también uno de los mejores amigos que jamás tendrá. La naturaleza empática de un pisciano le obliga a ser el hombro sobre el que llorar, la fuente de buenos consejos y el amigo compasivo que siempre sabe qué decir.

Pero Piscis tiene necesidades que no todo el mundo entiende o se preocupa por ellas. Al ser sensible y emotivo, este signo solar se relaciona mejor con los otros signos solares, que le comprenden a un nivel más profundo. Averigüemos con quiénes Piscis congenia realmente, convirtiéndose en amigos rápidos para toda la vida.

Mejores amigos para siempre

Los Piscis son sensibles, no solo a las cosas que dice y hace la gente a su alrededor. Son sensibles a las corrientes sociales y emocionales como ningún otro signo. Archiempáticos, poseen una cualidad única para percibir los paisajes emocionales de otras personas. Esto es a la vez una bendición y una maldición, porque estar en grandes grupos de personas o incluso en una conversación con otra persona que se encuentra con emociones difíciles puede dejarlos agotados.

Por esta razón, Piscis necesita saber que puede confiar implícitamente en sus amigos. Necesitan estar seguros de que sus confidentes más cercanos guardarán sus confidencias, como Piscis guarda las suyas. No importa quién es usted, estoy seguro de que estará de acuerdo en que las personas así son escasas. Por esta razón, tendremos mucho cuidado al elegir a quienes nos rodean y con quienes nos relacionamos a nivel personal.

Y Piscis se toma tan en serio ese proceso de selección que otros pueden interpretar su reticencia como frialdad o esnobismo. Pero Piscis le investigará más que la maquinaria de un partido político a un candidato a un cargo público. Necesitan estar 100% convencidos de que su inversión emocional en su persona no estallará en un infierno de decepción y traición.

Así que no se tome como algo personal si pilla a Piscis observándole desde el otro lado de la habitación. Probablemente le saludará con la mano, sonreirá y volverá a observarle. No les importa que se dé cuenta. Y una vez que ha pasado la audición, descubrirá que Piscis es un amigo tan leal y cariñoso como podría esperar encontrar.

¿Y si no lo logra? Supongo que depende de cuál sea el problema. Si es un tipo audaz y agresivo, es probable que Piscis no quiera tener mucho que ver con usted. No le cerrarán la puerta en las narices, pero probablemente tampoco le invitarán a entrar.

Es importante recordar: La manipulación, la mentira, los chismes injustos, la difamación y otros comportamientos sociales desafortunados le cerrarán la puerta en la cara antes de que se dé cuenta. Cualquier indicio de estos comportamientos bajo la superficie de una personalidad puede hacer estallar a Piscis.

Piscis tiene un sexto sentido para las personas problemáticas, las personas tóxicas, los narcisistas, los explotadores y cualquier otra persona que no tenga las mejores intenciones. Pueden olerlo, y si lo huelen en su persona, se acabó. Usted está acabado. Los Piscis le verán venir y se irán por el otro lado de la calle. Ha sido advertido.

Tauro

El estable y paciente Tauro aporta a Piscis la sólida amistad que anhela. Muy arraigado en el mundo real, Tauro es práctico y será un gran consejero para el pez.

Ambos signos son profundamente tolerantes con las debilidades de los demás e increíblemente compasivos. Estos dos llevan el apoyo mutuo a un nuevo nivel. Intensamente leales, crean un vínculo basado en la confianza mutua y la retroalimentación positiva.

Piscis ayuda a Tauro a relajarse, mientras que Tauro es capaz de hacer reír a Piscis. En compañía del otro, ni siquiera se dan cuenta de lo cómodos que están el uno con el otro, ya que esto es un hecho en su amistad y por lo que se quieren demasiado.

Mientras que Piscis puede encontrar a Tauro un poco demasiado centrado en lo material, Piscis frustrará al toro con el notorio olvido de los peces. Superan estos pequeños detalles para formar un vínculo de por vida.

Cáncer

Estos dos signos son bebés de agua, por lo que existe una atracción inmediata por parte de ambos hacia sus respectivas similitudes. Piscis y Cáncer tienen una sinergia casi inconsciente, ya que Cáncer aporta las ideas y Piscis la imaginación para transformarlas.

Estos dos son un equipo al que le encanta compartir "chistes" y planes para mejorar el mundo que les rodea. Ambos, intensamente emocionales y conectados con el inconsciente colectivo, ven un problema y unen sus fuerzas para solucionarlo, desplegando sus dones complementarios.

Piscis tiene la perspicacia para ayudar a Cáncer a aprender a comprometerse, mientras que Cáncer tiene las herramientas para ayudar a Piscis a entender que hacer una cosa a la vez es probablemente más eficaz que hacer, digamos, veinte.

Estos dos son amigos de por vida, y comparten una intensa lealtad y la creencia en la santidad de la amistad. Juntos, son una fuerza para tener en cuenta.

Escorpio

Al ser un signo de agua, como Piscis y Cáncer, Escorpio forma un vínculo con Piscis casi a nivel espiritual o de alma gemela. Aunque no se conviertan en mejores amigos al instante, al descubrirse mutuamente, a menudo encontrarán un espíritu afín.

La profundidad de pensamiento de Escorpio es muy atractiva para los peces. En él encuentran una excelente salida a su amor por el pensamiento analítico sobre las motivaciones de los demás. Mientras Escorpio traza el camino a seguir, Piscis va de copiloto, buscando los detalles esotéricos y ocultos que Escorpio puede haber pasado por alto en la pasión del momento.

Ambos signos tienen tendencia a encerrarse en sí mismos. Aunque esta cualidad puede resultar molesta para las personas nacidas bajo otros signos solares, estos dos se la perdonan mutuamente. Saben por qué lo hace el otro y comprenden que las travesuras que hacen juntos a menudo en el ámbito de la política personal o pública requieren ese nivel de reflexión antes de actuar.

El idealismo extremo de Escorpio es un buen partido para un amigo de Piscis, que suaviza las aristas a menudo ásperas del intenso escorpión, intuyendo la verdad del asunto. El perro de Escorpio, con un enfoque de hueso, cuando se combina con la conectividad pisciana a un nivel más profundo de la realidad, puede lograr cosas sorprendentes. Esta amistad es una guardiana y un regalo para la humanidad.

Capricornio

La cabra testaruda encuentra un amigo rápido en el compasivo Piscis, y aunque a primera vista parece una pareja extraña, su amistad suele ser duradera y fructífera.

Como Piscis es tan intuitivo, el pez sabe que los codos afilados de Capricornio son solo parte del paquete, y se ríe de la apariencia ruda de la cabra. Piscis sabe que hay un gran blandengue ahí dentro y entonces saca a relucir ese aspecto de Capricornio, con su conocida paciencia y amor.

De hecho, Piscis se encarga de esta relación gestionando sus aspectos emocionales, mientras que Capricornio pone su nariz en la piedra de afilar, logrando y acumulando la comodidad que este signo disfruta. Mientras tanto, Capricornio le recuerda a Piscis que la tierra agradece que el pez de vez en cuando ponga sus pies sobre ella.

Y Piscis templa la seriedad de Capricornio inyectando un elemento de fantasía en la vida de este signo serio y trabajador. Hay un gran equilibrio en esta amistad que sirve a ambas partes.

Ahora que ya conocemos a los mejores amigos de Piscis, es hora de ver la otra cara de la moneda.

Aunque los piscianos son fáciles de querer y generalmente son muy queridos, no todo el mundo puede ser amigo íntimo de los habitantes de este signo solar. Muchas personas en nuestras vidas son un guiño de paso en la calle o una cerveza en el bar de la esquina. Otros son espinas en los costados escamosos de Piscis, infligiendo emociones desagradables que deben evitarse a toda costa. Estas personas le hacen sentir mal al pez, y cuando es así, Piscis seguirá nadando para alejarse. La siguiente sección se refiere a las personas de las que Piscis debe alejarse lo más posible.

Virgo

El virgo es alguien a quien los peces deben evitar. A no ser que Piscis esté dispuesto a adaptarse a las exigencias de este signo obsesivo compulsivo, puntilloso y perfeccionista, rápidamente estarán en desacuerdo y se sentirán asfixiados.

Virgo, rígido en su proceso de toma de decisiones, es poco probable que adopte el enfoque consultivo y comunitario de la vida. Es su camino o la carretera, lo que hace que el pez se sienta inoportuno, no querido y no respetado.

Los estándares precipitadamente altos de los Virgo en función de su obsesivo perfeccionismo parecen injustos e indebidamente duros. Virgo también tiende a tener ideas muy fijas sobre lo que constituye la verdad y la realidad, mientras que la fluidez de Piscis rechaza ese tipo de pensamiento.

Incluso con la flexibilidad innata de Piscis, tratar con Virgo puede desorientar y destrozar el alma del pez sensible.

Leo

El audaz león, amante de los focos, y el tímido Piscis son polos opuestos. Y aunque, en un planeta lejano, estos dos pueden encontrar de alguna manera un terreno común, en este planeta, es poco probable que se lleven bien.

El león puede encontrar intrigante la timidez de Piscis y querer entenderla mejor, mientras que el pez puede admirar la capacidad de Leo para dominar una sala. Pero las disparidades entre sus rasgos de carácter pueden desgastarse con el tiempo; la familiaridad se ha convertido en desprecio.

El ego monolítico de Leo molesta a los sensibles y humildes Piscis. Son incapaces de procesar las continuas proclamaciones de superioridad y los cuentos de victoria, y acaban identificando estos como el humo y los espejos que son.

En última instancia, el egoísmo y el engreimiento egocéntrico de Leo alejarán a los tranquilos y reflexivos Piscis.

Pero continúe leyendo porque está a punto de recibir una gran sorpresa con respecto a Piscis y Leo. Si bien es cierto que estos tipos no se llevan bien, emparéjelos en un proyecto en el trabajo o en la comunidad, y observe cómo las chispas hostiles se convierten en el tipo correcto de fuegos artificiales. Estos dos, cuando trabajan codo con codo, son una pareja muy sabrosa.

Como decíamos un poco antes, es difícil no querer a los Piscis. Gregarios, a la vez que tímidos, divertidos, a la vez que humildes, los piscianos son grandes amigos para mucha gente. Pero esas personas no suelen haber nacido bajo Virgo o Leo. Como con todo lo demás en este libro, el kilometraje puede variar. Cuando los planetas se alinean, todo lo que acaba de leer puede resultar falso o parcialmente cierto.

Sin embargo, estos dos signos son malas apuestas para Piscis, y con el marco sensible y emocional de los piscianos, pueden resultar ser influencias muy corrosivas. Como conocidos, pueden disfrutar de la compañía del otro, pero buscar una relación cercana y personal con estos dos signos es una mala apuesta para Piscis.

A continuación, echemos un vistazo a los mejores colaboradores de Piscis en el zodíaco. Puede que no sean amigos de por vida. Pueden estar presentes en la vida de los Piscis solo por un breve tiempo, enseñándoles lecciones importantes y compartiendo un momento para el que la relación puede haber sido creada expresamente.

Para el trabajo, la evolución personal e incluso el compromiso político, estos signos son algunos de los colaboradores más influyentes y valiosos de Piscis.

Leo

Ya sea produciendo una gala benéfica o gestionando un proyecto en el trabajo juntos, Piscis encontrará la colaboración con un Leo como un viaje a un parque de atracciones. Leo quiere subirse a la montaña rusa más espeluznante posible, y Piscis le acompaña en el viaje.

Emoción. Escalofríos. Terror abyecto. Todo esto forma parte de la experiencia cuando se trabaja junto con un Leo, que es muy arriesgado.

La ventaja de esta colaboración para Piscis es que Leo está perfectamente dispuesto a hacer todo el trabajo pesado, mientras Piscis se conecta en el fondo. A Piscis no le importan la fama y la fortuna, mientras que Leo vive para ellas, por lo que poner al león al frente es una estrategia ganadora para el tímido y reflexivo Piscis. Una colaboración eficaz, si es que alguna vez la hubo.

Libra

El alegre Libra suele ser un buen partido para Piscis, en el trabajo o en otros proyectos. A Libra le encanta reírse, por lo que será una compañía entretenida para Piscis.

Sin embargo, a veces Libra puede parecer menos comprometido con el proyecto que tiene entre manos. Un pisciano puede aprender de esto; descubrirá que no necesita ponerse en último lugar tratando constantemente de complacer a quienes lo rodean.

Y aunque Libra no es el sabueso de la gloria que es Leo, se desenvuelve mejor en el frente de las cosas que el sensible Piscis, especialmente si hablamos de servicio al cliente o de clientes espinosos. La diplomacia de Libra cubre esas bases, mientras que Piscis mantiene la parte de atrás en movimiento como debería.

Acuario

El filántropo portador de agua es el mejor colaborador de Piscis cuando trabaja en proyectos humanitarios. Ya sea una organización sin ánimo de lucro dedicada a salvar los recursos hídricos o una escuela para niños con problemas de aprendizaje, ambos se equilibran bien.

Acuario puede facilitar los pronósticos visionarios de Piscis, creando una sinergia única que mejora los resultados al inyectar creatividad en el trabajo. Con el lógico Acuario a los mandos, Piscis puede soñar sus visiones hasta hacerlas realidad.

Un Piscis emocional encuentra un colaborador brillante en el Acuario lógico, uniendo la racionalidad a la intuición, a menudo con resultados ejemplares.

En este capítulo se habla de signos específicos y de quiénes son para Piscis. Los nativos de Piscis descubrirán que hay muchas otras personas en el mundo con las que son capaces de entablar fuertes amistades y trabajar. Mientras que las personas bajo signos que normalmente no les resultarían difíciles pueden convertirse en decididos enemigos.

La astrología es compleja. Como he tratado de comunicar a lo largo de este libro, esta disciplina no es tan sencilla como puede parecer en una columna de periódico de un cuarto de pulgada. Las influencias planetarias, como el funcionamiento de la luna en su signo solar, y otros efectos clave pueden cambiar el juego.

Por lo tanto, esto pretende compartir con usted las personalidades más obvias y sus posibles papeles en su vida. Con la astrología, nada está escrito en piedra. Al igual que el curso de los movimientos planetarios aporta un cambio continuo al universo, también aporta variedad a cada signo del Zodiaco. Este es un punto crucial que debe recordarse siempre.

En el próximo capítulo, hablaremos del trabajo de los signos ascendentes y las casas, lo que significan y cómo pueden afectar a Piscis. Le he dedicado un capítulo propio porque es otra forma interesante y más profunda de acercarse a la astrología como disciplina para entender a otras personas y lo que las hace funcionar.

Capítulo 9: Los signos ascendentes, las Casas y lo que significan para Piscis

Antes de entrar en materia, debo hacer saber a los lectores que los signos ascendentes y las casas son otros aspectos de la astrología para los que es necesario conocer la hora de su nacimiento. Si está interesado, le recomiendo encarecidamente que se haga su carta astral. Esta es una elección metafórica que le ayudará a entender a sí mismo, y al significado de su signo solar con mucha más claridad. Y si ha leído hasta aquí, ¡asumo que lo está!

Su signo ascendente también se llama su "ascendente". Se refiere al planeta asociado a cualquier signo solar astrológico, que se eleva en el cielo oriental en el momento y lugar exactos de su nacimiento.

Y los ascendentes no se refieren únicamente a las personas. También se refieren a los acontecimientos.

Curiosamente, el signo ascendente de Donald Trump es Leo. Es decir, el cabello, ¿no? No importa todo lo demás. Si hubiésemos hecho su carta astral justo después de aquel anuncio en Nueva York, allá por el año BTD (antes de Donald). Nos habríamos dado cuenta de que este Géminis estaba un poco caliente.

¿Qué significa todo esto?

El signo ascendente rige la forma en que mira al mundo, así como su aspecto exterior. Es el factor clave responsable de la primera impresión que causa la gente. Por lo tanto, lo que la gente ve en usted no es necesariamente lo que finalmente obtendrá si se queda. Es solo la superficie de su persona y lo que proyecta.

Así pues, visitemos los signos ascendentes y cómo se manifiestan en la carta astral y en la vida de las personas a las que afectan en la carta natal. Recuerde que a lo que nos referimos en este capítulo son los atributos y efectos generales del signo ascendente. Sin la carta natal de cada uno de los lectores, no puedo ir más allá. Si quiere saber, y es importante, debe hacerse una carta natal, y para ello necesitará su hora de nacimiento. Una vez que conozca su hora exacta de nacimiento, puede obtener una carta exacta en línea en Astro.com.

Durante la lectura, recuerde que los atributos otorgados por los ascendentes parecerán fuera del carácter de Piscis, pero se trata de atributos generales, que tienen impactos similares, pero no precisamente iguales, en todos aquellos sobre los que se elevan. Otras influencias de la carta también estarán en juego, como siempre.

SÚPER CONSEJO: No se confíe en mamá y papá para saber la hora de su nacimiento. Pueden ser un poco confusos en ese punto. En su lugar, obtenga un certificado de nacimiento de larga duración, ya que este documento le dará la hora exacta de su nacimiento.

Aries

Con Aries como ascendente, causará una fuerte impresión, y muchos creerán que es intimidante en el primer encuentro. Al principio, la gente le considerará obstinado.

Siendo Aries el primer signo del zodiaco y un signo de fuego, su ascendente en Aries significa que ve su vida y el mundo que le rodea como una larga competición. El impulsivo Aries opera por instinto, abriendo caminos que otros no pueden imaginar.

Tauro

Incluso un Piscis puede parecer voluntarioso y quizás un poco feroz con un signo ascendente de Tauro. Aunque el carnero tiene un lado más suave, emite una advertencia de que no hay que meterse con él.

A Tauro le gustan las cosas finas de la vida, desde la ropa bonita hasta la suntuosa decoración del hogar y la alta cocina. Esto puede llevar a los demás a creer que son materialistas. Para Tauro, considerado el primer elemento de tierra del signo zodiacal, lo que otros creen que es materialismo es en realidad sensualidad. Esto es especialmente cierto para los Piscis de ascendencia Aries.

Géminis

Piscis, bajo el ascendente de los gemelos, se ve como una abeja ocupada, que emprende múltiples proyectos a la vez y los afronta todos. Es un relámpago en el trabajo, en casa y en su grupo social.

Este signo ascendente crea energía en el lánguido pez, haciendo de Piscis el centro del universo creativo, transformando las ideas en realidad. El único problema es el potencial de agotamiento. Los Piscis con este ascendente deben tener cuidado de centrarse en un par de cosas a la vez para evitar ese efecto.

Cáncer

Con el ascendente Cáncer, Piscis se aumenta, pasando de mejor amigo a madre de cualquier empresa de la que forme parte. Su naturaleza cálida se torna aún más cálida, adoptando las características de una manta lujosamente peluda, siempre lista para envolver a alguien que necesita consuelo.

El hogar, la comodidad y la estabilidad son importantes para los de Cáncer. Se presenta ante los demás como un puerto nutritivo en la tormenta, o como alguien que siempre está dispuesto a escuchar cuando surge un problema.

Leo

El ascendente Leo aporta fuego incluso al más feroz de los signos de fuego. Para Piscis, la presencia de este ascendente significa que todo el mundo sabe cuándo has entrado en la habitación. Este es el signo de la presencia y el eterno sol del verano, y lo hace brillar alegremente sobre el mundo que le rodea.

El ascendente Leo también puede ser un poco abrumador a veces, ya que el león tiene necesidades. Como un bebé, esas necesidades serán satisfechas. Tenga cuidado de recordar que es un adulto y que sus amigos, amantes y compañeros de trabajo no son sus niñeras.

Virgo

Este ascendente aporta a veces a los peces "borrosos en los detalles" la capacidad de organización necesaria para complementar su espíritu creativo e intuitivo. La gente también percibe su fiabilidad inamovible cuando su signo ascendente es Virgo.

La terrenalidad de este signo ascendente aumenta el amor de Piscis por la naturaleza y los animales y potencia la creencia en la santidad de este planeta en el que todos vivimos. El signo ascendente de Virgo transforma las percepciones externas de su persona para reconocer una base estable.

Libra

La balanza representa el equilibrio y la justicia equitativa, y eso se refleja en un signo ascendente de Libra al investir a Piscis con el espíritu de la diplomacia. Se le percibe como alguien agradable de tratar.

Aunque a muchos les parezca que Libra es indeciso, lo que realmente está en juego es que intenta llegar al mejor resultado para todos los implicados. Por lo tanto, tal vez la balanza se incline más por el socialismo que por la diplomacia. En cualquier caso, este signo tan pragmático necesita entender que, sea cual sea el resultado, siempre habrá alguien que se sienta infeliz. Trabaje para aceptarlo.

Escorpio

Los piscianos con ascendente en Escorpio son percibidos como misteriosos, reticentes y atractivos en todos los sentidos posibles. Ya de por sí algo misterioso, Piscis se convierte en alguien que despierta la curiosidad de la gente inmediatamente con Escorpio como ascendente.

Pero no es tan fácil conocerle. Se toma su tiempo con las personas, investigándolas como los partidos políticos podrían investigar a sus potenciales candidatos para el cargo. No se arriesga en las relaciones estrechas, lo que puede resultar desagradable hasta que la gente le conozca.

Sagitario

Piscis recibe una buena dosis de optimismo con la cabra mitad pez como ascendente. Amante de la diversión y aventurero, Sagitario es el explorador del Zodiaco, que le llevará a donde ningún Piscis ha ido antes ¡a menos que sea Sagitario ascendente!

Se le escuchará decir lo que otros se resisten a decir porque tiene opiniones fuertes. Esto puede explotarle en la cara si no tiene cuidado con el famoso método de comunicación sagitariano de "decir las cosas como son".

Capricornio

A menudo equiparado con la cabra montés solitaria y de pies firmes, Capricornio ascendente es visto por los demás como alguien confiable y maduro. Siempre preparados y listos para cualquier cosa, insisten en la excelencia de sí mismos, al igual que de los demás.

La búsqueda de logros de Capricornio los lleva a lugares que otros temen. Este ascendente elimina cualquier duda de la sensible alma de Piscis, invistiéndola de valor y de la determinación de alcanzar las mayores alturas posibles.

Acuario

El intelecto filantrópico de Acuario es un gran complemento de Piscis cuando es su signo ascendente. Preocupado por la acción colectiva y el bien común, el portador de agua se dedica a compartir la riqueza.

Marchando al ritmo de su propio tambor, puede ser intimidante, pero solo para aquellos que se ven amenazados por su resuelto idealismo y confianza en sí mismo. Aunque se preocupa por el bien común, es usted un individuo que llama la atención, cuando Acuario es el signo ascendente bajo el que ha nacido.

Piscis

Al nacer, los Piscis son aún más extraños cuando el signo ascendente es el mismo que su signo solar. La naturaleza psíquica de este signo está muy reforzada por este signo ascendente, lo que hace que sean un poco difíciles de entender para los demás.

Los Piscis ascendentes de los piscianos pueden parecer que están en otro planeta que el resto. Pero lo que ocurre en realidad es que están recopilando datos y formando un análisis. Esto puede ser desconcertante para muchos. Los Piscis deben tener cuidado de mantener sus pensamientos claros, específicos para esa persona, y dejar la lectura de la mente para otro día.

Ahora que hemos dado un paseo por los signos ascendentes y su significado, es el momento de hablar de otro aspecto importante de la astrología del que hemos hablado antes: las casas. Como prometimos en el capítulo uno, aquí llegaremos al corazón de lo que significan las casas.

Todo lo que flota en los cielos, transita por los signos del Zodiaco, y cada uno es significativo en su carta natal. Cada una de las casas por las que transitan estos cuerpos celestes tiene mucho que decir sobre su persona.

Las doce casas del zodiaco representan sectores de su vida. Sin embargo, ninguna está completamente aislada de las demás. Las doce casas conforman una totalidad de 360 grados, que simbolizan la cosmología del individuo en cuestión.

Una vez más, es necesario contar con la hora, la fecha y el lugar de nacimiento para elaborar una carta antes de poder obtener una imagen clara del impacto de las casas en su carta. Para los fines de este libro, se simplificará esta sección. Hay que saber que las casas son bastante complicadas en su funcionamiento, así que por favor investigue más para aumentar su conciencia sobre este tema.

¿Qué son ellas?

El doce, como habrá notado a lo largo de este libro, es un número místico que es fundamental para la disciplina de la astrología. Este número también aparece en diversas religiones, como el judaísmo, el cristianismo y el islam. En el judaísmo, en particular, los números están revestidos de un profundo significado espiritual.

Así, al igual que los signos solares, hay doce secciones en su carta natal, incluyendo las doce casas astrológicas.

Esto no quiere decir que las casas sean análogas a los signos solares, que se basan en la rotación solar anual. Las casas se basan en la rotación de la Tierra, que se produce cada 24 horas. Para ser precisos, las casas giran sobre el eje de la Tierra, lo que hace necesario conocer la hora de nacimiento.

Las casas astrológicas se desplazan cada cuatro minutos, lo que deja poco margen de error. Esto explica por qué incluso los nacidos el mismo día pueden tener cartas astrales muy divergentes.

Cada casa representa un área diferente de su vida. También revela los obstáculos notables a los que puede enfrentarse en su vida y los dones que ha nacido para explotar. Así que, sea como sea, si realmente está interesado en obtener una lectura precisa, obtenga la hora de nacimiento y asegúrese de que es 100% exacta solicitando un certificado de nacimiento de forma larga.

Lectura de la carta natal

Para leer con precisión su carta natal, debe adaptarse a un nuevo lenguaje, y ese lenguaje está regido por las casas. Para entenderla mejor, tendrá que localizar su signo ascendente. Este es el punto crucial de la carta astral, que aparece a la izquierda radical de la línea del horizonte que divide la carta por la mitad.

Por lo que ha leído hasta ahora, sabe que el sol es su verdad, la luna es su vida interior y el signo ascendente es su cara pública, que revela su personalidad y determina las percepciones que los demás albergan sobre su persona, como se ha comentado anteriormente en este capítulo.

El signo ascendente es de importancia primordial para su carta natal porque determina su forma única.

Las cartas natales se leen en sentido contrario a las agujas del reloj. La línea horizontal del signo ascendente marca la primera casa. A partir de ahí, las casas siguen hacia la derecha del horizonte. Así se recorren todas las casas hasta llegar a la duodécima, que linda con el signo ascendente.

Muchos de ustedes que están aprendiendo a interpretar sus cartas natales pueden encontrar numerosos planetas en varias de sus casas. Otros no verán ningún planeta en algunas casas. Todo lo que está viendo es una "Polaroid" celestial de dónde estaban todos los planetas en el momento exacto en que vino al mundo. Sus posiciones en su carta iluminan su personalidad, los retos de su vida y sus áreas de experiencia (dones). Y cada casa del Zodiaco se manifestará en su vida en determinados momentos, ya que los planetas se mueven continuamente, afectando a distintos sectores de la vida en determinados momentos.

A continuación, vamos a repasar las doce casas y a averiguar qué significan.

Primera Casa

Esta es la casa de su apariencia y de cómo se presenta a los demás. El planeta que se encuentra en su primera casa es una poderosa influencia en su vida. Esta casa corresponde al primer signo del zodiaco, Aries, e influye en los objetivos, ideas o actitudes que forman parte de lo que es usted, definiendo su propósito.

Segunda Casa

Esta casa, correspondiente a Tauro, rige el dinero, el valor que le otorga a las cosas y lo que posee. Los planetas que se encuentran en esta casa al nacer determinan la seguridad y la estabilidad financiera. Los planetas que están de paso en esta casa expresan cambios, especialmente en su autoestima y en su éxito monetario.

Tercera Casa

La energía de Géminis está impregnada en esta casa, gobernando su comunidad, el transporte y los asuntos relacionados con la comunicación. Los planetas en el momento de su nacimiento en esta casa tienen que ver con la forma en que se expresa y las relaciones que establece con los que le rodean. Los planetas que transitan por la tercera casa aportan información crucial sobre las personas de sus círculos más íntimos.

Cuarta Casa

Esta casa de Cáncer se encuentra en la parte inferior de la carta. Está relacionada con la familia y el hogar, especialmente con la vida doméstica. Cuando los planetas atraviesan esta casa, se nos insta a cuidar de nuestras infraestructuras personales, a replantearlas para que sean más acogedoras e íntimas.

Quinta Casa

Investida con la energía de Leo, la Quinta casa tiene que ver con el romance, la creatividad y los niños en su vida. También es la casa de las actividades artísticas. Los planetas en tránsito traen epifanías que nos elevan y fortalecen nuestra confianza.

Sexta Casa

Esta es la Casa de Virgo, que se ocupa del bienestar, la vida cotidiana y la salud. Sus elecciones de estilo de vida repercuten en el físico expresado en la primera casa, que se ocupa del cuerpo con el que se nace. Los planetas natales rigen aquí la estructura, la organización y la gestión del tiempo. Los planetas en tránsito nos apoyan en la formación de buenos hábitos y en la programación inteligente.

Séptima Casa

La diplomacia y los dones pragmáticos de Libra crean la energía que influye en esta casa, que es la descendente, situada frente al ascendente de su Primera Casa. Como podrá observar, hasta ahora, en nuestra discusión sobre las casas astrológicas, cada casa ha regido un sector específico de su vida. Esta casa tiene que ver más con las relaciones de pareja. Aquí, los planetas natales se centran en las relaciones. Los planetas que transitan por la casas siete influyen en la elaboración de tratos y contratos vinculantes.

Octava Casa

Impregnada energéticamente por la pasión de Escorpio, la octava casa es el sector que rige la transformación. La transformación, en este caso, se refiere al poder del sexo y de la muerte. Los planetas natales se adhieren al mundo invisible y a lo oculto. Los planetas en tránsito revelan lo oculto en cualquier situación y nos recuerdan que la vida es un asunto complicado.

Novena Casa

La novena casa tiene que ver con la educación, el pensamiento filosófico y, por supuesto, los viajes, ya que este es el territorio de Sagitario. La exploración es el nombre del juego para los planetas natales que rigen esta casa. Curiosa e inquisitiva, la novena casa es el lugar del explorador. Los planetas que la transitan nos animan a aprender cosas nuevas, a trasladarnos a un lugar desconocido con un tremendo salto de fe o a cambiar de opinión sobre algo.

Décima Casa

Situada en la energía constante de Capricornio, esta casa es la cúspide de la historia heroica de su vida. Esta casa es la que impulsa sus sueños, sus logros y su imagen pública. Los planetas que se encuentran en la décima casa en el momento de su nacimiento están relacionados con la ambición. Cuando los planetas se mueven a través de ella, puede que se produzca un profundo cambio en sus aspiraciones y trayectoria profesional.

Undécima Casa

En este punto de su carta, se destaca el propósito. Con la energía de Acuario al volante, esta casa rige nuestro trabajo filantrópico y nuestras redes, que están más alejadas de nosotros. Los nacidos en esta casa son los innovadores, que aportan ideas frescas al mundo. Los planetas que se mueven por la undécima casa amplían nuestros horizontes, ayudándonos a encontrar el lugar que nos corresponde en el mundo.

Duodécima Casa

Esta es la casa de lo que no se ve. Está envuelta en el misterio al igual que el signo solar que la infunde energéticamente, Piscis. Los planetas que se encuentran en esta casa en nuestras cartas, que rigen todo lo que no tiene forma, desde nuestras emociones hasta nuestros sueños, pasando por la información que nos guardamos para nosotros mismos, inducen a la intuición extrema. Cuando los planetas transitan por esta casa, nuestro karma se encarna en las personas que aparecen repentinamente en ella y que están conectadas con ese karma. Es importante recordar: muchas personas de nuestra vida están de paso.

Ahora que tiene una base en los entresijos de la astrología, seguro que siente curiosidad por su carta astral. Toda la información que ha leído sobre su carta natal requiere la importantísima hora de nacimiento. Con esa información, estás listo para descubrir más sobre quién es usted y cuál es su propósito.

En nuestro próximo capítulo, me gustaría dedicar un poco de tiempo a lo que necesita Piscis y a cómo se manifiesta la energía pisciana en el mundo cuando se satisfacen esas necesidades. Aunque no todos podemos tener todas las necesidades satisfechas todo el tiempo, podemos trabajar para que se den las condiciones necesarias para que la mayoría de ellas puedan serlo, la mayor parte del tiempo.

Descubramos cómo los Piscis pueden prepararse para el tipo de vida que son capaces de tener cuando se comprenden a sí mismos y lo que necesitan y se vuelven proactivos para ello.

Capítulo 10: Lo que Piscis necesita para prosperar

Ahora que ha llegado a una comprensión más completa del signo solar Piscis y de cómo la astrología nos influye a todos como humanos, es hora de hablar de lo que Piscis necesita para prosperar en un mundo que puede ser poco amable con las personas sensibles nacidas como peces.

No es que haya nada malo en ellos. Al contrario, hay mucho que amar de Piscis. El problema es la sensibilidad de este signo y la timidez que aqueja a muchos, sino a todos, los nacidos en Piscis.

Por lo tanto, este capítulo explorará lo que los Piscis necesitan para vivir su mejor vida y cómo pueden sentar las bases para satisfacer esas necesidades. Gran parte de esto tiene que ver con los sentimientos personales, pero existe la necesidad de que Piscis se asegure de ser feliz donde está, en lo que hace y con quién lo hace.

Autoaceptación

Uno de los mayores retos vitales de Piscis es aceptar quiénes son y estar enamorado de todo lo que eso significa. La naturaleza reflexiva de Piscis le lleva a cuestionarse continuamente a sí mismo, a sus decisiones, incluso a analizar las palabras que ha dicho a otras personas para asegurarse de que no ha dicho algo equivocado.

Piscis también sufre una especie de complejo de inferioridad, necesitando la seguridad de los que le rodean para sentirse seguro de sí mismo. Pero en realidad se trata de la tendencia de Piscis a la autocrítica neurótica y a la autorrecriminación.

¿Recuerda a mi amiga Piscis? Una vez me contó una historia de la escuela secundaria sobre un chico de su club de teatro, por supuesto, ¿Dónde más podrían estar los Piscis, excepto en la clase de arte o de escritura creativa? Este chico siempre estaba metido en problemas. Su vida familiar era difícil, y estaba un poco descarrilado debido a ese entorno, que incluía padres ausentes con problemas de abuso de sustancias. Por supuesto, Piscis se compadecía de este chico. Mientras que otros niños de la escuela no se interesaban por él y lo evitaban, para no ser manchados con la brocha de la disfunción, mi amiga se convirtió en su confidente.

Entonces, un día, mi amiga y este chico estaban en la sala de utilería del teatro de la escuela y vaya, el chico volcó y rompió una vieja tetera de porcelana en pedazos.

El chico estaba aterrorizado. Acababa de salir de una expulsión y sabía que, si le pillaban por dañar la utilería, al profesor le daría un ataque. Mi amiga sabía que tenía razón, así que cuando la profesora de teatro vio la tetera destrozada y preguntó quién había sido el responsable del incidente, mi amiga levantó valientemente la mano.

Su impulso de proteger a este chico superó su sentido común. Había sido una de las mejores alumnas de esa clase y había creído que el profesor aceptaría su versión de los hechos. Pero él no solo sabía, sino que no le gustaba el chico.

A mi noble amiga pisciana la llamaron al despacho del profesor de teatro y la reprendieron. La expulsaron de la clase durante el resto de su estancia en el instituto. Esto la destrozó, ya que le encantaba estar en las obras de teatro y actuar, aprendiendo líneas y asumiendo diferentes personajes. Pero el profesora no se dejó conmover. La expulsaron. Después de eso, abandonó cualquier esperanza de dedicarse a la actuación o a las actividades dramáticas, ya que la herida nunca se curó.

En lugar de permitir que el chico descarriado reconociera su error, mi amiga asumió su castigo. Aunque nunca se arrepintió de haber evitado que su amigo volviera a meterse en problemas, siempre lamentó haber perdido su conexión con la comunidad teatral de su escuela.

Esta es la naturaleza abnegada y compasiva de Piscis. Asumió el error de su amigo, asumiendo una culpa que no le correspondía. Y eso es un problema grave. Por desgracia, una de las necesidades más acuciantes de Piscis es creer que son dignos de amor, bondad y compasión. Dado que Piscis es tan profundamente autocrítico, muchos de sus habitantes luchan con la autoaceptación. Ese fracaso puede conducir a actos como el que acabo de describirle. Noble, sí. ¿Inteligente? No.

Por eso los piscianos necesitan animadores que les digan cuando han hecho algo bien, que les recuerden que son buenas personas con buenas intenciones y dignas de toda la compasión que muestran a los demás. Piscis necesita entender que la compasión por el yo es la raíz de toda la demás compasión. Cuando no lo es, Piscis puede volverse malhumorado. Todo lo que necesitan hacer para arreglar su fatiga de compasión es aplicar ese rasgo a sí mismos.

Amigos dispuestos a escuchar y aconsejar

Otra necesidad apremiante para Piscis es atraer a amigos que escuchen a Piscis tanto como Piscis los escuche a ellos.

Si bien Piscis se complace en dar los consejos y la sabiduría que los demás le piden, a menudo ocurre que cuando Piscis necesita un hombro para llorar, no lo tiene. Este signo tan cariñoso es la tía agónica del Zodiaco, pero las madres de todo el mundo le dirán que tienen el mismo problema que Piscis: la gente no cree que necesiten ese apoyo.

La amabilidad y el abrazo de los peces son buscados por todos los que los conocen. Sin embargo, a menudo ocurre que no hay nadie cerca cuando Piscis necesita que le correspondan esos regalos. El aura de inteligencia espiritual de otro mundo que se asocia a Piscis a menudo induce a la gente a creer que se las arreglarán solas y que son emocionalmente sobrehumanos.

Pero los peces también son personas. Los piscianos necesitan el oído atento y la voz comprensiva de la razón solidaria tanto como cualquier otra persona. A pesar de su condición de Almas Viejas que han dado muchas vueltas a la manzana, Piscis es un signo estelar muy sensible. El pisciano necesita saber que hay personas que estarán ahí en su momento de necesidad.

Esto puede suponer un gran reto para Piscis, ya que muchas personas en su vida los malinterpretarán. A menudo, los piscianos son considerados como personas huidizas, que están ausentes y que son hippies. Si bien esto es cierto hasta cierto punto, aquellos que no tienen una mente abierta se están perdiendo el manantial de belleza que los Piscis pueden aportar a sus vidas.

Su amor es infinito, pero se estropea fácilmente cuando estas delicadas criaturas no son tratadas con las manos tiernas que necesitan para estar bien en su piel escamosa. Eso es un problema, tanto para los Piscis como para los que están en sus círculos personales y profesionales.

Un pisciano rechazado, desairado, humillado o despreciado es probable que guarde rencor. Ese rencor puede perdurar hasta el Apocalipsis si no aclara las cosas con su sensible amigo acuático. Es probable que averigüe que su número de teléfono se ha perdido permanentemente y que está bloqueado en todos los canales imaginables de las redes sociales.

Porque Piscis solo da segundas oportunidades a quien las pide. Si anda sin precaución, preguntándose por qué su amigo Piscis ya no le habla, probablemente sea una persona demasiado insensible para estar en compañía de Piscis. No le llamarán pronto, ¡ni le desbloquearán!

Salidas creativas

Otra necesidad clave de Piscis es una salida para la creatividad ilimitada del signo. Esa creatividad puede adoptar muchas formas, desde la pintura hasta la escultura, pasando por el bordado, la escritura, la ingeniería, la cerámica, la política o la danza. Estos chicos tienen ideas brillantes sobre cómo se puede mejorar cualquier cosa que se nombre con una dosis de pensamiento creativo.

Sin un lugar para sus interminables ideas e inspiraciones, Piscis puede estancarse, resentirse e incluso deprimirse. Por eso es tan importante que no trabajen solo por trabajar. Aunque todos necesitamos trabajar para ganarnos la vida y mantenernos, Piscis necesita encontrar su camino en situaciones laborales que le den oportunidades para dejar brillar su creatividad.

Y eso puede significar casi cualquier cosa. Lo que no significa es trabajar en un empleo repetitivo y mundano que apague a Piscis. Esta es a menudo la razón por la que los piscianos, especialmente los jóvenes, pueden parecer perezosos en el entorno equivocado, lo que los lleva a perder un trabajo tras otro.

Lo mismo ocurre con Piscis en casa. La televisión no es suficiente para estas personas. Aunque se emocionan con el genio del diseño y la escritura excepcional de programas como *Mad Men* y *Ratched*, se mueren un poco por dentro cuando todo lo que su pareja quiere hacer por la noche es echarse en un sofá al frente de la estúpida tv.

Piscis prefiere garabatear una gran idea, restaurar un mueble o pintar un mural en la pared del salón, antes que quedar aplastado bajo el peso mundano de los medios de comunicación, cualquier día. Es importante que las personas que se asocian con Piscis lo recuerden. Un Piscis aburrido es un Piscis apático y poco inspirado que probablemente se vaya.

Además del trabajo y el hogar, Piscis necesita buscar inspiración. Curioso y explorador, a Piscis le encanta aprender algo nuevo o interesante. Sean cuales sean sus pasiones, necesita tener una salida para su genio interior y compartirlo con otras personas con una conexión similar. Ya sea formando parte de un comité para embellecer su ciudad, del teatro comunitario, del coro de la iglesia o de una clase de arreglo floral, Piscis debe dejar salir ese impulso o perder la chispa por la que es tan conocido.

Sin un lugar para sus interminables ideas e inspiraciones, Piscis puede estancarse, resentirse e incluso deprimirse. Por eso es tan importante que no trabajen solo por trabajar. Aunque todos necesitamos trabajar para ganarnos la vida y mantenernos, Piscis necesita encontrar su camino en situaciones laborales que le den oportunidades para dejar brillar su creatividad.

Romance

El romance no siempre consiste en enamorarse. El romance puede ser un viaje o incluso un paseo por un bosque local. También podría ser un viaje a la tienda de segunda mano, para matar dos pájaros de un tiro. La hermosa ropa de época inspira e ilumina a Piscis e incluso la ropa de segunda mano que nadie quiere, Piscis ve el potencial de hacer algo hermoso incluso del traje de ocio de poliéster más bajo. La emoción de la caza satisface su curiosidad y la de encontrar lo que ni siquiera imaginaba que necesitaba para añadir a su armario o a su repertorio de decoración del hogar, aún más.

Para Piscis, cuando el romance no tiene que ver con el amor, tiene que ver con la carretera abierta o los viajes en avión a lugares lejanos y exóticos. Vivir sus sueños es una gran fuerza motivadora para Piscis, que los lleva a lugares lejanos y desconocidos, donde su única herramienta comunicativa es su brillante sonrisa y su cálida personalidad. Las experiencias y los aprendizajes que las acompañan son una de las mejores cosas de la vida para Piscis. Estas se suman a su almacén natural de riquezas, potenciando aún más la misteriosa sabiduría de este signo.

Para Piscis, no hay nada como ver algo que pocos han visto o que han esperado ver toda su vida. Mi amiga de Piscis, por ejemplo, recuerda que su padre la llevó al Louvre de París cuando era niña. Siempre quiso ver la Mona Lisa, y estar delante de ella en ese día tan especial es uno de sus recuerdos infantiles más preciados.

Pero cuando el romance tiene que ver con el amor, cuide del corazón de Piscis. Amantes y compañeros intensamente apasionados, también son profundamente leales. Cuando estas cualidades no son correspondidas por sus parejas, Piscis se vuelve malhumorado hasta el punto de suicidio.

A los tiernos Piscis les resulta difícil entender por qué su pareja es tan incapaz de corresponder a su intensidad, así que piénselo dos veces antes de no ser sincero con sus intenciones al acercarse a Piscis. Si solo pretende una noche de diversión, será mejor que sea muy claro al respecto, o puede que nunca olvide lo que Piscis caracterizará como su falta de honestidad. Puede que incluso descubra que la gente lo considera un imbécil o una persona fácil.

El amor romántico es, para Piscis, una de las experiencias más trascendentes de la vida humana. Pero a medida que envejecen, muchos piscianos se desesperan ante el enfoque utilitario del romance que adoptan demasiadas personas. Quieren todas las campanas y silbatos. Quieren los corazones, las flores, las olas rompiendo en las costas, las palmeras meciéndose y la banda tocando una tierna melodía. Si no es ese amante, deje de lado a Piscis o arrepiéntase de no haberlo hecho.

Para Piscis, la vida es una larga y romántica aventura. Con la capacidad pisciana de dejarse llevar por lo que la vida les depare, adoran las sorpresas y la belleza repentina de cada día. Saben que el mundo es un lugar rudo y de ángulos agudos. Saben que los demás no entienden necesariamente su sonrisa soleada y sus ojos lejanos. Pero no les importa. Han vivido todos los demás signos del Zodiaco. Eso les infunde una comprensión de la dulzura infinita de la vida. Aunque esta realidad hace que muchos crean que los Piscis pueden ser un poco absurdos, su comprensión del cuento romántico de la vida inspira a los que les rodean a entender de dónde vienen los Piscis. Es un tremendo y glorioso don y uno que todos deberíamos aspirar a aprender a emular.

Tiempo de recarga

A Piscis, introspectivo y sensible, le gusta socializar, pero no todo el tiempo. Si a Piscis no se le deja encontrar su centro en la soledad, puede volverse no solo enfermo, sino irritable. Se trata de un signo perfectamente feliz de estar sentado en casa, hablando con sus mascotas o creando su próxima gran obra. Como es un signo semisocial, verá a Piscis fuera de casa cuando esté bien preparado para hacerlo.

Como una batería que se ha agotado, los Piscis nunca están solos con sus pensamientos y nunca pueden descansar del mundo. A menudo tienen que recargar sus baterías y reciclar su energía. Ese reciclaje significa descanso, tranquilidad y paz; este signo necesita sentirse realmente completo. Aunque disfruta de una vida social feliz y tiene muchos amigos, Piscis no puede estar continuamente con otras personas.

Debido a su naturaleza intuitiva, Piscis necesita retirarse para recargarse, pero también para analizar lo que ha aprendido en sus interacciones sociales, sobre sí mismo y sobre otras personas.

La reflexión en la tranquilidad es la forma en que los Piscis se rejuvenecen, recreando su espíritu. Cuando están con otras personas, con demasiada frecuencia las energías que intuyen, tanto negativas como positivas, pueden agotarlas, dejándolas con necesidad de descanso.

Mientras que la mayoría de nosotros tomamos a los demás al pie de la letra, Piscis percibe y "lee" las corrientes subterráneas que se esconden bajo la superficie. Por ejemplo, puede detectar a un narcisista a kilómetros de distancia. Esto les impulsa a correr en otra dirección, ya que los vampiros de energía son la criptonita de Piscis. Pero incluso las personas a las que quieren pueden cansarles. Esto ocurre con los mejores amigos, la familia, los amantes e incluso los cónyuges e hijos.

Para que Piscis esté en su mejor momento, necesita dejar que la distancia haga que el corazón se vuelva más cariñoso. Si esto no es comprendido por sus allegados, y a menudo no lo es, Piscis puede rebelarse. Aunque es un signo nutritivo y compasivo por excelencia, Piscis también puede apagarse cuando no recibe lo que necesita. Puede volverse frío, intolerante y agotado por todas las energías humanas que se arremolinan a su alrededor.

Para el resto de nosotros, esas energías pueden parecer relativamente inocuas. Para un Piscis, son una amenaza existencial. Incluso una noche de baile puede ser difícil de recuperar para los Piscis. Llegan a casa sobreestimulados e incapaces de dormir. Aunque no quieran que la noche termine, saben el precio que pagarán por la mañana por la juerga que se han dado.

También hay que tener en cuenta las malas energías. Las personas con intenciones poco nobles que se acerquen a un Piscis sentirán dos agujeros que les arden desde el otro lado de una habitación llena de gente. Estos son los ojos penetrantes de un Piscis que los ha catalogado como malas noticias. Sin una palabra, los Piscis sabrán que esas personas no están en el menú para ellos ni para nadie que conozcan. Ese conocimiento no está sujeto a la enmienda porque cuando Piscis ha "leído" la mala intención, la mendacidad o la maldad en general, no cambiará su voto por ningún motivo.

Ellos saben, y aunque la gente a menudo se burla de la intuición pisciana, es invariable que su lectura inmediata de los demás resulte acertada. Aunque los que les rodean se burlen de estas "lecturas instantáneas", la conclusión que los demás sacarán inevitablemente es que la lectura inmediata de Piscis sobre el indeseable en cuestión era correcta. No tomar en serio la intuición de Piscis es una fuente importante de frustración para este signo, otra razón por la que a veces necesitan saltar a las profundidades del océano para sentarse en una roca, mirando hacia el mar cuando todo se vuelve demasiado.

Honestidad e integridad

La profunda espiritualidad de Piscis es sensible a quienes mienten, manipulan y tratan a los demás con algo menos que respeto. Aunque Piscis puede estar en desacuerdo con respeto e incluso con fuerza, nunca estará en desacuerdo hasta el punto de abusar.

Pero cuando no se modela la honestidad y la integridad con el pez sensible, se encontrará cortado. Esto no se hace para ser cruel o para castigar. Esto lo hacen los Piscis para protegerse a sí mismos y a los que les rodean.

A nadie le gusta hablar de esta faceta de Piscis, pero el dolor que encuentran las personas de este signo del Zodiaco cuando hacen algo incorrecto se traduce en un ostracismo instantáneo. No le volverá a hablar a su Piscis si puede evitarlo. Piscis le evitará hasta el fin del mundo cuando introduzca la fealdad en su esfera pacífica y compasiva.

Ni siquiera es personal con Piscis. Con los peces, se trata de controlar los daños. Intuitivamente dotado para leer con precisión el corazón de los demás, se aleja de aquellos que pueden causar problemas. Pero Piscis solo corta el cordón una vez que hay pruebas de que tenía razón en su intuición.

Los mentirosos son transparentes para Piscis, casi a primera vista. ¿Ese hombre de la esquina que le mira de reojo? Es un Piscis que ha detectado un desajuste entre sus palabras y sus acciones. Nunca lo ha visto antes. ¿Y qué? Piscis lo sabe.

¿Posee un gran ego? ¿Le gusta hacer valer su peso? No lo hagan delante de esa mujer que está sentada en el bar y que los mira por el espejo. Se mantendrá lo más alejada posible de usted, y si se pasa de la raya, se asegurará de decírselo a los demás. No se ofenda. Solo aclare la situación.

La honestidad y la integridad son imprescindibles para Piscis porque saben cuándo está mintiendo, y saben cuándo no es fiel a sí mismo. Un Piscis puede detectar a un farsante a kilómetros de distancia. Y a Piscis no le gustan los farsantes.

La honestidad es una virtud que Piscis se toma en serio. ¿Y la integridad? La confianza en los demás está a la altura, y en la mente del pez, son la misma cosa. Si no puede ser fiel a sí mismo, nunca será fiel a los demás, y eso es fundamentalmente deshonesto. Piscis, tras haber pasado por todos los demás signos solares, entiende que uno de los mayores objetivos de la vida humana es la integridad y vivir como se ha creado para vivir. Las personas que no pueden comprender esta necesidad fundamental de Piscis de esperar de los demás la misma honestidad e integridad que ellos modelan, no tienen que venir a aparecer.

Respeto y comprensión

Uno de los mayores retos de Piscis es ser incomprendido. Muchos interpretan a Piscis como un ser huidizo o desvinculado de la realidad. Ninguna de las dos afirmaciones es cierta.

Piscis es un soñador. Eso es cierto. Pero Piscis también es un visionario, que ve en el corazón de los seres humanos y en los asuntos grandes y pequeños. Esto no es una hazaña. Mientras el mundo que rodea a Piscis busca respuestas, Piscis ya ha llegado a esa meta.

Pero nadie le escucha. Piscis propone una solución que parece imposible o poco práctica. Se ignora hasta que alguien más arriba en la cadena alimenticia da una pista, y entonces se demuestra que Piscis tiene razón. Puede que esto no ocurra durante algún tiempo, pero la capacidad de un pisciano de ver más allá suele ser reivindicada, si no siempre.

No hay explicación para este fenómeno, pero eso es irrelevante. Una vez que haya sido testigo de los poderes de pronóstico de Piscis, no volverá a cuestionarlos. Esta es una cualidad predominante del tercer decanato. Sin embargo, todos los Piscis tienen acceso a esta intuición altamente desarrollada, completamente formada al final del arco iris astrológico.

Y eso exige respeto. El hecho de que no consiga encontrar una vía empírica para explicarlo no significa que no sea cierto. Tiene ojos y oídos. Permita que le enseñen que cuando Piscis dice algo que suena un poco loco, es mejor que tome nota.

Por ejemplo, mi amiga de Piscis. Ella no solo "sabía", a esa manera especial de Piscis, que Barack Obama ganaría la presidencia y cumpliría dos exitosos mandatos, sino que lo sabía años antes de que él anunciara su intención. Sabía que la marihuana acabaría floreciendo como medicina y como recreación. Cuando se lo confió a un grupo de agentes políticos en una sesión de formación de la campaña, se rieron de ella.

¿Quién se ríe ahora?

El punto es simple: apueste por una predicción de Piscis y hágase rico. La mayoría de la gente piensa que están locos hasta que piensan que son genios. Se equivocan en ambos casos. Los Piscis son pensadores poderosos e intuitivos que procesan el pensamiento creativo en la precisión de la predicción.

Por lo tanto, se trata mucho más de creatividad que de adivinación, si presta atención. Cuando finalmente se someta a Piscis y a sus procesos, descubrirá un mundo de pensamiento fuera de lo común. Ese es el verdadero impacto de la forma de pensar y actuar de este signo. Piscis está tan fuera de lo común que llega a tiempo.

Elon Musk no es Piscis, pero es ahí donde vive su Neptuno. Haga usted las cuentas y dígame que me equivoco.

Respete a los Piscis. Comprenda a los Piscis y recoja los frutos que este signo gentil y clarividente le ha salpicado generosamente. Cuando conoce a un Piscis como amigo, amante, miembro de la familia o colega, conoce un portal a los confines más extraños del universo. A través de ese portal están las cosas que otros no ven. Sospechamos la existencia de estas cosas, por lo que hacemos películas de monstruos y escribimos historias de fantasmas y ficción especulativa sobre mundos que imaginamos que pueden estar ahí fuera, en algún lugar. Piscis ve esos mundos con un tercer ojo de pez.

Pero Piscis, si respeta y comprende la belleza de un signo que vive en un tipo de conocimiento que no está en un libro de texto, sino en las estrellas y en las células de su cuerpo, le mostrará lugares increíbles.

En última instancia, lo que más necesita Piscis es la libertad de nadar en su eterna figura de ocho, tirando y empujando a la vez, yendo y viniendo, siendo y no siendo. Este signo místicamente invertido es el término del Zodiaco, el Omega del Alfa infantil de Aries. Comprender este complejo y sorprendente signo es la clave para entender la propia astrología.

Conclusión

Gracias por hacer este viaje conmigo al corazón de Piscis, el increíble signo zodiacal que, espiritualmente y en términos de karma, lo ha visto y hecho todo.

Espero sinceramente que haya disfrutado leyendo más sobre el pez y sobre cómo sus nativos navegan por un mundo que a menudo les resulta poco acogedor. La timidez y la reticencia de este signo no tienen parangón en el Zodiaco. Quizás sea porque, en su viaje alrededor de la rueda astrológica, los Piscis han aprendido lecciones a las que la mayoría de nosotros aún no hemos estado expuestos.

Este libro pretende ser algo más que una mirada a los muchos rasgos y características que presentan los piscianos. Pretende ofrecerle una base en la astrología básica y el complejo examen de los planetas que da como resultado una comprensión más completa de los individuos nacidos bajo este signo. Esa base le servirá para avanzar y, con suerte, crear su propia carta astral. Tal vez llegue a ser tan experto en la lectura de los movimientos de los planetas que se convierta en el experto astrológico de su círculo.

Tanto si lee este libro por placer como si lo hace para mejorar sus conocimientos astrológicos, espero haberle proporcionado una lectura informativa y entretenida.

Por favor, disfrute de los recursos, después de estas pocas palabras finales. No se olvide de consultar mis otras obras sobre los signos del Zodiaco, que contienen información específica de cada signo, así como una amplia comprensión astrológica.

Vea más libros escritos por Mari Silva

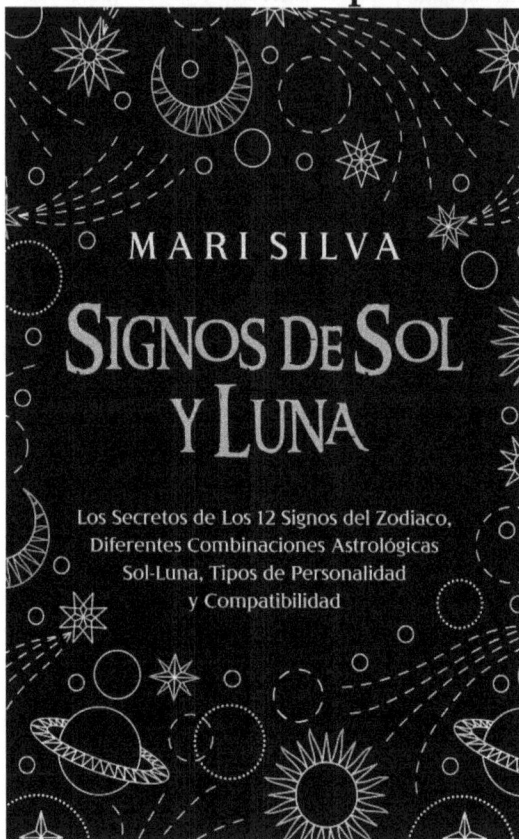

MARI SILVA

SIGNOS DE SOL Y LUNA

Los Secretos de Los 12 Signos del Zodiaco, Diferentes Combinaciones Astrológicas Sol-Luna, Tipos de Personalidad y Compatibilidad

Recursos adicionales

¿Está preparado para hacer su carta astral? No se olvide de obtener la hora exacta de su nacimiento mediante la obtención de su certificado de nacimiento de forma prolongada.

Hay muchos sitios en Internet para hacerse una carta astral, pero el más fiable es sin duda Astro.com. Este sitio es excelente para todos los niveles de astrólogos, desde el aficionado hasta el veterano. Aquí encontrará todo lo que necesita.

Referencias

12 Astrology Zodiac Signs Dates, Meanings and Compatibility. (n.d.). Www.Astrology-Zodiac-Signs.Com. https://www.astrology-zodiac-signs.com/

Astrology - All Sun Moon Combinations. (n.d.). Astrology-Numerology.Com. http://astrology-numerology.com/sun-moon.html

Astrology King. (n.d.). Astrology King. http://astrologyking.com

Astrology Library. (n.d.). Astrolibrary.Org. https://astrolibrary.org/

Introduction to Astrology. (n.d.). Www.Astro.Com. https://www.astro.com/astrologie/in_intro_e.htm

Personality & Relationship Astrology: Compatibility, Attraction and Sign Personality Traits. (n.d.). South Florida Astrologer - Personality & Relationship Astrology. https://www.southfloridaastrologer.com/

Rovelli, P. (n.d.). *The Whole Astrology Workbook.* http://astronargon.us/The%20Whole%20Astrology%20Workbook.pdf

8 cosas que debes saber sobre tu hijo Acuario. (n.d.). www.mom365.com sitio web: https://www.mom365.com/mom/astrology/all-about-your-aquarius-childs-astrology

Compatibilidad de amistad con Acuario. (2020, 7 de octubre). Tarot.com sitio web: https://www.tarot.com/astrology/compatibility/friends/aquarius

Relaciones con Acuario. (n.d.). sitio web: https://www.compatible-astrology.com/aquarius-relationships.html

Cúspide Acuario-Piscis. (n.d.). astrologyk.com sitio web: http://astrologyk.com/zodiac/cusp/aquarius-pisces

A, J. (2020, 30 de enero). 5 famosos de Acuario que son exactamente como su signo del zodiaco (y 5 que no lo son). TheTalko sitio web: https://www.thetalko.com/aquarius-celebrities-fit-dont-fit-zodiac-sign/

Piedra de nacimiento para el signo del zodiaco Acuario: Piedra de la suerte para el 21 y alrededor del 20 de febrero. (2019, 1 de febrero).

Características de las cúspides de Capricornio-Acuario que no conocías. (2015, 30 de enero). Astrology Bay sitio web: https://astrologybay.com/capricorn-aquarius-cusp-characteristics

Definición de cada signo del zodiaco y fechas | Astrology.com. (n.d.). www.astrology.com sitio web: https://www.astrology.com/on-the-cusp

Denise. (2018, 21 de abril). El hombre Acuario: Rasgos clave en el amor, la carrera y la vida. i.TheHoroscope.co sitio web: https://i.thehoroscope.co/the-aquarius-man-key-traits-in-love-career-and-life/

Denise. (2018, 28 de abril). La mujer Acuario: Rasgos clave en el amor, la carrera y la vida. i.TheHoroscope.co sitio web: https://i.thehoroscope.co/the-aquarius-woman-key-traits-in-love-career-and-life/

Denise. (2018, 12 de noviembre). Cualidades de Acuario, rasgos positivos y negativos. i.TheHoroscope.co sitio web: https://i.thehoroscope.co/aquarius-qualities-positive-and-negative-traits/

Denise. (2018, 11 de noviembre). Debilidades de Acuario: Conócelos para poder vencerlos. i.TheHoroscope.co sitio web: https://i.thehoroscope.co/aquarius-weaknesses-know-them-so-you-can-defeat-them/

Denise. (2018, 21 de abril). El niño Acuario: Lo que debes saber sobre este pequeño creador de tendencias. i.TheHoroscope.co sitio web: https://i.thehoroscope.co/the-aquarius-child-what-you-must-know-about-this-little-trendsetter/

Green, I. (2018, 29 de octubre). El signo de Acuario: Un análisis profundo de los signos y símbolos de Acuario. Trusted Psychic Mediums sitio web: https://trustedpsychicmediums.com/aquarius-star-sign/aquarius-symbol/

Hall, M. (2019, 20 de marzo). ¿Cuál es el significado de la Casa 11 en Astrología? LiveAbout sitio web: https://www.liveabout.com/the-eleventh-house-207252

Ingle, P. (2020, 10 de enero). 10 cosas que debes saber sobre un niño Acuario. parenting.firstcry.com sitio web: https://parenting.firstcry.com/articles/10-things-that-you-should-know-about-an-aquarius-child/

Lawrence, A. (2020, 23 de julio). Salir con un Acuario: Qué esperar - Vida en pareja - Relaciones. pairedlife.com sitio web: https://pairedlife.com/compatibility/Dating-an-Aquarius-What-to-Expect

Leal, S. (2019, 31 de julio). Este es tu color de poder, basado en tu signo astrológico. Apartment Therapy sitio web: https://www.apartmenttherapy.com/this-is-your-color-power-according-to-your-astrological-sign-36629958

Conoce cada signo del zodiaco y sus fechas (2020, 9 de mayo). Medium sitio web: https://medium.com/@meraastro.com/learn-about-every-zodiac-cusp-sign-and-dates-bad106c7d5f3

Consejos de amor para los Acuario. (2019, 7 de diciembre). www.timesnownews.com sitio web: https://www.timesnownews.com/astrology/aquarius-horoscope/article/love-advice-for-aquarius-people/524042

Muniz, H. (2020, 2 de enero). Los 7 rasgos de Acuario que debes conocer. blog.prepscholar.com sitio web: https://blog.prepscholar.com/aquarius-traits-personality

Mi signo del zodiaco Acuario: Padre e hijo. (n.d.). www.horoscope.com sitio web: https://www.horoscope.com/zodiac-signs/aquarius/parent-child

Mi signo del zodiaco Acuario: Amistad. (n.d.). www.horoscope.com sitio web: https://www.horoscope.com/zodiac-signs/aquarius/friendship

Rubino, S. (2020, 12 de agosto). 6 habilidades que deberías dominar este verano. Thrillist sitio web: https://www.thrillist.com/lifestyle/nation/6-skills-you-should-master-this-summer

Robinson, A. (2020, 17 de marzo). Compatibilidad con Acuario: ¿Qué signo es el más adecuado? blog.prepscholar.com sitio web: https://blog.prepscholar.com/aquarius-compatibility-signs

White, E. (2018, 27 de septiembre). Niño Acuario: Rasgos y características de la personalidad | Aquarius Baby. ZodiacSigns-Horoscope.com sitio web: https://www.zodiacsigns-horoscope.com/aquarius/aquarius-child-personality-traits/

Niño Capricornio: Rasgos y personalidad de la niña y el niño Capricornio | Signos del zodiaco para niños. (n.d.). https://www.buildingbeautifulsouls.com/ website: https://www.buildingbeautifulsouls.com/zodiac-signs/zodiac-signs-kids/capricorn-child-traits-characteristics-personality/

Rasgos de Capricornio-Características positivas y negativas | Ganeshaspeaks.com. (2016, 29 de noviembre). Sitio web de GaneshaSpeaks: https://www.ganeshaspeaks.com/zodiac-signs/capricorn/traits/

Faragher, A. K. (2020, 31 de julio). Así es la personalidad de Capricornio en realidad. Sitio web de Allure: https://www.allure.com/story/capricorn-zodiac-sign-personality-traits

Mi signo del zodiaco Capricornio: La amistad. (n.d.). www.horoscope.com website: https://www.horoscope.com/zodiac-signs/capricorn/friendship

Thinnes, C. (2020, 17 de febrero). Compatibilidad de Capricornio - Mejores y peores parejas. Sitio web de Numerologysign.com: https://numerologysign.com/astrology/zodiac/compatibility/capricorn-compatibility/

Consejos para que los Capricornio sean aún más impresionantes en la vida. (n.d.). www.horoscope.com sitio web: https://www.horoscope.com/us/editorial/editorial-news.aspx?UniqueID=3310&CRC=295F9C29D08F59DE69C1D56A092D0DCF

21 Secrets Of The Sagittarius Personality... (2017, October 19). Zodiac Fire. https://zodiacfire.com/sagittarius-personality/

Almanac, O. F. (n.d.). *Mercury Retrograde and Zodiac Signs*. Old Farmer's Almanac. Extraído de https://www.almanac.com/content/mercury-retrograde-and-zodiac-signs

Angharad. (n.d.). *Male And Female Traits - Sagittarius*. Angharad Reese Celtic Astrology Online. Extraído de https://www.areeseceltticastrology.com/sagittarius-girl-and-guy-personalities/

Astrology: Mercury in the Signs. (n.d.). Cafeastrology.com. Extraído de https://cafeastrology.com/articles/mercuryinsigns_page2.html

Astrology.Care - Sagittarius Strengths and Weaknesses, Love, Family, Career, Money. (n.d.). Astrology.Care. Extraído de http://astrology.care/sagittarius.html

Famous Sagittarius Writers. (n.d.). Www.Thefamouspeople.com. Extraído el 7 de noviembre de 2020, de https://www.thefamouspeople.com/sagittarius-writers.php

Get to Know Sagittarius. (2014, November 24). Heather Beardsley Coaching. https://hbeardsley.com/get-to-know-sagittarius

Horoscopes. (2017). Bustle. https://www.bustle.com/horoscopes

Kaus Australis (Epsilon Sagittarii): Star System, Name, Constellation | Star Facts. (2019, September 18). Star-Facts.com. https://www.star-facts.com/kaus-australis/

Kaus Borealis. (n.d.). Www.Constellationsofwords.com. Extraído de https://www.constellationsofwords.com/stars/KausBorealis.html

Keeping A Sagittarius Happy - Astroyogi.com. (n.d.). Www.Astroyogi.com. Extraído de https://www.astroyogi.com/articles/keeping-a-sagittarius-happy.aspx

Moon in Sagittarius: Characteristics & Personality Traits. (n.d.). Stars Like You. Extraído de https://www.starslikeyou.com.au/your-astrology-profile/moon-in-sagittarius/

My Sagittarius Zodiac Sign: Love. (n.d.). Www.Horoscope.com. https://www.horoscope.com/zodiac-signs/sagittarius/love

ophiuchus zodiac sign, Ophiuchus Traits, Celebrities, astrology, horoscopes, mythology. (n.d.). Www.Findyourfate.com. Extraído de https://www.findyourfate.com/astrology/ophiuchus-13zodiac.html

Sagittarius Friendship Compatibility. (n.d.). Tarot.com. Extraído de https://www.tarot.com/astrology/compatibility/friends/sagittarius

Sagittarius Horoscope: Sagittarius Zodiac Sign Dates Compatibility, Traits and Characteristics. (n.d.). Www.Astrology-Zodiac-Signs.com. https://www.astrology-zodiac-signs.com/zodiac-signs/sagittarius/

Saturn in Sagittarius. (n.d.). Tarot.com. Extraído de https://www.tarot.com/astrology/planets/saturn-in-sagittarius

Sun in the Signs – Interpretations. (n.d.). Astrolibrary.org. Extraído de https://astrolibrary.org/interpretations/sun/#sagittarius

Los editores de la Enciclopedia Británica. (2018). *Jupiter | Roman god*. En *Encyclopædia Britannica*. https://www.britannica.com/topic/Jupiter-Roman-god

The Zodiac Sign Sagittarius. (n.d.). Www.Alwaysastrology.com. Extraído de https://www.alwaysastrology.com/sagittarius.html

This Is How Your Zodiac Sign Acts At A Party. (n.d.). My.Astrofame.com. Extraído de https://my.astrofame.com/astrology/article/zodiac-signs-party

Top 10 Sagittarius Jobs | Money & Career | Ask Astrology Blog. (2018, 21 de noviembre). Ask Astrology. https://askastrology.com/top-10-sagittarius-jobs/

12 Signos zodiacales de la astrología fechas, significados y compatibilidad. (n.d.). Www.Astrology-Zodiac-Signs.Com. https://www.astrology-zodiac-signs.com/

Astrología - Todas las combinaciones Sol-Luna. (n.d.). Astrology-Numerology.Com. from http://astrology-numerology.com/sun-moon.html

Rey de la Astrología. (n.d.). Astrology King. http://astrologyking.com

Biblioteca de Astrología. (n.d.). Astrolibrary.Org. https://astrolibrary.org/

Interpretaciones de la Carta Natal - Planetas en signos y casas. (n.d.). Astrolibrary.Org.

---

https://astrolibrary.org/interpretations/

Horóscopo y astrología - Página de inicio. (2019). Astro.Com. http://astro.com

Astrología de la personalidad y las relaciones: Compatibilidad, atracción y rasgos de personalidad de los signos. (n.d.). Sur de la Florida Astrólogo - Personalidad y Relación Astrología.
https://www.southfloridaastrologer.com/

Las mejores fuentes de astrología en línea. (n.d.). ♄.
https://bangtanastrology.tumblr.com/post/169791137127/the-best-online-astrology-resources

Ancillette, M. 2020. "9 Best Healing Crystals for Libra's"
https://angelgrotto.com/crystals-stones/libra/

Astrology. 2020. "Libra Compatibility" https://www.astrology-zodiac-signs.com/compatibility/libra/

Astrostyle. 2020. "Libra Symbol" https://astrostyle.com/libra-symbol/

Baird, C. 2013. "Science Questions with Surprising Answers"
https://wtamu.edu/~cbaird/sq/2013/03/23/how-does-astrology-work/

Building Beautiful Souls. 2020. https://www.buildingbeautifulsouls.com/zodiac-signs/zodiac-signs-kids/libra-child-traits-characteristics-personality/

Café Astrology. 2020. "The Libra Woman"
https://cafeastrology.com/articles/librawomanlove.html

Chatterjee, D. 2020. "5Best hobbies for the people of Libra zodiac sign"
https://www.pinkvilla.com/lifestyle/people/5-best-hobbies-people-libra-zodiac-sign-556832

Fellizer, k. 2019. "This is How Long Each Zodiac Sign Takes to Fall in Love"
https://www.bustle.com/p/how-long-it-takes-for-each-zodiac-sign-to-fall-in-love-19278018

Hall, M. 2020. "Teen Libra of the Zodiac" https://www.liveabout.com/libra-for-teens-zodiac-signs-206285#:~:text=If%20you're%20a%20Libra,one%20BFF%20or%20a%20crush.&text=Libra%20is%20ruled%20by%20Venus,for%20the%20art%20of%20love.

Hall, M. 2019 "The Libra Man and Love" https://www.liveabout.com/what-does-a-libra-man-want-206847#:~:text=A%20Libra%20man%20is%20attracted,honesty%20will%20win%20his%20heart.

Infinite Horoscopes. 2020. "What is my Libra Business Horoscope?
https://infinitehoroscopes.com/index.php/2019/07/10/are-libra-zodiac-signs-meant-to-be-poor/

Internet Encyclopaedia of Philosophy. 2020. https://iep.utm.edu/a-taste/

Kids' Spot. 2020. https://www.kidspot.com.au/parenting/parenthood/parenting-style/raising-a-libra-baby-find-out-the-traits-and-challenges-you-may-face/news-story/b32ab960c1d92c3d5ba28b10ad943c45

Labyrinthos. 2018. "Astrology Planets and their meanings, Planet Symbols and Cheat Sheet"
https://labyrinthos.co/blogs/astrology-horoscope-zodiac-signs/astrology-planets-and-their-meanings-planet-symbols-and-cheat-sheet

Lantz. P. 2020. "Tips for Dating a Libra Man"
https://horoscopes.lovetoknow.com/astrology-signs-personality/tips-dating-libra-man

Mom.365. 2020. "8 Things to Know About Your Libra Child"
http://www.mom365.com/mom/astrology/all-about-your-libra-childs-astrology

Nelson, J. 2019. "Everything You Need To Know About the Libra In Your Life"
https://thoughtcatalog.com/january-nelson/2016/05/everything-you-need-to-know-about-the-libra-in-your-life/

Power of Positivity. 2020. https://www.powerofpositivity.com/libras-considered-committed-partner-

zodiac/#:~:text=1.,Libras%20are%20intensely%20loyal.&text=When%20you%20ge
t%20into%20a,betray%20you%20for%20any%20reason.

Ratay, E. 2016" 5 Reasons Why a Libra is the Best Friend You Never Knew You
Needed" https://www.yourtango.com/2016295845/5-reasons-libra-best-friendship-
you-need-zodiac-astrology

The Rebel Coach. 2016. "Libra New Moon: Lazy Libra"
https://rebelastrology.net/rebel-astrology/2016/9/30/libra-new-moon-lazy-libra

Rose, A. 2019. "How to Date a Libra" https://thoughtcatalog.com/almie-
rose/2014/07/how-to-date-a-libra/

SathyaNarayanan. 2019. "Lucky Gemstonesfor Libra"
https://timesofindia.indiatimes.com/astrology/gemstones/lucky-gemstones-for-
libra/articleshow/68205029.cms

Starlight Astrology (2020) "Libra" https://www.starlightastrology.com/libra-
venus.htm

Stars Like You. 2020. https://www.starslikeyou.com.au/zodiac-strengths-your-libra-
personality/

Tarot.com.2020. "Libra Friendship, Compatibility: The Great Counselor"
https://www.tarot.com/astrology/compatibility/friends/libra#aries

The Famous People Guide. 2020.
https://www.thefamouspeople.com/profiles/oscar-wilde-63.php

Villafane, C. 2020. "The Hobby He secretly wishes she Had Based on His Sign"
https://www.thetalko.com/the-hobby-he-secretly-wishes-she-had-based-on-his-sign/

We Mystic. 2020. "The Dark Side of Libra: How to Deal with Narcissism"
https://www.wemystic.com/the-dark-side-of-libra/

Your Zodiac Sign. 2020. "Libra Personality"
https://www.yourzodiacsign.com/libra/personality/

12 Signos Zodiacales de la Astrología: Fechas, Significados y Compatibilidad. (s.f.).

Astrología – Todas las combinaciones Sol-Luna. (s.f.). Astrology-
Numerology.Com.

Biblioteca de astrología. (s.f.). Astrolibrary.Org.

Interpretaciones de la Carta Natal - Planetas en signos y casas. (s.f.).
Astrolibrary.Org.
https://astrolibrary.org/interpretations/

Cafe Astrology .com. (s.f.). Cafeastrology.Com. https://cafeastrology.com/

Horóscopo y astrología - Página de inicio. (2019). Astro.Com. http://astro.com

Los mejores recursos de astrología en línea. (s.f.).
https://bangtanastrology.tumblr.com/post/169791137127/the-best-online-astrology-
resources

Astrólogo, M. H. M. H. y Reader, T., & Hall, autor de «Astrología: A. C. I. G. a la
Z.» nuestro proceso editorial M. (n.d.). 12 Consejos para cuando el Sol está en
Leo. LiveAbout. Extraído de https://www.liveabout.com/leo-the-lion-zodiac-signs-
206395

Astrólogo, P. L. C. H. (s.f.). *Cómo se comporta un Leo-Virgo de cúspide en el
amor y la vida.*

Rey de la Astrología. (n.d.). Rey de la Astrología. Extraído de
http://astrologyking.com/

Las mejores carreras y los peores trabajos para los Leo, según la astrología. (2020,
22 de marzo). Your Tango. https://www.yourtango.com/2020332362/best-careers-
worst-jobs-all-Leo-zodiac-signs-astrology

Blog. (n.d.). La astrología del duendecillo oscuro. Extraído de
http://www.thedarkpixieastrology.com/blog

Damian, A. (2020, 24 de junio). *ASOMBROSO: Los 4 trabajos soñados si es Leo.*
Themagichoroscope.com. https://themagichoroscope.com/zodiac/best-jobs-leo

---

Encuentre la mejor carrera para su signo del zodiaco - Leo | ZipRecruiter®. (2019, 7 de mayo). ZipRecruiter.

http://Leohoroscope.in/. (n.d.). Sacado de http://Leohoroscope.in/

https://www.facebook.com/ZodiacFire. (2018, 14 de noviembre). *21 Secretos de la personalidad de Leo.* Zodiacfire. https://zodiacfire.com/Leo-personality/

Compatibilidad de la amistad con Leo: ¡Tenga paciencia! (n.d.). Tarot.com. Extraído de https://www.tarot.com/astrology/compatibility/friends/leo

Padre Leo, hijo Leo. (n.d.). Baby Centre UK. Extraído de https://www.babycentre.co.uk/h1029981/Leo-parent-Leo-child

Mamá365. (2020). *8 Cosas que debe saber sobre su hijo Leo.* Mom365.com. https://www.mom365.com/mom/astrology/all-about-your-Leo-childs-astrology

Mi Signo del Zodiaco Leo: La amistad. (n.d.). Www.Horoscope.com. https://www.horoscope.com/zodiac-signs/Leo/friendship

En la cúspide: Lo que significa para su personalidad ser una mezcla de la gran energía de Leo y el perfeccionismo de Virgo. (2019, 20 de agosto). Well+Good. https://www.wellandgood.com/Leo-virgo-cusp/

El poder de la positividad. (2016, 3 de agosto). *7 Cosas que debe saber si es amigo de un Leo.* El poder de la positividad: Pensamiento y actitud positivos. https://www.powerofpositivity.com/7-things-need-know-youre-friends-Leo/

Rae, L. (s.f.). *7 razones por las que debería hacer negocios con un Leo.* Elite Daily. https://www.elitedaily.com/life/do-business-with-leos/1144979

Register, J., & Godio, M. (2020, 7 de mayo). *El mayor problema de su signo del zodiaco y cómo solucionarlo.* Cosmopolitan. https://www.cosmopolitan.com/sex-love/a23490075/zodiac-sign-personality-traits-flaw/

El niño Leo: Leo niña & niño, sus rasgos y personalidad | Signos Zodiacales para niños. (n.d.). Www.Buildingbeautifulsouls.com. Extraído de https://www.buildingbeautifulsouls.com/zodiac-signs/zodiac-signs-kids/Leo-child-traits-characteristics-personality/

El empleado Leo - Personalidad y características | Futurescopes. (n.d.). Futurescopes.com. Extraído de https://futurescopes.com/astrology/Leo/2767/Leo-employee-personality-and-characteristics

Estas 10 increíbles y fascinantes verdades le dirán mucho sobre su bebé Leo (n.d.). Romper. Extraído de https://www.romper.com/p/10-fascinating-facts-about-leo-babies-the-most-fiery-fire-sign-of-them-all-18366362

(2020). Theastrocodex.com. http://theastrocodex.com

Astrólogo, M. H. M. H. y Lector, T., & Hall, autor de "Astrología: A. C. I. G. a la Z", nuestro proceso editorial M. (n.d.). *El significado de los signos cardinales en la astrología.* LiveAbout. Extraído de: https://www.liveabout.com/cardinal-signs-aries-cancer-libra-capricorn-206724

Astrología.com - Horóscopos, tarot, lecturas psíquicas. (2019). Astrology.com. https://www.astrology.com/

Café astrológico.com. (n.d.). Cafeastrology.com. Extraído de: https://cafeastrology.com/

Horóscopo de Cáncer: Fechas del signo zodiacal de Cáncer Compatibilidad, rasgos y características. (2019). Astrology-Zodiac-Signs.com.

Cáncer en la astrología. (n.d.). Www.Astrograph.com.

Definición de empatía. (2009). Merriam-Webster.com. webster.com/dictionary/empathy

Definición de empatía | Qué es la empatía. (2009). Greater Good. https://greatergood.berkeley.edu/topic/empathy/definition

La muda exitosa del cangrejo ermitaño. (n.d.). Www.Hermitcrabpatch.com. https://www.hermitcrabpatch.com/Hermit-Crab-Successful-Molting-a/138.htm#:

Editores de History.com. (2018, August 21). *El solsticio de verano.* HISTORIA.

---

https://www.history.com/topics/natural-disasters-and-environment/history-of-summer-solstice

https://Cancerhoroscope.in/. (n.d.). Extraído de: https://Cancerhoroscope.in/

Julio de 2017, K. A. Z. 15. (n.d.). *Constelación de Cáncer: Datos sobre el Cangrejo.* Space.com.

Cumpleaños famosos. (2012). Famousbirthdays.com. https://www.famousbirthdays.com/astrology/

La mayoría de los adultos jóvenes creen que la astrología es una ciencia. (n.d.). UPI. https://www.upi.com/Science_News/2014/02/11/Majority-of-young-adults-think-astrology-is-a-science/5201392135954/

Efectos de Mercurio retrógrado según el signo del zodiaco. (n.d.). Horoscope.com. Extraído de: https://www.horoscope.com/mercury-retrograde/astrology/

Luna en Cáncer: Características y rasgos de personalidad. (n.d.). Estrellas como tú. Extraído de: https://www.starslikeyou.com.au/your-astrology-profile/moon-in-Cancer/

Actualización planetaria por Horoscope.com. (n.d.). Www.Horoscope.com. https://www.horoscope.com

Los editores de la Enciclopedia Británica. (2018). Hera | Hechos y mitos. En la *Enciclopedia Británica.* https://www.britannica.com/topic/Hera

Los elementos de la astrología: Signos de Fuego, Tierra, Aire y Agua. (2016). Astrostyle: Astrología y Horóscopos diarios, semanales y mensuales por Los AstroTwins. https://astrostyle.com/learn-astrology/the-elements-fire-earth-air-and-water-signs/

Waxman, O. B. (2018, 21 de junio). *De dónde vienen los signos del zodiaco? Aquí está la verdadera historia detrás de tu horóscopo.* Time; Time. https://time.com/5315377/are-Zodiac-signs-real-astrology-history/

¿Qué significa realmente tu signo solar, lunar y ascendente? (n.d.). Mindbody. https://explore.mindbodyonline.com/blog/wellness/what-does-your-sun-moon-and-rising-sign-really-mean

¿Qué es la compasión? Comprender el significado de la compasión. (n.d.). Www.compassion.com. https://www.compassion.com/child-development/meaning-of-compassion/

Los colores del zodiaco y sus significados. (2015, 5 de marzo). Color-Meanings.com. https://www.color-meanings.com/Zodiac-colors-and-their-meanings/

Astro Dentist. (2020). Preguntas frecuentes. Extraído de https://www.astro.com: https://www.astro.com/faq/fq_fh_owhouse_e.htm

Astrology Fix. (n.d.). Guía del experto en Géminis. Extraído de https://www.astrologyfix.com: https://www.astrologyfix.com/zodiac-signs/gemini/

Centro del Bebé. (2020). Niño Géminis. Extraído de https://www.babycentre.co.uk/: https://www.babycentre.co.uk/h1029254/gemini-child

buildingbeautifulsouls.com. (2020). Niño Géminis: Rasgos, personalidad y características. Extraído de https://www.buildingbeautifulsouls.com/zodiac-signs/zodiac-signs-kids/gemini-child-traits-characteristics-personality/

C.Ht., P. L. (2020). Rasgos de un jefe Géminis. Extraído de https://horoscopes.lovetoknow.com/astrology-signs-personality/traits-gemini-boss

Chung, A. (2020). Tabla de compatibilidad de los signos del zodiaco. Extraído de https://www.verywellmind.com/zodiac-compatibility-chart-4177219#history-of-astrology

Astrología compatible personal. (2018). Géminis en el amor. Extraído de https://www.compatible-astrology.com/gemini-in-love.html

Green, T. (2017). 10 PODEROSOS CONSEJOS PARA CONDUCIR A LOS
GÉMINIS AL ÉXITO. Extraído de
https://astrologyanswers.com/article/gemini-zodiac-sign-success-tips/
Guerra, S. (2020). Los 5 rasgos negativos de Géminis que debes conocer. Extraído
de
https://www.preparingforpeace.org/gemini/negative-
traits/#What_are_Gemini_Bad_Traits
Horoscope.com. (2018). Las 10 mejores carreras para Géminis. Extraído de
https://www.horoscope.com/article/top-10-careers-for-gemini/
Meade, J. (2019). Clasificación de los signos del zodiaco según quién es más
compatible con Géminis. Extraído de
 https://thoughtcatalog.com/jennifer-meade/2018/06/ranking-the-zodiac-signs-by-
who-is-most-compatible-with-a-gemini/
Melorra. (2020). Piedras preciosas del zodiaco - Gemas según los signos del
zodiaco. Extraído de https://www.melorra.com/jewellery-guide-
education/gemstone/which-is-good-for/gemstones-by-zodiac-signs/
Middleton, V. (2019). Guía para principiantes de la astrología. Extraído de
https://www.thethirlby.com/camp-thirlby-diary/2019/5/22/a-beginners-guide-to-
astrology
PeacefulMind.com. (s.f.). Air. Extraído de
https://www.peacefulmind.com/project/air/
preparingforpeace.org. (2020). Los 5 rasgos positivos de Géminis que debes
conocer - Guía Astrológica completa. Extraído de
https://www.preparingforpeace.org/gemini/positive-traits/
Prince, E. H. (2018). Seis consejos esenciales para salir con un Géminis. Extraído
de
https://www.dazeddigital.com/life-culture/article/40376/1/dating-a-gemini-astrology
SCHAEFFER, A. (2020). Cómo llevarse bien con un Géminis. Extraído de
https://classroom.synonym.com/get-along-gemini-4523008.html
Seigel, D. (2020). Los 7 rasgos fundamentales de Géminis, explicados. Extraído de
https://blog.prepscholar.com/gemini-traits
Tarot.com. (2020). Compatibilidad laboral de Géminis: El buscador de
emociones. Extraído de
https://www.tarot.com/astrology/compatibility/work/gemini
El buscador, personal. (2019). La guía definitiva sobre cómo encontrar el amor
según su horóscopo. Extraído de https://thefinder.life/healthy-living/the-ultimate-
guide-how-find-love-according-your-horoscope/
Si es usted tauro, estos trabajos son perfectos para usted ... (2017, 12 de julio)
Allwomenstalk.
https://money.allwomenstalk.com/if-you-are-a-taurus-these-jobs-are-perfect-for-
you/7/
5 Formas de superar el miedo al cambio en tiempos difíciles. (2017, 13 de marzo).
Molly Fletcher.
https://mollyfletcher.com/fear-of-change/
7 rasgos comunes de los Tauro de mente fuerte en su vida. (2018, 23 de abril).
Well+Good.
https://www.wellandgood.com/taurus-personality-trait-gifs/
12 Signos zodiacales de la astrología fechas, significados y compatibilidad. (2010).
Astrology-Zodiac-Signs.com.
https://www.astrology-zodiac-signs.com/
Sobre Tauro el toro: Astrología/Zodiaco. (n.d.). Cafeastrology.com. Extraído de:
https://cafeastrology.com/zodiactaurus.html
Todo sobre la astrología: Los signos del zodiaco, los planetas y la compatibilidad.
(n.d.). Tarot.com. https://www.tarot.com/astrology

Astrólogo, M. H. M. H. es un, Lector de, T., & Hall, autor de "Astrología: A. C. I. G. a la Z." en nuestro proceso editorial M. (n.d.). ¿Qué son las modalidades? Cardinal, Fija, Mutable. LiveAbout. Extraído de: https://www.liveabout.com/modalities-cardinal-fixed-or-mutable-206736

Astrólogo, P. L. C. H. (s.f.). Debilidades de Tauro en el amor y las relaciones. LoveToKnow. Extraído de: https://horoscopes.lovetoknow.com/astrology-signs-personality/taurus-weaknesses-love-relationships

AstroTwins, T. (2017, 6 de agosto). Carta del amor de Tauro. ELLE. https://www.elle.com/horoscopes/love/a2231/taurus-compatibility/

Sé mío: Cómo lidiar con la posesividad en una relación. (n.d.). Psychology Today. Extraído de: https://www.psychologytoday.com/us/blog/compassion-matters/201702/be-mine-dealing-possessiveness-in-relationship

Bozec, R. P., Jean-Pierre Nicola, Julien Rouger, Franck Le. (n.d.). Tauro-Escorpio: similitudes y diferencias. Www.Astroariana.com. Extraído de: http://www.astroariana.com/Taurus-Scorpio-similarities-and.html

Compatible-Astrology.com. (n.d.). Compatibilidad de Tauro. Www.compatible-Astrology.com. Extraído de: https://www.compatible-astrology.com/taurus-compatibility.html

Constella, M. (2019, March 5). Los 9 mejores trabajos para Tauro: Carreras ideales para hombres y mujeres Tauro | Horóscopo y Astrología. Metropolitan Girls. https://metropolitangirls.com/best-jobs-taurus/

Cosmopolitan.com - La revista femenina de moda, consejos sexuales, consejos para citas y noticias de famosos. (n.d.). Cosmopolitan. https://www.cosmopolitan.com

Encuentra la mejor carrera para tu signo del zodiaco - Tauro| ZipRecruiter®. (2019, May 7). ZipRecruiter. https://www.ziprecruiter.com/blog/best-career-paths-taurus/

Horóscopo gratuito para los niños de Tauro por The AstroTwins. (n.d.). Astrostyle: Astrología y horóscopos diarios, semanales y mensuales por The AstroTwins. Extraído de: https://astrostyle.com/family-horoscopes/baby-and-childrens-horoscopes/the-taurus-child/

Cómo lidiar con la terquedad de una pareja de Tauro. (n.d.). The Femme Oasis. Extraído de: https://www.thefemmeoasis.com/astrology-zodiac/how-to-deal-with-a-taurus-partners-stubbornness/000007cc

Cómo criar a un tauro. (n.d.). Www.Maisonette.com. Extraído de: https://www.maisonette.com/le_scoop/how-to-parent-a-taurus

Mom365. (2020). 8 Cosas que tiene que saber sobre su hijo Tauro. Mom365.com. https://www.mom365.com/mom/astrology/all-about-your-taurus-childs-astrology

Mi signo zodiacal de Tauro: El amor. (n.d.). Www.Horoscope.com. Extraído de: https://www.horoscope.com/zodiac-signs/taurus/love

PowerofPositivity. (n.d.). Poder de la Positividad: #Nº1 en pensamientos positivos y comunidad de autoayuda. Poder de la positividad: Pensamiento y actitud positivas. Extraído de: https://www.powerofpositivity.com/

Rainer, M. A. (n.d.). ¿Criando a un bebé Tauro? Descubre los rasgos y los retos a los que puede enfrentarse. Www.Kidspot.com.Au. Retrieved from https://www.kidspot.com.au/parenting/parenthood/parenting-style/raising-a-taurus-baby-find-out-the-traits-and-challenges-you-may-face/news-story/0679dec1eec89d1fa8cf997dcd386b02

Los Tauro y sus rasgos de personalidad y físicos. (n.d.). Pointastrology.com.

Niño Tauro: Rasgos y características de la personalidad | Bebé Tauro. (2018, 22 de septiembre). ZodiacSigns-Horoscope.com. https://www.zodiacsigns-horoscope.com/taurus/taurus-child-traits-personality/

Amigos y familia de Tauro - Signos del zodiaco. (n.d.). Retrieved from https://www.bzodiac.com/zodiac-signs/taurus-zodiac-sign/taurus-friends-family/

Tauro en el amor - Compatibilidad de signos. (n.d.). La Reina del Amor. Extraído de: https://www.thelovequeen.com/taurus-love-horoscope-sign-compatibility/
Rasgos de personalidad de Tauro, características, fortalezas y debilidades. (n.d.). Su signo del zodiaco. Extraído de: https://www.yourzodiacsign.com/taurus/personality/
Tauro, pasatiempos de tauro, aficiones para el signo de tauro. (n.d.). Taurus.Findyourfate.com. Extraído de: https://taurus.findyourfate.com/hobbies.html
Rasgos de Tauro-Características positivas y negativa. (2016). GaneshaSpeaks. https://www.ganeshaspeaks.com/zodiac-signs/taurus/traits/
Debilidades de Tauro: Conócelos para poder vencerlos. (2018, 11 de noviembre). I.TheHoroscope.Co. https://i.thehoroscope.co/taurus-weaknesses-know-them-so-you-can-defeat-them/
El niño Tauro: Rasgos y personalidad de la niña y el niño Tauro | Signos del zodiaco para niños. (n.d.). Www.Buildingbeautifulsouls.com. Retrieved from https://www.buildingbeautifulsouls.com/zodiac-signs/zodiac-signs-kids/taurus-child-personality-traits-characteristics/
El signo del zodiaco Tauro símbolo - personalidad, fortalezas, debilidades. (2018, 5 de febrero). Labyrinthos. https://labyrinthos.co/blogs/astrology-horoscope-zodiac-signs/the-zodiac-sign-taurus-symbol-personality-strengths-weaknesses
Cosas que debe saber sobre un niño Tauro. (n.d.). Parenting.Firstcry.com. Extraído de: https://parenting.firstcry.com/articles/things-you-should-know-about-a-taurus-child/
Thinnes, C. (n.d.). Compatibilidad de Tauro - Mejores y peores combinaciones. Numerologysign.com. Extraído de: https://numerologysign.com/astrology/zodiac/compatibility/taurus-compatibility/
Waits, P. (2020, 14 de julio). Ya puede leer las cuatro mejores profesiones para Tauro. Themagichoroscope.com. https://themagichoroscope.com/zodiac/best-jobs-taurus
Lo que dicen los signos solares sobre las habilidades laborales: Tauro | Noticias | Nexxt. (n.d.). Www.Nexxt.com. Extraído de: https://www.nexxt.com/articles/what-sun-signs-say-about-work-abilities-taurus-10871-article.html
¿Con qué signos solares es más compatible Tauro? (n.d.). AstroReveal. Extraído de: https://www.astroreveal.com/Which-Star-Signs-Should-You-Date.aspx?a=TAU
YourTango | Charla inteligente sobre el amor. (n.d.). Www.Yourtango.com. https://www.yourtango.com
About Aries Kids & Young Ones. Sitio web de Astrología Siddhantika: http://www.siddhantika.com/zodiac/aries-kids-teens
Compatibilidad de amistad de Aries con otros signos del zodíaco. (21 de julio de 2020). Sitio web de Revive Zone: https://www.revivezone.com/zodiac709/aries-friendship-compatibility-with-other-zodiac-signs/
|||UNTRANSLATED_CONTENT_START|||Aries in love. (n.d.). https://www.compatible-astrology.com/ website: https://www.compatible-astrology.com/aries-in-love.html#:~:text=An%20Aries%20in%20love%20is%20a%20direct%20and%20fortbright%20lover.&text=Overall%20the%20excitement%20of%20dating|||UNTRANSLATED_CONTENT_END|||
AstroTwins, T. (7 de agosto de 2017). Gráfico de amor de Aries. Sitio web de ELLE: https://www.elle.com/horoscopes/love/a56/aries-compatibility/

Davis, F. (19 de marzo de 2019). Cristales de Aries: las 10 mejores piedras del zodíaco para el signo solar de Aries.
Cosmic Cuts

Freeman, K. (15 de octubre de 2017). La mayoría de la gente se equivoca totalmente cuando se trata del planeta regente de Aries. Sitio web de Trusted Psychic Mediums: https://trustedpsychicmediums.com/aries-star-sign/aries-ruling-planet/

Hadikin, R. (21 de noviembre de 2017). Aries Symbol símbolos astrológicos - origen y significado más profundo –
astrology-symbols.com. Sitio web de símbolos astrológicos: https://astrology-symbols.com/aries-symbol/

Hayes, L. 10 formas de amar realmente a un Aries. https://www.beliefnet.com/ sitio web:
https://www.beliefnet.com/inspiration/astrology/2010/02/10-ways-to-really-love-an-aries.aspx

Cómo ser un Aries exitoso | Respuestas de astrología. (21 de marzo de 2017). Sitio web de AstrologyAnswers.com: https://astrologyanswers.com/article/how-to-be-successful-as-an-aries/

Lapik, E. (13 de mayo de 2020). 20 rasgos y características positivos y negativos de la personalidad de Aries.
Astromix.net / Sitio web del blog: https://astromix.net/blog/aries-traits/#Positive_traits

Lantz C, P. Famosas personalidades de Aries y rasgos comunes. Sitio web de LoveToKnow:
https://horoscopes.lovetoknow.com/Aries_Personalities

Mesa, V. (3 de mayo de 2019). Esto es lo que el significado de los elementos en astrología puede revelar sobre su personalidad. Sitio web de Elite Daily: https://www.elitedaily.com/p/the-meaning-of-the-elements-in-astrology-will-help-you-understand-your-personality-traits-17296359

Morgan. (21 de noviembre de 2018). Los 10 mejores trabajos de Aries | Dinero y carrera | Pregunte al Blog de Astrología. Sitio web de Ask Astrology: https://askastrology.com/top-10-aries-jobs/

Ratay, E. (12 de mayo de 2017). 12 razones por las que un Aries es el MEJOR amigo que nunca supo que NECESITABA. Sitio web de YourTango: https://www.yourtango.com/2016294396/aries-best-friend-you-never-knew-you-needed-BFF-zodiac-astrology

Rose, E. (22 de marzo de 2019). Una guía para principiantes para salir con un Aries. Sitio web de StyleCaster:
https://stylecaster.com/aries-relationships/

Stone, C. (28 de marzo de 2017). Consejos de relaciones para Aries | Respuestas de astrología. Sitio web de
AstrologyAnswers.com: https://astrologyanswers.com/article/relationship-tips-for-aries/